Studien zum ausländischen und internationalen Privatrecht

520

Herausgegeben vom
Max-Planck-Institut für ausländisches
und internationales Privatrecht

Direktorium:
Holger Fleischer, Ralf Michaels und Anne Röthel

Marius Müller

Die Notzuständigkeit im europäischen und deutschen Internationalen Zivilverfahrensrecht

Mohr Siebeck

Marius Müller, geboren 1994; Studium der Rechtswissenschaft an der Universität Würzburg; 2018 Erste Juristische Prüfung; Wissenschaftlicher Mitarbeiter an der Professur für Privatrecht am Institut für Bürgerliches Recht und Zivilprozessrecht der Universität Würzburg; Rechtsreferendariat im Bezirk des OLG Bamberg; 2023 Promotion.

Zugl.: Würzburg, Julius-Maximilians-Universität, Diss., 2023

ISBN 978-3-16-162642-5 / eISBN 978-3-16-162722-4
DOI 10.1628/978-3-16-162722-4

ISSN 0720-1141 / eISSN 2568-7441
(Studien zum ausländischen und internationalen Privatrecht)

Die Deutsche Nationalbibliothek verzeichnet diese Publikation in der Deutschen Nationalbibliographie; detaillierte bibliographische Daten sind über *http://dnb.dnb.de* abrufbar.

© 2023 Mohr Siebeck Tübingen. www.mohrsiebeck.com

Das Werk einschließlich aller seiner Teile ist urheberrechtlich geschützt. Jede Verwertung außerhalb der engen Grenzen des Urheberrechtsgesetzes ist ohne Zustimmung des Verlags unzulässig und strafbar. Das gilt insbesondere für die Verbreitung, Vervielfältigung, Übersetzung und die Einspeicherung und Verarbeitung in elektronischen Systemen.

Das Buch wurde von Gulde Druck in Tübingen auf alterungsbeständiges Werkdruckpapier gedruckt und gebunden.

Printed in Germany.

Meinen Eltern

Vorwort

Die vorliegende Arbeit wurde im Wintersemester 2022/2023 von der Juristischen Fakultät der Julius-Maximilians-Universität Würzburg als Dissertation angenommen. Gesetzgebung, Rechtsprechung und Literatur konnten bis Februar 2022 berücksichtigt werden.

Mein herzlicher Dank gilt zuvörderst meinem Doktorvater, Herrn Professor Dr. Michael Sonnentag. Ihm danke ich nicht allein für die umsichtige und engagierte Betreuung meiner Dissertation und das mir entgegengebrachte Vertrauen. Vielmehr danke ich ihm darüber hinaus für die vielen lehrreichen, spannenden und vor allem schönen Jahre an der Professur für Privatrecht. Die Arbeit an der Professur hat mich zunächst als studentischen und später als wissenschaftlichen Mitarbeiter beinahe während meiner gesamten universitären Zeit begleitet und mich sowohl fachlich als auch persönlich sehr bereichert und geprägt. In dieser Zeit hat Professor Sonnentag zudem mein Interesse für das Internationale Privat- und Zivilverfahrensrecht geweckt und auch insoweit maßgeblich zum Entstehen und Gelingen dieser Arbeit beigetragen.

Herrn Professor Dr. Oliver Remien danke ich für die äußerst zügige Zweitkorrektur und die wertvollen Anmerkungen. Die Nachricht seines plötzlichen Todes hat mich sehr getroffen.

Den Direktoren des Max-Planck-Instituts für ausländisches und internationales Privatrecht in Hamburg danke ich für die Aufnahme der Arbeit in diese Reihe.

Ferner danke ich meinen ehemaligen Kolleginnen und Kollegen an der Professur für Privatrecht. Besonders erwähnt sei dabei zunächst mein langjähriger Zimmerkollege Herr Dr. Dennis Bergmann, der nicht nur immer ein offenes Ohr für fachliche Gespräche hatte, sondern vielmehr maßgeblich für die freundschaftliche, heitere sowie produktive Arbeitsatmosphäre verantwortlich war. Darüber hinaus danke ich Herrn Jan Haselbeck für den regen Austausch zum Internationalen Privatrecht, der oft mit einer Prise Humor angereichert wurde.

Abschließend gebührt ein besonderer Dank vor allem auch meinen Eltern, auf deren Unterstützung in jeder erdenklichen Weise ich mich stets und bedingungslos verlassen kann. Sie haben meine Ausbildung im Allgemeinen und meine Dissertation im Besonderen in vielerlei Hinsicht erst ermöglicht. Ihnen ist diese Arbeit gewidmet.

Würzburg, im Dezember 2023 *Marius Müller*

Inhaltsübersicht

Inhaltsverzeichnis XI
Abkürzungsverzeichnis XXIII

§ 1 Einführung 1

Erster Teil: Grundlagen 7

§ 2 Begriff der Notzuständigkeit, Rechtsverweigerung und
 Abgrenzungen 8
§ 3 Rechtsvergleichender Überblick 21
§ 4 Rechtsvereinheitlichung 59
§ 5 Zuständigkeitsinteressen und Leitprinzipien
 der Zuständigkeitsgestaltung 70

Zweiter Teil: Völker- und verfassungsrechtliche Vorgaben 83

§ 6 Allgemeines Völkerrecht 84
§ 7 Europäische Menschenrechtskonvention 104
§ 8 Europarecht: EU-Grundrechtecharta 132
§ 9 Grundgesetz 141

Dritter Teil: Die Notzuständigkeit *de lege lata* 163

Erster Abschnitt: Europäisches Zuständigkeitsrecht 163

§ 10 Bedürfnis internationaler Notzuständigkeit 164
§ 11 Ausgestaltung der Notzuständigkeit in den EU-Verordnungen . . . 201
§ 12 Ungeschriebene Notzuständigkeiten 285

Zweiter Abschnitt: Autonomes deutsches Recht 305

§ 13 Gesetzeslage 305
§ 14 Ungeschriebene Notzuständigkeit 328

Vierter Teil: Die Notzuständigkeit *de lege ferenda* 403

§ 15 Europäisches Zuständigkeitsrecht 404
§ 16 Autonomes deutsches Recht 436

Fünfter Teil: Schluss 461

§ 17 Zusammenfassung der Ergebnisse 462

Literaturverzeichnis 471
Sachregister 497

Inhaltsverzeichnis

Inhaltsübersicht	IX
Abkürzungsverzeichnis	XXIII

§ 1 Einführung	1

Erster Teil: Grundlagen ... 7

§ 2 Begriff der Notzuständigkeit, Rechtsverweigerung und Abgrenzungen ... 8

A. Begriff der Notzuständigkeit	8
B. Drohende Rechtsverweigerung als Anlass der Notzuständigkeit	9
I. Begriff der Rechtsverweigerung	9
II. Konstellationen der Rechtsverweigerung	10
1. Negativer internationaler Kompetenzkonflikt	10
2. Unmöglichkeit oder Unzumutbarkeit eines Verfahrens	12
3. Anerkennungslücke	13
C. Menschenrechtsklagen als besondere Herausforderung für die Notzuständigkeit	14
D. Abgrenzungen	17
I. Abgrenzung zur Gerichtsbarkeit	17
II. Abgrenzung zu nicht kontradiktorischen Verfahren der freiwilligen Gerichtsbarkeit	18

§ 3 Rechtsvergleichender Überblick ... 21

A. Notwendigkeit eines rechtsvergleichenden Überblicks	21
B. Ausbreitung der Notzuständigkeit	22
I. Rechtsordnungen mit geschriebener Notzuständigkeit	22
II. Rechtsordnungen mit von der Rechtsprechung anerkannter Notzuständigkeit	28
III. Reformbemühungen in weiteren Rechtsordnungen	28
IV. Rechtsordnungen des Common Law	29
V. Schlussfolgerungen	31
C. Ausgestaltung der Notzuständigkeit	32

I. Grundsätzliche Übereinstimmung der Voraussetzungen	32
II. Unterschiedliche Anforderungen im Einzelnen	33
1. Drohende Rechtsverweigerung	33
2. Inlandsbezug	35
III. Ausgewählte Rechtsordnungen im Detail	37
1. Schweiz	38
2. Österreich	44
3. Niederlande	50
IV. Schlussfolgerungen	55
D. Zusammenfassung	57

§ 4 Rechtsvereinheitlichung … 59

A. Interamerikanische Konvention über die internationale Anerkennungszuständigkeit	59
B. Vorhaben und Übereinkommen der Haager Konferenz für Internationales Privatrecht	59
C. Principles of Transnational Civil Procedure	63
D. Resolutionen des Institut de Droit international	65
E. Resolution der International Law Association	66
F. Leitprinzipien für Wirtschaft und Menschenrechte der Vereinten Nationen	68

§ 5 Zuständigkeitsinteressen und Leitprinzipien der Zuständigkeitsgestaltung … 70

A. Zuständigkeitsinteressen	71
I. Parteiinteressen	71
1. Gegenläufige Parteiinteressen	72
2. Gleichlaufende Parteiinteressen	72
II. Staatsinteressen	74
B. Leitprinzipien der Zuständigkeitsgestaltung	76
I. Zuständigkeitsgerechtigkeit	76
II. Zuständigkeitsklarheit	78

Zweiter Teil: Völker- und verfassungsrechtliche Vorgaben … 83

§ 6 Allgemeines Völkerrecht … 84

A. Sachliche Beschränkung staatlicher Gerichtsbarkeit	84
I. Meinungsstand	86
1. Spürbare Beschränkung der Rechtsprechungsgewalt	87
2. Keine spürbare Beschränkung der Rechtsprechungsgewalt	89

3. Spürbare Beschränkung der Rechtsprechungsgewalt, aber
      Ausnahme für Notzuständigkeit 90
  II. Stellungnahme 91
   1. Notwendigkeit einer Differenzierung zwischen
      zivilrechtlicher Rechtsprechungs- und öffentlich-rechtlicher
      Rechtssetzungsgewalt 91
   2. Keine spürbare Begrenzung der Rechtsprechungsgewalt 95
   3. Keine Besonderheiten im Kontext der Notzuständigkeit 97
  III. Ergebnis 101
 B. Justizieller Mindeststandard 101

§ 7 Europäische Menschenrechtskonvention 104

 A. Das Recht auf Zugang zu Gericht 104
 B. Auswirkungen des Zugangsrechts auf die internationale Zuständigkeit 105
  I. Fragestellung 105
  II. Die Entscheidungen des EGMR in der Rechtssache Naït-Liman . 107
   1. Sachverhalt 108
   2. Anwendungsbereich des Zugangsrechts 109
   3. Verletzung des Zugangsrechts 110
  III. Rezeption in der Literatur 113
  IV. Stellungnahme 115
   1. Anwendungsbereich des Zugangsrechts 115
   2. Verletzung des Zugangsrechts 118
      a) Legitimer Zweck 118
      b) Verhältnismäßigkeitsprüfung 120
         aa) Nicht überzeugende Verkürzung des Prüfungsmaßstabs . 121
         bb) Mangelnde Berücksichtigung der drohenden
             Rechtsverweigerung 123
         cc) Konsequenzen der drohenden Rechtsverweigerung für
             das Zugangsrecht 125
  V. Schlussfolgerungen: Auswirkungen der Entscheidungen des
     EGMR auf die gegenwärtige Auslegung des Zugangsrechts 127
 C. Recht des Beklagten auf Freiheit vor Justiz 129
 D. Ergebnis 131

§ 8 Europarecht: EU-Grundrechtecharta 132

 A. Geltungsbereich der Unionsgrundrechte 132
 B. Das Recht auf einen wirksamen Rechtsbehelf und ein unparteiisches
    Gericht aus Art. 47 GRC 135
  I. Anwendungsbereich und Systematik 135

II. Inhaltliche Reichweite des Zugangsrechts	137
C. Recht des Beklagten auf Freiheit vor Justiz	139
D. Ergebnis	140

§ 9 Grundgesetz 141

A. Der allgemeine Justizgewährungsanspruch des Grundgesetzes 141
    I. Herleitung und Rechtsnatur des allgemeinen
       Justizgewährungsanspruchs 141
    II. Inhalt des allgemeinen Justizgewährungsanspruchs 142
       1. Anwendbarkeit auf Verfahren mit Auslandsbezug 142
       2. Gewährleistungsgehalt 145
         a) Begründung eines Rechts auf ein inländisches
           Erkenntnisverfahren 145
         b) Voraussetzungen des Rechts auf ein inländisches
           Erkenntnisverfahren 148
           aa) Kernbereich inländischer Gerichtsbarkeit 148
           bb) Inländische Letztverantwortlichkeit 149
       3. Beschränkungsmöglichkeiten 156
B. Recht des Beklagten auf Freiheit vor Justiz 158
C. Ergebnis 161

Dritter Teil: Die Notzuständigkeit *de lege lata* 163

Erster Abschnitt: Europäisches Zuständigkeitsrecht 163

§ 10 Bedürfnis internationaler Notzuständigkeit 164

A. Differenzierung zwischen Rechtsakten mit abschließendem und nicht
   abschließendem Zuständigkeitsregime 164
B. Bedürfnis internationaler Notzuständigkeit in
   Drittstaatensachverhalten 170
    I. Rechtsakte mit abschließendem Zuständigkeitsregime 170
    II. Erhöhtes Bedürfnis internationaler Notzuständigkeit infolge
       einer Reflexwirkung ausschließlicher Zuständigkeiten zugunsten
       von Drittstaaten? 171
C. Bedürfnis internationaler Notzuständigkeit
   in Unionssachverhalten 175
    I. Die Annahme eines lückenlosen Zuständigkeitsrechts und der
       Grundsatz des gegenseitigen Vertrauens als Ausgangspunkt ... 175
    II. Negative Kompetenzkonflikte infolge wechselseitiger Zuweisung
       internationaler Zuständigkeit durch mitgliedstaatliche Gerichte . 179
       1. Anwendungsfälle 179

       a) Nicht- oder Falschanwendung europäischen
          Zuständigkeitsrechts 179
       b) Vertretbare Abweichungen innerhalb des
          Entscheidungsspielraums der Mitgliedstaaten 180
       c) Mangelnde Rechtsvereinheitlichung auf europäischer Ebene 181
    2. Begrenzung durch Bindung an ausländische
       Unzuständigkeitsentscheidungen 184
       a) Einführung einer europäischen Rechtskraft für
          Unzuständigkeitsentscheidungen durch den EuGH 184
       b) Umfang der europäischen Rechtskraft für
          Unzuständigkeitsentscheidungen 186
       c) Ablehnung einer europäischen Rechtskraft für
          Unzuständigkeitsentscheidungen 189
       d) Konsequenzen für negative Kompetenzkonflikte 191
  III. Unmöglichkeit eines mitgliedstaatlichen Verfahrens 193
  IV. Unzumutbarkeit eines mitgliedstaatlichen Verfahrens 196
  V. Anerkennungslücke 197
D. Die Person mit unbekanntem Aufenthalt als Grenzfall zwischen
   Unions- und Drittstaatensachverhalt 198
E. Ergebnis 200

§ 11 Ausgestaltung der Notzuständigkeit in den EU-Verordnungen . . . 201

A. Geschriebene Notzuständigkeiten in den Rechtsakten mit
   abschließendem Zuständigkeitsregime 201
  I. Überblick 201
    1. Europäische Unterhaltsverordnung 201
    2. Europäische Erbrechtsverordnung 203
    3. Europäische Güterrechtsverordnungen 206
       a) Die Möglichkeit der ausnahmsweisen
          Unzuständigkeitserklärung 208
       b) Verhältnis zur Auffangzuständigkeit 210
  II. Auslegung und Anwendungsprobleme der Vorschriften 212
    1. Rechtsaktübergreifende und restriktive Auslegung 212
    2. Enger Bezug der Rechtssache zu einem Drittstaat 217
    3. Unmöglichkeit oder Unzumutbarkeit der Verfahrenseinleitung
       oder Verfahrensführung in einem Drittstaat 222
       a) Unmöglichkeit 223
       b) Unzumutbarkeit 227
          aa) Generelle Unzumutbarkeit des Verfahrens 228
          bb) Unzumutbarkeit des konkreten Verfahrens 230

cc) Unzumutbarkeit des persönlichen Erscheinens 232
c) Anwendbarkeit auf Konstellationen einer Anerkennungslücke 234
d) Keine Notwendigkeit einer Verfahrenseinleitung im Drittstaat 238
4. Ausreichender Bezug zu dem Mitgliedstaat des angerufenen Gerichts 239
   a) Hintergrund der Voraussetzung 239
   b) Leitlinien der Auslegung 240
   c) Anwendung auf einzelne Anknüpfungspunkte 243
      aa) Staatsangehörigkeit 243
      bb) Vermögensbelegenheit 246
      cc) Gewöhnlicher Aufenthalt 247
      dd) Anknüpfungspunkte, die in der Vergangenheit in einem Mitgliedstaat vorlagen 248
      ee) Abänderungszuständigkeit 250
      ff) Andere Anknüpfungspunkte 250
   d) Kein Einfluss fehlender Aussicht auf Anerkennung oder Vollstreckung in einem Drittstaat 251
   e) Ausreichender Bezug zu mehreren Mitgliedstaaten 252
5. Kein Ermessen der Gerichte bei der Zuständigkeitsausübung . 252
6. *Perpetuatio fori* 256
7. Kein tatbestandlicher Ausschluss der Notzuständigkeit nach Ausübung der Notzuständigkeit durch einen anderen Mitgliedstaat 260
III. Ergebnis 261
B. Notzuständigkeiten in den Rechtsakten ohne abschließendes Zuständigkeitsregime 263
  I. Brüssel Ia-VO 263
    1. Verbleibender Anwendungsbereich des autonomen Zuständigkeitsrechts – Bedeutung autonomer Notzuständigkeit 263
    2. Reform der Brüssel I-VO 264
       a) Vorarbeiten 264
       b) Kommissionsentwurf 267
       c) Resonanz auf den Kommissionsentwurf 269
          aa) Universalisierung der Zuständigkeitsgründe 269
          bb) Vorschrift zur Notzuständigkeit 270
       d) Scheitern der Universalisierung und Konsequenzen für die Notzuständigkeit 273
       e) Stellungnahme 275
    3. Perspektive für künftige Reformen der Brüssel Ia-VO 277
  II. Brüssel IIa-VO 278

1. Verbleibender Anwendungsbereich des autonomen
   Zuständigkeitsrechts – Bedeutung autonomer Notzuständigkeit ... 278
2. Gesetzliche Anhaltspunkte für eine Notzuständigkeit 279
3. Reform der Brüssel IIa-VO 282

§ 12 Ungeschriebene Notzuständigkeiten 285

A. Bedürfnis in Unionssachverhalten 285
B. Möglichkeit und Notwendigkeit der Ausübung 286
C. Ausgestaltung 290
   I. Rechtsaktübergreifende Anwendung 290
   II. Grundsätzliche Orientierung an den geschriebenen
       Notzuständigkeiten 290
   III. Anwendung auf die potenziellen Fallgruppen drohender
        Rechtsverweigerung 291
       1. Negative internationale Kompetenzkonflikte 291
       2. Unmöglichkeit eines mitgliedstaatlichen Verfahrens 294
       3. Unzumutbarkeit eines mitgliedstaatlichen Verfahrens 298
       4. Anerkennungslücke 301
   IV. Anerkennung in anderen Mitgliedstaaten 303
D. Ergebnis 303

Zweiter Abschnitt: Autonomes deutsches Recht 305

§ 13 Gesetzeslage 305

A. Geschriebene Notzuständigkeiten 305
   I. Fürsorgezuständigkeiten des FamFG 306
      1. Inhalt und Anwendungsbereich 306
      2. Zweck 307
      3. Die Fürsorgezuständigkeiten als gesetzlich normierte
         Notzuständigkeiten? 308
         a) Meinungsstand in der Literatur 308
         b) Stellungnahme 309
            aa) Charakteristische Merkmale einer Notzuständigkeit ... 309
            bb) Anhaltspunkte für die Einordnung als Notzuständigkeit . 309
            cc) Anhaltspunkte gegen die Einordnung als Notzuständigkeit 311
            dd) Würdigung 313
   II. Internationale Zuständigkeit nach dem VerschG 313
      1. Inhalt und Anwendungsbereich 313
      2. Zweck 314
      3. § 12 Abs. 2 VerschG als gesetzlich normierte Notzuständigkeit 315
         a) Charakteristische Merkmale einer Notzuständigkeit 315

　　　　b) Subsidiarität gegenüber anderen Zuständigkeitsgründen ... 315
　　　　c) Drohende Rechtsverweigerung als Anlass 316
　　　　d) Notwendigkeit eines Inlandsbezugs 317
　　III. Schlussfolgerungen 317
B. Exorbitante Zuständigkeiten als typisierte Notzuständigkeit? 318
　　I. Korrelation zwischen exorbitanter Zuständigkeit und
　　　 Notzuständigkeit 319
　　II. Bedürfnis einer Notzuständigkeit neben dem Vermögensgerichtsstand des § 23 ZPO als typisierter Notzuständigkeit? 321
　　　　1. Voraussetzungen des Vermögensgerichtsstandes 321
　　　　2. Konsequenzen für das Bedürfnis einer Notzuständigkeit 322
　　　　3. Keine Typisierung der Notzuständigkeit durch den
　　　　　 Vermögensgerichtsstand des § 23 ZPO 325
　　III. Ergebnis 327
C. Bisherige Reformbemühungen 327

§ 14 Ungeschriebene Notzuständigkeit 328

A. Materialerfassung 330
　　I. Konstellationen der Notzuständigkeit 330
　　II. Vergleichbare Fallgestaltungen 331
　　　　1. Nichtbeachtung der Derogation inländischer Zuständigkeit ... 331
　　　　2. Nichtbeachtung des Einwands ausländischer Rechtshängigkeit . 332
　　　　3. Drohende Rechtsverweigerung bei nicht kontradiktorischen
　　　　　 Verfahren in Familiensachen und Angelegenheiten der
　　　　　 freiwilligen Gerichtsbarkeit 333
B. Mittel zur Vermeidung drohender Rechtsverweigerung ohne
　 Eröffnung einer Notzuständigkeit 334
　　I. Untaugliche Mittel zur Vermeidung drohender
　　　 Rechtsverweigerung 334
　　　　1. Zuständigkeitsrenvoi zur Vermeidung negativer internationaler
　　　　　 Kompetenzkonflikte 334
　　　　　 a) Beachtung eines Zuständigkeitsrenvoi 334
　　　　　 b) Ablehnung eines Zuständigkeitsrenvoi 335
　　　　　 c) Stellungnahme 336
　　　　2. Absehen von dem Erfordernis der Verbürgung der
　　　　　 Gegenseitigkeit 338
　　　　3. Abwägungsmöglichkeit zugunsten der
　　　　　 Zuständigkeitsgerechtigkeit im Rahmen der Prüfung des
　　　　　 anerkennungsrechtlichen *ordre public* 339

II. Keine Gewährung international ausschließlicher Zuständigkeit zugunsten ausländischer Gerichte bei drohender Rechtsverweigerung 341
III. Berücksichtigung der Anerkennungsfähigkeit bei der Auslegung einer Prorogation ausländischer Gerichte 343
IV. Anerkennungszuständigkeit infolge spiegelbildlicher Anwendung der Notzuständigkeit 345
V. Ergebnis 348
C. Voraussetzungen der Notzuständigkeit 349
  I. Drohende Rechtsverweigerung 349
    1. Fallgruppen drohender Rechtsverweigerung 349
      a) Negativer internationaler Kompetenzkonflikt 349
      b) Unmöglichkeit oder Unzumutbarkeit eines ausländischen Verfahrens 351
        aa) Unmöglichkeit eines ausländischen Verfahrens 351
        bb) Unzumutbarkeit eines ausländischen Verfahrens 354
      c) Anerkennungslücke 357
    2. Keine eigenständige Notzuständigkeit aufgrund eines (voraussichtlichen) Verstoßes einer ausländischen Entscheidung gegen den *ordre public* 359
    3. Keine eigenständige Ersatzzuständigkeit bei befürchteter Falschanwendung deutschen Rechts 362
    4. Keine eigenständige Notzuständigkeit auf dem Gebiet des einstweiligen Rechtsschutzes 363
  II. Bestimmung der maßgeblichen ausländischen Staaten 365
  III. Nachweis der drohenden Rechtsverweigerung 366
    1. Keine Berücksichtigung unzureichend dargelegten Parteivortrages 367
    2. Keine Notwendigkeit eines ausländischen Verfahrens oder einer ausländischen Entscheidung 368
    3. Konkretisierung des Gefahrbegriffs 369
      a) Fallgruppen mit überwiegend geringeren Anforderungen an den Nachweis der Gefahr einer Rechtsverweigerung 370
      b) Fallgruppen mit überwiegend höheren Anforderungen an den Nachweis der Gefahr einer Rechtsverweigerung 371
  IV. Inlandsbezug 372
    1. Notwendigkeit einer Inlandsbeziehung 372
    2. Konkrete Anforderungen an die Inlandsbeziehung 373
      a) Meinungsstand 374
        aa) Weitreichender Ansatz 374

　　　　bb) Restriktiver Ansatz 375
　　　　cc) Differenzierende Ansätze 375
　　　　dd) Anerkannte Fallgruppen im Rahmen internationaler
　　　　　　Scheidungszuständigkeit 376
　　　b) Stellungnahme 377
　　　　aa) Notwendigkeit einer Einzelfallbetrachtung 377
　　　　bb) Leitlinien der Einzelfallbetrachtung 378
　　　　cc) Anwendung auf einzelne Anknüpfungspunkte 379
　　　c) Besonderheiten im Umgang mit Menschenrechtsklagen? . . . 382
　　　　aa) Keine Ausnahme von dem Erfordernis einer
　　　　　　Inlandsbeziehung 382
　　　　bb) Sitz der Konzernmutter im Inland als hinreichender
　　　　　　Anknüpfungspunkt einer Inlandsbeziehung 383
　　V. Ergebnis 386
D. Im Zusammenhang mit der Notzuständigkeit auftretende Probleme . 387
　　I. Örtliche Zuständigkeit 387
　　　1. Meinungsstand 388
　　　　a) Bestimmung durch das höhere Gericht 388
　　　　b) Wahlmöglichkeit des Rechtssuchenden 388
　　　　c) Auffangzuständigkeit im Bezirk des AG Schöneberg in Berlin 389
　　　2. Stellungnahme 390
　　II. *Perpetuatio fori* 395
　　　1. Meinungsstand 395
　　　　a) Annahme einer *perpetuatio fori* 395
　　　　b) Ablehnung einer *perpetuatio fori* 396
　　　2. Stellungnahme 396
　　III. Verfahrensaussetzung bei Unklarheiten über
　　　　Rechtsschutzmöglichkeiten im Ausland 398
　　IV. Keine Rechtskraft einer inländischen Prozessabweisung bei
　　　　nachfolgender Prozessabweisung in dem aus deutscher Sicht
　　　　zuständigen Staat 400
　　V. Ergebnis 401

Vierter Teil: Die Notzuständigkeit *de lege ferenda* 403

§ 15 Europäisches Zuständigkeitsrecht 404

A. Drittstaatensachverhalte 405
　　I. Rechtsakte mit abschließendem Zuständigkeitsregime 406
　　　1. Kein unmittelbarer gesetzgeberischer Handlungsbedarf 406
　　　2. Anpassungs- und Präzisierungsmöglichkeiten 406

a) Festlegung des engen Bezugs zu einem Drittstaat	406
b) Ausdrückliche Einbeziehung der Anerkennungslücke	407
c) Auflisten von weiteren Beispielen für den ausreichenden Bezug zu einem Mitgliedstaat	408
d) Kein Ermessen der Gerichte bei der Zuständigkeitsausübung	409
e) Klarstellung des Verhältnisses zu den begrenzten Auffangzuständigkeiten	410
II. Rechtsakte ohne abschließendes Zuständigkeitsregime	411
1. Im Falle der Beibehaltung der Restzuständigkeiten	411
2. Im Falle der Universalisierung der Zuständigkeitsvorschriften .	412
a) Universalisierung der Zuständigkeitsvorschriften als wünschenswertes Ziel	412
b) Aufnahme einer geschriebenen Vorschrift zur Notzuständigkeit	414
3. Reformdiskussionen in Bezug auf Menschenrechtsklagen . . .	418
III. Ergebnis	421
B. Unionssachverhalte	422
I. Vorrangige Mittel zur Vermeidung einer drohenden Rechtsverweigerung	422
1. Einführung einer bindenden Verweisungsmöglichkeit	423
2. Verordnungsautonome Anknüpfung anstelle der gegenwärtigen Wohnsitzanknüpfung im Anwendungsbereich der Brüssel Ia-VO	425
3. Besondere (Not-)Zuständigkeit für die Scheidung gleichgeschlechtlicher Ehen	427
II. Kodifizierung der Notzuständigkeit?	428
1. Verbleibender Anwendungsbereich der Notzuständigkeit	428
2. Eigenständige Regelung der Anerkennungslücke	430
3. Keine Kodifizierung einer allgemeinen Notzuständigkeit für sonstige Anwendungsfälle	432
III. Ergebnis	434
§ 16 Autonomes deutsches Recht	436
A. Kodifizierung der Notzuständigkeit	436
I. Eigenständige Bedeutung des autonomen Zuständigkeitsrechts trotz fortschreitender Europäisierung	436
II. Möglichkeit der Kodifizierung	438
III. Meinungsstand zur Kodifizierung der Notzuständigkeit	438
1. Ablehnung einer geschriebenen Notzuständigkeit	438
2. Aufnahme einer geschriebenen Notzuständigkeit	440
IV. Stellungnahme	441

B. Ausgestaltung der geschriebenen Notzuständigkeit 446
   I. Grundsätzliche Orientierung an den europäischen Vorschriften
      zur Notzuständigkeit 446
   II. Drohende Rechtsverweigerung 447
      1. Fallgruppen der Rechtsverweigerung 447
      2. Gefahr der Rechtsverweigerung 449
      3. Maßgebliches Ausland 450
   III. Inlandsbezug 450
      1. Erforderlichkeit eines Inlandsbezugs 450
      2. Ausgestaltung 452
   IV. Keine Besonderheiten für Menschenrechtsklagen 454
   V. Rechtsfolge 457
   VI. Örtliche Zuständigkeit 457
C. Ergebnis 458

Fünfter Teil: Schluss 461

§ 17 Zusammenfassung der Ergebnisse 462

A. Grundzüge der Notzuständigkeit 462
B. Völker- und verfassungsrechtliche Vorgaben 462
C. Europäisches Zuständigkeitsrecht 463
   I. *De lege lata* 463
      1. Geschriebene Notzuständigkeiten 464
      2. Ungeschriebene Notzuständigkeiten 465
   II. *De lege ferenda* 466
      1. Drittstaatensachverhalte 466
      2. Unionssachverhalte 467
D. Autonomes deutsches Zuständigkeitsrecht 467
   I. *De lege lata* 467
   II. *De lege ferenda* 469

Literaturverzeichnis 471
Sachregister 497

Abkürzungsverzeichnis

a. A.	anderer Ansicht
a. E.	am Ende
a. F.	alte Fassung
aaO.	am angegebenen Ort
ABl.	Amtsblatt
Abs.	Absatz, Absätze
AC	Law Reports, Appeal Cases
AcP	Archiv für die civilistische Praxis
AEUV	Vertrag über die Arbeitsweise der Europäischen Union
AG	Amtsgericht
AG	Die Aktiengesellschaft (Zeitschrift)
AJIL	American Journal of International Law
AktG	Aktiengesetz
ALI	American Law Institute
Alt.	Alternative
Anh.	Anhang
Art, Art., Artt.	Artikel
Aufl.	Auflage
AUG	Auslandsunterhaltsgesetz
AVR	Archiv des Völkerrechts
BAG	Bundesarbeitsgericht
BayObLG	Bayerisches Oberstes Landesgericht
BCSC	British Columbia Supreme Court
BeckRS	Beck'sche Rechtsprechungssammlung
Begr.	Begründer
BegrRegE	Begründung des Regierungsentwurfs
BerDGesIntR	Berichte der Deutschen Gesellschaft für Internationales Recht
BerDGesVölkR	Berichte der Deutschen Gesellschaft für Völkerrecht (ab 2014: BerDGesIntR)
Beschl.	Beschluss, Beschlüsse
BGB	Bürgerliches Gesetzbuch
BGBl.	Bundesgesetzblatt
BGE	Entscheidungen des Schweizerischen Bundesgerichts, Amtliche Sammlung
BGH	Bundesgerichtshof
BGHZ	Entscheidungen des Bundesgerichtshofs in Zivilsachen
BR-Drs.	Drucksachen des Deutschen Bundesrates
Brüssel I-VO	Verordnung (EG) Nr. 44/2001 des Rates vom 22. Dezember 2000 über die gerichtliche Zuständigkeit und die Anerkennung

	und Vollstreckung von Entscheidungen in Zivil- und Handelssachen
Brüssel Ia-VO	Verordnung (EU) Nr. 1215/2012 des Europäischen Parlaments und des Rates vom 12. Dezember 2012 über die gerichtliche Zuständigkeit und die Anerkennung und Vollstreckung von Entscheidungen in Zivil- und Handelssachen
Brüssel IIa-VO	Verordnung (EG) Nr. 2201/2003 des Rates vom 27. November 2003 über die Zuständigkeit und die Anerkennung und Vollstreckung von Entscheidungen in Ehesachen und in Verfahren betreffend die elterliche Verantwortung und zur Aufhebung der Verordnung (EG) Nr. 1347/2000
Brüssel IIb-VO	Verordnung (EU) 2019/1111 des Rates vom 25. Juni 2019 über die Zuständigkeit, die Anerkennung und Vollstreckung von Entscheidungen in Ehesachen und in Verfahren betreffend die elterliche Verantwortung und über internationale Kindesentführungen
BT-Drs.	Drucksachen des Deutschen Bundestages
BVerfG	Bundesverfassungsgericht
BVerfGE	Entscheidungen des Bundesverfassungsgerichts
BYIL	British Yearbook of International Law
bzw.	beziehungsweise
C	communications
Cass. civ. 1re	Cour de Cassation, Première chambre civile
Cass. soc.	Cour de Cassation, Chambre sociale
CDT	Cuadernos de Derecho Transnacional
CMLRev.	Common Market Law Review
CMR	Convention relative au Contrat de transport international de marchandises par route – Übereinkommen über den Beförderungsvertrag im internationalen Straßengüterverkehr
d. h.	das heißt
DDR	Deutsche Demokratische Republik
ders.	derselbe
dies.	dieselbe(n)
Duke J Comp. & Int. Law	Duke Journal of Comparative & International Law
EG	Europäische Gemeinschaft
EGBGB	Einführungsgesetz zum Bürgerlichen Gesetzbuche
EGInsO	Einführungsgesetz zur Insolvenzordnung
EGMR	Europäischer Gerichtshof für Menschenrechte
EGZPO	Gesetz, betreffend die Einführung der Zivilprozeßordnung
EKMR	Europäische Kommission für Menschenrechte
ELI	European Law Institute
EMRK	Europäische Menschenrechtskonvention
endg.	endgültig
Entsch.	Entscheidung
ErbR	Zeitschrift für die gesamte erbrechtliche Praxis
ErwSÜ	Übereinkommen über den internationalen Schutz von Erwachsenen
EU	Europäische Union, European Union

EuErbVO	Verordnung (EU) Nr. 650/2012 des Europäischen Parlaments und des Rates vom 4. Juli 2012 über die Zuständigkeit, das anzuwendende Recht, die Anerkennung und Vollstreckung von Entscheidungen und die Annahme und Vollstreckung öffentlicher Urkunden in Erbsachen sowie zur Einführung eines Europäischen Nachlasszeugnisses
EuGH	Europäischer Gerichtshof
EuGüVO	Verordnung (EU) 2016/1103 des Rates vom 24. Juni 2016 zur Durchführung einer Verstärkten Zusammenarbeit im Bereich der Zuständigkeit, des anzuwendenden Rechts und der Anerkennung und Vollstreckung von Entscheidungen in Fragen des ehelichen Güterstands
EuGVÜ	Brüsseler EWG-Übereinkommen über die gerichtliche Zuständigkeit und die Vollstreckung gerichtlicher Entscheidungen in Zivil- und Handelssachen vom 27. September 1968
EuInsVO	Verordnung (EU) 2015/848 des Europäischen Parlaments und des Rates vom 20. Mai 2015 über Insolvenzverfahren
EuPartVO	Verordnung (EU) 2016/1104 des Rates vom 24. Juni 2016 zur Durchführung der Verstärkten Zusammenarbeit im Bereich der Zuständigkeit, des anzuwendenden Rechts und der Anerkennung und Vollstreckung von Entscheidungen in Fragen güterrechtlicher Wirkungen eingetragener Partnerschaften
EuR	Europarecht (Zeitschrift)
EuUntVO	Verordnung (EG) Nr. 4/2009 des Rates vom 18. Dezember 2008 über die Zuständigkeit, das anwendbare Recht, die Anerkennung und Vollstreckung von Entscheidungen und die Zusammenarbeit in Unterhaltssachen
EUV	Vertrag über die Europäische Union
EuZPR	Europäisches Zivilprozessrecht
EuZVR	Europäisches Zivilverfahrensrecht
EuZW	Europäische Zeitschrift für Wirtschaftsrecht
EWHC	England and Wales High Court
f., ff.	folgend(e)
Fam	Family Division
FamFG	Gesetz über das Verfahren in Familiensachen und in den Angelegenheiten der freiwilligen Gerichtsbarkeit
FamRBint	Der Familien-Rechtsberater international
FamRZ	Zeitschrift für das gesamte Familienrecht
FernUSG	Gesetz zum Schutz der Teilnehmer am Fernunterricht
FGG	Gesetz über die Angelegenheiten der freiwilligen Gerichtsbarkeit
Fn.	Fußnote(n)
FPR	Familie Partnerschaft Recht
FS	Festschrift
GA	Generalanwalt
Geo. J. Int'l L.	Georgetown Journal of International Law
GG	Grundgesetz
GPR	Zeitschrift für das Privatrecht der Europäischen Union

GRC	Charta der Grundrechte der Europäischen Union
GS	Gedächtnisschrift
GVG	Gerichtsverfassungsgesetz
h. M.	herrschende Meinung
HAVÜ	Haager Übereinkommen vom 2. Juli 2019 über die Anerkennung und Vollstreckung ausländischer Urteile in Zivil- oder Handelssachen
HGÜ	Haager Übereinkommen vom 30. Juni 2005 über Gerichtsstandsvereinbarungen
Hrsg.	Herausgeber
hrsg.	herausgegeben
HUP	Haager Protokoll vom 23. November 2007 über das auf Unterhaltspflichten anzuwendende Recht
i. V. m.	in Verbindung mit
ICLQ	International & Comparative Law Quarterly
IntErbRVG	Internationales Erbrechtsverfahrensgesetz
IntGüRVG	Internationales Güterrechtsverfahrensgesetz
IPR	Internationales Privatrecht
IPRax	Praxis des Internationalen Privat- und Verfahrensrechts
IPRG	Gesetz über das Internationale Privatrecht
IPRspr.	Die deutsche Rechtsprechung auf dem Gebiete des Internationalen Privatrechts
IZPR	Internationales Zivilprozessrecht
IZVR	Internationales Zivilverfahrensrecht
JBl.	Juristische Blätter (Österreich)
JN	Jurisdiktionsnorm (Österreich)
JPIL	Journal of Private International Law
JR	Juristische Rundschau
JuS	Juristische Schulung
JZ	Juristenzeitung
Kap.	Kapitel
KG	Kammergericht
KOM	Dokumente der Europäischen Kommission
L	legislation
LAG	Landesarbeitsgericht
LG	Landgericht
LGVE	Luzerner Gerichts- und Verwaltungsentscheide
lit., litt.	littera(e)
LMK	Lindenmaier-Möhring – Kommentierte BGH-Rechtsprechung
LugÜ	Übereinkommen vom 30. Oktober 2007 über die gerichtliche Zuständigkeit und die Anerkennung und Vollstreckung von Entscheidungen in Zivil- und Handelssachen
m. w. N.	mit weiteren Nachweisen
MDR	Monatsschrift für Deutsches Recht
MittBayNot	Mitteilungen des Bayerischen Notarvereins, der Notarkasse und der Landesnotarkammer Bayern
MPILux	Max Planck Institute Luxembourg for International, European and Regulatory Procedural Law

n. F.	neue Fassung
n°, n.°, N°, N.°, No.	número, numéro, Nummer
NILR	Netherlands International Law Review
NJW	Neue Juristische Wochenschrift
NJW-RR	Neue Juristische Wochenschrift – Rechtsprechungs-Report Zivilrecht
Nr.	Nummer(n)
NVwZ	Neue Zeitschrift für Verwaltungsrecht
Nw. J. Int'l Hum. Rts.	Northwestern Journal of International Human Rights
Nw. J. Int'l L. & Bus.	Northwestern Journal of International Law & Business
NZA	Neue Zeitschrift für Arbeitsrecht
NZA-RR	NZA-Rechtsprechungs-Report Arbeitsrecht
NZFam	Neue Zeitschrift für Familienrecht
NZG	Neue Zeitschrift für Gesellschaftsrecht
ÖBl.	Österreichische Blätter für gewerblichen Rechtsschutz und Urheberrecht
OGH	Oberster Gerichtshof (Österreich)
OLG	Oberlandesgericht
OLGZ	Entscheidungen der Oberlandesgerichte in Zivilsachen
ONCA	Ontario Court of Appeal
ONSC	Ontario Superior Court of Justice
QB	Queen's Bench Division
QCCA	Court of Appeal of Quebec
QCCS	Superior Court (Quebec)
RabelsZ	Rabels Zeitschrift für ausländisches und internationales Privatrecht
Rev. crit. dr. internat. privé	Revue critique de droit international privé
Rev. science crim. et dr. pén. comparé	Revue de science criminelle et de droit pénal comparé
Rev. trim. dr. h.	Revue trimestrielle des droits de l'homme
RG	Reichsgericht
RGZ	Entscheidungen des Reichsgerichts in Zivilsachen
Riv. dir. int.	Rivista di diritto internazionale
Riv. dir. int. priv. proc.	Rivista di diritto internazionale privato e processuale
RIW	Recht der Internationalen Wirtschaft
Rn.	Randnummer(n)
RNotZ	Rheinische Notar-Zeitschrift
Rom I-VO	Verordnung (EG) Nr. 593/2008 des Europäischen Parlaments und des Rates vom 17. Juni 2008 über das auf vertragliche Schuldverhältnisse anzuwendende Recht
Rom II-VO	Verordnung (EG) Nr. 864/2007 des Europäischen Parlaments und des Rates vom 11. Juli 2007 über das auf außervertragliche Schuldverhältnisse anzuwendende Recht
Rom III-VO	Verordnung (EU) Nr. 1259/2010 des Rates vom 20. Dezember 2010 zur Durchführung einer Verstärkten Zusammenarbeit im Bereich des auf die Ehescheidung und Trennung ohne Auflösung des Ehebandes anzuwendenden Rechts
RRa	ReiseRecht aktuell

Rs.	Rechtssache
S.	Satz, Sätze, Seite(n)
sog.	sogenannte(r, n)
SRIEL	Swiss Review of International and European Law
StAZ	Das Standesamt (Zeitschrift)
StGB	Strafgesetzbuch
Sw. J. Int'l L.	Southwestern Journal of International Law
SZIER	Schweizerische Zeitschrift für internationales und europäisches Recht (ab 2016: SRIEL)
u. a.	und andere, unter anderem
UBC L. Rev.	University of British Columbia Law Review
UC Irvine L. Rev.	UC Irvine Law Review
UdSSR	Union der Sozialistischen Sowjetrepubliken
UKSC	Supreme Court of the United Kingdom
UN-Antifolterkonvention	Übereinkommen gegen Folter und andere grausame, unmenschliche oder erniedrigende Behandlung oder Strafe vom 10. Dezember 1984
UN, U.N.	United Nations
UNIDROIT	Institut international pour l'unification du droit privé – International Institute for the Unification of Private Law
Unterabs.	Unterabsatz
Urt.	Urteil
USA	United States of America
Utrecht J. Int'l & Eur. L.	Utrecht Journal of International and European Law
v.	vom, von
Var.	Variante
VerschG	Verschollenheitsgesetz
VersR	Versicherungsrecht (Zeitschrift)
vgl.	vergleiche
VO	Verordnung
Vor, Vorbem	Vorbemerkung(en)
VStGB	Völkerstrafgesetzbuch
WarnRspr.	Rechtsprechung des Reichsgerichts
WiRO	Wirtschaft und Recht in Osteuropa
WKRS	Wolters Kluwer Rechtsprechung
YbPIL	Yearbook of Private International Law
z. B.	zum Beispiel
ZErb	Zeitschrift für die Steuer- und Erbrechtspraxis
ZEuP	Zeitschrift für Europäisches Privatrecht
ZEuS	Zeitschrift für Europarechtliche Studien
ZfRV	Zeitschrift für Europarecht, internationales Privatrecht und Rechtsvergleichung
ZGR	Zeitschrift für Unternehmens- und Gesellschaftsrecht
ZPO	Zivilprozessordnung
ZR	Blätter für Zürcherische Rechtsprechung
ZRP	Zeitschrift für Rechtspolitik
ZStW	Zeitschrift für die gesamte Strafrechtswissenschaft
ZVglRWiss	Zeitschrift für Vergleichende Rechtswissenschaft

Zwischenurt.	Zwischenurteil
ZWR	Zeitschrift für Walliser Rechtsprechung
ZZP	Zeitschrift für Zivilprozess
ZZPInt	Zeitschrift für Zivilprozess International

§ 1 Einführung

In internationalen Zivilverfahren kann ein Rechtssuchender ausnahmsweise auf Rechtsschutz durch einen Staat angewiesen sein, in dem an sich keine internationale Zuständigkeit vorgesehen ist. Dies ist zum Beispiel der Fall, sofern sich keiner der Staaten als international zuständig erachtet, zu dem der Sachverhalt einen Bezug aufweist. Weiterhin können etwa Konstellationen auftreten, in denen das an sich zuständige Ausland aus tatsächlichen Gründen wie einem Bürgerkrieg[1] an der Rechtsschutzgewährung gehindert ist. Um den Rechtssuchenden nicht rechtsschutzlos zu stellen, sehen einige Staaten die Möglichkeit vor, in diesen Ausnahmefällen eine internationale Zuständigkeit auszuüben. Da aufgrund der besonderen Umstände des Einzelfalls mithin eine Zuständigkeit ausgeübt wird, die unter gewöhnlichen Umständen nicht ausgeübt werden könnte, wird dieser Zuständigkeitsgrund als Notzuständigkeit bezeichnet[2].

Im autonomen deutschen Zuständigkeitsrecht ist die Notzuständigkeit nicht ausdrücklich geregelt, sondern lediglich in der Rechtsprechung und Literatur anerkannt[3]. Zudem wird eine Notzuständigkeit bereits aufgrund ihres Ausnahmecharakters rechtspraktisch nur selten ausgeübt[4]. Dennoch hat sich das deutschsprachige Schrifttum seit jeher mit den Fragen auseinandergesetzt, wie Rechtsverweigerung im Allgemeinen vermieden werden könnte[5] und eine Notzuständigkeit im Besonderen ausgeübt werden sollte[6]. In den vergangenen Jah-

---

[1] Dieses Beispiel wird ausdrücklich in den Erwägungsgründen 16 S. 2 EuUntVO, 31 S. 2 EuErbVO, 41 S. 2 EuGüVO und 40 S. 2 EuPartVO angeführt.

[2] Vgl. auch Dissenting Opinion of Judge *Serghides*, Rn. 112, zu EGMR (Große Kammer), Urt. v. 15.3.2018, Nr. 51357/07 – Naït-Liman/Schweiz; *Nkenkeu-Keck*, Rev. trim. dr. h. 116 (2018), 985, 995.

[3] Siehe ausführlich unten unter §§ 13–14 (S. 305 ff.).

[4] Siehe nur *Roorda/Ryngaert*, RabelsZ 80 (2016), 783, 788; *Stadler/Klöpfer*, ZEuP 2015, 732, 751.

[5] Z. B. für die Beachtlichkeit eines sog. Zuständigkeitsrenvoi, um Rechtsverweigerung zu vermeiden, *Milleker*, Der Negative Internationale Kompetenzkonflikt, S. 76 f., 118 ff., 165 ff.; *Schröder*, Internationale Zuständigkeit, S. 789 ff.

[6] Siehe *Hausmann* in Wieczorek/Schütze, ZPO, 3. Aufl., Vor § 12 Rn. 87; *Kralik*, ZZP 74 (1961), 2, 19 f.; *Kropholler* in Hdb. IZVR I, Kap. III, Rn. 192 ff.; *Neuhaus*, RabelsZ 20 (1955), 201, 265 f.; *ders.*, Grundbegriffe des Internationalen Privatrechts, S. 427; *R. Neuner*, Inter-

ren ist die Notzuständigkeit durch eine Reihe von Ereignissen und Entwicklungen wieder vermehrt in den Fokus auch rechtspraktischer Aufmerksamkeit gerückt[7]: Erstens wurde eine ausdrückliche Vorschrift zur Notzuständigkeit in einige Rechtsakte des Europäischen Zivilverfahrensrechts aufgenommen. Als erster Rechtsakt enthielt die im Jahr 2008 verabschiedete EuUntVO eine Notzuständigkeit[8]. Daneben sehen derzeit die EuErbVO[9] sowie die EuGüVO[10] und EuPartVO[11] jeweils eine geschriebene Notzuständigkeit vor. Zweitens hat sich die Große Kammer des EGMR im Jahre 2018 mit der Schweizer Vorschrift zur Notzuständigkeit auseinandergesetzt[12]. Diese Entscheidung wirft ein Schlaglicht auf die Frage, ob eine Notzuständigkeit aufgrund von völker- oder verfassungsrechtlichen Vorgaben ausgeübt werden muss, wenn einem Rechtssuchenden andernfalls Rechtsverweigerung droht. Drittens zeigt sich aktuell der rechtsvergleichende Trend, eine geschriebene Notzuständigkeit in das Internationale Zivilverfahrensrecht aufzunehmen[13]. Viele jüngere Neukodifikationen des Internationalen Privat- und Verfahrensrechts enthalten diesen Zuständigkeitsgrund. Viertens und letztens bietet die Notzuständigkeit eine potenzielle

---

nationale Zuständigkeit, S. 53; *Pfeiffer*, Internationale Zuständigkeit, insbesondere S. 449 ff.; *Schröder*, Internationale Zuständigkeit, insbesondere S. 199 ff.; *Walchshöfer*, ZZP 80 (1967), 165, 203 ff.

[7] Vgl. mit Blick auf die rechtswissenschaftliche Aufmerksamkeit allein die Vielzahl von aktuellen Veröffentlichungen, die sich ausdrücklich mit der Notzuständigkeit beschäftigen: *Aden*, ZVglRWiss 106 (2007), 490; *Biagioni*, CDT (März 2012), 20; *Bidell*, Zuständigkeiten der EuGVO, S. 167 ff.; *Boskovic*, Revue des sociétés 2018, 467; *Burgstaller/Neumayr* in FS für Schlosser, S. 119; *Cafari Panico* in Pocar/Viarengo/Villata, Recasting Brussels I, S. 127; *Eicher*, Rechtsverwirklichungschancen, S. 265 ff.; *Ereciński/Weitz* in FS für Kaissis, S. 187; *Franzina* in Viarengo/Villata, Planning the Future of Cross Border Families, S. 325; *Hau* in FS für Kaissis, S. 355; *Krümmel* in Graf von Westphalen, Deutsches Recht im Wettbewerb, S. 70; *Kübler-Wachendorff*, Das forum necessitatis; *Lagarde* in Liber amicorum für Kohler, S. 255; *La Manna*, Riv. dir. int. priv. proc. 2019, 349; *Marchadier*, Rev. crit. dr. internat. privé 2018, 663; *McEvoy*, Revue générale de droit 35 (2005), 61; *Mora*, NILR 65 (2018), 155; *Nwapi*, UBC L. Rev. 47 (2014), 211; *ders.*, Utrecht J. Int'l & Eur. L. 30 (2014), 24; *Peari*, Osgoode Hall Law Journal 55 (2018), 225; *Posyniak*, The Advocate (Vancouver Bar Association) 73 (2015), 43; *Rétornaz/Volders*, Rev. crit. dr. internat. privé 2008, 225; *Roorda/Ryngaert*, RabelsZ 80 (2016), 783; *Ryngaert*, Riv. dir. int. 100 (2017), 782; *Schütze* in FS für Rechberger, S. 567; *Sobkin*, Osgoode Hall Law Journal 55 (2018), 203; *Rossolillo*, CDT (März 2010), 403; *Ubertazzi*, Exclusive Jurisdiction, S. 245 ff.; *Walker*, Canadian Business Law Journal 48 (2009), 135.

[8] Art. 7 EuUntVO.
[9] Art. 11 EuErbVO.
[10] Art. 11 EuGüVO.
[11] Art. 11 EuPartVO.
[12] EGMR (Große Kammer), Urt. v. 15.3.2018, Nr. 51357/07 – Naït-Liman/Schweiz.
[13] Siehe unten unter § 3 B I (S. 22 ff.), § 3 B V (S. 31 f.).

Abhilfemöglichkeit für sogenannte Menschenrechtsklagen wegen unternehmerischen Sorgfaltspflichtverletzungen[14]. Diese Menschenrechtsklagen werden gegenwärtig nicht nur lebhaft im Schrifttum diskutiert, sondern beschäftigen vermehrt auch europäische Gerichte[15]. Angesichts dieser Entwicklungen zeigt sich deutlich, dass die Notzuständigkeit ausgehend von einem „wissenschaftlichen Faszinosum"[16] nunmehr in der internationalen und supranationalen Rechtspraxis angekommen ist.

Die Notzuständigkeit wirft eine Vielzahl von Problemen und Fragen auf, die bislang nur unzureichend geklärt sind[17]. Mit Blick auf das Europäische Zivilverfahrensrecht fällt zunächst die Unbestimmtheit der geschriebenen Notzuständigkeiten auf. So setzt zum Beispiel Art. 7 EuUntVO voraus, dass das Verfahren in einem Drittstaat „nicht zumutbar" ist oder sich als „unmöglich" erweist. Zu diesem Drittstaat muss der Rechtsstreit einen „engen Bezug" aufweisen, während zu dem Mitgliedstaat des angerufenen Gerichts ein „ausreichender Bezug" bestehen muss. Diese Unbestimmtheit steht in einem Spannungsverhältnis zum Prinzip der Zuständigkeitsklarheit, das im Internationalen Zivilverfahrensrecht grundsätzlich verfolgt wird[18]. Daher ist es eines der Hauptziele der Arbeit, die geschriebenen Notzuständigkeiten zu konkretisieren, um bereits *de lege lata* eine rechtssichere Anwendung der Vorschriften zu ermöglichen.

Weiterhin werfen die europäischen Notzuständigkeiten Kohärenzfragen auf. Denn zum einen sehen lediglich die neueren Rechtsakte des Internationalen Familien- und Erbrechts geschriebene Notzuständigkeiten vor, während die Notzuständigkeit weder in der Brüssel Ia-VO noch in der Brüssel IIa-VO erwähnt wird. Zum anderen sind die bislang geschriebenen Notzuständigkeiten aus-

---

[14] Siehe nur *Augenstein/Jägers* in Álvarez Rubio/Yiannibas, Human Rights in Business, S. 7, 28 ff.; *C. Hartmann* in Krajewski/Saage-Maaß, Durchsetzung menschenrechtlicher Sorgfaltspflichten von Unternehmen, S. 281, 293 ff.; *Michoud*, SRIEL 30 (2020), 3, 17 ff.; *Nwapi*, Utrecht J. Int'l & Eur. L. 30 (2014), 24; *Roorda/Ryngaert*, RabelsZ 80 (2016), 783.

[15] Siehe unten unter § 2 C (S. 14 ff.).

[16] So die eingängige Formulierung von *Hau* in FS für Kaissis, S. 355.

[17] Vgl. *Nwapi*, UBC L. Rev. 47 (2014), 211, 272, der im Hinblick auf die Notzuständigkeit bemerkt: „its exact nature and scope of application remains under-explored in both jurisprudence and literature"; *Roorda/Ryngaert*, RabelsZ 80 (2016), 783, 786 („the exact scope and conditions of application of forum of necessity remain underdetermined"); *Rossolillo*, CDT (März 2010), 403, 404 („una figura sulla cui definizione e sui cui caratteri la dottrina non ha ancora trovato un perfetto punto di accord"). Vgl. auch *Pfeiffer*, Internationale Zuständigkeit, S. 461, nach dem die Grenzfälle der Reichweite des Justizanspruchs – und damit der Eröffnung einer Notzuständigkeit – in Rechtsprechung und Literatur noch nicht ausdiskutiert seien. Vgl. ferner *Michaels* in Basedow/Rühl/Ferrari/de Miguel Asensio, Encyclopedia of Private International Law, S. 1042, 1050.

[18] Vgl. *Kübler-Wachendorff*, Das forum necessitatis, S. 5; *M. Stürner/Pförtner*, GPR 2019, 222, 228.

drücklich darauf beschränkt, dass ein Verfahren in einem *Drittstaat* unmöglich oder unzumutbar ist. Reine Unionssachverhalte werden von den Vorschriften somit von vornherein nicht erfasst. Vor diesem Hintergrund ist es ein weiteres Ziel der Arbeit, zu klären, ob von den geschriebenen Notzuständigkeiten bereits sämtliche potenziellen Anwendungsfälle abgedeckt werden. Sollte dies nicht der Fall sein, stellt sich darüber hinaus die Frage, ob und bejahendenfalls wie eine Notzuständigkeit in den verbleibenden Konstellationen ausgeübt werden sollte.

Mit Blick auf das autonome deutsche Zuständigkeitsrecht herrscht eine andere Ausgangslage: Da die Notzuständigkeit nicht ausdrücklich geregelt ist, ist in besonderem Maße unklar, welche Anforderungen an diesen Zuständigkeitsgrund zu stellen sind[19]. Die Arbeit soll in diesem Zusammenhang nicht nur einen verlässlichen Überblick über die zum Teil unübersichtliche Rechtsprechungs- und Literaturlage liefern, sondern einen Leitfaden für den Umgang mit der Notzuständigkeit entwerfen. Angesichts des Umstands, dass die Notzuständigkeit im autonomen Recht bislang nicht ausdrücklich geregelt ist, stellt sich ferner unweigerlich die Frage, ob eine solche Vorschrift künftig eingeführt werden sollte. Daher kann die Arbeit nicht darauf beschränkt werden, die gegenwärtige Rechtslage zu erläutern. Vielmehr ist es ein weiteres Hauptziel der Arbeit, sowohl in Bezug auf das europäische als auch das autonome deutsche Zuständigkeitsrecht einen Vorschlag zu unterbreiten, wie die Notzuständigkeit *de lege ferenda* ausgestaltet und ausgeübt werden sollte.

Eines Teils der aufgeworfenen Fragen hat sich bereits *Kübler-Wachendorff* in seinem ebenfalls in dieser Reihe erschienenen Werk angenommen[20]. Dessen gedankenreiche Ausführungen, die sich zuvorderst auf die Auslegung der geschriebenen Notzuständigkeiten des Europäischen Zivilverfahrensrechts fokussieren[21], wurden umfassend berücksichtigt. Gleichwohl rechtfertigt sich die vorliegende Arbeit bereits aufgrund ihres breiteren Ansatzes, welcher nicht auf die geschriebenen Notzuständigkeiten des Unionsrechts beschränkt ist. Vielmehr werden daneben die völker- und verfassungsrechtlichen Grundlagen der Notzuständigkeit umfassend analysiert, europäische Binnensachverhalte auf bestehende Zuständigkeitslücken und Stimmigkeit im Vergleich zur Behandlung von Drittstaatensachverhalten untersucht sowie insbesondere Optimierungspotenziale für eine Ausgestaltung der Notzuständigkeit *de lege ferenda* aufgedeckt. Die Arbeit schließt damit eine – bereits in der Literatur beanstandete[22] – Lücke.

---

[19] Vgl. auch *Hau* in FS für von Hoffmann, S. 617, 628; *Kropholler* in Hdb. IZVR I, Kap. III, Rn. 194.
[20] *Kübler-Wachendorff*, Das forum necessitatis.
[21] Vgl. *Kübler-Wachendorff*, Das forum necessitatis, S. 4 f.
[22] Siehe *Goetzke*, RabelsZ 85 (2021), 928, 929, 931 f.

Demgegenüber kann auf die Notzuständigkeit im Rahmen von Staatsverträgen[23] und in Insolvenzverfahren[24] nicht näher eingegangen werden, da dies den Rahmen der Arbeit sprengen würde.

---

[23] In der Literatur wird z. B. Art. 6 Abs. 2 ErwSÜ als Notzuständigkeit bezeichnet, siehe Staudinger/*von Hein* (2019), Art. 6 ErwSÜ Rn. 3.

[24] Zu der Eröffnung einer internationalen Notzuständigkeit im Zusammenhang mit Art. 3 EuInsVO vgl. *Mankowski* in Mankowski/M. Müller/J. Schmidt, EuInsVO 2015, Art. 3 Rn. 181.

Erster Teil
Grundlagen

§ 2 Begriff der Notzuständigkeit, Rechtsverweigerung und Abgrenzungen

A. Begriff der Notzuständigkeit

Die Bezeichnung Notzuständigkeit ist im deutschen Sprachgebrauch üblich[1]. Alternativ dazu wird der Zuständigkeitsgrund vereinzelt auch als „Ersatzzuständigkeit" bezeichnet[2]. International wird überwiegend entweder die lateinische Bezeichnung „forum necessitatis"[3] oder das jeweilige landessprachliche Pendant, wie zum Beispiel „forum of necessity"[4], „for de nécessité"[5] oder „foro

---

[1] Siehe z.B. *Aden*, ZVglRWiss 106 (2007), 490; *Geimer*, IZPR, Rn. 1024 ff.; *Hau* in FS für Kaissis, S. 355; *Hausmann* in Wieczorek/Schütze, ZPO, 3. Aufl., Vor § 12 Rn. 87; *Kropholler* in Hdb. IZVR I, Kap. III, Rn. 192 ff.; *Krümmel* in Graf von Westphalen, Deutsches Recht im Wettbewerb, S. 70; *Nagel/Gottwald*, IZPR, Rn. 3.597 f.; *Patzina* in MünchKommZPO, § 12 Rn. 98 ff.; *Pfeiffer*, Internationale Zuständigkeit, S. 451 ff.; *Roth* in Stein/Jonas, ZPO, vor § 12 Rn. 37 ff.; *Schack*, IZVR, Rn. 500 ff.; *Schütze* in FS für Rechberger, S. 567; Soergel/*Kronke*, Art. 38 EGBGB Anh. IV Rn. 27.

[2] Siehe *Koch/Magnus/Winkler von Mohrenfels*, IPR und Rechtsvergleichung, § 2 Rn. 55; Smid/*S. Hartmann* in Wieczorek/Schütze, ZPO, Vor §§ 12–37 Rn. 69; Staudinger/*Spellenberg* (2016), § 98 FamFG Rn. 261.

[3] So z.B. die amtlichen Überschriften zu den geschriebenen Notzuständigkeiten des EuZVR in Artt. 7 EuUntVO, 11 EuErbVO sowie Art. 11 EuGüVO/EuPartVO.

[4] Siehe *Bookman*, Stanford Law Review 67 (2015), 1081, 1114; *McEvoy*, Revue générale de droit 35 (2005), 61; *Mills*, BYIL 84 (2014), 187, 222 ff.; *Mora*, NILR 65 (2018), 155, 178 ff.; *Roorda/Ryngaert*, RabelsZ 80 (2016), 783; *Sobkin*, Osgoode Hall Law Journal 55 (2018), 203; *Walker*, Canadian Business Law Journal 48 (2009), 135. Zum Teil wird der Zuständigkeitsgrund auch als „jurisdiction of necessity" (*Michaels* in Basedow/Rühl/Ferrari/de Miguel Asensio, Encyclopedia of Private International Law, S. 1042, 1050), „jurisdiction by necessity" (*Hay*, The European Legal Forum 2013, 1, 2), „necessity jurisdiction" (*Nwapi*, UBC L. Rev. 47 (2014), 211) oder schlicht „Necessity" (*Peari*, Osgoode Hall Law Journal 55 (2018), 225, 226) bezeichnet.

[5] Siehe *Fabre*, Rev. science crim. et dr. pén. comparé 2018, 861; *Joubert*, Rev. crit. dr. internat. privé 2017, 1, 13, 15; *Lagarde* in Liber amicorum für Kohler, S. 255; *Marchadier*, Rev. crit. dr. internat. privé 2018, 663; *Nkenkeu-Keck*, Rev. trim. dr. h. 116 (2018), 985, 995 ff.; *Othenin-Girard*, SZIER 1999, 251; *Pataut*, Rev. crit. dr. internat. privé 2018, 267, 272 ff.; *Rétornaz/Volders*, Rev. crit. dr. internat. privé 2008, 225.

de necesidad"[6], verwendet. Zum Teil findet sich zudem der Begriff „emergency jurisdiction"[7]. Inhaltliche Unterschiede gehen mit den verschiedenen Bezeichnungen jedoch nicht einher. Vielmehr werden die Begriffe synonym verwendet. Darüber hinaus verfügen sämtliche Bezeichnungen über einen gemeinsamen sprachlichen Kern. Denn das Notelement und mithin der Ausnahmecharakter des Zuständigkeitsgrundes ist für alle Bezeichnungen begriffsprägend. So verdeutlichen bereits die Begriffe, dass aufgrund der besonderen Umstände des Einzelfalls eine internationale Zuständigkeit ausgeübt wird, die unter gewöhnlichen Umständen nicht ausgeübt werden könnte[8].

B. Drohende Rechtsverweigerung als Anlass der Notzuständigkeit

Der Begriff der Rechtsverweigerung ist zentral für das Verständnis der Notzuständigkeit. Denn die drohende Rechtsverweigerung bildet den Anlass, aufgrund dessen eine internationale Notzuständigkeit ausgeübt wird[9].

I. Begriff der Rechtsverweigerung

Eine Rechtsverweigerung („déni de justice") tritt im Internationalen Zivilverfahrensrecht ein, wenn einem Rechtssuchenden nirgendwo ein Gerichtsstand zur Verfügung steht, um sein Rechtsschutzbegehren durchsetzen zu können[10]. Der Rechtssuchende hat mit anderen Worten keine Möglichkeit, vor einem international zuständigen Gericht eine Entscheidung in der Sache zu erlangen[11].

---

[6] Siehe Art. 2602 argentinischer Código Civil y Comercial de la Nación (abgedruckt unten in § 3 Fn. 25); *Campuzano Díaz/Rodríguez Vázquez*, Crónica Jurídica Hispalense 14 (2016), 341, 346.

[7] Siehe Dissenting Opinion of Judge *Serghides*, Rn. 112, zu EGMR (Große Kammer), Urt. v. 15.3.2018, Nr. 51357/07 – Naït-Liman/Schweiz; *Ereciński/Weitz* in FS für Kaissis, S. 187, 188; Max Planck Institute for Comparative and International Private Law, RabelsZ 74 (2010), 522, 584; *M. Stürner/Pförtner*, GPR 2019, 222, 224.

[8] Vgl. auch Dissenting Opinion of Judge *Serghides*, Rn. 112, zu EGMR (Große Kammer), Urt. v. 15.3.2018, Nr. 51357/07 – Naït-Liman/Schweiz; *Nkenkeu-Keck*, Rev. trim. dr. h. 116 (2018), 985, 995.

[9] Siehe *Kübler-Wachendorff*, Das forum necessitatis, S. 4. Vgl. auch *Aden*, ZVglRWiss 106 (2007), 490, 491; *Fabre*, Rev. science crim. et dr. pén. comparé 2018, 861, 881; *Hess/Mantovani*, MPILux Research Papers Series 2019 (1), S. 5; *La Manna*, Riv. dir. int. priv. proc. 2019, 349, 381; *Michaels* in Basedow/Rühl/Ferrari/de Miguel Asensio, Encyclopedia of Private International Law, S. 1042, 1050; Soergel/*Kronke*, Art. 38 EGBGB Anh. IV Rn. 27.

[10] Vgl. *Schröder*, Internationale Zuständigkeit, S. 204.

[11] Vgl. *Kübler-Wachendorff*, Das forum necessitatis, S. 121.

Synonym zur Rechtsverweigerung wird häufig der Begriff der Justizverweigerung verwendet[12]. Abzugrenzen ist die Rechtsverweigerung im internationalverfahrensrechtlichen Sinn von der Rechtsverweigerung im völkerrechtlichen Sinn: Im Völkerrecht beschreibt die Rechtsverweigerung das Verbot, Ausländern willkürlich den Zugang zur Justiz zu verweigern[13].

II. Konstellationen der Rechtsverweigerung

Die Konstellationen, in denen eine Rechtsverweigerung auftreten kann, lassen sich grob in drei[14] Fallgruppen unterscheiden.

1. Negativer internationaler Kompetenzkonflikt

Der negative internationale Kompetenzkonflikt ist sowohl das Paradebeispiel für die Rechtsverweigerung als auch die klassische Drohkulisse international nicht vereinheitlichter Zuständigkeitsnormen[15]. Er besteht, wenn sich von mehreren Staaten, die zur Zuständigkeitsausübung in Betracht kommen, keiner als international zuständig erachtet[16]. Zu einem Zuständigkeitskonflikt kann es bei-

---

[12] Siehe *Eicher*, Rechtsverwirklichungschancen, S. 266 ff.; *Kropholler* in Hdb. IZVR I, Kap. III, Rn. 17, 184, 192 ff.; *Kübler-Wachendorff*, Das forum necessitatis, S. 3; *Nagel/Gottwald*, IZPR, Rn. 3.521; *Geimer* in Zöller, ZPO, IZPR Rn. 47; *Ultsch*, MittBayNot 1995, 6, 14 ff. Anders nur *Schröder*, Internationale Zuständigkeit, S. 203 f., der den Begriff der Justizverweigerung im Sinne schlechterdings fehlender Justizverwaltung verwendet.

[13] Eingehend *Milleker*, Der Negative Internationale Kompetenzkonflikt, S. 60 Fn. 2. Ausführlich zu dem völkerrechtlichen Verbot der Rechtsverweigerung siehe unten unter § 6 B (S. 101 ff.).

[14] Ebenfalls für eine Dreiteilung *Eicher*, Rechtsverwirklichungschancen, S. 267 f.; *Nagel/Gottwald*, IZPR, Rn. 3.597; *Pfeiffer*, Internationale Zuständigkeit, S. 451; *Schütze* in FS für Rechberger, S. 567, 571 ff. Diese Einteilung erfolgt indes allein aus Praktikabilitätserwägung und ist nicht zwingend. Einer anderen Unterteilung folgend, weil nicht allein zuständigkeitsrechtliche Hinderungsgründe unter den Begriff des negativen internationalen Kompetenzkonfliktes fassend, *Bach/P. Huber*, Internationales Privat- und Prozessrecht, Rn. 63; *Bachmann*, Universalisierung des Europäischen Zivilverfahrensrechts, S. 130; *Geimer*, IZPR, Rn. 1024 ff., 3061 (zwischen Kompetenzkonflikt und Unzumutbarkeit differenzierend aber *ders.* in Zöller, ZPO, IZPR Rn. 47); *C. Hartmann* in Krajewski/Saage-Maaß, Durchsetzung menschenrechtlicher Sorgfaltspflichten von Unternehmen, S. 281, 293; *Hausmann* in Wieczorek/Schütze, ZPO, 3. Aufl., Vor § 12 Rn. 84; *Kropholler* in Hdb. IZVR I, Kap. III, Rn. 183 ff.; *Linke/Hau*, IZVR, Rn. 7.2; *Patzina* in MünchKommZPO, § 12 Rn. 98 f.; *Reisewitz*, Rechtsfragen des Medizintourismus, S. 123, 131; *Rossolillo*, CDT (März 2010), 403, 406 f.; *Schack*, IZVR, Rn. 499; *Seyfarth*, Wandel der internationalen Zuständigkeit, S. 35 f.; *Soergel/Kronke*, Art. 38 EGBGB Anh. IV Rn. 27.

[15] Vgl. bereits *Grunsky*, JZ 1973, 641, 645.

[16] Vgl. *Bach/P. Huber*, Internationales Privat- und Prozessrecht, Rn. 63; *Basedow*, JZ 2016, 269, 273; *Ereciński/Weitz* in FS für Kaissis, S. 187; *Geimer*, IZPR, Rn. 1024; *ders.* in

spielsweise kommen, wenn die Staaten auf unterschiedliche Anknüpfungspunkte abstellen und diese im jeweils anderen Staat verwirklicht sind[17]. Dies veranschaulicht eine Entscheidung des *Tribunal de la Seine* aus dem Jahr 1931 eindrucksvoll[18]: Die Klägerin, eine Staatenlose mit Wohnsitz in Paris, begehrte die Scheidung von ihrem Ehemann, der zwischenzeitlich in die Türkei gezogen war und die türkische Staatsangehörigkeit angenommen hatte[19]. Das französische Recht knüpfte die internationale Zuständigkeit ausschließlich an die Staatsangehörigkeit des Beklagten an, sodass aus französischer Sicht eine internationale Zuständigkeit türkischer Gerichte bestand[20]. Demgegenüber knüpfte das türkische Recht die Zuständigkeit ausschließlich an den Wohnsitz des Klägers an, sodass aus türkischer Sicht lediglich eine internationale Zuständigkeit französischer Gerichte bestand[21]. Diesem Zuständigkeitskonflikt konnte nur begegnet werden, indem das Gericht eine Notzuständigkeit eröffnete[22]. Mithin beruht die Rechtsverweigerung bei einem negativen internationalen Kompetenzkonflikt unmittelbar auf den Zuständigkeitsvorschriften, da diese von den Staaten einseitig festgelegt werden und daher nicht vereinheitlicht sind[23].

Zöller, ZPO, IZPR Rn. 47; *Grunsky*, JZ 1973, 641, 645; *Ibili*, Gewogen rechtsmacht in het IPR, S. 115; *Kropholler* in Hdb. IZVR I, Kap. III, Rn. 182; *La Manna*, Riv. dir. int. priv. proc. 2019, 349, 364; *Marongiu Buonaiuti* in Calvo Caravaca/Davì/Mansel, The EU Succession Regulation, Art. 11 Rn. 7; *Othenin-Girard*, SZIER 1999, 251, 252; *Patzina* in MünchKommZPO, § 12 Rn. 98; *Pfeiffer*, Internationale Zuständigkeit, S. 451; *Rétornaz/Volders*, Rev. crit. dr. internat. privé 2008, 225, 244 f.; *Roorda/Ryngaert*, RabelsZ 80 (2016), 783, 795; *Schack*, IZVR, Rn. 498; *Seyfarth*, Wandel der internationalen Zuständigkeit, S. 35.

[17] Umfassend zu den Entstehungsgründen *Milleker*, Der Negative Internationale Kompetenzkonflikt, S. 27 ff.

[18] Tribunal de la Seine, 2.4.1931, Journal du droit international (Clunet), 1932, 370. Vgl. dazu auch *Kübler-Wachendorff*, Das forum necessitatis, S. 49; *Schütze* in FS für Rechberger, S. 567.

[19] Vgl. Tribunal de la Seine, 2.4.1931, Journal du droit international (Clunet), 1932, 370, 371 f.

[20] *Kübler-Wachendorff*, Das forum necessitatis, S. 49; *Schütze* in FS für Rechberger, S. 567.

[21] Tribunal de la Seine, 2.4.1931, Journal du droit international (Clunet), 1932, 370, 371.

[22] Vgl. Tribunal de la Seine, 2.4.1931, Journal du droit international (Clunet), 1932, 370, 372 f.

[23] Vgl. *Hausmann* in Wieczorek/Schütze, ZPO, 3. Aufl., Vor § 12 Rn. 84; *Kropholler* in Hdb. IZVR I, Kap. III, Rn. 182; *La Manna*, Riv. dir. int. priv. proc. 2019, 349, 363; *Marongiu Buonaiuti* in Calvo Caravaca/Davì/Mansel, The EU Succession Regulation, Art. 11 Rn. 7; *Mills*, ICLQ 65 (2016), 541, 550; *Patzina* in MünchKommZPO, § 12 Rn. 98; *Rétornaz/Volders*, Rev. crit. dr. internat. privé 2008, 225, 244 f.; *Rossolillo*, CDT (März 2010), 403, 404.

2. Unmöglichkeit oder Unzumutbarkeit eines Verfahrens

Eine Rechtsverweigerung besteht auch dann, wenn sich zwar ein Staat als international zuständig erachtet, es dem Rechtssuchenden aber aus anderen Gründen unmöglich oder unzumutbar ist, ein Verfahren in diesem Staat zu führen[24]. Bei der Unmöglichkeit ist der Rechtssuchende bereits daran gehindert, eine Entscheidung in der Sache zu erlangen. Dies ist zum Beispiel der Fall, wenn in dem Staat aufgrund kriegerischer Auseinandersetzungen die Rechtspflege eingestellt wurde und daher tatsächlich kein Rechtsschutz erreicht werden kann[25].

Demgegenüber steht dem Rechtssuchenden im Falle der Unzumutbarkeit ein Verfahren grundsätzlich offen. Dieses Verfahren ist aufgrund von Unzulänglichkeiten der lokalen Rechtspflege indes nicht in der Lage, dem Rechtssuchenden eine Rechtsdurchsetzung zu ermöglichen, die justiziellen Mindeststandards genügt[26]. Der justizielle Mindeststandard ist jedenfalls unterschritten, wenn zum Beispiel die Unabhängigkeit des Gerichts nicht gewährleistet ist. Der *Gerechtshof* Amsterdam hat dies jüngst in einem Verfahren angenommen, für das an sich turkmenische Gerichte zuständig gewesen wären[27]. Das niederländische Gericht stellte indes die Abhängigkeit der turkmenischen Richter vom turkmenischen Präsidenten fest[28]. Da das Verfahren die zivilrechtliche Haftung des Staates Turkmenistan im Zusammenhang mit der lokalen Ölindustrie zum Gegenstand hatte und der turkmenische Präsident großes Interesse an der Ölindustrie habe, ging der *Gerechtshof* Amsterdam von der Unzumutbarkeit einer Verfahrensführung in Turkmenistan aus[29].

---

[24] Vgl. *Geimer* in Zöller, ZPO, IZPR Rn. 47; *Kropholler* in Hdb. IZVR I, Kap. III, Rn. 184 f.; *Nagel/Gottwald*, IZPR, Rn. 3.597; *Nwapi*, UBC L. Rev. 47 (2014), 211, 246 ff.; *ders.*, Utrecht J. Int'l & Eur. L. 30 (2014), 24, 35 ff.; *Rétornaz/Volders*, Rev. crit. dr. internat. privé 2008, 225, 234 f.; *Roorda/Ryngaert*, RabelsZ 80 (2016), 783, 794 ff.; *Schröder*, Internationale Zuständigkeit, S. 206 f.; *Schütze* in FS für Rechberger, S. 567, 571 ff.; *ders.*, Deutsches Internationales Zivilprozessrecht, Rn. 129.

[25] Aus diesem Grund hat zum Beispiel der OGH, Beschl. v. 11.1.1988, 6 Nd 516/87, eine Notzuständigkeit eröffnet. Demgegenüber möchte *Nwapi*, UBC L. Rev. 47 (2014), 211, 246 f.; *ders.*, Utrecht J. Int'l & Eur. L. 30 (2014), 24, 35, unter die Unmöglichkeit nur Konstellationen rechtlicher Unmöglichkeit fassen und Konstellationen tatsächlicher Unmöglichkeit der Unzumutbarkeit zuordnen (ähnlich *Rétornaz/Volders*, Rev. crit. dr. internat. privé 2008, 225, 230 f.).

[26] Vgl. *Pfeiffer*, Internationale Zuständigkeit, S. 451; *Schröder*, Internationale Zuständigkeit, S. 206.

[27] Gerechtshof Amsterdam, 23.7.2019 – C/13/630606/HA ZA 17-615.

[28] Gerechtshof Amsterdam, 23.7.2019 – C/13/630606/HA ZA 17-615, Rn. 3.32 f.

[29] Gerechtshof Amsterdam, 23.7.2019 – C/13/630606/HA ZA 17-615, Rn. 3.32 f.

3. Anerkennungslücke

Im Fall der sogenannten „Anerkennungslücke" folgt die Rechtsverweigerung daraus, dass die Entscheidung eines international zuständigen Gerichts in einem anderen Staat nicht anerkannt wird und dieser andere Staat zugleich keine eigene internationale Entscheidungszuständigkeit vorsieht[30]. Im Gegensatz zu den anderen Fallgruppen der Rechtsverweigerung besteht mithin „nur" eine örtlich begrenzte Rechtsverweigerung[31]: Während der Rechtsschutz im Ursprungsstaat bereits durch eine Entscheidung verwirklicht wurde, kommt es im Anerkennungsstaat zu einer Rechtsschutzlücke, da weder die ausländische Entscheidung anerkannt wird noch eine eigene Entscheidung ergehen kann. Diese Fallgruppe lässt sich anhand einer Entscheidung des OLG München aus dem Jahr 2019 veranschaulichen[32]. Der Kläger hatte vor einem Moskauer Bezirksgericht ein rechtskräftiges Zahlungsurteil erlangt[33]. Mangels ausreichender Vollstreckungsmöglichkeiten in Russland war er darauf angewiesen, in das in Deutschland belegene Vermögen vollstrecken zu können[34]. Allerdings konnte das Urteil des Moskauer Bezirksgerichts in Deutschland nicht anerkannt werden, da die Gegenseitigkeit mit Russland nicht verbürgt ist[35]. Darüber hinaus konnte – an sich – kein neuer Titel in Deutschland erlangt werden, da keine gesetzlich vorgesehene internationale Zuständigkeit deutscher Gerichte bestand[36]. Dem Kläger wäre somit der Zugriff auf das in Deutschland belegene Vermögen

---

[30] Vgl. *Geimer*, IZPR, Rn. 1029; *Hausmann* in Wieczorek/Schütze, ZPO, 3. Aufl., Vor § 12 Rn. 84; *Kropholler* in Hdb. IZVR I, Kap. III, Rn. 186; *Nagel/Gottwald*, IZPR, Rn. 3.597; *Pfeiffer*, Internationale Zuständigkeit, S. 451; *Roth* in Stein/Jonas, ZPO, vor § 12 Rn. 38; *Schack*, IZVR, Rn. 499; Soergel/*Kronke*, Art. 38 EGBGB Anh. IV Rn. 27; *Schütze* in FS für Rechberger, S. 567, 573; *ders.*, Deutsches Internationales Zivilprozessrecht, Rn. 129; *Walchshöfer*, ZZP 80 (1967), 165, 204. Nach *Milleker*, Der Negative Internationale Kompetenzkonflikt, S. 78 f., handele es sich bei der Anerkennungslücke um einen Spezialfall des negativen Kompetenzkonfliktes, den er als „unechten negativen Kompetenzkonflikt" bezeichnet; dem folgend *Ereciński/Weitz* in FS für Kaissis, S. 187.
[31] Vgl. *Hausmann* in Wieczorek/Schütze, ZPO, 3. Aufl., Vor § 12 Rn. 84; *Kropholler* in Hdb. IZVR I, Kap. III, Rn. 186; *Schack*, IZVR, Rn. 499.
[32] OLG München, Urt. v. 27.2.2019, MDR 2019, 1089.
[33] OLG München, Urt. v. 27.2.2019, MDR 2019, 1089, 1090.
[34] OLG München, Urt. v. 27.2.2019, MDR 2019, 1089, 1090.
[35] OLG München, Urt. v. 27.2.2019, MDR 2019, 1089, 1090. – Vgl. zu dem Erfordernis der Verbürgung der Gegenseitigkeit für die Anerkennung ausländischer Entscheidungen § 328 Abs. 1 Nr. 5 ZPO.
[36] Im Gegensatz zur Vorinstanz ging das OLG München, Urt. v. 27.2.2019, MDR 2019, 1089, 1090, allerdings davon aus, dass bereits eine internationale Zuständigkeit nach § 23 S. 1 Alt. 1 ZPO bestand; die Ausführungen zur Notzuständigkeit erfolgten ergänzend.

verwehrt geblieben, wenn das OLG München nicht eine ungeschriebene Notzuständigkeit eröffnet hätte[37].

C. Menschenrechtsklagen als besondere Herausforderung für die Notzuständigkeit

Die Notzuständigkeit ist häufig die letzte Möglichkeit, um bei schwerwiegenden Menschenrechtsverletzungen Rechtsschutz zu gewähren[38]. Damit angesprochen sind sogenannte Menschenrechtsklagen (*Human Rights Litigation*)[39], bei denen Schadensersatzprozesse insbesondere[40] gegen in- oder ausländische Unternehmen mit dem Vorwurf einer deliktsrechtlich besonders schwerwiegenden Rechtsgutsverletzung geführt werden[41]. Denn schwerwiegende Menschenrechtsver-

---

[37] Vgl. OLG München, Urt. v. 27.2.2019, MDR 2019, 1089, 1090.

[38] Vgl. *Augenstein/Jägers* in Álvarez Rubio/Yiannibas, Human Rights in Business, S. 7, 28 ff.; *Dutta*, BerDGesIntR 50 (2020), 39, 60 f.; *C. Hartmann* in Krajewski/Saage-Maaß, Durchsetzung menschenrechtlicher Sorgfaltspflichten von Unternehmen, S. 281, 293 ff.; *Hess/Mantovani*, MPILux Research Papers Series 2019 (1), S. 6; *Michoud*, SRIEL 30 (2020), 3, 17 ff.; *Nwapi*, Utrecht J. Int'l & Eur. L. 30 (2014), 24; *Roorda/Ryngaert*, RabelsZ 80 (2016), 783; *M. Schulz*, Alien Tort Statute, S. 385 ff.; *Schwenzer/Hosang*, SZIER 2011, 273, 285 ff.; *Sobkin*, Osgoode Hall Law Journal 55 (2018), 203, 217 f.; *M. Stürner* in Krajewski/Oehm/Saage-Maß, Unternehmensverantwortung für Menschenrechtsverletzungen, S. 73, 84 f.; *M. Stürner/Pförtner*, GPR 2019, 222, 225; *de lege ferenda* auch *Haider*, Haftung von transnationalen Unternehmen und Staaten für Menschenrechtsverletzungen, S. 296 ff., 551 f. Vgl. auch, allerdings in Bezug auf staatliche Menschenrechtsverletzungen, *Mankowski* in von Hoffmann, Universalität der Menschenrechte, S. 139, 187 ff.

[39] Vorreiter und begriffsprägend für den Bereich der *Human Rights Litigation* war das US-amerikanische Recht, das bei wortlautgetreuer Auslegung des in 28 United States Code § 1350 kodifizierten *Alien Torts Claim Act* die sachliche Zuständigkeit der Bundesgerichte an die Verletzung von Völkerrecht knüpft, siehe *Dutta*, BerDGesIntR 50 (2020), 39, 44 f.; *Habersack/Ehrl*, AcP 219 (2019), 155, 166 ff.; *G. Wagner*, RabelsZ 80 (2016), 717, 728 ff. Zu der Bezeichnung als Menschenrechtsklagen *M. Stürner* in Krajewski/Oehm/Saage-Maß, Unternehmensverantwortung für Menschenrechtsverletzungen, S. 73, 74.

[40] Umfassend zu den in Betracht kommenden Konstellationen unter Berücksichtigung von möglichen Klägern, Beklagten, Gerichtsständen und Haftungsgrundlagen *Haider*, Haftung von transnationalen Unternehmen und Staaten für Menschenrechtsverletzungen, S. 239 ff., 576 ff.

[41] Der Begriff der Menschenrechtsverletzung ist zumindest missverständlich, da Unternehmen als Private *de lege lata* nicht unmittelbare Adressaten der Menschenrechte sein können; er hat sich jedoch mittlerweile etabliert und trifft insoweit zu, als privatrechtlich geschützte Rechtspositionen, die zu den Menschenrechten zählen, auch durch Private beeinträchtigt werden können, vgl. *Haider*, Haftung von transnationalen Unternehmen und Staaten für Menschenrechtsverletzungen, S. 84 f.; vgl. auch *Görgen*, Unternehmerische Haftung in transnationalen Menschenrechtsfällen, S. 115 ff.; *Habersack/Ehrl*, AcP 219 (2019), 155,

letzungen und Umweltschädigungen in Entwicklungs- und Schwellenländern lassen sich häufig zumindest mittelbar auf transnationale Unternehmensaktivitäten zurückführen[42]. Mit diesen Verfahren haben sich zunehmend auch die Gerichte europäischer Staaten auseinanderzusetzen[43]. So musste sich zum Beispiel[44] die englische Justiz mit dem Betrieb einer Kupfermine in Sambia durch das Tochterunternehmen einer englischen Konzernmutter befassen, wo das langjährige Emittieren giftiger Abwässer zu einer folgenschweren Verschmutzung umliegender Flüsse geführt hatte[45]. Die deutsche Justiz beschäftigte zum Beispiel der verheerende Brand einer Textilfabrik in Pakistan, deren Hauptabnehmer das deutsche Textilunternehmen KiK war[46]. Demgegenüber ist Rechtsschutz am Ort der Rechtsverletzung, also in den Entwicklungs- oder Schwellenländern selbst, in den beschriebenen Konstellationen oftmals wenig aussichtsreich oder zum Teil sogar unmöglich. Die möglichen Hintergründe eines defizitären Gerichtsapparates sind dabei vielschichtig: In Betracht kommen zum Beispiel fehlende Ressourcen für eine effektive Ausstattung der Justiz, ihre rechtsstaatswidrige Ausgestaltung oder ein politisch nicht vorhandener Wille, das bestehende Recht auch gegenüber ökonomisch wichtigen Unternehmen durchzusetzen[47]. Vor den Gerichten europäischer Staaten begegnet die Rechts-

---

170 ff.; *G. Wagner*, RabelsZ 80 (2016), 717, 721 f. Zu der Frage, wann es sich bei einer Rechtsgutsverletzung um eine Menschenrechtsverletzung handelt, siehe *Schall*, ZGR 2018, 479, 481 ff.; vgl. auch *M. Stürner* in Krajewski/Oehm/Saage-Maß, Unternehmensverantwortung für Menschenrechtsverletzungen, S. 73, 74.

[42] Vgl. *Massoud*, Menschenrechtsverletzungen im Zusammenhang mit wirtschaftlichen Aktivitäten von transnationalen Unternehmen, S. 2, 19 ff.; vgl. auch *Görgen*, Unternehmerische Haftung in transnationalen Menschenrechtsfällen, S. 65 ff.; *Kieninger*, IPRax 2020, 60 f.

[43] Zu dem Zusammenhang des Bedeutungszuwachses von Menschenrechtsklagen vor europäischen Gerichten mit der restriktiveren Handhabung des US-amerikanischen *Alien Torts Claim Act* durch den Supreme Court in jüngerer Zeit *Dutta*, BerDGesIntR 50 (2020), 39, 65; *Van Ho*, AJIL 114 (2020), 110, 114; *Kieninger*, IPRax 2020, 60, 61; *Kirshner*, Nw. J. Int'l Hum. Rts. 13 (2015), 1 ff.; *M. Schulz*, Alien Tort Statute, S. 271, 273 f., 347; *M. Stürner/Pförtner*, GPR 2019, 222; *G. Wagner*, RabelsZ 80 (2016), 717, 731 f.; *M.-P. Weller/Kaller/A. Schulz*, AcP 216 (2016), 387, 391 f.

[44] Zu weiteren Beispielen *Görgen*, Unternehmerische Haftung in transnationalen Menschenrechtsfällen, S. 65 ff.; *Massoud*, Menschenrechtsverletzungen im Zusammenhang mit wirtschaftlichen Aktivitäten von transnationalen Unternehmen, S. 19 ff.

[45] Siehe *Vedanta Resources PLC and another v Lungowe and others* [2019] UKSC 20; dazu *van Ho*, AJIL 114 (2020), 110; *Kieninger*, IPRax 2020, 60.

[46] Siehe OLG Hamm, Beschl. v. 21.5.2019, NJW 2019, 3527; LG Dortmund, Urt. v. 10.1. 2019, IPRax 2019, 317; dazu *Habersack/Ehrl*, AcP 219 (2019), 155, 166; *Thomale/Hübner*, JZ 2017, 385 f.

[47] Vgl. *Görgen*, Unternehmerische Haftung in transnationalen Menschenrechtsfällen, S. 44 f.; *Haider*, Haftung von transnationalen Unternehmen und Staaten für Menschenrechtsverletzungen, S. 246 f.; *C. Hartmann* in Krajewski/Saage-Maaß, Durchsetzung menschen-

verfolgung indes Schwierigkeiten, die in der Organisation transnationaler Wertschöpfung begründet liegen. So bewerkstelligen inländische Unternehmen diese Wertschöpfung gewöhnlich entweder durch am Produktionsort ansässige Tochterunternehmen, die gesellschaftsrechtlich von der inländischen Konzernmutter zu trennen sind, oder durch selbständige Zulieferer, mit denen umfangreiche und dauerhafte Vertragsbeziehungen bestehen[48]. Vor diesem Hintergrund ist bei Menschenrechtsklagen danach zu differenzieren, welcher Rechtsträger verklagt wird. Wenden sich Betroffene direkt gegen ein in der EU ansässiges Unternehmen, ist eine internationale Zuständigkeit in dem jeweiligen Mitgliedstaat aufgrund des allgemeinen Gerichtsstands am Sitz des Beklagten nach Artt. 4 Abs. 1, 63 Brüssel Ia-VO zwar grundsätzlich zu eröffnen[49]. Weitaus schwieriger ist indes die Antwort auf die Frage, ob und inwieweit das inländische Unternehmen für das Verhalten rechtlich selbständiger Rechtsträger im Ausland haftbar ist[50]. Dies betrifft neben Aspekten des Internationalen Privat- und nationalen Haftungsrechts auch den Bereich der internationalen Verhaltensstandards von Unternehmen, die unter dem Stichwort der *Corporate Social Responsibility*[51]

---

rechtlicher Sorgfaltspflichten von Unternehmen, S. 281, 284 f.; *Kieninger*, IPRax 2020, 60, 61; *Massoud*, Menschenrechtsverletzungen im Zusammenhang mit wirtschaftlichen Aktivitäten von transnationalen Unternehmen, S. 72; jeweils m.w.N. Vgl. zudem *Roorda/Ryngaert*, RabelsZ 80 (2016), 783, 784.

[48] *Habersack/Ehrl*, AcP 219 (2019), 155, 163 f.; *Massoud*, Menschenrechtsverletzungen im Zusammenhang mit wirtschaftlichen Aktivitäten von transnationalen Unternehmen, S. 35 ff. Vgl. auch *G. Wagner*, RabelsZ 80 (2016), 717, 719.

[49] Siehe auch *Augenstein/Jägers* in Álvarez Rubio/Yiannibas, Human Rights in Business, S. 7, 18; *Dutta*, BerDGesIntR 50 (2020), 39, 48 f.; *Habersack/Ehrl*, AcP 219 (2019), 155, 180; *C. Hartmann* in Krajewski/Saage-Maaß, Durchsetzung menschenrechtlicher Sorgfaltspflichten von Unternehmen, S. 281, 287; *Kieninger*, IPRax 2020, 60, 61; *Massoud*, Menschenrechtsverletzungen im Zusammenhang mit wirtschaftlichen Aktivitäten von transnationalen Unternehmen, S. 78; *Thomale/Hübner*, JZ 2017, 385, 389; *G. Wagner*, RabelsZ 80 (2016), 717, 732.

[50] Ausführlich *Görgen*, Unternehmerische Haftung in transnationalen Menschenrechtsfällen, S. 143 ff.; *Habersack/Ehrl*, AcP 219 (2019), 155, 181 ff.; *Haider*, Haftung von transnationalen Unternehmen und Staaten für Menschenrechtsverletzungen, S. 317 ff.; *G. Wagner*, RabelsZ 80 (2016), 717, 739 ff.

[51] Nach der gängigen Definition der Europäischen Kommission, Mitteilung der Kommission an das Europäische Parlament, den Rat, den Europäischen Wirtschafts- und Sozialausschuss und den Ausschuss der Regionen vom 25.10.2011: „Eine neue EU-Strategie (2011–14) für die soziale Verantwortung der Unternehmen (CSR)", KOM (2011) 681 endgültig, S. 7, handelt es sich bei der *Corporate Social Responsibility* um „die Verantwortung von Unternehmen für ihre Auswirkungen auf die Gesellschaft", was vor allem die Einhaltung freiwilliger unternehmerischer Verhaltensstandards umfasst; in diesem Sinne auch *Görgen*, Unternehmerische Haftung in transnationalen Menschenrechtsfällen, S. 77; *Sheehy*, Journal of Business Ethics 131 (2015), 625, 632, 643; *Spießhofer*, NJW 2014, 2473, 2474 f.

derzeit lebhaft diskutiert werden⁵². Sollen demgegenüber selbständige Tochter- oder Zulieferunternehmen des Produktionsstaates vor inländischen Gerichten verklagt werden, bildet nicht die materielle Haftung, sondern vielmehr die internationale Zuständigkeit die wesentliche Hürde der Rechtsverfolgung⁵³. Denn mangels ausgeprägter Inlandsbeziehungen des Sachverhalts oder der Parteien werden die maßgebenden autonomen⁵⁴ Zuständigkeitsgründe der Mitgliedstaaten häufig nicht eingreifen⁵⁵. Um dennoch eine internationale Zuständigkeit zu begründen, bleibt allein die Notzuständigkeit.

D. Abgrenzungen

I. Abgrenzung zur Gerichtsbarkeit

Gerichtsbarkeit bezeichnet die völkerrechtliche Befugnis eines Staates, Recht zu sprechen und dieses durchzusetzen⁵⁶. Von der Gerichtsbarkeit ist die internationale Zuständigkeit zu trennen⁵⁷. Probleme der Gerichtsbarkeit stellen sich auf erster Stufe der Zulässigkeitsprüfung⁵⁸. Denn das Fehlen von Gerichtsbarkeit hat zur Konsequenz, dass es einem staatlichen Gericht bereits nicht gestattet ist, den Rechtsstreit zu entscheiden⁵⁹. Die internationale Zuständigkeit betrifft demgegenüber die nachgelagerte Frage, ob der Staat im konkreten Fall aufgrund

---

⁵² Eine Vielzahl von Nachweisen über die gegenwärtige Fülle von Literatur zu diesem Themenbereich findet sich etwa bei *Görgen*, Unternehmerische Haftung in transnationalen Menschenrechtsfällen, S. 77 ff., 419 ff.

⁵³ Vgl. *Kieninger*, IPRax 2020, 60, 61; *Massoud*, Menschenrechtsverletzungen im Zusammenhang mit wirtschaftlichen Aktivitäten von transnationalen Unternehmen, S. 78 f.; *M. Stürner* in Krajewski/Oehm/Saage-Maß, Unternehmensverantwortung für Menschenrechtsverletzungen, S. 73, 82.

⁵⁴ Hat der Beklagte keinen Wohnsitz im Hoheitsgebiet eines Mitgliedstaats, verweist Art. 6 Abs. 1 Brüssel Ia-VO vorbehaltlich der geschriebenen Ausnahmen auf das autonome Zuständigkeitsrecht des jeweiligen Mitgliedstaats.

⁵⁵ *Kieninger*, IPRax 2020, 60, 61; vgl. auch *Kirshner*, Nw. J. Int'l Hum. Rts. 13 (2015), 1, 17.

⁵⁶ Siehe nur *Geimer*, IZPR, Rn. 371; *ders.* in Zöller, ZPO, IZPR Rn. 25; *Riebold*, Europäische Kontopfändung, S. 90; *Walter/Domej*, Internationales Zivilprozessrecht der Schweiz, S. 63 f.

⁵⁷ Vgl. RG, Urt. v. 16.5.1938, RGZ 157, 389, 391 ff.; BGH, Urt. v. 19.12.2017, BGHZ 217, 153, 157; *Hausmann* in Wieczorek/Schütze, ZPO, 3. Aufl., Vor § 12 Rn. 37; *Nagel/Gottwald*, IZPR, Rn. 3.502; *Pagenstecher*, RabelsZ 11 (1937), 337, 342 ff.; *Patzina* in MünchKomm-ZPO, § 12 Rn. 60; *Roth* in Stein/Jonas, ZPO, vor § 12 Rn. 25; Soergel/*Kronke*, Art. 38 EGBGB Anh. IV Rn. 2; Staudinger/*Looschelders* (2019), Einleitung IPR Rn. 299.

⁵⁸ Siehe nur BGH, Urt. v. 19.12.2017, BGHZ 217, 153, 157; *Mankowski* in von Hoffmann, Universalität der Menschenrechte, S. 139, 140.

⁵⁹ *Hausmann* in Wieczorek/Schütze, ZPO, 3. Aufl., Vor § 12 Rn. 37; *Nagel/Gottwald*,

seiner internen Zuweisungsordnung den Rechtsstreit durch seine Gerichte entscheiden möchte[60]. Das Vorliegen von Gerichtsbarkeit ist daher die Voraussetzung für die Annahme internationaler Zuständigkeit[61]. An der Gerichtsbarkeit fehlt es insbesondere, wenn der Beklagte völkerrechtlich immun ist[62]. Infolge der Immunität können jedoch Konstellation auftreten, in denen ein Rechtssuchender nirgendwo effektiven Rechtsschutz erhalten kann und ihm mithin eine Rechtsverweigerung droht[63]. Dann stellt sich die Frage, ob eine Ausnahme von der völkerrechtlichen Immunität gemacht und somit eine Art „Notgerichtsbarkeit" eröffnet werden muss oder sollte[64]. Diese Frage ist jedoch von der Problematik der Notzuständigkeit, welche sich allein auf die internationale Zuständigkeit bezieht, zu unterscheiden und daher nicht Gegenstand dieser Arbeit.

II. Abgrenzung zu nicht kontradiktorischen Verfahren der freiwilligen Gerichtsbarkeit

Von der Arbeit grundsätzlich[65] ausgenommen sind die Konstellationen der freiwilligen Gerichtsbarkeit, in denen sich nicht zwei Verfahrensbeteiligte kontradiktorisch gegenüberstehen[66]. Denn die Annahme von Notzuständigkeit unterliegt in diesen Konstellationen – im Gegensatz zu streitigen Gerichtsverfahren – einer eigenständigen Wertung[67]. In streitigen Gerichtsverfahren ist gerade

---

IZPR, Rn. 3.502; *Schack*, IZVR, Rn. 175; Staudinger/*Spellenberg* (2016), Vorbem zu § 97 FamFG Rn. 1.

[60] Vgl. *Hausmann* in Wieczorek/Schütze, ZPO, 3. Aufl., Vor § 12 Rn. 37; *Junker*, IZPR, § 3 Rn. 5; *Nagel/Gottwald*, IZPR, Rn. 3.502; *Roth* in Stein/Jonas, ZPO, vor § 12 Rn. 25; *Schack*, IZVR, Rn. 175; Staudinger/*Spellenberg* (2016), Vorbem zu § 97 FamFG Rn. 1.

[61] BGH, Urt. v. 26.9.1978, NJW 1979, 1101; *Geimer*, IZPR, Rn. 846, 1842; *Hausmann* in Wieczorek/Schütze, ZPO, 3. Aufl., Vor § 12 Rn. 37; *Riebold*, Europäische Kontopfändung, S. 91.

[62] Vgl. *Junker*, IZPR, § 3 Rn. 3 f.; *Linke/Hau*, IZVR, Rn. 3.2; *Nagel/Gottwald*, IZPR, Rn. 2.2; *Rauscher*, IPR, Rn. 1676, 1678 ff.; Staudinger/*Looschelders* (2019), Einleitung IPR Rn. 299; Staudinger/*Spellenberg* (2016), Vorbem zu § 97 FamFG Rn. 1 ff.

[63] Vgl. *Mankowski* in von Hoffmann, Universalität der Menschenrechte, S. 139, 160.

[64] Dazu *Mankowski* in von Hoffmann, Universalität der Menschenrechte, S. 139, 160 f., 187.

[65] Siehe aber unten unter § 14 A II 3 (S. 333).

[66] Eine ähnliche Differenzierung findet sich bei *Hau* in FS für Kaissis, S. 355, 356, der zwischen streitiger Gerichtsbarkeit und Fürsorgesachen der freiwilligen Gerichtsbarkeit unterscheidet (zurückhaltender aber *ders.* in FS für von Hoffmann, S. 617, 628; *ders.* in Prütting/Helms, FamFG, Vor §§ 98–106 Rn. 19). Zu einer gesonderten Behandlung von Fürsorgeangelegenheiten auch *Linke/Hau*, IZVR, Rn. 7.1. Vgl. ferner *Ultsch*, MittBayNot 1995, 6, 8, der zwischen privatrechtlichen Streitsachen und anderen Angelegenheiten der freiwilligen Gerichtsbarkeit hinsichtlich der Begründung des allgemeinen Justizgewährungsanspruchs unterscheidet.

[67] Vgl. *Hau* in FS für Kaissis, S. 355, 356 (zurückhaltender aber *ders.* in FS für von Hoffmann, S. 617, 628; *ders.* in Prütting/Helms, FamFG, Vor §§ 98–106 Rn. 19).

problematisch, dass sich die Eröffnung einer Notzuständigkeit zugunsten des Klägers gleichzeitig zulasten des Beklagten auswirkt. Der Beklagte sieht sich einem Verfahren vor Gerichten ausgesetzt, die unter regulären Umständen – also ohne Notzuständigkeit – nicht international zuständig gewesen wären. Die internationale Gerichtspflichtigkeit des Beklagten wird mithin zu seinen Ungunsten erweitert[68]. Diese Belastung der Gegenseite besteht in vielen Angelegenheiten der freiwilligen Gerichtsbarkeit nicht, sodass die Annahme einer Notzuständigkeit von vornherein weniger bedenklich ist[69]. Das OLG Frankfurt am Main hat zum Beispiel eine Notzuständigkeit für die Eröffnung einer Verfügung von Todes wegen angenommen, da dies in Thailand als letztem gewöhnlichen Aufenthaltsstaat des Erblassers unmöglich war[70]. Die Eröffnung von Verfügungen von Todes wegen erfolgt von Amts wegen im öffentlichen Interesse, um die Nachlassabwicklung sicherzustellen[71]. Den Beteiligten erwächst aus der Eröffnung bestenfalls ein Vorteil, aber jedenfalls kein Nachteil[72]. Mithin muss für die Frage, ob eine Notzuständigkeit angenommen werden soll, keine Rücksicht auf die Interessen der Beteiligten genommen werden. Vielmehr ist allein die Frage zu klären, ob es im öffentlichen Interesse notwendig ist, dass eine Eröffnung der Verfügung von Todes wegen in Deutschland erfolgt.

Demgegenüber unterscheiden sich Angelegenheiten der freiwilligen Gerichtsbarkeit nicht immer so deutlich von streitigen Gerichtsverfahren wie im eben skizzierten Beispielsfall. Denn die Unterscheidung in streitige und freiwillige Gerichtsbarkeit erfolgt im deutschen Recht nicht materiell, sondern funktional[73]. Das bedeutet, dass der deutsche Gesetzgeber aus Praktikabilitätserwägungen abschließend festgesetzt hat, welche Angelegenheiten der freiwilligen Gerichtsbarkeit unterfallen, ohne dass diese zwingend einen Unterschied zu streitigen Gerichtsverfahren aufweisen[74]. So ist es zum Beispiel formal eine Angelegenheit der freiwilligen Gerichtsbarkeit, wenn ein Ehegatte beantragt, die Zustimmung des anderen Ehegatten ersetzen zu lassen, weil sich dieser ohne ausreichenden Grund weigert, in die Verfügung über einen Haushaltsgegen-

---

[68] Vgl. *Hau* in FS für von Hoffmann, S. 617, 628; *ders.* in FS für Kaissis, S. 355, 356; *ders.*, FamRZ 2013, 689, 690; *ders.* in Prütting/Helms, FamFG, Vor §§ 98–106 Rn. 19.
[69] Vgl. *Hau* in FS für Kaissis, S. 355, 356 (zurückhaltender aber *ders.* in FS für von Hoffmann, S. 617, 628; *ders.* in Prütting/Helms, FamFG, Vor §§ 98–106 Rn. 19).
[70] OLG Frankfurt am Main, Beschl. v. 26.5.2020, FamRZ 2020, 1502, 1504.
[71] *Harders* in Bumiller/Harders/Schwamb, FamFG, § 348 Rn. 2, 9.
[72] Vgl. *Harders* in Bumiller/Harders/Schwamb, FamFG, § 348 Rn. 9.
[73] Siehe §§ 23a Abs. 2 GVG, 1 FamFG. Vgl. dazu *Brehm*, Freiwillige Gerichtsbarkeit, § 1 Rn. 5; *Pabst* in MünchKommFamFG, § 1 Rn. 8; *Pfeiffer*, Internationale Zuständigkeit, S. 31; *Rosenberg/Schwab/Gottwald*, Zivilprozessrecht, § 11 Rn. 14 ff.
[74] Siehe nur *Rosenberg/Schwab/Gottwald*, Zivilprozessrecht, § 11 Rn. 14 ff.

stand einzuwilligen (§ 1369 Abs. 2 BGB)[75]. Dennoch stehen sich in diesem Verfahren zwei Beteiligte mit entgegengesetzten Interessen gegenüber[76]. Die Annahme internationaler Zuständigkeit bedeutete in diesen Konstellationen demnach eine Belastung des anderen Betroffenen. Diesen Verfahren liegt daher eine mit den streitigen Gerichtsverfahren vergleichbare Interessenlage zugrunde. Mithin sind nur diejenigen Angelegenheiten der freiwilligen Gerichtsbarkeit von der Betrachtung auszunehmen, in denen sich nicht zwei Beteiligte kontradiktorisch gegenüberstehen.

---

[75] Siehe §§ 111 Nr. 9, 261 Abs. 2 FamFG; *Bumiller* in Bumiller/Harders/Schwamb, FamFG, § 1 Rn. 12.

[76] *Bumiller* in Bumiller/Harders/Schwamb, FamFG, § 1 Rn. 12. Vgl. auch *Brehm*, Freiwillige Gerichtsbarkeit, § 2 Rn. 6. Dazu, dass die Eröffnung inländischer Zuständigkeit einem Beteiligten in Angelegenheiten der freiwilligen Gerichtsbarkeit jedenfalls lästig sein mag, bereits *Heldrich* in FS für Ficker, S. 205, 214.

§ 3 Rechtsvergleichender Überblick

A. Notwendigkeit eines rechtsvergleichenden Überblicks

Eines der Hauptziele dieser Arbeit ist es, einen Vorschlag zu unterbreiten, wie die Notzuständigkeit im europäischen und autonomen Zuständigkeitsrecht *de lege ferenda* ausgestaltet sein sollte[1]. Bereits dafür ist es unerlässlich, die Ausgestaltung der Notzuständigkeit in anderen Rechtsordnungen rechtsvergleichend heranzuziehen. Dies gilt insbesondere für das autonome deutsche Recht, das bislang keine geschriebene Vorschrift zur Notzuständigkeit enthält. Darüber hinaus ist ein rechtsvergleichender Überblick ebenso für die Behandlung der Notzuständigkeit *de lege lata* bedeutsam. Denn die Vorschriften zur Notzuständigkeit im europäischen Zuständigkeitsrecht orientieren sich an Vorbildern im nationalen Recht[2], sodass rechtsvergleichende Erkenntnisse bei der Auslegung herangezogen werden können[3]. Auch im autonomen deutschen Recht kann die Rechtsvergleichung bereits *de lege lata* von Bedeutung sein. So treten vereinzelt Konstellationen drohender Rechtsverweigerung auf, denen die Rechtsprechung mit einer ungeschriebenen Notzuständigkeit begegnet. Gerade in Fällen, die – wie die Konstellationen der Notzuständigkeit – selten auftreten und schwierig zu beurteilen sind, können rechtsvergleichende Erkenntnisse als Auslegungshilfe herangezogen werden[4].

Vorschriften zur Notzuständigkeit finden sich in einer Vielzahl von Rechtsordnungen. Eine umfassende Darstellung dieser Rechtsordnungen kann daher nicht erfolgen, da dies den Rahmen der Arbeit sprengen würde. Vielmehr ist das Ziel des rechtsvergleichenden Überblicks, die Ausbreitung der Notzuständigkeit aufzuzeigen sowie wesentliche Übereinstimmungen und nationale Besonderheiten bei ihrer Ausgestaltung darzustellen.

---

[1] Vgl. bereits oben unter § 1 (S. 4).
[2] Vgl. z. B. *Kübler-Wachendorff*, Das forum necessitatis, S. 8; *Wurmnest* in BeckOGK, Art. 7 EU-UnterhaltsVO Rn. 6.
[3] Als Grenze ist insoweit freilich der Grundsatz zu beachten, dass Vorschriften des Unionsrechts autonom auszulegen sind, siehe *Kübler-Wachendorff*, Das forum necessitatis, S. 6 f.
[4] Siehe *Kischel*, Rechtsvergleichung, § 2 Rn. 72 ff.

B. Ausbreitung der Notzuständigkeit

I. Rechtsordnungen mit geschriebener Notzuständigkeit

Eine geschriebene Notzuständigkeit findet sich in[5] Portugal[6] (sowie den ehemaligen portugiesischen Kolonien Angola[7], Kap Verde[8], Macau[9], Mosambik[10] und Timor-Leste[11]), Österreich[12], der Schweiz[13], Mexiko[14], den kanadischen Provin-

---

[5] Die Rechtsordnungen sind chronologisch nach dem Datum geordnet, an dem sie erstmals eine geschriebene Vorschrift zur Notzuständigkeit eingeführt haben.

[6] Art. 62 lit. c Código de Processo Civil, geändert durch Lei n.° 41/2013, Diário da República, 26.6.2013, I. Série A – Nr. 123, S. 3518, 3526. Die Vorschrift zur Notzuständigkeit existiert in leicht abgewandelter Form schon sehr lange und fand sich zuvor in Art. 65 Abs. 1 lit. d Código de Processo Civil a. F. (vgl. z. B. Decreto-Lei n.° 44.129, Diário do Governo, 28.12.1961, I. Série – Nr. 299, S. 1783, 1799). Zu der Fassung, die durch Decreto-Lei n.° 329-A/95, Diário da República, 12.12.1995, I. Série A – Nr. 285, S. 7780-(29 f.), eingeführt wurde, findet sich eine deutsche Übersetzung bei *Texeira de Sousa*, IPRax 1997, 352, 353:
„(1) Die internationale Zuständigkeit der portugiesischen Gerichte hängt vom Vorliegen eines der folgenden Umstände ab:
[...] d) das behauptete Recht kann sich außer durch eine in portugiesischem Gebiet erhobene Klage nicht verwirklichen, oder die Erhebung der Klage im Ausland ist dem Kläger nicht zumutbar, sofern zwischen dem Streitgegenstand und der nationalen Rechtsordnung ein persönliches oder dingliches schwerwiegendes Anknüpfungselement vorliegt."
Diese Fassung kommt der heutigen Fassung am nächsten und unterscheidet sich nur redaktionell von ihr, vgl. *Nordmeier* in Geimer/Schütze/Hau, Internationaler Rechtsverkehr, Länderbericht Portugal, S. 1115.7. Vgl. zur Vorschrift in der aktuellen Fassung *Matias Fernandes*, YbPIL 16 (2014/2015), 457, 461 f.

[7] Art. 65 Nr. 1 lit. d angolanischer Código de Processo Civil. Die Vorschrift entspricht Art. 65 Abs. 1 lit. d des portugiesischen Código de Processo Civil a.F. (abgedruckt oben in § 3 Fn. 6). – Vgl. *Nordmeier* in Geimer/Schütze/Hau, Internationaler Rechtsverkehr, Länderbericht Angola, S. 1006.8.

[8] Art. 66 Nr. 1 lit. d kap-verdischer Código do Processo Civil, Decreto-Legislativo n° 7/2010, Boletím Oficial, 1.7.2010, I Série – n° 24, Suplemento, S. 18. Die Vorschrift entspricht inhaltlich Art. 65 Abs. 1 lit. d des portugiesischen Código de Processo Civil a.F. (abgedruckt oben in § 3 Fn. 6). – Vgl. *Nordmeier*, IPRax 2012, 464, 466; *ders*. in Geimer/Schütze/Hau, Internationaler Rechtsverkehr, Länderbericht Kap Verde, S. 1066.8.

[9] Art. 15 lit. c macauischer Código de Processo Civil, Decreto-Lei n.° 55/99/M, Boletim Oficial de Macau, 8.10.1999, I Série – Suplemento, N.° 40, S. 3670, 3674. Die Vorschrift entspricht inhaltlich Art. 65 Abs. 1 lit. d des portugiesischen Código de Processo Civil a.F. (abgedruckt oben in § 3 Fn. 6). – Vgl. auch *Tu* in Basedow/Rühl/Ferrari/de Miguel Asensio, Encyclopedia of Private International Law, S. 2305, 2309.

[10] Art. 65 lit. d mosambikanischer Código de Processo Civil. Die Vorschrift entspricht Art. 65 Abs. 1 lit. d des portugiesischen Código de Processo Civil a.F. (abgedruckt oben in § 3 Fn. 6). – Vgl. *Nordmeier* in Geimer/Schütze/Hau, Internationaler Rechtsverkehr, Länderbericht Mosambik, S. 1093.8.

[11] Art. 48 Nr. 1 lit. d timor-lestischer Código de Processo Civil, Decreto-Lei N.° 1/206, Jornal da República, 21.2.2006, Série I, N.° 4, S. 1134, 1141 f. Die Vorschrift entspricht inhalt-

zen Québec[15], British Columbia[16] und Nova Scotia[17] sowie dem kanadischen

---

lich Art. 65 Abs. 1 lit. d des portugiesischen Código de Processo Civil a. F. (abgedruckt oben in § 3 Fn. 6). – Vgl. *Nordmeier*, IPRax 2009, 540, 541; *ders.* in Geimer/Schütze/Hau, Internationaler Rechtsverkehr, Länderbericht Timor-Leste, S. 1142.7.

[12] § 28 Abs. 1 Nr. 2 JN, eingeführt durch Bundesgesetz v. 2.2.1983 (Zivilverfahrens-Novelle 1983), Bundesgesetzblatt für die Republik Österreich, 4.3.1983, Nr. 135, S. 673, 674; die Vorschrift wurde zuletzt geändert durch Bundesgesetz (Erweiterte Wertgrenzen-Novelle 1997), Bundesgesetzblatt für die Republik Österreich, 29.12.1997, Teil I Nr. 140, S. 1711, 1715 f. Vgl. dazu ausführlich unten unter § 3 C III 2 (S. 44 ff.).

[13] Art. 3 schweizerisches IPRG, eingeführt durch Bundesgesetz v. 18.12.1987, Amtliche Sammlung des Bundesrechts, 15.11.1988, Nr. 44, S. 1776, 1777. Vgl. dazu ausführlich unten unter § 3 C III 1 (S. 38 ff.).

[14] Art. 565 Código Federal de Procedimientos Civiles, Diario Oficial de la Federación, 12.1.1988, Tomo CDXII No. 7, S. 7: „No obstante lo previsto en el artículo anterior, el tribunal nacional reconocerá la competencia asumida por el extranjero si a su juicio éste hubiera asumido dicha competencia para evitar una denegación de justicia, por no existir órgano jurisdiccional competente. El tribunal mexicano podrá asumir competencia en casos análogos." An sich betrifft die Vorschrift die Anerkennung ausländischer Entscheidungen und bestimmt in Satz 1, dass die Zuständigkeit eines ausländischen Gerichts zum Zwecke der Anerkennung auch anzunehmen ist, wenn das ausländische Gericht nach seiner Auffassung gehandelt hat, um eine Rechtsverweigerung zu vermeiden (vgl. *Vargas*, Nw. J. Int'l L. & Bus. 14 (1993–1994), 376, 392). Nach Satz 2 kann ein mexikanisches Gericht in gleichgelagerten Fällen jedoch auch eine Entscheidungszuständigkeit annehmen (*Vargas*, Nw. J. Int'l L. & Bus. 14 (1993–1994), 376, 392). Vgl. auch *Cantú Rivera* in Kessedjian/Cantú Rivera, Private International Law Aspects of Corporate Social Responsibility, S. 513, 522.

[15] Art. 3136 Civil Code of Québec, Gazette officielle du Québec, 18.3.1992, Part 2, S. 1141, 1673 (Der Text wurde seitdem zwar redaktionell leicht angepasst, blieb aber inhaltlich unverändert): „Even though a Québec authority has no jurisdiction to hear a dispute, it may nevertheless hear it provided the dispute has a sufficient connection with Québec, if proceedings abroad prove impossible or the institution of proceedings abroad cannot reasonably be required." Vgl. dazu *Lamborghini (Canada) Inc. v. Automobili Lamborghini S.P.A.*, 1996 Canadian Legal Information Institute 6047 (QCCA); *Droit de la famille – 082431*, 2008 QCCS 4493, Rn. 82 ff.; *Anvil Mining Ltd. v. Association canadienne contre l'impunité*, 2012 QCCA 117, Rn. 96 ff.; *McEvoy*, Revue générale de droit 35 (2005), 61, 85 ff.

[16] Section 6 *Court Jurisdiction and Proceedings Transfer Act*, Statutes of British Columbia 2003, chapter 19:

„A court that under section 3 lacks territorial competence in a proceeding may hear the proceeding despite that section if it considers that

(a) there is no court outside British Columbia in which the plaintiff can commence the proceeding, or

(b) the commencement of the proceeding in a court outside British Columbia cannot reasonably be required."

Die Vorschrift geht zurück auf ein Modellgesetz der Uniform Law Conference of Canada, Proceedings of the Seventy-Sixth Annual Meeting, Appendix C: Court Jurisdiction and Proceedings Transfer Act, S. 140, 146 (online abrufbar unter <https://www.ulcc-chlc.ca/ULCC/media/EN-Annual-Meeting-1994/Court-Jurisdiction-and-Proceeding-Transfer-Act.pdf>; zuletzt abgerufen am 31.7.2023). Vgl. dazu *Josephson v. Balfour Recreation Commission*, 2010 BCSC 603, Rn. 80 ff.; *Posyniak*, The Advocate (Vancouver Bar Association) 73 (2015), 43.

Territorium Yukon[18], den Niederlanden[19], Belgien[20], Estland[21], Polen[22],

---

[17] Section 7 *Court Jurisdiction and Proceedings Transfer Act*, Statutes of Nova Scotia 2003 (second session), chapter 2:
„A court that under Section 4 lacks territorial competence in a proceeding may hear the proceeding notwithstanding that Section if it considers that
(a) there is no court outside the Province in which the plaintiff can commence the proceeding; or
(b) the commencement of the proceeding in a court outside the Province cannot reasonably be required."
Die Vorschrift geht zurück auf ein Modellgesetz der Uniform Law Conference of Canada (siehe § 3 Fn. 16). Vgl. *Sobkin*, Osgoode Hall Law Journal 55 (2018), 203, 204.

[18] Section 6 *Court Jurisdiction and Proceedings Transfer Act*, Statutes of the Yukon 2000, chapter 7:
„A court that under section 3 lacks territorial competence in a proceeding may hear the proceeding despite that section if it considers that
(a) there is no court outside the Yukon in which the plaintiff can commence the proceeding, or
(b) the commencement of the proceeding in a court outside the Yukon cannot reasonably be required."
Die Vorschrift trat im Territorium Yukon jedoch erst am 23.11.2017 in Kraft (vgl. <https://laws.yukon.ca/cms/table-of-public-statutes.html?view=article&id=244:table-of-public-statutes-c>; zuletzt abgerufen am 31.7.2023). Die Vorschrift geht zurück auf ein Modellgesetz der Uniform Law Conference of Canada (siehe § 3 Fn. 16).

[19] Art. 9 litt. b und c Wetboek van Burgerlijke Rechtsvordering, eingeführt durch Wet v. 6.12.2001, Staatsblad van het Koninkrijk der Nederlanden, 2001, Nr. 580, S. 4. Vgl. dazu ausführlich unten unter § 3 C III 3 (S. 50 ff.).

[20] Art. 11 belgisches IPRG, Loi portant le Code de droit international privé, Moniteur belge, 27.7.2004, S. 57344, 57346: „Nonobstant les autres dispositions de la présente loi, les juridictions belges sont exceptionnellement compétentes lorsque la cause présente des liens étroits avec la Belgique et qu'une procédure à l'étranger se révèle impossible ou qu'on ne peut raisonnablement exiger que la demande soit formée à l'étranger." Durch das Gesetz wurde in Belgien erstmals eine ausdrückliche Vorschrift zur Notzuständigkeit eingeführt, vgl. *Fiorini*, ICLQ 54 (2005), 499, 512; *Francq*, RabelsZ 70 (2006), 235, 247, 271.

[21] § 72 Abs. 1 estnische ZPO, Riigi Teataja 2005 I, 49, 395. Eine englische Übersetzung der Vorschrift (Stand: 4.6.2023; abrufbar unter <https://www.riigiteataja.ee/en/eli/ee/513122013001/consolide/current>; zuletzt abgerufen am 31.7.2023) lautet:
„Where, under regular provisions, the case does not fall under the jurisdiction of Estonian courts or where such jurisdiction cannot be established and a treaty or the law does not make other provision for the matter, the case is dealt with by Harju District Court provided that:
1) under a treaty, the case must be disposed of in the Republic of Estonia;
2) the claimant, petitioner or applicant is a citizen of the Republic of Estonia or has a residence in Estonia, and it is not possible for them to use a legal remedy in a foreign State or they cannot be expected to do so;
3) the case is closely connected to Estonia for any other reason and it is not possible for the person to use a legal remedy in a foreign State or they cannot be expected to do so."
Vgl. dazu *Trunk/Göttig/Kõve* in Geimer/Schütze/Hau, Internationaler Rechtsverkehr, Länderbericht Estland, S. 1034.7.

§ 3 Rechtsvergleichender Überblick 25

Rumänien[23], Montenegro[24], Argentinien[25], der Dominikanischen Republik[26],

---

[22] Art. 1099¹ polnisches Zivilverfahrensgesetzbuch, eingeführt durch Gesetz vom 5.12. 2008, Dziennik Ustaw Nr. 234, Position 1571, S. 13378, 13382. Eine deutsche Übersetzung findet sich bei *Ereciński/Weitz* in FS für Kaissis, S. 187, 190:
„§ 1. Wenn keine Grundlage für die inländische Gerichtsbarkeit in einer Sache gegeben ist, [sic] und die Durchführung eines Verfahrens vor einem Gericht oder einem anderen Organ eines fremden Staates unmöglich ist oder vernünftig gesehen nicht zumutbar ist, gehört die Sache zur inländischen Gerichtsbarkeit, wenn sie einen ausreichenden Bezug zu der polnischen Gerichtsordnung aufweist.
§ 2. Im Falle der rechtskräftigen Feststellung durch das polnische Gericht, dass eine Entscheidung eines Gerichts oder eines anderen Organs eines fremden Staates in [der] Republik Polen nicht anerkannt wird, gehört die Sache, die mit der Entscheidung entschieden wurde, zur inländischen Gerichtsbarkeit trotz des Fehlens einer Grundlage für diese Gerichtsbarkeit, wenn sie einen ausreichenden Bezug zur polnischen Rechtsordnung aufweist."
Eine weitere Übersetzung findet sich bei *Gralla*, WiRO 2011, 204, 205. Der Begriff der „Gerichtsbarkeit" entspricht der „internationalen Zuständigkeit" nach deutschem Verständnis, siehe *Ereciński/Weitz* in FS für Kaissis, S. 187, 188 Fn. 4; *Gralla*, WiRO 2011, 204.
[23] Art. 1070 rumänische ZPO, Legea Nr. 134/2010, Monitorul Oficial al României, 10.4. 2015, Nr. 247. Erstmals wurde die Vorschrift als Art. 1069 rumänische ZPO eingeführt durch Legea Nr. 76/2012, Monitorul Oficial al României, 3.8.2012, I Nr. 545. Nach Art. 1070 Abs. 1 rumänische ZPO sind die rumänischen Gerichte international zuständig, wenn sich die Klageerhebung vor einem ausländischen Gericht als unmöglich oder unzumutbar erweist, die Streitigkeit einen hinreichenden Bezug zur rumänischen Rechtsordnung aufweist und die internationale Zuständigkeit rumänischer Gerichte nicht auf einer anderen Regelung des IZVR beruht (siehe *Avasilencei/Piciarca*, Rev. crit. dr. internat. privé 2014, 43, 57). Nach Art. 1070 Abs. 2 rumänische ZPO ist in den Fällen des Absatzes 1 die Zuständigkeit der rumänischen Gerichte zwingend, wenn der Antragsteller rumänischer Staatsangehöriger, ein Staatenloser mit Wohnsitz in Rumänien oder eine juristische Person mit rumänischer „Staatsangehörigkeit" ist (siehe *Avasilencei/Piciarca*, Rev. crit. dr. internat. privé 2014, 43, 57). Vor der Neufassung der rumänischen ZPO war in Art. 153 rumänisches IPRG a. F., eingeführt durch Lege Nr. 105 v. 22.9.1992, Monitorul Oficial al României, 10.12.1992, Nr. 245, eine sachlich eng umgrenzte Vorschrift zur Notzuständigkeit enthalten. Die Vorschrift lautete in deutscher Übersetzung (übersetzt vom Sprachendienst der Botschaft der Bundesrepublik Deutschland, abgedruckt in *Schütze* in Geimer/Schütze, EuZVR, E 22. Rumänien Rn. 1):
„Erklärt sich ein ausländisches Gericht für nicht zuständig, über die Klage eines rumänischen Staatsangehörigen zu entscheiden, so kann diese bei dem rumänischen Gericht eingereicht werden, zu dem das Verfahren die engste Verbindung aufweist".
[24] Art. 113 montenegrinisches IPRG, Službeni list Crne Gore, 9.1.2014, Nr. 1. Die Vorschrift ist in deutscher Übersetzung (übersetzt von *Christa Jessel-Holst*) abgedruckt in IPRax 2014, 556, 567, und lautet: „Wenn dieses Gesetz nicht die Zuständigkeit eines Gerichts oder anderen Organs in Montenegro vorsieht, jedoch in keinem anderen Staat ein Verfahren eingeleitet werden kann oder nicht vernünftigerweise davon ausgegangen werden kann, dass ein solches Verfahren in einem anderen Staat eingeleitet werden wird, so ist ein Gericht oder anderes Organ von Montenegro an einem Ort zuständig, zu dem die Streitigkeit einen ausreichenden Bezug aufweist." Mit diesem Gesetz wurde in Montenegro erstmals eine Vorschrift zur Notzuständigkeit eingeführt, *Jessel-Holst*, IPRax 2014, 553, 555; *Kostić-Mandić*, YbPIL 16 (2014/2015), 429, 438.

Panama[27], Kroatien[28], Costa Rica[29] und Uruguay[30]. Eine sachlich eng begrenz-

---

[25] Art. 2602 Código Civil y Comercial de la Nación, Ley 26.994, Boletín Oficial, 8.10.2014, N° 32.985, Primera Sección – Suplemento, S. 83. Die Vorschrift ist in deutscher Übersetzung (übersetzt von *Jürgen Samtleben*) abgedruckt in RabelsZ 80 (2016), 158, 160, und lautet: „Auch wenn die Regeln des vorliegenden Gesetzbuchs den argentinischen Richtern keine internationale Zuständigkeit zuerkennen, können diese (Richter) ausnahmsweise eingreifen mit der Zielsetzung, eine Rechtsverweigerung zu vermeiden, sofern es nicht vernünftig ist, die Einleitung der Klage im Ausland zu verlangen, und solange der Sachverhalt hinreichenden Kontakt mit dem (In-)Land aufweist, das Recht auf Verteidigung im Prozess gewährleistet ist und der zu erstrebende Zweck berücksichtigt wird, ein wirksames Urteil zu erreichen." Vgl. dazu *Fernández Arroyo*, RabelsZ 80 (2016), 130, 140 ff.; *Paredes* in Ruiz Abou-Nigm/Noodt Taquela, Diversity and Integration in Private International Law, S. 251, 253 ff.

[26] Art. 21 dominikanisches IPRG, Ley No. 544-14 sobre Derecho Internacional Privado de la República Dominicana, Gaceta Oficial de la República Dominicana, 18.12.2014, S. 20, 28. Die Vorschrift lautet in deutscher Übersetzung (übersetzt von *Jürgen Samtleben*, abrufbar unter <https://www.iprax.de/de/dokumente/online-veroeffentlichungen/>; zuletzt abgerufen am 31.7.2023): „Die dominikanischen Gerichte können ihre Zuständigkeit nicht ablehnen, wenn aus den Umständen zu schließen ist, dass der Sachverhalt eine gewisse Verbindung mit der Dominikanischen Republik hat und nicht in die internationale Zuständigkeit eines der Gerichte der verschiedenen Staaten eingeschlossen werden kann, die mit demselben verbunden sind, oder [im Hinblick auf] die Anerkennung der in dem Fall erlassenen ausländischen Entscheidung, die in der Dominikanischen Republik abgelehnt wird." Vgl. dazu *Fernández Rozas*, Rev. crit. dr. internat. privé 2015, 303, 318; *Samtleben*, IPRax 2021, 484, 486; *ders.* in Geimer/Schütze/Hau, Internationaler Rechtsverkehr, Länderbericht Dominikanische Republik, S. 1032.7.

[27] Art. 11 Abs. 2 panamaisches IPRG, Ley 61 v. 7.10.2015, Gaceta Oficial Digital, 8.10. 2015, N° 27885-A, S. 4. Die Vorschrift ist in deutscher Übersetzung (übersetzt von *Jürgen Samtleben*) abgedruckt in RabelsZ 82 (2018), 136, 172, und lautet: „Die panamaischen Gerichte sind auch zuständig, wenn das ausländische Gericht in eine Rechtsverweigerung zum Nachteil einer natürlichen oder juristischen panamaischen Person verfällt." Vgl. dazu *Samtleben*, RabelsZ 82 (2018), 52, 75.

[28] Art. 58 kroatisches IPRG, Narodne novine, 12.10.2017, Nr. 101. Die Vorschrift ist in deutscher Übersetzung (übersetzt von *Christa Jessel-Holst*) abgedruckt in IPRax 2019, 353, 360, und lautet: „Wenn in Anwendung der Bestimmungen dieses Gesetzes oder anderer Gesetze der Republik Kroatien oder von internationalen Abkommen, die in der Republik Kroatien in Kraft sind, keine Zuständigkeit in Bezug auf einen Beklagten bestimmt werden kann, der seinen Wohnsitz in einem Staat hat, der kein Mitglied der Europäischen Union ist, und das Verfahren nicht im Ausland durchgeführt werden kann oder dies vernünftigerweise nicht erwartet werden kann, ist das Gericht der Republik Kroatien zuständig, wenn der Gegenstand des Verfahrens genügend mit der Republik Kroatien verbunden ist, damit es zweckmäßig erscheint, es in der Republik Kroatien durchzuführen." Mit diesem Gesetz wurde in Kroatien erstmals eine Vorschrift zur Notzuständigkeit eingeführt, *Jessel-Holst*, IPRax 2019, 345, 347.

[29] Art. 340 Código Procesal de Familia, Decreto Legislativo N.° 9747, La Gaceta, 12.2. 2020, Alcane N.° 19, S. 89: „Aunque las reglas del presente Código no atribuyan competencia internacional a la autoridad judicial costarricense, esta puede intervenir, excepcionalmente, con la finalidad de evitar la denegación de justicia, siempre que no sea razonable exigir la iniciación de la demanda en el extranjero y en tanto la situación privada presente contacto

te Notzuständigkeit sehen zudem die Rechtsordnungen Spaniens[31] und Monacos[32] vor.

---

objetivo o subjetivo suficiente con el país, se garantice el derecho de defensa en juicio y se atienda a la conveniencia de lograr una sentencia eficaz." Die Vorschrift findet sich lediglich im costa-ricanischen Internationalen Familienverfahrensrecht und ist wörtlich aus dem argentinischen Recht übernommen (*Samtleben*, StAZ 2021, 106, 110).

[30] Art. 57 H) Ley 19.920 (Ley General de Derecho Internacional Privado), Diario Oficial, 16.12.2020, No. 30.586, S. 9. Die Vorschrift ist in deutscher Übersetzung (übersetzt von *Jürgen Samtleben*) abgedruckt in RabelsZ 85 (2021), 907, 922 f., und lautet: „Unbeschadet der in den internationalen Übereinkommen enthaltenen Vorschriften oder in Ermangelung dieser haben die Gerichte der Republik Zuständigkeit im internationalen Bereich: […] H) wenn, obwohl ihnen die Zuständigkeit im internationalen Bereich nach anderen Vorschriften des vorliegenden Gesetzes mangelt, kumulativ die folgenden Erfordernisse erfüllt sind: 1) [dass] das Eingreifen des Gerichts notwendig ist, um eine Rechtsverweigerung zu vermeiden; 2) dass der Rechtsstreit offensichtlich in einem anderen Staat unmöglich entschieden werden oder vernünftigerweise nicht verlangt werden kann, dass die Klage im Ausland erhoben wird; 3) [dass] der Fall bedeutsame Verbindungen mit der Republik hat; 4) [dass] ihre Gerichte in der Lage sind, den ordnungsgemäßen Prozess zu garantieren; 5) [dass] das Urteil, das erlassen würde, einer Erfüllung oder Vollstreckung fähig ist." Durch das Gesetz wurde in Uruguay erstmals eine ausdrückliche Vorschrift zur Notzuständigkeit eingeführt, vgl. *Fresnedo de Aguirre* in FS für Kronke, S. 87, 94; *dies.*, YbPIL 22 (2020/2021), 335, 350. Vgl. auch *Paredes* in Ruiz Abou-Nigm/Noodt Taquela, Diversity and Integration in Private International Law, S. 251, 257; *Samtleben/Lorenzo Idiarte*, RabelsZ 85 (2021), 811, 848.

[31] Art. 22 octies Nr. 3 Ley Orgánica del Poder Judicial, eingeführt durch Ley 7/2015, Boletín Oficial del Estado, 22.7.2015, Nr. 174, S. 3: „Los Tribunales españoles se declararán incompetentes si su competencia no estuviera fundada en las disposiciones de las leyes españolas, de conformidad con lo previsto en las leyes procesales. Los Tribunales españoles no podrán abstenerse o declinar su competencia cuando el supuesto litigioso presente vinculación con España y los Tribunales de los distintos Estados conectados con el supuesto hayan declinado su competencia. Tampoco lo podrán hacer cuando se trate del reconocimiento y la ejecución de resoluciones judiciales, decisiones arbitrales y acuerdos de mediación dictados por los Tribunales extranjeros." Es handelt sich um eine sachlich beschränkte Notzuständigkeit für den Fall, dass sich die ausländischen Gerichte, zu denen der Sachverhalt eine Verbindung aufweist, für unzuständig erklärt haben. Vgl. dazu auch *Augenstein/Jägers* in Álvarez Rubio/Yiannibas, Human Rights in Business, S. 7, 30; *Campuzano Díaz/Rodríguez Vázquez*, Crónica Jurídica Hispalense 14 (2016), 341, 346; *La Manna*, Riv. dir. int. priv. proc. 2019, 349, 366.

[32] Art. 9 Abs. 1 monegassisches IPRG, Loi n° 1.448 relative au droit international privé, Journal de Monaco, 7.7.2017, Nr. 8.337, S. 1803, 1805: „Si les parties sont convenues, dans les conditions prévues à l'article précédent, de la compétence d'une juridiction étrangère, la juridiction monégasque saisie en méconnaissance de cette clause sursoit à statuer tant que la juridiction étrangère désignée n'a pas été saisie ou, après avoir été saisie, n'a pas décliné sa compétence. La juridiction monégasque saisie peut cependant connaître du litige si une procédure étrangère se révèle impossible ou s'il est prévisible que la décision étrangère ne sera pas rendue dans un délai raisonnable ou ne pourra pas être reconnue dans la Principauté." Nach Art. 9 Abs. 1 S. 2 monegassisches IPRG kann ein monegassisches Gericht – trotz Prorogation ausländischer Gerichte – entscheiden, wenn sich ein ausländisches Verfahren als unmöglich erweist oder wenn absehbar ist, dass die ausländische Entscheidung nicht inner-

II. Rechtsordnungen mit von der Rechtsprechung anerkannter Notzuständigkeit

Vergleichbar mit der Rechtslage in Deutschland sehen Frankreich[33], Luxemburg[34], Griechenland[35] und die kanadische Provinz Ontario[36] zwar keine geschriebene Notzuständigkeit vor, erkennen die Notzuständigkeit jedoch ausdrücklich in der Rechtsprechung an. Darüber hinaus gibt es in Italien Anhaltspunkte dafür, dass auch die italienische Rechtsprechung die Notzuständigkeit akzeptiert[37].

III. Reformbemühungen in weiteren Rechtsordnungen

In Serbien[38] sowie in Chile[39] existieren konkrete Bemühungen, eine geschriebene Vorschrift zur Notzuständigkeit einzuführen.

halb einer angemessen Frist ergehen oder im Fürstentum nicht anerkannt wird. Damit kennt das monegassische Recht eine Notzuständigkeit für den Fall, dass die Parteien die Zuständigkeit ausländischer Gerichte vereinbart haben (*Lagarde* in Liber amicorum für Kohler, S. 255 Fn. 3).

[33] Vgl. Cass. civ. 1re, 1.2.2005, Rev. crit. dr. internat. privé 2006, 140; Cass. soc., 10.5.2006, Rev. crit. dr. internat. privé 2006, 856; Cass. soc., 14.9.2017, Rev. crit. dr. internat. privé 2018, 267; *Boskovic*, Revue des sociétés 2018, 467; *Danis-Fatôme/Deckert/Niboyet/Sinopoli* in Kessedjian/Cantú Rivera, Private International Law Aspects of Corporate Social Responsibility, S. 353, 378 f.; *Kübler-Wachendorff*, Das forum necessitatis, S. 44 ff.; *Michoud*, SRIEL 30 (2020), 3, 19 f.; *Othenin-Girard*, SZIER 1999, 251, 254 f.; *Pataut*, Rev. crit. dr. internat. privé 2018, 267, 273, 275 f.; *Rétornaz/Volders*, Rev. crit. dr. internat. privé 2008, 225, 229.

[34] Siehe *Rétornaz/Volders*, Rev. crit. dr. internat. privé 2008, 225, 229 m.w.N. Vgl. auch *Kinsch* in Basedow/Rühl/Ferrari/de Miguel Asensio, Encyclopedia of Private International Law, S. 2296, 2301.

[35] *Panopoulos* in Pamboukis, EU Succession Regulation, Art. 11 Rn. 1 m.w.N.

[36] Vgl. *Van Breda v. Village Resorts Limited*, 2010 ONCA 84, Rn. 100, 109; *Obégi v. Kilani*, 2011 ONSC 1636, Rn. 106 ff.; *West Van Inc. v. Daisley*, 2014 ONCA 232, Rn. 17 ff.; *Ibrahim v. Robinson*, 2015 ONCA 21, Rn. 5 ff.; *Mohammad v. Tarraf*, 2019 ONSC 1701, Rn. 34 ff.; *Nwapi*, UBC L. Rev. 47 (2014), 211, 228 ff.

[37] *La Manna*, Riv. dir. int. priv. proc. 2019, 349, 366 f.; *Rossolillo*, CDT (März 2010), 403, 404, jeweils m.w.N. Vgl. zum Diskussionsstand in der italienischen Literatur auch *Cafari Panico* in Pocar/Viarengo/Villata, Recasting Brussels I, S. 127, 136 ff.

[38] Art. 21 des Vorschlags für ein neues IPRG, welcher im Jahr 2014 dem Justizministerium vorgelegt und von diesem veröffentlicht wurde. Die Vorschrift lautet in englischer Übersetzung (abrufbar unter <http://www.prafak.ni.ac.rs/files/pil_serbia_trans.pdf>; zuletzt abgerufen am 31.7.2023): „Where no court or other authority of Serbia has jurisdiction pursuant to this Act, the court or other authority of Serbia may hear the case if the proceedings would be impossible to bring or to conduct abroad, or if the proceedings cannot be reasonably expected to be brought abroad, if the dispute has sufficient connection with Serbia." Vgl. dazu *Djordjevic* in Basedow/Rühl/Ferrari/de Miguel Asensio, Encyclopedia of Private International Law, S. 2469, 2470, 2475.

[39] Art. 13 des Vorentwurfs zu einem IPRG, welcher im Jahr 2020 von der Juristischen Fakultät der Universität von Chile sowie der Asociación Chilena de Derecho Internacional

IV. Rechtsordnungen des Common Law

Die Rechtsordnungen des Common Law enthalten – mit Ausnahme der kanadischen Provinzen British Columbia, Nova Scotia und Ontario sowie dem kanadischen Territorium Yukon[40] – überwiegend weder eine geschriebene Notzuständigkeit noch erkennen sie eine Notzuständigkeit in der Rechtsprechung an[41]. Dies erklärt sich vor dem Hintergrund, dass diese Rechtsordnungen über weite und flexible Zuständigkeitsvorschriften verfügen und daher regelmäßig eine internationale Zuständigkeit vorsehen[42]. Problematisch ist weniger der Fall, in dem keine internationale Zuständigkeit gegeben ist, als vielmehr der Umstand, dass die Zuständigkeitsausübung als zu weitreichend erachtet wird[43]. Als Ausgleich weitreichender Zuständigkeitsvorschriften und zum Schutz des Beklagten[44] sehen mehrere Rechtsordnungen des Common Law – mit Unterschieden in der konkreten Ausgestaltung – die Lehre vom *forum non conveniens* vor[45]. Danach steht es im Ermessen des Gerichts, ein Verfahren trotz gegebener Zuständigkeit abzuweisen oder auszusetzen, wenn ein ausländischer Gerichtsstand angemessener erscheint[46]. In ihren Auswirkungen stehen sich die Notzuständigkeit und die Lehre vom *forum non conveniens* daher zunächst diametral gegenüber: Während die Anwendung des *forum non conveniens*-Einwandes zur Ablehnung einer an sich bestehenden Zuständigkeit führt, wird den Gerichten

---

Privado dem Justizminister vorgelegt wurde (abrufbar unter <http://derecho.uchile.cl/noticias/168925/facultad-y-adipri-entregan-anteproyecto-de-ley-a-min-de-justicia>; zuletzt abgerufen am 31.7.2023). Die Vorschrift lautet: „Los tribunales chilenos podrán excepcionalmente conocer de materias que según esta ley escapan de su competencia conforme a los artículos anteriores, cuando las partes, el objeto del litigio o la transacción guarden una conexión sustancial con Chile, y exista imposibilidad material o jurídica para ejercer la acción en el extranjero".

[40] Siehe dazu oben unter § 3 B I–II (S. 22 ff.).
[41] EGMR (Große Kammer), Urt. v. 15.3.2018, Nr. 51357/07, Rn. 90, 200 – Naït-Liman/Schweiz; spezifisch zum englischen Recht *Jovicic v Serbian Orthodox Church* [2020] EWHC 2229 (QB); *Fawcett/Ní Shúilleabháin/Shah*, Human Rights and Private International Law, Rn. 6.82; *Kiestra*, The Impact of the ECHR, S. 105; zum US-amerikanischen Recht *Nwapi*, UBC L. Rev. 47 (2014), 211, 214 ff.; *Redfield*, Geo. J. Int'l L. 45 (2014), 893, 915 ff.
[42] *Fawcett/Ní Shúilleabháin/Shah*, Human Rights and Private International Law, Rn. 6.65, 6.70, 6.82 f.; *Kiestra*, The Impact of the ECHR, S. 106 f.
[43] EGMR (Große Kammer), Urt. v. 15.3.2018, Nr. 51357/07, Rn. 90 – Naït-Liman/Schweiz; *Fawcett/Ní Shúilleabháin/Shah*, Human Rights and Private International Law, Rn. 6.65.
[44] Vgl. *Kiestra*, The Impact of the ECHR, S. 107.
[45] Ein ausführlicher Überblick findet sich bei *Coester-Waltjen*, RabelsZ 79 (2015), 471, 477 ff.; *Gray*, Common Law World Review 38 (2009), 207, 211 ff.
[46] Vgl. *Bookman*, Stanford Law Review 67 (2015), 1081, 1094; *Coester-Waltjen*, RabelsZ 79 (2015), 471, 477; *Fawcett/Ní Shúilleabháin/Shah*, Human Rights and Private International Law, Rn. 6.127; *Redfield*, Geo. J. Int'l L. 45 (2014), 893, 915 f.

durch die Notzuständigkeit erst die Möglichkeit eröffnet, eine an sich nicht bestehende Zuständigkeit auszuüben[47]. Funktional bestehen zwischen beiden Rechtsinstituten indes größere Gemeinsamkeiten, als der erste Anschein vermuten lässt[48]. Diese inhaltlichen Überschneidungen werden im englischen Recht am deutlichsten, das im Folgenden als Beispiel für eine Rechtsordnung des Common Law dienen soll.

Als Grundregel sieht das englische Zuständigkeitsrecht vor, dass die internationale Zuständigkeit ausgeübt werden kann, wenn die Klage zugestellt wird, während sich der Beklagte in England aufhält („service within the jurisdiction")[49]. Soll die Klage demgegenüber einem Beklagten im Ausland zugestellt werden („service out of the jurisdiction"), ist die Zustimmung des Gerichts erforderlich[50]. Die Zustimmung setzt neben dem Vorliegen eines Zuständigkeitsgrundes[51] insbesondere voraus, dass das Gericht davon überzeugt ist, dass es sich bei England um den „proper place" zur Einreichung der Klage handelt[52]. Mit anderen Worten muss England das *forum conveniens* sein[53]. Als solches wird England in der Rechtsprechung zumindest dann angesehen, wenn entweder kein ausländisches Gericht zur Verfügung steht[54] oder im Ausland kein faires Verfahren gewährleistet ist[55]. In diesen Konstellationen funktioniert die Lehre vom *forum conveniens* ähnlich wie die Notzuständigkeit[56].

Besteht an sich die internationale Zuständigkeit englischer Gerichte, kann ein Gericht das Verfahren dennoch auf Antrag des Beklagten abweisen oder ausset-

---

[47] Vgl. *Goldhaber*, UC Irvine L. Rev. 3 (2013), 127, 135, der in bildhafter Sprache bemerkt: „forum non conveniens gives defendants an extra chance to kill a case, whereas forum of necessity gives plaintiffs an extra chance to save it".

[48] Vgl. auch *Hess/Mantovani*, MPILux Research Papers Series 2019 (1), S. 5 f.

[49] *Dickinson* in Basedow/Rühl/Ferrari/de Miguel Asensio, Encyclopedia of Private International Law, S. 2612, 2616.

[50] Rule 6.36 Civil Procedure Rules; *Dickinson* in Basedow/Rühl/Ferrari/de Miguel Asensio, Encyclopedia of Private International Law, S. 2612, 2616; *Fawcett/Ní Shúilleabháin/Shah*, Human Rights and Private International Law, Rn. 6.27.

[51] Vgl. Rule 6.36 Civil Procedure Rules.

[52] Rule 6.36 Abs. 4 Civil Procedure Rules; *Spiliada Maritime Corp v Cansulex Ltd* [1987] AC 460, 480 f. (House of Lords); *Dickinson* in Basedow/Rühl/Ferrari/de Miguel Asensio, Encyclopedia of Private International Law, S. 2612, 2616.

[53] *Dickinson* in Basedow/Rühl/Ferrari/de Miguel Asensio, Encyclopedia of Private International Law, S. 2612, 2616; *Fawcett/Ní Shúilleabháin/Shah*, Human Rights and Private International Law, Rn. 6.36 ff., 6.83.

[54] *Fawcett/Ní Shúilleabháin/Shah*, Human Rights and Private International Law, Rn. 6.84 m. w. N.

[55] *Fawcett/Ní Shúilleabháin/Shah*, Human Rights and Private International Law, Rn. 6.85 ff. m. w. N.

[56] *Fawcett/Ní Shúilleabháin/Shah*, Human Rights and Private International Law, Rn. 6.83, 6.87; *Rossolillo*, CDT (März 2010), 403, 406. Vgl. auch *Nwapi*, UBC L. Rev. 47 (2014), 211, 227.

zen, wenn es sich als *forum non conveniens* erachtet⁵⁷. Die Ablehnung der Zuständigkeit hat jedoch – parallel zu den zuvor behandelten Konstellationen – nicht zu erfolgen, wenn ein Gerichtsstand im Ausland nicht zur Verfügung steht⁵⁸ oder ein faires Verfahren vor einem unabhängigen und unparteilichen Gericht im Ausland nicht möglich ist⁵⁹. Diese Einschränkung ist nicht auf das englische Zuständigkeitsrecht begrenzt. Vielmehr setzt die Anwendung des *forum non conveniens*-Einwands ebenso in anderen Rechtsordnungen des Common Law voraus, dass im Ausland keine Rechtsverweigerung droht⁶⁰. Mithin wirken Notzuständigkeit und *forum non conveniens* zwar entgegengesetzt, das Ergebnis ihrer Anwendung stimmt jedoch regelmäßig überein. Denn während es die Notzuständigkeit in einem eher restriktiven und starren Zuständigkeitssystem erst ermöglicht, unvorhergesehenen Zuständigkeitskonflikten zu begegnen, schließt der *forum non conveniens*-Einwand die weitreichenden Zuständigkeiten eines flexiblen Zuständigkeitssystems nicht aus, wenn andernfalls eine Rechtsverweigerung droht.

V. Schlussfolgerungen

Die Notzuständigkeit wird in einer Vielzahl von Rechtsordnungen ausdrücklich oder von der Rechtsprechung anerkannt. Insbesondere in den vergangenen 30 Jahren zeigt sich die Tendenz, die Notzuständigkeit nicht nur in der Rechtsprechung anzuerkennen, sondern auch zu kodifizieren⁶¹. Gerade jüngere Neukodifikationen des Internationalen Privat- und Zivilverfahrensrechts enthalten vielfach

---

⁵⁷ *Spiliada Maritime Corp v Cansulex Ltd* [1987] AC 460, 476 ff. (House of Lords); *Coester-Waltjen*, RabelsZ 79 (2015), 471, 478; *Dickinson* in Basedow/Rühl/Ferrari/de Miguel Asensio, Encyclopedia of Private International Law, S. 2612, 2617; *Fawcett/Ní Shúilleabháin/Shah*, Human Rights and Private International Law, Rn. 6.31.

⁵⁸ *Spiliada Maritime Corp v Cansulex Ltd* [1987] AC 460, 476 (House of Lords); *Fawcett/Ní Shúilleabháin/Shah*, Human Rights and Private International Law, Rn. 6.33, 6.134 f.; *Mills*, BYIL 84 (2014), 187, 226 f.

⁵⁹ *Fawcett/Ní Shúilleabháin/Shah*, Human Rights and Private International Law, Rn. 6.137 ff. Vgl. auch *Spiliada Maritime Corp v Cansulex Ltd* [1987] AC 460, 478 (House of Lords); *Mills*, BYIL 84 (2014), 187, 226 f.

⁶⁰ Siehe EGMR (Große Kammer), Urt. v. 15.3.2018, Nr. 51357/07, Rn. 90 – Naït-Liman/Schweiz; *Coester-Waltjen*, RabelsZ 79 (2015), 471, 486 f.; *Gray*, Common Law World Review 38 (2009), 207, 218 Fn. 57, 222; *Mills*, BYIL 84 (2014), 187, 227; *Redfield*, Geo. J. Int'l L. 45 (2014), 893, 916; *Saccucci* in Forlati/Franzina, Universal Civil Jurisdiction, S. 3, 24 f.

⁶¹ Vgl. *Biagioni* in Viarengo/Franzina, The EU Regulations on the Property Regimes of International Couples, Rn. 11.01; vgl. auch *Avasilencei/Piciarca*, Rev. crit. dr. internat. privé 2014, 43, 56; *Boskovic*, Revue des sociétés 2018, 467, 469; *Cafari Panico* in Pocar/Viarengo/Villata, Recasting Brussels I, S. 127, 134; *Pataut*, Rev. crit. dr. internat. privé 2018, 267, 274; *Redfield*, Geo. J. Int'l L. 45 (2014), 893, 904, 908.

geschriebene Vorschriften zur Notzuständigkeit[62]. Somit entsteht ein zunehmender Konsens über die Bedeutung der Notzuständigkeit[63]. An dieser Beurteilung ändert auch der Umstand nichts, dass viele andere Rechtsordnungen weder ausdrücklich eine Notzuständigkeit vorsehen noch diese in der Rechtsprechung akzeptieren. Denn Konstellationen, in denen eine Notzuständigkeit eröffnet werden muss, treten nur selten auf. Vor allem wenn Staaten ihre internationale Zuständigkeit – wie beispielsweise in Rechtsordnungen des Common Law üblich – in einem sehr großzügigen Maße annehmen, werden sie nur selten Fällen ausgesetzt sein, in denen eine Notzuständigkeit erforderlich wird. Solange ein Staat jedoch keine positive Entscheidung über die Zulässigkeit einer Notzuständigkeit getroffen hat, kann nicht der negative Umkehrschluss gezogen werden, dass der Staat die Notzuständigkeit nicht anerkennt oder nicht anerkennen würde[64].

C. Ausgestaltung der Notzuständigkeit

I. Grundsätzliche Übereinstimmung der Voraussetzungen

Die Voraussetzungen, die an die Notzuständigkeit gestellt werden, stimmen grundsätzlich überein[65]. Dies gilt unabhängig davon, ob die Rechtsordnungen eine geschriebene Notzuständigkeit vorsehen oder die Notzuständigkeit in der Rechtsprechung anerkennen. Eine Notzuständigkeit ist zu eröffnen, wenn – je nach Betrachtungsweise – zwei[66] oder drei[67] kumulative Voraussetzungen erfüllt sind:

---

[62] Angedeutet auch bei *Schütze*, Deutsches Internationales Zivilprozessrecht, Rn. 128.

[63] Vgl. auch Joint Dissenting Opinion of Judges *Karakaş*, *Vučinić* and *Kūris*, Rn. 4, zu EGMR (Kammer), Urt. v. 21.6.2016, Nr. 51357/07 – Naït-Liman/Schweiz; *Nwapi*, UBC L. Rev. 47 (2014), 211, 270 ff.

[64] Ähnlich *Nuyts*, Study on Residual Jurisdiction, S. 64, allein der Umstand, dass in einem Staat derzeit kein geschriebenes Recht oder Fallrecht zur Notzuständigkeit bestehe, bedeute nicht, dass ein Gericht das Prinzip der Notzuständigkeit in einem entsprechenden Fall ablehnen würde. Vgl. speziell zu Italien auch *Cafari Panico* in Pocar/Viarengo/Villata, Recasting Brussels I, S. 127, 136.

[65] Vgl. auch *La Manna*, Riv. dir. int. priv. proc. 2019, 349, 365 f.; *Nuyts*, Study on Residual Jurisdiction, S. 64 ff.; *Nwapi*, UBC L. Rev. 47 (2014), 211, 242 ff.; *Rétornaz/Volders*, Rev. crit. dr. internat. privé 2008, 225, 229 f.; *Roorda/Ryngaert*, RabelsZ 80 (2016), 783, 794.

[66] *Augenstein/Jägers* in Álvarez Rubio/Yiannibas, Human Rights in Business, S. 7, 28 f.; *Hess/Mantovani*, MPILux Research Papers Series 2019 (1), S. 5 f.; *Mora*, NILR 65 (2018), 155, 178 f.; *Nuyts*, Study on Residual Jurisdiction, S. 64 ff.; *Redfield*, Geo. J. Int'l L. 45 (2014), 893, 908; *Roorda/Ryngaert*, RabelsZ 80 (2016), 783, 794; *M. Schulz*, Alien Tort Statute, S. 387; *Ubertazzi*, Exclusive Jurisdiction, S. 250.

[67] *La Manna*, Riv. dir. int. priv. proc. 2019, 349, 365 f.; *Rétornaz/Volders*, Rev. crit. dr. internat. privé 2008, 225, 229 f.

Erstens darf die internationale Zuständigkeit des Staates aus keinem anderen Grund gegeben sein. Bei dieser Voraussetzung handelt es sich nicht um eine klassische Voraussetzung, sondern vielmehr um die logische Bedingung dafür, dass überhaupt eine Notzuständigkeit erforderlich ist[68]. Sie folgt bereits aus dem subsidiären Charakter der Notzuständigkeit. Gleichwohl wird in den meisten geschriebenen Notzuständigkeiten ausdrücklich vorgesehen, dass keine anderweitige internationale Zuständigkeit gegeben sein darf.

Zweitens darf dem Rechtssuchenden im Ausland kein Rechtsschutz zur Verfügung stehen, der aus Sicht des angerufenen Gerichts adäquat erscheint. Diese negative Voraussetzung der Notzuständigkeit ist mit anderen Worten erfüllt, wenn dem Rechtssuchenden im Ausland eine Rechtsverweigerung droht.

Drittens und letztens müssen der Sachverhalt und/oder die Beteiligten einen bestimmten Bezug zum Inland aufweisen. Diese positive Voraussetzung findet sich zwar nicht ausdrücklich in den geschriebenen Notzuständigkeiten der kanadischen Provinzen British Columbia und Nova Scotia sowie dem Territorium Yukon[69]. Dennoch geht die kanadische Literatur davon aus, dass ein Inlandsbezug implizit vorausgesetzt werde[70]. Demgegenüber setzt die Notzuständigkeit in den Niederlanden nur für einen Teil der Konstellationen einen Inlandsbezug voraus[71].

II. Unterschiedliche Anforderungen im Einzelnen

Wenngleich über die Voraussetzungen der Notzuständigkeit zwischen den Rechtsordnungen grundsätzlich Einigkeit besteht, unterscheiden sich die Anforderungen der Notzuständigkeit bei näherer Betrachtung zum Teil deutlich[72].

1. Drohende Rechtsverweigerung

Die drohende Rechtsverweigerung setzt bei einem Großteil der Rechtsordnungen voraus, dass eine Rechtsverfolgung im Ausland unmöglich oder unzumutbar ist[73]. Das Kriterium der Unzumutbarkeit findet sich auch in der portugiesi-

---

[68] Vgl. *La Manna*, Riv. dir. int. priv. proc. 2019, 349, 366; *Rétornaz/Volders*, Rev. crit. dr. internat. privé 2008, 225, 230.

[69] *Nwapi*, UBC L. Rev. 47 (2014), 211, 243. Ausdrücklich wird das Erfordernis eines Inlandsbezugs darüber hinaus nicht in Mexiko vorgesehen; allerdings ist die mexikanische Vorschrift zur Notzuständigkeit sehr knapp und lediglich als Annex zur Anerkennungszuständigkeit geregelt.

[70] *Nwapi*, Utrecht J. Int'l & Eur. L. 30 (2014), 24, 33; *Posyniak*, The Advocate (Vancouver Bar Association) 73 (2015), 43, 45; *Sobkin*, Osgoode Hall Law Journal 55 (2018), 203, 208.

[71] Siehe ausführlich unten unter § 3 C III 3 (S. 50 ff.).

[72] Vgl. *Roorda/Ryngaert*, RabelsZ 80 (2016), 783, 794.

[73] Siehe die geschriebenen Vorschriften zur Notzuständigkeit in Belgien, Estland, den

schen Vorschrift zur Notzuständigkeit[74]; diese setzt – anstelle der Unmöglichkeit einer Rechtsverfolgung im Ausland – jedoch voraus, dass das behauptete Recht nur durch eine Klage in Portugal verwirklicht werden kann, und ist daher leicht abweichend nuanciert. In der argentinischen[75] sowie in der costa-ricanischen[76] Vorschrift zur Notzuständigkeit findet sich demgegenüber ausdrücklich nur das Kriterium der Unzumutbarkeit, da es nach der jeweiligen Bestimmung nicht vernünftig sein darf, die Einleitung der Klage im Ausland zu verlangen. Diese weite Formulierung schließt allerdings nicht aus, dass von der Vorschrift auch diejenigen Konstellationen erfasst werden, die in den anderen Rechtsordnungen dem Kriterium der Unmöglichkeit der Rechtsverfolgung im Ausland unterfielen[77]. Besonders weit und unbestimmt ist die Vorschrift des panamaischen Rechts[78], welche lediglich erfordert, dass vor einem ausländischen Gericht eine Rechtsverweigerung eintritt.

Deutlich enger ist die Notzuständigkeit, die der chilenische Vorentwurf zu einem IPRG enthält[79]: Diese erfasst lediglich den Fall, dass es tatsächlich oder rechtlich unmöglich ist, eine Klage im Ausland zu erheben. Am engsten ist indes die mexikanische Vorschrift zur Notzuständigkeit[80]. Diese ist ihrem Wortlaut nach auf Konstellationen begrenzt, in denen keine internationale Zuständigkeit eines Staates besteht. Sie behandelt mithin allein den negativen internationalen Kompetenzkonflikt. Ebenso ist der negative internationale Kompetenzkonflikt in der Dominikanischen Republik[81] als einer von zwei Anwendungsfällen der Notzuständigkeit ausdrücklich erfasst. Daneben sieht die dominikanische Rechtsordnung als zweiten Anwendungsfall die Anerken-

---

kanadischen Provinzen Québec, British Columbia und Nova Scotia sowie dem kanadischen Territorium Yukon, Kroatien, Montenegro, den Niederlanden, Österreich, Polen, Rumänien, der Schweiz, Uruguay und dem Vorschlag für eine neues IPRG in Serbien.

[74] Vgl. Art. 62 lit. c Código de Processo Civil (abgedruckt oben in § 3 Fn. 6). Gleiches gilt für die Vorschriften zur Notzuständigkeit in den ehemaligen portugiesischen Kolonien Angola, Kap Verde, Macau, Mosambik und Timor-Leste, die inhaltlich der portugiesischen Vorschrift entsprechen.

[75] Vgl. Art. 2602 Código Civil y Comercial de la Nación (abgedruckt oben in § 3 Fn. 25).

[76] Vgl. Art. 340 Código Procesal de Familia (abgedruckt oben in § 3 Fn. 29).

[77] Gewissermaßen umgekehrt ist in der französischen Rechtsprechung und Literatur lediglich das Kriterium der Unmöglichkeit anerkannt (siehe nur *Boskovic*, Revue des sociétés 2018, 467, 469 f.); allerdings ist das Verständnis der Unmöglichkeit sehr weit, sodass unter den Begriff auch Konstellationen subsumiert werden, die in den anderen Rechtsordnungen der Unzumutbarkeit unterfielen (siehe *Kübler-Wachendorff*, Das forum necessitatis, S. 52, 57 ff.; vgl. auch *Marchadier*, Rev. crit. dr. internat. privé 2018, 663, 669).

[78] Vgl. Art. 11 Abs. 2 panamaisches IPRG (abgedruckt oben in § 3 Fn. 27).

[79] Vgl. Art. 13 des Vorentwurfs zu einem IPRG (abgedruckt oben in § 3 Fn. 39).

[80] Vgl. Art. 565 Código Federal de Procedimientos Civiles (abgedruckt oben in § 3 Fn. 14).

[81] Siehe Art. 21 dominikanisches IPRG (abgedruckt oben in § 3 Fn. 26).

nungslücke vor, also die Konstellation, in der die Anerkennung einer ausländischen Entscheidung in der Dominikanischen Republik verweigert wird. Diese Fallgruppe ist außer in der dominikanischen Rechtsordnung lediglich noch in Polen[82] ausdrücklich geregelt.

2. Inlandsbezug

Die meisten Rechtsordnungen verwenden unbestimmte Rechtsbegriffe, um die Anforderungen an den Inlandsbezug festzulegen[83]: Ein Teil der Rechtsordnungen setzt insoweit voraus, dass der Bezug zum Inland – sinngemäß – als „genügend", „ausreichend" oder „hinreichend" erachtet wird[84]. Ein anderer Teil der Rechtsordnungen setzt voraus, dass der Bezug „wesentlich", „eng" oder „relevant" sein muss[85]. Aus den sprachlichen Abweichungen ergeben sich indes keine wesentlichen inhaltlichen Unterschiede. Denn angesichts der Unbestimmtheit der Rechtsbegriffe verbleibt ein großer Beurteilungsspielraum. Dieser Beurteilungsspielraum wird in den Rechtsordnungen von Rechtsprechung und Literatur ähnlich ausgefüllt, und zwar unabhängig davon, ob begrifflich ein „ausreichender" oder ein „wesentlicher" Bezug vorausgesetzt wird[86]. Vermittelt werden muss der Inlandsbezug durch die „Sache"[87], den „Sachverhalt"[88],

---

[82] Siehe Art. 1099¹ polnisches Zivilverfahrensgesetzbuch (abgedruckt oben in § 3 Fn. 22). Insoweit bezieht sich der zweite Absatz der Vorschrift zur Notzuständigkeit auf die Anerkennungslücke, während die Unmöglichkeit oder Unzumutbarkeit der Rechtsverfolgung im Ausland im ersten Absatz geregelt ist.

[83] Vgl. *Nuyts*, Study on Residual Jurisdiction, S. 66.

[84] Siehe die Vorschriften in der Schweiz („genügenden Zusammenhang"), in Québec („sufficient connection"), den Niederlanden („ingesteld voldoende"), Rumänien („legătură suficientă"), Argentinien („contacto suficiente"), Costa Rica („contacto [...] suficiente") sowie in Polen, Montenegro und dem Vorschlag für eine neues IPRG in Serbien. Ein ausreichender Bezug wird auch von der französischen Rechtsprechung gefordert (siehe *Boskovic*, Revue des sociétés 2018, 467, 470; *Danis-Fatôme/Deckert/Niboyet/Sinopoli* in Kessedjian/Cantú Rivera, Private International Law Aspects of Corporate Social Responsibility, S. 353, 379; *Kübler-Wachendorff*, Das forum necessitatis, S. 64ff.).

[85] Siehe die Vorschriften in Portugal („elemento ponderoso de conexão"), Belgien („liens étroits"), Uruguay („vínculos relevantes"), im Vorentwurf zu einem IPRG in Chile („conexión sustancial") sowie in Estland. Nur eine „gewisse" Verbindung zum Inland („cierta vinculación") setzt demgegenüber die dominikanische Notzuständigkeit voraus.

[86] Vgl. im Ergebnis auch *Nuyts*, Study on Residual Jurisdiction, S. 66; *Nwapi*, Utrecht J. Int'l & Eur. L. 30 (2014), 24, 34f.

[87] Siehe die Vorschriften in den Niederlanden („zaak"), in Rumänien („cauza"), Uruguay („caso") sowie in Estland und Polen.

[88] Siehe die Vorschriften in der Schweiz, in Belgien („cause"), in Argentinien („situación privada") sowie in Costa Rica („situación privada").

die „Streitigkeit"[89] oder den „Streitgegenstand"[90]. Auch insoweit handelt es sich lediglich um linguistische Abweichungen, während die Ausgestaltung inhaltlich parallel verläuft. Bemerkenswert ist in diesem Zusammenhang allerdings der Vorentwurf für ein IPRG in Chile[91]. Darin werden neben dem „Streitgegenstand" ausdrücklich auch die Parteien („las partes") als ausreichend benannt, um einen Inlandsbezug zu vermitteln.

Demgegenüber verwenden das österreichische[92] und das panamaische[93] Recht keine unbestimmten Rechtsbegriffe, sondern bestimmen die für einen Inlandsbezug erforderlichen Anknüpfungspunkte abschließend: In Österreich muss der Kläger österreichischer Staatsbürger sein oder seinen Wohnsitz, gewöhnlichen Aufenthalt oder Sitz im Inland haben. In Panama greift die Notzuständigkeit lediglich zugunsten von natürlichen oder juristischen panamaischen Personen. Durch die abschließende Festlegung der Anknüpfungspunkte weichen die Rechtsordnungen deutlich von den zuvor angesprochenen Rechtsordnungen ab, in denen der Inlandsbezug im Einzelfall ausgefüllt werden muss[94].

Eine Kombination von unbestimmten Rechtsbegriffen und abschließender Festlegung der Anknüpfungspunkte findet sich in Rumänien[95] und Estland[96]. In Rumänien setzt die Vorschrift zur Notzuständigkeit grundsätzlich voraus, dass die Streitigkeit einen hinreichenden Bezug zu Rumänien aufweist. Die Ausübung der Zuständigkeit ist jedoch zwingend, wenn der Antragsteller rumänischer Staatsangehöriger, Staatenloser mit Wohnsitz in Rumänien oder eine rumänische juristische Person ist. In der rumänischen Literatur wird davon ausgegangen, dass es sich bei den ausdrücklich erwähnten Anknüpfungspunkten um eine gesetzliche Vermutung für das Bestehen eines hinreichenden Inlandsbezuges handelt[97]. Ist der Antragsteller demgegenüber ein Ausländer, muss der Bezug zu Rumänien gesondert geprüft werden[98]. In Estland besteht im Ausgangspunkt eine Notzuständigkeit, wenn ein Antragsteller estnischer Staatsangehöriger ist oder seinen Wohnsitz in Estland hat und ihm im Ausland eine Rechtsverweigerung droht. Erfüllt ein Antragsteller diese Anforderungen nicht,

---

[89] Siehe die Vorschriften in Québec („dispute"), Spanien („litigoso") sowie in Montenegro und dem Vorschlag für eine neues IPRG in Serbien.
[90] Siehe die Vorschrift in Portugal („objeto do litígio").
[91] Art. 13 des Vorentwurfs zu einem IPRG (abgedruckt oben in § 3 Fn. 39).
[92] Vgl. § 28 Abs. 1 Nr. 2 JN (abgedruckt unten in § 3 Fn. 163).
[93] Vgl. Art. 11 Abs. 2 panamaisches IPRG (abgedruckt oben in § 3 Fn. 27).
[94] Vgl. zum Beurteilungsspielraum im Einzelfall *Roorda/Ryngaert*, RabelsZ 80 (2016), 783, 797.
[95] Vgl. Art. 1070 rumänische ZPO (abgedruckt oben in § 3 Fn. 23).
[96] Vgl. § 72 Abs. 1 estnische ZPO (abgedruckt oben in § 3 Fn. 21).
[97] *Avasilencei/Piciarca*, Rev. crit. dr. internat. privé 2014, 43, 57.
[98] *Avasilencei/Piciarca*, Rev. crit. dr. internat. privé 2014, 43, 57.

muss die Sache aus einem anderen Grund wesentlich mit Estland verbunden sein.

Erwähnenswert sind schließlich Rechtsordnungen, die zusätzliche Anforderungen an den Inlandsbezug stellen[99]. Dies ist zum einen in Argentinien[100] und Costa Rica[101] der Fall. Dort muss neben dem hinreichenden Inlandsbezug das Recht auf Verteidigung im Verfahren gewährleistet sein. Darüber hinaus ist zu berücksichtigen, dass durch die Notzuständigkeit ein wirksames Urteil erreicht werden soll. Zum anderen stellt die Vorschrift zur Notzuständigkeit in Uruguay[102] zusätzliche Anforderungen an den Inlandsbezug. Auch in Uruguay muss das Gericht in der Lage sein, ein faires und ordnungsgemäßes Verfahren zu gewährleisten. Darüber hinaus muss eine Entscheidung, die aufgrund der Notzuständigkeit ergehen soll, anerkannt und vollstreckt werden können.

III. Ausgewählte Rechtsordnungen im Detail

Die Vorschriften zur Notzuständigkeit sind in sämtlichen Rechtsordnungen von unbestimmten Rechtsbegriffen geprägt[103]. Um die genauen Anforderungen, die an die Notzuständigkeit gestellt werden, ermitteln zu können, bedarf es daher einer eingehenden Analyse der Anwendung in Rechtsprechung und Literatur. Diese Analyse wird im Bereich der Notzuständigkeit jedoch durch zwei Faktoren wesentlich erschwert: Einerseits sind die Vorschriften zum Teil erst wenige Jahre alt, sodass bislang kaum Entscheidungen ergehen konnten und die Rechtslage unklar ist[104]. Andererseits treten Konstellationen der Notzuständigkeit aufgrund ihres Ausnahmecharakters ohnehin sehr selten auf[105], sodass grundsätzlich wenig Rechtsprechung zur Notzuständigkeit existiert. Für eine nähere Betrachtung bieten sich daher Rechtsordnungen an, welche die Notzuständigkeit bereits seit längerem vorsehen und über eine weitgehend gesicherte (Entscheidungs-)Praxis verfügen. Vor diesem Hintergrund eignen sich insbesondere die Notzuständigkeiten der Schweiz, Österreichs sowie der Niederlande für eine

---

[99] Die folgenden Kriterien könnten auch als eigenständige Voraussetzungen der Notzuständigkeit aufgefasst werden. Sie werden in dieser Arbeit jedoch als besondere Anforderungen des Inlandsbezugs behandelt, da die Kriterien lediglich die ordnungsgemäße Funktion und Effektivität der lokalen Rechtspflege gewährleisten sollen und sich somit auf die Notwendigkeit eines hinreichenden Inlandsbezugs beziehen.

[100] Vgl. Art. 2602 Código Civil y Comercial de la Nación (abgedruckt oben in § 3 Fn. 25).

[101] Vgl. Art. 340 Código Procesal de Familia (abgedruckt oben in § 3 Fn. 29).

[102] Art. 57 H) Ley 19.920 (Ley General de Derecho Internacional Privado, abgedruckt oben in § 3 Fn. 30).

[103] Vgl. auch *Rétornaz/Volders*, Rev. crit. dr. internat. privé 2008, 225, 228.

[104] Vgl. auch *Roorda/Ryngaert*, RabelsZ 80 (2016), 783, 794.

[105] Vgl. *Roorda/Ryngaert*, RabelsZ 80 (2016), 783, 788.

nähere Betrachtung: Die Schweiz war eine der ersten Rechtsordnungen, die eine Vorschrift zur Notzuständigkeit ausdrücklich geregelt hat[106]. Diese Vorschrift diente einer Vielzahl anderer Staaten[107] und mutmaßlich auch der EU[108] als Vorbild für die Kodifizierung. Die Vorschrift zur Notzuständigkeit in Österreich wurde ebenfalls frühzeitig eingeführt und zeichnet sich dadurch aus, dass sie die Voraussetzung des Inlandsbezugs äußerst restriktiv regelt. Demgegenüber ist die Notzuständigkeit in den Niederlanden jüngeren Datums und mit Blick auf die Inlandsbeziehung sehr großzügig ausgestaltet.

1. Schweiz

Mit dem IPRG vom 18.12.1987[109] wurde die internationale Zuständigkeit der Schweiz abschließend geregelt[110]. Demnach kann eine internationale Zuständigkeit nur angenommen werden, wenn sie in einer Zuständigkeitsvorschrift ausdrücklich vorgesehen ist[111]. In diesem Zuständigkeitssystem soll die Notzuständigkeit als „Sicherheitsventil" und Ausweichklausel dienen[112], um eine Rechtsverweigerung im Falle eines negativen Kompetenzkonfliktes zu vermei-

---

[106] Vgl. auch *Nwapi*, UBC L. Rev. 47 (2014), 211, 224.

[107] Vgl. für Belgien Sénat de Belgique, Session extraordinaire de 2003, 7.7.2003, Proposition de loi portant le Code de droit international privé, Développements, Nr. 3–27/1, S. 36; *Fiorini*, ICLQ 54 (2005), 499, 512; *Francq*, RabelsZ 70 (2006), 235, 247; *Rétornaz/Volders*, Rev. crit. dr. internat. privé 2008, 225, 227 f.; für die Niederlande Kamerstukken II 1999/2000, 26 855, Nr. 3, S. 41 (Memorie van Toelichting); *Kiestra*, The Impact of the ECHR, S. 106 Fn. 116; für Panama *Samtleben*, RabelsZ 82 (2018), 52, 75; für Rumänien *Avasilencei/Piciarca*, Rev. crit. dr. internat. privé 2014, 43, 56; für Québec *McEvoy*, Revue générale de droit 35 (2005), 61, 76 ff.; *Talpis/Goldstein*, YbPIL 11 (2009), 339, 352; für den *Court Jurisdiction and Proceedings Transfer Act* der Uniform Law Conference of Canada *Josephson v. Balfour Recreation Commission*, 2010 BCSC 603, Rn. 86; vgl. auch *Geisser/A. Müller* in Zamora Cabot/Heckendorn Urscheler/De Dycker, Implementing the U.N. Guiding Principles on Business and Human Rights, S. 119, 124; *La Manna*, Riv. dir. int. priv. proc. 2019, 349, 365; *Rétornaz/Volders*, Rev. crit. dr. internat. privé 2008, 225, 227 f.

[108] *Kübler-Wachendorff*, Das forum necessitatis, S. 8; *Wurmnest* in BeckOGK, Art. 7 EU-UnterhaltsVO Rn. 6.

[109] Amtliche Sammlung des Bundesrechts, 15.11.1988, Nr. 44, S. 1776.

[110] Botschaft zum Bundesgesetz über das internationale Privatrecht v. 10.11.1982, Bundesblatt der Schweizerischen Eidgenossenschaft 1983 I, S. 263, 299 Rn. 213.3; *Droese* in Basler Kommentar, Art. 3 IPRG Rn. 1; *Müller-Chen* in Zürcher Kommentar zum IPRG, Art. 3 Rn. 1; *Othenin-Girard*, SZIER 1999, 251, 252.

[111] Vgl. Botschaft zum Bundesgesetz über das internationale Privatrecht v. 10.11.1982, Bundesblatt der Schweizerischen Eidgenossenschaft 1983 I, S. 263, 299 Rn. 213.3; *Müller-Chen* in Zürcher Kommentar zum IPRG, Art. 3 Rn. 1.

[112] Amtliches Bulletin des Ständerats, 21.9.1987, S. 1064, 1067; Bundesgericht, 22.5.2007, 4C_379/2006, Erwägung 3.4; *Müller-Chen* in Zürcher Kommentar zum IPRG, Art. 3 Rn. 1; *Othenin-Girard*, SZIER 1999, 251, 252.

den[113]. Denn auch eine detaillierte und ausdifferenzierte Zuständigkeitsordnung – wie jene der Schweiz[114] – könne nicht alle erdenklichen Sachverhaltskonstellationen angemessen abdecken[115], sodass das Risiko der Rechtsverweigerung nie vollständig ausgeschlossen werden könne[116].

Die Notzuständigkeit des Art. 3 IPRG[117] hat drei Voraussetzungen[118], welche sich rechtsvergleichend als die üblichen Voraussetzungen der Notzuständigkeit erwiesen haben[119]: Erstens darf keine internationale Zuständigkeit der Schweiz nach einer anderen Vorschrift begründet sein, zweitens muss ein Verfahren im Ausland nicht möglich oder unzumutbar sein und drittens muss der Sachverhalt einen genügenden Zusammenhang mit der Schweiz aufweisen. Mithin ist die Notzuständigkeit im Verhältnis zu den anderen Zuständigkeitsnormen des IPRG subsidiär[120]. Aufgrund des Not- und Ausnahmecharakters der Notzuständigkeit und um *forum shopping* zu vermeiden[121], ist die Vorschrift restriktiv anzuwenden[122]. Darüber hinaus sind bei der Auslegung der Notzuständigkeit

---

[113] Bundesgericht, 22.5.2007, 4C_379/2006, Erwägung 3.4; Obergericht Zürich, 22.3. 2000, ZR 99 (2000), 299, 301; *Droese* in Basler Kommentar, Art. 3 IPRG Rn. 1, 8; *Müller-Chen* in Zürcher Kommentar zum IPRG, Art. 3 Rn. 1; *Schwenzer/Hosang*, SZIER 2011, 273, 286; *Walter/Domej*, Internationales Zivilprozessrecht der Schweiz, S. 112.

[114] *Müller-Chen* in Zürcher Kommentar zum IPRG, Art. 3 Rn. 1, 7.

[115] Vgl. *Buhr/Gabriel* in Handkommentar zum Schweizer Privatrecht, Art. 3 IPRG Rn. 1; *Müller-Chen* in Zürcher Kommentar zum IPRG, Art. 3 Rn. 1; *Othenin-Girard*, SZIER 1999, 251, 252, 266.

[116] *Othenin-Girard*, SZIER 1999, 251, 266. Vor diesem Hintergrund bezeichnet *Othenin-Girard*, SZIER 1999, 251, 285, die Notzuständigkeit als „clause subsidiaire indispensable" in einem starren Zuständigkeitssystem.

[117] Die Vorschrift lautet: „Sieht dieses Gesetz keine Zuständigkeit in der Schweiz vor und ist ein Verfahren im Ausland nicht möglich oder unzumutbar, so sind die schweizerischen Gerichte oder Behörden am Ort zuständig, mit dem der Sachverhalt einen genügenden Zusammenhang aufweist".

[118] Siehe dazu Bundesgericht, 22.5.2007, 4C_379/2006, Erwägung 3.3; *Buhr/Gabriel* in Handkommentar zum Schweizer Privatrecht, Art. 3 IPRG Rn. 2; *Droese* in Basler Kommentar, Art. 3 IPRG Rn. 7; *Geisser/A. Müller* in Zamora Cabot/Heckendorn Urscheler/De Dycker, Implementing the U.N. Guiding Principles on Business and Human Rights, S. 119, 124; *La Manna*, Riv. dir. int. priv. proc. 2019, 349, 357; *Müller-Chen* in Zürcher Kommentar zum IPRG, Art. 3 Rn. 2; *Schwenzer/Hosang*, SZIER 2011, 273, 286.

[119] Siehe oben unter § 3 C I (S. 32 f.).

[120] *Droese* in Basler Kommentar, Art. 3 IPRG Rn. 3 f.; *Othenin-Girard*, SZIER 1999, 251, 261; *Schwenzer/Hosang*, SZIER 2011, 273, 286.

[121] Den Gesichtspunkt des *forum shopping* herausstellend Obergericht Zürich, 27.8.1990, ZR 89 (1990), 139; Obergericht Luzern, 2.4.1993, LGVE 1993 I Nr. 14; *Müller-Chen* in Zürcher Kommentar zum IPRG, Art. 3 Rn. 3.

[122] Bundesgericht, 22.5.2007, 4C_379/2006, Erwägung 3.4; Obergericht Zürich, 27.8.1990, ZR 89 (1990), 139; Obergericht Luzern, 2.4.1993, LGVE 1993 I Nr. 14; *Buhr/Gabriel* in Handkommentar zum Schweizer Privatrecht, Art. 3 IPRG Rn. 2; *Schwenzer/Hosang*, SZIER

die konkreten Umstände sowie die möglichen Konsequenzen für den Rechtssuchenden im Einzelfall zu berücksichtigen[123]. Ferner wird die Bedeutung des Ermessens, das den Gerichten insbesondere bei der Auslegung der „Unzumutbarkeit" sowie des „genügenden Zusammenhangs" zukommt, in der Schweizer Rechtspraxis besonders betont[124].

In der bisherigen Rechtsprechung zur Notzuständigkeit ging es hauptsächlich um Fragestellungen aus dem Bereich des Familien-, Erb- und Vollstreckungsrechts[125]. So eröffnete das Obergericht Zürich (hilfsweise) eine Notzuständigkeit für eine Testamentseröffnung aufgrund eines negativen Kompetenzkonfliktes[126]. Denn eine internationale Zuständigkeit für die in der Schweiz belegenen Vermögenswerte sah weder Großbritannien als Heimatstaat des Erblassers noch Italien als Staat, in dem der Erblasser seinen letzten gewöhnlichen Aufenthalt hatte, vor[127]. Das Obergericht Luzern hat aus dem gleichen Grund eine Notzuständigkeit für eine Urteilsabänderungsklage in Bezug auf die elterliche Sorge

---

2011, 273, 286; vgl. auch *Bucher* in Commentaire romand, Art. 3 LDIP Rn. 2; *Othenin-Girard*, SZIER 1999, 251, 270. Demgegenüber könne der Zweck der Notzuständigkeit, Rechtsverweigerung zu vermeiden, nach *Droese* in Basler Kommentar, Art. 3 IPRG Rn. 8, nicht Anlass sein, die Bestimmung einschränkend auszulegen; vielmehr sei eine Notzuständigkeit nur, aber immer dann zu eröffnen, wenn deren Verweigerung einer materiellen Rechtsverweigerung gleichkäme (*Droese*, aaO.).

[123] Botschaft zum Bundesgesetz über das internationale Privatrecht v. 10.11.1982, Bundesblatt der Schweizerischen Eidgenossenschaft 1983 I, S. 263, 299 Rn. 213.3; Obergericht Zürich, 22.3.2000, ZR 99 (2000), 299, 301; *Droese* in Basler Kommentar, Art. 3 IPRG Rn. 20; *Müller-Chen* in Zürcher Kommentar zum IPRG, Art. 3 Rn. 8. Vgl. auch *Othenin-Girard*, SZIER 1999, 251, 270.

[124] Siehe Botschaft zum Bundesgesetz über das internationale Privatrecht v. 10.11.1982, Bundesblatt der Schweizerischen Eidgenossenschaft 1983 I, S. 263, 299 Rn. 213.3; Obergericht Zürich, 27.8.1990, ZR 89 (1990), 139; Obergericht Zürich, 22.3.2000, ZR 99 (2000), 299, 301; *Bucher* in Commentaire romand, Art. 3 LDIP Rn. 8; *Droese* in Basler Kommentar, Art. 3 IPRG Rn. 10, 20; *Geisser/A. Müller* in Zamora Cabot/Heckendorn Urscheler/De Dycker, Implementing the U.N. Guiding Principles on Business and Human Rights, S. 119, 125; *Müller-Chen* in Zürcher Kommentar zum IPRG, Art. 3 Rn. 9, 16; *Othenin-Girard*, SZIER 1999, 251, 272, 276; *Walter/Domej*, Internationales Zivilprozessrecht der Schweiz, S. 112.

[125] Bundesgericht, 22.5.2007, 4C_379/2006, Erwägung 3.4; *Schwenzer/Hosang*, SZIER 2011, 273, 286. Ein ausführlicher Überblick zur Kasuistik findet sich bei *Droese* in Basler Kommentar, Art. 3 IPRG Rn. 12 ff.; *Müller-Chen* in Zürcher Kommentar zum IPRG, Art. 3 Rn. 13 Fn. 19, Rn. 24 Fn. 38; *Othenin-Girard*, SZIER 1999, 251, 279 ff.; *Schwenzer/Hosang*, SZIER 2011, 273, 286 Fn. 73.

[126] Obergericht Zürich, 1.2.1990, ZR 89 (1990), 7, 8 f. Allgemein zum negativen Kompetenzkonflikt als Grund für die Unmöglichkeit eines Verfahrens im Ausland auch *Buhr/Gabriel* in Handkommentar zum Schweizer Privatrecht, Art. 3 IPRG Rn. 5; *Droese* in Basler Kommentar, Art. 3 IPRG Rn. 9; *Müller-Chen* in Zürcher Kommentar zum IPRG, Art. 3 Rn. 13; *Walter/Domej*, Internationales Zivilprozessrecht der Schweiz, S. 112.

[127] Obergericht Zürich, 1.2.1990, ZR 89 (1990), 7, 8 f.

angenommen, für die in Japan keine internationale Zuständigkeit gegeben war[128]. Weiterhin ist als Grund für die Unmöglichkeit eines Verfahrens im Ausland anerkannt, dass das fragliche Rechtsinstitut oder der begehrte Rechtsschutz dem Ausland unbekannt ist[129]: Das Bundesgericht hat aus diesem Grund die Unmöglichkeit in einem Verfahren bejaht, das auf Aufhebung einer Betreibung und Löschung aus dem Schweizer Betreibungsregister gerichtet war[130]. Die *Cour de Justice* Genf hat die internationale Zuständigkeit für den Ausgleich von Ansprüchen aus der beruflichen Vorsorge akzeptiert, welcher im französischen Scheidungsverfahren nicht berücksichtigt wurde[131].

Alternativ zur Unmöglichkeit genügt auch eine Unzumutbarkeit des Verfahrens im Ausland, um eine Notzuständigkeit zu begründen. Während das Kriterium der Unmöglichkeit von Anfang an vorgesehen war, wurde der Vorschlag zur Notzuständigkeit erst im Laufe der parlamentarischen Beratungen um das Kriterium der Unzumutbarkeit eines Verfahrens im Ausland ergänzt[132]. Der Übergang zwischen beiden Kriterien wird in der Literatur als fließend beurteilt[133]. Zu dem Kriterium der Unzumutbarkeit finden sich bislang nur wenige Entscheidungen. Zum Beispiel hat das Obergericht Zürich die Unzumutbarkeit eines Scheidungsverfahrens in Deutschland verneint[134]. Im konkreten Fall versuchte die Ehefrau, eine deutsche Staatsangehörige mit Wohnsitz in Deutschland, durch das Scheidungsverfahren in der Schweiz die einjährige Trennungsfrist des deutschen Rechts nach § 1565 Abs. 2 BGB zu umgehen, welche ihr unzumutbar sei[135]. Allgemein liegt eine Unzumutbarkeit nicht bereits vor, wenn die Klage in der Schweiz gegenüber einer Klage im Ausland bequemer, günsti-

---

[128] Obergericht Luzern, 2.4.1993, LGVE 1993 I Nr. 14.

[129] Allgemein zu diesem Gesichtspunkt Bundesgericht, 1.2.2002, 4C.189/2001, Erwägung 5 g; *Buhr/Gabriel* in Handkommentar zum Schweizer Privatrecht, Art. 3 IPRG Rn. 6; *Müller-Chen* in Zürcher Kommentar zum IPRG, Art. 3 Rn. 14.

[130] Bundesgericht, 15.12.2005, BGE 132 III 277, Erwägungen 4.3, 4.4. Das Bundesgericht eröffnete zudem eine Notzuständigkeit für das vorgelagerte Begehren, welches darauf gerichtet war, dass die Schuld nicht bestehe; denn dieser materiellrechtliche Teil der Klage lasse sich nicht von dem vollstreckungsrechtlichen Teil der Klage, der im Ausland nicht durchgesetzt werden könne, trennen (Bundesgericht, 15.12.2005, BGE 132 III 277, Erwägungen 4.31 ff.). In Bezug auf diesen Aspekt sehr kritisch *Rétornaz/Volders*, Rev. crit. dr. internat. privé 2008, 225, 253 ff.

[131] Cour de Justice Genf, 14.11.2008, C/5445/2007, Erwägung 2.1.

[132] Siehe Amtliches Bulletin des Ständerats, 12.3.1985, S. 111, 129; *Müller-Chen* in Zürcher Kommentar zum IPRG, Art. 3 Rn. 16; *Othenin-Girard*, SZIER 1999, 251, 259 f., 272.

[133] *Droese* in Basler Kommentar, Art. 3 IPRG Rn. 10.

[134] Obergericht Zürich, 27.8.1990, ZR 89 (1990), 139 f.

[135] Obergericht Zürich, 27.8.1990, ZR 89 (1990), 139 f. Vgl. auch *Walter/Domej*, Internationales Zivilprozessrecht der Schweiz, S. 113.

ger oder schneller wäre[136] oder ein Verfahren im Ausland nicht zum gewünschten Ergebnis führt[137]. In der Literatur werden als mögliche Beispiele für die Unzumutbarkeit eine überlange Verfahrensdauer im Ausland[138] sowie eine von Beginn an fehlende Aussicht auf Anerkennung einer ausländischen Entscheidung in der Schweiz[139] genannt. Darüber hinaus wird ein möglicher Anwendungsfall darin gesehen, dass bei einer notwendigen passiven Streitgenossenschaft nur für einen Teil der Beklagten eine internationale Zuständigkeit der Schweiz begründet ist[140]. Sowohl für die Unmöglichkeit als auch für die Unzumutbarkeit ist die Frage relevant, in Bezug auf welche Staaten diese Voraussetzung zu prüfen ist. Überwiegend werden einzig die Staaten geprüft, die aus Sicht des Schweizer Zuständigkeitsrechts international zuständig wären[141]. Demgegenüber stellt ein vereinzelter Teil der Literatur auch auf weitere Staaten ab, zu denen ein – wenn auch nicht im IPRG vorgesehener – Anknüpfungspunkt besteht[142].

In Bezug auf die Frage, ob der Sachverhalt einen genügenden Zusammenhang mit der Schweiz aufweist, nimmt die Rechtsprechung eine restriktive Position ein. Denn aufgrund des Wortlauts der deutschen Sprachfassung könne ein Zusammenhang nur angenommen werden, wenn gerade der Sachverhalt eine Verbindung zur Schweiz aufweise, während es zum Beispiel auf Verbindungen des Antragstellers zur Schweiz nicht ankomme[143]. Aus diesem Grund hat das Bundesgericht die Notzuständigkeit für die Klage eines in der Schweiz wohn-

---

[136] *Buhr/Gabriel* in Handkommentar zum Schweizer Privatrecht, Art. 3 IPRG Rn. 6; *Droese* in Basler Kommentar, Art. 3 IPRG Rn. 10; *Müller-Chen* in Zürcher Kommentar zum IPRG, Art. 3 Rn. 21; *Othenin-Girard*, SZIER 1999, 251, 273. Vgl. auch Obergericht Luzern, 2.4.1993, LGVE 1993 I Nr. 14.

[137] *Buhr/Gabriel* in Handkommentar zum Schweizer Privatrecht, Art. 3 IPRG Rn. 9.

[138] *Buhr/Gabriel* in Handkommentar zum Schweizer Privatrecht, Art. 3 IPRG Rn. 8; *Müller-Chen* in Zürcher Kommentar zum IPRG, Art. 3 Rn. 21; *Othenin-Girard*, SZIER 1999, 251, 272.

[139] *Bucher* in Commentaire romand, Art. 3 LDIP Rn. 10; *Buhr/Gabriel* in Handkommentar zum Schweizer Privatrecht, Art. 3 IPRG Rn. 8; *Müller-Chen* in Zürcher Kommentar zum IPRG, Art. 3 Rn. 21; *Othenin-Girard*, SZIER 1999, 251, 272.

[140] Obergericht Zürich, 22.3.2000, ZR 99 (2000), 299, 305; *Buhr/Gabriel* in Handkommentar zum Schweizer Privatrecht, Art. 3 IPRG Rn. 8; *Droese* in Basler Kommentar, Art. 3 IPRG Rn. 19; *Müller-Chen* in Zürcher Kommentar zum IPRG, Art. 3 Rn. 21; *Schwander*, SZIER 2000, 345, 350. Weitergehend *Bucher* in Commentaire romand, Art. 3 LDIP Rn. 12. Vgl. für ein Beispiel, bei dem sich der beschriebene Konflikt auf interkantonaler Ebene gestellt hat, Kantonsgericht Wallis, 20.11.1998, ZWR 1999, 256.

[141] Siehe Bundesgericht, 1.2.2002, 4C.189/2001, Erwägung 5 g; *Droese* in Basler Kommentar, Art. 3 IPRG Rn. 9 f.; *Müller-Chen* in Zürcher Kommentar zum IPRG, Art. 3 Rn. 10.

[142] *Othenin-Girard*, SZIER 1999, 251, 270 f.

[143] Bundesgericht, 22.5.2007, 4C_379/2006, Erwägung 3.5. Siehe auch *Buhr/Gabriel* in Handkommentar zum Schweizer Privatrecht, Art. 3 IPRG Rn. 10.

haften Klägers abgelehnt, der Schadensersatz für Folterhandlungen begehrt hatte, denen er in seinem Heimat- und damaligen Aufenthaltsstaat Tunesien ausgesetzt war[144]. Diese Entscheidung wurde in der Schweizer Literatur zum Teil deutlich kritisiert, weil der Zugang zu Gericht für Opfer von Menschenrechtsverletzungen auf diese Weise versperrt werde[145]. Grundsätzlich genügt für die Annahme einer Notzuständigkeit auch eine nur geringe Beziehung des Sachverhalts zur Schweiz[146]. So kommt als ausreichender Anknüpfungspunkt bei vermögensrechtlichen Angelegenheiten zum Beispiel die Belegenheit von Vermögen des Beklagten in der Schweiz in Betracht[147]. Darüber hinaus wird es als ausreichend angesehen, dass eine Entscheidung Schweizer Gerichte mit sinnvollem Ergebnis vollstreckt werden oder eine verbindliche Präjudizwirkung entfalten könnte[148]. Demgegenüber hat es die Rechtsprechung als nicht ausreichend angesehen, dass eine Rechtswahl zugunsten des Schweizer Rechts getroffen wurde, da nicht nur die Forderung selbst, sondern der gesamte Sachverhalt einen genügenden Zusammenhang zur Schweiz aufweisen müsse[149]. Zudem hat der Erwerb einer Forderung in der Schweiz nicht genügt, da die bloße Abtretung nicht geeignet sei, den Sachverhalt in irgendeinen Bezug zur Schweiz zu setzen[150].

Dass die Voraussetzungen der Notzuständigkeit vorliegen, muss von demjenigen nachgewiesen werden, der sich auf die Notzuständigkeit beruft[151]. Hin-

---

[144] Bundesgericht, 22.5.2007, 4C_379/2006, Erwägung 3.5.
[145] *Bucher* in Commentaire romand, Art. 3 LDIP Rn. 6; *Rétornaz/Volders*, Rev. crit. dr. internat. privé 2008, 225, 238 f. Kritisch auch *Marchadier*, Rev. crit. dr. internat. privé 2018, 663, 669; *Müller-Chen* in Zürcher Kommentar zum IPRG, Art. 3 Rn. 24 Fn. 37.
[146] Botschaft zum Bundesgesetz über das internationale Privatrecht v. 10.11.1982, Bundesblatt der Schweizerischen Eidgenossenschaft 1983 I, S. 263, 299 Rn. 213.3; Bundesgericht, 22.5.2007, 4C_379/2006, Erwägung 3.5; *Droese* in Basler Kommentar, Art. 3 IPRG Rn. 11; *Müller-Chen* in Zürcher Kommentar zum IPRG, Art. 3 Rn. 23.
[147] *Buhr/Gabriel* in Handkommentar zum Schweizer Privatrecht, Art. 3 IPRG Rn. 11; eher („wohl") ablehnend *Müller-Chen* in Zürcher Kommentar zum IPRG, Art. 3 Rn. 24. Demgegenüber ist die Belegenheit von Vermögen des Klägers in der Schweiz nicht maßgebend, siehe Obergericht Zürich, 22.3.2000, ZR 99 (2000), 299, 307.
[148] *Droese* in Basler Kommentar, Art. 3 IPRG Rn. 11; *Müller-Chen* in Zürcher Kommentar zum IPRG, Art. 3 Rn. 23. Vgl. auch *Othenin-Girard*, SZIER 1999, 251, 276.
[149] Obergericht Zürich, 22.3.2000, ZR 99 (2000), 299, 303 f.
[150] Obergericht Zürich, 22.3.2000, ZR 99 (2000), 299, 304.
[151] Botschaft zum Bundesgesetz über das internationale Privatrecht v. 10.11.1982, Bundesblatt der Schweizerischen Eidgenossenschaft 1983 I, S. 263, 299 Rn. 213.3; Bundesgericht, 28.11.2013, 5A_264/2013, Erwägung 3.3.4; Kassationsgericht Zürich, 2.10.2007, AA060179/U/mb, Erwägung 4.2; Obergericht Zürich, 27.8.1990, ZR 89 (1990), 139 f.; Obergericht Zürich, 22.3.2000, ZR 99 (2000), 299, 301; *Droese* in Basler Kommentar, Art. 3 IPRG Rn. 20; *Müller-Chen* in Zürcher Kommentar zum IPRG, Art. 3 Rn. 7; *Othenin-Girard*, SZIER 1999, 251, 276.

sichtlich der örtlichen Zuständigkeit der Schweizer Gerichte besteht die Besonderheit von Art. 3 IPRG darin, dass das Kriterium des genügenden Zusammenhangs sowohl Zulässigkeitsvoraussetzung als auch Kriterium zur Bestimmung der örtlichen Zuständigkeit ist[152]. Denn nach der Vorschrift sind „die schweizerischen Gerichte oder Behörden am Ort zuständig, mit dem der Sachverhalt einen genügenden Zusammenhang aufweist"[153]. Besteht ein Zusammenhang zu mehreren Orten in der Schweiz, ist das zuerst angerufene Gericht örtlich zuständig[154]. Die Vorschrift zur Notzuständigkeit kann nur eine direkte internationale Zuständigkeit der Schweizer Gerichte begründen[155]. Demgegenüber hat die Vorschrift für die anerkennungsrechtliche Frage, ob der Entscheidungsstaat aus Schweizer Sicht international zuständig war (indirekte Zuständigkeit), keine Bedeutung[156]. Denn eine indirekte Zuständigkeit ausländischer Behörden besteht nur, wenn eine Bestimmung des IPRG diese ausdrücklich vorsieht[157]. Für die Vorschrift zur Notzuständigkeit fehlt indes eine solche Bestimmung[158].

2. Österreich

Im autonomen Internationalen Zivilverfahrensrecht Österreichs wird die internationale Zuständigkeit österreichischer Gerichte in einigen Vorschriften ausdrücklich angeordnet[159]. Darüber hinaus sind die österreichischen Gerichte international zuständig, wenn die örtliche Zuständigkeit eines österreichischen Gerichts gegeben ist[160]. Für Konstellationen, in denen eine örtliche Zuständigkeit nicht gegeben oder nicht zu ermitteln ist, aber Österreich zum Beispiel aufgrund eines völkerrechtlichen Vertrages zur Ausübung internationaler Zuständigkeit verpflichtet ist, sieht das österreichische Zivilverfahrensrecht vor, dass

---

[152] *Othenin-Girard*, SZIER 1999, 251, 277. Vgl. auch *Droese* in Basler Kommentar, Art. 3 IPRG Rn. 21.

[153] Das Obergericht Luzern, 2.4.1993, LGVE 1993 I Nr. 14, hat die örtliche Zuständigkeit zum Beispiel aus dem Wohnsitz des Klägers sowie dem luzernischen Bürgerrecht beider Parteien abgeleitet.

[154] Botschaft zum Bundesgesetz über das internationale Privatrecht v. 10.11.1982, Bundesblatt der Schweizerischen Eidgenossenschaft 1983 I, S. 263, 299 Rn. 213.3; *Buhr/Gabriel* in Handkommentar zum Schweizer Privatrecht, Art. 3 IPRG Rn. 10; *Droese* in Basler Kommentar, Art. 3 IPRG Rn. 21; *Othenin-Girard*, SZIER 1999, 251, 278.

[155] *Othenin-Girard*, SZIER 1999, 251, 278 f.

[156] *Othenin-Girard*, SZIER 1999, 251, 278 f.

[157] Art. 26 lit. a IPRG. Siehe dazu *Müller-Chen* in Zürcher Kommentar zum IPRG, Art. 26 Rn. 13 ff.

[158] *Othenin-Girard*, SZIER 1999, 251, 278.

[159] *Mayr*, JBl. 2001, 144, 152; *Simotta* in FS für Schütze, S. 831 ff.

[160] Siehe § 27a Abs. 1 JN. Vgl. dazu *Garber* in Fasching/Konecny, Kommentar zu den Zivilprozessgesetzen, § 27a JN Rn. 5 f.; *Mayr*, JBl. 2001, 144, 152; *Simotta* in FS für Schütze, S. 831, 834, 836.

das örtlich zuständige Gericht durch den OGH bestimmt wird[161]. Ein solches – für Österreich typisches[162] – Ordinationsverfahren ist auch für die Notzuständigkeit vorgesehen: Nach § 28 Abs. 1 Nr. 2 JN[163] hat der OGH ein örtlich zuständiges Gericht zu bestimmen, wenn der Kläger österreichischer Staatsbürger ist oder seinen Wohnsitz, gewöhnlichen Aufenthalt oder Sitz im Inland hat und im Einzelfall die Rechtsverfolgung im Ausland nicht möglich oder unzumutbar wäre. Im Gegensatz zu den anderen Anwendungsfällen der Ordination setzt die Notzuständigkeit keine internationale Zuständigkeit voraus, sondern erweitert die internationale Zuständigkeit österreichischer Gerichte unter den genannten Voraussetzungen[164]. Die Vorschrift hat den Zweck, eine Ordinationsmöglichkeit für die Fälle zu schaffen, in denen ein Bedürfnis nach Rechtsdurchsetzung in Österreich besteht, das nicht dadurch befriedigt werden kann, dass eine in Österreich anzuerkennende ausländische Entscheidung erwirkt wird[165].

Die Bestimmung des zuständigen Gerichts durch den OGH erfolgt in streitigen bürgerlichen Rechtssachen auf Antrag einer Partei und sonst von Amts wegen[166]. Dabei ist das Ordinationsverfahren nur einseitig ausgestaltet, sodass der

---

[161] Siehe § 28 Abs. 1 Nr. 1 und 3 JN. Eine völkervertragliche Verpflichtung im Sinne der Vorschrift besteht insbesondere, wenn die internationale Zuständigkeit österreichischer Gerichte unionsrechtlich bestimmt ist, dazu *Garber* in Fasching/Konecny, Kommentar zu den Zivilprozessgesetzen, § 28 JN Rn. 32; *Simotta* in FS für Schütze, S. 831, 839.

[162] *Simotta* in FS für Schütze, S. 831, 838. Vgl. auch *Mayr*, JBl. 2001, 144, 158.

[163] Eingeführt durch Bundesgesetz v. 2.2.1983 (Zivilverfahrens-Novelle 1983), Bundesgesetzblatt für die Republik Österreich, 4.3.1983, Nr. 135, S. 673, 674; die Vorschrift wurde zuletzt geändert durch Bundesgesetz (Erweiterte Wertgrenzen-Novelle 1997), Bundesgesetzblatt für die Republik Österreich, 29.12.1997, Teil I Nr. 140, S. 1711, 1715 f., und lautet:
„Sind für eine bürgerliche Rechtssache die Voraussetzungen für die örtliche Zuständigkeit eines inländischen Gerichts im Sinne dieses Gesetzes oder einer anderen Rechtsvorschrift nicht gegeben oder nicht zu ermitteln, so hat der Oberste Gerichtshof aus den sachlich zuständigen Gerichten eines zu bestimmen, welches für die fragliche Rechtssache als örtlich zuständig zu gelten hat, wenn
[…] 2. der Kläger österreichischer Staatsbürger ist oder seinen Wohnsitz, gewöhnlichen Aufenthalt oder Sitz im Inland hat und im Einzelfall die Rechtsverfolgung im Ausland nicht möglich oder unzumutbar wäre; […]".

[164] OGH, Beschl. v. 5.6.2019, 8 Nc 16/19y; *Garber* in Fasching/Konecny, Kommentar zu den Zivilprozessgesetzen, § 28 JN Rn. 22; *Simotta* in FS für Schütze, S. 831, 845.

[165] Erläuterungen zu der Regierungsvorlage, 669 der Beilagen zu den Stenographischen Protokollen des Nationalrates XV. Gesetzgebungsperiode, 24.4.1981, S. 29; *Burgstaller/Neumayr* in FS für Schlosser, S. 119, 131; *Simotta* in FS für Schütze, S. 831, 838 f. Vgl. auch OGH, Beschl. v. 5.6.2019, 8 Nc 16/19y; OGH, Beschl. v. 9.12.2020, 7 Nc 24/20v; *Garber* in Fasching/Konecny, Kommentar zu den Zivilprozessgesetzen, § 28 JN Rn. 9 f.; *Loewe*, ZfRV 1983, 180, 185.

[166] § 28 Abs. 4 S. 1 JN. Vgl. auch *Garber* in Fasching/Konecny, Kommentar zu den Zivilprozessgesetzen, § 28 JN Rn. 124; *Simotta* in FS für Schütze, S. 831, 839.

Beklagte diesem Verfahren nicht beigezogen wird[167]. Die Ordinationsentscheidung des OGH ist unanfechtbar und bindet das als zuständig bestimmte (ordinierte) Gericht[168]. Vor dem Hintergrund, dass der Beklagte am Ordinationsverfahren nicht beteiligt ist, wird in der Literatur allerdings gefordert, dass er vor dem ordinierten Gericht die Gelegenheit haben müsse, dass Nichtvorliegen einer Ordinationsvoraussetzung geltend zu machen[169].

Der österreichische Gesetzgeber sieht eine breite Palette an Gerichtsständen vor, sodass ein – nicht von diesen erfasstes – Bedürfnis nach Gewährung inländischen Rechtsschutzes nur in Ausnahmesituationen in Betracht kommt[170]. Daher ist eine strenge Prüfung der Voraussetzungen geboten[171]. Jedenfalls sollte durch die Notzuständigkeit kein genereller Klägergerichtsstand geschaffen werden[172]. Darüber hinaus wird das Bedürfnis einer Einzelfallanwendung bereits im Wortlaut der Vorschrift betont[173].

Eine Rechtsverfolgung im Ausland ist unmöglich, wenn die Jurisdiktion dort aus rechtlichen oder faktischen Gründen verweigert würde oder eine Prozessführung etwa wegen Stillstands der Rechtspflege als Folge eines Krieges nicht stattfinden könne[174]. Demgegenüber setzt die Unzumutbarkeit der Rechtsverfolgung im Ausland nach ständiger Rechtsprechung des OGH voraus, dass die ausländische Entscheidung in Österreich nicht anerkannt oder vollstreckt wird,

---

[167] OGH, Beschl. v. 11.2.2019, 6 Nc 1/19b; *Garber* in Fasching/Konecny, Kommentar zu den Zivilprozessgesetzen, § 28 JN Rn. 153, 155.

[168] *Garber* in Fasching/Konecny, Kommentar zu den Zivilprozessgesetzen, § 28 JN Rn. 178.

[169] *Garber* in Fasching/Konecny, Kommentar zu den Zivilprozessgesetzen, § 28 JN Rn. 155 ff., 178. Vgl. für einen Anwendungsfall im Zusammenhang mit § 28 Abs. 1 Nr. 1 JN OGH, Beschl. v. 8.11.2001, 6 Ob 56/01f.

[170] *Burgstaller/Neumayr* in FS für Schlosser, S. 119, 131; *Garber* in Fasching/Konecny, Kommentar zu den Zivilprozessgesetzen, § 28 JN Rn. 56. Vgl. auch *Loewe*, ZfRV 1983, 180, 185; *Simotta* in FS für Schütze, S. 831, 839.

[171] OGH, Beschl. v. 6.5.2019, 4 Nc 11/19h; OGH, Beschl. v. 29.8.2019, 7 Nc 21/19a. Vgl. auch *Loewe*, ZfRV 1983, 180, 186.

[172] OGH, Beschl. v. 23.8.2001, 6 Nd 507/01; OGH, Beschl. v. 27.7.2005, 10 Nc 19/05h; OGH, Beschl. v. 11.2.2019, 6 Nc 1/19b; *Burgstaller/Neumayr* in FS für Schlosser, S. 119, 131; *Garber* in Fasching/Konecny, Kommentar zu den Zivilprozessgesetzen, § 28 JN Rn. 58.

[173] Der Passus „im Einzelfall" wurde durch Bundesgesetz (Erweiterte Wertgrenzen-Novelle 1997), Bundesgesetzblatt für die Republik Österreich, 29.12.1997, Teil I Nr. 140, S. 1711, 1715 f., eingefügt. Dies erfolgte, um aus Gründen der Einzelfallgerechtigkeit den besonderen Gegebenheiten des Einzelfalls noch zusätzlich Rechnung zu tragen (Erläuterungen zu der Regierungsvorlage, 898 der Beilagen zu den Stenographischen Protokollen des Nationalrates XX. Gesetzgebungsperiode, 5.11.1997, S. 34). Freilich ging damit keine wesentliche Neuerung einher, da jeder Ordinationsfall ohnehin bereits zuvor individuell beurteilt wurde, siehe *Garber* in Fasching/Konecny, Kommentar zu den Zivilprozessgesetzen, § 28 JN Rn. 55; *Mayr*, JBl. 2001, 144, 149; *Simotta* in FS für Schütze, S. 831, 849 Fn. 92.

[174] OGH, Beschl. v. 27.4.1994, 4 Nd 505/94.

§ 3 Rechtsvergleichender Überblick   47

eine dringende Entscheidung im Ausland nicht rechtzeitig erreicht werden könnte, eine Prozessführung im Ausland wenigstens eine der Parteien politischer Verfolgung aussetzen würde oder die Kostspieligkeit des ausländischen Verfahrens die ausländische Rechtsverfolgung unzumutbar macht[175].

Mit Abstand am häufigsten hat der OGH die Unzumutbarkeit bejaht, wenn eine ausländische Entscheidung in Österreich voraussichtlich nicht anerkannt oder vollstreckt würde und eine Vollstreckung im Inland geplant sei[176]. Die große Anzahl von Ordinationen aufgrund einer solchen Anerkennungslücke lässt sich damit erklären, dass die Anerkennung und Vollstreckung ausländischer Entscheidungen in Österreich sehr restriktiv ausgestaltet ist: Denn ausländische Entscheidungen sind in Österreich nur für vollstreckbar zu erklären, wenn die Gegenseitigkeit durch Staatsverträge oder durch Verordnungen verbürgt ist[177] (Prinzip der formellen Gegenseitigkeit[178]).

Demgegenüber ist eine Notzuständigkeit nicht bereits zu eröffnen, wenn die materielle Rechtslage im Ausland für den Kläger günstiger oder ungünstiger ist[179]. Vor diesem Hintergrund hat der OGH entschieden, dass eine zu erwartende Ab- oder Zurückweisung eines Anspruches durch ein ausländisches Gericht aus materiellen Gründen den Tatbestand der Notzuständigkeit nicht erfülle[180]. Diese Auffassung wurde in der Literatur kritisiert, da eine Grenze zwischen der Nichtverfolgbarkeit von Ansprüchen aufgrund des materiellen Rechts eines bestimmten Staates oder seines formellen Rechts nicht ganz eindeutig gezogen werden könne[181]. Vielmehr seien die Voraussetzungen der Notzuständigkeit erfüllt, wenn das zuständige Gericht im Ausland aller Voraussicht nach die Klage

---

[175] Siehe nur OGH, Beschl. v. 11.5.1988, 4 Nd 1/88, ÖBl. 1989, 61; OGH, Beschl. v. 12.5.2003, 9 Nc 109/02g; OGH, Beschl. v. 9.12.2020, 7 Nc 24/20v.

[176] Vgl. beispielhaft allein folgende kürzlich ergangenen Entscheidungen: OGH, Beschl. v. 29.7.2020, 8 Nc 18/20v; OGH, Beschl. v. 16.9.2020, 4 Nc 20/20h; OGH, Beschl. v. 12.10.2020, 7 Nc 21/20b; OGH, Beschl. v. 10.11.2020, 5 Nc 21/20p; OGH, Beschl. v. 10.11.2020, 5 Nc 22/20k; OGH, Beschl. v. 9.12.2020, 7 Nc 24/20v; OGH, Beschl. v. 8.11.2021, 7 Nc2 6/21i.

[177] § 406 Exekutionsordnung; dazu OGH, Beschl. v. 6.5.2019, 4 Nc 11/19h; OGH, Beschl. v. 29.8.2019, 7 Nc 21/19a; OGH, Beschl. v. 10.11.2020, 5 Nc 22/20k. Vgl. in diesem Zusammenhang auch die Erläuterungen zu der Regierungsvorlage, 669 der Beilagen zu den Stenographischen Protokollen des Nationalrates XV. Gesetzgebungsperiode, 24.4.1981, S. 29, in denen bereits darauf hingewiesen wurde, dass bei vermögensrechtlichen Angelegenheiten besonders darauf zu achten sei, ob eine ausländische Entscheidung in Österreich wirksam werden könne; vgl. ferner *Loewe*, ZfRV 1983, 180, 186.

[178] OGH, Beschl. v. 6.5.2019, 4 Nc 11/19h; OGH, Beschl. v. 29.8.2019, 7 Nc 21/19a; OGH, Beschl. v. 10.11.2020, 5 Nc 22/20k.

[179] OGH, Beschl. v. 12.5.2003, 9 Nc 109/02g; OGH, Beschl. v. 11.2.2019, 6 Nc 1/19b; *Burgstaller/Neumayr* in FS für Schlosser, S. 119, 132.

[180] OGH, Beschl. v. 12.5.2003, 9 Nc 109/02g.

[181] *Burgstaller/Neumayr* in FS für Schlosser, S. 119, 132, 134.

aus Gründen zurück- oder abweisen werde, die gegen den österreichischen *ordre public* verstießen[182]. Denn eine solche Entscheidung sei in Österreich nicht anzuerkennen[183]. Der OGH hat sich dieser Auffassung in jüngeren Entscheidungen angeschlossen[184]. Darüber hinaus genügen die höheren Kosten einer Prozessführung im Ausland regelmäßig nicht, um eine Unzumutbarkeit der Rechtsverfolgung zu begründen[185]. So stellt sich das Prozesskostenargument bei Distanzprozessen grundsätzlich für beide Parteien jeweils mit umgekehrten Vorzeichen und geht daher zulasten des Klägers[186]. Im Allgemeinen verneint die Rechtsprechung eine Notzuständigkeit, wenn die Entscheidung weder in Österreich – mangels Vermögens – durchgesetzt noch im Ausland anerkannt und/oder vollstreckt werden könnte[187]. Denn es könne nicht Sache der österreichischen Justiz sein, ein umfangreiches, langwieriges und kostspieliges Verfahren zu führen, wenn das Ergebnis ein „praktisch wertloses Urteilspapier" sei[188]. Gegen diese Auffassung wird in der Literatur angeführt, dass das Verfahrensrecht keine Bestimmung kenne, nach der ein Verfahren nur unter der Voraussetzung zulässig sei, dass ein Urteil später auch liquidiert werden könne[189]. Zudem könne die Vollstreckung der Entscheidung zu einem späteren Zeitpunkt möglich werden, weil der Beklagte zum Beispiel verwertbares Vermögen erwirbt[190].

In Bezug auf die Frage, in welchem „Ausland" eine Rechtsverfolgung nicht möglich oder unzumutbar sein muss, findet sich weder ein gesetzlicher Anhaltspunkt noch gesicherte Rechtsprechung[191]. Insoweit wird in der jüngeren Recht-

---

[182] *Burgstaller/Neumayr* in FS für Schlosser, S. 119, 132f., 134.

[183] *Burgstaller/Neumayr* in FS für Schlosser, S. 119, 133.

[184] Siehe OGH, Beschl. v. 28.3.2006, 10 Ob 17/06g; OGH, Beschl. v. 21.5.2013, 1 Ob 74/13h.

[185] Vgl. OGH, Beschl. v. 28.8.2000, 9 Nd 509/00; OGH, Beschl. 22.10.2010, 7 Nc 21/10p; OGH, Beschl. v. 29.10.2014, 4 Nc 23/14s.

[186] OGH, Beschl. v. 28.8.2000, 9 Nd 509/00; OGH, Beschl. 22.10.2010, 7 Nc 21/10p; OGH, Beschl. v. 29.10.2014, 4 Nc 23/14s; OGH, Beschl. v. 11.2.2019, 6 Nc 1/19b.

[187] Vgl. OGH, Beschl. v. 13.1.1988, 3 Nd 511/87; OGH, Beschl. v. 25.6.1992, 6 Ob 556/92; OGH, Beschl. v. 28.8.2000, 9 Nd 509/00; *Garber* in Fasching/Konecny, Kommentar zu den Zivilprozessgesetzen, § 28 JN Rn. 79.

[188] Siehe OGH, Beschl. v. 13.1.1988, 3 Nd 511/87; OGH, Beschl. v. 13.4.1989, 6 Nd 503/89; OGH, Beschl. v. 16.5.2002, 6 Nd 512/01. Vgl. auch OGH, Beschl. v. 28.8.2000, 9 Nd 509/00; OGH, Beschl. v. 14.4.2004, 2 Nc 11/04x.

[189] *Czernich*, JBl. 2002, 613, 617; *Garber* in Fasching/Konecny, Kommentar zu den Zivilprozessgesetzen, § 28 JN Rn. 79.

[190] *Garber* in Fasching/Konecny, Kommentar zu den Zivilprozessgesetzen, § 28 JN Rn. 79. Vgl. auch *Czernich*, JBl. 2002, 613, 617.

[191] *Garber* in Fasching/Konecny, Kommentar zu den Zivilprozessgesetzen, § 28 JN Rn. 70. Vgl. auch OGH, Beschl. v. 23.8.2001, 6 Nd 507/01; OGH, Beschl. v. 15.12.2003, 3 Nc 23/03t.

sprechung lediglich auf das Erfordernis einer „ausreichenden Beziehung" zu diesem Staat hingewiesen[192]. In der Literatur wird jedenfalls auf die Staaten abgestellt, die aus österreichischer Sicht eine konkurrierende Jurisdiktion besitzen[193].

Neben dem spezifisch österreichischen Ordinationsverfahren ist die wesentliche Besonderheit der österreichischen Notzuständigkeit, dass die Vorschrift nur Klägern offensteht, die österreichische Staatsbürger[194] sind oder ihren Wohnsitz, gewöhnlichen Aufenthalt oder Sitz im Inland haben. Die ausdrückliche Beschränkung auf die genannten Anknüpfungspunkte wurde erst nachträglich im Jahr 1997 eingefügt[195]. Zuvor enthielt die Vorschrift zwar kein ausdrückliches Erfordernis einer Nähebeziehung, die Rechtsprechung hat indes eine „hinreichende Nahebeziehung" mit Österreich gefordert[196]. Durch die Neuregelung sollte das Erfordernis der Nähebeziehung konkretisiert werden[197]. In der Literatur wird gelobt, dass durch die Normierung konkreter Anknüpfungspunkte erhebliche Rechtssicherheit entstanden sei[198]. Ist keiner der Anknüpfungspunkte erfüllt, hat trotz drohender Rechtsverweigerung eine Ordination nicht zu erfolgen[199]. Die Einschränkung der österreichischen Notzuständigkeit ist insbesondere vor dem Hintergrund der – oben erfolgten – Ausführungen zum Schweizer Recht bemerkenswert: Während es in der Schweiz strikt auf einen genügenden Zusammenhang des Sachverhalts mit der Schweiz ankommt[200],

---

[192] OGH, Beschl. v. 23.8.2001, 6 Nd 507/01; OGH, Beschl. v. 15.12.2003, 3 Nc 23/03t.

[193] *Garber* in Fasching/Konecny, Kommentar zu den Zivilprozessgesetzen, § 28 JN Rn. 70; vgl. auch *Burgstaller/Neumayr* in FS für Schlosser, S. 119, 131 f. Maßstab ist insoweit das anerkennungsrechtliche Spiegelbildprinzip, das § 407 Nr. 1 Exekutionsordnung zugrunde liegt.

[194] Vereinzelt wurde die Voraussetzung aufgrund des Diskriminierungsverbots des Art. 18 AEUV so ausgelegt, dass auch die Staatsangehörigkeit eines EU-Mitgliedstaats gemeint sei (OGH, Beschl. v. 30.8.2017, 3 Nc 16/17h). Demgegenüber zurückhaltend, wenngleich im Ergebnis offenlassend, OGH, Beschl. v. 15.12.2003, 3 Nc 23/03t.

[195] Bundesgesetz (Erweiterte Wertgrenzen-Novelle 1997), Bundesgesetzblatt für die Republik Österreich, 29.12.1997, Teil I Nr. 140, S. 1711, 1715 f.

[196] Siehe OGH, Beschl. v. 11.5.1988, 4 Nd 1/88, ÖBl. 1989, 61; OGH, Beschl. v. 9.3.1994, 3 Ob 506/94, ZfRV 1994, 160 f.; OGH, Beschl. v. 24.2.1998, 4 Ob 60/98, ZfRV 1998, 161.

[197] Erläuterungen zu der Regierungsvorlage, 898 der Beilagen zu den Stenographischen Protokollen des Nationalrates XX. Gesetzgebungsperiode, 5.11.1997, S. 34 f.; *Burgstaller/Neumayr* in FS für Schlosser, S. 119, 131; *Garber* in Fasching/Konecny, Kommentar zu den Zivilprozessgesetzen, § 28 JN Rn. 11.

[198] *Garber* in Fasching/Konecny, Kommentar zu den Zivilprozessgesetzen, § 28 JN Rn. 63.

[199] OGH, Beschl. v. 20.9.2013, 5 Nc 13/13a; OGH, Beschl. v. 30.8.2017, 3 Nc 16/17h; OGH, Beschl. v. 12.11.2019, 3 Nc 29/19y; *Garber* in Fasching/Konecny, Kommentar zu den Zivilprozessgesetzen, § 28 JN Rn. 61, 68.

[200] Siehe oben unter § 3 C III 1 (S. 42 f.).

handelt es sich bei den in Österreich geforderten Voraussetzungen allein um personenbezogene Anknüpfungspunkte, die der Kläger vermittelt[201].

In streitigen bürgerlichen Rechtssachen hat der Kläger zu behaupten und zu bescheinigen, dass die Voraussetzungen vorliegen[202]. Als Nachweis über die Situation der Justiz in einem Staat hat dem OGH zum Beispiel das Schreiben einer Botschaft genügt[203]. Darüber hinaus wurden Reisewarnungen berücksichtigt, um die Unzumutbarkeit des persönlichen Erscheinens in einem Staat zu rechtfertigen[204]. Demgegenüber genügen bloße Behauptungen oder Mutmaßungen nicht[205]. Für die Frage, welches Gericht als örtlich zuständiges Gericht zu bestimmen ist, existieren keine ausdrücklichen Vorgaben[206]. Der OGH nimmt bei der Ordination unter anderem auf die Kriterien der Sach- und Parteinähe sowie die Zweckmäßigkeit und Verfahrensökonomie Bedacht[207]. Fallen die Voraussetzungen der Notzuständigkeit nach der Ordination durch den OGH weg, bleibt das ordinierte Gericht dennoch zuständig[208].

3. Niederlande

Die niederländische Vorschrift zur Notzuständigkeit wurde zum 1.1.2002 eingeführt[209]. Der Gesetzgeber kodifizierte damit ein Rechtsinstitut, das bereits

---

[201] Vgl. *Garber* in Fasching/Konecny, Kommentar zu den Zivilprozessgesetzen, § 28 JN Rn. 64.

[202] § 28 Abs. 4 S. 2 JN; OGH, Beschl. v. 17.10.2008, 3 Nc 66/08y; OGH, Beschl. v. 29.4.2019, 2 Ob 212/18t; OGH, Beschl. v. 8.1.2020, 8 Nc 29/19k; *Garber* in Fasching/Konecny, Kommentar zu den Zivilprozessgesetzen, § 28 JN Rn. 165, 178; *Mayr*, JBl. 2001, 144, 159; *Simotta* in FS für Schütze, S. 831, 851.

[203] OGH, Beschl. v. 16.5.2002, 6 Nd 512/01.

[204] OGH, Beschl. v. 9.12.2019, 6 Nc 32/19m; OGH, Beschl. v. 9.12.2020, 7 Nc 24/20v.

[205] OGH, Beschl. v. 29.4.2019, 2 Ob 212/18t; OGH, Beschl. v. 8.1.2020, 8 Nc 29/19k.

[206] OGH, Beschl. v. 11.2.2019, 6 Nc 1/19b; OGH, Beschl. v. 6.5.2019, 4 Nc 11/19h; OGH, Beschl. v. 10.11.2020, 5 Nc 21/20p; OGH, Beschl. v. 10.11.2020, 5 Nc 22/20k.

[207] OGH, Beschl. v. 11.2.2019, 6 Nc 1/19b; OGH, Beschl. v. 6.5.2019, 4 Nc 11/19h; OGH, Beschl. v. 10.11.2020, 5 Nc 21/20p; OGH, Beschl. v. 10.11.2020, 5 Nc 22/20k.

[208] *Garber* in Fasching/Konecny, Kommentar zu den Zivilprozessgesetzen, § 28 JN Rn. 85 f.; *Kübler-Wachendorff*, Das forum necessitatis, S. 88; vgl. auch § 29 S. 1 JN.

[209] Art. 9 litt. b und c Wetboek van Burgerlijke Rechtsvordering, eingeführt durch Wet v. 6.12.2001, Staatsblad van het Koninkrijk der Nederlanden, 2001, Nr. 580, S. 4. Eine englische Übersetzung der Vorschrift findet sich bei *La Manna*, Riv. dir. int. priv. proc. 2019, 349, 368 Fn. 105:

„When Articles 2 up to and including 8 indicate that Dutch courts have no jurisdiction, then they nevertheless have if:

[...] b. a civil case outside the Netherlands appears to be impossible, or;

c. the legal proceedings, which are to be initiated by a writ of summons, have sufficient connection with the Dutch legal sphere and it would be unacceptable to demand from the plaintiff that he submits the case to a judgment of a foreign court".

zuvor in der niederländischen Rechtsprechung etabliert war[210]. Nach der Vorstellung des Gesetzgebers stellt die Notzuständigkeit ein unverzichtbares Gegengewicht zu den anderen, eher restriktiven Zuständigkeitsvorschriften dar[211]. Denn mit der Einführung der Notzuständigkeit ging insbesondere die Abschaffung des als exorbitant geltenden Klägergerichtsstands[212] des niederländischen Rechts einher[213]. Vor diesem Hintergrund sei der Bedarf einer Vorschrift zur Notzuständigkeit umso größer gewesen[214]. Darüber hinaus war sich der niederländische Gesetzgeber bewusst, dass Entscheidungen, die auf einer Notzuständigkeit beruhen, in dem an sich zuständigen Staat möglicherweise nicht anerkannt werden[215]. Jedoch handele es sich gerade um die Aufgabe des Klägers, diesen Einwand mit dem Umstand abzuwägen, dass im Ausland keine (zumutbare) Entscheidung ergehen könne[216].

Die Notzuständigkeit existiert in zwei verschiedenen Varianten: zum einen als sogenannte „absolute" und zum anderen als sogenannte „relative" Notzuständigkeit[217]. Während sich die „absolute" Notzuständigkeit darauf bezieht, dass sich ein Gerichtsverfahren außerhalb der Niederlande als unmöglich erweist[218], bezieht sich die „relative" Notzuständigkeit darauf, dass es dem Kläger unzumutbar ist, ein Gerichtsverfahren im Ausland zu führen[219]. Die Besonderheit des niederländischen Rechts besteht aber nicht darin, dass zwischen „Unmöglichkeit" und „Unzumutbarkeit" differenziert wird, sondern vielmehr darin, dass an die Varianten unterschiedliche Voraussetzungen gestellt werden: Ist es dem Kläger unzumutbar, ein Verfahren im Ausland zu führen, muss der Sachverhalt darüber hinaus hinreichend mit der niederländischen Rechtssphäre ver-

---

[210] *Ibili*, Gewogen rechtsmacht in het IPR, S. 107 f.; *Roorda/Ryngaert*, RabelsZ 80 (2016), 783, 789.

[211] Kamerstukken II 1999/2000, 26 855, Nr. 3, S. 41 (Memorie van Toelichting); *Ibili*, Gewogen rechtsmacht in het IPR, S. 108.

[212] Dieser war in Art. 126 Abs. 3 Wetboek van Burgerlijke Rechtsvordering a. F. geregelt und wurde in der Liste exorbitanter Zuständigkeiten des Anhangs I der Brüssel I-VO aufgeführt.

[213] Siehe Kamerstukken II 1999/2000, 26 855, Nr. 3, S. 41 (Memorie van Toelichting); *Ibili*, Gewogen rechtsmacht in het IPR, S. 108; *Kiestra*, The Impact of the ECHR, S. 106; *Koppenol-Laforce/Vermeulen*, Comparative Study of "Residual Jurisdiction", S. 24.

[214] Kamerstukken II 1999/2000, 26 855, Nr. 3, S. 41 (Memorie van Toelichting).

[215] Kamerstukken II 1999/2000, 26 855, Nr. 3, S. 43 (Memorie van Toelichting); *Ibili*, Gewogen rechtsmacht in het IPR, S. 111.

[216] Kamerstukken II 1999/2000, 26 855, Nr. 3, S. 43 (Memorie van Toelichting); *Ibili*, Gewogen rechtsmacht in het IPR, S. 111.

[217] Zu diesen Begriffen Advocaat-generaal *Vlas*, Parket bij de Hoge Raad, 19.12.2014 – 14/00692, Rn. 2.4; *Ibili*, Gewogen rechtsmacht in het IPR, S. 109.

[218] Art. 9 lit. b Wetboek van Burgerlijke Rechtsvordering.

[219] Art. 9 lit. c Wetboek van Burgerlijke Rechtsvordering.

bunden sein; demgegenüber genügt bei der „absoluten" Notzuständigkeit allein der Umstand, dass ein Gerichtsverfahren außerhalb der Niederlande unmöglich ist, um eine internationale Zuständigkeit zu begründen[220]. Mithin können sich aus der Abgrenzung beider Varianten der Notzuständigkeit erhebliche praktische Konsequenzen ergeben[221]. Gleichwohl wird in der Gesetzesbegründung darauf verwiesen, dass die Grenze beider Varianten nicht scharf verlaufe[222].

Beide Varianten der Notzuständigkeit sind aufgrund ihres Ausnahmecharakters restriktiv anzuwenden[223]. Im Hinblick auf die „absolute" Notzuständigkeit kann ein ausländisches Verfahren aus rechtlichen oder tatsächlichen Gründen (zum Beispiel Krieg oder Naturkatastrophen[224]) unmöglich sein[225]. Umgekehrt liegt Unmöglichkeit jedenfalls nicht vor, wenn ein ausländisches Verfahren zwar erreichbar ist, aber möglicherweise nicht den Anforderungen des Rechts auf ein faires Verfahren aus Art. 6 Abs. 1 EMRK genügt[226]. Diese Konstellationen sind allein unter dem Gesichtspunkt der „relativen" Notzuständigkeit zu behandeln[227]. Im Gesetzgebungsverfahren ist zum Teil heftig kritisiert worden, dass die „absolute" Notzuständigkeit gerade keinen Inlandsbezug voraussetzt[228]. Es wurde befürchtet, dass eine Vielzahl von Verfahren ohne jeglichen Inlandsbezug in den Niederlanden eingeleitet werden[229]. Diese Befürchtung hat sich in der Rechtspraxis bislang allerdings nicht bewahrheitet[230]. Denn aus dem Gesichtspunkt der Unmöglichkeit eines ausländischen Verfahrens wurde eine Notzuständigkeit nur sehr vereinzelt angenommen[231].

---

[220] *Augenstein/Jägers* in Álvarez Rubio/Yiannibas, Human Rights in Business, S. 7, 29; *Enneking/Scheltema* in Kessedjian/Cantú Rivera, Private International Law Aspects of Corporate Social Responsibility, S. 529, 547; *Ibili*, Gewogen rechtsmacht in het IPR, S. 109, 112; *Koppenol-Laforce/Vermeulen*, Comparative Study of "Residual Jurisdiction", S. 23; *Kiestra*, The Impact of the ECHR, S. 106; *Rétornaz/Volders*, Rev. crit. dr. internat. privé 2008, 225, 235 f.; *Roorda/Ryngaert*, RabelsZ 80 (2016), 783, 786 Fn. 10, 797.

[221] *Roorda/Ryngaert*, RabelsZ 80 (2016), 783, 795.

[222] Kamerstukken II 1999/2000, 26 855, Nr. 3, S. 41 (Memorie van Toelichting). Kritisch in Bezug auf den Nutzen der Abgrenzung zwischen beiden Varianten daher *Koppenol-Laforce/Vermeulen*, Comparative Study of "Residual Jurisdiction", S. 24.

[223] Advocaat-generaal *Vlas*, Parket bij de Hoge Raad, 19.12.2014 – 14/00692, Rn. 2.6; *Ibili*, Gewogen rechtsmacht in het IPR, S. 109.

[224] Kamerstukken II 1999/2000, 26 855, Nr. 3, S. 41 (Memorie van Toelichting).

[225] Advocaat-generaal *Vlas*, Parket bij de Hoge Raad, 25.10.2019 – 18/04044, Rn. 2.3; *Enneking/Scheltema* in Kessedjian/Cantú Rivera, Private International Law Aspects of Corporate Social Responsibility, S. 529, 547; *Ibili*, Gewogen rechtsmacht in het IPR, S. 115 ff.

[226] Advocaat-generaal *Vlas*, Parket bij de Hoge Raad, 25.10.2019 – 18/04044, Rn. 2.3.

[227] Advocaat-generaal *Vlas*, Parket bij de Hoge Raad, 25.10.2019 – 18/04044, Rn. 2.3.

[228] Vgl. die Nachweise bei *Ibili*, Gewogen rechtsmacht in het IPR, S. 113.

[229] Vgl. die Nachweise bei *Ibili*, Gewogen rechtsmacht in het IPR, S. 113.

[230] *Ibili*, Gewogen rechtsmacht in het IPR, S. 113.

[231] Diese Feststellung von *Ibili*, Gewogen rechtsmacht in het IPR, S. 113, ist weiterhin

§ 3 Rechtsvergleichender Überblick   53

Demgegenüber ist die „relative" Notzuständigkeit rechtspraktisch deutlich relevanter. Für die Frage, ob ein ausländisches Verfahren unzumutbar ist, wird die restriktive Anwendung der Vorschrift noch einmal besonders betont[232]. Zudem hat die Frage anhand einer Einzelfallentscheidung zu erfolgen[233], sodass zum Beispiel die Zumutbarkeit für ein großes Unternehmen anders zu beurteilen sein kann als für eine Privatperson[234]. Unzumutbar ist einem Rechtssuchenden ein Verfahren in einem Staat, in dem ihm eine diskriminierende Behandlung droht[235]. Darüber hinaus kann ein Verfahren unzumutbar sein, wenn für das konkrete Verfahren[236] die Unabhängigkeit des Gerichts nicht gewährleistet ist[237]. Der *Gerechtshof* Amsterdam ist davon in einem Verfahren ausgegangen, welches die zivilrechtliche Haftung des Staates Turkmenistan im Zusammenhang mit der turkmenischen Ölindustrie zum Gegenstand hatte[238]. Das Gericht wies auf die Abhängigkeit der turkmenischen Richter vom Präsidenten hin sowie insbesondere darauf, dass der turkmenische Präsident großes Interesse an der Ölindustrie habe, und bejahte die Unzumutbarkeit einer Verfahrensführung in Turkmenistan[239]. Ferner wurde die Unzumutbarkeit eines Verfahrens im Irak aufgrund der angespannten politischen Lage kurz vor Beginn des Irakkriegs bejaht[240]. Demgegenüber genügt für die Unzumutbarkeit des Verfahrens im Ausland nicht allein der Umstand, dass es aufgrund einer Reisewarnung schwierig ist, in das Land zu reisen[241]. Dies gilt, sofern es dem Rechtssuchenden mög-

aktuell. Angenommen wurde eine Notzuständigkeit aus diesem Gesichtspunkt z.B. in der Entscheidung Gerechtshof Den Haag, 21.12.2005 – 211-H-05. In dieser Entscheidung war die Antragstellerin niederländische Staatsangehörige.

[232] Kamerstukken II 1999/2000, 26 855, Nr. 3, S. 41 (Memorie van Toelichting); Gerechtshof Arnheim-Leeuwarden, 28.8.2018 – 200.220.438, Rn. 3.9; *Enneking/Scheltema* in Kessedjian/Cantú Rivera, Private International Law Aspects of Corporate Social Responsibility, S. 529, 547.

[233] Kamerstukken II 1999/2000, 26 855, Nr. 3, S. 41 (Memorie van Toelichting); Gerechtshof Arnheim-Leeuwarden, 28.8.2018 – 200.220.438, Rn. 3.9; *Ibili*, Gewogen rechtsmacht in het IPR, S. 121.

[234] Kamerstukken II 1999/2000, 26 855, Nr. 3, S. 41 (Memorie van Toelichting); *Ibili*, Gewogen rechtsmacht in het IPR, S. 121.

[235] Siehe Kamerstukken II 1999/2000, 26 855, Nr. 3, S. 42 (Memorie van Toelichting), mit dem Hinweis darauf, dass zum Beispiel Erben aufgrund ihres Geschlechts oder ihrer Religion eine diskriminierende Behandlung erfahren könnten.

[236] Dies betonend Rechtbank Noord-Nederland, 3.7.2013 – C/19/92866/HA ZA 12-140, Rn. 7.9.

[237] Gerechtshof Amsterdam, 23.7.2019 – C/13/630606/HA ZA 17-615, Rn. 3.21 ff.

[238] Gerechtshof Amsterdam, 23.7.2019 – C/13/630606/HA ZA 17-615.

[239] Gerechtshof Amsterdam, 23.7.2019 – C/13/630606/HA ZA 17-615, Rn. 3.32 f.

[240] Gerechtshof Den Haag, 30.11.2010 – 179770/HA ZA 02-1524, Rn. 4.8. Vgl. auch *Ibili*, Gewogen rechtsmacht in het IPR, S. 126 f.; *Roorda/Ryngaert*, RabelsZ 80 (2016), 783, 795 f.

[241] Gerechtshof Arnheim-Leeuwarden, 28.8.2018 – 200.220.438, Rn. 3.7.

lich ist, sich vor Ort von einem Prozessbevollmächtigten vertreten zu lassen und zur effektiven Anspruchsdurchsetzung die persönliche Anwesenheit nicht erforderlich ist[242]. Zudem begründen höhere Kosten eines Verfahrens im Ausland regelmäßig keine Unzumutbarkeit[243], da diese Kosten – zum Beispiel für Anwälte, Übersetzer oder Rechtsgutachten – Verfahren mit internationalem Bezug inhärent seien[244].

Von einem hinreichenden Bezug zu den Niederlanden ist jedenfalls auszugehen, wenn der Kläger seinen gewöhnlichen Aufenthalt in den Niederlanden hat[245] oder eine juristische Person dort ansässig ist[246]. Demgegenüber genüge die Staatsangehörigkeit des Klägers bei vermögensrechtlichen Streitigkeiten regelmäßig nicht, da diese als Anknüpfungspunkt internationaler Zuständigkeit unüblich sei[247]. Darüber hinaus begründen weder Geburtsort noch Alltagssprache noch familiäre Beziehungen eine hinreichende Verknüpfung mit den Niederlanden[248]. Ferner sei der Umstand, dass ein Verfahren Menschenrechte zum Gegenstand habe, kein relevanter Faktor für die Frage der Inlandsbeziehung[249]. Mit Blick auf Menschenrechtsklagen ist schließlich eine Entscheidung der *Rechtbank* Den Haag aus dem Jahr 2012 interessant[250]: Ein palästinensischer Arzt machte einen Schadensersatzanspruch gegen zwölf libysche Staatsbeamte geltend, weil diese ihn während seiner Inhaftierung in Libyen mehrfach gefoltert hätten[251]. Das Gericht bejahte die Notzuständigkeit unter dem Gesichtspunkt, dass die Verfahrensführung in Libyen dem Kläger unzumutbar sei[252]. Ausfüh-

---

[242] Gerechtshof Arnheim-Leeuwarden, 28.8.2018 – 200.220.438, Rn. 3.7, 3.9.
[243] Rechtbank Zütphen, 16.1.2008 – 88640/KG ZA 07-272, Rn. 4.10; Rechtbank Limburg, 9.12.2015 – C/03/208295/HA ZA 15-387, Rn. 4.4; *Enneking/Scheltema* in Kessedjian/Cantú Rivera, Private International Law Aspects of Corporate Social Responsibility, S. 529, 547; *Ibili*, Gewogen rechtsmacht in het IPR, S. 134; *Roorda/Ryngaert*, RabelsZ 80 (2016), 783, 796. Dass Ausnahmen von diesem Grundsatz denkbar sind, ist bei Rechtbank Zütphen, 16.1. 2008 – 88640/KG ZA 07-272, Rn. 4.10, angedeutet.
[244] Gerechtshof Den Haag, 23.2.2021 – C/09/583707/HA ZA 19-1194, Rn. 23.
[245] Kamerstukken II 1999/2000, 26 855, Nr. 3, S. 43 (Memorie van Toelichting); Rechtbank Zütphen, 16.1.2008 – 88640/KG ZA 07-272, Rn. 4.8.
[246] Gerechtshof Den Haag, 30.11.2010 – 179770/HA ZA 02-1524, Rn. 4.7; Gerechtshof Amsterdam, 23.7.2019 – C/13/630606/HA ZA 17-615, Rn. 3.18.
[247] Advocaat-generaal *Vlas*, Parket bij de Hoge Raad, 19.12.2014 – 14/00692, Rn. 2.12; *Ibili*, Gewogen rechtsmacht in het IPR, S. 122.
[248] Advocaat-generaal *Vlas*, Parket bij de Hoge Raad, 19.12.2014 – 14/00692, Rn. 2.12.
[249] Advocaat-generaal *Vlas*, Parket bij de Hoge Raad, 19.12.2014 – 14/00692, Rn. 2.14.
[250] Rechtbank Den Haag, 21.3.2012 – 400882/HA ZA 11-2252. Vgl. dazu *Augenstein/Jägers* in Álvarez Rubio/Yiannibas, Human Rights in Business, S. 7, 29; *La Manna*, Riv. dir. int. priv. proc. 2019, 349, 369; *M. Schulz*, Alien Tort Statute, S. 322 f.
[251] Rechtbank Den Haag, 21.3.2012 – 400882/HA ZA 11-2252.
[252] Rechtbank Den Haag, 21.3.2012 – 400882/HA ZA 11-2252, Rn. 2.2.

rungen zu dem Erfordernis einer Inlandsbeziehung finden sich in der Entscheidung nicht, obwohl der Kläger weder seinen Wohnsitz noch gewöhnlichen Aufenthalt in den Niederlanden hatte[253].

Sowohl für die „absolute" Notzuständigkeit als auch für die „relative" Notzuständigkeit ist die Frage relevant, in Bezug auf welche Staaten die Unmöglichkeit oder Unzumutbarkeit zu prüfen ist. Nach einer Stellungnahme in der Literatur seien insoweit alle Staaten zu berücksichtigen, zu denen eine relevante territoriale, persönliche oder sonstige Verbindung bestehe[254]. Zudem ist es nicht erforderlich, dass vor der Klageerhebung ein Verfahren im Ausland eingeleitet wurde, um die Unmöglichkeit oder Unzumutbarkeit nachzuweisen[255]. Als Nachweis der Unzumutbarkeit eines Verfahrens in Turkmenistan haben dem *Gerechtshof* Amsterdam zum Beispiel Berichte über die Situation im Land von einer Behörde des US-amerikanischen Außenministeriums, von Amnesty International sowie von weiteren Nichtregierungsorganisationen genügt[256]. Im niederländischen Recht ist der entscheidende Zeitpunkt, zu dem die Zuständigkeitsvoraussetzungen vorliegen müssen, die Einleitung des Verfahrens[257]. Besteht in diesem Zeitpunkt die internationale Zuständigkeit der Niederlande, bleibt sie nach dem Grundsatz der *perpetuatio fori* bestehen, selbst wenn sich die tatsächlichen Umstände im weiteren Verfahrensverlauf ändern[258]. Dies gilt ebenso für die Notzuständigkeit[259]. Umgekehrt gilt für die Notzuständigkeit jedoch eine Besonderheit: Tritt die Unmöglichkeit oder Unzumutbarkeit des ausländischen Verfahrens erst nach der Einleitung des Verfahrens ein, können ausnahmsweise die Tatsachen und Umstände im Zeitpunkt der Entscheidung durch das Gericht berücksichtigt werden[260].

IV. Schlussfolgerungen

Die Notzuständigkeiten, die ausdrücklich vorgesehen oder zumindest in der Rechtsprechung anerkannt sind, verfügen über einen weitgehend gemeinsamen Regelungskern. So setzt die Notzuständigkeit grundsätzlich voraus, dass keine

---

[253] Vgl. *Augenstein/Jägers* in Álvarez Rubio/Yiannibas, Human Rights in Business, S. 7, 29; *Bookman*, Stanford Law Review 67 (2015), 1081, 1114; *La Manna*, Riv. dir. int. priv. proc. 2019, 349, 369.
[254] *Ibili*, Gewogen rechtsmacht in het IPR, S. 114.
[255] *Ibili*, Gewogen rechtsmacht in het IPR, S. 113 f.
[256] Siehe Gerechtshof Amsterdam, 23.7.2019 – C/13/630606/HA ZA 17-615, Rn. 3.22 ff.
[257] Gerechtshof Den Haag, 30.11.2010 – 179770/HA ZA 02-1524, Rn. 4.8.
[258] Gerechtshof Den Haag, 30.11.2010 – 179770/HA ZA 02-1524, Rn. 4.8.
[259] Gerechtshof Den Haag, 30.11.2010 – 179770/HA ZA 02-1524, Rn. 4.8.
[260] Gerechtshof Den Haag, 30.11.2010 – 179770/HA ZA 02-1524, Rn. 4.9; *Ibili*, Gewogen rechtsmacht in het IPR, S. 115.

anderweitige internationale Zuständigkeit des Staates besteht, dem Rechtssuchenden eine Rechtsverweigerung droht und ein Inlandsbezug gegeben ist. Ebenso stimmt die Regelungstechnik überein. Die Rechtsordnungen bedienen sich unbestimmter Rechtsbegriffe, um die Anforderungen der geschriebenen Notzuständigkeiten festzulegen. Ihre Auslegung hat – was sich aus der näheren Betrachtung der Notzuständigkeiten in der Schweiz[261], Österreich[262] und den Niederlanden[263] übereinstimmend ergibt – restriktiv und einzelfallbezogen zu erfolgen.

Die Frage, wann eine zur Eröffnung der Notzuständigkeit genügende Rechtsverweigerung droht, beantworten die Rechtsordnungen weitgehend parallel. Zum Teil bestehen zwar regelungstechnische oder begriffliche Unterschiede zwischen den Rechtsordnungen; ob sich daraus bei der Einzelfallanwendung auch tatsächliche Unterschiede ergeben würden, erscheint indes äußerst zweifelhaft. Dies zeigt zum Beispiel die Fallgruppe der Anerkennungslücke: In Polen ist ausdrücklich geregelt, dass eine Notzuständigkeit auch dann eröffnet werden kann, wenn die Entscheidung eines ausländischen Gerichts in Polen nicht anerkannt wird[264]. In anderen Rechtsordnungen ist dies zwar nicht ausdrücklich geregelt[265], dennoch ist zum Beispiel in Österreich und in der Schweiz anerkannt, dass die Rechtsverfolgung im Ausland unzumutbar ist, wenn die Entscheidung im Inland voraussichtlich nicht anerkannt werden könnte.

Deutlichere Unterschiede zwischen den Rechtsordnungen bestehen mit Blick auf die Anforderungen, die an einen Inlandsbezug gestellt werden. In den Niederlanden ist überhaupt kein Inlandsbezug erforderlich, wenn eine Rechtsverfolgung im Ausland unmöglich ist. Überwiegend wird der erforderliche Inlandsbezug mit unbestimmten Rechtsbegriffen (zum Beispiel „ausreichend" oder „eng") beschrieben. Demgegenüber legen Österreich und Panama[266] die erforderlichen Anknüpfungspunkte ausdrücklich und abschließend fest. In Estland[267] und Rumänien[268] wird bei bestimmten Anknüpfungspunkten ein hinreichender Inlandsbezug gesetzlich vermutet; bestehen diese Anknüpfungspunkte demgegenüber nicht, muss der Inlandsbezug positiv begründet werden. Unterschiede zwischen den Rechtsordnungen können darüber hinaus auch bestehen, wenn

---

[261] Siehe zur Rechtslage in der Schweiz ausführlich oben unter § 3 C III 1 (S. 38 ff.).

[262] Siehe zur Rechtslage in Österreich ausführlich oben unter § 3 C III 2 (S. 44 ff.).

[263] Siehe zur Rechtslage in den Niederlanden ausführlich oben unter § 3 C III 3 (S. 50 ff.).

[264] Siehe Art. 1099¹ polnisches Zivilverfahrensgesetzbuch (abgedruckt oben in § 3 Fn. 22).

[265] Eine ausdrückliche Regelung findet sich außer in Polen nur noch in der Dominikanischen Republik.

[266] Vgl. Art. 11 Abs. 2 panamaisches IPRG (abgedruckt oben in § 3 Fn. 27).

[267] Vgl. § 72 Abs. 1 estnische ZPO (abgedruckt oben in § 3 Fn. 21).

[268] Vgl. Art. 1070 rumänische ZPO (abgedruckt oben in § 3 Fn. 23).

die Anforderungen an den Inlandsbezug an sich parallel ausgestaltet sind. So hat die Analyse der schweizerischen Vorschrift zur Notzuständigkeit ergeben, dass das Schweizer Bundesgericht in enger Wortlautauslegung lediglich Verbindungen des Sachverhalts zur Schweiz ausreichen lässt, während zum Beispiel Verbindungen eines Antragstellers zur Schweiz nicht maßgebend sind. Davon abweichend genügen in den Niederlanden auch personale Anknüpfungspunkte, um einen hinreichenden Inlandsbezug zu begründen. Die österreichische Vorschrift zur Notzuständigkeit enthält sogar ausschließlich personale Anknüpfungspunkte in ihrem abschließenden Katalog. Weiterhin bemerkenswert ist, dass die österreichische Rechtsprechung eine Notzuständigkeit verneint, wenn die Entscheidung weder in Österreich durchgesetzt noch im Ausland anerkannt werden könnte. Vergleichbare Erwägungen finden sich bereits ausdrücklich in den jüngeren Kodifikationen der Notzuständigkeit in Argentinien[269], Costa Rica[270] und Uruguay[271]. Diese bestimmen, dass durch die Notzuständigkeit ein wirksames Urteil erlangt werden soll. Im Gegensatz dazu wird es in den Niederlanden gerade als Aufgabe des Klägers angesehen, den Einwand, dass eine auf der Notzuständigkeit beruhende Entscheidung nicht wirksam sein könne, mit dem Umstand abzuwägen, dass im Ausland keine (zumutbare) Entscheidung ergehen könne.

In den untersuchten Rechtsordnungen noch nicht hinreichend geklärt ist die Frage, in welchen Staaten die Rechtsverfolgung unmöglich oder unzumutbar sein muss. Überwiegend werden aber zumindest diejenigen Staaten als maßgebend angesehen, die aus Sicht der jeweiligen Zuständigkeitsordnung an sich international zuständig wären.

D. Zusammenfassung

Die Notzuständigkeit wird in einer Vielzahl von Rechtsordnungen ausdrücklich oder von der Rechtsprechung anerkannt. Zudem besteht eine Tendenz, die Notzuständigkeit zu kodifizieren, was sich an einigen Neukodifikationen des Internationalen Privat- und Zivilverfahrensrechts in jüngerer Zeit zeigt. Insgesamt entsteht ein zunehmender Konsens über die Bedeutung der Notzuständigkeit.

In ihrer Ausgestaltung verfügen die Notzuständigkeiten über einen weitgehend gemeinsamen Regelungskern. So setzt die Notzuständigkeit grundsätzlich voraus, dass keine anderweitige internationale Zuständigkeit des Staates be-

---

[269] Vgl. Art. 2602 Código Civil y Comercial de la Nación (abgedruckt oben in § 3 Fn. 25).
[270] Vgl. Art. 340 Código Procesal de Familia (abgedruckt oben in § 3 Fn. 29).
[271] Vgl. Art. 57 H) Ley 19.920 (Ley General de Derecho Internacional Privado, abgedruckt oben in § 3 Fn. 30).

steht, dem Rechtssuchenden eine Rechtsverweigerung droht und ein Inlandsbezug gegeben ist. Zum Teil deutliche Unterschiede zwischen den Rechtsordnungen ergeben sich aber insbesondere mit Blick auf die Anforderungen, die an den Inlandsbezug gestellt werden.

§ 4 Rechtsvereinheitlichung

A. Interamerikanische Konvention über die internationale Anerkennungszuständigkeit

Eine Notzuständigkeit wurde bereits in der interamerikanischen Konvention über die internationale Anerkennungszuständigkeit[1] erwähnt[2]. Diese wurde am 24. Mai 1984 auf einer Konferenz der Organisation Amerikanischer Staaten in La Paz (Bolivien) verabschiedet[3]. Die Konvention bestimmt, unter welchen Voraussetzungen die internationale Zuständigkeit des Entscheidungsstaates für die Zwecke der Anerkennung einer ausländischen Entscheidung besteht[4]. Nach Art. 2 der Konvention soll diese Anerkennungszuständigkeit auch bestehen, wenn nach der Auffassung des Gerichts des Vertragsstaates, in dem die Entscheidung anerkannt werden soll, das Gericht des Vertragsstaates, in dem die Entscheidung ergangen ist, die Entscheidung nur erlassen hat, um Rechtsverweigerung zu vermeiden, da sonst keine Zuständigkeit bestand. Die Konvention enthält somit für die Zwecke der Anerkennung einer ausländischen Entscheidung eine Notzuständigkeit. Allerdings war die Konvention wenig erfolgreich und ist (bislang) lediglich in Mexiko und Uruguay in Kraft getreten[5].

B. Vorhaben und Übereinkommen der Haager Konferenz für Internationales Privatrecht

Die Haager Konferenz für Internationales Privatrecht hat bereits mehrfach versucht, ein weltweites Anerkennungs- und Vollstreckungsübereinkommen zu

---

[1] Die englische Textfassung ist abgedruckt in RabelsZ 56 (1992), 142, 149 ff.
[2] *Nwapi*, UBC L. Rev. 47 (2014), 211, 223 f.; *Samtleben*, RabelsZ 56 (1992), 1, 22; *Ubertazzi*, Exclusive Jurisdiction, S. 247.
[3] Ausführlich *Samtleben*, RabelsZ 56 (1992), 1, 4 ff.
[4] Vgl. *Samtleben*, RabelsZ 56 (1992), 1, 21.
[5] Der aktuelle Stand der Konvention kann auf der Internetseite der Organisation Amerikanischer Staaten abgerufen werden: <https://www.oas.org/juridico/english/sigs/b-50.html> (zuletzt abgerufen am 31.7.2023).

errichten⁶. Ein erster Versuch im Jahr 1925 scheiterte⁷. Der zweite Versuch mündete zwar in die Verabschiedung des Haager Anerkennungsübereinkommens vom 1.2.1971, dieses Übereinkommen blieb jedoch weitgehend erfolglos, da es lediglich in fünf Staaten⁸ in Kraft getreten ist⁹.

Im Jahr 1992 nahm die Haager Konferenz auf Initiative der USA erneut Arbeiten an einem weltweiten Anerkennungs- und Vollstreckungsübereinkommen („Judgments Project"¹⁰) auf¹¹. Während nach der Vorstellung der USA lediglich Regeln zur Anerkennung und Vollstreckung in dem Übereinkommen enthalten sein sollten¹², setzten sich insbesondere die EG-Mitgliedstaaten zusätzlich dafür ein, die internationale Zuständigkeit zu vereinheitlichen¹³. Über die vollständige Vereinheitlichung der Vorschriften über die internationale Zuständigkeit ließ sich indes keine Einigung erzielen¹⁴. Vielmehr enthielt der erste Vorentwurf eines Übereinkommens über die gerichtliche Zuständigkeit und ausländische Urteile in Zivil- und Handelssachen vom 30.10.1999¹⁵ nur eine begrenzte Anzahl vereinheitlichter Gerichtsstände und ließ daneben Raum für nationale Zuständigkeiten¹⁶. Zu diesem Zweck wurde in Art. 18 des Entwurfs festgelegt, wann es den Staaten untersagt ist, ihre nationalen Zuständigkeitsregeln anzuwenden. Als Grundregel sah Art. 18 Abs. 1 des Entwurfs vor, dass nationales Zuständigkeitsrecht nicht angewendet werden darf, wenn der Beklagte seinen gewöhnlichen Aufenthalt in einem Vertragsstaat hat und keine wesentliche Verbindung zwischen dem angerufenen Staat und der Streitigkeit

---

⁶ Ein knapper Abriss findet sich z.B. bei *Bachmann*, Universalisierung des Europäischen Zivilverfahrensrechts, S. 59 ff.

⁷ *Bachmann*, Universalisierung des Europäischen Zivilverfahrensrechts, S. 59.

⁸ Das Übereinkommen ist in Albanien, Kuwait, den Niederlanden, Portugal und Zypern in Kraft getreten.

⁹ Siehe dazu *Bachmann*, Universalisierung des Europäischen Zivilverfahrensrechts, S. 59 f.; *Nielsen*, JPIL 16 (2020), 205, 206; *Teitz*, Duke J Comp. & Int. Law 29 (2019), 491, 492 f.; *R. Wagner*, IPRax 2001, 533, 534.

¹⁰ Eine Übersicht zu diesem Projekt findet sich auf der Webseite der Haager Konferenz (abrufbar unter <https://www.hcch.net/de/publications-and-studies/details4/?pid=6843&dtid=61>; zuletzt abgerufen am 31.7.2023).

¹¹ *Schack*, IZVR, Rn. 141; *Teitz*, Duke J Comp. & Int. Law 29 (2019), 491, 493; *R. Wagner*, IPRax 2001, 533, 534.

¹² *Beaumont*, JPIL 5 (2009), 125, 127.

¹³ *R. Wagner*, IPRax 2001, 533, 534 f.; *ders.*, RabelsZ 73 (2009), 100, 104.

¹⁴ Ausführlich *Beaumont*, JPIL 5 (2009), 125, 127 ff.

¹⁵ Preliminary draft Convention on jurisdiction and foreign judgments in civil and commercial matters, adopted by the Special Commission on 30.10.1999, amended version (August 2000) (abrufbar unter <https://assets.hcch.net/docs/638883f3-0c0a-46c6-b646-7a099d9bd95e.pdf>; zuletzt abgerufen am 31.7.2023).

¹⁶ *R. Wagner*, IPRax 2001, 533, 536; *ders.*, RabelsZ 73 (2009), 100, 105.

besteht. In Art. 18 Abs. 2 des Entwurfs wurden darüber hinaus ausdrücklich Anknüpfungspunkte genannt, die für eine Zuständigkeitsausübung nicht genügen sollten. Als Ausnahme sah Art. 18 Abs. 3 des Entwurfs jedoch vor, dass die Vertragsstaaten nationale Zuständigkeitsregeln stets anwenden dürfen, wenn es um Schadensersatz für – im Einzelnen aufgeführte – Menschenrechtsverletzungen geht. Dies sollte nach der ersten der beiden Ausgestaltungsalternativen, die zur Diskussion gestellt wurden, indes nur gelten, wenn der Rechtssuchende der Gefahr einer Rechtsverweigerung ausgesetzt ist, weil Verfahren in einem anderen Staat nicht möglich oder unzumutbar sind[17]. Mithin enthielt der Entwurf eine sachlich begrenzte Vorschrift zur Notzuständigkeit[18]. Das Vorhaben kam in der konkreten Form allerdings nicht über das Entwurfsstadium hinaus und scheiterte im Frühjahr 2001 vorläufig[19].

Da die Haager Konferenz ein vollständiges Scheitern des Projekts vermeiden wollte, sollte ein deutlich reduzierter und konsensfähiger Text entstehen[20]. Ergebnis dieser Bemühungen[21] war das Haager Übereinkommen über Gerichtsstandsvereinbarungen (HGÜ)[22], das am 30.6.2005 beschlossen wurde[23]. Zwar

---

[17] Art. 18 Abs. 3 Preliminary draft Convention on jurisdiction and foreign judgments in civil and commercial matters, adopted by the Special Commission on 30.10.1999, amended version (August 2000) (abrufbar unter <https://assets.hcch.net/docs/638883f3-0c0a-46c6-b646-7a099d9bd95e.pdf>; zuletzt abgerufen am 31.7.2023):
„Nothing in this Article shall prevent a court in a Contracting State from exercising jurisdiction under national law in an action [seeking relief] [claiming damages] in respect of conduct which constitutes
a) [...]
b) a serious crime against a natural person under international law; or
c) a grave violation against a natural person of non-derogable fundamental rights established under international law, such as torture, slavery, forced labour and disappeared persons.
Sub-paragraphs b) and c) above apply only if the party seeking relief is exposed to a risk of a denial of justice because proceedings in another State are not possible or cannot reasonably be required."
Vgl. dazu auch *Lagarde* in Liber amicorum für Kohler, S. 255 f.

[18] Vgl. auch *Lagarde* in Liber amicorum für Kohler, S. 255 f.

[19] Vgl. *Bachmann*, Universalisierung des Europäischen Zivilverfahrensrechts, S. 62; *Beaumont*, JPIL 5 (2009), 125, 133; *Hess*, EuZPR, Rn. 5.55; *Nielsen*, JPIL 16 (2020), 205, 207; *Schack*, IZVR, Rn. 141; *Teitz*, Duke J Comp. & Int. Law 29 (2019), 491, 494 ff.; *R. Wagner*, RabelsZ 73 (2009), 100, 107 f.

[20] *R. Wagner*, RabelsZ 73 (2009), 100, 108. Vgl. auch *Beaumont*, JPIL 5 (2009), 125, 131, 133; *Schack*, IZVR, Rn. 142.

[21] Ausführlicher zur Entstehungsgeschichte *Beaumont*, JPIL 5 (2009), 125, 133 f.; *R. Wagner*, RabelsZ 73 (2009), 100, 108 ff.

[22] ABl. EU 2009 Nr. L 133, S. 3.

[23] In Bezug auf das Übereinkommen sehr kritisch *Bachmann*, Universalisierung des Europäischen Zivilverfahrensrechts, S. 62 f.; *Schack*, IZVR, Rn. 142, 548.

findet sich in diesem Übereinkommen freilich keine „klassische" Notzuständigkeit, mittelbar enthält das Übereinkommen jedoch Überlegungen, die auch der Notzuständigkeit zugrunde liegen[24]. Dies zeigt sich an Art. 6 HGÜ: Nach der Vorschrift hat ein Gericht eines Vertragsstaats, der nicht der Staat des vereinbarten Gerichts ist, Verfahren, für die eine ausschließliche Gerichtsstandsvereinbarung gilt, grundsätzlich auszusetzen oder die Klage als unzulässig abzuweisen. Diese Pflicht gilt jedoch nicht, wenn die Anwendung der Vereinbarung zu einer offensichtlichen Ungerechtigkeit führen oder dem *ordre public* des Staates des angerufenen Gerichts widersprechen würde (lit. c), es aus außergewöhnlichen Gründen, die sich dem Einfluss der Parteien entziehen, nicht zumutbar ist, die Vereinbarung umzusetzen (lit. d), oder das vereinbarte Gericht entschieden hat, kein Verfahren in der Sache durchzuführen (lit. e). Ausweislich des erläuternden Berichts zum Übereinkommt hat Art. 6 lit. e HGÜ das Ziel, eine Rechtsverweigerung zu vermeiden[25]. Denn es drohte eine Rechtsverweigerung aus rechtlichen Gründen, wenn sich das vereinbarte Gericht als unzuständig erachtet[26]. Art. 6 lit. c HGÜ deckt zudem Fälle ab, in denen eine Partei im Ausland kein faires Verfahren erhält[27]. Schließlich zählt zu den außergewöhnlichen Umständen im Sinne des Art. 6 lit. d HGÜ zum Beispiel der Fall, dass ein Rechtsstreit aufgrund eines Bürgerkrieges im betreffenden Staat nicht durchgeführt werden kann[28].

Im Jahr 2011 nahm die Haager Konferenz die Arbeiten am „Judgments Project" wieder auf[29]. Am 2.7.2019 wurde das Übereinkommen über die Anerkennung und Vollstreckung ausländischer Urteile in Zivil- und Handelssachen (HAVÜ)[30] beschlossen[31]. Das Vorhaben regelt zwar lediglich die Anerkennung und Vollstreckung, enthält aber in Art. 5 HAVÜ eine umfassende Liste mit anerkannten Gerichtsständen, auf denen eine Entscheidung beruhen muss,

---

[24] Vgl. *Krümmel* in Graf von Westphalen, Deutsches Recht im Wettbewerb, S. 70, 77.
[25] *Hartley/Dogauchi*, Explanatory Report, Nr. 155; *Krümmel* in Graf von Westphalen, Deutsches Recht im Wettbewerb, S. 70, 78; *R. Wagner*, RabelsZ 73 (2009), 100, 123.
[26] *M. Weller*, Ordre-public-Kontrolle internationaler Gerichtsstandsvereinbarungen, S. 336.
[27] *Hartley/Dogauchi*, Explanatory Report, Nr. 152; *Krümmel* in Graf von Westphalen, Deutsches Recht im Wettbewerb, S. 70, 78; *M. Weller*, Ordre-public-Kontrolle internationaler Gerichtsstandsvereinbarungen, S. 336.
[28] *Hartley/Dogauchi*, Explanatory Report, Nr. 154; *Krümmel* in Graf von Westphalen, Deutsches Recht im Wettbewerb, S. 70, 78; *R. Wagner*, RabelsZ 73 (2009), 100, 122. Vgl. auch *M. Weller*, Ordre-public-Kontrolle internationaler Gerichtsstandsvereinbarungen, S. 336.
[29] *Bachmann*, Universalisierung des Europäischen Zivilverfahrensrechts, S. 63; *Nielsen*, JPIL 16 (2020), 205, 208; *Teitz*, Duke J Comp. & Int. Law 29 (2019), 491, 499.
[30] Das Übereinkommen ist abrufbar unter <https://assets.hcch.net/docs/806e290e-bbd8-413d-b15e-8e3e1bf1496d.pdf> (zuletzt abgerufen am 31.7.2023).
[31] Vgl. dazu *Hess*, EuZPR, Rn. 5.61 ff.; *Nagel/Gottwald*, IZPR, Rn. 2.112 ff.; *Nielsen*, JPIL 16 (2020), 205, 209 ff.; *Schack*, IZVR, Rn. 143 f.

um in einem anderen Vertragsstaat anerkannt und vollstreckt werden zu können[32]. Eine Vorschrift zur Notzuständigkeit enthält diese Aufzählung nicht[33].

Nach Abschluss des HAVÜ hat die Haager Konferenz aktuell wieder Verhandlungen zu einem eigenständigen Übereinkommen zur internationalen Zuständigkeit („Jurisdiction Project"[34]) aufgenommen[35].

C. Principles of Transnational Civil Procedure

Das Internationale Institut für die Vereinheitlichung des Privatrechts (UNIDROIT) sowie das American Law Institute (ALI) haben im Frühjahr 2004 die „Principles of Transnational Civil Procedure"[36] vorgestellt[37]. Diese beinhalten 32 Prinzipien (Principles), die als Standards für gerichtliche Verfahren in internationalen Wirtschaftsstreitigkeiten dienen sollen[38]. Nationale und internationale Gesetzgeber haben die Möglichkeit, die Prinzipien zu übernehmen oder sich an ihnen zu orientieren[39]. Weit über ihren unmittelbaren Anwendungsbereich auf Handelssachen hinaus sind die Prinzipien ferner dazu gedacht, allgemein als Leitlinien bei der Ausgestaltung oder Reform nationaler Prozessrechte anhand international anerkannter Standards zu dienen[40]. Neben den angesprochenen Prinzipien existieren auch „Rules of Transnational Civil Procedure"[41]. Diese Regeln (Rules) sind als beispielhafte Umsetzung der Prinzipien anzusehen, wurden im Gegensatz zu diesen jedoch nicht formal angenommen[42].

---

[32] Vgl. *Hess*, EuZPR, Rn. 5.62; *Nagel/Gottwald*, IZPR, Rn. 12.114; *Nielsen*, JPIL 16 (2020), 205, 213 f.; *Schack*, IZVR, Rn. 143 f.

[33] Siehe auch *Dutta*, BerDGesIntR 50 (2020), 39, 66.

[34] Eine Übersicht zu diesem Projekt findet sich auf der Webseite der Haager Konferenz (abrufbar unter <https://www.hcch.net/de/projects/legislative-projects/jurisdiction-project>; zuletzt abgerufen am 31.7.2023).

[35] Siehe *Bachmann*, Universalisierung des Europäischen Zivilverfahrensrechts, S. 64; *Mansel/Thorn/R. Wagner*, IPRax 2020, 97, 125; *Schack*, IZVR, Rn. 145.

[36] Die Prinzipien sowie ihre Erläuterungen sind abgedruckt in ALI/UNIDROIT, Principles of Transnational Civil Procedure, S. 16 ff.

[37] *Hess*, EuZPR, Rn. 5.73; *Nagel/Gottwald*, IZPR, Rn. 1.5; *R. Stürner*, RabelsZ 69 (2005), 201, 203.

[38] „These Principles are standards for adjudication of transnational commercial disputes" (Prinzip „Scope and Implementation"; das Prinzip zur Reichweite und Umsetzung ist nicht nummeriert und den anderen Prinzipien vorangestellt).

[39] Prinzip „Scope and Implementation", Erläuterung P-A; *Hess*, EuZPR, Rn. 5.73. Ausführlich *Glenn*, Uniform Law Review 2004, 829, 838 ff.

[40] *R. Stürner*, RabelsZ 69 (2005), 201, 210.

[41] Die Prinzipien sowie ihre Erläuterungen sind abgedruckt in ALI/UNIDROIT, Principles of Transnational Civil Procedure, S. 100 ff.

[42] ALI/UNIDROIT, Principles of Transnational Civil Procedure, S. 99.

Die Prinzipien und Regeln behandeln auch die internationale Zuständigkeit. Dies bedeutet einen deutlichen Schritt in Richtung Rechtsvereinheitlichung, da – wie die bislang erfolglosen Bemühungen der Haager Konferenz gezeigt haben[43] – weltweit vereinheitlichte und starre Zuständigkeitsvorschriften (derzeit) nicht konsensfähig sind[44]. Nach Prinzip 2.2[45] – sowie der gleichlautenden Regel 4.4 – darf eine internationale Zuständigkeit ausgeübt werden, wenn vernünftigerweise kein anderer Gerichtsstand zur Verfügung steht und sich der Beklagte im Gerichtsstaat aufhält oder dessen Staatsangehörigkeit besitzt (Prinzip 2.2.1) oder Vermögen des Beklagten im Gerichtsstaat belegen ist (Prinzip 2.2.2). Im letztgenannten Fall ist die Zuständigkeit zwar nicht davon abhängig, dass der Streit eine Verbindung mit dem Vermögen aufweist, aber die Kognitionsbefugnis des Gerichts soll auf dieses Vermögen oder seinen Wert beschränkt sein. Ausweislich der Erläuterung wird von diesem Prinzip das Konzept der Notzuständigkeit abgedeckt, wonach eine internationale Zuständigkeit ausgeübt werden kann, wenn kein anderes Gericht vernünftigerweise zur Verfügung steht[46].

Aufbauend auf dem Vorhaben haben auch das European Law Institute (ELI) und UNIDROIT im Jahr 2020 spezifisch für europäische Zivilverfahren „Model European Rules of Civil Procedure"[47] verabschiedet[48]. Im Gegensatz zu den „Principles of Transnational Civil Procedure" behandeln diese „Model European Rules" die internationale Zuständigkeit jedoch nicht[49]. Denn grenzüberschreitende Sachverhalte würden insoweit zufriedenstellend von der Brüssel Ia-VO abgedeckt[50].

---

[43] Siehe oben unter § 4 B (S. 59 ff.).
[44] *R. Stürner*, RabelsZ 69 (2005), 201, 220 f.
[45] Die Vorschrift lautet in der authentischen englischen Sprachfassung:
„2.2 Jurisdiction may also be exercised, when no other forum is reasonably available, on the basis of:
2.2.1 Presence or nationality of the defendant in the forum state; or
2.2.2 Presence in the forum state of the defendant's property, whether or not the dispute relates to the property, but the court's authority should be limited to the property or its value".
[46] Prinzip 2, Erläuterung P-2C. Vgl. auch *Glenn*, Uniform Law Review 2004, 829, 834; *Gottwald* in FS für Leipold, S. 33, 38; *M. Stürner* in Krajewski/Oehm/Saage-Maß, Unternehmensverantwortung für Menschenrechtsverletzungen, S. 73, 87; *M. Stürner/Pförtner*, GPR 2019, 222, 224. Das Prinzip verbindet die bei einer Notzuständigkeit erforderliche drohende Rechtsverweigerung mit den anglo-amerikanischen Zuständigkeitsgründen der „tag-jurisdiction" (Prinzip 2.2.1) und „quasi-in-rem-jurisdiction" (Prinzip 2.2.2), siehe dazu *R. Stürner*, RabelsZ 69 (2005), 201, 217 Fn. 64 f.
[47] Abrufbar unter <https://www.unidroit.org/instruments/civil-procedure/eli-unidroit-rules> (zuletzt abgerufen am 31.7.2023).
[48] Vgl. *Hess*, EuZPR, Rn. 14.15 ff.
[49] Präambel Rn. 59 ff.
[50] Präambel Rn. 59.

D. Resolutionen des Institut de Droit international

Das Institut de Droit international hat am 30. August 2015 in Tallinn eine Resolution verabschiedet, in der es eine universelle Zuständigkeit von Zivilgerichten für Schadensersatzklagen in Bezug auf „international crimes" fordert[51]. Diese Aufforderung richtet sich insbesondere an die Haager Konferenz bei der Ausarbeitung eines Übereinkommens zur internationalen Zuständigkeit und Vollstreckung in Zivil- und Handelssachen[52]. Konkret soll ein Gericht nach Art. 2 Abs. 1 der Resolution[53] seine Zuständigkeit für Schadensersatzklagen ausüben, wenn entweder kein anderer Staat eine engere Verbindung mit der Klage aufweist (lit. a) oder wenn zwar ein oder mehrere andere Staaten eine engere Verbindung mit der Klage aufweisen, aber den Opfern in diesen Staaten kein Rechtsbehelf zur Verfügung steht (lit. b). Gemäß Art. 2 Abs. 2 der Resolution stellen Gerichte einen Rechtsbehelf zur Verfügung, wenn sie international zuständig sind und die Anforderungen eines „due process" sowie eines angemessenen und effektiven Rechtsschutzes erfüllen. Wenngleich die Resolution die vorgesehene Zuständigkeit ausdrücklich als „universal" bezeichnet[54], wird die Vorschrift in der Literatur zum Teil als Notzuständigkeit aufgefasst[55]. Dieser Auffassung ist insoweit beizupflichten, als Art. 2 Abs. 1 lit. b der Resolution die Voraussetzung einer drohenden Rechtsverweigerung enthält. Droht eine Rechtsverweigerung, setzt die Vorschrift – im Gegensatz zum Großteil der nationalen

---

[51] Institut de Droit international, Resolution Adopted by the Institute at Its Tallinn Session, 30.8.2015, Universal Civil Jurisdiction with regard to Reparation for International Crimes (abgedruckt in RabelsZ 80 (2016), 155 ff.).

[52] Art. 6 der Resolution; *M. Stürner* in Krajewski/Oehm/Saage-Maß, Unternehmensverantwortung für Menschenrechtsverletzungen, S. 73, 87; *M. Stürner/Pförtner*, GPR 2019, 222, 226.

[53] Art. 2 der Resolution lautet im englischen Originalwortlaut:
„1. A court should exercise jurisdiction over claims for reparation by victims provided that:
a) no other State has stronger connections with the claim, taking into account the connection with the victims and the defendants and the relevant facts and circumstances; or
b) even though one or more other States have such stronger connections, such victims do not have available remedies in the courts of any such other State.
2. For the purposes of paragraph 1(b), courts shall be considered to provide an available remedy if they have jurisdiction and if they are capable of dealing with the claim in compliance with the requirements of due process and of providing remedies that afford appropriate and effective redress. [...]".

[54] Ausweislich der Vorarbeiten sollte die Notzuständigkeit gerade nicht erwähnt werden, siehe *Bucher*, Annuaire de l'Institut de Droit international – Séssion de Tallinn, S. 94.

[55] *Dutta*, BerDGesIntR 50 (2020), 39, 44; *M. Stürner* in Krajewski/Oehm/Saage-Maß, Unternehmensverantwortung für Menschenrechtsverletzungen, S. 73, 87; *M. Stürner/Pförtner*, GPR 2019, 222, 226. Vgl. auch *La Manna*, Riv. dir. int. priv. proc. 2019, 349, 379 m. w. N.

Vorschriften zur Notzuständigkeit[56] – jedoch gerade keinen Inlandsbezug voraus[57]. Insoweit verbindet die Vorschrift das Prinzip universeller Zuständigkeit für schwerwiegende Rechtsverletzungen mit dem Erfordernis drohender Rechtsverweigerung als Element der Notzuständigkeit[58].

Zuletzt hat das Institut im September 2021 bei einer Online-Sitzung eine Resolution zum Thema Menschenrechte und Internationales Privat- und Zivilverfahrensrecht („Droits de l'homme et droit international privé") verabschiedet[59]. Diese Resolution enthält in Art. 4 ausdrücklich eine Vorschrift zur Notzuständigkeit: Danach kann („may") das Recht auf Zugang zu Gericht ausnahmsweise erfordern, dass eine Zuständigkeit ausgeübt wird, sofern die regulären Zuständigkeitsvorschriften zu einer Rechtsverweigerung führen[60]. Die Besonderheit dieser Vorschrift besteht darin, dass kein Mindestbezug zwischen der Sache und dem angerufenen Staat bestehen muss. Vielmehr reicht es aus, dass die Sache keinen engeren Bezug zu einem anderen Staat aufweist, in dem die Rechtsverfolgung möglich wäre[61].

E. Resolution der International Law Association

Die International Law Association hat 2012 eine Resolution über „Guidelines on Best Practices for International Civil Litigation for Human Rights Violations" verabschiedet[62]. Dabei betrifft Guideline 2.3 ausdrücklich die Notzuständigkeit[63]: Nach Abs. 1 sollen die Gerichte jedes Staates, der einen hinreichenden

---

[56] Siehe oben unter § 3 C I (S. 32 f.), § 3 C II 2 (S. 35 ff.).
[57] *Ryngaert*, Riv. dir. int. 100 (2017), 782, 787; *G. Wagner*, RabelsZ 80 (2016), 717, 738.
[58] Vgl. auch *La Manna*, Riv. dir. int. priv. proc. 2019, 349, 379.
[59] Resolution vom 4.9.2021, abrufbar unter <https://www.idi-iil.org/app/uploads/2021/09/2021_online_04_en.pdf>; zuletzt abgerufen am 31.7.2023). Auf einen vorgehenden Resolutionsentwurf konnte sich das Institut im Rahmen ihrer 79. Tagung in Den Haag im August 2019 noch nicht einigen, sodass der Entwurf zur weiteren Bearbeitung an die zuständige Komission zurückgegeben wurde (siehe *Jayme*, IPRax 2020, 77).
[60] Die Vorschrift lautet (abrufbar unter <https://www.idi-iil.org/app/uploads/2021/09/2021_online_04_en.pdf>; zuletzt abgerufen am 31.7.2023):
„Forum necessitatis
If the rules of jurisdiction may lead to a denial of justice in a given case, the right of access to a court may exceptionally require that a court exercise jurisdiction if there is no closer link with a foreign State where access to justice would be available".
[61] Siehe Art. 4 der Resolution.
[62] Resolution Nr. 2 /2012, abrufbar unter <https://www.ila-hq.org/index.php/committees> (Committee on International Civil Litigation and the Interests of the Public, zuletzt abgerufen am 31.7.2023).
[63] *Ryngaert*, Riv. dir. int. 100 (2017), 782, 798. Vgl. auch *Michoud*, SRIEL 30 (2020), 3, 17 f.

Bezug zu dem Streit aufweist, international zuständig sein, um eine Rechtsverweigerung zu verhindern[64]. Abs. 2 bestimmt, dass eine Rechtsverweigerung vorliegt, wenn das Gericht nach Anhörung aller beteiligten Parteien und unter Inanspruchnahme vertrauenswürdiger öffentlicher Informationsquellen feststellt, dass kein anderes Gericht verfügbar ist (lit. a) oder es dem Kläger nicht zugemutet werden kann, ein anderes Gericht anzurufen (lit. b). Abs. 3 zählt nicht abschließend[65] auf, dass ein hinreichender Bezug insbesondere durch den Aufenthalt des Klägers (lit. a), die Staatsangehörigkeit des Klägers oder Beklagten (lit. b), die Belegenheit von Vermögen des Beklagten (lit. c), Aktivitäten des Beklagten in dem Staat (lit. d) oder durch den Umstand begründet wird, dass die zivilrechtlichen Ansprüche in einem Adhäsionsverfahren geltend gemacht werden könnten (lit. e). Besonders bemerkenswert ist zunächst, dass an den hinreichenden Bezug zwischen Forumstaat und Streitigkeit sehr geringe Voraussetzungen gestellt werden[66]. Denn nach Guideline 2.3 Abs. 3 lit. a wird dieser bereits durch den schlichten Aufenthalt des Klägers begründet. Darüber hinaus sah sich das Komitee, das die Resolution erarbeitet hat, dazu veranlasst, eine Aussage zu dem gerichtlichen Beweisverfahren zu treffen[67]. Angesichts der empfindlichen Feststellungen, die das Gericht zu treffen habe, sei es auf die Hilfe der Parteien angewiesen[68]. Zudem dürfe das Gericht nicht davor zurück-

---

[64] Die Vorschrift lautet:
„2.3(1) The courts of any State with a sufficient connection to the dispute shall have jurisdiction in order to avert a denial of justice.
2.3(2) A denial of justice in the sense of paragraph 2.3(1) occurs if the court concludes upon hearing all interested parties, and after taking account of reliable public sources of information, that:
(a) no other court is available; or
(b) the claimant cannot reasonably be expected to seize another court.
2.3(3) A sufficient connection in the sense of paragraph 2.3(1) consists in particular in:
(a) the presence of the claimant;
(b) the nationality of the claimant or the defendant;
(c) the presence of assets of the defendant;
(d) some activity of the defendant; or
(e) a civil claim based on an act giving rise to criminal proceedings in the court seized of those proceedings, to the extent that that court has jurisdiction under its own law to entertain civil proceedings".

[65] Committee on International Civil Litigation and the Interests of the Public, Final Report, S. 33 (abrufbar unter <https://www.ila-hq.org/index.php/committees>; zuletzt abgerufen am 31.7.2023).

[66] Vgl. dazu auch *Ryngaert*, Riv. dir. int. 100 (2017), 782, 799 ff.

[67] Committee on International Civil Litigation and the Interests of the Public, Final Report, S. 32 (abrufbar unter <https://www.ila-hq.org/index.php/committees>; zuletzt abgerufen am 31.7.2023).

[68] Committee on International Civil Litigation and the Interests of the Public, Final Re-

schrecken, auch öffentliche Quellen in die Entscheidungsfindung mit einzubeziehen[69]. Das Komitee hatte insoweit Fälle vor Augen, in denen Berichte von Nichtregierungsorganisationen und Medienanstalten über die Situation in dem jeweiligen Staat von den Gerichten berücksichtigt wurden[70]. Schließlich regt das Komitee ausdrücklich alle Staaten, die noch keine Notzuständigkeit vorsehen, dazu an, sie in ihr System aufzunehmen[71].

F. Leitprinzipien für Wirtschaft und Menschenrechte der Vereinten Nationen

Der Menschenrechtsrat der Vereinten Nationen hat in einer Resolution vom 16. Juni 2011[72] Leitprinzipien für Wirtschaft und Menschenrechte[73] angenommen. Diese sind weder für Staaten noch für multinationale Unternehmen verbindlich[74], sondern schaffen vielmehr einen Verhaltenskodex[75]. Das Schutzkonzept der Leitprinzipien besteht aus drei Säulen, wobei sich die letzte Säule auf den effektiven Zugang zu Abhilfemaßnahmen („access to remedy") bezieht. So verweist Leitprinzip 25 darauf, dass Staaten dazu verpflichtet sind, dass Betroffene von Menschenrechtsverletzungen, die mit Unternehmen zusammenhängen, Zugang zu effektiven Abhilfemaßnahmen haben. Dabei sollen Staaten nach Leitprinzip 26 geeignete Maßnahmen treffen, um die Effektivität des ge-

---

port, S. 32 (abrufbar unter <https://www.ila-hq.org/index.php/committees>; zuletzt abgerufen am 31.7.2023).

[69] Committee on International Civil Litigation and the Interests of the Public, Final Report, S. 32 (abrufbar unter <https://www.ila-hq.org/index.php/committees>; zuletzt abgerufen am 31.7.2023).

[70] Committee on International Civil Litigation and the Interests of the Public, Final Report, S. 32 (abrufbar unter <https://www.ila-hq.org/index.php/committees>; zuletzt abgerufen am 31.7.2023).

[71] Committee on International Civil Litigation and the Interests of the Public, Final Report, S. 32 (abrufbar unter <https://www.ila-hq.org/index.php/committees>; zuletzt abgerufen am 31.7.2023).

[72] Resolution 7/14, Dokument A/HRC/RES/17/4.

[73] Human Rights Council, Report of the Special Representative of the Secretary-General on the issue of human rights and transnational corporations and other business enterprises, John Ruggie – Guiding Principles on Business and Human Rights: Implementing the United Nations "Protect, Respect and Remedy" Framework, 21.3.2011, Dokument A/HRC/17/31.

[74] *Habersack/Ehrl*, AcP 219 (2019), 155, 175; *Haider*, Haftung von transnationalen Unternehmen und Staaten für Menschenrechtsverletzungen, S. 225; *M. Stürner* in Krajewski/Oehm/Saage-Maß, Unternehmensverantwortung für Menschenrechtsverletzungen, S. 73, 74; *M. Stürner/Pförtner*, GPR 2019, 222, 226.

[75] *M. Stürner* in Krajewski/Oehm/Saage-Maß, Unternehmensverantwortung für Menschenrechtsverletzungen, S. 73, 74.

richtlichen Rechtsschutzes zu gewährleisten, sowie rechtliche, praktische und andere Hürden abbauen, die zur Rechtsschutzverweigerung führen könnten. In den Erläuterungen zu Leitprinzip 26 wird ausdrücklich der Fall genannt, dass Kläger in dem Staat, in dem die Menschenrechtsverletzung begangen wurde, einer Rechtsverweigerung ausgesetzt sind und die Gerichte unabhängig von den Erfolgsaussichten in der Sache nicht anrufen können[76]. In diesen Konstellationen verspricht einzig die Eröffnung einer Notzuständigkeit, den Klägern effektiven Rechtsschutz zu gewähren. Gleichwohl wird die Notzuständigkeit von den Leitprinzipien nicht erfasst. Denn nach Leitprinzip 25 bezieht sich die Verpflichtung, effektiven Rechtsschutz zu gewährleisten, ausdrücklich nur auf Menschenrechtsverletzungen, die im Hoheitsgebiet des jeweiligen Staates begangen wurden[77]. Zu extraterritorialer Zuständigkeitsausübung sind die Staaten weder verpflichtet noch angehalten[78].

---

[76] Vgl. auch *M. Stürner* in Krajewski/Oehm/Saage-Maß, Unternehmensverantwortung für Menschenrechtsverletzungen, S. 73, 86; *M. Stürner/Pförtner*, GPR 2019, 222, 225; *G. Wagner*, RabelsZ 80 (2016), 717, 725.

[77] Vgl. *Habersack/Ehrl*, AcP 219 (2019), 155, 174 f.; *G. Wagner*, RabelsZ 80 (2016), 717, 724 f. Vgl. auch *Dutta*, BerDGesIntR 50 (2020), 39, 43 f.

[78] Vgl. *Habersack/Ehrl*, AcP 219 (2019), 155, 174 f.; *M. Stürner* in Krajewski/Oehm/Saage-Maß, Unternehmensverantwortung für Menschenrechtsverletzungen, S. 73, 86; *M. Stürner/Pförtner*, GPR 2019, 222, 226; *G. Wagner*, RabelsZ 80 (2016), 717, 724 f.

§ 5 Zuständigkeitsinteressen und Leitprinzipien der Zuständigkeitsgestaltung

Eine Vielzahl von Zuständigkeitsinteressen der Verfahrensbeteiligten sprechen für oder gegen die Annahme internationaler Zuständigkeit[1]. Diese – teils widerstreitenden – Interessen in Ausgleich zu bringen, ist die originäre Aufgabe des Zuständigkeitsrechts[2]. Darüber hinaus sind bei der Zuständigkeitsgestaltung die Leitprinzipien der Zuständigkeitsgerechtigkeit sowie der Zuständigkeitsklarheit zu beachten[3]. Die Zielsetzung dieser Arbeit besteht darin, darzulegen, wie die Notzuständigkeit *de lege lata* sowie *de lege ferenda* ausgeübt werden sollte. Dafür ist es zunächst erforderlich, die relevanten Zuständigkeitsinteressen herauszuarbeiten[4] sowie die Leitprinzipien der Zuständigkeitsgestaltung zu skizzieren, um diese der Behandlung der Notzuständigkeit im weiteren Verlauf der Arbeit zugrunde legen zu können.

---

[1] Dazu unten unter § 5 A (S. 71 ff.).

[2] Vgl. *Eicher*, Rechtsverwirklichungschancen, S. 55; *Schack*, IZVR, Rn. 250; *Thürk*, Belegenheitsgerichtsstände, S. 9. Vgl. speziell für den Ausgleich widerstreitender Parteiinteressen auch *Kropholler* in Hdb. IZVR I, Kap. III, Rn. 18.

[3] Dazu unten unter § 5 B (S. 76 ff.).

[4] Ein Ausgleich der Zuständigkeitsinteressen der Beteiligten setzt zunächst voraus, dass die relevanten Interessen der Beteiligten möglichst umfassend ermittelt werden (vgl. *Heldrich* in FS für Ficker, S. 205, 206, 224). Die Aussagekraft der Interessenanalyse ist jedoch darauf beschränkt, dass diese zwar Konflikte zwischen den Zuständigkeitsinteressen der Beteiligten aufdecken, aber nicht selbständig lösen kann (*Pfeiffer*, Internationale Zuständigkeit, S. 178). Vielmehr ist dafür eine umfassende Bewertung der Zuständigkeitsinteressen erforderlich, nachdem die wertungsrelevanten Zuständigkeitsinteressen herausgearbeitet wurden (*Buchner*, Kläger- und Beklagtenschutz, S. 55 f.; *Geier-Thieme*, Internationale Schutzrechtsverletzungen, S. 192; *Heldrich* in FS für Ficker, S. 205, 207; *Pfeiffer*, Internationale Zuständigkeit, S. 179).

A. Zuständigkeitsinteressen

Mit Blick auf die Zuständigkeitsinteressen wird üblicherweise zwischen (individuellen) Parteiinteressen und (überindividuellen) Staatsinteressen differenziert[5].

I. Parteiinteressen

In einem Zivilprozess verfolgen Parteien regelmäßig egoistische Ziele: Ihnen geht es um die Durchsetzung der für sie günstigen Standpunkte – sie wollen mit anderen Worten obsiegen[6]. Ein derartiges Motiv mag zwar nachvollziehbar sein, es kann allerdings nicht den Maßstab der Zuständigkeitsgestaltung bilden. Aus diesem Grund sind nicht die im konkreten Prozess tatsächlich bestehenden (subjektiven), sondern die von einem solchen losgelösten, also objektivierten und verallgemeinerten (objektiven) Interessen verständiger Parteien entscheidend[7]. Denn in einem konkreten Verfahren ist ein Rechtssuchender subjektiv daran interessiert, dass ihm eine möglichst weitgehende Auswahl an potenziellen Gerichtsständen zur Verfügung steht, um seinen Anspruch durchzusetzen[8]. Losgelöst von diesem konkreten Verfahren ist die Person jedoch nicht stets Rechtssuchender, sondern potenziell auch Beklagter[9]. Solange die Parteirolle noch nicht feststeht, hat die Person daher ein objektives Interesse daran, dass die Zuständigkeitsgestaltung möglichst ausgewogen erfolgt[10].

---

[5] Diese Aufteilung findet sich bei *Buchner*, Kläger- und Beklagtenschutz, S. 58 ff.; *Geier-Thieme*, Internationale Schutzrechtsverletzungen, S. 192, 195 ff.; *Kropholler* in Hdb. IZVR I, Kap. III, Rn. 17 ff.; *Pfeiffer*, Internationale Zuständigkeit, S. 85, 173 ff.; *Schütze* in FS für Ishikawa, S. 493, 494 ff. Ähnlich differenziert *Geimer*, ZfRV 1992, 321, 334 f., der zudem zwischen staatlichen und zwischenstaatlichen Interessen unterscheidet; ähnlich auch *Michaels* in Basedow/Rühl/Ferrari/de Miguel Asensio, Encyclopedia of Private International Law, S. 1042, 1046 f. Des Weiteren werden die öffentlichen Interessen in Staats-, Gerichts- und Ordnungsinteressen getrennt von *Pichler*, Internationale Zuständigkeit, Rn. 394; *Schack*, IZVR, Rn. 250; *Thürk*, Belegenheitsgerichtsstände, S. 9; tendenziell auch *Linke/Hau*, IZVR, Rn. 4.22. – Zwischen Partei-, Gerichts- und Ordnungsinteressen unterscheidet in seinem grundlegenden Werk *Schröder*, Internationale Zuständigkeit, S. 107 ff., 112 ff., 486 ff., 615 ff.
[6] *Geimer* in Zöller, ZPO, IZPR Rn. 61.
[7] *Buchner*, Kläger- und Beklagtenschutz, S. 56 ff.; *Thiere*, Wahrung überindividueller Interessen, S. 25 ff. Vgl. auch *Geier-Thieme*, Internationale Schutzrechtsverletzungen, S. 196; *Pfeiffer*, Internationale Zuständigkeit, S. 176; *Pichler*, Internationale Zuständigkeit, Rn. 398; *Schröder*, Internationale Zuständigkeit, S. 112.
[8] Vgl. *Buchner*, Kläger- und Beklagtenschutz, S. 57.
[9] *Buchner*, Kläger- und Beklagtenschutz, S. 57.
[10] *Buchner*, Kläger- und Beklagtenschutz, S. 57.

1. Gegenläufige Parteiinteressen

In der Literatur am stärksten betont wird das Interesse an einem möglichst engen Bezug – idealerweise Heimatbezug – zwischen Partei und Gerichtsstand[11]. Denn gegenüber einer Prozessführung im Heimatland sind bei einer Prozessführung im Ausland einige rechtstechnische sowie rechtspraktische Hürden zu überwinden: So können zum Beispiel die Entfernung, die Sprache, das lokale Prozessrecht sowie allgemein das unbekannte Umfeld und Rechtsklima zu Problemen führen[12]. Sind die Parteien in unterschiedlichen Staaten beheimatet, stehen sich ihre Interessen im Ausgangspunkt diametral gegenüber[13]. Das Interesse der Parteien an einem Heimatgerichtsstand besteht jedoch nicht uneingeschränkt, sondern nur typischerweise. Denn steht einem deutschen Kläger zum Beispiel auch ein ausländischer Gerichtsstand offen, mag er die Beschwerlichkeiten einer Prozessführung im Ausland durchaus in Kauf nehmen, wenn sich dort die Möglichkeit einer besonders effektiven – weil attraktiven – Rechtsdurchsetzung bietet[14]. Im Kontext der Notzuständigkeit ist die Bedeutung des Interesses an einem Heimatbezug noch weiter begrenzt. Angesichts drohender Rechtsverweigerung wird sich das Interesse des Klägers auf das formelle Mindestmaß beschränken, überhaupt einen Gerichtsstand zu erhalten[15]. Ebenso wird sich das Interesse des Beklagten an einem Heimatbezug selten verwirklichen lassen, da am Wohnsitzstaat des Beklagten regelmäßig bereits ein allgemeiner Gerichtsstand eröffnet wäre[16].

2. Gleichlaufende Parteiinteressen

Im Vergleich zu den gegenläufigen Parteiinteressen besitzen diejenigen Parteiinteressen eine größere Aussagekraft, welche sich nicht entgegengesetzt gegen-

---

[11] Siehe *Buchner*, Kläger- und Beklagtenschutz, S. 74 ff.; *Eicher*, Rechtsverwirklichungschancen, S. 56 f.; *Geier-Thieme*, Internationale Schutzrechtsverletzungen, S. 196 ff.; *Heldrich* in FS für Ficker, S. 205, 207 f.; *Michaels* in Basedow/Rühl/Ferrari/de Miguel Asensio, Encyclopedia of Private International Law, S. 1042, 1046; *Pfeiffer*, Internationale Zuständigkeit, S. 169; *Pichler*, Internationale Zuständigkeit, Rn. 397; *Schack*, IZVR, Rn. 251; *Thürk*, Belegenheitsgerichtsstände, S. 6.
[12] Vgl. statt aller nur *Pfeiffer*, Internationale Zuständigkeit, S. 81 ff.
[13] *Schack*, IZVR, Rn. 251.
[14] Vgl. *Pichler*, Internationale Zuständigkeit, Rn. 397; vgl. zudem *Buchner*, Kläger- und Beklagtenschutz, S. 37, 75, am Beispiel des US-amerikanischen Rechtssystems.
[15] Vgl. zu diesem allgemeinen Klägerinteresse *Pfeiffer*, Internationale Zuständigkeit, S. 168, sowie *Schröder*, Internationale Zuständigkeit, S. 204. Vgl. auch *Milleker*, Der Negative Internationale Kompetenzkonflikt, S. 107.
[16] Jedenfalls im Zuständigkeitssystem der EU ist am Wohnsitzstaat ein allgemeiner Gerichtsstand eröffnet, siehe u. a. Art. 4 Abs. 1 Brüssel Ia-VO.

§ 5 Zuständigkeitsinteressen und Leitprinzipien der Zuständigkeitsgestaltung 73

überstehen, sondern beiderseitig verfolgt werden. Denn die gleichlaufenden Parteiinteressen sind von vornherein nicht mit dem Makel der Verfolgung subjektiver Interessen behaftet. Im objektiven Interesse[17] beider Parteien liegt es vor allem, den Rechtsstreit möglichst schnell, einfach und kostengünstig einer rechtmäßigen, umfassenden und endgültigen Entscheidung zuzuführen[18].

Dieses Interesse lässt sich zunächst durch Sachverhalts-, Beweis- und Rechtsnähe des zuständigen Gerichts erzielen. Durch Sachverhalts- und Beweisnähe werden insbesondere aufwendige Beweiserhebungen im Ausland entbehrlich[19]. Ein Gleichlauf von anwendbarem Recht und zuständigem Gericht, der unter dem Gesichtspunkt der Rechtsnähe verstanden wird, macht langwierige und teure Fremdrechtsgutachten entbehrlich und verspricht eine höhere Qualität der Rechtsanwendung[20].

Darüber hinaus kommt es redlichen Parteien darauf an, „wirksamen" Rechtsschutz zu erhalten[21]. Damit ist gemeint, dass der Rechtsstreit durch die gerichtliche Entscheidung endgültig bereinigt werden soll[22]. Dies setzt voraus, dass die Entscheidung im Inland vollstreckt oder zumindest im Ausland anerkannt werden kann[23]. Demnach ist zum Beispiel ein Leistungsurteil wirksam in diesem Sinne, wenn im Urteilsstaat Vermögen des Beklagten vorhanden ist, auf das im Wege der Vollstreckung zugegriffen werden kann[24]. Befindet sich demgegenüber derzeit kein Vermögen des Beklagten im Urteilsstaat, besteht zumindest die Möglichkeit, dass sich die der Vollstreckung zugrunde liegenden Verhältnisse ändern oder die andere Partei freiwillig leistet[25]. Zudem ist eine inländische Entscheidung auch dann wirksam, wenn durch die Entscheidung auf ausländisches Vermögen des Beklagten zugegriffen werden kann, weil die Entscheidung dort anerkannt wird[26]. Welches Gewicht dem Interesse der Parteien,

---

[17] Es kommt gerade auf die objektiven Interessen, also die von einem konkreten Prozess losgelösten, objektivierten und verallgemeinerten Interessen verständiger Parteien an; egoistische und subjektive Ziele der Parteien bleiben außer Betracht (siehe oben unter § 5 A I (S. 71)).
[18] Siehe zu den einzelnen Ausprägungen dieses Interesses sogleich im Text.
[19] Vgl. *Heldrich* in FS für Ficker, S. 205, 212; *Pfeiffer*, Internationale Zuständigkeit, S. 169.
[20] Vgl. *Heldrich* in FS für Ficker, S. 205, 210; *Kropholler* in Hdb. IZVR I, Kap. III, Rn. 20; *Pfeiffer*, Internationale Zuständigkeit, S. 170.
[21] *Heldrich* in FS für Ficker, S. 205, 216; *Pfeiffer*, Internationale Zuständigkeit, S. 170; *Thürk*, Belegenheitsgerichtsstände, S. 7.
[22] *Pfeiffer*, Internationale Zuständigkeit, S. 170; *Thürk*, Belegenheitsgerichtsstände, S. 7.
[23] Vgl. *Pfeiffer*, Internationale Zuständigkeit, S. 170.
[24] *Pfeiffer*, Internationale Zuständigkeit, S. 170.
[25] *Pfeiffer*, Internationale Zuständigkeit, S. 170; zu Letzterem auch *Thürk*, Belegenheitsgerichtsstände, S. 7.
[26] Nach *Heldrich* in FS für Ficker, S. 205, 217, gebiete das Interesse an der Wirksamkeit

wirksamen Rechtsschutz zu erhalten, beigemessen wird, wirkt sich maßgeblich auf die Ausgestaltung und Ausübung der Notzuständigkeit aus. Dies verdeutlicht beispielhaft die gegensätzliche Ausgestaltung der Notzuständigkeit in Österreich und in den Niederlanden: Nach der österreichischen Rechtsprechung ist eine Notzuständigkeit nur zu eröffnen, wenn die Entscheidung in Österreich durchgesetzt oder im Ausland anerkannt werden kann[27]. Demgegenüber haben die Vollstreckungs- und Anerkennungsaussichten einer künftigen Entscheidung in den Niederlanden keinen Einfluss darauf, ob eine Notzuständigkeit gewährt wird[28]. Vielmehr sei es gerade die Aufgabe des Klägers, den Einwand, dass eine auf der Notzuständigkeit beruhende Entscheidung nicht wirksam sein könne, vor Klageerhebung mit dem Umstand abzuwägen, dass im Ausland keine (zumutbare) Entscheidung ergehen könne[29].

II. Staatsinteressen

Staatliche Zuständigkeitsinteressen sind Ausdruck nationaler Zuständigkeitspolitik[30]. Da es sich um eine politische Entscheidung handelt, sind diese Interessen nicht in gleichem Maße objektivierbar und verallgemeinerungsfähig wie die Parteiinteressen[31], sondern unterliegen hinsichtlich Beachtlichkeit und Gewichtung notwendigerweise einem Wandel[32]. Zudem müssen die Parteiinteressen im Zentrum der Betrachtung stehen[33], da der Zivilprozess der Durchset-

---

des Gerichtsschutzes nur dann, wenn eine gerichtliche Entscheidung allein im Ausland wirksam werden könne, die internationale Zuständigkeit von der Anerkennung der Entscheidung im Ausland abhängig zu machen.

[27] Siehe oben unter § 3 C III 2 (S. 48).
[28] Siehe oben unter § 3 C III 3 (S. 51).
[29] Kamerstukken II 1999/2000, 26 855, Nr. 3, S. 43 (Memorie van Toelichting); *Ibili*, Gewogen rechtsmacht in het IPR, S. 111.
[30] *Buchner*, Kläger- und Beklagtenschutz, S. 59; *Pfeiffer*, Internationale Zuständigkeit, S. 176 ff.
[31] Nach *Pfeiffer*, Internationale Zuständigkeit, S. 175 f., stünden zwar auch einzelne Parteiinteressen nicht unabänderlich fest, ihre Grundannahme, das Angewiesensein auf gerichtlichen Rechtsschutz, bleibe indes bestehen.
[32] Vgl. *Pfeiffer*, Internationale Zuständigkeit, S. 20, 176 ff., der auf den Einfluss des demokratischen Prozesses und die daraus resultierenden Unterschiede in den einzelnen nationalen Rechtsordnungen abstellt. Gleichzeitig bestimmt er nicht nur die Verfassung selbst, sondern auch die aus ihr ableitbaren Wertentscheidungen als Grenze der Zuständigkeitspolitik (*Pfeiffer*, Internationale Zuständigkeit, S. 48). Vgl. zudem *Buchner*, Kläger- und Beklagtenschutz, S. 59.
[33] *Buchner*, Kläger- und Beklagtenschutz, S. 59 f.; *Geier-Thieme*, Internationale Schutzrechtsverletzungen, S. 196. Vgl. auch *Eicher*, Rechtsverwirklichungschancen, S. 55 f.; *Kropholler* in Hdb. IZVR I, Kap. III, Rn. 18; *Thürk*, Belegenheitsgerichtsstände, S. 9.

zung von subjektiven Rechten des Einzelnen dient[34]. Tatsächlich kommt es in weiten Teilen ohnehin zu einem Gleichlauf der Partei- und Staatsinteressen, da der Staat selbst an der Gewährung effektiven Rechtsschutzes interessiert ist[35]. Sachverhalts-, Beweis- und Rechtsnähe schonen die staatlichen Rechtsprechungsressourcen und die Wirksamkeit der Entscheidung sorgt für anhaltenden Rechtsfrieden[36]. Staatliche Ziele können demgegenüber auch gegenläufig mit dem – jeweils faktischen – Interesse zumindest einer Partei sein. So fließen zum Teil auch protektionistische Motive oder die Verfolgung nationaler, materieller Regelungsziele in die Zuständigkeitsgestaltung mit ein[37].

In Bezug auf die Notzuständigkeit besteht ein besonderes Spannungsfeld aus staatlichen Interessen, die für die Ausübung einer Notzuständigkeit sprechen, und solchen, die gegen die Ausübung einer Notzuständigkeit sprechen: Für die breite Anwendung der internationalen Zuständigkeit im Allgemeinen sowie der Notzuständigkeit im Besonderen spricht, dass diese politisch erwägenswert ist, um den eigenen Rechtsstandort zu stärken[38]. Zudem erhöht die Notzuständigkeit die Erfolgsaussichten von Menschenrechtsklagen und stärkt somit die effektive Durchsetzung von Menschenrechten[39]. Demgegenüber spricht gegen die Ausübung einer (weitreichenden) Notzuständigkeit, dass die staatlichen Rechtsprechungsressourcen zusätzlich belastet würden[40]. Darüber hinaus provoziert eine extensive staatliche Zuständigkeitspolitik auch diplomatische Schwierigkeiten[41].

---

[34] Der Begriff der „dienenden Funktion des Zivilprozesses" geht – nach *Pfeiffer*, Internationale Zuständigkeit, S. 113 Fn. 160 – zurück auf *Boehmer*, Grundlagen der Bürgerlichen Rechtsordnung I, S. 95.

[35] *Buchner*, Kläger- und Beklagtenschutz, S. 63, 71; *Geier-Thieme*, Internationale Schutzrechtsverletzungen, S. 203 f.; *Pfeiffer*, Internationale Zuständigkeit, S. 85 f., 175.

[36] *Buchner*, Kläger- und Beklagtenschutz, S. 63; *Pfeiffer*, Internationale Zuständigkeit, S. 85, 173 ff. Vgl. auch *Geier-Thieme*, Internationale Schutzrechtsverletzungen, S. 204; *Thürk*, Belegenheitsgerichtsstände, S. 8. – Ein staatliches Interesse an der Wirksamkeit der Entscheidung wird demgegenüber verneint von *Pichler*, Internationale Zuständigkeit, Rn. 401, unter Hinweis darauf, dass die Prognose der Wirksamkeit dem Kläger überlassen bleiben müsse.

[37] *Pfeiffer*, Internationale Zuständigkeit, S. 86 ff.; *ders.* in Festgabe 50 Jahre BGH, S. 617, 620 ff. Vgl. auch *Michaels* in Basedow/Rühl/Ferrari/de Miguel Asensio, Encyclopedia of Private International Law, S. 1042, 1047; *M. Stürner/Pförtner*, GPR 2019, 222, 223 ff.

[38] Vgl. *Michaels* in Basedow/Rühl/Ferrari/de Miguel Asensio, Encyclopedia of Private International Law, S. 1042, 1046.

[39] Vgl. *M. Stürner* in Krajewski/Oehm/Saage-Maß, Unternehmensverantwortung für Menschenrechtsverletzungen, S. 73, 75; *M. Stürner/Pförtner*, GPR 2019, 222, 224 ff.

[40] Vgl. EGMR (Große Kammer), Urt. v. 15.3.2018, Nr. 51357/07, Rn. 126 – Naït-Liman/Schweiz. Ähnlich auch *Hess/Mantovani*, MPILux Research Papers Series 2019 (1), S. 32 f.; *M. Stürner* in Krajewski/Oehm/Saage-Maß, Unternehmensverantwortung für Menschenrechtsverletzungen, S. 73, 87.

[41] Vgl. EGMR (Große Kammer), Urt. v. 15.3.2018, Nr. 51357/07, Rn. 127 – Naït-Liman/Schweiz.

Dies gilt in besonderem Maße, wenn eine Notzuständigkeit aus dem Grund eröffnet wird, dass der Rechtsschutz im Ausland dem Rechtssuchenden unzumutbar sei.

B. Leitprinzipien der Zuständigkeitsgestaltung

In der Literatur haben sich durch wertende Betrachtung der verfassungsrechtlichen Grundlagen und zuständigkeitsrechtlichen Interessen die Leitprinzipien der Zuständigkeitsgerechtigkeit sowie der Zuständigkeitsklarheit herausgebildet[42]. Diese vereinen die wesentlichen Wertungsgesichtspunkte des Zuständigkeitsrechts. Mithin ist der Inhalt dieser Leitprinzipien sowohl für die gegenwärtige Ausübung als auch für die künftige Ausgestaltung der Notzuständigkeit von zentraler Bedeutung.

I. Zuständigkeitsgerechtigkeit

Dem Recht der internationalen Zuständigkeit liegt ein autonomes, das heißt vom materiellen und Kollisionsrecht unabhängiges Gerechtigkeitsverständnis zugrunde[43]. Denn die Antwort auf die Frage, ob eine internationale Zuständigkeit angenommen oder abgelehnt werden sollte, entscheidet über einen spezifisch zuständigkeitsrechtlichen Grundkonflikt. Dieser besteht im Gegenspiel der Individualrechte der Verfahrensparteien[44]: Auf der einen Seite steht die

---

[42] Zur Zuständigkeitsgerechtigkeit als Leitprinzip der Zuständigkeitsgestaltung grundlegend *Pfeiffer*, Internationale Zuständigkeit, S. 15, 199, 783 f. *Reuß* in Geimer/Schütze/Hau, Internationaler Rechtsverkehr, Art. 1 VO Nr. 4/2009 Rn. 14, verknappt die Aussage der Zuständigkeitsgerechtigkeit dahingehend, dass die betroffenen Partei-, Staats-, Gerichts- und Ordnungsinteressen in Ausgleich zu bringen seien – in diesem Sinne auch *Pichler*, Internationale Zuständigkeit, Rn. 392.

[43] Grundlegend *Pfeiffer*, Internationale Zuständigkeit, insbesondere S. 368 ff., auch S. 205 ff. – Daraus ergibt sich zugleich eine Parallele sowie ein Unterschied zum IPR: Einigkeit besteht insoweit, als das IPR seinerseits auf einem autonomen Gerechtigkeitsverständnis fußt. Der Unterschied besteht darin, dass die beiden Gerechtigkeitsverständnisse jeweils selbständig sind; sie können zwar inhaltlich korrespondieren, müssen indes nicht gegenseitig berücksichtigt werden (vgl. *Pfeiffer*, Internationale Zuständigkeit, S. 378 f.). Vgl. zudem bereits *Dessauer*, IPR, Ethik und Politik, S. 254 ff., sowie *Kropholler* in Hdb. IZVR I, Kap. III, Rn. 23.

[44] *Pfeiffer*, Internationale Zuständigkeit, S. 631; diesen Grundkonflikt der Zuständigkeitsgerechtigkeit beschreibt auch *Eicher*, Rechtsverwirklichungschancen, S. 58, obgleich er vom Verständnis der Zuständigkeitsgerechtigkeit im dargestellten Sinne abweicht, da er sich auf die Darstellung der betroffenen Partei- und staatlichen Ordnungsinteressen beschränkt (aaO., S. 58 ff.). Vgl. in diesem Zusammenhang zudem bereits *Schröder*, Internationale Zuständigkeit, S. 206 f.

Rechtsposition des Klägers auf umfassende Verwirklichung seines Rechts auf Zugang zu Gericht, um seinen Anspruch durchsetzen zu können[45]. Dem steht auf der anderen Seite die Rechtsposition des Beklagten gegenüber, vor exorbitanter – im Sinne von ausufernder – Zuständigkeitsausübung bewahrt zu werden[46]. So begünstigt eine weitreichende Annahme internationaler Zuständigkeit den Kläger und wirkt sich zulasten des Beklagten aus. Umgekehrt begünstigt eine restriktive Zuständigkeitsausübung den Beklagten und wirkt sich zulasten des Klägers aus. Nach dem Leitprinzip der Zuständigkeitsgerechtigkeit stehen sich die Rechtsposition des Klägers sowie des Beklagten im Ausgangspunkt gleichrangig gegenüber[47]. Durch eine Abwägung der Rechtspositionen ist im Einzelfall darüber zu entscheiden, ob eine internationale Zuständigkeit ausgeübt oder abgelehnt werden sollte[48].

Diese Abwägung ist im Kontext der Notzuständigkeit besonders problematisch. Da dem Kläger Rechtsverweigerung droht, wenn eine Notzuständigkeit nicht eröffnet wird, kann sich seine Rechtsposition nur verwirklichen lassen, indem eine Notzuständigkeit eröffnet wird. Demgegenüber bliebe umgekehrt die Rechtsposition des Beklagten, vor exorbitanter Zuständigkeitsausübung geschützt zu werden, gänzlich unberücksichtigt, wenn die Notzuständigkeit von Staaten eröffnet würde, die keinen Bezug zu Rechtsstreit oder Verfahrensparteien aufweisen. *Pfeiffer* möchte in diesen Konstellationen – dem Leitprinzip der Zuständigkeitsgerechtigkeit folgend – der Rechtsposition des Klägers regelmäßig den Vorrang einräumen und mithin eine Notzuständigkeit eröffnen[49]. Denn in Fällen der Notzuständigkeit erfolge zwar ein Eingriff in das Prinzip der Zuständigkeitsgerechtigkeit; dieser könne aufgrund der Gewichtigkeit einer drohenden Rechtsverweigerung die Eröffnung einer Notzuständigkeit jedoch nicht

---

[45] Vgl. *Pfeiffer*, Internationale Zuständigkeit, S. 631.
[46] Vgl. *Pfeiffer*, Internationale Zuständigkeit, S. 631.
[47] Abgeleitet wurde dieses Gebot der Verfahrens- und Waffengleichheit sowie Fairness zuvorderst aus einer Anlehnung an die im US-amerikanischen Verfassungsrecht verankerte *due process clause* und der darin inkorporierten überkommenen Vorstellungen von Fairness und materieller Gerechtigkeit („traditional notions of fair play and substantial justice"). – Vgl. *Pfeiffer*, Internationale Zuständigkeit, S. 308 f., 320 ff., 551 ff., 620. Die *due process clause* ist im 5. (für die Staaten) bzw. 14. (für den Bundesstaat) Amendment zur US-Verfassung verankert. Zur Bedeutung dieser Klausel im Bereich des Zuständigkeitsrechts vgl. M. Schulz, Alien Tort Statute, S. 204 ff. Teilweise wird Gleichheit auch als eigenständiges Prinzip des Zuständigkeitsrechts verstanden, das sowohl die Gleichheit der Parteien als auch der Rechtspflege der Staaten meint (*Schack*, IZVR, Rn. 39 ff.).
[48] *Pfeiffer*, Internationale Zuständigkeit, S. 631.
[49] *Pfeiffer*, Internationale Zuständigkeit, S. 631, ähnlich bereits S. 586 sowie später S. 760. Er formuliert pointiert, dass exorbitante Justiz immer noch besser sei als Rechtsverweigerung (aaO., S. 631) und eine unbequeme inländische Zuständigkeit besser sei als gar keine für das Inland maßgebende Entscheidung und ein rechtloser Zustand (aaO., S. 760).

verhindern und sei demnach prinzipiell nicht exorbitant[50]. Dieser Einschätzung ist im Ausgangspunkt zuzustimmen. Die Situation des Klägers, der einer drohenden Rechtsverweigerung ausgesetzt ist, ist einschneidender ist als die des Beklagten, der sich „lediglich" einer weitreichenden Gerichtspflichtigkeit gegenübersieht. Dennoch ist deutlich zu betonen, dass sich nicht stets die Rechtsposition des Klägers durchsetzt und eine Notzuständigkeit zu eröffnen ist. Denn dies widerspräche gerade der Gleichheit der Rechtspositionen von Kläger und Beklagtem, welche die Grundlage des zuständigkeitsrechtlichen Gerechtigkeitsverständnisses bildet. Vielmehr kann das Recht des Beklagten, vor exorbitanten Zuständigkeiten geschützt zu werden, verhindern, dass eine Notzuständigkeit ausgeübt wird. Dies zeigt bereits ein rechtsvergleichender Seitenblick zu den Rechtsordnungen, die eine Notzuständigkeit akzeptieren: In diesen Rechtsordnungen hat sich das Erfordernis eines Inlandsbezugs als notwendige Voraussetzung der Notzuständigkeit ergeben[51]. Für die Frage, ob eine Notzuständigkeit ausgeübt werden sollte oder nicht, ist die Aussagekraft des Leitprinzips der Zuständigkeitsgerechtigkeit im Ergebnis darauf beschränkt, dass bei der Abwägung im Einzelfall die Rechtspositionen von Kläger und Beklagtem gleichrangig zu berücksichtigen sind.

II. Zuständigkeitsklarheit

Vielfach wurde in der Literatur geäußert, dass die internationale Zuständigkeit möglichst klare Regeln erfordere[52]. Bei dieser sogenannten Zuständigkeitsklarheit handelt es sich um die spezifisch zuständigkeitsrechtliche Ausprägung des verfassungsrechtlichen Prinzips der Rechtssicherheit[53]. Zwar hatte das BVerfG bislang noch nicht über die Rechtssicherheit speziell in Bezug auf die internationale Zuständigkeit zu entscheiden. Dennoch lassen sich Entscheidungen des BVerfG, die in anderem Zusammenhang ergangen sind, für die internationale Zuständigkeit fruchtbar machen: Zunächst hat das BVerfG entschieden, dass die Klarheit und Bestimmtheit von Rechtswegvorschriften unabdingbare Anforderung einer rechtsstaatlichen Ordnung sei[54]. Diese Einschätzung lässt sich

---

[50] *Pfeiffer*, Internationale Zuständigkeit, S. 760.
[51] Siehe oben unter § 3 C I (S. 32 f.), § 3 C II 2 (S. 35 ff.).
[52] Besonders eindrücklich ist die Formulierung von *Geimer*, FamRZ 1980, 789, 790: „*Zuständigkeitsrecht sollte klares und einfach anwendbares Recht sein und bleiben*" (Hervorhebung im Original), die in der Literatur als „Geimers goldene Regel" bekannt wurde; vgl. *Dessauer*, IPR, Ethik und Politik, S. 605; *Eicher*, Rechtsverwirklichungschancen, S. 60 Fn. 176; *Pfeiffer*, Internationale Zuständigkeit, S. 189.
[53] *Pfeiffer*, Internationale Zuständigkeit, S. 627.
[54] BVerfG, Beschl. v. 25.3.1981, BVerfGE 57, 9, 22.

auf das Recht der internationalen Zuständigkeit übertragen[55]. Denn ebenso wie die Partei ein Interesse daran hat, zu erfahren, welche Gerichtsbarkeit für einen Rechtsstreit zuständig ist, hat die Partei auch ein Interesse daran, zu erfahren, ob die internationale Zuständigkeit der Gerichte eines Staates besteht[56]. Zudem hat das BVerfG allgemein betont, dass die Garantie des gesetzlichen Richters aus Art. 101 Abs. 1 Satz 2 GG erfordere, dass sich der gesetzliche Richter – und mithin auch das zuständige Gericht – möglichst eindeutig aus einer allgemeinen Norm ergeben müsse[57].

Auf europäischer Ebene wurde die Bedeutung der Rechtssicherheit auf dem Gebiet des Zuständigkeitsrechts durch den EuGH frühzeitig hervorgehoben: Die Zuständigkeitsregeln seien so auszulegen, dass ein „normal informierter Beklagter" vernünftigerweise vorhersehen könne, vor welchen Gerichten außerhalb seines Wohnsitzstaates er verklagt werden könnte[58]. Mithin kommt dem Beklagtenschutz zentrale Bedeutung zu, da für die Prüfung der Vorhersehbarkeit auf die Sichtweise des Beklagten abgestellt wird. Zur Brüssel I-VO hat der EuGH später ergänzt, dass die Verordnung den Rechtsschutz der Unionsbürger ebenfalls in der Weise verbessern solle, als „ein Kläger ohne Schwierigkeiten festzustellen vermag, welches Gericht er anrufen kann"[59]. Das Kriterium der Zuständigkeitsklarheit ist dem europäischen Recht somit bekannt[60]. Nach derzeitigem Stand erfüllt ein Zuständigkeitssystem das Kriterium, wenn „es sowohl dem Kläger ermöglicht, ohne Schwierigkeiten festzustellen, welches Gericht er anrufen kann, als auch dem Beklagten, bei vernünftiger Betrachtung vorherzusehen, vor welchem Gericht er verklagt werden kann"[61].

---

[55] *Pfeiffer*, Internationale Zuständigkeit, S. 363 f. Im Ergebnis auch *Eicher*, Rechtsverwirklichungschancen, S. 60 Fn. 177.
[56] Vgl. *Pfeiffer*, Internationale Zuständigkeit, S. 363 f.
[57] BVerfG, Urt. v. 16.1.1957, BVerfGE 6, 45, 50 f.
[58] EuGH, Urt. v. 17.6.1992, Rs. C-26/91, ECLI:EU:C:1992:268, Rn. 18 – Handte; EuGH, Urt. v. 28.9.1999, Rs. C-440/97, ECLI:EU:C:1999:456, Rn. 24 – GIE Groupe Concorde u. a.; EuGH, Urt. v. 19.2.2002, Rs. C-256/00, ECLI:EU:C:2002:99, Rn. 26 – Besix; EuGH, Urt. v. 1.3.2005, Rs. C-281/02, ECLI:EU:C:2005:120, Rn. 40 – Owusu.
[59] EuGH, Urt. v. 3.5.2007, Rs. C-386/05, ECLI:EU:C:2007:262, Rn. 20 – Color Drack; EuGH, Urt. v. 23.4.2009, Rs. C-533/07, ECLI:EU:C:2009:257, Rn. 22 – Falco Privatstiftung und Rabitsch. Vgl. zudem sowohl Erwägungsgrund 15 S. 1 Brüssel Ia-VO, der die Vorhersehbarkeit der Zuständigkeitsvorschriften hervorhebt, als auch Erwägungsgrund 16 S. 2 Brüssel Ia-VO, der die Schaffung von Rechtssicherheit als Ziel der Verordnung nennt; zu Letzterem EuGH, Urt. v. 17.10.2017, Rs. C-194/16, ECLI:EU:C:2017:766, Rn. 28 – Bolagsupplysningen und Ilsjan; *Linke/Hau*, IZVR, Rn. 5.42.
[60] Ebenso *Eicher*, Rechtsverwirklichungschancen, S. 60. Vgl. auch *Hess*, EuZPR, Rn. 6.42; *Mankowski*, IPRax 2007, 404, 410 f.
[61] EuGH, Urt. v. 17.10.2017, Rs. C-194/16, ECLI:EU:C:2017:766, Rn. 35 – Bolagsupplysningen und Ilsjan.

Die Literatur setzt sich teilweise nur schlagwortartig mit dem Begriff der Zuständigkeitsklarheit auseinander[62], wobei mangels erläuternder Ausführungen die Gefahr besteht, dass dieser – abgesehen von seiner grundsätzlichen Zielsetzung – weitgehend konturlos verbleibt[63]. Vom Ideal einer in dem Maße klaren Zuständigkeitsordnung, dass sich darin „gerade der Rechtsuchende und nicht bloß der spezialisierte Praktiker oder Professor"[64] zurechtfindet, hat sich die gesetzgeberische Praxis zum Teil deutlich entfernt[65]. Abstrakt kann Zuständigkeitsklarheit in Anlehnung an die Ausführungen des EuGH zusammengefasst werden als zuständigkeitsrechtliches Prinzip, das es dem Einzelnen ermöglichen soll, seine potenzielle Gerichtspflichtigkeit für Rechtsstreitigkeiten einerseits möglichst präzise vorherzusehen sowie andererseits die ihm für eine etwaige Klage zur Verfügung stehenden Gerichtsstände möglichst unkompliziert ermitteln zu können.

Für die Notzuständigkeit prägend ist demgegenüber ihr Ausnahmecharakter, was augenfällig zu Konflikten mit dem Prinzip der Zuständigkeitsklarheit führen kann[66]. Denn ist eine Zuständigkeitsbegründung im Wege der Notzuständigkeit jedenfalls unüblich, so könnte sie für den Beklagten nicht mehr in erforderlichem Maße vorhersehbar sein. Darüber hinaus sind die Voraussetzungen,

---

[62] Z.B. *Hau*, IPRax 2000, 354, 360; *Linke/Hau*, IZVR, Rn. 2.34, Rn. 5.2, Rn. 6.28; *Roth* in Stein/Jonas, ZPO, vor § 12 Rn. 52.

[63] Ausgefüllt werden kann das Prinzip der Zuständigkeitsklarheit durch eine Auslotung anhand konkreter Einzelfälle, wie der Streit um die Vereinbarkeit von Zuständigkeitsklarheit und *forum non conveniens* zeigt: Dafür *Schröder*, Internationale Zuständigkeit, S. 488 f., soweit bei der gerichtlichen Ermessensprüfung die üblichen Schranken angesetzt würden; dagegen *Hau*, GPR 2005, 143, 146; ausführlich *Pfeiffer*, Internationale Zuständigkeit, S. 381 ff. Vgl. des Weiteren *Leipold* in GS für Blomeyer, S. 143, 149 ff., der sich skeptisch zeigt, ob sich mit dem Prinzip der Zuständigkeitsklarheit eine umfassende Einzelfallprüfung – und damit letztlich eine gerichtliche Ermessensentscheidung – in Arbeitsrechtssachen vereinbaren ließe. Eine auf mehrere dieser Fälle eingehende, umfassendere Betrachtung findet sich bei *Pfeiffer*, Internationale Zuständigkeit, S. 188 ff., 363 f., 390 f., 594 ff., 627, 631 ff., der allerdings die Zuständigkeitsklarheit als Unterfall der Zuständigkeitsgerechtigkeit versteht (vgl. aaO., S. 460).

[64] So die Zuspitzung von *Eicher*, Rechtsverwirklichungschancen, S. 60.

[65] Als Beispiel sei etwa auf die internationale Zuständigkeit in Unterhaltssachen verwiesen, bei der einige Rechtsakte (namentlich EuUntVO, LugÜ und FamFG) jedenfalls scheinbar miteinander kollidieren. Diese Kollision lässt sich von wenigen Zweifelsfragen abgesehen bei näherer Betrachtung zwar lösen; ob dies auch einem unerfahrenen Rechtsuchenden gelingen würde, ist allerdings äußerst zweifelhaft. – Vgl. dazu *Henrich*, FamRZ 2015, 1761. Die Anerkennung der Zuständigkeitsklarheit als Prinzip des Unionsrechts steht damit nicht zwangsläufig im Widerspruch, da sich dieses Prinzip ausschließlich auf die Zuständigkeitsregeln innerhalb eines Rechtsakts bezieht.

[66] Vgl. *Biagioni*, CDT (März 2012), 20, 30; *Kübler-Wachendorff*, Das forum necessitatis, S. 4.

unter denen eine Notzuständigkeit eröffnet wird, aus der Sicht des Klägers nicht sicher ermittelbar. Denn bereits der rechtsvergleichende Überblick hat gezeigt, dass Rechtsordnungen, die eine geschriebene Notzuständigkeit vorsehen, viele unbestimmte Rechtsbegriffe verwenden[67]. Aus der Perspektive des autonomen deutschen Rechts kommt erschwerend hinzu, dass die Notzuständigkeit nicht ausdrücklich geregelt, sondern lediglich in der Rechtsprechung anerkannt ist[68]. Vor dem Hintergrund dieser Schwierigkeiten ist es ein besonderes Anliegen der Arbeit, auszuloten und darzulegen, wie die Notzuständigkeit *de lege ferenda* möglichst rechtssicher und klar ausgestaltet werden kann[69].

---

[67] Siehe oben unter § 3 C II 1–2 (S. 33 ff.), § 3 C IV (S. 56).
[68] Zu der Frage, ob die Zuständigkeitsklarheit eine geschriebene Vorschrift zur Notzuständigkeit erfordert, siehe unten unter § 16 A IV (S. 441 ff.).
[69] Vgl. zu dieser Zielsetzung der Arbeit bereits oben unter § 1 (S. 4).

Zweiter Teil

Völker- und verfassungsrechtliche Vorgaben

Überlagerungen des Zuständigkeitsrechts durch die EMRK, das Primärrecht der EU sowie die Verfahrensgrundrechte des Grundgesetzes werden zunehmend diskutiert[1]. Diese dreifache Konstitutionalisierung[2] des Zuständigkeitsrechts wirkt sich insbesondere auf die Notzuständigkeit aus[3]. Denn Konstellationen der Notzuständigkeit unterscheiden sich in zwei wesentlichen Gesichtspunkten von anderen Zuständigkeitsgründen: Einerseits ist der Rechtssuchende in besonderem Maße auf die Zuständigkeitsgewährung angewiesen, da ihm im Falle der Verfahrensabweisung eine Rechtsverweigerung droht. Dieser Gesichtspunkt spricht dafür, dass der angerufene Staat eine Notzuständigkeit ausüben *muss*. Andererseits zeichnen sich Konstellationen der Notzuständigkeit auch dadurch aus, dass nur geringe Beziehungen zu dem angerufenen Staat bestehen, da sämtliche Anknüpfungspunkte, die eine „reguläre" Zuständigkeit

---

[1] Vgl. *Düsterhaus*, ZEuP 2018, 10; *Fawcett/Ní Shúilleabháin/Shah*, Human Rights and Private International Law, insbesondere Rn. 4.1 ff., 6.1 ff.; *Heinze*, JZ 2011, 709, 715; *Hess* in FS für Jayme, S. 339; *Kiestra*, The Impact of the ECHR, S. 85 ff.; *Ultsch*, MittBayNot 1995, 6, 8 ff.; bereits frühzeitig *Geimer*, ZfRV 1992, 321, 329 f.; *Pfeiffer*, Internationale Zuständigkeit, insbesondere S. 288 ff. Vgl. zum IZVR im Allgemeinen auch *Rösler*, ZVglRWiss 115 (2016), 533, 541 f.; zum Zivilprozessrecht *Hess*, JZ 2005, 540; *Roth*, ZZP 131 (2018), 3 (in Bezug auf das Zuständigkeitsrecht jedoch weiterhin kritisch *ders.* in Stein/Jonas, ZPO, vor § 12 Rn. 36); zum EuZPR *Düsterhaus* in Gascón Inchausti/Hess, The Future of the European Law of Civil Procedure, S. 69; *Hess*, EuZPR, Rn. 3.64 ff. – Demgegenüber wurde eine verfassungsrechtliche Prägung des Zuständigkeitsrechts früher bestritten: So forderte *Schack*, ZZP 97 (1984), 46, 60, die möglichst weitgehende Freihaltung des Zuständigkeitsrechts von verfassungsrechtlichen Überlagerungen (vgl. auch *ders.*, IZVR, Rn. 40, der zwar auf die Bedeutung der Menschenrechte für das verfahrensrechtliche Prinzip der Gleichheit hinweist, aber es aaO., Rn. 41, ablehnt, aus dem Justizgewährungsanspruch konkrete zuständigkeitsrechtliche Maßstäbe zu folgern). Kritisch auch *Neuhaus*, RabelsZ 20 (1955), 201, 230 f.; *Schröder*, Internationale Zuständigkeit, S. 200, 402, 617. Vgl. insoweit die Analyse von *Pfeiffer*, Internationale Zuständigkeit, S. 296 ff. mit zahlreichen weiterführenden Nachweisen.

[2] So die Formulierung von *Rösler*, ZVglRWiss 115 (2016), 533, 541. Vgl. zu dem Begriff der Konstitutionalisierung *Hess*, JZ 2005, 540 f.; vgl. auch *Düsterhaus* in Gascón Inchausti/Hess, The Future of the European Law of Civil Procedure, S. 69 f.

[3] Eine besondere verfassungsrechtliche Determination der Notzuständigkeit annehmend z. B. *Mankowski* in von Hoffmann, Universalität der Menschenrechte, S. 139, 188 f.

begründen, nicht einschlägig sind. Dieser Gesichtspunkt spricht umgekehrt dafür, dass der angerufene Staat eine Notzuständigkeit *nicht* ausüben *darf.*

§ 6 Allgemeines Völkerrecht

A. Sachliche Beschränkung staatlicher Gerichtsbarkeit

Die Ausübung internationaler Zuständigkeit durch einen Staat setzt – wie bereits erwähnt[4] – voraus, dass dieser Staat völkerrechtlich über Gerichtsbarkeit verfügt. An der Gerichtsbarkeit fehlt es insbesondere, wenn der Beklagte in personeller Hinsicht immun ist[5]. Daneben wird in der Literatur aber auch eine sachliche Begrenzung staatlicher Gerichtsbarkeit diskutiert[6]. So setze die Ausübung nationaler Hoheitsgewalt über Fälle, die nicht allein Berührungspunkte mit dem Inland aufweisen[7], nach einem Teil der Literatur voraus, dass ein Min-

---

[4] Siehe oben unter § 2 D I (S. 17 f.).

[5] Vgl. *Junker,* IZPR, § 3 Rn. 3 f.; *Linke/Hau,* IZVR, Rn. 3.2; *Nagel/Gottwald,* IZPR, Rn. 2.2; *Rauscher,* IPR, Rn. 1676, 1678 ff.; Staudinger/*Looschelders* (2019), Einleitung IPR Rn. 299; Staudinger/*Spellenberg* (2016), Vorbem zu § 97 FamFG Rn. 1 ff.

[6] Siehe ausführlich unten unter § 6 A I (S. 86 ff.). Von der Frage der konkreten sachlichen Grenzziehung staatlicher Gerichtsbarkeit ist die dogmatische Ausgangsfrage zu trennen, wie sich das völkerrechtliche Prinzip der souveränen Gleichheit der Staaten sowie das Interventionsverbot auf die staatliche Souveränität auswirkt. Ein Teil der Literatur geht davon aus, dass ein Staat grundsätzlich frei darin sei, seine Jurisdiktionsgewalt auszuüben, soweit keine Vorschrift dies ausdrücklich verbiete. Demgegenüber geht ein anderer Teil der Literatur – umgekehrt – davon aus, dass die Ausübung staatlicher Jurisdiktionsgewalt immer einen völkerrechtlich vermittelten Kompetenztitel erfordere. Dieser Grundsatzstreit ist für die Frage der Notzuständigkeit indes nicht relevant, da es in diesem Zusammenhang allein darum geht, ob die Verbindung von Sachverhalt und Staat ausreicht, um – je nach zugrunde liegender Betrachtungsweise – eine nationale Gerichtsausübungskompetenz zu begründen bzw. eine völkerrechtliche Beschränkung der staatlichen Souveränität abzulehnen. – Vgl. zum Ganzen *Becker* in Menzel/Pierlings/Hoffmann, Völkerrechtsprechung, Nr. 42, S. 295 ff; *Meng,* Extraterritoriale Jurisdiktion, S. 482 ff.; *Menzel,* Internationales Öffentliches Recht, S. 223 ff.; *Ryngaert,* Jurisdiction in International Law, S. 29 ff.; kurze Hinweise bei *Akehurst,* BYIL 46 (1972–1973), 145, 167; *Oxmann* in Wolfrum, The Max Planck Encyclopedia of Public International Law, Rn. 10; *Wouters/Ryngaert/Ruys/De Baere,* International Law, S. 442 f.

[7] Diese Konstellationen werden auch als „extraterritoriale Jurisdiktionsausübung" bezeichnet. Da sich der Aussagegehalt dieser Bezeichnung jedoch darin erschöpft, dass es sich lediglich um keinen reinen Inlandsfall handelt, ist der Ausdruck „extraterritoriale Jurisdiktionsausübung" jedenfalls missverständlich, vgl. *Ryngaert,* Jurisdiction in International Law, S. 7 f.; *Ziegenhain,* Extraterritoriale Rechtsanwendung, S. 1 f.

destbezug (sogenannter *genuine link*[8]) zwischen Sachverhalt und Staat bestehe[9]. Es ist daher zu klären, ob eine internationale Zuständigkeit auch ausgeübt werden darf, wenn zwischen Sachverhalt und Gerichtsstaat nur eine geringe Verbindung besteht. Diese Frage wird im Kontext der Notzuständigkeit virulent[10], da bereits der rechtsvergleichende Überblick gezeigt hat, dass an den Inlandsbezug häufig nur geringe Anforderungen gestellt werden und zum Beispiel in den Niederlanden für bestimmte Konstellationen der Notzuständigkeit gänzlich auf einen Inlandsbezug verzichtet wird[11].

Der sachlichen Grenzziehung staatlicher Gerichtsbarkeit stehen jedoch einige Unwägbarkeiten gegenüber. Zur Verwirrung tragen insbesondere die Begrifflichkeiten[12] der primär englischsprachig geprägten Literatur zum Völkerrecht bei, in deren Zentrum die „jurisdiction" steht. *Jurisdiction* kann nicht mit Gerichtsbarkeit gleichgesetzt werden, sondern hat einen weiteren Anwendungsbereich[13]. Sie setzt sich – orientierend an der US-amerikanischen Literatur[14] – aus den drei Teilbereichen Rechtssetzungsgewalt („jurisdiction to prescribe"), Rechtsprechungsgewalt („jurisdiction to adjudicate") sowie Rechtsdurchset-

---

[8] Vgl. zu diesem Begriff *Mark/Ziegenhain*, NJW 1992, 3062, 3063.

[9] *Bertele*, Souveränität und Verfahrensrecht, S. 222 f.; *Bidell*, Zuständigkeiten der EuGVO, S. 219 ff.; *Eicher*, Rechtsverwirklichungschancen, S. 55; *Herdegen*, Internationales Wirtschaftsrecht, § 9 Rn. 19; *Kamminga* in Wolfrum, The Max Planck Encyclopedia of Public International Law, Rn. 9 f.; *Mark/Ziegenhain*, NJW 1992, 3062 f.; *Mills*, BYIL 84 (2014), 187, 196 ff.; *Nagel/Gottwald*, IZPR, Rn. 1.27, 3.504; *Rauscher*, IPR, Rn. 1676; *Sauer*, Jurisdiktionskonflikte in Mehrebenensystemen, S. 124; *Schütze*, RIW 2009, 497, 499.

[10] In der Literatur wird die sachliche Grenzziehung staatlicher Gerichtsbarkeit häufig als ein Problem rein theoretischer Natur betrachtet, da ein Staat bereits aus monetären Erwägungen kein Interesse daran habe, einer Partei ein Forum zur Verfügung zu stellen, wenn zwischen Sachverhalt und Staat nur eine geringe Verbindung bestehe (grundlegend *Schröder*, Internationale Zuständigkeit, S. 766 f.). Demgegenüber haben manche Staaten gerade ein Interesse daran, auch in solchen Konstellationen eine internationale Zuständigkeit anzunehmen, um den eigenen Rechtsstandort zu stärken.

[11] Siehe oben unter § 3 C II 2 (S. 35 ff.). Vgl. in diesem Zusammenhang auch *Bidell*, Zuständigkeiten der EuGVO, S. 218.

[12] Ebenso *Michaels* in Basedow/Rühl/Ferrari/de Miguel Asensio, Encyclopedia of Private International Law, S. 1042, die terminologischen – aber auch konzeptionellen – Unterschiede behinderten viele rechtsvergleichende Untersuchungen.

[13] *Sauer*, Jurisdiktionskonflikte in Mehrebenensystemen, S. 55 ff.

[14] Die Differenzierung beruht auf den drei „Categories of Jurisdiction", die in § 401 des Restatements of the Law Fourth des American Law Institute genannt werden, siehe American Law Institute, Restatement of the Law Fourth, § 401. – Vgl. dazu *Geimer*, IZPR, Rn. 373 ff., sowie *Meyer*, Der Alien Tort Claims Act, S. 308 ff., jeweils m. w. N. Die konkrete Ausgestaltung der Restatements kann zwar als Orientierung dienen, spiegelt aber die gegenwärtige Staatenpraxis nicht akkurat wider, vgl. *Bertele*, Souveränität und Verfahrensrecht, S. 141 f.; *Menzel*, Internationales Öffentliches Recht, S. 230.

zungsgewalt („jurisdiction to enforce") zusammen, die voneinander zu trennen sind[15]. Im Zuge dieser Arbeit ist allein maßgebend, ob ein Staat völkerrechtlich dazu berechtigt ist, ein zivilrechtliches Gerichtsverfahren durchzuführen – mit anderen Worten ist zu klären, ob sich die Gerichte eines Staates in einer Sache für international zuständig erklären *dürfen*. Somit beschränken sich die nachfolgenden Ausführungen einzig auf die völkerrechtlichen Implikationen der „jurisdiction to adjudicate"[16].

I. Meinungsstand

Während ein Teil der Literatur von einer spürbaren Beschränkung der Rechtsprechungsgewalt durch einen *genuine link* ausgeht[17], wird dieses Erfordernis von einem anderen Teil der Literatur verneint[18]. Speziell mit Blick auf die Notzuständigkeit wird zudem vertreten, dass ein *genuine link* zwar grundsätzlich erforderlich sei, für die Notzuständigkeit jedoch eine Ausnahme eingreife[19].

---

[15] *Akehurst*, BYIL 46 (1972–1973), 145; *Geimer*, ZfRV 1992, 321, 333; *Hailer*, Menschenrechte vor Zivilgerichten, S. 198, 200; *Marullo*, YbPIL 21 (2019/2020), 549 f.; *Ryngaert*, Jurisdiction in International Law, S. 9 f.; *M. Schulz*, Alien Tort Statute, S. 105 f. Vgl. zudem *Mills*, BYIL 84 (2014), 187, 194 f., sowie *Childress III* in Basedow/Rühl/Ferrari/de Miguel Asensio, Encyclopedia of Private International Law, S. 1051 f., die zwar ebenfalls eine Trennung vornehmen, jedoch darauf hinweisen, dass sich die Teilbereiche überschneiden könnten und eine Differenzierung nicht immer aufrechtzuerhalten sei. – Kritisch in Bezug auf die eigenständige Behandlung der „jurisdiction to adjudicate" *Meng*, Extraterritoriale Jurisdiktion, S. 9 f.; *Mora*, NILR 65 (2018), 155, 163.

[16] Unter „jurisdiction to adjudicate" kann im angelsächsischen Rechtskreis demgegenüber auch (allein) das gemeint sein, was hierzulande der internationalen Zuständigkeit entspräche – die aus dem deutschen Recht bekannte, strenge Differenzierung von internationaler Zuständigkeit und Gerichtsbarkeit erfolgt nicht, vgl. *Bertele*, Souveränität und Verfahrensrecht, S. 220 Fn. 1; *Michaels* in Basedow/Rühl/Ferrari/de Miguel Asensio, Encyclopedia of Private International Law, S. 1042; *Ryngaert*, Jurisdiction in International Law, S. 11 ff.

[17] *Bertele*, Souveränität und Verfahrensrecht, S. 222 f.; *Bidell*, Zuständigkeiten der EuGVO, S. 219 ff.; *Eicher*, Rechtsverwirklichungschancen, S. 55; *Herdegen*, Internationales Wirtschaftsrecht, § 9 Rn. 19; *Kamminga* in Wolfrum, The Max Planck Encyclopedia of Public International Law, Rn. 9 f.; *Mark/Ziegenhain*, NJW 1992, 3062 f.; *Mills*, BYIL 84 (2014), 187, 196 ff.; *Nagel/Gottwald*, IZPR, Rn. 1.27, 3.504; *Rauscher*, IPR, Rn. 1676; *Sauer*, Jurisdiktionskonflikte in Mehrebenensystemen, S. 124; *Schütze*, RIW 2009, 497, 499.

[18] *Buchner*, Kläger- und Beklagtenschutz, S. 68 f.; *Geimer*, IZPR, Rn. 128, 377, 392; *Kralik*, ZZP 74 (1961), 2, 12 f.; *Kropholler* in Hdb. IZVR I, Kap. III, Rn. 45 ff.; *Matscher* in FS für Verosta, S. 299, 301 f.; *Milleker*, Der Negative Internationale Kompetenzkonflikt, S. 99 f.; *Mora*, NILR 65 (2018), 155, 162 f.; *Rosenberg/Schwab/Gottwald*, Zivilprozessrecht, § 31 Rn. 2; *Schack*, JZ 1992, 54, 55; *ders.* in FS für Nakamura, S. 491, 505 f.; *ders.*, IZVR, Rn. 236; zweifelnd auch *Kiestra*, The Impact of the ECHR, S. 91 ff.

[19] *Aden*, ZVglRWiss 106 (2007), 490, 496 f.; *Bidell*, Zuständigkeiten der EuGVO, S. 220 ff.

In diesem Zusammenhang ist klarzustellen, dass nur eine „spürbare" Beschränkung der sachlichen Gerichtsbarkeit maßgeblich sein kann. Denn Teile der Literatur lassen bereits die Verfahrenseinleitung in einem Staat als hinreichende Verbindung zu diesem Staat genügen[20]. Da eine Verfahrenseinleitung in streitigen Zivilverfahren aber ohnehin stets erforderlich ist[21], stellt diese Voraussetzung keine spürbare Beschränkung der Rechtsprechungsgewalt dar[22].

1. Spürbare Beschränkung der Rechtsprechungsgewalt

Ein Teil der Literatur vertritt die Ansicht, dass die Rechtsprechungsgewalt durch das Erfordernis eines *genuine link* sachlich spürbar begrenzt sei[23]. Dabei orientieren sich die Befürworter dieses Erfordernisses zumeist an den Anforderungen, die an die Rechtssetzungsgewalt gestellt werden[24]. Denn in Bezug auf die Anwendbarkeit des eigenen materiellen Rechts (Rechtssetzungsgewalt) sei das Erfordernis eines *genuine link* durch die staatliche Praxis anerkannt[25]. Vielfach findet sich jedoch keine nähere Begründung, warum auf diese Staatenpraxis auch für die zivilrechtliche Rechtsprechungsgewalt abgestellt werden könne[26]. Nach *Bertele* sei ein Rückgriff auch für die Zwecke des Zivilprozesses möglich, sofern dieser – ebenso wie die Anwendung eigenen materiellen Rechts – im staatlichen Interesse erfolge[27]. Dieses staatliche Interesse zeige sich im anerkennungsrechtlichen Spiegelbildprinzip des § 328 Abs. 1 Nr. 1 ZPO, der dazu diene, eine gewisse Beziehung zwischen Sachverhalt und Staat als Voraussetzung der Ausübung staatlicher Gerichtsbarkeit zu sichern[28]. Ein Verfahren ohne *genuine link* könne daher in die Interessen des Staates eingreifen, dessen

---

[20] In diesem Sinne *Geimer*, IZPR, Rn. 128, 377.
[21] Zu den Besonderheiten bei von Amts wegen einzuleitenden Zivilverfahren der freiwilligen Gerichtsbarkeit *Geimer*, IZPR, Rn. 377a.
[22] Angedeutet bereits von *Bidell*, Zuständigkeiten der EuGVO, S. 218.
[23] *Bertele*, Souveränität und Verfahrensrecht, S. 222 f.; *Bidell*, Zuständigkeiten der EuGVO, S. 219 ff.; *Eicher*, Rechtsverwirklichungschancen, S. 55; *Herdegen*, Internationales Wirtschaftsrecht, § 9 Rn. 19; *Kamminga* in Wolfrum, The Max Planck Encyclopedia of Public International Law, Rn. 9 f.; *Mark/Ziegenhain*, NJW 1992, 3062 f.; *Mills*, BYIL 84 (2014), 187, 196 ff.; *Nagel/Gottwald*, IZPR, Rn. 1.27, 3.504; *Rauscher*, IPR, Rn. 1676; *Sauer*, Jurisdiktionskonflikte in Mehrebenensystemen, S. 124; *Schütze*, RIW 2009, 497, 499.
[24] Siehe z. B. *Mark/Ziegenhain*, NJW 1992, 3062 f.
[25] *Bertele*, Souveränität und Verfahrensrecht, S. 222.
[26] So auch *Bidell*, Zuständigkeiten der EuGVO, S. 218. Das BVerfG, Beschl. v. 30.1.2008, NVwZ 2008, 878, 879, hat für die Ausübung zivilrechtlicher Gerichtsbarkeit ausdrücklich auf einen legitimierenden Anknüpfungspunkt abgestellt, allerdings nicht näher ausgeführt, ob dieser Anknüpfungspunkt generell notwendig ist oder sich in seinen Anforderungen von dem der Rechtssetzungsgewalt unterscheidet.
[27] Vgl. *Bertele*, Souveränität und Verfahrensrecht, S. 222.
[28] *Bertele*, Souveränität und Verfahrensrecht, S. 222.

Staatsbürger vor das fremde Gericht gezwungen würden, beziehungsweise der Staaten, die sich berechtigterweise mit dem Rechtsstreit befassen dürften[29]. Ähnlich argumentieren auch andere Befürworter eines *genuine link*, die sich im Wesentlichen auf eine eigenständige Begründung des Mindestbezugskriteriums aus dem völkerrechtlichen Interventionsverbot oder jedenfalls der Rücksichtnahme (Courtoisie) stützen[30]. So dienten nach *Bidell* in internationalen Verfahren allein Eingriffsnormen dem öffentlichen Interesse, wobei deren Durchsetzung nur sichergestellt werden könne, sofern der Staat selbst über den Rechtsstreit entscheide[31]. Entscheide indes ein Staat über den Rechtsstreit, obwohl er keinen Bezug zu diesem aufweise, greife dieser mittelbar in die Interessen des anderen Staates ein[32]. Das völkerrechtliche Interventionsverbot verbiete einen solchen Eingriff, wenn die Interessen des anderen Staates im konkreten Fall betroffen seien[33].

Die genauen Anforderungen, die an den *genuine link* gestellt werden, variieren unter den Befürwortern einer solchen Beschränkung. Dies folge daraus, dass sich der *genuine link* als unbestimmter Rechtsbegriff naturgemäß nicht definieren lasse, sondern auf eine Einzelfallanwendung beschränkt bleibe[34]. Vornehmlich werden zur Konkretisierung die straf- und öffentlich-rechtlich geprägten Prinzipien[35], wie das Territorialitäts- und Personalitätsprinzip sowie zum Teil auch das Universalitätsprinzip[36], herangezogen, die ebenfalls eine zivilrechtliche Hoheitsausübung rechtfertigen könnten. Dass eine Verfahrenseinleitung allein nicht genüge, wird explizit damit begründet, dass einerseits ein Interesse des Staates bestehe, dass seine Staatsbürger nicht ohne Bezugspunkte zu einem Staat im Ausland verklagt werden können sollten[37]; andererseits bestehe kein Interesse des Gerichtsstaats, sich allein aufgrund des Klägerwillens mit einem Zivilverfahren zu befassen[38]. Schließlich wird konstatiert, dass die Ausübung zivilrechtlicher Rechtsprechungsgewalt im Regelfall einen weniger engen Bezug zum Sachverhalt erfordere als die Ausübung von Rechtssetzungsgewalt[39].

---

[29] *Bertele*, Souveränität und Verfahrensrecht, S. 222 f.
[30] Vgl. *Bidell*, Zuständigkeiten der EuGVO, S. 220; *Nagel/Gottwald*, IZPR, Rn. 1.27, 3.504.
[31] *Bidell*, Zuständigkeiten der EuGVO, S. 220.
[32] *Bidell*, Zuständigkeiten der EuGVO, S. 220.
[33] *Bidell*, Zuständigkeiten der EuGVO, S. 220.
[34] *Riebold*, Europäische Kontopfändung, S. 116. *Nagel/Gottwald*, IZPR, Rn. 3.504, räumen die derzeitige Unbestimmtheit ebenfalls ein.
[35] *Kamminga* in Wolfrum, The Max Planck Encyclopedia of Public International Law, Rn. 10 ff.; *Mills*, BYIL 84 (2014), 187, 196 ff.
[36] Vgl. *Meyer*, Der Alien Tort Claims Act, S. 328 ff. m.w.N.
[37] *Bertele*, Souveränität und Verfahrensrecht, S. 225.
[38] *Bertele*, Souveränität und Verfahrensrecht, S. 225.
[39] *Bertele*, Souveränität und Verfahrensrecht, S. 223.

2. Keine spürbare Beschränkung der Rechtsprechungsgewalt

Ein anderer Teil der Literatur vertritt demgegenüber die Ansicht, dass die Rechtsprechungsgewalt sachlich nicht spürbar begrenzt sei[40]. Zur Begründung wird zunächst darauf verwiesen, dass die Wirkung einer gerichtlichen Entscheidung grundsätzlich auf das Territorium des Erlassstaates beschränkt sei[41]. Jeder Staat sei frei darin, der Entscheidung im Wege der Anerkennung Wirkung auch in seinem Hoheitsbereich zukommen zu lassen[42]. Zudem könne in die Souveränität anderer Staaten durch einen Zivilprozess, bei dem private – also keine staatlichen – Rechte und Pflichten im Mittelpunkt stünden, gerade nicht eingegriffen werden[43]. Des Weiteren widerspreche der Aussage, dass Staaten Gerichtsverfahren mangels Inlandsbeziehung nicht durchführen dürften, bereits der Umstand, dass die Parteien eine internationale Zuständigkeit auch privatautonom begründen könnten[44]. Entscheidende Bedeutung messen die Befürworter dieser Ansicht der Staatenpraxis bei: So ließe sich eine völkerrechtliche Begrenzung nur begründen, wenn diese von der Rechtsüberzeugung der Staatengemeinschaft getragen wäre[45]. Diese erfordere jedoch keine Begrenzung, was sich insbesondere daran zeige, dass gegen die Ausübung beziehungsarmer, exorbitanter Zuständigkeiten keine Proteste anderer Staaten eingelegt worden seien[46]. Sei die Rechtmäßigkeit dieser Gerichtsstände in der Staatenpraxis tatsächlich anerkannt[47], konterkariere dies behauptete Beschränkungen der Gerichtsbarkeit[48].

---

[40] *Bertele*, Souveränität und Verfahrensrecht, S. 222 f.; *Bidell*, Zuständigkeiten der EuGVO, S. 219 ff.; *Eicher*, Rechtsverwirklichungschancen, S. 55; *Herdegen*, Internationales Wirtschaftsrecht, § 9 Rn. 19; *Kamminga* in Wolfrum, The Max Planck Encyclopedia of Public International Law, Rn. 9 f.; *Mark/Ziegenhain*, NJW 1992, 3062 f.; *Mills*, BYIL 84 (2014), 187, 196 ff.; *Mora*, NILR 65 (2018), 155, 162 f.; *Nagel/Gottwald*, IZPR, Rn. 1.27, 3.504; *Rauscher*, IPR, Rn. 1676; *Sauer*, Jurisdiktionskonflikte in Mehrebenensystemen, S. 124; *Schütze*, RIW 2009, 497, 499.
[41] *Schack* in FS für Nakamura, S. 491, 505. Vgl. auch *Mora*, NILR 65 (2018), 155, 163; *Riebold*, Europäische Kontopfändung, S. 93.
[42] *Schack* in FS für Nakamura, S. 491, 505. Siehe zudem *Buchner*, Kläger- und Beklagtenschutz, S. 69.
[43] *Buchner*, Kläger- und Beklagtenschutz, S. 68 f.
[44] *Milleker*, Der Negative Internationale Kompetenzkonflikt, S. 99 f.; *Schack* in FS für Nakamura, S. 491, 506.
[45] Vgl. *Gottwald* in FS für Habscheid, S. 119, 130.
[46] *Akehurst*, BYIL 46 (1972–1973), 145, 170 ff., 176 f.; *Geimer*, IZPR, Rn. 128a; *Kiestra*, The Impact of the ECHR, S. 91; *Schack* in FS für Nakamura, S. 491, 506.
[47] So auch *Geimer*, IZPR, Rn. 128a; *Gottwald* in FS für Habscheid, S. 119, 130.
[48] Grundlegend *Akehurst*, BYIL 46 (1972–1973), 145, 176.

3. Spürbare Beschränkung der Rechtsprechungsgewalt, aber Ausnahme für Notzuständigkeit

Zuletzt vertreten Teile der Literatur speziell in Bezug auf die Notzuständigkeit, dass ein *genuine link* zwar grundsätzlich erforderlich sei[49], für die Notzuständigkeit jedoch eine Ausnahme eingreife[50]. Dies ist nicht als eigene Ansicht, sondern vielmehr als Präzisierung der Anforderungen an einen Mindestanknüpfungspunkt beziehungsweise dessen Gegenausnahme zu verstehen. Zur Begründung wird angeführt, dass der Staat, mit dem enge Beziehungen bestünden, entweder kein Interesse an einer eigenen Entscheidung zeige oder jedenfalls keine Möglichkeit habe, eine eigene Entscheidung zu treffen[51]. Zumindest überwögen jedoch die Interessen des Klägers, der seine Rechte andernfalls nicht durchsetzen könne, die Interessen des betroffenen Staates, mit dem enge Beziehungen bestünden[52]. Damit führe letztlich eine Interessenabwägung zwischen den Interessen des Klägers und den Interessen des Staates, zu dem enge Beziehungen bestünden, zur Entbehrlichkeit eines Anknüpfungspunktes bei der Notzuständigkeit[53]. Des Weiteren wird vertreten, dass in Fällen, in denen ein Staat ein – im Einzelnen noch ausfüllungsbedürftiges[54] – Mindestmaß an gebotenem Rechtsschutz nicht gewährleisten könne, seine „justizielle Souveränität" ruhe[55]. Das ermögliche den völkerrechtlich zulässigen Zuständigkeitszugriff des Staates, zu dem der an sich zuständige Staat die „größte Nähe" aufweise[56]. Die Nähe ergebe sich aus der rechtlichen, kulturellen und geografischen Verbundenheit zwischen den betroffenen Staaten[57]. Danach sei die Notzuständigkeit als Eintrittsrecht eines anderen Staates zu verstehen, welches unmittelbar aus dem Völkerrecht abgeleitet werde[58].

---

[49] *Aden*, ZVglRWiss 106 (2007), 490, 492, 494; *Bidell*, Zuständigkeiten der EuGVO, S. 219 ff.
[50] *Aden*, ZVglRWiss 106 (2007), 490, 496 f.; *Bidell*, Zuständigkeiten der EuGVO, S. 220 ff.
[51] *Bidell*, Zuständigkeiten der EuGVO, S. 220 f.
[52] *Bidell*, Zuständigkeiten der EuGVO, S. 221.
[53] *Bidell*, Zuständigkeiten der EuGVO, S. 220 ff.
[54] *Aden*, ZVglRWiss 106 (2007), 490, 495 f., wobei der Grundsatz des rechtlichen Gehörs für die Entwicklung dieser Standards unverzichtbar sei.
[55] *Aden*, ZVglRWiss 106 (2007), 490, 496.
[56] *Aden*, ZVglRWiss 106 (2007), 490, 494 ff.
[57] *Aden*, ZVglRWiss 106 (2007), 490, 496 f., als Beispiel nennt er u. a. Bosnien und Herzegowina, für das Kroatien notzuständig sei, weil dort dieselbe Sprache gesprochen werde; da die bosnisch-herzegowinische Rechtsordnung vom österreichischen Recht geprägt sei, komme auch eine ersatzweise Notzuständigkeit Österreichs in Betracht.
[58] *Aden*, ZVglRWiss 106 (2007), 490, 497.

II. Stellungnahme

1. Notwendigkeit einer Differenzierung zwischen zivilrechtlicher Rechtsprechungs- und öffentlich-rechtlicher Rechtssetzungsgewalt

Bei Durchsicht der gegenwärtigen völkerrechtlichen Literatur fällt auf, dass sich diese zum Großteil mit der Rechtssetzungsgewalt[59], insbesondere im Kontext des öffentlichen Rechts und Strafrechts[60], auseinandersetzt. Das Erfordernis eines *genuine link* wird dort weithin als Konsens betrachtet und ist bereits durch einige Anknüpfungsprinzipien konkretisiert[61]. Die im Rahmen der Rechtssetzungsgewalt anerkannten Grundsätze können indes nicht auf den Bereich der Rechtsprechungsgewalt übertragen werden. Vielmehr ist zwischen zivilrechtlicher Rechtsprechungs- und öffentlich-rechtlicher Rechtssetzungsgewalt zu differenzieren.

Um die Grundsätze der öffentlich-rechtlichen Rechtssetzungsgewalt auf die zivilrechtliche Rechtsprechungsgewalt übertragen zu können, müsste in beiden Bereichen ein staatliches Interesse daran bestehen, dass die Hoheitsgewalt nur von Staaten ausgeübt werden darf, die einen *genuine link* mit dem Sachverhalt aufweisen[62]. Anders als bei der Ausübung öffentlich-rechtlicher Rechtssetzungsgewalt besteht im Bereich der zivilrechtlichen Rechtsprechungsgewalt jedoch kein staatliches Interesse daran, dass die internationale Zuständigkeit nur bei einem *genuine link* ausgeübt wird. Denn für ein derartiges staatliches Interesse lassen sich keine gesetzlichen Anhaltspunkte finden. Insbesondere kann dieses Interesse weder dem Spiegelbildprinzip des § 328 Abs. 1 Nr. 1 ZPO[63] noch der Durchsetzung von Eingriffsnormen[64] entnommen werden:

Die Vorschrift des § 328 Abs. 1 Nr. 1 ZPO[65] ermöglicht die Anerkennung ausländischer Entscheidungen nur unter spiegelbildlicher Berücksichtigung inländischer Zuständigkeitsvorschriften. Der primäre Regelungszweck des Spiegel-

---

[59] Einen sinnvollen Anknüpfungspunkt als Voraussetzung staatlicher Rechtssetzungsgewalt hat bereits das BVerfG, Beschl. v. 22.3.1983, BVerfGE 63, 343, 369, gefordert, wonach die Anknüpfungsmomente an den Staat einem „Mindestmaß an Einsichtigkeit" genügen müssten. Beispielsweise bei *Ryngaert*, Jurisdiction in International Law, S. 9, sowie *Sandrock*, ZVglR-Wiss 115 (2016), 1, 2, wird der Fokus auf die Rechtssetzungsgewalt ausdrücklich genannt. Darauf beschränken sich im Wesentlichen auch die einschlägigen Lehrbücher, siehe *Epping* in Ipsen, Völkerrecht, § 7 Rn. 69 ff.; *Herdegen*, Internationales Wirtschaftsrecht, § 3 Rn. 58 ff.; *ders.*, Völkerrecht, § 26. Siehe auch *Bertele*, Souveränität und Verfahrensrecht, S. 222.
[60] Vgl. etwa *Wouters/Ryngaert/Ruys/De Baere*, International Law, S. 441 ff.
[61] *Sandrock*, ZVglRWiss 115 (2016), 1, 92 f. m. w. N.
[62] Vgl. *Bertele*, Souveränität und Verfahrensrecht, S. 222.
[63] Dafür aber *Bertele*, Souveränität und Verfahrensrecht, S. 222 f.
[64] Dafür aber *Bidell*, Zuständigkeiten der EuGVO, S. 220.
[65] Das Spiegelbildprinzip ist ebenso in § 109 Abs. 1 Nr. 1 FamFG geregelt.

bildprinzips ist, den Beklagten vor – aus deutscher Sicht – unzumutbaren Gerichtsständen zu bewahren[66] und damit dessen Privatinteressen zu schützen[67]. Verwirklicht wird der Beklagtenschutz durch eine (unbedingte) Gleichbehandlung[68] inländischer Rechtssuchender: Wirkungen sollen im Inland nur diejenigen Urteile entfalten, die in ihrem Ergebnis mit den deutschen Zuständigkeitsvorschriften übereinstimmen, und zwar unabhängig davon, wie eine Zuständigkeitsvorschrift des Urteilsstaates rechtspolitisch zu bewerten ist[69]. Somit setzt die Anerkennung ausländischer Entscheidungen notwendigerweise voraus, dass zwischen dem Urteilsstaat und dem Sachverhalt ein Mindestbezug im Sinne des deutschen Zuständigkeitsrechts besteht. Dennoch lässt sich dem Spiegelbildprinzip allenfalls in Ausnahmekonstellationen ein Interesse auf Wahrung gerade der inländischen Jurisdiktionssphäre oder Souveränität entnehmen[70]. Dies kommt lediglich in den Konstellationen in Betracht, in denen das deutsche Zuständigkeitsrecht eine ausschließliche Zuständigkeit inländischer Gerichte beansprucht[71]. Umgekehrt bestätigt sich die nur zurückhaltende Wahrnehmung eigener Jurisdiktionsinteressen nicht zuletzt darin, dass auch international als exorbitant[72] angesehene Vorschriften des deutschen Zuständigkeitsrechts gespiegelt[73] und mithin dem Ausland breite Entscheidungszuständigkeiten zugestanden werden.

Ein schützenswertes staatliches Interesse an der internationalen Wahrung eines *genuine link* kann zudem nicht aus dem Verweis auf die Durchsetzung von

---

[66] *Coester-Waltjen* in Liber Amicorum Buxbaum, S. 101, 110; *Geimer* in FS für Nakamura, S. 169, 173; *Geimer*, IZPR, Rn. 2897a, 2901; *ders.* in Zöller, ZPO, § 328 Rn. 138; *Gottwald*, ZZP 103 (1990), 257, 271; *Kern*, ZZP 120 (2007), 31, 49; *Laugwitz*, Anerkennung und Vollstreckung drittstaatlicher Entscheidungen, S. 112 f.; *Sonnentag*, ZVglRWiss 113 (2014), 83, 85, 88 f.; *ders.*, Die Konsequenzen des Brexits, S. 110.

[67] *Bidell*, Zuständigkeiten der EuGVO, S. 219, beschränkt ihre Argumentation darauf, dass der Staat im Anerkennungsrecht allein die Interessen seiner Bürger schütze.

[68] Nach *Gottwald* in MünchKommZPO, § 328 Rn. 86, beruhe die Idee des Spiegelbildprinzips auf einem „gesunden Gleichbehandlungsdenken"; vgl. auch *ders.*, ZZP 95 (1982), 3, 10 f.; *ders.*, ZZP 103 (1990), 257, 272.

[69] *Sonnentag*, Der Renvoi im Internationalen Privatrecht, S. 277 f.; *ders.*, ZVglRWiss 113 (2014), 83, 87 f.

[70] Ähnlich Staudinger/*Spellenberg* (2016), § 109 FamFG Rn. 69, das Spiegelbildprinzip diene primär dem Beklagtenschutz, nicht der Wahrung staatlicher Souveränitätsinteressen.

[71] *Geimer*, IZPR, Rn. 2901; *Pfeiffer*, Internationale Zuständigkeit, S. 177. Vgl. auch *Laugwitz*, Anerkennung und Vollstreckung drittstaatlicher Entscheidungen, S. 110; *Schüttfort*, Ausschließliche Zuständigkeiten, S. 42.

[72] Ausführlich zu diesen Zuständigkeitsgründen unten unter § 13 B (S. 318 ff.).

[73] Das betrifft § 23 S. 1 Alt. 1 ZPO, vgl. statt aller *Bach* in BeckOK ZPO, § 328 Rn. 15; *Laugwitz*, Anerkennung und Vollstreckung drittstaatlicher Entscheidungen, S. 114; *Stadler* in Musielak/Voit, ZPO, § 328 Rn. 10.

Eingriffsnormen abgeleitet werden. Eingriffsnormen sind die international zwingenden Vorschriften eines Staates[74] und dienen – ausweislich der in Art. 9 Abs. 1 Rom I-VO verwendeten Legaldefinition – der Wahrung öffentlicher und damit staatlicher Interessen[75]. Diese drohten zwar missachtet zu werden, wenn die Gerichte dieses Staates nicht selbst zuständig wären[76]. Demgegenüber hat es auf die Missachtung der Normen keinen Einfluss, ob diese durch einen Staat mit hinreichender Beziehung oder einen Staat gänzlich ohne Beziehung zu dem Sachverhalt erfolgt. Denn effektiv ließe sich eine Eingriffsnorm nur durch eine international ausschließliche Zuständigkeit des Staates, dessen materielles Recht betroffen ist, durchsetzen[77].

Die Grundsätze öffentlich-rechtlicher Rechtssetzungsgewalt lassen sich daher nicht mit dem Argument auf die zivilrechtliche Rechtsprechungsgewalt übertragen, dass auch im Bereich der zivilrechtlichen Rechtsprechungsgewalt ein staatliches Interesse an einem *genuine link* bestehe. Vielmehr unterscheidet sich das öffentliche Recht insoweit wesentlich vom Zivilrecht, als allein im Zivilrecht eine zweckdienliche Differenzierung in Rechtsprechungs- und Rechtssetzungsgewalt erfolgen kann. Autonome deutsche sowie europäische Kollisionsnormen des Internationalen Privatrechts sind überwiegend allseitig ausgestaltet[78]. Allseitig bedeutet, dass die Kollisionsnormen ausländischem Sachrecht ebenso zur Anwendbarkeit verhelfen können wie inländischem Recht. Demgegenüber sind das öffentliche Recht und Strafrecht von einseitigen Kollisionsnormen geprägt[79]. So bestimmt etwa das in den §§ 3 ff. StGB geregelte Strafanwendungsrecht allein den Geltungsbereich und die Grenzen der deutschen Strafrechtspflege, beruft allerdings nicht das Strafrecht eines anderen Staates zur Anwendung[80]. Da nationale Gerichte und Behörden ausländisches Recht jedenfalls[81] nur anwenden dürfen, wenn ihnen ein entsprechender Rechtsan-

---

[74] Vgl. dazu etwa *von Hein* in MünchKommBGB, Einl. IPR Rn. 309; *Makowsky/Schulze* in NomosKommentarBGB, Art. 6 EGBGB Rn. 5.
[75] *Bidell*, Zuständigkeiten der EuGVO, S. 220; *Kropholler*, IPR, § 3 II.
[76] Grundsätzlich müssen Eingriffsnormen anderer Staaten vom Forumstaat zwar nicht, können aber angewendet oder zumindest berücksichtigt werden. Zu den Besonderheiten im Anwendungsbereich der Rom I- bzw. Rom II-VO vgl. *Sonnenberger* in Leible/Unberath, Brauchen wir eine Rom 0-Verordnung?, S. 429, 438 ff., sowie *von Hein* in MünchKommBGB, Einl. IPR Rn. 310.
[77] Eine Vermeidung nationaler Eingriffsnormen im Wege des *forum shopping* bildet die systemimmanente Gefahr der Eingriffsnormen, vgl. *Junker*, IPR, § 15 Rn. 67 f.
[78] Siehe nur Staudinger/*Looschelders* (2019), Einleitung IPR Rn. 1033, 1036.
[79] Vgl. nur *von Bar/Mankowski*, IPR I, § 4 Rn. 53, 57 ff.; Staudinger/*Looschelders* (2019), Einleitung IPR Rn. 340 ff.
[80] *Kudlich* in MünchKommStPO, Einleitung Rn. 362; *Mankowski/Bock*, JZ 2008, 555, 558; *dies.*, ZStW 120 (2008), 704, 720.
[81] Inwieweit eine Fremdrechtsanwendung im öffentlichen Recht *de lege ferenda* über-

wendungsbefehl erteilt wurde[82], bemisst sich die internationale Zuständigkeit in diesen Rechtsgebieten derzeit allein nach der Anwendbarkeit eigenen Rechts[83]. Da die internationale Zuständigkeit außerhalb des Zivilrechts mithin einen bloßen Annex der Anwendbarkeit inländischen Rechts bildet, kann die Rechtsprechungsgewalt in diesen Bereichen keinen eigenständigen völkerrechtlichen Grundsätzen unterliegen.

Demgegenüber ist die Differenzierung zwischen Rechtsprechungs- und Rechtssetzungsgewalt im Zivilrecht nicht nur möglich, sondern auch notwendig. Denn die Rechtsprechungsgewalt darf im Gegensatz zur Rechtssetzungsgewalt großzügiger ausgeübt werden[84]. Rechtspraktisch zeigen sich die Unterschiede bereits daran, dass vor inländischen Gerichten auch ausländisches Sachrecht angewendet werden kann. So verdeutlicht dieser Umstand, dass ein Staat zwar prozessual eine Entscheidung durch seine eigenen Gerichte als angemessen ansehen kann, er materiellrechtlich aber dennoch das Sachrecht eines anderen Staates als angemessener betrachtet. Somit gilt für die Frage, ob ein Staat seine Rechtsprechungsgewalt ausübt, rechtspraktisch ein anderer – regelmäßig großzügigerer – Maßstab als für die Ausübung eigener Rechtssetzungsgewalt. Eine Differenzierung lässt sich jedoch nicht allein auf die Rechtspraxis zurückführen, sondern ist auch theoretischer Natur: Wendet ein Staat auf einen Sachverhalt mit Auslandsberührung sein eigenes Sachrecht an, überschreitet die Rechtssetzungsgewalt die eigenen Hoheitsgrenzen. Denn in der Folge entscheidet das Sachrecht dieses Staates vollständig über einen Sachverhalt, der zumindest auch Berührungspunkte mit anderen Staaten aufweist. Demgegen-

---

haupt zulässig wäre, ist umstritten, vgl. dazu *Schünemann*, Die Firma im internationalen Rechtsverkehr, S. 82 ff. Für die Zulässigkeit und Einführung eines „mehrseitigen öffentlichen Kollisionsrechts" in „nicht staatsprägenden" Teilen des öffentlichen Rechts plädiert *Kment*, Grenzüberschreitendes Verwaltungshandeln, S. 202 ff., insbesondere S. 214 ff., mit zahlreichen weiteren Nachweisen.

[82] *Kment*, Grenzüberschreitendes Verwaltungshandeln, S. 252 f.

[83] *Schünemann*, Die Firma im internationalen Rechtsverkehr, S. 85 f., 89. Vgl. zu diesem sog. „Gleichlaufprinzip" außerdem *von Bar/Mankowski*, IPR I, § 4 Rn. 66; *Bertele*, Souveränität und Verfahrensrecht, S. 328, 333; *Menzel*, Internationales Öffentliches Recht, S. 204 f. Speziell zum Strafrecht vgl. *Kudlich* in MünchKommStPO, Einleitung Rn. 362; *Mankowski/Bock*, JZ 2008, 555, 558 f.

[84] Im Ergebnis auch *Bertele*, Souveränität und Verfahrensrecht, S. 223; *Geimer*, IZPR, Rn. 166, 377; *Hailer*, Menschenrechte vor Zivilgerichten, S. 204; *Marchadier*, Rev. crit. dr. internat. privé 2018, 663, 667. A.A. *Kment*, Grenzüberschreitendes Verwaltungshandeln, S. 150, da Zuständigkeitsvorschriften nicht die Durchsetzung nationalen Rechts beträfen, sondern – ebenso wie die Rechtssetzungsgewalt – Amtsträgern einen Tätigkeitsbereich zuwiesen. *Meyer*, Der Alien Tort Claims Act, S. 309, stellt zwar klar, dass die Teilbereiche der Hoheitsgewalt anderen völkerrechtlichen Anforderungen unterliegen könnten, unterscheidet im Folgenden allerdings nicht mehr zwischen Rechtsprechungs- und Rechtssetzungsgewalt.

über überschreitet die Ausübung von Rechtsprechungsgewalt durch einen Staat nicht dessen Hoheitsgrenzen[85]. Zwar entscheiden auch im Bereich der Rechtsprechungsgewalt ausschließlich die Gerichte eines Staates über einen Sachverhalt mit Auslandsberührung. Allerdings ist die Entscheidung der Gerichte in ihrer Wirkung stets auf das Inland beschränkt. Wirkung im Ausland entfaltet die Entscheidung erst, wenn diese von dem jeweiligen ausländischen Staat anerkannt wird. Vor diesem Hintergrund hängt die Frage, ob eigene Rechtsprechungsgewalt völkerrechtlich ausgeübt werden darf, nur insoweit mit dem Bereich der Rechtssetzungsgewalt zusammen, als eine ausschweifende Ausübung staatlicher Rechtsprechungsgewalt als Korrektiv ein ausgeprägtes allseitiges Kollisionsrecht voraussetzt[86]. Denn verfügt ein Staat über ein ausgeprägtes, allseitiges Kollisionsrecht, maßt er sich nicht an, auch in der Sache, also materiellrechtlich, über einen Sachverhalt zu entscheiden[87].

2. Keine spürbare Begrenzung der Rechtsprechungsgewalt

Bislang hat sich gezeigt, dass die für die öffentlich-rechtliche Rechtssetzungsgewalt anerkannten Beschränkungen nicht auf die zivilrechtliche Rechtsprechungsgewalt übertragen werden können. In der Folge ist zu klären, ob die zivilrechtliche Rechtsprechungsgewalt einer eigenständigen, spürbaren Beschränkung durch das Erfordernis eines *genuine link* unterliegt. Diese Frage ist zu verneinen.

Das Erfordernis eines *genuine link* lässt sich allerdings nicht mit dem Argument ablehnen, dass im Zivilprozess nicht in staatliche Souveränitätsinteressen eingegriffen werde, da insoweit private und – im Gegensatz zum öffentlichen Recht – keine staatlichen Rechte und Pflichten im Mittelpunkt stünden[88]. Denn diese Einschätzung verkennte, dass die Abgrenzung zwischen öffentlichem Recht und Zivilrecht in vielen Bereichen materiell weitaus weniger deutlich ist, als sie formal erscheint[89]. Zur Veranschaulichung eines zivilrechtlichen Randgebiets dient das Lauterkeitsrecht: Erfolgt die Ausgestaltung in Deutschland im Wesentlichen zivilrechtlich, verfolgen andere Staaten lauterkeitsrechtliche Ziele

---

[85] Siehe *Buchner*, Kläger- und Beklagtenschutz, S. 69; *Riebold*, Europäische Kontopfändung, S. 93; *Schack* in FS für Nakamura, S. 491, 505. Vgl. auch *Marchadier*, Rev. crit. dr. internat. privé 2018, 663, 667; *Mora*, NILR 65 (2018), 155, 163.
[86] Ebenso *Menzel*, Internationales Öffentliches Recht, S. 261.
[87] Vgl. *Geimer*, IPRax 1993, 216, 219.
[88] Dafür aber *Buchner*, Kläger- und Beklagtenschutz, S. 68 f.
[89] Ein ausführlicher Überblick über die Verflechtungen von öffentlichem Recht und Privatrecht unter besonderer Berücksichtigung des IPR findet sich bei *Kment*, Grenzüberschreitendes Verwaltungshandeln, S. 223 ff.

im Wege öffentlich-rechtlicher Regelungen[90]. Unabhängig von der Regelungsmodalität (Zivilrecht versus öffentliches Recht) ist der regulatorische Zweck der Bestimmungen jedoch derselbe[91]. Dass die zivilrechtliche Rechtsprechungsgewalt selbst durchaus staatliche Interessen berühren kann, zeigt sich zudem an der Bedeutung, die der Ausübung dieser Hoheitsgewalt zukommt. Immerhin bestimmt die *lex fori* über das anzuwendende Kollisions- und Verfahrensrecht, was den Ausgang eines Verfahrens wesentlich beeinflusst[92]. Daher ist die Unterscheidung von Privatrecht und öffentlichem Recht nicht mit einer unterschiedlichen Betroffenheit staatlicher Interessen zu rechtfertigen. Vielmehr ist allein die Ausgestaltung des Internationalen Privatrechts als allseitiges Kollisionsrecht maßgebend[93]. Denn dadurch maßt sich ein Staat – anders als im Öffentlichen Recht – nicht von vornherein an, auch materiellrechtlich auf der Grundlage seines eigenen Rechts zu entscheiden[94].

Maßgeblich für die Frage, ob eine völkergewohnheitsrechtliche Begrenzung staatlicher Rechtsprechungsgewalt existiert, ist demgegenüber die Staatenpraxis. Denn die Entstehung von Völkergewohnheitsrecht setzt eine entsprechende Staatenpraxis voraus[95]. In Bezug auf die Rechtsprechungsgewalt steht diese in engem Zusammenhang mit der Ausübung exorbitanter Zuständigkeiten[96]. So zeichnen sich exorbitante Zuständigkeitsvorschriften dadurch aus, dass diese bereits bei sehr geringen Beziehungen des Sachverhalts mit dem Forumstaat eingreifen. Dennoch wurde auf Ebene des Völkerrechts noch nie gegen die Ausübung exorbitanter Gerichtsstände protestiert[97]. Allenfalls werden Entscheidungen, die aufgrund exorbitanter Gerichtsstände ergangen sind, von anderen Staaten nicht anerkannt[98]. Zwar setzen auch exorbitante Zuständigkeiten einen gewissen Bezug zum Inland voraus, da die Staaten üblicherweise nicht ohne

---

[90] *Ohly* in Ohly/Sosnitza, UWG, Einf B, Rn. 31 ff.
[91] Zu dieser Nähe von öffentlichem Recht und Privatrecht ganz allgemein *Menzel*, Internationales Öffentliches Recht, S. 185 f.
[92] Im Kontext der Jurisdiktionsgewalt eines Staates weist darauf ausdrücklich *Oxmann* in Wolfrum, The Max Planck Encyclopedia of Public International Law, Rn. 6, hin.
[93] Die allseitige Kollisionsnorm für lauterkeitsrechtliche Ansprüche ist Art. 6 Rom II-VO.
[94] Dazu ausführlich oben unter § 6 A II 1 (S. 91 ff.).
[95] Zur Entstehung von Völkergewohnheitsrecht vgl. *Dörr* in Ipsen, Völkerrecht, § 19 Rn. 2 ff.; *Herdegen*, Völkerrecht, § 16; *Marullo*, YbPIL 21 (2019/2020), 549, 556.
[96] Vgl. auch *Marchadier*, Rev. crit. dr. internat. privé 2018, 663, 666.
[97] *Akehurst*, BYIL 46 (1972–1973), 145, 170 ff., 176 f.; *Bertele*, Souveränität und Verfahrensrecht, S. 222, 232 f.; *Childress III* in Basedow/Rühl/Ferrari/de Miguel Asensio, Encyclopedia of Private International Law, S. 1051, 1055; *Geimer*, IZPR, Rn. 128a; *Kralik*, ZZP 74 (1961), 2, 13; *Schack* in FS für Nakamura, S. 491, 506.
[98] Zum anerkennungsrechtlichen Spiegelbildprinzip des autonomen deutschen Rechts siehe bereits oben unter § 6 A II 1 (S. 91 f.).

jegliche Verbindung zu einem Sachverhalt zivilprozessual tätig werden[99]. Allerdings sind die Voraussetzungen der exorbitanten Gerichtsstände im Einzelnen zu disparat, um daraus völkerrechtliche Mindestanknüpfungspunkte entnehmen zu können[100]. Insbesondere kann nicht mit Sicherheit ausgeschlossen werden, dass bereits eine Verfahrenseinleitung als hinreichender Anknüpfungspunkt genügt[101]. Daher besteht *de lege lata* keine spürbare Beschränkung staatlicher Rechtsprechungsgewalt.

3. Keine Besonderheiten im Kontext der Notzuständigkeit

Die Ausübung einer Notzuständigkeit unterliegt völkerrechtlich keinen Besonderheiten. Demgegenüber wird eine völkerrechtliche Sonderbehandlung der Notzuständigkeit von Teilen der Literatur vertreten[102]. Diese gehen – im Gegensatz zu der vorliegend vertretenen Ansicht – davon aus, dass die Rechtsprechungsgewalt sachlich durch das Erfordernis eines *genuine link* spürbar begrenzt sei[103]. Legt man diesen Ausgangspunkt zugrunde, ist eine spezifische Ausnahme erforderlich, um eine Notzuständigkeit ausüben zu können, wenn nur ein geringer Inlandsbezug besteht[104]. Zwar ist es löblich, einen Staat, der sich angesichts drohender Rechtsverweigerung bereit erklärt, ein Zivilverfahren durchzuführen, nicht dem Vorwurf eines Völkerrechtsverstoßes aussetzen zu wollen. Allerdings lässt sich eine Besonderheit im Umgang mit der Notzuständigkeit gegenwärtig weder völkergewohnheitsrechtlich begründen noch überzeugen die anderen Ansätze, mit denen versucht wird, eine Sonderbehandlung zu rechtfertigen[105].

---

[99] Demgegenüber haben manche Staaten gerade ein Interesse daran, auch in Konstellationen eine internationale Zuständigkeit anzunehmen, in denen nur eine geringe Verbindung zwischen Staat und Sachverhalt besteht, um den eigenen Rechtsstandort zu stärken.

[100] Die Disparität unter den Anknüpfungspunkten zeigt sich etwa bei *Bertele*, Souveränität und Verfahrensrecht, S. 224 ff., der einzelne exorbitante Gerichtsstände aufgelistet und einer völkerrechtlichen Wertung unterzogen hat.

[101] Die Unbestimmtheit völkerrechtlicher Beschränkungen staatlicher Rechtsprechungsgewalt konstatieren etwa *Childress III* in Basedow/Rühl/Ferrari/de Miguel Asensio, Encyclopedia of Private International Law, S. 1051, 1055; *Hailer*, Menschenrechte vor Zivilgerichten, S. 200 f., 205; *Kropholler* in Hdb. IZVR I, Kap. III, Rn. 48; *Menzel*, Internationales Öffentliches Recht, S. 618; *Patzina* in MünchKommZPO, § 12 Rn. 82.

[102] *Aden*, ZVglRWiss 106 (2007), 490, 496 f.; *Bidell*, Zuständigkeiten der EuGVO, S. 220 ff.

[103] Siehe *Bidell*, Zuständigkeiten der EuGVO, S. 217 ff.

[104] Demgegenüber wäre ein besonderer Mindestanknüpfungspunkt nicht erforderlich, sollte das Völkervertragsrecht – vor allem die EMRK – zur Ausübung einer gerichtlichen Zuständigkeit zwingen. Dann ginge das Völkervertragsrecht den dispositiven Regelungen des Völkergewohnheitsrechts zu dem Erfordernis eines Mindestanknüpfungspunktes vor, vgl. zur Normenhierarchie des Völkerrechts *Herdegen*, Völkerrecht, § 16 Rn. 14.

[105] Siehe dazu sogleich im Text.

Ein besonderer Umgang mit der Notzuständigkeit kann nicht mit einer „gegenläufigen" Staatenpraxis begründet werden[106]. Mit „gegenläufiger" Staatenpraxis ist gemeint, dass ein völkerrechtliches *genuine link*-Erfordernis im Zusammenhang mit der Notzuständigkeit entbehrlich wäre, wenn die Eröffnung einer Notzuständigkeit in Fällen drohender Rechtsverweigerung ihrerseits völkergewohnheitsrechtlich anerkannt wäre. In der Literatur wurde die Ausübung einer Notzuständigkeit bislang nur sehr vereinzelt als Völkergewohnheitsrecht oder allgemeiner Rechtsgrundsatz des Völkerrechts angesehen[107]. Jüngst hat sich zudem die Große Kammer des EGMR mit der Notzuständigkeit auseinandergesetzt und in Bezug auf die Mitgliedstaaten des Europarates ausgeführt, dass keine völkergewohnheitsrechtliche Regel bestehe, auf die sich eine Notzuständigkeit stützen könne[108]. Dieses Ergebnis bestätigt ferner der rechtsvergleichende Überblick, der dieser Untersuchung zugrunde liegt[109]. So hat sich zwar gezeigt, dass eine Vielzahl von Rechtsordnungen eine geschriebene oder ungeschriebene Notzuständigkeit vorsehen und insgesamt ein zunehmender Konsens über die Bedeutung der Notzuständigkeit entsteht[110]. Dennoch verfügt ein Großteil der Rechtsordnungen gegenwärtig über keine gesetzlich oder in der Rechtsprechung anerkannte Notzuständigkeit[111]. Dies gilt insbesondere für die

---

[106] Dieser Umstand wurde von den Teilen der Literatur, die einen besonderen völkerrechtlichen Umgang mit der Notzuständigkeit befürworten, bislang nicht erwähnt. Vgl. dazu – wenn auch im Zusammenhang mit der Geltung des Universalitätsprinzips im Zivilrecht – allein *Ryngaert*, Jurisdiction in International Law, S. 140. Allgemein zur Staatenpraxis in Bezug auf die Notzuständigkeit aus völkerrechtlicher Perspektive *Marullo*, YbPIL 21 (2019/2020), 549, 555 ff.

[107] Allein *Ubertazzi*, Exclusive Jurisdiction, S. 256 ff. Allerdings unterstellen *Nwapi*, UBC L. Rev. 47 (2014), 211, 271; *ders.*, Utrecht J. Int'l & Eur. L. 30 (2014), 24, 32; *Ryngaert*, Jurisdiction in International Law, S. 140; *ders.*, Riv. dir. int. 100 (2017), 782, 797, und *Ubertazzi*, Exclusive Jurisdiction, S. 257, unter – fälschlicher – Bezugnahme auf *Nuyts*, Study on Residual Jurisdiction, S. 64, diesem in der Notzuständigkeit einen allgemeinen Rechtsgrundsatz des Völkerrechts zu sehen, obgleich dieser aaO. allein das Verbot eines „denial of justice" als allgemeinen Rechtsgrundsatz des Völkerrechts bezeichnet.

[108] EGMR (Große Kammer), Urt. v. 15.3.2018, Nr. 51357/07, Rn. 201 – Naït-Liman/Schweiz. – In der Vorinstanz wurde dies nicht ausdrücklich benannt, sondern lediglich darauf hingewiesen, dass die Entscheidung des Schweizer Gerichts sich innerhalb des Konsenses bewege, der zwischen den Staaten bestehe, die eine Notzuständigkeit anerkennen, siehe EGMR (Kammer), Urt. v. 21.6.2016, Nr. 51357/07, Rn. 114 – Naït-Liman/Schweiz.

[109] Siehe oben unter § 3 B I–IV (S. 22 ff.).

[110] Siehe oben unter § 3 B V (S. 31 f.).

[111] Von vierzig untersuchten Mitgliedstaaten des Europarates sei eine Notzuständigkeit allein in zwölf Rechtsordnungen anerkannt (EGMR (Große Kammer), Urt. v. 15.3.2018, Nr. 51357/07, Rn. 200 – Naït-Liman/Schweiz; die neben der Schweiz untersuchten Staaten sind aaO., Rn. 67, aufgelistet). Es ist allerdings zu beachten, dass Konstellationen, in denen eine Notzuständigkeit eröffnet werden muss, nur selten auftreten. Gerade wenn Staaten ihre

Rechtsordnungen des Common Law[112]. Darüber hinaus bestehen bei der Ausgestaltung der Notzuständigkeit zum Teil erhebliche Unterschiede, die sich vor allem auf die Frage beziehen, unter welchen Voraussetzungen ein notwendiger Inlandsbezug erfüllt ist[113]. Daher hat sich gegenwärtig noch keine völkergewohnheitsrechtliche Regel zur Notzuständigkeit herausgebildet[114].

Nicht überzeugend ist zudem der Ansatz, nach dem in Fällen der Notzuständigkeit ein *genuine link* entbehrlich sei, da entweder bereits keine staatlichen Interessen betroffen seien oder diese zumindest hinter den Interessen des Rechtssuchenden zurücktreten müssten[115]. Diese Ansicht gründet auf der Prämisse, dass bereits durch die Ausübung staatlicher Gerichtsgewalt in Fällen mit Auslandsberührung die Interessen anderer Staaten beeinträchtigt würden[116]. Zeige ein Staat, mit dem ein enger Bezug bestehe, kein Interesse an der Ausübung internationaler Zuständigkeit, könne ein anderer Staat eine Notzuständigkeit ausüben[117]. Denn dann drohe in der Konsequenz dieser Ansicht kein Verstoß gegen das völkerrechtliche Interventionsverbot[118]. Demgegenüber hat sich bereits gezeigt, dass eine Notzuständigkeit zum Beispiel auch erforderlich sein kann, wenn eine Entscheidung des an sich zuständigen Staats nicht anerkannt werden kann und eine eigene Entscheidungszuständigkeit nicht besteht[119]. So könnte die Anerkennung einer ausländischen Entscheidung in Deutschland zum Beispiel an dem anerkennungsrechtlichen *ordre public*[120] oder mangels

---

internationale Zuständigkeit – wie beispielsweise in Rechtsordnungen des Common Law üblich – in einem sehr großzügigen Maße annehmen, werden sie nur selten Fällen ausgesetzt sein, in denen eine Notzuständigkeit erforderlich wird. Solange ein Staat jedoch keine positive Entscheidung über die Zulässigkeit einer Notzuständigkeit getroffen hat, kann nicht der negative Umkehrschluss gezogen werden, dass der Staat die Notzuständigkeit nicht anerkennt oder nicht anerkennen würde

[112] Siehe dazu oben unter § 3 B IV (S. 29 ff.). Diesen Umstand besonders betonend EGMR (Große Kammer), Urt. v. 15.3.2018, Nr. 51357/07, Rn. 200 – Naït-Liman/Schweiz.
[113] Siehe oben unter § 3 C II 2 (S. 35 ff.).
[114] Im Ergebnis auch EGMR (Große Kammer), Urt. v. 15.3.2018, Nr. 51357/07, Rn. 201 – Naït-Liman/Schweiz; *Franzina* in Viarengo/Villata, Planning the Future of Cross Border Families, S. 325, 330; *Milleker*, Der Negative Internationale Kompetenzkonflikt, S. 70 f.; *Saccucci* in Forlati/Franzina, Universal Civil Jurisdiction, S. 3, 23. Ebenfalls skeptisch, jedoch ohne klare Stellungnahme *La Manna*, Riv. dir. int. priv. proc. 2019, 349, 365; *Ryngaert*, Jurisdiction in International Law, S. 140 (beachte aber *ders.*, Riv. dir. int. 100 (2017), 782, 797, wonach das Völkerrecht nicht zur Ausübung einer Notzuständigkeit zwänge).
[115] *Bidell*, Zuständigkeiten der EuGVO, S. 220 f.
[116] *Bidell*, Zuständigkeiten der EuGVO, S. 217 ff.
[117] *Bidell*, Zuständigkeiten der EuGVO, S. 221.
[118] Vgl. *Bidell*, Zuständigkeiten der EuGVO, S. 221.
[119] Siehe oben unter § 2 B II 3 (S. 13 f.).
[120] Siehe §§ 328 Abs. 1 Nr. 4 ZPO, 109 Abs. 1 Nr. 4 FamFG.

Verbürgung der Gegenseitigkeit[121] scheitern. Dass in diesen Konstellationen ein Interesse des an sich zuständigen Staates an einer Entscheidung besteht, verdeutlicht bereits der Umstand, dass dort tatsächlich eine Entscheidung getroffen wurde. Erforderlich wäre daher eine Interessenabwägung zwischen den Interessen des Urteilsstaates und den Interessen des Rechtssuchenden[122]. Diese Interessenabwägung müsste von dem Staat durchgeführt werden, der um die Ausübung einer Notzuständigkeit ersucht wird. Dies ist mit Blick auf das – von dieser Ansicht angeführte – völkerrechtliche Interventionsverbot allerdings bedenklich[123]. Vielmehr ist es zu pauschal, stets davon auszugehen, dass die Interessen eines anderen Staates im Falle der Notzuständigkeit nicht dominant seien. Daher ist die Ansicht abzulehnen, die diese Begründung als Anlass nimmt, um eine völkerrechtliche Sonderbehandlung der Notzuständigkeit zu rechtfertigen.

Schließlich überzeugt auch der Ansatz nicht, der die Notzuständigkeit als ein völkerrechtlich zulässiges Eintrittsrecht versteht[124]. Nach diesem Verständnis ruhe die „justizielle Souveränität" eines Staates, wenn dieser ein Mindestmaß an gebotenem Rechtsschutz nicht gewährleisten könne[125]. Dies ermögliche den völkerrechtlich zulässigen Zuständigkeitszugriff des Staates, zu dem der an sich zuständige Staat die „größte Nähe" aufweise[126]. Dieser Ansatz setzte jedoch zunächst voraus, einen Staatenkonsens zu finden, der die Mindeststandards zivilrechtlicher Rechtspflege festlegt. Demgegenüber hat sich rechtsvergleichend gerade noch kein anerkannter Mindeststandard für die Ausübung einer Notzuständigkeit gezeigt[127]. Darüber hinaus ist es nicht überzeugend, das völkerrechtliche Eintrittsrecht lediglich dem Staat zuzugestehen, der die „größte Nähe" zu dem an sich zuständigen Staat aufweist. Denn dabei blieben die Verbindungen des Rechtsstreits selbst sowie der Parteien zu anderen Staaten, die möglicherweise näher mit dem Sachverhalt verbunden sind, gänzlich außer Betracht[128].

---

[121] Siehe §§ 328 Abs. 1 Nr. 5 ZPO, 109 Abs. 4 FamFG.

[122] Demgegenüber geht *Bidell*, Zuständigkeiten der EuGVO, S. 221, pauschal davon aus, dass die Interessen des Klägers stets überwögen.

[123] Vgl. in diesem Zusammenhang auch *Nwapi*, UBC L. Rev. 47 (2014), 211, 263 f., sowie *Ryngaert*, Jurisdiction in International Law, S. 141, die die Gerichte nicht über Verhältnisse im an sich zuständigen Staate entscheiden lassen möchten, da es sich insoweit um eine (außen-)politische Entscheidung handele.

[124] *Aden*, ZVglRWiss 106 (2007), 490, 494 ff.

[125] *Aden*, ZVglRWiss 106 (2007), 490, 496.

[126] *Aden*, ZVglRWiss 106 (2007), 490, 494 ff.

[127] Siehe bereits oben im Text.

[128] Vgl. dazu das Beispiel, das *Aden*, ZVglRWiss 106 (2007), 490, 496 f., anführt: Für Bosnien und Herzegowina sei Kroatien notzuständig, weil dort dieselbe Sprache gesprochen werde; da die bosnisch-herzegowinische Rechtsordnung vom österreichischen Recht geprägt sei, komme auch eine ersatzweise Notzuständigkeit Österreichs in Betracht.

Mithin fänden die Zuständigkeitsinteressen und Leitprinzipien der Zuständigkeitsgestaltung[129] keine Berücksichtigung.

III. Ergebnis

Die Ausübung von internationaler Notzuständigkeit ist völkerrechtlich nicht spürbar begrenzt. Vielmehr genügt bereits die Einleitung des Verfahrens in einem Staat, um einen *genuine link* zwischen dem Sachverhalt und diesem Gerichtsstaat zu begründen. Insoweit unterscheiden sich die völkerrechtlichen Anforderungen, die an die Ausübung öffentlich-rechtlicher Rechtssetzungsgewalt gestellt werden, maßgeblich von denjenigen, die an die Ausübung zivilrechtlicher Rechtsprechungsgewalt gestellt werden. Eine Sonderbehandlung der Notzuständigkeit auf völkerrechtlicher Ebene ist daher nicht notwendig – sie ließe sich darüber hinaus mit der gegenwärtigen Staatenpraxis nicht vereinbaren.

B. Justizieller Mindeststandard

Im Gegensatz zu der zuvor behandelten Frage, ob die Gerichtsbarkeit eines Staates sachlich begrenzt ist, stellt sich auch die umgekehrte Frage, inwieweit das allgemeine Völkerrecht in bestimmten Konstellationen zur Ausübung zivilrechtlicher Rechtsprechungsgewalt zwingt. Diese Frage wird im Kontext der Notzuständigkeit ebenfalls virulent. Denn übt ein Staat die Notzuständigkeit nicht aus, setzt er den Rechtsuchenden der Gefahr einer Rechtsverweigerung aus.

Ein bestimmtes gerichtliches Schutzniveau im Sinne eines justiziellen Mindeststandards kann bereits aus dem völkerrechtlichen Fremdenrecht abgeleitet werden, da dieses das Verbot der Rechtsverweigerung durch einen Staat gegenüber Angehörigen eines anderen Staates enthält[130]. Wird ein Individuum trotzdem von den staatlichen Gerichten abgewiesen, obliegt es dem Heimatstaat des Betroffenen, die Verletzung des Rechtsverweigerungsverbots diplomatisch durchzusetzen[131]. Mit Blick auf die zu untersuchende Notzuständigkeit ist die Aussagekraft des fremdenrechtlichen Verbots der Rechtsverweigerung jedoch begrenzt. Denn zum einen sind die konkreten Anforderungen an eine völker-

---

[129] Vgl. dazu oben unter § 5 (S. 70 ff.).
[130] *Geimer* in FS für Nagel, S. 36, 37; *ders.*, ZfRV 1992, 321, 332; *ders.*, IZPR, Rn. 129, 385, 1909; *Herdegen* in Maunz/Dürig, Grundgesetz, Art. 25 Rn. 73; *Kropholler* in Hdb. IZVR I, Kap. III, Rn. 43; *Milleker*, Der Negative Internationale Kompetenzkonflikt, S. 60 Fn. 2, S. 68; *Mills*, BYIL 84 (2014), 187, 214 ff.; *Patzina* in MünchKommZPO, § 12 Rn. 83.
[131] *Francioni* in Francioni, Access to Justice as a Human Right, S. 1, 9 f.; *Geimer*, IZPR, Rn. 132 ff., 385.

rechtlich relevante Rechtsverweigerung unklar[132]. Zum anderen kann eine Rechtsverweigerung in privatrechtlichen Streitigkeiten überhaupt nur gegeben sein, wenn eine hinreichende Verbindung zwischen Sachverhalt und jeweiligem Staat besteht[133]. Zwar seien Ausnahmen von diesem Grundsatz denkbar[134], diese lassen sich jedoch weder mit der Staatenpraxis noch der völkerrechtlichen Literatur begründen. An sich beanspruchen die fremdenrechtlichen Mindeststandards auch heute noch Geltung. Sie verlieren allerdings durch die gegenwärtige Herausbildung eines breiten völkergewohnheitsrechtlichen Menschenrechtsschutzes deutlich an Bedeutung[135]. Diese Entwicklung ist mit Blick auf die Justizgewährung insoweit bemerkenswert, als sie einerseits unabhängig von der Staatsangehörigkeit des Betroffenen gilt. Andererseits wird der einzelne Rechtssuchende in völkervertragsrechtlichen Regelungen in die Lage versetzt, eine behauptete Rechtsverletzung vor internationalen Spruchkörpern selbst geltend machen zu können[136]. Anhand dieser Entwicklung lässt sich zudem die Bedeutung verdeutlichen, die dem Völkervertragsrecht für die Herausbildung eines völkergewohnheitsrechtlichen Justizgewährungsanspruchs auf menschenrechtlicher Grundlage zukommt. Denn der menschenrechtliche Justizgewährungsanspruch wird in der völkerrechtlichen Literatur zumeist auf die Bestimmungen der EMRK gestützt[137]. Im Gegensatz zu dem (noch) unklaren[138]

---

[132] *Focarelli* in Wolfrum, The Max Planck Encyclopedia of Public International Law, Rn. 11; *Kiestra*, The Impact of the ECHR, S. 93; *Milleker*, Der Negative Internationale Kompetenzkonflikt, S. 68; *Mills*, BYIL 84 (2014), 187, 215.

[133] *Francioni* in Francioni, Access to Justice as a Human Right, S. 1, 12; *Geimer* in FS für Nagel, S. 36, 38; *ders.*, IZPR, Rn. 387; *Ubertazzi*, Exclusive Jurisdiction, S. 246.

[134] Dies gilt nach *Francioni* in Francioni, Access to Justice as a Human Right, S. 1, 12, zunächst für Fälle, in denen dem Betroffenen kein alternatives Forum zur Verfügung stünde. Daraus könnte sich zwar die Gewährung einer Notzuständigkeit in Grenzbereichen ableiten lassen, sie stützt sich indes auf keine belastbaren Nachweise in Staatenpraxis sowie Literatur und wird aaO. auch sonst nicht näher ausgeführt. Eine weitere Ausnahme vom Erfordernis eines hinreichenden Bezugs sei denkbar, wenn der Staat den Betroffenen aufgrund der strikten Anwendung nationalen Rechts in ungerechtfertigter Weise abweise (*Francioni* aaO.). Insoweit handelt es sich um keine denkbare Konstellation einer Notzuständigkeit, weil nicht die Zuständigkeit des Staates verneint wird, sondern sowohl für In- als auch Ausländer geltende Vorschriften überhaupt keinen Rechtsbehelf vorsehen.

[135] Siehe *Herdegen*, Internationales Wirtschaftsrecht, § 7 Rn. 24; *ders.*, Völkerrecht, § 27 Rn. 5.

[136] *Focarelli* in Wolfrum, The Max Planck Encyclopedia of Public International Law, Rn. 10; *Geimer*, IZPR, Rn. 385; *Mills*, BYIL 84 (2014), 187, 220 f.

[137] Vgl. insbesondere die grundlegende Abhandlung von *Francioni* in Francioni, Access to Justice as a Human Right, S. 1, 33 ff. Vgl. ferner *Redfield*, Geo. J. Int'l L. 45 (2014), 893, 905 f.

[138] Sind die Umrisse eines völkergewohnheitsrechtlichen Justizgewährungsanspruches gegenwärtig überhaupt unklar, gilt dies erst recht für die Gewährung einer Notzuständigkeit. Dass *Aden*, ZVglRWiss 106 (2007), 490, 494 Fn. 15, dem allgemeinen Völkerrecht gar eine

allgemeinen Völkerrecht, bildet die EMRK eine im Einzelnen ausdifferenzierte Rechtsgrundlage, die dem Rechtssuchenden ein höheres Maß an Durchsetzbarkeit verspricht[139]. Da die EMRK aus deutscher beziehungsweise europäischer[140] Betrachtungsweise ohnehin Geltung beansprucht, erscheint es angezeigt, die völkerrechtlichen Ausführungen darauf zu beschränken[141].

Pflicht zur Eröffnung von Notzuständigkeiten in Fällen entnehmen möchte, in denen der an sich zuständige Staat – zumindest zeitweise – keinen Mindeststandard an gerichtlichem Rechtsschutz gewährleisten kann, erscheint daher äußerst zweifelhaft.

[139] Vgl. insoweit *Pfeiffer*, Internationale Zuständigkeit, S. 29.

[140] Die Vorgaben der EMRK treffen den europäischen Gesetzgeber freilich nicht unmittelbar, da die EU ungeachtet der Rechtsgrundlage in Art. 6 Abs. 2 S. 1 EUV der EMRK weiterhin nicht beigetreten ist, vgl. nur *Epping*, Grundrechte, Rn. 1022; *Schmahl*, JZ 2016, 921. Eine Übersicht, inwieweit sich Verstöße gegen die EMRK gleichwohl auf das EU-Sekundärrecht auswirken könnten, findet sich bei *Fawcett/Ní Shúilleabháin/Shah*, Human Rights and Private International Law, Rn. 2.116 ff.

[141] Dazu unten unter § 7 (S. 104 ff.).

§ 7 Europäische Menschenrechtskonvention

A. Das Recht auf Zugang zu Gericht

Im Zentrum der folgenden Betrachtung steht Art. 6 Abs. 1 EMRK. Diese Vorschrift statuiert das Recht auf ein faires Verfahren. Die Durchführung eines fairen Verfahrens setzt vorgelagert jedoch voraus, dass überhaupt ein gerichtliches Verfahren eröffnet wird. Aus diesem Grund hat der EGMR bereits frühzeitig entschieden, dass Art. 6 Abs. 1 EMRK auch ein Recht auf effektiven Zugang zu Gericht beinhaltet[1]. Für die Konventionsstaaten hat dies eine „positive Verpflichtung"[2] zur Konsequenz, da sie die Ausübung des Rechts durch nationale Regelungen erst ermöglichen müssen[3]. Genügt ein Staat im Einzelfall den Gewährleistungselementen des Art. 6 Abs. 1 EMRK in Gesetzgebung und Rechtsprechung[4] nicht, kann der Betroffene eine Verletzung seines subjektiven Teilhaberechts unmittelbar vor dem EGMR geltend machen[5]. Das Zugangsrecht gilt allerdings nicht absolut, sondern ist durch die Mitgliedstaaten einschränkbar[6]. Die Grenze nationaler Beschränkungsmöglichkeiten bilden der Wesensgehalt des Rechts sowie eine Verhältnismäßigkeitsprüfung anhand des mit der Einschränkung verfolgten Ziels[7].

---

[1] EGMR, Urt. v. 21.2.1975, Nr. 4451/70, Rn. 28 ff. – Golder/Vereinigtes Königreich.

[2] Vgl. zu dieser Terminologie *Badenhop*, Normtheoretische Grundlagen der EMRK, S. 158 f.

[3] *Grabenwarter/Pabel*, EMRK, § 19 Rn. 1, 14; *Krieger* in Dörr/Grote/Marauhn, EMRK/GG, Kap. 6 Rn. 110; *Matscher* in FS für Neumayer, S. 459 f.

[4] Vgl. dazu *Matscher* in FS für Neumayer, S. 459, 460, 476; *Nuyts* in Nuyts/Watté, International Civil Litigation, S. 157, 182.

[5] Die Möglichkeit einer Individualbeschwerde ist in Art. 34 EMRK geregelt. Eine vom Gericht nach Art. 41 EMRK zugesprochene Entschädigung könnte in Bezug auf eine Verletzung von Art. 6 Abs. 1 EMRK auch im Wege der Naturalrestitution, also z. B. durch die Wiederaufnahme des Verfahrens, erfüllt werden, vgl. *Meyer-Ladewig/Brunozzi* in Meyer-Ladewig/Nettesheim/von Raumer, EMRK, Art. 41 Rn. 19; *Ubertazzi*, Exclusive Jurisdiction, S. 294.

[6] EGMR, Urt. v. 21.2.1975, Nr. 4451/70, Rn. 38 – Golder/Vereinigtes Königreich. Dies erklärt sich bereits durch die Normprägung, d. h. Ausfüllungsbedürftigkeit mittels nationaler Regelungen, des Art. 6 Abs. 1 EMRK, vgl. dazu auch *Marauhn/Merhof* in Dörr/Grote/Marauhn, EMRK/GG, Kap. 7 Rn. 64; *Meyer* in Karpenstein/Mayer, EMRK, Art. 6 Rn. 10; *Grabenwarter/Pabel*, EMRK, § 18 Rn. 36, § 24 Rn. 53.

[7] EGMR, Urt. v. 21.2.1975, Nr. 4451/70, Rn. 38 – Golder/Vereinigtes Königreich; EGMR,

B. Auswirkungen des Zugangsrechts auf die internationale Zuständigkeit

I. Fragestellung

Aus international-verfahrensrechtlicher Perspektive liegt es nahe, dass sich das Recht auf Zugang zu Gericht auf die Vorschriften zur internationalen Zuständigkeit eines Staates auswirkt[8]. Gleichwohl ist bislang noch nicht hinreichend geklärt, ob und – wenn ja – in welchem Umfang das Zugangsrecht die Vertragsstaaten zur Ausübung internationaler Zuständigkeit zwingt[9]. Dass diese Frage eng mit der Ausübung von Notzuständigkeiten zusammenhängt, zeigt bereits der Umstand, dass insbesondere die europäischen Vorschriften zur Notzuständigkeit in der Literatur regelmäßig mit einer Verpflichtung aus Art. 6 Abs. 1 EMRK begründet werden[10].

Zur Beantwortung der Frage, inwieweit Art. 6 Abs. 1 EMRK zur Ausübung internationaler Zuständigkeit zwingt, ist zwischen der Anwendbarkeit des Rechts auf Zugang zu Gericht und der Möglichkeit einer Beschränkung dieses Rechts zu trennen[11]. Zunächst stellt sich die Frage, unter welchen Voraussetzungen das Recht auf Zugang zu Gericht in internationalen Zivilverfahren anwendbar ist. Die Problematik der Anwendbarkeit hängt im Ausgangspunkt mit dem Geltungsbereich der Konvention überhaupt zusammen. Dieser bemisst sich nach Art. 1 EMRK, wonach von der Konvention alle Personen geschützt werden, die der Hoheitsgewalt eines Vertragsstaates unterstehen. Davon erfasst sind jedenfalls die Angehörigen des Staates sowie die Personen, die sich in dem

---

Urt. v. 1.3.2016, Nr. 22302/10, Rn. 67 – Arlewin/Schweden; *Grabenwarter/Pabel*, EMRK, § 24 Rn. 53.

[8] Vgl. *Kiestra*, The Impact of the ECHR, S. 94, 97. Vgl. auch *Düsterhaus* in Gascón Inchausti/Hess, The Future of the European Law of Civil Procedure, S. 69, 71 Fn. 7; *Geimer*, BerDGesVölkR 33 (1994), 213, 225; *Reisewitz*, Rechtsfragen des Medizintourismus, S. 130.

[9] Insbesondere sind im Zusammenhang mit der internationalen Zuständigkeit bislang kaum Entscheidungen des EGMR ergangen: *Kiestra*, The Impact of the ECHR, S. 100, weist lediglich auf eine Entscheidung der Kommission hin, welche die Wirksamkeit einer Gerichtsstandsvereinbarung zum Gegenstand hatte; vgl. zudem *Bidell*, Zuständigkeiten der EuGVO, S. 180, 210; *Fawcett*, ICLQ 56 (2007), 1, 34; *Fawcett/Ní Shúilleabháin/Shah*, Human Rights and Private International Law, Rn. 4.19 ff, 8.45; *Marchadier*, Rev. crit. dr. internat. privé 2018, 663, 667. Auch ein neueres Urteil des EGMR in der Rs. Arlewin betraf nur mittelbar Fragen der internationalen Zuständigkeit; streitentscheidend waren Vorschriften des schwedischen Verfassungsrechts, die eine Entscheidung in der Sache verhinderten, vgl. EGMR, Urt. v. 1.3.2016, Nr. 22302/10, Rn. 64 – Arlewin/Schweden.

[10] Siehe *Kübler-Wachendorff*, Das forum necessitatis, S. 3 m. w. N.

[11] Vgl. zur Struktur der Prüfung von Art. 6 Abs. 1 EMRK nur *Grabenwarter/Pabel*, EMRK, § 18 Rn. 1, 36.

Staat gewöhnlich aufhalten[12]. Demgegenüber ist zu klären, unter welchen Voraussetzungen ein Rechtsuchender, der geringere Verbindungen zu einem Vertragsstaat aufweist, in einem internationalen Zivilverfahren der Hoheitsgewalt dieses Vertragsstaates untersteht und sich daher auf die Garantien der EMRK berufen kann. In Betracht kommt zunächst, dass bereits die Einleitung des Verfahrens in einem Konventionsstaat die erforderliche Verknüpfung schafft[13]. Danach wäre die Geltung der EMRK in internationalen Zivilverfahren stets gewährleistet[14]. Die alternative Auslegungsmöglichkeit des Art. 1 EMRK besteht demgegenüber darin, dass eine Verfahrenseinleitung nur dann eine genügende Verknüpfung zu dem Vertragsstaat begründet, wenn die Verfahrenseinleitung vom nationalen Recht als zulässig erachtet wird[15]. Die Abwesenheit internationaler Zuständigkeit hätte folglich die Nichtanwendbarkeit der EMRK zur Konsequenz[16]. Im Gegensatz zum Geltungsbereich der EMRK ist der Anwendungsbereich von Art. 6 Abs. 1 EMRK deutlich einfacher zu bestimmen. Erforderlich ist nach dem Wortlaut lediglich eine Streitigkeit über Ansprüche oder Verpflichtungen, die dem Zivilrecht zuzuordnen sind.

Inwieweit ein Vertragsstaat dazu verpflichtet ist, eine internationale Zuständigkeit auszuüben, hängt zudem davon ab, ob und in welchem Umfang das Recht auf Zugang zu Gericht aus Art. 6 Abs. 1 EMRK in internationalen Zivilverfahren beschränkt werden kann. Denn wird ein Verfahren mangels internationaler Zuständigkeit als unzulässig abgewiesen, bedeutet dies eine Beschränkung des Rechts auf Zugang zu Gericht des Rechtsuchenden[17]. Im Ausgangspunkt ist eine Beschränkung des Zugangsrechts zulässig, wenn sie verhältnismäßig ist und der Wesensgehalt des Rechts nicht verletzt wird[18]. In Konstellationen der Notzuständigkeit setzt ein Vertragsstaat den Rechtsuchenden der Gefahr einer Rechts-

---

[12] Vgl. *Bidell*, Zuständigkeiten der EuGVO, S. 207 Fn. 677.

[13] Dafür *Augenstein*, Human Rights Law Review 18 (2018), 593, 609; *Bidell*, Zuständigkeiten der EuGVO, S. 207 Fn. 677; *Fawcett/Ní Shúilleabháin/Shah*, Human Rights and Private International Law, Rn. 2.89; *Kiestra*, The Impact of the ECHR, S. 94.

[14] Vgl. *Bidell*, Zuständigkeiten der EuGVO, S. 207 Fn. 677; *Kiestra*, The Impact of the ECHR, S. 94.

[15] Dafür *Jankowska-Gilberg*, Extraterritorialität der Menschenrechte, S. 164, unter Verweis auf EGMR (Große Kammer), Urt. v. 14.12.2006, Nr. 1398/03, Rn. 53 – Markovic u.a./Italien.

[16] So ausdrücklich Partly Dissenting Opinion of Judge *Wojtyczek*, Rn. 3, zu EGMR (Große Kammer), Urt. v. 15.3.2018, Nr. 51357/07 – Naït-Liman/Schweiz. Vgl. auch *Schlosser*, Riv. dir. int. 74 (1991), 5, 16.

[17] Vgl. *Fawcett/Ní Shúilleabháin/Shah*, Human Rights and Private International Law, Rn. 4.77, 6.99.

[18] EGMR, Urt. v. 21.2.1975, Nr. 4451/70, Rn. 38 – Golder/Vereinigtes Königreich; EGMR, Urt. v. 1.3.2016, Nr. 22302/10, Rn. 67 – Arlewin/Schweden; *Grabenwarter/Pabel*, EMRK, § 24 Rn. 53.

verweigerung aus, wenn er es ablehnt, eine Notzuständigkeit zu eröffnen. Die Rechtsverweigerung stellt den denkbar gravierendsten Eingriff in das Zugangsrecht des Einzelnen dar[19]. Es stellt sich daher die Frage, inwieweit sich eine dem Rechtssuchenden drohende Rechtsverweigerung auf die Prüfung der Verhältnismäßigkeit auswirkt[20]. Darüber hinaus ist zu klären, ob der Wesensgehalt des Zugangsrechts in Konstellationen der Notzuständigkeit verletzt ist[21].

II. Die Entscheidungen des EGMR in der Rechtssache Naït-Liman

In der Rechtssache Naït-Liman hat der EGMR erstmals ausführlich über die Auswirkungen des Rechts auf Zugang zu Gericht auf die internationale Zuständigkeit entschieden[22]. Für diese Arbeit ist die Rechtssache dabei umso relevanter, als gerade die Auslegung einer vertragsstaatlichen Vorschrift zur Notzuständigkeit den Anlass für das Beschwerdeverfahren vor dem EGMR bildete. Der EGMR hat in der Rechtssache Naït-Liman zweimal entschieden: Die erste Entscheidung erging 2016 in der Besetzung als Kammer[23], ehe der EGMR 2018 auf Antrag des Beschwerdeführers erneut in der Zusammensetzung als Große Kammer entschieden hat[24].

---

[19] Vgl. in diesem Zusammenhang auch die Bemerkung von *Kinsch* in Basedow/Rühl/Ferrari/de Miguel Asensio, Encyclopedia of Private International Law, S. 880, 881, dass Notzuständigkeiten mit dem Recht auf Zugang zu Gericht korrelierten.

[20] Zu den Auswirkungen des Rechts auf Zugang zu Gericht speziell auf die Konstellationen einer Notzuständigkeit vgl. in der Literatur z.B. *Bidell*, Zuständigkeiten der EuGVO, S. 185 ff.; *Ereciński/Weitz* in FS für Kaissis, S. 187 f.; *Fawcett*, ICLQ 56 (2007), 1, 7; *Fawcett/Ní Shúilleabháin/Shah*, Human Rights and Private International Law, Rn. 4.85 ff., 6.102; *Geimer* in FS für Simotta, S. 163, 170, *ders.*, IZPR, Rn. 1035; *Grolimund*, Drittstaatenproblematik, Rn. 697; *Kiestra*, The Impact of the ECHR, S. 104 ff.; *Kropholler* in Hdb. IZVR I, Kap. III, Rn. 57, 187; *Linke/Hau*, IZVR, Rn. 7.2; *Matscher* in FS für Schwind, S. 71, 79 f.; *Milleker*, Der Negative Internationale Kompetenzkonflikt, S. 69; *Pfeiffer*, Internationale Zuständigkeit, S. 439 f.; *Reisewitz*, Rechtsfragen des Medizintourismus, S. 131; Staudinger/*Spellenberg* (2016), § 98 FamFG Rn. 260.

[21] Für eine Verletzung des Wesensgehalts bei sonstiger Rechtsverweigerung Joint Dissenting Opinion of Judges *Karakaş, Vučinić* and *Kūris*, Rn. 18, zu EGMR (Kammer), Urt. v. 21.6.2016, Nr. 51357/07 – Naït-Liman/Schweiz; Dissenting Opinion of Judge *Dedov*, S. 76, sowie *Serghides*, Rn. 114, jeweils zu EGMR (Große Kammer), Urt. v. 15.3.2018, Nr. 51357/07 – Naït-Liman/Schweiz; *Fawcett/Ní Shúilleabháin/Shah*, Human Rights and Private International Law, Rn. 4.85, 4.87, 6.102; *Ubertazzi*, Exclusive Jurisdiction, S. 286; sehr stark in diese Richtung tendierend auch *La Manna*, Riv. dir. int. priv. proc. 2019, 349, 355.

[22] EGMR (Große Kammer), Urt. v. 15.3.2018, Nr. 51357/07 – Naït-Liman/Schweiz; EGMR (Kammer), Urt. v. 21.6.2016, Nr. 51357/07 – Naït-Liman/Schweiz.

[23] EGMR (Kammer), Urt. v. 21.6.2016, Nr. 51357/07 – Naït-Liman/Schweiz.

[24] EGMR (Große Kammer), Urt. v. 15.3.2018, Nr. 51357/07 – Naït-Liman/Schweiz.

1. Sachverhalt

Der Beschwerdeführer wurde in Tunesien geboren und lebt in der Schweiz[25]. Er macht geltend, 1992 von seinem damaligen Aufenthaltsort Italien nach Tunesien verbracht worden zu sein, wo er unter Aufsicht des früheren tunesischen Innenministers Folterhandlungen ausgesetzt gewesen sei[26]. 1993 flüchtete der Beschwerdeführer in die Schweiz, wo ihm 1995 politisches Asyl gewährt wurde[27]. Nachdem ihm ein tunesischer Anwalt von der Erhebung einer Schadensersatzklage in Tunesien mit der Begründung abgeraten habe, dass solche Verfahren noch nie erfolgreich gewesen seien, erhob der Beschwerdeführer 2004 eine Schadensersatzklage vor dem Genfer Bezirksgericht gegen den tunesischen Staat sowie den früheren tunesischen Innenminister[28]. Das Gericht wies die Klage mangels internationaler Zuständigkeit ab, weil insbesondere kein genügender Zusammenhang des Sachverhalts mit der Schweiz im Sinne der Vorschrift zur Notzuständigkeit[29] bestanden habe[30]. Auch in zweiter Instanz vor dem Genfer Obergericht wurde der Beschwerdeführer abgewiesen, jedoch mit der Begründung, dass den Beklagten jedenfalls Immunität zukomme und die Frage internationaler Zuständigkeit folglich dahinstehen könne[31]. Schließlich verwarf das Schweizer Bundesgericht 2007 ebenfalls das Rechtsmittel des Beschwerdeführers[32]. Es schloss sich dabei der Begründung des Bezirksgerichts an, dass es mangels hinreichender Beziehung von Sachverhalt und Forum der Schweiz an internationaler Zuständigkeit fehle[33]. Auf eine Immunität der Beklagten komme es gar nicht mehr an[34]. Vor dem EGMR beantragte der Beschwerdeführer die Feststellung, durch die Abweisung der Schweizer Gerichte in seinem Recht aus Art. 6 Abs. 1 EMRK verletzt worden zu sein[35]. Die Schweizer Regierung wandte sich gegen die Verletzung und brachte im Verfahren vor der Kammer zusätzlich vor, dass Art. 6 Abs. 1 EMRK bereits nicht anwendbar sei[36].

---

[25] EGMR (Große Kammer), Urt. v. 15.3.2018, Nr. 51357/07, Rn. 12 – Naït-Liman/Schweiz.
[26] EGMR (Große Kammer), Urt. v. 15.3.2018, Nr. 51357/07, Rn. 14 f. – Naït-Liman/Schweiz.
[27] EGMR (Große Kammer), Urt. v. 15.3.2018, Nr. 51357/07, Rn. 17 f. – Naït-Liman/Schweiz.
[28] EGMR (Große Kammer), Urt. v. 15.3.2018, Nr. 51357/07, Rn. 23 – Naït-Liman/Schweiz.
[29] Art. 3 schweizerisches IPRG. Siehe ausführlich oben unter § 3 C III 1 (S. 42 f.).
[30] EGMR (Große Kammer), Urt. v. 15.3.2018, Nr. 51357/07, Rn. 25 f. – Naït-Liman/Schweiz.
[31] EGMR (Große Kammer), Urt. v. 15.3.2018, Nr. 51357/07, Rn. 27 f. – Naït-Liman/Schweiz.
[32] Bundesgericht, 22.5.2007, 4C_379/2006.
[33] Bundesgericht, 22.5.2007, 4C_379/2006, Erwägung 3.5.
[34] Bundesgericht, 22.5.2007, 4C_379/2006, Erwägung 4.
[35] EGMR (Große Kammer), Urt. v. 15.3.2018, Nr. 51357/07, Rn. 94 – Naït-Liman/Schweiz.
[36] Siehe EGMR (Kammer), Urt. v. 21.6.2016, Nr. 51357/07, Rn. 81 f. – Naït-Liman/Schweiz. Im Verfahren vor der Großen Kammer wandte sich die Schweizer Regierung zwar nicht mehr gegen die von der Kammer festgestellte Anwendbarkeit des Art. 6 Abs. 1 EMRK,

2. Anwendungsbereich des Zugangsrechts

Sowohl die Kammer als auch die Große Kammer des EGMR hielten den Anwendungsbereich des Rechts auf Zugang zu Gericht aus Art. 6 Abs. 1 EMRK für eröffnet. Allerdings erging die Entscheidung der Großen Kammer zu dieser Frage mit einer Gegenstimme[37].

Die Kammer führt in ihrer Entscheidung aus, dass sowohl das – vom Beschwerdeführer für anwendbar gehaltene – tunesische als auch das Schweizer Sachrecht zivilrechtliche Haftungstatbestände in Bezug auf unerlaubte Handlungen vorsähen[38]. Die restriktive Auslegung der Notzuständigkeit durch das Schweizer Bundesgericht beschränke die Anwendbarkeit von Art. 6 Abs. 1 EMRK nicht[39].

Die Große Kammer stützt sich auf die Dogmatik des Art. 6 Abs. 1 EMRK. So setze dessen Anwendbarkeit zunächst voraus, dass eine Streitigkeit bestehe[40]. Dieser Streit müsse sich auf Ansprüche und Verpflichtungen („rights and obligations") beziehen, die zumindest noch vertretbar im nationalen Recht eines Konventionsstaats enthalten seien[41]. Schließlich müssten die Ansprüche und Verpflichtungen zivilrechtlicher Natur sein[42]. Im vorliegenden Rechtsstreit gelangt die Große Kammer zu dem Ergebnis, dass sich der Beschwerdeführer auf einen Anspruch berufen könne, der zumindest vertretbar im Schweizer Recht zu finden sei[43]. Dass nicht das Bestehen eines Haftungstatbestandes an sich angegriffen wurde, sondern dessen extraterritorialer Anwendungsbereich, sei unerheblich, da sich die Streitigkeit sowohl auf das Bestehen als auch den Umfang sowie die Art und Weise der Ausübung eines Anspruchs beziehen könne[44].

Lediglich Richter *Wojtyczek* wendet sich in seiner abweichenden Meinung zum Urteil der Großen Kammer gegen die Anwendbarkeit des Zugangsrechts[45]. Er argumentiert, dass die Konvention keinen Staat dazu verpflichte, internationale Zuständigkeiten anzunehmen, die im Völkerrecht keine breite Anwendung fän-

---

die Große Kammer machte aber dennoch Ausführungen dazu, vgl. EGMR (Große Kammer), Urt. v. 15.3.2018, Nr. 51357/07, Rn. 105 – Naït-Liman/Schweiz.

[37] Vgl. Partly Dissenting Opinion of Judge *Wojtyczek* zu EGMR (Große Kammer), Urt. v. 15.3.2018, Nr. 51357/07 – Naït-Liman/Schweiz.
[38] EGMR (Kammer), Urt. v. 21.6.2016, Nr. 51357/07, Rn. 85 – Naït-Liman/Schweiz.
[39] EGMR (Kammer), Urt. v. 21.6.2016, Nr. 51357/07, Rn. 85 – Naït-Liman/Schweiz.
[40] EGMR (Große Kammer), Urt. v. 15.3.2018, Nr. 51357/07, Rn. 106 – Naït-Liman/Schweiz.
[41] EGMR (Große Kammer), Urt. v. 15.3.2018, Nr. 51357/07, Rn. 106 – Naït-Liman/Schweiz.
[42] EGMR (Große Kammer), Urt. v. 15.3.2018, Nr. 51357/07, Rn. 106 – Naït-Liman/Schweiz.
[43] EGMR (Große Kammer), Urt. v. 15.3.2018, Nr. 51357/07, Rn. 108 – Naït-Liman/Schweiz.
[44] EGMR (Große Kammer), Urt. v. 15.3.2018, Nr. 51357/07, Rn. 107 – Naït-Liman/Schweiz.
[45] Partly Dissenting Opinion of Judge *Wojtyczek*, Rn. 1, zu EGMR (Große Kammer), Urt. v. 15.3.2018, Nr. 51357/07 – Naït-Liman/Schweiz.

den⁴⁶. Erst die Entscheidung des Staates, seine Zuständigkeit auf einen Sachverhalt auszuweiten, begründe die Geltung der EMRK nach Art. 1 EMRK⁴⁷.

3. Verletzung des Zugangsrechts

Im Ergebnis haben sich sowohl die Kammer als auch die Große Kammer des EGMR gegen eine Verletzung des Zugangsrechts ausgesprochen. Mit anderen Worten erachtet der EGMR die Zuständigkeitsabweisung durch die Schweizer Gerichte mithin als gerechtfertigte Beschränkung des Rechts auf Zugang zu Gericht. Bemerkenswert ist insoweit, dass sich die Kammer mit vier gegen drei Stimmen⁴⁸ noch denkbar knapp gegen eine Verletzung des Art. 6 Abs. 1 EMRK entschieden hatte, während das im Ergebnis gleichlautende Urteil der Großen Kammer mit fünfzehn zu zwei Stimmen⁴⁹ deutlich ausfiel.

Nach der Kammer verfolge die Beschränkung des Rechts auf Zugang zu Gericht – also die Zuständigkeitsverweigerung durch die Schweizer Gerichte – die legitimen Ziele einer „ordnungsgemäßen Rechtspflege" sowie der Effektivität nationaler Gerichtsentscheidungen⁵⁰. Im Hinblick auf die durchzuführende Verhältnismäßigkeitskontrolle führt das Gericht aus, dass unter Berücksichtigung der Besonderheiten des Falles zu beantworten sei, ob durch die Versagung der Zuständigkeit der Wesensgehalt des Rechts auf Zugang zu Gericht verletzt worden sei⁵¹. Die Auslegung der streitgegenständlichen Vorschrift zur Notzuständigkeit durch die Schweizer Gerichte sei von der Kammer allein auf willkürliche oder offensichtlich unsachliche Anwendung zu überprüfen⁵². Insoweit stehe lediglich die Voraussetzung des Inlandsbezugs infrage, da sich die nationalen Gerichte mangels Entscheidungserheblichkeit nicht zur Komponente der drohenden Rechtsverweigerung geäußert hätten⁵³. Die Auslegung der Vorschrift durch die Schweizer Gerichte sei zwar restriktiv, allerdings nicht willkürlich, da im Zeitpunkt der etwaigen Folterhandlungen keine Verbindung des Sachverhalts zur Schweiz bestanden habe⁵⁴. Dies bestätige darüber hinaus eine

---

⁴⁶ Partly Dissenting Opinion of Judge *Wojtyczek*, Rn. 3, zu EGMR (Große Kammer), Urt. v. 15.3.2018, Nr. 51357/07 – Naït-Liman/Schweiz.

⁴⁷ Partly Dissenting Opinion of Judge *Wojtyczek*, Rn. 3, zu EGMR (Große Kammer), Urt. v. 15.3.2018, Nr. 51357/07 – Naït-Liman/Schweiz.

⁴⁸ Vgl. Joint Dissenting Opinion of Judges *Karakaş*, *Vučinić* and *Kūris* zu EGMR (Kammer), Urt. v. 21.6.2016, Nr. 51357/07 – Naït-Liman/Schweiz.

⁴⁹ Vgl. Dissenting Opinion of Judge *Dedov* sowie *Serghides* jeweils zu EGMR (Große Kammer), Urt. v. 15.3.2018, Nr. 51357/07 – Naït-Liman/Schweiz.

⁵⁰ EGMR (Kammer), Urt. v. 21.6.2016, Nr. 51357/07, Rn. 107 – Naït-Liman/Schweiz.

⁵¹ EGMR (Kammer), Urt. v. 21.6.2016, Nr. 51357/07, Rn. 108 – Naït-Liman/Schweiz.

⁵² EGMR (Kammer), Urt. v. 21.6.2016, Nr. 51357/07, Rn. 109 ff. – Naït-Liman/Schweiz.

⁵³ EGMR (Kammer), Urt. v. 21.6.2016, Nr. 51357/07, Rn. 111 – Naït-Liman/Schweiz.

⁵⁴ EGMR (Kammer), Urt. v. 21.6.2016, Nr. 51357/07, Rn. 112 – Naït-Liman/Schweiz.

§ 7 Europäische Menschenrechtskonvention 111

rechtsvergleichende Betrachtung, da eine Notzuständigkeit nur in wenigen Vertragsstaaten existiere und dort strikten Voraussetzungen unterliege[55]. Abschließend stellt die Kammer fest, dass die Entscheidungen der Schweizer Gerichte dem Beschwerdeführer den Wesensgehalt des Rechts auf Zugang zu Gericht nicht entzögen sowie legitime Zwecke verhältnismäßig verfolgten[56].

Demgegenüber gehen die Richter *Karakaş*, *Vučinić* und *Kūris* in ihrem gemeinsamen abweichenden Sondervotum von einer Verletzung des Art. 6 Abs. 1 EMRK aus[57]. Denn der gewöhnliche Aufenthalt des Beschwerdeführers in der Schweiz, seine dortige Asylberechtigung sowie ein laufendes Einbürgerungsverfahren hätten einen genügenden Inlandsbezug begründet, sodass das Schweizer Bundesgericht die Vorschrift zur Notzuständigkeit willkürlich und offensichtlich unsachlich ausgelegt habe[58]. Darüber hinaus führe eine restriktive Auslegung der Notzuständigkeit, wie sie durch das Bundesgericht erfolgt sei, dazu, dass es Opfern von Folter oder anderen schwerwiegenden Menschenrechtsverletzungen unmöglich werde, Schadensersatz zu erlangen[59]. Die Abweisung der Klage als unzulässig komme für den Rechtssuchenden einer Rechtsverweigerung gleich[60]. Sie verletze den Wesensgehalt des Rechts auf Zugang zu Gericht des Beschwerdeführers[61].

Die Große Kammer erkennt in ihrer Entscheidung einige legitime Zwecke einer Beschränkung des Zugangsrechts an, die sich auf die beiden Prinzipien einer „ordnungsgemäßen Rechtspflege" sowie „effektiver nationaler Gerichtsentscheidungen" zurückführen ließen[62]. Explizit nennt das Gericht (praktische) Schwierigkeiten bei der Beweiserhebung und einer etwaigen Vollstreckung, die Verhinderung von *forum shopping*, die Gefahr übermäßiger Arbeitsbelastung nationaler Gerichte infolge steigender Attraktivität „beziehungsarmer" Klagen sowie potenzielle diplomatische Konflikte[63]. Mangels einschlägigen Völker-

---

[55] EGMR (Kammer), Urt. v. 21.6.2016, Nr. 51357/07, Rn. 114 – Naït-Liman/Schweiz.
[56] EGMR (Kammer), Urt. v. 21.6.2016, Nr. 51357/07, Rn. 121 – Naït-Liman/Schweiz.
[57] Joint Dissenting Opinion of Judges *Karakaş*, *Vučinić* and *Kūris*, Rn. 1, 18, zu EGMR (Kammer), Urt. v. 21.6.2016, Nr. 51357/07 – Naït-Liman/Schweiz.
[58] Joint Dissenting Opinion of Judges *Karakaş*, *Vučinić* and *Kūris*, Rn. 10 f., zu EGMR (Kammer), Urt. v. 21.6.2016, Nr. 51357/07 – Naït-Liman/Schweiz.
[59] Joint Dissenting Opinion of Judges *Karakaş*, *Vučinić* and *Kūris*, Rn. 15, zu EGMR (Kammer), Urt. v. 21.6.2016, Nr. 51357/07 – Naït-Liman/Schweiz.
[60] Joint Dissenting Opinion of Judges *Karakaş*, *Vučinić* and *Kūris*, Rn. 18, zu EGMR (Kammer), Urt. v. 21.6.2016, Nr. 51357/07 – Naït-Liman/Schweiz.
[61] Joint Dissenting Opinion of Judges *Karakaş*, *Vučinić* and *Kūris*, Rn. 18, zu EGMR (Kammer), Urt. v. 21.6.2016, Nr. 51357/07 – Naït-Liman/Schweiz.
[62] EGMR (Große Kammer), Urt. v. 15.3.2018, Nr. 51357/07, Rn. 122 – Naït-Liman/Schweiz.
[63] EGMR (Große Kammer), Urt. v. 15.3.2018, Nr. 51357/07, Rn. 123 ff. – Naït-Liman/Schweiz.

rechts in Bezug auf eine Notzuständigkeit sei der Beurteilungsspielraum, der den Konventionsstaaten innerhalb der Grenzen von Wesensgehalt und Verhältnismäßigkeit durch Art. 6 Abs. 1 EMRK gewährt werde, weit[64]. Infolgedessen prüft das Gericht allein, ob dieser Beurteilungsspielraum durch die nationale Regelung der Notzuständigkeit selbst beziehungsweise durch die gerichtliche Anwendung im konkreten Fall überschritten wurde[65]. Die Vorschrift des Schweizer Rechts überschreite diesen Spielraum jedoch nicht, sondern könne sich hinsichtlich ihrer Voraussetzungen auf einen – rechtsvergleichend ermittelten – Staatenkonsens berufen[66]. Auch sei die Einzelfallanwendung durch das Schweizer Bundesgericht weder willkürlich noch offensichtlich unsachlich erfolgt noch seien Anhaltspunkte ersichtlich, die für eine anderweitige Überschreitung des Beurteilungsspielraums sprächen[67]. Das Recht auf Zugang zu Gericht sei mithin nicht verletzt worden[68].

Im Gegensatz zu der Mehrheit der Großen Kammer des EGMR gehen die Richter *Dedov* und *Serghides* in ihren abweichenden Meinungen von einer Verletzung des Art. 6 Abs. 1 EMRK aus[69]. *Dedov* wendet sich zum einen dagegen, dass die Mehrheit potenzielle diplomatische Schwierigkeiten als legitime Zwecke ansieht, um das Zugangsrecht zu beschränken[70]. Denn dieser Ansatz bedeutete, dass eine Rechtsposition des Einzelnen zugunsten von guten zwischenstaatlichen Beziehungen „geopfert" werde[71]. Zum anderen hätten dem Beschwerdeführer einzig die Schweizer Gerichte zur Rechtsdurchsetzung zur Verfügung gestanden, sodass die Klageabweisung durch diese Gerichte den Wesensgehalt des Rechts auf Zugang zu Gericht verletzt habe[72]. Vor diesem Hintergrund sei eine Verhältnismäßigkeitsprüfung überflüssig, da eine Rechtsverweigerung von vornherein unverhältnismäßig sei[73]. *Serghides* stützt seine abweichende Meinung insbesondere darauf, dass das Schweizer Bundesgericht

---

[64] EGMR (Große Kammer), Urt. v. 15.3.2018, Nr. 51357/07, Rn. 203 – Naït-Liman/Schweiz.
[65] EGMR (Große Kammer), Urt. v. 15.3.2018, Nr. 51357/07, Rn. 205 ff. – Naït-Liman/Schweiz.
[66] EGMR (Große Kammer), Urt. v. 15.3.2018, Nr. 51357/07, Rn. 206 f. – Naït-Liman/Schweiz.
[67] EGMR (Große Kammer), Urt. v. 15.3.2018, Nr. 51357/07, Rn. 216 f. – Naït-Liman/Schweiz.
[68] EGMR (Große Kammer), Urt. v. 15.3.2018, Nr. 51357/07, Rn. 217 – Naït-Liman/Schweiz.
[69] Vgl. Dissenting Opinion of Judge *Dedov*, S. 68, sowie *Serghides*, Rn. 7, 115, jeweils zu EGMR (Große Kammer), Urt. v. 15.3.2018, Nr. 51357/07 – Naït-Liman/Schweiz.
[70] Dissenting Opinion of Judge *Dedov*, S. 77, zu EGMR (Große Kammer), Urt. v. 15.3.2018, Nr. 51357/07 – Naït-Liman/Schweiz.
[71] Dissenting Opinion of Judge *Dedov*, S. 77, zu EGMR (Große Kammer), Urt. v. 15.3.2018, Nr. 51357/07 – Naït-Liman/Schweiz.
[72] Dissenting Opinion of Judge *Dedov*, S. 76, zu EGMR (Große Kammer), Urt. v. 15.3.2018, Nr. 51357/07 – Naït-Liman/Schweiz.
[73] Dissenting Opinion of Judge *Dedov*, S. 76, zu EGMR (Große Kammer), Urt. v. 15.3.2018, Nr. 51357/07 – Naït-Liman/Schweiz.

die Vorschrift zur Notzuständigkeit willkürlich und offensichtlich unsachlich ausgelegt habe[74]. Denn das Bundesgericht habe den erforderlichen Inlandsbezug der Notzuständigkeit bei unerlaubten Handlungen faktisch auf den Handlungsort begrenzt, obgleich dieser nach einer anderen Vorschrift des Schweizer Rechts ohnehin zuständigkeitsbegründend sei[75]. Zudem widerspreche die restriktive Auslegung der Vorschrift ihrem Sinn und Zweck[76]. Ferner handele es sich bei den von der Mehrheit angeführten Zwecken der Zuständigkeitsbeschränkung um keine legitimen Zwecke im Anwendungsbereich von Art. 6 Abs. 1 EMRK[77]. In Bezug auf die Verhältnismäßigkeitskontrolle sei es gerade das Recht auf Zugang zu Gericht, das über den Beurteilungsspielraum der Vertragsstaaten entscheide, während das von der Mehrheit angeführte Völkerrecht insoweit irrelevant sei[78]. Schließlich müsse die Verhältnismäßigkeitskontrolle jedenfalls einem Fehler unterliegen, wenn diese zu einem Ergebnis gelange, das den Zugang zu Gericht gänzlich ausschließe[79].

III. Rezeption in der Literatur

In der Literatur wurden die Entscheidungen des EGMR überwiegend kritisch aufgenommen[80]. Diese Kritik konzentriert sich indes allein auf die Frage, ob der Beschwerdeführer in seinem Recht aus Art. 6 Abs. 1 EMRK verletzt wurde. Zu der vorgelagerten Feststellung des EGMR, dass das Recht auf Zugang zu Gericht anwendbar sei, finden sich in der Literatur demgegenüber kaum Stellungnahmen[81]. Lediglich *Marchadier* bedauert in diesem Zusammenhang,

---

[74] Dissenting Opinion of Judge *Serghides*, Rn. 42, 52, 89, zu EGMR (Große Kammer), Urt. v. 15.3.2018, Nr. 51357/07 – Naït-Liman/Schweiz.

[75] Dissenting Opinion of Judge *Serghides*, Rn. 15 f., 26, 35, 41, zu EGMR (Große Kammer), Urt. v. 15.3.2018, Nr. 51357/07 – Naït-Liman/Schweiz.

[76] Dissenting Opinion of Judge *Serghides*, Rn. 52, zu EGMR (Große Kammer), Urt. v. 15.3.2018, Nr. 51357/07 – Naït-Liman/Schweiz.

[77] Dissenting Opinion of Judge *Serghides*, Rn. 92 ff., zu EGMR (Große Kammer), Urt. v. 15.3.2018, Nr. 51357/07 – Naït-Liman/Schweiz.

[78] Dissenting Opinion of Judge *Serghides*, Rn. 108, 110, zu EGMR (Große Kammer), Urt. v. 15.3.2018, Nr. 51357/07 – Naït-Liman/Schweiz.

[79] Dissenting Opinion of Judge *Serghides*, Rn. 103, zu EGMR (Große Kammer), Urt. v. 15.3.2018, Nr. 51357/07 – Naït-Liman/Schweiz.

[80] Siehe *Fabre*, Rev. science crim. et dr. pén. comparé 2018, 861, 881; *C. Hartmann* in Krajewski/Saage-Maaß, Durchsetzung menschenrechtlicher Sorgfaltspflichten von Unternehmen, S. 281, 294 f.; *La Manna*, Riv. dir. int. priv. proc. 2019, 349, 352, 354 ff., 381; *Marchadier*, Journal du droit international (Clunet), 2017, 631, 636 ff.; *ders.*, Rev. crit. dr. internat. privé 2018, 663, 665 ff.; *Mora*, NILR 65 (2018), 155, 157, 167 ff.; *Nkenkeu-Keck*, Rev. trim. dr. h. 116 (2018), 985. Dem EGMR im Ergebnis zustimmend jedoch *Ryngaert*, Riv. dir. int. 100 (2017), 782, 804 f.

[81] Die Argumentationsweise des EGMR an dieser Stelle kritisiert allein *Mora*, NILR 65 (2018), 155, 168 f., wenngleich nicht vor dem Hintergrund der Anwendbarkeit des Zugangs-

dass der EGMR eine Gelegenheit verpasst habe, den Geltungsbereich der EMRK sowie den Anwendungsbereich des Rechts auf Zugang zu Gericht in internationalen Zivilverfahren zu präzisieren[82].

Mit Blick auf die Verletzung von Art. 6 Abs. 1 EMRK wurden zunächst die Zwecke kritisiert, die der EGMR als legitim erachtete, um das Recht auf Zugang zu Gericht zu beschränken[83]. So wird zum Teil vorgebracht, dass es die zeitlich gebotene Vorgehensweise umkehre, wenn der Zugang zu Gericht bereits von der – nachgelagerten – Frage abhängig gemacht werde, ob eine zu treffende Entscheidung tatsächlich vollstreckbar sei[84]. Darüber hinaus stellen andere Teile der Literatur zum Beispiel den Zusammenhang von potenziellen diplomatischen Konflikten mit der Auslegung der Notzuständigkeit infrage[85]. Demgegenüber sei die Vermeidung von *forum shopping* der wesentliche Zweck, aus dem die nationalen Gesetzgeber einen Inlandsbezug forderten, und mithin als legitimer Zweck zur Beschränkung des Rechts auf Zugang zu Gericht geeignet[86].

In Bezug auf die vom EGMR durchgeführte Verhältnismäßigkeitskontrolle wird zum einen kritisiert, dass die Schweizer Gerichte die Vorschrift willkürlich und offensichtlich unsachlich ausgelegt hätten[87]. Denn die restriktive Auslegung der Vorschrift zur Notzuständigkeit lasse sich nicht mit dem Sinn und Zweck der Vorschrift vereinbaren[88] und führe zu widersinnigen Ergebnissen[89]. Zum anderen wird die konkrete Vorgehensweise des EGMR im Rahmen der Verhältnismäßigkeitsprüfung kritisiert. So habe der EGMR allein auf die Staa-

---

rechts. *Nkenkeu-Keck*, Rev. trim. dr. h. 116 (2018), 985, 989, weist in Fn. 14 lediglich auf die abweichende Meinung von Richter *Wojtyczek* hin.

[82] *Marchadier*, Rev. crit. dr. internat. privé 2018, 663, 666.

[83] Siehe *Fabre*, Rev. science crim. et dr. pén. comparé 2018, 861, 868 f.; *C. Hartmann* in Krajewski/Saage-Maaß, Durchsetzung menschenrechtlicher Sorgfaltspflichten von Unternehmen, S. 281, 294 f.; *Marchadier*, Journal du droit international (Clunet), 2017, 631, 637; *ders.*, Rev. crit. dr. internat. privé 2018, 663, 669 f. Kritisch auch *Hess/Mantovani*, MPILux Research Papers Series 2019 (1), S. 13; *Nkenkeu-Keck*, Rev. trim. dr. h. 116 (2018), 985, 989.

[84] *Fabre*, Rev. science crim. et dr. pén. comparé 2018, 861, 868.

[85] *Marchadier*, Rev. crit. dr. internat. privé 2018, 663, 670; vgl. auch *C. Hartmann* in Krajewski/Saage-Maaß, Durchsetzung menschenrechtlicher Sorgfaltspflichten von Unternehmen, S. 281, 295.

[86] *Marchadier*, Rev. crit. dr. internat. privé 2018, 663, 670. Demgegenüber die Legitimität sämtlicher Zwecke, die vom EGMR angeführt wurden, infrage stellend *Fabre*, Rev. science crim. et dr. pén. comparé 2018, 861, 868 f.

[87] *Fabre*, Rev. science crim. et dr. pén. comparé 2018, 861, 882 ff. Vgl. auch *Marchadier*, Rev. crit. dr. internat. privé 2018, 663, 668 f.; *Nkenkeu-Keck*, Rev. trim. dr. h. 116 (2018), 985, 1001 f. Kritisch in Bezug auf die konkrete Auslegung der Vorschrift durch die Schweizer Gerichte zudem *Hess/Mantovani*, MPILux Research Papers Series 2019 (1), S. 7, 10; *Ryngaert*, Riv. dir. int. 100 (2017), 782, 801.

[88] *Fabre*, Rev. science crim. et dr. pén. comparé 2018, 861, 882 ff.

[89] *Marchadier*, Rev. crit. dr. internat. privé 2018, 663, 668 f.

tenpraxis abgestellt⁹⁰. Die dem Beschwerdeführer drohende Rechtsverweigerung sei demgegenüber zu Unrecht nicht berücksichtigt worden⁹¹. Dabei sei die Vermeidung von Rechtsverweigerung nach einem Teil der Literatur gerade der Mindeststandard, den das Recht auf Zugang zu Gericht aus Art. 6 Abs. 1 EMRK gewährleiste⁹². Sie bilde mithin den Wesensgehalt des Zugangsrechts⁹³.

IV. Stellungnahme

1. Anwendungsbereich des Zugangsrechts

Es erscheint zunächst überraschend, dass sich der EGMR in seinen Entscheidungen nicht näher mit der Frage auseinandersetzt, ob der Geltungsbereich der EMRK überhaupt eröffnet ist. Denn in internationalen Zivilverfahren ist – wie bereits ausgeführt wurde⁹⁴ – umstritten, unter welchen Voraussetzungen eine Person der Hoheitsgewalt eines Vertragsstaates untersteht und sich daher gem. Art. 1 EMRK auf die Rechte der Konvention berufen kann. Von einem Teil der Literatur wird darauf abgestellt, dass bereits die Verfahrenseinleitung in einem Vertragsstaat genüge, um die erforderliche Verknüpfung herzustellen⁹⁵. Ein anderer Teil der Literatur stellt darauf ab, dass eine Verfahrenseinleitung nur dann eine genügende Verknüpfung schaffe, wenn sie vom nationalen Recht als zulässig erachtet werde⁹⁶. Zumindest vordergründig ist die Antwort auf diese Streitfrage auch in dem Sachverhalt erheblich, der den Entscheidungen des EGMR zugrunde lag. Denn die Schweizer Gerichte haben die Klage des Beschwerde-

---

⁹⁰ *Hess/Mantovani*, MPILux Research Papers Series 2019 (1), S. 12; *La Manna*, Riv. dir. int. priv. proc. 2019, 349, 354; *Marchadier*, Journal du droit international (Clunet), 2017, 631, 636; *ders.*, Rev. crit. dr. internat. privé 2018, 663, 667 f.; *Mora*, NILR 65 (2018), 155, 179.
⁹¹ *La Manna*, Riv. dir. int. priv. proc. 2019, 349, 355; *Marchadier*, Rev. crit. dr. internat. privé 2018, 663, 667 f. Vgl. auch *Saccucci* in Forlati/Franzina, Universal Civil Jurisdiction, S. 3, 8, 27.
⁹² *La Manna*, Riv. dir. int. priv. proc. 2019, 349, 354, 356; *Marchadier*, Rev. crit. dr. internat. privé 2018, 663, 670.
⁹³ *La Manna*, Riv. dir. int. priv. proc. 2019, 349, 355. Bereits vor den Entscheidungen des EGMR in Konstellationen der Rechtsverweigerung von einer Verletzung des Wesensgehalts ausgehend *Fawcett/Ní Shúilleabháin/Shah*, Human Rights and Private International Law, Rn. 4.85, 4.87, 6.102; *Ubertazzi*, Exclusive Jurisdiction, S. 286
⁹⁴ Siehe oben unter § 7 B I (S. 105 f.).
⁹⁵ *Augenstein*, Human Rights Law Review 18 (2018), 593, 609; *Bidell*, Zuständigkeiten der EuGVO, S. 207 Fn. 677; *Fawcett/Ní Shúilleabháin/Shah*, Human Rights and Private International Law, Rn. 2.89; *Kiestra*, The Impact of the ECHR, S. 94.
⁹⁶ *Jankowska-Gilberg*, Extraterritorialität der Menschenrechte, S. 164, unter Verweis auf EGMR (Große Kammer), Urt. v. 14.12.2006, Nr. 1398/03, Rn. 53 – Markovic u.a./Italien. Dieser Ansicht hat sich auch Richter *Wojtyczek* in seinem Sondervotum angeschlossen (Partly Dissenting Opinion of Judge *Wojtyczek*, Rn. 3, zu EGMR (Große Kammer), Urt. v. 15.3.2018, Nr. 51357/07 – Naït-Liman/Schweiz).

führers mangels internationaler Zuständigkeit abgelehnt. Während die bloße Klageerhebung durch den Beschwerdeführer nach der erstgenannten Ansicht bereits genügt hätte, um den Geltungsbereich der EMRK zu eröffnen, hätte dieser Umstand nach der letztgenannten Ansicht nicht genügt, da das Schweizer Recht gerade keine internationale Zuständigkeit vorsah. Allerdings besteht eine Besonderheit des Falles darin, dass der Beschwerdeführer trotz der Ablehnung internationaler Zuständigkeit über eine ausgeprägte persönliche Beziehung zur Schweiz als Konventionsstaat verfügt. Dies zeigt sich an seinem langjährigen Wohnsitz in der Schweiz, seinem dortigen Status als Asylberechtigtem sowie der späteren Annahme der Schweizer Staatsangehörigkeit[97]. Bereits aus diesen Gründen ließe sich eine den Anforderungen des Art. 1 EMRK genügende Verknüpfung zur Schweiz begründen – auf die Klageerhebung als möglichen Verbindungspunkt käme es nicht mehr an[98]. Sieht man von diesen Besonderheiten des Sachverhaltes ab, überzeugt ganz allgemein die Ansicht, welche bereits die bloße Verfahrenseinleitung in einem Konventionsstaat zur Geltung der EMRK genügen lässt[99]. Denn andernfalls drohte die Geltung der EMRK durch restriktive Zuständigkeitsvorschriften der Konventionsstaaten im Verhältnis zu Drittstaaten deutlich beschränkt und das Recht auf Zugang zu Gericht faktisch ausgehöhlt zu werden[100]. Treffender lassen sich die nationalen Zuständigkeitsvor-

---

[97] Vgl. insoweit EGMR (Kammer), Urt. v. 21.6.2016, Nr. 51357/07, Rn. 11 f., 23 – Naït-Liman/Schweiz. Demgegenüber verkürzt *Kübler-Wachendorff*, Das forum necessitatis, S. 213, die Verbindungspunkte des Beschwerdeführers zur Schweiz deutlich, indem er die Entscheidung des EGMR dahingehend zusammenfasst, dass der schlichte Aufenthalt des Klägers zum Zeitpunkt der Verfahrenseinleitung keine Pflicht zu Justizgewährung begründe.

[98] Mithin handelte es sich jedenfalls im Zeitpunkt der Entscheidung durch die Schweizer Gerichte um keinen Fall extraterritorialen Handelns mehr; ob die Klageerhebung als Anknüpfungspunkt staatlicher Hoheitsgewalt genügt, ist aber allein in diesen Fällen problematisch. – Vgl. speziell zu dieser Problematik *Bidell*, Zuständigkeiten der EuGVO, S. 207 Fn. 677; *Jankowska-Gilberg*, Extraterritorialität der Menschenrechte, S. 163 f.; allgemein *Röben* in Dörr/Grote/Marauhn, EMRK/GG, Kap. 5 Rn. 99 ff.

[99] In diesem Sinne *Augenstein*, Human Rights Law Review 18 (2018), 593, 609; *Bidell*, Zuständigkeiten der EuGVO, S. 207 Fn. 677; *Fawcett/Ní Shúilleabháin/Shah*, Human Rights and Private International Law, Rn. 2.89; *Kiestra*, The Impact of the ECHR, S. 94.

[100] *Kiestra*, The Impact of the ECHR, S. 94. Darüber hinaus bietet diese Ansicht den Vorteil, dass auch bei der Entscheidung darüber, ob eine internationale Zuständigkeit gegeben ist oder nicht, die Garantien des Art. 6 Abs. 1 EMRK zu beachten sind. Richter *Wojtyczek* möchte dieses Ergebnis in seinem Sondervotum erreichen, indem er für die Frage der Anwendbarkeit von Art. 6 Abs. 1 EMRK zwischen dem Streit über die Begründetheit in der Hauptsache einerseits und dem Zulässigkeitsstreit über das Vorliegen internationaler Zuständigkeit andererseits differenziert (Partly Dissenting Opinion of Judge *Wojtyczek*, Rn. 7, zu EGMR (Große Kammer), Urt. v. 15.3.2018, Nr. 51357/07 – Naït-Liman/Schweiz). Dabei sei Art. 6 Abs. 1 EMRK nur für den Zulässigkeitsstreit uneingeschränkt anwendbar (*Wojtyczek*, aaO.). Eine solche Aufspaltung des Verfahrens ist der gegenwärtigen Auslegung des Art. 6 Abs. 1 EMRK

schriften als prozessuale Hürden des Zugangsrechts aus Art. 6 Abs. 1 EMRK erfassen[101]. Mit dieser Einordnung ist auch keine Ausuferung des Rechts auf Zugang zu Gericht zu besorgen, da sich der weite Anwendungsbereich des Zugangsrechts in dem breiten Beurteilungsspielraum rechtfertigt, den die Konvention den nationalen Gesetzgebern bei der Ausgestaltung dieses Zugangsrechts gleichzeitig gewährt[102]. Bedauerlicherweise unterlässt es der EGMR jedoch, Ausführungen zu dieser Frage zu machen, und verpasst damit eine Gelegenheit, die unklare Rechtslage zur Verfahrenseinleitung als Anknüpfungspunkt der Konvention klarzustellen[103].

Die Anwendbarkeit von Art. 6 Abs. 1 EMRK setzt eine Streitigkeit über Ansprüche oder Verpflichtungen voraus, die dem Zivilrecht zuzuordnen sind. Zu diesen Anforderungen hat sich der EGMR bereits sehr häufig geäußert[104]. Dennoch bedürfen diese Kriterien für internationale Zivilverfahren einer Klarstellung. Als problematisch erweist sich nämlich, dass sich vom Beschwerdeführer geltend gemachte Ansprüche – nach der Rechtsprechung des EGMR[105] – zumindest vertretbar aus dem innerstaatlichen Recht ergeben müssen. In ihrer Entscheidung rekurriert die Große Kammer des EGMR auf einen im Schweizer Obligationenrecht geregelten Schadensersatzanspruch wegen unerlaubter Handlung[106]. Diese Vorschrift wurde vom Beschwerdeführer allerdings nicht geltend gemacht, da sich dieser allein auf das anwendbare tunesische Sachrecht

---

allerdings fremd, da das Recht auf Zugang zu Gericht gerade darauf gerichtet ist, dass es zu einer Entscheidung in der Sache kommt (zuletzt ausdrücklich EGMR, Urt. v. 1.3.2016, Nr. 22302/10, Rn. 66 – Arlewin/Schweden).

[101] Ebenfalls für diese Einordnung *Fawcett/Ní Shúilleabháin/Shah*, Human Rights and Private International Law, Rn. 4.77, 6.99. Die Schweizer Regierung hatte im Ausgangsverfahren eingewendet, die Anwendbarkeit des Art. 6 Abs. 1 EMRK scheitere daran, dass das Schweizer Recht keinen Anspruch kenne, Zivilverfahren wegen geltend gemachter Folterhandlungen unabhängig von einer Verbindung zum Inland vor den Schweizer Gerichten anhängig zu machen, vgl. EGMR (Kammer), Urt. v. 21.6.2016, Nr. 51357/07, Rn. 81 – Naït-Liman/Schweiz. Das kann vor dem Hintergrund obiger Ausführungen nicht überzeugen, da es sich insoweit nicht um einen materiellen Anspruch des Schweizer Rechts handelt, sondern eine Frage der internationalen Zuständigkeit, welche die Anwendbarkeit des Zugangsrechts indes nicht ausschließen kann, sondern eine prozessuale Hürde desselben darstellt, vgl. dazu EGMR (Kammer), Urt. v. 21.6.2016, Nr. 51357/07, Rn. 85 – Naït-Liman/Schweiz.
[102] Siehe dazu unten unter § 7 B IV 2 (S. 118 ff.).
[103] Vgl. auch *Marchadier*, Rev. crit. dr. internat. privé 2018, 663, 666.
[104] Vgl. allein die vom EGMR (Große Kammer), Urt. v. 15.3.2018, Nr. 51357/07, Rn. 106 – Naït-Liman/Schweiz, angeführten Nachweise.
[105] EGMR (Große Kammer), Urt. v. 15.3.2018, Nr. 51357/07, Rn. 106, 108 – Naït-Liman/Schweiz.
[106] Zudem wird auf die UN-Antifolterkonvention abgestellt, auf deren Implikationen in dieser Arbeit nicht näher eingegangen werden kann.

berufen hatte[107]. In einer anderen Entscheidung führte der EGMR aber – jedenfalls implizit – aus, dass es gerade auf den vom Beschwerdeführer geltend gemachten Anspruch ankomme[108]. Zugleich ist nicht einzusehen, warum für die Zwecke der Anwendbarkeit des Art. 6 Abs. 1 EMRK auf das innerstaatliche Sachrecht abgestellt werden sollte, obgleich dieses im Ergebnis weder zur Anwendung gelangt noch geltend gemacht wurde. In internationalen Zivilverfahren genügt es daher, dass der vom Kläger geltend gemachte Anspruch unter Berücksichtigung der Vorschriften des Internationalen Privatrechts nach dem anwendbaren Recht gewährt werden könnte[109], wobei es ausreichen muss, dass diese Rechtsauffassung vertretbar im Sinne der Rechtsprechung des EGMR ist. Diese Auslegung steht darüber hinaus im Einklang mit dem Sinn und Zweck der Einschränkung, den Staaten durch Art. 6 Abs. 1 EMRK keine materiellen Mindestgewährleistungspflichten aufzuerlegen, sondern allein das Verfahren zur Durchsetzung bestehender innerstaatlicher Ansprüche zu sichern[110].

Mithin deuten die Entscheidungen zwar auf einen weiten Anwendungsbereich sowohl der EMRK im Allgemeinen als auch des Rechts auf Zugang zu Gericht aus Art. 6 Abs. 1 EMRK im Besonderen hin. Methodische Ausführungen lässt der EGMR allerdings weitgehend vermissen. Die Tendenz dieser Aussagen ist gleichwohl zu begrüßen und sollte in künftigen Entscheidungen um die beschriebenen Klarstellungen ergänzt werden.

2. Verletzung des Zugangsrechts

a) Legitimer Zweck

Der EGMR erkennt in seinen Entscheidungen die übergeordneten Prinzipien der „ordnungsgemäßen Rechtspflege" sowie „effektiver nationaler Gerichtsentschei-

---

[107] So ausdrücklich Partly Dissenting Opinion of Judge *Wojtyczek*, Rn. 7, zu EGMR (Große Kammer), Urt. v. 15.3.2018, Nr. 51357/07 – Naït-Liman/Schweiz; auch *Mora*, NILR 65 (2018), 155, 167, 169.

[108] EGMR, Beschl. v. 11.6.2013, Nr. 65542/12, Rn. 120 – Stichting Mothers of Srebrenica u. a./Niederlande.

[109] Ebenso *Ubertazzi*, Exclusive Jurisdiction, S. 267. Angedeutet ist die Problematik der Fremdrechtsanwendung bei *Kiestra*, The Impact of the ECHR, S. 98. Stillschweigend könnte diese Auslegung bereits der Entscheidung der Kammer zugrunde gelegt worden sein, da diese zumindest auch auf den tunesischen Haftungstatbestand abgestellt hat (EGMR (Kammer), Urt. v. 21.6.2016, Nr. 51357/07, Rn. 85 – Naït-Liman/Schweiz); das Gericht scheint sogar vorrangig auf die Bestimmungen des tunesischen Rechts abgestellt zu haben, was sich angesichts der knappen Ausführungen allerdings nicht mit Sicherheit feststellen lässt.

[110] EGMR, Urt. v. 21.11.2001, Nr. 35763/97, Rn. 46 – Al-Adsani/Vereinigtes Königreich; *Meyer-Ladewig/Harrendorf/König* in Meyer-Ladewig/Nettesheim/von Raumer, EMRK, Art. 6 Rn. 14.

dungen" als legitime Zwecke einer Zuständigkeitsbeschränkung an[111]. Diese Zwecke werden vom EGMR zwar an dem konkreten Fall erläutert, sie sind aber dennoch verallgemeinerungsfähig. Denn die angeführten Zwecke entsprechen inhaltlich Zuständigkeitsinteressen, die ganz allgemein bei der Ausgestaltung des Zuständigkeitsrechts zu berücksichtigen sind[112]. So liegt es im objektiven Interesse der Verfahrensparteien, ihren Rechtsstreit möglichst schnell, einfach und kostengünstig einer rechtmäßigen, umfassenden und endgültigen Entscheidung zuzuführen[113]. Es entspricht diesem Interesse, dass (praktische) Schwierigkeiten bei der Beweiserhebung und einer etwaigen Vollstreckung vom EGMR als legitime Zwecke anerkannt werden, aus denen ein Staat seine internationale Zuständigkeit ablehnen kann[114]. Des Weiteren entsprechen die Vermeidung von *forum shopping* und einer übermäßigen Belastung der nationalen Gerichte, die vom EGMR ebenfalls als legitime Zwecke erachtet werden[115], insbesondere dem staatlichen Zuständigkeitsinteresse an einer ressourcenschonenden Ausgestaltung der internationalen Zuständigkeit. Schließlich liegt es auch im staatlichen Zuständigkeitsinteresse, dass diplomatische Konflikte vermieden werden, was der EGMR wiederum als legitimen Zweck einer Beschränkung ansieht[116].

Die vom EGMR angeführten Zwecke sind – mit Ausnahme der Vermeidung von diplomatischen Schwierigkeiten[117] – legitim und daher im Ausgangspunkt dazu geeignet, die Ausübung internationaler Zuständigkeit zu beschränken. Demgegenüber wurden die genannten Zwecke sowohl in den Sondervoten zu den Entscheidungen[118] als auch in der Literatur[119] kritisiert. Diese Kritik überzeugt jedoch überwiegend nicht. Denn die vom EGMR angeführten Zwecke

---

[111] EGMR (Große Kammer), Urt. v. 15.3.2018, Nr. 51357/07, Rn. 122 – Naït-Liman/Schweiz.
[112] Ausführlich zu den Zuständigkeitsinteressen der Beteiligten bereits oben unter § 5 A (S. 71 ff.).
[113] Siehe oben unter § 5 A I 2 (S. 72 ff.).
[114] EGMR (Große Kammer), Urt. v. 15.3.2018, Nr. 51357/07, Rn. 123 f. – Naït-Liman/Schweiz.
[115] EGMR (Große Kammer), Urt. v. 15.3.2018, Nr. 51357/07, Rn. 125 f. – Naït-Liman/Schweiz.
[116] EGMR (Große Kammer), Urt. v. 15.3.2018, Nr. 51357/07, Rn. 127 – Naït-Liman/Schweiz.
[117] Dazu sogleich im Text.
[118] Dissenting Opinion of Judge *Dedov*, S. 77, sowie *Serghides*, Rn. 92 ff., jeweils zu EGMR (Große Kammer), Urt. v. 15.3.2018, Nr. 51357/07 – Naït-Liman/Schweiz. Kritisch auch Joint Dissenting Opinion of Judges *Karakaş*, *Vučinić* and *Kūris*, Rn. 16, zu EGMR (Kammer), Urt. v. 21.6.2016, Nr. 51357/07 – Naït-Liman/Schweiz.
[119] *Fabre*, Rev. science crim. et dr. pén. comparé 2018, 861, 868 f.; *C. Hartmann* in Krajewski/Saage-Maaß, Durchsetzung menschenrechtlicher Sorgfaltspflichten von Unternehmen, S. 281, 294 f.; *Marchadier*, Journal du droit international (Clunet), 2017, 631, 637; *ders.*, Rev. crit. dr. internat. privé 2018, 663, 669 f. Kritisch auch *Hess/Mantovani*, MPILux Research Papers Series 2019 (1), S. 13; *Nkenkeu-Keck*, Rev. trim. dr. h. 116 (2018), 985, 989.

entsprechen den Zuständigkeitsinteressen der Beteiligten. So kehrt es zum Beispiel nicht – wie von einem Teil der Literatur angeführt[120] – die zeitlich gebotene Vorgehensweise um, wenn der Zugang zu Gericht bereits von der Frage abhängig gemacht wird, ob eine zu treffende Entscheidung tatsächlich vollstreckbar ist. Vielmehr schont es nicht nur die staatlichen Rechtsprechungsressourcen, sondern dient insbesondere auch dem objektiven Interesse der Parteien an einer umfassenden und endgültigen Entscheidung, wenn ein Staat seine Zuständigkeit ablehnt, weil im Ausland eine effektivere Vollstreckung möglich ist. Von dieser Feststellung ist die Frage zu trennen, ob die tatsächliche Vollstreckbarkeit auch dann maßgeblich ist, wenn nirgendwo im Ausland eine Entscheidung zu erreichen ist. Diese Frage ist durch eine umfassende Abwägung zwischen dem legitimen Zweck und dem Recht auf Zugang zu Gericht im Rahmen der Verhältnismäßigkeit zu prüfen[121]. Sie hat gerade keinen Einfluss darauf, ob der Zweck grundsätzlich als legitim anzusehen ist, um die internationale Zuständigkeit eines Vertragsstaates zu begrenzen. Mithin wird die breite Einschätzungsprärogative, die den Konventionsstaaten im Rahmen des legitimen Zwecks der Beschränkung zugestanden wird, durch eine umfassende Rechts- und Interessenabwägung auf der Ebene der Verhältnismäßigkeit wieder begrenzt. Lediglich der Zweck, potenzielle diplomatische Konflikte zu vermeiden, ist von vornherein nicht geeignet, um das Recht auf Zugang zu Gericht zu beschränken[122]. Denn eine Rechtsposition, die dem Einzelnen von der EMRK gewährt wird, kann nicht beschränkt werden, weil die Durchsetzung dieses Rechts von einem Drittstaat möglicherweise politisch nicht erwünscht ist[123].

b) Verhältnismäßigkeitsprüfung

Die Vorgehensweise des EGMR im Rahmen der Verhältnismäßigkeitsprüfung ist in wesentlichen Teilen nicht überzeugend. Denn zum einen verkürzt der EGMR die Verhältnismäßigkeitsprüfung auf die Ermittlung von Völkerrecht und Staatenpraxis sowie die Beurteilung der Frage, ob die Schweizer Gerichte die Vorschrift zur Notzuständigkeit willkürlich oder offensichtlich unsachlich

---

[120] *Fabre*, Rev. science crim. et dr. pén. comparé 2018, 861, 868.
[121] Gegenstand der Verhältnismäßigkeitsprüfung ist insbesondere auch die Frage, ob der Eingriff zur Zielerreichung geeignet ist, *Grabenwarter/Pabel*, EMRK, § 18 Rn. 15.
[122] Im Ergebnis auch Dissenting Opinion of Judge *Dedov*, S. 77, sowie *Serghides*, Rn. 96, jeweils zu EGMR (Große Kammer), Urt. v. 15.3.2018, Nr. 51357/07 – Naït-Liman/Schweiz; *C. Hartmann* in Krajewski/Saage-Maaß, Durchsetzung menschenrechtlicher Sorgfaltspflichten von Unternehmen, S. 281, 295; *Marchadier*, Rev. crit. dr. internat. privé 2018, 663, 670.
[123] Vgl. Dissenting Opinion of Judge *Dedov*, S. 77, zu EGMR (Große Kammer), Urt. v. 15.3.2018, Nr. 51357/07 – Naït-Liman/Schweiz.

ausgelegt haben[124]. Zum anderen berücksichtigt der EGMR die dem Beschwerdeführer drohende Rechtsverweigerung nicht[125].

aa) Nicht überzeugende Verkürzung des Prüfungsmaßstabs

Die Verhältnismäßigkeitsprüfung des EGMR erschöpft sich in der Feststellung, dass die legitimen Zwecke verhältnismäßig verfolgt wurden[126]. Ausführlicher wird allein die Frage behandelt, ob die Schweizer Gerichte die nationale Zuständigkeitsvorschrift willkürlich oder offensichtlich unsachlich ausgelegt haben[127]. In diesem Zusammenhang stellt der EGMR darauf ab, dass den Vertragsstaaten bei der Verhältnismäßigkeitsprüfung ein Beurteilungsspielraum zustehe[128]. Den Umfang dieses Beurteilungsspielraums bestimmt der EGMR ausschließlich mit Blick auf eine etwaige völkerrechtliche Verpflichtung sowie die relevante Staatenpraxis[129]. Da weder eine völkerrechtliche Verpflichtung noch maßgebliche Staatenpraxis bestehe, die einen Staat in der konkreten Situation verpflichte, internationale Zuständigkeit auszuüben, sei der Beurteilungsspielraum weit und Art. 6 Abs. 1 EMRK mithin nicht verletzt[130].

Diese Vorgehensweise des EGMR überzeugt nicht, da sie zunächst verschiedene Gewährleistungselemente des Art. 6 Abs. 1 EMRK vermischt. Denn der EGMR prüft im Rahmen des Rechts auf Zugang zu Gericht die Frage, ob die Schweizer Gerichte die Vorschrift zur Notzuständigkeit willkürlich oder offensichtlich unsachlich ausgelegt haben. Insoweit handelt es sich indes um einen eigenständigen Gewährleistungsgehalt des Art. 6 Abs. 1 EMRK[131]. Dieser stellt sicher, dass konventionsstaatliche Gerichte zumindest grundlegende Ausle-

---

[124] Dazu sogleich unten unter § 7 B IV 2 b aa (S. 121 ff.).
[125] Dazu sogleich unten unter § 7 B IV 2 b bb (S. 123 ff.).
[126] EGMR (Kammer), Urt. v. 21.6.2016, Nr. 51357/07, Rn. 121 – Naït-Liman/Schweiz; EGMR (Große Kammer), Urt. v. 15.3.2018, Nr. 51357/07, Rn. 206 f., 216, 217 – Naït-Liman/Schweiz.
[127] EGMR (Kammer), Urt. v. 21.6.2016, Nr. 51357/07, Rn. 109 ff. – Naït-Liman/Schweiz; EGMR (Große Kammer), Urt. v. 15.3.2018, Nr. 51357/07, Rn. 210 ff. – Naït-Liman/Schweiz.
[128] EGMR (Kammer), Urt. v. 21.6.2016, Nr. 51357/07, Rn. 102 – Naït-Liman/Schweiz; EGMR (Große Kammer), Urt. v. 15.3.2018, Nr. 51357/07, Rn. 114, 173 – Naït-Liman/Schweiz.
[129] Vgl. EGMR (Kammer), Urt. v. 21.6.2016, Nr. 51357/07, Rn. 114 ff. – Naït-Liman/Schweiz; EGMR (Große Kammer), Urt. v. 15.3.2018, Nr. 51357/07, Rn. 173 ff. – Naït-Liman/Schweiz. Siehe auch *Hess/Mantovani*, MPILux Research Papers Series 2019 (1), S. 12; *La Manna*, Riv. dir. int. priv. proc. 2019, 349, 354; *Marchadier*, Journal du droit international (Clunet), 2017, 631, 636; *ders.*, Rev. crit. dr. internat. privé 2018, 663, 667 f.; *Mora*, NILR 65 (2018), 155, 179.
[130] Vgl. EGMR (Große Kammer), Urt. v. 15.3.2018, Nr. 51357/07, Rn. 203 ff. – Naït-Liman/Schweiz.
[131] Vgl. *Meyer-Ladewig/Peters* in Meyer-Ladewig/Nettesheim/von Raumer, EMRK, Art. 35 Rn. 44. Vgl. auch EGMR, Urt. v. 24.11.2009, Nr. 27577/04, Rn. 17 f. – Şentürk/Türkei.

gungsgrundsätze wahren[132]. Von diesem Gewährleistungsgehalt des Art. 6 Abs. 1 EMRK ist das Recht auf Zugang zu Gericht als wiederum eigenständiger Gewährleistungsgehalt des Art. 6 Abs. 1 EMRK zu trennen. Daher konnte ein Verstoß gegen Art. 6 Abs. 1 EMRK konkret nicht nur daraus abgeleitet werden, dass die Schweizer Gerichte ihr nationales Recht möglicherweise willkürlich oder offensichtlich unsachlich ausgelegt haben, indem sie den für die Notzuständigkeit erforderlichen Inlandsbezug abgelehnt haben[133]. Vielmehr hätte auch das Recht auf Zugang zu Gericht aus Art. 6 Abs. 1 EMRK selbst daraufhin untersucht werden müssen, ob es – unabhängig von der nationalen Ausgestaltung des Zuständigkeitsrechts – in der vorliegenden Konstellation zur Annahme von internationaler Zuständigkeit zwingt. Auf diesen Gewährleistungsgehalt ist der EGMR jedoch nicht näher eingegangen und hat den Prüfungsmaßstab aus diesem Grund erheblich verkürzt.

Darüber hinaus überzeugt es nicht, dass der EGMR den Beurteilungsspielraum der Vertragsstaaten ausschließlich aus dem Völkerrecht und der Staatenpraxis ableitet[134]. Zwar ist die Berücksichtigung eines Konsenses, der anhand von Völkerrecht und Staatenpraxis ermittelt wird, im Ausgangspunkt nicht zu beanstanden. Insoweit handelt es sich um eine gängige – wenn auch nicht unumstrittene[135] – Methode des EGMR, um eine evolutive Entwicklung der Konventionsrechte zu ermöglichen[136]. Die Anwendung dieser Methode führt vorliegend jedoch zur misslichen Konsequenz, dass sich das Gericht einer konkreten Abwägung der betroffenen Rechtsgüter und Interessen zugunsten einer umfassenden Betrachtung der völkerrechtlichen Praxis enthält. Denn auf mögliche An-

---

[132] Vgl. im Hinblick auf die Anwendung von Zuständigkeitsvorschriften *Meyer* in Karpenstein/Mayer, EMRK, Art. 6 Rn. 51.

[133] Einen Verstoß gegen diesen Gewährleistungsgehalt des Art. 6 Abs. 1 EMRK bejahend Joint Dissenting Opinion of Judges *Karakaş, Vučinić* and *Kūris*, Rn. 11, zu EGMR (Kammer), Urt. v. 21.6.2016, Nr. 51357/07 – Naït-Liman/Schweiz; Dissenting Opinion of Judge *Dedov*, S. 76, sowie *Serghides*, Rn. 42, 52, 89, jeweils zu EGMR (Große Kammer), Urt. v. 15.3.2018, Nr. 51357/07 – Naït-Liman/Schweiz; *Fabre*, Rev. science crim. et dr. pén. comparé 2018, 861, 882 ff.; vgl. auch *Marchadier*, Rev. crit. dr. internat. privé 2018, 663, 668 f.; *Nkenkeu-Keck*, Rev. trim. dr. h. 116 (2018), 985, 1001 f.

[134] Dissenting Opinion of Judge *Serghides*, Rn. 110, zu EGMR (Große Kammer), Urt. v. 15.3.2018, Nr. 51357/07 – Naït-Liman/Schweiz; *Mora*, NILR 65 (2018), 155, 179 ff.; kritisch auch *Marchadier*, Rev. crit. dr. internat. privé 2018, 663, 667 f.

[135] Vgl. zur Kritik ausführlich *Kleinlein*, European Journal of International Law 28 (2017), 871, 890 ff.; *von Ungern-Sternberg*, AVR 2013, 312, 323 ff.

[136] Siehe zur sog. Konsensmethode *Kleinlein*, European Journal of International Law 28 (2017), 871; *Nkenkeu-Keck*, Rev. trim. dr. h. 116 (2018), 985, 998; *von Ungern-Sternberg*, AVR 2013, 312.

forderungen, die sich unmittelbar aus dem Recht auf Zugang zu Gericht aus Art. 6 Abs. 1 EMRK ableiten lassen, geht der EGMR nicht ein[137].

bb) Mangelnde Berücksichtigung der drohenden Rechtsverweigerung

Der EGMR berücksichtigt in seinen Entscheidungen nicht, dass dem Beschwerdeführer durch die Klageabweisung der Schweizer Gerichte eine Rechtsverweigerung droht[138]. Die Nichtberücksichtigung der Rechtsverweigerung begründet der EGMR im Wesentlichen damit, dass auf diese Voraussetzung der Notzuständigkeit nicht einzugehen sei, da sie das Schweizer Bundesgericht unter Hinweis auf den jedenfalls fehlenden Inlandsbezug offengelassen habe[139]. Diese Begründung vermischt wiederum[140] die verschiedenen Gewährleistungselemente des Art. 6 Abs. 1 EMRK. Denn die Ausgestaltung des nationalen Zuständigkeitsrechts hat lediglich Auswirkungen auf die Frage, ob das nationale Recht von den Schweizer Gerichten willkürlich oder offensichtlich unsachlich angewendet wurde. Von diesem Gewährleistungselement des Art. 6 Abs. 1 EMRK ist das Recht auf Zugang zu Gericht als eigenständiges Gewährleistungselement des Art. 6 Abs. 1 EMRK zu trennen. Für das Zugangsrecht ist nicht entscheidend, wie das Schweizer Zuständigkeitsrecht ausgestaltet ist. Vielmehr kommt es allein darauf an, ob es sich auf das Recht auf Zugang zu Gericht auswirkt, dass dem Rechtssuchenden im Ausland kein zumutbarer Rechtsschutz zur Verfügung steht. Die drohende Rechtsverweigerung hätte nur dann unberücksichtigt bleiben können, wenn auch das Recht auf Zugang zu Gericht selbst eine Beschränkung der internationalen Zuständigkeit stets zuließe, sofern – unabhängig von den Rechtsverwirklichungschancen im Ausland – ein bestimmter Inlandsbezug unterschritten wird. Zu dieser Frage hat sich der EGMR indes nicht geäußert.

---

[137] Vgl. insoweit die Bemerkung der Dissenting Opinion of Judge *Serghides*, Rn. 110, zu EGMR (Große Kammer), Urt. v. 15.3.2018, Nr. 51357/07 – Naït-Liman/Schweiz, die Gewährleistungen des Art. 6 Abs. 1 EMRK und nicht das Völkerrecht hätten auf die Vereinbarkeit mit dem Sachverhalt geprüft werden sollen.
[138] Siehe auch Joint Dissenting Opinion of Judges *Karakaş*, *Vučinić* and *Kūris*, Rn. 18, zu EGMR (Kammer), Urt. v. 21.6.2016, Nr. 51357/07 – Naït-Liman/Schweiz; Dissenting Opinion of Judge *Dedov*, S. 76, sowie *Serghides*, Rn. 103, jeweils zu EGMR (Große Kammer), Urt. v. 15.3.2018, Nr. 51357/07 – Naït-Liman/Schweiz. *Saccucci* in Forlati/Franzina, Universal Civil Jurisdiction, S. 3, 28, bezeichnet dies als „major shortcoming" der Entscheidung.
[139] EGMR (Kammer), Urt. v. 21.6.2016, Nr. 51357/07, Rn. 111 – Naït-Liman/Schweiz; EGMR (Große Kammer), Urt. v. 15.3.2018, Nr. 51357/07, Rn. 102 – Naït-Liman/Schweiz; *La Manna*, Riv. dir. int. priv. proc. 2019, 349, 355; *Marchadier*, Rev. crit. dr. internat. privé 2018, 663, 667 f.
[140] Dazu bereits ausführlich oben unter § 7 B IV 2 b aa (S. 121 f.).

Darüber hinaus hat die Große Kammer des EGMR die Nichtberücksichtigung der drohenden Rechtsverweigerung zusätzlich darauf gestützt, dass der Ausgang eines Verfahrens vor italienischen Gerichten mit Blick auf die internationale Zuständigkeit spekulativ bleibe und daher über diese Frage nicht entschieden werden könne[141]. Trotz einer entsprechenden Anfrage habe das Gericht insoweit keine „eindeutige" Antwort von den Parteien erhalten[142]. Demgegenüber äußert sich die Große Kammer nicht zu den Rechtsverwirklichungschancen in Tunesien. Vielmehr besteht insoweit Einigkeit, dass dem Beschwerdeführer ein Verfahren vor tunesischen Gerichten jedenfalls unzumutbar ist[143]. Tunesien ist jedoch der einzige Staat, der einen engen Bezug zu dem Sachverhalt aufweist, da die Folterhandlungen in diesem Staat stattgefunden haben sollen. Im Vergleich dazu weist Italien eine deutlich losere Verbindung mit dem Sachverhalt auf[144]. Angesichts dessen ist die internationale Zuständigkeit Italiens von vornherein fraglich[145]. Zumindest in den abweichenden Sondervoten wird davon ausgegangen, dass ein Verfahren in Italien unmöglich sei[146]. Zudem verbleibt der Ausgang eines tatsächlich nicht angestrengten Verfahrens stets spekulativ. Gleichwohl ist eine Verfahrenseinleitung – auch nach der Auffassung des EGMR – nicht erforderlich, um eine drohende Rechtsverweigerung nachzuweisen. Denn die Unzumutbarkeit einer Verfahrensführung in Tunesien wurde vom EGMR nicht infrage gestellt, obgleich der Beschwerdeführer auch dort kein Verfahren eingeleitet hat. Mithin war auch der Verweis auf die Unge-

---

[141] EGMR (Große Kammer), Urt. v. 15.3.2018, Nr. 51357/07, Rn. 102 – Naït-Liman/Schweiz.
[142] EGMR (Große Kammer), Urt. v. 15.3.2018, Nr. 51357/07, Rn. 102 – Naït-Liman/Schweiz.
[143] Dies zeigt sich bereits daran, dass die Schweizer Regierung lediglich den Nachweis der Unmöglichkeit oder Unzumutbarkeit eines Verfahrens in Italien infrage gestellt hat (siehe EGMR (Kammer), Urt. v. 21.6.2016, Nr. 51357/07, Rn. 96 – Naït-Liman/Schweiz). Vgl. auch *Fabre*, Rev. science crim. et dr. pén. comparé 2018, 861, 885; *Ryngaert*, Riv. dir. int. 100 (2017), 782, 787, 803; *Saccucci* in Forlati/Franzina, Universal Civil Jurisdiction, S. 3, 31 f.
[144] Aus den knappen Ausführungen zu dem Sachverhalt wird nicht hinreichend klar, ob in Italien z. B. Handlungen vorgenommen wurden, die als Ausgangspunkt für die vom Beschwerdeführer vorgebrachten Folterhandlungen in Tunesien angesehen werden könnten.
[145] Vgl. in diesem Zusammenhang die Bemerkung von *Ryngaert*, Riv. dir. int. 100 (2017), 782, 787, 803, dass im Fall kein vernünftiger Zweifel daran bestand, dass dem Beschwerdeführer in Tunesien oder einem anderen Staat kein Rechtsschutz zur Verfügung gestanden habe. Vgl. auch *Marchadier*, Rev. crit. dr. internat. privé 2018, 663, 669. Demgegenüber führt *Saccucci* in Forlati/Franzina, Universal Civil Jurisdiction, S. 3, 33 f., zwar einige theoretisch denkbare Zuständigkeitsgründe an, bemerkt aber zugleich, dass der EGMR näher auf diese Frage hätte eingehen können.
[146] Vgl. Joint Dissenting Opinion of Judges *Karakaş*, *Vučinić* and *Kūris*, Rn. 18, zu EGMR (Kammer), Urt. v. 21.6.2016, Nr. 51357/07 – Naït-Liman/Schweiz; Dissenting Opinion of Judge *Dedov*, S. 76, sowie *Serghides*, Rn. 103, jeweils zu EGMR (Große Kammer), Urt. v. 15.3.2018, Nr. 51357/07 – Naït-Liman/Schweiz.

wissheiten einer Verfahrensführung in Italien nicht dazu geeignet, die drohende Rechtsverweigerung pauschal von der Betrachtung auszuschließen. Die dem Beschwerdeführer drohende Rechtsverweigerung hätte vom EGMR daher zumindest berücksichtigt werden müssen[147].

cc) Konsequenzen der drohenden Rechtsverweigerung für das Zugangsrecht

Die dem Beschwerdeführer drohende Rechtsverweigerung beeinflusst – im Gegensatz zur Auffassung des EGMR – die Verhältnismäßigkeitsprüfung im Rahmen des Rechts auf Zugang zu Gericht[148]. Im konkreten Sachverhalt drohte dem Beschwerdeführer eine Rechtsverweigerung, da am Handlungsort in Tunesien sowie im damaligen Auslieferungsstaat Italien kein (zumutbares) Verfahren möglich gewesen wäre. Losgelöst vom Einzelfall hätte eine Einschränkung des Zugangsrechts, wie sie durch die Schweizer Gerichte erfolgte, zur Konsequenz, dass es einem Kläger bei unerlaubten Handlungen im Allgemeinen sowie Folter im Besonderen unmöglich wäre, außerhalb des Staates, in dem die Handlung begangen wurde, Schadensersatz zu erhalten[149]. Denn angenommen, es handelte sich bei dem Handlungsort zugleich um den Heimatstaat des Klägers, ergäben sich darüber hinaus Verbindungspunkte allein zu seinem gegenwärtigen Aufenthalts- oder Asylstaat. Sollte am Tatort kein zumutbares Verfahren gewährleistet sein, drohte stets Rechtsverweigerung. Diese naheliegende Gefahr ist in eine Abwägung des Zugangsrechts mit einzubeziehen. Denn das Ziel, Rechtsverweigerung zu verhindern, bildet den Wesensgehalt des Rechts auf Zu-

---

[147] Vgl. auch *Marchadier*, Rev. crit. dr. internat. privé 2018, 663, 668; *Saccucci* in Forlati/Franzina, Universal Civil Jurisdiction, S. 3, 34.

[148] Im Ergebnis auch Joint Dissenting Opinion of Judges *Karakaş*, *Vučinić* and *Kūris*, Rn. 18, zu EGMR (Kammer), Urt. v. 21.6.2016, Nr. 51357/07 – Naït-Liman/Schweiz; Dissenting Opinion of Judge *Dedov*, S. 76, sowie *Serghides*, Rn. 103, jeweils zu EGMR (Große Kammer), Urt. v. 15.3.2018, Nr. 51357/07 – Naït-Liman/Schweiz; *La Manna*, Riv. dir. int. priv. proc. 2019, 349, 355; *Marchadier*, Rev. crit. dr. internat. privé 2018, 663, 667 f. In diesem Sinne bereits vor den Entscheidungen des EGMR *Bidell*, Zuständigkeiten der EuGVO, S. 185 ff.; *Ereciński/Weitz* in FS für Kaissis, S. 187 f.; *Fawcett*, ICLQ 56 (2007), 1, 7; *Fawcett/Ní Shúilleabháin/Shah*, Human Rights and Private International Law, Rn. 4.85 ff., 6.102; *Geimer* in FS für Simotta, S. 163, 170, *ders.*, IZPR, Rn. 1035; *Grolimund*, Drittstaatenproblematik, Rn. 697; *Kiestra*, The Impact of the ECHR, S. 104 ff.; *Kropholler* in Hdb. IZVR I, Kap. III, Rn. 57, 187; *Linke/Hau*, IZVR, Rn. 7.2; *Matscher* in FS für Schwind, S. 71, 79 f.; *Milleker*, Der Negative Internationale Kompetenzkonflikt, S. 69; *Pfeiffer*, Internationale Zuständigkeit, S. 439 f.; *Reisewitz*, Rechtsfragen des Medizintourismus, S. 131; Staudinger/*Spellenberg* (2016), § 98 FamFG Rn. 260.

[149] Vgl. Joint Dissenting Opinion of Judges *Karakaş*, *Vučinić* and *Kūris*, Rn. 15 ff., zu EGMR (Kammer), Urt. v. 21.6.2016, Nr. 51357/07 – Naït-Liman/Schweiz. Vgl. auch die Bemerkung von *La Manna*, Riv. dir. int. priv. proc. 2019, 349, 356, der EGMR hätte die Wahrscheinlichkeit einer Rechtsverweigerung bei gründlicherer Betrachtung erkennen müssen.

gang zu Gericht[150]. Dies zeigt ein Blick auf die Entstehungsgeschichte: Zur Begründung des Zugangsrechts verweist der EGMR darauf, dass Art. 6 Abs. 1 EMRK im Lichte des völkerrechtlichen Verbots der Rechtsverweigerung zu verstehen sei[151]. Zudem sei die Gewährleistung eines fairen, öffentlichen und zügigen Gerichtsverfahrens wertlos, wenn es überhaupt kein Gerichtsverfahren gebe[152]. Der Zugang zu Gericht müsse ferner effektiv ausgestaltet sein[153]. Droht dem Rechtssuchenden in einem internationalen Zivilverfahren Rechtsverweigerung, wird ihm entweder bereits der Zugang zu Gericht selbst verweigert (Unmöglichkeit) oder der Zugang ist jedenfalls nicht effektiv (Unzumutbarkeit). Damit verstößt eine Rechtsverweigerung gegen die Grundannahmen des Zugangsrechts und bildet mithin dessen Wesensgehalt. Gleichwohl folgt aus der Einordnung als Wesensgehalt nicht zwangsläufig, dass bei einer drohenden Rechtsverweigerung jeder Vertragsstaat seine internationale Zuständigkeit stets annehmen muss[154]. Vielmehr geht der EGMR bei einer Verletzung des Wesensgehalts nicht automatisch von einer Verletzung des Rechts auf Zugang zu Gericht aus[155]. Dies zeigen ebenfalls die Entscheidungen des EGMR in der Rechtssache Naït-Liman. So ging die Betrachtung des Wesensgehalts im Urteil der Kammer in der Verhältnismäßigkeitsprüfung auf[156], während sich die Große Kammer lediglich in den allgemeinen und nicht in den sachverhaltsbezogenen Erwägungen zum Wesensgehalt äußerte[157]. Die Verletzung des Wesensgehalts

---

[150] Vgl. Joint Dissenting Opinion of Judges *Karakaş*, *Vučinić* and *Kūris*, Rn. 18, zu EGMR (Kammer), Urt. v. 21.6.2016, Nr. 51357/07 – Naït-Liman/Schweiz; Dissenting Opinion of Judge *Dedov*, S. 76, sowie *Serghides*, Rn. 114, jeweils zu EGMR (Große Kammer), Urt. v. 15.3.2018, Nr. 51357/07 – Naït-Liman/Schweiz; *Fawcett/Ní Shúilleabháin/Shah*, Human Rights and Private International Law, Rn. 4.85, 4.87, 6.102; *Ubertazzi*, Exclusive Jurisdiction, S. 286; sehr stark in diese Richtung tendierend auch *La Manna*, Riv. dir. int. priv. proc. 2019, 349, 355.

[151] EGMR, Urt. v. 21.2.1975, Nr. 4451/70, Rn. 35 – Golder/Vereinigtes Königreich. Siehe auch *Marchadier*, Rev. crit. dr. internat. privé 2018, 663, 667.

[152] EGMR, Urt. v. 21.2.1975, Nr. 4451/70, Rn. 35 – Golder/Vereinigtes Königreich.

[153] EGMR, Urt. v. 19.9.2000, Nr. 40031/98, Rn. 38 – Gnahoré/Frankreich.

[154] Für die Vereinbarkeit eines gewissen Inlandsbezuges mit Art. 6 Abs. 1 EMRK bereits *Ibili*, Gewogen rechtsmacht in het IPR, S. 113, allerdings ohne diesen – wie der EGMR – losgelöst von den Umständen des Einzelfalls zu betrachten.

[155] Vgl. insoweit den Rechtsprechungsüberblick bei *Van Drooghenbroeck/Rizcallah*, German Law Journal 20 (2019), 904, 910 ff. Siehe zudem EGMR, Urt. v. 1.3.2016, Nr. 22302/10, Rn. 73 – Arlewin/Schweden; in der Entscheidung bejaht der EGMR zwar eine Verletzung des Wesensgehalts, begründet dies allerdings mit der Unverhältnismäßigkeit der Einschränkung.

[156] Vgl. EGMR (Kammer), Urt. v. 21.6.2016, Nr. 51357/07, Rn. 108 – Naït-Liman/Schweiz.

[157] EGMR (Große Kammer), Urt. v. 15.3.2018, Nr. 51357/07, Rn. 214 – Naït-Liman/Schweiz. Vgl. auch Partly Dissenting Opinion of Judge *Dedov*, S. 76, sowie *Wojtyczek*, Rn. 8, jeweils zu ebendiesem Urteil.

ist daher ein Abwägungskriterium, das bei der Prüfung der Verhältnismäßigkeit zu berücksichtigen ist[158].

Legt man diese Feststellungen zugrunde, hätte der EGMR die legitimen Zwecke der Beschränkung umfassend mit dem Recht auf Zugang zu Gericht abwägen müssen. Dabei wäre zu berücksichtigen gewesen, dass – im Gegensatz zu der Ausgestaltung und Auslegung der internationalen Zuständigkeit im Allgemeinen – höhere Anforderungen an die Legitimität einer Beschränkung zu stellen sind, wenn eine Rechtsverweigerung droht. In dem Sachverhalt spricht einiges dafür, dass die Schweizer Gerichte ihren Beurteilungsspielraum überschritten haben, indem sie die internationale Zuständigkeit abgelehnt haben[159]. Denn der Beschwerdeführer hat die Schweizer Gerichte nicht zufällig zur Rechtsdurchsetzung ausgewählt, sondern weist eine enge persönliche Beziehung zu diesem Vertragsstaat auf. Aus diesem Grund kommt der Vermeidung von *forum shopping* und einer übermäßigen Belastung der nationalen Gerichte als legitimen Zwecken der Zuständigkeitsbeschränkung nur geringes Gewicht zu. Demgegenüber wiegt das Zugangsrecht des Beschwerdeführers aufgrund der drohenden Rechtsverweigerung schwer. Unabhängig von dem konkreten Ergebnis der Verhältnismäßigkeitsprüfung hätte der Sachverhalt dem EGMR aber zumindest die Chance geboten, die Faktoren der Abwägungsentscheidung bei drohender Rechtsverweigerung und mithin den Beurteilungsspielraum der Vertragsstaaten bei der Zuständigkeitsgestaltung zu konkretisieren.

V. Schlussfolgerungen: Auswirkungen der Entscheidungen des EGMR auf die gegenwärtige Auslegung des Zugangsrechts

Die Entscheidungen des EGMR sind bereits aufgrund der kaum vorhandenen Rechtsprechung im Bereich der internationalen Zuständigkeit von wesentlicher Bedeutung. Dies betrifft zunächst die Geltung der EMRK sowie die Anwendbarkeit des Rechts auf Zugang zu Gericht in internationalen Zivilverfahren vor konventionsstaatlichen Gerichten. Zwar finden sich zu dieser Frage keine dogmatischen Ausführungen des EGMR. Die Entscheidungen deuten jedoch auf einen weiten Anwendungsbereich hin, der insbesondere davon unabhängig ist, wie die Vertragsstaaten ihr Zuständigkeitsrecht konkret ausgestaltet haben. Mit

---

[158] Vgl. zudem die Bemerkung von *Bidell*, Zuständigkeiten der EuGVO, S. 213, dass dem Wesensgehalt neben der Verhältnismäßigkeitskontrolle keine eigenständige Bedeutung zukomme.

[159] Im Ergebnis auch Joint Dissenting Opinion of Judges *Karakaş*, *Vučinić* and *Kūris*, Rn. 18, zu EGMR (Kammer), Urt. v. 21.6.2016, Nr. 51357/07 – Naït-Liman/Schweiz; Dissenting Opinion of Judge *Dedov*, S. 76, sowie *Serghides*, Rn. 103, jeweils zu EGMR (Große Kammer), Urt. v. 15.3.2018, Nr. 51357/07 – Naït-Liman/Schweiz; *La Manna*, Riv. dir. int. priv. proc. 2019, 349, 355; *Marchadier*, Rev. crit. dr. internat. privé 2018, 663, 667 f.

diesem weiten Anwendungsbereich des Zugangsrechts korrespondiert allerdings auch ein weiter – in den Entscheidungsanmerkungen gar als nahezu unbegrenzt[160] bezeichneter – Beurteilungsspielraum der Konventionsstaaten, dieses Zugangsrecht wieder einzuschränken. Denn die Grenzen der Beschränkbarkeit, namentlich der Wesensgehalt und die Verhältnismäßigkeitskontrolle, verbleiben infolge der vagen Ausführungen des EGMR konturlos. Zudem wird die einem Rechtssuchenden drohende Rechtsverweigerung bei der Verhältnismäßigkeitsprüfung nicht berücksichtigt. Vielmehr zeichnet der EGMR insoweit lediglich die inländischen Vorschriften zur Notzuständigkeit nach, als er zwischen der Einschränkungsmöglichkeit mangels Inlandsbeziehung und einer drohenden Rechtsverweigerung strikt trennt: Kann ein Konventionsstaat – innerhalb seines breiten Beurteilungsspielraums – keinen ausreichenden Inlandsbezug ermitteln, muss eine internationale Zuständigkeit nicht eröffnet werden. Den Beurteilungsspielraum der Vertragsstaaten leitet der EGMR ausschließlich aus dem Völkerrecht und der Staatenpraxis ab, die einen Vertragsstaat gegenwärtig nicht dazu verpflichteten, eine Notzuständigkeit auszuüben. Darüber hinaus weist die Große Kammer ausdrücklich auf die Möglichkeit künftiger Entwicklungen hin[161] und macht das Recht auf Zugang zu Gericht in Konstellationen der Notzuständigkeit damit gänzlich von einem Konsens unter den europäischen Staaten abhängig[162]. Solange sich dieser Konsens (noch) nicht gebildet hat, lässt sich aus Art. 6 Abs. 1 EMRK keine Verpflichtung zur Notzuständigkeit ableiten. Entsprechende Konkretisierungsbemühungen in der Literatur werden vorerst gelähmt. Die Behandlung der Notzuständigkeit legt der EGMR *de lege lata* weitgehend in die Hände der Konventionsstaaten[163].

---

[160] *Hess/Mantovani*, MPILux Research Papers Series 2019 (1), S. 12; *Nkenkeu-Keck*, Rev. trim. dr. h. 116 (2018), 985, 997 ff.; *Ryngaert*, Riv. dir. int. 100 (2017), 782, 805.

[161] EGMR (Große Kammer), Urt. v. 15.3.2018, Nr. 51357/07, Rn. 220 – Naït-Liman/ Schweiz. Diesen Hinweis des EGMR betonend *Hess/Mantovani*, MPILux Research Papers Series 2019 (1), S. 13; zumindest lobend erwähnend auch *La Manna*, Riv. dir. int. priv. proc. 2019, 349, 356. Vgl. zudem *Dutta*, BerDGesIntR 50 (2020), 39, 60; *M. Stürner/Pförtner*, GPR 2019, 222, 227, allerdings ohne nähere Stellungnahme. Demgegenüber sieht *Marchadier*, Rev. crit. dr. internat. privé 2018, 663, 665 f., in dem Hinweis des EGMR zugleich ein Eingeständnis, dass gegenwärtig gerade kein effektiver Rechtsschutz gewährleistet werde. *Saccucci* in Forlati/Franzina, Universal Civil Jurisdiction, S. 3, 5, 13 f., befürchtet, dass die Entscheidung des EGMR die Entwicklung in diesem Gebiet bremse, da sie den Vertragsstaaten eine Rechtfertigung dafür gebe, weder die Notzuständigkeit noch das Universalitätsprinzip einzuführen.

[162] Vgl. auch die Bemerkung von *Marchadier*, Journal du droit international (Clunet), 2017, 631, 636, der EGMR verstecke sich hinter dem europäischen Staatenkonsens.

[163] Es ist daher zumindest stark verkürzt, wenn *Augenstein*, Human Rights Law Review 18 (2018), 593, 610 Fn. 79, den Aussagegehalt der Entscheidung darauf reduziert, dass sie keinen Zweifel an der Kontrolle konventionsstaatlichen Umgangs mit Notzuständigkeiten

C. Recht des Beklagten auf Freiheit vor Justiz

Da Art. 6 Abs. 1 EMRK dem Kläger ein Recht auf Zugang zu Gericht gewährt, stellt sich die Frage, ob – gleichsam umgekehrt – dem Beklagten ein Konventionsrecht zusteht, das eine Zuständigkeitsausübung gerade verhindert. Ein solches Recht auf Freiheit vor Justiz[164] wird insbesondere als Einwendungsmöglichkeit gegenüber exorbitanten Zuständigkeiten diskutiert[165]. Es könnte aber auch für die Notzuständigkeit von Bedeutung sein, da die Sache in diesen Verfahren regelmäßig nur einen geringen Bezug zu dem Forumstaat aufweist. Überwiegend wird ein Recht auf Freiheit vor Justiz mit dem Recht auf ein faires Verfahren aus Art. 6 Abs. 1 EMRK begründet[166]; vereinzelt wird demgegenüber unmittelbar auf das Recht auf Zugang zu Gericht in seiner negativen Ausprägung abgestellt[167] oder ein eigenständiges Recht des Beklagten auf Justizfreiheit erwogen[168]. Andere Teile der Literatur lehnen ein solches Beklagtenrecht indes gänzlich ab[169].

Mit einem Recht des Beklagten auf Freiheit vor Justiz hat sich der EGMR bislang nicht auseinandergesetzt. In der Literatur wird einzig auf einen betagten Kommissionsentscheid aus dem Jahre 1976 hingewiesen[170], in dem der Maßstab eines „sufficient link" auftaucht[171]. Dieser Maßstab erinnert an die US-amerika-

---

durch den EGMR lasse. *Ryngaert*, Riv. dir. int. 100 (2017), 782, 805, sieht das Ergebnis des EGMR als gerechtfertigt an, weil das Gericht sonst seine Funktion als Rechtsprechungsorgan überschreite. *La Manna*, Riv. dir. int. priv. proc. 2019, 349, 381, befürchtet, dass sich die Rechtsverweigerung zu einem tatsächlichen Risiko für die Rechtsuchenden entwickle, wenn sich der Trend einer restriktiven Auslegung der konventionsstaatlichen Zuständigkeitsvorschriften nach dem Vorbild der Schweizer Entscheidung ausbreite.

[164] Eine ähnliche Formulierung verwenden *Bertele*, Souveränität und Verfahrensrecht, S. 204; *Pfeiffer*, Internationale Zuständigkeit, S. 579.

[165] Vgl. *Matscher* in FS für Neumayer, S. 459, 467; *Pfeiffer*, Internationale Zuständigkeit, S. 583 f.

[166] *Fawcett/Ní Shúilleabháin/Shah*, Human Rights and Private International Law, Rn. 4.24 f., 6.49; *Kiestra*, The Impact of the ECHR, S. 132 f.; *Matscher* in FS für Schwind, S. 71, 80. Vgl. auch *Geimer*, BerDGesVölkR 33 (1994), 213, 226; *Hess* in FS für Jayme, S. 339, 346; *Hess/Mantovani*, MPILux Research Papers Series 2019 (1), S. 6; *Pfeiffer*, Internationale Zuständigkeit, S. 583 f.; *ders.* in Hess/Pfeiffer/Schlosser, The Heidelberg Report, Rn. 209.

[167] *Nuyts* in Nuyts/Watté, International Civil Litigation, S. 157, 179 ff.; *Schlosser*, Riv. dir. int. 74 (1991), 5, 16; *ders.*, IPRax 1992, 140, 141. Vgl. auch *Grolimund*, Drittstaatenproblematik, Rn. 696, 700 f.

[168] So *Bidell*, Zuständigkeiten der EuGVO, S. 283 ff., obgleich sie dies im Ergebnis ablehnt.

[169] *Bertele*, Souveränität und Verfahrensrecht, S. 209 f.; *Bidell*, Zuständigkeiten der EuGVO, S. 276 ff., 289.

[170] Etwa von *Matscher* in FS für Neumayer, S. 459, 467; *Nuyts* in Nuyts/Watté, International Civil Litigation, S. 157, 178.

[171] EKMR, Entsch. v. 13.5.1976, Nr. 6200/73 (die Entscheidung selbst ist nicht veröffent-

nische *due process clause* (dort: „minimum contacts")[172]. In Anlehnung an deren Funktionsweise gewähre – nach einem Teil der Literatur[173] – auch die EMRK ein Recht des Beklagten auf Freiheit vor Justiz. Eine solche Konstruktion ist jedoch nicht erforderlich, da das Recht auf ein faires Verfahren des Art. 6 Abs. 1 EMRK selbst den Gedanken der Waffengleichheit enthält[174]. Wird aus Art. 6 Abs. 1 EMRK ein Recht auf Zugang zu Gericht des Klägers abgeleitet, muss nach dem Grundsatz der Waffengleichheit auch dem Beklagten ein den unmittelbaren Verfahrensrechten vorgelagertes Recht hinsichtlich der Ausübung internationaler Zuständigkeit zustehen. Unabhängig von der genauen dogmatischen Einordnung besteht damit zumindest dem Grunde nach ein Recht des Beklagten auf Justizfreiheit[175].

Demgegenüber ist der genaue Gewährleistungsumfang des Beklagtenrechts unklar. Im Ausgangspunkt kann das Recht nicht bereits eingreifen, wenn der Beklagte bloßen Unannehmlichkeiten ausgesetzt ist, da diese Schwierigkeiten einer Prozessführung im Ausland gerade immanent sind[176]. Vielmehr wird durch das Erfordernis einer gewissen Beziehung des Beklagten zum Verfahrensstaat gewährleistet, dass dem Beklagten eine verhältnismäßige Verteidigungsmöglichkeit gegenüber der Klage zukommt[177]. Insoweit sind die Rechte und Interessen des Klägers an einer Zuständigkeitseröffnung mit denen des Beklagten an einer Zuständigkeitsversagung abzuwägen[178]. Umstritten ist jedoch,

---

lich, eine Zusammenfassung der relevanten Stellen findet sich allerdings u.a. bei *Kiestra*, The Impact of the ECHR, S. 128).

[172] Vgl. dazu bereits oben in § 5 Fn. 47.

[173] Vgl. *Nuyts* in Nuyts/Watté, International Civil Litigation, S. 157, 188 f.; *Schlosser*, Riv. dir. int. 74 (1991), 5, 16.

[174] Vgl. *Nuyts* in Nuyts/Watté, International Civil Litigation, S. 157, 188 f.; *Schlosser*, Riv. dir. int. 74 (1991), 5, 16.

[175] Im Ergebnis auch *Fawcett/Ní Shúilleabháin/Shah*, Human Rights and Private International Law, Rn. 4.24 f., 6.49; *Kiestra*, The Impact of the ECHR, S. 132 f.; *Matscher* in FS für Schwind, S. 71, 80; *Nuyts* in Nuyts/Watté, International Civil Litigation, S. 157, 179 ff.; *Schlosser*, Riv. dir. int. 74 (1991), 5, 16; *ders.*, IPRax 1992, 140, 141. Vgl. auch *Geimer*, BerDGesVölkR 33 (1994), 213, 226; *Grolimund*, Drittstaatenproblematik, Rn. 696, 700 f.; *Hess* in FS für Jayme, S. 339, 346; *Hess/Mantovani*, MPILux Research Papers Series 2019 (1), S. 6; *Pfeiffer*, Internationale Zuständigkeit, S. 583 f.; *ders.* in Hess/Pfeiffer/Schlosser, The Heidelberg Report, Rn. 209.

[176] *Fawcett/Ní Shúilleabháin/Shah*, Human Rights and Private International Law, Rn. 4.26; *Nuyts* in Nuyts/Watté, International Civil Litigation, S. 157, 180 f.

[177] *Fawcett/Ní Shúilleabháin/Shah*, Human Rights and Private International Law, Rn. 4.27, 6.50.

[178] *Fawcett/Ní Shúilleabháin/Shah*, Human Rights and Private International Law, Rn. 4.29, 6.52; *Geimer* in FS für Schwind, S. 17, 19; *ders.*, BerDGesVölkR 33 (1994), 213, 227 f.; *ders.* in FS für von Hoffmann, S. 589 ff.; *Hess* in FS für Jayme, S. 339, 346; *Kiestra*, The Impact of the ECHR, S. 133.

ob sich bei drohender Rechtsverweigerung das Recht des Klägers auf Zugang zu Gericht in letzter Konsequenz gegenüber dem Recht des Beklagten auf Justizfreiheit absolut durchsetzt[179] oder auch in diesen Konstellationen noch einer Abwägung zugänglich ist[180].

Betrachtet man diese Ausführungen vor dem Hintergrund der Entscheidungen des EGMR in der Rechtssache Naït-Liman[181], ist eine nähere Auseinandersetzung mit der inhaltlichen Reichweite des Beklagtenrechts entbehrlich. Denn der EGMR gewährt den Vertragsstaaten in Bezug auf die Frage, ob bei drohender Rechtsverweigerung eine internationale Zuständigkeit auszuüben ist, einen nahezu unbegrenzten Beurteilungsspielraum[182]. Mit diesem breiten Beurteilungsspielraum geht zugleich einher, dass das Recht des Beklagten auf Freiheit vor Justiz eine Zuständigkeitsausübung nicht verhindern kann. Vielmehr obliegt es einzig den Vertragsstaaten, wie sie die Zuständigkeitsinteressen der Verfahrensbeteiligten im konkreten Einzelfall gewichten[183].

D. Ergebnis

Die EMRK stellt gegenwärtig keine konkreten Anforderungen an die Ausgestaltung der internationalen Zuständigkeit im Allgemeinen sowie an die Ausübung einer Notzuständigkeit im Besonderen. Insbesondere wird der weite Beurteilungsspielraum der Mitgliedstaaten, wann ein zur Ausübung internationaler Zuständigkeit genügender Inlandsbezug vorliegen soll, nach Auffassung des EGMR selbst bei drohender Rechtsverweigerung nicht eingeschränkt.

---

[179] Vgl. *Grolimund*, Drittstaatenproblematik, Rn. 719; *Mankowski* in von Hoffmann, Universalität der Menschenrechte, S. 139, 187 ff.
[180] So im Ergebnis *Fawcett/Ní Shúilleabháin/Shah*, Human Rights and Private International Law, Rn. 4.29 f., 6.52; *Kiestra*, The Impact of the ECHR, S. 134.
[181] Vgl. dazu ausführlich oben unter § 7 B II (S. 107 ff.).
[182] Siehe oben unter § 7 B V (S. 127 f.).
[183] Vgl. dazu bereits *Kiestra*, The Impact of the ECHR, S. 133, der allerdings bemerkt, dass Art. 6 Abs. 1 EMRK idealerweise die Funktion eines Leitbildes bei der „Kalibrierung" internationaler Zuständigkeit durch die nationalen Gesetzgeber zukommen solle.

§ 8 Europarecht: EU-Grundrechtecharta

Der unionsrechtliche Grundrechtsschutz geht zurück auf die Rechtsprechung des EuGH, der unter rechtsvergleichender Betrachtung der mitgliedstaatlichen Grundrechtsordnungen sowie der EMRK allgemeine Rechtsgrundsätze der Gemeinschaftsrechtsordnungen herausgebildet hat[1]. Einen solchen Grundsatz stellt auch das Recht auf effektiven Rechtsschutz und ein faires Verfahren dar[2]. Mit der Charta der Grundrechte hat die Union nunmehr ein im Einzelnen ausdifferenziertes und kodifiziertes System des Grundrechtsschutzes geschaffen, dem seit Inkrafttreten des Vertrags von Lissabon[3] der Rang von Primärrecht zukommt[4]. Da das Recht auf effektiven Rechtsschutz darin vollständig aufgeht, beschränken sich die nachfolgenden Ausführungen auf die Bestimmungen der Charta[5].

A. Geltungsbereich der Unionsgrundrechte

Der Geltungsbereich der Unionsgrundrechte wird durch Art. 51 GRC von den mitgliedstaatlichen Grundrechtsordnungen abgegrenzt[6]. Nach Art. 51 Abs. 1 S. 1 GRC gilt die Charta ausnahmslos für die Organe der Union, sodass die

---

[1] Vgl. statt aller nur *Kingreen* in Calliess/Ruffert, EUV/AEUV, Art. 6 EUV Rn. 3 ff.

[2] Vgl. EuGH, Urt. v. 13.3.2007, Rs. C-432/05, ECLI:EU:C:2007:163, Rn. 37 – Unibet (effektiver Rechtsschutz); EuGH, Urt. v. 28.3.2000, Rs. C-7/98, ECLI:EU:C:2000:164, Rn. 26 – Krombach (faires Verfahren); *Bidell*, Zuständigkeiten der EuGVO, S. 168; *Schmehl*, Parallelverfahren und Justizgewährung, S. 303 f; *Pache*, NVwZ 2001, 1342, 1343.

[3] Der Vertrag von Lissabon zur Änderung des Vertrags über die Europäische Union und des Vertrags zur Gründung der Europäischen Gemeinschaft trat gem. Art. 6 Abs. 2 am 1.12.2009 in Kraft (ABl. EU 2007 Nr. C 306, S. 1, 135; vgl. auch BGBl. 2009 II S. 1223).

[4] Siehe Art. 6 Abs. 1 Unterabs. 1 EUV.

[5] Unter Berücksichtigung des Untersuchungsgegenstandes ist noch auf die Kompetenzgrundlage der Union im Bereich der justiziellen Zusammenarbeit in Zivilsachen hinzuweisen, die in Art. 81 Abs. 2 lit. c AEUV die Vermeidung von Kompetenzkonflikten zum Gegenstand hat und in lit. e den effektiven Zugang zum Recht erwähnt. Inhaltlich lassen sich aus den Kompetenztiteln aber freilich keine unmittelbaren Gewährleistungen des Unionsrechts ableiten.

[6] *Hatje* in Schwarze, EU-Kommentar, Art. 51 GRC Rn. 2, 13.

Rechte beachtet werden müssen, wenn Unionsrechtsakte gesetzt werden[7]. Für diese Arbeit entscheidend und ungleich schwieriger zu beantworten ist jedoch die Frage, wann die Mitgliedstaaten an die Unionsgrundrechte gebunden sind und mithin, in welchen Konstellationen eine Versagung internationaler Zuständigkeit durch die nationalen Gerichte am Maßstab der Charta zu messen ist. Im Ausgangspunkt bestimmt Art. 51 Abs. 1 S. 1 GRC, dass die Charta für die Mitgliedstaaten ausschließlich bei der Durchführung des Rechts der Union gilt. Dies betrifft zunächst die unmittelbare Anwendung und Auslegung des Unionsrechts[8], wie dies im Anwendungsbereich der EU-Verordnungen mit Regelungen zur internationalen Zuständigkeit durch die nationalen Gerichte der Fall ist[9]. Außerhalb des Anwendungsbereichs dieser Verordnungen finden sich indes keine weiteren Unionsrechtsakte, die sich bereits unmittelbar auf die internationale Zuständigkeit beziehen[10]. Gleichwohl kann die Charta auch in diesen Konstellationen Geltung beanspruchen, und zwar soweit in der Sache Unionsrecht betroffen ist, das „durchgeführt" wird[11]. Denn mit der Geltung der Unionsgrundrechte in der Sache geht die Anwendbarkeit des Justizgrundrechts auf einen wirksamen Rechtsbehelf und ein unparteiisches Gericht aus Art. 47 GRC einher[12]. Die Problematik, wann eine Durchführung von Unionsrecht außer-

---

[7] *Eicher*, Rechtsverwirklichungschancen, S. 51; *Jarass*, Charta der Grundrechte, Art. 51 Rn. 16.

[8] *Heinze*, EuR 2008, 654, 657; *Hess*, EuZPR, Rn. 4.9, 11.4; *Jarass*, Charta der Grundrechte, Art. 51 Rn. 31; *Pache* in Pechstein/Nowak/Häde, Frankfurter Kommentar EUV/GRC/AEUV, Art. 51 GRC Rn. 27; *Streinz/Michl* in Streinz, EUV/AEUV, Art. 51 EU-Grundrechte-Charta 2000 Rn. 10.

[9] *Düsterhaus* in Gascón Inchausti/Hess, The Future of the European Law of Civil Procedure, S. 69, 76 f.; *Paraschas* in Liber amicorum für Kohler, S. 357, 364 f.; *Schmehl*, Parallelverfahren und Justizgewährung, S. 324. Vgl. auch *Ladenburger/Vondung* in Stern/Sachs, Europäische Grundrechte-Charta, Art. 51 Rn. 48.

[10] Zur Bedeutung von Richtlinien im EuZVR *Hess*, EuZPR, Rn. 4.28 ff.

[11] Bei der Auslegung der autonomen Vorschrift zur Notzuständigkeit ausdrücklich auf Art. 47 GRC abstellend, da es um die Durchsetzung von Ansprüchen aus einem Sekundärrechtsakt ging, OGH, Beschl. v. 6.5.2019, 4 Nc 11/19h; OGH, Beschl. v. 10.11.2020, 5 Nc 22/20k. Deutlich enger *Eicher*, Rechtsverwirklichungschancen, S. 51 f. (nur im Anwendungsbereich gemeinschaftsrechtlicher Regelungen des Verfahrens). *Britz*, JZ 2013, 105, 107, und *Paraschas* in Liber amicorum für Kohler, S. 357, 364 f., betrachten demgegenüber nur den umgekehrten Fall, dass die Anwendung einer unionsrechtlichen Zuständigkeitsvorschrift nicht automatisch auch zur Anwendung der Unionsgrundrechte in der Sache führe; vgl. dazu EuGH, Urt. v. 15.10.2010, Rs. C-400/10 PPU, ECLI:EU:C:2010:582, Rn. 51 f., 59 – McB.

[12] Insoweit droht eine Überschreitung der Kompetenzen durch die EU. Gem. Art. 51 Abs. 2 GRC kommt es durch die Charta zu keiner Verschiebung der Zuständigkeiten zwischen der EU und den Mitgliedstaaten. Die für die internationale Zuständigkeit relevante Kompetenzgrundlage für die justizielle Zusammenarbeit in Zivilsachen findet sich in Art. 81 AEUV, dort insbesondere Abs. 2 litt. c und e, wobei es sich gem. Art. 4 Abs. 1, Abs. 2 lit. j

halb dessen unmittelbaren Vollzugs gegeben ist, kann in der Arbeit allerdings nur angerissen werden[13]. Zuletzt hat der EuGH seine Rechtsprechung auf diesem Gebiet dahingehend präzisiert, dass die Charta jedenfalls nicht anwendbar sei, wenn eine unionsrechtliche Vorschrift keine bestimmten Verpflichtungen der Mitgliedstaaten statuiere[14]. Daraus wird in der Literatur gefolgert, dass die abstrakte Betroffenheit eines Kompetenzbereichs der Union nicht für die Geltung der Charta genüge[15].

Soweit die Unionsgrundrechte keine Geltung beanspruchen, gelangen die mitgliedstaatlichen Grundrechtsordnungen zur Anwendung: Diese betreffen somit international-verfahrensrechtliche Sachverhalte, soweit sie verfahrensrechtlich nicht in den Anwendungsbereich einer EU-Verordnung fallen und in der Sache Unionsrecht entweder überhaupt nicht maßgebend ist oder jedenfalls nicht „durchgeführt" wird.

AEUV um eine geteilte Zuständigkeit handelt, was bedeutet, dass die Mitgliedstaaten gemäß Art. 2 Abs. 2 S. 2 AEUV zuständig sind, sofern und soweit die Union ihre Zuständigkeit noch nicht ausgeübt hat, vgl. *R. Wagner*, IPRax 2014, 217; *ders.*, IPRax 2019, 185, 186. Damit käme der EU außerhalb des Anwendungsbereichs der Verordnungen (derzeit) keine Kompetenz zu, sodass die Unionsgrundrechte dort an sich keine Geltung beanspruchen könnten, vgl. *Ohler*, NVwZ 2013, 1433, 1434. Nun finden die Unionsgrundrechte zwar verfahrensrechtlich mangels einschlägiger Verordnung keine Anwendung, in der Sache sind sie aber gleichwohl aufgrund der Durchführung von Unionsrecht anwendbar. Denn Art. 47 GRC knüpft an das Unionsrecht in der Sache an, wirkt sich jedoch verfahrensrechtlich aus und bewirkt damit eine Kollision von Kompetenz und Geltungsbereich des Grundrechtsschutzes. Dennoch muss sich Art. 47 GRC in diesen Fällen auch verfahrensrechtlich durchsetzen, da die Effektivität des Grundrechtsschutzes in der Sache nicht von der verfahrensrechtlichen Kompetenzverteilung abhängen sollte. Außerdem bewirkt die Anwendbarkeit der Charta allein nicht notwendigerweise eine Ausdehnung der Kompetenzen der Union, vgl. dazu *Honer*, JuS 2017, 409, 411; *Kingreen* in Calliess/Ruffert, EUV/AEUV, Art. 51 EU-GRCharta Rn. 34.

[13] Ausführliche Darstellungen finden sich z.B. bei *Beijer*, Limits of Fundamental Rights Protection, S. 230 ff.; *Kingreen* in Calliess/Ruffert, EUV/AEUV, Art. 51 EU-GRCharta Rn. 7 ff.; *Ohler*, NVwZ 2013, 1433, 1436 ff.; *Paraschas* in Liber amicorum für Kohler, S. 357, 361 ff.

[14] Vgl. EuGH, Urt. v. 10.7.2014, Rs. C-198/13, ECLI:EU:C:2014:2055, Rn. 35 – Julian Hernández u.a.

[15] *Epping*, Grundrechte, Rn. 1034; *Hatje* in Schwarze, EU-Kommentar, Art. 51 GRC Rn. 19; *Jarass*, ZEuP 2017, 310, 316; *Paraschas* in Liber amicorum für Kohler, S. 357, 363; *Terhechte* in von der Groeben/Schwarze/Hatje, Europäisches Unionsrecht, Art. 51 GRC Rn. 12. Vgl. zudem bereits *Thym*, NVwZ 2013, 889, 894.

B. Das Recht auf einen wirksamen Rechtsbehelf und ein unparteiisches Gericht aus Art. 47 GRC

I. Anwendungsbereich und Systematik

Art. 47 Abs. 1 GRC[16] gewährleistet einen wirksamen gerichtlichen Rechtsbehelf für Personen, deren durch das Recht der Union garantierte Rechte oder Freiheiten verletzt worden sind. Nach Abs. 2 besteht insbesondere ein Recht der Person, dass ihre Sache von einem Gericht in einem fairen Verfahren verhandelt wird. Die Vorschrift stützt sich ausweislich der Erläuterungen zur Charta[17] hinsichtlich Art. 47 Abs. 1 GRC auf Art. 13 EMRK[18] und hinsichtlich Art. 47 Abs. 2 GRC auf den bereits ausführlich behandelten Art. 6 EMRK[19]. Über Art. 13 EMRK, der bei Verletzung von Konventionsrechten ein Recht auf wirksame Beschwerde vor einer innerstaatlichen Instanz postuliert, geht Art. 47 Abs. 1 GRC einerseits durch das Erfordernis des Rechtsschutzes durch Gerichte hinaus[20], andererseits ist die Anwendbarkeit nicht auf die in der Charta geregelten Rechte beschränkt[21]. Art. 47 Abs. 2 GRC weist darüber hinaus keine Einschränkung auf zivilrechtliche Ansprüche und Verpflichtungen beziehungsweise strafrechtliche Anklagen auf[22]. Der weite Anwendungsbereich des Art. 47 Abs. 1 GRC hat zur Konsequenz, dass sich die beiden Absätze der Vorschrift – im Gegensatz zu den Vorbildern der EMRK – deutlich überschneiden. Nicht zuletzt aus diesem Grund[23] wird Art. 47 GRC von Teilen der Literatur als einheitliches Grundrecht angesehen[24], wobei Art. 47 Abs. 2 GRC die Gewährleis-

---

[16] Der Text von Art. 47 GRC enthält zwar Absätze, jedoch sind diese nicht nummeriert. Dennoch ist in der Rechtsprechung des EuGH sowie in der Literatur üblich, dass der Artikel mit Absatzbezeichnung zitiert wird (siehe nur *Jarass*, Charta der Grundrechte, Art. 47 Rn. 1 Fn. 2).

[17] Die Erläuterungen zur Charta der Grundrechte, ABl.EU 2007 Nr. C 303, S. 17, sind gem. Art. 6 Abs. 1 Unterabs. 3 EUV, Art. 52 Abs. 7 GRC sowie der Präambel der Charta bei der Auslegung gebührend zu berücksichtigen.

[18] Erläuterungen zur Charta der Grundrechte, ABl.EU 2007 Nr. C 303, S. 17, 29.

[19] Erläuterungen zur Charta der Grundrechte, ABl.EU 2007 Nr. C 303, S. 17, 30.

[20] Dazu ausdrücklich Erläuterungen zur Charta der Grundrechte, ABl.EU 2007 Nr. C 303, S. 17, 29.

[21] Darauf weisen *Fawcett/Ní Shúilleabháin/Shah*, Human Rights and Private International Law, Rn. 3.04, sowie *Safjan/Düsterhaus*, Yearbook of European Law 33 (2014), 3, 31, hin.

[22] Dazu ausdrücklich Erläuterungen zur Charta der Grundrechte, ABl.EU 2007 Nr. C 303, S. 17, 30.

[23] Daneben spreche der Charakter als Grundrecht sowie die Formulierung „ihre Sache" in Art. 47 Abs. 2 GRC für das Erfordernis einer Verletzung in einem subjektiven Unionsrecht, siehe *Jarass*, NJW 2011, 1393, 1394; *ders.*, Charta der Grundrechte, Art. 47 Rn. 2; *Lemke* in von der Groeben/Schwarze/Hatje, Europäisches Unionsrecht, Art. 47 GRC Rn. 2.

[24] Für die Behandlung als einheitliches Grundrecht *Blanke* in Calliess/Ruffert, EUV/

tungen des Abs. 1 verfahrensbezogen konkretisiere[25]. Diese Betrachtungsweise ist jedoch nicht zwingend. Vielmehr deuten die redaktionelle Aufspaltung, die ursprüngliche Herausbildung als allgemeiner Rechtsgrundsatz des Gemeinschaftsrechts sowie die unterschiedliche Verankerung der Absätze in den Rechten der EMRK auf einen differenzierten Schutzbereich hin[26]. Für das Recht auf Zugang zu Gericht ist diese Zweiteilung relevant, weil Art. 47 Abs. 2 GRC im Gegensatz zu Art. 47 Abs. 1 GRC nach überzeugender Ansicht die Geltendmachung einer Unionsrechtsverletzung nicht erfordert[27]. Setzte man demgegenüber die Verletzung von Unionsrecht voraus, käme Art. 47 GRC allein in Konstellationen zur Anwendung, in denen es in der Sache um Unionsrecht ginge, während die Maßgeblichkeit einer EU-Verordnung für das Verfahren nicht genügte[28]. Schafft der Unionsgesetzgeber jedoch eine einheitliche Verfahrensordnung, sollte die Effektivität der Rechtsdurchsetzung auch europaweit einheitlich nach den Unionsgrundrechten beurteilt werden, und zwar unabhängig davon, ob in der Sache Unions- oder autonomes mitgliedstaatliches Recht anwendbar ist[29]. Dies gilt umso mehr, als der bereits skizzierte Geltungsbereich der Charta eine übermäßige Ausweitung der Unionsgrundrechte verhindert[30].

Art. 47 Abs. 2 GRC enthält mithin ein eigenständiges Recht auf Zugang zu Gericht für sämtliche Verfahren, die in den Geltungsbereich der Charta fallen.

AEUV, Art. 47 EU-GRCharta Rn. 2; *Jarass*, NJW 2011, 1393, 1394; *ders.*, Charta der Grundrechte, Art. 47 Rn. 2; *Lemke* in von der Groeben/Schwarze/Hatje, Europäisches Unionsrecht, Art. 47 GRC Rn. 2.

[25] *Nehl* in Pechstein/Nowak/Häde, Frankfurter Kommentar EUV/GRC/AEUV, Art. 47 GRC Rn. 11.

[26] Gegen eine Behandlung als einheitliches Grundrecht *Eicher*, Rechtsverwirklichungschancen, S. 49 ff.; *Eser/Kubiciel* in Meyer/Hölscheidt, Charta der Grundrechte der Europäischen Union, Art. 47 Rn. 1; *Frenz*, Handbuch Europarecht, Rn. 4992 f.; *Schmehl*, Parallelverfahren und Justizgewährung, S. 311.

[27] Ausführlich *Eicher*, Rechtsverwirklichungschancen, S. 49 ff.; *Schmehl*, Parallelverfahren und Justizgewährung, S. 311 ff., jeweils m.w.N. Vgl. zudem *Alber* in Stern/Sachs, Europäische Grundrechte-Charta, Art. 47 Rn. 93; *Frenz*, Handbuch Europarecht, Rn. 4991. Trotz Behandlung als einheitliches Grundrecht im Ergebnis auch *Blanke* in Calliess/Ruffert, EUV/AEUV, Art. 47 EU-GRCharta Rn. 12.

[28] Darauf weist zu Recht *Schmehl*, Parallelverfahren und Justizgewährung, S. 307, 316, hin.

[29] *Alber* in Stern/Sachs, Europäische Grundrechte-Charta, Art. 47 Rn. 93; *Frenz*, Handbuch Europarecht, Rn. 4993, stellen demgegenüber ganz allgemein darauf ab, dass für die Geltendmachung rein nationaler Rechte keine ungünstigeren Verfahrensregeln gelten dürften als für vergleichbare europarechtliche Ansprüche. Kritisch hierzu *Schmehl*, Parallelverfahren und Justizgewährung, S. 312.

[30] Denn die Geltung der GRC ist dann auf die in der Verordnung geregelten, verfahrensrechtlichen Aspekte beschränkt und betrifft insbesondere nicht die Sache.

II. Inhaltliche Reichweite des Zugangsrechts

Inhaltlich findet durch die parallele Ausgestaltung zur EMRK die Bestimmung des Art. 52 Abs. 3 S. 1 GRC Anwendung, wonach den Rechten der Charta die gleiche Bedeutung und Tragweite zukommt wie den Rechten der EMRK, soweit sie diesen entsprechen. Die Verknüpfung mit den Rechten der EMRK ist dynamisch zu verstehen und erfasst mithin auch die gegenwärtige Rechtsprechung des EGMR[31]. Folglich enthält Art. 47 Abs. 2 GRC ein Recht auf Zugang zu Gericht, das in seiner Reichweite zumindest Art. 6 EMRK entspricht und auf dessen Inhalt verwiesen werden kann. Gleichwohl können die Gewährleistungen der Unionsgrundrechte über das Schutzniveau der EMRK hinausgehen, da der Verweis auf die EMRK gemäß Art. 52 Abs. 3 S. 2 GRC nur als Festsetzung eines Mindestniveaus europäischen Grundrechtsschutzes zu verstehen ist, das nicht unterschritten, aber überschritten werden darf[32]. Somit wäre zwar grundsätzlich denkbar, dass das Recht auf Zugang zu Gericht aus Art. 47 Abs. 2 GRC einen über Art. 6 Abs. 1 EMRK hinausgehenden Schutz – etwa durch eine (stärkere) Berücksichtigung drohender Rechtsverweigerung – gewährleistet. Davon ist aber gleichwohl nicht auszugehen. Denn auch die in Art. 52 Abs. 1 GRC explizit vorgesehenen Einschränkungsmöglichkeiten der Unionsgrundrechte verlaufen praktisch parallel zu den im Rahmen der EMRK erörterten[33]. So setzt Art. 52 Abs. 1 GRC ebenfalls die Wahrung von Wesensgehalt und Verhältnismäßigkeit voraus[34]. Insoweit sind mit den von der Union anerkannten, dem

---

[31] Vgl. *von Danwitz* in Masing/Jestaedt/Capitant/Le Divellec, Strukturfragen des Grundrechtsschutzes in Europa, S. 67, 84; *Lenaerts*, EuR 2012, 3, 12. Der EuGH verweist für die Auslegung der Charta ebenfalls auf die aktuelle Rechtsprechung des EGMR, vgl. z. B. speziell zu Art. 47 GRC EuGH, Urt. v. 22.10.2010, Rs. C-279/09, ECLI:EU:C:2010:811, Rn. 45 ff. – DEB; EuGH, Urt. v. 28.2.2013, Rs. C-334/12 RX-II, ECLI:EU:C:2013:134, Rn. 43 – Arango Jaramillo u. a.

[32] *von Danwitz* in Masing/Jestaedt/Capitant/Le Divellec, Strukturfragen des Grundrechtsschutzes in Europa, S. 67, 84; *Düsterhaus* in Gascón Inchausti/Hess, The Future of the European Law of Civil Procedure, S. 69, 74; *Krämer* in Stern/Sachs, Europäische Grundrechte-Charta, Art. 52 Rn. 65; *Lenaerts*, EuR 2012, 3, 12.

[33] Vgl. *Fawcett/Ní Shúilleabháin/Shah*, Human Rights and Private International Law, Rn. 3.23, m. w. N. in Fn. 55 darauf, dass der EuGH hinsichtlich der Voraussetzungen einer Einschränkung teilweise nicht auf Art. 52 Abs. 1 GRC abstelle, sondern auf seine eigene Rechtsprechung oder die des EGMR. Auch gewährt der EuGH grundsätzlich einen Beurteilungsspielraum hinsichtlich der Einschränkungsmöglichkeiten, vgl. *Krämer* in Stern/Sachs, Europäische Grundrechte-Charta, Art. 52 Rn. 55.

[34] *Becker* in Schwarze, EU-Kommentar, Art. 52 Rn. 6 f.; *Epping*, Grundrechte, Rn. 1036; *Kingreen* in Calliess/Ruffert, EUV/AEUV, Art. 52 EU-GRCharta Rn. 64 ff.; *Lenaerts*, EuR 2012, 3, 9 ff.; *Pache* in Pechstein/Nowak/Häde, Frankfurter Kommentar EUV/GRC/AEUV, Art. 52 GRC Rn. 24 ff.; *Streinz/Michl* in Streinz, EUV/AEUV, Art. 52 EU-Grundrechte-Char-

Gemeinwohl dienenden Zielsetzungen sowie den Rechten und Freiheiten anderer erneut weitreichende legitime Zwecke einer Beschränkung vorgesehen[35].

Eine Besonderheit des Unionsgrundrechtsschutzes besteht bei einer Beschränkung durch nationales Verfahrensrecht allerdings darin, dass die Mitgliedstaaten zusätzlich die europarechtlichen Grundsätze der Gleichwertigkeit (Äquivalenz) und Effektivität berücksichtigen müssen[36]. Danach darf die Durchsetzung unionsrechtlicher Ansprüche weder derart beschränkt sein, dass das Verfahren ungünstiger ausgestaltet ist als bei rein innerstaatlichen Sachverhalten, noch diese gänzlich vereiteln oder übermäßig erschweren[37]. Obgleich sich der Effektivitätsgrundsatz mithin zuständigkeitsrechtlich auswirken kann[38], ist aus diesem allenfalls in „eindeutigen" Fallkonstellationen zu entnehmen, dass die Annahme internationaler Zuständigkeit zwingend erforderlich ist[39]. Denn auch der Effektivitätsgrundsatz gilt nicht uneingeschränkt, sondern wird durch andere vom Unionsrecht anerkannte Prinzipien und Institute begrenzt[40]. Die hinreichende Inlandsbeziehung als Anknüpfungspunkt internationaler Zuständigkeit wird sowohl in den europäischen Verordnungen mit

---

ta 2000 Rn. 14 ff.; *Terhechte* in von der Groeben/Schwarze/Hatje, Europäisches Unionsrecht, Art. 52 GRC Rn. 7 ff.

[35] Vgl. *Schwerdtfeger* in Meyer/Hölscheidt, Charta der Grundrechte der Europäischen Union, Art. 52 Rn. 27 ff.

[36] *Eicher*, Rechtsverwirklichungschancen, S. 53; *Heinze*, EuR 2008, 654, 660, 662 ff.; *ders.*, JZ 2011, 709, 713; *Hess*, EuZPR, Rn. 11.7 ff.; *Jarass*, NJW 2011, 1393, 1395; *Schmehl*, Parallelverfahren und Justizgewährung, S. 318 f. Die Grundsätze der Äquivalenz und Effektivität folgen aus dem Grundsatz der loyalen Zusammenarbeit des Art. 4 Abs. 3 EUV, vgl. *Franzius* in Pechstein/Nowak/Häde, Frankfurter Kommentar EUV/GRC/AEUV, Art. 4 EUV Rn. 113, 125 ff.; *Hatje* in Schwarze, EU-Kommentar, Art. 4 EUV Rn. 40; *Streinz* in Streinz, EUV/AEUV, Art. 4 EUV Rn. 53 f. Dabei besteht eine besondere Verknüpfung des Art. 47 GRC mit dem Effektivitätsgrundsatz, da letzterer nach dem EuGH das Erfordernis eines gerichtlichen Rechtsschutzes impliziere, EuGH, Urt. v. 6.10.2015, Rs. C-61/14, ECLI:EU:C:2015:655, Rn. 48 – Orizzonte Salute.

[37] Vgl. *Eicher*, Rechtsverwirklichungschancen, S. 53; *Heinze*, EuR 2008, 654, 660, 662 ff.; *ders.*, JZ 2011, 709, 713; *Hess*, EuZPR, Rn. 11.7, 11.9; *Jarass*, NJW 2011, 1393, 1395; *Schmehl*, Parallelverfahren und Justizgewährung, S. 318 f.

[38] Vgl. bereits EuGH, Urt. v. 10.4.2003, Rs. C-276/01, ECLI:EU:C:2003:228, Rn. 60 – Steffensen.

[39] Vgl. in diesem Zusammenhang die Entscheidung des OGH, Beschl. v. 9.7.2019, 10 Nc 20/19a, nach dem eine fehlende generelle Zuständigkeitsvorschrift des Verfahrensrechts nicht nur aus dem Grund des unionsrechtlichen Effektivitätsgrundsatzes generell und unabhängig vom Einzelfall zu ersetzen sei.

[40] Vgl. etwa die ausführliche Auflistung von *Heinze*, EuR 2008, 654, 662 ff. *Schmehl*, Parallelverfahren und Justizgewährung, S. 325, weist m. w. N. auf das Institut der Rechtskraft sowie die Möglichkeit, treuwidriges prozessuales Verhalten einer Prozesspartei zu sanktionieren, hin. Zum Verbot des Rechtsmissbrauchs im Unionsrecht und den prozessualen Auswirkungen vgl. auch *Leidner*, Rechtsmissbrauch im Zivilprozess, S. 80 ff., 227 f.

Regelungen zur Notzuständigkeit vorgesehen[41] als auch vom EGMR berücksichtigt[42]. Sie ist mithin als Regelungsprinzip des Unionsrechts in internationalen Zivilverfahren anerkannt und kann den Effektivitätsgrundsatz im Rahmen der mitgliedstaatlichen Gesetzgebung und Einzelfallanwendung begrenzen.

Insgesamt entspricht das Recht auf Zugang zu Gericht aus Art. 47 Abs. 2 GRC inhaltlich weitgehend Art. 6 Abs. 1 EMRK und stellt insbesondere keine eigenständigen Anforderungen an die internationale Zuständigkeit bei drohender Rechtsverweigerung. Gleichwohl kann das Unionsgrundrecht neben der EMRK Bedeutung erlangen, da es – unter Berücksichtigung der Rechtsprechung des EuGH – die Mitgliedstaaten im Wege des unmittelbaren Anwendungsvorrangs bindet[43], während die Durchsetzung der Rechte der EMRK im Allgemeinen und der Rechtsprechung des EGMR im Besonderen nicht in gleichem Maße abgesichert ist[44].

C. Recht des Beklagten auf Freiheit vor Justiz

Nachdem Art. 47 Abs. 2 GRC – ebenso wie Art. 6 Abs. 1 EMRK – ein Recht auf Zugang zu Gericht gewährt, stellt sich die Frage, ob umgekehrt auch ein Einwendungsrecht des Beklagten besteht, vor unzumutbarer Zuständigkeitsaus-

---

[41] Siehe Artt. 7 S. 2 EuUntVO, 11 S. 2 EuErbVO und 11 S. 2 EuGüVO/EuPartVO.

[42] Siehe dazu bereits oben unter § 7 B V (S. 127 f.).

[43] Die Charta steht – wie bereits ausgeführt – gem. Art. 6 Abs. 1 Unterabs. 1 EUV im Rang von Primärrecht. Wenden die mitgliedstaatlichen Gerichte EU-Verordnungen mit zuständigkeitsrechtlichen Regelungen an, können sie deren Bestimmungen jedoch nicht einfach selbst unangewendet lassen, sollten diese gegen die Charta verstoßen; vielmehr trifft in diesen Konstellationen bereits unterinstanzliche Gerichte eine Vorlagepflicht an den EuGH gem. Art. 267 Abs. 3 AEUV, da allein dieser über die Gültigkeit von Unionshandlungen entscheidet; grundlegend EuGH, Urt. v. 22.10.1987, Rs. C-314/85, ECLI:EU:C:1987:452, Rn. 15 ff. – Foto-Frost/Hauptzollamt Lübeck-Ost. Bislang ungeklärt ist demgegenüber, ob die unterinstanzlichen Gerichte eine Vorlagepflicht auch dann trifft, wenn sie eine Vorschrift abweichend vom EuGH auslegen wollen, vgl. dazu *Ehricke* in Streinz, EUV/AEUV, Art. 267 AEUV Rn. 72.

[44] Darauf weist bereits *Pache*, NVwZ 2001, 1342, 1346, hin; ähnlich auch *Fawcett/Ní Shúilleabháin/Shah*, Human Rights and Private International Law, Rn. 2.57; *Hess* in FS für Jayme, S. 339. Der Grad der Einwirkung der EMRK auf das Recht der Konventionsstaaten ist abhängig von den jeweiligen nationalen Rahmenbedingungen, *Grabenwarter/Pabel*, EMRK, § 3 Rn. 13 f. Die betroffenen Konventionsstaaten werden durch Art. 46 Abs. 1 EMRK völkerrechtlich an die Entscheidung des EGMR gebunden, darüber hinaus – also im Verhältnis zu anderen Konventionsstaaten – kommt der Rechtsprechung des EGMR jedoch nur eine sog. Orientierungswirkung zu, vgl. dazu *Grabenwarter/Pabel*, EMRK, § 16 Rn. 2 ff. Ausführlich zu den Durchsetzungsmöglichkeiten des Rechts auf Zugang zu Gericht der EMRK sowie des Unionsrechts *Schmehl*, Parallelverfahren und Justizgewährung, S. 287 ff., 331 ff.

140 Zweiter Teil: Völker- und verfassungsrechtliche Vorgaben

übung geschützt zu werden[45]. Da ein solches Recht bereits im Rahmen der EMRK angenommen wurde, muss es aufgrund der Transformationsklausel des Art. 52 Abs. 3 GRC auch im Anwendungsbereich der Charta bestehen[46]. Freilich kommt der Einwendungsmöglichkeit des Beklagten – wie zur EMRK bereits ausgeführt[47] – für den Untersuchungsgegenstand drohender Rechtsverweigerung indes keine Bedeutung zu.

D. Ergebnis

Dem in der Charta gewährleisteten Recht auf Zugang zu Gericht kommt in internationalen Zivilverfahren ein nicht zu unterschätzender Geltungsbereich zu. Inhaltlich entspricht dieses Recht allerdings weitgehend der Regelung der EMRK und stellt insbesondere keine eigenständigen Anforderungen an die internationale Zuständigkeit bei drohender Rechtsverweigerung.

---

[45] Dafür *Fawcett/Ní Shúilleabháin/Shah*, Human Rights and Private International Law, Rn. 4.33 f. Demgegenüber lehnt *Bidell*, Zuständigkeiten der EuGVO, S. 276 ff., ein solches Recht ab, da sie dieses bereits auf Grundlage der EMRK nicht anerkennt.
[46] Vgl. auch *Fawcett/Ní Shúilleabháin/Shah*, Human Rights and Private International Law, Rn. 4.33 f.
[47] Siehe dazu oben unter § 7 C (S. 129 ff.).

§ 9 Grundgesetz

A. Der allgemeine Justizgewährungsanspruch des Grundgesetzes

I. Herleitung und Rechtsnatur des allgemeinen Justizgewährungsanspruchs

Der allgemeine Justizgewährungsanspruch[1] bezeichnet ein jedermann zustehendes Recht, auf sein Gesuch hin gerichtlichen Rechtsschutz zu erhalten[2]. Dieser Anspruch ergibt sich im Ausgangspunkt aus dem Rechtsstaatsprinzip des Art. 20 Abs. 3 GG: Denn das Gewaltmonopol des Staates und das Selbsthilfeverbot erfordern als rechtsstaatliche Kehrseite, dass subjektive Rechte in einem gerichtlichen Verfahren durchgesetzt werden können[3]. Allerdings ist der Justizgewährungsanspruch nicht allein vor dem Hintergrund des objektiven Rechtsstaatsprinzips zu verstehen. Vielmehr werden notwendigerweise Freiheits- oder Gleichheitsgrundrechte – subsidiär zumindest die allgemeine Handlungsfreiheit des Art. 2 Abs. 1 GG – beeinträchtigt, sofern ein zivilrechtlicher Anspruch nicht gerichtlich durchgesetzt werden kann[4]. Mithin ergibt sich der Justizgewährungsanspruch stets aus einer Verbindung von Grundrecht(en) und

---

[1] In Literatur und Rechtsprechung am häufigsten anzutreffen ist die Bezeichnung „Justizgewährungsanspruch", obgleich synonym auch Bezeichnungen wie z.B. „Justizanspruch", „Justizgewähranspruch" oder „Justizgewährleistungsanspruch" verwendet werden, vgl. hierzu die umfassenden Nachweise bei *Dorn*, Justizgewähranspruch und Grundgesetz, S. 3 f.; *Pfeiffer*, Internationale Zuständigkeit, S. 335 Fn. 1; *Schmehl*, Parallelverfahren und Justizgewährung, S. 218 Fn. 9, 10.

[2] Statt vieler nur *Vollkommer* in Zöller, ZPO, Einleitung Rn. 30.

[3] *Dorn*, Justizgewähranspruch und Grundgesetz, S. 20 f.; *Papier* in Isensee/Kirchhof, HStR VIII, § 176 Rn. 1, 7 f.; *Sachs* in Sachs, Grundgesetz, Art. 20 Rn. 162; *Schmidt-Aßmann* in Isensee/Kirchhof, HStR II, § 26 Rn. 71; *ders.* in Maunz/Dürig, Grundgesetz, Art. 19 Abs. 4 Rn. 16; *Schulze-Fielitz* in Dreier, Grundgesetz-Kommentar, Art. 20 (Rechtsstaat) Rn. 211. *Pfeiffer*, Internationale Zuständigkeit, S. 240, 341, weist darauf hin, dass die Justizgewähr nicht allein Selbsthilfesurrogat sei, da sie zusätzlich eine rechtsstaatliche Richtigkeitsgewähr verbürge, während die Selbstjustiz die Durchsetzung bloß vermeintlicher Rechte durch „Stärkere" nicht ausschließen könne.

[4] Teilweise wird allein auf Art. 2 Abs. 1 GG abgestellt, so z.B. *Degenhart* in Isensee/Kirchhof, HStR V, § 115 Rn. 17. Auch das BVerfG, vgl. jüngst z.B. BVerfG, Beschl. v. 25.9.2018, NJW 2018, 3699, erwähnt zum Teil nur Art. 2 Abs. 1 GG; demgegenüber nennt es an anderer Stelle die Grundrechte insgesamt und hebt allein die besondere Bedeutung der allge-

Rechtsstaatsgebot[5]. Ergänzt und flankiert wird dieser durch das Recht auf den gesetzlichen Richter aus Art. 101 Abs. 1 S. 2 GG sowie den Anspruch auf rechtliches Gehör aus Art. 103 Abs. 1 GG[6]. Diese Prozessgrundrechte enthalten zwar selbst kein Recht auf eine gerichtliche Sachentscheidung, konkretisieren aber die Anforderungen, denen ein gerichtliches Verfahren genügen muss[7].

Derzeit noch ungeklärt ist die Frage, ob es sich bei dem allgemeinen Justizgewährungsanspruch um ein eigenständiges Verfahrensgrundrecht handelt[8]. Darauf muss jedoch nicht näher eingegangen werden, da eine verfassungsprozessuale Geltendmachung durch den Zusammenhang mit den Grundrechten ohnehin gesichert ist[9].

II. Inhalt des allgemeinen Justizgewährungsanspruchs

1. Anwendbarkeit auf Verfahren mit Auslandsbezug

Zunächst stellt sich die Frage, inwieweit der allgemeine Justizgewährungsanspruch des Grundgesetzes überhaupt zur Anwendung gelangt, wenn ein Sachverhalt international geprägt ist. Das betrifft freilich nicht den Umstand, dass die Grundrechte als solche die Staatsgewalt binden und mithin auch die Ausübung oder Ablehnung internationaler Zuständigkeit betreffen[10]. Denn gleichwohl liegt es nahe, die internationale Reichweite des allgemeinen Justizgewährungsanspruchs durch einen – in der Literatur unterschiedlich bezeichneten und

---

meinen Handlungsfreiheit für den Justizgewährungsanspruch hervor, vgl. BVerfG, Beschl. v. 30.4.2003, BVerfGE 107, 395, 401.

[5] Vgl. BVerfG, Beschl. v. 20.6.1995, BVerfGE 93, 99, 107; BVerfG, Beschl. v. 30.4.2003, BVerfGE 107, 395, 401; OLG München, Urt. v. 27.2.2019, MDR 2019, 1089, 1090; *Eicher*, Rechtsverwirklichungschancen, S. 37; *Pfeiffer*, Internationale Zuständigkeit, S. 341 ff.; *Schmehl*, Parallelverfahren und Justizgewährung, S. 218; *Widdascheck*, Justizgewährleistungsanspruch des Dopingsünders, S. 111 f.

[6] *Herfarth*, Scheidung nach jüdischem Recht, S. 195; *Papier* in Isensee/Kirchhof, HStR VIII, § 176 Rn. 2 ff.; *Pfeiffer*, Internationale Zuständigkeit, S. 339 ff.; *Schmehl*, Parallelverfahren und Justizgewährung, S. 224; *M. Weller*, Ordre-public-Kontrolle internationaler Gerichtsstandsvereinbarungen, S. 321. Demgegenüber gewährleistet Art. 19 Abs. 4 GG den Rechtsschutz nur gegenüber Akten der öffentlichen Gewalt.

[7] Vgl. dazu sehr ausführlich *Dorn*, Justizgewähranspruch und Grundgesetz, S. 41 ff.

[8] Dafür *Pfeiffer*, Internationale Zuständigkeit, S. 345 f.; *Schmehl*, Parallelverfahren und Justizgewährung, S. 220 f.; *Widdascheck*, Justizgewährleistungsanspruch des Dopingsünders, S. 113; *Zuck*, NJW 2013, 1132, 1133; dagegen *Papier* in Isensee/Kirchhof, HStR VIII, § 176 Rn. 5, 26; *Ultsch*, MittBayNot 1995, 6, 15.

[9] *Dorn*, Justizgewähranspruch und Grundgesetz, S. 226; *Papier* in Isensee/Kirchhof, HStR VIII, § 176 Rn. 5, 26; *Zuck*, NJW 2013, 1132 f. Vgl. auch *Schmidt-Aßmann* in Maunz/Dürig, Grundgesetz, Art. 19 Abs. 4 Rn. 16.

[10] Siehe bereits Art. 1 Abs. 3 GG.

konkretisierten – Inlandsbezug zu begrenzen[11], sollen die inländischen Gerichte nicht mit Zuständigkeiten für sämtliche Zivilverfahren weltweit belastet werden[12]. Obgleich das Bedürfnis eines solchen Kriteriums darum weitgehend anerkannt ist, wurde dessen methodische Ableitung bislang kaum beleuchtet. Umso bemerkenswerter ist der zugleich überzeugende Ansatz von *Pfeiffer*[13], die internationale Reichweite des Justizgewährungsanspruchs in Anlehnung an den Spanier-Beschluss des BVerfG[14] zu bestimmen. Darin hatte sich das BVerfG grundlegend zur Maßgeblichkeit der Grundrechte in Fällen geäußert, in denen das Internationale Privatrecht ausländisches Sachrecht zur Anwendung beruft. Nach dem BVerfG sei die Reichweite der Grundrechte unmittelbar aus den Verfassungsnormen selbst zu erschließen[15] und richte sich danach, ob letztere nach Wortlaut, Sinn und Zweck für jede denkbare Anwendung hoheitlicher Gewalt innerhalb der Bundesrepublik gelten wollten oder ob sie bei Sachverhalten mit Auslandsbeziehung eine Differenzierung zuließen oder verlangten[16]. Der Sinn und Zweck des Justizgewährungsanspruchs besteht darin, die gerichtliche Durchsetzbarkeit subjektiver Rechte als Reaktion auf das staatliche Gewaltmonopol zu sichern[17]. Vor diesem Hintergrund ist es in Verfahren mit Auslandbezug entscheidend, ob die gerichtliche Rechtsdurchsetzung in Deutschland für einen Rechtssuchenden erforderlich ist, um seine subjektiven Rechte durchsetzen zu können[18]. Dieses Angewiesensein auf den inländischen Rechtsschutz („inländisches Rechtsschutzbedürfnis"[19]) schränkt den Justizge-

---

[11] Dafür z. B. *Eicher*, Rechtsverwirklichungschancen, S. 40; *Geimer* in FS für Schwind, S. 17, 32 ff.; *ders.*, IPRax 1993, 216, 218; *ders.* in FS für von Hoffmann, S. 589; *ders.*, IZPR, Rn. 250; *Herfarth*, Scheidung nach jüdischem Recht, S. 197 f.; *Kropholler* in Hdb. IZVR I, Kap. III, Rn. 192; *Nagel/Gottwald*, IZPR, Rn. 3.597; *Reisewitz*, Rechtsfragen des Medizintourismus, S. 129; *Schack*, IZVR, Rn. 500. Eine internationale Begrenzung des allgemeinen Justizgewährungsanspruchs lässt sich bei *Papier* in Isensee/Kirchhof, HStR VIII, § 176 Rn. 14; *Schmehl*, Parallelverfahren und Justizgewährung, S. 227, zwar nicht ausdrücklich entnehmen, sie beziehen sich aaO. allerdings nur auf Streitigkeiten mit *wesentlichem* Auslandshintergrund, was immerhin Streitigkeiten mit *ausschließlichem* Auslandshintergrund auszuschließen scheint.

[12] *Geimer* in FS für Schwind, S. 17, 31; *Herfarth*, Scheidung nach jüdischem Recht, S. 197; *Ultsch*, MittBayNot 1995, 6, 11.

[13] Vgl. *Pfeiffer*, Internationale Zuständigkeit, S. 441 f.

[14] BVerfG, Beschl. v. 4.5.1971, BVerfGE 31, 58.

[15] BVerfG, Beschl. v. 4.5.1971, BVerfGE 31, 58, 73.

[16] BVerfG, Beschl. v. 4.5.1971, BVerfGE 31, 58, 77.

[17] Siehe bereits oben unter § 9 A I (S. 141).

[18] Vgl. *Pfeiffer*, Internationale Zuständigkeit, S. 449. Vgl. auch *Geimer*, ZfRV 1992, 321, 326; *ders.* in FS für Schwind, S. 17, 31, der ebenfalls die Betroffenheit des Selbsthilfeverbots zur Bestimmung der Reichweite heranzieht.

[19] Vgl. *Bidell*, Zuständigkeiten der EuGVO, S. 186 f.; *Pfeiffer*, Internationale Zuständigkeit, S. 453 ff.

währungsanspruch in internationalen Zivilverfahren allerdings nicht wesentlich ein. So benötigt eine rechtssuchende Partei den inländischen Gerichtsapparat nicht allein in Fällen, in denen der Sachverhalt selbst enge Beziehungen zum Inland aufweist, sondern etwa auch dann, wenn auf zufällig im Inland belegenes Vermögen im Rahmen einer Vollstreckung zugegriffen werden soll[20]. Darüber hinaus kann eine Partei auch ein Interesse daran haben, dass das Bestehen oder Nichtbestehen eines Rechtsverhältnisses – wie zum Beispiel die Wirksamkeit einer im Ausland geschlossenen Ehe[21] – im Inland festgestellt wird[22]. Die internationale Anwendbarkeit des Justizgewährungsanspruchs scheidet daher lediglich aus, wenn weder ein potenzielles Vollstreckungs- noch ein potenzielles Feststellungsinteresse des Rechtsuchenden in Deutschland besteht. Denn in diesen Konstellationen ist die deutsche Justiz von vornherein nicht dazu geeignet, die subjektiven Rechte der betroffenen Person durchsetzen zu können.

Weitergehende Einschränkungen des Justizgewährungsanspruchs sind zwar möglich, beschränken allerdings nicht bereits dessen internationale Anwendbarkeit[23]. Denn andernfalls müsste ein über die bisherigen Ausführungen hinausgehender Inlandsbezug als Eingriffsschwelle des Justizgewährungsanspruchs festgelegt werden. Ein solches Kriterium wäre indes von den Umständen des Einzelfalls abhängig und unbestimmt[24]. Es eignete sich daher nicht als absolutes Ausschlusskriterium des Justizgewährungsanspruchs. Demgegenüber berücksichtigt der vorliegend verfolgte, weitreichende Ansatz nicht allein den Sinn und Zweck des allgemeinen Justizgewährungsanspruchs, sondern bietet darüber hinaus den Vorteil, dass er eine Abwägungsentscheidung zwischen klägerischem Justizgewährungsanspruch und verfassungsrechtlichen Positionen des Beklagten im Rahmen praktischer Konkordanz ermöglicht[25].

---

[20] *Pfeiffer*, Internationale Zuständigkeit, S. 454 ff.

[21] Siehe § 121 Nr. 3 FamFG. Zur Anwendbarkeit der Vorschrift auf die Frage, ob eine Ehe im Ausland wirksam geschlossen wurde, *Lugani* in MünchKommFamFG, § 121 Rn. 12.

[22] Vgl. auch *Pfeiffer*, Internationale Zuständigkeit, S. 457, der in diesem Zusammenhang die Präjudizialität für etwaige Folgeprozesse betont.

[23] Die Anwendung des allgemeinen Justizgewährungsanspruchs von einem weitergehenden Inlandsbezug abhängig machend jedoch *Eicher*, Rechtsverwirklichungschancen, S. 40; *Geimer* in FS für Schwind, S. 17, 32 ff.; *ders.* in FS für von Hoffmann, S. 589; *ders.*, IZPR, Rn. 250; *Schack*, IZVR, Rn. 500. Ähnlich und sehr restriktiv auch *Schlosser*, IPRax 1992, 140, 143, nach dem ein Staat nur gegenüber seinen eigenen Staatsangehörigen oder Bewohnern zur Bereitstellung einer Notzuständigkeit verpflichtet sei, worin eine deutliche Begrenzung der internationalen Reichweite des Justizgewährungsanspruchs zum Ausdruck kommt.

[24] So auch *Eicher*, Rechtsverwirklichungschancen, S. 40 Fn. 50.

[25] Dazu sogleich unten unter § 9 A II 3 (S. 156 ff.). Vgl. zudem *Pfeiffer*, Internationale Zuständigkeit, S. 462.

2. Gewährleistungsgehalt

Der allgemeine Justizgewährungsanspruch umfasst nach der Diktion des BVerfG „den Zugang zu den Gerichten, die Prüfung des Streitbegehrens in einem förmlichen Verfahren sowie die verbindliche gerichtliche Entscheidung"[26]. Daran zeigt sich, dass der Zugang zu den Gerichten nur einen Teilbereich des Justizgewährungsanspruchs darstellt und somit enger zu verstehen ist als die konventions- und unionsrechtlichen Gewährleistungen des Rechts auf Zugang zu Gericht, die jeweils ein Recht auf Sachentscheidung umfassen[27]. Deren autonom-verfassungsrechtliches Pendant ist der allgemeine Justizgewährungsanspruch des Grundgesetzes an sich[28].

a) Begründung eines Rechts auf ein inländisches Erkenntnisverfahren

Aus dem Umstand, dass der allgemeine Justizgewährungsanspruch ein Recht auf Zugang zu Gericht beinhaltet, lässt sich jedoch nicht notwendigerweise ein umfassendes Recht auf ein inländisches Erkenntnisverfahren ableiten[29], das die Eröffnung internationaler Zuständigkeit erfordert. Vielmehr kann der Gesetzgeber bei hinreichendem – weil dem inländischen Rechtsschutzbedürfnis genügendem –, aber nicht überwiegendem oder gar ausschließlichem Inlandsbezug Rechtssuchende an ausländische Gerichte und dortige Erkenntnisverfahren verweisen. Dem inländischen Justizgewährungsanspruch kann sodann im Wege der Anerkennung und Vollstreckung einer im Ausland ergangen Entscheidung genügt werden.

Dass es dem Gesetzgeber grundsätzlich freisteht, auf Rechtsschutz außerhalb der deutschen Gerichtsbarkeit zu verweisen, hat das BVerfG in Bezug auf Art. 19 Abs. 4 GG mehrfach entschieden. Diese Entscheidungen betrafen die Übertragung von nationalen Hoheitsbefugnissen an europäische Institutionen, mit der ein Ausschluss nationaler Gerichtszuständigkeiten einherging[30]. Das BVerfG führt aus, dass sich Art. 19 Abs. 4 GG kein verfassungsunmittelbarer

---

[26] Siehe BVerfG, Beschl. v. 30.4.2003, BVerfGE 107, 395, 401; zuletzt BVerfG, Beschl. v. 12.1.2016, BVerfGE 141, 121, 134. Vgl. auch *Bruns* in FS für Stürner, S. 257, 260.

[27] Vgl. nochmals EGMR, Urt. v. 1.3.2016, Nr. 22302/10, Rn. 66 – Arlewin/Schweden.

[28] Vgl. nur *Rosenberg/Schwab/Gottwald*, Zivilprozessrecht, § 3 Rn. 4.

[29] A. A. *Papier* in Isensee/Kirchhof, HStR VIII, § 176 Rn. 12, 14; *Schmehl*, Parallelverfahren und Justizgewährung, S. 223, 227, der Justizgewährungsanspruch beinhalte ein Recht auf Zugang zu deutscher Gerichtsbarkeit, sodass ein Verweis auf ausländische Gerichte stets eine rechtfertigungsbedürftige Beschränkung dieses Rechts bedeutete. Vgl. dagegen die Ausführungen sogleich im Text.

[30] Grundlegend BVerfG, Beschl. v. 23.6.1981, BVerfGE 58, 1; BVerfG, Beschl. v. 10.11.1981, BVerfGE 59, 63, in Bezug auf die Europäische Organisation zur Sicherung der Luftfahrt (EUROCONTROL); zuletzt BVerfG, Beschl. v. 24.7.2018, BVerfGE 149, 346, in Bezug auf die Einrichtung „Europäische Schulen".

Anspruch auf Zugang zu deutschen Gerichten entnehmen lasse[31], sodass dem Gesetzgeber die Befugnis zukomme, den Zugang zu deutschen Gerichten auszuschließen, soweit Hoheitsbefugnisse an eine supranationale Einrichtung übertragen wurden[32]. Nach Auffassung des BVerfG lasse sich die Übertragung von Hoheitsbefugnissen jedoch nicht mit dem Justizgewährungsanspruch vereinbaren, wenn die mit Rechtsprechungsaufgaben betraute Stelle entweder bereits zu Beginn an einem strukturell bedingten Rechtsschutzdefizit leide oder sich ein solches strukturelles Defizit im weiteren Verlauf durch die Vollzugspraxis des Spruchkörpers ergebe[33]. Daran wird deutlich, dass das fragliche Rechtsschutzsystem nicht in jeder Hinsicht dem Umfang und der Wirksamkeit des nationalen Rechtsschutzsystems entsprechen muss[34], sondern nur ein Mindestmaß an wirkungsvollem und effektivem Rechtsschutz im Sinne eines Zumutbarkeitskriteriums erforderlich ist[35]. Wenngleich die Entscheidungen im Wesentlichen[36] die spezielle Rechtsschutzgarantie des Art. 19 Abs. 4 GG behandelten, lassen sie sich für den allgemeinen Justizgewährungsanspruch ebenso fruchtbar machen[37]. Denn zum einen findet der allgemeine Justizgewährungsanspruch in Art. 19 Abs. 4 GG lediglich eine besondere öffentlich-rechtliche Ausprägung und ist vom Anwendungsbereich abgesehen inhaltlich parallel zu diesem ausgestaltet[38]. Zum anderen argumentiert das BVerfG mit der dem Grundgesetz zu entnehmenden Wertentscheidung für eine internationale Zusammenarbeit, die auch dem Internationalen Zivilverfahrensrecht zugrunde liegt[39].

---

[31] BVerfG, Beschl. v. 23.6.1981, BVerfGE 58, 1, 27 f.; BVerfG, Beschl. v. 24.7.2018, BVerfGE 149, 346, 366.
[32] BVerfG, Beschl. v. 24.7.2018, BVerfGE 149, 346, 366.
[33] Vgl. BVerfG, Beschl. v. 24.7.2018, BVerfGE 149, 346, 371.
[34] Vgl. BVerfG, Beschl. v. 23.6.1981, BVerfGE 58, 1, 41.
[35] *Pfeiffer*, Internationale Zuständigkeit, S. 448; vgl. auch BVerfG, Beschl. v. 24.7.2018, BVerfGE 149, 346, 364.
[36] Da die Entscheidungen den Rechtsschutz gegen Maßnahmen europäischer Einrichtungen betrafen, scheiterte Art. 19 Abs. 4 GG an dem ungeschriebenen Erfordernis eines Aktes *deutscher* öffentlicher Gewalt, sodass insoweit auf den allgemeinen Justizgewährungsanspruch abzustellen war. Die maßgebliche Frage, ob deutsche Hoheits- und Rechtsprechungsbefugnisse überhaupt wirksam übertragen werden konnten, betrifft jedoch Art. 19 Abs. 4 GG und wurde in den Entscheidungen vornehmlich behandelt.
[37] *Geimer*, ZfRV 1992, 321, 341; *Herfarth*, Scheidung nach jüdischem Recht, S. 199; *Pfeiffer*, Internationale Zuständigkeit, S. 443.
[38] BVerfG, Beschl. v. 30.4.2003, BVerfGE 107, 395, 401. Vgl. auch *Dorn*, Justizgewähranspruch und Grundgesetz, S. 240; *Schmehl*, Parallelverfahren und Justizgewährung, S. 222; *Schmidt-Aßmann* in Maunz/Dürig, Grundgesetz, Art. 19 Abs. 4 Rn. 16 f.; *Voßkuhle*, NJW 2003, 2193, 2196; *Zuck*, NJW 2013, 1132 f.
[39] *Herfarth*, Scheidung nach jüdischem Recht, S. 199 f.; *Pfeiffer*, Internationale Zuständigkeit, S. 444; vgl. auch *Reisewitz*, Rechtsfragen des Medizintourismus, S. 129.

Unter Berücksichtigung dieser Rechtsprechung begründet der allgemeine Justizgewährungsanspruch zunächst kein Recht gerade auf ein inländisches Erkenntnisverfahren[40]. Denn die internationale Zusammenarbeit als Wertentscheidung des Grundgesetzes setzt im Internationalen Zivilverfahrensrecht voraus, inländische Erkenntnisverfahren zugunsten der Anerkennung und Vollstreckung ausländischer Entscheidungen ausschließen zu können, um internationalen Entscheidungseinklang zu erzielen[41]. Immerhin ist einem erneuten Erkenntnisverfahren im Inland die Gefahr einer divergierenden Entscheidung immanent[42]. Gleichwohl zeigt sich an der Rechtsprechung des BVerfG, dass ein Verweis auf andere Gerichtsbarkeiten nicht ausnahmslos möglich ist. So darf auf den Rechtsschutz im Ausland jedenfalls nicht verwiesen werden, wenn die ausländische Justiz an einem strukturell bedingten Defizit leidet[43]. Davon ist zum Beispiel auszugehen, wenn die betroffenen Richter von ihrem Staatschef abhängig sind[44], da die Unabhängigkeit der Justiz ein zentrales rechtsstaatliches Prinzip ist. Steht fest, dass der Gesetzgeber nicht auf eine ausländische Entscheidungsfindung verweisen darf, lässt sich das inländische Rechtsschutzbedürfnis einzig durch ein inländisches Erkenntnisverfahren verwirklichen. In diesen Konstellationen muss sich der Justizgewährungsanspruch folgerichtig[45] zu einem Recht auf ein inländisches Erkenntnisverfahren verdichten[46], da der allgemeine Justizgewährungsanspruch das Prinzip möglichst lückenlosen Rechtsschutzes[47] verfolgt. Als Konsequenz muss eine internationale Zuständigkeit eröffnet werden, sodass bei Abwesenheit gesetzlicher Regelungen ein Rückgriff auf die ungeschriebene Notzuständigkeit notwendig ist[48].

---

[40] Im Ergebnis auch *Eicher*, Rechtsverwirklichungschancen, S. 41; *Herfarth*, Scheidung nach jüdischem Recht, S. 198 ff.; *Pfeiffer*, Internationale Zuständigkeit, S. 444 ff.; *Schüttfort*, Ausschließliche Zuständigkeiten, S. 156.
[41] Vgl. zur Bedeutung der Anerkennung ausländischer Entscheidungen für einen internationalen Entscheidungseinklang *Geimer*, IZPR, Rn. 61, 3065; *Linke/Hau*, IZVR, Rn. 2.6; *Schack*, IZVR, Rn. 15 f.
[42] Vgl. *Geimer*, IZPR, Rn. 61, 3065; *Junker*, IZPR, § 27 Rn. 3; *Schack*, IZVR, Rn. 16.
[43] Vgl. BVerfG, Beschl. v. 24.7.2018, BVerfGE 149, 346, 371.
[44] Eine solche Abhängigkeit der Justiz hat zum Beispiel der Gerechtshof Amsterdam, 23.7.2019 – C/13/630606/HA ZA 17-615, Rn. 3.32 f., in Bezug auf Turkmenistan angenommen.
[45] Der Justizgewährungsanspruch selbst ist Ausdruck des verfassungsrechtlichen Gebots der Folgerichtigkeit der Rechtsordnung, vgl. *Bruns* in FS für Stürner, S. 257, 258.
[46] Grundlegend *Pfeiffer*, Internationale Zuständigkeit, S. 471 ff.
[47] Siehe *Dorn*, Justizgewähranspruch und Grundgesetz, S. 63; *Papier* in Isensee/Kirchhof, HStR VIII, § 176 Rn. 17; *Prütting* in Wieczorek/Schütze, ZPO, Einleitung Rn. 115; *Zuck*, NJW 2013, 1132.
[48] Vgl. zu diesem Zusammenhang auch *Papier* in Isensee/Kirchhof, HStR VIII, § 176 Rn. 14; *Schmehl*, Parallelverfahren und Justizgewährung, S. 227.

b) Voraussetzungen des Rechts auf ein inländisches Erkenntnisverfahren

Wie soeben ausgeführt wurde[49], verdichtet sich der allgemeine Justizgewährungsanspruch zu einem Recht auf ein inländisches Erkenntnisverfahren, sofern die deutsche Hoheitsgewalt einen Rechtsstreit nicht an das Ausland verweisen darf. Das setzt voraus, dass ein Verweis entweder willkürlich erschiene oder sonst unzumutbar wäre[50]. Ein solches Verweisungsverbot kommt lediglich in zwei Fallgruppen in Betracht: Zum einen kann es dem Gesetzgeber *a priori* verwehrt sein, allein auf eine ausländische Entscheidungsfindung zu verweisen, da der Sachverhalt so enge Beziehungen mit dem Inland aufweist, dass ein inländisches Erkenntnisverfahren notwendig ist[51]. Zum anderen kann der Verweis auf das Ausland zwar grundsätzlich möglich sein, im Einzelfall allerdings aufgrund tatsächlicher oder rechtlicher Hürden im Ausland ins Leere gehen, sodass gleichwohl ein inländisches Erkenntnisverfahren durchzuführen ist[52].

aa) Kernbereich inländischer Gerichtsbarkeit

Die inländische Gerichtsbarkeit verfügt über einen originären Aufgaben- oder Kernbereich[53]. Innerhalb dieses Kernbereichs verdichtet sich der allgemeine Justizgewährungsanspruch auf ein Recht auf ein inländisches Erkenntnisverfahren[54]. Denn es erschiene willkürlich und belastete Rechtssuchende unzumutbar, könnten diese selbst bei reinen Inlandssachverhalten an ausländische Spruchkörper verwiesen werden[55]. Vielmehr ist es gerade die Aufgabe der inländischen Gerichtsbarkeit, über diese Sachverhalte zu entscheiden[56]. Sieht man von reinen Inlandssachverhalten ab, ist unklar, welche Anknüpfungspunkte ein Sachverhalt mit dem Inland aufweisen muss, um dem Kernbereich inländischer Gerichtsbarkeit zu unterfallen[57]. Dieser Frage muss in der vorliegenden

---

[49] Siehe oben unter § 9 A II 2 a (S. 145 ff.).

[50] *Herfarth*, Scheidung nach jüdischem Recht, S. 200; *Papier* in Isensee/Kirchhof, HStR VIII, § 176 Rn. 14; *Schmehl*, Parallelverfahren und Justizgewährung, S. 227. Vgl. zum Zumutbarkeitserfordernis allgemein auch *Degenhart* in Isensee/Kirchhof, HStR V, § 115 Rn. 10; *Dorn*, Justizgewähranspruch und Grundgesetz, S. 241; *Pfeiffer*, Internationale Zuständigkeit, S. 448.

[51] Dazu sogleich unten unter § 9 A II 2 b aa (S. 148 f.).

[52] Dazu sogleich unten unter § 9 A II 2 b bb (S. 149 ff.).

[53] Im Ergebnis auch *Geimer* in FS für Schwind, S. 17, 20; *ders.*, NJW 1991, 3072; *ders.* in FS für von Hoffmann, S. 589, 590; *ders.*, IZPR, Rn. 250b; *Grolimund*, Drittstaatenproblematik, Rn. 653; *Herfarth*, Scheidung nach jüdischem Recht, S. 200.

[54] *Herfarth*, Scheidung nach jüdischem Recht, S. 200.

[55] Siehe *Geimer*, NJW 1991, 3072; *Herfarth*, Scheidung nach jüdischem Recht, S. 200. Vgl. auch *Pfeiffer*, Internationale Zuständigkeit, S. 474.

[56] Vgl. *Pfeiffer*, Internationale Zuständigkeit, S. 472 f.

[57] *Geimer* in FS für Schwind, S. 17, 20; *ders.*, NJW 1991, 3072; *ders.* in FS für von Hoffmann, S. 589, 590; *ders.*, IZPR, Rn. 250b; *Herfarth*, Scheidung nach jüdischem Recht, S. 200.

Arbeit allerdings nicht weiter nachgegangen werden, da sie für Konstellationen der Notzuständigkeit nicht relevant ist[58]. Denn der deutsche Gesetzgeber hat ein breites Zuständigkeitssystem geschaffen, in dem zum Beispiel bereits die Vermögensbelegenheit im Inland genügt, um eine internationale Zuständigkeit zu begründen[59]. Dieses breite Zuständigkeitsnetz gewährleistet, dass jedenfalls in den Konstellationen, die über einen engen Bezug zum Inland verfügen – und mithin potenziell dem Kernbereich inländischer Gerichtsbarkeit unterfallen –, eine internationale Zuständigkeit deutscher Gerichte eröffnet werden kann[60].

bb) Inländische Letztverantwortlichkeit

Außerhalb des Kernbereichs inländischer Gerichtsbarkeit steht es der deutschen Hoheitsgewalt grundsätzlich offen, einen Rechtsstreit an das Ausland zu verweisen. Insoweit besteht allerdings die Gefahr, dass der Verweis ins Leere geht. Denn eine im Inland getroffene Zuständigkeitsentscheidung bindet die ausländischen Gerichte nicht[61]. Vielmehr können die Gerichte eines ausländischen Staates ein Verfahren ihrerseits mangels internationaler Zuständigkeit oder aus anderen rechtlichen Gründen abweisen oder tatsächlich an einer Entscheidungsfindung gehindert sein. Lehnt zum Beispiel ein inländisches Gericht die internationale Zuständigkeit ab, weil sich der Wohnsitz des Beklagten im Ausland befindet, bleibt es den ausländischen Gerichten unbenommen, eine internationale Zuständigkeit ebenfalls abzulehnen, weil nach dem ausländischen Zuständigkeitsrecht ein anderer Anknüpfungspunkt maßgebend ist[62]. Der Verweis auf

---

[58] Die Frage ist demgegenüber für eine Systembildung im internationalen Zuständigkeitsrecht bedeutsam. So können Anknüpfungsunkte wie zum Beispiel der Wohnsitz des Beklagten, denen sich der Gesetzgeber zur Ausgestaltung des Zuständigkeitsrechts bedient, insoweit verfassungsrechtlich abgesichert sein, als bei einem Wechsel des Anknüpfungspunktes die Sachverhalte mit genügendem Inlandsbezug weiterhin erfasst bleiben müssen, vgl. *Grolimund*, Drittstaatenproblematik, Rn. 653.
[59] § 23 S. 1 Alt. 1 ZPO.
[60] Verfassungsrechtliche Bedenken bestehen aus diesem Gesichtspunkt in der Literatur allenfalls in Bezug auf das in § 98 Abs. 1 Nr. 4 FamFG vorgesehene, die internationale Zuständigkeit beschränkende Anerkennungserfordernis, vgl. dazu *Pfeiffer*, Internationale Zuständigkeit, S. 500 ff. Kritisch auch *Geimer*, IZPR, Rn. 1954, allerdings wegen eines Verstoßes gegen Art. 3 Abs. 1 GG.
[61] Siehe nur *Milleker*, Der Negative Internationale Kompetenzkonflikt, S. 56; *Schack*, IZVR, Rn. 498.
[62] Vgl. insoweit die vergleichbare Problematik, die der Entscheidung des Tribunal de la Seine, 2.4.1931, Journal du droit international (Clunet), 1932, 370, zugrunde lag: Die Klägerin, eine Staatenlose mit Wohnsitz in Paris, begehrte die Scheidung von ihrem Ehemann, der zwischenzeitlich in die Türkei gezogen war und die türkische Staatsangehörigkeit angenommen hatte. Das französische Recht knüpfte die internationale Zuständigkeit ausschließlich an die Staatsangehörigkeit des Beklagten, sodass aus französischer Sicht eine internationale

die ausländischen Gerichte ginge mithin ins Leere, sodass die Rechtsdurchsetzung nur durch ein inländisches Erkenntnisverfahren gewährleistet werden könnte. Gleiches gilt, wenn im Ausland zwar eine Entscheidung ergangen ist, diese mangels Anerkennung im Inland allerdings nicht durchsetzbar ist. Um eine dem Rechtssuchenden andernfalls drohende Rechtsverweigerung zu verhindern und mithin einen möglichst lückenlosen Rechtsschutz zu erreichen, verdichtet sich der Justizgewährungsanspruch[63] in diesen Konstellationen zu einem Recht auf ein inländisches Erkenntnisverfahren[64]. Mit anderen Worten ist die deutsche Justiz letztverantwortlich[65] dafür, dass ein Rechtssuchender seinen Anspruch gerichtlich durchsetzen kann, wenn ein Verweis an ausländische Gerichte aus rechtlichen oder tatsächlichen Gründen ins Leere geht. Dieses Prinzip der inländischen Letztverantwortlichkeit bildet das verfassungsrechtliche Fundament der Notzuständigkeit: So kann ein – nicht an vollständiger Ausuferung seiner Zuständigkeitsvorschriften interessierter – Gesetzgeber misslingenden Verweisen durch kein anderes Mittel passgenauer begegnen als den gerade hierfür konzipierten Notzuständigkeiten.

Mit der grundsätzlichen Anerkennung eines Rechts auf inländische Erkenntnis infolge inländischer Letztverantwortlichkeit ist noch nicht geklärt, welche genauen Anforderungen an das Fehlgehen des Verweises zu stellen sind. Es ist insbesondere danach zu fragen, welche Gründe für eine rechtliche oder tatsächliche Rechtsverweigerung ausreichen und welche nicht, ob bereits die Gefahr einer Abweisung im Ausland zur Verdichtung genügt oder diese konkret erfolgen muss und ob auf etwaige (Not-)Zuständigkeiten anderer Staaten verwiesen werden darf[66]. Da ein Verweis auf ein ausländisches Erkenntnisverfahren aus einer Vielzahl von Gründen scheitern kann, die weder umfassend bedacht noch auf einen für diese Arbeit angemessenen Umfang verknappt werden könnten, bereitet die Beantwortung dieser Fragen Schwierigkeiten[67]. Zudem kann der

---

Zuständigkeit türkischer Gerichte bestand. Demgegenüber knüpfte das türkische Recht die Zuständigkeit ausschließlich an den Wohnsitz des Klägers, sodass aus türkischer Sicht lediglich eine internationale Zuständigkeit französischer Gerichte bestand.

[63] Die Anwendbarkeit des Justizgewährungsanspruchs setzt in Verfahren mit Auslandsbezug freilich zunächst voraus, dass ein inländisches Rechtsschutzbedürfnis besteht (siehe ausführlich oben unter § 9 A II 1 (S. 142 ff.)).

[64] *Pfeiffer*, Internationale Zuständigkeit, S. 450.

[65] Grundlegend dazu *Pfeiffer*, Internationale Zuständigkeit, S. 449 ff. Zurückhaltender jedoch *Schröder*, Internationale Zuständigkeit, S. 211, es möge eine gleichsam indifferent-neutrale Zone im zwischenstaatlichen Zuständigkeitsbereich verbleiben, in der zu entscheiden nicht angezeigt und anzuerkennen entbehrlich sei.

[66] Vgl. *Pfeiffer*, Internationale Zuständigkeit, S. 458 f., 463 ff.

[67] Vgl. auch *Pfeiffer*, Internationale Zuständigkeit, S. 463. Auf die Vielfältigkeit der möglichen Lebenssachverhalte weisen ebenfalls *Stadler/Klöpfer*, ZEuP 2015, 732, 751, hin.

Justizgewährungsanspruch den aufgeworfenen Fragen nur den verfassungsrechtlichen Rahmen setzen, wobei die bereits erwähnte[68] Zumutbarkeit für den Rechtssuchenden das entscheidende Kriterium zur Annahme oder Ablehnung eines Rechts auf ein inländisches Erkenntnisverfahren bildet.

Zur Konkretisierung des Zumutbarkeitskriteriums können zunächst Sachverhalte herangezogen werden, in denen die Eröffnung einer Notzuständigkeit infrage stand. Nachdem Konstellationen einer Notzuständigkeit rechtspraktisch allerdings nur selten auftreten[69], sind darüber hinaus auch Sachverhalte mit einzubeziehen, denen eine mit der Notzuständigkeit vergleichbare Gefährdungssituation zugrunde liegt. Zu einer solchen Gefährdungssituation kann es zum einen bei Gerichtsstandsvereinbarungen kommen, die eine inländische Zuständigkeit derogieren: Denn ist in dem Staat, den die Parteien als zuständig vereinbart haben, eine Rechtsverwirklichung zum Beispiel unmöglich, weil die Gerichte aufgrund eines Bürgerkrieges ihre Tätigkeit eingestellt haben[70], droht dem Rechtssuchenden eine Rechtsverweigerung. Dieser Gefahr wird im autonomen deutschen Recht dadurch begegnet, dass eine Derogation der inländischen Zuständigkeit unwirksam ist, wenn sie mangels Rechtsverwirklichungsmöglichkeit am prorogierten Gerichtsstand einem Verzicht auf Rechtsschutz gleichkäme[71]. Zum anderen kann eine faktische Rechtsverweigerung auftre-

---

[68] Vgl. oben unter § 9 A II 2 b (S. 148).
[69] Behandelt wurde die Notzuständigkeit jedoch bei BGH, Beschl. v. 12.1.1987, II ZR 203/86, juris Rn. 11; BGH, Urt. v. 2.7.1991, NJW 1991, 3092, 3095; BGH, Urt. v. 20.2.2013, FamRZ 2013, 687, 689; OLG München, Urt. v. 7.10.1992, IPRax 1993, 237, 239; OLG Düsseldorf, Urt. v. 11.8.1994, IPRspr. 1995, Nr. 140a, S. 273, 275 f.; OLG Frankfurt am Main, Urt. v. 24.10.1996, 1 U 242/96, juris Rn. 34; OLG Rostock, Urt. v. 11.11.1999, IPRspr. 1999, Nr. 132, S. 312, 317 ff.; OLG München, Urt. v. 27.2.2019, MDR 2019, 1089, 1090; LG Berlin, Urt. v. 15.4.2010, 33 O 433/07, WKRS 2010, 24173 Rn. 33 ff.; AG Groß-Gerau, Urt. v. 11.6.1980, FamRZ 1981, 51, 52; vgl. auch RG, Urt. v. 3.7.1939, RGZ 160, 396, 403 (wenngleich im Urteil nicht als Notzuständigkeit bezeichnet). Zumindest erwähnt wurde eine Notzuständigkeit bei BGH, Beschl. v. 21.6.2007, EuZW 2007, 582, 584; BayObLG, Beschl. v. 19.9.1991, IPRspr. 1991, Nr. 217, S. 461, 463 f.; OLG Frankfurt am Main, Urt. v. 4.6.1992, NJW-RR 1993, 305, 307; OLG Frankfurt am Main, Urt. v. 1.10.1998, IPRax 1999, 247, 248; KG, Urt. v. 4.4.2007, IPRspr. 2007, Nr. 163, S. 458, 462; OLG Koblenz, Beschl. v. 6.1.2016, FamRZ 2016, 995; AG Landstuhl, Urt. v. 6.9.2001, FamRZ 2002, 1343. Vergleichsweise häufig wird die Notzuständigkeit jedoch in Angelegenheiten der freiwilligen Gerichtsbarkeit bejaht, vgl. dazu die Nachweise unten unter § 14 A II 3 (S. 333).
[70] Vgl. BAG, Urt. v. 29.6.1978, NJW 1979, 1119, 1120 (Bürgerkrieg Libanon); LAG Hamburg, Urt. v. 21.9.1979, IPRspr. 1980, Nr. 137 A, S. 438, 440 (Bürgerkrieg Iran).
[71] Ständige Rechtsprechung, BGH, Urt. v. 3.12.1973, ZZP 88 (1975), 318, 321; BAG, Urt. v. 29.6.1978, NJW 1979, 1119, 1120; BAG, Urt. v. 13.11.2007, NZA 2008, 761, 766; OLG München, Urt. v. 30.6.1965, IPRspr. 1964–1965, Nr. 225, S. 670, 671; OLG Hamburg, Urt. v. 26.4.1973, MDR 1973, 940; LAG Hamburg, Urt. v. 21.9.1979, IPRspr. 1980, Nr. 137 A, S. 438, 439 f.; LAG Frankfurt am Main, Urt. v. 10.6.1981, RIW 1982, 524; OLG Bremen, Urt. v.

ten, wenn ein bereits anhängiges Rechtsschutzverfahren im Ausland unverhältnismäßig lange dauert[72]. In diesen Konstellationen ist die Rechtsschutzmöglichkeit dadurch zu gewährleisten, dass das Prozesshindernis ausländischer Rechtshängigkeit nicht beachtet wird, sofern bei einem im Ausland anhängigen Verfahren die Justizgewährung vereitelt oder unzumutbar verzögert wird[73]. Sowohl die Unwirksamkeit der Derogation als auch die Nichtbeachtung der Rechtshängigkeitssperre betreffen im Kern die Frage, wann ein Verfahren im Ausland zumutbar ist. Sie sind somit auf den allgemeinen Justizgewährungsanspruch zurückzuführen[74] und können zur Konkretisierung des Zumutbarkeitskriteriums herangezogen werden.

Legt man diese Sachverhalte zugrunde, zeigt sich, dass ein Verfahren im Ausland jedenfalls unmöglich ist, wenn dort gegenwärtig ein Stillstand der

---

18.7.1985, RIW 1985, 894, 895; OLG Frankfurt am Main, Urt. v. 1.10.1998, IPRax 1999, 247, 250 f.; OLG Koblenz, Zwischenurt. v. 24.6.2004, IPRax 2006, 469, 470 f.; vgl. auch RG, Urt. v. 29.6.1915, WarnRspr. 1915, Nr. 223, S. 337, 339; RG, Urt. v. 8.6.1918, RGZ 93, 166, 167. – Nach der Rechtsprechung kommt es jedoch nur auf die Situation im Prorogationsstaat an; dass eine Entscheidung des Prorogationsstaates im Inland mangels Verbürgung der Gegenseitigkeit nicht anzuerkennen wäre, begründet noch keinen Verzicht auf Rechtsschutz, wenngleich damit im Inland belegenes Vermögen dem Zugriff des Klägers gänzlich entzogen werden könnte (vgl. BGH, Urt. v. 13.12.1967, NJW 1968, 356, 357; BGH, Urt. v. 21.12.1970, NJW 1971, 325 f.; BGH, Urt. v. 8.2.1971, NJW 1971, 985; BGH, Urt. v. 3.12.1973, ZZP 88 (1975), 318 f.; OLG Koblenz, Urt. v. 26.5.1983, IPRax 1984, 267); dies gilt selbst dann, wenn lediglich im Inland Vermögen des Beklagten vorhanden ist, da der Kläger insoweit nicht rechtlos gestellt werde, sondern im Prorogationsstaat nur kein Vermögen vorhanden sei (so ausdrücklich BGH, Urt. v. 8.2.1971, NJW 1971, 985; OLG Koblenz, Urt. v. 26.5.1983, IPRax 1984, 267). – Vgl. zum Ganzen *Eicher*, Rechtsverwirklichungschancen, S. 256 ff.; *Geimer* in FS für Nagel, S. 36, 47; *Hau*, IPRax 1999, 232, 235 f.; *Kropholler* in Hdb. IZVR I, Kap. III, Rn. 561 ff.; *Nagel/Gottwald*, IZPR, Rn. 3.564; *Pfeiffer*, Internationale Zuständigkeit, S. 508, 518 f.; *Schütze*, Deutsches Internationales Zivilprozessrecht, Rn. 173 f.; *M. Weller*, Ordre-public-Kontrolle internationaler Gerichtsstandsvereinbarungen, S. 322 ff.; *ders.*, IPRax 2006, 444, 446.

[72] Eine unzumutbare Verzögerung annehmend BGH, Urt. v. 26.1.1983, NJW 1983, 1269, 1270 (Italien); KG, Urt. v. 21.12.1993, FamRZ 1995, 1074 f. (Belgien); LG Neuruppin, Urt. v. 18.9.2003, IPRspr. 2003, Nr. 173, S. 562, 563 f. (Tunesien).

[73] Ständige Rechtsprechung, BGH, Urt. v. 17.1.1952, NJW 1952, 705, 706; BGH, Urt. v. 26.10.1960, NJW 1961, 124; BGH, Urt. v. 26.1.1983, NJW 1983, 1269 f.; BGH, Urt. v. 10.10. 1985, NJW 1986, 2195, 2196; KG, Urt. v. 21.12.1993, FamRZ 1995, 1074; LG Neuruppin, Urt. v. 18.9.2003, IPRspr. 2003, Nr. 173, S. 562, 563 f. Vgl. auch OLG München, Urt. v. 31.10.1984, IPRax 1985, 338, 339; *Eicher*, Rechtsverwirklichungschancen, S. 221 f.; *Schmehl*, Parallelverfahren und Justizgewährung, S. 238.

[74] Für die Wirksamkeit einer Gerichtsstandsvereinbarung explizit auf den Justizgewährungsanspruch abstellend *Hau*, IPRax 1999, 232, 235 f.; *M. Weller*, Ordre-public-Kontrolle internationaler Gerichtsstandsvereinbarungen, S. 322 ff.; ähnlich *Pfeiffer*, Internationale Zuständigkeit, S. 518 f. Demgegenüber wird der Justizgewährungsanspruch in der Rechtsprechung lediglich von BAG, Urt. v. 13.11.2007, NZA 2008, 761, 766 (Derogation); LG Neuruppin, Urt. v. 18.9.2003, IPRspr. 2003, Nr. 173, S. 562, 563 (Rechtshängigkeitssperre), erwähnt.

Rechtspflege herrscht, also die Gerichte ihre Tätigkeit zurzeit tatsächlich nicht ausüben[75]. Ebenfalls unmöglich ist ein ausländisches Verfahren, wenn die dortigen Gerichte aus rechtlichen Gründen an einer Entscheidung gehindert sind, weil sich der Staat selbst als unzuständig betrachtet, mit der Folge eines negativen Kompetenzkonfliktes[76]. Dies gilt auch, wenn der Weg zu den staatlichen Gerichten aus anderen Gründen insgesamt verwehrt bleibt[77]. Schwieriger zu beurteilen ist demgegenüber, unter welchen Voraussetzungen ein rechtlich und tatsächlich mögliches Verfahren im Ausland, das vom Rechtssuchenden eingeleitet werden könnte, bereits eingeleitet wurde oder schon abgeschlossen ist, diesem unzumutbar ist oder war. Die Unzumutbarkeit setzt in diesen Konstellationen voraus, dass bei dem ausländischen Gericht entweder eine geordnete und sachgerechte Prüfung des Streitgegenstandes nicht möglich ist[78] oder der Prozess in angemessener Zeit nicht beendet wird[79]. Denn es hatte sich bereits

---

[75] Vgl. BAG, Urt. v. 29.6.1978, NJW 1979, 1119, 1120 (Bürgerkrieg Libanon); LAG Hamburg, Urt. v. 21.9.1979, IPRspr. 1980, Nr. 137 A, S. 438, 440 (Bürgerkrieg Iran); LAG Frankfurt am Main, Urt. v. 10.6.1981, RIW 1982, 524 (Generalstreik Iran). – Nach dem OLG Hamburg, Urt. v. 13.12.1979, IPRspr. 1979, Nr. 176, S. 590, 592 f., könne sich eine Partei, in deren Interesse die ausschließliche Zuständigkeit der Gerichte eines Staates vereinbart wurde, nicht auf den dortigen Stillstand der Rechtspflege in einem inländischen Verfahren berufen. Das kann nicht überzeugen, da der Justizgewährungsanspruch nur ein Rechtsschutzbedürfnis im Inland als Voraussetzung hat. Ist dieses gegeben, müssten im Einzelfall über die Gerichtsstandsvereinbarung hinausgehende Umstände hinzutreten, die dazu führten, dass der rechtssuchenden Partei eine faktische Rechtsverweigerung zuzumuten wäre.

[76] Einen negativen Kompetenzkonflikt annehmend OLG Koblenz, Zwischenurt. v. 24.6.2004, IPRax 2006, 469, 470 f.; ablehnend OLG München, Urt. v. 30.6.1965, IPRspr. 1964–1965, Nr. 225, S. 670, 671; KG, Urt. v. 4.4.2007, IPRspr. 2007, Nr. 163, S. 458, 462; offengelassen bei BGH, Beschl. v. 21.6.2007, EuZW 2007, 582, 584. Ein negativer Kompetenzkonflikt lag – vom Gericht unbemerkt – auch der Entscheidung des AG Landstuhl, Urt. v. 6.9.2001, FamRZ 2002, 1343, zugrunde, worauf *Gottwald*, FamRZ 2002, 1343 f., zu Recht hinweist. Vgl. auch RG, Urt. v. 3.7.1939, RGZ 160, 396 (widersprüchliche Auffassungen zur Staatsangehörigkeit der Parteien).

[77] Vgl. BAG, Urt. v. 13.11.2007, NZA 2008, 761, 766, unter Verweis auf ein nichtstaatliches Beschwerde- und Schlichtungsverfahren. Eine Verweigerung des Zugangs zu staatlichen Gerichten ist indes unbedenklich, wenn dies infolge eines rechtsstaatlichen Insolvenzverfahrens geschieht (OLG München, Urt. v. 7.10.1992, IPRax 1993, 237, 239), wobei mit *Geimer*, IPRax 1993, 216, 218, zu fordern ist, dass das ausländische Insolvenzverfahren im Inland anerkannt wird.

[78] BGH, Urt. v. 3.12.1973, ZZP 88 (1975), 318, 321; LAG Hamburg, Urt. v. 21.9.1979, IPRspr. 1980, Nr. 137 A, S. 438, 440; OLG Hamburg, Urt. v. 13.12.1979, IPRspr. 1979, Nr. 176, S. 590, 592; OLG Bremen, Urt. v. 18.7.1985, RIW 1985, 894, 895; OLG Frankfurt am Main, Urt. v. 1.10.1998, IPRax 1999, 247, 250. Vgl. auch OLG Hamburg, Urt. v. 26.4.1973, MDR 1973, 940 (Rechtsverfolgung im Ausland dürfe nicht so gut wie zwecklos oder ausgeschlossen sein).

[79] Vgl. BGH, Urt. v. 26.1.1983, NJW 1983, 1269, 1270; BGH, Urt. v. 10.10.1985, NJW

bei der Begründung des Rechts auf ein inländisches Erkenntnisverfahren[80] gezeigt, dass ein ausländisches Gerichtssystem nicht in vollem Umfang dem nationalen Rechtsschutz entsprechen muss, sondern nur ein Mindestmaß an wirkungsvollem und effektivem Rechtsschutz sicherzustellen hat. Die Möglichkeit geordneter und sachgerechter Prüfung entspricht diesem Mindestmaß und ist unterschritten, wenn ein rechtsstaatliches Verfahren nicht gewährleistet ist, insbesondere mangels Unabhängigkeit der Justiz[81]. Demgegenüber können Widrigkeiten einer Prozessführung im Ausland[82] oder materielle Besonderheiten des im Ausland anwendbaren Rechts[83] die Unzumutbarkeit eines dortigen Verfahrens jedenfalls so lange nicht begründen, wie sie keiner faktischen Rechtsverweigerung gleichkommen[84]. Bei der Beurteilung der Frage, ob eine Verfahrensverzögerung unzumutbar ist, hat das zur Entscheidung berufene Gericht eine Vielzahl von Einzelfallumständen zu berücksichtigen[85]: Maßgebend ist nicht allein die Gesamtzeit des Verfahrens[86], sondern zum Beispiel auch, ob – und zu welchem Anteil – die Parteien oder das Gericht die Verfahrensverzögerung zu vertreten haben oder wie komplex der Verfahrensgegenstand ist[87]. Die Fallgestaltungen sind daher zu divers, um sie im Rahmen einer verfassungsrechtlichen Betrachtung einem allgemeingültigen Ergebnis zuführen zu können[88]. Vielmehr genügt insoweit die Erkenntnis, dass ein Verweis an ausländi-

---

1986, 2195, 2196; KG, Urt. v. 21.12.1993, FamRZ 1995, 1074f.; LG Neuruppin, Urt. v. 18.9. 2003, IPRspr. 2003, Nr. 173, S. 562, 563f.

[80] Siehe oben unter § 9 A II 2 a (S. 146).

[81] Ein rechtsstaatliches Verfahren ablehnend LAG Hamburg, Urt. v. 21.9.1979, IPRspr. 1980, Nr. 137 A, S. 438, 440 (Iran); OLG Frankfurt am Main, Urt. v. 1.10.1998, IPRax 1999, 247, 250f. (Irak). Die Rechtsstaatlichkeit zumindest in Bezug auf das konkrete Verfahren annehmend BGH, Urt. v. 2.7.1991, NJW 1991, 3092, 3095 (Türkei/Zypern); OLG Hamburg, Urt. v. 26.4.1973, MDR 1973, 940f. (Ukraine/UdSSR); OLG Bremen, Urt. v. 18.7.1985, RIW 1985, 894, 895 (Kolumbien); LG Berlin, Urt. v. 15.4.2010, 33 O 433/07, WKRS 2010, 24173 Rn. 33ff. (Russland).

[82] Vgl. BGH, Urt. v. 3.12.1973, ZZP 88 (1975), 318, 321 (sprachliche Schwierigkeiten); OLG Rostock, Urt. v. 11.11.1999, IPRspr. 1999, Nr. 132, S. 312, 317f. (mangelnde Kenntnis ausländischen Rechts).

[83] Vgl. OLG Frankfurt am Main, Urt. v. 24.10.1996, 1 U 242/96, juris Rn. 34 (im Ausland bereits eingetretene Verjährung).

[84] Vgl. AG Groß-Gerau, Urt. v. 11.6.1980, FamRZ 1981, 51, 52, die Antragstellerin auf ein Scheidungsverfahren in der Türkei zu verweisen, zu der diese keinen Bezug habe, liefe auf eine Rechtsverweigerung hinaus.

[85] *Schmehl*, Parallelverfahren und Justizgewährung, S. 230f.; *M. Weller*, Ordre-public-Kontrolle internationaler Gerichtsstandsvereinbarungen, S. 327f.

[86] Insbesondere verbietet sich die Annahme starrer Zeitgrenzen, wie das BVerfG, Beschl. v. 20.7.2000, NJW 2001, 214, 215, zu einer Verfahrensverzögerung im Inland ausgeführt hat.

[87] Zu diesen Gesichtspunkten *Schmehl*, Parallelverfahren und Justizgewährung, S. 230f.

[88] Eine unzumutbare Verzögerung annehmend BGH, Urt. v. 26.1.1983, NJW 1983, 1269,

sche Gerichte unzumutbar sein kann, wenn ein ausländisches Verfahren – unter Berücksichtigung der Umstände des Einzelfalls – unverhältnismäßig lange andauert. Ebenso wenig eignet sich der verfassungsrechtliche Überblick, um eine umfassende Antwort auf die noch aufgeworfenen Fragen zu geben, ob eine tatsächliche Verfahrensabweisung im Ausland notwendig ist oder die Gefahr genügt oder ob auch auf die internationale (Not-)Zuständigkeit anderer Staaten verwiesen werden darf. Denn diese sind wiederum von einer Gesamtabwägung aller Umstände des Einzelfalles abhängig. So erschiene eine Klageerhebung im Ausland zwar entbehrlich, wenn die dortige Zivilrechtspflege gegenwärtig erkennbar stillstünde. Eine Klageerhebung könnte aber angezeigt sein, wenn sich auf andere Weise nicht ermitteln ließe, ob die auswärtigen Gerichte eine internationale Zuständigkeit in dem Fall wirklich ablehnten[89]. Vergleichbares gilt für Konstellationen, in denen eine im Ausland bereits ergangene Entscheidung im Inland nicht anerkannt wird. Zwar begründet dieser Umstand regelmäßig ein Recht auf ein inländisches Erkenntnisverfahren, weil sich der Anspruch des Rechtssuchenden im Inland andernfalls nicht durchsetzen ließe[90]. Dennoch kann ein inländisches Erkenntnisverfahren entbehrlich sein, wenn ein weiteres zumutbares Gericht im Ausland zur Verfügung steht, dessen Entscheidung im Inland anerkennungsfähig ist[91]. Gleichermaßen ist ein Zugriff auf inländisches Vollstreckungsvermögen nicht stets erforderlich, sondern nur, wenn auf das Vermögen im Urteilsstaat nicht zugegriffen werden kann oder dieses zur Befriedigung des Gläubigers nicht genügt[92].

1270 (Italien); KG, Urt. v. 21.12.1993, FamRZ 1995, 1074 f. (Belgien); LG Neuruppin, Urt. v. 18.9.2003, IPRspr. 2003, Nr. 173, S. 562, 563 f. (Tunesien); ablehnend BGH, Urt. v. 10.10.1985, NJW 1986, 2195, 2196 (Türkei); OLG München, Urt. v. 31.10.1984, IPRax 1985, 338, 339 (Italien). Die Zumutbarkeit eines noch durchzuführenden Scheidungsverfahrens im Kosovo hat das OLG Koblenz, Beschl. v. 6.1.2016, FamRZ 2016, 995, unter Zeitaspekten bejaht.

[89] Das gilt auch, wenn wie im Fall des LG Berlin, Urt. v. 15.4.2010, 33 O 433/07, WKRS 2010, 24173 Rn. 35, nicht klar ist, ob der fragliche Staat wirklich Einfluss auf das Verfahren nimmt, was zur Unzumutbarkeit eines dortigen Verfahrens geführt hätte. Weniger restriktiv *Pfeiffer*, Internationale Zuständigkeit, S. 464, der in Anlehnung an § 935 ZPO die konkret begründete Möglichkeit einer Rechtsverweigerung zur Begründung einer Notzuständigkeit ausreichen lassen möchte.

[90] Als mögliche Grundlage einer Notzuständigkeit ansehend OLG Stuttgart, Urt. v. 6.8. 1990, IPRax 1991, 179, 182; OLG Düsseldorf, Urt. v. 11.8.1994, IPRspr. 1995, Nr. 140a, S. 273, 275 f.; OLG München, Urt. v. 27.2.2019, MDR 2019, 1089, 1090; vgl. auch BayObLG, Beschl. v. 19.9.1991, IPRspr. 1991, Nr. 217, S. 461, 463 f.

[91] Staudinger/*Spellenberg* (2016), § 98 FamFG Rn. 262.

[92] Vgl. OLG Düsseldorf, Urt. v. 11.8.1994, IPRspr. 1995, Nr. 140a, S. 273, 276; OLG München, Urt. v. 27.2.2019, MDR 2019, 1089, 1090.

3. Beschränkungsmöglichkeiten

Der allgemeine Justizgewährungsanspruch ist nicht gleichbedeutend mit schrankenlosem Rechtsschutz[93]. Rechtsnaturgemäß bedarf der allgemeine Justizgewährungsanspruch ebenso wie die Rechtsschutzgarantie des Art. 19 Abs. 4 GG einer gesetzgeberischen Ausgestaltung, die insbesondere durch Verfahrensregeln innerhalb der jeweiligen Prozessordnung vorgenommen wird[94].

Nach Auffassung des BVerfG werde die Grenze einfachgesetzlicher Verfahrensausgestaltung überschritten, wenn der Zugang zu Gericht entweder ausgeschlossen, faktisch unmöglich gemacht oder in unzumutbarer, aus Sachgründen nicht mehr zu rechtfertigender Weise erschwert werde[95]. Mithin wird erneut auf das Zumutbarkeitskriterium abgestellt, das bereits bei der Frage fruchtbar gemacht wurde, ob sich der allgemeine Justizgewährungsanspruch auf ein Recht auf ein inländisches Erkenntnisverfahren verdichtet[96]. Denn ein Recht auf ein inländisches Erkenntnisverfahren, das aus dem Prinzip staatlicher Letztverantwortlichkeit folgt, setzt voraus, dass ein Verfahren nicht an ausländische Gerichte verwiesen werden darf, weil der Rechtsschutz im Ausland zum Beispiel aufgrund eines Stillstands der Rechtspflege oder mangels Unabhängigkeit der Justiz unzumutbar ist. Legte man den Maßstab des BVerfG zugrunde, wäre in Konstellationen, in denen ein Rechtsschutz im Ausland unzumutbar ist, stets eine internationale Zuständigkeit zu eröffnen. Denn insbesondere hat der Rechtssuchende – im Gegensatz zu vielen anderen Verfahrensregelungen wie etwa Formerfordernissen – regelmäßig keinen Einfluss darauf, ob die Anknüpfungspunkte internationaler Zuständigkeit (noch) erfüllt werden können. Die Beschränkung internationaler Zuständigkeit stellte sich daher als eine unüberwindbare Zugangshürde dar, die zumindest im Inland eine Rechtsverweigerung bedeutete. Mit dem allgemeinen Justizgewährungsanspruch ließe sie sich nicht vereinbaren.

Demgegenüber ist das Ergebnis, dass bei Unzumutbarkeit eines Verfahrens im Ausland stets eine inländische Zuständigkeit zu eröffnen ist, in seiner Abso-

---

[93] *Dorn*, Justizgewähranspruch und Grundgesetz, S. 306, 316.
[94] *Schmehl*, Parallelverfahren und Justizgewährung, S. 221; *Widdascheck*, Justizgewährleistungsanspruch des Dopingsünders, S. 129 f.
[95] BVerfG, Beschl. v. 12.2.1992, BVerfGE 85, 337, 347; genau diese „neue" Formel verwendend jüngst BVerfG, Beschl. v. 24.7.2018, BVerfGE 149, 346, 363. Vgl. auch *Dorn*, Justizgewähranspruch und Grundgesetz, S. 309; *Papier* in Isensee/Kirchhof, HStR VIII, § 176 Rn. 16; *Prütting* in Wieczorek/Schütze, ZPO, Einleitung Rn. 115; *Sachs* in Sachs, Grundgesetz, Art. 20 Rn. 162; *Schmehl*, Parallelverfahren und Justizgewährung, S. 227; *Schulze-Fielitz* in Dreier, Grundgesetz-Kommentar, Art. 20 (Rechtsstaat) Rn. 212.
[96] Siehe oben unter § 9 A II 2 b (S. 148, 150 ff.).

lutheit nicht überzeugend⁹⁷. Denn dies hätte zur Konsequenz, dass Rechtspositionen des Beklagten keine Beachtung fänden, da die bisherigen Zumutbarkeitserwägungen allein aus der Perspektive des Rechtssuchenden angestellt wurden. Es wäre somit nicht möglich, die internationale Zuständigkeit zu verneinen, weil der Sachverhalt keinen – über das Rechtsschutzbedürfnis hinausgehenden – Inlandsbezug aufweist. Demgegenüber ergibt sich die grundsätzliche Einschränkbarkeit des allgemeinen Justizgewährungsanspruch aus der verfassungsunmittelbaren Schranke kollidierenden Verfassungsrechts⁹⁸. Dass sich diese Schranke nicht in den zuvor genannten Zumutbarkeitserwägungen erschöpft, sondern eine eigenständige Begrenzung des Zugangsrechts zur Folge hat, hat auch das BVerfG jüngst erkannt⁹⁹. In internationalen Zivilverfahren steht dem Beklagten ein Recht zu, vor unzumutbaren Gerichtsständen geschützt zu werden¹⁰⁰. Dieses Recht ist mit dem allgemeinen Justizgewährungsanspruch des Rechtssuchenden in Ausgleich zu bringen¹⁰¹. Eines solchen Korrektivs des Justizgewährungsanspruchs bedarf es umso mehr, als dessen internationale Anwendbarkeit sehr weitreichend ist: So können etwa bereits künftige Vollstreckungsaussichten als inländisches Rechtsschutzbedürfnis genügen¹⁰², obgleich ein darauf gestütztes Verfahren den Beklagten mit einer schwierigen Prozessführung belastet und eine tatsächliche Befriedigungsmöglichkeit des Klägers ungewiss verbleibt. In diesen Konstellationen kann ein Gerichtszugang im Inland vertretbar zugunsten der Rechte des Beklagten verneint werden. Die Abwägung beider Rechte hat der Gesetzgeber bei der Ausgestaltung internationaler Zuständigkeit im Allgemeinen sowie einer Notzuständigkeit im Besonderen vorzunehmen oder sie bleibt den jeweiligen Gerichten überlassen. Insoweit ist

---

[97] Keine über das Zumutbarkeitskriterium hinausgehende Einschränkungsmöglichkeit erwägen *Dorn*, Justizgewähranspruch und Grundgesetz, S. 308, 316; *Eicher*, Rechtsverwirklichungschancen, S. 41 f.; *Papier* in Isensee/Kirchhof, HStR VIII, § 176 Rn. 16; *Prütting* in Wieczorek/Schütze, ZPO, Einleitung Rn. 115; *Schmehl*, Parallelverfahren und Justizgewährung, S. 227.
[98] Vgl. BVerfG, Beschl. v. 24.7.2018, BVerfGE 149, 346, 363, in Bezug auf Art. 19 Abs. 4 GG.
[99] Siehe BVerfG, Beschl. v. 24.7.2018, BVerfGE 149, 346, 363, der Zugang zu einer gerichtlichen Entscheidung in der Sache dürfe – *vorbehaltlich verfassungsunmittelbarer Schranken* – in keinem Fall ausgeschlossen, faktisch unmöglich gemacht oder in unzumutbarer, durch Sachgründe nicht mehr zu rechtfertigender Weise erschwert werden (Hervorhebung durch den Verfasser).
[100] Siehe ausführlich unten unter § 9 B (S. 158 ff.).
[101] Vgl. *Geimer* in FS für Schwind, S. 17, 19; *ders.*, IPRax 1993, 216, 217 f.; *ders.* in FS für von Hoffmann, S. 589, 590; *ders.*, IZPR, Rn. 250a; *Herfarth*, Scheidung nach jüdischem Recht, S. 198; *Linke/Hau*, IZVR, Rn. 2.7; *Pfeiffer*, Internationale Zuständigkeit, S. 586; *Schlosser*, Riv. dir. int. 74 (1991), 5, 15.
[102] Sehr weitreichend *Pfeiffer*, Internationale Zuständigkeit, S. 455.

zwar der bei vorbehaltlos gewährten Grundrechten geltende Maßstab der praktischen Konkordanz zu beachten, der einen möglichst optimalen Ausgleich kollidierender Verfassungsgüter erfordert[103]. Das vermag allerdings nicht darüber hinwegzutäuschen, dass die internationale Zuständigkeit nur entweder angenommen oder abgelehnt werden kann, womit sich im Ergebnis nur eine Verfassungsposition durchsetzen kann, während die andere gänzlich unterliegt[104].

B. Recht des Beklagten auf Freiheit vor Justiz

Dem Beklagten steht ein vorprozessuales Recht zu, vor unzumutbaren Gerichtsständen geschützt zu werden[105]. Umstritten ist jedoch, wie sich ein solches Recht des Beklagten verfassungsrechtlich verankern lässt. Mehrheitlich wird es als Ausfluss des Rechts auf ein faires Verfahren behandelt[106], vereinzelt wird demgegenüber auf einen Anspruch auf effektive Justiz abgestellt[107], der sich aus den Freiheitsrechten in Verbindung mit dem Rechtsstaatsprinzip ergebe[108]. Diese Unsicherheiten bei der Begründung des Rechts lassen sich nicht zuletzt vor dem Hintergrund erklären, dass eine Vielzahl von Verfahrensrechten existiert, die sich in ihren Gewährleistungsgehalten deutlich überschneiden[109]. Eine Zuordnung zu nur einem Verfassungsrecht ist aus diesem Grund trennscharf nicht möglich – zumal sie mangels inhaltlicher Auswirkungen kaum lohnenswert

---

[103] *Epping*, Grundrechte, Rn. 91.
[104] Derartige „Schwarz-Weiß"-Entscheidungen sind auch dem Prinzip der praktischen Konkordanz immanent, vgl. *Schladebach*, Der Staat 53 (2014), 263, 272.
[105] So *Buchner*, Kläger- und Beklagtenschutz, S. 61; *Geimer* in FS für Schwind, S. 17, 18 ff.; *ders.* in FS für von Hoffmann, S. 589, 590; *ders.*, IZPR, Rn. 250a; *Grolimund*, Drittstaatenproblematik, Rn. 665; *Herfarth*, Scheidung nach jüdischem Recht, S. 198; *Pfeiffer*, Internationale Zuständigkeit, S. 577 ff.; *Reisewitz*, Rechtsfragen des Medizintourismus, S. 129; *Schlosser*, Riv. dir. int. 74 (1991), 5, 15 f.; wohl auch *Linke/Hau*, IZVR, Rn. 2.7.
[106] *Geimer* in FS für Schwind, S. 17, 18 ff.; *ders.* in FS für von Hoffmann, S. 589, 590; *ders.*, IZPR, Rn. 250a; *Herfarth*, Scheidung nach jüdischem Recht, S. 198; *Schlosser*, Riv. dir. int. 74 (1991), 5, 15 f. Vgl. auch OLG München, Urt. v. 7.10.1992, IPRax 1993, 237, 239.
[107] *Pfeiffer*, Internationale Zuständigkeit, S. 580, 585; so wohl auch *Buchner*, Kläger- und Beklagtenschutz, S. 61; *Linke/Hau*, IZVR, Rn. 2.7.
[108] *Pfeiffer*, Internationale Zuständigkeit, S. 585.
[109] Bezeichnend ist die Analyse von *Schack*, ZZP 129 (2016), 393, 395 f., nach dem das im Text sogleich erörterte Prinzip der prozessualen Waffengleichheit in der Rechtsprechung auf insgesamt sechs verschiedene Verfassungspositionen gestützt worden sei, namentlich: (1) den allgemeinen Gleichheitssatz, (2) das Grundrecht auf ein faires Verfahren, (3) Art. 3 Abs. 1 GG i.V.m. dem Rechtsstaatsprinzip des Art. 20 Abs. 3 GG, (4) Art. 3 Abs. 1 GG i.V.m. dem Sozialstaatsprinzip der Artt. 20 Abs. 1, 28 Abs. 1 S. 1 GG, (5) das „allgemeine Prozessgrundrecht auf ein faires Verfahren" sowie schließlich (6) den Anspruch auf effektiven Rechtsschutz nach Art. 2 Abs. 1 GG i.V.m. dem Rechtsstaatsprinzip.

wäre[110]. Dies bestätigt sich darin, dass das BVerfG die prozessuale Waffengleichheit neuerdings als grundrechtsgleiches Recht erachtet, das aus Art. 3 Abs. 1 in Verbindung mit Art. 20 Abs. 3 GG folge[111]. Damit wird der Vielzahl von zuständigkeitsrechtlich relevanten Verfassungspositionen des Beklagten eine weitere hinzugefügt. Denn wenngleich sich das Recht auf prozessuale Waffengleichheit im Schwerpunkt auf bereits laufende Verfahren bezieht[112], kann dieses vor der Verfahrenseinleitung Wirkungen entfalten[113]: Da aus dem Justizgewährungsanspruch des Klägers ein Recht auf inländische Sachentscheidung folgt, wenn diesem eine Abweisung des Verfahrens im Inland unzumutbar ist, ist dem Beklagten seinerseits ein Recht zu gewähren, sich vor Verfahren an Gerichtsständen zu schützen, die diesem nicht zuzumuten sind. Dieser Gedanke, der bereits im Rahmen der EMRK angeführt wurde[114], muss auch für die Waffengleichheit des nationalen Verfassungsrechts Geltung beanspruchen. Er ist aber nicht allein im Recht auf prozessuale Waffengleichheit verankert, sondern ist auch den in der Literatur erwogenen Verfassungspositionen, namentlich dem Recht auf ein faires Verfahren sowie dem Anspruch auf effektive Justiz, immanent. Das Recht des Beklagten, sich unzumutbarer Gerichtsstände zu erwehren, lässt sich somit aus der Gesamtheit der angesprochenen Rechtspositionen begründen.

Das Beklagtenrecht ermöglicht es, die internationale Zuständigkeit verfassungsrechtlich nicht einseitig aus Zumutbarkeitsgesichtspunkten für den Kläger zu betrachten[115], sondern auch die Zumutbarkeit für den Beklagten mit einzubeziehen. Die Rechtspositionen beider Parteien sind dann im Rahmen praktischer Konkordanz abzuwägen[116]. In Bezug auf diese Abwägung wird in der Literatur vereinzelt vertreten, dass in sämtlichen Konstellationen, in denen eine Rechts-

---

[110] Auch *Pfeiffer*, Internationale Zuständigkeit, S. 585 Fn. 265, sieht darin in erster Linie eine Frage von terminologischer Relevanz.

[111] BVerfG, Beschlüsse v. 30.9.2018, NJW 2018, 3631, 3632, und NJW 2018, 3634, 3635. Insoweit kritisch *Schumann*, JZ 2019, 398, 400, neben Art. 3 Abs. 1 GG ein grundrechtsgleiches Recht zu etablieren, erscheine überflüssig.

[112] Vgl. *Degenhart* in Isensee/Kirchhof, HStR V, § 115 Rn. 40; *R. Stürner* in FS für Gottwald, S. 631, 637 ff.

[113] Das zeigt sich an der für den Zugang zu Gericht relevanten Prozesskostenhilfe, welche durch die prozessuale Waffengleichheit beeinflusst wird, vgl. dazu *Degenhart* in Isensee/Kirchhof, HStR V, § 115 Rn. 40; *Schack*, ZZP 129 (2016), 393, 403 ff.

[114] Vgl. oben unter § 7 C (S. 129 f.).

[115] Eine einseitige Klägerperspektive infolge der Berücksichtigung des Justizgewährungsanspruchs befürchtet hingegen *Schack*, IZVR, Rn. 41.

[116] *Geimer* in FS für Schwind, S. 17, 19; *ders.*, IPRax 1993, 216, 217 f.; *ders.* in FS für von Hoffmann, S. 589, 590; *ders.*, IZPR, Rn. 250a; *Herfarth*, Scheidung nach jüdischem Recht, S. 198; *Linke/Hau*, IZVR, Rn. 2.7; *Pfeiffer*, Internationale Zuständigkeit, S. 586; *Schlosser*, Riv. dir. int. 74 (1991), 5, 15.

verweigerung drohe, der Justizgewährungsanspruch des Klägers das Recht des Beklagten überwiege und daher stets eine (Not-)Zuständigkeit zu eröffnen sei[117]. Es sei verfassungsrechtlich als gewichtiger zu bewerten, dass es überhaupt zu Justiz komme, als deren Bedingungen durch den Ausschluss exorbitanter Gerichtsstände zu optimieren[118]. Diese Ansicht überzeugt allerdings nur eingeschränkt. Zunächst ist das entscheidende Kriterium für die Verfassungspositionen beider Parteien die Zumutbarkeit. Die Zumutbarkeitsprüfung lässt sich jedoch naturgemäß nicht abstrakt durchführen, sondern erfordert eine Einzelfallbetrachtung. Das gilt erst recht auf einem Gebiet, das – wie das vorliegende – durch ein geringes Rechtsprechungsaufkommen und verschiedenste Einzelfälle geprägt ist. Darüber hinaus haben die bisherigen Ausführungen gezeigt, dass die Eingriffsschwelle des allgemeinen Justizgewährungsanspruchs insbesondere in Bezug auf die internationale Reichweite niedrig ist[119]. Demnach sind Konstellationen denkbar, in denen ein Gerichtszugang im Inland zugunsten der Beklagtenrechte verneint werden kann. Dies ist zum Beispiel der Fall, wenn sich das inländische Rechtsschutzbedürfnis des Klägers nur auf künftige Vollstreckungschancen stützt[120]. Schließlich hätte die Ansicht, nach der stets eine (Not-)Zuständigkeit zu eröffnen sei, eine deutliche Beschränkung der gesetzgeberischen Regelungsbefugnis zur Konsequenz. Denn in Fällen drohender Rechtsverweigerung dürfte eine kodifizierte Notzuständigkeit keine über das inländische Rechtsschutzbedürfnis hinausgehende Inlandsbeziehung voraussetzen. Eine kodifizierte Notzuständigkeit anhand feststehender Inlandskontaktpunkte zu regeln, erscheint allerdings nicht nur vor dem Hintergrund der Rechtspositionen des Beklagten erwägenswert, sondern berücksichtigt das ebenfalls verfassungsrechtlich geschützte Prinzip der Zuständigkeitsklarheit im Gegensatz zum – im Einzelnen sehr unbestimmten – inländischen Rechtsschutzbedürfnis besser. Gleichwohl soll diese Kritik nicht dahin missverstanden werden, die Rechtsposition des Beklagten überzubewerten. Denn bei drohender Rechtsverweigerung wird der Justizgewährungsanspruch des Klägers die Rechtsposition des Beklagten regelmäßig überwiegen. Dies kann lediglich nicht von Anfang an als ausnahmslos erachtet werden, sodass die Notzuständigkeit insoweit einer gesetzgeberischen Regulierung zugänglich ist.

---

[117] *Pfeiffer*, Internationale Zuständigkeit, S. 586. Ähnlich in Bezug auf Gerichtsstandsvereinbarungen *M. Weller*, Ordre-public-Kontrolle internationaler Gerichtsstandsvereinbarungen, S. 324, nach dem die absolute Rechtsschutzverweigerung stärker wiege als die Invalidierung einer Derogation und Annahme einer inländischen, ungeschriebenen Ad-hoc-Zuständigkeit.

[118] *Pfeiffer*, Internationale Zuständigkeit, S. 586.

[119] Vgl. oben unter § 9 A II 1 (S. 142 ff.).

[120] Vgl. dazu bereits oben unter § 9 A II 1 (S. 144).

C. Ergebnis

Der allgemeine Justizgewährungsanspruch des Grundgesetzes ist in internationalen Zivilverfahren nur anwendbar, wenn ein inländisches Rechtsschutzbedürfnis besteht. Dieses Anwendungskriterium ist allerdings sehr weitreichend und setzt lediglich voraus, dass ein potenzielles Vollstreckungs- oder Feststellungsinteresse im Inland vorhanden ist. Allein aus der Anwendbarkeit des Justizgewährungsanspruchs folgt noch kein Recht des Rechtssuchenden, dass ihm eine internationale Zuständigkeit eröffnet wird. Denn grundsätzlich steht es der deutschen Hoheitsgewalt offen, den Rechtssuchenden an ein ausländisches Erkenntnisverfahren zu verweisen. Dieser Verweis ist dem Rechtssuchenden jedoch unzumutbar, wenn er ins Leere geht, weil zum Beispiel im Ausland wiederum keine internationale Zuständigkeit vorgesehen ist oder ein (zumutbarer) Rechtsschutz aus tatsächlichen Gründen scheitert. In diesen Konstellationen verdichtet sich der Justizgewährungsanspruch des Rechtssuchenden zu einem Recht auf ein inländisches Erkenntnisverfahren. Hat der Gesetzgeber insoweit keine internationale Zuständigkeit vorgesehen, muss grundsätzlich eine internationale Notzuständigkeit eröffnet werden. Gleichwohl gilt der Justizgewährungsanspruch des Rechtssuchenden nicht unbegrenzt. Seine Rechtsposition ist vielmehr mit dem Recht des Beklagten, vor unzumutbaren Gerichtsständen geschützt zu werden, abzuwägen. Zwar wird angesichts der drohenden Rechtsverweigerung die Rechtsposition des Klägers die Rechtsposition des Beklagten regelmäßig überwiegen. Dies ist aber nicht ausnahmslos der Fall. Daher steht es dem Gesetzgeber insbesondere zu, auch die Notzuständigkeit von einem gewissen Inlandsbezug abhängig zu machen.

Dritter Teil

Die Notzuständigkeit *de lege lata*

Erster Abschnitt:
Europäisches Zuständigkeitsrecht

Die internationale Zuständigkeit deutscher Gerichte ist wesentlich durch das europäische Zuständigkeitsrecht geprägt. Ausgehend von dem EuGVÜ[1] kam es zu einer stetigen Europäisierung des Zuständigkeitsrechts[2], die in das gegenwärtig festzustellende, breite Netz von Verordnungen der Europäischen Union mit Regelungen zur internationalen Zuständigkeit mündete[3].

---

[1] Siehe *Junker*, IZPR, 4. Aufl., § 6 Rn. 3 („Keimzelle des Europäischen Zivilprozessrechts").

[2] Vgl. *Staudinger* in Rauscher, EuZPR/EuIPR, Einleitung Brüssel Ia-VO Rn. 64 m.w.N.

[3] Vgl. *Hess*, EuZPR, Rn. 1.25; *Leible* in FS für Gottwald, S. 381, 382. Vgl. auch *Mayr* in Mayr, Handbuch des europäischen Zivilverfahrensrechts, Rn. 3.18.

§ 10 Bedürfnis internationaler Notzuständigkeit

Infolge der Europäisierung des Internationalen Zivilverfahrensrechts hat sich das Binnenmarktverfahren als eigenständiger Verfahrenstypus etabliert[1]. Denn für Sachverhalte, die einen grenzüberschreitenden Binnenmarktbezug aufweisen, sieht das Europäische Zivilverfahrensrecht besondere Regelungen vor[2]. Diese Unionssachverhalte treten neben die rein innerstaatlichen Verfahren und die Verfahren mit Auslandsberührung, zwischen denen das Zivilverfahrensrecht herkömmlich differenziert[3]. Gleichwohl werden vom Europäischen Zivilverfahrensrecht nicht ausschließlich Unionssachverhalte, sondern häufig auch Sachverhalte mit Drittstaatenbezug umfasst[4]. Vor diesem Hintergrund stellt sich zunächst die Frage, ob und inwieweit ein Bedürfnis internationaler Notzuständigkeit im Anwendungsbereich des Unionsrechts besteht.

A. Differenzierung zwischen Rechtsakten mit abschließendem und nicht abschließendem Zuständigkeitsregime

In welchem Ausmaß Rechtsverweigerung im europäischen Zuständigkeitsrecht droht, hängt von dem jeweils anwendbaren Rechtsakt ab. Das grundlegende Differenzierungskriterium zwischen den Rechtsakten ist die Antwort auf die Frage, ob der Rechtsakt ein abschließendes Zuständigkeitsregime enthält oder dem autonomen Zuständigkeitsrecht der Mitgliedstaaten ein Anwendungsbereich verbleibt[5]. Denn danach bemisst sich, inwieweit die europäischen Ge-

---

[1] *Bachmann*, Universalisierung des Europäischen Zivilverfahrensrechts, S. 18; *Hess*, EuZPR, Rn. 1.24.

[2] *Bachmann*, Universalisierung des Europäischen Zivilverfahrensrechts, S. 18f.; *Hess*, EuZPR, Rn. 1.24f. Vgl. auch *Domej* in von Hein/Rühl, Kohärenz im Internationalen Privat- und Verfahrensrecht, S. 90, 92.

[3] *Bachmann*, Universalisierung des Europäischen Zivilverfahrensrechts, S. 18; *Hess*, EuZPR, Rn. 1.24.

[4] Siehe dazu sogleich im Text.

[5] Als das entscheidende Kriterium für den europäischen Gesetzgeber herausstellend *Hau* in FS für Kaissis, S. 355, 359. Eine ähnliche Differenzierung zwischen Unions- und Drittstaatensachverhalten vornehmend *Cafari Panico* in Pocar/Viarengo/Villata, Recasting Brussels I,

richtsstandsregelungen auch Sachverhalte mit Berührungspunkten zu Drittstaaten erfassen[6]. Der Zusammenhang zwischen dem Geltungsbereich eines Rechtsaktes und dem Bedürfnis internationaler Notzuständigkeit lässt sich beispielhaft am Gegensatz von Brüssel Ia-VO einerseits sowie EuUntVO andererseits veranschaulichen:

Das Zuständigkeitssystem der Brüssel Ia-VO dient primär dazu, die Entscheidungszuständigkeiten der Mitgliedstaaten im Verhältnis zueinander abzugrenzen[7]. So setzt die räumlich-persönliche Anwendbarkeit der Brüssel Ia-VO grundsätzlich[8] einen Wohnsitz des Beklagten im Hoheitsgebiet eines Mitgliedstaates voraus[9]. Hat der Beklagte keinen Wohnsitz in einem Mitgliedstaat, verweist Art. 6 Abs. 1 Brüssel Ia-VO – vorbehaltlich der in der Vorschrift genannten Ausnahmen – auf das autonome Zuständigkeitsrecht der Mitgliedstaaten (sogenannte Restzuständigkeit)[10]. Mithin regelt die Brüssel Ia-VO lediglich diejenigen Sachverhalte mit Drittstaatenbezug abschließend, bei denen der Beklagte seinen Wohnsitz in einem Mitgliedstaat hat[11], während die Regelung anderer Drittstaatensachverhalte überwiegend den Mitgliedstaaten überlassen bleibt[12]. Im Gegensatz dazu wurde in der EuUntVO erstmals ein gänzlich abschließendes Zuständigkeitssystem für die Mitgliedstaaten geschaffen[13]. In

---

S. 127, 132 f., 143. Im Ergebnis auch *J. Weber*, RabelsZ 75 (2011), 619, 641. Zur Differenzierung zwischen abschließenden und nicht abschließenden Rechtsakten im Allgemeinen *Marongiu Buonaiuti* in Franzina, The External Dimension of EU Private International Law, S. 211 ff.

[6] Die Frage, in welchem Umfang Drittstaatensachverhalte von vergemeinschaftetem Recht erfasst werden sollten, ist die moderne Drittstaatenproblematik des EuZVR, siehe *Bachmann*, Universalisierung des Europäischen Zivilverfahrensrechts, S. 24; dazu auch *Adolphsen*, EuZVR, Kap. 3 Rn. 37 ff.; *Weitz* in FS für Simotta, S. 679.

[7] *Hess* in Hess/Pfeiffer/Schlosser, The Heidelberg Report, Rn. 70; *ders.*, EuZPR, § 5 Rn. 2; *Kistler*, JPIL 14 (2018), 66, 68; *Kuipers* in Franzina, The External Dimension of EU Private International Law, S. 149, 155; *M. Stürner/Pförtner*, GPR 2019, 222, 223; vgl. auch EuGH, Urt. v. 5.2.2004, Rs. C-18/02, ECLI:EU:C:2004:74, Rn. 23 – DFDS Torline; EuGH, Urt. v. 17.11.2011, Rs. C-327/10, ECLI:EU:C:2011:745, Rn. 37 – Hypoteční banka.

[8] Siehe zu den Ausnahmen *Bachmann*, Universalisierung des Europäischen Zivilverfahrensrechts, S. 115 ff.

[9] Diese Voraussetzung ergibt sich aus den Artt. 4 Abs. 1, 5 Abs. 1, 6 Abs. 1 Brüssel Ia-VO, *Junker*, IZPR, § 7 Rn. 18.

[10] Der Frage, ob das Unionsrecht die Regelungskompetenz an das autonome Recht delegiert oder die Mitgliedstaaten von vornherein zuständig sind, kommt in diesem Kontext keine Bedeutung zu; siehe dazu *Hau* in FS für von Hoffmann, S. 617, 621 f.; *Kruger*, Civil Jurisdiction Rules of the EU and their Impact on Third States, Rn. 1.52 ff., 2.57.

[11] *Kropholler* in Hdb. IZVR I, Kap. III, Rn. 640. Vgl. auch *Bachmann*, Universalisierung des Europäischen Zivilverfahrensrechts, S. 104.

[12] *Bachmann*, Universalisierung des Europäischen Zivilverfahrensrechts, S. 104; *Hess*, EuZPR, Rn. 5.3; *Hess/Mantovani*, MPILux Research Papers Series 2019 (1), S. 4.

[13] Erwägungsgrund 15 S. 2 EuUntVO; OLG Düsseldorf, Beschl. v. 25.4.2012, FamRZ

Anlehnung an den Sprachgebrauch des europäischen Gesetzgebers zum Internationalen Privatrecht[14] kann das Zuständigkeitsregime der EuUntVO als „universell"[15] anwendbar bezeichnet werden. Damit ist gemeint, dass nicht nur Sachverhalte mit einem bestimmten Anknüpfungspunkt im Binnenmarkt, sondern sämtliche Sachverhalte mit Auslandsberührung in den räumlich-persönlichen Geltungsbereich der Verordnung fallen[16]. Sieht die EuUntVO keine mit-

---

2013, 55, 56; OLG Koblenz, Beschl. v. 18.6.2014, NJW-RR 2015, 201, 202; OLG Karlsruhe, Beschl. v. 14.7.2017, FamRZ 2018, 200 f.; *Andrae* in Rauscher, EuZPR/EuIPR, Vorbemerkungen zu Art. 3 ff. EG-UntVO Rn. 5; *Bachmann*, Universalisierung des Europäischen Zivilverfahrensrechts, S. 27; *Biagioni*, CDT (März 2012), 20, 26; *Ereciński/Weitz* in FS für Kaissis, S. 187, 193; *Ferrand* in Campuzano Díaz/Czepelak/Rodríguez Benot/Rodríquez Vázquez, Latest Developments in EU Private International Law, S. 83, 90 f.; *Geimer* in Zöller, ZPO, Art. 3 EuUntVO Rn. 1, 8, 14; *Geimer/Garber* in Geimer/Schütze, EuZVR, Art. 3 EuUnthVO Rn. 8, 14, Art. 6 EuUnthVO Rn. 1; *Gruber*, IPRax 2010, 128, 134; *Hau* in FS für von Hoffmann, S. 617, 622; *ders.* in FS für Kaissis, S. 355, 359; *ders.* in Prütting/Helms, FamFG, Anhang 3 zu § 110: EuUntVO Rn. 20, 25; *Linke/Hau*, IZVR, Rn. 4.55; *Hausmann*, Internationales und Europäisches Familienrecht, C Rn. 2, 75, 193; *Heinze*, JZ 2011, 709, 711; *Junker* in FS für Simotta, S. 263, 268 f.; *Lipp* in MünchKommFamFG, Vorbemerkung zu Art. 3 EG-UntVO Rn. 1 f., Art. 7 EG-UntVO Rn. 1; *Lukas*, Die Person mit unbekanntem Aufenthalt, S. 420; *Magnus/Mankowski*, ZVglRWiss 110 (2011), 252, 261; *Nagel/Gottwald*, IZPR, Rn. 4.141; *Pataut* in Cremona/Micklitz, Private Law in the External Relations of the EU, S. 107, 121; *Rauscher*, IPR, Rn. 2190, 2198; *Reuß* in Geimer/Schütze/Hau, Internationaler Rechtsverkehr, Art. 3 VO Nr. 4/2009 Rn. 1; *Roth* in Roth, Europäisierung des Rechts, S. 163, 171; *Schack*, IZVR, Rn. 467; Staudinger/*Spellenberg* (2016), § 97 FamFG Rn. 24 f.; *M. Weber* in Mayr, Handbuch des europäischen Zivilverfahrensrechts, Rn. 6.207; *Wurmnest* in BeckOGK, Art. 7 EU-UnterhaltsVO Rn. 2.

[14] Exemplarisch diene Art. 2 Rom I-VO, dessen Überschrift „Universelle Anwendung" lautet. Freilich hinkt der Vergleich mit den Vorschriften des IPR insoweit, als es dort um Kollisionsnormen geht, die aufgrund ihrer allseitigen Anwendbarkeit jedes Sachrecht zur Anwendung berufen können, während die internationale Zuständigkeit nur einseitig für die eigenen – in diesem Kontext also mitgliedstaatlichen – Gerichte bestimmt werden kann, vgl. dazu *Bachmann*, Universalisierung des Europäischen Zivilverfahrensrechts, S. 76; *Fallon/Kruger*, YbPIL 14 (2012/2013), 1, 25; *Marongiu Buonaiuti* in Franzina, The External Dimension of EU Private International Law, S. 211, 218.

[15] Diese Bezeichnung ebenso verwendend OLG Koblenz, Beschl. v. 18.6.2014, NJW-RR 2015, 201, 202; *Andrae* in Rauscher, EuZPR/EuIPR, Vorbemerkungen zu Art. 3 ff. EG-UntVO Rn. 2; *Bachmann*, Universalisierung des Europäischen Zivilverfahrensrechts, S. 26 f.; *Biagioni*, CDT (März 2012), 20, 26; *Fallon/Kruger*, YbPIL 14 (2012/2013), 1, 21; *Ferrand* in Campuzano Díaz/Czepelak/Rodríguez Benot/Rodríquez Vázquez, Latest Developments in EU Private International Law, S. 83, 88, 91; *Geimer* in Zöller, ZPO, Art. 6 EuUntVO Rn. 1; *Geimer/Garber* in Geimer/Schütze, EuZVR, Art. 6 EuUnthVO Rn. 1; *Kruger*, Civil Jurisdiction Rules of the EU and their Impact on Third States, Rn. 8.06; *Pataut* in Cremona/Micklitz, Private Law in the External Relations of the EU, S. 107, 120 f.; *Roth* in Roth, Europäisierung des Rechts, S. 163, 171; Staudinger/*Spellenberg* (2016), § 97 FamFG Rn. 25; vgl. auch *Heinze*, JZ 2011, 709, 711 („generelle Verallseitigung").

[16] Vgl. zum Verständnis der universellen Anwendbarkeit im IPR und IZVR *Bachmann*,

gliedstaatliche Zuständigkeit vor, kann daher nicht auf das autonome Zuständigkeitsrecht zurückgegriffen werden[17]. Vielmehr wird dieses vollständig verdrängt[18]. Damit geht einher, dass es sich bei der Frage, ob mangels einschlägiger Zuständigkeitsgründe eine Notzuständigkeit zu eröffnen ist, wenn in einem Drittstaat Rechtsschutz unmöglich oder unzumutbar ist, um eine solche des Unionsrechts handelt[19]. Demgegenüber verbleibt den Mitgliedstaaten im Rahmen der Brüssel Ia-VO ein Restanwendungsbereich. Führen die Vorschriften zu keiner mitgliedstaatlichen Zuständigkeit, entscheidet das autonome Recht darüber, ob im Verhältnis zu einem Drittstaat eine internationale Zuständigkeit zu eröffnen ist[20]. Diese kann auf sämtlichen autonomen Zuständigkeitsgründen beruhen, worunter neben exorbitanten Zuständigkeiten[21] insbesondere auch die Notzuständigkeit fällt[22]. Mithin ist es im Anwendungsbereich der nicht abschließenden Rechtsakte die Aufgabe der Mitgliedstaaten, über eine Notzuständigkeit im Verhältnis zu Drittstaaten zu entscheiden[23], während im Anwendungsbereich der abschließenden Rechtsakte das Unionsrecht zu dieser Entscheidung berufen ist[24].

Der europäische Gesetzgeber ist sich der erhöhten Gefahr von Rechtsverweigerung im Anwendungsbereich der Rechtsakte mit einem abschließenden Zuständigkeitsregime bewusst[25]. Denn Artt. 7 EuUntVO, 11 EuErbVO sowie

---

Universalisierung des Europäischen Zivilverfahrensrechts, S. 70 ff.; *Fallon/Kruger*, YbPIL 14 (2012/2013), 1, 3.

[17] *Biagioni*, CDT (März 2012), 20, 26; *Hau* in FS für von Hoffmann, S. 617, 622.

[18] Dazu allgemein *Bachmann*, Universalisierung des Europäischen Zivilverfahrensrechts, S. 21, 48.

[19] *Ferrand* in Campuzano Díaz/Czepelak/Rodríguez Benot/Rodríguez Vázquez, Latest Developments in EU Private International Law, S. 83, 94. Vgl. auch *Wurmnest* in BeckOGK, Art. 7 EU-UnterhaltsVO Rn. 7.

[20] *Andrae* in Rauscher, EuZPR/EuIPR, Art. 7 EG-UntVO Rn. 3. Vgl. auch *Wurmnest* in BeckOGK, Art. 7 EU-UnterhaltsVO Rn. 7.

[21] Der Anwendungsbereich der exorbitanten Zuständigkeiten wird im Verhältnis zu Drittstaatenansässigen durch Art. 6 Abs. 2 Brüssel Ia-VO sogar noch erweitert, *Hau* in FS für von Hoffmann, S. 617, 621.

[22] Siehe *Roorda/Ryngaert*, RabelsZ 80 (2016), 783, 804.

[23] Vgl. *Dutta* in MünchKommBGB, Art. 11 EuErbVO Rn. 3; *Franzina* in Viarengo/Villata, Planning the Future of Cross Border Families, S. 325, 327; *Mankowski* in Leible/Terhechte, Europäisches Rechtsschutz- und Verfahrensrecht, S. 1319, 1372 f. Rn. 136; *Wall* in Geimer/Schütze/Hau, Internationaler Rechtsverkehr, Art. 11 Europäische Erbrechtsverordnung 2012 Rn. 1.

[24] Vgl. *Ferrand* in Campuzano Díaz/Czepelak/Rodríguez Benot/Rodríguez Vázquez, Latest Developments in EU Private International Law, S. 83, 94.

[25] Siehe zu dem Zusammenhang zwischen dem Bedürfnis einer Notzuständigkeit und der fehlenden Rückgriffsmöglichkeit auf nationales Recht auch *Andrae* in Rauscher, EuZPR/EuIPR, Art. 7 EG-UntVO Rn. 3 f.; *Biagioni*, CDT (März 2012), 20, 26 f.; *Eichel* in ju-

Art. 11 EuGüVO/EuPartVO enthalten eine geschriebene Notzuständigkeit im Verhältnis zu Drittstaaten. Dabei handelt es sich um diejenigen Verordnungen, deren Zuständigkeitsregime abschließend[26] und daher universell anwendbar sind[27]. Demgegenüber enthalten die Brüssel Ia- und IIa-VO[28], deren Zuständig-

---

risPK-BGB, Art. 11 EuErbVO Rn. 1; *Ereciński/Weitz* in FS für Kaissis, S. 187, 193; *Ferrand* in Campuzano Díaz/Czepelak/Rodríguez Benot/Rodríquez Vázquez, Latest Developments in EU Private International Law, S. 83, 94; *Franzina*, YbPIL 19 (2017/2018), 159, 190; *Garber* in Geimer/Schütze, EuZVR, Vor Art. 4 EuGüVO/EuPartVO Rn. 6; *Hau* in FS für Kaissis, S. 355, 359; *ders.* in FS für Simotta, S. 215, 225; *ders.* in Prütting/Helms, FamFG, Anhang 3 zu § 110: EuUntVO Rn. 25, 55; *Hausmann*, Internationales und Europäisches Familienrecht, B Rn. 164, C Rn. 197; *Lipp* in MünchKommFamFG, Vorbemerkung zu Art. 3 EG-UntVO Rn. 10; *Looschelders* in MünchKommBGB, Art. 11 EuGüVO Rn. 1; *Makowsky* in Nomos-KommentarBGB, Art. 11 EuGüVO/EuPartVO Rn. 1; *Marongiu Buonaiuti* in Calvo Caravaca/Davì/Mansel, The EU Succession Regulation, Art. 11 Rn. 2; *Mayer* in MünchKommFamFG, Art. 11 EU-EheGüVO Rn. 1; *Rauscher*, IPR, Rn. 2198 f.; *Reuß* in Geimer/Schütze/Hau, Internationaler Rechtsverkehr, Art. 7 VO Nr. 4/2009 Rn. 2; *Simotta*, ZVglRWiss 116 (2017), 44, 47; *Wall* in Geimer/Schütze/Hau, Internationaler Rechtsverkehr, Art. 11 Europäische Erbrechtsverordnung 2012 Rn. 4; *Wurmnest* in BeckOGK, Art. 7 EU-UnterhaltsVO Rn. 2, 7.

[26] Zur EuErbVO: Erwägungsgrund 30 EuErbVO; *Dutta* in MünchKommBGB, Art. 11 EuErbVO Rn. 3; *Geimer* in Zöller, ZPO, Art. 4 EuErbVO Rn. 2; *Geimer/Garber* in Geimer/Schütze, EuZVR, Art. 5 EuErbVO Rn. 2; *Hertel* in Rauscher, EuZPR/EuIPR, Art. 4 EU-ErbVO Rn. 5; *Makowsky* in NomosKommentarBGB, Art. 11 EuErbVO Rn. 1; *Marongiu Buonaiuti* in Calvo Caravaca/Davì/Mansel, The EU Succession Regulation, Art. 11 Rn. 2; *Panopoulos* in Pamboukis, EU Succession Regulation, Art. 10 Rn. 2; *Pataut* in Cremona/Micklitz, Private Law in the External Relations of the EU, S. 107, 121; *Rauscher*, IPR, Rn. 2204, 2212; *ders.* in MünchKommFamFG, Art. 10 EU-ErbVO Rn. 1; *Rechberger/Frodl* in Rechberger/Zöchling-Jud, Die EU-Erbrechtsverordnung, S. 45, 52 Rn. 15; *Wall* in Geimer/Schütze/Hau, Internationaler Rechtsverkehr, Art. 11 Europäische Erbrechtsverordnung 2012 Rn. 4. Zur EuGüVO/EuPartVO: Erwägungsgrund 40 EuGüVO/Erwägungsgrund 39 EuPartVO; *Dutta*, FamRZ 2016, 1973, 1977; *Erbarth*, NZFam 2018, 387 f.; *Franzina*, YbPIL 19 (2017/2018), 159, 163 ff.; *Garber* in Geimer/Schütze, EuZVR, Vor Art. 4 EuGüVO/EuPartVO Rn. 1; *Garber/Neumayr* in Arnold/Laimer, Die Europäischen Güterrechtsverordnungen, S. 107, 111 Rn. 1; *Hausmann*, Internationales und Europäisches Familienrecht, B Rn. 46; *Launhardt*, Europäisierung der internationalen Zuständigkeit im Ehegüterrecht, S. 130; *Looschelders* in MünchKommBGB, Vor Art. 4 EuGüVO Rn. 3; *Lugani/Huynh* in Leible/Terhechte, Europäisches Rechtsschutz- und Verfahrensrecht, S. 743, 757 Rn. 23; *Makowsky* in NomosKommentar-BGB, Art. 4 EuGüVO/EuPartVO Rn. 6; *Mankowski* in Dutta/J. Weber, Die europäischen Güterrechtsverordnungen, S. 11, 12 f. Rn. 1; *Mayer* in MünchKommFamFG, Vorbemerkung zu Art. 4 EU-EheGüVO Rn. 4, 30; *Simotta*, ZVglRWiss 116 (2017), 44, 47.

[27] Zur EuErbVO: *Bachmann*, Universalisierung des Europäischen Zivilverfahrensrechts, S. 27; *Fallon/Kruger*, YbPIL 14 (2012/2013), 1, 21; *Geimer* in Zöller, ZPO, Art. 4 EuErbVO Rn. 1; *Panopoulos* in Pamboukis, EU Succession Regulation, Art. 10 Rn. 2; *Pataut* in Cremona/Micklitz, Private Law in the External Relations of the EU, S. 107, 120 f.; *Rauscher* in MünchKommFamFG, Vorbemerkung zu Art. 1 EU-ErbVO Rn. 5. Zur EuGüVO/EuPartVO: *Hausmann*, Internationales und Europäisches Familienrecht, B Rn. 46.

[28] Auch die Brüssel IIa-VO enthält Restzuständigkeiten in Artt. 7, 14 Brüssel IIa-VO und

§ 10 Bedürfnis internationaler Notzuständigkeit   169

keitsregime nicht universell anwendbar sind[29], keine geschriebene Notzuständigkeit. Besonders deutlich wurde diese Differenzierung im Rahmen der Reformbemühungen zu der Brüssel I-VO: Während der anfängliche Reformvorschlag noch eine geschriebene Notzuständigkeit in Art. 26 VO-Entwurf enthielt, wurde diese Regelung gestrichen, nachdem sich das dem Vorschlag zugrunde liegende Modell einer vollständigen Erstreckung der Verordnung auf Drittstaatensachverhalte nicht durchsetzen konnte[30].

In der Konsequenz liegt es scheinbar nahe, im Anwendungsbereich der Brüssel Ia- und IIa-VO, welche weder universell anwendbar sind noch eine geschriebene Notzuständigkeit kennen, jegliches Bedürfnis einer Notzuständigkeit auf Ebene des Unionsrechts zu verneinen[31]. Allerdings folgt aus dem Umstand, dass ein Rechtsakt keine geschriebene Notzuständigkeit vorsieht, nicht zwingend, dass kein Bedürfnis einer Notzuständigkeit besteht. Vielmehr sind auch bei reinen Unionssachverhalten Konstellationen denkbar, welche die Eröffnung einer Notzuständigkeit erfordern[32]. So kann es zum Beispiel zu Anerkennungslücken kommen, wenn die Entscheidung eines Mitgliedstaates in einem anderen Mitgliedstaat nicht anerkannt wird[33].

---

dient primär dazu, die Entscheidungszuständigkeiten der Mitgliedstaaten zueinander abzugrenzen, siehe *Hausmann*, Internationales und Europäisches Familienrecht, K Rn. 258; *Kuipers* in Franzina, The External Dimension of EU Private International Law, S. 149, 155; Staudinger/*Spellenberg* (2015), Art. 7 Brüssel IIa-VO Rn. 5.

[29] Im Hinblick auf die vorgesehenen Restzuständigkeiten bezeichnet der EuGH, Gutachten v. 7.2.2006, Gutachten 1/03, ECLI:EU:C:2006:81, Rn. 148 – Neues Übereinkommen von Lugano, die Zuständigkeitsvorschriften der Brüssel I-VO zwar als „abschließend". Das kann indes nicht darüber hinwegtäuschen, dass die Zuständigkeitsvorschriften, die in den Brüssel-Verordnungen selbst enthalten sind, aufgrund der Restzuständigkeiten gerade nicht universell anwendbar sind, vgl. auch *G. Wagner* in Stein/Jonas, ZPO, Einleitung vor Art. 2 EuGVVO Rn. 9.

[30] Siehe zu den Einzelheiten unten unter § 11 B I 2 (S. 264 ff.).

[31] Dies träfe nach *Hau* in FS für Kaissis, S. 355, 359, offenbar auf den europäischen Gesetzgeber zu (relativierend aber aaO, S. 366). Auch nach *Lagarde* in Liber amicorum für Kohler, S. 255, 256, scheine die Abwesenheit einer geschriebenen Notzuständigkeit zunächst die Möglichkeit auszuschließen, dass eine solche im Anwendungsbereich der Brüssel-Verordnungen vorkommen könne; zu bestätigen scheine dies ein Umkehrschluss zu den Verordnungen auf dem Gebiet des Internationalen Familien- und Erbrechts, denen eine geschriebene Notzuständigkeit bekannt sei.

[32] Siehe dazu ausführlich unten unter § 10 C II–V (S. 179 ff.).

[33] Vgl. *Biagioni*, CDT (März 2012), 20, 33; *Eicher*, Rechtsverwirklichungschancen, S. 270 Fn. 1128; *Ereciński/Weitz* in FS für Kaissis, S. 187, 192; *Garber* in BeckOK ZPO, Art. 36 Brüssel Ia-VO Rn. 116; *Gaudemet-Tallon/Ancel*, Compétence et execution des jugements en Europe, S. 121 Rn. 84; *Geimer* in FS für Kralik, S. 179, 187; *ders.* in FS für Simotta, S. 163, 170; *ders.*, IZPR, Rn. 2756d; *ders.* in Geimer/Schütze, EuZVR, Einl. EuGVVO Rn. 97, Art. 5 EuGVVO Rn. 7 f., Art. 45 EuGVVO Rn. 338 ff.; *ders.* in Zöller, ZPO, Art. 5 EuGVVO Rn. 2,

Die Unterscheidung anhand des Anwendungsbereiches der Rechtsakte ist mithin nicht dazu geeignet, ein Bedürfnis nach internationaler Notzuständigkeit in Bezug auf einen Teil der Rechtsakte gänzlich auszuschließen. Sie ermöglicht indes eine grundlegende Unterscheidung der denkbaren Anwendungsfälle: Während bei Rechtsakten ohne abschließendes Zuständigkeitsregime das Bedürfnis einer Notzuständigkeit von vornherein auf Unionssachverhalte beschränkt ist, sind es im Anwendungsbereich der abschließenden Rechtsakte auch und vor allem die Sachverhalte mit Drittstaatenbezug[34], in denen das Bedürfnis einer Notzuständigkeit besteht.

B. Bedürfnis internationaler Notzuständigkeit in Drittstaatensachverhalten

I. Rechtsakte mit abschließendem Zuständigkeitsregime

Im Anwendungsbereich der Rechtsakte, die ein universell anwendbares Zuständigkeitsregime vorsehen, können sich die „klassischen Konstellationen" drohender Rechtsverweigerung stellen, wenn ein Sachverhalt Berührungspunkte mit einem Drittstaat aufweist und keine mitgliedstaatliche Zuständigkeit begründet ist: So kann entweder ein negativer internationaler Kompetenzkonflikt mit dem aus Verordnungssicht zuständigen Drittstaat drohen, ein Verfahren vor dem Drittstaat unmöglich oder unzumutbar sein oder eine Entscheidung des Drittstaats im Inland nicht anerkennungsfähig sein. Denn für das Bedürfnis einer Notzuständigkeit macht es keinen Unterschied, ob ein Staat auf den Drittstaatensachverhalt sein autonomes Zuständigkeitsrecht oder unionsweit vereinheitlichtes Zuständigkeitsrecht anwendet, sofern dieses umfassend ausgestaltet ist[35].

Art. 36 EuGVVO Rn. 67, Art. 39 EuGVVO Rn. 3; *Gottwald* in MünchKommZPO, Art. 4 Brüssel Ia-VO Rn. 15, Art. 45 Brüssel Ia-VO Rn. 81; *Hau* in FS für Kaissis, S. 355, 363; *Kropholler* in Hdb. IZVR I, Kap. III, Rn. 647; *Kübler-Wachendorff*, Das forum necessitatis, S. 218; *Oberhammer* in Stein/Jonas, ZPO, Art. 33 EuGVVO Rn. 16; *Rossolillo*, CDT (März 2010), 403, 417; *Seyfarth*, Wandel der internationalen Zuständigkeit, S. 150; *Texeira de Sousa*, IPRax 1997, 352, 355; *Wurmnest* in BeckOGK, Art. 7 EU-UnterhaltsVO Rn. 25. Vgl. auch *Pfeiffer*, Internationale Zuständigkeit, S. 764 f.

[34] Dazu näher unten unter § 10 B (S. 170 ff.).

[35] Vgl. zu den Rechtsakten mit abschließendem Zuständigkeitsregime oben unter § 10 A (S. 164 ff.).

II. Erhöhtes Bedürfnis internationaler Notzuständigkeit infolge einer Reflexwirkung ausschließlicher Zuständigkeiten zugunsten von Drittstaaten?

Inwieweit ein Bedürfnis internationaler Notzuständigkeit in Drittstaatensachverhalten besteht, ist darüber hinaus eng mit der Frage verbunden, ob ausschließlichen Zuständigkeitsgründen eine sogenannte Reflexwirkung zukommt[36]. Die Annahme einer Reflexwirkung bedeutet, dass ein an sich zuständiger Mitgliedstaat seine internationale Zuständigkeit ablehnen muss, wenn ein Anknüpfungspunkt ausschließlicher Zuständigkeit – bei spiegelbildlicher Anwendung des europäischen Zuständigkeitsrechts – in einem Drittstaat verwirklicht ist[37].

Der Zusammenhang mit der Notzuständigkeit lässt sich anhand der ausschließlichen Gerichtsstände des Art. 24 Brüssel Ia-VO verdeutlichen. Ist zum Beispiel ein Grundstück in einem Drittstaat belegen, wären die Gerichte dieses Staates für die in Art. 24 Nr. 1 Brüssel Ia-VO genannten Verfahren ausschließlich zuständig, sollte eine Reflexwirkung der Vorschrift zugelassen werden[38]. Eine nach anderen Vorschriften (Artt. 4 ff. Brüssel Ia-VO) an sich gegebene internationale Zuständigkeit eines oder mehrerer Mitgliedstaaten würde ausgeschlossen[39]. Mithin erfasste die Brüssel Ia-VO diesen Drittstaatensachverhalt abschließend und eine Rückgriffmöglichkeit auf das nationale Zuständigkeitsrecht schiede aus, um diese Wertung nicht zu unterlaufen. Sollte dem Kläger in dem Drittstaat eine Rechtsverweigerung drohen, wäre die Zuständigkeitslücke daher verordnungsautonom zu schließen[40]. Es ist jedoch umstritten, ob eine Reflexwirkung in Bezug auf die Gerichtsstände des Art. 24 Brüssel Ia-VO zuzulassen ist. Ein Teil der Lehre erkennt die Reflexwirkung an[41]. Dafür spreche insbesondere die internationale Fairness: Erscheine ein Anknüpfungspunkt sachgerecht, um die ausschließliche internationale Zuständigkeit eines Mitgliedstaats anzunehmen, sei diese auch einem Drittstaat zuzugestehen[42]. Ein

---

[36] Vgl. *Hess*, EuZPR, Rn. 5.17.
[37] Vgl. *G. Wagner* in Stein/Jonas, ZPO, Art. 24 EuGVVO Rn. 9. Zur Entstehung der Theorie der Reflexwirkung *Eicher*, Rechtsverwirklichungschancen, S. 230 Fn. 961.
[38] Vgl. *Junker*, IZPR, § 14 Rn. 4.
[39] *Gernert*, IPRax 2020, 170, 174.
[40] Im Ergebnis auch *Hess*, EuZPR, Rn. 5.17.
[41] Dafür mit im Einzelnen unterschiedlichen Voraussetzungen *Eicher*, Rechtsverwirklichungschancen, S. 234; *Hess*, EuZPR, Rn. 5.15, 5.17; *de Lima Pinheiro* in Magnus/Mankowski, ECPIL, Art. 62 Brussels Ibis Regulation Rn. 10; *Linke/Hau*, IZVR, Rn. 5.53; *Nagel/Gottwald*, IZPR, Rn. 3.307; *Schack*, IZVR, Rn. 390; *Schüttfort*, Ausschließliche Zuständigkeiten, S. 67 ff.
[42] Vgl. *Gottwald* in MünchKommZPO, Art. 24 Brüssel Ia-VO Rn. 6; *de Lima Pinheiro* in Magnus/Mankowski, ECPIL, Art. 62 Brussels Ibis Regulation Rn. 10; *Schack*, IZVR, Rn. 390; *Schüttfort*, Ausschließliche Zuständigkeiten, S. 68.

anderer Teil der Lehre lehnt die Reflexwirkung jedoch zu Recht ab[43]: Dafür spricht zunächst, dass im Rahmen der Reformdiskussion um die Brüssel I-VO das Verhältnis der Vorschriften zu Drittstaaten von zentraler Bedeutung war[44] und es der Gesetzgeber gleichwohl unterlassen hat, die Reflexwirkung ausschließlicher Gerichtsstände zu regeln[45]. Stattdessen wird die Reflexwirkung in der Neufassung an anderer Stelle nunmehr ausdrücklich erwähnt[46] und dient lediglich als Auslegungshilfe für die Rechtshängigkeitsregeln der Verordnung[47]. Darüber hinaus finden sich im Wortlaut nicht nur keine Anhaltspunkte für eine Reflexwirkung[48], sondern der in der Brüssel Ia-VO neu eingefügte Teil des Einleitungssatzes („[...] sind folgende Gerichte eines Mitgliedstaats ausschließlich zuständig") lässt eher auf eine Ablehnung der Reflexwirkung schließen[49]. Zuletzt unterscheiden sich die Unionssachverhalte der ausschließlichen Zuständigkeit von den Drittstaatenfällen: Während die Mitgliedstaaten zur Justizgewährung verpflichtet sind, wenn ihre internationale Zuständigkeit in der Verordnung bestimmt wird, kann Drittstaaten keine internationale Zuständigkeit aufgezwungen werden[50]. Daher drohten negative internationale Kompetenzkonflikte, sollten die Mitgliedstaaten im Rahmen der Brüssel Ia-VO einseitig die Unzuständigkeit der eigenen Gerichte zugunsten eines Drittstaates bestimmen[51]. Im

---

[43] *Dörner* in Saenger, ZPO, Art. 24 EuGVVO Rn. 5; *Geimer* in Geimer/Schütze, EuZVR, Art. 24 EuGVVO Rn. 13 ff.; *ders.* in Zöller, ZPO, Art. 24 EuGVVO Rn. 1b; *Gernert*, IPRax 2020, 170, 174; *Junker*, IZPR, § 14 Rn. 4; *Klöpfer*, GPR 2015, 210, 217; *Leible* in Rauscher, EuZPR/EuIPR, Art. 33 Brüssel Ia-VO Rn. 12; *Mankowski* in Rauscher, EuZPR/EuIPR, Art. 24 Brüssel Ia-VO Rn. 9 ff.; *Queirolo*, YbPIL 15 (2013/2014), 113, 139 ff. Auch der EuGH, Gutachten v. 7.2.2006, Gutachten 1/03, ECLI:EU:C:2006:81, Rn. 153 – Neues Übereinkommen von Lugano, scheint eine Reflexwirkung abzulehnen, allerdings ohne dies näher zu begründen.

[44] Siehe Grünbuch, KOM (2009) 175 endg., S. 4 f.; Entschließung des Europäischen Parlaments vom 7. September 2010 zu der Umsetzung und Überprüfung der Verordnung (EG) Nr. 44/2001 des Rates über die gerichtliche Zuständigkeit und die Anerkennung und Vollstreckung von Entscheidungen in Zivil- und Handelssachen, P7_TA(2010)0304, Nr. 15 f. Vgl. auch *Eicher*, Rechtsverwirklichungschancen, S. 235 f.; *J. Weber*, RabelsZ 75 (2011), 619, 630.

[45] *Mankowski* in Rauscher, EuZPR/EuIPR, Art. 24 Brüssel Ia-VO Rn. 14. Vgl. auch *Bachmann*, Universalisierung des Europäischen Zivilverfahrensrechts, S. 118 f.; *Gernert*, IPRax 2020, 170, 174; *Gsell*, ZZP 127 (2014), 431, 437 Fn. 26; *Queirolo*, YbPIL 15 (2013/2014), 113, 140.

[46] Siehe Erwägungsgrund 24 Abs. 2 Brüssel Ia-VO.

[47] Diesen Umstand besonders herausstellend *Junker*, IZPR, § 14 Rn. 4; *Leible* in Rauscher, EuZPR/EuIPR, Art. 33 Brüssel Ia-VO Rn. 12.

[48] Siehe *Geimer* in Geimer/Schütze, EuZVR, Art. 24 EuGVVO Rn. 12; *Mankowski* in Rauscher, EuZPR/EuIPR, Art. 24 Brüssel Ia-VO Rn. 14.

[49] Vgl. *Gernert*, IPRax 2020, 170, 174.

[50] *Mankowski* in Rauscher, EuZPR/EuIPR, Art. 24 Brüssel Ia-VO Rn. 10.

[51] *Mankowski* in Rauscher, EuZPR/EuIPR, Art. 24 Brüssel Ia-VO Rn. 10. Siehe auch *Ger-*

Ergebnis führen die ausschließlichen Zuständigkeitsgründe der Brüssel Ia-VO daher nur zu einer positiven Zuständigkeitszuweisung unter den Mitgliedstaaten. Sie können demgegenüber die internationale Zuständigkeit eines Mitgliedstaates nicht zugunsten eines Drittstaates ausschließen[52].

Vergleichbar ist die Situation bei Gerichtsstandsvereinbarungen: Haben die Parteien die ausschließliche internationale Zuständigkeit der Gerichte eines Drittstaats vereinbart, wären nach der Brüssel Ia-VO an sich bestehende mitgliedstaatliche Zuständigkeiten ausgeschlossen, wenn der Vorschrift zu Gerichtsstandsvereinbarungen (Art. 25 Brüssel Ia-VO) eine Reflexwirkung zukäme. Da die zuvor gegen eine Reflexwirkung ausschließlicher Gerichtsstände angeführten Argumente auch gegen eine Reflexwirkung von Art. 25 Brüssel Ia-VO sprechen[53], scheidet eine unmittelbare Reflexwirkung indes aus. Gleichwohl ist überwiegend anerkannt, dass eine parteiautonome Derogation der Gerichtsstände der Brüssel Ia-VO zulässig sein muss[54]. Unklar ist jedoch, wonach sich Zulässigkeit und Wirkung der Derogation beurteilen[55]. Eine ältere Entscheidung des EuGH, die noch zum EuGVÜ erging, legt nahe, dass sich die Derogation nach dem autonomen Recht des angerufenen Mitgliedstaats bestimmen soll[56]. In einer jüngeren Entscheidung wendet der EuGH auf die Frage jedoch zumindest Art. 21 Brüssel I-VO an, welcher die Zulässigkeit von Gerichtsstandsvereinbarungen zum Schutz von Arbeitnehmern beschränkt[57]. Ein Teil der Literatur folgert daraus, dass zwar nationales Zuständigkeitsrecht grundsätzlich über

---

nert, IPRax 2020, 170, 174; *Hess*, EuZPR, Rn. 5.2. Dieser Problematik begegnen die Befürworter einer Reflexwirkung zum Teil, indem sie die Gewährung einer Reflexwirkung davon abhängig machen, ob der Drittstaat seinerseits eine ausschließliche Zuständigkeit für sich in Anspruch nimmt (siehe nur *Schack*, IZVR, Rn. 390); eine solche Einschränkung führte jedoch zu erheblichem Ermittlungsaufwand für die Gerichte sowie zu Rechtsunsicherheit (*Gernert*, IPRax 2020, 170, 174; *Mankowski* in Rauscher, EuZPR/EuIPR, Art. 24 Brüssel Ia-VO Rn. 11).

[52] Ebenso *Gernert*, IPRax 2020, 170, 174.

[53] Siehe *Kistler*, JPIL 14 (2018), 66, 90 f.; *Mankowski* in Rauscher, EuZPR/EuIPR, Art. 25 Brüssel Ia-VO Rn. 20, 24; *J. Weber*, RabelsZ 75 (2011), 619, 630, jeweils m.w.N.

[54] In diesem Sinne bereits *Schlosser*, Bericht zu dem Übereinkommen vom 9. Oktober 1978 über den Beitritt des Königreichs Dänemark, Irlands und des Vereinigten Königreichs Großbritannien und Nordirland zum Übereinkommen über die gerichtliche Zuständigkeit und die Vollstreckung gerichtlicher Entscheidungen in Zivil- und Handelssachen sowie zum Protokoll betreffend die Auslegung dieses Übereinkommens durch den Gerichtshof, ABl. EG 1979 Nr. C 59, S. 71, 124 Nr. 176. Vgl. auch *Berner*, RIW 2017, 792, 796, 797; *Mankowski* in Rauscher, EuZPR/EuIPR, Art. 25 Brüssel Ia-VO Rn. 24, jeweils m.w.N. zur Gegenansicht.

[55] Eingehend *Berner*, RIW 2017, 792, 793 ff.

[56] EuGH, Urt. v. 9.11.2000, Rs. C-387/98, ECLI:EU:C:2000:606, Rn. 19 – Coreck Maritime.

[57] EuGH, Urt. v. 19.7.2012, Rs. C-154/11, ECLI:EU:C:2012:491, Rn. 58 – Mahamdia; Art. 21 Brüssel I-VO entspricht Art. 23 Brüssel Ia-VO.

Zulässigkeit und Wirkung der Derogation entscheide, die dem Schutz bestimmter Personen und ausschließlicher Gerichtsstände dienenden Bestimmungen der Verordnung allerdings zu wahren seien[58]. Demgegenüber sei über die Derogation nach einem anderen Teil der Literatur verordnungsautonom zu entscheiden und Art. 25 Brüssel Ia-VO analog anzuwenden[59]. Die letztgenannte Ansicht ist nicht nur wünschenswert, weil sie unionsweit einheitliche Beurteilungsmaßstäbe ermöglicht[60], sondern vor allem dogmatisch überzeugend: Begründet die Brüssel Ia-VO die internationale Zuständigkeit eines Mitgliedstaats, ist ein Rückgriff auf nationales Recht über die Restzuständigkeit des Art. 6 Abs. 1 Brüssel Ia-VO ausgeschlossen[61]. Es ist daher eine Frage der Brüssel Ia-VO, unter welchen Voraussetzungen eine Derogation ihrer Gerichtsstände möglich ist[62]. In der Konsequenz sind auftretende Zuständigkeitslücken verordnungsautonom zu schließen, sodass je nach Umfang der Anforderungen, die an eine wirksame Derogation gestellt werden[63], das Bedürfnis einer Notzuständigkeit besteht.

---

[58] *Gottwald* in MünchKommZPO, Art. 25 Brüssel Ia-VO Rn. 7, 12; *Hess*, EuZPR, Rn. 6.155; *Junker*, IZPR, § 15 Rn. 5 f.; *M. Weller* in Wieczorek/Schütze, ZPO, Art. 25 Brüssel Ia-VO Rn. 11. Bereits vor der zuletzt genannten Entscheidung des EuGH *G. Wagner* in Stein/Jonas, ZPO, Art. 23 EuGVVO Rn. 30.

[59] *Berner*, RIW 2017, 792, 796 ff.; *Geimer*, IZPR, Rn. 1874k; *ders.* in Geimer/Schütze, EuZVR, Art. 25 EuGVVO Rn. 41, 43; *ders.* in Zöller, ZPO, Art. 25 EuGVVO Rn. 7, 12a; *Linke/Hau*, IZVR, Rn. 6.8; *Magnus* in Magnus/Mankowski, ECPIL, Art. 25 Brussels Ibis Regulation Rn. 37 f.; *Mankowski* in Rauscher, EuZPR/EuIPR, Art. 25 Brüssel Ia-VO Rn. 21; *ders.* in Leible/Terhechte, Europäisches Rechtsschutz- und Verfahrensrecht, S. 1319, 1331 Rn. 15; Staudinger/*Hausmann* (2021), IntVertrVerfR Rn. 382; unter der Voraussetzung, dass mindestens in zwei Mitgliedstaaten gegebene Zuständigkeiten derogiert werden, auch *Schack*, IZVR, Rn. 580. Teilweise sollen auf die Frage der Wirkung der Derogation jedoch die Artt. 33 f. Brüssel Ia-VO analog angewendet werden, *Eicher*, Rechtsverwirklichungschancen, S. 250 ff.; *Kistler*, JPIL 14 (2018), 66, 93 ff.

[60] Vgl. *Linke/Hau*, IZVR, Rn. 6.8; *Looschelders* in MünchKommBGB, Art. 7 EuGüVO Rn. 10; *Magnus* in Magnus/Mankowski, ECPIL, Art. 25 Brussels Ibis Regulation Rn. 37a; *Mankowski* in Rauscher, EuZPR/EuIPR, Art. 25 Brüssel Ia-VO Rn. 21; *ders.* in Leible/Terhechte, Europäisches Rechtsschutz- und Verfahrensrecht, S. 1319, 1331 f. Rn. 15.

[61] *Berner*, RIW 2017, 792, 797.

[62] *Berner*, RIW 2017, 792, 797 f. Nach *Geimer* in Geimer/Schütze, EuZVR, Art. 25 EuGVVO Rn. 41; *ders.* in Zöller, ZPO, Art. 25 EuGVVO Rn. 12a, ergebe sich die Maßgeblichkeit des Art. 25 Brüssel Ia-VO jedenfalls für die Derogation des allgemeinen Gerichtsstands unmittelbar aus dem Wortlaut des Art. 4 Abs. 1 Brüssel Ia-VO, welcher eine Einschränkung nur „vorbehaltlich der Vorschriften dieser Verordnung" zulässt.

[63] *Berner*, RIW 2017, 792, 798, spricht sich dafür aus, die Zulässigkeit der Derogation durch den europäischen Justizgewährungsanspruch zu begrenzen. Für eine solche Vorgehensweise auch *Kübler-Wachendorff*, Das forum necessitatis, S. 141.

Ausschließliche Gerichtsstandsvereinbarungen sehen ferner die universell anwendbaren Rechtsakte des Europäischen Familien- und Erbrechts vor[64]. Ebenso wie Art. 25 Brüssel Ia-VO erfassen diese Vorschriften nach ihrem Wortlaut nur die Prorogation mitgliedstaatlicher Gerichte. Lässt man gleichwohl eine Derogation der in der Verordnung vorgesehenen Zuständigkeiten zugunsten eines Drittstaates zu[65], erhöht sich das Bedürfnis internationaler Notzuständigkeit[66]. Denn zwar erfassen Rechtsakte mit abschließendem Zuständigkeitsregime stets auch Drittstaatensachverhalte. Im Gegensatz zu den anderen Drittstaatensachverhalten werden bei einer wirksamen Derogation jedoch an sich konkurrierende Zuständigkeiten der Mitgliedstaaten ausgeschlossen. Somit konzentriert sich die Justizgewährung von vornherein auf einen Staat, der die Entscheidungszuständigkeit sämtlicher anderer Staaten ausschließt. Kann in diesem Staat kein (zumutbares) Verfahren durchgeführt werden, droht Rechtsverweigerung.

C. Bedürfnis internationaler Notzuständigkeit in Unionssachverhalten

I. Die Annahme eines lückenlosen Zuständigkeitsrechts und der Grundsatz des gegenseitigen Vertrauens als Ausgangspunkt

Abweichend von der Situation in Bezug auf Drittstaatensachverhalte ist dem europäischen Zuständigkeitsrecht nicht zu entnehmen, dass eine Rechtsverweigerung drohen kann, wenn ein Sachverhalt ausschließlich Berührungspunkte

---

[64] Es handelt sich um Artt. 4 EuUntVO, 5 EuErbVO, 7 EuGüVO/EuPartVO.

[65] Die Zulässigkeit der Derogation ist insbesondere im Europäischen Erbrecht umstritten; bejahend *Dutta* in MünchKommBGB, Art. 5 EuErbVO Rn. 12; *Heinig*, RNotZ 2014, 197, 226; *Makowsky* in NomosKommentarBGB, Art. 5 EuErbVO Rn. 14; nur in Ausnahmefällen zulassend *Eichel* in jurisPK-BGB, Art. 5 EuErbVO Rn. 14; ablehnend *Marongiu Buonaiuti* in Franzina, The External Dimension of EU Private International Law, S. 211, 220 f. Lässt man eine Derogation zu, sind die Wirksamkeitsvoraussetzungen den Vorschriften zur Gerichtsstandsvereinbarung des jeweiligen Rechtsakts zu entnehmen, da ein Rückgriff auf nationales Recht bei Verordnungen mit abschließendem Zuständigkeitsregime von vornherein ausscheidet, vgl. *Hausmann*, Internationales und Europäisches Familienrecht, B Rn. 103, C Rn. 136; *Looschelders* in MünchKommBGB, Art. 7 EuGüVO Rn. 10; *Makowsky* in NomosKommentarBGB, Art. 5 EuErbVO Rn. 14; den abschließenden Charakter in diesem Zusammenhang besonders betonend *Marongiu Buonaiuti* in Franzina, The External Dimension of EU Private International Law, S. 211, 220.

[66] Vgl. *Kübler-Wachendorff*, Das forum necessitatis, S. 140 f. Auf die Problematik der Derogation mitgliedstaatlicher Gerichte im Kontext der Notzuständigkeit zumindest hinweisend *Reuß* in Geimer/Schütze/Hau, Internationaler Rechtsverkehr, Art. 7 VO Nr. 4/2009 Rn. 9; *Wurmnest* in BeckOGK, Art. 7 EU-UnterhaltsVO Rn. 30.

mit anderen Mitgliedstaaten aufweist. Vielmehr setzen alle geschriebenen Notzuständigkeiten voraus, dass das Verfahren gerade in einem Drittstaat unmöglich oder unzumutbar ist[67]. Von den Drittstaatensachverhalten unterscheiden sich die Unionssachverhalte aus zwei Gesichtspunkten:

Zum einen wird die Entscheidungszuständigkeit im Verhältnis der Mitgliedstaaten zueinander in den Verordnungen abschließend und umfassend verteilt, und zwar unabhängig davon, ob der Rechtsakt in Bezug auf bestimmte Drittstaatensachverhalte eine Restzuständigkeit vorsieht oder nicht[68]. Innerunional soll durch die Verordnungen ein lückenloses System internationaler Zuständigkeit geschaffen werden[69], in dem theoretisch keine negativen internationalen Kompetenzkonflikte denkbar sind[70].

Zum anderen beruht das europäische Zuständigkeitsrecht auf dem Grundsatz des gegenseitigen Vertrauens in die Rechtspflege und die ordnungsgemäße Rechtsanwendung innerhalb der Union[71]. Primärrechtlich nicht erwähnt[72], findet das Vertrauensprinzip seine gesetzliche Ausprägung in den sekundärrechtlichen Rechtsakten zum Europäischen Zivilverfahrensrecht: Bereits unter Geltung des EuGVÜ kam durch das weitgehende Verbot der sachlichen Nachprüfung einer mitgliedstaatlichen Entscheidung das Vertrauen in die Rechtspflege

---

[67] Siehe Artt. 7 EuUntVO, 11 EuErbVO sowie Art. 11 EuGüVO/EuPartVO.

[68] Für die Brüssel IIa-VO *M. Weber* in Mayr, Handbuch des europäischen Zivilverfahrensrechts, Rn. 4.15, 4.103, 4.163.

[69] Bereits zum EuGVÜ *Kropholler* in Hdb. IZVR I, Kap. III, Rn. 647; *Othenin-Girard*, SZIER 1999, 251, 267; *Pfeiffer*, Internationale Zuständigkeit, S. 469. Vgl. auch *Rossolillo*, CDT (März 2010), 403, 415 f.

[70] *Rossolillo*, CDT (März 2010), 403, 415. Vgl. auch *Fawcett/Ní Shúilleabháin/Shah*, Human Rights and Private International Law, Rn. 4.52.

[71] *Adolphsen*, EuZVR, Kap. 1 Rn. 133; *Hess*, EuZPR, Rn. 1.25, 4.78 ff.; *Rossolillo*, CDT (März 2010), 403, 415; vgl. auch *Binder* in Deixler-Hübner/Schauer, EuErbVO, Art. 39 Rn. 16.

[72] *Kaufhold*, EuR 2012, 408, 428; vgl. auch *Binder* in Deixler-Hübner/Schauer, EuErbVO, Art. 39 Rn. 11; *Brüggemann*, Anerkennung prorogationswidriger Urteile, S. 143; *Düsterhaus* in Gascón Inchausti/Hess, The Future of the European Law of Civil Procedure, S. 69, 84; *Lenaerts*, CMLRev. 54 (2017), 805, 813; *Mankowski* in Rauscher, EuZPR/EuIPR, Art. 39 Brüssel Ia-VO Rn. 6. Nach *Lenaerts*, CMLRev. 54 (2017), 805, 808, bilde die in Art. 4 Abs. 2 S. 1 EUV niedergelegte Gleichheit der Mitgliedstaaten vor den Verträgen die verfassungsrechtliche Grundlage des Vertrauensprinzips. *M. Weller*, JPIL 11 (2015), 64, 74, sieht das Vertrauensprinzip als Voraussetzung dafür, dass die EU ihr in Art. 3 Abs. 2 EUV niedergelegtes Versprechen erfüllt, den Unionsbürgern einen Raum der Freiheit, Sicherheit und des Rechts ohne Binnengrenzen zu gewährleisten. Jedenfalls ist das Vertrauensprinzip die Grundlage für ein System der gegenseitigen Anerkennung gerichtlicher und außergerichtlicher Entscheidungen, wie es die Kompetenzgrundlage des Art. 81 AEUV für die justizielle Zusammenarbeit in Zivilsachen innerhalb der EU vorsieht (vgl. *M. Weller*, JPIL 11 (2015), 64, 74 f.; vgl. auch *Kaufhold*, EuR 2012, 408, 418; *Lenaerts*, CMLRev. 54 (2017), 805, 810, 812).

des Urteilsstaats zum Ausdruck[73]. Im Anwendungsbereich der Brüssel Ia-VO dient das Vertrauensprinzip ausweislich Erwägungsgrund 26 als Rechtfertigung sowohl des Grundsatzes der automatischen Anerkennung mitgliedstaatlicher Entscheidungen als auch der Abschaffung des Exequaturverfahrens[74]. Darüber hinaus beruht das für die Rechtshängigkeitsvorschriften zentrale Prioritätsprinzip auf diesem Grundsatz[75]. Ferner dient das Vertrauensprinzip dem EuGH als Auslegungshilfe für die Normen, in denen es sekundärrechtlich vorausgesetzt ist[76], was eine große Fülle an diesbezüglichen Entscheidungen verdeutlicht[77]. Der Grundsatz des gegenseitigen Vertrauens ist darauf gerichtet, dass – abgesehen von außergewöhnlichen Umständen – ein Mitgliedstaat davon auszugehen hat, dass alle anderen Mitgliedstaaten zumindest das Unionsrecht und insbesondere die dort anerkannten Grundrechte beachten[78]. Weiterhin sind von den Mitgliedstaaten nicht nur identische Ergebnisse bei der Anwendung des Unionsrechts zu erwarten[79], sondern die Mitgliedstaaten sollen in der Theorie

---

[73] *Jenard*, Bericht zu dem Übereinkommen vom 27. September 1986 über die gerichtliche Zuständigkeit und die Vollstreckung gerichtlicher Entscheidungen in Zivil- und Handelssachen, ABl. EG 1979 Nr. C 59, S. 1, 46.

[74] Eine Auflistung sämtlicher Erwägungsgründe in den Rechtsakten zur justiziellen Zusammenarbeit in Zivilsachen, die sich auf den Grundsatz des gegenseitigen Vertrauens beziehen, findet sich bei *Binder* in Deixler-Hübner/Schauer, EuErbVO, Art. 39 Rn. 12.

[75] *Brüggemann*, Anerkennung prorogationswidriger Urteile, S. 147; *G. Wagner* in Stein/Jonas, ZPO, Art. 29 EuGVVO Rn. 1. Vgl. auch *Fentiman* in Magnus/Mankowski, ECPIL, Introduction to Articles 29–30 Brussels Ibis Regulation Rn. 14, 23.

[76] *Hess*, EuZPR, Rn. 4.78; *Kaufhold*, EuR 2012, 408, 428 f.; *M. Weller*, JPIL 11 (2015), 64, 85.

[77] Siehe z.B. EuGH, Urt. v. 9.12.2003, Rs. C-116/02, ECLI:EU:C:2003:657, Rn. 72 – Gasser; EuGH, Urt. v. 27.4.2004, Rs. C-159/02, ECLI:EU:C:2004:228, Rn. 24 f., 28 – Turner; EuGH, Urt. v. 10.2.2009, Rs. C-185/07, ECLI:EU:C:2009:69, Rn. 30 – Allianz; EuGH, Urt. v. 22.12.2010, Rs. C-491/10 PPU, ECLI:EU:C:2010:828, Rn. 46, 70 – Aguirre Zarraga; EuGH, Urt. v. 6.9.2012, Rs. C-619/10, ECLI:EU:C:2012:531, Rn. 40, 43 – Trade Agency; EuGH, Urt. v. 15.11.2012, Rs. C-456/11, ECLI:EU:C:2012:719, Rn. 28 f.; 35 ff. – Gothaer Allgemeine Versicherung u.a.; EuGH, Urt. v. 26.9.2013, Rs. C-157/12, ECLI:EU:C:2013:597, Rn. 31 ff., 36 – Salzgitter Mannesmann Handel; EuGH, Urt. v. 19.12.2013, Rs. C-452/12, ECLI:EU:C:2013:858, Rn. 36, 38, 47 – Nippinkoa Insurance Co.

[78] EuGH, Gutachten v. 18.12.2014, Gutachten 2/13, ECLI:EU:C:2014:2454, Rn. 191 – Beitritt der Union zur EMRK; EuGH, Gutachten v. 30.4.2019, Gutachten 1/17, ECLI:EU:C:2019:341, Rn. 128 – CETA. Vgl. auch *Geimer* in Geimer/Schütze, EuZVR, Einl. EuGVVO Rn. 101. Weitergehend, da davon auszugehen sei, dass die anderen Organe das geltende Recht – sei es europäisch, harmonisiert oder national – ordnungsgemäß anwenden, *Kaufhold*, EuR 2012, 408, 426.

[79] *Hess*, EuZPR, Rn. 4.78. Das ist die Konsequenz, wenn man davon ausgeht, dass die mitgliedstaatlichen Gerichte das Unionsrecht mit der gleichen Sachkenntnis gleichförmig anwenden und auslegen (so EuGH, Urt. v. 27.4.2004, Rs. C-159/02, ECLI:EU:C:2004:228,

auch einen gleichwertigen und wirksamen Rechtsschutz bieten[80]. Von diesen allgemeinen Aussagen abgesehen, verbleibt der genaue Inhalt des Grundsatzes trotz der zentralen Bedeutung und zahlreichen Erwähnung[81] unklar[82]. Aufgrund dieser Unbestimmtheit und des Umstandes, dass eine Gleichwertigkeit der mitgliedstaatlichen Justizsysteme rechtstatsächlich nur eingeschränkt existiert[83], wird das Vertrauensprinzip in der Literatur zum Teil heftig kritisiert[84]. An dieser Kritik ist jedenfalls richtig, dass das Vertrauen in die Gleichwertigkeit der Justizsysteme in den Vorschriften zum Europäischen Zivilverfahrensrecht den Mitgliedstaaten als Rechtsprinzip oktroyiert wurde, ohne dass ein tatsächlicher Wachstumsprozess dieses wechselseitige Vertrauen bereits hätte begründen können[85]. Seit einigen Jahren lässt die europapolitische Agenda jedoch erkennen, dass das gegenseitige Vertrauen in die Rechtsordnungen gestärkt werden soll[86].

Legt man die Annahme einer lückenlosen Zuständigkeitskonzeption und den Grundsatz des gegenseitigen Vertrauens zugrunde, verbliebe in Unionssachverhalten kein Raum mehr für negative Kompetenzkonflikte oder eine faktische Rechtsverweigerung. Denn in diesen Konstellationen ist die internationale Zuständigkeit der Mitgliedstaaten anhand vereinheitlichter und abschließender Rechtsakte zu beurteilen, wobei sämtliche Gerichte stets zur selben Zuständigkeitsentscheidung gelangen müssten, da sie in beliebig austauschbarer Weise zur Anwendung und Durchsetzung des Unionsrechts geeignet wären. Tatsächlich besteht – wie bereits angesprochen[87] – die Gefahr einer Rechtsverweigerung indes auch in Unionssachverhalten.

Rn. 25 – Turner; *Binder* in Deixler-Hübner/Schauer, EuErbVO, Art. 39 Rn. 17; *Wall*, ZErb 2014, 272, 277).

[80] Vgl. EuGH, Urt. v. 22.12.2010, Rs. C-491/10 PPU, ECLI:EU:C:2010:828, Rn. 70 – Aguirre Zarraga; *Rossolillo*, CDT (März 2010), 403, 416.

[81] *M. Weller*, JPIL 11 (2015), 64, 68 („almost omnipresent buzzword").

[82] *Brüggemann*, Anerkennung prorogationswidriger Urteile, S. 143; *M. Weller*, JPIL 11 (2015), 64, 68.

[83] Vgl. *Geimer* in Geimer/Schütze, EuZVR, Einl. EuGVVO Rn. 301; *Kohler*, ZEuS 2016, 135, 141 Fn. 21; *Mankowski* in Rauscher, EuZPR/EuIPR, Art. 39 Brüssel Ia-VO Rn. 5; *Schack*, IZVR, Rn. 126; *M. Weller*, JPIL 11 (2015), 64, 66 f.

[84] Siehe *Geimer* in Geimer/Schütze, EuZVR, Einl. EuGVVO Rn. 301 („Lebenslüge der EU"); *Kohler*, ZEuS 2016, 135, 140, 146 („Leerformel").

[85] Vgl. *Brüggemann*, Anerkennung prorogationswidriger Urteile, S. 150; *Mankowski* in Rauscher, EuZPR/EuIPR, Art. 39 Brüssel Ia-VO Rn. 5.

[86] Z.B. im sog. „Stockholm-Nachfolgeprogramm", ABl.EU 2014 Nr. C 240, S. 13, 15 Nr. 11. Vgl. auch *Binder* in Deixler-Hübner/Schauer, EuErbVO, Art. 39 Rn. 13, 19, sowie *Brüggemann*, Anerkennung prorogationswidriger Urteile, S. 150, jeweils m.w.N.

[87] Siehe oben unter § 10 A (S. 169).

II. Negative Kompetenzkonflikte infolge wechselseitiger Zuweisung internationaler Zuständigkeit durch mitgliedstaatliche Gerichte

1. Anwendungsfälle

a) Nicht- oder Falschanwendung europäischen Zuständigkeitsrechts

Dass Gerichte die internationale Zuständigkeit voneinander abweichend beurteilen und mit der Konsequenz eines negativen internationalen Kompetenzkonfliktes wechselseitig dem jeweils anderen Staat zuweisen, ist auch in Unionssachverhalten möglich. Dies ist zunächst denkbar, wenn maßgebliches Verordnungsrecht von den Gerichten falsch oder überhaupt nicht angewendet wird[88]. Daraus kann eine drohende Rechtsverweigerung resultieren, wenn die Gerichte eines oder mehrerer Mitgliedstaaten die internationale Zuständigkeit zu Unrecht ablehnen und andere Mitgliedstaaten nach dem europäischen Zuständigkeitsrecht tatsächlich nicht zuständig sind[89]. Ein anschauliches Beispiel für die Nichtanwendung europäischen Verordnungsrechts ist der Sachverhalt, der einer Entscheidung des niederländischen *Hoge Raad* zugrunde lag[90]. Dort hatten zunächst die belgischen Gerichte ihre internationale Zuständigkeit trotz des Wohnsitzes beider Parteien in Belgien abgelehnt, da die niederländischen Gerichte aufgrund eines – in Wahrheit nicht mehr anwendbaren – bilateralen Abkommens zwischen Belgien und den Niederlanden zuständig gewesen seien[91]. Die niederländischen Gerichte erkannten demgegenüber zutreffend, dass die Brüssel I-VO anwendbar war, diese allerdings nur in Belgien einen Gerichtsstand vorsah[92]. Aufgrund der Besonderheiten des Sachverhalts gewährten die niederländischen Gerichte gleichwohl eine Zuständigkeit infolge rügeloser Einlassung, indem der Beklagte mit seinem Unzuständigkeitseinwand wegen rechtsmissbräuchlichen Verhaltens nicht gehört wurde[93]. Ohne diese – dogmatisch zumindest zweifelhafte[94] – Besonderheit hätte an dieser Stelle

---

[88] *Fawcett/Ní Shúilleabháin/Shah*, Human Rights and Private International Law, Rn. 4.53. Allgemein zur fehlerhaften Anwendung der einschlägigen Vorschriften als Entstehungsgrund eines negativen internationalen Kompetenzkonflikts *Bach/P. Huber*, Internationales Privat- und Prozessrecht, Rn. 63.
[89] *Fawcett/Ní Shúilleabháin/Shah*, Human Rights and Private International Law, Rn. 4.53. Vgl. auch *Gaudemet-Tallon/Ancel*, Compétence et execution des jugements en Europe, S. 121 Rn. 84; *Lagarde* in Liber amicorum für Kohler, S. 255, 257.
[90] Hoge Raad, 7.5.2010 – 09/01115; vgl. dazu *Wais*, IPRax 2012, 91, sowie *Fawcett/Ní Shúilleabháin/Shah*, Human Rights and Private International Law, Rn. 4.70.
[91] *Wais*, IPRax 2012, 91 f.
[92] *Wais*, IPRax 2012, 91, 93 f.
[93] *Fawcett/Ní Shúilleabháin/Shah*, Human Rights and Private International Law, Rn. 4.70; *Wais*, IPRax 2012, 91, 94.
[94] Kritisch *Fawcett/Ní Shúilleabháin/Shah*, Human Rights and Private International Law, Rn. 4.70 f.; zustimmend aber *Wais*, IPRax 2012, 91, 94.

eine Notzuständigkeit der niederländischen Gerichte diskutiert werden müssen, um eine Rechtsverweigerung zu vermeiden.

Über ein Beispiel für die Falschanwendung von Unionsrecht wird in der Literatur in einem griechisch-englischen Sachverhalt berichtet: Während sich die griechischen Gerichte aufgrund einer Gerichtsstandsvereinbarung zugunsten der Londoner Gerichte als unzuständig erachteten, bejahten letztere eine Verbrauchersache, gingen deshalb von der Unwirksamkeit der Gerichtsstandsvereinbarung aus und wiesen die Klage ebenfalls ab[95]. Unabhängig davon, welches der Gerichte in seiner Entscheidung falsch lag, hätte der entstehende Zuständigkeitskonflikt ebenso wie im ersten Beispiel dadurch verhindert werden können, dass vor Klageabweisung die Zuständigkeitsfrage dem EuGH zur Vorabentscheidung vorgelegt worden wäre[96].

b) Vertretbare Abweichungen innerhalb des Entscheidungsspielraums der Mitgliedstaaten

Zudem ist es denkbar, dass zwei oder mehrere mitgliedstaatliche Gerichte zu der vertretbaren Ansicht gelangen, dass der maßgebliche Anknüpfungspunkt internationaler Zuständigkeit im jeweils anderen Mitgliedstaat verwirklicht sei[97]. Diese Gefahr wird insbesondere im Zusammenhang mit der EuErbVO diskutiert[98], die zur Bestimmung der internationalen Zuständigkeit zentral auf den unbestimmten Rechtsbegriff des gewöhnlichen Aufenthalts abstellt[99]. Beispielhaft für Konstellationen, in denen eine Gesamtbeurteilung der Lebensumstände[100] zu keinem eindeutigen gewöhnlichen Aufenthalt führt, sind Fälle von Grenzpendlern oder Personen, die ihren Lebensabend in einem anderen Staat verbringen, ohne die Verbindungen zum vorherigen Aufenthaltsort gänz-

---

[95] *Schlosser* in Hess/Pfeiffer/Schlosser, The Heidelberg Report, Rn. 298. Ohne Beispiel auf die Gefahr negativer Kompetenzkonflikte infolge abweichender Beurteilung der Wirksamkeit einer Gerichtsstandsvereinbarung hinweisend auch GA *Bot*, Schlussanträge v. 6.9. 2012, Rs. C-456/11, ECLI:EU:C:2012:554, Rn. 88 – Gothaer Allgemeine Versicherung u.a.

[96] Vgl. zu letztgenanntem Fall *Cafari Panico* in Pocar/Viarengo/Villata, Recasting Brussels I, S. 127, 140; *M. Weller* in Hess/Pfeiffer/Schlosser, The Heidelberg Report, Rn. 429.

[97] Vgl. *Wall*, ZErb 2014, 272, 273 f.; vgl. auch *Kübler-Wachendorff*, Das forum necessitatis, S. 131.

[98] Vgl. *Schurig* in FS für Spellenberg, S. 343, 346; vgl. auch *Dutta* in MünchKommBGB, Art. 4 EuErbVO Rn. 13; *Gandia Sellens/Faucon Alonso/Siaplaouras* in Viarengo/Villata, Planning the Future of Cross Border Families, S. 163, 197; *Kübler-Wachendorff*, Das forum necessitatis, S. 131; *Wall*, ZErb 2014, 272, 274; vgl. ferner *Eichel* in jurisPK-BGB, Art. 4 EuErbVO Rn. 9; *Lübcke*, Das neue europäische Internationale Nachlassverfahrensrecht, S. 445 Fn. 2151.

[99] Siehe Art. 4 EuErbVO.

[100] Siehe Erwägungsgrund 23 S. 2 EuErbVO.

lich aufzugeben¹⁰¹. Erste Entscheidungen deutscher Gerichte zur EuErbVO verdeutlichen, dass mit erheblichen Unsicherheiten verbundene Sachverhalte auch rechtspraktisch relevant sind¹⁰². Diese negativen internationalen Kompetenzkonflikte vermag auch ein Vorabentscheidungsverfahren vor dem EuGH nicht zu verhindern¹⁰³: Denn der EuGH subsumiert in einem Vorabentscheidungsverfahren nicht den konkreten Sachverhalt unter die Vorschrift des Unionsrechts, sondern entscheidet nur abstrakt über deren Auslegung¹⁰⁴. Innerhalb der Auslegungsvorgaben kann den Mitgliedstaaten bei unbestimmten Rechtsbegriffen daher ein nicht unerheblicher Entscheidungsspielraum verbleiben¹⁰⁵.

c) Mangelnde Rechtsvereinheitlichung auf europäischer Ebene

Schließlich können negative internationale Kompetenzkonflikte entstehen, soweit für die Zuständigkeitsentscheidung erhebliche Fragen unionsweit nicht vereinheitlicht sind. Prominentestes Beispiel dafür ist die Bestimmung des Wohnsitzes einer natürlichen Person im Anwendungsbereich der Brüssel Ia-VO: Nach Art. 62 Abs. 1 Brüssel Ia-VO hat ein mitgliedstaatliches Gericht die Frage, ob eine natürliche Person¹⁰⁶ einen Wohnsitz im Hoheitsgebiet dieses Mitgliedstaates hat, nach seinem autonomen Recht zu bemessen. Hat das Gericht darüber zu entscheiden, ob die Partei ihren Wohnsitz in einem anderen Mitgliedstaat hat, ist das autonome Recht dieses Mitgliedstaates gemäß Art. 62 Abs. 2 Brüssel Ia-VO der Entscheidung zugrunde zu legen. Da sich die Konzeption des Wohnsitzbegriffes in den mitgliedstaatlichen Rechtsordnungen unterscheidet¹⁰⁷, kann es aber sowohl zu einer Doppelung des allgemeinen Gerichtsstands kom-

---

¹⁰¹ Vgl. nur *Sonnentag* in jurisPK-BGB, Art. 21 EuErbVO Rn. 22 ff.
¹⁰² OLG Hamm, Beschl. v. 2.1.2018, IPRax 2019, 151 (während das OLG den gewöhnlichen Aufenthalt eines in Spanien verstorbenen Rentners in Deutschland bejahte, ging die Vorinstanz von einem gewöhnlichen Aufenthalt in Spanien aus). Vgl. auch KG, Beschl. v. 26.4.2016, IPRax 2018, 72 (deutsch-polnischer Grenzpendler).
¹⁰³ A. A. *Kübler-Wachendorff*, Das forum necessitatis, S. 131, allerdings ohne Begründung.
¹⁰⁴ Siehe nur *Geimer* in Geimer/Schütze, EuZVR, Einl. EuGVVO Rn. 209; *Pechstein/Görlitz* in Pechstein/Nowak/Häde, Frankfurter Kommentar EUV/GRC/AEUV, Art. 267 AEUV Rn. 81; *Remien*, RabelsZ 66 (2002), 503, 509 ff.
¹⁰⁵ Vgl. *Wall*, ZErb 2014, 272, 278.
¹⁰⁶ Demgegenüber bestimmt sich der Wohnsitz von Gesellschaften und juristischen Personen nach Art. 63 Abs. 1 Brüssel Ia-VO verordnungsautonom. Nicht daran angepasst ist Art. 24 Nr. 2 S. 2 Brüssel Ia-VO, der auf den *Sitz* einer Gesellschaft und juristischen Person abstellt und sich nach dem IPR des angerufenen Mitgliedstaates richtet, was theoretisch zu negativen internationalen Kompetenzkonflikten führen kann (vgl. *Pfeiffer* in Hess/Pfeiffer/Schlosser, The Heidelberg Report, Rn. 322).
¹⁰⁷ Siehe für einen Überblick *Pfeiffer* in Hess/Pfeiffer/Schlosser, The Heidelberg Report, Rn. 172 ff.

men (positiver Kompetenzkonflikt)[108] als auch zu negativen Kompetenzkonflikten, wenn nach keiner Rechtsordnung ein Wohnsitz vorhanden wäre, weil der Wohnsitz im jeweils anderen Mitgliedstaat verortet wird[109]. So gelangte die französische *Cour de Cassation* in einem niederländisch-französischen Sachverhalt zu dem Ergebnis, dass der Beklagte weder nach französischem Recht einen Wohnsitz in Frankreich noch nach niederländischem Recht einen Wohnsitz in den Niederlanden hatte[110]. Das Gericht eröffnete infolgedessen die internationale Zuständigkeit als Restzuständigkeit nach autonomem französischem Recht, wofür der gewöhnliche Aufenthalt des Beklagten in Frankreich genügte[111]. Vergleichbar möchte ein Teil der Literatur negative Kompetenzkonflikte lösen, indem bereits innerhalb des Zuständigkeitssystems der Brüssel Ia-VO anstelle des Wohnsitzes ersatzweise auf den gewöhnlichen Aufenthalt abzustellen sei[112]. Nach einem anderen Teil der Literatur dürfe das angerufene Gericht seine Zuständigkeit ausnahmsweise annehmen, wenn es den Wohnsitz zwar in einem anderen Mitgliedstaat verortet, nach dem Recht dieses Mitgliedstaates der Wohnsitz aber wiederum in dem Staat, dessen Gerichte angerufen wurden, verortet wird[113]. Nach einer letzten Ansicht sei eine Notzuständigkeit zu eröff-

---

[108] *Gaudemet-Tallon/Ancel*, Compétence et execution des jugements en Europe, S. 130 Rn. 91; *Gottwald* in MünchKommZPO, Art. 62 Brüssel Ia-VO Rn. 7; *Hess*, EuZPR, Rn. 6.46; *Kruger*, Civil Jurisdiction Rules of the EU and their Impact on Third States, Rn. 2.17; *Staudinger* in Rauscher, EuZPR/EuIPR, Art. 62 Brüssel Ia-VO Rn. 7; *Vlas* in Magnus/Mankowski, ECPIL, Art. 62 Brussels Ibis Regulation Rn. 2; *G. Wagner* in Stein/Jonas, ZPO, Art. 59 EuGVVO Rn. 16. Bereits zum EuGVÜ *Basedow* in Hdb. IZVR I, Kap. II, Rn. 29.

[109] *Ereciński/Weitz* in FS für Kaissis, S. 187, 192; *Gaudemet-Tallon/Ancel*, Compétence et execution des jugements en Europe, S. 130 f. Rn. 91; *Geimer* in Geimer/Schütze, EuZVR, Art. 62 EuGVVO Rn. 20; *ders.* in Zöller, ZPO, Art. 62 EuGVVO Rn. 2; *Gottwald* in MünchKommZPO, Art. 62 Brüssel Ia-VO Rn. 8; *Hess*, EuZPR, Rn. 6.48; *Kruger*, Civil Jurisdiction Rules of the EU and their Impact on Third States, Rn. 2.18; *Linke/Hau*, IZVR, Rn. 7.3; *Lukas*, Die Person mit unbekanntem Aufenthalt, S. 53 f.; *Schack*, IZVR, Rn. 300; *Staudinger* in Rauscher, EuZPR/EuIPR, Art. 62 Brüssel Ia-VO Rn. 8; *Vlas* in Magnus/Mankowski, ECPIL, Art. 62 Brussels Ibis Regulation Rn. 2; *G. Wagner* in Stein/Jonas, ZPO, Art. 59 EuGVVO Rn. 16. Bereits zum EuGVÜ *Basedow* in Hdb. IZVR I, Kap. II, Rn. 29; *Geimer* in FS für Kralik, S. 179, 183 f.; *Kropholler* in Hdb. IZVR I, Kap. III, Rn. 628; *Texeira de Sousa*, IPRax 1997, 352, 355.

[110] Cass. civ. 1re, 4.1.1984, Rev. crit. dr. internat. privé 1986, 123. Vgl. auch *Gaudemet-Tallon/Ancel*, Compétence et execution des jugements en Europe, S. 130 Rn. 91; *G. Wagner* in Stein/Jonas, ZPO, Art. 59 EuGVVO Rn. 18.

[111] Cass. civ. 1re, 4.1.1984, Rev. crit. dr. internat. privé 1986, 123. Dafür im Ergebnis auch *Dörner* in Saenger, ZPO, Art. 62 EuGVVO Rn. 8.

[112] *Kropholler* in Hdb. IZVR I, Kap. III, Rn. 628; *G. Wagner* in Stein/Jonas, ZPO, Art. 59 EuGVVO Rn. 20.

[113] *Geimer* in FS für Kralik, S. 179, 184; *ders.* in Geimer/Schütze, EuZVR, Art. 62 EuGVVO Rn. 20; *ders.* in Zöller, ZPO, Art. 62 EuGVVO Rn. 2.

nen und jedem Mitgliedstaat internationale Zuständigkeit zu gewähren, dessen Wohnsitzzuständigkeit in Betracht kommt[114].

Der Zuständigkeitskonflikt ist innerhalb des Zuständigkeitssystems der Brüssel Ia-VO zu lösen[115]. Ein Rückgriff auf die Restzuständigkeit – wie er von der *Cour de Cassation* noch vertreten wurde[116] – scheidet aus, wenn feststeht, dass der Beklagte über einen Wohnsitz in einem Mitgliedstaat verfügt, und lediglich unklar ist, in welchem Staat der Wohnsitz zu verorten ist[117]. Schwieriger zu beurteilen ist demgegenüber die Frage, ob in diesem Zusammenhang überhaupt das Bedürfnis einer Notzuständigkeit besteht. Denn sowohl die Ersatzanknüpfung an den gewöhnlichen Aufenthalt als auch die Beachtung einer Wohnsitzrückverweisung wären gegenüber einer Notzuständigkeit vorrangig, da diese nur subsidiär eingreift. Gegen beide Lösungswege spricht jedoch, dass sie der ausdrücklichen Entscheidung des Gesetzgebers widersprechen, an einen nach mitgliedstaatlichem Recht zu bestimmenden Wohnsitz anzuknüpfen[118]. Vor diesem Hintergrund lässt sich diesen Kompetenzkonflikten *de lege lata* nur mit der Eröffnung einer Notzuständigkeit begegnen[119].

Darüber hinaus kann ein negativer Kompetenzkonflikt zum Beispiel entstehen, wenn Mitgliedstaaten die Wirksamkeit einer Gerichtsstandsvereinbarung unterschiedlich bewerten, da materiellrechtliche Teilfragen wie die Stellvertretung von den angerufenen Gerichten kollisionsrechtlich selbständig angeknüpft werden[120] und auf europäischer Ebene nicht vereinheitlicht sind[121]. Weiterhin ist denkbar,

---

[114] *Basedow* in Hdb. IZVR I, Kap. II, Rn. 29; *Ereciński/Weitz* in FS für Kaissis, S. 187, 193; *Schack*, IZVR, Rn. 300.

[115] So auch *Staudinger* in Rauscher, EuZPR/EuIPR, Art. 62 Brüssel Ia-VO Rn. 8. Anders nur *Dörner* in Saenger, ZPO, Art. 62 EuGVVO Rn. 8.

[116] Cass. civ. 1re, 4.1.1984, Rev. crit. dr. internat. privé 1986, 123. In diesem Sinne auch *Dörner* in Saenger, ZPO, Art. 62 EuGVVO Rn. 8.

[117] *Geimer* in FS für Kralik, S. 179, 184; *G. Wagner* in Stein/Jonas, ZPO, Art. 59 EuGVVO Rn. 18.

[118] Daher mit deutlichen Worten ablehnend *Schack*, IZVR, Rn. 300 („systemsprengende Remedur"). Vgl. auch *Ereciński/Weitz* in FS für Kaissis, S. 187, 192; *Staudinger* in Rauscher, EuZPR/EuIPR, Art. 62 Brüssel Ia-VO Rn. 8.

[119] Ebenso *Basedow* in Hdb. IZVR I, Kap. II, Rn. 29; *Ereciński/Weitz* in FS für Kaissis, S. 187, 193; *Schack*, IZVR, Rn. 300.

[120] Eine verordnungsautonome Gesamtverweisung auf das Recht des prorogierten Mitgliedstaates findet sich nur in Art. 25 Abs. 1 S. 1 Brüssel Ia-VO a. E. für die „materielle" Wirksamkeit; ob davon auch Teilfragen wie die Bestimmung des Vollmachtsstatuts umfasst sind, ist angesichts des unbestimmten Wortlauts unklar und folglich umstritten. – Vgl. zum Ganzen ausführlich *Magnus*, IPRax 2016, 521, 522 ff. *Fawcett/Ní Shúilleabháin/Shah*, Human Rights and Private International Law, Rn. 4.52, gehen davon aus, dass es durch Art. 25 Abs. 1 S. 1 Brüssel Ia-VO a. E. zu keiner abweichenden Beurteilung des Sachrechts zwischen den Gerichten mehr komme.

[121] *Gebauer* in FS für Geimer, S. 103, 111.

dass die Gerichte verschiedener Staaten zu abweichenden Tatsachenfeststellungen gelangen[122]. Denn Fragen der Sachverhaltsermittlung sind vom europäischen Zuständigkeitsrecht nicht umfasst und bleiben daher dem autonomen Zivilprozessrecht überlassen[123]. Soweit Rechtsfragen unionsweit nicht vereinheitlicht sind, vermag eine Vorlage an den EuGH einen Zuständigkeitskonflikt nicht zu lösen[124], da der EuGH nur zur Auslegung der Verordnungen berufen ist.

2. Begrenzung durch Bindung an ausländische Unzuständigkeitsentscheidungen

Die Gefahr negativer Kompetenzkonflikte könnte durch eine weitreichende Bindung des Zweitgerichts an die erstgerichtliche Unzuständigkeitsentscheidung deutlich begrenzt werden. Ob eine solche Bindungswirkung bereits *de lege lata* angenommen werden kann, ist allerdings unklar[125].

a) Einführung einer europäischen Rechtskraft für Unzuständigkeitsentscheidungen durch den EuGH

In der Rechtssache Gothaer Allgemeine Versicherung[126] hat der EuGH für die Bindungswirkung prozessabweisender Unzuständigkeitsentscheidungen einen eigenständigen, europäischen Rechtskraftbegriff eingeführt[127]. Nach dem EuGH seien Entscheidungen, mit denen ein Gericht seine Zuständigkeit wegen einer Gerichtsstandsvereinbarung verneint, von den Anerkennungsvorschriften der Brüssel I-VO erfasst[128]. Dies gelte unabhängig davon, wie eine solche Entscheidung nach dem Recht eines anderen Mitgliedstaates zu qualifizieren sei[129]. Infolge des anerkennungsrechtlichen Verbots des Zweitstaats, die internationale

---

[122] Bereits *Grunsky*, JZ 1973, 641, 645. Vgl. auch *Cafari Panico* in Pocar/Viarengo/Villata, Recasting Brussels I, S. 127, 141; *M. Weller* in Hess/Pfeiffer/Schlosser, The Heidelberg Report, Rn. 429.

[123] Vgl. *G. Wagner* in Stein/Jonas, ZPO, Art. 25 EuGVVO Rn. 10. Vgl. auch *M. Weller* in Hess/Pfeiffer/Schlosser, The Heidelberg Report, Rn. 429.

[124] *Cafari Panico* in Pocar/Viarengo/Villata, Recasting Brussels I, S. 127, 141; *M. Weller* in Hess/Pfeiffer/Schlosser, The Heidelberg Report, Rn. 429.

[125] Dazu sogleich ausführlich im Text.

[126] EuGH, Urt. v. 15.11.2012, Rs. C-456/11, ECLI:EU:C:2012:719 – Gothaer Allgemeine Versicherung u. a.

[127] *Adolphsen*, EuZVR, Kap. 5 Rn. 32; *Gebauer* in FS für Geimer, S. 103 f.; *Geimer*, IZPR, Rn. 1873d; *Klöpfer*, GPR 2015, 210; *Koops*, IPRax 2018, 11, 12; *Launhardt*, Europäisierung der internationalen Zuständigkeit im Ehegüterrecht, S. 139; *Torralba-Mendiola/Rodríguez-Pineau*, JPIL 10 (2014), 403, 417 f.; *Tsikrikas*, ZZPInt 22 (2017), 213, 217.

[128] EuGH, Urt. v. 15.11.2012, Rs. C-456/11, ECLI:EU:C:2012:719, Rn. 32 – Gothaer Allgemeine Versicherung u. a.

[129] EuGH, Urt. v. 15.11.2012, Rs. C-456/11, ECLI:EU:C:2012:719, Rn. 32 – Gothaer Allgemeine Versicherung u. a.

Zuständigkeit des Erststaats nachzuprüfen, sei das Gericht des Anerkennungsmitgliedstaates bei der Prüfung seiner Zuständigkeit durch die Entscheidung des Ursprungsmitgliedstaats beschränkt[130]. Der Umfang dieser Beschränkung – und mithin die Bindungswirkung oder Rechtskraft der erstgerichtlichen Entscheidung – sei auf Unionsebene festzulegen, um einerseits eine einheitliche Anwendung des Unionsrechts zu gewährleisten[131] sowie andererseits dem Umstand zu entsprechen, dass die Gerichte der Mitgliedstaaten vereinheitlichte, unionsrechtliche Zuständigkeitsvorschriften anwendeten[132]. Von dem unionsrechtlichen Rechtskraftbegriff umfasst seien nicht nur der Tenor einer Entscheidung, sondern auch die in den Gründen enthaltenen Feststellungen, die den Tenor tragen und daher von diesem nicht zu trennen sind[133]. Daher sei das zweitstaatliche Gericht an die in den Gründen eines rechtskräftigen Urteils, mit dem die Klage als unzulässig abgewiesen wurde, enthaltenen Feststellungen in Bezug auf die Wirksamkeit einer Gerichtsstandsvereinbarung gebunden[134].

Diese Aussagen sind insoweit verallgemeinerungsfähig, als sie parallel für die Anerkennungsregime der anderen Verordnungen zum Internationalen Zivilverfahrensrecht gelten, da die Vorschriften zur Anerkennung inhaltlich der Regelung in der Brüssel Ia-VO entsprechen und die Verordnungen ebenfalls ein unionsweit vereinheitlichtes Zuständigkeitssystem schaffen[135]. Darüber hinaus wurde in der Entscheidung nicht auf Besonderheiten einer Gerichtsstandsvereinbarung abgestellt, sodass die Ausführungen auf andere Zuständigkeitsgründe übertragen werden können[136].

---

[130] EuGH, Urt. v. 15.11.2012, Rs. C-456/11, ECLI:EU:C:2012:719, Rn. 39 – Gothaer Allgemeine Versicherung u. a.
[131] EuGH, Urt. v. 15.11.2012, Rs. C-456/11, ECLI:EU:C:2012:719, Rn. 39f. – Gothaer Allgemeine Versicherung u. a.
[132] EuGH, Urt. v. 15.11.2012, Rs. C-456/11, ECLI:EU:C:2012:719, Rn. 35, 40 – Gothaer Allgemeine Versicherung u. a.
[133] EuGH, Urt. v. 15.11.2012, Rs. C-456/11, ECLI:EU:C:2012:719, Rn. 40f. – Gothaer Allgemeine Versicherung u. a.
[134] EuGH, Urt. v. 15.11.2012, Rs. C-456/11, ECLI:EU:C:2012:719, Rn. 43 – Gothaer Allgemeine Versicherung u. a.
[135] *Klöpfer*, GPR 2015, 210, 214; *Lukas*, Die Person mit unbekanntem Aufenthalt, S. 304; spezifisch für EuErbVO *Frauenberger-Pfeiler* in Deixler-Hübner/Schauer, EuErbVO, Art. 15 Rn. 8; *Wall*, ZErb 2014, 272, 277; spezifisch für EuGüVO/EuPartVO *Launhardt*, Europäisierung der internationalen Zuständigkeit im Ehegüterrecht, S. 140f. Ebenfalls in diese Richtung tendierend *Hau*, LMK 2013, 341521.
[136] *Gebauer* in FS für Geimer, S. 103, 113; *Klöpfer*, GPR 2015, 210, 214; *Launhardt*, Europäisierung der internationalen Zuständigkeit im Ehegüterrecht, S. 141; *Torralba-Mendiola/Rodríguez-Pineau*, JPIL 10 (2014), 403, 416f.; vgl. auch *Loyal* in Wieczorek/Schütze, ZPO, Art. 36 Brüssel Ia-VO Rn. 7.

b) Umfang der europäischen Rechtskraft für Unzuständigkeitsentscheidungen

Inwieweit negative internationale Kompetenzkonflikte durch die europäische Rechtskraft für Unzuständigkeitsentscheidungen abgewendet werden können, hängt vom Umfang der Rechtskraft ab. In der Entscheidung des EuGH verbleibt die genaue Reichweite der Bindung an die erststaatliche Unzuständigkeitsentscheidung jedoch unklar[137]. Denn während der Tenor einer Entscheidung nach dem EuGH stets in Rechtskraft erwachse, gelte dies für die Gründe nur, soweit sie „den Tenor tragen und von ihm daher nicht zu trennen sind"[138].

Tragend sind zumindest die Gründe, aus denen sich das Erstgericht für unzuständig erklärt hat. Mithin bleibt dem Zweitgericht jedenfalls der Einwand verwehrt, dass diese Gründe in Wahrheit doch zur Zuständigkeit des Erstgerichts geführt hätten[139]. Vor diesem Hintergrund scheint dem – zuvor angesprochenen[140] – Beispielsfall ohne Weiteres begegnet werden zu können, in dem zwei Mitgliedstaaten einen ungewissen gewöhnlichen Aufenthalt des Erblassers im jeweils anderen verorten: Lehnt ein deutsches Gericht seine internationale Zuständigkeit unter Hinweis darauf ab, dass sich der letzte gewöhnliche Aufenthalt des Erblassers in Österreich befunden habe, liegt eine Bindung der österreichischen Gerichte nahe. Denn sollten sich die österreichischen Gerichte ihrerseits für unzuständig erklären, scheint dies den tragenden Gründen der deutschen Unzuständigkeitsentscheidung zu widersprechen[141]. Dieses Ergebnis ist jedoch nicht zwingend. Vielmehr stützt sich die Unzuständigkeitsentscheidung des deutschen Gerichts nur auf die negative Feststellung, dass kein gewöhnlicher Aufenthalt in Deutschland bestand und auch kein weiterer Anknüpfungspunkt

---

[137] *Klöpfer*, GPR 2015, 210, 213; *Torralba-Mendiola/Rodríguez-Pineau*, JPIL 10 (2014), 403, 426.

[138] EuGH, Urt. v. 15.11.2012, Rs. C-456/11, ECLI:EU:C:2012:719, Rn. 40 – Gothaer Allgemeine Versicherung u.a.

[139] Vgl. GA *Bot*, Schlussanträge v. 6.9.2012, Rs. C-456/11, ECLI:EU:C:2012:554, Rn. 67 – Gothaer Allgemeine Versicherung u.a.; *Klöpfer*, GPR 2015, 210, 217 m.w.N. zu dieser Ansicht, die bereits vor der besprochenen Entscheidung des EuGH vertreten wurde. Für Insolvenzverfahren hat der deutsche Gesetzgeber in Art. 102c § 2 EGInsO ausdrücklich bestimmt, dass ein deutsches Insolvenzgericht die Eröffnung des Insolvenzverfahrens nicht mit der Begründung ablehnen darf, dass die Gerichte eines anderen Mitgliedstaats zuständig seien, wenn die Gerichte des anderen Mitgliedstaats die Eröffnung des Insolvenzverfahrens bereits abgelehnt haben, weil nach der EuInsVO die deutschen Gerichte zuständig seien (siehe *Hess*, EuZPR, Rn. 9.46).

[140] Siehe oben unter § 10 C II 1 b (S. 180 f.).

[141] In diesem Sinne *Wall*, ZErb 2014, 272, 276 ff., eine Unzuständigkeitsentscheidung des Zweitgerichts führe dazu, dass sich dieses in einen Widerspruch sowohl zum Tenor als auch zu den Entscheidungsgründen des klageabweisenden Prozessurteils des Erstgerichts setze.

zur internationalen Zuständigkeit deutscher Gerichte führt[142]. Die positive Zuständigkeitszuweisung an die österreichischen Gerichte, die daraus folgt, dass der letzte gewöhnliche Aufenthalt des Erblassers in Österreich verortet wird, ist für die Unzuständigkeitsentscheidung demgegenüber nicht entscheidend[143]. Unzweifelhaft im Widerspruch zur Entscheidung des deutschen Gerichts stünde eine österreichische Unzuständigkeitsentscheidung daher allein, wenn sich die Rechtskraft auch auf die positive Zuständigkeitszuweisung an die österreichischen Gerichte erstreckte.

Noch deutlicher wird die Bedeutung der Frage, ob das Zweitgericht an die positive Zuständigkeitsentscheidung des Erstgerichts gebunden ist, im Zusammenhang mit der abweichenden Beurteilung des Wohnsitzes einer natürlichen Person im Anwendungsbereich der Brüssel Ia-VO. In der Literatur wird bislang einhellig davon ausgegangen, dass sich die Entscheidung des EuGH auf diese Konstellationen übertragen lasse[144]. Entscheide ein belgisches Gericht, dass es unzuständig sei, weil der Beklagte seinen allgemeinen Wohnsitz in Deutschland habe, könne das deutsche Gericht den Wohnsitz des Beklagten in Deutschland „wohl" nicht mehr infrage stellen[145]. Dem ist zwar im Ergebnis zuzustimmen, allerdings ist dieses Ergebnis begründungsbedürftig: Denn während es sich bei der Frage des gewöhnlichen Aufenthalts um eine unionsweit von allen Mitgliedstaaten einheitlich zu beurteilende Fragestellung handelt, ist die Beurteilung des Wohnsitzes zwischen den Mitgliedstaaten nicht vereinheitlicht. Im eben zitierten Beispiel bedeutet das, dass die belgischen Gerichte wegen Art. 62 Abs. 1 Brüssel Ia-VO zunächst nach ihrem autonomen Recht darüber entscheiden, ob der Beklagte einen Wohnsitz im Inland hat. Die Unzuständigkeitsentscheidung beruht daher auf autonomem belgischem Recht. Haben die deutschen Gerichte zu beurteilen, ob der Beklagte einen Wohnsitz in Deutschland hat, treffen sie diese Entscheidung wegen Art. 62 Abs. 1 Brüssel Ia-VO nach autonomem deutschem Recht. Damit beurteilen die Gerichte die Frage, ob ein Wohnsitz im Inland gegeben ist, zwar auf derselben unionsrechtlichen Grundlage, jedoch nach

---

[142] Vgl. zu diesem Gesichtspunkt *Lukas*, Die Person mit unbekanntem Aufenthalt, S. 305; vgl. auch *Hau*, LMK 2013, 341521; *Linke/Hau*, IZVR, Rn. 12.34.

[143] Vgl. zu diesem Gesichtspunkt *Lukas*, Die Person mit unbekanntem Aufenthalt, S. 305; vgl. auch *Hau*, LMK 2013, 341521; *Linke/Hau*, IZVR, Rn. 12.34.

[144] Siehe *Gebauer* in FS für Geimer, S. 103, 113; *Hau*, LMK 2013, 341521; *Klöpfer*, GPR 2015, 210, 216 f.

[145] *Gebauer* in FS für Geimer, S. 103, 113. Zurückhaltender *Hess*, EuZPR, Rn. 6.221 Fn. 1051, weise ein belgisches Gericht die Klage zurück, weil es sich international für unzuständig halte, könne ein deutsches Gericht sich nicht deswegen für unzuständig erklären, weil es die internationale Zuständigkeit belgischer Gerichte etwa nach Art. 62 Brüssel Ia-VO bejahe.

anderen Maßstäben[146]. Beurteilen die Gerichte die Sachverhalte aber anhand divergierender Maßstäbe, kann die Verpflichtung des Zweitgerichts, seine Zuständigkeit anzunehmen, nicht allein darauf gestützt werden, dass das Erstgericht sich als unzuständig erachtete. Vielmehr kommt es an dieser Stelle darauf an, ob das Zweitgericht auch an eine positive Zuständigkeitsentscheidung des Erstgerichts gebunden ist, mit der das Erstgericht von der Zuständigkeit des Zweitgerichts ausgeht. Stellt das belgische Gericht nämlich fest, dass sich der Wohnsitz des Beklagten in Deutschland befindet, hat es dieser Beurteilung gemäß Art. 62 Abs. 2 Brüssel Ia-VO das autonome deutsche Recht zugrunde zu legen. Insoweit beurteilen Erst- und Zweitgericht die Zuständigkeitsfrage anhand desselben Maßstabes, sodass sich das deutsche Gericht in Widerspruch zu den Ausführungen des belgischen Gerichts setzte, wenn es einen Wohnsitz in Deutschland ablehnte.

Die Literatur spricht sich zum Teil dagegen aus, dass die positive Zuständigkeitsentscheidung des Erstgerichts das Zweitgericht binde[147]. Denn eine positive Zuständigkeitsentscheidung sei für den Tenor nur tragend, wenn die Zuständigkeit des anderen Gerichts zwingende Voraussetzung für die Unzuständigkeit des eigenen Gerichts sei[148]. Das sei lediglich denkbar, wenn die Unzuständigkeit des Erstgerichts auf einer verdrängenden ausschließlichen Zuständigkeit des Zweitgerichts beruhe[149]. Andernfalls sei allein entscheidend, ob das angerufene Gericht unter keinem denkbaren Aspekt zuständig sei, während es sich bei der Zuständigkeitszuweisung an ein anderes Gericht um ein *obiter dictum* handele[150]. Zudem könne das Ursprungsgericht dem Zweitgericht keine Justizgewährungspflichten auferlegen[151].

Demgegenüber soll die europäische Rechtskraft des EuGH auch positive Zuständigkeitsentscheidungen des Erstgerichts erfassen. Denn zur Bestimmung der Reichweite tragender Entscheidungsgründe zieht der EuGH die Rechtskraft seiner eigenen Entscheidungen heran[152], was auf eine weite Interpretation des

---

[146] Die Notwendigkeit gleicher Beurteilungsmaßstäbe betont auch *Tsikrikas*, ZZPInt 22 (2017), 213, 219, ohne allerdings ein Beispiel dafür zu nennen, wann im europäischen Zuständigkeitsrecht nicht dieselben Maßstäbe anzuwenden sind.

[147] *Hau*, LMK 2013, 341521; *Linke/Hau*, IZVR, Rn. 12.34; *Lukas*, Die Person mit unbekanntem Aufenthalt, S. 305; *Schack* in FS für Geimer, S. 611, 616.

[148] *Lukas*, Die Person mit unbekanntem Aufenthalt, S. 305.

[149] *Lukas*, Die Person mit unbekanntem Aufenthalt, S. 305.

[150] *Lukas*, Die Person mit unbekanntem Aufenthalt, S. 305. Vgl. auch *Hau*, LMK 2013, 341521; *Linke/Hau*, IZVR, Rn. 12.34.

[151] *Schack* in FS für Geimer, S. 611, 616.

[152] EuGH, Urt. v. 15.11.2012, Rs. C-456/11, ECLI:EU:C:2012:719, Rn. 40 – Gothaer Allgemeine Versicherung u. a.

Rechtskraftbegriffs hindeutet[153]. Entscheidend für die Einbeziehung der positiven Zuständigkeitsentscheidung in den Anwendungsbereich des unionalen Rechtskraftbegriffs ist allerdings der Sinn und Zweck der Bindungswirkung. Dieser liegt insbesondere darin, durch die Bindung des Zweitgerichts die Gefahr negativer internationaler Kompetenzkonflikte zu verringern. Der Stellenwert dieser Zielsetzung wird bereits daran deutlich, dass sich der Generalanwalt in seinen Schlussanträgen ausdrücklich und zentral darauf gestützt hat[154]. Des Weiteren erachtet es der Generalanwalt als Widerspruch, wenn dem Zweitgericht lediglich der Einwand verwehrt bleibe, dass in Wahrheit das Erstgericht zuständig gewesen sei, darüber hinaus aber keine Bindungswirkung bestehe[155]. Denn dies zwänge zu einer Berücksichtigung der Gründe, aus denen sich das Gericht für unzuständig erklärt habe, spräche diesen Gründen gleichzeitig aber jede Bindungswirkung ab[156]. Somit differenziert der EuGH nicht zwischen positiver und negativer Zuständigkeitsentscheidung, sondern betrachtet die Zuständigkeitsentscheidung einheitlich[157]. Folglich kann zum Beispiel auch die Bestimmung des Wohnsitzes durch das Erstgericht nicht in eine positive und negative Zuständigkeitsentscheidung aufgespalten werden. Nach der Konzeption des EuGH ist die Entscheidung des Erstgerichts, dass sich der Wohnsitz des Beklagten in einem anderen Mitgliedstaat befindet, für die anderen Mitgliedstaaten daher bindend.

c) *Ablehnung einer europäischen Rechtskraft für Unzuständigkeitsentscheidungen*

Die Entscheidung des EuGH, eine autonom-europäische Rechtskraftwirkung für Unzuständigkeitsentscheidungen einzuführen, bietet den Vorteil, dass eine Vielzahl von negativen internationalen Kompetenzkonflikten verhindert wer-

---

[153] Siehe *Klöpfer*, GPR 2015, 210, 213; *Torralba-Mendiola/Rodríguez-Pineau*, JPIL 10 (2014), 403, 422. Konkretere Vorgaben lassen sich daraus allerdings nicht ableiten, wie die vom EuGH ausdrücklich als Referenz angeführte Entscheidung EuGH, Urt. v. 19.4.2012, Rs. C-221/10 P, ECLI:EU:C:2012:216, Rn. 87 – Artegodan/Kommission, verdeutlicht.

[154] GA *Bot*, Schlussanträge v. 6.9.2012, Rs. C-456/11, ECLI:EU:C:2012:554, Rn. 88 – Gothaer Allgemeine Versicherung u. a. Diesen Gesichtspunkt besonders herausstellend auch *Gebauer* in FS für Geimer, S. 103, 107; *Hau*, LMK 2013, 341521; *Tsikrikas*, ZZPInt 22 (2017), 213, 218. Vgl. zudem *Koops*, IPRax 2018, 11, 13, 16 f.; *Torralba-Mendiola/Rodríguez-Pineau*, JPIL 10 (2014), 403, 428.

[155] GA *Bot*, Schlussanträge v. 6.9.2012, Rs. C-456/11, ECLI:EU:C:2012:554, Rn. 88 – Gothaer Allgemeine Versicherung u. a.

[156] GA *Bot*, Schlussanträge v. 6.9.2012, Rs. C-456/11, ECLI:EU:C:2012:554, Rn. 88 – Gothaer Allgemeine Versicherung u. a.

[157] Ebenso für die Beurteilung des gewöhnlichen Aufenthalts im Anwendungsbereich der EuErbVO *Wall*, ZErb 2014, 272, 278.

den könnten¹⁵⁸. Vor diesem Hintergrund ist das Ergebnis zwar wünschenswert¹⁵⁹, die Entscheidung lässt sich allerdings mit der gegenwärtigen Dogmatik und Systematik des Europäischen Zivilverfahrensrecht nicht vereinbaren¹⁶⁰: Zum einen steht ein europäischer Rechtskraftbegriff für Unzuständigkeitsentscheidungen im Widerspruch zur sonst geltenden Theorie der Wirkungserstreckung¹⁶¹. Danach entfaltet eine Entscheidung im Anerkennungsstaat dieselbe Wirkung, die ihr im Urteilsstaat zukommt¹⁶². Demgegenüber droht bei einer eigenständigen europäischen Rechtskraft, dass einer Entscheidung im Ausland eine andere Wirkung zukommt als im Inland¹⁶³. Zum anderen würde durch die Bindungswirkung der erstgerichtlichen Entscheidung eine faktische Verweisungsmöglichkeit an andere mitgliedstaatliche Gerichte geschaffen¹⁶⁴. Im Europäischen Zivilverfahrensrecht bestehen *de lege lata* – von einigen eng umgrenzten Ausnahmen abgesehen¹⁶⁵ – aber gerade keine Verweisungsmöglichkeiten¹⁶⁶. Vielmehr hat jedes mitgliedstaatliche Gericht selbst darüber zu entscheiden, ob es für die Entscheidung des Rechtsstreits zuständig ist¹⁶⁷. Die Einführung einer

---

¹⁵⁸ Vgl. auch *Hau*, LMK 2013, 341521; *Koops*, IPRax 2018, 11, 13; *Launhardt*, Europäisierung der internationalen Zuständigkeit im Ehegüterrecht, S. 142; *Schack* in FS für Geimer, S. 611.

¹⁵⁹ Insgesamt befürwortend *Launhardt*, Europäisierung der internationalen Zuständigkeit im Ehegüterrecht, S. 141 f.; *Lukas*, Die Person mit unbekanntem Aufenthalt, S. 305 ff.

¹⁶⁰ Ebenfalls ablehnend *Klöpfer*, GPR 2015, 210, 211 ff.; *Koops*, IPRax 2018, 11, 15 ff.; *Linke/Hau*, IZVR, Rn. 12.34; kritisch auch *Gebauer* in FS für Geimer, S. 103, 109, 116; *Hau*, LMK 2013, 341521; *Schack* in FS für Geimer, S. 611, 615.

¹⁶¹ *Gebauer* in FS für Geimer, S. 103, 109; *Geimer*, IZPR, Rn. 1873d; *Hau*, LMK 2013, 341521; *Koops*, IPRax 2018, 11, 13; *Launhardt*, Europäisierung der internationalen Zuständigkeit im Ehegüterrecht, S. 139; *Linke/Hau*, IZVR, Rn. 12.34; *Torralba-Mendiola/Rodríguez-Pineau*, JPIL 10 (2014), 403, 424 f.; vgl. auch *Schack* in FS für Geimer, S. 611, 614 f.; *Tsikrikas*, ZZPInt 22 (2017), 213, 217; *Wall*, ZErb 2014, 272, 276. *Klöpfer*, GPR 2015, 210, 213 f., sieht darin keine Abkehr vom Prinzip der Wirkungserstreckung, vielmehr werde bereits die Urteilswirkung genuin europäisch festgelegt und dann auf das Ausland erstreckt.

¹⁶² Siehe nur *Gebauer* in FS für Geimer, S. 103.

¹⁶³ *Koops*, IPRax 2018, 11, 19 f.; *Schack* in FS für Geimer, S. 611, 615; daher auch kritisch *Leible* in Rauscher, EuZPR/EuIPR, Art. 36 Brüssel Ia-VO Rn. 4.

¹⁶⁴ *Adolphsen*, EuZVR, Kap. 5 Rn. 32; *Klöpfer*, GPR 2015, 210, 216; *Launhardt*, Europäisierung der internationalen Zuständigkeit im Ehegüterrecht, S. 141.

¹⁶⁵ Siehe Artt. 15 Brüssel IIa-VO, 7 f. EuErbVO (vgl. dazu jüngst EuGH, Urt. v. 9.9.2021, Rs. C-422/20, ECLI:EU:C:2021:718 – RK).

¹⁶⁶ *Geimer* in Geimer/Schütze, EuZVR, Art. 36 EuGVVO Rn. 25; *Klöpfer*, GPR 2015, 210, 217 f.; *Koops*, IPRax 2018, 11, 16 f.; *Mankowski* in Rauscher, EuZPR/EuIPR, Art. 27 Brüssel Ia-VO Rn. 9; *Schack* in FS für Geimer, S. 611, 613; *ders.*, IZVR, Rn. 498; *Schoibl*, ZZPInt 10 (2005), 123, 137, 145; *Tsikrikas*, ZZPInt 22 (2017), 213, 222; *G. Wagner* in Stein/Jonas, ZPO, Art. 26 EuGVVO Rn. 13.

¹⁶⁷ EuGH, Urt. v. 10.2.2009, Rs. C-185/07, ECLI:EU:C:2009:69, Rn. 29 – Allianz; *Koops*, IPRax 2018, 11, 17. Vgl. auch *Klöpfer*, GPR 2015, 210, 216.

verbindlichen Zuständigkeitsverweisung ist daher nur eine Möglichkeit, um *de lege ferenda* negative internationale Kompetenzkonflikte zu vermeiden.

d) Konsequenzen für negative Kompetenzkonflikte

Folgt man der Konzeption der europäischen Rechtskraft für Unzuständigkeitsentscheidungen durch den EuGH, scheiden negative Kompetenzkonflikte in Unionssachverhalten zwar überwiegend aus. Dennoch könnten in Ausnahmefällen weiterhin negative Kompetenzkonflikte auftreten: Einerseits besteht auch nach der Entscheidung des EuGH die Gefahr der Falsch- oder Nichtanwendung des Unionsrechts, insbesondere durch das Zweitgericht[168]. Andererseits könnte der Unzuständigkeitsentscheidung des Erstgerichts die Anerkennung versagt werden, wenn sie gegen einen der Zuständigkeitsgründe verstieße, die auch unter Geltung der Brüssel Ia-VO ausnahmsweise zu prüfen sind[169]. Dann kann es zu der Situation kommen, dass sich das Erstgericht zu Unrecht für unzuständig gehalten hat und das Zweitgericht an diese Entscheidung nicht gebunden ist.

Lehnt man eine europäische Rechtskraft für Unzuständigkeitsentscheidungen – entgegen dem EuGH – mit den überzeugenderen Argumenten ab, können negative Kompetenzkonflikte häufiger auftreten. Zwar fällt im Ausgangspunkt eine Entscheidung, durch die ein Verfahren als unzulässig abgewiesen wird, unter den weiten Entscheidungsbegriff der Verordnungen und ist daher anerkennungsfähig[170]. Abweichend von der Beurteilung des EuGH richten sich die Rechtskraftwirkungen indes nach dem Recht des Mitgliedstaats, in dem die Entscheidung ergangen ist[171]. Danach erwüchse zum Beispiel bei einer deutschen Entscheidung in Rechtskraft, dass das Verfahren mangels internationaler

---

[168] Das Zweitgericht ist durch die Zuständigkeitsentscheidung des Erstgerichts gebunden, und zwar auch dann, wenn diese offensichtlich fehlerhaft ist, siehe *Gebauer* in FS für Geimer, S. 103, 115. Dem folgend sind vor allem Verstöße des Zweitgerichts gegen diese Bindungswirkung denkbar.

[169] Art. 45 Abs. 1 lit. e Brüssel Ia-VO ermöglicht die Überprüfung der Anerkennungszuständigkeit zugunsten von besonders schützenswerten Personengruppen (z. B. Verbrauchern) sowie der ausschließlichen Gerichtsstände. Siehe dazu GA *Bot*, Schlussanträge v. 6.9.2012, Rs. C-456/11, ECLI:EU:C:2012:554, Rn. 97 – Gothaer Allgemeine Versicherung u.a.; *Gebauer* in FS für Geimer, S. 103, 115; *Schack* in FS für Geimer, S. 611, 616.

[170] EuGH, Urt. v. 15.11.2012, Rs. C-456/11, ECLI:EU:C:2012:719, Rn. 32 – Gothaer Allgemeine Versicherung u.a.; OLG Bremen, Urt. v. 25.4.2014, IPRax 2015, 354, 357; *Gebauer* in FS für Geimer, S. 103, 106; *Hess*, EuZPR, Rn. 6.207; *Junker*, IZPR, § 28 Rn. 7; *Klöpfer*, GPR 2015, 210, 211; *Nagel/Gottwald*, IZPR, Rn. 12.7; *Schack* in FS für Geimer, S. 611, 612; a. A. *Geimer* in Geimer/Schütze, EuZVR, Art. 36 EuGVVO Rn. 22 f.

[171] Maßgebend ist insoweit die sog. Theorie der Wirkungserstreckung, siehe nur EuGH, Urt. v. 4.2.1988, Rs. C-145/86, ECLI:EU:C:1988:61, Rn. 10 – Hoffmann/Krieg; *Hess*, EuZPR, Rn. 6.216; *Leible* in Rauscher, EuZPR/EuIPR, Art. 36 Brüssel Ia-VO Rn. 4.

Zuständigkeit abgewiesen wurde[172]. In der Folge bliebe den Gerichten eines anderen Mitgliedstaats der Einwand verwehrt, dass in Wahrheit die deutschen Gerichte international zuständig seien[173]. Diese Begrenzung hindert das Zweitgericht jedoch nicht an der Möglichkeit, sich seinerseits für unzuständig zu erklären. Denn für die Unzuständigkeitsentscheidung ist allein erforderlich, dass kein hinreichender Anknüpfungspunkt mit dem Inland besteht[174]. Ausführungen zu der Frage, welcher Mitgliedstaat in Wahrheit zuständig ist, sind demgegenüber nicht notwendig, sondern erfolgen lediglich *obiter dictum*[175]. In dem Beispielsfall, in dem das deutsche Gericht die internationale Zuständigkeit ablehnt und auf den letzten gewöhnlichen Aufenthalt des Erblassers in Österreich verweist, wären die österreichischen Gerichte daher nicht daran gehindert, sich ihrerseits für unzuständig zu erklären. Diesem Ergebnis kann auch nicht entgegengehalten werden, dass eine Unzuständigkeitsentscheidung der österreichischen Gerichte einen Verstoß gegen die Rechtskraft des Erstgerichts impliziert[176], wenn keine Anknüpfungspunkte zu einem anderen Mitgliedstaat als Deutschland oder Österreich bestünden. Denn verwehrte man den österreichischen Gerichten in diesen Konstellationen die Möglichkeit, sich für unzuständig zu erklären, führte man zum einen eine faktische Verweisungsmöglichkeit unter den Mitgliedstaaten ein. Diese ist *de lege lata* aber gerade nicht vorgesehen[177]. Vielmehr hat jeder Staat selbst über seine internationale Zuständigkeit zu entscheiden[178]. Zum anderen wäre das Zweitgericht auch an offensichtliche

---

[172] *Geimer*, IZPR, Rn. 1844; *Hausmann* in Wieczorek/Schütze, ZPO, 3. Aufl., Vor § 12 Rn. 107; *Kropholler* in Hdb. IZVR I, Kap. III, Rn. 240; *Linke/Hau*, IZVR, Rn. 4.68. Neben dem Tenor erwächst bei einer klageabweisenden Entscheidung auch der aus der Begründung zu ermittelnde, ausschlaggebende Abweisungsgrund in Rechtskraft, BGH, Urt. v. 24.6.1993, NJW 1993, 3204, 3205; *Völzmann-Stickelbrock* in Prütting/Gehrlein, ZPO, § 322 Rn. 29.

[173] In diesem Sinne bereits *Schlosser*, Bericht zu dem Übereinkommen vom 9. Oktober 1978 über den Beitritt des Königreichs Dänemark, Irlands und des Vereinigten Königreichs Großbritannien und Nordirland zum Übereinkommen über die gerichtliche Zuständigkeit und die Vollstreckung gerichtlicher Entscheidungen in Zivil- und Handelssachen sowie zum Protokoll betreffend die Auslegung dieses Übereinkommens durch den Gerichtshof, ABl. EG 1979 Nr. C 59, S. 71, 128 Nr. 191.

[174] Vgl. zu diesem Gesichtspunkt *Lukas*, Die Person mit unbekanntem Aufenthalt, S. 305; vgl. auch *Hau*, LMK 2013, 341521; *Linke/Hau*, IZVR, Rn. 12.34.

[175] Vgl. zu diesem Gesichtspunkt *Lukas*, Die Person mit unbekanntem Aufenthalt, S. 305; vgl. auch *Hau*, LMK 2013, 341521; *Linke/Hau*, IZVR, Rn. 12.34.

[176] So aber das Verständnis von *Loyal* in Wieczorek/Schütze, ZPO, Art. 36 Brüssel Ia-VO Rn. 7.

[177] *Geimer* in Geimer/Schütze, EuZVR, Art. 36 EuGVVO Rn. 25; *Klöpfer*, GPR 2015, 210, 217 f.; *Koops*, IPRax 2018, 11, 17; *Schack* in FS für Geimer, S. 611, 613; *Tsikrikas*, ZZPInt 22 (2017), 213, 222.

[178] EuGH, Urt. v. 10.2.2009, Rs. C-185/07, ECLI:EU:C:2009:69, Rn. 29 – Allianz; *Koops*, IPRax 2018, 11, 17. Vgl. auch *Klöpfer*, GPR 2015, 210, 216.

Fehlentscheidungen des Erstgerichts gebunden[179]. So könnte das Erstgericht die internationale Zuständigkeit zum Beispiel fälschlicherweise abgelehnt haben, weil es die Anwendbarkeit des Unionsrechts verkannt und deshalb auf einen anderen Anknüpfungspunkt abgestellt hat. In der Folge könnte die internationale Zuständigkeit im Zweitstaat selbst dann nicht mehr abgelehnt werden, wenn der maßgebliche Anknüpfungspunkt offensichtlich im Erststaat verwirklicht ist. Das Zweitgericht wäre dazu verpflichtet, eine Zuständigkeit auszuüben, obwohl nach der Verordnung keine inländische internationale Zuständigkeit bestünde.

Dennoch wäre die Anerkennung einer mitgliedstaatlichen Unzuständigkeitsentscheidung nicht bedeutungslos, wenn man eine europäische Rechtskraft für diese verneint. So wird die Rechtskraft der erststaatlichen Entscheidung zum Beispiel erheblich, wenn es um die Wirksamkeit einer Gerichtsstandsvereinbarung geht und nach dem erststaatlichen Recht auch die Urteilsgründe in Rechtskraft erwachsen: Lehnt ein Gericht die internationale Zuständigkeit ab, weil eine wirksame Gerichtsstandsvereinbarung nach Art. 25 Brüssel Ia-VO zugunsten eines anderen mitgliedstaatlichen Gerichts vorliegt, können die anderen Mitgliedstaaten die Gerichtsstandsvereinbarung nicht mehr als unwirksam erachten[180]. Denn sowohl für die negative Zuständigkeitsentscheidung des Erstgerichts (Derogation) als auch die positive Zuständigkeitsentscheidung des Zweitgerichts (Prorogation) ist dieselbe Frage maßgeblich, ob die Gerichtsstandsvereinbarung wirksam ist. Der Zweitstaat würde mithin den Entscheidungsgründen der erstgerichtlichen Entscheidung widersprechen, wenn er infolge einer unwirksamen Gerichtsstandsvereinbarung die internationale Zuständigkeit verneinte.

Darüber hinaus ist das Zweitgericht zwar nicht an die erststaatliche Zuständigkeitszuweisung gebunden. Freilich wird das Zweitgericht die erststaatliche Entscheidung jedoch bei der eigenen Entscheidungsfindung berücksichtigen[181]. Jedenfalls hat es die Unzuständigkeitsentscheidung bei der Frage zu berücksichtigen, ob gegebenenfalls eine Notzuständigkeit zu eröffnen ist.

III. Unmöglichkeit eines mitgliedstaatlichen Verfahrens

Nur teilweise erwähnt wird in der Literatur die Fallgruppe der tatsächlichen Unmöglichkeit einer Verfahrenseinleitung in einem anderen Mitgliedstaat[182].

---

[179] Zur Gefahr einer Perpetuierung unionsrechtswidriger Zuständigkeitsentscheidungen mit der Einführung einer europäischen Rechtskraft für Unzuständigkeitsentscheidungen durch den EuGH *Gebauer* in FS für Geimer, S. 103, 111, 115.
[180] Im Ergebnis auch *Gebauer* in FS für Geimer, S. 103, 109
[181] *Geimer* in Geimer/Schütze, EuZVR, Art. 36 EuGVVO Rn. 22.
[182] Siehe *Bonomi* in Bonomi/Wautelet, Le droit européen des successions, Art. 11 Rn. 6; *Gaudemet-Tallon/Ancel*, Compétence et execution des jugements en Europe, S. 120 Rn. 84;

Zumindest in der Theorie[183] ist aber denkbar, dass es in einem Mitgliedstaat zu einem Stillstand der Rechtspflege kommt oder eine Verfahrenseinleitung aus sonstigen Gründen faktisch unmöglich ist[184].

Praktisch bedeutsamer sind jedoch Konstellationen, in denen sich die Unmöglichkeit daraus ergibt, dass dem an sich zuständigen Mitgliedstaat ein Rechtsinstitut unbekannt ist und daher ohne die Notzuständigkeit eines anderen Mitgliedstaats keine Sachentscheidung zu dieser Frage ergehen könnte[185]. Prominentestes Beispiel für diese Fallgruppen waren die sogenannten „Malta-Fälle" im Anwendungsbereich der Brüssel IIa-VO: Denn das maltesische Recht kannte bis 2011[186] weder das Rechtsinstitut der Ehescheidung noch ermöglichte es eine Scheidung nach ausländischem Sachrecht vor den maltesischen Gerichten[187]. In der Folge konnte es dazu kommen, dass nach der Brüssel IIa-VO ausschließlich die internationale Zuständigkeit der maltesischen Gerichte gegeben war, sodass eine Scheidung der Ehe für die Ehegatten unmöglich war[188]. Das Bedürfnis nach Eröffnung einer Notzuständigkeit folgt in diesen Konstellationen weder aus zuständigkeits- noch sonstigen verfahrensrechtlichen Gründen, sondern daraus, dass sich das materiellrechtliche Interesse an der Scheidbarkeit der Ehe nicht verwirklichen ließ[189]. Die Besonderheit der „Malta-Fälle" bestand also darin, dass ohne Notzuständigkeit in einem anderen Mitgliedstaat eine Ent-

---

Hau in FS für Kaissis, S. 355, 364; *Kübler-Wachendorff*, Das forum necessitatis, S. 218; *Rossolillo*, CDT (März 2010), 403, 416 f.; *Somarakis*, YbPIL 19 (2017/2018), 555, 566; *Wurmnest* in BeckOGK, Art. 7 EU-UnterhaltsVO Rn. 27.

[183] Praktisch dürfte nach *Hau* in FS für Kaissis, S. 355, 364; *Seyfarth*, Wandel der internationalen Zuständigkeit, S. 149 Fn. 495; *Wurmnest* in BeckOGK, Art. 7 EU-UnterhaltsVO Rn. 27, allerdings kaum damit zu rechnen sein.

[184] Vgl. *Bonomi* in Bonomi/Wautelet, Le droit européen des successions, Art. 11 Rn. 6; *Eichel*, RabelsZ 85 (2021), 76, 99; *Gaudemet-Tallon/Ancel*, Compétence et execution des jugements en Europe, S. 120 Rn. 84; *Kübler-Wachendorff*, Das forum necessitatis, S. 218; *Rossolillo*, CDT (März 2010), 403, 416; *Somarakis*, YbPIL 19 (2017/2018), 555, 566. Vgl. auch *Ubertazzi*, Exclusive Jurisdiction, S. 259.

[185] Vgl. dazu *Rossolillo*, CDT (März 2010), 403, 417 f.

[186] Die Ehescheidung wurde zum 1.10.2011 eingeführt, siehe BGH, Urt. v. 20.2.2013, FamRZ 2013, 687, 689.

[187] Gerechtshof Den Haag, 21.12.2005 – 211-H-05, Rn. 6; *Ibili*, Gewogen rechtsmacht in het IPR, S. 145.

[188] Vgl. die Entscheidungen KG, Urt. v. 19.3.2010, 3 UF 16/09, BeckRS 2013, 4964; Gerechtshof Den Haag, 21.12.2005 – 211-H-05. Daran hätte selbst die Anwendbarkeit der Rom III-VO nichts geändert, wie sich aus Art. 13 Alt. 1 Rom III-VO ergibt.

[189] Vgl. *Cafari Panico* in Pocar/Viarengo/Villata, Recasting Brussels I, S. 127, 132; *Ibili*, Gewogen rechtsmacht in het IPR, S. 118. Vgl. auch *Fawcett/Ní Shúilleabháin/Shah*, Human Rights and Private International Law, Rn. 481; *Lukas*, Die Person mit unbekanntem Aufenthalt, S. 597.

scheidung zur Sache überhaupt nicht ergehen konnte[190], da das maßgebliche Rechtsinstitut dem an sich zuständigen Mitgliedstaat unbekannt war[191]. Während das Kammergericht eine Notzuständigkeit in einem solchen Sachverhalt *de lege lata* ablehnte[192], eröffnete der *Gerechtshof* Den Haag zwar eine Notzuständigkeit, allerdings nach autonomem Recht[193]. Da die Brüssel IIa-VO die Entscheidungszuständigkeiten unter den Mitgliedstaaten in reinen Unionssachverhalten abschließend verteilt, scheidet ein Rückgriff auf das autonome Recht der Mitgliedstaaten indes aus. Vielmehr ist verordnungsautonom zu entscheiden, ob eine Notzuständigkeit zu eröffnen ist[194].

Eng verknüpft mit dieser Besonderheit der Brüssel IIa-VO ist eine zweite, noch aktuelle Besonderheit, die sich auf Konstellationen gleichgeschlechtlicher Ehen bezieht: Legt man zugrunde, dass gleichgeschlechtliche Ehen bereits *de lege lata* dem sachlichen Anwendungsbereich der Brüssel IIa-VO unterfallen[195], sind Sachverhalte denkbar, in denen lediglich die internationale Zuständigkeit eines Mitgliedstaates gegeben ist, der eine gleichgeschlechtliche Ehe nicht kennt[196]. Diese Fälle sind von praktischer Relevanz, da sie ohne Weiteres eintreten können, zum Beispiel, wenn die Ehegatten verschiedene Staatsangehörigkeiten besitzen und nach der Eheschließung ihren gewöhnlichen Aufenthalt in einen Mitgliedstaat verlegen, dem die gleichgeschlechtliche Ehe unbekannt

---

[190] *Cafari Panico* in Pocar/Viarengo/Villata, Recasting Brussels I, S. 127, 143; vgl. auch *Rauscher* in Rauscher, EuZPR/EuIPR, Art. 3 Brüssel IIa-VO Rn. 12.
[191] Siehe *Rossolillo*, CDT (März 2010), 403, 417.
[192] KG, Urt. v. 19.3.2010, 3 UF 16/09, BeckRS 2013, 4964. Der BGH, Urt. v. 20.2.2013, FamRZ 2013, 687, hatte in der Revision nicht mehr über diese Frage zu entscheiden, da Malta in der Zwischenzeit eine Scheidungsmöglichkeit eingeführt hatte.
[193] Gerechtshof Den Haag, 21.12.2005 – 211-H-05.
[194] Im Ergebnis auch *Hau*, FamRZ 2013, 689, 690; *Ibili*, Gewogen rechtsmacht in het IPR, S. 146 f. Eine verordnungsautonome Zuständigkeit als Möglichkeit andeutend, ohne sich jedoch festzulegen, *Kiestra*, The Impact of the ECHR, S. 118 f.
[195] Ob gleichgeschlechtliche Ehen dem Anwendungsbereich der Brüssel IIa-VO unterfallen, ist äußerst umstritten: bejahend *Gruber* in NomosKommentarBGB, Art. 13 Rom III Rn. 22 ff.; *Hausmann*, Internationales und Europäisches Familienrecht, A Rn. 33; *Kohler/Pintens*, FamRZ 2019, 1477, 1480; ablehnend *Geimer* in Zöller, ZPO, Art. 1 EuEheVO Rn. 18; *Sonnentag* in Pfeiffer/Wittmann/Escher, Europäisches Familienrecht im Spiegel deutscher Wissenschaft und Praxis, S. 9, 40; *M. Weber* in Mayr, Handbuch des europäischen Zivilverfahrensrechts, Rn. 4.15, 4.32. Im Rahmen der Reformbemühungen unterblieben Diskussionen um eine Ausdehnung auf gleichgeschlechtliche Ehen, sodass auch die Brüssel IIb-VO keine Klarstellung enthält, *Mansel/Thorn/R. Wagner*, IPRax 2020, 97, 102; dies kritisierend *Antomo* in Pfeiffer/Lobach/Rapp, Europäisches Familien- und Erbrecht, S. 13, 18 f.; *Hess*, EuZPR, Rn. 7.18, 7.23.
[196] Siehe *Gruber* in NomosKommentarBGB, Art. 13 Rom III-VO Rn. 27; *Kruger/Samyn*, JPIL 12 (2016), 132, 140.

ist¹⁹⁷. Die Situation ist dann vergleichbar mit der oben beschriebenen, früheren Problematik in Bezug auf Malta, da eine Scheidung in dem Forum nicht erreicht werden kann¹⁹⁸. Daran ändert selbst die Anwendbarkeit der Rom III-VO nichts, da die Gerichte der teilnehmenden Mitgliedstaaten nach Art. 13 Alt. 2 Rom III-VO nicht verpflichtet sind, eine Ehescheidung vorzunehmen, wenn sie die betreffende Ehe nicht als gültig betrachten. Nach dem Wortlaut der Vorschrift können daher Mitgliedstaaten, denen eine gleichgeschlechtliche Ehe unbekannt ist, eine Ehescheidung zwar vornehmen, müssen dies jedoch nicht¹⁹⁹. Ebenso wie in den „Malta-Fällen" folgt in diesen Konstellationen aus dem materiellrechtlichen Interesse an der Scheidbarkeit einer Ehe das Bedürfnis, eine Notzuständigkeit in einem Mitgliedstaat zu eröffnen, der eine Scheidungsmöglichkeit vorsieht²⁰⁰.

IV. Unzumutbarkeit eines mitgliedstaatlichen Verfahrens

Wie eine Vielzahl von Entscheidungen des EGMR und EuGH zeigt, kann es vorkommen, dass prozessuale Mindeststandards auch vor einem mitgliedstaatlichen Gericht nicht eingehalten werden[201]: So hat zum Beispiel der EGMR in mehreren Entscheidungen festgestellt, dass Verfahren vor mitgliedstaatlichen Gerichten menschenrechtswidrig lange gedauert haben[202]. Eine illustrative Entscheidung des EuGH findet sich mit Blick auf ein Adhäsionsverfahren vor einem französischen Gericht, bei dem gegen das Recht des Beklagten, sich zu vertei-

---

[197] Beispiel nach Bericht vom 7.12.2010 über den Vorschlag für eine Verordnung des Rates zur Begründung einer verstärkten Zusammenarbeit im Bereich des auf die Ehescheidung und Trennung ohne Auflösung des Ehebandes anzuwendenden Rechts, Berichterstatter: *Tadeusz Zwiefka*, A7-0360/2010, S. 36. Vgl. auch *Fawcett/Ní Shúilleabháin/Shah*, Human Rights and Private International Law, Rn. 4.55; *Kruger/Samyn*, JPIL 12 (2016), 132, 140 Fn. 44; *Gruber* in NomosKommentarBGB, Art. 13 Rom III-VO Rn. 27.
[198] Siehe bereits *Kohler*, FamRZ 2008, 1673, 1676.
[199] Vgl. *Antomo* in Pfeiffer/Lobach/Rapp, Europäisches Familien- und Erbrecht, S. 13, 25. Vor diesem Hintergrund eine teleologische Reduktion des Art. 13 Rom III-VO diskutierend, im Ergebnis jedoch mit überzeugenden Argumenten ablehnend *Gruber* in NomosKommentarBGB, Art. 13 Rom III-VO Rn. 29. Teilweise wird Art. 13 Rom III-VO auf diese Konstellationen nicht angewendet, da eine primärrechtliche Verpflichtung zur Anerkennung von in anderen Mitgliedstaaten wirksam begründeten Rechtslagen bestehe, siehe *Kohler/Pintens*, FamRZ 2019, 1477, 1480.
[200] Vgl. *Antomo* in Pfeiffer/Lobach/Rapp, Europäisches Familien- und Erbrecht, S. 13, 24 f. Für die Eröffnung einer Notzuständigkeit *Gruber* in NomosKommentarBGB, Art. 13 Rom III-VO Rn. 30.
[201] Siehe nur *Fawcett/Ní Shúilleabháin/Shah*, Human Rights and Private International Law, Rn. 4.88 m.w.N.
[202] Vgl. beispielhaft den Überblick bei *Meyer-Ladewig/Harrendorf/König* in Meyer-Ladewig/Nettesheim/von Raumer, EMRK, Art. 6 Rn. 208.

digen, verstoßen wurde²⁰³. Den Rechtssuchenden droht in den genannten Verfahren die Verweigerung von Rechtsschutz, der den Anforderungen des Rechts auf ein faires Verfahren aus Art. 6 Abs. 1 EMRK genügt. Abhängig davon, ob die reguläre Zuständigkeit eines anderen Mitgliedstaats gegeben ist oder nicht, besteht dem Grunde nach das Bedürfnis, eine Notzuständigkeit zu eröffnen.

V. Anerkennungslücke

Wie bereits erwähnt²⁰⁴, kann es in Unionssachverhalten zu einer Anerkennungslücke kommen, wenn die Entscheidung des nach der jeweiligen Verordnung international zuständigen Mitgliedstaats in einem anderen Mitgliedstaat nicht anerkannt wird und dieser Mitgliedstaat selbst nicht international zuständig ist²⁰⁵. Die praktische Bedeutung der Fallgruppe hängt freilich davon ab, in welchem Umfang der jeweils maßgebende Rechtsakt Anerkennungsversagungsgründe vorsieht²⁰⁶. Jedoch entsprechen sich die Versagungsgründe des Europäischen Zivilverfahrensrechts – von wenigen Ausnahmen abgesehen²⁰⁷ – im Wesentlichen²⁰⁸.

---

²⁰³ EuGH, Urt. v. 28.3.2000, Rs. C-7/98, ECLI:EU:C:2000:164, Rn. 44 – Krombach.
²⁰⁴ Siehe oben unter § 10 A (S. 169).
²⁰⁵ Vgl. *Biagioni*, CDT (März 2012), 20, 33; *Eicher*, Rechtsverwirklichungschancen, S. 270 Fn. 1128; *Ereciński/Weitz* in FS für Kaissis, S. 187, 192; *Garber* in BeckOK ZPO, Art. 36 Brüssel Ia-VO Rn. 116; *Gaudemet-Tallon/Ancel*, Compétence et execution des jugements en Europe, S. 121 Rn. 84; *Geimer* in FS für Kralik, S. 179, 187; *ders.* in FS für Simotta, S. 163, 170; *ders.*, IZPR, Rn. 2756d; *ders.* in Geimer/Schütze, EuZVR, Einl. EuGVVO Rn. 97, Art. 5 EuGVVO Rn. 7 f., Art. 45 EuGVVO Rn. 338 ff.; *ders.* in Zöller, ZPO, Art. 5 EuGVVO Rn. 2, Art. 36 EuGVVO Rn. 67, Art. 39 EuGVVO Rn. 3; *Gottwald* in MünchKommZPO, Art. 4 Brüssel Ia-VO Rn. 15, Art. 45 Brüssel Ia-VO Rn. 81; *Hau* in FS für Kaissis, S. 355, 363; *Kropholler* in Hdb. IZVR I, Kap. III, Rn. 647; *Kübler-Wachendorff*, Das forum necessitatis, S. 218; *Oberhammer* in Stein/Jonas, ZPO, Art. 33 EuGVVO Rn. 16; *Rossolillo*, CDT (März 2010), 403, 417; *Seyfarth*, Wandel der internationalen Zuständigkeit, S. 150; *Texeira de Sousa*, IPRax 1997, 352, 355; *Wurmnest* in BeckOGK, Art. 7 EU-UnterhaltsVO Rn. 25. Vgl. auch *Pfeiffer*, Internationale Zuständigkeit, S. 764 f.
²⁰⁶ *Hau* in FS für Kaissis, S. 355, 364. Vgl. auch *Kübler-Wachendorff*, Das forum necessitatis, S. 218 f.; *Wurmnest* in BeckOGK, Art. 7 EU-UnterhaltsVO Rn. 26.
²⁰⁷ So ist für bestimmte privilegierte Entscheidungen im Anwendungsbereich der Brüssel IIa-VO sowie Unterhaltsentscheidungen eines Mitgliedstaats, der durch das HUP gebunden ist, eine Anfechtung der Anerkennung grundsätzlich nicht vorgesehen, siehe Artt. 41 Abs. 1, 42 Abs. 2 Brüssel IIa-VO, Art. 43 Abs. 1 Brüssel IIb-VO, Art. 17 Abs. 1 EuUntVO.
²⁰⁸ Siehe Artt. 45 Brüssel Ia-VO, 22 f. Brüssel IIa-VO, 38 f. Brüssel IIb-VO, 24 EuUntVO, 40 EuErbVO, 37 EuGüVO/EuPartVO. Die kohärente Ausgestaltung wird in den Erwägungsgründen ausdrücklich adressiert, vgl. Erwägungsgrund 26 S. 2 EuUntVO („sollte sich an das Verfahren und die Gründe für die Verweigerung anlehnen, die in der Verordnung (EG) Nr. 44/2001 [Brüssel I-VO] vorgesehen sind"); Erwägungsgrund 59 EuErbVO sowie Erwägungsgrund 57 EuGüVO beziehungsweise Erwägungsgrund 55 EuPartVO („nach dem Vorbild anderer Rechtsinstrumente der Union").

Ist eine drittstaatliche Entscheidung im Inland nicht anzuerkennen, kann ebenfalls eine Notzuständigkeit im Anwendungsbereich des europäischen Zuständigkeitsrechts erforderlich sein[209]. Denn zwar richtet sich die Anerkennung drittstaatlicher Entscheidungen stets nach autonomem Recht; die internationale Zuständigkeit kann sich jedoch gleichwohl abschließend aus dem europäischen Zuständigkeitsrecht ergeben. Zum Beispiel kann nach europäischem Recht allein die internationale Zuständigkeit eines oder mehrerer anderer Mitgliedstaaten gegeben sein, in denen die drittstaatliche Entscheidung anerkennungsfähig ist. Aufgrund der Rechtskraft der drittstaatlichen Entscheidung wären diese Mitgliedstaaten daran gehindert, selbst ein Erkenntnisverfahren durchzuführen. Im Inland, das weder die drittstaatliche Entscheidung anerkennt noch selbst über die internationale Zuständigkeit zur Durchführung eines Erkenntnisverfahrens verfügt, käme es ohne Notzuständigkeit demgegenüber zu einer Rechtsschutzlücke[210].

D. Die Person mit unbekanntem Aufenthalt als Grenzfall zwischen Unions- und Drittstaatensachverhalt

Weder Unions- noch Drittstaatensachverhalten zuordnen lassen sich naturgemäß Konstellationen, in denen eine verfahrensrelevante Person nicht lokalisiert werden kann[211]. In diesen Fällen scheiden sämtliche Anknüpfungspunkte internationaler Zuständigkeit aus, die eine Lokalisierung der jeweiligen Person erfordern[212], sodass die Gefahr einer Lücke im Zuständigkeitssystem erhöht ist. Besonders eindringlich erscheint die Gefahr im Anwendungsbereich der Brüssel Ia-VO: Denn diese knüpft einerseits bereits die räumlich-persönliche Anwendbarkeit grundsätzlich an den Wohnsitz des Beklagten in einem Mitgliedstaat und kennt andererseits zum Beispiel in Art. 18 Abs. 2 Brüssel Ia-VO eine ausschließliche Zuständigkeit im Wohnsitzstaat des Verbrauchers[213]. In diesem

---

[209] Dazu *Eicher*, Rechtsverwirklichungschancen, S. 271 f. mit einem eingängigen Beispiel in Fn. 1132.

[210] *Eicher*, Rechtsverwirklichungschancen, S. 271 f. Vgl. auch *Geimer* in Geimer/Schütze, EuZVR, Art. 33 EuGVVO Rn. 27; *ders.* in Zöller, ZPO, Art. 33 EuGVVO Rn. 5; *Kübler-Wachendorff*, Das forum necessitatis, S. 175 f.

[211] Ausführlich zu den Konstellationen *Lukas*, Die Person mit unbekanntem Aufenthalt, S. 97 ff.

[212] Vgl. zu diesen Anknüpfungspunkten *Lukas*, Die Person mit unbekanntem Aufenthalt, S. 350 ff.

[213] Vgl. *Domej* in FS für Prütting, S. 261, 263. Vgl. auch *Fawcett/Ní Shúilleabháin/Shah*, Human Rights and Private International Law, Rn. 4.53, 4.69; *Lukas*, Die Person mit unbekanntem Aufenthalt, S. 441.

§ 10 Bedürfnis internationaler Notzuständigkeit   199

Zusammenhang hat der EuGH zum einen entschieden, dass es zur Anwendbarkeit der Brüssel Ia-VO genüge, dass der Beklagte mit unbekanntem Aufenthalt mutmaßlich Unionsbürger ist und das angerufene Gericht über keine beweiskräftigen Indizien verfügt, die auf einen Wohnsitz außerhalb des Unionsgebiets schließen lassen[214]. Zum anderen sei bei Art. 18 Abs. 2 Brüssel Ia-VO ersatzweise an den letzten gewöhnlichen Aufenthalt anzuknüpfen, wenn der aktuelle Wohnsitz des Beklagten unbekannt ist[215]. Insoweit stellte der EuGH allerdings ausdrücklich darauf ab, dass der Beklagte im zugrunde liegenden Sachverhalt vertraglich dazu verpflichtet war, der anderen Partei jede Adressänderung mitzuteilen[216]. Die Ausführungen des EuGH bedeuten für das Bedürfnis einer Notzuständigkeit zunächst, dass eine etwaige Rechtsschutzlücke regelmäßig verordnungsautonom zu schließen ist. Denn auf autonom-mitgliedstaatliche Vorschriften könnte über Art. 6 Abs. 1 Brüssel Ia-VO nur in den seltenen Fällen zurückgegriffen werden, in denen beweiskräftige Indizien für einen gewöhnlichen Aufenthalt des Beklagten in einem Drittstaat sprechen[217]. Die praktische Bedeutung der Notzuständigkeit hängt demgegenüber davon ab, ob die Aussagen des EuGH verallgemeinerungsfähig sind: Während das Bedürfnis einer Notzuständigkeit gering wäre, wenn stets ersatzweise an den letzten gewöhnlichen Aufenthalt angeknüpft werden könnte[218], bestünde ein relevantes Bedürfnis für den Fall, dass eine Ersatzanknüpfung nur bei einer vertraglichen Mitteilungspflicht über Adressänderungen möglich wäre[219].

Im Anwendungsbereich der anderen Rechtsakte ist die Gefahr einer Zuständigkeitslücke bei unbekanntem Aufenthalt von vornherein geringer. So ermöglicht die Brüssel IIa-VO aufgrund ihrer – von der Brüssel Ia-VO abweichenden – Konzeption einen Rückgriff auf das mitgliedstaatliche Zuständigkeitsrecht,

---

[214] EuGH, Urt. v. 15.3.2012, Rs. C-292/10, ECLI:EU:C:2012:142, Rn. 40, 42 – G/de Visser; vgl. auch EuGH, Urt. v. 17.11.2011, Rs. C-327/10, ECLI:EU:C:2011:745, Rn. 42, 55 – Hypoteční banka.

[215] EuGH, Urt. v. 17.11.2011, Rs. C-327/10, ECLI:EU:C:2011:745, Rn. 43 ff., 55 – Hypoteční banka.

[216] EuGH, Urt. v. 17.11.2011, Rs. C-327/10, ECLI:EU:C:2011:745, Rn. 46 f., 55 – Hypoteční banka.

[217] Siehe *von Hein*, LMK 2014, 363610; *Lukas*, Die Person mit unbekanntem Aufenthalt, S. 534.

[218] Dafür *Lukas*, Die Person mit unbekanntem Aufenthalt, S. 556 f.; *Pfeiffer* in Prütting/Gehrlein, ZPO, Art. 4 Brüssel Ia-VO Rn. 4. Eine Rechtsschutzlücke im Anwendungsbereich der Verordnung wäre dann allenfalls denkbar, wenn der letzte bekannte Aufenthalt eines Unionsbürgers in einem Drittstaat gelegen hätte (siehe *Lukas*, Die Person mit unbekanntem Aufenthalt, S. 557); demgegenüber drohe nach *Linke/Hau*, IZVR, Rn. 7.3, angesichts der einschlägigen EuGH-Judikatur keine Rechtsschutzlücke für den Kläger, wenn der Wohnsitz des Beklagten unbekannt sei.

[219] Dafür *Domej* in FS für Prütting, S. 261, 263.

wenn sich aus der Verordnung keine internationale Zuständigkeit eines Mitgliedstaats ergibt[220]. In den anderen Rechtsakten werden potenzielle Rechtsschutzlücken regelmäßig entweder durch subsidiäre Zuständigkeiten beziehungsweise Auffangzuständigkeiten[221] geschlossen[222] oder eine Partei vermittelt einen starken Drittstaatenbezug, sodass eine mitgliedstaatliche Notzuständigkeit nur erforderlich wäre, wenn die Rechtsverfolgung im Drittstaat unmöglich wäre oder eine andere Fallgruppe der drohenden Rechtsverweigerung vorläge. Darüber hinaus sind Rechtsschutzlücken zwar theoretisch denkbar, wenn ein Sachverhalt weder einen Drittstaatenbezug aufweist noch von den Zuständigkeitsgründen der Verordnungen erfasst wird, praktisch aber äußerst unwahrscheinlich[223].

E. Ergebnis

Das Bedürfnis einer Notzuständigkeit hängt im europäischen Zuständigkeitsrecht maßgeblich davon ab, ob ein Rechtsakt ein abschließendes Zuständigkeitsregime enthält oder dem Zuständigkeitsrecht der Mitgliedstaaten ein Restanwendungsbereich verbleibt. Während bei Rechtsakten ohne abschließendes Zuständigkeitsregime das Bedürfnis einer Notzuständigkeit von vornherein auf Unionssachverhalte beschränkt ist, sind es im Anwendungsbereich der abschließenden Rechtsakte auch und vor allem Sachverhalte mit Drittstaatenbezug, in denen das Bedürfnis einer Notzuständigkeit besteht. Im Verhältnis zu Drittstaaten können die „klassischen Konstellationen" drohender Rechtsverweigerung auftreten, also negative internationale Kompetenzkonflikte, die Unmöglichkeit oder Unzumutbarkeit eines ausländischen Verfahrens sowie Anerkennungslücken. Aber auch in Sachverhalten, die allein Berührungspunkte zu Mitgliedstaaten aufweisen, können – trotz der Annahme eines lückenlosen Zuständigkeitsrechts und dem Grundsatz des gegenseitigen Vertrauens – Rechtsschutzlücken auftreten.

---

[220] Siehe *Lukas*, Die Person mit unbekanntem Aufenthalt, S. 595 ff. Zu der Konzeption der Restzuständigkeit im Anwendungsbereich der Brüssel IIa-VO unten unter § 11 B II 1 (S. 278 f.).

[221] Vgl. Artt. 6 EuUntVO, 10 EuErbVO, 10 EuGüVO/EuPartVO.

[222] Dazu ausführlich *Lukas*, Die Person mit unbekanntem Aufenthalt, S. 600 ff.

[223] Nach *Lukas*, Die Person mit unbekanntem Aufenthalt, S. 605 f., 609, könne es allenfalls im Anwendungsbereich der EuUntVO sowie EuGüVO zu verordnungsautonom zu schließenden Rechtsschutzlücken kommen, sofern sämtliche zuständigkeitsrelevanten Personen nicht lokalisierbar sind; ein unbekannter Aufenthalt des Klägers bzw. Antragstellers sei denkbar, wenn entweder kein gewöhnlicher Aufenthalt vorhanden sei oder ein schutzwürdiges Geheimhaltungsinteresse gegenüber dem Gericht bestehe (aaO., S. 277 f., 520 f.).

§ 11 Ausgestaltung der Notzuständigkeit in den EU-Verordnungen

A. Geschriebene Notzuständigkeiten in den Rechtsakten mit abschließendem Zuständigkeitsregime

I. Überblick

1. Europäische Unterhaltsverordnung

Die EuUntVO ist der erste Rechtsakt der justiziellen Zusammenarbeit in Zivilsachen, in dem eine geschriebene Notzuständigkeit eingeführt wurde[1]. Es handelt sich um die Vorschrift des Art. 7 EuUntVO, die wie folgt lautet:

„Ergibt sich keine Zuständigkeit eines Gerichts eines Mitgliedstaats gemäß der Artikel 3, 4, 5 und 6, so können die Gerichte eines Mitgliedstaats in Ausnahmefällen über den Rechtsstreit entscheiden, wenn es nicht zumutbar ist oder es sich als unmöglich erweist, ein Verfahren in einem Drittstaat, zu dem der Rechtsstreit einen engen Bezug aufweist, einzuleiten oder zu führen.

Der Rechtsstreit muss einen ausreichenden Bezug zu dem Mitgliedstaat des angerufenen Gerichts aufweisen."

Ausweislich Erwägungsgrund 16 S. 1 EuUntVO dient die Notzuständigkeit der Vermeidung von Rechtsverweigerung. Als Beispiel, warum ein Verfahren in dem betroffenen Drittstaat unmöglich sein kann, nennt S. 2 des Erwägungsgrundes einen Bürgerkrieg. Ferner genügt nach Erwägungsgrund 16 S. 3 EuUntVO beispielsweise die Staatsangehörigkeit einer Partei, um einen ausreichenden Bezug zu dem Mitgliedstaat des angerufenen Gerichts herzustellen. Der erste Verordnungsentwurf der Kommission aus dem Jahre 2005[2] enthielt

---

[1] Siehe *Biagioni*, CDT (März 2012), 20, 26; *Franzina* in Viarengo/Villata, Planning the Future of Cross Border Families, S. 325, 326; *Goetzke*, RabelsZ 85 (2021), 928; *Hau* in FS für Kaissis, S. 355, 358; *Krümmel* in Graf von Westphalen, Deutsches Recht im Wettbewerb, S. 70, 77; *Kübler-Wachendorff*, Das forum necessitatis, S. 5; *Mankowski* in Dutta/J. Weber, Die europäischen Güterrechtsverordnungen, S. 11, 41 Rn. 62; *ders.* in Leible/Terhechte, Europäisches Rechtsschutz- und Verfahrensrecht, S. 1319, 1340 Rn. 35. Vgl. auch *La Manna*, Riv. dir. int. priv. proc. 2019, 349, 372; *Wurmnest* in BeckOGK, Art. 7 EU-UnterhaltsVO Rn. 7.

[2] KOM (2005) 649 endg.

noch keine Vorschrift zur Notzuständigkeit, sondern lediglich eine Auffangzuständigkeit[3]. Nachdem einige Delegationen der Mitgliedstaaten die Einführung einer Notzuständigkeit gefordert hatten[4], wurde in einem Ratsdokument vom Januar 2008 erstmals ein Formulierungsvorschlag für eine Notzuständigkeit unterbreitet[5]. Dieser Vorschlag wurde weiter konkretisiert[6] und mündete schließlich in die finale Fassung, deren Formulierung sich zuerst in einem Ratsdokument vom September 2008 findet[7].

Vorrangig zur Notzuständigkeit enthält Art. 6 EuUntVO eine Auffangzuständigkeit, die ebenfalls nur eingreift, wenn die anderen Zuständigkeitsgründe – mit Ausnahme der Notzuständigkeit – ausscheiden, und als Anknüpfungspunkt die gemeinsame Staatsangehörigkeit der Parteien bestimmt. Diese Vorschrift typisiere nach *Hau*[8] die internationale Notzuständigkeit und erlasse es dem Rechtssuchenden, sowohl die Rechtsverfolgungsschwierigkeiten in einem Drittstaat als auch den ausreichenden Bezug zum Inland darzulegen. Die Annahme einer Typisierung setzte jedoch voraus, dass die Vorschrift überwiegend in Sachverhalten eine Zuständigkeit bereithielte, die angesichts drohender Rechtsverweigerung andernfalls als Anwendungsfälle der Notzuständigkeit in Betracht kämen[9]. Da Art. 6 EuUntVO nur subsidiär eingreift, müssen die primären Anknüpfungspunkte der Artt. 3–5 EuUntVO in einem oder mehreren Drittstaaten erfüllt sein. Aus diesem Grund wird sich der entsprechende Drittstaat regelmäßig selbst als zuständig erachten[10], sodass keine Rechtsverweige-

---

[3] Art. 6 des Entwurfes, KOM (2005) 649 endg., S. 18. – Die Vorschrift wurde zwar als Restzuständigkeit bezeichnet, verwies aber anders als die Restzuständigkeiten der Brüssel-Verordnungen nicht auf das mitgliedstaatliche Zuständigkeitsrecht, da durch die EuUntVO bereits zu diesem Zeitpunkt ein abschließendes Zuständigkeitssystem geschaffen werden sollte, siehe Erwägungsgrund 10 S. 3 des Entwurfes, KOM (2005) 649 endg., S. 13.

[4] So ausdrücklich Ratsdokument Nr. 5169/08 v. 11.1.2008, S. 9 Fn. 15.

[5] „Gibt es keinen effektiven Zugang zu einem Gericht außerhalb der Europäischen Gemeinschaft, so sind die Gerichte des Mitgliedstaats zuständig, zu dem die Rechtssache einen ausreichenden Bezug aufweist" (Ratsdokument Nr. 5169/08 v. 11.1.2008, S. 9 Fn. 15); siehe auch *Wurmnest* in BeckOGK, Art. 7 EU-UnterhaltsVO Rn. 5.

[6] Siehe Ratsdokument Nr. 13024/08 v. 15.9.2008, S. 19 (Art. 6-0); dort in Erwägungsgrund 10 S. 3 auch zum Zusammenhang von abschließendem Zuständigkeitssystem und Notzuständigkeit (aaO., S. 6).

[7] Ratsdokument Nr. 13583/08 v. 26.9.2008, S. 8 (Art. 6-0); die sprachlichen Abweichungen von der endgültigen Fassung sind lediglich der deutschen Übersetzung geschuldet, die englische Fassung der Notzuständigkeit des genannten Dokuments und der endgültigen Fassung der EuUntVO sind demgegenüber identisch.

[8] *Hau*, FamRZ 2010, 516, 517; *ders.* in FS für von Hoffmann, S. 617, 625 f.; *ders.* in FS für Kaissis, S. 355, 360 f.; *ders.* in Prütting/Helms, FamFG, Anhang 3 zu § 110: EuUntVO Rn. 55.

[9] So für das autonome Zuständigkeitsrecht *Pfeiffer*, Internationale Zuständigkeit, S. 632.

[10] Vgl. *Nagel/Gottwald*, IZPR, Rn. 4.141.

rung droht. Denn auch Drittstaaten sind überwiegend dazu imstande, zumutbaren Rechtsschutz zu gewähren. Gleichwohl kann in diesen Konstellationen die mitgliedstaatliche Zuständigkeit allein aufgrund der gemeinsamen Staatsangehörigkeit gemäß Art. 6 EuUntVO eröffnet werden. Mithin typisiert die Auffangzuständigkeit keine Anwendungsfälle der Notzuständigkeit. Vielmehr werden neben einem Großteil an anderen Konstellationen auch ein Teil der denkbaren Anwendungsfälle der Notzuständigkeit als Rechtsreflex des weiten Anwendungsbereich von Art. 6 EuUntVO mit umfasst.

2. Europäische Erbrechtsverordnung

Die Vorschrift zur Notzuständigkeit in der EuErbVO wurde beinahe wortgleich aus der EuUntVO übernommen[11] und findet sich in Art. 11 EuErbVO:

„Ist kein Gericht eines Mitgliedstaats aufgrund anderer Vorschriften dieser Verordnung zuständig, so können die Gerichte eines Mitgliedstaats in Ausnahmefällen in einer Erbsache entscheiden, wenn es nicht zumutbar ist oder es sich als unmöglich erweist, ein Verfahren in einem Drittstaat, zu dem die Sache einen engen Bezug aufweist, einzuleiten oder zu führen.

Die Sache muss einen ausreichenden Bezug zu dem Mitgliedstaat des angerufenen Gerichts aufweisen."

Auch der Erwägungsgrund zur Notzuständigkeit (Erwägungsgrund 31 EuErbVO) ist überwiegend deckungsgleich mit dem Vorbild der EuUntVO[12]. Abweichend von Erwägungsgrund 16 S. 3 EuUntVO nennt Erwägungsgrund 31 S. 3 EuErbVO lediglich kein Beispiel dafür, wann die Sache einen ausreichenden Bezug zu dem Mitgliedstaat des angerufenen Gerichts aufweist. Der Verordnungsentwurf der Kommission aus dem Jahre 2009 enthielt noch keine Notzuständigkeit[13]. Als Reaktion darauf sprach sich ein Teil der Lehre dafür aus, eine Vorschrift zur Notzuständigkeit einzufügen[14]. Nach einigen Beratungen und

---

[11] Vgl. *Dutta* in MünchKommBGB, Art. 11 EuErbVO Rn. 3; *Eichel* in jurisPK-BGB, Art. 11 EuErbVO Rn. 3; *Franzina* in Viarengo/Villata, Planning the Future of Cross Border Families, S. 325, 326; *Gitschthaler* in Deixler-Hübner/Schauer, EuErbVO, Art. 11 Rn. 2; *Hertel* in Rauscher, EuZPR/EuIPR, Art. 11 EU-ErbVO Rn. 1; *La Manna*, Riv. dir. int. priv. proc. 2019, 349, 372; *Marongiu Buonaiuti* in Calvo Caravaca/Davì/Mansel, The EU Succession Regulation, Art. 11 Rn. 1; *Panopoulos* in Pamboukis, EU Succession Regulation, Art. 11 Rn. 1; *J. Schmidt* in BeckOGK, Art. 11 EuErbVO Rn. 2; *Wall* in Geimer/Schütze/Hau, Internationaler Rechtsverkehr, Art. 11 Europäische Erbrechtsverordnung 2012 Rn. 1.

[12] Vgl. auch *Panopoulos* in Pamboukis, EU Succession Regulation, Art. 11 Rn. 1.

[13] KOM (2009) 154 endg. Art. 6 des Vorschlags enthielt lediglich eine als „Restzuständigkeit" bezeichnete Auffangzuständigkeit (aaO., S. 18).

[14] *Kindler*, IPRax 2010, 44, 46; *Seyfarth*, Wandel der internationalen Zuständigkeit, S. 150ff., 184f.; vorsichtiger *Ereciński/Weitz* in FS für Kaissis, S. 187, 197 („möglicherweise"), sowie *Gaudemet-Tallon* in Khairallah/Revillard, Perspectives du droit des successions, S. 121, 125, 133, nach der es „vielleicht" klug gewesen wäre, eine Notzuständigkeit vorzu-

schriftlichen Stellungnahmen der Delegationen[15] enthielt erstmals ein Ratsdokument vom Februar 2010 den Vorschlag für eine Notzuständigkeit[16]. Darüber hinaus sprach sich der Rechtsausschuss des Europäischen Parlaments dafür aus, den Kommissionsentwurf um eine Notzuständigkeit zu ergänzen[17].

Vorrangig zur Notzuständigkeit enthält auch die EuErbVO in Art. 10 EuErbVO eine als subsidiäre Zuständigkeit bezeichnete Auffangzuständigkeit. Nach Art. 10 Abs. 1 EuErbVO besteht eine umfassende Zuständigkeit der Gerichte des Mitgliedstaats, in dem sich Nachlassvermögen befindet, wenn der Erblasser die Staatsangehörigkeit des Mitgliedstaats besaß oder seinen nicht länger als fünf Jahre zurückliegenden vorhergehenden gewöhnlichen Aufenthalt dort hatte. Ergibt sich danach keine Zuständigkeit, bestimmt Art. 10 Abs. 2 EuErbVO eine beschränkte Zuständigkeit des Mitgliedstaats, in dem sich Nachlassvermögen befindet, für Entscheidungen über dieses Nachlassvermögen. Ebenso wie Art. 6 EuUntVO sei die Auffangzuständigkeit des Art. 10 EuErbVO nach Teilen der Literatur als typisierte Notzuständigkeit anzusehen[18]. Diese Einordnung überzeugt jedoch nicht. Denn eine mitgliedstaatliche Zuständigkeit nach Art. 10 EuErbVO ist unabhängig davon, ob das Verfahren in einem Drittstaat eingeleitet werden könnte[19]. Dass sich beispielsweise der Drittstaat, in dem der Erblasser seinen letzten gewöhnlichen Aufenthalt hatte, als zuständig erachtet, hindert

---

sehen. Vgl. auch *Lübcke*, Das neue europäische Internationale Nachlassverfahrensrecht, S. 445 ff. Dafür, den Mitgliedstaaten die Entscheidung über eine Notzuständigkeit im Rahmen einer Restzuständigkeit zu überlassen, *Lorenz*, ErbR 2012, 39, 42; Max Planck Institute for Comparative and International Private Law, RabelsZ 74 (2010), 522, 584 (mit der Bemerkung, dass eine europäische Regelung der Notzuständigkeit aufgrund ihres vagen Wortlauts zu Streitigkeiten über die internationale Zuständigkeit einlade).

[15] Für eine Vorschrift zur Notzuständigkeit sprach sich die österreichische (Ratsdokument Nr. 5811/10 ADD 1 v. 28.1.2010, S. 5) sowie die finnische Delegation (Ratsdokument Nr. 5811/10 ADD 2 v. 28.1.2010, S. 3) aus.

[16] Siehe Ratsdokument Nr. 6198/10 v. 11.2.2010, S. 10 (Art. 6a). Die deutsche Delegation schlug im weiteren Verlauf vor, diese Vorschrift zu streichen, da die Auffangzuständigkeiten ausreichend seien und eine solche Entscheidung außerhalb der EU aller Voraussicht nach nicht durchsetzbar sei (Ratsdokument Nr. 13730/11 v. 2.9.2011, S. 9).

[17] Siehe Bericht vom 6.3.2012 über den Vorschlag für eine Verordnung des Europäischen Parlaments und des Rates über die Zuständigkeit, das anzuwendende Recht, die Anerkennung und die Vollstreckung von Entscheidungen und öffentlichen Urkunden in Erbsachen sowie zur Einführung eines Europäischen Nachlasszeugnisses, Berichterstatter: *Kurt Lechner*, A7-0045/2012, S. 29.

[18] Vgl. *Hau* in FS für Kaissis, S. 355, 360 f. Vgl. auch *Eichel* in jurisPK-BGB, Art. 11 EuErbVO Rn. 1, nach dem Art. 10 Abs. 2 EuErbVO gewissermaßen als typisierter Notgerichtsstand bezeichnet werden könne.

[19] *Bonomi* in Bonomi/Wautelet, Le droit européen des successions, Art. 10 Rn. 3; *Marongiu Buonaiuti* in Calvo Caravaca/Davi/Mansel, The EU Succession Regulation, Art. 10 Rn. 17, 20; *ders.* in Franzina, The External Dimension of EU Private International Law, S. 211, 222;

§ 11 Ausgestaltung der Notzuständigkeit in den EU-Verordnungen 205

die Mitgliedstaaten nicht daran, eine Auffangzuständigkeit auszuüben[20]. Somit typisiert Art. 10 EuErbVO keine Notzuständigkeit, sondern es wird vielmehr eine Vielzahl von denkbaren Anwendungsfällen der Notzuständigkeit[21] durch den weiten Anwendungsbereich der Vorschrift als Rechtsreflex mit umfasst[22].

Da Art. 10 Abs. 2 EuErbVO Entscheidungen auf das in dem Mitgliedstaat belegene Nachlassvermögen beschränkt, stellt sich darüber hinaus eine besondere Problematik in Bezug auf das Verhältnis zur Notzuständigkeit des Art. 11 EuErbVO: So stellt sich die Frage, ob ein Mitgliedstaat eine (umfassende) Notzuständigkeit annehmen kann, wenn entweder dieser Mitgliedstaat oder ein anderer bereits nach Art. 10 Abs. 2 EuErbVO (begrenzt) international zuständig ist. Nach dem Wortlaut von Art. 11 EuErbVO scheint diese Möglichkeit auszuscheiden, da die Gerichte eines Mitgliedstaates aufgrund einer Vorschrift der EuErbVO – wenngleich begrenzt – zuständig sind[23]. Beließe man es mit einem vereinzelten Teil der Literatur bei dieser Auslegung[24], könnte in keinem Mitgliedstaat eine Entscheidung über in Drittstaaten belegenes Nachlassvermögen getroffen werden, wenn die Voraussetzungen des Art. 10 Abs. 2 EuErbVO in einem Mitgliedstaat erfüllt wären. Damit drohte in Bezug auf dieses Nachlassvermögen jedoch eine Rechtsverweigerung, die durch die Notzuständigkeit gerade verhindert werden sollte. Zur Lösung werden in der Literatur drei Modelle diskutiert: Ein Teil der Lehre möchte Art. 11 EuErbVO nur insoweit zur Anwendung bringen, als lediglich außerhalb der Mitgliedstaaten belegenes Nachlassvermögen erfasst werde[25]. Nach einem anderen Teil der Lehre sei unter den zusätzlichen Voraussetzungen des Art. 11 EuErbVO zuzulassen, dass ein Mitgliedstaat, der an sich nach Art. 10 Abs. 2 EuErbVO nur begrenzt zuständig sei, eine umfassende Zuständigkeit annehme[26]. Schließlich vertritt ein wiederum

---

Panopoulos in Pamboukis, EU Succession Regulation, Art. 10 Rn. 2. Vgl. auch *Rechberger/ Frodl* in Rechberger/Zöchling-Jud, Die EU-Erbrechtsverordnung, S. 45, 83 Rn. 67.

[20] *Panopoulos* in Pamboukis, EU Succession Regulation, Art. 10 Rn. 2. Vgl. auch *Marongiu Buonaiuti* in Calvo Caravaca/Davì/Mansel, The EU Succession Regulation, Art. 10 Rn. 20; *Nagel/Gottwald*, IZPR, Rn. 4.210.

[21] Art. 10 Abs. 2 EuErbVO gewährleistet insbesondere, dass stets auf in diesem Mitgliedstaat belegenes Nachlassvermögen zugegriffen werden kann, vgl. dazu *Rauscher* in MünchKommFamFG, Art. 10 EU-ErbVO Rn. 1.

[22] Vgl. auch *Bonomi* in Bonomi/Wautelet, Le droit européen des successions, Art. 11 Rn. 4; *Marongiu Buonaiuti* in Calvo Caravaca/Davì/Mansel, The EU Succession Regulation, Art. 11 Rn. 3.

[23] Siehe auch *Panopoulos* in Pamboukis, EU Succession Regulation, Art. 11 Rn. 3.

[24] *Bonomi* in Bonomi/Wautelet, Le droit européen des successions, Art. 11 Rn. 4.

[25] *Wall* in Geimer/Schütze/Hau, Internationaler Rechtsverkehr, Art. 11 Europäische Erbrechtsverordnung 2012 Rn. 7; im Ergebnis auch *Rauscher* in MünchKommFamFG, Art. 11 EU-ErbVO Rn. 2; *ders.*, IPR, Rn. 2214f.

[26] *Dutta* in MünchKommBGB, Art. 11 EuErbVO Rn. 1; *Hertel* in Rauscher, EuZPR/

anderer Teil der Lehre, dass keine Subsidiarität des Art. 11 EuErbVO gegenüber Art. 10 Abs. 2 EuErbVO bestehe[27].

Nicht zu überzeugen vermag zunächst die Ansicht, nach der eine Notzuständigkeit lediglich außerhalb der Mitgliedstaaten belegenes Nachlassvermögen erfassen könne. Denn sie führte zu einer Zersplitterung der mitgliedstaatlichen Zuständigkeiten[28], die sich nicht mit dem Prinzip der Nachlasseinheit vereinbaren ließe[29], das die EuErbVO auch zuständigkeitsrechtlich verfolgt[30]: Während durch Art. 10 Abs. 2 EuErbVO der Zugriff auf das inländische Nachlassvermögen gesichert wird, ermöglicht Art. 11 EuErbVO eine umfassende Entscheidung über den erbrechtlichen Sachverhalt, wenn ein Drittstaat dazu nicht in der Lage ist. Trifft ein Mitgliedstaat diese Entscheidung, widerspräche es dem Prinzip der Nachlasseinheit, anderen Mitgliedstaaten begrenzt auf das dort belegene Nachlassvermögen gleichwohl eine eigene Entscheidung aufzutragen. In Bezug auf die beiden verbleibenden Ansichten ist es vorzugswürdig, ganz allgemein nicht von einer Subsidiarität des Art. 11 EuErbVO gegenüber Art. 10 Abs. 2 EuErbVO auszugehen. Denn auch ein Mitgliedstaat, in dem kein Nachlassvermögen belegen ist, kann enge Beziehungen zu der Erbsache aufweisen, welche die Annahme einer Notzuständigkeit rechtfertigen. Diese Auslegung lässt sich ebenfalls mit dem Wortlaut von Art. 11 EuErbVO in Einklang bringen, wenn man bedenkt, dass die Gerichte eines Mitgliedstaates aufgrund von Art. 10 Abs. 2 EuErbVO nicht umfassend, sondern nur begrenzt zuständig sind[31].

3. Europäische Güterrechtsverordnungen

Die Vorschriften zur Notzuständigkeit in den Europäischen Güterrechtsverordnungen orientieren sich deutlich an ihren Vorbildern der EuUntVO sowie EuErbVO[32]. Ohne inhaltlichen Unterschied finden sie sich in Art. 11 EuGüVO

EuIPR, Art. 11 EU-ErbVO Rn. 3; *Kübler-Wachendorff*, Das forum necessitatis, S. 135; *Lukas*, Die Person mit unbekanntem Aufenthalt, S. 431; *Panopoulos* in Pamboukis, EU Succession Regulation, Art. 11 Rn. 3.

[27] *Eichel* in jurisPK-BGB, Art. 11 EuErbVO Rn. 4; *Makowsky* in NomosKommentarBGB, Art. 11 EuErbVO Rn. 3.

[28] *Rauscher* in MünchKommFamFG, Art. 11 EU-ErbVO Rn. 2, bezeichnet diese als „Mosaikzuständigkeit" der jeweiligen Belegenheitsgerichte.

[29] So auch *Eichel* in jurisPK-BGB, Art. 11 EuErbVO Rn. 4.

[30] Siehe nur *Dutta* in MünchKommBGB, Vor Art. 4 EuErbVO Rn. 7; *Wall* in Geimer/Schütze/Hau, Internationaler Rechtsverkehr, Art. 4 Europäische Erbrechtsverordnung 2012 Rn. 12 f.

[31] Vgl. dazu auch *Makowsky* in NomosKommentarBGB, Art. 11 EuErbVO Rn. 3.

[32] Vgl. *Biagioni* in Viarengo/Franzina, The EU Regulations on the Property Regimes of International Couples, Rn. 11.06; *Dutta*, FamRZ 2016, 1973, 1980; *Erbarth*, NZFam 2018, 387, 391; *Franzina*, YbPIL 19 (2017/2018), 159, 192; *ders.* in Viarengo/Villata, Planning the

beziehungsweise Art. 11 EuPartVO, wobei die Regelung der EuGüVO im Folgenden als Beispiel dient:

„Ist kein Gericht eines Mitgliedstaats nach den Artikeln 4, 5, 6, 7, 8 oder 10 zuständig oder haben sich alle Gerichte nach Artikel 9 für unzuständig erklärt und ist kein Gericht eines Mitgliedstaats nach Artikel 9 Absatz 2 und Artikel 10 zuständig, so können die Gerichte eines Mitgliedstaats ausnahmsweise über den ehelichen Güterstand entscheiden, wenn es nicht zumutbar ist oder es sich als unmöglich erweist, ein Verfahren in einem Drittstaat, zu dem die Sache einen engen Bezug aufweist, einzuleiten oder zu führen.

Die Sache muss einen ausreichenden Bezug zu dem Mitgliedstaat des angerufenen Gerichts aufweisen."

Die Erwägungsgründe zur Notzuständigkeit (Erwägungsgrund 41 EuGüVO/ Erwägungsgrund 40 EuPartVO) entsprechen der EuErbVO[33]. Bereits die ersten Verordnungsentwürfe der Kommission aus dem Jahre 2011 enthielten Vorschriften zur Notzuständigkeit[34]. Unter den Delegationen herrschte indes Uneinigkeit über den Nutzen einer Notzuständigkeit[35]. Gleichwohl enthielten

---

Future of Cross Border Families, S. 325, 326; *Franzina/Viarengo* in Viarengo/Franzina, The EU Regulations on the Property Regimes of International Couples, Rn. 0.27; *Kroll-Ludwigs*, GPR 2016, 231, 234; *Launhardt*, Europäisierung der internationalen Zuständigkeit im Ehegüterrecht, S. 247; *Looschelders* in MünchKommBGB, Art. 11 EuGüVO Rn. 3; *Makowsky* in NomosKommentarBGB, Art. 11 EuGüVO/EuPartVO Rn. 1; *Mankowski* in Dutta/J. Weber, Die europäischen Güterrechtsverordnungen, S. 11, 41 Rn. 62; *Rodríguez Rodrigo/Miller*, NZ-Fam 2016, 1065, 1069; *Simotta*, ZVglRWiss 116 (2017), 44, 85. Vgl. auch *Joubert*, Rev. crit. dr. internat. privé 2017, 1, 15; *La Manna*, Riv. dir. int. priv. proc. 2019, 349, 373; *Rauscher*, IPR, Rn. 2230. Vgl. ferner bereits zu den ersten Kommissionsentwürfen *Ereciński/Weitz* in FS für Kaissis, S. 187, 197; *Hau* in FS für Simotta, S. 215, 226.

[33] Wie Erwägungsgrund 31 S. 3 EuErbVO – und abweichend von Erwägungsgrund 16 S. 3 EuUntVO – enthalten die Erwägungsgründe der Güterrechtsverordnungen kein Beispiel dafür, wann die Sache einen ausreichenden Bezug zu dem Mitgliedstaat des angerufenen Gerichts aufweist.

[34] Siehe KOM (2011) 126 endg., S. 21, bzw. KOM (2011) 127 endg., S. 20 (jeweils Art. 7).

[35] Siehe Ratsdokument Nr. 12414/12 v. 25.7.2012 („Delegations are equally divided on the usefulness of Article 7"). Eine Vielzahl von Delegationen sprach sich grundsätzlich für eine Notzuständigkeit aus und forderte lediglich Anpassungen oder Präzisierungen der Vorschrift; so die österreichische (Ratsdokument Nr. 13698/11 ADD 4 v. 9.9.2011, S. 11), schwedische (Ratsdokument Nr. 13698/11 ADD 10 v. 15.9.2011, S. 6), tschechische (Ratsdokument Nr. 13698/11 ADD 13 v. 20.9.2011, S. 8 f.), dänische (Ratsdokument Nr. 13698/11 ADD 14 v. 20.9.2011, S. 3), französische (Ratsdokument Nr. 13698/11 ADD 15 v. 26.9.2011, S. 6) sowie slowenische (Ratsdokument Nr. 13698/11 ADD 18 v. 3.10.2011, S. 4) Delegation. Demgegenüber setzte sich die deutsche Delegation deutlich dafür ein, die Vorschrift zur Notzuständigkeit zu streichen: Zunächst sei der Wortlaut der Vorschrift zu diffus und unbestimmt; darüber hinaus werde bei großzügiger Auslegung ein exorbitanter Gerichtsstand geschaffen; ferner habe die Vorschrift das Potenzial, das gesamte Zuständigkeitssystem der Verordnung auszuhöhlen; schließlich könne das negative Werturteil über das Rechtssystem eines Drittstaats problematisch sein und zu diplomatischen Verstimmungen führen (Ratsdokument Nr. 17792/

sämtliche nachfolgenden Verordnungsvorschläge, die im Rat diskutiert wurden, in ihrem Wortlaut an die EuUntVO und EuErbVO angepasste Vorschriften zur Notzuständigkeit[36]. Darüber hinaus befürwortete der Rechtsausschuss des Europäischen Parlaments ausdrücklich eine Anpassung des Wortlauts an die entsprechende Vorschrift der EuErbVO[37]. Da zwischen den Mitgliedstaaten nach zähen Verhandlungen keine Einstimmigkeit erzielt werden konnte[38], wurden die Güterrechtsverordnungen schließlich im Wege der Verstärkten Zusammenarbeit verabschiedet[39], sodass die Verordnungen nur in den teilnehmenden Mitgliedstaaten anwendbar sind[40].

a) Die Möglichkeit der ausnahmsweisen Unzuständigkeitserklärung

Die – von Art. 11 EuGüVO/EuPartVO aufgegriffene – regelungstechnische Besonderheit der Güterrechtsverordnungen ist die Möglichkeit einer ausnahmsweisen Unzuständigkeitserklärung nach Art. 9 Abs. 1 EuGüVO/EuPartVO: Die Vorschrift bestimmt, dass sich ein nach der jeweiligen Verordnung an sich zuständiges Gericht eines Mitgliedstaats ausnahmsweise für unzuständig erklären kann, wenn die streitgegenständliche Ehe[41] nach seinem Internationalen Privatrecht für die Zwecke eines Verfahrens über den ehelichen Güterstand nicht anerkennt wird (EuGüVO) beziehungsweise seine Rechtsordnung das Institut der eingetragenen Partnerschaft nicht vorsieht (EuPartVO). Durch diesen Mechanismus wird gewährleistet, dass kein Mitgliedstaat dazu gezwungen ist, eine gleichgeschlechtliche Ehe oder eingetragene Partnerschaft auch nur inzident als

---

11 ADD 9 v. 16.1.2012, S. 9). Unklar verbleibt indes die Stellungnahme der spanischen Delegation, welche die konkrete Vorschrift zur Notzuständigkeit zwar entfernen, gleichwohl aber eine der Notzuständigkeit vergleichbare Vorschrift zur Lückenschließung einführen wollte (Ratsdokument Nr. 13698/11 ADD 7 REV 1 v. 13.9.2011, S. 13 f.).

[36] Erstmals Ratsdokument Nr. 18965/11 v. 22.12.2011, S. 11.

[37] Siehe Bericht vom 20.7.2013 über den Vorschlag für eine Verordnung des Rates über die Zuständigkeit, das anzuwendende Recht, die Anerkennung und die Vollstreckung von Entscheidungen im Bereich des Ehegüterrechts, Berichterstatterin: *Alexandra Thein*, A7-0253/2013, S. 15, 34.

[38] Vgl. dazu und zum weiteren Verlauf ausführlich *Launhardt*, Europäisierung der internationalen Zuständigkeit im Ehegüterrecht, S. 17 ff.; *Looschelders* in MünchKommBGB, Vor Art. 1 EuGüVO Rn. 6 ff.; die Vorschrift zur Notzuständigkeit blieb im weiteren Verlauf inhaltlich unverändert.

[39] Siehe Erwägungsgründe 11 ff. EuGüVO/EuPartVO.

[40] Siehe Erwägungsgrund 13 S. 4 EuGüVO/EuPartVO.

[41] Der Begriff der Ehe richtet sich ausweislich Erwägungsgrund 17 EuGüVO nach dem nationalen Recht der Mitgliedstaaten. Unklar ist jedoch, ob insoweit die *lex fori*, die *lex causae* oder das Registerrecht maßgeblich sein soll, ausführlich dazu *Launhardt*, Europäisierung der internationalen Zuständigkeit im Ehegüterrecht, S. 32 ff.

Vorfrage anzuerkennen[42]. Die Mitgliedstaaten, welche das Institut der gleichgeschlechtlichen Ehe oder eingetragenen Partnerschaft nicht vorsahen, sollten mit diesem Kompromiss zur Teilnahme an den Verordnungen bewegt werden[43].

Im Anwendungsbereich der EuGüVO ist eine Unzuständigkeitserklärung nur möglich, wenn die konkrete Ehe aus dem Blickwinkel des nationalen Rechts unter Einschluss des Internationalen Privatrechts unwirksam ist[44]. Demgegenüber genügt es im Anwendungsbereich der EuPartVO, dass der *lex fori* das Institut der eingetragenen Partnerschaft abstrakt unbekannt ist[45]. Zu erheblichen Differenzen führt die unterschiedliche Betrachtungsweise jedoch nicht[46]: Denn zu den Vorschriften des Internationalen Privatrechts zählt insbesondere auch der *ordre public*[47]; lehnt ein Mitgliedstaat die gleichgeschlechtliche Ehe prinzipiell ab, kann eine Anerkennung im Sinne der EuGüVO daher auch ausgeschlossen sein, wenn die Ehe nach dem anwendbaren Recht an sich wirksam zustande gekommen ist[48]. Hat sich ein Mitgliedstaat für unzuständig erklärt, gelangen alternativ die in Art. 9 Abs. 2 EuGüVO/EuPartVO genannten Zuständigkeitsgründe zur Anwendung. Von besonderer Bedeutung ist insoweit die Zuständigkeit des Mitgliedstaats, in dem die Ehe geschlossen wurde[49]. Denn diese gewährleistet, dass jedenfalls die Zuständigkeit eines Mitgliedstaats besteht,

---

[42] *Garber* in Mayr, Handbuch des europäischen Zivilverfahrensrechts, Rn. 5.115; *ders.* in Geimer/Schütze, EuZVR, Art. 9 EuGüVO/EuPartVO Rn. 1; *Lugani/Huynh* in Leible/Terhechte, Europäisches Rechtsschutz- und Verfahrensrecht, S. 743, 773 Rn. 65; *Mankowski* in Dutta/J. Weber, Die europäischen Güterrechtsverordnungen, S. 11, 32 f. Rn. 39. Vgl. auch *Hausmann*, Internationales und Europäisches Familienrecht, B Rn. 151.

[43] *Erbarth*, NZFam 2018, 387, 391; *Launhardt*, Europäisierung der internationalen Zuständigkeit im Ehegüterrecht, S. 230; *Looschelders* in MünchKommBGB, Art. 9 EuGüVO Rn. 3; *Makowsky* in NomosKommentarBGB, Art. 9 EuGüVO/EuPartVO Rn. 1; *Simotta*, ZVglRWiss 116 (2017), 44, 77. Vgl. auch *Franzina*, YbPIL 19 (2017/2018), 159, 185; *ders.* in Viarengo/Franzina, The EU Regulations on the Property Regimes of International Couples, Rn. 9.05; *Lagarde* in Liber amicorum für Kohler, S. 255, 265.

[44] Vgl. *Dutta*, FamRZ 2016, 1973, 1979; *Makowsky* in NomosKommentarBGB, Art. 9 EuGüVO/EuPartVO Rn. 7; *Mayer* in MünchKommFamFG, Art. 9 EU-EheGüVO Rn. 5 f. Vgl. auch *Franzina*, YbPIL 19 (2017/2018), 159, 187; *ders.* in Viarengo/Franzina, The EU Regulations on the Property Regimes of International Couples, Rn. 9.09.

[45] Siehe nur *Makowsky* in NomosKommentarBGB, Art. 9 EuGüVO/EuPartVO Rn. 15.

[46] Im Ergebnis auch *Mankowski* in Dutta/J. Weber, Die europäischen Güterrechtsverordnungen, S. 11, 33 Rn. 39.

[47] *Franzina*, YbPIL 19 (2017/2018), 159, 187; *ders.* in Viarengo/Franzina, The EU Regulations on the Property Regimes of International Couples, Rn. 9.11; *Looschelders* in MünchKommBGB, Art. 9 EuGüVO Rn. 12.

[48] *Looschelders* in MünchKommBGB, Art. 9 EuGüVO Rn. 12.

[49] Es handelt sich um Art. 9 Abs. 2 Unterabs. 2 Var. 3 EuGüVO. In Art. 9 Abs. 2 Unterabs. 2 EuPartVO musste diese Anknüpfung nicht mehr explizit genannt werden, da bereits Art. 6 lit. e EuPartVO auf den Mitgliedstaat abstellt, nach dessen Recht die eingetragene Partner-

der die Ehe anerkennt und sich daher nicht seinerseits für unzuständig erklären kann[50]. Somit beugt die subsidiäre Zuständigkeitsregel der Gefahr einer kompletten Rechtsverweigerung vor[51], welche durch die Möglichkeit zur Unzuständigkeitserklärung geschaffen wird. Gleichwohl ist eine Zuständigkeitslücke nur in reinen Unionssachverhalten ausgeschlossen. Wurde die Ehe in einem Drittstaat geschlossen, kann auf den Mitgliedstaat, in dem die Ehe geschlossen wurde, nämlich nicht zurückgegriffen werden[52]. Daher sieht Art. 11 EuGüVO/EuPartVO eine Notzuständigkeit ausdrücklich auch für die Konstellation vor, dass sich alle Mitgliedstaaten für unzuständig erklärt haben und eine Verfahrensführung in einem Drittstaat, zu dem die Sache einen engen Bezug aufweist, unmöglich oder unzumutbar ist.

b) Verhältnis zur Auffangzuständigkeit

Auch die Güterrechtsverordnungen enthalten in Art. 10 EuGüVO/EuPartVO eine der Notzuständigkeit vorrangige Auffangzuständigkeit, die als subsidiäre Zuständigkeit bezeichnet wird. Vergleichbar mit Art. 10 Abs. 2 EuErbVO begründet Art. 10 EuGüVO/EuPartVO eine begrenzte Zuständigkeit der Gerichte eines Mitgliedstaats, in dessen Hoheitsgebiet sich unbewegliches Vermögen einer oder beider Ehegatten/Partner befindet, für Entscheidungen über dieses unbewegliche Vermögen. In der Auffangzuständigkeit könnte erneut eine typisier-

---

schaft begründet wurde, sodass der Verweis auf Art. 6 EuPartVO genügte, siehe *Launhardt*, Europäisierung der internationalen Zuständigkeit im Ehegüterrecht, S. 243.

[50] Vgl. Erwägungsgrund 38 S. 5 EuGüVO; *Franzina*, YbPIL 19 (2017/2018), 159, 188 f.; *ders.* in Viarengo/Franzina, The EU Regulations on the Property Regimes of International Couples, Rn. 9.17; *Looschelders* in MünchKommBGB, Art. 9 EuGüVO Rn. 24; *Mankowski* in Dutta/J. Weber, Die europäischen Güterrechtsverordnungen, S. 11, 36 Rn. 47; *Mayer* in MünchKommFamFG, Art. 9 EU-EheGüVO Rn. 13. Infolge der genannten Anknüpfung an den Ort der Eheschließung kann es nicht zu der von *Biagioni* in Viarengo/Franzina, The EU Regulations on the Property Regimes of International Couples, Rn. 11.12, befürchteten Konstellation kommen, dass sich in einem reinen Unionssachverhalt sämtliche an sich zuständige mitgliedstaatliche Gerichte nach Art. 9 Abs. 1 EuGüVO für unzuständig erklären und andere mitgliedstaatliche Gerichte mangels Drittstaatenbezug die Notzuständigkeit des Art. 11 EuGüVO nicht ausüben können; denn durch die Anknüpfung an den Ort der Eheschließung wird entweder ein relevanter Bezug zum Ausland geschaffen oder im Geltungsbereich der Verordnung ein Forum sichergestellt.

[51] So zutreffend *Mankowski* in Dutta/J. Weber, Die europäischen Güterrechtsverordnungen, S. 11, 36 Rn. 47.

[52] Dazu mit einem Beispielsfall *Lagarde* in Liber amicorum für Kohler, S. 255, 265 f. Vgl. auch *Garber/Neumayr* in Arnold/Laimer, Die Europäischen Güterrechtsverordnungen, S. 107, 201 Rn. 211; *Looschelders* in MünchKommBGB, Art. 9 EuGüVO Rn. 24; *Mayer* in MünchKommFamFG, Art. 9 EU-EheGüVO Rn. 14.

te Notzuständigkeit erblickt werden⁵³. Eine solche Einordnung überzeugt indes nicht. Denn ebenso wie bei den zuvor besprochenen Auffangzuständigkeiten ist die mitgliedstaatliche Zuständigkeit nach Art. 10 EuGüVO/EuPartVO unabhängig davon, ob das Verfahren in einem Drittstaat eingeleitet werden könnte⁵⁴. Somit typisiert Art. 10 EuGüVO/EuPartVO keine Notzuständigkeit, sondern es werden vielmehr einige denkbare Anwendungsfälle der Notzuständigkeit durch den weiten Anwendungsbereich der Vorschrift als Rechtsreflex mit umfasst.

Aufgrund der Beschränkung des Art. 10 EuGüVO/EuPartVO auf Entscheidungen über das in dem Mitgliedstaat belegene unbewegliche Vermögen besteht wiederum die Problematik, ob das Bestehen einer (begrenzten) internationalen Zuständigkeit eines Mitgliedstaats die Annahme einer (umfassenden) Notzuständigkeit durch diesen oder einen anderen Mitgliedstaat ausschließt. Der Wortlaut von Art. 11 EuGüVO/EuPartVO unterscheidet sich von Art. 11 EuErbVO, da er Art. 10 EuGüVO/EuPartVO ausdrücklich als vorrangigen Zuständigkeitsgrund nennt. Infolgedessen geht ein Teil der Literatur von einer strikten Subsidiarität der Notzuständigkeit gegenüber der Auffangzuständigkeit aus, ohne jedoch auf die Problematik einzugehen, dass Art. 10 EuGüVO/EuPartVO nur eine begrenzte Zuständigkeit gewährt⁵⁵. Beließe man es dabei, könnte indes nicht nur in keinem Mitgliedstaat eine Entscheidung über drittstaatliches Vermögen ergehen, sondern vielmehr wäre auch der Zugriff auf in Mitgliedstaaten belegenes bewegliches Vermögen ausgeschlossen, wenn die Voraussetzungen des Art. 10 EuGüVO/EuPartVO in einem Mitgliedstaat erfüllt wären. Insoweit unterscheidet sich Art. 10 EuGüVO/EuPartVO von Art. 10 Abs. 2 EuErbVO, welcher nicht zwischen beweglichem und unbeweglichem Vermögen differenziert⁵⁶. Die drohende Rechtsschutzlücke kann nur geschlossen werden, indem ein Rückgriff auf die Notzuständigkeit nach Art. 11 EuGüVO/EuPartVO ermöglicht wird⁵⁷. In der Literatur wird vorgeschlagen, dass sich

---

⁵³ Vgl. *Hau* in FS für Kaissis, S. 355, 360 f. Vgl. auch *Joubert*, Rev. crit. dr. internat. privé 2017, 1, 15, Art. 10 EuGüVO sei „une sorte de for de nécessité limité à l'immeuble". Vgl. ferner *Lagarde* in Liber amicorum für Kohler, S. 255, 260, der Art. 10 EuGüVO als „for spécial de nécessité" bezeichnet, wenngleich er aaO., Fn. 27, ausführt, dass gerade kein Element der Rechtsverweigerung erforderlich sei.

⁵⁴ Vor diesem Hintergrund kritisiert *Franzina*, YbPIL 19 (2017/2018), 159, 191; *ders.* in Viarengo/Franzina, The EU Regulations on the Property Regimes of International Couples, Rn. 10.12 ff., dass die Verordnungen positive Kompetenzkonflikte mit Drittstaaten nicht regeln.

⁵⁵ *Hausmann*, Internationales und Europäisches Familienrecht, B Rn. 167; *Mankowski* in Dutta/J. Weber, Die europäischen Güterrechtsverordnungen, S. 11, 41 f. Rn. 63; *Mayer* in MünchKommFamFG, Art. 11 EU-EheGüVO Rn. 3; *Simotta*, ZVglRWiss 116 (2017), 44, 85.

⁵⁶ Siehe nur *Launhardt*, Europäisierung der internationalen Zuständigkeit im Ehegüterrecht, S. 245; *Simotta*, ZVglRWiss 116 (2017), 44, 84.

⁵⁷ *Garber/Neumayr* in Arnold/Laimer, Die Europäischen Güterrechtsverordnungen,

jedenfalls ein nach Art. 10 EuGüVO/EuPartVO zuständiges Gericht auf die umfassende Kompetenz der Notzuständigkeit nach Art. 11 EuGüVO/EuPartVO stützen könne, sofern deren Voraussetzungen vorlägen[58]. Überzeugender ist es allerdings, jedem Mitgliedstaat die Möglichkeit einer Notzuständigkeit zuzugestehen, welcher über eine ausreichende Beziehung zu der Güterrechtssache verfügt. Denn Auffangzuständigkeit und Notzuständigkeit verfolgen unterschiedliche Ziele. Während durch Art. 10 EuGüVO/EuPartVO der Zugriff auf im Inland belegenes unbewegliches Vermögen gesichert werden soll[59], ermöglicht Art. 11 EuGüVO/EuPartVO eine umfassende Entscheidung des güterrechtlichen Sachverhalts, wenn ein Drittstaat dazu nicht in der Lage ist. Dem von Art. 11 EuErbVO abweichenden Wortlaut des Art. 11 EuGüVO/EuPartVO ist auf andere Weise Rechnung zu tragen: Die Notzuständigkeit kann *de lege lata* nicht auf in anderen Mitgliedstaaten belegenes unbewegliches Vermögen erstreckt werden, sofern diese nach Art. 10 EuGüVO/EuPartVO für eine Entscheidung darüber zuständig sind[60].

II. Auslegung und Anwendungsprobleme der Vorschriften

1. Rechtsaktübergreifende und restriktive Auslegung

Bei der systematischen Auslegung eines Rechtsakts sind parallele Gemeinschaftsrechtsakte mit einzubeziehen, sofern die Rechtsakte und konkret betroffenen Vorschriften miteinander inhaltlich vergleichbar sind[61]. Dies gewährleistet eine kohärente Anwendung des Gemeinschaftsrechts[62] und dient somit dem Interesse

---

S. 107, 208 Rn. 230. Vgl. auch *Makowsky* in NomosKommentarBGB, Art. 11 EuGüVO/EuPartVO Rn. 2.

[58] *Makowsky* in NomosKommentarBGB, Art. 11 EuGüVO/EuPartVO Rn. 2, 8; im Ergebnis auch *Joubert*, Rev. crit. dr. internat. privé 2017, 1, 15. Zurückhaltender *Looschelders* in MünchKommBGB, Art. 11 EuGüVO Rn. 6, es solle jeweils genau geprüft werden, ob das nach Art. 10 EuGüVO zuständige Gericht für das übrige Vermögen der Ehegatten eine Zuständigkeit nach Art. 11 EuGüVO in Anspruch nehmen könne; diese Zuständigkeit beziehe sich allerdings nicht auf das in anderen Mitgliedstaaten belegene unbewegliche Vermögen der Ehegatten, für das Art. 10 EuGüVO eine vorrangige Regelung schaffe (aaO., Rn. 13).

[59] Vgl. *Simotta*, ZVglRWiss 116 (2017), 44, 84.

[60] Im Ergebnis auch *Garber/Neumayr* in Arnold/Laimer, Die Europäischen Güterrechtsverordnungen, S. 107, 208 Rn. 230; *Looschelders* in MünchKommBGB, Art. 11 EuGüVO Rn. 13.

[61] *Hess*, EuZPR, Rn. 4.61 f., 4.65. Vgl. auch *Dörner* in Saenger, ZPO, Vorbemerkung EuUnthVO Rn. 15; *Eichel* in jurisPK-BGB, Art. 1 EuErbVO Rn. 10; *Köhler* in Gierl/Köhler/Kroiß/Wilsch, Internationales Erbrecht, Teil 1 § 1 Rn. 6; *Looschelders* in NomosKommentarBGB, Vor Art. 1 EuErbVO Rn. 19; *Wurmnest* in BeckOGK, Art. 1 EU-UnterhaltsVO Rn. 40.

[62] Vgl. *Bonomi* in Bonomi/Wautelet, Le droit européen des successions, Introduction Rn. 50; *ders.* in Dutta/J. Weber, Die europäischen Güterrechtsverordnungen, S. 123, 126

an Rechtssicherheit und Vorhersehbarkeit[63]. Weil das Zuständigkeitsrecht unter dem Leitbild der Zuständigkeitsklarheit[64] gerade auf Verlässlichkeit ausgerichtet ist, kommt der rechtsaktübergreifenden Stimmigkeit in diesem Zusammenhang umso zentralere Bedeutung zu[65]. Für die geschriebenen Notzuständigkeiten ergibt sich daraus die Konsequenz, dass deren Auslegung weitgehend rechtsaktübergreifend erfolgen muss[66]. Denn zum einen sind sämtliche Vorschriften Teil von Verordnungen auf dem Gebiet des Internationalen Familien- und Erbrechts. Diese sind in ihrer Systematik aneinander angeglichen, da ihre Regelungsgegenstände starke wechselseitige Bezüge aufweisen und Fragestellungen der jeweiligen Rechtsakte praktisch häufig im Zusammenhang auftreten[67]. Zum anderen stimmen die Vorschriften zur Notzuständigkeit beinahe wörtlich überein[68]. Diese Übereinstimmung zeigt sich zugleich in den Erwägungsgründen, was verdeutlicht, dass die Regelungen nicht nur zufällig dieselben unbestimmten Rechtsbegriffe verwenden, sondern dieselbe Zielsetzung verfolgen.

Gleichwohl kann eine rechtsaktübergreifende Auslegung nur erfolgen, soweit die Rechtsakte keine Besonderheiten aufweisen[69]. Bezogen auf die geschriebe-

---

Rn. 18 f.; *J. Schmidt* in BeckOGK, Art. 1 EuErbVO Rn. 6; *Wurmnest* in BeckOGK, Art. 1 EU-UnterhaltsVO Rn. 40. Vgl. auch *Hertel* in Rauscher, EuZPR/EuIPR, Einleitung EU-ErbVO Rn. 34.

[63] *Mayer* in MünchKommFamFG, Vorbemerkungen zu Art. 1 EU-EheGüVO Rn. 20.
[64] Siehe dazu bereits oben unter § 5 B II (S. 78 ff.).
[65] So zutreffend *Hau* in FS für Kaissis, S. 355, 359.
[66] Vgl. *Eichel* in jurisPK-BGB, Art. 11 EuErbVO Rn. 3; *Franzina/Viarengo* in Viarengo/Franzina, The EU Regulations on the Property Regimes of International Couples, Rn. 0.27; *Hau* in FS für Kaissis, S. 355, 359; *Kübler-Wachendorff*, Das forum necessitatis, S. 5; *Launhardt*, Europäisierung der internationalen Zuständigkeit im Ehegüterrecht, S. 247; *Looschelders* in MünchKommBGB, Art. 11 EuGüVO Rn. 3. Vgl. auch *Biagioni* in Viarengo/Franzina, The EU Regulations on the Property Regimes of International Couples, Rn. 11.18; *Gitschthaler* in Deixler-Hübner/Schauer, EuErbVO, Art. 11 Rn. 2; *Mayer* in MünchKommFamFG, Art. 11 EU-EheGüVO Rn. 7; *Wall* in Geimer/Schütze/Hau, Internationaler Rechtsverkehr, Art. 11 Europäische Erbrechtsverordnung 2012 Rn. 1. Vgl. ferner für eine Auslegung der Vorschrift zur Notzuständigkeit im Reformvorschlag zur Brüssel I-VO in Übereinstimmung mit den sonstigen Vorschriften zur Notzuständigkeit *Bidell*, Zuständigkeiten der EuGVO, S. 192 ff.; *Eicher*, Rechtsverwirklichungschancen, S. 273 f.; *Roorda/Ryngaert*, RabelsZ 80 (2016), 783, 805.
[67] Vgl. *Franzina/Viarengo* in Viarengo/Franzina, The EU Regulations on the Property Regimes of International Couples, Rn. 0.25.
[68] Dazu bereits oben unter § 11 A I 1–3 (S. 201 ff.). Diesen Umstand besonders betonend *Franzina/Viarengo* in Viarengo/Franzina, The EU Regulations on the Property Regimes of International Couples, Rn. 0.27. Allgemein zum wünschenswerten Ziel, dass gleichlautende Begriffe in verwandten Rechtsakten gleich ausgelegt werden, *Düsterhaus*, ZEuP 2018, 10, 28.
[69] Siehe *Wurmnest* in BeckOGK, Art. 1 EU-UnterhaltsVO Rn. 40. Vgl. auch *Köhler* in Gierl/Köhler/Kroiß/Wilsch, Internationales Erbrecht, Teil 1 § 1 Rn. 6; *J. Schmidt* in BeckOGK, Art. 1 EuErbVO Rn. 6.

nen Notzuständigkeiten kann sich eine Besonderheit zunächst aus spezifischen Regelungen des jeweiligen Rechtsakts ergeben. Zum Beispiel knüpfen die Verordnungen ihre regulären Zuständigkeiten teilweise an andere Bezugspunkte. Daher können manche Bezugspunkte in einem Rechtsakt als ausreichende Inlandsanknüpfungspunkte einer Notzuständigkeit in Betracht kommen, während sie in einer anderen Verordnung ausscheiden müssen. Darüber hinaus hat sich die Möglichkeit einer ausnahmsweisen Unzuständigkeitserklärung im Anwendungsbereich der Güterrechtsverordnungen als besonderer Entstehungsgrund einer drohenden Rechtsverweigerung gezeigt[70]. Ferner können sich Besonderheiten eines Rechtsakts aus den geregelten Sachverhalten und Verfahrensbeteiligten ergeben[71]. Das kann am Beispiel der EuErbVO verdeutlicht werden: Einerseits werden von der EuErbVO nicht kontradiktorisch angelegte Verfahren der freiwilligen Gerichtsbarkeit umfasst[72] wie zum Beispiel die Erteilung eines Erbscheins nach nationalem Recht[73]. In diesen Verfahren bedeutet die Zuständigkeitsgewährung zugunsten eines Beteiligten nicht automatisch eine Ausweitung der Gerichtspflichtigkeit zulasten einer anderen Partei, sodass die Eröffnung einer Notzuständigkeit in diesem Zusammenhang eigenen und regelmäßig großzügigeren Maßstäben unterliegt[74]. Andererseits sind an den von der EuErbVO geregelten Erbverfahren notwendigerweise andere Personen beteiligt als der Erblasser[75], während das Zuständigkeitssystem auf Anknüpfungspunkte des Erblassers mit einem Mitgliedstaat ausgerichtet ist. Insoweit unterscheidet sich die EuErbVO von den anderen Rechtsakten, in denen die Verfahrensbeteiligten regelmäßig mit den Personen übereinstimmen, deren Nähebezie-

---

[70] Siehe oben unter § 11 A I 3 a (S. 208 ff.).

[71] Vor diesem Hintergrund dürfte auch die Aussage von *Mankowski* in Dutta/J. Weber, Die europäischen Güterrechtsverordnungen, S. 11, 42 Rn. 6, zu verstehen sein, der das Merkmal des ausreichenden Bezugs für die Güterrechtsverordnungen anders ausfüllen möchte als im Unterhalts- oder Erbrecht, und zwar „güterrechts-, nicht unterhalts- oder erbrechtsspezifisch"; dies befürwortend *Launhardt*, Europäisierung der internationalen Zuständigkeit im Ehegüterrecht, S. 247.

[72] Siehe nur *Geimer* in Zöller, ZPO, Art. 1 EuErbVO Rn. 14.

[73] Vgl. EuGH, Urt. v. 21.6.2018, Rs. C-20/17, ECLI:EU:C:2018:485 – Oberle; zustimmend *Grziwotz* in MünchKommFamFG, § 343 Rn. 50b; ablehnend *Rauscher* in MünchKommFamFG, Art. 1 EU-ErbVO Rn. 29.

[74] Allgemein zu dem Umstand, dass Verfahren der freiwilligen Gerichtsbarkeit ein abweichendes Begriffsverständnis begründen können, *Hertel* in Rauscher, EuZPR/EuIPR, Einleitung EU-ErbVO Rn. 34. Für die Eröffnung einer Notzuständigkeit in einem solchen Verfahren OLG Frankfurt am Main, Beschl. v. 26.5.2020, FamRZ 2020, 1502, 1504.

[75] Dies gilt jedenfalls, wenn man mit der h.M. davon ausgeht, dass Erbverfahren vor Eintritt des Erbfalls nicht in den Anwendungsbereich der EuErbVO fallen, dazu ausführlich *Rauscher* in MünchKommFamFG, Art. 1 EU-ErbVO Rn. 32 m.w.N.

§ 11 Ausgestaltung der Notzuständigkeit in den EU-Verordnungen

hungen die internationale Zuständigkeit vermitteln[76]. Schließlich wird für die EuUntVO vertreten, dass ihrer Zielsetzung, die Rechtsstellung des Unterhaltsgläubigers zu verbessern[77], durch eine teleologische Interpretation im Interesse des Unterhaltsgläubigers Rechnung zu tragen sei[78]. Diese Wertung erfordere auch eine rechtsaktspezifische Auslegung der Notzuständigkeit des Art. 7 EuUntVO[79]. Eine unterschiedliche Bewertung der Notzuständigkeit aufgrund rechtsaktspezifischer Wertungen ist jedoch abzulehnen. Denn der Schutz des Unterhaltsgläubigers verwirklicht sich, indem die grenzüberschreitende Durchsetzung seiner Ansprüche erleichtert wird[80]. Das ist zum einen ein Anliegen, dass in den anderen Rechtsakten ebenso verfolgt wird[81]. Zum anderen dient die Notzuständigkeit ausweislich der Erwägungsgründe[82] in allen Rechtsakten dem eigenständigen Zweck, Fällen einer Rechtsverweigerung zu begegnen. Weder aus der Systematik noch aus dem Wortlaut ist zu entnehmen, dass diesen Konstellationen in der EuUntVO mit mehr Nachdruck begegnet werden sollte als in den anderen Rechtsakten. Vielmehr kennzeichnet die Notzuständigkeit der EuUntVO ebenfalls sowohl die Beschränkung auf „Ausnahmefälle" als auch die Notwendigkeit einer ausreichenden Inlandsbeziehung[83]. Überdies erscheint ein spezifischer Schutz des Unterhaltsberechtigten von vornherein nicht unproblematisch, da die Frage der Unterhaltsberechtigung im Erkenntnisverfahren erst verbindlich zu klären ist[84].

Des Weiteren sind die unbestimmten Rechtsbegriffe der Vorschriften restriktiv auszulegen[85]. Dies folge nach einem Teil der Literatur bereits aus dem Wort-

---

[76] Zu der Frage, ob im Rahmen der EuErbVO auch Bezugspunkte der Verfahrensbeteiligten, also z. B. der Erben, herangezogen werden können, unten unter § 11 A II 4 b (S. 242 f.).
[77] *Gruber*, IPRax 2010, 128, 129.
[78] *Dörner* in Saenger, ZPO, Vorbemerkung EuUnthVO Rn. 15; *Hausmann*, Internationales und Europäisches Familienrecht, C Rn. 30. *Kübler-Wachendorff*, Das forum necessitatis, S. 214, führt insoweit aus, dass es im Rahmen der EuUntVO geboten sei, geringere Anforderungen an den ausreichenden Forumsbezug zu stellen.
[79] Dafür *Biagioni*, CDT (März 2012), 20, 33; vgl. auch ders. in Viarengo/Franzina, The EU Regulations on the Property Regimes of International Couples, Rn. 11.04.
[80] Vgl. Erwägungsgründe 9, 15, 31, 45 EuUntVO; *Dörner* in Saenger, ZPO, Vorbemerkung EuUnthVO Rn. 15.
[81] Siehe Erwägungsgründe 7, 59, 67 EuErbVO, 56 EuGüVO bzw. 55 EuPartVO.
[82] Siehe Erwägungsgründe 16 S. 1 EuUntVO, 31 S. 1 EuErbVO, 41 S. 1 EuGüVO bzw. 40 S. 1 EuPartVO.
[83] Siehe Art. 7 EuUntVO sowie Erwägungsgrund 16 EuUntVO.
[84] Kritisch daher *Hau* in Prütting/Helms, FamFG, Anhang 3 zu § 110: EuUntVO Rn. 1.
[85] *Biagioni*, CDT (März 2012), 20, 29; *ders.* in Viarengo/Franzina, The EU Regulations on the Property Regimes of International Couples, Rn. 11.07; *Eichel* in jurisPK-BGB, Art. 11 EuErbVO Rn. 5; *ders.*, RabelsZ 85 (2021), 76, 100; *Franzina* in Viarengo/Villata, Planning the Future of Cross Border Families, S. 325, 326; *Hausmann*, Internationales und Europäi-

laut der Vorschriften und Erwägungsgründe („in Ausnahmefällen"; „ausnahmsweise")[86]. Die Notwendigkeit einer restriktiven Auslegung lässt sich allerdings nicht aus dem Wortlaut der Vorschriften ableiten[87], sondern ergibt sich vielmehr aus der Systematik sowie dem Sinn und Zweck der Notzuständigkeit: Die Vorschrift bildet die letzte Möglichkeit, doch noch zu einer mitgliedstaatlichen Zuständigkeit zu gelangen, und ist als solche selbst gegenüber den subsidiären beziehungsweise Auffangzuständigkeiten subsidiär[88]. Sie ist gleichsam *ultima ratio* der Zuständigkeitsgewährung[89]. Da notwendigerweise keine reguläre Zu-

---

sches Familienrecht, B Rn. 166, C Rn. 199; *Joubert*, Rev. crit. dr. internat. privé 2017, 1, 15; *Junker*, IZPR, § 20 Rn. 14; *Köhler* in Gierl/Köhler/Kroiß/Wilsch, Internationales Erbrecht, Teil 1 § 3 Rn. 32; *Kübler-Wachendorff*, Das forum necessitatis, S. 4; *Looschelders* in MünchKommBGB, Art. 11 EuGüVO Rn. 2; *Mankowski* in Dutta/J. Weber, Die europäischen Güterrechtsverordnungen, S. 11, 41 Rn. 62; *Marongiu Buonaiuti* in Calvo Caravaca/Davi/Mansel, The EU Succession Regulation, Art. 11 Rn. 11; *Rauscher* in MünchKommFamFG, Art. 11 EU-ErbVO Rn. 1; *Rechberger/Frodl* in Rechberger/Zöchling-Jud, Die EU-Erbrechtsverordnung, S. 45, 89 Rn. 78; *Reuß* in Geimer/Schütze/Hau, Internationaler Rechtsverkehr, Art. 7 VO Nr. 4/2009 Rn. 2, 6; *J. Schmidt* in BeckOGK, Art. 11 EuErbVO Rn. 8; *Wurmnest* in BeckOGK, Art. 7 EU-UnterhaltsVO Rn. 8. Vgl. spezifisch für das Merkmal der Unmöglichkeit oder Unzumutbarkeit *Launhardt*, Europäisierung der internationalen Zuständigkeit im Ehegüterrecht, S. 248; *Wall* in Geimer/Schütze/Hau, Internationaler Rechtsverkehr, Art. 11 Europäische Erbrechtsverordnung 2012 Rn. 17; spezifisch für das Merkmal des ausreichenden Bezugs zu dem Mitgliedstaat *Geimer* in Zöller, ZPO, Art. 7 EuUntVO Rn. 3; *Geimer/ Garber* in Geimer/Schütze, EuZVR, Art. 7 EuUnthVO Rn. 3; *Lukas*, Die Person mit unbekanntem Aufenthalt, S. 415. Vgl. ferner für die Vorschrift zur Notzuständigkeit im Reformvorschlag zur Brüssel I-VO *Gillies*, JPIL 8 (2012), 489, 507; *Magnus/Mankowski*, ZVglRWiss 110 (2011), 252, 269.

[86] Vgl. *Biagioni*, CDT (März 2012), 20, 29; *ders.* in Viarengo/Franzina, The EU Regulations on the Property Regimes of International Couples, Rn. 11.07; *Franzina* in Viarengo/Villata, Planning the Future of Cross Border Families, S. 325, 326; *Hau* in Prütting/Helms, FamFG, Anhang 3 zu § 110: EuUntVO Rn. 59; *Hausmann*, Internationales und Europäisches Familienrecht, B Rn. 166; *Looschelders* in MünchKommBGB, Art. 11 EuGüVO Rn. 2; *J. Schmidt* in BeckOGK, Art. 11 EuErbVO Rn. 8; *Wall* in Geimer/Schütze/Hau, Internationaler Rechtsverkehr, Art. 11 Europäische Erbrechtsverordnung 2012 Rn. 17; *Wurmnest* in BeckOGK, Art. 7 EU-UnterhaltsVO Rn. 8.

[87] Insbesondere kann die restriktive Auslegung nicht allein damit begründet werden, dass es sich um eine Ausnahmevorschrift handelt. Denn der häufig angeführte Satz, dass Ausnahmevorschriften stets eng auszulegen seien, trifft zumindest in dieser Pauschalität nicht zu (vgl. *Sonnentag*, Der Renvoi im Internationalen Privatrecht, S. 99 f. m.w.N., vgl. zur Frage der Analogiefähigkeit von Ausnahmevorschriften auch *Bergmann*, Hinterbliebenengeld, S. 137 f.).

[88] Vgl. *Launhardt*, Europäisierung der internationalen Zuständigkeit im Ehegüterrecht, S. 248.

[89] *Geimer* in Zöller, ZPO, Art. 7 EuUntVO Rn. 2, Art. 1 EuErbVO Rn. 13, Art. 4 EuErbVO Rn. 2; *Geimer/Garber* in Geimer/Schütze, EuZVR, Art. 7 EuUnthVO Rn. 2, Art. 4 EuErbVO Rn. 2; *Wurmnest* in BeckOGK, Art. 7 EU-UnterhaltsVO Rn. 8. Siehe auch *Franzina* in

ständigkeit in einem Mitgliedstaat eröffnet ist, impliziert die jeweilige Verordnung, dass es an sich eine Angelegenheit des Drittstaats wäre, die Rechtssache (zumutbar) zu entscheiden[90]. Lediglich auf die Fälle begrenzt, in denen der Drittstaat zu einer solchen Entscheidung nicht in der Lage ist und folglich eine Rechtsverweigerung droht, soll die Vorschrift eingreifen[91]. Bei einer zu großzügigen Auslegung bestünde indes die Gefahr, das in den Verordnungen geschaffene Kompetenzsystem auszuhebeln[92]. Es drohten eine unangemessene Ausweitung des europäischen Zuständigkeitsrechts zulasten von Drittstaaten[93] und in der Folge ungewollte Möglichkeiten zu einem *forum shopping*[94]. Leidtragende dieser Auslegung wären die Beklagten beziehungsweise Antragsgegner. Vor allem mit Blick auf deren Recht, vor unzumutbaren Gerichtsständen geschützt zu werden[95], vermag es nicht zu überzeugen, wenn ganz vereinzelt aus einer einseitigen Klägerperspektive heraus argumentiert wird, die Notzuständigkeit sei im Lichte des Grundrechts auf Zugang zu Gericht prinzipiell extensiv auszulegen[96].

2. Enger Bezug der Rechtssache zu einem Drittstaat

Erster Prüfungsschritt der Notzuständigkeit ist die Beantwortung der Frage, zu welchen Drittstaaten die Rechtssache einen engen Bezug aufweist. Anhand dieses Kriteriums lässt sich der Kreis der zu überprüfenden Drittstaaten deutlich eingrenzen. Das ist einerseits notwendig, weil es weder dem Rechtssuchenden

---

Viarengo/Villata, Planning the Future of Cross Border Families, S. 325, 330 („tool of last resort"); *Joubert*, Rev. crit. dr. internat. privé 2017, 1, 15 ("en dernier recours").

[90] Vgl. *Bonomi* in Bonomi/Wautelet, Le droit européen des successions, Art. 11 Rn. 6; *Rauscher* in MünchKommFamFG, Art. 11 EU-ErbVO Rn. 1.

[91] Siehe *Kübler-Wachendorff*, Das forum necessitatis, S. 4; *Panopoulos* in Pamboukis, EU Succession Regulation, Art. 11 Rn. 1; *Reuß* in Geimer/Schütze/Hau, Internationaler Rechtsverkehr, Art. 7 VO Nr. 4/2009 Rn. 2.

[92] Vgl. *Geimer* in Zöller, ZPO, Art. 7 EuUntVO Rn. 3; *Geimer/Garber* in Geimer/Schütze, EuZVR, Art. 7 EuUnthVO Rn. 3.

[93] *Biagioni* in Viarengo/Franzina, The EU Regulations on the Property Regimes of International Couples, Rn. 11.07 (vgl. auch *ders.*, CDT (März 2012), 20, 35); *Looschelders* in MünchKommBGB, Art. 11 EuGüVO Rn. 2. Vgl. auch *Köhler* in Gierl/Köhler/Kroiß/Wilsch, Internationales Erbrecht, Teil 1 § 3 Rn. 32. Vgl. in diesem Zusammenhang ferner die Bemerkung von *Andrae* in Rauscher, EuZPR/EuIPR, Art. 7 EG-UntVO Rn. 13, die durch die EuUntVO abgeschafften exorbitanten Zuständigkeiten nach nationalem Recht dürften nicht im Gewand der Notzuständigkeit wiedereingeführt werden; zustimmend *Wurmnest* in Beck-OGK, Art. 7 EU-UnterhaltsVO Rn. 8.

[94] Siehe *Reuß* in Geimer/Schütze/Hau, Internationaler Rechtsverkehr, Art. 7 VO Nr. 4/2009 Rn. 2. Vgl. auch *Kübler-Wachendorff*, Das forum necessitatis, S. 164, 179.

[95] Siehe bereits oben unter § 7 C (S. 129 ff.), § 8 C (S. 139 f.).

[96] So aber *Ubertazzi*, Exclusive Jurisdiction, S. 251 f.

noch dem angerufenen Gericht zuzumuten – und darüber hinaus auch praktisch kaum möglich[97] – wäre, sämtliche Rechtsordnungen weltweit daraufhin zu überprüfen, ob sie in der konkreten Rechtssache zu einer Zuständigkeitsausübung gewillt und geeignet sind[98]. Andererseits beruhen die Vorschriften zur Notzuständigkeit auf der Wertung, dass eine drittstaatliche Zuständigkeit gegenüber einer mitgliedstaatlichen Zuständigkeit nur dann von vornherein[99] vorzugswürdig erscheint, wenn der Drittstaat eine engere Verbindung zu der Rechtssache aufweist. Denn während bereits ein „ausreichender Bezug" („sufficient connection"; „lien suffisant") zu den Mitgliedstaaten genügt, um eine Notzuständigkeit anzunehmen, muss zu den Drittstaaten ein „enger Bezug" („closely connected"; „lien étroit") bestehen, um eine mitgliedstaatliche Notzuständigkeit potenziell ausschließen zu können. Dass ein enger Bezug zu mindestens einem Drittstaat tatsächlich besteht, ist die notwendige Konsequenz der der Notzuständigkeit vorgelagerten Feststellung, dass sich keine mitgliedstaatliche Zuständigkeit aus den vorrangigen Vorschriften ergeben hat[100]. Wann ein Bezug der Rechtssache zu einem Staat „eng" ist, kann demgegenüber mangels gesetzgeberischer Anhaltspunkte in den Vorschriften oder Erwägungsgründen nicht ohne Weiteres festgestellt werden[101].

Im Ausgangspunkt vermitteln jedenfalls die Vorschriften, die eine reguläre internationale Zuständigkeit eines Mitgliedstaats begründen, einen engen Bezug zu einem Drittstaat, wenn ihre Anknüpfungspunkte bei spiegelbildlicher

---

[97] *Makowsky* in NomosKommentarBGB, Art. 11 EuErbVO Rn. 5. Vgl. auch *Rétornaz/Volders*, Rev. crit. dr. internat. privé 2008, 225, 232.

[98] Vgl. *Eichel* in jurisPK-BGB, Art. 11 EuErbVO Rn. 6; *Hau* in Prütting/Helms, FamFG, Anhang 3 zu § 110: EuUntVO Rn. 60. Vgl. auch *Lipp* in MünchKommFamFG, Art. 7 EG-UntVO Rn. 4; *Kübler-Wachendorff*, Das forum necessitatis, S. 198; *Looschelders* in MünchKommBGB, Art. 11 EuGüVO Rn. 7; *Makowsky* in NomosKommentarBGB, Art. 11 EuGüVO/EuPartVO Rn. 4, Art. 11 EuErbVO Rn. 5; *Mayer* in MünchKommFamFG, Art. 11 EU-EheGüVO Rn. 4; *Panopoulos* in Pamboukis, EU Succession Regulation, Art. 11 Rn. 7; *Rauscher* in MünchKommFamFG, Art. 11 EU-ErbVO Rn. 3.

[99] Wenn kein enger, sondern nur ein ausreichender Bezug zu einem Drittstaat besteht, können die autonomen Vorschriften der Mitgliedstaaten zur Rechtshängigkeit eingreifen (siehe dazu weiter unten im Text) und im Einzelfall darüber entscheiden, ob und in welchem Umfang die Rechtshängigkeit eines drittstaatlichen Verfahrens zu beachten ist.

[100] *Looschelders* in MünchKommBGB, Art. 11 EuGüVO Rn. 7; *Makowsky* in NomosKommentarBGB, Art. 11 EuGüVO/EuPartVO Rn. 4, Art. 11 EuErbVO Rn. 5. Vgl. auch *Biagioni* in Viarengo/Franzina, The EU Regulations on the Property Regimes of International Couples, Rn. 11.15.

[101] Vgl. *Biagioni* in Viarengo/Franzina, The EU Regulations on the Property Regimes of International Couples, Rn. 11.15; *Marongiu Buonaiuti* in Calvo Caravaca/Davì/Mansel, The EU Succession Regulation, Art. 11 Rn. 6.

Anwendung der Verordnung in diesem Drittstaat erfüllt wären[102]. Hätte demnach ein Erblasser seinen letzten gewöhnlichen Aufenthalt zum Beispiel in der Schweiz gehabt, bestünde ein enger Bezug zu diesem Drittstaat. Denn wenn die Zuständigkeitsvorschriften der EuErbVO spiegelbildlich in der Schweiz gälten, bestünde nach Art. 4 EuErbVO eine internationale Zuständigkeit schweizerischer Gerichte. Insoweit sind auch die subsidiären beziehungsweise Auffangzuständigkeiten der Verordnungen zu spiegeln[103], da diese im Verhältnis zur

---

[102] *Eichel* in jurisPK-BGB, Art. 11 EuErbVO Rn. 6; *Garber* in Geimer/Schütze, EuZVR, Art. 11 EuGüVO/EuPartVO Rn. 1; *Garber/Neumayr* in Arnold/Laimer, Die Europäischen Güterrechtsverordnungen, S. 107, 204 Rn. 222; *Hertel* in Rauscher, EuZPR/EuIPR, Art. 11 EU-ErbVO Rn. 4; *Looschelders* in MünchKommBGB, Art. 11 EuGüVO Rn. 7; *Makowsky* in NomosKommentarBGB, Art. 11 EuGüVO/EuPartVO Rn. 4, Art. 11 EuErbVO Rn. 5; *Mankowski* in Leible/Terhechte, Europäisches Rechtsschutz- und Verfahrensrecht, S. 1319, 1341 Rn. 38; *Mayer* in MünchKommFamFG, Art. 11 EU-EheGüVO Rn. 5; *Wall* in Geimer/Schütze/Hau, Internationaler Rechtsverkehr, Art. 11 Europäische Erbrechtsverordnung 2012 Rn. 10f.; *Wurmnest* in BeckOGK, Art. 7 EU-UnterhaltsVO Rn. 12; für EuUntVO zwar die Auffangzuständigkeit des Art. 6 EuUntVO bei der spiegelbildlichen Anwendung ausnehmend, dafür jedoch zusätzliche (weitreichendere) Kriterien annehmend *Andrae* in Rauscher, EuZPR/EuIPR, Art. 7 EG-UntVO Rn. 8; *Ereciński/Weitz* in FS für Kaissis, S. 187, 194; *Hausmann*, Internationales und Europäisches Familienrecht, B Rn. 168, C Rn. 201. Vgl. auch *Biagioni*, CDT (März 2012), 20, 30 Fn. 47; *ders.* in Viarengo/Franzina, The EU Regulations on the Property Regimes of International Couples, Rn. 11.15; *Lagarde* in Liber amicorum für Kohler, S. 255, 259; *Launhardt*, Europäisierung der internationalen Zuständigkeit im Ehegüterrecht, S. 248; *Lipp* in MünchKommFamFG, Art. 7 EG-UntVO Rn. 5; *Panopoulos* in Pamboukis, EU Succession Regulation, Art. 11 Rn. 7; *Rauscher* in MünchKommFamFG, Art. 11 EU-ErbVO Rn. 3; *Reuß* in Geimer/Schütze/Hau, Internationaler Rechtsverkehr, Art. 7 VO Nr. 4/2009 Rn. 5; *J. Schmidt* in BeckOGK, Art. 11 EuErbVO Rn. 10. Vgl. ferner für die Vorschrift zur Notzuständigkeit im Reformvorschlag zur Brüssel I-VO *Bidell*, Zuständigkeiten der EuGVO, S. 195. Demgegenüber unklar *Baldwin v Baldwin* [2014] EWHC 4857 (Fam), Rn. 58, da in der Entscheidung nicht zwischen „engem Bezug" und „Unzumutbarkeit" für die Rechtsuchende differenziert wird. Einen anderen Ansatz vertritt *Kübler-Wachendorff*, Das forum necessitatis, S. 197, 201 f., nach dem aus der Sicht des jeweiligen Mitgliedstaates zu prüfen sei, ob der Drittstaat nach dem autonomen Anerkennungsrecht anerkennungszuständig sei. Dieser Ansatz hat zwar den Vorteil, dass auf die Vorschriften abgestellt wird, die im Ergebnis über die Anerkennung einer Entscheidung aus dem Drittstaat entscheiden, ist aber dennoch abzulehnen, weil der Ansatz dazu führte, dass der „enge Bezug" von Mitgliedstaat zu Mitgliedstaat unterschiedlich auszulegen wäre. Dem letztgenannten Ansatz zwar im Ausgangspunkt zustimmend, diesen indes um die spiegelbildliche Anwendung der Entscheidungszuständigkeiten der Verordnungen ergänzend, *Goetzke*, RabelsZ 85 (2021), 928, 930.

[103] Lediglich im Anwendungsbereich der EuUntVO führen einige Autoren die Auffangzuständigkeit des Art. 6 EuUntVO bei der spiegelbildlichen Anwendung zwar nicht mit auf, lassen dafür aber bereits weitreichendere Kriterien (einseitige Staatsangehörigkeit statt der von Art. 6 EuUntVO vorgesehenen gemeinsamen Staatsangehörigkeit) zur Annahme eines engen Bezugs genügen, so *Andrae* in Rauscher, EuZPR/EuIPR, Art. 7 EG-UntVO Rn. 8; *Ereciński/Weitz* in FS für Kaissis, S. 187, 194; *Hausmann*, Internationales und Europäisches Familienrecht, C Rn. 201.

Notzuständigkeit vorrangig sind und daher eine engere Verbindung zu der Rechtssache voraussetzen.

Umstritten ist jedoch, ob darüber hinaus auch andere Anknüpfungspunkte einer Rechtssache zu einem engen Bezug mit einem Drittstaat führen können. Von dem überwiegenden Teil der Literatur wird dies bejaht[104]. Mit Unterschieden im Einzelnen werden zum Beispiel allgemein typische Anknüpfungspunkte des Internationalen Privat- und Zivilverfahrensrechts als hinreichend erachtet[105] oder konkrete Anknüpfungspunkte wie die Staatsangehörigkeit oder der Wohnsitz einer Verfahrenspartei benannt[106]. Ferner betonen einige Autoren die Notwendigkeit einer Einzelfallentscheidung unter Berücksichtigung der Gesamtumstände des Sachverhalts[107]. Demgegenüber erachtet es ein anderer Teil der Literatur als ausreichend, dass die Zuständigkeitsvorschriften der Verordnungen gespiegelt werden[108]. Diese zuletzt genannte Einschätzung ist aus mehreren Gründen überzeugend: Zunächst sprechen der Wortlaut der Vorschriften zur Notzuständigkeit sowie die Systematik der Verordnungen dafür, die sich auf einen Gegensatz von „engen" und „ausreichenden" Bezugspunkten konkretisieren lassen. Bestünde nicht nur eine „ausreichende" Beziehung zu einem Mitgliedstaat, hätte bereits eine gegenüber der Notzuständigkeit vorrangige Vor-

---

[104] *Andrae* in Rauscher, EuZPR/EuIPR, Art. 7 EG-UntVO Rn. 8; *Eichel* in jurisPK-BGB, Art. 11 EuErbVO Rn. 6; *Ereciński/Weitz* in FS für Kaissis, S. 187, 194; *Hausmann*, Internationales und Europäisches Familienrecht, C Rn. 201; *Hertel* in Rauscher, EuZPR/EuIPR, Art. 11 EU-ErbVO Rn. 4; *Panopoulos* in Pamboukis, EU Succession Regulation, Art. 11 Rn. 7; *Rauscher* in MünchKommFamFG, Art. 11 EU-ErbVO Rn. 3; *J. Schmidt* in BeckOGK, Art. 11 EuErbVO Rn. 10.

[105] Vgl. *Hertel* in Rauscher, EuZPR/EuIPR, Art. 11 EU-ErbVO Rn. 4; *Lugani/Huynh* in Leible/Terhechte, Europäisches Rechtsschutz- und Verfahrensrecht, S. 743, 778 Rn. 81; *Panopoulos* in Pamboukis, EU Succession Regulation, Art. 11 Rn. 7; *Rauscher* in Münch-KommFamFG, Art. 11 EU-ErbVO Rn. 3.

[106] Vgl. *Andrae* in Rauscher, EuZPR/EuIPR, Art. 7 EG-UntVO Rn. 8; *Eichel* in jurisPK-BGB, Art. 11 EuErbVO Rn. 6; *Ereciński/Weitz* in FS für Kaissis, S. 187, 194; *Hausmann*, Internationales und Europäisches Familienrecht, C Rn. 201; *J. Schmidt* in BeckOGK, Art. 11 EuErbVO Rn. 10.

[107] *J. Schmidt* in BeckOGK, Art. 11 EuErbVO Rn. 11. Vgl. auch *Biagioni* in Viarengo/Franzina, The EU Regulations on the Property Regimes of International Couples, Rn. 11.15; *Marongiu Buonaiuti* in Calvo Caravaca/Davi/Mansel, The EU Succession Regulation, Art. 11 Rn. 6.

[108] Ausdrücklich allein *Bidell*, Zuständigkeiten der EuGVO, S. 196, für die Vorschrift zur Notzuständigkeit im Reformvorschlag zur Brüssel I-VO. Zumindest keine darüber hinausgehenden Anknüpfungspunkte erwähnend – wenngleich auch nicht explizit ablehnend – *Garber* in Geimer/Schütze, EuZVR, Art. 11 EuGüVO/EuPartVO Rn. 1; *Garber/Neumayr* in Arnold/Laimer, Die Europäischen Güterrechtsverordnungen, S. 107, 204 Rn. 222; *Looschelders* in MünchKommBGB, Art. 11 EuGüVO Rn. 7; *Mayer* in MünchKommFamFG, Art. 11 EU-EheGüVO Rn. 5.

schrift die internationale Zuständigkeit eines Mitgliedstaats begründet. Im Umkehrschluss vermittelt jede reguläre Zuständigkeitsvorschrift einen „engen" Bezug zu der Rechtssache, während andere Anknüpfungspunkte allenfalls zur Eröffnung einer Notzuständigkeit „ausreichen" können. Darüber hinaus besteht praktisch kein Bedürfnis, weitere Anknüpfungspunkte heranzuziehen. Denn die Verordnungen schaffen ohnehin bereits ein weitreichendes Netz internationaler Zuständigkeiten[109]. Weitere Anknüpfungspunkte können daher lediglich lose Beziehungen zu der Rechtssache begründen. Aus diesen Anknüpfungspunkten einen engen Bezug ableiten zu wollen, liefe auf die äußerst schwierige Abwägung hinaus, ob ein loser Anknüpfungspunkt mit einem Drittstaat einem anderen losen Anknüpfungspunkt mit einem Mitgliedstaat vorzuziehen ist. Sinn und Zweck der Voraussetzung ist es indes, die auf ihre Eignung zur Rechtsausübung hin zu prüfenden Drittstaaten wesentlich einzugrenzen[110]. Bestehen sowohl zu einem oder mehreren Drittstaaten als auch zu einem Mitgliedstaat lose Anknüpfungspunkte, sind die Verfahren über die allgemeinen Rechtshängigkeitsregeln zu koordinieren[111], ohne dass eine Notzuständigkeit von vornherein ausgeschlossen werden müsste. Schließlich entspricht ein ausschließliches Spiegeln der Zuständigkeitsvorschriften dem Leitbild der Zuständigkeitsklarheit und sorgt daher für Rechtssicherheit[112]. Es wird ein klares Kriterium geschaffen, das zugleich eine unionsweit einheitliche Rechtsanwendung erleichtert[113]. Denn abweichend von den anderen Voraussetzungen der Notzuständigkeit ist an dieser Stelle (noch) keine Einzelfallentscheidung notwendig.

Wurden die Drittstaaten ermittelt, die einen engen Bezug zu der Rechtssache aufweisen, ist im Hinblick auf sämtliche dieser Staaten zu prüfen, ob dort ein Verfahren möglich und zumutbar ist[114]. Dass in den Vorschriften der „Drittstaat"

---

[109] Siehe nur *Lagarde* in Liber amicorum für Kohler, S. 255, 258.
[110] Dazu bereits oben im Text.
[111] Mangels Regelungen zur Berücksichtigung drittstaatlicher Verfahren in den Verordnungen richtet sich diese nach dem autonomen Recht des jeweiligen Mitgliedstaats, siehe nur *Linke/Hau*, IZVR, Rn. 7.20, 7.26.
[112] Ähnlich *Bidell*, Zuständigkeiten der EuGVO, S. 196, die allerdings nur darauf abstellt, dass sich eine Berücksichtigung weiterer Anknüpfungspunkte zulasten der Rechtssicherheit des Beklagten auswirke.
[113] Allgemein zum Ziel einer unionsweit einheitlichen Rechtsanwendung vgl. nur *Köhler* in Gierl/Köhler/Kroiß/Wilsch, Internationales Erbrecht, Teil 1 § 1 Rn. 6; *Lipp* in MünchKommFamFG, Vorbemerkung zu Art. 1 EG-UntVO Rn. 22; *Looschelders* in MünchKomm-BGB, Vor Art. 1 EuGüVO Rn. 16; *Rauscher* in MünchKommFamFG, Vorbemerkung zu Art. 1 EU-ErbVO Rn. 21.
[114] *Hertel* in Rauscher, EuZPR/EuIPR, Art. 11 EU-ErbVO Rn. 4; *Rauscher* in MünchKommFamFG, Art. 11 EU-ErbVO Rn. 3. Im Ergebnis auch *Eichel* in jurisPK-BGB, Art. 11 EuErbVO Rn. 6; *Lipp* in MünchKommFamFG, Art. 7 EG-UntVO Rn. 4; *Marongiu Buonaiuti* in Calvo Caravaca/Davì/Mansel, The EU Succession Regulation, Art. 11 Rn. 6.

lediglich im Singular verwendet wird, bedeutet nicht, dass es zur Anwendung genügt, wenn nur in einem von mehreren in Betracht kommenden Drittstaaten ein Verfahren unmöglich oder unzumutbar ist[115]. Vielmehr sind aufgrund des engen Bezugs sämtliche Drittstaaten einer mitgliedstaatlichen Notzuständigkeit vorzuziehen.

3. Unmöglichkeit oder Unzumutbarkeit der Verfahrenseinleitung oder Verfahrensführung in einem Drittstaat

Die Vorschriften zur Notzuständigkeit setzen voraus, dass „es nicht zumutbar ist oder es sich als unmöglich erweist, ein Verfahren in einem Drittstaat [...] einzuleiten oder zu führen". Während die Anforderungen an die Unmöglichkeit nicht näher konkretisiert werden, liegt eine Unzumutbarkeit nach den Erwägungsgründen vor, wenn von dem Rechtssuchenden „vernünftigerweise nicht erwartet werden kann, dass er ein Verfahren in diesem Staat einleitet oder führt"[116]. Dieser Systematik folgend sind die beiden Kriterien im Ausgangspunkt getrennt voneinander zu prüfen[117]. Gleichwohl ist eine trennscharfe Differenzierung in vielen Fällen zum einen nicht möglich[118], da die Grenze zwischen Unmöglichkeit und Unzumutbarkeit fließend ist[119]. Zum anderen ist eine Differenzierung in diesen Grenzfällen nicht erforderlich[120], weil die Unzumutbarkeit der Unmöglichkeit gleichgestellt ist[121].

---

[115] Siehe *Biagioni* in Viarengo/Franzina, The EU Regulations on the Property Regimes of International Couples, Rn. 11.13. Eine Auslegung in diesem Sinne befürwortet einzig *Wall* in Geimer/Schütze/Hau, Internationaler Rechtsverkehr, Art. 11 Europäische Erbrechtsverordnung 2012 Rn. 12 f., mit der zweifelhaften Begründung, dass Art. 11 EuErbVO eine Subsidiarität nur gegenüber der Zuständigkeit anderer mitgliedstaatlicher Gerichte nach Artt. 4 bis 10 EuErbVO gebiete, nicht aber in Bezug auf eine eventuell gegebene Zuständigkeit drittstaatlicher Gerichte.

[116] Erwägungsgründe 16 S. 2 EuUntVO, 31 S. 2 EuErbVO, 41 S. 2 EuGüVO bzw. 40 S. 2 EuPartVO.

[117] Vgl. *Bidell*, Zuständigkeiten der EuGVO, S. 193; *Reuß* in Geimer/Schütze/Hau, Internationaler Rechtsverkehr, Art. 7 VO Nr. 4/2009 Rn. 6.

[118] *Geimer/Garber* in Geimer/Schütze, EuZVR, Art. 11 EuErbVO Rn. 3.

[119] *Garber/Neumayr* in Arnold/Laimer, Die Europäischen Güterrechtsverordnungen, S. 107, 205 Rn. 224; *Hertel* in Rauscher, EuZPR/EuIPR, Art. 11 EU-ErbVO Rn. 5; *Makowsky* in NomosKommentarBGB, Art. 11 EuGüVO/EuPartVO Rn. 5, Art. 11 EuErbVO Rn. 6. Vgl. auch *Rétornaz/Volders*, Rev. crit. dr. internat. privé 2008, 225, 241.

[120] Vgl. *Garber/Neumayr* in Arnold/Laimer, Die Europäischen Güterrechtsverordnungen, S. 107, 205 Rn. 224; *Hertel* in Rauscher, EuZPR/EuIPR, Art. 11 EU-ErbVO Rn. 5.

[121] Dazu *Andrae* in Rauscher, EuZPR/EuIPR, Art. 7 EG-UntVO Rn. 9; *Hausmann*, Internationales und Europäisches Familienrecht, B Rn. 170, C Rn. 203. Vgl. auch *Garber/Neumayr* in Arnold/Laimer, Die Europäischen Güterrechtsverordnungen, S. 107, 205 Rn. 224; *Geimer/Garber* in Geimer/Schütze, EuZVR, Art. 11 EuErbVO Rn. 3.

Ob es dem Rechtssuchenden unmöglich oder unzumutbar ist, ein Verfahren in einem Drittstaat einzuleiten oder zu führen, ist eine Frage des Einzelfalls[122]. Dies gilt umso mehr für das Kriterium der Unzumutbarkeit, da dieses weniger deutlich konturiert und daher in besonderem Maße ausfüllungs- und wertungsbedürftig ist[123].

a) Unmöglichkeit

Als einziges Beispiel für die Unmöglichkeit wird in den Verordnungen angeführt, dass sich ein Verfahren aufgrund eines Bürgerkriegs als unmöglich erweisen könne[124]. Mit diesem Hinderungsgrund vergleichbar sind insbesondere andere tatsächliche Umstände, die ebenso zu einem Stillstand der Rechtspflege in dem betroffenen Staat führen[125]. Denkbare Beispiele sind Naturkatastrophen, Epidemien, Besetzungen durch Terrororganisationen, terroristische Bedrohun-

---

[122] *Eichel* in jurisPK-BGB, Art. 11 EuErbVO Rn. 7; *Panopoulos* in Pamboukis, EU Succession Regulation, Art. 11 Rn. 6; *Ubertazzi*, Exclusive Jurisdiction, S. 251. Vgl. auch *Looschelders* in MünchKommBGB, Art. 11 EuGüVO Rn. 2.

[123] Vgl. auch *Biagioni*, CDT (März 2012), 20, 31; *Marongiu Buonaiuti* in Calvo Caravaca/Davì/Mansel, The EU Succession Regulation, Art. 11 Rn. 11.

[124] Siehe Erwägungsgründe 16 S. 2 EuUntVO, 31 S. 2 EuErbVO, 41 S. 2 EuGüVO bzw. 40 S. 2 EuPartVO.

[125] Vgl. *Andrae* in Rauscher, EuZPR/EuIPR, Art. 7 EG-UntVO Rn. 8; *Dörner* in Saenger, ZPO, Art. 7 EuUnthVO Rn. 2; *Dutta* in MünchKommBGB, Art. 11 EuErbVO Rn. 1; *Erecinski/Weitz* in FS für Kaissis, S. 187, 194; *Garber* in Mayr, Handbuch des europäischen Zivilverfahrensrechts, Rn. 5.131; *ders.* in Geimer/Schütze, EuZVR, Art. 11 EuGüVO/EuPartVO Rn. 2; *Garber/Neumayr* in Arnold/Laimer, Die Europäischen Güterrechtsverordnungen, S. 107, 205 Rn. 225; *Geimer/Garber* in Geimer/Schütze, EuZVR, Art. 11 EuErbVO Rn. 6; *Gitschthaler* in Deixler-Hübner/Schauer, EuErbVO, Art. 11 Rn. 3; *Hausmann*, Internationales und Europäisches Familienrecht, B Rn. 169, C Rn. 202; *Kübler-Wachendorff*, Das forum necessitatis, S. 155 ff.; *Lipp* in MünchKommFamFG, Art. 7 EG-UntVO Rn. 6; *Looschelders* in MünchKommBGB, Art. 11 EuGüVO Rn. 8; *Lugani/Huynh* in Leible/Terhechte, Europäisches Rechtsschutz- und Verfahrensrecht, S. 743, 778 Rn. 81; *Makowsky* in NomosKommentarBGB, Art. 11 EuGüVO/EuPartVO Rn. 5, Art. 11 EuErbVO Rn. 6; *Mankowski* in Dutta/J. Weber, Die europäischen Güterrechtsverordnungen, S. 11, 42 Rn. 64; *Marongiu Buonaiuti* in Calvo Caravaca/Davì/Mansel, The EU Succession Regulation, Art. 11 Rn. 10; *Mayer* in MünchKommFamFG, Art. 11 EU-EheGüVO Rn. 6; *Nagel/Gottwald*, IZPR, Rn. 4.143; *Rauscher* in MünchKommFamFG, Art. 11 EU-ErbVO Rn. 4; *Reuß* in Geimer/Schütze/Hau, Internationaler Rechtsverkehr, Art. 7 VO Nr. 4/2009 Rn. 6; *J. Schmidt* in BeckOGK, Art. 11 EuErbVO Rn. 13; *Simotta*, ZVglRWiss 116 (2017), 44, 86; *Wall* in Geimer/Schütze/Hau, Internationaler Rechtsverkehr, Art. 11 Europäische Erbrechtsverordnung 2012 Rn. 20; *M. Weber* in Mayr, Handbuch des europäischen Zivilverfahrensrechts, Rn. 6.211; *Wurmnest* in BeckOGK, Art. 7 EU-UnterhaltsVO Rn. 16. Vgl. auch *Biagioni* in Viarengo/Franzina, The EU Regulations on the Property Regimes of International Couples, Rn. 11.18; *Bonomi* in Bonomi/Wautelet, Le droit européen des successions, Art. 11 Rn. 9; *Köhler* in Gierl/Köhler/Kroiß/Wilsch, Internationales Erbrecht, Teil 1 § 3 Rn. 33.

gen, revolutionäre Ereignisse oder Putsche[126]. Wird trotz dieser Umstände die Rechtspflege in dem betroffenen Staat aufrechterhalten, ist es einem Rechtssuchenden zwar nicht unmöglich, dort Rechtsschutz zu suchen, es kann ihm aber im Einzelfall gleichwohl unzumutbar sein[127].

Neben tatsächlichen Gründen können auch rechtliche Gründe dazu führen, dass es einem Rechtssuchenden unmöglich ist, ein Verfahren in einem Drittstaat einzuleiten oder zu führen. Davon erfasst ist zunächst der negative internationale Kompetenzkonflikt[128], der entsteht, wenn sich sämtliche Drittstaaten, mit denen ein enger Bezug besteht, ihrerseits als unzuständig erachten. Diese

---

[126] Vgl. *Andrae* in Rauscher, EuZPR/EuIPR, Art. 7 EG-UntVO Rn. 8; *Bonomi* in Bonomi/Wautelet, Le droit européen des successions, Art. 11 Rn. 9; *Dörner* in Saenger, ZPO, Art. 7 EuUnthVO Rn. 2; *Dutta* in MünchKommBGB, Art. 11 EuErbVO Rn. 1; *Geimer/Garber* in Geimer/Schütze, EuZVR, Art. 11 EuErbVO Rn. 6; *Gitschthaler* in Deixler-Hübner/Schauer, EuErbVO, Art. 11 Rn. 3; *Hess*, EuZPR, Rn. 7.212 Fn. 717; *Kübler-Wachendorff*, Das forum necessitatis, S. 156; *Launhardt*, Europäisierung der internationalen Zuständigkeit im Ehegüterrecht, S. 248; *Looschelders* in MünchKommBGB, Art. 11 EuGüVO Rn. 8; *Makowsky* in NomosKommentarBGB, Art. 11 EuGüVO/EuPartVO Rn. 5, Art. 11 EuErbVO Rn. 6; *Mankowski* in Dutta/J. Weber, Die europäischen Güterrechtsverordnungen, S. 11, 42 Rn. 64; *Marongiu Buonaiuti* in Calvo Caravaca/Davì/Mansel, The EU Succession Regulation, Art. 11 Rn. 10; *Panopoulos* in Pamboukis, EU Succession Regulation, Art. 11 Rn. 8; *Rauscher* in MünchKommFamFG, Art. 11 EU-ErbVO Rn. 4; *J. Schmidt* in BeckOGK, Art. 11 EuErbVO Rn. 13; *Simotta*, ZVglRWiss 116 (2017), 44, 86; *Wall* in Geimer/Schütze/Hau, Internationaler Rechtsverkehr, Art. 11 Europäische Erbrechtsverordnung 2012 Rn. 20; *Wittwer* in Mayr, Handbuch des europäischen Zivilverfahrensrechts, Rn. 7.74; *Wurmnest* in BeckOGK, Art. 7 EU-UnterhaltsVO Rn. 16.

[127] Siehe dazu unten unter § 11 A II 3 b cc (S. 227 ff.).

[128] *Andrae* in Rauscher, EuZPR/EuIPR, Art. 7 EG-UntVO Rn. 2, 8; *Biagioni*, CDT (März 2012), 20, 31; *Dörner* in Saenger, ZPO, Art. 7 EuUnthVO Rn. 2; *Hertel* in Rauscher, EuZPR/EuIPR, Art. 11 EU-ErbVO Rn. 1, 5; *Kübler-Wachendorff*, Das forum necessitatis, S. 128 ff.; *Makowsky* in NomosKommentarBGB, Art. 11 EuGüVO/EuPartVO Rn. 5, Art. 11 EuErbVO Rn. 6; *Marongiu Buonaiuti* in Calvo Caravaca/Davì/Mansel, The EU Succession Regulation, Art. 11 Rn. 7; *Mayer* in MünchKommFamFG, Art. 11 EU-EheGüVO Rn. 2; *Rauscher* in MünchKommFamFG, Art. 11 EU-ErbVO Rn. 1, 4; *Wall* in Geimer/Schütze/Hau, Internationaler Rechtsverkehr, Art. 11 Europäische Erbrechtsverordnung 2012 Rn. 21; *Wurmnest* in BeckOGK, Art. 7 EU-UnterhaltsVO Rn. 3, 15, 25. Vgl. auch *Biagioni* in Viarengo/Franzina, The EU Regulations on the Property Regimes of International Couples, Rn. 11.18; *Bidell*, Zuständigkeiten der EuGVO, S. 193; *Bonomi* in Bonomi/Wautelet, Le droit européen des successions, Art. 11 Rn. 8; *Eichel* in jurisPK-BGB, Art. 11 EuErbVO Rn. 7; *Ereciński/Weitz* in FS für Kaissis, S. 187, 194; *Franzina* in Viarengo/Villata, Planning the Future of Cross Border Families, S. 325, 329; *Garber* in Mayr, Handbuch des europäischen Zivilverfahrensrechts, Rn. 5.131; *ders.* in Geimer/Schütze, EuZVR, Art. 11 EuGüVO/EuPartVO Rn. 2; *Garber/Neumayr* in Arnold/Laimer, Die Europäischen Güterrechtsverordnungen, S. 107, 205 Rn. 225; *Hausmann*, Internationales und Europäisches Familienrecht, B Rn. 169, C Rn. 202; *Looschelders* in MünchKommBGB, Art. 11 EuGüVO Rn. 8; *Lukas*, Die Person mit unbekanntem Aufenthalt, S. 606; *Nagel/Gottwald*, IZPR, Rn. 4.143; *Panopoulos* in Pamboukis, EU Succes-

Konstellation ist im Anwendungsbereich der EuUntVO bereits aufgetreten, wie ein Beschluss des BGH aus dem Jahre 2015 zeigt[129]: Der BGH erachtete es als zweifelhaft, ob ein US-amerikanisches Gericht seine internationale Zuständigkeit für die Abänderung einer in Deutschland ergangenen Unterhaltsentscheidung annehmen würde, da nach dem Prozessrecht der USA eine Abänderungsentscheidung stets in dem Staat der Ursprungsentscheidung ergehen müsse[130]. Lasse sich in den USA keine Korrektur erreichen und kämen andere Zuständigkeitsgründe der EuUntVO nicht in Betracht, sei nach der überzeugenden Ansicht des BGH eine Zuständigkeit jedenfalls aus der Notzuständigkeit des Art. 7 EuUntVO herzuleiten[131]. Denn diese müsse auch Fälle erfassen, in denen der Justizgewährungsanspruch eines unterhaltspflichtigen Abänderungsinteressenten durch negative internationale Kompetenzkonflikte der Gerichte gefährdet werde[132]. Darüber hinaus kann es aus weiteren rechtlichen Gründen unmöglich sein, ein Verfahren in einem Drittstaat einzuleiten oder zu führen[133]. Zum Beispiel können Drittstaaten an einer Entscheidung gehindert sein, wenn ihnen verfahrenserhebliche Rechtsinstitute unbekannt sind[134] oder sie Ansprüche für bestimmte Personen nicht vorsehen. So ist es denkbar, dass die Geltendmachung erbrechtlicher Ansprüche durch den gleichgeschlechtlichen Ehe- oder Lebenspartner des Erblassers in einem Drittstaat bereits als unzulässig erachtet wird, wenn dem Drittstaat gleichgeschlechtliche Ehen oder Lebenspartnerschaften

---

sion Regulation, Art. 11 Rn. 7; *Reuß* in Geimer/Schütze/Hau, Internationaler Rechtsverkehr, Art. 7 VO Nr. 4/2009 Rn. 6; *J. Schmidt* in BeckOGK, Art. 11 EuErbVO Rn. 13.

[129] BGH, Beschl. v. 14.10.2015, FamRZ 2016, 115. Vgl. dazu auch *Dörner* in Saenger, ZPO, Art. 7 EuUnthVO Rn. 2; *Franzina* in Viarengo/Villata, Planning the Future of Cross Border Families, S. 325, 328 f.; *Hausmann*, Internationales und Europäisches Familienrecht, C Rn. 201 f., 232; *Kübler-Wachendorff*, Das forum necessitatis, S. 133; *Wurmnest* in BeckOGK, Art. 7 EU-UnterhaltsVO Rn. 15.

[130] BGH, Beschl. v. 14.10.2015, FamRZ 2016, 115.
[131] BGH, Beschl. v. 14.10.2015, FamRZ 2016, 115.
[132] BGH, Beschl. v. 14.10.2015, FamRZ 2016, 115.
[133] Vgl. *Franzina* in Viarengo/Villata, Planning the Future of Cross Border Families, S. 325, 329.
[134] Vgl. *Kübler-Wachendorff*, Das forum necessitatis, S. 143 ff. Das OLG Frankfurt am Main, Beschl. v. 26.5.2020, FamRZ 2020, 1502, 1504, ging für die Bekanntgabe des Inhalts einer bereits eröffneten Verfügung von Todes wegen davon aus, dass diese in Thailand, wo sich der Erblasser zuletzt gewöhnlich aufhielt, aus Rechtsgründen unmöglich sei. Denn die Hinterlegung eines Testaments beim Nachlassgericht sei nach thailändischem Recht nicht vorgesehen und eine amtliche Anerkennung ausländischer Testamente vor thailändischen Gerichten komme erst in Betracht, wenn die Erben vom Inhalt der Verfügung von Todes wegen Kenntnis erlangt haben (OLG Frankfurt am Main, aaO.). Allerdings ist zu beachten, dass es sich insoweit um ein nicht kontradiktorisch angelegtes Verfahren der freiwilligen Gerichtsbarkeit handelte.

unbekannt sind[135]. Weiterhin sehen die Rechtsordnungen mancher Staaten kein gesetzliches Erbrecht für nicht eheliche Kinder vor und erachten darauf gerichtete Rechtsschutzbegehren bereits als unzulässig[136]. Ein rechtlicher Hinderungsgrund kann ferner darin bestehen, dass Drittstaaten den Zugang zu Gericht beispielsweise für ausländische Staatsangehörige oder Personen, die nicht einer bestimmten Religion angehören, gänzlich ausschließen[137]. In sämtlichen angesprochenen Konstellationen droht eine Rechtsverweigerung, sodass von Unmöglichkeit auszugehen ist. Denn zwar soll durch die Notzuständigkeit kein Recht auf eine sachlich richtige oder dem Begehren des Rechtssuchenden entsprechende Entscheidung geschaffen werden[138]. Die Notzuständigkeit gewährleistet allerdings, dass eine Entscheidung in der Sache überhaupt möglich ist[139]. Sehen Mitgliedstaaten bestimmte Rechtsinstitute und Ansprüche vor, müssen sie für diesbezügliche Rechtsschutzbegehren einen Gerichtsstand eröffnen, wenn andere Staaten dazu nicht bereit sind und die weiteren Voraussetzungen der Notzuständigkeit erfüllt sind. Dies hindert die Mitgliedstaaten freilich nicht daran, ein Rechtsschutzbegehren in der Sache ablehnen zu dürfen.

---

[135] *Marongiu Buonaiuti* in Calvo Caravaca/Davì/Mansel, The EU Succession Regulation, Art. 11 Rn. 8. Demgegenüber von einer Unzumutbarkeit ausgehend, wenn der Drittstaat die gleichgeschlechtliche Ehe oder Lebenspartnerschaft nicht anerkenne, *Biagioni* in Viarengo/Franzina, The EU Regulations on the Property Regimes of International Couples, Rn. 11.18; *Looschelders* in MünchKommBGB, Art. 11 EuGüVO Rn. 9; *Lugani/Huynh* in Leible/Terhechte, Europäisches Rechtsschutz- und Verfahrensrecht, S. 743, 778 Rn. 81; *Makowsky* in NomosKommentarBGB, Art. 11 EuGüVO/EuPartVO Rn. 5; *Mankowski* in Dutta/J. Weber, Die europäischen Güterrechtsverordnungen, S. 11, 42 Rn. 64.

[136] *Marongiu Buonaiuti* in Calvo Caravaca/Davì/Mansel, The EU Succession Regulation, Art. 11 Rn. 8. Demgegenüber ordnet *Kübler-Wachendorff*, Das forum necessitatis, S. 154, dieses Beispiel der Unzumutbarkeit einer Verfahrensführung im Ausland zu, da die Frage, ob und mit welchem Anteil die Abkommen des Erblassers als seine Erben berufen sind, nach Art. 23 Abs. 2 lit. b EuErbVO materiellrechtlich zu qualifizieren sei und daher nicht zur Unmöglichkeit eines ausländischen Verfahrens führe. Gegen diese Ansicht spricht jedoch, dass über die Frage, ob eine Verfahrensabweisung im Ausland aus prozessualen oder aus materiellrechtlichen Gründen erfolgt, gerade die ausländische *lex fori* entscheidet. Ein Fall der Unzumutbarkeit liegt indes vor, wenn das gesetzliche Erbrecht für bestimmte Personen nicht gänzlich ausgeschlossen wird, sondern zum Beispiel geschlechtsspezifisch geringer ausfällt (vgl. in diesem Zusammenhang auch *Lagarde* in Liber amicorum für Kohler, S. 255, 265).

[137] *Bonomi* in Bonomi/Wautelet, Le droit européen des successions, Art. 11 Rn. 8; *Kübler-Wachendorff*, Das forum necessitatis, S. 158. Vgl. auch *Marongiu Buonaiuti* in Calvo Caravaca/Davì/Mansel, The EU Succession Regulation, Art. 11 Rn. 10.

[138] *Marongiu Buonaiuti* in Calvo Caravaca/Davì/Mansel, The EU Succession Regulation, Art. 11 Rn. 9. Vgl. auch *Biagioni*, CDT (März 2012), 20, 32; *Kübler-Wachendorff*, Das forum necessitatis, S. 178; *Rossolillo*, CDT (März 2010), 403, 414.

[139] *Kübler-Wachendorff*, Das forum necessitatis, S. 142 f.; *Marongiu Buonaiuti* in Calvo Caravaca/Davì/Mansel, The EU Succession Regulation, Art. 11 Rn. 9.

b) Unzumutbarkeit

Die Frage, wann es von einem Rechtssuchenden vernünftigerweise nicht erwartet werden kann, ein Verfahren in einem Drittstaat einzuleiten oder zu führen, ist aufgrund der Unbestimmtheit und mangels weitergehender gesetzgeberischer Anhaltspunkte im Einzelfall schwer zu beantworten[140]. Zur Konkretisierung bedarf es daher einer Fallgruppenbildung durch Literatur und Rechtsprechung, wobei dem EuGH die letztverantwortliche Auslegungskompetenz zukommt[141].

Als negativer Ausgangspunkt steht zumindest fest, dass bloße Unannehmlichkeiten oder Kompliziertheiten der drittstaatlichen Justiz oder Rechtsordnung nicht genügen, um eine Unzumutbarkeit zu begründen[142]. Darüber hinaus reichen die Erschwernisse, die allgemein mit einer Verfahrensführung im Ausland verbunden sind[143], nicht aus[144]. Schließlich genügt es nicht, dass im Inland eine günstigere Entscheidung zu erwarten ist als in dem Drittstaat, mit dem die Rechtssache eng verbunden ist[145]. Es kann daher zum Beispiel im Unterhaltsrecht nicht angeführt werden, dass ein Drittstaat für eine gegenüber dem Inland zurückhaltendere Unterhaltsbemessungspraxis bekannt sei[146]. Denn die Zweckmäßigkeit ausländischer Rechtsordnungen ist jedenfalls so lange nicht zu überprüfen, wie keine Grund- oder Menschenrechte des Rechtssuchenden verletzt werden[147].

Die Positivbeispiele, wann eine Unzumutbarkeit vorliegen kann, können grob drei übergeordneten Fallgruppen zugeteilt werden. Diese Unterteilung ist zwar nicht trennscharf, aber zur besseren Übersicht hilfreich.

---

[140] Vgl. auch *Biagioni*, CDT (März 2012), 20, 31; *Marongiu Buonaiuti* in Calvo Caravaca/Davì/Mansel, The EU Succession Regulation, Art. 11 Rn. 11.

[141] Dazu allgemein *Köhler* in Gierl/Köhler/Kroiß/Wilsch, Internationales Erbrecht, Teil 1 § 3 Rn. 35.

[142] *Geimer* in Zöller, ZPO, Art. 7 EuUntVO Rn. 2; *Geimer/Garber* in Geimer/Schütze, EuZVR, Art. 7 EuUnthVO Rn. 2.

[143] Dazu oben unter § 5 A I 1 (S. 72).

[144] *Kübler-Wachendorff*, Das forum necessitatis, S. 160; *Wurmnest* in BeckOGK, Art. 7 EU-UnterhaltsVO Rn. 20.

[145] *Lagarde* in Liber amicorum für Kohler, S. 255, 262; *Rauscher* in MünchKommFamFG, Art. 11 EU-ErbVO Rn. 6; *Wurmnest* in BeckOGK, Art. 7 EU-UnterhaltsVO Rn. 20.

[146] Vgl. *Andrae* in Rauscher, EuZPR/EuIPR, Art. 7 EG-UntVO Rn. 9; *Geimer* in Zöller, ZPO, Art. 7 EuUntVO Rn. 2; *Geimer/Garber* in Geimer/Schütze, EuZVR, Art. 7 EuUnthVO Rn. 2; *Kübler-Wachendorff*, Das forum necessitatis, S. 179; *M. Weber* in Mayr, Handbuch des europäischen Zivilverfahrensrechts, Rn. 6.212; *Wurmnest* in BeckOGK, Art. 7 EU-UnterhaltsVO Rn. 20.

[147] Vgl. *Biagioni*, CDT (März 2012), 20, 32.

aa) Generelle Unzumutbarkeit des Verfahrens

Erstens kann ein Verfahren in einem Drittstaat generell unzumutbar sein[148]. Gemeint ist damit, dass jedes potenzielle Verfahren in dem Drittstaat jedem beliebigen Rechtssuchenden von vornherein nicht zuzumuten ist. Dies ist der Fall, wenn infolge der institutionellen Einrichtung der Justiz in dem Drittstaat kein Verfahren durchgeführt werden kann, das elementare rechtsstaatliche Garantien – wie sie im Recht auf ein faires Verfahren in Art. 6 EMRK verankert sind[149] – wahrt[150], oder der Zugang zu einem solchen Verfahren praktisch unmöglich oder nicht effektiv ausgestaltet ist[151]. Konkret trifft das auf sogenannte *failed* beziehungsweise *failing states*[152] oder auf Drittstaaten zu, deren Justiz-

---

[148] So auch *Andrae* in Rauscher, EuZPR/EuIPR, Art. 7 EG-UntVO Rn. 9; *M. Weber* in Mayr, Handbuch des europäischen Zivilverfahrensrechts, Rn. 6.212; vgl. auch *Mayer* in MünchKommFamFG, Art. 11 EU-EheGüVO Rn. 6; *Reuß* in Geimer/Schütze/Hau, Internationaler Rechtsverkehr, Art. 7 VO Nr. 4/2009 Rn. 6; *Wurmnest* in BeckOGK, Art. 7 EU-UnterhaltsVO Rn. 17. Die „generelle Unzumutbarkeit" in einem deutlich weiteren Sinne verwendend jedoch *Wall* in Geimer/Schütze/Hau, Internationaler Rechtsverkehr, Art. 11 Europäische Erbrechtsverordnung 2012 Rn. 22 ff.

[149] Nicht zuletzt um eine unionsweit einheitliche Auslegung zu ermöglichen, ist das Recht auf ein faires Verfahren aus Art. 6 Abs. 1 EMRK ebenso wie die Parallelvorschrift des Art. 47 Abs. 2 GRC als Maßstab heranzuziehen; auf dieses Recht abstellend *Biagioni* in Viarengo/Franzina, The EU Regulations on the Property Regimes of International Couples, Rn. 11.18; *Eichel* in jurisPK-BGB, Art. 11 EuErbVO Rn. 7; *Kübler-Wachendorff*, Das forum necessitatis, S. 161; *Marongiu Buonaiuti* in Calvo Caravaca/Davì/Mansel, The EU Succession Regulation, Art. 11 Rn. 10; *Mayer* in MünchKommFamFG, Art. 11 EU-EheGüVO Rn. 6; *Panopoulos* in Pamboukis, EU Succession Regulation, Art. 11 Rn. 9; *Rauscher* in MünchKommFamFG, Art. 11 EU-ErbVO Rn. 6.

[150] Vgl. *Andrae* in Rauscher, EuZPR/EuIPR, Art. 7 EG-UntVO Rn. 9; *Geimer/Garber* in Geimer/Schütze, EuZVR, Art. 11 EuErbVO Rn. 4; *Gitschthaler* in Deixler-Hübner/Schauer, EuErbVO, Art. 11 Rn. 3; *Hausmann*, Internationales und Europäisches Familienrecht, B Rn. 170, C Rn. 203; *Lukas*, Die Person mit unbekanntem Aufenthalt, S. 607; *Reuß* in Geimer/Schütze/Hau, Internationaler Rechtsverkehr, Art. 7 VO Nr. 4/2009 Rn. 6; *J. Schmidt* in BeckOGK, Art. 11 EuErbVO Rn. 14; *Wall* in Geimer/Schütze/Hau, Internationaler Rechtsverkehr, Art. 11 Europäische Erbrechtsverordnung 2012 Rn. 22; *M. Weber* in Mayr, Handbuch des europäischen Zivilverfahrensrechts, Rn. 6.212; *Wurmnest* in BeckOGK, Art. 7 EU-UnterhaltsVO Rn. 17. Vgl. auch *Wittwer* in Mayr, Handbuch des europäischen Zivilverfahrensrechts, Rn. 7.74. Demgegenüber tritt *Nwapi*, UBC L. Rev. 47 (2014), 211, 263 f., 273, allgemein dafür ein, dass Überlegungen zu der Frage, ob im Ausland ein faires Verfahren möglich sei, bei der Notzuständigkeit gänzlich außer Betracht bleiben sollten, da es schwierig sei, für solche Behauptungen objektive und vertrauenswürdige Quellen zu finden.

[151] *Biagioni* in Viarengo/Franzina, The EU Regulations on the Property Regimes of International Couples, Rn. 11.18.

[152] In Bezug auf diese Staaten ist eine Differenzierung zwischen der Unmöglichkeit und Unzumutbarkeit kaum möglich; offenlassend daher *Hertel* in Rauscher, EuZPR/EuIPR, Art. 11 EU-ErbVO Rn. 5; für Unmöglichkeit *Rauscher* in MünchKommFamFG, Art. 11 EU-ErbVO

systeme zum Beispiel von Korruption[153] oder mangelnder Unabhängigkeit und Objektivität[154] geprägt sind. Darüber hinaus scheidet ein praktischer und effektiver Zugang zu Gericht aus, wenn die Verfahren in diesem Staat allgemein[155] und systembedingt[156] menschenrechtswidrig lange dauern[157] oder die Verfahrenskosten prohibitiv hoch[158] sind und auch nicht durch die Möglichkeit einer Verfahrenskostenhilfe ausgeglichen werden[159].

Rn. 4; wohl ebenfalls Unmöglichkeit bejahend *Gitschthaler* in Deixler-Hübner/Schauer, EuErbVO, Art. 11 Rn. 3. Im Zweifel ist jedenfalls von einer Unzumutbarkeit auszugehen.

[153] *Bonomi* in Bonomi/Wautelet, Le droit européen des successions, Art. 11 Rn. 10; *Dörner* in Saenger, ZPO, Art. 7 EuUnthVO Rn. 2; *Eichel* in jurisPK-BGB, Art. 11 EuErbVO Rn. 7; *Gitschthaler* in Deixler-Hübner/Schauer, EuErbVO, Art. 11 Rn. 3; *Hau* in Prütting/Helms, FamFG, Anhang 3 zu § 110: EuUntVO Rn. 60; *Hausmann*, Internationales und Europäisches Familienrecht, B Rn. 170, C Rn. 203; *Lipp* in MünchKommFamFG, Art. 7 EG-UntVO Rn. 6; *Makowsky* in NomosKommentarBGB, Art. 11 EuErbVO Rn. 6; *Marongiu Buonaiuti* in Calvo Caravaca/Davì/Mansel, The EU Succession Regulation, Art. 11 Rn. 10; *Mayer* in MünchKommFamFG, Art. 11 EU-EheGüVO Rn. 6; *Nagel/Gottwald*, IZPR, Rn. 4.143; *Rauscher* in MünchKommFamFG, Art. 11 EU-ErbVO Rn. 6; *Wurmnest* in BeckOGK, Art. 7 EU-UnterhaltsVO Rn. 17.

[154] *Franzina* in Viarengo/Villata, Planning the Future of Cross Border Families, S. 325, 329; *Garber* in Mayr, Handbuch des europäischen Zivilverfahrensrechts, Rn. 5.131; *ders.* in Geimer/Schütze, EuZVR, Art. 11 EuGüVO/EuPartVO Rn. 2; *Garber/Neumayr* in Arnold/Laimer, Die Europäischen Güterrechtsverordnungen, S. 107, 206 Rn. 225; *Geimer/Garber* in Geimer/Schütze, EuZVR, Art. 11 EuErbVO Rn. 4; *Kübler-Wachendorff*, Das forum necessitatis, S. 161; *Marongiu Buonaiuti* in Calvo Caravaca/Davì/Mansel, The EU Succession Regulation, Art. 11 Rn. 10; *Mayer* in MünchKommFamFG, Art. 11 EU-EheGüVO Rn. 6.

[155] *Garber/Neumayr* in Arnold/Laimer, Die Europäischen Güterrechtsverordnungen, S. 107, 205 Rn. 225.

[156] Vgl. *Eichel* in jurisPK-BGB, Art. 11 EuErbVO Rn. 7; *Hau* in Prütting/Helms, FamFG, Anhang 3 zu § 110: EuUntVO Rn. 60; *Lipp* in MünchKommFamFG, Art. 7 EG-UntVO Rn. 6; *Mayer* in MünchKommFamFG, Art. 11 EU-EheGüVO Rn. 6.

[157] Siehe zum genauen Maßstab unten unter § 11 A II 3 b bb (S. 230 f.).

[158] *Reuß* in Geimer/Schütze/Hau, Internationaler Rechtsverkehr, Art. 7 VO Nr. 4/2009 Rn. 6; *Wall* in Geimer/Schütze/Hau, Internationaler Rechtsverkehr, Art. 11 Europäische Erbrechtsverordnung 2012 Rn. 22; vgl. auch *Marongiu Buonaiuti* in Calvo Caravaca/Davì/Mansel, The EU Succession Regulation, Art. 11 Rn. 10, zu unverhältnismäßig hohen Verfahrenskostenvorschüssen. Freilich genügt der Umstand, dass ein Verfahren im Drittstaat finanziell aufwendiger ist, allein nicht, um von einer Unzumutbarkeit auszugehen, siehe *Eichel*, RabelsZ 85 (2021), 76, 100 f.; *Garber* in Geimer/Schütze, EuZVR, Art. 11 EuGüVO/EuPartVO Rn. 2; *Garber/Neumayr* in Arnold/Laimer, Die Europäischen Güterrechtsverordnungen, S. 107, 206 f. Rn. 226; *Gitschthaler* in Deixler-Hübner/Schauer, EuErbVO, Art. 11 Rn. 3.

[159] *Bidell*, Zuständigkeiten der EuGVO, S. 194; *Garber/Neumayr* in Arnold/Laimer, Die Europäischen Güterrechtsverordnungen, S. 107, 206 Rn. 226; *Kübler-Wachendorff*, Das forum necessitatis, S. 168 f.; *Reuß* in Geimer/Schütze/Hau, Internationaler Rechtsverkehr, Art. 7 VO Nr. 4/2009 Rn. 6; *Wall* in Geimer/Schütze/Hau, Internationaler Rechtsverkehr, Art. 11 Europäische Erbrechtsverordnung 2012 Rn. 22; einschränkend *Mayer* in MünchKommFamFG, Art. 11 EU-EheGüVO Rn. 6, zu fordern sei, dass der Kläger nachweisbar

bb) Unzumutbarkeit des konkreten Verfahrens

Zweitens kann ein konkretes Verfahren unzumutbar sein. In diesen Konstellationen ist die Justiz eines Drittstaats institutionell zwar grundsätzlich dazu in der Lage, zumutbaren Rechtsschutz zu gewähren, aber das konkrete Verfahren ist dem Rechtssuchenden gleichwohl unzumutbar. Diese Unzumutbarkeit kommt zunächst aus Gründen in Betracht, die von der Person des Rechtssuchenden unabhängig sind. Dabei handelt es sich im Wesentlichen um diejenigen Aspekte, die bereits zu einer generellen Unzumutbarkeit der Verfahren führen konnten. Denn eine generelle Unzumutbarkeit ist nur zu bejahen, wenn ausnahmslos jedes Verfahren von diesen Umständen betroffen ist. Kommt es in einem Drittstaat demgegenüber nicht stets zu Verstößen gegen elementare Prinzipien des Rechts auf ein faires Verfahren, muss in Bezug auf das konkrete Verfahren die Gefahr eines derartigen Verstoßes drohen, um von einer Unzumutbarkeit ausgehen zu können. Vielfach erwähnt wird in diesem Zusammenhang insbesondere die Unzumutbarkeit aufgrund einer konkret überlangen Verfahrensdauer[160]. Von einer solchen kann indes nicht bereits ausgegangen werden, wenn die drittstaatliche Justiz „schleppender" als die innerstaatliche ist[161] und Verfahren daher länger dauern[162]. Vielmehr ist im Einzelfall[163] zu prüfen, ob die Verfahrensdauer dem Rechtssuchenden noch zumutbar ist, wobei die Anforderungen des Rechts auf ein faires Verfahren aus Art. 6 Abs. 1 EMRK sowie Art. 47 Abs. 2 GRC als Maßstab heranzuziehen sind[164]. Jedenfalls zu lange dauert ein dritt-

---

nicht über die finanziellen Mittel verfüge, um ein Verfahren einleiten zu können; dem ist insoweit zuzustimmen, als es eine Frage des Einzelfalls ist, ob die Verfahrenskosten in einem Staat derart hoch sind, dass sie niemandem zugemutet werden können, weil sie insgesamt unverhältnismäßig sind, oder nur von bestimmten (mittellosen) Personen nicht erbracht werden können; daran wird zugleich die Überschneidung der Fallgruppe einer generellen Unzumutbarkeit mit jener einer konkreten Unzumutbarkeit deutlich.

[160] Siehe neben den in den folgenden Fußnoten Genannten auch *Dörner* in Saenger, ZPO, Art. 7 EuUnthVO Rn. 2; *Junker*, IZPR, § 20 Rn. 30; *Launhardt*, Europäisierung der internationalen Zuständigkeit im Ehegüterrecht, S. 248; *Lugani/Huynh* in Leible/Terhechte, Europäisches Rechtsschutz- und Verfahrensrecht, S. 743, 778 Rn. 81; *Rauscher* in MünchKomm-FamFG, Art. 11 EU-ErbVO Rn. 6; *J. Schmidt* in BeckOGK, Art. 11 EuErbVO Rn. 14.

[161] *Andrae* in Rauscher, EuZPR/EuIPR, Art. 7 EG-UntVO Rn. 9; *M. Weber* in Mayr, Handbuch des europäischen Zivilverfahrensrechts, Rn. 6.212.

[162] Vgl. *Geimer* in Zöller, ZPO, Art. 7 EuUntVO Rn. 2; *Geimer/Garber* in Geimer/Schütze, EuZVR, Art. 7 EuUnthVO Rn. 2; *Gitschthaler* in Deixler-Hübner/Schauer, EuErbVO, Art. 11 Rn. 3; *Reuß* in Geimer/Schütze/Hau, Internationaler Rechtsverkehr, Art. 7 VO Nr. 4/2009 Rn. 6; *Wall* in Geimer/Schütze/Hau, Internationaler Rechtsverkehr, Art. 11 Europäische Erbrechtsverordnung 2012 Rn. 22; *Wurmnest* in BeckOGK, Art. 7 EU-UnterhaltsVO Rn. 20.

[163] Vgl. *Bidell*, Zuständigkeiten der EuGVO, S. 194; *Kübler-Wachendorff*, Das forum necessitatis, S. 164 f.

[164] *Garber/Neumayr* in Arnold/Laimer, Die Europäischen Güterrechtsverordnungen,

staatliches Verfahren, wenn dort eine dringend benötigte Entscheidung nicht rechtzeitig erwirkt werden könnte[165].

Des Weiteren kann die Unzumutbarkeit des konkreten Verfahrens auch in der Person des Rechtssuchenden begründet sein. Darunter fallen insbesondere Konstellationen, in denen dem Rechtssuchenden in dem konkreten Verfahren vor dem drittstaatlichen Gericht eine diskriminierende Behandlung droht[166] – sei es wegen des Geschlechts[167], der Staatsangehörigkeit[168], der Religion[169] oder aus anderen Gründen[170]. So ist zum Beispiel einer Rechtssuchenden ein drittstaatliches Nachlassverfahren nicht zuzumuten, wenn ihr nach dem im Drittstaat anwendbaren Erbrecht allein aufgrund ihres Geschlechts eine geringere gesetzliche Erbquote am Nachlass ihres Vaters zustünde als ihrem Bruder[171]. Bemerkenswert ist darüber hinaus eine Entscheidung des *High Court of England and*

S. 107, 205 Rn. 225. Vgl. auch *Bidell*, Zuständigkeiten der EuGVO, S. 194 Fn. 639; *Makowsky* in NomosKommentarBGB, Art. 11 EuGüVO/EuPartVO Rn. 5; *Mankowski* in Dutta/J. Weber, Die europäischen Güterrechtsverordnungen, S. 11, 42 Rn. 64. Vgl. allgemein zu diesem Maßstab ferner *Marongiu Buonaiuti* in Calvo Caravaca/Davi/Mansel, The EU Succession Regulation, Art. 11 Rn. 11.

[165] *Garber* in Mayr, Handbuch des europäischen Zivilverfahrensrechts, Rn. 5.131; *ders.* in Geimer/Schütze, EuZVR, Art. 11 EuGüVO/EuPartVO Rn. 2; *Garber/Neumayr* in Arnold/Laimer, Die Europäischen Güterrechtsverordnungen, S. 107, 205 Rn. 225. In Bezug auf das Unterhaltsrecht wird vertreten, dass eine zu erwartende überlange Prozessdauer den Tatbestand der Unmöglichkeit erfülle, wenn dadurch der Sinn der Erstreitung des Unterhaltstitels – nämlich die geschuldete Leistung für den Lebensunterhalt zu erstreiten – verloren gehe (*Andrae* in Rauscher, EuZPR/EuIPR, Art. 7 EG-UntVO Rn. 8; *Hausmann*, Internationales und Europäisches Familienrecht, C Rn. 202; *Nagel/Gottwald*, IZPR, Rn. 4.143); demgegenüber in diesen Konstellationen eine Unzumutbarkeit annehmend *Kübler-Wachendorff*, Das forum necessitatis, S. 164; *Wurmnest* in BeckOGK, Art. 7 EU-UnterhaltsVO Rn. 20.

[166] *Bonomi* in Bonomi/Wautelet, Le droit européen des successions, Art. 11 Rn. 10; *Gitschthaler* in Deixler-Hübner/Schauer, EuErbVO, Art. 11 Rn. 4; *J. Schmidt* in BeckOGK, Art. 11 EuErbVO Rn. 14; *Wurmnest* in BeckOGK, Art. 7 EU-UnterhaltsVO Rn. 17. Diese Konstellationen überschneiden sich deutlich mit den Konstellationen einer Anerkennungslücke, wenn ein *ordre public*-Verstoß bereits absehbar ist, siehe dazu unten unter § 11 A II 3 c (S. 234 f.).

[167] *Biagioni* in Viarengo/Franzina, The EU Regulations on the Property Regimes of International Couples, Rn. 11.18; *Dörner* in Saenger, ZPO, Art. 7 EuUnthVO Rn. 2; *Looschelders* in MünchKommBGB, Art. 11 EuGüVO Rn. 9.

[168] *Hausmann*, Internationales und Europäisches Familienrecht, B Rn. 170, C Rn. 203.

[169] *Biagioni* in Viarengo/Franzina, The EU Regulations on the Property Regimes of International Couples, Rn. 11.18.

[170] Abgestellt werden kann insoweit auf das Diskriminierungsverbot in Art. 21 GRC, in dem nicht abschließend einige potenzielle Diskriminierungsgründe aufgelistet werden, *Biagioni* in Viarengo/Franzina, The EU Regulations on the Property Regimes of International Couples, Rn. 11.18.

[171] Siehe *Panopoulos* in Pamboukis, EU Succession Regulation, Art. 11 Rn. 9. Vgl. auch *Kübler-Wachendorff*, Das forum necessitatis, S. 186.

Wales, in der die Unzumutbarkeit des konkreten Verfahrens in einem Drittstaat aus dem Verhalten des Antragsgegners abgeleitet wurde[172]. Dieser habe die Antragstellerin dazu veranlasst, vor einem englischen Gericht zu prozessieren, dessen internationale Zuständigkeit er im Verfahren allerdings bestritt[173]. Nach Überzeugung des Gerichts verfolgte der Antragsgegner mit diesem und seinem sonstigen Verhalten einzig das Ziel, der Antragstellerin die Möglichkeit zur Rechtsverfolgung zu nehmen[174]. Infolge des – vor allem finanziellen – Aufwands, der mit der Verfahrensführung in England verbunden war, seien die Schwierigkeiten, nunmehr in einem anderen Staat zu prozessieren, für die Antragstellerin immens und unüberwindbar[175]. Daher sei eine Verfahrensführung in diesen Staaten unzumutbar[176]. Diese Entscheidung verdient insoweit Zustimmung, als die Unzumutbarkeit des konkreten Verfahrens aus einem Verhalten des Antragsgegners oder Beklagten folgen kann[177]. Das gilt aber nur in denjenigen Ausnahmefällen, in denen das Verhalten des Antragsgegners oder Beklagten nicht mehr als zulässige Prozesstaktik angesehen werden kann, sondern rechtsmissbräuchlich ist[178].

cc) Unzumutbarkeit des persönlichen Erscheinens

Drittens und letztens kann dem Rechtssuchenden ein konkretes Verfahren in dem Drittstaat zwar zumutbar sein, sein persönliches Erscheinen allerdings nicht. Mit Blick auf diese Konstellationen ist in einem ersten Schritt zu klären, ob der Rechtssuchende überhaupt persönlich vor dem drittstaatlichen Gericht

---

[172] *Baldwin v Baldwin* [2014] EWHC 4857 (Fam).
[173] *Baldwin v Baldwin* [2014] EWHC 4857 (Fam), Rn. 58.
[174] *Baldwin v Baldwin* [2014] EWHC 4857 (Fam), Rn. 61.
[175] *Baldwin v Baldwin* [2014] EWHC 4857 (Fam), Rn. 61.
[176] *Baldwin v Baldwin* [2014] EWHC 4857 (Fam), Rn. 61.
[177] Vgl. auch *Franzina* in Viarengo/Villata, Planning the Future of Cross Border Families, S. 325, 329.
[178] Zum Rechtsmissbrauch als anerkanntem Institut des Europarechts bereits oben in § 8 Fn. 40. Die hohen Anforderungen an den Rechtsmissbrauch scheinen in dem Sachverhalt des High Court erfüllt zu sein, wird dort z. B. sehr drastisch ausgeführt: „Indeed, I conclude that he [der Antragsteller] is trying to starve the wife out of her capacity to run legal proceedings in this jurisdiction" (*Baldwin v Baldwin* [2014] EWHC 4857 (Fam), Rn. 61). Vgl. auch die Entscheidung des Superior Court of Ontario, *Obégi v. Kilani*, 2011 ONSC 1636, Rn. 106 ff., in der die Notzuständigkeit auf das bisherige sowie das prognostizierte künftige Verhalten der Beklagten gestützt wurde. Diese hatten sich aufgrund ihrer hohen Mobilität bereits mehrfach Verfahren und einer Vollstreckung im Ausland entzogen und es stand nach Überzeugung des Gerichts zu befürchten, dass sie sich auch weiteren Verpflichtungen entziehen würden, was z. B. gefälschte Ausweispapiere nahelegten, die bei den Beklagten gefunden wurden (*Obégi v. Kilani*, 2011 ONSC 1636, Rn. 106 ff.).

erscheinen muss[179]. Wird keine persönliche Anwesenheit gefordert, käme eine Unzumutbarkeit des Verfahrens nämlich nur in Betracht, wenn es dem Rechtssuchenden nicht möglich oder zuzumuten wäre, sich in dem drittstaatlichen Verfahren rechtskundig vertreten zu lassen[180]. Konkret kann ein Rechtssuchender zum Beispiel an einer persönlichen Verfahrensführung im Drittstaat gehindert sein, sollte er in diesem Staat politisch verfolgt werden[181] – freilich wird der Rechtssuchende in einem solchen Staat in der Regel ohnehin kein faires und daher konkret zumutbares Verfahren erwarten können[182]. Darüber hinaus können dem Rechtssuchenden in dem Drittstaat Gefahren für Leib und Leben oder die persönliche Freiheit drohen[183], woran zu denken ist, wenn die bereits oben angeführten Umstände wie Bürgerkriege oder Naturkatastrophen noch nicht zu einem tatsächlichen Stillstand der Rechtspflege geführt haben[184]. Was die Ge-

---

[179] Diese Voraussetzung zumindest erwähnend *Kübler-Wachendorff*, Das forum necessitatis, S. 165; *Panopoulos* in Pamboukis, EU Succession Regulation, Art. 11 Rn. 9. Vgl. allgemein auch *Nwapi*, UBC L. Rev. 47 (2014), 211, 250.

[180] Vgl. *Gitschthaler* in Deixler-Hübner/Schauer, EuErbVO, Art. 11 Rn. 4.

[181] *Andrae* in Rauscher, EuZPR/EuIPR, Art. 7 EG-UntVO Rn. 9; *Bidell*, Zuständigkeiten der EuGVO, S. 193 f.; *Dutta* in MünchKommBGB, Art. 11 EuErbVO Rn. 1; *Ereciński/Weitz* in FS für Kaissis, S. 187, 194; *Ferrand* in Campuzano Díaz/Czepelak/Rodríguez Benot/Rodríquez Vázquez, Latest Developments in EU Private International Law, S. 83, 94; *Garber/Neumayr* in Arnold/Laimer, Die Europäischen Güterrechtsverordnungen, S. 107, 206 Rn. 225; *Geimer/Garber* in Geimer/Schütze, EuZVR, Art. 11 EuErbVO Rn. 4; *Gitschthaler* in Deixler-Hübner/Schauer, EuErbVO, Art. 11 Rn. 4; *Gruber*, IPRax 2010, 128, 134; *Hausmann*, Internationales und Europäisches Familienrecht, B Rn. 170, C Rn. 203; *Kübler-Wachendorff*, Das forum necessitatis, S. 165; *Launhardt*, Europäisierung der internationalen Zuständigkeit im Ehegüterrecht, S. 248; *Looschelders* in MünchKommBGB, Art. 11 EuGüVO Rn. 9; *Makowsky* in NomosKommentarBGB, Art. 11 EuErbVO Rn. 6; *Nagel/Gottwald*, IZPR, Rn. 4.143, 4.170, 4.211; *Rauscher* in MünchKommFamFG, Art. 11 EU-ErbVO Rn. 6; *Reuß* in Geimer/Schütze/Hau, Internationaler Rechtsverkehr, Art. 7 VO Nr. 4/2009 Rn. 6; *Simotta*, ZVglRWiss 116 (2017), 44, 86; *Wall* in Geimer/Schütze/Hau, Internationaler Rechtsverkehr, Art. 11 Europäische Erbrechtsverordnung 2012 Rn. 25; *M. Weber* in Mayr, Handbuch des europäischen Zivilverfahrensrechts, Rn. 6.212; *Wurmnest* in BeckOGK, Art. 7 EU-UnterhaltsVO Rn. 17. Vgl. auch *Bonomi* in Bonomi/Wautelet, Le droit européen des successions, Art. 11 Rn. 9, welcher die Gefahr der Verfolgung allerdings als Anwendungsfall der Unmöglichkeit auffasst. Ein solcher Sachverhalt lag zum Beispiel der Entscheidung des Superior Court of Ontario, *Mohammad v. Tarraf*, 2019 ONSC 1701, Rn. 44, zugrunde.

[182] *Hertel* in Rauscher, EuZPR/EuIPR, Art. 11 EU-ErbVO Rn. 5. Vgl. auch *Andrae* in Rauscher, EuZPR/EuIPR, Art. 7 EG-UntVO Rn. 9; *Gitschthaler* in Deixler-Hübner/Schauer, EuErbVO, Art. 11 Rn. 4.

[183] *Panopoulos* in Pamboukis, EU Succession Regulation, Art. 11 Rn. 8, mit dem Beispiel, dass Frauen in manchen afrikanischen Rechtsordnungen dazu gezwungen wären, sich einer weiblichen Genitalbeschneidung zu unterziehen; zustimmend *Kübler-Wachendorff*, Das forum necessitatis, S. 195; *J. Schmidt* in BeckOGK, Art. 11 EuErbVO Rn. 14.

[184] Siehe dazu bereits oben unter § 11 A II 3 a (S. 223 f.).

fahr einer strafrechtlichen Verfolgung betrifft, muss differenziert werden[185]: Das persönliche Erscheinen ist einem Rechtssuchenden aus diesem Grund nur dann nicht zuzumuten, wenn das drittstaatliche Strafverfahren elementare Anforderungen des Rechts auf ein faires Verfahren nicht erfüllt[186] oder dem Rechtssuchenden die Todesstrafe droht[187]. Schließlich kann die Verfahrensführung einem Rechtssuchenden unzumutbar sein, wenn er daran gehindert ist, in den Drittstaat einzureisen, weil er kein Visum besitzt und mangels finanzieller Mittel auch nicht erlangen kann[188].

c) Anwendbarkeit auf Konstellationen einer Anerkennungslücke

Die geschriebenen Notzuständigkeiten erfassen Konstellationen einer Anerkennungslücke nicht ausdrücklich. Dennoch kann eine drohende Anerkennungslücke im Inland jedenfalls dann zur Eröffnung einer Notzuständigkeit führen, wenn im Drittstaat noch keine Entscheidung ergangen ist[189]. Denn ist von An-

---

[185] So auch *Dörner* in Saenger, ZPO, Art. 7 EuUnthVO Rn. 2; *Geimer* in Zöller, ZPO, Art. 7 EuUntVO Rn. 2; *Geimer/Garber* in Geimer/Schütze, EuZVR, Art. 7 EuUnthVO Rn. 2; *Kübler-Wachendorff*, Das forum necessitatis, S. 166 f.; *Mayer* in MünchKommFamFG, Art. 11 EU-EheGüVO Rn. 6; *Reuß* in Geimer/Schütze/Hau, Internationaler Rechtsverkehr, Art. 7 VO Nr. 4/2009 Rn. 6; *J. Schmidt* in BeckOGK, Art. 11 EuErbVO Rn. 14; *Wall* in Geimer/Schütze/Hau, Internationaler Rechtsverkehr, Art. 11 Europäische Erbrechtsverordnung 2012 Rn. 25; *Wurmnest* in BeckOGK, Art. 7 EU-UnterhaltsVO Rn. 19. Keine Differenzierung erwähnend *Garber/Neumayr* in Arnold/Laimer, Die Europäischen Güterrechtsverordnungen, S. 107, 206 Rn. 225; *Gruber*, IPRax 2010, 128, 134; *Hau* in Prütting/Helms, FamFG, Anhang 3 zu § 110: EuUntVO Rn. 60; *Hausmann*, Internationales und Europäisches Familienrecht, B Rn. 170, C Rn. 203; *Rauscher* in MünchKommFamFG, Art. 11 EU-ErbVO Rn. 6.
[186] Vgl. auch *Dörner* in Saenger, ZPO, Art. 7 EuUnthVO Rn. 2; *Geimer* in Zöller, ZPO, Art. 7 EuUntVO Rn. 2; *Geimer/Garber* in Geimer/Schütze, EuZVR, Art. 7 EuUnthVO Rn. 2; *Kübler-Wachendorff*, Das forum necessitatis, S. 166; *Mayer* in MünchKommFamFG, Art. 11 EU-EheGüVO Rn. 6; *Reuß* in Geimer/Schütze/Hau, Internationaler Rechtsverkehr, Art. 7 VO Nr. 4/2009 Rn. 6; *J. Schmidt* in BeckOGK, Art. 11 EuErbVO Rn. 14; *Wall* in Geimer/Schütze/Hau, Internationaler Rechtsverkehr, Art. 11 Europäische Erbrechtsverordnung 2012 Rn. 25; *Wurmnest* in BeckOGK, Art. 7 EU-UnterhaltsVO Rn. 19.
[187] *Kübler-Wachendorff*, Das forum necessitatis, S. 166 f.; *Looschelders* in MünchKommBGB, Art. 11 EuGüVO Rn. 9; *Mayer* in MünchKommFamFG, Art. 11 EU-EheGüVO Rn. 6.
[188] *Baldwin v Baldwin* [2014] EWHC 4857 (Fam), Rn. 57.
[189] *Bonomi* in Bonomi/Wautelet, Le droit européen des successions, Art. 11 Rn. 11; *Ereciński/Weitz* in FS für Kaissis, S. 187, 194; *Gitschthaler* in Deixler-Hübner/Schauer, EuErbVO, Art. 11 Rn. 3, 5; *Hau* in FS für Kaissis, S. 355, 360; *ders.* in Prütting/Helms, FamFG, Anhang 3 zu § 110: EuUntVO Rn. 60; *Kübler-Wachendorff*, Das forum necessitatis, S. 171; *Lipp* in MünchKommFamFG, Art. 7 EG-UntVO Rn. 6; *Marongiu Buonaiuti* in Calvo Caravaca/Davi/Mansel, The EU Succession Regulation, Art. 11 Rn. 12; *Mayer* in MünchKommFamFG, Art. 11 EU-EheGüVO Rn. 6; für die drohende Anerkennungslücke im Falle eines Verstoßes gegen den *ordre public* oder mangels Verbürgung der Gegenseitigkeit *Hausmann*, Internationales und Europäisches Familienrecht, B Rn. 170, C Rn. 203; *Wall* in Geimer/

fang an abzusehen, dass eine drittstaatliche Entscheidung im Inland nicht anzuerkennen wäre, ist es dem Rechtssuchenden nicht zumutbar, ein Verfahren in diesem Staat einzuleiten oder zu führen[190], soweit er einer Anerkennung und/ oder Vollstreckung der Entscheidung im Inland bedarf[191]. So könnte eine Entscheidung zum Beispiel absehbar gegen den anerkennungsrechtlichen *ordre public* verstoßen, wenn das im Drittstaat anwendbare Erbrecht mit Blick auf das Geschlecht[192] oder die Religionszugehörigkeit[193] unterschiedliche Erbquoten festsetzt[194]. Darüber hinaus ist es aus der Sicht des autonomen deutschen Anerkennungsrechts ohne Weiteres abzusehen, dass eine drittstaatliche Entscheidung nicht anerkannt werden kann, wenn mit diesem Drittstaat die Gegenseitigkeit nicht verbürgt ist[195].

Schütze/Hau, Internationaler Rechtsverkehr, Art. 11 Europäische Erbrechtsverordnung 2012 Rn. 23 f.; *Wurmnest* in BeckOGK, Art. 7 EU-UnterhaltsVO Rn. 18; ausdrücklich nur die mangelnde Verbürgung der Gegenseitigkeit erwähnend *Nagel/Gottwald*, IZPR, Rn. 4.143.

[190] *Bonomi* in Bonomi/Wautelet, Le droit européen des successions, Art. 11 Rn. 11; *Ereciński/Weitz* in FS für Kaissis, S. 187, 194; *Gitschthaler* in Deixler-Hübner/Schauer, EuErbVO, Art. 11 Rn. 3; *Hau* in FS für Kaissis, S. 355, 360; *ders.* in Prütting/Helms, FamFG, Anhang 3 zu § 110: EuUntVO Rn. 60; *Lipp* in MünchKommFamFG, Art. 7 EG-UntVO Rn. 6; *Marongiu Buonaiuti* in Calvo Caravaca/Davì/Mansel, The EU Succession Regulation, Art. 11 Rn. 12; *Mayer* in MünchKommFamFG, Art. 11 EU-EheGüVO Rn. 6.

[191] Näher zu diesem Kriterium sogleich im Text.

[192] Vgl. *Gitschthaler* in Deixler-Hübner/Schauer, EuErbVO, Art. 11 Rn. 3; *Makowsky* in NomosKommentarBGB, Art. 11 EuErbVO Rn. 6; *Rauscher* in MünchKommFamFG, Art. 11 EU-ErbVO Rn. 5; *Wall* in Geimer/Schütze/Hau, Internationaler Rechtsverkehr, Art. 11 Europäische Erbrechtsverordnung 2012 Rn. 23.

[193] Vgl. *Gitschthaler* in Deixler-Hübner/Schauer, EuErbVO, Art. 11 Rn. 3; *Makowsky* in NomosKommentarBGB, Art. 11 EuErbVO Rn. 6; *Rauscher* in MünchKommFamFG, Art. 11 EU-ErbVO Rn. 5.

[194] Die Unzumutbarkeit ergäbe sich in diesen Konstellationen freilich ebenso daraus, dass aufgrund der Diskriminierung kein faires Verfahren in dem Drittstaat möglich ist; dazu bereits oben unter § 11 A II 3 b bb (S. 231 f.). Maßgeblich auf diesen Umstand abstellend und insoweit den *ordre public* als Maßstab heranziehend *Andrae* in Rauscher, EuZPR/EuIPR, Art. 7 EG-UntVO Rn. 9; *Makowsky* in NomosKommentarBGB, Art. 11 EuErbVO Rn. 6; *Panopoulos* in Pamboukis, EU Succession Regulation, Art. 11 Rn. 9; *Rauscher* in MünchKommFamFG, Art. 11 EU-ErbVO Rn. 5; *J. Schmidt* in BeckOGK, Art. 11 EuErbVO Rn. 14; *M. Weber* in Mayr, Handbuch des europäischen Zivilverfahrensrechts, Rn. 6.212.

[195] *Hau* in FS für Kaissis, S. 355, 360; *Nagel/Gottwald*, IZPR, Rn. 4.143; *Wall* in Geimer/ Schütze/Hau, Internationaler Rechtsverkehr, Art. 11 Europäische Erbrechtsverordnung 2012 Rn. 24. A. A. mit Blick auf die EuUntVO jedoch *Andrae* in Rauscher, EuZPR/EuIPR, Art. 7 EG-UntVO Rn. 10 f., da das autonome Zuständigkeitsrecht auch deshalb einen Vermögensgerichtsstand kenne, um bei mangelnder Verbürgung der Gegenseitigkeit, den Zugriff auf das inländische Vermögen zu gewährleisten; nachdem die EuUntVO indes keinen Vermögensgerichtsstand bereithalte, könne auf die Gefahr einer Anerkennungslücke nur reagiert werden, indem das Kriterium der Verbürgung der Gegenseitigkeit entfernt werde; die Notzuständigkeit solle demgegenüber nur in Ausnahmefällen eingreifen (*Andrae*, aaO. Rn. 11; im Ergeb-

Schwieriger zu beurteilen ist demgegenüber, ob auch nachdem eine drittstaatliche Entscheidung bereits ergangen ist, noch eine Notzuständigkeit eröffnet werden kann. Der Wortlaut der Vorschriften scheint diese Möglichkeit zunächst auszuschließen, da eine Verfahrenseinleitung oder -führung im Drittstaat nicht unmöglich oder unzumutbar sein kann, wenn dort eine Entscheidung schon erwirkt wurde[196]. In der Literatur wird die Anwendbarkeit der Vorschriften zur Notzuständigkeit gleichwohl bejaht[197]. Dem ist zuzustimmen, da nicht ersichtlich ist, warum zwischen dem Stadium vor und nach dem Erlass der drittstaatlichen Entscheidung differenziert werden sollte. Denn lässt man bereits die mangelnde Aussicht auf Anerkennung genügen, um eine Notzuständigkeit zu eröffnen, muss diese erst recht eröffnet werden, wenn sogar feststeht, dass die drittstaatliche Entscheidung im Inland nicht anerkannt wird. Dagegen kann auch kein Umkehrschluss aus dem Reformentwurf zur Brüssel I-VO aus dem Jahre 2010 angeführt werden[198]. Dieser enthielt eine Vorschrift zur Notzuständigkeit, die ausdrücklich auch Konstellationen erfassen sollte, in denen eine in einem Drittstaat ergangene Entscheidung im angerufenen Mitgliedstaat nicht anerkannt und vollstreckt werden könnte[199]. Mithin umfasste bereits der Wortlaut der Vorschrift die Anerkennungslücke als eigenständigen Anwendungsfall der Notzuständigkeit, sodass er sich wesentlich von den geschriebenen Notzuständigkeiten des Internationalen Familien- und Erbrechts unterscheidet. Gleichwohl lässt sich aus dieser abweichenden Formulierung nicht ableiten, dass die Anerkennungslücke in den geschriebenen Notzuständigkeiten des Internationalen Familien- und Erbrechts nicht anzuerkennen sei. Denn gegen einen solchen Umkehrschluss spricht bereits, dass die Vorschrift zur Notzustän-

---

nis auch *M. Weber* in Mayr, Handbuch des europäischen Zivilverfahrensrechts, Rn. 6.212). Diese Einschätzung vermag allerdings nicht zu überzeugen, da die Mitgliedstaaten – mangels Vereinheitlichung der Anerkennungsregeln in Bezug auf Drittstaaten – frei darin sind, die Voraussetzungen der Anerkennung zu bestimmen; der in der Folge auftretenden Gefahr von Rechtsschutzlücken soll durch die Notzuständigkeit gerade umfassend begegnet werden (im Ergebnis auch *Hausmann*, Internationales und Europäisches Familienrecht, C Rn. 203).

[196] Vgl. *Hau* in FS für Kaissis, S. 355, 360; *Kübler-Wachendorff*, Das forum necessitatis, S. 172. Vgl. auch *Ereciński/Weitz* in FS für Kaissis, S. 187, 194.

[197] *Ereciński/Weitz* in FS für Kaissis, S. 187, 194; *Gitschthaler* in Deixler-Hübner/Schauer, EuErbVO, Art. 11 Rn. 5; *Hau* in FS für Kaissis, S. 355, 360; *Kübler-Wachendorff*, Das forum necessitatis, S. 172; *Simotta*, ZVglRWiss 116 (2017), 44, 86.

[198] Im Ergebnis ebenso ablehnend *Hau* in FS für Kaissis, S. 355, 360.

[199] Nach Art. 26 lit. b des Entwurfs (KOM (2010) 748 endg., S. 36) sei eine Notzuständigkeit vor allem zu eröffnen, „wenn eine in einem Drittstaat über die Streitigkeit ergangene Entscheidung in dem Mitgliedstaat nicht anerkannt und vollstreckt werden könnte, in dem das Gericht nach innerstaatlichem Recht befasst wurde, und eine Anerkennung und Vollstreckung für die Durchsetzung der Rechte des Klägers notwendig wären".

digkeit im Reformentwurf zur Brüssel I-VO nicht verabschiedet wurde[200]. Darüber hinaus sind nicht zuletzt aufgrund der Masse von Gesetzesvorhaben der EU eine Vielzahl unterschiedlicher Personen mit den Entwürfen der jeweiligen Rechtsakte betraut. Allein aus dem Umstand, dass die Vorschrift eines Rechtsakts eine andere Formulierung aufweist als diejenige eines anderen Rechtsakts, ist daher nicht notwendigerweise darauf zu schließen, dass diesen Vorschriften in der Sache ein abweichender Regelungsgehalt zukommt. Vielmehr liegt es nahe, dass die nachfolgenden Vorschriften zur Notzuständigkeit in den Verordnungen zum Internationalen Familien- und Erbrecht an dem Vorbild der EuUntVO orientiert wurden, ohne den im Ergebnis abgelehnten Entwurf zur Brüssel I-VO überhaupt im Blick zu haben. Vor diesem Hintergrund ist der Vorschlag zur Brüssel I-VO lediglich als Klarstellung dahin zu verstehen, dass es sich bei den Konstellationen einer Anerkennungslücke ebenso um Anwendungsfälle der Notzuständigkeit handelt[201].

Wenngleich es sich bei der Anerkennungslücke mithin um einen Anwendungsfall der Notzuständigkeit handelt, ist nicht stets eine Notzuständigkeit zu eröffnen, wenn eine zu erwirkende oder bereits erlassene Entscheidung des Drittstaats in einem Mitgliedstaat nicht anerkennungsfähig ist. So ist ein Zugriff auf das im Inland belegene Vermögen jedenfalls entbehrlich, wenn entweder im Verfahrensstaat oder einem Drittstaat, mit dem ein enger Bezug besteht, oder einem anderen Mitgliedstaat, der nach der jeweiligen Verordnung international zuständig ist, ausreichend Vermögen vorhanden ist, um den Vollstreckungsgläubiger zu befriedigen[202]. Für eine – räumlich auf den Mitgliedstaat begrenzte – drohende Rechtsverweigerung, die zur Eröffnung einer Notzuständigkeit berechtigt, ist daher erforderlich, dass der Rechtssuchende ein Interesse an einer Entscheidung gerade im Inland hat[203]. Entsprechend forderte der Reformentwurf zur Brüssel I-VO, dass „eine Anerkennung und Vollstreckung für die Rechte des Klägers notwendig wären"[204]. Dieser Maßstab kann auch an die Notzuständigkeiten angelegt werden, die tatsächlich verabschiedet wurden.

---

[200] Vgl. ausführlich unten unter § 11 B I 2 d (S. 273 ff.).

[201] Vgl. in diesem Zusammenhang die Bemerkung von *Ereciński/Weitz* in FS für Kaissis, S. 187, 194, die Vorschrift des Art. 7 EuUntVO, welche diesen Fall nicht ausdrücklich regle, sei nicht glücklich formuliert.

[202] Vgl. *Reuß* in Geimer/Schütze/Hau, Internationaler Rechtsverkehr, Art. 7 VO Nr. 4/2009 Rn. 6.

[203] *Bonomi* in Bonomi/Wautelet, Le droit européen des successions, Art. 11 Rn. 11; vgl. auch *Gitschthaler* in Deixler-Hübner/Schauer, EuErbVO, Art. 11 Rn. 3; *Marongiu Buonaiuti* in Calvo Caravaca/Davì/Mansel, The EU Succession Regulation, Art. 11 Rn. 12. Vgl. ferner *Ereciński/Weitz* in FS für Kaissis, S. 187, 194; *Hau* in FS für Kaissis, S. 355, 360; *Simotta*, ZVglRWiss 116 (2017), 44, 86.

[204] KOM (2010) 748 endg., S. 36 (Art. 26 lit. b).

Beispielhaft ist diese Voraussetzung zumindest erfüllt, wenn eine Notzuständigkeit erforderlich ist, um auf im Inland belegenes Vermögen zuzugreifen, das zur Befriedigung des Rechtssuchenden erforderlich ist[205]. Es kann aber auch genügen, dass der Rechtssuchende im Inland lediglich die Anerkennung einer Entscheidung erreichen wollte, ohne dass es ihm auf eine Vollstreckung ankäme.

d) Keine Notwendigkeit einer Verfahrenseinleitung im Drittstaat

Nach dem Wortlaut der Vorschriften ist eine Notzuständigkeit bereits zu eröffnen, wenn es dem Rechtssuchenden nicht zumutbar ist oder sich als unmöglich erweist, ein Verfahren in einem Drittstaat einzuleiten[206]. Die Eröffnung einer Notzuständigkeit setzt daher nicht voraus, dass ein Verfahren in dem Drittstaat bereits (erfolglos) eingeleitet wurde, sofern eine Unmöglichkeit oder Unzumutbarkeit besteht[207]. Ob diese Voraussetzungen hinreichend konkret erfüllt sind, ist eine Beweisfrage, über die das angerufene Gericht nach seinem autonomen Verfahrensrecht entscheidet[208].

---

[205] Vgl. *Hausmann*, Internationales und Europäisches Familienrecht, B Rn. 170, C Rn. 203; *Lipp* in MünchKommFamFG, Art. 7 EG-UntVO Rn. 6; *Mayer* in MünchKommFamFG, Art. 11 EU-EheGüVO Rn. 6. Freilich wirken sich in diesem Zusammenhang die Besonderheiten des jeweiligen Rechtsakts aus, da Art. 10 Abs. 2 EuErbVO ohnehin einen subsidiären Gerichtsstand in dem Mitgliedstaat begründet, in dem sich (bewegliches oder unbewegliches) Nachlassvermögen befindet, und Art. 10 EuGüVO/EuPartVO zumindest eine Auffangzuständigkeit in dem Mitgliedstaat begründet, in dem sich unbewegliches Vermögen befindet, während die Auffangzuständigkeit der EuUntVO nicht an die Vermögensbelegenheit anknüpft.

[206] Diese Formulierung hervorhebend *Krümmel* in Graf von Westphalen, Deutsches Recht im Wettbewerb, S. 70, 77.

[207] *Biagioni* in Viarengo/Franzina, The EU Regulations on the Property Regimes of International Couples, Rn. 11.16; *Gitschthaler* in Deixler-Hübner/Schauer, EuErbVO, Art. 11 Rn. 6; *Kübler-Wachendorff*, Das forum necessitatis, S. 128, 160. Vgl. auch *Köhler* in Gierl/Köhler/Kroiß/Wilsch, Internationales Erbrecht, Teil 1 § 3 Rn. 33; *Rauscher* in MünchKommFamFG, Art. 11 EU-ErbVO Rn. 4.

[208] Siehe *Köhler* in Gierl/Köhler/Kroiß/Wilsch, Internationales Erbrecht, Teil 1 § 3 Rn. 33. Vgl. auch *Biagioni* in Viarengo/Franzina, The EU Regulations on the Property Regimes of International Couples, Rn. 11.16. Vgl. in diesem Zusammenhang ferner die Aussagen von *Reuß* in Geimer/Schütze/Hau, Internationaler Rechtsverkehr, Art. 7 VO Nr. 4/2009 Rn. 6, sowie *Wall* in Geimer/Schütze/Hau, Internationaler Rechtsverkehr, Art. 11 Europäische Erbrechtsverordnung 2012 Rn. 19, das Hindernis der Verfahrenseinleitung oder -führung im Drittstaat müsse tatsächlich festgestellt sein, die bloße Behauptung eines Verfahrensbeteiligten reiche demgegenüber nicht aus (ähnlich auch *Kübler-Wachendorff*, Das forum necessitatis, S. 128). Zu Beweisfragen nach autonomem deutschen Recht siehe unten unter § 14 C III (S. 366 ff.).

4. Ausreichender Bezug zu dem Mitgliedstaat des angerufenen Gerichts

a) Hintergrund der Voraussetzung

Mit identischem Wortlaut fordern die geschriebenen Notzuständigkeiten, dass der Rechtsstreit[209] oder die Sache[210] einen „ausreichenden Bezug" zu dem Mitgliedstaat des angerufenen Gerichts aufweisen muss. Während die Erwägungsgründe zu dem Hintergrund dieser Einschränkung schweigen, wird von Teilen der Literatur auf die Notwendigkeit eines *genuine link* zwischen Verfahren und Gerichtsstaat verwiesen[211]. Die Voraussetzung des ausreichenden Bezugs drohte jedoch banalisiert zu werden, wenn man deren Aussage dahin verknappte, dass lediglich ein für die Ausübung von Rechtsprechungsgewalt nicht unumstrittener und jedenfalls wenig konkreter *genuine link*[212] gewährleistet sein müsse. Vielmehr sind an diesem Punkt der Zuständigkeitsprüfung die Rechtspositionen und Zuständigkeitsinteressen des Beklagten oder Antragsgegners zu berücksichtigen[213]. Denn der Rechtssuchende verfügt über kein grenzenloses Recht auf Zugang zu Gericht[214]. Dieses Recht ist mit der Rechtsposition der Gegenseite, vor unzumutbarer Zuständigkeitsausübung geschützt zu werden, abzuwägen[215]. Diese Abwägung ermöglicht das Kriterium des ausreichenden Bezugs zu dem Mitgliedstaat des angerufenen Gerichts[216], sodass die Voraussetzung für den Schutz des Beklagten oder Antragsgegners wesentlich ist.

---

[209] Art. 7 S. 2 EuUntVO.
[210] Artt. 11 S. 2 EuErbVO, 11 S. 2 EuGüVO/EuPartVO.
[211] Siehe *Eichel* in jurisPK-BGB, Art. 11 EuErbVO Rn. 8; *Mankowski* in Dutta/J. Weber, Die europäischen Güterrechtsverordnungen, S. 11, 42 Rn. 65. Vgl. auch *Rauscher* in MünchKommFamFG, Art. 11 EU-ErbVO Rn. 7, der ausreichende Bezug solle lediglich sicherstellen, dass ein Mitgliedstaat nicht eine Zuständigkeit ohne vernünftige Grundlage an sich ziehe; *Wall* in Geimer/Schütze/Hau, Internationaler Rechtsverkehr, Art. 11 Europäische Erbrechtsverordnung 2012 Rn. 14, dieser Voraussetzung komme lediglich die Funktion zu, ein freies Wahlrecht zwischen verschiedenen Mitgliedstaaten zu vermeiden und die Anrufung der Gerichte eines bestimmten Mitgliedstaats nicht als willkürlich erscheinen zu lassen.
[212] Siehe dazu bereits oben unter § 6 A (S. 84 ff.).
[213] Vgl. auch *Kübler-Wachendorff*, Das forum necessitatis, S. 205.
[214] Siehe oben unter § 7 A (S. 104), § 8 B II (S. 137 ff.).
[215] Siehe oben unter § 7 B IV 2 b bb–cc (S. 123 ff.), § 7 C (S. 129 ff.), § 8 B II (S. 137 ff.), § 8 C (S. 139 f.).
[216] Im Ergebnis ähnlich *Eichel* in jurisPK-BGB, Art. 11 EuErbVO Rn. 8, nach dem der Justizgewährungsanspruch der Parteien aus Art. 47 GRC und Art. 6 EMRK angemessen zu berücksichtigen sei.

b) Leitlinien der Auslegung

Abweichend von der grundsätzlich restriktiv erfolgenden Auslegung der unbestimmten Rechtsbegriffe der Notzuständigkeit[217] solle das Kriterium des „ausreichenden Bezugs" nach einem Teil der Lehre nicht allzu eng gefasst werden[218]. Zum Teil wird dies damit begründet, dass das Kriterium der Unzumutbarkeit die begrenzende Funktion im Rahmen der Notzuständigkeit übernehme[219]. Andere sehen das Recht auf Zugang zu Gericht des Rechtssuchenden gefährdet, wenn strenge Voraussetzungen an den Inlandsbezug gestellt würden[220]. Diese Einschätzungen vermögen indes nicht zu überzeugen, sodass das Kriterium des „ausreichenden Bezugs" ebenfalls restriktiv auszulegen ist[221]. Neben den Argumenten, die grundsätzlich für eine restriktive Auslegung der Notzuständigkeit sprechen[222], lässt sich zudem anführen, dass das Recht auf Zugang zu Gericht nicht grenzenlos gilt. Vielmehr steht den Mitgliedstaaten ein breiter Beurteilungsspielraum gerade mit Blick auf das Maß der notwendigen Inlandsbeziehung zu[223]. Darin kommt zugleich die begrenzende Funktion dieses Kriteriums zum Ausdruck, welche sich insbesondere durch den Schutz der Rechtspositionen und Zuständigkeitsinteressen der Gegenseite rechtfertigt. Vor diesem Hintergrund sind Anknüpfungspunkte, die aus der Sphäre des Beklagten oder Antragsgegners stammen, von vornherein weniger bedenklich, um einen aus-

---

[217] Siehe dazu oben unter § 11 A II 1 (S. 215 ff.).

[218] *Biagioni* in Viarengo/Franzina, The EU Regulations on the Property Regimes of International Couples, Rn. 11.19; *Bidell*, Zuständigkeiten der EuGVO, S. 227; *Geimer/Garber* in Geimer/Schütze, EuZVR, Art. 11 EuErbVO Rn. 7; *Gitschthaler* in Deixler-Hübner/Schauer, EuErbVO, Art. 11 Rn. 8; *Launhardt*, Europäisierung der internationalen Zuständigkeit im Ehegüterrecht, S. 248.

[219] *Launhardt*, Europäisierung der internationalen Zuständigkeit im Ehegüterrecht, S. 248.

[220] *Biagioni* in Viarengo/Franzina, The EU Regulations on the Property Regimes of International Couples, Rn. 11.19; *Bidell*, Zuständigkeiten der EuGVO, S. 227; *Gitschthaler* in Deixler-Hübner/Schauer, EuErbVO, Art. 11 Rn. 8.

[221] *Geimer* in Zöller, ZPO, Art. 7 EuUntVO Rn. 3; *Geimer/Garber* in Geimer/Schütze, EuZVR, Art. 7 EuUnthVO Rn. 3; *Lukas*, Die Person mit unbekanntem Aufenthalt, S. 415; *Wurmnest* in BeckOGK, Art. 7 EU-UnterhaltsVO Rn. 21. Vgl. auch *La Manna*, Riv. dir. int. priv. proc. 2019, 349, 373, das Kriterium sei anfällig dafür, in eher großzügiger Weise ausgelegt zu werden.

[222] Siehe dazu bereits oben unter § 11 A II 1 (S. 216 f.). Vgl. auch *Geimer* in Zöller, ZPO, Art. 7 EuUntVO Rn. 3; *Geimer/Garber* in Geimer/Schütze, EuZVR, Art. 7 EuUnthVO Rn. 3; *Lukas*, Die Person mit unbekanntem Aufenthalt, S. 415; *Marongiu Buonaiuti* in Calvo Caravaca/Davì/Mansel, The EU Succession Regulation, Art. 11 Rn. 14; *Wurmnest* in BeckOGK, Art. 7 EU-UnterhaltsVO Rn. 21.

[223] Siehe dazu oben unter § 7 B V (S. 127 f.).

reichenden Inlandsbezug zu begründen, als solche, die aus der Sphäre des Rechtssuchenden stammen[224].

Der Sinn und Zweck der Voraussetzung, eine Abwägung der beiderseitigen Rechtspositionen und Zuständigkeitsinteressen zu ermöglichen, bedingt weiterhin, dass über den „ausreichenden Bezug" im Rahmen einer Einzelfallentscheidung entschieden wird[225]. Denn nur eine flexible Handhabung des Kriteriums erlaubt es trotz der Vielzahl von potenziellen Grenzfällen der internationalen (Not-)Zuständigkeit, die Zumutbarkeit für beide Parteien zu gewährleisten[226]. Diese Flexibilität legt auch der Gesetzgeber der Voraussetzung zugrunde, indem er darauf verzichtet, bestimmte Anknüpfungspunkte festzusetzen. Lediglich in Erwägungsgrund 16 EuUntVO wird mit der Staatsangehörigkeit einer der Parteien ein denkbares Beispiel für einen ausreichenden Bezug zu dem Mitgliedstaat des angerufenen Gerichts genannt. Gleichwohl kann das Kriterium durch die Bildung von Fallgruppen konkretisiert werden[227]. Diese sollte auch erfolgen, weil eine unionsweit einheitliche Auslegung angesichts der Unbestimmtheit der Voraussetzung andernfalls kaum zu erreichen ist. Unbedenklich ist eine Fallgruppenbildung, soweit Anknüpfungspunkte herausgearbeitet werden, die jedenfalls zu einem ausreichenden Bezug mit dem Mitgliedstaat führen. Umgekehrt wäre es demgegenüber nicht mit der auf Flexibilität ausgerichteten gesetzgeberischen Konzeption vereinbar, abschließende Fallgruppen festzusetzen[228] oder gewisse (lose) Anknüpfungspunkte *per se* als unbeachtlich auszuschließen[229]. Konsequenz der Einzelfallbezogenheit des Kriteriums ist es ferner, dass eine Gesamtbetrachtung der Anknüpfungspunkte zu einem ausreichenden Inlandsbezug führen kann, wenn die Anknüpfungspunkte für sich betrachtet als zu schwach erscheinen, um einen „ausreichenden Bezug" zu begründen[230].

---

[224] Zu dieser Argumentation, die insbesondere im autonomen Zuständigkeitsrecht vertreten wird, ausführlich unten unter § 14 C IV 2 b bb (S. 378).

[225] Im Ergebnis ebenfalls für eine Einzelfallentscheidung *Biagioni* in Viarengo/Franzina, The EU Regulations on the Property Regimes of International Couples, Rn. 11.20; *Kübler-Wachendorff*, Das forum necessitatis, S. 207; *Rossolillo*, CDT (März 2010), 403, 410; *J. Schmidt* in BeckOGK, Art. 11 EuErbVO Rn. 16; *Ubertazzi*, Exclusive Jurisdiction, S. 251. Vgl. auch *Eichel* in jurisPK-BGB, Art. 11 EuErbVO Rn. 8; *Lagarde* in Liber amicorum für Kohler, S. 255, 261.

[226] Ebenso für eine flexible Handhabung des Kriteriums *Lagarde* in Liber amicorum für Kohler, S. 255, 261.

[227] Im Ergebnis auch *Kübler-Wachendorff*, Das forum necessitatis, S. 208. Allgemein dazu *Köhler* in Gierl/Köhler/Kroiß/Wilsch, Internationales Erbrecht, Teil 1 § 3 Rn. 35.

[228] Vgl. auch *Lagarde* in Liber amicorum für Kohler, S. 255, 259, die Festlegung bestimmter Regeln sei nicht ohne Gefahr.

[229] Vgl. auch *Panopoulos* in Pamboukis, EU Succession Regulation, Art. 11 Rn. 10.

[230] Vgl. *J. Schmidt* in BeckOGK, Art. 11 EuErbVO Rn. 16. Zweifelhaft demgegenüber *Bidell*, Zuständigkeiten der EuGVO, S. 231, eine Gesamtbetrachtung sei gar nicht notwendig,

Daraus, dass der Bezug zu einem Drittstaat „eng" sein muss, während ein „ausreichender" Bezug zu einem Mitgliedstaat genügt, ergibt sich des Weiteren, dass an die Beziehung zu dem Mitgliedstaat geringere Anforderungen gestellt werden als an den Drittstaatenbezug[231]. Legt man dem Merkmal des „engen Bezugs" die vorliegend vertretene Ansicht zugrunde, dass allein die spiegelbildliche Anwendung der regulären Zuständigkeitsgründe der Verordnung zu einem solchen Bezug führen kann[232], ermöglicht das eine trennscharfe Abgrenzung des Begriffspaars. Denn freilich müssen diejenigen Anknüpfungspunkte, welche bereits eine reguläre Zuständigkeit begründen, als Kriterien für einen „ausreichenden Bezug" im Rahmen der Notzuständigkeit von vornherein ausscheiden[233]. Weil die Verordnungen zur Begründung einer regulären Zuständigkeit zum Teil andere Anknüpfungspunkte voraussetzen, variieren zudem die Bezugspunkte, die als „ausreichend" in Betracht kommen, denknotwendig unter den Rechtsakten[234]. Besonders ist in diesem Zusammenhang vor allem die

---

da die – von ihr angeführten – Kriterien für sich genommen ausreichten, um einen genügenden Bezug zu einem Mitgliedstaat herzustellen.

[231] *Biagioni* in Viarengo/Franzina, The EU Regulations on the Property Regimes of International Couples, Rn. 11.20; *Hertel* in Rauscher, EuZPR/EuIPR, Art. 11 EU-ErbVO Rn. 6; *Lugani/Huynh* in Leible/Terhechte, Europäisches Rechtsschutz- und Verfahrensrecht, S. 743, 779 Rn. 81; *Mankowski* in Dutta/J. Weber, Die europäischen Güterrechtsverordnungen, S. 11, 42 Rn. 65; *Rauscher* in MünchKommFamFG, Art. 11 EU-ErbVO Rn. 7; *Reuß* in Geimer/Schütze/Hau, Internationaler Rechtsverkehr, Art. 7 VO Nr. 4/2009 Rn. 7; *J. Schmidt* in BeckOGK, Art. 11 EuErbVO Rn. 17; *Wall* in Geimer/Schütze/Hau, Internationaler Rechtsverkehr, Art. 11 Europäische Erbrechtsverordnung 2012 Rn. 14; *Wurmnest* in BeckOGK, Art. 7 EU-UnterhaltsVO Rn. 21. Vgl. auch *Looschelders* in MünchKommBGB, Art. 11 EuGüVO Rn. 10. Die Unterscheidung zwischen Bezug zu einem Drittstaat einerseits sowie Bezug zu einem Mitgliedstaat andererseits missachtet *Kroll-Ludwigs*, GPR 2016, 231, 234, indem sie ausführt, dass nicht ersichtlich sei, worin der Unterschied zwischen einem „engen" und einem „ausreichenden" Bezug bestehe.

[232] Siehe oben unter § 11 A II 2 (S. 217 ff.).

[233] *Andrae* in Rauscher, EuZPR/EuIPR, Art. 7 EG-UntVO Rn. 12; *Biagioni* in Viarengo/Franzina, The EU Regulations on the Property Regimes of International Couples, Rn. 11.20; *Bonomi* in Bonomi/Wautelet, Le droit européen des successions, Art. 11 Rn. 12; *Ereciński/Weitz* in FS für Kaissis, S. 187, 194; *Gitschthaler* in Deixler-Hübner/Schauer, EuErbVO, Art. 11 Rn. 8; *Hausmann*, Internationales und Europäisches Familienrecht, B Rn. 171, C Rn. 204; *Kroll-Ludwigs*, GPR 2016, 231, 234; *Lugani/Huynh* in Leible/Terhechte, Europäisches Rechtsschutz- und Verfahrensrecht, S. 743, 779 Rn. 81; *Makowsky* in NomosKommentarBGB, Art. 11 EuGüVO/EuPartVO Rn. 6, Art. 11 EuErbVO Rn. 7; *Mankowski* in Dutta/J. Weber, Die europäischen Güterrechtsverordnungen, S. 11, 42 Rn. 65; *Marongiu Buonaiuti* in Calvo Caravaca/Davì/Mansel, The EU Succession Regulation, Art. 11 Rn. 13. Vgl. auch *Bidell*, Zuständigkeiten der EuGVO, S. 205; *Looschelders* in MünchKommBGB, Art. 11 EuGüVO Rn. 10.

[234] Vgl. auch *Bidell*, Zuständigkeiten der EuGVO, S. 205; *Kübler-Wachendorff*, Das forum necessitatis, S. 207.

EuErbVO: Während die Anknüpfungspunkte der sonstigen Verordnungen auf die Bezugspunkte der Verfahrensbeteiligten zu dem jeweiligen Mitgliedstaat abstellen, ist das Zuständigkeitssystem der EuErbVO grundsätzlich auf die Nähebeziehungen des Erblassers ausgerichtet[235]. Scheidet eine Verfahrensführung in diesen Staaten jedoch aus, muss auch auf die durch die Verfahrensparteien vermittelten Anknüpfungspunkte abgestellt werden können[236]. Denn obgleich der Nachlass des Erblassers in Rede steht, soll durch die Notzuständigkeit die prozessuale Klärung einer Rechtsposition des Klägers sichergestellt werden. Ebenso wie in den anderen Verfahren geht es – jedenfalls in den vorliegend relevanten kontradiktorischen Verfahren – darum, dass die Gegenseite durch die Zuständigkeitsgewährung nicht unzumutbar belastet wird.

c) Anwendung auf einzelne Anknüpfungspunkte

aa) Staatsangehörigkeit

Als Ausgangspunkt der Einzelfallanwendung dient mit Erwägungsgrund 16 S. 3 EuUntVO der einzige Anhaltspunkt, der sich in den Verordnungen auffinden lässt. Danach genügt die Staatsangehörigkeit einer Partei, um einen ausreichenden Bezug zu dem Mitgliedstaat des angerufenen Gerichts zu begründen[237]. Wenngleich der Staatsangehörigkeit im Europäischen Zivilverfahrens- und Privatrecht als Anknüpfungspunkt insgesamt nur eine untergeordnete Rolle

---

[235] Siehe *Lukas*, Die Person mit unbekanntem Aufenthalt, S. 431.

[236] Vgl. *Rauscher* in MünchKommFamFG, Art. 11 EU-ErbVO Rn. 7. Vgl. auch *Bonomi* in Bonomi/Wautelet, Le droit européen des successions, Art. 11 Rn. 12; *Dutta* in MünchKommBGB, Art. 11 EuErbVO Rn. 2; *Kübler-Wachendorff*, Das forum necessitatis, S. 215. Vgl. ferner *Köhler* in Gierl/Köhler/Kroiß/Wilsch, Internationales Erbrecht, Teil 1 § 3 Rn. 34. A.A. allein *Lukas*, Die Person mit unbekanntem Aufenthalt, S. 431, aufgrund der Ausrichtung der Zuständigkeitsgründe an dem Erblasser.

[237] *Andrae* in Rauscher, EuZPR/EuIPR, Art. 7 EG-UntVO Rn. 12; *Bariatti* in Viarengo/Villata, Planning the Future of Cross Border Families, S. 150, 155; *Dörner* in Saenger, ZPO, Art. 7 EuUnthVO Rn. 3; *Franzina* in Viarengo/Villata, Planning the Future of Cross Border Families, S. 325, 327; *Geimer/Garber* in Geimer/Schütze, EuZVR, Art. 7 EuUnthVO Rn. 3; *Gruber*, IPRax 2010, 128, 134; *Hau* in Prütting/Helms, FamFG, Anhang 3 zu § 110: EuUntVO Rn. 61; *Hausmann*, Internationales und Europäisches Familienrecht, C Rn. 204; *Junker*, IZPR, § 20 Rn. 30; *Kübler-Wachendorff*, Das forum necessitatis, S. 214; *Lagarde* in Liber amicorum für Kohler, S. 255, 262; *Lipp* in MünchKommFamFG, Art. 7 EG-UntVO Rn. 7; *Lukas*, Die Person mit unbekanntem Aufenthalt, S. 420; *Reuß* in Geimer/Schütze/Hau, Internationaler Rechtsverkehr, Art. 7 VO Nr. 4/2009 Rn. 7; *Roorda/Ryngaert*, RabelsZ 80 (2016), 783, 806; *M. Weber* in Mayr, Handbuch des europäischen Zivilverfahrensrechts, Rn. 6.213; *Wurmnest* in BeckOGK, Art. 7 EU-UnterhaltsVO Rn. 22. Ohne auf den Erwägungsgrund abzustellen im Ergebnis auch *Ereciński/Weitz* in FS für Kaissis, S. 187, 194; *Ferrand* in Campuzano Díaz/Czepelak/Rodríguez Benot/Rodríquez Vázquez, Latest Developments in EU Private International Law, S. 83, 94.

zukommt[238], erachtet sie der Gesetzgeber zumindest als ausreichend, um bei drohender Rechtsverweigerung einen Gerichtsstand zu eröffnen[239]. Da sich diese Einordnung nicht durch spezifische Besonderheiten der EuUntVO rechtfertigt, genügt die Staatsangehörigkeit einer Partei im Sinne rechtsaktübergreifender Stimmigkeit[240] auch als ausreichender Anknüpfungspunkt der EuGüVO/EuPartVO[241]. Bei der EuErbVO genügt in der Konsequenz entweder die Staatsangehörigkeit des Erblassers[242], sollte die zusätzliche Voraussetzung der Nachlassbelegenheit des Art. 10 lit. a EuErbVO nicht erfüllt sein, oder einer Partei[243]. Umstritten ist indes, ob bei Mehrstaatern ohne Weiteres jede Staatsangehörig-

---

[238] Vgl. in diesem Zusammenhang die Bemerkung von *Roorda/Ryngaert*, RabelsZ 80 (2016), 783, 806 Fn. 107, es sei „curious", dass die Staatsangehörigkeit als einziges Beispiel für einen ausreichenden Bezug genannt werde.

[239] In der Anknüpfung an die Staatsangehörigkeit einen Verstoß gegen das Diskriminierungsverbot des Art. 18 AEUV erblickend *Bidell*, Zuständigkeiten der EuGVO, S. 228 ff.; zumindest zweifelnd *Kohler*, FamRZ 2008, 1673, 1676. Eine verbotene Diskriminierung jedoch mit überzeugenden Argumenten ablehnend *Eicher*, Rechtsverwirklichungschancen, S. 273.

[240] *Eicher*, Rechtsverwirklichungschancen, S. 273; vgl. auch *Mayer* in MünchKommFamFG, Art. 11 EU-EheGüVO Rn. 7.

[241] Im Ergebnis ebenso *Biagioni* in Viarengo/Franzina, The EU Regulations on the Property Regimes of International Couples, Rn. 11.20; *Garber* in Mayr, Handbuch des europäischen Zivilverfahrensrechts, Rn. 5.132; ders. in Geimer/Schütze, EuZVR, Art. 11 EuGüVO/EuPartVO Rn. 3; *Garber/Neumayr* in Arnold/Laimer, Die Europäischen Güterrechtsverordnungen, S. 107, 207 Rn. 227; *Hausmann*, Internationales und Europäisches Familienrecht, B Rn. 171; *Kroll-Ludwigs*, GPR 2016, 231, 234; *Launhardt*, Europäisierung der internationalen Zuständigkeit im Ehegüterrecht, S. 248; *Looschelders* in MünchKommBGB, Art. 11 EuGüVO Rn. 10; *Lugani/Huynh* in Leible/Terhechte, Europäisches Rechtsschutz- und Verfahrensrecht, S. 743, 779 Rn. 81; *Lukas*, Die Person mit unbekanntem Aufenthalt, S. 415; *Makowsky* in NomosKommentarBGB, Art. 11 EuGüVO/EuPartVO Rn. 6; *Mankowski* in Dutta/J. Weber, Die europäischen Güterrechtsverordnungen, S. 11, 42 Rn. 65; *Mayer* in MünchKommFamFG, Art. 11 EU-EheGüVO Rn. 7; *Nagel/Gottwald*, IZPR, Rn. 4.170; *Simotta*, ZVglRWiss 116 (2017), 44, 86; vgl. auch *Lagarde* in Liber amicorum für Kohler, S. 255, 266. Vgl. ferner *Franzina*, YbPIL 19 (2017/2018), 159, 192, der ausdrücklich jedoch nur die Staatsangehörigkeit des Klägers als Beispiel nennt.

[242] *Bonomi* in Bonomi/Wautelet, Le droit européen des successions, Art. 11 Rn. 12; *Eichel* in jurisPK-BGB, Art. 11 EuErbVO Rn. 8; *Geimer/Garber* in Geimer/Schütze, EuZVR, Art. 11 EuErbVO Rn. 7; *Gitschthaler* in Deixler-Hübner/Schauer, EuErbVO, Art. 11 Rn. 8; *Köhler* in Gierl/Köhler/Kroiß/Wilsch, Internationales Erbrecht, Teil 1 § 3 Rn. 34; *Lukas*, Die Person mit unbekanntem Aufenthalt, S. 431; *Makowsky* in NomosKommentarBGB, Art. 11 EuErbVO Rn. 7; *Panopoulos* in Pamboukis, EU Succession Regulation, Art. 11 Rn. 10; *Rauscher* in MünchKommFamFG, Art. 11 EU-ErbVO Rn. 7.

[243] *Gitschthaler* in Deixler-Hübner/Schauer, EuErbVO, Art. 11 Rn. 8; *Nagel/Gottwald*, IZPR, Rn. 4.211; *Wall* in Geimer/Schütze/Hau, Internationaler Rechtsverkehr, Art. 11 Europäische Erbrechtsverordnung 2012 Rn. 15. Ausdrücklich nennen *Geimer/Garber* in Geimer/Schütze, EuZVR, Art. 11 EuErbVO Rn. 7, nur den Heimatstaat der Parteien; nach *Köhler* in

keit einen „ausreichenden Bezug" vermittelt[244] oder ob für eine nicht effektive Staatsangehörigkeit ein strengerer Maßstab anzulegen ist[245]. Dabei ist die Frage, ob eine nicht effektive Staatsangehörigkeit zur Eröffnung einer Notzuständigkeit ausreicht, getrennt davon zu betrachten, wie allgemein mit Mehrstaatern umgegangen wird, wenn Bestimmungen des Europäischen Privat- oder Zivilverfahrensrecht an die Staatsangehörigkeit anknüpfen[246]. Denn aufgrund des Notelements sind an die Inlandsbeziehung im Rahmen der Notzuständigkeit geringere Anforderungen zu stellen als an die regulären Anknüpfungspunkte internationaler Zuständigkeit. Betrachtet man den Wortlaut des Erwägungsgrundes 16 S. 3 EuUntVO, differenziert dieser nicht zwischen einer effektiven und nicht effektiven Staatsangehörigkeit. Dieser Umstand ist für den EuGH mitentscheidend, um im Anwendungsbereich der Brüssel IIa-VO nicht zwischen effektiven und nicht effektiven mitgliedstaatlichen Staatsangehörigkeiten zu differenzieren[247]. Weiterhin stellt der EuGH darauf ab, dass der gewöhnliche Aufenthalt für die Bestimmung der effektivsten Staatsangehörigkeit von wesentlicher Bedeutung sei, sodass die beiden Anknüpfungspunkte häufig zusammenfielen[248]. Dieser Gesichtspunkt kann auf die Notzuständigkeit übertragen werden, da dem Kriterium der Staatsangehörigkeit im Vergleich zu anderen Anknüpfungspunkten nicht die selbständige Bedeutung zukäme, die in Erwägungsgrund 16 S. 3 EuUntVO vorgesehen ist, wenn stets eine effektive Staatsangehörigkeit erforderlich wäre. Zudem begründet auch eine nicht effektive Staatsangehörigkeit eine objektive Nähebeziehung zu einem Mitgliedstaat. Als ausreichender Anknüpfungspunkt ist sie dem Beklagten oder Antragsgegner insbesondere zuzumuten, weil sie von gewisser Dauer geprägt ist und zum Zwecke der Verfahrensführung kaum einseitig beeinflusst werden kann. Ferner wird eine unionsweit einheitliche und rechtssichere Anwendung ermöglicht,

---

Gierl/Köhler/Kroiß/Wilsch, Internationales Erbrecht, Teil 1 § 3 Rn. 34, genüge die Staatsangehörigkeit der am Nachlass Berechtigten.

[244] Dafür *Eicher*, Rechtsverwirklichungschancen, S. 273; *Gruber*, IPRax 2010, 128, 134 Fn. 86; *Kübler-Wachendorff*, Das forum necessitatis, S. 214; *Lipp* in MünchKommFamFG, Art. 7 EG-UntVO Rn. 7; *Lukas*, Die Person mit unbekanntem Aufenthalt, S. 431; *Mayer* in MünchKommFamFG, Art. 11 EU-EheGüVO Rn. 7; *Rauscher* in MünchKommFamFG, Art. 11 EU-ErbVO Rn. 7.

[245] Dafür *Hau* in Prütting/Helms, FamFG, Anhang 3 zu § 110: EuUntVO Rn. 61; *Looschelders* in MünchKommBGB, Art. 11 EuGüVO Rn. 10; *Wurmnest* in BeckOGK, Art. 7 EU-UnterhaltsVO Rn. 22.

[246] Spezifisch zu dieser Fragestellung Erwägungsgründe 41 EuErbVO, 50 EuGüVO bzw. 49 EuPartVO.

[247] EuGH, Urt. v. 16.7.2009, Rs. C-168/08, ECLI:EU:C:2009:474, Rn. 51 – Hadadi. Dazu *Bariatti* in Viarengo/Villata, Planning the Future of Cross Border Families, S. 150, 154.

[248] EuGH, Urt. v. 16.7.2009, Rs. C-168/08, ECLI:EU:C:2009:474, Rn. 54 – Hadadi.

wenn nicht danach differenziert wird, ob die Staatsangehörigkeit effektiv ist oder nicht[249].

bb) Vermögensbelegenheit

In vermögensrechtlichen Angelegenheiten begründet zumindest die Belegenheit von vollstreckungsfähigem Vermögen des Beklagten oder Antragsgegners in dem angerufenen Mitgliedstaat einen ausreichenden Bezug zu diesem Staat[250]. Denn ansonsten drohte das mitgliedstaatliche Vermögen dem Zugriff des Rechtssuchenden gänzlich vorenthalten zu werden[251]. Dass die Zugriffsmöglichkeit auf in Mitgliedstaaten belegenes Vermögen auch im europäischen Zuständigkeitsrecht von entscheidender Bedeutung ist, zeigen die subsidiären Zuständigkeiten des Art. 10 Abs. 2 EuErbVO sowie Art. 10 EuGüVO/EuPartVO: Diese schaffen eine gegenüber der Notzuständigkeit vorrangige Zuständigkeit, um entweder auf das gesamte Nachlassvermögen oder das unbewegliche Vermögen eines Ehegatten/Lebenspartners zugreifen zu können, und schränken damit zugleich die Bedeutung der Notzuständigkeit aus dem Gesichtspunkt eines Vermögenszugriffs wesentlich ein[252]. Dennoch ist die Vermögensbelegenheit als Anknüpfungspunkt eines „ausreichenden Bezugs" in diesen Verordnun-

---

[249] Vgl. zu diesen Aspekten EuGH, Urt. v. 16.7.2009, Rs. C-168/08, ECLI:EU:C:2009:474, Rn. 55 – Hadadi.

[250] *Andrae* in Rauscher, EuZPR/EuIPR, Art. 7 EG-UntVO Rn. 12; *Biagioni* in Viarengo/Franzina, The EU Regulations on the Property Regimes of International Couples, Rn. 11.20; *Eicher*, Rechtsverwirklichungschancen, S. 274; *Ereciński/Weitz* in FS für Kaissis, S. 187, 194; *Ferrand* in Campuzano Díaz/Czepelak/Rodríguez Benot/Rodríguez Vázquez, Latest Developments in EU Private International Law, S. 83, 94; *Garber/Neumayr* in Arnold/Laimer, Die Europäischen Güterrechtsverordnungen, S. 107, 207 Rn. 228; *Hau* in Prütting/Helms, FamFG, Anhang 3 zu § 110: EuUntVO Rn. 61; *Hausmann*, Internationales und Europäisches Familienrecht, B Rn. 171, C Rn. 204; *Hess*, EuZPR, Rn. 7.212 Fn. 718; *Launhardt*, Europäisierung der internationalen Zuständigkeit im Ehegüterrecht, S. 248 f.; *Lipp* in MünchKommFamFG, Art. 7 EG-UntVO Rn. 7; *Lugani/Huynh* in Leible/Terhechte, Europäisches Rechtsschutz- und Verfahrensrecht, S. 743, 779 Rn. 81; *Mayer* in MünchKommFamFG, Art. 11 EU-EheGüVO Rn. 7; *Nagel/Gottwald*, IZPR, Rn. 4.143, 4.170; *Reuß* in Geimer/Schütze/Hau, Internationaler Rechtsverkehr, Art. 7 VO Nr. 4/2009 Rn. 7; *M. Weber* in Mayr, Handbuch des europäischen Zivilverfahrensrechts, Rn. 6.213; *Wurmnest* in BeckOGK, Art. 7 EU-UnterhaltsVO Rn. 22. Vgl. auch BegrRegE, BT-Drs. 17/4887, S. 42, vorhandenes Vermögen in Deutschland könne allenfalls noch im Rahmen der Notzuständigkeit unter dem Tatbestandsmerkmal „ausreichender Bezug zu dem Mitgliedstaat des angerufenen Gerichts" eine Rolle spielen.

[251] Aufgrund dieser Notsituation wird gerade kein (exorbitanter) Vermögensgerichtsstand geschaffen, so auch *Reuß* in Geimer/Schütze/Hau, Internationaler Rechtsverkehr, Art. 7 VO Nr. 4/2009 Rn. 7.

[252] Vgl. *Gitschthaler* in Deixler-Hübner/Schauer, EuErbVO, Art. 11 Rn. 8; *Launhardt*, Europäisierung der internationalen Zuständigkeit im Ehegüterrecht, S. 248 Fn. 1249.

gen nicht gänzlich bedeutungslos²⁵³, da – nach der vorliegend vertretenen Auffassung²⁵⁴ – durch die Notzuständigkeit eine umfassende Zuständigkeit eröffnet werden kann, während die subsidiären Zuständigkeiten lediglich eine auf das jeweilige Vermögen beschränkte Zuständigkeit gewähren. Geht es in dem Verfahren demgegenüber nicht um den Zugriff auf das Vermögen oder handelt es sich um Vermögen des Rechtssuchenden²⁵⁵, kann allein aus der Vermögensbelegenheit in dem Mitgliedstaat nur ausnahmsweise und im Einzelfall ein „ausreichender Bezug" abgeleitet werden. Insbesondere eröffneten sich einseitige Manipulationsmöglichkeiten für den Rechtssuchenden, wenn die Belegenheit seines Vermögens in einem Mitgliedstaat stets eine hinreichende Inlandsbeziehung begründete²⁵⁶.

cc) Gewöhnlicher Aufenthalt

Der gewöhnliche Aufenthalt einer Verfahrenspartei ist ein möglicher Anknüpfungspunkt des Mitgliedstaatenbezugs. Im Hinblick darauf ist allerdings zunächst zu beachten, dass für die regulären Zuständigkeiten in den Verordnungen bereits umfangreich auf den gewöhnlichen Aufenthalt abgestellt wird. So begründet der gewöhnliche Aufenthalt des Beklagten²⁵⁷ oder der berechtigten Person²⁵⁸ eine internationale Zuständigkeit im Anwendungsbereich der EuUntVO, der gewöhnliche Aufenthalt des Erblassers im Zeitpunkt seines Todes eine Zuständigkeit unter Geltung der EuErbVO²⁵⁹ und der gewöhnliche Aufenthalt des Antragsgegners eine internationale Zuständigkeit im Rahmen der EuGüVO/EuPartVO²⁶⁰. In den von den Verordnungen nicht erfassten Konstellationen

---

²⁵³ Siehe *Joubert*, Rev. crit. dr. internat. privé 2017, 1, 15; *Kübler-Wachendorff*, Das forum necessitatis, S. 211 f.; *Lukas*, Die Person mit unbekanntem Aufenthalt, S. 431; *Makowsky* in NomosKommentarBGB, Art. 11 EuGüVO/EuPartVO Rn. 2, 8, Art. 11 EuErbVO Rn. 7; *Panopoulos* in Pamboukis, EU Succession Regulation, Art. 11 Rn. 10; *Wall* in Geimer/Schütze/Hau, Internationaler Rechtsverkehr, Art. 11 Europäische Erbrechtsverordnung 2012 Rn. 15. Vgl. auch *Dutta* in MünchKommBGB, Art. 11 EuErbVO Rn. 2; *Hertel* in Rauscher, EuZPR/EuIPR, Art. 11 EU-ErbVO Rn. 3.
²⁵⁴ Siehe oben unter § 11 A I 2 (S. 205 f.), § 11 A I 3 b (S. 210 ff.).
²⁵⁵ Nach Ansicht von *Ferrand* in Campuzano Díaz/Czepelak/Rodríguez Benot/Rodríquez Vázquez, Latest Developments in EU Private International Law, S. 83, 94, käme es demgegenüber nicht darauf an, um das Vermögen welcher Partei es sich handele.
²⁵⁶ Nach *Launhardt*, Europäisierung der internationalen Zuständigkeit im Ehegüterrecht, S. 249, hielten sich die Manipulationsgefahren indes in Grenzen, wenn man beispielsweise an die Inhaberschaft eines seit einem längeren Zeitraum im Forumstaat bestehenden Kontos mit nicht unerheblichem Vermögen anknüpfe.
²⁵⁷ Art. 3 lit. a EuUntVO.
²⁵⁸ Art. 3 lit. b EuUntVO.
²⁵⁹ Art. 4 EuErbVO.
²⁶⁰ Art. 6 lit. c EuGüVO/EuPartVO.

muss der gewöhnliche Aufenthalt einer Verfahrenspartei indes einen „ausreichenden Bezug" im Sinne der Notzuständigkeit vermitteln. Denn der gewöhnliche Aufenthalt ist der zentrale Anknüpfungspunkt des Europäischen Zivilverfahrens- und Privatrechts. Vermittelt bereits die weniger zentrale Staatsangehörigkeit einer Verfahrenspartei eine hinreichende Inlandsbeziehung, muss dies erst recht für den gewöhnlichen Aufenthalt gelten. Zudem ist es der Gegenseite zumutbar, dass ein Rechtssuchender zumindest in dem Mitgliedstaat ein Verfahren einleitet, in dem er sich gewöhnlich aufhält, wenn andernorts kein zumutbarer Rechtsschutz zu erreichen ist. Demnach genügt erstens im Anwendungsbereich der EuUntVO der gewöhnliche Aufenthalt des Unterhaltsverpflichteten[261], um einen „ausreichenden Bezug" zu begründen[262]. Unter Geltung der EuGüVO/EuPartVO reicht zweitens der gewöhnliche Aufenthalt des Antragstellers aus[263]. Drittens genügt im Rahmen der EuErbVO der gewöhnliche Aufenthalt einer Verfahrenspartei als hinreichender Anknüpfungspunkt der Notzuständigkeit mit diesem Mitgliedstaat[264].

dd) Anknüpfungspunkte, die in der Vergangenheit in einem Mitgliedstaat vorlagen

Ein Anknüpfungspunkt, der zwar nicht aktuell, aber in der Vergangenheit in einem Mitgliedstaat vorlag, kann unter Umständen als ausreichender Bezugspunkt berücksichtigt werden. Einen solchen Anknüpfungspunkt sieht sowohl die EuErbVO als auch die EuGüVO/EuPartVO für eine reguläre Zuständigkeit vor: Nach Art. 10 Abs. 1 lit. b EuErbVO begründet ein vorhergehender gewöhn-

---

[261] Denn der Unterhaltsverpflichtete kann auch Kläger eines Unterhaltsverfahrens sein; Art. 3 lit. b EuUntVO stellt demgegenüber lediglich auf den gewöhnlichen Aufenthalt des Unterhaltsberechtigten ab.

[262] *Andrae* in Rauscher, EuZPR/EuIPR, Art. 7 EG-UntVO Rn. 12. Vgl. auch *Ferrand* in Campuzano Díaz/Czepelak/Rodríguez Benot/Rodríquez Vázquez, Latest Developments in EU Private International Law, S. 83, 94; *La Manna*, Riv. dir. int. priv. proc. 2019, 349, 371.

[263] *Biagioni* in Viarengo/Franzina, The EU Regulations on the Property Regimes of International Couples, Rn. 11.20; *Garber/Neumayr* in Arnold/Laimer, Die Europäischen Güterrechtsverordnungen, S. 107, 207 Rn. 228; *Launhardt*, Europäisierung der internationalen Zuständigkeit im Ehegüterrecht, S. 248; *Looschelders* in MünchKommBGB, Art. 11 EuGüVO Rn. 10; *Makowsky* in NomosKommentarBGB, Art. 11 EuGüVO/EuPartVO Rn. 6; *Mankowski* in Dutta/J. Weber, Die europäischen Güterrechtsverordnungen, S. 11, 42 Rn. 65; *Nagel/Gottwald*, IZPR, Rn. 4.170; *Simotta*, ZVglRWiss 116 (2017), 44, 86.

[264] *Marongiu Buonaiuti* in Calvo Caravaca/Davì/Mansel, The EU Succession Regulation, Art. 11 Rn. 13; *Nagel/Gottwald*, IZPR, Rn. 4.211; *Wall* in Geimer/Schütze/Hau, Internationaler Rechtsverkehr, Art. 11 Europäische Erbrechtsverordnung 2012 Rn. 15. Lediglich den gewöhnlichen Aufenthalt der Erben erwähnend *Hertel* in Rauscher, EuZPR/EuIPR, Art. 11 EU-ErbVO Rn. 6; *Köhler* in Gierl/Köhler/Kroiß/Wilsch, Internationales Erbrecht, Teil 1 § 3 Rn. 34; *Makowsky* in NomosKommentarBGB, Art. 11 EuErbVO Rn. 7

licher Aufenthalt des Erblassers, der nicht länger als fünf Jahre zurückliegt, eine Zuständigkeit, wenn sich Nachlassvermögen in dem Mitgliedstaat befindet. Art. 6 lit. c EuGüVO/EuPartVO begründet eine mitgliedstaatliche Zuständigkeit, wenn die Ehegatten/Lebenspartner in diesem Mitgliedstaat ihren letzten gemeinsamen gewöhnlichen Aufenthalt hatten, sofern einer von ihnen diesen beibehalten hat. Beide Zuständigkeitsgründe sind demnach mit einer Einschränkung – nämlich zum einen der Vermögensbelegenheit im Inland sowie zum anderen des Verbleibens eines Ehegatten oder Lebenspartners in dem Mitgliedstaat – versehen. Scheitert eine reguläre Zuständigkeit an diesen Einschränkungen, ergibt sich aus den erfüllten Anknüpfungspunkten gleichwohl ein „ausreichender Bezug" zu dem jeweiligen Mitgliedstaat[265]. Denn die Voraussetzungen an den Mitgliedstaatenbezug im Rahmen der Notzuständigkeit sind gerade geringer als die Voraussetzungen zur Eröffnung einer regulären Zuständigkeit. Zugleich wird in den Verordnungen deutlich, dass diese Anknüpfungspunkte als wesentlich erachtet werden, weil auf diese Kriterien für die regulären Zuständigkeiten zurückgegriffen wird[266]. Darüber hinaus ist das Abstellen auf einen vergangenen gemeinsamen gewöhnlichen Aufenthalt unbedenklich, da dieser Anknüpfungspunkt (auch) aus der Sphäre des Antragsgegners stammt, während der vorhergehende Aufenthalt des Erblassers unbedenklich ist, weil das Zuständigkeitssystem der EuErbVO an dessen Nähebeziehungen ausgerichtet ist. Von den genannten gesetzlichen Anhaltspunkten abgesehen ist es eine Frage des Einzelfalls, ob vergangene Umstände einen hinreichenden Mitgliedstaatenbezug begründen können. So bietet es sich in Unterhaltsverfahren zum Beispiel an, bei Unterhaltsansprüchen für die Vergangenheit auf einen gemeinsamen gewöhnlichen Aufenthalt abzustellen, der in der Zwischenzeit aufgegeben wurde[267].

---

[265] Zur EuErbVO *Bonomi* in Bonomi/Wautelet, Le droit européen des successions, Art. 11 Rn. 12; *Gitschthaler* in Deixler-Hübner/Schauer, EuErbVO, Art. 11 Rn. 8; *Köhler* in Gierl/Köhler/Kroiß/Wilsch, Internationales Erbrecht, Teil 1 § 3 Rn. 34; *Makowsky* in NomosKommentarBGB, Art. 11 EuErbVO Rn. 7; *Panopoulos* in Pamboukis, EU Succession Regulation, Art. 11 Rn. 10; einschränkend *Rauscher* in MünchKommFamFG, Art. 11 EU-ErbVO Rn. 7. Zur EuGüVO/EuPartVO *Biagioni* in Viarengo/Franzina, The EU Regulations on the Property Regimes of International Couples, Rn. 11.20; *Looschelders* in MünchKommBGB, Art. 11 EuGüVO Rn. 10; *Makowsky* in NomosKommentarBGB, Art. 11 EuGüVO/EuPartVO Rn. 6; einschränkend *Lukas*, Die Person mit unbekanntem Aufenthalt, S. 415.
[266] Vgl. auch *Bonomi* in Bonomi/Wautelet, Le droit européen des successions, Art. 11 Rn. 12.
[267] Dafür *Lukas*, Die Person mit unbekanntem Aufenthalt, S. 420.

ee) Abänderungszuständigkeit

In einem Abänderungsverfahren in Unterhaltssachen genügt es zur Annahme des „ausreichenden Bezugs", dass das Ursprungsverfahren in dem angerufenen Mitgliedstaat stattfand, wenn sich die aus europäischer Sicht an sich zuständigen Drittstaaten als unzuständig erachten[268]. Denn es ist der Gegenseite zumutbar, noch einmal am Ort des Ursprungsverfahrens zu prozessieren, sollten sich keine anderen Staaten als zuständig erachten und der Rechtssuchende andernfalls keine Abänderung der Entscheidung erlangen können.

ff) Andere Anknüpfungspunkte

Andere Anknüpfungspunkte als die zuvor behandelten vermögen nicht von vornherein, sondern nur ausnahmsweise und im Einzelfall einen hinreichenden Inlandsbezug zu vermitteln. Zu diesen Kriterien gehört der in der Literatur häufig angesprochene schlichte Aufenthalt einer oder beider Verfahrensparteien. Jedenfalls der schlichte Aufenthalt des Rechtssuchenden ist regelmäßig nicht dazu geeignet, einen „ausreichenden Bezug" zu rechtfertigen[269]. Denn dieser Anknüpfungspunkt eröffnete zu große Manipulationsmöglichkeiten, da er einseitig und unkompliziert vom Rechtssuchenden begründet werden könnte[270]. Ließe man diese Anknüpfung zu, drohte die Voraussetzung des Mitgliedstaatenbezugs praktisch ausgehebelt[271] und die Gerichtspflichtigkeit der Gegenseite überstrapaziert zu werden[272]. Weniger bedenklich ist zwar der schlichte Aufenthalt beider Verfahrensparteien[273] oder zumindest der des Beklagten oder Antragsgegners[274], da der Anknüpfungspunkt dann – jedenfalls auch – aus seiner

---

[268] Vgl. BGH, Beschl. v. 14.10.2015, FamRZ 2016, 115.

[269] *Bidell*, Zuständigkeiten der EuGVO, S. 230; *Eicher*, Rechtsverwirklichungschancen, S. 273; *Kübler-Wachendorff*, Das forum necessitatis, S. 213 f.; *Lipp* in MünchKommFamFG, Art. 7 EG-UntVO Rn. 7; *Looschelders* in MünchKommBGB, Art. 11 EuGüVO Rn. 11; *Mayer* in MünchKommFamFG, Art. 11 EU-EheGüVO Rn. 7; *Wurmnest* in BeckOGK, Art. 7 EU-UnterhaltsVO Rn. 23. A. A. *Dörner* in Saenger, ZPO, Art. 7 EuUnthVO Rn. 3; *Gruber*, IPRax 2010, 128, 134 f.; *Junker*, IZPR, § 20 Rn. 30; *Reuß* in Geimer/Schütze/Hau, Internationaler Rechtsverkehr, Art. 7 VO Nr. 4/2009 Rn. 7; *M. Weber* in Mayr, Handbuch des europäischen Zivilverfahrensrechts, Rn. 6.213. Unklar *Andrae* in Rauscher, EuZPR/EuIPR, Art. 7 EG-UntVO Rn. 12 („der Aufenthalt einer Partei, wobei bloße Anwesenheit nicht ausreicht").

[270] Vgl. *Looschelders* in MünchKommBGB, Art. 11 EuGüVO Rn. 11.

[271] *Bidell*, Zuständigkeiten der EuGVO, S. 230.

[272] *Eicher*, Rechtsverwirklichungschancen, S. 273 f.

[273] Als Anknüpfungspunkt bejahend *Lipp* in MünchKommFamFG, Art. 7 EG-UntVO Rn. 7; *Looschelders* in MünchKommBGB, Art. 11 EuGüVO Rn. 11; *Mayer* in MünchKommFamFG, Art. 11 EU-EheGüVO Rn. 7; *Wurmnest* in BeckOGK, Art. 7 EU-UnterhaltsVO Rn. 23.

[274] Vgl. *Lipp* in MünchKommFamFG, Art. 7 EG-UntVO Rn. 7; *Looschelders* in Münch-

Sphäre stammt. Dennoch verbleibt der schlichte Aufenthalt ein leicht zu beeinflussendes, von Zufälligkeiten abhängendes Kriterium, das aufgrund dessen nur nach einer sorgfältigen Prüfung im Einzelfall und ausnahmsweise einen ausreichenden Bezug zum Mitgliedstaat des angerufenen Gerichts vermitteln kann[275].

d) Kein Einfluss fehlender Aussicht auf Anerkennung oder Vollstreckung in einem Drittstaat

Ganz vereinzelt wird in der Literatur vertreten, dass die Notzuständigkeit zu verneinen sei, wenn absehbar sei, dass eine im Mitgliedstaat getroffene Entscheidung im Drittstaat, in dem sich das Nachlassvermögen befinde, nicht anerkannt oder vollstreckt werde[276]. Demnach müsste eine hinreichende Inlandsbeziehung stets abgelehnt werden, wenn sich vollstreckungsfähiges Vermögen lediglich in einem Drittstaat befände, der eine mitgliedstaatliche Entscheidung nicht anerkennen oder vollstrecken würde, sofern diese auf einer Notzuständigkeit beruht. Eine solche Einschätzung ist allerdings abzulehnen[277]. Denn es ist gerade das Wesen der Notzuständigkeit, dass mangels ausgeprägter („enger") Nähebeziehung zu einem Mitgliedstaat den Entscheidungen international kaum Aussicht auf Anerkennung oder Vollstreckung zukommt[278]. Sind die Voraussetzungen der Notzuständigkeit erfüllt, liegt es allein in der Hand und im Risiko des Rechtsuchenden, ob er selbst geringen Vollstreckungschancen im In- und Ausland zum Trotz ein Verfahren in dem jeweiligen Mitgliedstaat anstrengen möchte.

KommBGB, Art. 11 EuGüVO Rn. 11; *Mayer* in MünchKommFamFG, Art. 11 EU-EheGüVO Rn. 7; *Wurmnest* in BeckOGK, Art. 7 EU-UnterhaltsVO Rn. 23.

[275] Vgl. auch *Hau* in Prütting/Helms, FamFG, Anhang 3 zu § 110: EuUntVO Rn. 61, nach dem der schlichte Aufenthalt allenfalls unter ganz besonderen Umständen einen hinreichenden Inlandsbezug vermittle.

[276] *Gitschthaler* in Deixler-Hübner/Schauer, EuErbVO, Art. 11 Rn. 8. Tendenziell auch *Eichel* in jurisPK-BGB, Art. 11 EuErbVO Rn. 8, es sei ein ausreichender Bezug zur Erbsache erforderlich, der auch die prozessökonomische Seite berücksichtige, ob ein Verfahren mit verhältnismäßigem Aufwand durchgeführt werden könne und ein gegebenenfalls notwendig werdender Entscheidungsexport möglich sei.

[277] Ebenso *Kübler-Wachendorff*, Das forum necessitatis, S. 225 f.; *Rauscher* in MünchKommFamFG, Art. 11 EU-ErbVO Rn. 10.

[278] Die deutsche Delegation wies bereits im Rahmen der Beratungen zur EuErbVO darauf hin, dass eine Entscheidung infolge mitgliedstaatlicher Notzuständigkeit außerhalb der EU aller Voraussicht nach nicht durchsetzbar sei (Ratsdokument Nr. 13730/11 v. 2.9.2011, S. 9). In den Beratungen zur EuGüVO/EuPartVO wies die deutsche Delegation erneut darauf hin, dass die Notzuständigkeit dem Kläger nur eine scheinbare Sicherheit biete, da Gerichtsentscheidungen in dieser Zuständigkeit die Gefahr bärgen, in anderen Staaten nicht vollstreckbar zu sein (Ratsdokument Nr. 17792/11 ADD 9 v. 16.1.2012, S. 9).

e) Ausreichender Bezug zu mehreren Mitgliedstaaten

Da die zuvor beschriebenen Anknüpfungspunkte in mehreren Staaten verwirklicht sein können, ist es denkbar, dass ein ausreichender Bezug zu mehreren Mitgliedstaaten besteht[279]. Erachtet ein mitgliedstaatliches Gericht den Bezug zu einem anderen Mitgliedstaat als enger, darf es seine eigene Notzuständigkeit gleichwohl nicht zugunsten der Gerichte dieses Mitgliedstaats ablehnen[280]. Denn die Voraussetzung des „ausreichenden Bezug" besitzt unter den Mitgliedstaaten keine Unterscheidungskraft[281], sondern bestimmt nur das Mindestmaß einer Verbindung zwischen Sachverhalt und Mitgliedstaat. Darüber hinaus drohte bei einer Abweisung erneut ein negativer internationaler Kompetenzkonflikt, der durch die Notzuständigkeit gerade verhindert werden sollte[282].

5. Kein Ermessen der Gerichte bei der Zuständigkeitsausübung

Sind die Voraussetzungen erfüllt, „können" („may"; „peuvent") die Gerichte eines Mitgliedstaats nach dem Wortlaut der Vorschriften in Ausnahmefällen über die Sache entscheiden. Aus dieser Formulierung folgert ein Teil der Literatur, dass den mitgliedstaatlichen Gerichten bei der Frage ein Ermessen zustehe, ob sie eine Notzuständigkeit gewähren[283]. An diese Ermessensentscheidung sei

---

[279] Siehe *Biagioni*, CDT (März 2012), 20, 35; *ders.* in Viarengo/Franzina, The EU Regulations on the Property Regimes of International Couples, Rn. 11.21; *Franzina*, YbPIL 19 (2017/2018), 159, 192; *Marongiu Buonaiuti* in Calvo Caravaca/Davì/Mansel, The EU Succession Regulation, Art. 11 Rn. 14; *Rauscher* in MünchKommFamFG, Art. 11 EU-ErbVO Rn. 9. Vgl. auch *Eichel* in jurisPK-BGB, Art. 11 EuErbVO Rn. 8; *Kübler-Wachendorff*, Das forum necessitatis, S. 216; *Makowsky* in NomosKommentarBGB, Art. 11 EuErbVO Rn. 3; *Wall* in Geimer/Schütze/Hau, Internationaler Rechtsverkehr, Art. 11 Europäische Erbrechtsverordnung 2012 Rn. 16.

[280] *Biagioni* in Viarengo/Franzina, The EU Regulations on the Property Regimes of International Couples, Rn. 11.21; *Eichel* in jurisPK-BGB, Art. 11 EuErbVO Rn. 8. Vgl. auch *Goetzke*, RabelsZ 85 (2021), 928, 930; *Hess*, EuZPR, Rn. 7.185 Fn. 628. A.A. *Kübler-Wachendorff*, Das forum necessitatis, S. 216, grundsätzlich müsse dasjenige Forum eine Notzuständigkeit eröffnen, zu dem der stärkste Forumsbezug bestehe.

[281] Vgl. auch *Biagioni*, CDT (März 2012), 20, 35; *ders.* in Viarengo/Franzina, The EU Regulations on the Property Regimes of International Couples, Rn. 11.21.

[282] *Eichel* in jurisPK-BGB, Art. 11 EuErbVO Rn. 8; *Goetzke*, RabelsZ 85 (2021), 928, 930. Diese Gefahr erkennt auch *Kübler-Wachendorff*, Das forum necessitatis, S. 217, und geht dennoch davon aus, dass sich ein Mitgliedstaat in diesen Konstellationen für unzuständig erklären könne.

[283] *Andrae* in Rauscher, EuZPR/EuIPR, Art. 7 EG-UntVO Rn. 13; *Hausmann*, Internationales und Europäisches Familienrecht, B Rn. 172, C Rn. 205; *Rechberger/Frodl* in Rechberger/Zöchling-Jud, Die EU-Erbrechtsverordnung, S. 45, 89 f. Rn. 78. Für ein gebundenes Ermessen *Hertel* in Rauscher, EuZPR/EuIPR, Art. 11 EU-ErbVO Rn. 7; *Wittwer* in Mayr, Handbuch des europäischen Zivilverfahrensrechts, Rn. 7.74. Nach *Reuß* in Geimer/Schütze/

zudem ein strenger Maßstab anzulegen, was durch die Wendung „in Ausnahmefällen" deutlich werde[284]. So dürften die mit den Verordnungen abgeschafften exorbitanten Zuständigkeiten des nationalen Rechts nicht im Gewand der Notzuständigkeit als Ausweichklausel wiedereingeführt werden[285]. Wenngleich der Wortlaut der Vorschriften diese Ansicht nahelegt[286], lehnt der weit überwiegende Teil der Literatur ein gerichtliches Ermessen bei der Zuständigkeitsausübung dennoch zu Recht ab[287]: Zunächst bezieht sich die Wendung „in Ausnah-

---

Hau, Internationaler Rechtsverkehr, Art. 7 VO Nr. 4/2009 Rn. 8, verfüge das Gericht des Mitgliedstaats zwar über ein gewisses Ermessen, dieses dürfe aufgrund der Zweckrichtung der Notzuständigkeit aber regelmäßig als auf Null reduziert angesehen werden.

[284] *Andrae* in Rauscher, EuZPR/EuIPR, Art. 7 EG-UntVO Rn. 13; *Hausmann*, Internationales und Europäisches Familienrecht, B Rn. 172, C Rn. 205.

[285] *Andrae* in Rauscher, EuZPR/EuIPR, Art. 7 EG-UntVO Rn. 13.

[286] Vgl. *Makowsky* in NomosKommentarBGB, Art. 11 EuGüVO/EuPartVO Rn. 7, Art. 11 EuErbVO Rn. 8; *Wall* in Geimer/Schütze/Hau, Internationaler Rechtsverkehr, Art. 11 Europäische Erbrechtsverordnung 2012 Rn. 26; *Wurmnest* in BeckOGK, Art. 7 EU-UnterhaltsVO Rn. 29. Vgl. auch *Dörner* in Saenger, ZPO, Art. 7 EuUnthVO Rn. 4; *Eichel* in jurisPK-BGB, Art. 11 EuErbVO Rn. 2; *Eicher*, Rechtsverwirklichungschancen, S. 274; *Garber/Neumayr* in Arnold/Laimer, Die Europäischen Güterrechtsverordnungen, S. 107, 207 Rn. 229; *Geimer/Garber* in Geimer/Schütze, EuZVR, Art. 11 EuErbVO Rn. 2; *Hau*, FamRZ 2010, 516, 517; *ders.* in FS für von Hoffmann, S. 617, 629; *ders.* in FS für Simotta, S. 215, 226; *ders.* in Prütting/Helms, FamFG, Anhang 3 zu § 110: EuUntVO Rn. 63 (vgl. auch *ders.* in FS für Kaissis, S. 355, 359); *Köhler* in Gierl/Köhler/Kroiß/Wilsch, Internationales Erbrecht, Teil 1 § 3 Rn. 35; *Kübler-Wachendorff*, Das forum necessitatis, S. 225; *Launhardt*, Europäisierung der internationalen Zuständigkeit im Ehegüterrecht, S. 249; *Lipp* in MünchKommFamFG, Art. 7 EG-UntVO Rn. 10; *Looschelders* in MünchKommBGB, Art. 11 EuGüVO Rn. 12; *Lugani/Huynh* in Leible/Terhechte, Europäisches Rechtsschutz- und Verfahrensrecht, S. 743, 779 Rn. 82; *Mayer* in MünchKommFamFG, Art. 11 EU-EheGüVO Rn. 9; *M. Weber* in Mayr, Handbuch des europäischen Zivilverfahrensrechts, Rn. 6.214. Kritischer *Ereciński/Weitz* in FS für Kaissis, S. 187, 195, der Wortlaut spreche mindestens *prima facie* gegen eine Verpflichtung des Gerichts, den Rechtsstreit zu entscheiden (vgl. auch *Weitz* in FS für Simotta, S. 679, 689).

[287] *Biagioni* in Viarengo/Franzina, The EU Regulations on the Property Regimes of International Couples, Rn. 11.09; *Dörner* in Saenger, ZPO, Art. 7 EuUnthVO Rn. 4; *Dutta* in MünchKommBGB, Art. 11 EuErbVO Rn. 2; *Eichel* in jurisPK-BGB, Art. 11 EuErbVO Rn. 2, 5; *Eicher*, Rechtsverwirklichungschancen, S. 274; *Garber/Neumayr* in Arnold/Laimer, Die Europäischen Güterrechtsverordnungen, S. 107, 207 Rn. 229; *Geimer/Garber* in Geimer/Schütze, EuZVR, Art. 11 EuErbVO Rn. 2; *Gitschthaler* in Deixler-Hübner/Schauer, EuErbVO, Art. 11 Rn. 7; *Hau*, FamRZ 2010, 516, 517; *ders.* in FS für von Hoffmann, S. 617, 629; *ders.* in FS für Kaissis, S. 355, 359 f.; *ders.* in FS für Simotta, S. 215, 226; *ders.* in Prütting/Helms, FamFG, Anhang 3 zu § 110: EuUntVO Rn. 63; *Junker* in FS für Simotta, S. 263, 269; *Köhler* in Gierl/Köhler/Kroiß/Wilsch, Internationales Erbrecht, Teil 1 § 3 Rn. 35; *Kübler-Wachendorff*, Das forum necessitatis, S. 214 f.; *Launhardt*, Europäisierung der internationalen Zuständigkeit im Ehegüterrecht, S. 249; *Lipp* in MünchKommFamFG, Art. 7 EG-UntVO Rn. 10; *Looschelders* in MünchKommBGB, Art. 11 EuGüVO Rn. 12; *Lugani/Huynh* in Leible/Terhechte, Europäisches Rechtsschutz- und Verfahrensrecht, S. 743, 779 Rn. 82; *Makow-*

mefällen" nicht auf die Gewährung von Ermessen, sondern ist als deklaratorischer Hinweis auf den Ausnahmecharakter und die damit verbundene restriktive Auslegung der Vorschrift zu verstehen[288]. Daran wird der Gegensatz von Notzuständigkeit und regulären Zuständigkeitsgründen deutlich[289]. Darüber hinaus ließe sich ein gerichtliches Ermessen nicht mit dem Recht auf Zugang zu Gericht aus Artt. 6 Abs. 1 EMRK, 47 Abs. 2 GRC vereinbaren[290]. Denn zwar überlässt Art. 6 EMRK den Mitgliedstaaten einen breiten Beurteilungsspielraum hinsichtlich der Gewährung einer Notzuständigkeit[291]. Allerdings besteht dieser Beurteilungsspielraum allein in Bezug auf die Frage, ob die Sache einen genügenden Inlandsbezug vermittelt, um eine internationale Zuständigkeit annehmen zu können[292]. An dem gegenwärtigen Prüfungspunkt der Notzuständigkeit steht jedoch bereits fest, dass aus Verordnungssicht ein ausreichender Bezug zu einem Mitgliedstaat vorliegt. Es sind weder Gesichtspunkte benannt noch ersichtlich, aus denen sich ein mitgliedstaatliches Gericht für unzuständig erklären können sollte, wenn anderenfalls Rechtsverweigerung droht und eine hinreichende Inlandsbeziehung gegeben ist. Vielmehr ermöglicht bereits das Kriterium des „ausreichenden Bezugs" eine Abwägung der be-

---

sky in NomosKommentarBGB, Art. 11 EuGüVO/EuPartVO Rn. 7, Art. 11 EuErbVO Rn. 8; *Mayer* in MünchKommFamFG, Art. 11 EU-EheGüVO Rn. 9; *Rauscher* in MünchKommFamFG, Art. 11 EU-ErbVO Rn. 8 (vgl. aber *ders.*, IPR, Rn. 2199, die Notzuständigkeit gebe dem Gericht relativ breites Ermessen, seine Zuständigkeit anzunehmen, auch wenn sie sich auf „Ausnahmefälle" beziehe); *J. Schmidt* in BeckOGK, Art. 11 EuErbVO Rn. 18; *Wall* in Geimer/Schütze/Hau, Internationaler Rechtsverkehr, Art. 11 Europäische Erbrechtsverordnung 2012 Rn. 26; *M. Weber* in Mayr, Handbuch des europäischen Zivilverfahrensrechts, Rn. 6.214; *Wurmnest* in BeckOGK, Art. 7 EU-UnterhaltsVO Rn. 29. Vgl. auch *Ereciński/Weitz* in FS für Kaissis, S. 187, 195.

[288] *Eichel* in jurisPK-BGB, Art. 11 EuErbVO Rn. 5. Vgl. auch *Ereciński/Weitz* in FS für Kaissis, S. 187, 194.

[289] Vgl. *Launhardt*, Europäisierung der internationalen Zuständigkeit im Ehegüterrecht, S. 249.

[290] Im Ergebnis auch *Biagioni* in Viarengo/Franzina, The EU Regulations on the Property Regimes of International Couples, Rn. 11.09; *Eicher*, Rechtsverwirklichungschancen, S. 274; *Garber/Neumayr* in Arnold/Laimer, Die Europäischen Güterrechtsverordnungen, S. 107, 207 Rn. 229; *Hau*, FamRZ 2010, 516, 517; *ders.* in FS für von Hoffmann, S. 617, 629; *ders.* in FS für Kaissis, S. 355, 359; *ders.* in Prütting/Helms, FamFG, Anhang 3 zu § 110: EuUntVO Rn. 63; *Kübler-Wachendorff*, Das forum necessitatis, S. 215; *Lipp* in MünchKommFamFG, Art. 7 EG-UntVO Rn. 10; *Makowsky* in NomosKommentarBGB, Art. 11 EuGüVO/EuPartVO Rn. 7, Art. 11 EuErbVO Rn. 8; *Mayer* in MünchKommFamFG, Art. 11 EU-EheGüVO Rn. 9; *Wall* in Geimer/Schütze/Hau, Internationaler Rechtsverkehr, Art. 11 Europäische Erbrechtsverordnung 2012 Rn. 26; *Wurmnest* in BeckOGK, Art. 7 EU-UnterhaltsVO Rn. 29. Vgl. auch *Rauscher* in MünchKommFamFG, Art. 11 EU-ErbVO Rn. 8.

[291] Siehe oben unter § 7 B V (S. 127 f.).

[292] Siehe oben unter § 7 B V (S. 127 f.).

troffenen Rechtspositionen und Zuständigkeitsinteressen[293]. Ferner widerspräche eine Ermessensentscheidung dem Sinn und Zweck der Notzuständigkeit[294], Fällen von Rechtsverweigerung zu begegnen[295]. Denn die Voraussetzungen der Notzuständigkeit legen fest, wann Sachverhalte, bei denen eine Rechtsverweigerung droht, als so relevant angesehen werden, dass ein Mitgliedstaat entgegen den regulären Zuständigkeitsgründen eine Notzuständigkeit eröffnen kann. Liegen die Voraussetzungen der Notzuständigkeit vor und lehnten die mitgliedstaatlichen Gerichte die Zuständigkeit ab, provozierten sie demgegenüber jene unzumutbare Rechtsverweigerung, der mit den Vorschriften gerade begegnet werden sollte. Schließlich erinnerte ein Ausübungsermessen an den Beurteilungsspielraum, der angelsächsischen Gerichten unter dem Gesichtspunkt des *forum non conveniens* eingeräumt wird[296]. Die Zulässigkeit dieser Doktrin im Anwendungsbereich des EuGVÜ hat der EuGH in einer grundlegenden Entscheidung jedoch abgelehnt[297]. Zu Recht stellte der EuGH darauf ab, dass sich die Doktrin nicht mit dem Grundsatz der Rechtssicherheit sowie dem Ziel einer einheitlichen Anwendung der Zuständigkeitsregeln vereinbaren ließe[298]. Das Prinzip der Zuständigkeitsklarheit[299] und das Ziel einer unionsweit einheitlichen Auslegung[300] liegen dem europäischen Zuständigkeitsrecht allgemein zugrunde, sodass die Ausführungen des EuGH auf die vorliegend relevanten Verordnungen übertragen werden können[301]. Sie richten sich zudem nicht spezifisch

---

[293] Siehe bereits oben unter § 11 A II 4 a (S. 239).

[294] *Launhardt*, Europäisierung der internationalen Zuständigkeit im Ehegüterrecht, S. 249; *Lipp* in MünchKommFamFG, Art. 7 EG-UntVO Rn. 10; *Makowsky* in NomosKommentarBGB, Art. 11 EuGüVO/EuPartVO Rn. 7, Art. 11 EuErbVO Rn. 8; *Rauscher* in MünchKommFamFG, Art. 11 EU-ErbVO Rn. 8; *J. Schmidt* in BeckOGK, Art. 11 EuErbVO Rn. 18.

[295] Vgl. Erwägungsgründe 16 S. 1 EuUntVO, 31 S. 1 EuErbVO, 41 S. 1 EuGüVO bzw. 40 S. 1 EuPartVO; *Launhardt*, Europäisierung der internationalen Zuständigkeit im Ehegüterrecht, S. 249; *J. Schmidt* in BeckOGK, Art. 11 EuErbVO Rn. 18.

[296] Vgl. *Hau*, FamRZ 2010, 516, 517; *ders.* in FS für von Hoffmann, S. 617, 629; *ders.* in FS für Kaissis, S. 355, 359 f.; *ders.* in FS für Simotta, S. 215, 226; *ders.* in Prütting/Helms, FamFG, Anhang 3 zu § 110: EuUntVO Rn. 63; *Junker* in FS für Simotta, S. 263, 269; *Mayer* in MünchKommFamFG, Art. 11 EU-EheGüVO Rn. 9; *Wall* in Geimer/Schütze/Hau, Internationaler Rechtsverkehr, Art. 11 Europäische Erbrechtsverordnung 2012 Rn. 26. Vgl. auch *Biagioni* in Viarengo/Franzina, The EU Regulations on the Property Regimes of International Couples, Rn. 11.09; *Köhler* in Gierl/Köhler/Kroiß/Wilsch, Internationales Erbrecht, Teil 1 § 3 Rn. 35.

[297] EuGH, Urt. v. 1.3.2005, Rs. C-281/02, ECLI:EU:C:2005:120, Rn. 37 ff. – Owusu.

[298] EuGH, Urt. v. 1.3.2005, Rs. C-281/02, ECLI:EU:C:2005:120, Rn. 38 ff., 43 – Owusu

[299] Dazu bereits oben unter § 5 B II (S. 78 ff.).

[300] Dazu *Lenaerts/Stapper*, RabelsZ 78 (2014), 252, 254.

[301] Vgl. *Hau*, FamRZ 2010, 516, 517 Fn. 20; *ders.* in FS für von Hoffmann, S. 617, 629; *ders.* in FS für Kaissis, S. 355, 359 f.; *ders.* in Prütting/Helms, FamFG, Anhang 3 zu § 110: EuUntVO Rn. 63; *Junker* in FS für Simotta, S. 263, 269 Fn. 37.

gegen die Doktrin des *forum non conveniens*, sondern schließen insgesamt ein gerichtliches Ermessen bei der Frage aus, ob die internationale Zuständigkeit ausgeübt werden muss, wenn die Voraussetzungen eines Zuständigkeitsgrunds erfüllt sind[302].

Unter Berücksichtigung der Letztauslegungskompetenz des EuGH[303] steht den mitgliedstaatlichen Gerichten indes ein gewisser Beurteilungsspielraum bei der Auslegung der unbestimmten Rechtsbegriffe zu, die tatbestandlich vorausgesetzt werden[304].

6. Perpetuatio fori

Im Ausgangspunkt ist der maßgebliche Zeitpunkt, in dem die Voraussetzungen der Zuständigkeitsgründe erfüllt sein müssen, die Anrufung des Gerichts[305]. Gleichwohl bleibt im Anwendungsbereich der Verordnungen eine im Zeitpunkt der Anrufung des Gerichts begründete internationale Zuständigkeit bestehen, wenn zuständigkeitsbegründende Tatsachen im weiteren Verfahrensverlauf

---

[302] Im Ergebnis auch *Hau* in FS für von Hoffmann, S. 617, 629; *ders.* in FS für Kaissis, S. 355, 359 f.; *ders.* in Prütting/Helms, FamFG, Anhang 3 zu § 110: EuUntVO Rn. 63; *M. Weber* in Mayr, Handbuch des europäischen Zivilverfahrensrechts, Rn. 6.214.

[303] *Köhler* in Gierl/Köhler/Kroiß/Wilsch, Internationales Erbrecht, Teil 1 § 3 Rn. 35; im Ergebnis auch *Eicher*, Rechtsverwirklichungschancen, S. 274. Vgl. allgemein zum Umgang mit unbestimmten Rechtsbegriffen im europäischen Sekundärrecht *Remien*, RabelsZ 66 (2002), 503, 520 ff.

[304] Vgl. *Dutta* in MünchKommBGB, Art. 11 EuErbVO Rn. 2; *Eicher*, Rechtsverwirklichungschancen, S. 274; *Franzina* in Viarengo/Villata, Planning the Future of Cross Border Families, S. 325, 326; *Hau* in Prütting/Helms, FamFG, Anhang 3 zu § 110: EuUntVO Rn. 63; *Kübler-Wachendorff*, Das forum necessitatis, S. 207, 225; *Lugani/Huynh* in Leible/Terhechte, Europäisches Rechtsschutz- und Verfahrensrecht, S. 743, 779 Rn. 82; *Mankowski* in Dutta/ J. Weber, Die europäischen Güterrechtsverordnungen, S. 11, 41 Rn. 62; *ders.* in Leible/Terhechte, Europäisches Rechtsschutz- und Verfahrensrecht, S. 1319, 1348 Rn. 61; *Marongiu Buonaiuti* in Calvo Caravaca/Davì/Mansel, The EU Succession Regulation, Art. 11 Rn. 11; *Mayer* in MünchKommFamFG, Art. 11 EU-EheGüVO Rn. 1, 9; *Rauscher* in MünchKommFamFG, Art. 11 EU-ErbVO Rn. 8; *J. Schmidt* in BeckOGK, Art. 11 EuErbVO Rn. 18.

[305] *Andrae* in Rauscher, EuZPR/EuIPR, Art. 3 EG-UntVO Rn. 12 ff.; *Dörner* in Saenger, ZPO, Art. 3 EuUnthVO Rn. 6; *Hausmann*, Internationales und Europäisches Familienrecht, B Rn. 48, C Rn. 96; *Launhardt*, Europäisierung der internationalen Zuständigkeit im Ehegüterrecht, S. 135; *Lipp* in MünchKommFamFG, Vorbemerkung zu Art. 3 EG-UntVO Rn. 15; *Mankowski* in Dutta/J. Weber, Die europäischen Güterrechtsverordnungen, S. 11, 28 Rn. 30; *Reuß* in Geimer/Schütze/Hau, Internationaler Rechtsverkehr, Art. 3 VO Nr. 4/2009 Rn. 10. Bei der EuErbVO, die maßgeblich auf Nähebeziehungen des Erblassers abstellt, muss der Zeitpunkt freilich vorverlagert werden, weil der Erblasser im Zeitpunkt der Anrufung des Gerichts bereits verstorben ist, vgl. *Wall* in Geimer/Schütze/Hau, Internationaler Rechtsverkehr, Art. 4 Europäische Erbrechtsverordnung 2012 Rn. 87 ff.

§ 11 Ausgestaltung der Notzuständigkeit in den EU-Verordnungen 257

wegfallen (Grundsatz der *perpetuatio fori*)[306]. Umstritten ist allerdings, ob eine bei Verfahrenseinleitung begründete internationale Notzuständigkeit eines Mitgliedstaats bestehen bleibt, wenn entweder ein anderer Mitgliedstaat regulär zuständig wird oder in einem Drittstaat, mit dem die Sache eng verbunden ist, keine Rechtsverweigerung mehr droht. Nach überwiegender Ansicht in der Literatur gelte der Grundsatz der *perpetuatio fori* auch in Bezug auf die Notzuständigkeit[307]. Denn die Vorschriften zur Notzuständigkeit begründeten gesetzliche Zuständigkeiten im Erkenntnisverfahren[308]. Zudem nehme man den Parteien andernfalls die bisherigen Verfahrensergebnisse[309]. Schließlich laufe es im Ergebnis auf eine Anwendung der *forum non conveniens*-Doktrin hinaus, wenn die Gerichte sich aufgrund nachträglicher Ereignisse für unzuständig erklären könnten[310]. Demgegenüber geht die Gegenansicht im Grundsatz davon aus, dass die *perpetuatio fori* in Bezug auf die Notzuständigkeit nicht anwendbar sei[311].

---

[306] *Andrae* in Rauscher, EuZPR/EuIPR, Art. 3 EG-UntVO Rn. 12 ff.; *Dörner* in Saenger, ZPO, Art. 3 EuUnthVO Rn. 6; *Geimer* in Zöller, ZPO, Art. 3 EuUntVO Rn. 1; *Hau* in Prütting/Helms, FamFG, Anhang 3 zu § 110: EuUntVO Rn. 34; *Hausmann*, Internationales und Europäisches Familienrecht, B Rn. 48, C Rn. 96; *Launhardt*, Europäisierung der internationalen Zuständigkeit im Ehegüterrecht, S. 136 f.; *Lipp* in MünchKommFamFG, Vorbemerkung zu Art. 3 EG-UntVO Rn. 15; *Mankowski* in Dutta/J. Weber, Die europäischen Güterrechtsverordnungen, S. 11, 28 Rn. 30; *Nagel/Gottwald*, IZPR, Rn. 4.143; *Reuß* in Geimer/Schütze/Hau, Internationaler Rechtsverkehr, Art. 3 VO Nr. 4/2009 Rn. 10; *Wurmnest* in BeckOGK, Art. 3 EU-UnterhaltsVO Rn. 15. Zu den Umständen, unter denen die *perpetuatio fori* auch im Anwendungsbereich der EuErbVO relevant werden kann, *Wall* in Geimer/Schütze/Hau, Internationaler Rechtsverkehr, Art. 4 Europäische Erbrechtsverordnung 2012 Rn. 89 Fn. 217 m.w.N.

[307] *Andrae* in Rauscher, EuZPR/EuIPR, Art. 7 EG-UntVO Rn. 14; *Hausmann*, Internationales und Europäisches Familienrecht, B Rn. 165, C Rn. 198; *Lipp* in MünchKommFamFG, Art. 7 EG-UntVO Rn. 11; *Nagel/Gottwald*, IZPR, Rn. 4.143; *Wall* in Geimer/Schütze/Hau, Internationaler Rechtsverkehr, Art. 11 Europäische Erbrechtsverordnung 2012 Rn. 18; *Wurmnest* in BeckOGK, Art. 7 EU-UnterhaltsVO Rn. 24.

[308] *Lipp* in MünchKommFamFG, Art. 7 EG-UntVO Rn. 11; *Wurmnest* in BeckOGK, Art. 7 EU-UnterhaltsVO Rn. 24.

[309] *Lipp* in MünchKommFamFG, Art. 7 EG-UntVO Rn. 11.

[310] *Lipp* in MünchKommFamFG, Art. 7 EG-UntVO Rn. 11.

[311] *Looschelders* in MünchKommBGB, Art. 11 EuGüVO Rn. 14; *Mayer* in MünchKommFamFG, Art. 11 EU-EheGüVO Rn. 10. Vgl. auch BGH, Urt. v. 20.2.2013, FamRZ 2013, 687, 689, zur *perpetuatio fori* einer etwaigen Notzuständigkeit im Anwendungsbereich der Brüssel IIa-VO. Nach *Hau* in FS für von Hoffmann, S. 617, 629; *ders.* in Prütting/Helms, FamFG, Anhang 3 zu § 110: EuUntVO Rn. 62, liege es nahe, im Falle eines späteren Wegfalls der Rechtsschutzlücke zumindest nicht unbesehen von einer *perpetuatio fori* auszugehen (vgl. auch *Hau*, FamRZ 2010, 516, 518; *ders.* in FS für Simotta, S. 215, 221; *ders.* in Prütting/Helms, FamFG, Anhang 3 zu § 110: EuUntVO Rn. 34; *Linke/Hau*, IZVR, Rn. 4.76, man möge zweifeln, ob es angemessen und sinnvoll sei, von einer Perpetuierung auch für die Notzuständigkeit auszugehen).

Nehme man den Ausnahmecharakter der Notzuständigkeit ernst, sei mit dem Wegfall der Rechtsschutzlücke ebenfalls der Bedarf eines subsidiären Gerichtsstands entfallen[312]. Darüber hinaus entstünden dem Antragsteller allein durch die Notwendigkeit eines neuen Verfahrens keine unzumutbaren Nachteile[313]. Nur wenn das Verfahren bereits entscheidungsreif oder schon weit fortgeschritten sei, könne aus Gründen der Prozessökonomie die *perpetuatio fori* abgelehnt werden[314].

Zunächst ist zu beachten, dass sich die Frage, ob die *perpetuatio fori* anzuerkennen ist, nur stellt, soweit es um mangelnde Rechtsschutzmöglichkeiten in einem Dritt- oder Mitgliedstaat geht. Fällt demgegenüber ein bei Verfahrenseinleitung bestehender „ausreichender Bezug" zu dem Mitgliedstaat des angerufenen Gerichts nachträglich weg, bleibt die Notzuständigkeit bestehen[315]. Denn während das Notelement – namentlich die mangelnden Rechtsschutzmöglichkeiten im Ausland – die Notzuständigkeit auszeichnet und gegebenenfalls eine besondere Beurteilung erforderlich macht[316], unterscheidet sich die Notzuständigkeit mit Blick auf die Voraussetzung einer Nähebeziehung zum Inland nicht von anderen Zuständigkeitsgründen. Inwieweit die *perpetuatio fori* darüber hinaus im Rahmen der Notzuständigkeit zuzulassen ist, hängt maßgeblich vom Sinn und Zweck dieses Grundsatzes ab. Im Anwendungsbereich des EuGVÜ hat der EuGH die *perpetuatio fori* bejaht, weil es dem Prinzip der Zuständigkeitsklarheit widerspräche, wenn ein Verhalten des Beklagten nach Erhebung der Klage dazu führe, dass das angerufene Gericht seine Zuständigkeit verlöre und diese auf das Gericht eines anderen Vertragsstaats überginge[317]. Mit dieser Formulierung bringt der EuGH die wesentliche Überlegung für die *perpetuatio fori* zum Ausdruck, dass sich der Beklagte oder Antragsgegner einem Verfahren nicht – zum Beispiel durch Wegzug – entziehen können soll[318]. Legt man

---

[312] *Mayer* in MünchKommFamFG, Art. 11 EU-EheGüVO Rn. 10. Vgl. auch BGH, Urt. v. 20.2.2013, FamRZ 2013, 687, 689; *Hau* in FS für von Hoffmann, S. 617, 629; *ders.* in Prütting/Helms, FamFG, Anhang 3 zu § 110: EuUntVO Rn. 62; *Looschelders* in MünchKommBGB, Art. 11 EuGüVO Rn. 14.

[313] *Mayer* in MünchKommFamFG, Art. 11 EU-EheGüVO Rn. 10. Vgl. auch BGH, Urt. v. 20.2.2013, FamRZ 2013, 687, 689.

[314] *Mayer* in MünchKommFamFG, Art. 11 EU-EheGüVO Rn. 10, bei Entscheidungsreife sei die *perpetuatio fori* stets abzulehnen, während die Frage bei einem bereits weit fortgeschrittenen Verfahren von einer Interessenabwägung im Einzelfall durch das mitgliedstaatliche Gericht abhänge; vgl. auch *Looschelders* in MünchKommBGB, Art. 11 EuGüVO Rn. 14.

[315] Ebenso *Looschelders* in MünchKommBGB, Art. 11 EuGüVO Rn. 11; *Mayer* in MünchKommFamFG, Art. 11 EU-EheGüVO Rn. 10.

[316] Dazu sogleich im Text.

[317] EuGH, Urt. v. 5.2.2004, Rs. C-18/02, ECLI:EU:C:2004:74, Rn. 37 – DFDS Torline.

[318] Siehe nur *Geimer*, IZPR, Rn. 1835; *Junker*, IZPR, § 5 Rn. 34; *Launhardt*, Europäisierung der internationalen Zuständigkeit im Ehegüterrecht, S. 136; *Schack*, IZVR, Rn. 494.

§ 11 Ausgestaltung der Notzuständigkeit in den EU-Verordnungen

diese Erwägung der Notzuständigkeit zugrunde, ist anhand einer Interessenabwägung zwischen zwei Konstellationen zu differenzieren:

Zum einen können die Voraussetzungen der Notzuständigkeit nach Anrufung des Gerichts entfallen, weil in einem der Drittstaaten, mit dem die Sache von Anfang an eng verbunden war, die Verfahrenseinleitung oder -führung möglich oder zumutbar wird. In diesen Konstellationen muss der Rechtssuchende nicht davor geschützt werden, dass sich der Beklagte oder Antragsgegner dem Verfahren entzieht. Denn es liegt außerhalb der Einflussmöglichkeit beider Parteien, wie sich die Rechtsverwirklichungschancen in einem Drittstaat ändern. Vielmehr ist die Gegenseite in diesen Konstellationen besonders schutzwürdig, weil sich die Notzuständigkeit allein damit rechtfertigt, dass im Ausland kein Rechtsschutz zu erreichen ist[319]. Durch die Notzuständigkeit wird die Gerichtspflichtigkeit der Gegenseite entgegen der in den Verordnungen vorgesehenen Zuständigkeitsgerechtigkeit ausgeweitet. Dieser Eingriff in die Rechtsposition und Zuständigkeitsinteressen der Gegenseite ist auf ein Minimum zu reduzieren. Ab dem Zeitpunkt, in dem das Notelement entfällt, bedarf der Rechtssuchende keiner Notzuständigkeit mehr. Die Gefahr, dass sich die Rechtsverwirklichungschancen in einem Staat potenziell verändern können, ist der Notzuständigkeit immanent. Indem der Rechtssuchende das Verfahren in einem Mitgliedstaat einleitet, geht er dieses Risiko jedoch bewusst ein, sodass sich eine Veränderung der tatsächlichen Umstände auch zu seinen Lasten auswirken muss. Darüber hinaus ist die Aufrechterhaltung der Notzuständigkeit auch im Hinblick auf die Prozessökonomie nicht zwingend notwendig[320]. Denn insoweit ist zu berücksichtigen, dass eine Entscheidung, die auf einer mitgliedstaatlichen Notzuständigkeit beruht, jedenfalls in dem Drittstaat regelmäßig nicht anerkannt werden wird, in dem die Verfahrensführung nachträglich möglich und zumutbar wurde. Mithin könnten aufgrund der *perpetuatio fori* zwar die bislang erzielten Verfahrensergebnisse verwertet werden, allerdings wäre die Wirksamkeit der mitgliedstaatlichen Entscheidung im Vergleich zu einer zwischenzeitlich möglichen Entscheidung des an sich zuständigen Drittstaats deutlich eingeschränkt[321]. Ferner ist die *perpetuatio fori* in diesen Konstellationen generell abzulehnen, sodass sich ein angerufenes Gericht für unzuständig zu erklären hat, ohne dass ihm ein Ermessen nach Vorbild der *forum non conveniens*-Doktrin zukommt[322].

---

[319] Vgl. BGH, Urt. v. 20.2.2013, FamRZ 2013, 687, 689.
[320] Dafür aber *Lipp* in MünchKommFamFG, Art. 7 EG-UntVO Rn. 11.
[321] Zum Zusammenhang von Prozessökonomie und Wirksamkeit einer Entscheidung im In- und Ausland siehe bereits oben unter § 5 A II (S. 74 ff.).
[322] Darauf abstellend, dass die nachträgliche Unzuständigkeitserklärung der Gerichte auf

Zum anderen können die Voraussetzungen der Notzuständigkeit nach Anrufung des Gerichts entfallen, wenn infolge veränderter Umstände entweder eine (vorrangige) reguläre Zuständigkeit eines anderen Mitgliedstaats oder eine enge Verbindung zu einem Drittstaat begründet wird, in dem die Rechtsverfolgung möglich und zumutbar ist. Zwar spricht auch in diesen Konstellationen der Charakter als Notzuständigkeit grundsätzlich gegen die *perpetuatio fori*, da die Notzuständigkeit zum Schutz der Gegenseite prinzipiell nur so lange aufrechterhalten werden sollte wie unbedingt notwendig. Allerdings ist der Beklagte oder Antragsgegner in diesen Konstellationen nicht schutzwürdig. Denn abweichend von den zuvor beschriebenen Konstellationen haben die Parteien die Möglichkeit, die Voraussetzungen der Zuständigkeitsgründe zu beeinflussen. Ließe man die *perpetuatio fori* zu, eröffnete man der Gegenseite daher zugleich die Möglichkeit, sich der Notzuständigkeit zum Beispiel durch Wegzug zu entziehen. Insoweit unterscheiden sich diese Konstellationen der Notzuständigkeit nicht von anderen Sachverhalten, in denen nach Anrufung des Gerichts aufgrund sich verändernder Umstände ein anderer Staat geeigneter zur Verfahrensführung erscheint. Lässt man die *perpetuatio fori* aber allgemein zu, muss dies auch für die soeben beschriebenen Konstellationen der Notzuständigkeit gelten.

7. Kein tatbestandlicher Ausschluss der Notzuständigkeit nach Ausübung der Notzuständigkeit durch einen anderen Mitgliedstaat

Die Voraussetzungen der Notzuständigkeit können in mehreren Mitgliedstaaten erfüllt sein, da der „ausreichende Bezug" – wie bereits erwähnt[323] – zu mehreren Mitgliedstaaten bestehen kann und auch sonst keinem Mitgliedstaat ausdrücklich eine Priorität eingeräumt wird[324]. Teile der Literatur gehen jedoch davon aus, dass eine Notzuständigkeit tatbestandlich ausscheide, wenn bereits ein anderes mitgliedstaatliches Gericht eine Notzuständigkeit für sich in Anspruch genommen habe[325]. Das folge aus der Ratio der Norm, da in diesem Fall Rechtsschutz durch ein Gericht eines Mitgliedstaats gewährleistet sei[326]. Diese Ansicht vermag indes nicht zu überzeugen[327]. Gegen einen tatbestandlichen

---

eine Anwendung der *forum non conveniens*-Doktrin hinauslaufe, indes *Lipp* in Münch-KommFamFG, Art. 7 EG-UntVO Rn. 11.

[323] Siehe oben unter § 11 A II 4 e (S. 252).

[324] *Biagioni* in Viarengo/Franzina, The EU Regulations on the Property Regimes of International Couples, Rn. 11.21.

[325] *Looschelders* in MünchKommBGB, Art. 11 EuGüVO Rn. 6; *J. Schmidt* in BeckOGK, Art. 11 EuErbVO Rn. 6, 19.

[326] *J. Schmidt* in BeckOGK, Art. 11 EuErbVO Rn. 6, 19.

[327] Ebenso *Makowsky* in NomosKommentarBGB, Art. 11 EuGüVO/EuPartVO Rn. 2, Art. 11 EuErbVO Rn. 3. Im Ergebnis auch *Biagioni*, CDT (März 2012), 20, 35; *ders.* in Via-

Ausschluss spricht zunächst der Wortlaut der Vorschriften zur Notzuständigkeit: Die Subsidiarität der Notzuständigkeit setzt nur voraus, dass „kein Gericht eines Mitgliedstaats aufgrund *anderer* Vorschriften dieser Verordnung zuständig"[328] ist[329]. Darüber hinaus besteht auch kein Bedürfnis für einen tatbestandlichen Ausschluss, da zur Lösung positiver Kompetenzkonflikte in den Verordnungen Vorschriften zur Rechtshängigkeit vorgesehen sind[330]. Schließlich kann es zumindest in Ausnahmefällen darauf ankommen, dass die Notzuständigkeit nicht bereits tatbestandlich ausgeschlossen wird. So kann die Entscheidung eines Mitgliedstaats, die aufgrund einer Notzuständigkeit ergangen ist, in einem anderen Mitgliedstaat nicht anerkennungsfähig sein. Schlösse man die in den Verordnungen vorgesehenen Notzuständigkeiten tatbestandlich aus, drohte eine Anerkennungslücke, der mit der Eröffnung einer ungeschriebenen Notzuständigkeit begegnet werden müsste.

III. Ergebnis

Die geschriebenen Notzuständigkeiten und ihre Erwägungsgründe sind weitgehend einheitlich ausgestaltet. Daher sind die Vorschriften rechtsaktübergreifend auszulegen, soweit die Besonderheiten der jeweiligen Verordnung dies zulassen. Zudem müssen die Vorschriften restriktiv ausgelegt werden.

Bei der Prüfung der Notzuständigkeit ist zunächst zu ermitteln, zu welchen Drittstaaten die Sache einen engen Bezug aufweist, um den Kreis der zu über-

---

rengo/Franzina, The EU Regulations on the Property Regimes of International Couples, Rn. 11.21; *Franzina*, YbPIL 19 (2017/2018), 159, 192; *Hertel* in Rauscher, EuZPR/EuIPR, Art. 11 EU-ErbVO Rn. 8; *Marongiu Buonaiuti* in Calvo Caravaca/Davì/Mansel, The EU Succession Regulation, Art. 11 Rn. 14; *Reuß* in Geimer/Schütze/Hau, Internationaler Rechtsverkehr, Art. 7 VO Nr. 4/2009 Rn. 3; *Wall* in Geimer/Schütze/Hau, Internationaler Rechtsverkehr, Art. 11 Europäische Erbrechtsverordnung 2012 Rn. 16, die von der Anwendung der Rechtshängigkeitsvorschriften ausgehen.

[328] Art. 11 EuErbVO; Hervorhebung durch den Verfasser. Die anderen Vorschriften zur Notzuständigkeit in Artt. 7 EuUntVO, 11 EuGüVO/EuPartVO sind redaktionell leicht abweichend formuliert, da sie die vorrangigen Vorschriften im Einzelnen nennen, ohne dass sich daraus jedoch eine inhaltliche Abweichung ergäbe.

[329] Darauf abstellend *Makowsky* in NomosKommentarBGB, Art. 11 EuErbVO Rn. 3.

[330] Für die Anwendung dieser Vorschriften im vorliegenden Zusammenhang *Biagioni*, CDT (März 2012), 20, 35; *ders.* in Viarengo/Franzina, The EU Regulations on the Property Regimes of International Couples, Rn. 11.21; *Franzina*, YbPIL 19 (2017/2018), 159, 192; *Hertel* in Rauscher, EuZPR/EuIPR, Art. 11 EU-ErbVO Rn. 8; *Makowsky* in NomosKommentarBGB, Art. 11 EuGüVO/EuPartVO Rn. 2, Art. 11 EuErbVO Rn. 3; *Marongiu Buonaiuti* in Calvo Caravaca/Davì/Mansel, The EU Succession Regulation, Art. 11 Rn. 14; *Reuß* in Geimer/Schütze/Hau, Internationaler Rechtsverkehr, Art. 7 VO Nr. 4/2009 Rn. 3; *Wall* in Geimer/Schütze/Hau, Internationaler Rechtsverkehr, Art. 11 Europäische Erbrechtsverordnung 2012 Rn. 16.

prüfenden Rechtsordnungen einzuschränken. Dabei weisen nur die Drittstaaten einen engen Bezug zur Sache auf, die bei einer spiegelbildlichen Anwendung der Verordnung international zuständig wären. Dies ermöglicht eine trennscharfe Abgrenzung zur Voraussetzung des „ausreichenden Bezugs", welcher im Verhältnis zu einem Mitgliedstaat vorliegen muss, und sorgt für Zuständigkeitsklarheit.

Ob die Verfahrenseinleitung oder -führung in einem Drittstaat unmöglich oder unzumutbar ist, ist eine Frage des Einzelfalls. Unmöglich kann ein Verfahren aus tatsächlichen oder rechtlichen Gründen sein. Mit Blick auf die Unzumutbarkeit eines Verfahrens bietet es sich an, grob zwischen drei Fallgruppen zu differenzieren: So kann ein Verfahren in dem Drittstaat generell oder nur das konkrete Verfahren unzumutbar sein; ferner kann der Rechtsuchende am persönlichen Erscheinen gehindert sein. Darüber hinaus bildet die Anerkennungslücke einen Anwendungsfall drohender Rechtsverweigerung, und zwar unabhängig davon, ob eine Entscheidung in dem Drittstaat schon ergangen ist oder noch nicht. In diesen Konstellationen bedarf der Rechtsuchende allerdings eines Interesses an einer Entscheidung gerade im Inland. Demgegenüber setzt die Eröffnung einer Notzuständigkeit nicht voraus, dass ein Verfahren in dem Drittstaat (erfolglos) eingeleitet wurde, sofern die Unmöglichkeit oder Unzumutbarkeit nachgewiesen wird.

Die Voraussetzung, dass die Sache einen ausreichenden Bezug zu dem Mitgliedstaat des angerufenen Gerichts aufweisen muss, ist für den Schutz des Beklagten oder Antragsgegners wesentlich und bedarf daher einer restriktiven Auslegung im Einzelfall. Manche Anknüpfungspunkte vermitteln stets und selbstständig einen „ausreichenden" Mitgliedstaatenbezug, während andere Anknüpfungspunkte allenfalls in Ausnahmefällen oder bei einer Gesamtbetrachtung eine hinreichende Nähebeziehung vermitteln können. Grundsätzlich reichen zum Beispiel die – effektive oder nicht effektive – Staatsangehörigkeit oder der gewöhnliche Aufenthalt einer Partei oder die Belegenheit von Vermögen des Beklagten oder Antragsgegners im Inland aus. Demgegenüber ist der schlichte Aufenthalt einer oder beider Parteien zu manipulationsanfällig und zufallsabhängig, um regelmäßig einen „ausreichenden" Mitgliedstaatenbezug zu begründen.

Den mitgliedstaatlichen Gerichten steht kein Ermessen bei der Frage zu, ob sie eine Notzuständigkeit ausüben. Im Interesse der Zuständigkeitsklarheit und unter Berücksichtigung des Sinn und Zwecks der Vorschrift muss eine Notzuständigkeit angenommen werden, wenn die Voraussetzungen erfüllt sind. In Bezug auf die *perpetuatio fori* ist zu differenzieren: Wenn die Verfahrensführung in einem Drittstaat, zu dem von Anfang an ein enger Bezug bestand, möglich und zumutbar wird, ist eine *perpetuatio fori* abzulehnen. Sie ist demgegenüber zu bejahen, wenn ein anderer Mitgliedstaat nach Anrufung des Gerichts regulär zuständig wird oder ein enger Bezug zu einem Drittstaat begründet wird, in dem die Rechtsverwirklichung möglich und zumutbar ist.

B. Notzuständigkeiten in den Rechtsakten ohne abschließendes Zuständigkeitsregime

I. Brüssel Ia-VO

Die Brüssel Ia-VO ist als Referenzinstrument des Europäischen Zivilverfahrensrechts sachlich in sämtlichen Zivil- und Handelssachen anzuwenden, die nicht ausdrücklich von ihrem Anwendungsbereich ausgenommen sind[331].

1. Verbleibender Anwendungsbereich des autonomen Zuständigkeitsrechts – Bedeutung autonomer Notzuständigkeit

Wie bereits erwähnt[332], setzt die räumlich-persönliche Anwendbarkeit der Brüssel Ia-VO grundsätzlich einen Wohnsitz des Beklagten im Hoheitsgebiet eines Mitgliedstaats voraus[333]. Lediglich in den Fällen, in denen der Beklagte keinen Wohnsitz in einem Mitgliedstaat hat, verweist Art. 6 Abs. 1 Brüssel Ia-VO – vorbehaltlich der in der Vorschrift genannten Ausnahmen – auf das autonome Zuständigkeitsrecht der Mitgliedstaaten (sogenannte Restzuständigkeit). Wenngleich sich im Anwendungsbereich der Brüssel Ia-VO ein deutlicher Bedeutungsverlust des autonomen Zuständigkeitsrechts konstatieren lässt[334], verbleibt dem autonomen Zuständigkeitsrecht durch die Restzuständigkeit ein nicht zu vernachlässigender Anwendungsbereich[335]. Innerhalb dieses Restanwendungsbereichs entscheidet allein das autonome Zuständigkeitsrecht über die Frage, ob bei drohender Rechtsverweigerung eine Notzuständigkeit zu eröffnen ist[336].

---

[331] Siehe Art. 1 Brüssel Ia-VO.
[332] Siehe oben unter § 10 A (S. 165).
[333] Vgl. Artt. 4 Abs. 1, 5 Abs. 1, 6 Abs. 1 Brüssel Ia-VO.
[334] *Heinze*, JZ 2011, 709, 711; *Roth* in Roth, Europäisierung des Rechts, S. 163, 170 f.
[335] Vgl. *Marongiu Buonaiuti* in Franzina, The External Dimension of EU Private International Law, S. 211, 214; *Roth* in Stein/Jonas, ZPO, vor § 12 Rn. 26, 32; *M. Stürner/Pförtner*, GPR 2019, 222, 223. Vgl. zur Situation unter Geltung der Brüssel I-VO *Hau* in FS für von Hoffmann, S. 617, 621.
[336] Vgl. *Roorda/Ryngaert*, RabelsZ 80 (2016), 783, 804.

2. Reform der Brüssel I-VO

Zu einem vollständigen Bedeutungsverlust des autonomen Zuständigkeitsrechts im Anwendungsbereich der Brüssel Ia-VO wäre es gekommen, wenn sich der Kommissionsentwurf zur Reform der Brüssel I-VO[337] durchgesetzt hätte[338]: Mit diesem sollten die Zuständigkeitsvorschriften der Verordnung vollständig auf Drittstaatensachverhalte erstreckt und die Restzuständigkeit für die mitgliedstaatlichen Zuständigkeitsregime gestrichen werden[339]. Darüber hinaus ist der Reformprozess um die Brüssel I-VO beachtenswert, da wiederholt die Frage nach dem Bedürfnis einer Notzuständigkeit diskutiert wurde und der Kommissionsentwurf eine Vorschrift zur Notzuständigkeit enthielt.

a) Vorarbeiten

Am Anfang der Reformbemühungen um die Brüssel I-VO standen zwei von der Kommission in Auftrag gegebene, 2007 veröffentlichte Studien: Die Studie von *Hess*, *Pfeiffer* und *Schlosser* – der sogenannte Heidelberg-Report – befasste sich mit der Anwendung der Brüssel I-VO in den Mitgliedstaaten[340]. Im Hinblick auf die im Zusammenhang mit der Notzuständigkeit interessierenden Fragestellungen wurde zwar ausgeführt, dass eine einfache Ausweitung der Zuständigkeitsvorschriften auf Beklagte aus Drittstaaten nicht ratsam sei, da dieses Vorgehen

---

[337] KOM (2010) 748 endg.

[338] Vgl. *Heinze*, JZ 2011, 709, 711; *Mankowski* in Rauscher, EuZPR/EuIPR, Art. 6 Brüssel Ia-VO Rn. 17; *Roth* in Roth, Europäisierung des Rechts, S. 163, 170 f.; *ders.* in Stein/Jonas, ZPO, vor § 12 Rn. 26.

[339] KOM (2010) 748 endg., S. 6, 8 f., 17 f.; vgl. dazu *Adolphsen*, EuZVR, Kap. 3 Rn. 41; *Augenstein/Jägers* in Álvarez Rubio/Yiannibas, Human Rights in Business, S. 7, 20; *Bach*, ZRP 2011, 97 f.; *Bachmann*, Universalisierung des Europäischen Zivilverfahrensrechts, S. 124 f.; *Baumgartner*, Sw. J. Int'l L. 18 (2012), 567, 589; *Bidell*, Zuständigkeiten der EuGVO, S. 30; *Dickinson*, YbPIL 12 (2010), 247, 270; *Domej*, RabelsZ 78 (2014), 508, 521; *Ereciński/Weitz* in FS für Kaissis, S. 187, 195; *Weitz* in FS für Simotta, S. 679, 684, 687; *Fawcett/Ní Shúilleabháin/Shah*, Human Rights and Private International Law, Rn. 4.117; *Fentiman*, Cambridge Yearbook of European Legal Studies 13 (2011), 65, 72; *Geimer* in FS für Simotta, S. 163, 166; *ders.*, IZPR, Rn. 1874a; *Gillies*, JPIL 8 (2012), 489, 499, 504; *Gsell*, ZZP 127 (2014), 431, 435; *Hau* in FS für von Hoffmann, S. 617, 622 f.; *Hay*, The European Legal Forum 2013, 1, 2; *Kiesselbach* in Lein, The Brussels I Review Proposal Uncovered, S. 1, 9; *Magnus/Mankowski*, ZVglRWiss 110 (2011), 252, 263, 265 f.; *Mankowski* in Leible/Terhechte, Europäisches Rechtsschutz- und Verfahrensrecht, S. 1319, 1370 f. Rn. 131, 133; *Marongiu Buonaiuti* in Franzina, The External Dimension of EU Private International Law, S. 211, 213 f.; *Nielsen* in Liber Amicorum Lando, S. 257, 261 f.; *Pfeiffer*, ZZP 127 (2014), 409, 415; *Roorda/Ryngaert*, RabelsZ 80 (2016), 783, 807; *M. Stürner/Pförtner*, GPR 2019, 222 f.; *Takahashi*, JPIL 8 (2012), 1, 4; *G. Wagner* in Stein/Jonas, ZPO, Einleitung vor Art. 2 EuGVVO Rn. 10; *J. Weber*, RabelsZ 75 (2011), 619, 621; *M. Weller*, GPR 2012, 34, 39.

[340] In Buchform veröffentlicht als *Hess/Pfeiffer/Schlosser*, The Heidelberg Report.

den Zugang zu Gericht erheblich einschränken würde[341]; im Ergebnis enthielten sich die Autoren jedoch einer umfassenden Stellungnahme zu der Frage[342]. Demgegenüber sprach sich *Nuyts* in seiner rechtsvergleichenden Studie über die Restzuständigkeiten der Mitgliedstaaten ausdrücklich dafür aus, die Zuständigkeitsvorschriften der Brüssel I-VO generell auf Beklagte ohne Wohnsitz in einem Mitgliedstaat auszuweiten und damit die autonomen Zuständigkeitsrechte der Mitgliedstaaten im Anwendungsbereich der Verordnung vollständig und abschließend zu ersetzen[343]. Da die EU keinen Einfluss darauf habe, ob und wie in Drittstaaten Rechtsschutz gewährt werde, und ohne Wohnsitz des Beklagten in einem Mitgliedstaat kein allgemeiner Gerichtsstand bestehe, seien bei einer Erstreckung der Zuständigkeitsvorschriften auf Drittstaatenbeklagte spezifische Zuständigkeitsgründe für diese Sachverhalte erforderlich, um den Zugang zu Gericht zu sichern[344]. Vor diesem Hintergrund sei (auch) die Einführung einer Vorschrift zur Notzuständigkeit empfehlenswert[345].

Im Jahr 2008 hat die Europäische Gruppe für Internationales Privatrecht einen Reformvorschlag veröffentlicht, in dem sie sich ebenfalls für eine Ausweitung der Zuständigkeitsvorschriften auf sämtliche Sachverhalte mit Auslandsberührung und die Einführung einer Notzuständigkeit ausgesprochen hat[346]. In dem Bericht zum Reformvorschlag wird ausgeführt, dass die Ausweitung der Vorschriften ein flexibles Kriterium erforderlich mache, um ein mitgliedstaatliches Gericht auch aus Gründen anrufen zu können, die in Unionssachverhal-

---

[341] *Pfeiffer* in Hess/Pfeiffer/Schlosser, The Heidelberg Report, Rn. 159.
[342] *Pfeiffer* in Hess/Pfeiffer/Schlosser, The Heidelberg Report, Rn. 163.
[343] *Nuyts*, Study on Residual Jurisdiction, S. 8, 115 f., 155.
[344] *Nuyts*, Study on Residual Jurisdiction, S. 8 f., 130 ff., 155 f.
[345] *Nuyts*, Study on Residual Jurisdiction, S. 9, 139 f., 156.
[346] European Group for Private International Law, Proposed Amendment of Regulation 44/2001 in Order to Apply it to External Situations (Bergen, 21. September 2008), abgedruckt in IPRax 2009, 283; die Vorschrift zur Notzuständigkeit lautet:
„Article 24 bis
Where no court of a Member State has jurisdiction under this Regulation, a person may be sued before the courts of a Member State with which the claim has a sufficient connection, especially by reason of the presence of property in the territory of that State, if the right to a fair trial so requires, in particular:
(a) if proceedings in a non-Member State are shown to be impossible; or
(b) if it could not reasonably be required that the claim should be brought before a court of a non-Member State; or
(c) if a judgment given on the claim in a non-Member State would not be entitled to recognition in the State of the court seised under the law of that State and such recognition is necessary to ensure that the rights of the claimant are satisfied".

ten nicht zur Zuständigkeitsausübung genügten[347]. Diese Flexibilität werde durch die Vorschrift zur Notzuständigkeit ermöglicht[348].

In dem von der Brüssel I-VO vorgesehenen Bericht über die Anwendung der Verordnung[349] führte die Kommission im Jahr 2009 aus, dass das Fehlen einer harmonisierten Regelung der Restzuständigkeit zur Folge habe, dass nicht alle Unionsbürger denselben Rechtsschutz genössen[350]. Gleichzeitig veröffentlichte die Kommission ein Grünbuch zur Überprüfung der Brüssel I-VO, das auf eine breite Konsultation der Fachöffentlichkeit angelegt war[351]. Unter anderem stellte die Kommission darin die Fragen, ob sich Zuständigkeitsvorschriften auf Beklagte in Drittstaaten übertragen ließen und ob – bejahendenfalls – für diese Streitigkeiten weitere Anknüpfungspunkte wie beispielsweise eine Notzuständigkeit vorgesehen werden sollten[352].

Vor dem Hintergrund des Grünbuchs bezog das Europäische Parlament – gestützt auf einen Bericht des Rechtsausschusses[353] – im September 2010 den Standpunkt, dass die Frage, ob den Bestimmungen der Verordnung eine reflexive Wirkung eingeräumt werden sollte, nicht genügend untersucht worden sei[354]. Es sei daher zu früh, diesen Schritt ohne umfangreiche Studien, Konsultationen und politische Debatten, in denen das Parlament eine führende Rolle spielen solle, zu unternehmen[355].

---

[347] Commentaire de la proposition de modification du chapitre II du règlement 44/2001 en vue de son application aux situations externes, Berichterstatter: *Marc Fallon*, abrufbar unter <https://gedip-egpil.eu/wp-content/uploads/2008/10/GEDIP-18e-session-Commentaire.pdf> (zuletzt abgerufen am 31.7.2023).

[348] Commentaire de la proposition de modification du chapitre II du règlement 44/2001 en vue de son application aux situations externes, Berichterstatter: *Marc Fallon*, abrufbar unter <https://gedip-egpil.eu/wp-content/uploads/2008/10/GEDIP-18e-session-Commentaire.pdf> (zuletzt abgerufen am 31.7.2023).

[349] Art. 73 Brüssel I-VO.

[350] KOM (2009) 174 endg., S. 5.

[351] KOM (2009) 175 endg., S. 2.

[352] KOM (2009) 175 endg., S. 3 ff.

[353] Bericht vom 29.6.2010 über die Umsetzung und Überprüfung der Verordnung (EG) Nr. 44/2001 des Rates über die gerichtliche Zuständigkeit und die Anerkennung und Vollstreckung von Entscheidungen in Zivil- und Handelssachen, Berichterstatter: *Tadeusz Zwiefka*, A7-0219/2010, S. 15.

[354] Entschließung des Europäischen Parlaments vom 7. September 2010 zu der Umsetzung und Überprüfung der Verordnung (EG) Nr. 44/2001 des Rates über die gerichtliche Zuständigkeit und die Anerkennung und Vollstreckung von Entscheidungen in Zivil- und Handelssachen, P7_TA(2010)0304, Nr. 15.

[355] Entschließung des Europäischen Parlaments vom 7. September 2010 zu der Umsetzung und Überprüfung der Verordnung (EG) Nr. 44/2001 des Rates über die gerichtliche Zuständigkeit und die Anerkennung und Vollstreckung von Entscheidungen in Zivil- und Handelssachen, P7_TA(2010)0304, Nr. 15.

b) Kommissionsentwurf

Die Kommission verfolgte mit ihrem Verordnungsvorschlag aus dem Jahr 2010 das Ziel, die Zuständigkeitsvorschriften generell auf Streitsachen auszuweiten, in denen der Beklagte ein „Drittstaatenangehöriger" ist[356]. Es sollten aber nicht lediglich die bestehenden Zuständigkeitsvorschriften auf Drittstaatenbeklagte erstreckt, sondern auch nationale Restzuständigkeiten durch in der Verordnung harmonisierte, subsidiäre Zuständigkeiten ersetzt werden[357]. Der Kommissionsentwurf hätte die internationale Zuständigkeit der Mitgliedstaaten folglich umfassend – und mithin universell[358] – geregelt[359]. Bei einer der beiden vorgesehenen subsidiären Zuständigkeiten handelte es sich um eine Notzuständigkeit, die in Art. 26 des Kommissionsentwurfs enthalten war[360]:

„Ergibt sich aus dieser Verordnung keine Zuständigkeit eines mitgliedstaatlichen Gerichts, so kann die Streitigkeit in Ausnahmefällen vor den Gerichten eines Mitgliedstaats verhandelt werden, wenn dies erforderlich ist, um das Recht auf ein faires Verfahren oder das Recht auf gerichtlichen Rechtsschutz zu gewährleisten, vor allem

a) wenn es nicht zumutbar ist oder es sich als unmöglich erweist, ein Verfahren in einem Drittstaat, zu dem die Streitigkeit einen engen Bezug aufweist, einzuleiten oder zu führen, oder

b) wenn eine in einem Drittstaat über die Streitigkeit ergangene Entscheidung in dem Mitgliedstaat nicht anerkannt und vollstreckt werden könnte, in dem das Gericht nach innerstaatlichem Recht befasst wurde, und eine Anerkennung und Vollstreckung für die Durchsetzung der Rechte des Klägers notwendig wären

und die Streitigkeit einen ausreichenden Bezug zu dem Mitgliedstaat des angerufenen Gerichts aufweist."

Ausweislich der Begründung garantiere die Vorschrift Klägern aus der EU ein faires Verfahren, was besonders für EU-Unternehmen wichtig sei, die in Länder mit noch unausgereiftem Rechtssystem investierten[361]. Die Notzuständigkeit hätte lediglich im Verhältnis zu Beklagten, die ihren Wohnsitz nicht im Hoheitsgebiet eines Mitgliedstaats haben, begründet werden können[362]. In ihrer Formu-

---

[356] KOM (2010) 748 endg., S. 6, 8 f. Die deutsche Sprachfassung („Drittstaatenangehöriger") ist unglücklich, da nicht die Staatsangehörigkeit, sondern der Wohnsitz des Beklagten maßgebend ist.
[357] KOM (2010) 748 endg., S. 9.
[358] Siehe zu diesem dem IPR entlehnten Begriff bereits oben unter § 10 A (S. 165 ff.).
[359] Vgl. KOM (2010) 748 endg., S. 17 f. (Erwägungsgründe 16 f.).
[360] KOM (2010) 748 endg., S. 36.
[361] KOM (2010) 748 endg., S. 9.
[362] Vgl. Art. 4 des Entwurfs (KOM (2010) 748 endg., S. 25); *Bach*, ZRP 2011, 97, 98; *Bachmann*, Universalisierung des Europäischen Zivilverfahrensrechts, S. 126; *Baumgartner*, Sw. J. Int'l L. 18 (2012), 567, 589; *Cafari Panico* in Pocar/Viarengo/Villata, Recasting Brussels I, S. 127, 130; *Ereciński/Weitz* in FS für Kaissis, S. 187, 195 f.; *Fawcett/Ní Shúilleabháin/Shah*, Human Rights and Private International Law, Rn. 4.74, 4.117; *Hau* in FS für von Hoff-

lierung ähnelt die Vorschrift zwar dem zu diesem Zeitpunkt bereits in Kraft getretenen Art. 7 EuUntVO, weicht jedoch unter zwei Gesichtspunkten von diesem Vorbild ab[363]: Zum einen ist die zentrale Voraussetzung von Art. 26 des Entwurfs, dass das Recht auf ein faires Verfahren oder das Recht auf gerichtlichen Rechtsschutz[364] eine mitgliedstaatliche Zuständigkeit erfordert. Die – zum Teil – aus Art. 7 EuUntVO bekannten Anwendungsfälle werden dabei lediglich als nicht abschließende Regelbeispiele genannt. Zum anderen wird neben den bekannten Anwendungsfällen der Unmöglichkeit oder Unzumutbarkeit drittstaatlichen Rechtsschutzes die Anerkennungslücke als weitere Fallgruppe ausdrücklich festgelegt. Die Abweichung lässt sich damit erklären, dass sich der Kommissionsvorschlag in Bezug auf diese Gesichtspunkte deutlich am Vorschlag zur Notzuständigkeit der Europäischen Gruppe für Internationales Privatrecht[365] orientiert und diesen insoweit beinahe wortgleich übernommen hat[366]. Mit der abweichenden Formulierung ist aber zumindest keine wesentliche inhaltliche Änderung im Vergleich zu den Vorschriften zur Notzuständigkeit im Internationalen Familien- und Erbrecht verbunden. Denn einerseits bildet die Anerkennungslücke nach der vorliegend vertretenen Auffassung auch bei den geschriebenen Notzuständigkeiten eine anerkannte Fallgruppe[367]. Andererseits liegt das Recht auf ein faires Verfahren den Notzuständigkeiten des Internationalen Familien- und Erbrechts – unausgesprochen – ebenfalls zugrunde, da diese ausweislich ihrer Erwägungsgründe der Vermeidung von Rechtsverweigerung dienen[368].

---

mann, S. 617, 623; *Magnus/Mankowski*, ZVglRWiss 110 (2011), 252, 265; *Mankowski* in Magnus/Mankowski, ECPIL, Art. 7 Brussels Ibis Regulation Rn. 21; *Takahashi*, JPIL 8 (2012), 1, 5; *M. Weller*, GPR 2012, 34, 39. Demgegenüber für einen deutlich weiteren Anwendungsbereich *Geimer* in FS für Simotta, S. 163, 170, nach dem jedenfalls klargestellt werden sollte, dass die Notzuständigkeit nicht nur im Verhältnis zu Nichtmitgliedstaaten, sondern auch EU-intern gelte; eine unmittelbare Anwendung der geschriebenen Notzuständigkeiten in Unionssachverhalten scheidet aufgrund des Wortlauts und der Systematik der Vorschriften jedoch aus, sodass die Konstellationen allenfalls durch ungeschriebene Notzuständigkeiten erfasst werden können.

[363] Vgl. auch *Bidell*, Zuständigkeiten der EuGVO, S. 167 f.
[364] Ausführlich zur Terminologie *Bidell*, Zuständigkeiten der EuGVO, S. 168 ff.
[365] Siehe dazu oben unter § 11 B I 2 a (S. 265 f.).
[366] *Bidell*, Zuständigkeiten der EuGVO, S. 167; *Magnus/Mankowski*, ZVglRWiss 110 (2011), 252, 268 f.
[367] Erwägungsgründe 16 S. 1 EuUntVO, 31 S. 1 EuErbVO, 41 S. 1 EuGüVO und 40 S. 1 EuPartVO.
[368] Dazu bereits oben unter § 11 A I 1–3 (S. 201 ff.).

c) Resonanz auf den Kommissionsentwurf

aa) Universalisierung der Zuständigkeitsgründe

Die Erstreckung der Zuständigkeitsgründe der Verordnung auf Beklagte aus Drittstaaten und die damit verbundene Abschaffung der nationalen Restzuständigkeit wurde in der Literatur überwiegend positiv aufgenommen[369]. Zwar lehnten andere Teile der Literatur den Kommissionsentwurf mit deutlichen Worten ab[370], dies erfolgte allerdings nur vereinzelt vor dem Hintergrund, dass die autonomen Zuständigkeitsgründe erhalten bleiben müssten[371].

In den Mitgliedstaaten stieß der Kommissionsentwurf – soweit öffentliche Stellungnahmen existieren – auf ein geteiltes Echo[372]: Der deutsche Bundesrat begrüßte grundsätzlich die Harmonisierung der Vorschriften im Hinblick auf Rechtsstreitigkeiten, in denen der Beklagte in einem Drittstaat ansässig ist[373]. Er gab jedoch gleichzeitig zu bedenken, dass die Auswirkungen der Neuregelung auf bilaterale Beziehungen zwischen Mitgliedstaaten und Drittstaaten sowie auf Chancen zur Aushandlung eines multilateralen Zuständigkeits-, Anerkennungs- und Vollstreckungsübereinkommens auf Ebene der Haager Konferenz für Internationales Privatrecht kritisch geprüft werden sollten[374]. Demgegenüber sprachen sich die Niederlande gegen eine Universalisierung der Zuständigkeitsgründe mit Blick auf Drittstaatenbeklagte aus, da die EU dieses Anliegen zum einen besser der Haager Konferenz überlassen solle und zum anderen die auf Zuständigkeitsverteilung unter den Mitgliedstaaten angelegten Vorschriften aufgrund des gegenseitigen Vertrauens nicht ohne Weiteres auf

---

[369] Befürwortend *Bach*, ZRP 2011, 97, 100; *Takahashi*, JPIL 8 (2012), 1, 4; *M. Weller*, GPR 2012, 328, 330; grundsätzlich befürwortend, aber mit Verbesserungsvorschlägen, *Hau* in FS für von Hoffmann, S. 617, 632 f.; *J. Weber*, RabelsZ 75 (2011), 619, 623 ff., 643 f.; *Weitz* in FS für Simotta, S. 679, 685 ff.; grundsätzlich aufgeschlossen *G. Wagner* in Stein/Jonas, ZPO, Einleitung vor Art. 2 EuGVVO Rn. 10; offenlassend *Nielsen* in Liber Amicorum Lando, S. 257, 262 f.

[370] *Dickinson*, YbPIL 12 (2010), 247, 273 ff., 283; *Fentiman*, Cambridge Yearbook of European Legal Studies 13 (2011), 65, 73 f., 83 f.; im Ergebnis auch *Luzzatto* in Pocar/Viarengo/Villata, Recasting Brussels I, S. 111, 114 f.; äußerst kritisch auch *Gillies*, JPIL 8 (2012), 489, 509 ff.

[371] Für ein Nebeneinander von europäischen und autonomen Zuständigkeitsregeln *Dickinson*, YbPIL 12 (2010), 247, 282 f.; *Fentiman*, Cambridge Yearbook of European Legal Studies 13 (2011), 65, 75 f., 84. Demgegenüber zwar für eine Universalisierung der Verordnungsvorschriften, aber im Wege besonderer Zuständigkeitsvorschriften für Beklagte aus Drittstaaten *Luzzatto* in Pocar/Viarengo/Villata, Recasting Brussels I, S. 111, 112 f., 115.

[372] Dazu ausführlich *Bidell*, Zuständigkeiten der EuGVO, S. 236 ff. m. w. N.

[373] BR-Drs. 833/10 (Beschluss), S. 3 Nr. 8.

[374] BR-Drs. 833/10 (Beschluss), S. 3 Nr. 8.

Drittstaaten übertragen werden könnten[375]. Auch das *Ministry of Justice* des Vereinigten Königreichs verwies auf die Haager Konferenz, um die Gegenseitigkeit mit Drittstaaten zu gewährleisten, und befürwortete eine parallele Anwendung von autonomen und europäischen Zuständigkeitsgründen, wobei letztere als Mindeststandards dienen sollten[376].

Deutlich hat sich der Rechtsausschuss des Europäischen Parlaments in einem Berichtsentwurf vom 28. Juni 2011 gegen die geplante Universalisierung ausgesprochen, da es dem Berichterstatter verführt erschienen wäre, dieses Konzept in die Verordnung aufzunehmen[377]. Die Kommission verfüge für einen solches Vorgehen zudem über kein Mandat des Parlaments und dürfe die Einschätzung des demokratisch gewählten Parlaments nicht einfach ignorieren[378].

bb) Vorschrift zur Notzuständigkeit

Ein Teil der Literatur ist der geplanten Einführung einer Notzuständigkeit[379] beziehungsweise jedenfalls der konkreten Ausgestaltung der Vorschrift[380] sehr kritisch begegnet. Diese Reaktionen sind insofern bemerkenswert, als in Bezug auf die geschriebenen Notzuständigkeiten des Internationalen Familien- und Erbrechts – wie bereits ausgeführt[381] – nur ganz vereinzelt Kritik geäußert wurde. Die Kritiker brachten zunächst vor, dass ein rechtstatsächliches Bedürfnis für eine positivierte Notzuständigkeit aufgrund der breiten Zuständigkeitsgründe der Verordnung gering sei[382]. Bei unzureichenden Rechtsschutzstandards im

---

[375] Siehe *Augenstein/Jägers* in Álvarez Rubio/Yiannibas, Human Rights in Business, S. 7, 21; *Roorda/Ryngaert*, RabelsZ 80 (2016), 783, 807 f., jeweils m. w. N.

[376] Siehe *Kiesselbach* in Lein, The Brussels I Review Proposal Uncovered, S. 1, 21 f. m. w. N.

[377] Entwurf eines Berichts vom 28.6.2011 über die Umsetzung und Überprüfung der Verordnung (EG) Nr. 44/2001 des Rates über die gerichtliche Zuständigkeit und die Anerkennung und Vollstreckung von Entscheidungen in Zivil- und Handelssachen, Berichterstatter: *Tadeusz Zwiefka*, PE467.046, S. 51.

[378] Entwurf eines Berichts vom 28.6.2011 über die Umsetzung und Überprüfung der Verordnung (EG) Nr. 44/2001 des Rates über die gerichtliche Zuständigkeit und die Anerkennung und Vollstreckung von Entscheidungen in Zivil- und Handelssachen, Berichterstatter: *Tadeusz Zwiefka*, PE467.046, S. 8.

[379] Siehe *Fentiman*, Cambridge Yearbook of European Legal Studies 13 (2011), 65, 73 f.; *Luzzatto* in Pocar/Viarengo/Villata, Recasting Brussels I, S. 111, 115; *Magnus/Mankowski*, ZVglRWiss 109 (2010), 1, 9; *dies.*, ZVglRWiss 110 (2011), 252, 268 f.; *Stadler/Klöpfer*, ZEuP 2015, 732, 748, 750 ff.

[380] *Dickinson*, YbPIL 12 (2010), 247, 280; *Geimer* in FS für Simotta, S. 163, 170; *Gillies*, JPIL 8 (2012), 489, 505 ff.; *Pfeiffer*, ZZP 127 (2014), 409, 416. Vgl. auch BR-Drs. 833/10 (Beschluss), S. 4 Nr. 10.

[381] Dazu oben unter § 11 A I 1–3 (S. 201 ff.).

[382] *Magnus/Mankowski*, ZVglRWiss 109 (2010), 1, 9; *dies.*, ZVglRWiss 110 (2011), 252, 268; *Stadler/Klöpfer*, ZEuP 2015, 732, 748, 751 f.

Ausland und tatsächlich gewährten Notzuständigkeiten handele es sich um absolute Ausnahmen, die zusehends an Bedeutung verlören[383]. Darüber hinaus sei die Vorschrift zur Notzuständigkeit im Kommissionsentwurf aufgrund – als elastisch[384], schwammig[385] oder konturlos[386] bezeichneter – unbestimmter Rechtsbegriffe nicht rechtssicher ausgestaltet[387], was gerade die inhärente Schwierigkeit jeder Positivierung dieses Zuständigkeitsgrundes sei[388]. In der Folge drohe, dass die Vorschrift in den Mitgliedstaaten – jedenfalls bis zu einer Klärung durch den EuGH[389] – unterschiedlich angewendet werde[390] und daher keinen Vereinheitlichungseffekt erzielen könne[391]. Vereinzelt wurde sogar befürchtet, dass manche mitgliedstaatliche Gerichte nicht über eine hinreichende Ausstattung verfügten, um die mit dem Zuständigkeitsgrund verbundenen empfindlichen und komplexen Fragestellungen überhaupt bewältigen zu können[392]. Des Weiteren sei nach Ansicht mancher Kritiker auch der praktische Nutzen für eine Notzuständigkeit gering, da eine mitgliedstaatliche Entscheidung, die infolge einer Notzuständigkeit ergehe, kaum Aussicht darauf habe, in dem Drittstaat anerkannt und vollstreckt zu werden, in dem der Beklagte seinen Wohnsitz hat[393]. Es bestehe daher die Gefahr, wirtschaftlich wertlose Titel zu generieren[394]. Ferner könne die Bewertung drittstaatlicher Justizsysteme zu diplomatischen Konflikten führen[395]. Schließlich brachte ein Teil der Literatur vor, dass eine Notzuständigkeit ungewollte Anreize für mitgliedstaatliche Klagen schaffe[396] und *forum shopping* fördere[397]. Demgegenüber kritisierten andere Teile der

---

[383] *Stadler/Klöpfer*, ZEuP 2015, 732, 751 f.

[384] *Luzzatto* in Pocar/Viarengo/Villata, Recasting Brussels I, S. 111, 115.

[385] Vgl. *Geimer* in FS für Simotta, S. 163, 170; *Stadler/Klöpfer*, ZEuP 2015, 732, 751.

[386] BR-Drs. 833/10 (Beschluss), S. 4 Nr. 10; *Geimer* in FS für Simotta, S. 163, 170. Vgl. auch *Pfeiffer*, ZZP 127 (2014), 409, 416.

[387] *Dickinson*, YbPIL 12 (2010), 247, 280; *Fentiman*, Cambridge Yearbook of European Legal Studies 13 (2011), 65, 74.

[388] *Magnus/Mankowski*, ZVglRWiss 109 (2010), 1, 9; *dies.*, ZVglRWiss 110 (2011), 252, 268. Vgl. auch *Stadler/Klöpfer*, ZEuP 2015, 732, 751.

[389] BR-Drs. 833/10 (Beschluss), S. 4 Nr. 10; *Geimer* in FS für Simotta, S. 163, 170.

[390] BR-Drs. 833/10 (Beschluss), S. 4 Nr. 10; *Geimer* in FS für Simotta, S. 163, 170.

[391] *Stadler/Klöpfer*, ZEuP 2015, 732, 751.

[392] *Luzzatto* in Pocar/Viarengo/Villata, Recasting Brussels I, S. 111, 115. Auf die Vielzahl von Schwierigkeiten weist auch *Gillies*, JPIL 8 (2012), 489, 505 ff., hin.

[393] BR-Drs. 833/10 (Beschluss), S. 4 Nr. 10; *Magnus/Mankowski*, ZVglRWiss 109 (2010), 1, 9; *dies.*, ZVglRWiss 110 (2011), 252, 269; *Stadler/Klöpfer*, ZEuP 2015, 732, 752. Vgl. auch *M. Stürner/Pförtner*, GPR 2019, 222, 228.

[394] *Stadler/Klöpfer*, ZEuP 2015, 732, 752.

[395] *Dickinson*, YbPIL 12 (2010), 247, 280. Vgl. auch *M. Stürner/Pförtner*, GPR 2019, 222, 228.

[396] Vgl. *Magnus/Mankowski*, ZVglRWiss 110 (2011), 252, 268.

[397] *Fentiman*, Cambridge Yearbook of European Legal Studies 13 (2011), 65, 74.

Literatur, dass aufgrund der restriktiven Formulierung signifikante rechtliche und tatsächliche Schwierigkeiten beständen, eine Zuständigkeit zu begründen[398].

Ein anderer Teil der Literatur begrüßte die geplante Einführung einer Vorschrift zur Notzuständigkeit insbesondere vor dem Hintergrund des Wegfalls autonomer Restzuständigkeiten[399]. Gegen das Argument, dass Entscheidungen in Drittstaaten möglicherweise nicht anerkannt würden, wurde vorgebracht, dass dies für eine EU-interne Betrachtung ohne Bedeutung sei und daher kein Grund dafür sein könne, eine Entscheidung in der Sache abzulehnen[400]. Zudem sei eine Vorschrift zur Notzuständigkeit aus drittstaatlicher Perspektive nicht zu beanstanden, wenn damit – wie im Kommissionsentwurf vorgesehen – die Abschaffung der mitgliedstaatlichen exorbitanten Zuständigkeitsgründe einhergehe[401]. Schließlich erkannten vereinzelt selbst Kritiker der Vorschrift an, dass überzeugende Alternativen zu einer Notzuständigkeit nicht leicht zu finden seien[402]. In Bezug auf die konkrete Ausgestaltung der Vorschrift wurde auf die Schwierigkeit hingewiesen, einen Ausgleich von Rechtssicherheit und Flexibilität zu schaffen[403]. Vereinzelt wurde die Ausgestaltung insgesamt befürwortet[404], andere stellten einen nur geringen Anpassungsbedarf fest[405]. Darüber hinaus gab *Weber* zu bedenken, dass, selbst wenn eine Notzuständigkeit allgemein formuliert werden müsse, eine autonom-europäische Regelung das geringere Übel im Vergleich dazu sei, es den fragmentierten und ebenso unbestimmten mitgliedstaatlichen Zuständigkeitsvorschriften zu überlassen, negative internationale Kompetenzkonflikte zu bewältigen[406].

---

[398] *Dickinson*, YbPIL 12 (2010), 247, 280.

[399] *J. Weber*, RabelsZ 75 (2011), 619, 641 („indispensable in an instrument of full harmonisation"); *M. Weller*, GPR 2012, 34, 39 („umso richtiger"). Vgl. auch *Bonomi*, IPRax 2017, 184, 188; *Domej*, RabelsZ 78 (2014), 508, 524; *Geimer* in FS für Simotta, S. 163, 170; *Takahashi*, JPIL 8 (2012), 1, 6; *Weitz* in FS für Simotta, S. 679, 688.

[400] *Geimer* in FS für Simotta, S. 163, 171.

[401] *Takahashi*, JPIL 8 (2012), 1, 6.

[402] *Luzzatto* in Pocar/Viarengo/Villata, Recasting Brussels I, S. 111, 115; vgl. auch *Geimer* in FS für Simotta, S. 163, 170; *Takahashi*, JPIL 8 (2012), 1, 6. Diese Schwierigkeit wurde ebenfalls von den Kritikern der Vorschrift eingeräumt, siehe *Magnus/Mankowski*, ZVglRWiss 109 (2010), 1, 9; *dies.*, ZVglRWiss 110 (2011), 252, 268; *Stadler/Klöpfer*, ZEuP 2015, 732, 751.

[403] *M. Stürner/Pförtner*, GPR 2019, 222, 228.

[404] *Takahashi*, JPIL 8 (2012), 1, 6 ("seems well drafted").

[405] Siehe *Weitz* in FS für Simotta, S. 679, 688 f., nach dem bedauert werden könne, dass die Entscheidung nach dem Wortlaut der Vorschrift vom Ermessen des mitgliedstaatlichen Gerichts abhänge; nach *Domej*, RabelsZ 78 (2014), 508, 524, sei die Vorschrift im Detail noch verbesserungsfähig, ohne dass sie jedoch konkret benennt, was verbessert werden könnte.

[406] *J. Weber*, RabelsZ 75 (2011), 619, 641.

d) Scheitern der Universalisierung und Konsequenzen für die Notzuständigkeit

Das Vorhaben der Kommission, die Zuständigkeitsgründe der Verordnung auf Beklagte aus Drittstaaten zu erstrecken, wurde in der Brüssel Ia-VO letztlich nur punktuell umgesetzt[407]; die mitgliedstaatlichen Restzuständigkeiten blieben erhalten[408]. Die Universalisierungsbestrebungen des Brüssel I-Zuständigkeitsregimes sind somit weitgehend gescheitert. Maßgeblich für das Scheitern des Vorhabens war insbesondere der Widerstand des Europäischen Parlaments[409]. Daneben wäre eine gänzliche Universalisierung auch – soweit öffentliche Stellungnahmen Vermutungen darüber zulassen – einigen Mitgliedstaaten zu weit gegangen[410]: Unter anderem gibt es Mitgliedstaaten, die ein Interesse an einem Restanwendungsbereich des eigenen Zuständigkeitsrechts haben[411]. Darüber hinaus wurde die Universalisierung als zu großzügig im Verhältnis zu Drittstaaten angesehen, da die Gefahr bestehe, dass in vielen Drittstaaten für Parteien aus der EU nicht derselbe Rechtsschutz gewährt werde, der mit einer einseitigen Ausweitung der Zuständigkeitsgründe Beklagten aus Drittstaaten vor mitgliedstaatlichen Gerichten eingeräumt werde[412].

Zwischen der geplanten Universalisierung des Zuständigkeitssystems und der Vorschrift zur Notzuständigkeit besteht ein enger Zusammenhang. Dieser wurde einerseits unmittelbar in den Vorarbeiten des Kommissionsentwurfs angesprochen[413] und ergibt sich andererseits mittelbar daraus, dass die Vorschrift zur Notzuständigkeit lediglich auf Beklagte aus Drittstaaten ausgerichtet war. Notwendig wären die subsidiären Zuständigkeiten nämlich zum einen, weil das Zuständigkeitssystem der Brüssel I-VO darauf beruht, dass zumindest ein allgemeiner Gerichtsstand des Beklagten in dem Mitgliedstaat besteht, in dem er

---

[407] Wesentlich ist insoweit die Ausweitung der Vorschrift über Gerichtsstandsvereinbarungen, die gem. Art. 25 Abs. 1 Brüssel Ia-VO nach der Reform unabhängig vom Wohnsitz der Parteien bereits gilt, wenn die Parteien ein mitgliedstaatliches Gericht prorogiert haben; vgl. statt aller nur *Bachmann*, Universalisierung des Europäischen Zivilverfahrensrechts, S. 26.

[408] Siehe Art. 6 Abs. 1 Brüssel Ia-VO.

[409] *Bachmann*, Universalisierung des Europäischen Zivilverfahrensrechts, S. 25 f.; *Bonomi*, IPRax 2017, 184; *Domej*, RabelsZ 78 (2014), 508, 522; *dies.* in von Hein/Rühl, Kohärenz im Internationalen Privat- und Verfahrensrecht, S. 90, 93; *Eicher*, Rechtsverwirklichungschancen, S. 32; *Gsell*, ZZP 127 (2014), 431, 443.

[410] Vgl. *Gebauer* in Wieczorek/Schütze, ZPO, Art. 6 Brüssel Ia-VO Rn. 2; *Roorda/Ryngaert*, RabelsZ 80 (2016), 783, 807, sowie bereits oben unter § 11 B I 2 c aa (S. 269 f.).

[411] *Domej*, RabelsZ 78 (2014), 508, 522; *dies.* in von Hein/Rühl, Kohärenz im Internationalen Privat- und Verfahrensrecht, S. 90, 93.

[412] Siehe *Cadet*, EuZW 2013, 218, 219. Vgl. zu weiteren Aspekte, an denen die Erstreckung gescheitert sein könnte, auch *Gsell*, ZZP 127 (2014), 431, 443; *von Hein*, RIW 2013, 97, 101.

[413] Siehe oben unter § 11 B I 2 a (S. 265 f.).

seinen Wohnsitz hat⁴¹⁴. Hätte man das Zuständigkeitsregime insgesamt auch auf Beklagte aus Drittstaaten erstreckt, wäre in diesen Konstellationen indes kein allgemeiner Gerichtsstand vorhanden⁴¹⁵. Da die bereits bestehenden besonderen Zuständigkeitsgründe der Verordnung jedoch vor dem Hintergrund des allgemeinen Gerichtsstands konzipiert wurden, wären diese zu „eng", um stets einen Zugang zu Gericht sicherzustellen, wenn dieser erforderlich wäre⁴¹⁶. Zum anderen wären die subsidiären Zuständigkeitsgründe als Kompensation dafür erforderlich, dass ein Rückgriff auf die Restzuständigkeiten des nationalen Zuständigkeitsrechts nicht mehr erfolgen könnte⁴¹⁷. Denn wird ein abschließendes Zuständigkeitsregime geschaffen, ist auch innerhalb dieses Zuständigkeitsregimes darüber zu entscheiden, ob zum Beispiel eine Notzuständigkeit zu eröffnen ist, wenn andernfalls Rechtsverweigerung droht⁴¹⁸.

Aufgrund dieses engen Zusammenhangs zwischen der Universalisierung des Zuständigkeitsrechts und der Einführung einer Vorschrift zur Notzuständigkeit wurde die Notzuständigkeit entbehrlich, nachdem die abschließende Erstreckung der Zuständigkeitsgründe auf Drittstaatenbeklagte gescheitert ist⁴¹⁹. Dass sich in der Brüssel Ia-VO keine Vorschrift zur Notzuständigkeit findet, hängt daher nicht mit einer generellen Ablehnung dieser Vorschrift oder deren konkreten Ausgestaltung zusammen⁴²⁰, sondern vielmehr damit, dass der euro-

---

⁴¹⁴ Vgl. *Eicher*, Rechtsverwirklichungschancen, S. 270; *Fawcett/Ní Shúilleabháin/Shah*, Human Rights and Private International Law, Rn. 4.117; *Kiesselbach* in Lein, The Brussels I Review Proposal Uncovered, S. 1, 9; *J. Weber*, RabelsZ 75 (2011), 619, 637 f. Vgl. auch *M. Weller*, GPR 2012, 34, 39.

⁴¹⁵ Vgl. *Eicher*, Rechtsverwirklichungschancen, S. 270; *Fawcett/Ní Shúilleabháin/Shah*, Human Rights and Private International Law, Rn. 4.117; *Kiesselbach* in Lein, The Brussels I Review Proposal Uncovered, S. 1, 9; *J. Weber*, RabelsZ 75 (2011), 619, 637 f.

⁴¹⁶ Vgl. *Pfeiffer*, ZZP 127 (2014), 409, 415 f. Vgl. auch *Geimer* in FS für Simotta, S. 163, 166; *J. Weber*, RabelsZ 75 (2011), 619, 637 f.

⁴¹⁷ Vgl. *Augenstein/Jägers* in Álvarez Rubio/Yiannibas, Human Rights in Business, S. 7, 20; *Bachmann*, Universalisierung des Europäischen Zivilverfahrensrechts, S. 126; *Eicher*, Rechtsverwirklichungschancen, S. 270; *Ereciński/Weitz* in FS für Kaissis, S. 187, 195; *Weitz* in FS für Simotta, S. 679, 688; *Hay*, The European Legal Forum 2013, 1, 2; *Kiesselbach* in Lein, The Brussels I Review Proposal Uncovered, S. 1, 9; *Roorda/Ryngaert*, RabelsZ 80 (2016), 783, 807; *M. Stürner/Pförtner*, GPR 2019, 222, 223; *G. Wagner* in Stein/Jonas, ZPO, Einleitung vor Art. 2 EuGVVO Rn. 10.

⁴¹⁸ Siehe bereits oben unter § 10 A (S. 164 ff.).

⁴¹⁹ Vgl. *Mills*, BYIL 84 (2014), 187, 222; *Roorda/Ryngaert*, RabelsZ 80 (2016), 783, 808 f. Vgl. auch *Eicher*, Rechtsverwirklichungschancen, S. 32, 270, 272; *Fawcett/Ní Shúilleabháin/Shah*, Human Rights and Private International Law, Rn. 4.119; *Mankowski* in Magnus/Mankowski, ECPIL, Art. 7 Brussels Ibis Regulation Rn. 21; *M. Schulz*, Alien Tort Statute, S. 290; *M. Stürner/Pförtner*, GPR 2019, 222, 223.

⁴²⁰ Siehe *Mills*, BYIL 84 (2014), 187, 222; *Roorda/Ryngaert*, RabelsZ 80 (2016), 783, 808 f. Vgl. auch *M. Stürner/Pförtner*, GPR 2019, 222, 223.

päische Gesetzgeber kein Bedürfnis für eine Notzuständigkeit sah, nachdem in der Brüssel Ia-VO an dem bestehenden Zuständigkeitsregime festgehalten wurde[421].

e) Stellungnahme

Der Kommissionsentwurf sah insgesamt ein schlüssiges Zuständigkeitskonzept vor. Die Einführung einer Vorschrift zur Notzuständigkeit war als Ausgleich für den Wegfall der nationalen Restzuständigkeiten konsequent und hätte zu einer kohärenten Ausgestaltung mit den Verordnungen des Internationalen Familien- und Erbrechts geführt, die bereits ein abschließendes Zuständigkeitsregime enthalten. Zudem haben erste Entscheidungen im Bereich der EuUntVO gezeigt, dass ein tatsächliches Bedürfnis für eine Notzuständigkeit trotz breiter Zuständigkeitsgründe bestehen kann[422]. Darüber hinaus ist das Potenzial, dass es zu einer drohenden Rechtsverweigerung kommt, im alle Zivil- und Handelssachen umfassenden Anwendungsbereich der Brüssel Ia-VO umso größer. Weiterhin kann ein praktisches Bedürfnis für eine Notzuständigkeit nicht mit dem Hinweis abgelehnt werden, dass die Entscheidung in dem Drittstaat vermutlich nicht anerkannt und vollstreckt werde und daher wirtschaftlich wertlos sei[423]. Denn zum einen wird ein Kläger in Konstellationen der Notzuständigkeit häufig kein Interesse an einer Anerkennung und Vollstreckung in dem betroffenen Drittstaat haben, weil die Rechtsdurchsetzung dort aussichtslos ist[424]. Zum anderen liegt es allgemein im Risiko des Klägers, ob er selbst geringen Vollstreckungschancen im In- und Ausland zum Trotz ein Verfahren im jeweiligen Mitgliedstaat anstrengen möchte.

Demgegenüber ist die Kritik an der mangelnden Bestimmtheit der Notzuständigkeit[425] im Ausgangspunkt gerechtfertigt. Aufgrund der unbestimmten Rechtsbegriffe bestand die Gefahr, dass die mitgliedstaatlichen Gerichte die

---

[421] *Eicher*, Rechtsverwirklichungschancen, S. 32, 270, 272. Vgl. auch *Fawcett/Ní Shúilleabháin/Shah*, Human Rights and Private International Law, Rn. 4.119; *Pataut*, Rev. crit. dr. internat. privé 2018, 267, 274.

[422] Siehe oben unter § 11 A II 3 a (S. 224 f.), § 11 A II 3 b bb (S. 231 f.).

[423] So aber BR-Drs. 833/10 (Beschluss), S. 4 Nr. 10; *Magnus/Mankowski*, ZVglRWiss 109 (2010), 1, 9; *dies.*, ZVglRWiss 110 (2011), 252, 269; *Stadler/Klöpfer*, ZEuP 2015, 732, 752. Vgl. auch *M. Stürner/Pförtner*, GPR 2019, 222, 228.

[424] Darauf, dass eine Vollstreckung in dem Drittstaat bereits aus tatsächlichen Gründen schwierig ist, weisen auch *Stadler/Klöpfer*, ZEuP 2015, 732, 748, 751 f., hin.

[425] Vgl. BR-Drs. 833/10 (Beschluss), S. 4 Nr. 10; *Dickinson*, YbPIL 12 (2010), 247, 280; *Fentiman*, Cambridge Yearbook of European Legal Studies 13 (2011), 65, 74; *Geimer* in FS für Simotta, S. 163, 170; *Luzzatto* in Pocar/Viarengo/Villata, Recasting Brussels I, S. 111, 115; *Stadler/Klöpfer*, ZEuP 2015, 732, 751.

Vorschrift unterschiedlich auslegen[426]. Allerdings wären Konstellationen einer drohenden Rechtsverweigerung auch aufgetreten, wenn der Kommissionsentwurf bei einer Universalisierung des Zuständigkeitsregimes keine Notzuständigkeit vorgesehen hätte. Dabei hätte sich die Unsicherheit, wie diesen Konstellationen zu begegnen ist, ohne gesetzlichen Anhaltspunkt ungleich vergrößert. Im Vergleich zum Zeitpunkt der Veröffentlichung des Kommissionsentwurfs ist die Frage der Bestimmtheit der Notzuständigkeit zudem insgesamt einer Neubewertung zu unterziehen: Denn in der Zwischenzeit existieren vier Rechtsakte auf dem Gebiet des Internationalen Familien- und Erbrechts, die eine geschriebene Notzuständigkeit enthalten. Zu diesen Vorschriften findet sich eine Vielzahl von Literatur, zudem sind erste Entscheidungen ergangen. Die unbestimmten Rechtsbegriffe der Notzuständigkeit werden daher zunehmend konkretisiert. Die gesetzliche Regelung beschleunigt diesen Konkretisierungsprozess. Gerade vor diesem Hintergrund ist eine kohärente Ausgestaltung der Vorschriften zur Notzuständigkeit erforderlich, um auf die Konkretisierungsbemühungen in den anderen Rechtsakten zurückgreifen zu können. Nicht überzeugend ist daher, dass der Kommissionsentwurf – im Gegensatz zur EuUntVO, EuErbVO und EuGüVO/EuPartVO – auf „das Recht auf ein faires Verfahren oder das Recht auf gerichtlichen Rechtsschutz" abstellt. Dieser Zusatz liefert keinen erkennbaren Mehrwert, führt aber zu Verunsicherung. Insoweit hätte sich der Entwurf deutlicher an Art. 7 EuUntVO als an dem Vorschlag der Gruppe für Internationales Privatrecht orientieren sollen.

Dass die Vorschrift zur Notzuständigkeit des Kommissionsentwurfs nicht umgesetzt wurde, nachdem die Universalisierung des Zuständigkeitssystems gescheitert ist, ist konsequent[427]. Denn die Antwort auf die Frage, ob in Bezug auf Beklagte aus Drittstaaten eine Notzuständigkeit zu eröffnen ist, verbleibt als Aspekt der Restzuständigkeit dem nationalen Zuständigkeitsrecht. Von dieser Frage zu trennen ist die Überlegung, ob auch in reinen Unionssachverhalten eine geschriebene Notzuständigkeit eingeführt werden sollte[428]. Diese Überlegung war jedoch von Beginn an kein Bestandteil des Reformprozesses.

---

[426] BR-Drs. 833/10 (Beschluss), S. 4 Nr. 10; *Geimer* in FS für Simotta, S. 163, 170.
[427] Vgl. *Mills*, BYIL 84 (2014), 187, 222; *Roorda/Ryngaert*, RabelsZ 80 (2016), 783, 808f. Vgl. auch *Eicher*, Rechtsverwirklichungschancen, S. 32, 270, 272; *Fawcett/Ní Shúilleabháin/Shah*, Human Rights and Private International Law, Rn. 4.119; *Mankowski* in Magnus/Mankowski, ECPIL, Art. 7 Brussels Ibis Regulation Rn. 21; *M. Stürner/Pförtner*, GPR 2019, 222, 223.
[428] Dazu unten unter § 15 B II (S. 428ff.).

3. Perspektive für künftige Reformen der Brüssel Ia-VO

Mit dem Scheitern des Kommissionsentwurfs wurde die rechtspolitische[429] Diskussion um eine Universalisierung des Brüssel I-Zuständigkeitsregimes nicht beendet, sondern nur verschoben[430]. Denn nach Art. 79 Brüssel Ia-VO hat die Kommission bis zum 11. Januar 2022 einen Bericht vorzulegen, der insbesondere auch die Bewertung der Frage beinhaltet, ob die Zuständigkeitsvorschriften weiter auf Beklagte ausgedehnt werden sollten, die ihren Wohnsitz nicht in einem Mitgliedstaat haben[431]. In der Literatur wird die Universalisierung weiterhin überwiegend befürwortet[432]. Zugleich erscheint es jedoch zweifelhaft, ob sich die Erstreckung der Zuständigkeitsvorschriften auf Drittstaatenbeklagte derzeit politisch durchsetzen ließe[433]. Zweifelsohne würden neuerliche Universalisierungsbestrebungen allerdings die Überlegung reaktivieren, eine Vorschrift zur Notzuständigkeit in das Brüssel I-Regime aufzunehmen[434].

---

[429] *Stadler/Klöpfer*, ZEuP 2015, 732, 748.

[430] Siehe *Nuyts*, Rev. crit. dr. internat. privé 2013, 1, 5. Vgl. auch *Bidell*, Zuständigkeiten der EuGVO, S. 302 f.; *Pohl*, IPRax 2013, 109, 114.

[431] Auf diese Vorschrift hinweisend *Domej*, RabelsZ 78 (2014), 508, 524; *Fawcett/Ní Shúilleabháin/Shah*, Human Rights and Private International Law, Rn. 4.102, 4.129; *Nuyts*, Rev. crit. dr. internat. privé 2013, 1, 5; *Pohl*, IPRax 2013, 109, 114 Fn. 87.

[432] Befürwortend *Bachmann*, Universalisierung des Europäischen Zivilverfahrensrechts, S. 131; *Bidell*, Zuständigkeiten der EuGVO, S. 239 ff., 299 f.; *Bonomi*, IPRax 2017, 184, 185 f.; *Domej*, RabelsZ 78 (2014), 508, 524 f.; *dies.* in von Hein/Rühl, Kohärenz im Internationalen Privat- und Verfahrensrecht, S. 90, 94 f.; *Fawcett/Ní Shúilleabháin/Shah*, Human Rights and Private International Law, Rn. 4.118; *Gsell*, ZZP 127 (2014), 431, 445 f.; *von Hein*, RIW 2013, 97, 100 f., 111; *Hess*, EuZPR, Rn. 5.24; *Pfeiffer*, ZZP 127 (2014), 409, 415 f., 430; *M. Stürner/Pförtner*, GPR 2019, 222, 228. Darauf hinweisend, dass eine Universalisierung auch nachteilhaft sein könne, da Restzuständigkeiten entfielen, die möglicherweise bessere Rechtsschutzmöglichkeiten eingeräumt hätten, *Augenstein/Jägers* in Álvarez Rubio/Yiannibas, Human Rights in Business, S. 7, 22; *Roorda/Ryngaert*, RabelsZ 80 (2016), 783, 806 f. Eine vom Europäischen Parlament in Auftrag gegebene Studie hat sich zwar dafür ausgesprochen, in der Brüssel Ia-VO auch Drittstaatensachverhalte abschließend zu regeln, dennoch solle nach Ansicht der Autoren die Differenzierung zwischen Unions- und Drittstaatensachverhalten aufrechterhalten werden, sodass spezifische Vorschriften für Beklagte aus Drittstaaten geschaffen werden sollten, *Pretelli* in Pretelli/Heckendorn Urscheler, Possibility and terms for applying Brussels I Regulation (recast) to extra-EU disputes, S. 37 ff.

[433] Vgl. *Augenstein/Jägers* in Álvarez Rubio/Yiannibas, Human Rights in Business, S. 7, 22; *Bidell*, Zuständigkeiten der EuGVO, S. 303; *Domej* in von Hein/Rühl, Kohärenz im Internationalen Privat- und Verfahrensrecht, S. 90, 95; *Fawcett/Ní Shúilleabháin/Shah*, Human Rights and Private International Law, Rn. 4.129; *Hess*, EuZPR, Rn. 5.25.

[434] Siehe *Fawcett/Ní Shúilleabháin/Shah*, Human Rights and Private International Law, Rn. 4.129; *Mills*, BYIL 84 (2014), 187, 222.

II. Brüssel IIa-VO

Die Brüssel IIa-VO ist sachlich sowohl auf Ehesachen, namentlich die Ehescheidung, die Trennung ohne Auflösung des Ehebandes und die Ungültigerklärung einer Ehe, als auch auf Angelegenheiten der elterlichen Verantwortung anwendbar[435]. Während Verfahren in Ehesachen durchweg kontradiktorisch angelegt sind, trifft dies auf Kindschaftssachen nicht zu[436]. Letztere unterliegen insbesondere aufgrund der besonderen Schutzbedürftigkeit eines Kindes eigenständigen Wertungen und können daher nur am Rande berücksichtigt werden[437]. In zeitlicher Hinsicht wird die Brüssel IIa-VO durch die bereits im Jahre 2019 in Kraft getretene Brüssel IIb-VO abgelöst, die für alle gerichtlichen Verfahren gelten wird, welche ab dem 1. August 2022 eingeleitet werden[438]. Inhaltlich bleiben die Vorschriften zur internationalen Zuständigkeit in Ehesachen unverändert[439].

1. Verbleibender Anwendungsbereich des autonomen Zuständigkeitsrechts – Bedeutung autonomer Notzuständigkeit

Im Gegensatz zur Brüssel Ia-VO kommt der Brüssel IIa-VO ein größerer räumlich-persönlicher Anwendungsbereich zu[440]. Denn ihre Anwendbarkeit setzt nicht voraus, dass ein spezifisches Anknüpfungskriterium, wie der Wohnsitz des Beklagten bei der Brüssel Ia-VO, in einem Mitgliedstaat verwirklicht ist[441]. Vielmehr genügt es, wenn ein in der Verordnung genannter Anknüpfungspunkt zur internationalen Zuständigkeit eines Mitgliedstaates führt[442]. Mithin kann die Abgrenzung von europäischem und nationalem Zuständigkeitsrecht nicht abstrakt erfolgen, sondern bedarf einer eingehenden Prüfung der in der Verordnung vorgesehenen Zuständigkeitsgründe[443]. Diese sind äußerst umfangreich,

---

[435] Art. 1 Abs. 1 Brüssel IIa-VO.
[436] Vgl. vor dem Hintergrund des FamFG *Fischer* in MünchKommFamFG, § 112 Rn. 4.
[437] Vgl. bereits oben unter § 2 D II (S. 18 f.).
[438] Vgl. zu den genauen Übergangsbestimmungen Artt. 100, 105 Brüssel IIb-VO.
[439] *Antomo* in Pfeiffer/Lobach/Rapp, Europäisches Familien- und Erbrecht, S. 13, 20; *Gruber* in NomosKommentarBGB, Anhang Ia zum III. Abschnitt EGBGB: EheVO 2019 Rn. 6.
[440] *Fallon/Kruger*, YbPIL 14 (2012/2013), 1, 20 f.; *Hess*, EuZPR, Rn. 5.30.
[441] Vgl. *Fallon/Kruger*, YbPIL 14 (2012/2013), 1, 20; *Hau* in FS für von Hoffmann, S. 617, 621; *Mankowski* in Leible/Terhechte, Europäisches Rechtsschutz- und Verfahrensrecht, S. 1319, 1337 Rn. 27; *Pataut* in Cremona/Micklitz, Private Law in the External Relations of the EU, S. 107, 119.
[442] *Fallon/Kruger*, YbPIL 14 (2012/2013), 1, 20; *Kruger/Samyn*, JPIL 12 (2016), 132, 139; *Somarakis*, YbPIL 19 (2017/2018), 555, 560.
[443] *Hau* in FS für von Hoffmann, S. 617, 621; *Linke/Hau*, IZVR, Rn. 4.54; *M. Weber* in Mayr, Handbuch des europäischen Zivilverfahrensrechts, Rn. 4.83, 4.109. Ausführlich zu der

wie insbesondere die alternativen Gerichtsstände des Art. 3 Brüssel IIa-VO belegen[444]: So statuiert beispielsweise Art. 3 Abs. 1 lit. a Spiegelstrich 5 Brüssel IIa-VO einen Antragstellergerichtsstand, der allein einen einjährigen gewöhnlichen Aufenthalt des Antragstellers in dem entsprechenden Mitgliedstaat voraussetzt. Den in Art. 7 Abs. 1 Brüssel IIa-VO (Art. 6 Abs. 1 Brüssel IIb-VO) vorgesehenen Restzuständigkeiten verbleibt damit kaum ein relevanter Anwendungsbereich. Zusätzlich beschränkt wird dieser durch die Vorschrift des Art. 6 lit. b Brüssel IIa-VO (Art. 6 Abs. 2 Alt. 2 Brüssel IIb-VO), wonach ein Verfahren vor anderen Gerichten als denen, dessen Staatsangehörigkeit der Antragsgegner besitzt, nur geführt werden darf, wenn die Zuständigkeitsgründe der anderen Vorschriften (Artt. 3–5 Brüssel IIa-VO) eingreifen. Das ist problematisch, wenn in den Artt. 3–5 Brüssel IIa-VO keine Zuständigkeit eines anderen Mitgliedstaates vorgesehen ist[445]. Eine Ansicht in der Literatur möchte dem Antragsteller in diesen Konstellationen den Zugriff auf das autonome Zuständigkeitsrecht jedes angerufenen mitgliedstaatlichen Gerichts ermöglichen[446]. Nach überwiegender und überzeugender Ansicht ist jedoch auch in diesen Fällen allein auf das Heimatrecht des Antragsgegners abzustellen, das darüber entscheidet, ob es eine internationale Zuständigkeit – notfalls im Wege einer Notzuständigkeit – eröffnet oder nicht[447]. Denn Art. 6 lit. b Brüssel IIa-VO möchte den Antragsgegner gerade davor schützen, außerhalb seines Heimatstaates gerichtspflichtig zu werden, sofern mit diesem Mitgliedstaat keine in der Verordnung vorgesehenen Anknüpfungspunkte bestehen[448].

2. Gesetzliche Anhaltspunkte für eine Notzuständigkeit

In der Brüssel IIa-VO lassen sich Anhaltspunkte für eine Notzuständigkeit ausschließlich in Bezug auf Verfahren betreffend die elterliche Verantwortung auffinden. Diese entsprechen zwar nicht den „klassischen" Regelungen der Notzu-

---

Vorgehensweise *Kruger*, Civil Jurisdiction Rules of the EU and their Impact on Third States, Rn. 2.95 ff.
[444] Vgl. auch *Hess*, EuZPR, Rn. 5.30.
[445] Für einen solchen Sachverhalt siehe OGH, Urt. v. 11.9.2008, 7 Ob 155/08g, IPRax 2010, 74.
[446] *Rauscher* in Rauscher, EuZPR/EuIPR, Art. 6 Brüssel IIa-VO Rn. 14 ff.
[447] OGH, Urt. v. 11.9.2008, 7 Ob 155/08g, IPRax 2010, 74, 76 f.; *Dörner* in Saenger, ZPO, Art. 6 EuEheVO Rn. 5; *Hausmann*, Internationales und Europäisches Familienrecht, A Rn. 114; *Lukas*, Die Person mit unbekanntem Aufenthalt, S. 334; Staudinger/*Spellenberg* (2015), Art. 6 Brüssel IIa-VO Rn. 17; *M. Weber* in Mayr, Handbuch des europäischen Zivilverfahrensrechts, Rn. 4.104.
[448] Vgl. OGH, Urt. v. 11.9.2008, 7 Ob 155/08g, IPRax 2010, 74, 76; *Lukas*, Die Person mit unbekanntem Aufenthalt, S. 334; Staudinger/*Spellenberg* (2015), Art. 6 Brüssel IIa-VO Rn. 17.

ständigkeit in den abschließenden Rechtsakten des Internationalen Familien- und Erbrechts, bringen allerdings zumindest zum Teil den Gedanken einer Notzuständigkeit zum Ausdruck.

Ein erster Anhaltspunkt findet sich in Art. 12 Abs. 4 Brüssel IIa-VO[449], wonach die Zuständigkeitsvereinbarung eines mitgliedstaatlichen Gerichts im Einklang mit dem Kindeswohl steht, wenn sich das Verfahren in dem Drittstaat, in dem sich das Kind gewöhnlich aufhält, als unmöglich erweist. Dabei handelt es sich um eine Auslegungs- und Vermutungsregel[450], welche daran anknüpft, dass die Vereinbarung der Zuständigkeit gemäß Art. 12 Abs. 1 lit. b, Abs. 3 lit. b Brüssel IIa-VO voraussetzt, dass die Zuständigkeit des Mitgliedstaates dem Kindeswohl entspricht. Die Vorschrift des Art. 12 Abs. 4 Brüssel IIa-VO ist bemerkenswert, weil sie innerhalb des Zuständigkeitssystems einer „Brüssel-Verordnung" ausdrücklich Bezug auf eine der Fallgruppen drohender Rechtsverweigerung, namentlich die Unmöglichkeit eines Verfahrens im an sich zuständigen Staat, nimmt[451]. Insoweit enthält sie einen wesentlichen Aspekt der Notzuständigkeit[452]. Gleichwohl unterscheidet sich die Regelung wesentlich von anderen geschriebenen Notzuständigkeiten, indem sie einerseits nur einen Teilbereich des Zuständigkeitsgrundes – nämlich das Kindeswohl – umfasst und andererseits nicht subsidiär ausgestaltet ist. Denn sofern der Zuständigkeitsgrund verneint wird, kann noch immer auf das autonome Zuständigkeitsrecht im Wege der Restzuständigkeit zurückgegriffen werden.

Darüber hinaus ist Art. 13 Brüssel IIa-VO (Art. 11 Brüssel IIb-VO) von Bedeutung: Nach dieser Vorschrift sind die Gerichte eines Mitgliedstaates bereits aufgrund des schlichten Aufenthaltes eines Kindes international zuständig, wenn der gewöhnliche Aufenthalt des Kindes weder festgestellt werden kann noch eine Zuständigkeitsvereinbarung eingreift. Während vereinzelte Teile der

---

[449] In der Brüssel IIb-VO ist diese Bestimmung zwar nicht mehr enthalten, allerdings stellt Art. 10 Abs. 1 lit. c Brüssel IIb-VO weiterhin auf das Kindeswohl ab. Ob insoweit der Regelungsgehalt von Art. 12 Abs. 4 Brüssel IIa-VO herangezogen werden kann, ist unklar, da den Gesetzesmaterialien nicht zu entnehmen ist, warum die Vorschrift nicht mehr enthalten ist. Zu den fehlenden Anhaltspunkten in den Materialien auch *Campuzano Díaz*, CDT 12 (März 2020), 97, 108.

[450] Dazu und zu den weiteren Schwierigkeiten im Zusammenhang mit der Vorschrift *Coester-Waltjen*, FamRZ 2005, 241, 243.

[451] Dies ebenfalls als Besonderheit herausstellend *Lagarde* in Liber amicorum für Kohler, S. 255, 256 Fn. 6.

[452] *Hess*, EuZPR, 1. Aufl., § 7 Rn. 59, bezeichnet die Vorschrift sogar als Notzuständigkeit. Vorsichtiger *Coester-Waltjen*, FamRZ 2005, 241, 243 („indirekt wird [...] Notzuständigkeit der Mitgliedstaatengerichte vorgesehen"); *Lagarde* in Liber amicorum für Kohler, S. 255, 256 Fn. 6 („une allusion exemplative"). Vgl. auch *Ibili*, Gewogen rechtsmacht in het IPR, S. 112.

§ 11 Ausgestaltung der Notzuständigkeit in den EU-Verordnungen 281

Literatur darin eine Notzuständigkeit erblicken[453], wird Art. 13 Brüssel IIa-VO überwiegend als Auffangzuständigkeit bezeichnet[454]. Abweichend von der Beurteilung sonstiger Auffangzuständigkeiten handelt es sich bei dieser Vorschrift um eine typisierte Notzuständigkeit. Denn Art. 13 Brüssel IIa-VO hat die (seltenen) Fälle im Blick, in denen ein gewöhnlicher Aufenthalt des Kindes nicht festgestellt werden kann[455]. Ohne die Auffangregelung drohte in diesen Konstellationen regelmäßig eine Rechtsverweigerung[456], weil die Zuständigkeiten der Verordnung an den gewöhnlichen Aufenthalt des Kindes anknüpfen. Konsequenz wäre ein negativer internationaler Kompetenzkonflikt, da aus Sicht der Brüssel IIa-VO weder ein Mitgliedstaat noch – unter spiegelbildlicher Zugrundelegung der Vorschriften – ein Drittstaat international zuständig wäre. Dieser Befund wird dadurch verstärkt, dass Art. 13 Brüssel IIa-VO bereits keine Anwendung findet, wenn ein gewöhnlicher Aufenthalt zwar feststellbar ist, sich aber in einem Drittstaat befindet[457]. Denn in einer solchen Situation droht gerade kein negativer Kompetenzkonflikt, da aus Sicht der Brüssel IIa-VO eine internationale Zuständigkeit des Drittstaates bestünde. Aufgrund dieses spezifischen Anwendungsbereichs der Vorschrift, welcher auf die Verhinderung einer drohenden Rechtsverweigerung bei Nichtfeststellbarkeit des gewöhnlichen Aufenthaltsortes eines Kindes begrenzt ist, typisiert Art. 13 Brüssel IIa-VO eine Notzuständigkeit. Schließlich ist zu bemerken, dass mit der Vorschrift auch Konstellationen typisiert werden, die ausschließlich Bezugspunkte zu Mitgliedstaaten aufweisen und daher Unionssachverhalte sind[458].

---

[453] *Hess*, EuZPR, Rn. 7.80. *La Manna*, Riv. dir. int. priv. proc. 2019, 349, 373 Fn. 136, bezeichnet die Vorschrift immerhin als von dem Erfordernis inspiriert, eine Rechtsverweigerung zu verhindern.
[454] *Dörner* in Saenger, ZPO, Art. 13 EuEheVO Rn. 1; *Geimer* in Zöller, ZPO, Art. 13 EuEheVO Rn. 1; *Gottwald* in MünchKommFamFG, Art. 13 Brüssel IIa-VO Rn. 1; *Hausmann*, Internationales und Europäisches Familienrecht, F Rn. 221.
[455] Vgl. dazu *Hausmann*, Internationales und Europäisches Familienrecht, F Rn. 223.
[456] Vgl. insoweit *La Manna*, Riv. dir. int. priv. proc. 2019, 349, 373 Fn. 136.
[457] OLG Koblenz, Beschl. v. 14.2.2017, FamRZ 2017, 1229; *Geimer* in Zöller, ZPO, Art. 13 EuEheVO Rn. 1; *Gottwald* in MünchKommFamFG, Art. 13 Brüssel IIa-VO Rn. 1; *Hausmann*, Internationales und Europäisches Familienrecht, F Rn. 224; *Rauscher* in Rauscher, EuZPR/EuIPR, Art. 13 Brüssel IIa-VO Rn. 11a.
[458] Auf die mögliche Anwendung von Art. 13 Brüssel IIa-VO hat der EuGH etwa in einem Sachverhalt hingewiesen, bei dem unklar war, ob sich der gewöhnliche Aufenthalt eines Kindes in Schweden oder Finnland befand, siehe EuGH, Urt. v. 2.4.2009, Rs. C-523/07, ECLI:EU:C:2009:225, Rn. 42 – A.

3. Reform der Brüssel IIa-VO

Forderungen nach einer Notzuständigkeit traten anlässlich der Reformbemühungen um die Brüssel IIa-VO wiederholt auf. Die Diskussionen um eine Reform der Brüssel IIa-VO begannen mit einem Kommissionsvorschlag aus dem Jahr 2006, der sowohl das Internationale Verfahrens- als auch Privatrecht der Ehesachen betraf und ein abschließendes System internationaler Zuständigkeit schaffen sollte[459]. Eine „Restzuständigkeit" wurde zwar weiterhin vorgesehen, diese sollte aber verordnungsautonom zu der Zuständigkeit eines Mitgliedstaates führen, wenn die Ehegatten in dessen Hoheitsgebiet entweder ihren früheren gemeinsamen gewöhnlichen Aufenthalt für mindestens drei Jahre hatten oder einer der Ehegatten dessen Staatsangehörigkeit besitzt[460]. Da diese „Restzuständigkeit" weder einen Anwendungsbereich für das autonome Recht vorsieht noch ein Notelement enthält, ist sie mit den – bereits beschriebenen[461] – Auffangzuständigkeiten der EuUntVO, EuErbVO sowie EuGüVO/EuPartVO vergleichbar und treffender als solche zu bezeichnen[462]. Nach Ansicht des Europäischen Parlaments sollte die „Restzuständigkeit" um eine Notzuständigkeit für den Fall ergänzt werden, dass nach der Verordnung lediglich ein Mitgliedstaat zuständig ist, der die Scheidung nicht vorsieht oder die Gültigkeit der Ehe nicht anerkennt[463]. Im Blick waren damit insbesondere die Rechtsordnungen, die (noch) keine gleichgeschlechtliche Ehe vorsahen[464]. Bemerkenswert ist dieser

---

[459] Vorschlag für eine Verordnung des Rates zur Änderung der Verordnung (EG) Nr. 2201/2003 im Hinblick auf die Zuständigkeit in Ehesachen und zur Einführung von Vorschriften betreffend das anwendbare Recht in diesem Bereich, KOM (2006) 399 endg., S. 4 f., 9 f., 16; vgl. auch *Fawcett/Ní Shúilleabháin/Shah*, Human Rights and Private International Law, Rn. 4.75.

[460] Art. 7 des Verordnungsvorschlags, KOM (2006) 399 endg., S. 16. Dazu *Kohler*, FamRZ 2008, 1673, 1676.

[461] Siehe oben unter § 11 A I (S. 202 ff.).

[462] Im Ergebnis auch *Rauscher* in Rauscher, EuZPR/EuIPR, Art. 7 Brüssel IIa-VO Rn. 25.

[463] Legislative Entschließung des Europäischen Parlaments vom 21. Oktober 2008 zu dem Vorschlag für eine Verordnung des Rates zur Änderung der Verordnung (EG) Nr. 2201/2003 im Hinblick auf die Zuständigkeit in Ehesachen und zur Einführung von Vorschriften betreffend das anwendbare Recht in diesem Bereich, P6_TA(2008)0502, ABl. EU 2010 Nr. C 15 E, S. 128, 132; die Vorschrift lautete:
„Notwendiger Gerichtsstand
Liegt nach dieser Verordnung der Gerichtsstand in einem Mitgliedstaat, nach dessen Recht die Scheidung nicht vorgesehen ist oder das Bestehen oder die Gültigkeit der betreffenden Ehe nicht anerkannt ist, so gilt der Gerichtsstand
a) des Mitgliedstaats, dessen Staatsangehörigkeit einer der Ehegatten besitzt, oder
b) des Mitgliedstaats, in dem die Ehe geschlossen wurde."

[464] *Kohler*, FamRZ 2008, 1673, 1676; *Rossolillo*, CDT (März 2010), 403, 418.

Vorschlag, da es sich um eine Notzuständigkeit handelt[465], die sich ausdrücklich und ausschließlich auf Unionssachverhalte bezieht. Die Forderung nach einer solchen Notzuständigkeit hat das Europäische Parlament nochmals im Gesetzgebungsverfahren zur Rom III-VO, also dem auf das Internationale Privatrecht begrenzten Vorhaben zum Scheidungsrecht, bekräftigt: Es forderte die Kommission im Jahr 2010 auf, unverzüglich einen Vorschlag zur Änderung der Brüssel IIa-VO vorzulegen, der auf die Hinzufügung einer Klausel über die Notzuständigkeit zu beschränken sei[466].

Nachdem diese Vorschläge ergebnislos blieben, legte die Kommission im Jahr 2014 einen Bericht über die Anwendung der Brüssel IIa-VO vor[467]. Darin wurden die Restzuständigkeiten zugunsten der autonomen Zuständigkeitsrechte der Mitgliedstaaten sowie das Fehlen einer Notzuständigkeit als mögliche Rechtsschutzhemmnisse identifiziert[468]. Insoweit bezieht sich der Bericht jedoch auf eine Notzuständigkeit im Verhältnis zu Drittstaaten[469]. Dennoch enthielt weder der daraufhin erlassene Kommissionsvorschlag aus dem Jahr 2016[470] noch die vom Rat der EU am 7. Dezember 2018 festgelegte allgemeine Ausrichtung[471], die erheblich vom Kommissionsvorschlag abwich und schließ-

---

[465] Weil der Antrag nicht an einem zuständigen Gericht, sondern an dem Umstand scheitere, dass sich ein materiellrechtliches Interesse (die Scheidbarkeit einer Ehe) nicht verwirklichen lasse, bezeichnet *Cafari Panico* in Pocar/Viarengo/Villata, Recasting Brussels I, S. 127, 132, 145, die Vorschrift lediglich als eine Notzuständigkeit im weiteren Sinne.

[466] Legislative Entschließung des Europäischen Parlaments vom 15. Dezember 2010 zu dem Vorschlag für eine Verordnung des Rates zur Begründung einer verstärkten Zusammenarbeit im Bereich des auf die Ehescheidung und Trennung ohne Auflösung des Ehebandes anzuwendenden Rechts, P7_TA(2010)0477, ABl. EU 2010 Nr. C 169 E, S. 205. Vgl. auch *Cafari Panico* in Pocar/Viarengo/Villata, Recasting Brussels I, S. 127, 131; *Fawcett/Ní Shúilleabháin/Shah*, Human Rights and Private International Law, Rn. 4.75.

[467] Bericht der Kommission an das Europäische Parlament, den Rat und den Europäischen Wirtschafts- und Sozialausschuss über die Anwendung der Verordnung (EG) Nr. 2201/2003 des Rates über die Zuständigkeit und die Anerkennung und Vollstreckung von Entscheidungen in Ehesachen und in Verfahren betreffend die elterliche Verantwortung und zur Aufhebung der Verordnung (EG) Nr. 1347/2000, KOM (2014) 225 endg.

[468] KOM (2014) 225 endg., S. 9 f.

[469] Das wird daran deutlich, dass die EuUntVO und die EuErbVO als Vergleich herangezogen werden, KOM (2014) 225 endg., S. 10.

[470] Vorschlag für eine Verordnung des Rates über die Zuständigkeit, die Anerkennung und Vollstreckung von Entscheidungen in Ehesachen und in Verfahren betreffend die elterliche Verantwortung und über internationale Kindesentführungen (Neufassung), KOM (2016) 411 endg.

[471] Vorschlag für eine Verordnung des Rates über die Zuständigkeit, die Anerkennung und Vollstreckung von Entscheidungen in Ehesachen und in Verfahren betreffend die elterliche Verantwortung und über internationale Kindesentführungen (Neufassung) – Allgemeine Ausrichtung, Ratsdokument Nr. 15401/18 v. 12.12.2018.

lich in die Verabschiedung der Brüssel IIb-VO mündete, ein abschließendes Zuständigkeitssystem oder eine Notzuständigkeit. In der Literatur wurden die Reformbemühungen demgegenüber mehrfach mit dem Vorschlag begleitet, eine Notzuständigkeit einzuführen[472]. Auch nachdem die Brüssel IIb-VO erlassen wurde, wird eine Notzuständigkeit *de lege ferenda* weiterhin befürwortet[473].

---

[472] *Fawcett/Ní Shúilleabháin/Shah*, Human Rights and Private International Law, Rn. 4.102; *Gandía Sellens/Faucon Alonso/Siaplaouras* in Viarengo/Villata, Planning the Future of Cross Border Families, S. 163, 169; *Gruber* in NomosKommentarBGB, Vor Art. 1 Rom III-VO Rn. 85; *Kruger/Samyn*, JPIL 12 (2016), 132, 140, 162, 164; *Sonnentag* in Pfeiffer/Wittmann/Escher, Europäisches Familienrecht im Spiegel deutscher Wissenschaft und Praxis, S. 9, 20. Für die Einführung einer Notzuständigkeit auch *Nuyts*, Study on Residual Jurisdiction, S. 10 f.

[473] *Antomo* in Pfeiffer/Lobach/Rapp, Europäisches Familien- und Erbrecht, S. 13, 24 f.

§ 12 Ungeschriebene Notzuständigkeiten

A. Bedürfnis in Unionssachverhalten

Die geschriebenen Notzuständigkeiten erfassen nur Rechtsschutzlücken, die in Sachverhalten mit Drittstaatenbezug auftreten[1]. Demgegenüber sind Rechtsschutzlücken auch in Sachverhalten denkbar, die ausschließlich Bezugspunkte zu Mitgliedstaaten aufweisen[2]: Zum Beispiel können mitgliedstaatliche Gerichte die internationale Zuständigkeit wechselseitig im jeweils anderen Staat verwirklicht sehen, sodass ein negativer internationaler Kompetenzkonflikt entsteht. Darüber hinaus kann die Verfahrensführung in einem Mitgliedstaat unmöglich sein, wenn die Rechtspflege dort tatsächlich stillsteht oder dem Mitgliedstaat ein bestimmtes Rechtsinstitut unbekannt ist. Ferner kann ein mitgliedstaatliches Verfahren unzumutbar sein, wenn dieses bereits menschenrechtswidrig lange andauert. Schließlich kann es in Unionssachverhalten zu Anerkennungslücken kommen, da die Anerkennungsregime der Verordnungen Anerkennungsversagungsgründe vorsehen.

Bei Rechtsschutzlücken, die in reinen Unionssachverhalten auftreten, muss – im Gegensatz zu Drittstaatensachverhalten[3] – nicht danach differenziert werden, ob der Rechtsakt eine mitgliedstaatliche Restzuständigkeit vorsieht oder nicht. Vielmehr soll die internationale Zuständigkeit unter den Mitgliedstaaten in den Verordnungen stets umfassend und abschließend verteilt werden[4]. Treten insoweit Rechtsschutzlücken auf, ist unionsautonom zu entscheiden, ob eine ungeschriebene Notzuständigkeit zu eröffnen ist[5]. Die denkbaren Fallgruppen, in denen es zu einer Rechtsschutzlücke kommen kann, unterscheiden sich zwischen den Rechtsakten nicht. Rechtsaktspezifische Besonderheiten können le-

---

[1] *Eichel*, RabelsZ 85 (2021), 76, 99; *Ereciński/Weitz* in FS für Kaissis, S. 187, 197; *Hau* in FS für Kaissis, S. 355, 366; *Kübler-Wachendorff*, Das forum necessitatis, S. 217 f. Vgl. zur Reform der Brüssel I-VO auch *Jayme*, IPRax 2008, 72, eine Notzuständigkeit fehle für den internen Bereich.
[2] Siehe ausführlich oben unter § 10 C II–V (S. 179 ff.).
[3] Dazu oben unter § 10 A (S. 164 ff.).
[4] Siehe oben unter § 10 C I (S. 176).
[5] Vgl. auch *Eicher*, Rechtsverwirklichungschancen, S. 272.

diglich dazu führen, dass in der jeweiligen Verordnung vermehrt Rechtsschutzlücken auftreten. So kann es zum Beispiel im Anwendungsbereich der Brüssel Ia-VO vermehrt zu negativen internationalen Kompetenzkonflikten kommen, da der Wohnsitz einer natürlichen Person nicht verordnungsautonom bestimmt wird[6].

B. Möglichkeit und Notwendigkeit der Ausübung

Die Frage, ob in Unionssachverhalten eine ungeschriebene Notzuständigkeit zu eröffnen ist, falls eine Rechtsschutzlücke auftritt, ist umstritten. Ein vereinzelter Teil der Literatur wendet sich gegen die Möglichkeit, ungeschriebene Notzuständigkeiten auszuüben[7]. Im Anwendungsbereich der Brüssel Ia-VO sei eine ungeschriebene Notzuständigkeit abzulehnen, weil die Vorschrift zur Notzuständigkeit, die im Kommissionsentwurf zur Reform der Brüssel I-VO noch enthalten war[8], nicht umgesetzt wurde[9]. Im Anwendungsbereich der Verordnungen zum Internationalen Familien- und Erbrecht könnten die geschriebenen Notzuständigkeiten nicht auf Unionssachverhalte ausgeweitet werden[10]. Der eindeutige Wortlaut schließe eine Ausweitung aus[11], sodass die Regelungslücke jedenfalls nicht planwidrig sei[12]. Zudem drohe eine ungeschriebene Notzuständigkeit, die in der jeweiligen Verordnung vorgesehene Zuständigkeitsverteilung

---

[6] Ausführlich zur Problemstellung oben unter § 10 C II 1 c (S. 181 ff.).

[7] *Haider*, Haftung von transnationalen Unternehmen und Staaten für Menschenrechtsverletzungen, S. 289; *Marongiu Buonaiuti* in Calvo Caravaca/Davì/Mansel, The EU Succession Regulation, Art. 11 Rn. 5; *Rétornaz/Volders*, Rev. crit. dr. internat. privé 2008, 225, 230; *J. Schmidt* in BeckOGK, Art. 11 EuErbVO Rn. 7. Kritisch auch *Berner*, ZZP 133 (2020), 129, 130. Vgl. ferner *Hess/Mantovani*, MPILux Research Papers Series 2019 (1), S. 6 Fn. 24, mangels Entscheidung des EuGH sei zweifelhaft, ob eine Notzuständigkeit in den Fällen angewendet werden könne, die unmittelbar von dem Brüssel-Zuständigkeitssystem erfasst würden.

[8] Art. 26 des Entwurfs, KOM (2010) 748 endg., S. 36.

[9] *Haider*, Haftung von transnationalen Unternehmen und Staaten für Menschenrechtsverletzungen, S. 289. Kritisch auch *Berner*, ZZP 133 (2020), 129, 130.

[10] *Marongiu Buonaiuti* in Calvo Caravaca/Davì/Mansel, The EU Succession Regulation, Art. 11 Rn. 5; *J. Schmidt* in BeckOGK, Art. 11 EuErbVO Rn. 7.

[11] *Marongiu Buonaiuti* in Calvo Caravaca/Davì/Mansel, The EU Succession Regulation, Art. 11 Rn. 5.

[12] *J. Schmidt* in BeckOGK, Art. 11 EuErbVO Rn. 7. Unklar *Panopoulos* in Pamboukis, EU Succession Regulation, Art. 11 Rn. 4 f., nach dem zwar keine planwidrige Regelungslücke bestehe, Art. 11 EuErbVO im Wege einer teleologischen Extension aber gleichwohl auf Unionssachverhalte angewendet werden könne.

unter den Mitgliedstaaten zu unterlaufen, und lasse sich nicht mit dem Grundsatz des gegenseitigen Vertrauens vereinbaren[13].

Diese Argumentation vermag indes nicht zu überzeugen. Vielmehr ist mit dem überwiegenden Teil der Literatur eine ungeschriebene Notzuständigkeit zu eröffnen, falls in Unionssachverhalten eine Rechtsschutzlücke auftritt[14]. Zunächst lässt sich einer ungeschriebenen Notzuständigkeit nicht entgegnen, dass der europäische Gesetzgeber die Vorschrift zur Notzuständigkeit nicht in die Brüssel Ia-VO eingeführt hat[15]. Denn der Gesetzgeber hat sich damit nicht bewusst gegen eine Notzuständigkeit entschieden[16]. Vielmehr scheiterte das übergeordnete Reformvorhaben, die Zuständigkeitsvorschriften der Verordnung auf sämtliche Drittstaatensachverhalte zu erstrecken[17]. Damit entfiel aber zugleich das Bedürfnis einer geschriebenen Notzuständigkeit im Anwendungs-

---

[13] *Marongiu Buonaiuti* in Calvo Caravaca/Davì/Mansel, The EU Succession Regulation, Art. 11 Rn. 5.

[14] Im Ergebnis auch *Basedow* in Hdb. IZVR I, Kap. II, Rn. 29; *Bonomi* in Bonomi/Wautelet, Le droit européen des successions, Art. 11 Rn. 6; *Burgstaller/Neumayr* in FS für Schlosser, S. 119, 129; *Cafari Panico* in Pocar/Viarengo/Villata, Recasting Brussels I, S. 127, 141; *Eichel*, RabelsZ 85 (2021), 76, 99; *Eicher*, Rechtsverwirklichungschancen, S. 272; *Ereciński/Weitz* in FS für Kaissis, S. 187, 193; *Garber* in BeckOK ZPO, Art. 36 Brüssel Ia-VO Rn. 116; *Gaudemet-Tallon/Ancel*, Compétence et execution des jugements en Europe, S. 120 f. Rn. 84; *Geimer* in FS für Kralik, S. 179, 187; *ders.* in FS für Simotta, S. 163, 170; *ders.*, IZPR, Rn. 2756d; *ders.* in Geimer/Schütze, EuZVR, Einl. EuGVVO Rn. 97, Art. 5 EuGVVO Rn. 7 f., Art. 45 EuGVVO Rn. 338 ff.; *ders.* in Zöller, ZPO, Art. 5 EuGVVO Rn. 2, Art. 36 EuGVVO Rn. 67, Art. 39 EuGVVO Rn. 3; *Gottwald* in MünchKommZPO, Art. 4 Brüssel Ia-VO Rn. 15, Art. 45 Brüssel Ia-VO Rn. 81; *Gruber* in NomosKommentarBGB, Art. 13 Rom III-VO Rn. 30; *Hau* in FS für Kaissis, S. 355, 363, 366; *Ibili*, Gewogen rechtsmacht in het IPR, S. 146 f.; *Kropholler* in Hdb. IZVR I, Kap. III, Rn. 647; *Kübler-Wachendorff*, Das forum necessitatis, S. 220; *Lukas*, Die Person mit unbekanntem Aufenthalt, S. 606 ff.; *Oberhammer* in Stein/Jonas, ZPO, Art. 33 EuGVVO Rn. 16; *Pfeiffer*, Internationale Zuständigkeit, S. 465 ff.; *Rauscher* in Rauscher, EuZPR/EuIPR, Art. 3 Brüssel IIa-VO Rn. 12; *Rossolillo*, CDT (März 2010), 403, 415 ff.; *Schack*, IZVR, Rn. 300; *Seyfarth*, Wandel der internationalen Zuständigkeit, S. 150; *Somarakis*, YbPIL 19 (2017/2018), 555, 566; *Texeira de Sousa*, IPRax 1997, 352, 355; *Ubertazzi*, Exclusive Jurisdiction, S. 261 ff.; *Wurmnest* in BeckOGK, Art. 7 EU-UnterhaltsVO Rn. 25. Im Hinblick auf die Unterscheidung von Unions- und Drittstaatensachverhalten unklar *Campuzano Díaz*, YbPIL 19 (2011), 233, 245, im Anwendungsbereich der Brüssel IIa-VO könne eine Notzuständigkeit eröffnet werden, wenn sich keine internationale Zuständigkeit eines Mitgliedstaats aus der Verordnung oder der Restzuständigkeit ergebe. Offenlassend BGH, Urt. v. 20.2.2013, FamRZ 2013, 687, 689; Gerechtshof Den Haag, 27.1.2021 – C/09/569863/FA RK 19-1854, Rn. 5.4.

[15] Ebenso *Eicher*, Rechtsverwirklichungschancen, S. 272.

[16] Siehe *Mills*, BYIL 84 (2014), 187, 222; *Roorda/Ryngaert*, RabelsZ 80 (2016), 783, 808 f. Vgl. auch *M. Stürner/Pförtner*, GPR 2019, 222, 223.

[17] Siehe ausführlich oben unter § 11 B I 2 d (S. 273).

bereich der Brüssel Ia-VO[18]. Zudem war auch die geschriebene Notzuständigkeit des Kommissionsentwurfs allein auf Drittstaatensachverhalte ausgerichtet. Für Rechtsschutzlücken, die in reinen Unionssachverhalten auftreten, besteht in sämtlichen Verordnungen eine Regelungslücke[19]. Diese Regelungslücke ist planwidrig[20]. Zwar ist unklar, warum der europäische Gesetzgeber diese Konstellationen nicht geregelt hat. In der Literatur wird insoweit vermutet, dass die Sachverhalte nicht bedacht[21] oder übersehen worden seien[22] oder die Konstellationen bewusst nicht angesprochen werden sollten[23]. Ferner könnte es der Gesetzgeber schlicht als überflüssig erachtet haben, eine Notzuständigkeit zu positivieren. Warum der europäische Gesetzgeber die Notzuständigkeit nicht normiert hat, ist im Ergebnis jedoch unerheblich, da ihm jedenfalls nicht unterstellt werden kann, dass die Zuständigkeitsvorschriften auch in Ausnahmefällen stets abschließend sein sollen[24]. Denn die Eröffnung von ungeschriebenen Notzuständigkeiten ist notwendig, um eine Rechtsverweigerung zu vermeiden[25]. Die Vermeidung von Rechtsverweigerung ist ein wesentliches Ziel des

---

[18] Vgl. *Mills*, BYIL 84 (2014), 187, 222; *Roorda/Ryngaert*, RabelsZ 80 (2016), 783, 808 f. Vgl. auch *Eicher*, Rechtsverwirklichungschancen, S. 32, 270, 272; *Fawcett/Ní Shúilleabháin/Shah*, Human Rights and Private International Law, Rn. 4.119; *Mankowski* in Magnus/Mankowski, ECPIL, Art. 7 Brussels Ibis Regulation Rn. 21; *M. Schulz*, Alien Tort Statute, S. 290; *M. Stürner/Pförtner*, GPR 2019, 222, 223.

[19] Vgl. auch *Ereciński/Weitz* in FS für Kaissis, S. 187, 192; *Gaudemet-Tallon/Ancel*, Compétence et execution des jugements en Europe, S. 119 Rn. 84; *Geimer*, IZPR, Rn. 2756d; *ders.* in Geimer/Schütze, EuZVR, Einl. EuGVVO Rn. 97, Art. 5 EuGVVO Rn. 7, Art. 45 EuGVVO Rn. 340; *ders.* in Zöller, ZPO, Art. 39 EuGVVO Rn. 3; *Hau* in FS für Kaissis, S. 355, 366; *Kropholler* in Hdb. IZVR I, Kap. III, Rn. 647; *Wurmnest* in BeckOGK, Art. 7 EU-UnterhaltsVO Rn. 25.

[20] Im Ergebnis auch *Bonomi* in Bonomi/Wautelet, Le droit européen des successions, Art. 11 Rn. 6.

[21] So noch zum EuGVÜ *Kropholler* in Hdb. IZVR I, Kap. III, Rn. 647.

[22] *Ereciński/Weitz* in FS für Kaissis, S. 187, 196; *Geimer* in Geimer/Schütze, EuZVR, Art. 5 EuGVVO Rn. 7, Art. 45 EuGVVO Rn. 340. Nach *Eicher*, Rechtsverwirklichungschancen, S. 270, habe es der Gesetzgeber offenbar ausgeblendet, dass auch in Unionssachverhalten Justizverweigerung drohen könne. Vgl. auch *Dutta*, BerDGesIntR 50 (2020), 39, 60, das europäische Zuständigkeitsrecht sei grundsätzlich auf Beklagte aus der Union beschränkt und gehe davon aus, dass innerhalb der Union kein Bedarf für eine Notzuständigkeit bestehe.

[23] Offenlassend, ob es der Verordnungsgeber schlicht übersehen habe, dass es auch im innereuropäischen Bereich zu Anerkennungslücken und negativen Kompetenzkonflikten kommen könne, oder ob sich die Regelungslücke eher dadurch erkläre, dass man solche vermeintlich integrationsfeindlichen Umstände lieber ausblenden und schon gar nicht offen ansprechen wollte, *Hau* in FS für Kaissis, S. 355, 366.

[24] Ähnlich *Hau* in FS für Kaissis, S. 355, 366.

[25] Vgl. *Cafari Panico* in Pocar/Viarengo/Villata, Recasting Brussels I, S. 127, 141; *Ereciński/Weitz* in FS für Kaissis, S. 187, 193; *Geimer* in FS für Kralik, S. 179, 187; *ders.*, IZPR, Rn. 2756d; *ders.* in Geimer/Schütze, EuZVR, Einl. EuGVVO Rn. 97, Art. 5 EuGVVO

§ 12 Ungeschriebene Notzuständigkeiten

europäischen Zuständigkeitsrechts²⁶. Dies wird an den geschriebenen Notzuständigkeiten des Internationalen Familien- und Erbrechts deutlich. Sie dienen ausweislich ihrer Erwägungsgründe insbesondere dazu, Fällen von Rechtsverweigerung begegnen zu können²⁷. Fälle von Rechtsverweigerung sind aber unabhängig davon zu vermeiden, ob sie in Drittstaaten- oder in Unionssachverhalten drohen²⁸. Darüber hinaus betont zu Recht auch der EuGH die Notwendigkeit, Fälle von Rechtsverweigerung im Anwendungsbereich des europäischen Zuständigkeitsrechts zu vermeiden²⁹.

Rn. 7f., Art. 45 EuGVVO Rn. 340; *ders.* in Zöller, ZPO, Art. 5 EuGVVO Rn. 2, Art. 36 EuGVVO Rn. 67, Art. 39 EuGVVO Rn. 3; *Kropholler* in Hdb. IZVR I, Kap. III, Rn. 647; *Lukas*, Die Person mit unbekanntem Aufenthalt, S. 606ff.; *Oberhammer* in Stein/Jonas, ZPO, Art. 33 EuGVVO Rn. 16; *Seyfarth*, Wandel der internationalen Zuständigkeit, S. 150. Vgl. auch *Gaudemet-Tallon/Ancel*, Compétence et execution des jugements en Europe, S. 120f. Rn. 84. In diesem Zusammenhang auf das Recht auf Zugang zu Gericht aus Art. 6 Abs. 1 EMRK sowie Art. 47 Abs. 2 GRC abstellend *Eichel*, RabelsZ 85 (2021), 76, 99; *Eicher*, Rechtsverwirklichungschancen, S. 272; *Garber* in BeckOK ZPO, Art. 36 Brüssel Ia-VO Rn. 116; *Garber/Neumayr* in Arnold/Laimer, Die Europäischen Güterrechtsverordnungen, S. 107, 204f. Rn. 223; *Gottwald* in MünchKommZPO, Art. 4 Brüssel Ia-VO Rn. 15, Art. 45 Brüssel Ia-VO Rn. 81; *Hau* in FS für Kaissis, S. 355, 363, 366.

²⁶ Vgl. auch *Geimer* in Geimer/Schütze, EuZVR, Art. 45 EuGVVO Rn. 340.

²⁷ Siehe Erwägungsgründe 16 S. 1 EuUntVO, 31 S. 1 EuErbVO, 41 S. 1 EuGüVO bzw. 40 S. 1 EuPartVO. Zur Funktion der geschriebenen Notzuständigkeiten, Zuständigkeitslücken zu schließen, auch *Kroll-Ludwigs*, GPR 2016, 231, 234; *Looschelders* in MünchKommBGB, Vor Art. 4 EuGüVO Rn. 3.

²⁸ Ähnlich für Konstellationen, in denen sich der Aufenthaltsort zuständigkeitsrelevanter Personen nicht lokalisieren lässt, *Lukas*, Die Person mit unbekanntem Aufenthalt, S. 606.

²⁹ Siehe EuGH, Urt. v. 17.11.2011, Rs. C-327/10, ECLI:EU:C:2011:745, Rn. 45, 51 – Hypoteční banka; EuGH, Urt. v. 15.3.2012, Rs. C-292/10, ECLI:EU:C:2012:142, Rn. 50 – G/de Visser. Vgl. auch *Gaudemet-Tallon/Ancel*, Compétence et execution des jugements en Europe, S. 120 Rn. 84. Dem EuGH wurde in einem Verfahren bereits die Frage vorgelegt, ob in Fällen, in denen ein Gericht eines Mitgliedstaats eine Klage wegen Unzuständigkeit für unzulässig erklärt habe, ein Gericht eines anderen Mitgliedstaats seine Zuständigkeit von sich aus bejahen dürfe, obwohl die unionsrechtlichen Vorschriften über die internationale Zuständigkeit dies nicht zuließen, um das Recht des Klägers auf ein Gericht zu gewährleisten, siehe EuGH, Urt. v. 19.4.2012, Rs. C-213/10, ECLI:EU:C:2012:215, Rn. 17 – F-Tex. Allerdings kam es nach Ansicht des EuGH im konkreten Verfahren nicht mehr auf die Beantwortung dieser Frage an (aaO., Rn. 52ff.).

C. Ausgestaltung

I. Rechtsaktübergreifende Anwendung

Die Eröffnung ungeschriebener Notzuständigkeiten hat in sämtlichen Verordnungen nach einheitlichen Maßstäben zu erfolgen[30]. Denn die Fallgruppen, in denen es in Unionssachverhalten zu einer Rechtsschutzlücke kommen kann, unterscheiden sich zwischen den Rechtsakten nicht[31]. Eine rechtsaktübergreifende Anwendung gewährleistet eine kohärente Anwendung des Gemeinschaftsrechts und dient somit der Zuständigkeitsklarheit.

II. Grundsätzliche Orientierung an den geschriebenen Notzuständigkeiten

Die geschriebenen Notzuständigkeiten des Europäischen Zivilverfahrensrechts sind als Orientierungsgrundlage für die Ausgestaltung der ungeschriebenen Notzuständigkeit heranzuziehen[32]. Denn auch bei der Anwendung europäischen Sekundärrechts ist eine Analogiebildung möglich, um planwidrige Regelungslücken zu schließen, indem Regelungen vergleichbarer Fallgestaltungen herangezogen werden[33]. Die Zuständigkeitslücken, die in reinen Unionssachverhalten auftreten können, hat der europäische Gesetzgeber planwidrig nicht geschlossen[34]. Demgegenüber hat er für Zuständigkeitslücken im Verhältnis zu Drittstaaten geschriebene Notzuständigkeiten geschaffen. Rechtsschutzlücken sind aber unabhängig davon zu schließen, ob sie in Drittstaatensachverhalten oder europäischen Unionssachverhalten auftreten[35]. Daher ist es im Sinne einer Gleichbehandlung geboten, die geschriebenen Notzuständigkeiten zur Ausgestaltung der ungeschriebenen Notzuständigkeiten heranzuziehen, soweit nicht andere Grundsätze des Unionsrechts entgegenstehen[36]. Dabei passen die Vor-

---

[30] Vgl. auch *Wurmnest* in BeckOGK, Art. 7 EU-UnterhaltsVO Rn. 25, die ungeschriebene Notzuständigkeit werde unionsweit einheitlich aus höherrangigem Recht abgeleitet.

[31] Siehe bereits oben unter § 12 A (S. 285 f.).

[32] Im Ergebnis auch *Eichel*, RabelsZ 85 (2021), 76, 99; *Eicher*, Rechtsverwirklichungschancen, S. 273 f.; *Kübler-Wachendorff*, Das forum necessitatis, S. 220; *Lukas*, Die Person mit unbekanntem Aufenthalt, S. 606 ff.; *Somarakis*, YbPIL 19 (2017/2018), 555, 566; *Wurmnest* in BeckOGK, Art. 7 EU-UnterhaltsVO Rn. 25. Vgl. auch *J. Weber*, RabelsZ 75 (2011), 619, 641. Nach *Hau* in FS für Kaissis, S. 355, 366, erscheine es sekundär, ob man mit der ungeschriebenen Notzuständigkeit wie mit einem Institut *praeter legem* operieren oder eine analoge Anwendung von Vorschriften wie Art. 7 EuUntVO konstruieren möchte.

[33] Siehe zur Brüssel Ia-VO *Staudinger* in Rauscher, EuZPR/EuIPR, Einleitung Brüssel Ia-VO Rn. 37. Allgemein zur Analogiebildung im europäischen Sekundärrecht *J. Neuner* in Riesenhuber, Europäische Methodenlehre, § 12 Rn. 27 ff.

[34] Siehe oben unter § 12 B (S. 286 ff.).

[35] Siehe oben unter § 12 B (S. 286 ff.).

[36] Dazu allgemein *J. Neuner* in Riesenhuber, Europäische Methodenlehre, § 12 Rn. 33 ff.

aussetzungen der geschriebenen Notzuständigkeiten im Ausgangspunkt auch für die ungeschriebenen Notzuständigkeiten in Unionssachverhalten: So ist sowohl eine drohende Rechtsverweigerung erforderlich als auch eine hinreichende Nähebeziehung zu dem Mitgliedstaat, der eine Notzuständigkeit eröffnen soll[37]. Dennoch unterscheiden sich Unionssachverhalte in einem wesentlichen Gesichtspunkt von Drittstaatensachverhalten, der bei der Anwendung der ungeschriebenen Notzuständigkeiten zu berücksichtigen ist: Denn zwischen mitgliedstaatlichen Gerichten gilt – abweichend von der Situation in Bezug auf drittstaatliche Gerichte – der Grundsatz des gegenseitigen Vertrauens in die Rechtspflege und die ordnungsgemäße Rechtsanwendung innerhalb der Union[38]. Nach diesem Grundsatz hat ein Mitgliedstaat davon auszugehen, dass alle anderen Mitgliedstaaten zumindest das Unionsrecht und insbesondere die dort anerkannten Grundrechte beachten[39] sowie einen mit dem inländischen gleichwertigen und wirksamen Rechtsschutz gewähren[40].

III. Anwendung auf die potenziellen Fallgruppen drohender Rechtsverweigerung

1. Negative internationale Kompetenzkonflikte

Verneint ein mitgliedstaatliches Gericht seine internationale Zuständigkeit unter Hinweis auf die internationale Zuständigkeit eines anderen Mitgliedstaats, entsteht ein negativer internationaler Kompetenzkonflikt, wenn die Gerichte dieses Mitgliedstaats ihrerseits von der internationalen Zuständigkeit des zuerst angerufenen Staates ausgehen[41]. Dieser Konflikt kann darauf beruhen, dass das Unionsrecht vom Erststaat falsch oder überhaupt nicht angewendet wur-

---

[37] Das Erfordernis eines hinreichenden Bezugs zum Forumstaat besonders betonend *Cafari Panico* in Pocar/Viarengo/Villata, Recasting Brussels I, S. 127, 141; *Wurmnest* in BeckOGK, Art. 7 EU-UnterhaltsVO Rn. 25.
[38] Dazu ausführlich oben unter § 10 C I (S. 176 ff.).
[39] EuGH, Gutachten v. 18.12.2014, Gutachten 2/13, ECLI:EU:C:2014:2454, Rn. 191 – Beitritt der Union zur EMRK; EuGH, Gutachten v. 30.4.2019, Gutachten 1/17, ECLI:EU:C:2019:341, Rn. 128 – CETA. Vgl. auch *Geimer* in Geimer/Schütze, EuZVR, Einl. EuGVVO Rn. 101. Weitergehend, da davon auszugehen sei, dass die anderen Organe das geltende Recht – sei es europäisch, harmonisiert oder national – ordnungsgemäß anwenden, *Kaufhold*, EuR 2012, 408, 426.
[40] Vgl. EuGH, Urt. v. 22.12.2010, Rs. C-491/10 PPU, ECLI:EU:C:2010:828, Rn. 70 – Aguirre Zarraga; *Rossolillo*, CDT (März 2010), 403, 416.
[41] In welchem Umfang negative internationale Kompetenzkonflikte drohen, ist davon abhängig, ob man mit dem EuGH von einer europäischen Rechtskraft von Unzuständigkeitsentscheidungen ausgeht oder diese – mit den überzeugenderen Argumenten – verneint, siehe dazu ausführlich oben unter § 10 C II 2 a–d (S. 184 ff.).

de⁴². So lag der – bereits angesprochene⁴³ – Sachverhalt, der einer Entscheidung des niederländischen *Hoge Raad* zugrunde lag⁴⁴: Die belgischen Gerichte erklärten sich unter Hinweis auf die internationale Zuständigkeit der Niederlande für unzuständig, obwohl nach der Brüssel I-VO allein die internationale Zuständigkeit Belgiens begründet war⁴⁵. Es ist jedoch nicht zwingend, dass die Entscheidung des Erstgerichts fehlerhaft ist. Vielmehr kann es unter den mitgliedstaatlichen Gerichten auch zu vertretbaren Abweichungen in Bezug auf die Zuständigkeitsentscheidung kommen⁴⁶. So eröffnen unbestimmte Rechtsbegriffe den Mitgliedstaaten einen gewissen Entscheidungsspielraum. Daher ist es in Grenzfällen vorstellbar, dass zum Beispiel die deutschen Gerichte (vertretbar) einen letzten gewöhnlichen Aufenthalt des Erblassers in Spanien bejahen, während die spanischen Gerichte (vertretbar) von einem letzten gewöhnlichen Aufenthalt in Deutschland ausgehen⁴⁷. Ferner sind Abweichungen unter den Mitgliedstaaten denkbar, soweit zuständigkeitsrelevante Aspekte – wie beispielsweise Fragen der Sachverhaltsermittlung – unionsweit nicht vereinheitlicht sind.

In diesen Konstellationen muss zunächst der Mitgliedstaat eine ungeschriebene Notzuständigkeit annehmen können, auf dessen internationale Zuständigkeit das Erstgericht seine Unzuständigkeitsentscheidung stützt. Entscheidend ist, dass entweder lediglich eine internationale Zuständigkeit des Erststaats besteht oder das Zweitgericht zumindest vertretbar davon ausgeht, dass nur der Erststaat international zuständig ist. Demgegenüber ist die Notzuständigkeit unabhängig davon, ob das Erstgericht die internationale Zuständigkeit zu Recht oder zu Unrecht abgelehnt hat. Denn ein weiteres Verfahren in diesem Mitgliedstaat scheidet in jedem Fall aus⁴⁸, sodass eine Rechtsverweigerung nur durch die Eröffnung einer Notzuständigkeit verhindert werden kann. Demnach können im Beispielsfall⁴⁹ die niederländischen Gerichte eine ungeschriebene Notzuständigkeit eröffnen, da sich die belgischen Gerichte unter – fälschlichem –

---

⁴² Siehe oben unter § 10 C II 1 a (S. 179 f.).
⁴³ Siehe oben unter § 10 C II 1 a (S. 179 f.).
⁴⁴ Hoge Raad, 7.5.2010 – 09/01115; vgl. dazu *Wais*, IPRax 2012, 91, sowie *Fawcett/Ní Shúilleabháin/Shah*, Human Rights and Private International Law, Rn. 4.70.
⁴⁵ *Wais*, IPRax 2012, 91 ff.
⁴⁶ Siehe oben unter § 10 C II 1 b–c (S. 180 ff.).
⁴⁷ Der Beispielsfall ist angelehnt an die Entscheidung des OLG Hamm, Beschl. v. 2.1. 2018, IPRax 2019, 151 (während das OLG den gewöhnlichen Aufenthalt eines in Spanien verstorbenen Rentners in Deutschland bejahte, ging die Vorinstanz von einem gewöhnlichen Aufenthalt in Spanien aus).
⁴⁸ Einem erneuten Verfahren in diesem Mitgliedstaat steht die Rechtskraft der bereits ergangenen Unzuständigkeitsentscheidung entgegen.
⁴⁹ Vgl. den erstgenannten Beispielsfall oben im Text.

Hinweis auf die internationale Zuständigkeit der Niederlande für unzuständig erklärt haben. Sind in dem anderen Beispielsfall[50] die spanischen Gerichte davon überzeugt, dass der letzte gewöhnliche Aufenthalt des Erblassers nicht in Spanien war, können auch diese eine ungeschriebene Notzuständigkeit eröffnen. Neben den Mitgliedstaaten, auf deren internationale Zuständigkeit sich das Erstgericht beruft, sind aber auch alle anderen Mitgliedstaaten zur Eröffnung einer ungeschriebenen Notzuständigkeit berechtigt, die über einen ausreichenden Bezug zu der Sache verfügen[51]. Dem steht der Grundsatz des gegenseitigen Vertrauens nicht entgegen, da die Gerichte des Erststaats die internationale Zuständigkeit bereits abgelehnt haben und daher nicht mehr zur Beseitigung des Kompetenzkonflikts angerufen werden können.

Des Weiteren kann es in Ausnahmefällen zu einem negativen internationalen Kompetenzkonflikt kommen, ohne dass sich ein mitgliedstaatliches Gericht für unzuständig erklärt hat. Damit ist die Besonderheit der Brüssel Ia-VO angesprochen, in der auf das autonome mitgliedstaatliche Recht verwiesen wird, um den Wohnsitz einer natürlichen Person zu bestimmen[52]. So gelangte die französische *Cour de Cassation* in einem – bereits angesprochenen[53] – niederländisch-französischen Sachverhalt zu dem Ergebnis, dass der Beklagte weder nach französischem Recht einen Wohnsitz in Frankreich noch nach niederländischem Recht einen Wohnsitz in den Niederlanden hatte[54]. In diesen Konstellationen muss jeder Mitgliedstaat eine ungeschriebene Notzuständigkeit annehmen können, dessen Wohnsitzzuständigkeit in Betracht kommt[55]. Weisen also wie in dem Beispielsfall die Rechtsordnungen den Wohnsitz der jeweils anderen Rechtsordnung zu, verfügen beide Mitgliedstaaten über einen ausreichenden Bezug zur Sache, um eine ungeschriebene Notzuständigkeit zu eröffnen. Nicht erforderlich ist, dass das Verfahren in einem Mitgliedstaat bereits abgewiesen wurde. Denn der Kompetenzkonflikt besteht – im Gegensatz zu den zuvor genannten Konstellationen – von vornherein aus Rechtsgründen und entsteht nicht erst durch eine Klageabweisung des Erstgerichts. Daher muss der Mitgliedstaat, der zuerst angerufen wird, seine internationale Zuständigkeit aufgrund einer ungeschriebenen Notzuständigkeit akzeptieren.

---

[50] Vgl. den zuletzt genannten Beispielsfall oben im Text.
[51] Der ausreichende Bezug ist nach den zu den geschriebenen Notzuständigkeiten entwickelten Grundsätzen zu bestimmen, siehe oben unter § 11 A II 4 (S. 239 ff.).
[52] Siehe Art. 62 Brüssel Ia-VO.
[53] Siehe oben unter § 10 C II 1 c (S. 182 f.).
[54] Cass. civ. 1re, 4.1.1984, Rev. crit. dr. internat. privé 1986, 123. Vgl. auch *Gaudemet-Tallon/Ancel*, Compétence et execution des jugements en Europe, S. 130 Rn. 91; *G. Wagner* in Stein/Jonas, ZPO, Art. 59 EuGVVO Rn. 18.
[55] Ebenso *Basedow* in Hdb. IZVR I, Kap. II, Rn. 29; *Ereciński/Weitz* in FS für Kaissis, S. 187, 193; *Schack*, IZVR, Rn. 300.

2. Unmöglichkeit eines mitgliedstaatlichen Verfahrens

Dass es in einem Mitgliedstaat zu einem Stillstand der Rechtspflege kommt oder die Verfahrensleitung in diesem Mitgliedstaat aus anderen Gründen faktisch unmöglich ist, ist eher unwahrscheinlich[56]. Sollte es dennoch dazu kommen, ist eine ungeschriebene Notzuständigkeit der Mitgliedstaaten zu eröffnen, die einen ausreichenden Bezug zur Sache aufweisen[57]. Dem steht auch der Grundsatz des gegenseitigen Vertrauens nicht entgegen: Denn es soll nicht die Eignung eines mitgliedstaatlichen Justizsystems oder Rechtspflegeorgans zur Durchsetzung des Unionsrechts infrage gestellt, sondern einem zufälligen Ereignis zur Vermeidung von Rechtsverweigerung begegnet werden[58]. Allerdings erfordert der Grundsatz eine besonders intensive Prüfung der Frage, ob Rechtsschutz in dem anderen Mitgliedstaat tatsächlich unmöglich ist und der Zustand nicht nur vorübergehender Natur ist.

Ein mitgliedstaatliches Verfahren kann indes auch unmöglich sein, wenn dem einzig zuständigen Mitgliedstaat das entscheidungserhebliche Rechtsinstitut unbekannt ist[59]. In diesen Konstellationen kann eine Entscheidung zur Sache nicht ergehen. Dies lässt sich anhand der bereits angesprochenen „Malta-Fälle" illustrieren[60]: In Malta war lange weder das Institut der Ehescheidung vorgesehen noch eine Ehescheidung nach ausländischem Sachrecht vor maltesischen Gerichten möglich[61]. Bestand nach der Brüssel IIa-VO ausschließlich eine internationale Zuständigkeit Maltas, konnte die Ehe daher nicht geschieden werden[62]. So lag auch der Sachverhalt einer Entscheidung des Kammergerichts aus dem Jahre 2010[63]. Die deutsche Antragstellerin beantragte die Ehescheidung von ihrem maltesischen Ehemann[64]. Da beide Ehegatten ihren gewöhn-

---

[56] Siehe auch *Hau* in FS für Kaissis, S. 355, 364; *Seyfarth*, Wandel der internationalen Zuständigkeit, S. 149 Fn. 495; *Wurmnest* in BeckOGK, Art. 7 EU-UnterhaltsVO Rn. 27.

[57] Vgl. auch *Bonomi* in Bonomi/Wautelet, Le droit européen des successions, Art. 11 Rn. 6; *Eichel*, RabelsZ 85 (2021), 76, 99; *Gaudemet-Tallon/Ancel*, Compétence et execution des jugements en Europe, S. 120 Rn. 84; *Hau* in FS für Kaissis, S. 355, 364; *Rossolillo*, CDT (März 2010), 403, 415 ff.; *Somarakis*, YbPIL 19 (2017/2018), 555, 566; *Wurmnest* in BeckOGK, Art. 7 EU-UnterhaltsVO Rn. 27.

[58] Ebenso *Rossolillo*, CDT (März 2010), 403, 417.

[59] Vgl. dazu *Rossolillo*, CDT (März 2010), 403, 417 f.

[60] Siehe oben unter § 10 C III (S. 194 f.).

[61] Gerechtshof Den Haag, 21.12.2005 – 211-H-05, Rn. 6; *Ibili*, Gewogen rechtsmacht in het IPR, S. 145.

[62] Vgl. die Entscheidungen KG, Urt. v. 19.3.2010, 3 UF 16/09, BeckRS 2013, 4964; Gerechtshof Den Haag, 21.12.2005 – 211-H-05. Daran hätte selbst die Anwendbarkeit der Rom III-VO nichts geändert, wie sich aus Art. 13 Alt. 1 Rom III-VO ergibt.

[63] KG, Urt. v. 19.3.2010, 3 UF 16/09, BeckRS 2013, 4964.

[64] Vgl. KG, Urt. v. 19.3.2010, 3 UF 16/09, BeckRS 2013, 4964.

lichen Aufenthalt in Malta hatten, ging das Kammergericht zutreffend davon aus, dass nach der Brüssel IIa-VO ausschließlich eine internationale Zuständigkeit Maltas bestand[65]. Das Kammergericht lehnte eine internationale Zuständigkeit ab, ohne eine ungeschriebene Notzuständigkeit zu erwähnen[66]. Vergleichbar mit den „Malta-Fällen" ist die weiterhin aktuelle Situation in Bezug auf gleichgeschlechtliche Ehen, wenn insoweit die sachliche Anwendbarkeit der Brüssel IIa-VO unterstellt wird[67]: Verlegt ein gleichgeschlechtliches Ehepaar seinen gewöhnlichen Aufenthalt in einen Mitgliedstaat, dem die gleichgeschlechtliche Ehe unbekannt ist, kann ausschließlich eine internationale Zuständigkeit dieses Mitgliedstaats begründet sein[68]. Selbst wenn in diesem Mitgliedstaat die Rom III-VO gelten sollte, ist der Staat nicht dazu verpflichtet, eine Ehescheidung vorzunehmen. Denn nach Art. 13 Alt. 2 Rom III-VO sind die Gerichte eines Mitgliedstaats nicht verpflichtet, eine Ehescheidung auszusprechen, wenn die betreffende Ehe für die Zwecke des Scheidungsverfahrens nicht als gültig angesehen wird.

Eine ungeschriebene Notzuständigkeit ist zu eröffnen, wenn in dem einzig zuständigen Mitgliedstaat keine Sachentscheidung ergehen kann, weil das fragliche Rechtsinstitut dem Mitgliedstaat unbekannt ist[69]. Dies gilt in analoger Anwendung der geschriebenen Notzuständigkeiten jedoch nur unter der Voraussetzung, dass die Sache einen ausreichenden Bezug zu dem Mitgliedstaat des angerufenen Gerichts aufweist. Betrachtet man vor diesem Hintergrund die Entscheidung des Kammergerichts, hätte eine ungeschriebene Notzuständigkeit eröffnet werden müssen. Denn die deutsche Staatsangehörigkeit der Antragstellerin hätte genügt, um – nach den zur geschriebenen Notzuständigkeit entwickelten Grundsätzen[70] – einen ausreichenden Bezug der Sache zu Deutschland zu begründen. Weist demgegenüber kein anderer Mitgliedstaat einen hinreichenden Bezug zur Sache auf, ist der Rechtssuchende zum Beispiel auf verfassungsrechtlichen Rechtsschutz in dem einzig zuständigen Mitgliedstaat oder gegebenenfalls ein Beschwerdeverfahren vor dem EGMR[71] beschränkt, um sein Begehren durchzusetzen.

---

[65] Vgl. KG, Urt. v. 19.3.2010, 3 UF 16/09, BeckRS 2013, 4964.
[66] Vgl. KG, Urt. v. 19.3.2010, 3 UF 16/09, BeckRS 2013, 4964.
[67] Zum Streitstand siehe oben in § 10 Fn. 195.
[68] Vgl. Art. 3 Brüssel IIa-VO.
[69] Vgl. *Cafari Panico* in Pocar/Viarengo/Villata, Recasting Brussels I, S. 127, 143; vgl. auch *Rauscher* in Rauscher, EuZPR/EuIPR, Art. 3 Brüssel IIa-VO Rn. 12.
[70] Siehe dazu oben unter § 11 A II 4 c aa (S. 243 ff.).
[71] In den „Malta-Fällen" wäre eine Beschwerde vor dem EGMR jedoch nicht erfolgversprechend gewesen, da die EMRK nach der Rechtsprechung des EGMR kein Recht auf Ehescheidung vorsieht, vgl. EGMR, Urt. v. 18.12.1986, Nr. 9697/82, Rn. 49 ff. – Johnston u. a./

Diese Grundsätze sind ferner in den Konstellationen anzuwenden, in denen die Scheidung einer gleichgeschlechtlichen Ehe vor dem einzig zuständigen Mitgliedstaat unmöglich ist: Auch insoweit ist eine ungeschriebene Notzuständigkeit zu eröffnen, sofern ein ausreichender Bezug zu dem angerufenen Mitgliedstaat besteht[72]. Ein hinreichender Anknüpfungspunkt besteht insbesondere zu dem Mitgliedstaat, in dem die Ehe geschlossen wurde. Denn wurde eine Ehe in einem Mitgliedstaat geschlossen, muss sie zumindest in diesem Mitgliedstaat wieder geschieden werden können, sofern die Ehescheidung andernfalls unmöglich wäre. Diese Aussage gilt zwar ganz allgemein, ist im Hinblick auf eine gleichgeschlechtliche Ehe allerdings von besonderem Interesse: So kann die Ehe – anders als in den „Malta-Fällen"[73] – denknotwendigerweise nicht in dem Mitgliedstaat geschlossen worden sein, der nach dem europäischen Zuständigkeitsrecht an sich für die Ehescheidung zuständig wäre. Denn diesem Mitgliedstaat ist die gleichgeschlechtliche Ehe gerade unbekannt. Eine zusätzliche Schwierigkeit ergibt sich in diesen Konstellationen, wenn die Rom III-VO in dem Mitgliedstaat anwendbar ist, dem die gleichgeschlechtliche Ehe unbekannt ist. Denn nach Art. 13 Alt. 2 Rom III-VO ist es dem mitgliedstaatlichen Ermessen überlassen, ob das angerufene Gericht die Ehe scheidet oder nicht. Daher stellt sich die Frage, ob eine ungeschriebene Notzuständigkeit bereits eröffnet werden kann, bevor der an sich zuständige Mitgliedstaat entschieden hat[74]. Dies ist grundsätzlich zu verneinen[75]. Denn zunächst weist die Zuständigkeitsordnung der Brüssel IIa-VO einzig diesen Mitgliedstaat als international zuständig aus. Diese Wertung kann nicht ohne Weiteres zugunsten eines anderen Mitgliedstaats aufgeben werden, da in den Verordnungen der Grundsatz des gegenseitigen Vertrauens in die Rechtspflege und die ordnungsgemäße Rechtsanwendung innerhalb der Union zum Ausdruck kommt. Darüber hinaus ist der Mechanismus des Art. 13 Alt. 2 Rom III-VO mit der Möglichkeit einer ausnahmsweisen Unzuständigkeitsentscheidung vergleichbar, die in Art. 9 Abs. 1 EuGüVO/EuPartVO geregelt ist[76]. Nach dieser Vorschrift kann sich das

---

Irland; EGMR, Urt. v. 10.1.2017, Nr. 1955/10, Rn. 46 ff. – Babiarz/Polen; *Kiestra*, The Impact of the ECHR, S. 119.

[72] Ebenso *Gruber* in NomosKommentarBGB, Art. 13 Rom III-VO Rn. 30.
[73] So wurde die Ehe z. B. in dem „Malta-Fall", den das KG zu entscheiden hatte, gerade in Malta geschlossen (siehe KG, Urt. v. 19.3.2010, 3 UF 16/09, BeckRS 2013, 4964).
[74] Vgl. auch *Gruber* in NomosKommentarBGB, Art. 13 Rom III-VO Rn. 30.
[75] Nach *Gruber* in NomosKommentarBGB, Art. 13 Rom III-VO Rn. 30, sei eine Notzuständigkeit „wohl" bereits anzunehmen, wenn das an sich zuständige Gericht zwar nicht angerufen worden sei, eine Verweigerung nach Art. 13 Alt. 2 Rom III-VO den Umständen nach aber wahrscheinlich oder zumindest möglich erscheine.
[76] Siehe nur *Franzina*, YbPIL 19 (2017/2018), 159, 185; *ders.* in Viarengo/Franzina, The EU Regulations on the Property Regimes of International Couples, Rn. 9.05.

an sich zuständige mitgliedstaatliche Gericht ausnahmsweise für unzuständig erklären, wenn die streitgegenständliche Ehe nach seinem Internationalen Privatrecht nicht anerkannt wird (Art. 9 Abs. 1 EuGüVO) oder die mitgliedstaatliche Rechtsordnung das Institut der eingetragenen Lebenspartnerschaft nicht vorsieht (Art. 9 Abs. 1 EuPartVO). Damit steht die Zuständigkeitsausübung – ebenso wie bei Art. 13 Alt. 2 Rom III-VO – im Ermessen des mitgliedstaatlichen Gerichts. Sowohl der Mechanismus des Art. 13 Alt. 2 Rom III-VO als auch der Mechanismus des Art. 9 EuGüVO/EuPartVO gewährleisten, dass kein Mitgliedstaat dazu gezwungen ist, eine gleichgeschlechtliche Ehe auch nur inzident als Vorfrage anzuerkennen[77]. Mit diesen Vorschriften sollten die Mitgliedstaaten, die eine gleichgeschlechtliche Ehe nicht vorsehen, zur Teilnahme an der Verordnung bewegt werden[78]. Hat sich ein mitgliedstaatliches Gericht für unzuständig erklärt, sieht Art. 9 Abs. 2 EuGüVO/EuPartVO einige alternative Gerichtsstände vor. Diese Ausweichmöglichkeit besteht allerdings erst, nachdem sich das Erstgericht für unzuständig erklärt hat. Überträgt man dieses Prinzip auf den vergleichbaren Mechanismus des Art. 13 Alt. 2 Rom III-VO, muss auch in diesen Konstellationen zunächst die (abweisende) Entscheidung abgewartet werden. Nur ausnahmsweise ist es demgegenüber möglich, dass die ungeschriebene Notzuständigkeit eröffnet wird, bevor der an sich zuständige Mitgliedstaat entschieden hat. Dafür muss von vornherein unzweifelhaft feststehen, dass der Mitgliedstaat die Entscheidung nach Art. 13 Alt. 2 Rom III-VO ablehnen würde. Dies ist zum Beispiel[79] der Fall, wenn in der Begleitgesetzgebung des Mitglied-

---

[77] Zu Art. 9 EuGüVO/EuPartVO *Garber* in Mayr, Handbuch des europäischen Zivilverfahrensrechts, Rn. 5.115; *ders.* in Geimer/Schütze, EuZVR, Art. 9 EuGüVO/EuPartVO Rn. 1; *Mankowski* in Dutta/J. Weber, Die europäischen Güterrechtsverordnungen, S. 11, 32 f. Rn. 39; vgl. auch *Hausmann*, Internationales und Europäisches Familienrecht, B Rn. 151. Zu Art. 13 Alt. 2 Rom III-VO vgl. *Franzina*, CDT (Oktober 2011), 85, 125; *Gruber* in NomosKommentarBGB, Art. 13 Rom III-VO Rn. 7 f.; *Sonnentag* in Pfeiffer/Lobach/Rapp, Europäisches Familien- und Erbrecht, S. 61, 74.

[78] Zu Art. 9 EuGüVO/EuPartVO *Erbarth*, NZFam 2018, 387, 391; *Launhardt*, Europäisierung der internationalen Zuständigkeit im Ehegüterrecht, S. 230; *Looschelders* in MünchKommBGB, Art. 9 EuGüVO Rn. 3; *Makowsky* in NomosKommentarBGB, Art. 9 EuGüVO/EuPartVO Rn. 1; *Simotta*, ZVglRWiss 116 (2017), 44, 77; vgl. auch *Franzina*, YbPIL 19 (2017/2018), 159, 185; *ders.* in Viarengo/Franzina, The EU Regulations on the Property Regimes of International Couples, Rn. 9.05; *Lagarde* in Liber amicorum für Kohler, S. 255, 265. Zu Art. 13 Alt. 2 Rom III-VO *Franzina*, CDT (Oktober 2011), 85, 125.

[79] Als weiteres Beispiel kommt in Betracht, dass in dem Mitgliedstaat eine gesicherte Rechtsprechung besteht, dass gleichgeschlechtliche Ehen nicht geschieden werden können. Die Frage, ob eine gesicherte Rechtsprechung besteht, hängt allerdings maßgeblich von den Umständen des Einzelfalls ab und ist daher möglicherweise nur sehr schwer zu beantworten. Diese Rechtsunsicherheit sollte *de lege ferenda* nicht mehr den Ehegatten aufgebürdet werden (dazu ausführlich unten unter § 15 B I 3 (S. 427 f.)).

staats zur Rom III-VO festgelegt wurde, dass gleichgeschlechtliche Ehen in diesem Staat nicht geschieden werden sollen. Denn bringt der Mitgliedstaat hinreichend zum Ausdruck, dass er eine Entscheidung in der Sache stets verweigern wird, wäre eine Verfahrenseinleitung dort widersinnig. Steht indes nicht fest, ob der Mitgliedstaat eine Sachentscheidung verweigert, ist der Rechtssuchende *de lege lata* zunächst auf das Verfahren vor diesem Mitgliedstaat zu verweisen.

3. Unzumutbarkeit eines mitgliedstaatlichen Verfahrens

Wird in einem mitgliedstaatlichen Verfahren das Recht auf ein faires Verfahren nicht gewahrt, kann in einem anderen Mitgliedstaat grundsätzlich keine ungeschriebene Notzuständigkeit eröffnet werden[80]. Denn den Verordnungen zum Europäischen Zivilverfahrensrecht liegt der Grundsatz des gegenseitigen Vertrauens in die Rechtspflege und ordnungsgemäße Rechtsanwendung innerhalb der Union zugrunde. Nach diesem Grundsatz dürfen die Mitgliedstaaten – von Ausnahmefällen abgesehen – nicht prüfen, ob ein anderer Mitgliedstaat in einem konkreten Fall die durch die Union gewährleisteten Grundrechte tatsächlich beachtet hat[81]. Zwar hatte die Rechtsprechung bislang nicht über die Auswirkungen des Grundsatzes auf die Notzuständigkeit zu befinden[82], das Ergebnis lässt sich allerdings aus der Konzeption des Vertrauensprinzips im Europäischen Zivilverfahrensrecht folgern:

Eine mit der Problematik, ob bei Unzumutbarkeit des anderen Verfahrens eine Notzuständigkeit eröffnet werden kann, am ehesten vergleichbare Situation kann sich bei der Anwendung der Rechtshängigkeitsregeln ergeben. So kann das später angerufene Gericht damit konfrontiert sein, ob es das Verfahren auch

---

[80] Vgl. in diesem Sinne *Biagioni*, CDT (März 2012), 20, 28f.; *Rossolillo*, CDT (März 2010), 403, 417; vgl. auch *Andrae* in Rauscher, EuZPR/EuIPR, Art. 7 EG-UntVO Rn. 6; *J. Schmidt* in BeckOGK, Art. 11 EuErbVO Rn. 7; *Wall* in Geimer/Schütze/Hau, Internationaler Rechtsverkehr, Art. 11 Europäische Erbrechtsverordnung 2012 Rn. 5. Vgl. begrenzt auf die überlange Verfahrensdauer ferner *J. Weber*, RabelsZ 75 (2011), 619, 642. Im Ergebnis auch OGH, Beschl. v. 4.6.1999, 2 Nd 505/99, nach dem es im Geltungsbereich des EuGVÜ unzulässig sei, die inländische Gerichtsbarkeit mit der Begründung herbeizuführen, dass die Rechtsverfolgung in dem hierfür in Betracht kommenden ausländischen Staat nicht möglich oder unzumutbar sei, ohne dies jedoch näher zu begründen.

[81] EuGH, Gutachten v. 18.12.2014, Gutachten 2/13, ECLI:EU:C:2014:2454, Rn. 192 – Beitritt der Union zur EMRK. Vgl. auch *Düsterhaus* in Gascón Inchausti/Hess, The Future of the European Law of Civil Procedure, S. 69, 84; *Marongiu Buonaiuti* in Calvo Caravaca/Daví/Mansel, The EU Succession Regulation, Art. 11 Rn. 5. Weitreichender *Eicher*, Rechtsverwirklichungschancen, S. 270, die Eignung eines Mitgliedstaats zur ordnungsgemäßen Justizgewährung werde kraft des gegenseitigen Vertrauens unwiderleglich vermutet.

[82] Diese Feststellung von *Rossolillo*, CDT (März 2010), 403, 417, ist weiterhin aktuell.

dann auszusetzen hat[83], wenn das zuerst angerufene mitgliedstaatliche Gericht verfahrensrechtliche Mindeststandards nicht wahrt[84]. Insbesondere bei einer überlangen, unverhältnismäßigen Verfahrensdauer im zuerst angerufenen Mitgliedstaat wird eine Ausnahme von der Rechtshängigkeitssperre diskutiert[85]. Bezogen auf den Einwand, dass Verfahren in einem bestimmten Mitgliedstaat generell unverhältnismäßig lange dauerten, lehnte es der EuGH ab, eine Ausnahme von der Rechtshängigkeitssperre zuzulassen[86]. Das stützte er einerseits darauf, dass die Vorschrift keine Ausnahme vorsehe[87], sowie andererseits darauf, dass dies dem gegenseitigen Vertrauen in die Rechtssysteme der Mitgliedstaaten widerspreche[88]. Umstritten ist demgegenüber die Frage, ob das Prioritätsprinzip auch dann strikt anzuwenden ist, wenn ein konkretes Verfahren bereits unverhältnismäßig lange andauert[89]. Ein Teil der Lehre möchte für diese Konstellationen aufgrund von Art. 6 Abs. 1 EMRK sowie Art. 47 Abs. 2 GRC eine Ausnahme zulassen[90]. Ein anderer Teil der Lehre lehnt dies ab[91]. Letzterem ist zuzustimmen. Denn eine Ausnahme von der Rechtshängigkeitssperre zuzulassen, bedeutete zugleich, dass ein mitgliedstaatliches Gericht über die Einhaltung der verfahrensrechtlichen Mindeststandards in einem anderen Mitgliedstaat entscheiden müsste[92]. Dadurch wäre der Vertrauensgrundsatz ebenso beeinträchtigt wie in dem vom EuGH entschiedenen Sachverhalt[93].

---

[83] Z.B. nach Art. 29 Abs. 1 Brüssel Ia-VO.

[84] Vgl. *Fawcett/Ní Shúilleabháin/Shah*, Human Rights and Private International Law, Rn. 4.132.

[85] Siehe *Garber* in Mayr, Handbuch des europäischen Zivilverfahrensrechts, Rn. 3.748; *Geimer* in Geimer/Schütze, EuZVR, Art. 29 EuGVVO Rn. 102 ff.

[86] EuGH, Urt. v. 9.12.2003, Rs. C-116/02, ECLI:EU:C:2003:657, Rn. 70 ff. – Gasser.

[87] EuGH, Urt. v. 9.12.2003, Rs. C-116/02, ECLI:EU:C:2003:657, Rn. 71 – Gasser.

[88] EuGH, Urt. v. 9.12.2003, Rs. C-116/02, ECLI:EU:C:2003:657, Rn. 72 – Gasser.

[89] Vgl. *Garber* in Mayr, Handbuch des europäischen Zivilverfahrensrechts, Rn. 3.749; Staudinger/*Spellenberg* (2015), Art. 19 Brüssel IIa-VO Rn. 47.

[90] *Geimer* in Geimer/Schütze, EuZVR, Art. 29 EuGVVO Rn. 102; *Leible* in Rauscher, EuZPR/EuIPR, Art. 29 Brüssel Ia-VO Rn. 35; Staudinger/*Spellenberg* (2015), Art. 19 Brüssel IIa-VO Rn. 48; *M. Weller* in Hess/Pfeiffer/Schlosser, The Heidelberg Report, Rn. 382 ff. Zum EuGVÜ bereits *Pfeiffer*, Internationale Zuständigkeit, S. 465 ff.

[91] *Garber* in Mayr, Handbuch des europäischen Zivilverfahrensrechts, Rn. 3.750 f.; *Gottwald* in MünchKommZPO, Art. 29 Brüssel Ia-VO Rn. 26; *Kruger*, Civil Jurisdiction Rules of the EU and their Impact on Third States, Rn. 5.33; *Nagel/Gottwald*, IZPR, Rn. 6.209; *G. Wagner* in Stein/Jonas, ZPO, Art. 29 EuGVVO Rn. 49. Daher für eine Reform der Vorschriften *Fawcett/Ní Shúilleabháin/Shah*, Human Rights and Private International Law, Rn. 4.147, 4.161.

[92] *Garber* in Mayr, Handbuch des europäischen Zivilverfahrensrechts, Rn. 3.750.

[93] Im Ergebnis auch *Garber* in Mayr, Handbuch des europäischen Zivilverfahrensrechts, Rn. 3.750; vgl. zudem *Fawcett/Ní Shúilleabháin/Shah*, Human Rights and Private International Law, Rn. 4.147.

Denn die Anwendbarkeit des Vertrauensgrundsatzes kann nicht davon abhängen, ob die Funktionsfähigkeit der Justiz insgesamt oder nur die Fairness eines spezifischen Verfahrens infrage gestellt wird[94]. Zudem lassen die Vorschriften auch für konkret zu lange dauernde Verfahren keine Ausnahme von der Rechtshängigkeitssperre zu[95].

Im Gegensatz dazu sehen die Vorschriften über die Anerkennung mitgliedstaatlicher Entscheidungen grundsätzlich[96] eine Möglichkeit vor, die Einhaltung verfahrensrechtlicher Mindeststandards im Erststaat zu überprüfen[97]. So kann unter den engen Grenzen des *ordre public* einer ausländischen Entscheidung die Anerkennung insbesondere versagt werden, wenn diese unter Verstoß gegen wesentliche Verfahrensgrundrechte ergangen ist[98]. Dabei handelt es sich um die gesetzgeberische Fixierung der „Ausnahmefälle"[99] des Vertrauensprinzips[100]. Allerdings kann die *ordre public*-Klausel im Anerkennungsverfahren nur geltend gemacht werden, wenn im Erststaat von allen gegebenen Rechtsbehelfen Gebrauch gemacht wurde, um im Vorhinein einen Verstoß gegen die öffentliche Ordnung zu verhindern[101]. Das verdeutlicht, dass die Einhaltung der Verfahrensgarantien in einem anderen Mitgliedstaat nach der Konzeption des Europäischen Zivilverfahrensrechts ausschließlich nach Abschluss des erst-

---

[94] Zumal der EuGH ausdrücklich auf das Vertrauen in die mitgliedstaatlichen Rechtssysteme und Rechtspflegeorgane abstellt (EuGH, Urt. v. 9.12.2003, Rs. C-116/02, ECLI:EU:C: 2003:657, Rn. 72 – Gasser).

[95] Vgl. auch *Garber* in Mayr, Handbuch des europäischen Zivilverfahrensrechts, Rn. 3.750.

[96] Z.B. Art. 45 Abs. 1 lit. a Brüssel Ia-VO. Bei bestimmten privilegierten Entscheidungen im Anwendungsbereich der Brüssel IIa-VO sowie Unterhaltsentscheidungen eines Mitgliedstaats, der durch das HUP gebunden ist, kann die Anerkennung indes grundsätzlich nicht angefochten werden, siehe Artt. 41 Abs. 1, 42 Abs. 2 Brüssel IIa-VO, Art. 43 Abs. 1 Brüssel IIb-VO, Art. 17 Abs. 1 EuUntVO.

[97] Vgl. *Fawcett/Ní Shúilleabháin/Shah*, Human Rights and Private International Law, Rn. 4.139.

[98] Vgl. EuGH, Urt. v. 28.3.2000, Rs. C-7/98, ECLI:EU:C:2000:164, Rn. 37ff. – Krombach; EuGH, Urt. v. 6.9.2012, Rs. C-619/10, ECLI:EU:C:2012:531, Rn. 51ff. – Trade Agency; EuGH, Urt. v. 25.5.2016, Rs. C-559/14, ECLI:EU:C:2016:349, Rn. 42ff. – Meroni; *Geimer* in Geimer/Schütze, EuZVR, Art. 45 EuGVVO Rn. 41 f.; *Stadler* in Musielak/Voit, ZPO, Art. 45 EuGVVO Rn. 3.

[99] Vgl. die Formulierung des EuGH, Gutachten v. 18.12.2014, Gutachten 2/13, ECLI:EU: C:2014:2454, Rn. 192 – Beitritt der Union zur EMRK.

[100] *Kohler*, ZEuS 2016, 135, 147. Vgl. auch *Hess*, EuZPR, Rn. 3.36.

[101] EuGH, Urt. v. 16.7.2015, Rs. C-681/13, ECLI:EU:C:2015:471, Rn. 68 – Diageo Brands; eine Ausnahme gilt nur unter der Voraussetzung, dass keine besonderen Umstände vorliegen, die das Einlegen der Rechtsbehelfe im Ursprungsmitgliedstaat zu sehr erschweren oder unmöglich machen (EuGH, aaO). Vgl. auch *Geimer* in Geimer/Schütze, EuZVR, Art. 45 EuGVVO Rn. 6, 47 f.; *Kohler*, ZEuS 2016, 135, 148.

staatlichen Verfahrens geprüft werden kann und dies nur subsidiär erfolgen soll[102].

Daraus folgt für die Notzuständigkeit, dass diese regelmäßig nicht darauf gestützt werden kann, dass ein Verfahren in einem anderen Mitgliedstaat unzumutbar ist[103]. Denn ehe das erststaatliche Verfahren abgeschlossen ist, verbietet das Vertrauensprinzip eine solche Überprüfung[104]. Zwar sind grundsätzlich auch ungeschriebene Ausnahmen von dem Prinzip des gegenseitigen Vertrauens denkbar[105]. Angesichts der gegenwärtigen Konzeption des Europäischen Verfahrensrechts könnten Ausnahmen – wenn überhaupt – jedoch allenfalls in schwer vorstellbaren Einzelfällen zugelassen werden.

4. Anerkennungslücke

Wird die Entscheidung eines Mitgliedstaats in einem anderen Mitgliedstaat nicht anerkannt, ist grundsätzlich eine ungeschriebene Notzuständigkeit zu eröffnen[106].

---

[102] In der Literatur wird in diesem Zusammenhang die Vermutung geäußert, dass auch der EGMR bei einem Verstoß gegen Art. 6 Abs. 1 EMRK primär auf die Möglichkeit der Individualbeschwerde gegen das erststaatliche Verfahren verweisen könnte, siehe *Fawcett/Ní Shúilleabháin/Shah*, Human Rights and Private International Law, Rn. 4.91.

[103] Daher ist im europäischen Zuständigkeitsrecht eine sog. „Ordre-public-Zuständigkeit" abzulehnen, die sich darauf stützt, dass im Verfahren vor dem an sich zuständigen Mitgliedstaat gegen den *ordre public* verstoßen werden wird; im Ergebnis ebenso bereits *Pocar*, RabelsZ 42 (1978), 405, 411 m.w.N.; vgl. zudem *Geimer* in Geimer/Schütze, EuZVR, Einl. EuGVVO Rn. 96; *Rauscher* in Rauscher, EuZPR/EuIPR, Art. 3 Brüssel IIa-VO Rn. 12; vgl. ferner *Lagarde* in Liber amicorum für Kohler, S. 255, 263, nach dem eine Rechtsverweigerung nicht darauf gestützt werden könne, dass in einem anderen Mitgliedstaat französisches Eingriffsrecht unangewendet bleibe. A. A. jedoch *Panopoulos* in Pamboukis, EU Succession Regulation, Art. 11 Rn. 9, nach dem beispielsweise eine zu erwartende Geschlechterdiskriminierung vor griechischen Gerichten dazu führen könne, dass ein anderer Mitgliedstaat die Notzuständigkeit des Art. 11 EuErbVO eröffnen dürfe; aufgrund der zuvor dargestellten Systematik ist es indes überzeugend, den Rechtssuchenden zunächst auf eine Entscheidung in Griechenland zu verweisen und die Zumutbarkeit erst im Rahmen des *ordre public* bei der Anerkennung in einem anderen Mitgliedstaat zu berücksichtigen.

[104] Im Ergebnis auch *Pfeiffer*, Internationale Zuständigkeit, S. 465, 765.

[105] *Kohler*, ZEuS 2016, 135, 148 f.

[106] *Biagioni*, CDT (März 2012), 20, 33; *Eicher*, Rechtsverwirklichungschancen, S. 270 Fn. 1128; *Ereciński/Weitz* in FS für Kaissis, S. 187, 193; *Garber* in BeckOK ZPO, Art. 36 Brüssel Ia-VO Rn. 116; *Gaudemet-Tallon/Ancel*, Compétence et execution des jugements en Europe, S. 121 Rn. 84; *Geimer* in FS für Kralik, S. 179, 187; ders. in FS für Simotta, S. 163, 170; ders., IZPR, Rn. 2756d; ders. in Geimer/Schütze, EuZVR, Einl. EuGVVO Rn. 97, Art. 5 EuGVVO Rn. 7 f., Art. 45 EuGVVO Rn. 338 ff.; ders. in Zöller, ZPO, Art. 5 EuGVVO Rn. 2, Art. 36 EuGVVO Rn. 67, Art. 39 EuGVVO Rn. 3; *Gottwald* in MünchKommZPO, Art. 4 Brüssel Ia-VO Rn. 15, Art. 45 Brüssel Ia-VO Rn. 81; *Hau* in FS für Kaissis, S. 355, 363 f., 366;

Damit das Zuständigkeitssystem der jeweiligen Verordnung nicht umgangen wird, bedarf es zunächst einer Einschränkung[107]: Ist zum Beispiel[108] aufgrund von Art. 4 Abs. 1 Brüssel Ia-VO eine Entscheidung im Wohnsitzstaat des Beklagten ergangen, die in Deutschland nicht anerkannt wird, so besteht nicht automatisch das Bedürfnis einer inländischen Notzuständigkeit. Denn zunächst ist der Rechtssuchende an die anderen nach der Verordnung zuständigen Mitgliedstaaten (etwa nach Art. 7 Brüssel Ia-VO) zu verweisen. Damit setzt die ungeschriebene Notzuständigkeit infolge einer Anerkennungslücke voraus, dass entweder kein anderer Mitgliedstaat nach der Verordnung international zuständig ist[109] oder in keinem anderen an sich zuständigen Mitgliedstaat eine erneute Entscheidung ergehen kann, weil in diesen die erststaatliche Entscheidung anzuerkennen wäre und damit deren Rechtskraft einem Erkenntnisverfahren entgegenstünde[110].

Darüber hinaus ist – in Übereinstimmung mit den zu den geschriebenen Notzuständigkeiten entwickelten Grundsätzen – erforderlich, dass der Rechtssuchende ein Interesse an einer Entscheidung gerade im Inland hat[111]. Beispielhaft ist diese Voraussetzung zumindest erfüllt, wenn eine Notzuständigkeit erforderlich ist, um auf im Inland belegenes Vermögen zuzugreifen, das zur Befriedigung des Rechtssuchenden erforderlich ist[112].

Kropholler in Hdb. IZVR I, Kap. III, Rn. 647; *Kübler-Wachendorff*, Das forum necessitatis, S. 220; *Oberhammer* in Stein/Jonas, ZPO, Art. 33 EuGVVO Rn. 16; *Rossolillo*, CDT (März 2010), 403, 417; *Seyfarth*, Wandel der internationalen Zuständigkeit, S. 150; *Texeira de Sousa*, IPRax 1997, 352, 355; *Wurmnest* in BeckOGK, Art. 7 EU-UnterhaltsVO Rn. 25. Vgl. auch *Pfeiffer*, Internationale Zuständigkeit, S. 764 f.

[107] Vgl. *Hau* in FS für Kaissis, S. 355, 363 f.
[108] Das Beispiel ist angelehnt an *Hau* in FS für Kaissis, S. 355, 363 f. Ein weiterer Beispielsfall findet sich bei *Geimer* in Geimer/Schütze, EuZVR, Art. 45 EuGVVO Rn. 339.
[109] *Gaudemet-Tallon/Ancel*, Compétence et execution des jugements en Europe, S. 121 Rn. 84; *Geimer* in Geimer/Schütze, EuZVR, Art. 45 EuGVVO Rn. 339; *Kropholler* in Hdb. IZVR I, Kap. III, Rn. 647.
[110] Dazu *Geimer* in FS für Kralik, S. 179, 187; *ders.* in Geimer/Schütze, EuZVR, Art. 5 EuGVVO Rn. 8; *Hau* in FS für Kaissis, S. 355, 364.
[111] Ebenso *Kropholler* in Hdb. IZVR I, Kap. III, Rn. 647. Vgl. zu den geschriebenen Notzuständigkeiten *Bonomi* in Bonomi/Wautelet, Le droit européen des successions, Art. 11 Rn. 11; vgl. auch *Gitschthaler* in Deixler-Hübner/Schauer, EuErbVO, Art. 11 Rn. 3; *Marongiu Buonaiuti* in Calvo Caravaca/Davì/Mansel, The EU Succession Regulation, Art. 11 Rn. 12; vgl. ferner *Ereciński/Weitz* in FS für Kaissis, S. 187, 194; *Hau* in FS für Kaissis, S. 355, 360; *ders.* in Prütting/Helms, FamFG, Anhang 3 zu § 110: EuUntVO Rn. 60; *Simotta*, ZVglRWiss 116 (2017), 44, 86.
[112] Siehe *Kropholler* in Hdb. IZVR I, Kap. III, Rn. 647. Vgl. zu den geschriebenen Notzuständigkeiten *Hausmann*, Internationales und Europäisches Familienrecht, B Rn. 170, C Rn. 203; *Lipp* in MünchKommFamFG, Art. 7 EG-UntVO Rn. 6; *Mayer* in MünchKommFamFG, Art. 11 EU-EheGüVO Rn. 6.

Schließlich kann eine ungeschriebene Notzuständigkeit erst eröffnet werden, nachdem im an sich zuständigen Mitgliedstaat eine Entscheidung ergangen ist[113]. Denn zwar bilden die Anerkennungsversagungsgründe eine Ausnahme vom Grundsatz des gegenseitigen Vertrauens[114]. Sie greifen nach der gesetzgeberischen Konzeption jedoch nur äußerst subsidiär ein: Erforderlich ist, dass im Erststaat von allen gegebenen Rechtsbehelfen Gebrauch gemacht wurde, um im Vorhinein einen Verstoß gegen die öffentliche Ordnung zu verhindern[115]. Daher ist der Abschluss des erstgerichtlichen Verfahrens auch in den Konstellationen erforderlich, in denen zum Beispiel ein Verstoß gegen den *ordre public* von Beginn an absehbar oder wahrscheinlich ist[116].

IV. Anerkennung in anderen Mitgliedstaaten

Die Anerkennung einer Entscheidung, die infolge einer ungeschriebenen Notzuständigkeit erlassen wurde, in anderen Mitgliedstaaten richtet sich nach dem gewöhnlichen Anerkennungsregime der einschlägigen Verordnung[117]. Demnach ist die Entscheidung in anderen Mitgliedstaaten regelmäßig anzuerkennen, da der Zweitstaat die internationale Zuständigkeit des Erstgerichts grundsätzlich nicht prüft[118].

D. Ergebnis

Treten in Sachverhalten, die ausschließlich Bezugspunkte zu Mitgliedstaaten aufweisen, Rechtsschutzlücken auf, sind ungeschriebene Notzuständigkeiten zu eröffnen, um eine Rechtsverweigerung zu vermeiden. Die Anwendung der ungeschriebenen Notzuständigkeiten erfolgt rechtsaktübergreifend nach einheitlichen Maßstäben. Zudem sind – soweit möglich – die geschriebenen Notzuständigkeiten als Orientierungsgrundlage heranzuziehen. Der zwischen den

---

[113] Im Ergebnis auch *Pfeiffer*, Internationale Zuständigkeit, S. 764 f.

[114] Siehe bereits oben unter § 12 C III 3 (S. 300 f.).

[115] EuGH, Urt. v. 16.7.2015, Rs. C-681/13, ECLI:EU:C:2015:471, Rn. 68 – Diageo Brands; eine Ausnahme gilt nur unter der Voraussetzung, dass keine besonderen Umstände vorliegen, die das Einlegen der Rechtsbehelfe im Ursprungsmitgliedstaat zu sehr erschweren oder unmöglich machen (EuGH, aaO.). Vgl. auch *Geimer* in Geimer/Schütze, EuZVR, Art. 45 EuGVVO Rn. 6, 47 f.; *Kohler*, ZEuS 2016, 135, 148.

[116] Vgl. auch *Pfeiffer*, Internationale Zuständigkeit, S. 764 f.

[117] Vgl. auch *Gaudemet-Tallon/Ancel*, Compétence et execution des jugements en Europe, S. 120 Rn. 84.

[118] Lediglich Art. 45 Abs. 1 lit. e Brüssel Ia-VO ermöglicht die Überprüfung der Anerkennungszuständigkeit zugunsten von besonders schützenswerten Personengruppen (z. B. Verbrauchern) sowie der ausschließlichen Gerichtsstände.

Mitgliedstaaten bestehende Grundsatz des gegenseitigen Vertrauens in die Rechtspflege und die ordnungsgemäße Rechtsanwendung innerhalb der Union verhindert indes, dass eine Notzuständigkeit mit der Begründung angenommen werden kann, ein Verfahren vor dem an sich zuständigen Mitgliedstaat sei unzumutbar. Darüber hinaus kann eine Notzuständigkeit aufgrund einer Anerkennungslücke erst eröffnet werden, nachdem eine Entscheidung im Erststaat bereits ergangen ist.

Zweiter Abschnitt:
Autonomes deutsches Recht

§ 13 Gesetzeslage

Die wesentlichen autonomen Bestimmungen zur internationalen Zuständigkeit deutscher Gerichte ergeben sich für bürgerlichrechtliche Streitigkeiten aus der ZPO und für Familiensachen und die Angelegenheiten der freiwilligen Gerichtsbarkeit aus dem FamFG[1]. Dabei ist die internationale Zuständigkeit in der ZPO zwar nicht ausdrücklich geregelt, aber in den Vorschriften der §§ 12 ff. ZPO über die örtliche Zuständigkeit gleichwohl enthalten[2]. So können diese Bestimmungen insoweit doppelfunktional angewendet werden, als die örtliche Zuständigkeit eines Gerichts die internationale Zuständigkeit der deutschen Gerichte indiziert[3]. Kodifiziert wurde dieser Grundsatz der Doppelfunktionalität nunmehr in § 105 FamFG, wo er die in den §§ 98–104 FamFG ausdrücklich[4] enthaltenen Regelungen zur internationalen Zuständigkeit um einen Auffangtatbestand ergänzt[5].

A. Geschriebene Notzuständigkeiten

Eine Notzuständigkeit ist im autonomen Zuständigkeitsrecht zumindest nicht *ausdrücklich* geregelt. Dennoch werden Vorschriften des FamFG[6] sowie des VerschG[7] in der Literatur zum Teil *funktional* als Notzuständigkeiten angese-

---

[1] Vgl. nur *Linke/Hau*, IZVR, Rn. 4.63.
[2] RG, Urt. v. 14.11.1929, RGZ 126, 196, 199; BGH, Beschl. v. 14.6.1965, BGHZ 44, 46 f.; *Kralik*, ZZP 74 (1961), 2, 26; *Kropholler* in Hdb. IZVR I, Kap. III, Rn. 31; *Schack*, IZVR, Rn. 288.
[3] RG, Urt. v. 14.11.1929, RGZ 126, 196, 199; BGH, Beschl. v. 14.6.1965, BGHZ 44, 46 f.; BGH, Urt. v. 18.1.2011, BGHZ 188, 85, 88, 89; *Kralik*, ZZP 74 (1961), 2, 26; *Kropholler* in Hdb. IZVR I, Kap. III, Rn. 30; *Schack*, IZVR, Rn. 288.
[4] Siehe insoweit die Überschrift des Unterabschnitts: „Internationale Zuständigkeit".
[5] *Hau* in FS für von Hoffmann, S. 617, 620; *ders.* in Prütting/Helms, FamFG, § 105 Rn. 1.
[6] § 99 Abs. 1 S. 2, § 104 Abs. 1 S. 2 FamFG.
[7] § 12 Abs. 2 VerschG.

hen[8]. Es stellt sich daher die Frage, ob und inwieweit das autonome Zuständigkeitsrecht bei materieller Betrachtung bereits *de lege lata* geschriebene Notzuständigkeiten vorsieht.

I. Fürsorgezuständigkeiten des FamFG

Als geschriebene Notzuständigkeiten kommen zunächst die sogenannten Fürsorgezuständigkeiten des FamFG in Betracht. In diesen Vorschriften wird die internationale Zuständigkeit deutscher Gerichte daran angeknüpft, dass eine Person der Fürsorge durch ein deutsches Gericht bedarf[9].

1. Inhalt und Anwendungsbereich

Das inländische Fürsorgebedürfnis ist als Anknüpfungskriterium internationaler Zuständigkeit in den §§ 99 und 104 FamFG vorgesehen. Diese Vorschriften bestimmen einerseits die internationale Zuständigkeit deutscher Gerichte in Kindschaftssachen[10] (§ 99 FamFG) sowie andererseits in Betreuungs-[11], Unterbringungs-[12] und betreuungsgerichtlichen Zuweisungssachen[13] (§ 104 FamFG). Grundsätzlich wird die internationale Zuständigkeit deutscher Gerichte in diesen Verfahren alternativ an die deutsche Staatsangehörigkeit oder den inländischen gewöhnlichen Aufenthalt des Kindes beziehungsweise des Betroffenen oder volljährigen Pfleglings geknüpft[14]. Allerdings sind die deutschen Gerichte nach den §§ 99 Abs. 1 S. 2, 104 Abs. 1 S. 2 FamFG ferner international zuständig, soweit das Kind beziehungsweise der Betroffene oder volljährige Pflegling der Fürsorge durch ein deutsches Gericht bedarf.

---

[8] Siehe *Geimer*, IZPR, Rn. 1038; *ders.* in Zöller, ZPO, IZPR Rn. 47; *Hau* in Prütting/Helms, FamFG, Vor §§ 98–106 Rn. 18. Vgl. auch *Kübler-Wachendorff*, Das forum necessitatis, S. 13, es handele sich bei den Vorschriften faktisch um gesetzlich normierte Notzuständigkeiten. Vgl. zudem *Linke/Hau*, IZVR, Rn. 7.1, die diese Vorschriften im Kontext negativer Kompetenzkonflikte behandeln. Vgl. ferner *Soergel/Kronke*, Art. 38 EGBGB Anh. IV Rn. 27, der in einer Vorgängervorschrift von § 104 Abs. 1 S. 2 FamFG eine punktuelle gesetzgeberische Anerkennung der Notzuständigkeit erblickte. Vgl. schließlich *Boiczenko* in BeckOGK, § 12 VerschG Rn. 30, der in Bezug auf § 12 Abs. 2 VerschG die Regelungen zur Notzuständigkeit in den EU-Verordnungen zumindest vergleichend heranzieht.

[9] §§ 99 Abs. 1 S. 2, 104 Abs. 1 S. 2 FamFG.

[10] Siehe zum Begriff der Kindschaftssachen § 151 FamFG.

[11] Siehe zum Begriff der Betreuungssachen § 271 FamFG.

[12] Siehe zum Begriff der Unterbringungssachen § 312 FamFG.

[13] Trotz der insoweit unklaren Überschrift des § 104 FamFG, die nur die „Pflegschaft für Erwachsene" erwähnt, sollen von § 104 FamFG sämtliche betreuungsrechtliche Zuweisungssachen im Sinne des § 340 FamFG erfasst werden, vgl. *Hau* in Prütting/Helms, FamFG, § 104 Rn. 4.

[14] §§ 99 Abs. 1 S. 1, 104 Abs. 1 S. 1 FamFG.

Eine Fürsorgezuständigkeit ist ausschließlich in Verfahren vorgesehen, die nicht kontradiktorisch angelegt sind. Zwar sind Kindschaftssachen gemäß § 111 Nr. 2 FamFG Familiensachen. Aber nicht alle Familiensachen sind durchweg kontradiktorisch angelegt. Vielmehr trifft dies allein auf Familienstreitsachen und Ehesachen zu[15], worunter die Kindschaftssachen nicht fallen. Mithin liegt den Fürsorgezuständigkeiten nicht die Problematik zugrunde, dass sich die Zuständigkeitseröffnung zugunsten einer Partei gleichzeitig zulasten einer anderen Partei auswirkt. Im Vergleich zu kontradiktorischen Verfahren kann die Ausübung internationaler Zuständigkeit daher von vornherein großzügiger erfolgen[16]. Gleichwohl sind die Fürsorgezuständigkeiten als mögliche gesetzliche Anhaltspunkte einer Notzuständigkeit näher zu betrachten.

2. Zweck

Die Anknüpfung an das Fürsorgebedürfnis im Inland soll es den deutschen Gerichten ermöglichen, schnell zu handeln[17]. Zu diesem Zweck wurde das Anknüpfungskriterium generell und gleichrangig zu den anderen Anknüpfungskriterien ausgestaltet[18]. Nach Auffassung des Gesetzgebers setzt das Fürsorgebedürfnis aber zumindest einen verfahrensrechtlichen Inlandsbezug voraus, der zum Beispiel über die bloße Anwendbarkeit deutschen Rechts hinausgehen muss[19].

---

[15] Vgl. *Fischer* in MünchKommFamFG, § 112 Rn. 4.
[16] Siehe bereits oben unter § 2 D II (S. 18 f.).
[17] BegrRegE, BT-Drs. 10/504, S. 94. Die internationale Fürsorgezuständigkeit wurde in Bezug auf Kindschaftssachen bereits durch das Gesetz zur Neuregelung des Internationalen Privatrechts vom 25. Juli 1986 (BGBl. 1986 I S. 1142, 1152) in das FGG eingeführt und vom Gesetzgeber später in das FamFG überführt. Darüber hinaus fand die Vorschrift über die Verweisungsnormen der §§ 69e Abs. 1 S. 1, 70 Abs. 4 FGG, die durch das Gesetz zur Reform des Rechts der Vormundschaft und Pflegschaft für Volljährige (Betreuungsgesetz – BtG) vom 12. September 1990 (BGBl. 1990 I S. 2002, 2012, 2015) eingeführt wurden, auch in Betreuungs- und Unterbringungssachen Anwendung. Ein Fürsorgekriterium war bereits vor der Neuregelung des IPR in Art. 23 EGBGB a.F. vorgesehen, an dieses wurden jedoch andere und insbesondere deutlich höhere Voraussetzungen gestellt (vgl. dazu *Dölle*, RabelsZ 27 (1962), 201, 221).
[18] BegrRegE, BT-Drs. 10/504, S. 94.
[19] Vgl. BegrRegE, BT-Drs. 10/504, S. 92.

3. Die Fürsorgezuständigkeiten als gesetzlich normierte Notzuständigkeiten?

a) Meinungsstand in der Literatur

In einer ersten grundlegenden Abhandlung hat *Dölle* die Fürsorgezuständigkeit als einen Anwendungsfall der Notzuständigkeit behandelt[20]. In diesen Konstellationen sei ein Eingreifen der deutschen Gerichte – entgegen der vorgesehenen Zuständigkeitsordnung – erforderlich, weil ein besonders dringendes Fürsorgebedürfnis andernfalls unbefriedigt bleibe[21]. So verstanden ist das Fürsorgebedürfnis nichts anderes als eine spezifische Ausprägung des allgemeinen Rechtsschutzbedürfnisses[22] oder – was unter Berücksichtigung der bereits erfolgten, verfassungsrechtlichen Untersuchung näherliegt – des Rechts auf Zugang zu Gericht beziehungsweise des allgemeinen Justizgewährungsanspruchs an sich[23]. Denn die Fürsorgezuständigkeit gewährleistet, dass einem im Einzelfall bestehenden Fürsorgebedürfnis auch dann abgeholfen werden kann, wenn die übrigen (typisierenden) Zuständigkeitsgründe nicht eingreifen[24]. In der Folge erachtete die Literatur einen Unterschied zwischen Fürsorgezuständigkeit und Notzuständigkeit als rein terminologischer Natur[25], wobei vor einer (weitergehenden) Verselbständigung der Fürsorgezuständigkeit gegenüber der Notzuständigkeit bereits frühzeitig gewarnt wurde[26]. Die Einordnung als Notzuständigkeit wird von der Literatur auch zu den aktuellen Regelungen der Fürsorgezuständigkeit in den §§ 99 Abs. 1 S. 2, 104 Abs. 1 S. 2 FamFG geteilt, allerdings ohne dies näher zu begründen[27].

---

[20] *Dölle*, RabelsZ 27 (1962), 201, 220ff., 234f.

[21] *Dölle*, RabelsZ 27 (1962), 201, 220f., 234.

[22] *Schröder*, Internationale Zuständigkeit, S. 217. Nach *Dölle*, RabelsZ 27 (1962), 201, 235, solle man das Fürsorgebedürfnis *vielleicht* als Analogon des Rechtsschutzinteresses betrachten (Hervorhebung durch den Verfasser). Dieser Beurteilung pflichtet *Milleker*, Der Negative Internationale Kompetenzkonflikt, S. 65, bei.

[23] *Pfeiffer*, Internationale Zuständigkeit, S. 33.

[24] Vgl. *Habscheid*, Freiwillige Gerichtsbarkeit, § 11 III A 1 g.

[25] *Mitzkus*, Internationale Zuständigkeit, S. 227. Vgl. auch *Milleker*, Der Negative Internationale Kompetenzkonflikt, S. 65. Vgl. ferner *Ultsch*, MittBayNot 1995, 6, 13.

[26] *Milleker*, Der Negative Internationale Kompetenzkonflikt, S. 65, der Terminus Fürsorgezuständigkeit sei in seiner Verselbständigung gegenüber der Notzuständigkeit ein grobes Missverständnis.

[27] Siehe *Geimer*, IZPR, Rn. 1038; *ders.* in Zöller, ZPO, IZPR Rn. 47; *Hau* in Prütting/Helms, FamFG, Vor §§ 98–106 Rn. 18. Vgl. auch *Kübler-Wachendorff*, Das forum necessitatis, S. 13, es handle sich bei den Vorschriften faktisch um gesetzlich normierte Notzuständigkeiten. Vgl. zudem *Linke/Hau*, IZVR, Rn. 7.1, die diese Vorschriften im Kontext negativer Kompetenzkonflikte behandeln. Vgl. ferner Soergel/*Kronke*, Art. 38 EGBGB Anh. IV Rn. 27, der in einer Vorgängervorschrift von § 104 Abs. 1 S. 2 FamFG eine punktuelle gesetzgeberische Anerkennung der Notzuständigkeit erblickte.

b) Stellungnahme

aa) Charakteristische Merkmale einer Notzuständigkeit

Die Antwort auf die Frage, ob es sich bei den Fürsorgezuständigkeiten des FamFG um geschriebene Notzuständigkeiten handelt, hängt maßgeblich von dem Verständnis der Notzuständigkeit ab. Insoweit haben bereits der rechtsvergleichende Überblick[28] und die Analyse der geschriebenen Notzuständigkeiten des europäischen Zuständigkeitsrechts[29] einige Merkmale offenbart, die charakteristisch für eine Notzuständigkeit sind und daher ihrem Begriffsverständnis zugrunde gelegt werden können: Zunächst ist eine drohende Rechtsverweigerung die wesentliche Voraussetzung der Notzuständigkeit. Die drohende Rechtsverweigerung bildet zugleich den einzigen Anlass, aus dem eine Notzuständigkeit ausgeübt werden kann[30]. Die Notzuständigkeit ist somit subsidiär und greift erst ein, wenn alle anderen Zuständigkeitsgründe versagen[31]. Darüber hinaus setzt eine Notzuständigkeit voraus, dass ein Inlandsbezug besteht[32]. Schließlich enthalten die geschriebenen Notzuständigkeiten viele unbestimmte Rechtsbegriffe, um potenziell möglichst viele Fallkonstellationen abdecken zu können[33] und eine Einzelfallentscheidung zu ermöglichen[34].

bb) Anhaltspunkte für die Einordnung als Notzuständigkeit

Für die Einordnung der Fürsorgezuständigkeiten als gesetzlich normierte Notzuständigkeiten spricht zunächst, dass das Anknüpfungskriterium des inländischen Fürsorgebedürfnisses weitreichend und unbestimmt ist. Denn eine Rechtsverweigerung kann aus vielen verschiedenen Gründen drohen[35], sodass eine geschriebene Notzuständigkeit stets breit und nicht abschließend formu-

---

[28] Siehe oben unter § 3 C (S. 32 ff.).
[29] Siehe oben unter § 11 (S. 201 ff.).
[30] Vgl. nur *Kübler-Wachendorff*, Das forum necessitatis, S. 2 ff.
[31] Vgl. für die geschriebenen Notzuständigkeiten des EuZVR z. B. *Launhardt*, Europäisierung der internationalen Zuständigkeit im Ehegüterrecht, S. 248.
[32] Einzig die niederländische Vorschrift zur Notzuständigkeit setzt für Konstellationen, in denen die Rechtsverfolgung im Ausland unmöglich ist, keinen Inlandsbezug voraus, siehe oben unter § 3 C III 3 (S. 51 f.).
[33] Vgl. in diesem Zusammenhang auch die Stellungnahmen in der Schweizer Literatur, dass selbst eine detaillierte und ausdifferenzierte Zuständigkeitsordnung nicht alle erdenklichen Sachverhaltskonstellationen angemessen abdecken könne, *Buhr/Gabriel* in Handkommentar zum Schweizer Privatrecht, Art. 3 IPRG Rn. 1; *Müller-Chen* in Zürcher Kommentar zum IPRG, Art. 3 Rn. 1; *Othenin-Girard*, SZIER 1999, 251, 252, 266.
[34] Siehe nur die österreichische Vorschrift zur Notzuständigkeit in § 28 Abs. 1 Nr. 2 JN, die bereits ihrem Wortlaut nach eine Einzelfallanwendung voraussetzt.
[35] Vgl. nur *Stadler/Klöpfer*, ZEuP 2015, 732, 751.

liert ist, um sämtliche Konstellationen im Einzelfall erfassen zu können. Auch die Fürsorgezuständigkeiten des FamFG sind bewusst generell ausgestaltet[36]. Dies soll den deutschen Gerichten ein schnelles Handeln ermöglichen[37]. Den Fürsorgezuständigkeiten kommt mithin eine Auffangfunktion zu[38]. Sie dienen – wie eine Notzuständigkeit – dazu, Lücken im Zuständigkeitsrecht zu schließen[39].

Darüber hinaus decken sich Anwendungsfälle eines inländischen Fürsorgebedürfnisses zum Teil mit Konstellationen einer drohenden Rechtsverweigerung. So ist von einem Fürsorgebedürfnis im Inland insbesondere auszugehen, wenn die Behörden eines nach den anderen Anknüpfungspunkten zuständigen Staates eine Entscheidung trotz Handlungsbedarfs ablehnen[40]. Ganz allgemein kann das Fürsorgebedürfnis unter anderem davon abhängen, ob im Ausland bereits Schutzmaßnahmen getroffen wurden oder ausländische Entscheidungen im Inland anzuerkennen sind[41]. Demnach deckt sich das Fürsorgebedürfnis insoweit mit der Rechtsverweigerung, als eine Fürsorge im Inland (zumindest vorübergehend) notwendig sein muss. Wie bei der drohenden Rechtsverweigerung setzt das voraus, dass andere – vor allem ausländische – Maßnahmen nicht oder nicht mehr rechtzeitig getroffen werden können oder nicht ausreichend sind.

Schließlich spricht für die Einordnung als Notzuständigkeiten, dass ein inländisches Fürsorgebedürfnis bereits begrifflich einen gewissen Inlandsbezug voraussetzt[42]. Denn der Fürsorge durch ein inländisches Gericht bedürfen lediglich Personen, die irgendeinen Bezug zum Inland aufweisen. Es ist daher konsequent, dass in der Gesetzesbegründung eine Beschränkung auf Konstellationen mit verfahrensrechtlichem Inlandsbezug vorgesehen ist[43]. Dies stellt eine weitere Parallele zu den geschriebenen Notzuständigkeiten dar, da diese ebenfalls einen bestimmten Inlandsbezug voraussetzen.

---

[36] Ausdrücklich BegrRegE, BT-Drs. 10/504, S. 94. Vor diesem Hintergrund ist es wenig überraschend, aber dennoch zutreffend, wenn *Geimer* in Zöller, ZPO, § 99 FamFG Rn. 11, ausführt, dass bislang noch keine subsumtionsfähigen generell-abstrakten Regeln zum Vorliegen eines inländischen Fürsorgebedürfnisses gefunden worden seien.
[37] BegrRegE, BT-Drs. 10/504, S. 94.
[38] Vgl. *Geimer* in Zöller, ZPO, § 99 FamFG Rn. 15. Zu dem Charakter des Fürsorgebedürfnisses als Generalklausel bzw. Auffangtatbestand im Recht der freiwilligen Gerichtsbarkeit siehe bereits *Habscheid*, Freiwillige Gerichtsbarkeit, § 11 III A 1 g.
[39] Vgl. *Hohloch* in Horndasch/Viefhues, FamFG, § 99 Rn. 11; *Rauscher*, IPR, Rn. 2290; Staudinger/*von Hein* (2019), Art. 24 EGBGB Rn. 121.
[40] KG, Beschl. v. 5.11.1997, NJW 1998, 1565, 1566; *Gomille* in Haußleiter, FamFG, § 99 Rn. 7.
[41] Staudinger/*von Hein* (2019), Art. 24 EGBGB Rn. 119.
[42] Dazu bereits *Milleker*, Der Negative Internationale Kompetenzkonflikt, S. 65 f.
[43] BT-Drs. 10/504, S. 92.

cc) Anhaltspunkte gegen die Einordnung als Notzuständigkeit

Gegen die Einordnung der Fürsorgezuständigkeiten als Notzuständigkeiten spricht, dass sich die Zuständigkeitsgründe zum Teil deutlich unterscheiden. So weisen die Zuständigkeitsgründe zunächst eine abweichende Zielsetzung auf. Während die Fürsorgezuständigkeiten der Durchsetzung eines öffentlichen (Schutz-)Interesses – zum Beispiel zugunsten eines Kindes – dienen[44], soll die Notzuständigkeit gewährleisten, dass subjektive Privatrechtspositionen durchgesetzt werden können[45]. Darüber hinaus sind die Fürsorgezuständigkeiten durch eine besondere Eilbedürftigkeit der Verfahren geprägt[46]. Sie dienen gerade dazu, schnelles Handeln zu ermöglichen[47]. Vor diesem Hintergrund können insbesondere vorläufige Maßnahmen auf die Fürsorgezuständigkeiten gestützt werden[48]. Zwar ist es grundsätzlich denkbar, auch endgültige Maßnahmen aufgrund einer Fürsorgezuständigkeit zu erlassen, von dieser Möglichkeit sollte indes nur sehr restriktiv Gebrauch gemacht werden[49]. Ferner kommt der Fürsorgezuständigkeit eine Auffangfunktion zu[50], die über den Anwendungsbereich einer drohenden Rechtsverweigerung hinausgeht. Zwar ist bei der Prüfung des Fürsorgebedürfnisses zu berücksichtigen, ob Schutzmaßnahmen im Ausland getroffen wurden oder diese im Inland anzuerkennen sind[51]. Dennoch kann eine internationale Zuständigkeit unabhängig von diesen Umständen eröffnet werden, da es allein darauf ankommt, dass der Betroffene nach Überzeugung des Gerichts der Fürsorge durch ein deutsches Gericht bedarf[52]. Mithin

---

[44] In Bezug auf § 99 Abs. 1 S. 2 FamFG nämlich das Kindeswohl, vgl. *Gomille* in Haußleiter, FamFG, § 99 Rn. 7. Allgemein betrachtet sei nach *Habscheid*, Freiwillige Gerichtsbarkeit, § 11 III A 1 g, ein Fürsorgebedürfnis gegeben, wenn das Wohl eines Beteiligten oder öffentliche Belange ein Eingreifen erforderlich machen.
[45] Vgl. insoweit bereits *Milleker*, Der Negative Internationale Kompetenzkonflikt, S. 65.
[46] Staudinger/*Henrich* (2019), Art. 21 EGBGB Rn. 153.
[47] BegrRegE, BT-Drs. 10/504, S. 94.
[48] *Geimer* in Zöller, ZPO, § 99 FamFG Rn. 11; Staudinger/*von Hein* (2019), Art. 24 EGBGB Rn. 118. Vgl. auch *Hau* in Prütting/Helms, FamFG, § 99 Rn. 36; Staudinger/*Henrich* (2019), Art. 21 EGBGB Rn. 155.
[49] Vgl. *Geimer* in Zöller, ZPO, § 99 FamFG Rn. 11; Staudinger/*von Hein* (2019), Art. 24 EGBGB Rn. 118. Äußerst restriktiv *Hau* in Prütting/Helms, FamFG, § 99 Rn. 36, die Entscheidungen hätten grundsätzlich provisorischen Charakter; ähnlich Staudinger/*Henrich* (2019), Art. 21 EGBGB Rn. 155.
[50] Vgl. *Geimer* in Zöller, ZPO, § 99 FamFG Rn. 15; *Hohloch* in Horndasch/Viefhues, FamFG, § 99 Rn. 11; *Rauscher*, IPR, Rn. 2290; Staudinger/*von Hein* (2019), Art. 24 EGBGB Rn. 121.
[51] Staudinger/*von Hein* (2019), Art. 24 EGBGB Rn. 119.
[52] Vgl. zu den Anwendungsfällen *Rauscher* in MünchKommFamFG, § 99 Rn. 44 f.; Staudinger/*Henrich* (2019), Art. 21 EGBGB Rn. 152 f.

beschränkt sich die Anwendbarkeit nicht auf Konstellationen einer drohenden Rechtsverweigerung.

Zudem spricht gegen die Einordnung als Notzuständigkeiten, dass die Fürsorgezuständigkeiten nach dem ausdrücklichen Willen des historischen Gesetzgebers gleichrangig zu den anderen Anknüpfungspunkten ausgestaltet sind[53]. Dieses Verhältnis wird unter Geltung des FamFG in der Literatur jedoch vereinzelt bestritten und stattdessen eine Subsidiarität der Fürsorgezuständigkeit angenommen[54]. Hintergrund ist, dass die Fürsorgezuständigkeit im Reformgesetz zur Einführung des FamFG noch als eigenständige Nummer in den §§ 99 Abs. 1 Nr. 3, 104 Abs. 1 Nr. 3 FamFG vorgesehen war[55]. Jedoch wurde der Gesetzeswortlaut noch vor Inkrafttreten des FamFG insoweit geändert, als das Fürsorgebedürfnis nicht mehr als Anknüpfungskriterium in der Enumeration auftaucht, sondern als jeweils eigenständiger zweiter Satz in den ersten Absatz eingefügt wurde[56]. Warum mit dieser redaktionellen Änderung eine inhaltlich-systematische Neubewertung der Vorschrift einhergehen sollte, ist nicht ersichtlich. Insbesondere handelte es sich ausweislich der Änderungsbegründung um eine rein sprachliche Korrektur[57]. Vielmehr überzeugt die ganz überwiegende Meinung, die im Einklang mit dem historischen Gesetzgeber von der Gleichrangigkeit der Anknüpfungskriterien ausgeht[58]. Mithin weicht die Fürsorgezuständigkeit in einem wesentlichen Merkmal von den Charakteristika der Notzuständigkeit ab: Denn eine Notzuständigkeit greift nur ein, wenn alle anderen Zuständigkeitsgründe versagen, sodass sie streng subsidiär ist.

---

[53] BegrRegE, BT-Drs. 10/504, S. 94.

[54] Dafür *Hau* in Prütting/Helms, FamFG, § 99 Rn. 36. Nach den Ausführungen von *Rauscher* in MünchKommFamFG, § 99 Rn. 43, ergibt sich zumindest faktisch eine Subsidiarität der Fürsorgezuständigkeit, da auf diese nur zurückgegriffen werden müsse, wenn der Betroffene weder Deutscher sei noch seinen gewöhnlichen Aufenthalt in Deutschland habe.

[55] Siehe Gesetz zur Reform des Verfahrens in Familiensachen und in den Angelegenheiten der freiwilligen Gerichtsbarkeit (FGG-Reformgesetz – FGG-RG) vom 17. Dezember 2008 (BGBl. 2008 I S. 2586, 2609); vgl. *Hau* in Prütting/Helms, FamFG, § 99 Rn. 36.

[56] Gesetz zur Modernisierung von Verfahren im anwaltlichen und notariellen Berufsrecht, zur Errichtung einer Schlichtungsstelle der Rechtsanwaltschaft sowie zur Änderung sonstiger Vorschriften vom 30. Juli 2009 (BGBl. 2009 I S. 2449, 2471); vgl. *Hau* in Prütting/Helms, FamFG, § 99 Rn. 36; *Hohloch* in Horndasch/Viefhues, FamFG, § 99 Rn. 7.

[57] BT-Drs. 16/12717, S. 60. Vgl. auch *Hohloch* in Horndasch/Viefhues, FamFG, § 104 Rn. 2.

[58] *Bumiller* in Bumiller/Harders/Schwamb, FamFG, § 99 Rn. 4; *Dimmler* in Keidel, FamFG, § 99 Rn. 45; *Geimer* in Zöller, ZPO, § 99 FamFG Rn. 5; *Gomille* in Haußleiter, FamFG, § 99 Rn. 7; *Hohloch* in Horndasch/Viefhues, FamFG, § 99 Rn. 19; Staudinger/*von Hein* (2019), Art. 24 EGBGB Rn. 102, 118.

dd) Würdigung

Die Fürsorgezuständigkeiten des FamFG sind keine gesetzlich normierten Notzuständigkeiten. Gegen eine solche Einordnung spricht insbesondere, dass das inländische Fürsorgebedürfnis gleichrangig zu den anderen Anknüpfungskriterien internationaler Zuständigkeit ausgestaltet ist. Anders als die Notzuständigkeit ist die Fürsorgezuständigkeit somit nicht subsidiär. Bereits daran zeigt sich, dass die Fürsorgezuständigkeiten wesentlich von verfahrensspezifischen Besonderheiten geprägt sind. Denn zum einen steht das Wohl einer besonders schützenswerten Person im Zentrum der Verfahren. Zum anderen ist den Verfahren eine besondere Eilbedürftigkeit immanent. Vor diesem Hintergrund kann eine Fürsorgezuständigkeit im Gegensatz zur Notzuständigkeit deutlich großzügiger ausgeübt werden.

Mithin sind die Fürsorgezuständigkeiten des FamFG zwar keine gesetzlich normierten Notzuständigkeiten. Von ihrem weiten Anwendungsbereich werden aber zumindest sämtliche Konstellationen einer drohenden Rechtsverweigerung erfasst. So ist eine Fürsorge im Inland insbesondere erforderlich, soweit Maßnahmen im Ausland nicht oder nicht mehr rechtzeitig getroffen werden können oder nicht ausreichend sind. Neben diesen weitreichenden Fürsorgezuständigkeiten besteht daher kein Bedürfnis mehr für eine Notzuständigkeit.

II. Internationale Zuständigkeit nach dem VerschG

Die internationale Zuständigkeit in Verschollenheitssachen ist im VerschG abschließend geregelt[59]. In § 12 Abs. 2 VerschG wird die internationale Zuständigkeit daran angeknüpft, dass ein berechtigtes Interesse an einer Todeserklärung oder Feststellung der Todeszeit durch die deutschen Gerichte besteht. Diese Vorschrift kommt als gesetzlich normierte Notzuständigkeit in Betracht.

1. Inhalt und Anwendungsbereich

In § 12 VerschG wird die internationale Zuständigkeit für Todeserklärungen sowie Verfahren zur Feststellung der Todeszeit bestimmt. Grundsätzlich wird die internationale Zuständigkeit nach § 12 Abs. 1 VerschG alternativ an die deutsche Staatsangehörigkeit (Nr. 1) oder den gewöhnlichen Aufenthalt im Inland (Nr. 2) des Verschollenen oder Verstorbenen in dem letzten Zeitpunkt, in dem er nach den vorhandenen Nachrichten noch gelebt hat, angeknüpft. Nach § 12 Abs. 2 VerschG sind die deutschen Gerichte aber auch dann zuständig, wenn ein berechtigtes Interesse an einer Todeserklärung oder Feststellung der

---

[59] Siehe nur *Boiczenko* in BeckOGK, § 12 VerschG Rn. 3; *Erman/M. Stürner*, Art 9 EGBGB Rn. 9.

Todeszeit durch sie besteht. Damit ist die Zuständigkeit des VerschG inhaltlich und systematisch parallel zu den zuvor behandelten internationalen Zuständigkeiten des FamFG ausgestaltet[60]. Diese Parallelität ist nicht zufällig, sondern folgt daraus, dass die Vorschrift des § 12 VerschG in ihrer gegenwärtigen Fassung ebenfalls auf dem Gesetz zur Neuregelung des Internationalen Privatrechts beruht[61] und die Vorschriften der internationalen Zuständigkeit nach einem einheitlichen Muster geschaffen wurden[62].

Gemäß § 13 Abs. 1 VerschG handelt es sich bei dem Aufgebotsverfahren zum Zweck der Todeserklärung (§§ 2, 13 ff. VerschG) um eine Angelegenheit der freiwilligen Gerichtsbarkeit, womit diese Verfahren im Sinne des § 23a Abs. 2 Nr. 11 GVG durch Bundesgesetz den Gerichten der freiwilligen Gerichtsbarkeit zugewiesen wurden[63]. Gleiches gilt durch Verweisung des § 40 VerschG auf § 13 Abs. 1 VerschG auch für die Verfahren zur Feststellung der Todeszeit. Die Verfahren nach dem VerschG sind nicht kontradiktorisch angelegt[64].

2. Zweck

Die Regelung des § 12 Abs. 2 VerschG soll einen Gleichlauf mit dem anwendbaren Recht ermöglichen[65]. Denn gemäß Art. 9 S. 2 EGBGB kann eine Todeserklärung nach deutschem Recht erfolgen, wenn hierfür ein berechtigtes Interesse besteht. Das Bedürfnis eines solchen Zuständigkeitsgrundes wurde mit zwei Fallkonstellationen begründet: Zum einen gebe es Fälle, in denen sich der nach deutscher Auffassung international zuständige Staat versage, eine Regelung zu treffen, etwa weil er Rechtsinstitute wie die Todes- oder Verschollenheitserklärung nicht kenne[66]. Zum anderen könnten im Inland Rechtsverhältnisse persönlicher oder vermögensrechtlicher Art bestehen, die der Neuordnung bedürften[67]. Darüber hinaus wird durch die Vorschrift der Weg offengehalten, auch ähnliche Fallgestaltungen in die Regelung einzubeziehen[68].

---

[60] Siehe oben unter § 13 A I 1 (S. 306 f.).
[61] BGBl. 1986 I S. 1142, 1151.
[62] *Kegel* in Kegel/Schurig, IPR, § 17 I 1 f bb ccc (S. 553); Staudinger/*Fritzsche* (2018), § 12 VerschG Rn. 4. Vgl. auch BegrRegE, BT-Drs. 10/504, S. 87.
[63] Vgl. Staudinger/*Fritzsche* (2018), Vorbem zu §§ 13–45 VerschG Rn. 1. Vgl. auch *Lückemann* in Zöller, ZPO, § 23a GVG Rn. 15.
[64] Das lässt sich z. B. an der Vorschrift des § 17 VerschG erkennen, vgl. insoweit *Boiczenko* in BeckOGK, § 17 VerschG Rn. 2 f.; *Habscheid*, Freiwillige Gerichtsbarkeit, § 53 I 3.
[65] BegrRegE, BT-Drs. 10/504, S. 87.
[66] BegrRegE, BT-Drs. 10/504, S. 87.
[67] BegrRegE, BT-Drs. 10/504, S. 87.
[68] BegrRegE, BT-Drs. 10/504, S. 87.

3. § 12 Abs. 2 VerschG als gesetzlich normierte Notzuständigkeit

Die Vorschrift des § 12 Abs. 2 VerschG ist eine gesetzlich normierte Notzuständigkeit[69]. Denn sie erfüllt alle Merkmale, die für eine Notzuständigkeit charakteristisch sind[70].

a) Charakteristische Merkmale einer Notzuständigkeit

Die Notzuständigkeit zeichnet sich – wie bereits erwähnt[71] – durch folgende Merkmale aus: Sie ist gegenüber anderen Zuständigkeitsgründen subsidiär und ihr kommt eine Auffangfunktion zu. Darüber hinaus ist die drohende Rechtsverweigerung zugleich wesentliche Voraussetzung und einziger Anlass der Notzuständigkeit. Schließlich setzt eine Notzuständigkeit voraus, dass ein Inlandsbezug besteht.

b) Subsidiarität gegenüber anderen Zuständigkeitsgründen

Die Vorschrift des § 12 Abs. 2 VerschG ist bewusst weit formuliert[72]. Dadurch sollen möglichst viele Fallkonstellationen erfasst werden können, in denen ein Tätigwerden deutscher Gerichte erforderlich ist[73]. Dem Anknüpfungskriterium des berechtigten Interesses kommt somit eine Auffang- und Lückenschließungsfunktion zu[74], welche auch für die Notzuständigkeit charakteristisch ist. Zudem sind die Anknüpfungskriterien des VerschG – im Gegensatz zu den Fürsor-

---

[69] Vgl. *Kübler-Wachendorff*, Das forum necessitatis, S. 13, es handele sich bei § 12 Abs. 2 VerschG faktisch um eine gesetzlich normierte Notzuständigkeit. Vgl. auch *Geimer*, IZPR, Rn. 1038; *Hau* in Prütting/Helms, FamFG, Vor §§ 98–106 Rn. 18. Vgl. ferner *Linke/Hau*, IZVR, Rn. 7.1, die diese Vorschrift im Kontext negativer Kompetenzkonflikte behandeln. Vgl. schließlich *Boiczenko* in BeckOGK, § 12 VerschG Rn. 30, der die Regelungen zur Notzuständigkeit in den EU-Verordnungen zumindest vergleichend heranzieht. Zum Teil wird § 12 Abs. 2 VerschG auch als Fürsorgebedürfnis-Zuständigkeit bezeichnet, *Kegel* in Kegel/Schurig, IPR, § 17 I 1 f bb ccc (S. 553, 556); Soergel/*Kegel*, Art. 9 EGBGB Rn. 29. So auch *Makowsky/Schulze* in NomosKommentarBGB, Art. 9 EGBGB Rn. 16. Vgl. ferner *Ludwig* in jurisPK-BGB, Art. 9 EGBGB Rn. 22; *Mäsch* in BeckOK BGB, Art. 9 EGBGB Rn. 15. Gegen die Bezeichnung als Fürsorgebedürfnis-Zuständigkeit ausdrücklich *Lipp* in MünchKomm-BGB, Art. 9 EGBGB Rn. 24, unter Hinweis darauf, dass die Maßnahmen im Interesse des Antragstellers bzw. Rechtsverkehrs getroffen würden.
[70] Dazu sogleich im Text.
[71] Siehe oben unter § 13 A I 3 b aa (S. 309).
[72] Vgl. BegrRegE, BT-Drs. 10/504, S. 87.
[73] Vgl. BegrRegE, BT-Drs. 10/504, S. 87, es sei der Weg dafür freigehalten, ähnliche Fallgestaltungen in die neue Regelung einzubeziehen.
[74] Siehe Erman/*Hohloch*, 15. Aufl., Art 9 EGBGB Rn. 7; *Makowsky/Schulze* in Nomos-KommentarBGB, Art. 9 EGBGB Rn. 16; Staudinger/*Fritzsche* (2018), § 12 VerschG Rn. 10.

gezuständigkeiten des FamFG[75] – nicht gleichrangig ausgestaltet. Vielmehr ist die Anknüpfung an das berechtigte Interesse in § 12 Abs. 2 VerschG gegenüber den Anknüpfungskriterien des § 12 Abs. 1 VerschG subsidiär[76]. Denn die Gleichrangigkeit der Anknüpfungskriterien bei den §§ 99 und 104 FamFG lässt sich allein auf die besondere Eilbedürftigkeit der Verfahren und die besondere Schutzwürdigkeit der Betroffenen zurückführen[77]. Diese verfahrensspezifischen Besonderheiten bestehen im Anwendungsbereich des VerschG nicht.

c) Drohende Rechtsverweigerung als Anlass

Die Konstellationen, in denen eine internationale Zuständigkeit nach § 12 Abs. 2 VerschG erforderlich ist, decken sich mit den Konstellationen, in denen eine Notzuständigkeit erforderlich ist. Denn ein berechtigtes Interesse an einer Entscheidung im Inland besteht, wenn dem Rechtssuchenden andernfalls eine Rechtsverweigerung droht[78]. Dieser Zusammenhang zwischen dem berechtigten Interesse an einer Entscheidung im Inland und den Rechtsverwirklichungschancen im Ausland wird bereits an der Gesetzesbegründung deutlich. So greife § 12 Abs. 2 VerschG in Fällen ein, in denen der nach deutscher Auffassung international zuständige Staat sich versage[79]. In diesen Konstellationen ist eine Verfahrensführung im Ausland aus rechtlichen Gründen unmöglich, wobei es sich um eine bekannte Fallgruppe drohender Rechtsverweigerung handelt. Darüber hinaus besteht ein berechtigtes Interesse, wenn sich der aus deutscher Sicht international zuständige Staat seinerseits für nicht zuständig erachtet[80], sodass ein negativer internationaler Kompetenzkonflikt auftritt. Ferner sind tatsächliche oder rechtliche Hinderungsgründe denkbar, die eine Verfahrensführung im Ausland unzumutbar machen, wie zum Beispiel eine übermäßig lange Verfahrensdauer oder unverhältnismäßig hohe Verfahrenskosten[81]. Schließlich ist ein Verfahren im

---

[75] Siehe oben unter § 13 A I 3 b cc (S. 312).

[76] Auf die Frage, ob § 12 Abs. 2 VerschG gegenüber den anderen Anknüpfungskriterien des § 12 Abs. 1 VerschG gleich- oder nachrangig ist, wird in der Literatur nicht eingegangen, obwohl diese Frage im Rahmen der – weitgehend parallel ausgestalteten – Fürsorgezuständigkeiten des FamFG umstritten ist.

[77] Siehe oben unter § 13 A I 3 b dd (S. 313).

[78] Vgl. auch *Lipp* in MünchKommBGB, Art. 9 EGBGB Rn. 27, soweit eine Todeserklärung oder eine ähnliche Maßnahme im Heimatstaat oder Staat des gewöhnlichen Aufenthalts möglich sei und nicht unvertretbar lange Zeit in Anspruch nehme, bestehe kein berechtigtes Interesse an einer vergleichbaren Maßnahme eines deutschen Gerichts.

[79] BegrRegE, BT-Drs. 10/504, S. 87.

[80] *Ludwig* in jurisPK-BGB, Art. 9 EGBGB Rn. 22; *Mäsch* in BeckOK BGB, Art. 9 EGBGB Rn. 15.

[81] *Ludwig* in jurisPK-BGB, Art. 9 EGBGB Rn. 22; *Mäsch* in BeckOK BGB, Art. 9 EGBGB Rn. 15. Vgl. auch *Lipp* in MünchKommBGB, Art. 9 EGBGB Rn. 27. Vgl. ferner

§ 13 Gesetzeslage

Inland erforderlich, wenn im Ausland zwar eine Entscheidung ergangen ist oder ergehen könnte, diese im Inland aber nicht anerkennungsfähig ist. Charakteristisch für eine Notzuständigkeit greift § 12 Abs. 2 VerschG mithin immer dann ein, wenn einem Rechtsuchenden der Rechtsschutz vor ausländischen Gerichten nicht zuzumuten ist[82]. Daran zeigt sich zugleich der Unterschied zwischen dem berechtigten Interesse im Sinne des § 12 Abs. 2 VerschG und Art. 9 S. 2 EGBGB, da die Anwendung ausländischen Sachrechts angezeigt sein kann, obwohl dem Betroffenen ein Verfahren im Ausland nicht zumutbar ist[83].

d) Notwendigkeit eines Inlandsbezugs

Das berechtigte Interesse des § 12 Abs. 2 VerschG ist darauf gerichtet, dass ein Tätigwerden der deutschen Gerichte erforderlich ist. Folglich ist es nicht ausreichend, allein die Unzumutbarkeit eines ausländischen Verfahrens nachzuweisen[84], sondern vielmehr muss darüber hinaus ein hinreichender Bezug zum Inland dargelegt werden[85]. Als hinreichender Inlandsbezug reicht es zum Beispiel aus, dass eine Todeserklärung durch deutsche Gerichte notwendig ist, um auf im Inland belegenes Vermögen zugreifen zu können[86].

III. Schlussfolgerungen

Die Vorschrift des § 12 Abs. 2 VerschG ist eine gesetzlich normierte Notzuständigkeit. Demgegenüber können die Fürsorgezuständigkeiten des FamFG zwar

---

Staudinger/*Althammer* (2019), Art. 9 EGBGB Rn. 68, der politische Gründe als Hinderungsgründe anführt.

[82] Vgl. *Mäsch* in BeckOK BGB, Art. 9 EGBGB Rn. 15. Vgl. auch *Makowsky/Schulze* in NomosKommentarBGB, Art. 9 EGBGB Rn. 16.

[83] Zu diesem Argument *Makowsky/Schulze* in NomosKommentarBGB, Art. 9 EGBGB Rn. 16; *Mäsch* in BeckOK BGB, Art. 9 EGBGB Rn. 15; Staudinger/*Althammer* (2019), Art. 9 EGBGB Rn. 68; Staudinger/*Fritzsche* (2018), § 12 VerschG Rn. 13. Im Ergebnis einen strikten Gleichlauf zwischen dem berechtigten Interesse im Rahmen des anwendbaren Rechts und der internationalen Zuständigkeit ebenfalls ablehnend Erman/*Hohloch*, 15. Aufl., Art 9 EGBGB Rn. 7, 9; *Lipp* in MünchKommBGB, Art. 9 EGBGB Rn. 26; *Ludwig* in jurisPK-BGB, Art. 9 EGBGB Rn. 22; Grüneberg/*Thorn*, Art. 9 EGBGB Rn. 3. Anders wohl *Kropholler*, IPR, § 42 II 2, die für die Konkretisierung des Art. 9 S. 2 EGBGB angestellten Erwägungen gölten entsprechend für § 12 Abs. 2 VerschG.

[84] Dies befürchtet *Boiczenko* in BeckOGK, § 12 VerschG Rn. 30.

[85] *Mäsch* in BeckOK BGB, Art. 9 EGBGB Rn. 15 i. V. m. Rn. 11. Vgl. auch *Boiczenko* in BeckOGK, § 12 VerschG Rn. 31; Erman/*Hohloch*, 15. Aufl., Art 9 EGBGB Rn. 7; *Kropholler*, IPR, § 42 II 1, 2; *Lipp* in MünchKommBGB, Art. 9 EGBGB Rn. 27; *Ludwig* in jurisPK-BGB, Art. 9 EGBGB Rn. 22; *Rauscher*, IPR, Rn. 611; Staudinger/*Fritzsche* (2018), § 12 VerschG Rn. 15.

[86] Vgl. Staudinger/*Fritzsche* (2018), § 12 VerschG Rn. 15.

nicht als geschriebene Notzuständigkeiten angesehen werden. Von ihrem weiten Anwendungsbereich werden aber zumindest sämtliche Konstellationen einer drohenden Rechtsverweigerung erfasst. Aus diesem Befund ergibt sich, dass das Bedürfnis einer kodifizierten Notzuständigkeit in Teilbereichen des autonomen Zuständigkeitsrechts anerkannt ist. Eine ausdrücklich geregelte Notzuständigkeit wäre daher kein Fremdkörper im Zuständigkeitsregime.

Darüber hinaus kommt den beschriebenen Zuständigkeiten jedoch nur geringe Aussagekraft für die Frage zu, wie mit Konstellationen einer drohenden Rechtsverweigerung im sonstigen Zuständigkeitsrecht umgegangen werden sollte. Denn zum einen handelt es sich bei den bislang beschriebenen Verfahren um nicht kontradiktorische Verfahren. In diesen Verfahren kann eine internationale Zuständigkeit – im Vergleich zu kontradiktorischen Verfahren – von vornherein großzügiger ausgeübt werden, da sich die Zuständigkeitseröffnung zugunsten einer Partei nicht automatisch zulasten einer anderen Partei auswirkt. Zum anderen haben die beschriebenen Zuständigkeitsvorschriften nur geringe praktische Bedeutung. So ist bislang rechtspraktisch kein Fall aufgetreten, aus dem sich zum Beispiel allgemeingültige Aussagen über den Umgang mit einer Notzuständigkeit ableiten ließen.

B. Exorbitante Zuständigkeiten als typisierte Notzuständigkeit?

Exorbitant sind Zuständigkeitsvorschriften, deren Anknüpfungspunkte keine hinreichenden Beziehungen persönlicher oder sachlicher Art zum Forumstaat aufweisen, sodass sie dessen Zuständigkeitsbereich in einem international nicht anerkannten und unerwünschten Maße ausweiten[87]. Ausdruck dieser internationalen Ächtung ist regelmäßig – aber nicht notwendigerweise[88] – die fehlende Anerkennung einer auf der Grundlage einer exorbitanten Zuständigkeit ergangenen Entscheidung im Ausland[89]. Aus deutscher Sicht konzentriert sich die Diskussion auf § 23 S. 1 Alt. 1 ZPO[90], der die internationale Zuständigkeit deutscher Gerichte seinem Wortlaut nach allein an die Belegenheit von Vermö-

---

[87] Siehe *Grothe*, RabelsZ 58 (1994), 686, 689. Vgl. auch *Linke/Hau*, IZVR, Rn. 4.18; *Junker*, IZPR, § 5 Rn. 24; *Schack*, IZVR, 246; *Sonnentag*, Die Konsequenzen des Brexits, S. 100.

[88] *Grothe*, RabelsZ 58 (1994), 686, 689.

[89] *Linke/Hau*, IZVR, Rn. 4.18; *Michaels* in Basedow/Rühl/Ferrari/de Miguel Asensio, Encyclopedia of Private International Law, S. 1042, 1050.

[90] *Grothe*, RabelsZ 58 (1994), 686, 690; *Pfeiffer*, Internationale Zuständigkeit, S. 524. Das zeigt insbesondere die Liste exorbitanter Zuständigkeiten, die von der EU-Kommission nach Art. 76 Abs. 1 lit. a, Abs. 4 Brüssel Ia-VO veröffentlicht wurde (zuerst ABl. EU 2015 Nr. C 4, S. 2) und § 23 ZPO enthält. – Eine solche Liste findet sich auch in Anhang I des LugÜ.

gen im Inland knüpft. In der Literatur wird diese Vorschrift vereinzelt als typisierte Notzuständigkeit angesehen[91], was zugleich die Frage nach dem abstrakten Verhältnis von exorbitanter Zuständigkeit und Notzuständigkeit aufwirft.

I. Korrelation zwischen exorbitanter Zuständigkeit und Notzuständigkeit

Zwischen exorbitanten Zuständigkeiten und einer Notzuständigkeit besteht ein enger Zusammenhang[92]. Denn umso ausufernder ein Staat seine internationale Zuständigkeit annimmt, desto seltener sind Sachverhalte, die von diesem Zuständigkeitsnetz nicht abgedeckt werden und bei drohender Rechtsverweigerung eine Notzuständigkeit erforderlich machen[93]. Umgekehrt verbleibt bei zurückhaltender Zuständigkeitsausübung ein größerer Anwendungsbereich für die Notzuständigkeit, da weitaus weniger Konstellationen drohender Rechtsverweigerung bereits von den klassischen Zuständigkeitsgründen erfasst werden[94]. Veranschaulichen lässt sich die Wechselwirkung zwischen exorbitanter Zuständigkeit und Notzuständigkeit am Beispiel der Niederlande[95]. Denn dort ging die Abschaffung eines als exorbitant geltenden Klägergerichtsstandes[96] mit der Einführung einer Notzuständigkeit einher[97]. Das Bedürfnis einer geschriebenen Notzuständigkeit sei nach der Gesetzesbegründung umso größer, nachdem der exorbitante Klägergerichtsstand weggefallen sei[98].

---

[91] So *Eicher*, Rechtsverwirklichungschancen, S. 265 Fn. 1105, S. 275 Fn. 1149, S. 276.

[92] *Michaels* in Basedow/Rühl/Ferrari/de Miguel Asensio, Encyclopedia of Private International Law, S. 1042, 1050 ("closely related"). Vgl. auch *Kiestra*, The Impact of the ECHR, S. 106 ("remarkable interaction"); *Kropholler* in Hdb. IZVR I, Kap. III, Rn. 191.

[93] Vgl. *Geimer* in FS für Schwind, S. 17, 39 Fn. 40, der im Zusammenhang mit einem weiten Anwendungsbereich des Vermögensgerichtsstands von dessen „heilsamer Wirkung" spricht und dies mit dem geringeren Bedürfnis nach einer Notzuständigkeit begründet (siehe auch *ders.*, IZPR, Rn. 1036; ähnlich *ders.*, JZ 1984, 979, 980; *ders.* in Zöller, ZPO, IZPR Rn. 47). Vgl. insoweit auch *Stadler/Klöpfer*, ZEuP 2015, 732, 752.

[94] Vgl. *Kropholler* in Hdb. IZVR I, Kap. III, Rn. 191, 194. Vgl. auch *Geimer*, JZ 1984, 979, 980; *ders.* in FS für Schwind, S. 17, 39 f.; *Schack*, JZ 1992, 54, 55; *ders.* in FS für Nakamura, S. 491, 508; *ders.*, IZVR, Rn. 404; *Schütze* in FS für Ishikawa, S. 493, 501; *ders.*, Deutsches Internationales Zivilprozessrecht, Rn. 163.

[95] *Kiestra*, The Impact of the ECHR, S. 106; *Nuyts*, Study on Residual Jurisdiction, S. 64.

[96] Dieser war in Art. 126 Abs. 3 Wetboek van Burgerlijke Rechtsvordering a. F. geregelt und wurde in der Liste exorbitanter Zuständigkeiten des Anhangs I der Brüssel I-VO aufgeführt.

[97] Siehe Kamerstukken II 1999/2000, 26 855, Nr. 3, S. 41 (Memorie van Toelichting); *Ibili*, Gewogen rechtsmacht in het IPR, S. 108; *Kiestra*, The Impact of the ECHR, S. 106; *Koppenol-Laforce/Vermeulen*, Comparative Study of "Residual Jurisdiction", S. 24.

[98] Kamerstukken II 1999/2000, 26 855, Nr. 3, S. 41 (Memorie van Toelichting). Vgl. auch *Ibili*, Gewogen rechtsmacht in het IPR, S. 108; *Kiestra*, The Impact of the ECHR, S. 106;

Demgegenüber sehen Teile der Literatur die Notzuständigkeit selbst als exorbitant an[99], da auch diesem Zuständigkeitsgrund eine Beziehungsarmut immanent sei[100]. Der entscheidende Unterschied zwischen exorbitanten Zuständigkeiten und der Notzuständigkeit ist allerdings das Notelement, das die Notzuständigkeit in Form des Nachweises einer drohenden Rechtsverweigerung voraussetzt[101]. Die Verhinderung einer Rechtsverweigerung speziell in zivilrechtlichen Verfahren ist zumindest dem Grunde nach international anerkannt, was sich sowohl im allgemeinen Völkerrecht[102] als auch im Völkervertragsrecht[103] zeigt. Auch der niederländische Gesetzgeber legte besonderen Wert darauf, den abgeschafften Klägergerichtsstand nicht „verkappt" durch die Notzuständigkeit aufrechtzuerhalten, sondern einen international anerkannten, das heißt nicht exorbitanten Zuständigkeitsgrund zu schaffen[104]. Bestätigt wird diese Einschätzung durch die Listen exorbitanter Zuständigkeitsgründe aufgrund der Brüssel Ia-VO beziehungsweise im Anhang des LugÜ, in denen sich weder die niederländische Vorschrift der Notzuständigkeit[105] noch sonstige europäische Vorschriften zur Notzuständigkeit wiederfinden[106].

Koppenol-Laforce/Vermeulen, Comparative Study of "Residual Jurisdiction", S. 24. Vgl. zu diesem Zusammenhang ferner *Biagioni*, CDT (März 2012), 20, 27.

[99] Für Exorbitanz *Biagioni* in Viarengo/Franzina, The EU Regulations on the Property Regimes of International Couples, Rn. 11.01; *Fentiman*, Cambridge Yearbook of European Legal Studies 13 (2011), 65, 74; *M. Stürner* in Krajewski/Oehm/Saage-Maß, Unternehmensverantwortung für Menschenrechtsverletzungen, S. 73, 87, allerdings ohne diese Beurteilung zu begründen. Ähnlich *La Manna*, Riv. dir. int. priv. proc. 2019, 349, 363, eine Exorbitanz sei der Notzuständigkeit aufgrund ihrer Rechtsnatur immanent. Nach *Magnus/Mankowski*, ZVglRWiss 110 (2011), 252, 268, könne jeder Notzuständigkeit vorgeworfen werden, eine Art exorbitante Zuständigkeit zu schaffen. Auf diese Problematik hinweisend ferner *Ibili*, Gewogen rechtsmacht in het IPR, S. 111. Zumindest angedeutet auch bei *Roorda/Ryngaert*, RabelsZ 80 (2016), 783, 799. *Pfeiffer*, Internationale Zuständigkeit, S. 631, äußert im Kontext der Gewährung einer Notzuständigkeit zwar, dass exorbitante Justiz immer noch besser sei als Rechtsverweigerung, stellt aaO., S. 760, aber klar, dass eine Notzuständigkeit prinzipiell nicht exorbitant sein könne, weil Justizverweigerung den schwersten aller denkbaren Eingriffe in den Justizanspruch der Parteien darstelle.

[100] Siehe *La Manna*, Riv. dir. int. priv. proc. 2019, 349, 363, eine Exorbitanz sei der Notzuständigkeit aufgrund ihrer Rechtsnatur immanent.

[101] Vgl. *Pfeiffer*, Internationale Zuständigkeit, S. 632. Vgl. auch *Eicher*, Rechtsverwirklichungschancen, S. 265 Fn. 1105; *Ibili*, Gewogen rechtsmacht in het IPR, S. 111.

[102] Siehe oben unter § 6 B (S. 101 ff.).

[103] Siehe insbesondere Art. 6 Abs. 1 EMRK, der bereits oben unter § 7 (S. 104 ff.) ausführlich behandelt wurde.

[104] Kamerstukken II 1999/2000, 26 855, Nr. 3, S. 41, 43 f. (Memorie van Toelichting).

[105] In der Liste zur Brüssel Ia-VO steht bei den Niederlanden nunmehr „entfällt" (zuerst ABl. EU 2015 Nr. C 4, S. 2), im Anhang I des LugÜ sind die Niederlande von vornherein nicht mehr aufgeführt.

[106] Einzig die rumänische Vorschrift zur Notzuständigkeit ist in der Liste enthalten, was

II. Bedürfnis einer Notzuständigkeit neben dem Vermögensgerichtsstand des § 23 ZPO als typisierter Notzuständigkeit?

Aus der Sicht des autonomen Zuständigkeitsrechts stellt sich die Frage, inwieweit neben dem exorbitanten Vermögensgerichtsstand des § 23 ZPO überhaupt das Bedürfnis nach einer Notzuständigkeit besteht oder ob die denkbaren Anwendungsfälle einer Notzuständigkeit von § 23 ZPO nicht bereits hinreichend typisiert und erfasst werden.

1. Voraussetzungen des Vermögensgerichtsstandes

Der Vermögensgerichtsstand des § 23 S. 1 Alt. 1 ZPO findet Anwendung auf vermögensrechtliche Ansprüche gegen eine Person, die im Inland zwar keinen Wohnsitz, aber Vermögen hat. Damit sind zunächst Ansprüche nichtvermögensrechtlicher Natur ausgeschlossen, also Ansprüche, die sich weder aus einem auf Geld oder Geldwert gerichteten Rechtsverhältnis ergeben noch eine vermögensrelevante Leistung zum Gegenstand haben[107]. Nichtvermögensrechtlich sind zum Beispiel Familienrechte sowie Streitigkeiten um die Ehre und das allgemeine Persönlichkeitsrecht[108].

Die bedeutendste Beschränkung stellt gleichwohl eine ungeschriebene Voraussetzung des § 23 ZPO dar: So ist für die Begründung internationaler Zuständigkeit ein über die bloße Vermögensbelegenheit hinausgehender, hinreichender Inlandsbezug des Rechtsstreits erforderlich[109]. Durch diese Voraussetzung soll der Anwendungsbereich der Vorschrift sachbezogen und völkerrechtskonform begrenzt werden[110]. Denn bei wortlautgetreuer Auslegung der Vorschrift genügte bereits die Belegenheit von beliebigen Vermögenswerten des Beklagten im Inland, um eine internationale Zuständigkeit zu begründen[111]. Dies eröffnete Klägern jedoch breite und ungewollte Möglichkeiten zu einem *forum shopping*[112]. Das Erfordernis eines hinreichenden Inlandsbezugs ist allerdings nicht

---

jedoch daran liegt, dass das gesamte rumänische Zuständigkeitsrecht in der Liste aufgeführt wird (siehe ABl. EU 2015 Nr. C 4, S. 3).

[107] Siehe im Einzelnen *Roth* in Stein/Jonas, ZPO, § 1 Rn. 49 ff. m. w. N.; vgl. auch *Herget* in Zöller, ZPO, § 3 Rn. 16.122.

[108] Dazu *Roth* in Stein/Jonas, ZPO, § 1 Rn. 52 ff.

[109] Ständige Rechtsprechung, BGH, Urt. v. 2.7.1991, NJW 1991, 3092, 3093 f.; BGH, Beschl. v. 13.12.2012, NJW 2013, 386, 387; BAG, Urt. v. 25.6.2013, NZA-RR 2014, 46, 50; zustimmend *Mark/Ziegenhain*, NJW 1992, 3062; *Ziegenhain*, Extraterritoriale Rechtsanwendung, S. 223; *Schlosser*, IPRax 1992, 140 f.; Staudinger/*Hausmann* (2021), IntVertrVerfR Rn. 362 ff.; im Ergebnis auch *Wollenschläger*, IPRax 2002, 96, 97 f.

[110] BGH, Urt. v. 2.7.1991, NJW 1991, 3092, 3094.

[111] BGH, Urt. v. 2.7.1991, NJW 1991, 3092, 3094.

[112] BGH, Urt. v. 2.7.1991, NJW 1991, 3092, 3094.

unumstritten und wird in der Literatur zum Teil deutlich kritisiert[113]. Nach einem Teil der Literatur schaffe die Voraussetzung mangels feststehender Kriterien[114] erhebliche Rechtsunsicherheit und sei daher mit dem Prinzip der Zuständigkeitsklarheit nicht vereinbar[115]. Anderen geht die Voraussetzung insofern nicht weit genug, als eine Einschränkung des Vermögensbegriffs von § 23 ZPO erforderlich sei[116]. Denn § 23 ZPO setzt grundsätzlich keine bestimmte Wertrelation zwischen Forderung und Vermögensgegenstand voraus[117].

2. Konsequenzen für das Bedürfnis einer Notzuständigkeit

Aufgrund der Voraussetzungen, die an die Vermögenszuständigkeit des § 23 S. 1 Alt. 1 ZPO gestellt werden, besteht ein relevantes Bedürfnis für eine Notzuständigkeit. Dies betrifft zunächst die Beschränkung des § 23 ZPO auf vermögensrechtliche Ansprüche. Zwar werden davon auch nichtvermögensrechtliche Rechtsverhältnisse erfasst, soweit sie eine vermögensrelevante Leistung zum Gegenstand haben. Diese Ansprüche unterliegen jedoch zum Teil den spe-

---

[113] Dazu sogleich im Text.

[114] Vgl. zu den bislang in der Rechtsprechung angesprochenen Kriterien *Koechel*, IPRax 2014, 312, 313; *Patzina* in MünchKommZPO, § 23 Rn. 15; *Schultzky* in Zöller, ZPO, § 23 Rn. 13.

[115] *Geimer*, IZPR, Rn. 1360; *Grothe*, RabelsZ 58 (1994), 686, 712, 716; *C. Hartmann* in Krajewski/Saage-Maaß, Durchsetzung menschenrechtlicher Sorgfaltspflichten von Unternehmen, S. 281, 292; *Junker*, IZPR, § 21 Rn. 36; *Koechel*, IPRax 2014, 312, 313; *Pfeiffer*, Internationale Zuständigkeit, S. 549 ff.; *Roth* in Stein/Jonas, ZPO, § 23 Rn. 10 f.; *Schack*, JZ 1992, 54, 55 f.; *ders.* in FS für Nakamura, S. 491, 495 f., 507 f.; *ders.*, IZVR, Rn. 404; *Schütze* in FS für Ishikawa, S. 493, 500 f.; *ders.*, Deutsches Internationales Zivilprozessrecht, Rn. 163.

[116] Für eine Einschränkung des Vermögensbegriffs anstelle des Kriteriums des Inlandsbezugs vgl. *Grothe*, RabelsZ 58 (1994), 686, 714 ff.; *Pfeiffer*, Internationale Zuständigkeit, S. 648 f.; *Roth* in Stein/Jonas, ZPO, § 23 Rn. 13 ff. Für eine Einschränkung ergänzend zu diesem Kriterium vgl. *Schlosser*, IPRax 1992, 140, 143; *Schultzky* in Zöller, ZPO, § 23 Rn. 7; Staudinger/*Hausmann* (2021), IntVertrVerfR Rn. 363 ff.

[117] Siehe BGH, Urt. v. 28.10.1996, NJW 1997, 325, 326; *Junker*, IZPR, § 21 Rn. 31, 35; *Linke/Hau*, IZVR, Rn. 5.56; *Nagel/Gottwald*, IZPR, Rn. 3.537; Staudinger/*Hausmann* (2021), IntVertrVerfR Rn. 368; *M.-P. Weller/Benz/Zimmermann*, NZG 2019, 1121, 1126. In der Rechtsprechung wurde bislang nur vereinzelt entschieden, dass zumindest die Vollstreckungskosten durch das im Inland belegene Vermögen voraussichtlich einzunehmen sein müssten: für die örtliche Zuständigkeit BGH, Beschl. v. 22.9.2005, IX ZR 1/05; dies auf die internationale Zuständigkeit erstreckend OLG München, Urt. v. 29.4.2015, IPRax 2016, 267, 269. Eine solche Einschränkung befürwortend *Kropholler* in Hdb. IZVR I, Kap. III, Rn. 343; *Nagel/Gottwald*, IZPR, Rn. 3.537; *Roth* in Stein/Jonas, ZPO, § 23 Rn. 15; *Schröder*, Internationale Zuständigkeit, S. 402 f.; Staudinger/*Hausmann* (2021), IntVertrVerfR Rn. 368. Angesichts des Sonderfalles, welcher der angeführten Entscheidung des BGH zugrunde lag, jedoch kritisch zur Übertragbarkeit auf Konstellationen internationaler Zuständigkeit *Linke/Hau*, IZVR, Rn. 5.56.

ziellen Verfahrensvorschriften des FamFG[118]. Darüber hinaus sind Konstellationen denkbar, in denen im Inland (noch) kein Vermögen des Beklagten belegen ist, der Kläger aber gleichwohl eine Entscheidung im Inland erlangen möchte. Insbesondere wenn der aus Sicht des autonomen Zuständigkeitsrechts zuständige Staat aufgrund rechtlicher oder tatsächlicher Hürden an einer (zumutbaren) Entscheidung gehindert ist, könnten dem Rechtssuchenden bereits künftige Vollstreckungsaussichten[119] im Inland, eine Feststellung über das Bestehen des Anspruchs oder die Aussicht auf Anerkennung der im Inland ergangenen Entscheidung in einem anderen Staat genügen, um die deutschen Gerichte anzurufen. Die Antwort auf die Frage, ob eine Zuständigkeitsbegründung deutscher Gerichte in diesen Fällen sinnvoll oder gar verfassungsrechtlich erforderlich[120] erscheint, ist insoweit unbeachtlich, da sich mit den genannten Gründen zumindest potenziell das Bedürfnis einer Notzuständigkeit rechtfertigen ließe. Mithin deckt der Vermögensgerichtsstand bereits bei wortlautgetreuer Auslegung nicht alle denkbaren Konstellationen einer Notzuständigkeit ab[121].

Weitaus größer ist das Bedürfnis einer Notzuständigkeit allerdings aufgrund der ungeschriebenen Voraussetzung eines über die bloße Vermögensbelegenheit hinausgehenden, hinreichenden Inlandsbezugs. Dieser Zusammenhang lässt sich an folgendem Beispiel illustrieren[122]: Ein Sachverhalt ist nur dadurch

---

[118] § 23 ZPO kann bei familienrechtlichen Verfahren des FamFG nur zur Anwendung gelangen, wenn die internationale Zuständigkeit nicht bereits in den §§ 98–104 FamFG ausdrücklich geregelt ist, sondern der in § 105 FamFG bestimmte Grundsatz der Doppelfunktionalität maßgebend ist. Da die Zuständigkeitsvorschriften der ZPO jedoch überwiegend durch das FamFG verdrängt werden (siehe *Helms* in Prütting/Helms, FamFG, § 113 Rn. 12), kommt eine Anwendung des § 23 ZPO nur bei Familienstreitsachen im Sinne des § 112 FamFG in Betracht, nachdem allein diese Verfahren – bei Unterhaltssachen in § 232 Abs. 3 S. 1 FamFG, bei Güterrechtssachen in § 262 Abs. 2 FamFG sowie bei sonstigen Familiensachen in § 267 Abs. 2 ZPO – auf die Vorschriften zur örtlichen Zuständigkeit der ZPO verweisen. – Auf die Anwendbarkeit des § 23 ZPO in diesen Verfahren weist ausdrücklich auch *Pasche* in MünchKommFamFG, § 232 Rn. 20, § 262 Rn. 12, hin.

[119] Zu diesem Gesichtspunkt auch *Reisewitz*, Rechtsfragen des Medizintourismus, S. 123 Fn. 121.

[120] Dagegen bereits oben unter § 9 A II 2 b bb (S. 149 ff.).

[121] Im Ergebnis auch *Pfeiffer*, Internationale Zuständigkeit, S. 633, der formuliert, dass auch unter Geltung des § 23 S. 1 Alt. 1 ZPO nicht auf Notzuständigkeiten verzichtet werden könne, allerdings ohne Beispiele dafür anzuführen.

[122] Vgl. zum Beispiel einer Anerkennungslücke auch *Geimer* in FS für Schwind, S. 17, 39 f.; *ders.*, IZPR, Rn. 1349; *Mark/Ziegenhain*, NJW 1992, 3062, 3065; *Nagel/Gottwald*, IZPR, Rn. 3.535; *Schack*, IZVR, Rn. 399; *Schlosser*, IPRax 1992, 140, 143; *Schütze* in FS für Ishikawa, S. 493, 495, 501; *ders.* in FS für Rechberger, S. 567, 573 f.; Staudinger/*Hausmann* (2021), IntVertrVerfR Rn. 367. Vgl. zudem die Antwort des Parlamentarischen Staatssekretärs *Göhner* vom 13.6.1991, BT-Drs. 12/767, S. 11, 12, auf die kritische Frage eines Abgeordneten in Bezug auf den Vermögensgerichtsstand des § 23 S. 1 Alt. 1 ZPO, in der *Göhner* zur Recht-

mit dem Inland verbunden, dass der Schuldner über ein gedecktes Konto bei einer inländischen Bank verfügt. Der Gläubiger möchte auf dieses Vermögen im Wege der Zwangsvollstreckung zugreifen. Im Ausland hat er bereits ein Leistungsurteil erwirkt. Dieses Urteil wird im Inland mangels Verbürgung der Gegenseitigkeit nach § 328 Abs. 1 Nr. 5 ZPO allerdings nicht anerkannt. Um auf das inländische Vermögen zugreifen zu können, ist daher eine internationale Entscheidungszuständigkeit deutscher Gerichte erforderlich. Insoweit kommt allein der Vermögensgerichtsstand des § 23 S. 1 Alt. 1 ZPO in Betracht. Allerdings scheitert eine Zuständigkeitsbegründung an der ungeschriebenen Voraussetzung, dass gerade ein über die bloße Vermögensbelegenheit hinausgehender Inlandsbezug bestehen muss. Dem Gläubiger wäre der Zugriff auf das inländische Vermögen daher verwehrt. Da sich ein solcher Zustand aber zumindest dann nicht mit dem allgemeinen Justizgewährungsanspruch vereinbaren lässt, wenn weder eine anerkennungsfähige Entscheidung in einem anderen Staat zu erreichen ist noch das Vermögen im Urteilsstaat zur Befriedigung des Gläubigers genügt, besteht das Bedürfnis, in solchen Fällen eine Notzuständigkeit zu eröffnen. Dass diese Fallgestaltungen nicht rein theoretischer Natur sind, sondern aufgrund der Voraussetzung eines hinreichenden Inlandsbezugs durchaus ein praktisches Bedürfnis internationaler Notzuständigkeit besteht, zeigen einige Entscheidungen der Rechtsprechung[123]. So hat zum Beispiel das OLG Düsseldorf die internationale Zuständigkeit nach § 23 S. 1 Alt. 1 ZPO in einer Entscheidung abgelehnt, weil der Streitgegenstand keinen über die bloße Vermögensbelegenheit hinausgehenden Bezug zum Inland aufgewiesen habe[124]. Auf das im Inland belegene Vermögen der Beklagten, einer irakischen Bank, hätte der Kläger in der Folge nur aufgrund einer Notzuständigkeit zugreifen können[125]. Denn irakische Entscheidungen sind im Inland mangels Verbürgung der

---

fertigung des Gerichtsstandes als Beispiel die mangelnde Verbürgung der Gegenseitigkeit mit dem Fürstentum Liechtenstein anführte.

[123] Siehe neben der im Text sogleich ausdrücklich erwähnten Entscheidung zum Beispiel OLG München, Urt. v. 27.2.2019, MDR 2019, 1089, 1090, welches eine Notzuständigkeit mangels Verbürgung der Gegenseitigkeit mit Russland bejaht hat, um eine Vollstreckung in inländisches Vermögen zu ermöglichen (im Gegensatz zur Vorinstanz ging das OLG allerdings bereits davon aus, dass eine hinreichende Inlandsbeziehung gegeben sei und erörterte die Notzuständigkeit nur ergänzend). Weil keine hinreichende Inlandsbeziehung festgestellt werden konnte, wurde eine Notzuständigkeit zudem diskutiert bei OLG München, Urt. v. 7.10.1992, IPRax 1993, 237, 239; OLG Frankfurt am Main, Urt. v. 24.10.1996, 1 U 242/96, juris Rn. 34; OLG Rostock, Urt. v. 11.11.1999, IPRspr. 1999, Nr. 132, S. 312, 317 ff. Bereits der BGH, Urt. v. 2.7.1991, NJW 1991, 3092, 3095, hatte sich in seiner grundlegenden Entscheidung im Anschluss an die Vorinstanz (OLG Stuttgart, Urt. v. 6.8.1990, IPRax 1991, 179, 182) mit dem Erfordernis einer Notzuständigkeit auseinandergesetzt.

[124] OLG Düsseldorf, Urt. v. 11.8.1994, IPRspr. 1995 Nr. 140a, S. 273, 274 f.
[125] Vgl. OLG Düsseldorf, Urt. v. 11.8.1994, IPRspr. 1995 Nr. 140a, S. 273, 276.

Gegenseitigkeit nicht vollstreckbar[126]. Im Ergebnis hat das OLG Düsseldorf eine Notzuständigkeit nur abgelehnt, weil der Kläger auf den inländischen Rechtsschutz nicht angewiesen war[127]. Vielmehr hätte er zumindest darlegen müssen, warum die Vollstreckung einer irakischen Entscheidung im Irak zur Befriedigung seines Anspruchs nicht genügt hätte[128].

Teilweise wird die Notzuständigkeit bei § 23 S. 1 Alt. 1 ZPO als Ausnahme der Voraussetzung eines hinreichenden Inlandsbezugs verstanden[129]. Demnach sei ein über die bloße Vermögensbelegenheit hinausgehender Anknüpfungspunkt ausnahmsweise nicht erforderlich, wenn die Voraussetzungen der Notzuständigkeit vorlägen[130]. In der Konsequenz würde die Zuständigkeit nicht über eine eigenständige Notzuständigkeit, sondern über § 23 ZPO eröffnet. Diese Vorgehensweise ist jedoch nicht überzeugend[131]. Denn die Notzuständigkeit ist gerade ein eigenständiger Zuständigkeitsgrund und führt selbständig zu internationaler Zuständigkeit[132]. Sie ist als Auffangzuständigkeit erst zu prüfen, wenn alle anderen Zuständigkeitsgründe ausscheiden[133]. Um diesem besonderen Charakter gerecht zu werden und Unsicherheiten bei der Anwendung zu vermeiden, ist die Notzuständigkeit gänzlich losgelöst von den anderen Zuständigkeitsgründen zu prüfen.

3. Keine Typisierung der Notzuständigkeit durch den Vermögensgerichtsstand des § 23 ZPO

In der Literatur wird der Vermögensgerichtsstand des § 23 S. 1 Alt. 1 ZPO vereinzelt als typisierte Notzuständigkeit bezeichnet[134]. Allerdings typisiert der

---

[126] Siehe nur *Schütze* in Geimer/Schütze, EuZVR, E 1. Deutschland Rn. 172.
[127] OLG Düsseldorf, Urt. v. 11.8.1994, IPRspr. 1995 Nr. 140a, S. 273, 276.
[128] OLG Düsseldorf, Urt. v. 11.8.1994, IPRspr. 1995 Nr. 140a, S. 273, 276.
[129] Siehe bereits BGH, Urt. v. 2.7.1991, NJW 1991, 3092, 3095; zudem OLG Düsseldorf, Urt. v. 11.8.1994, IPRspr. 1995, Nr. 140a, S. 273, 275 f.; OLG München, Urt. v. 27.2.2019, MDR 2019, 1089, 1090; *Mark/Ziegenhain*, NJW 1992, 3062, 3065; Staudinger/*Hausmann* (2021), IntVertrVerfR Rn. 367; vgl. auch *Nagel/Gottwald*, IZPR, Rn. 3.535.
[130] Vgl. OLG Düsseldorf, Urt. v. 11.8.1994, IPRspr. 1995, Nr. 140a, S. 273, 275 f.; OLG München, Urt. v. 27.2.2019, MDR 2019, 1089, 1090; *Mark/Ziegenhain*, NJW 1992, 3062, 3065; Staudinger/*Hausmann* (2021), IntVertrVerfR Rn. 367; vgl. auch *Nagel/Gottwald*, IZPR, Rn. 3.535.
[131] Ausdrücklich für eine strikte Trennung zwischen dem Anwendungsbereich von § 23 ZPO und der Notzuständigkeit im Kontext eines Begrenzungsvorschlags der Literatur zu § 23 ZPO *Patzina* in MünchKommZPO, § 23 Rn. 10.
[132] Angedeutet bei *Patzina* in MünchKommZPO, § 23 Rn. 10.
[133] Vgl. für die Subsidiarität der geschriebenen Notzuständigkeiten des EuZVR z. B. *Launhardt*, Europäisierung der internationalen Zuständigkeit im Ehegüterrecht, S. 248.
[134] *Eicher*, Rechtsverwirklichungschancen, S. 265 Fn. 1105, S. 275 Fn. 1149, S. 276. Die Typisierung der Notzuständigkeit bietet den Vorteil größerer Zuständigkeitsklarheit, da die

Vermögensgerichtsstand keine Notzuständigkeit[135]. Denn um von einer typisierten Notzuständigkeit ausgehen zu können, müsste die Vorschrift überwiegend in Sachverhalten eingreifen, die angesichts drohender Rechtsverweigerung andernfalls als Anwendungsfälle der Notzuständigkeit in Betracht kämen[136]. Dies ist bei § 23 S. 1 Alt. 1 ZPO jedoch weder ganz noch auch nur teilweise der Fall[137]: Zwar wird die Vorschrift durch die ungeschriebene Voraussetzung eines hinreichenden Inlandsbezugs wesentlich eingeschränkt. Gleichwohl genügen bereits geringe Anknüpfungspunkte, die über eine bloße Vermögensbelegenheit hinausgehen, um eine internationale Zuständigkeit zu begründen[138]. Demgegenüber hat es gerade keinen Einfluss auf die Anwendung von § 23 S. 1 Alt. 1 ZPO, ob der Rechtsuchende die Möglichkeit hat, seinen Anspruch in einem anderen Staat zu verwirklichen[139]. Daran wird der exorbitante Charakter der Vermögenszuständigkeit deutlich, deren Anwendungsfälle ganz überwiegend nicht die Situation drohender Rechtsverweigerung betreffen[140]. Konstellationen drohender Rechtsverweigerung werden daher nicht etwa typisiert, sondern infolge des breiten Anwendungsbereichs der Vorschrift vielmehr als bloßer Rechtsreflex mit umfasst.

Voraussetzungen der Notzuständigkeit selbst weder gesetzlich geregelt noch in der Rechtsprechung hinreichend konkretisiert noch überhaupt einer Konkretisierung zugänglich sind, vgl. *Geimer*, JZ 1984, 979, 980; *ders.*, IZPR, Rn. 1360 f.; *Schack*, JZ 1992, 54, 55 f.; *ders.* in FS für Nakamura, S. 491, 508; *ders.*, IZVR, Rn. 404, 503; *Schütze* in FS für Ishikawa, S. 493, 501; *ders.*, Deutsches Internationales Zivilprozessrecht, Rn. 163; ähnlich *von Hoffmann*, IPRax 1982, 217, 220, der auf die Beweisschwierigkeiten im Zusammenhang mit der Eröffnung einer Notzuständigkeit hinweist.

[135] *Pfeiffer*, Internationale Zuständigkeit, S. 632 f.; vgl. auch *ders.* in Festgabe 50 Jahre BGH, S. 617, 634.

[136] *Pfeiffer*, Internationale Zuständigkeit, S. 632. Vgl. auch *Eicher*, Rechtsverwirklichungschancen, S. 276, die Voraussetzung des inländischen Vermögens erlasse dem Kläger den Nachweis seiner konkreten Justiznot.

[137] Überzeugend dazu bereits *Pfeiffer*, Internationale Zuständigkeit, S. 632 f.

[138] So genügt z.B. dem BGH, Beschl. v. 13.12.2012, NJW 2013, 386, 387, bereits der Wohnsitz des Klägers im Inland; sehr kritisch dazu zu Recht *Koechel*, IPRax 2014, 312. Vgl. zudem bereits *Pfeiffer* in Festgabe 50 Jahre BGH, S. 617, 631.

[139] *Pfeiffer*, Internationale Zuständigkeit, S. 632 f.; *ders.* in Festgabe 50 Jahre BGH, S. 617, 634. Das erkennt auch *Eicher*, Rechtsverwirklichungschancen, S. 265 Fn. 1105, S. 276, der in § 23 ZPO gleichwohl eine typisierte Notzuständigkeit sieht. *Koechel*, IPRax 2014, 312, 316 f., spricht in diesem Zusammenhang von der Schutzbedürftigkeit des Klägers, die unberücksichtigt bleibe.

[140] *Pfeiffer*, Internationale Zuständigkeit, S. 632 f.; vgl. auch *ders.* in Festgabe 50 Jahre BGH, S. 617, 634.

III. Ergebnis

Exorbitante Zuständigkeiten und das Bedürfnis einer Notzuständigkeit hängen eng miteinander zusammen. Je ausufernder ein Staat seine internationale Zuständigkeit annimmt, desto geringer ist das Bedürfnis nach einer Notzuständigkeit. Obgleich das autonome Recht mit § 23 S. 1 Alt. 1 ZPO einen exorbitanten Zuständigkeitsgrund kennt, besteht weiterhin das Bedürfnis einer Notzuständigkeit. Der Vermögensgerichtsstand typisiert keine Notzuständigkeit, sondern umfasst aufgrund seines weiten Anwendungsbereichs auch Konstellationen drohender Rechtsverweigerung.

C. Bisherige Reformbemühungen

Mit Vorschlägen zur Einführung einer internationalen Notzuständigkeit hatte sich bereits die im Jahre 1964 vom Bundesminister der Justiz einberufene „Kommission für das Zivilprozeßrecht" befasst[141]. Ohne in ihrem Bericht näher auf die Regelungsmöglichkeiten einzugehen, lehnte die Kommission eine Kodifizierung der Notzuständigkeit allerdings ab[142]. Einerseits begegne die Notzuständigkeit kaum zu überwindenden Definitionsschwierigkeiten und andererseits solle die Lösung auftretender Probleme zunächst der Rechtsprechung überlassen werden[143]. An anderer Stelle wies die Kommission zudem darauf hin, dass die internationale Entwicklung im Bereich der internationalen Zuständigkeit zu sehr im Fluss sei und eine eigenständige nationale Regelung diesen Fortschritten nur hinderlich sein könne[144]. Abgesehen von Änderungen in familienrechtlichen Verfahren blieb das Recht der internationalen Zuständigkeit zudem von der IPR-Reform des Jahres 1986 unberührt, weil die Bundesregierung insoweit zumindest keinen dringenden Handlungsbedarf sah[145]. Auch nach weiteren Reformen des Zivilprozessrechts blieb das Recht der internationalen Zuständigkeit im Wesentlichen unverändert[146].

---

[141] Bericht der Kommission für das Zivilprozeßrecht, S. 73.
[142] Bericht der Kommission für das Zivilprozeßrecht, S. 73.
[143] Bericht der Kommission für das Zivilprozeßrecht, S. 73.
[144] Bericht der Kommission für das Zivilprozeßrecht, S. 65.
[145] BegrRegE, BT-Drs. 10/504, S. 21.
[146] Bedeutendste Ausnahme ist die Einführung des FamFG, bei welcher die internationale Zuständigkeit in einem eigenständigen Abschnitt (§§ 98–106 FamFG) zusammengefasst und der Grundsatz der Doppelfunktionalität in § 105 FamFG kodifiziert wurde, dazu *Hau* in FS für von Hoffmann, S. 617, 620.

§ 14 Ungeschriebene Notzuständigkeit

Sofern die geschriebenen Zuständigkeitsgründe des autonomen Rechts keine internationale Zuständigkeit vorsehen und dem Rechtssuchenden daher eine Rechtsverweigerung droht, muss als *ultima ratio* eine ungeschriebene Notzuständigkeit eröffnet werden[1]. Diese Auffassung wird nicht nur übereinstimmend von Rechtsprechung[2] und Literatur[3] geteilt, sondern sie ist vielmehr

---

[1] In diesem Sinne setzt die Annahme einer Notzuständigkeit nach einer gängigen Formulierung in der Rechtsprechung voraus, dass für die Entscheidung des Rechtsstreits keine anderweitige Zuständigkeit gegeben ist und die Versagung der Zuständigkeit deutscher Gerichte für den Kläger die Gefahr einer internationalen Rechtsverweigerung begründet, siehe BGH, Urt. v. 2.7.1991, NJW 1991, 3092, 3095; OLG Düsseldorf, Urt. v. 11.8.1994, IPRspr. 1995, Nr. 140a, S. 273, 275; OLG Frankfurt am Main, Urt. v. 24.10.1996, 1 U 242/96, juris Rn. 34; OLG Rostock, Urt. v. 11.11.1999, IPRspr. 1999, Nr. 132, S. 312, 317; OLG München, Urt. v. 27.2.2019, MDR 2019, 1089, 1090; LG Berlin, Urt. v. 15.4.2010, 33 O 433/07, WKRS 2010, 24173 Rn. 33.

[2] BGH, Urt. v. 2.7.1991, NJW 1991, 3092, 3095; BGH, Beschl. v. 21.6.2007, EuZW 2007, 582, 584; OLG Stuttgart, Urt. v. 6.8.1990, IPRax 1991, 179, 182; OLG Düsseldorf, Urt. v. 11.8.1994, IPRspr. 1995, Nr. 140a, S. 273, 275 f.; OLG Frankfurt am Main, Urt. v. 24.10.1996, 1 U 242/96, juris Rn. 34; OLG Rostock, Urt. v. 11.11.1999, IPRspr. 1999, Nr. 132, S. 312, 317; OLG München, Urt. v. 27.2.2019, MDR 2019, 1089, 1090; LG Berlin, Urt. v. 15.4.2010, 33 O 433/07, WKRS 2010, 24173 Rn. 33; AG Groß-Gerau, Urt. v. 11.6.1980, FamRZ 1981, 51, 52; AG Landstuhl, Urt. v. 6.9.2001, FamRZ 2002, 1343; vgl. auch RG, Urt. v. 3.7.1939, RGZ 160, 396, 403 (wenngleich im Urteil nicht als Notzuständigkeit bezeichnet); einschränkend OLG München, Urt. v. 7.10.1992, IPRax 1993, 237, 239 (es könne dahinstehen, ob eine Notzuständigkeit deutscher Gerichte gegenüber gebietsfremden Personen und Unternehmen anzunehmen sei); zurückhaltend BGH, Beschl. v. 12.1.1987, II ZR 203/86, juris Rn. 11 (eine Notzuständigkeit könne allenfalls dann gegeben sein, wenn eine Partei ohne eigenes Zutun keinerlei Möglichkeit habe, von der Rechtsordnung anerkannte Ansprüche durchzusetzen).

[3] Vgl. *Aden*, ZVglRWiss 106 (2007), 490, 491; *Adolphsen*, EuZVR, Kap. 3 Rn. 316; *Andrae* in NomosKommentarBGB, Anhang II zum III. Abschnitt EGBGB: § 109 FamFG Rn. 52; *Bach/P. Huber*, Internationales Privat- und Prozessrecht, Rn. 63; *Basedow*, JZ 2016, 269, 273 f.; *Dutta*, BerDGesIntR 50 (2020), 39, 60 f.; *Eicher*, Rechtsverwirklichungschancen, S. 275; *Geimer* in FS für Nagel, S. 36, 48 Fn. 50; *ders.*, ZfRV 1992, 321, 344; *ders.* in FS für Schwind, S. 17, 35; *ders.*, IZPR, Rn. 1030, 3061; *ders.* in Zöller, ZPO, IZPR Rn. 47, § 98 FamFG Rn. 137; *C. Hartmann* in Krajewski/Saage-Maaß, Durchsetzung menschenrechtlicher Sorgfaltspflichten von Unternehmen, S. 281, 293 ff.; *Hau* in Prütting/Helms, FamFG, Vor §§ 98–106 Rn. 19; *Hausmann* in Wieczorek/Schütze, ZPO, 3. Aufl., Vor § 12 Rn. 87; Staudinger/*Hausmann*

Ausdruck eines verfassungsrechtlichen Gebotes. Denn der Justizgewährungsanspruch des Rechtssuchenden verpflichtet jedenfalls dann zur Annahme internationaler Entscheidungszuständigkeit, wenn im Ausland kein (zumutbarer) Rechtsschutz erreichbar ist und ein hinreichender Bezug zum Inland besteht[4]. Demgegenüber sind die genauen Voraussetzungen der ungeschriebenen Notzuständigkeit bislang nicht hinreichend geklärt[5]. Ungeklärt sind darüber hinaus Problemstellungen, die im Zusammenhang mit der Ausübung einer Notzuständigkeit auftreten können, wie zum Beispiel die Frage, welches Gericht örtlich zuständig ist, wenn eine internationale Notzuständigkeit deutscher Gerichte bejaht wurde[6].

(2021), IntVertrVerfR Rn. 367; *von Hoffmann/Thorn*, IPR, § 3 Rn. 61; *Koch/Magnus/Winkler von Mohrenfels*, IPR und Rechtsvergleichung, § 2 Rn. 55; *Kropholler* in Hdb. IZVR I, Kap. III, Rn. 192 ff; *ders.*, IPR, § 58 II 1 d; *Kübler-Wachendorff*, Das forum necessitatis, S. 12 ff.; *Linke/Hau*, IZVR, Rn. 7.2; *Mankowski* in von Hoffmann, Universalität der Menschenrechte, S. 139, 188 f.; *Mark/Ziegenhain*, NJW 1992, 3062, 3065; *Mitzkus*, Internationale Zuständigkeit, S. 226 ff.; *Nagel/Gottwald*, IZPR, Rn. 3.597; *Neuhaus*, RabelsZ 20 (1955), 201, 265; *ders.*, Grundbegriffe des Internationalen Privatrechts, S. 427; *Papier* in Isensee/Kirchhof, HStR VIII, § 176 Rn. 14; *Patzina* in MünchKommZPO, § 12 Rn. 100; *Pfeiffer*, Internationale Zuständigkeit, insbesondere S. 449 ff.; *Rauscher* in MünchKommFamFG, § 98 Rn. 99; *Reisewitz*, Rechtsfragen des Medizintourismus, S. 123, 126, 131; *Rosenberg/Schwab/Gottwald*, Zivilprozessrecht, § 31 Rn. 52; *Roth* in Roth, Europäisierung des Rechts, S. 163, 168; *ders.* in Stein/Jonas, ZPO, vor § 12 Rn. 37 f.; *Schack* in FS für Nakamura, S. 491, 495; *ders.*, IZVR, Rn. 500, 503; *Schmehl*, Parallelverfahren und Justizgewährung, S. 227; *M. Schulz*, Alien Tort Statute, S. 385 ff.; *Schüttfort*, Ausschließliche Zuständigkeiten, S. 34 f.; *Schütze* in FS für Ishikawa, S. 493, 496; *ders.* in FS für Rechberger, S. 567, 570; *ders.*, Deutsches Internationales Zivilprozessrecht, Rn. 128; *ders.*, Rechtsverfolgung im Ausland, Rn. 153; *ders.* in Geimer/Schütze, EuZVR, E 1. Deutschland Rn. 34; *Seyfarth*, Wandel der internationalen Zuständigkeit, S. 36 f.; *Smid/S. Hartmann* in Wieczorek/Schütze, ZPO, Vor §§ 12–37 Rn. 69 f.; Soergel/*Kronke*, Art. 38 EGBGB Anh. IV Rn. 27; *Stadler/Klöpfer*, ZEuP 2015, 732, 751; Staudinger/*Spellenberg* (2016), § 98 FamFG Rn. 260; *M. Stürner* in Krajewski/Oehm/Saage-Maß, Unternehmensverantwortung für Menschenrechtsverletzungen, S. 73, 84 f.; *M. Stürner/Pförtner*, GPR 2019, 222, 224; *Walchshöfer*, ZZP 80 (1967), 165, 203 f.; *M. Weller*, Ordre-public-Kontrolle internationaler Gerichtsstandsvereinbarungen, S. 324 f. Für das Bedürfnis einer Notzuständigkeit auch *Milleker*, Der Negative Internationale Kompetenzkonflikt, S. 72, 131, 166; *Schröder*, Internationale Zuständigkeit, S. 214, 818 f., obwohl sie einen sog. Zuständigkeitsrenvoi annehmen. Kritisch allerdings noch *Kralik*, ZZP 74 (1961), 2, 19 f.; *R. Neuner*, Internationale Zuständigkeit, S. 53.

[4] Dazu ausführlich oben unter § 9 A II 2 b bb (S. 149 ff.).
[5] Siehe unten unter § 14 C (S. 349 ff.).
[6] Siehe unten unter § 14 D (S. 387 ff.).

A. Materialerfassung

Um beurteilen zu können, wie die Notzuständigkeit *de lege lata* behandelt werden sollte, sind zunächst die Konstellationen zu ermitteln, in denen das Bedürfnis internationaler Notzuständigkeit bislang rechtspraktisch aufgetreten ist. Denn während die praktische Bedeutung der Notzuständigkeit in der Literatur vielfach angezweifelt[7] und zum Teil sogar gänzlich negiert wird[8], hatte sich die Rechtsprechung sehr wohl mit Konstellationen – zumindest vorgetragener – drohender Rechtsverweigerung auseinanderzusetzen.

I. Konstellationen der Notzuständigkeit

In einigen Entscheidungen wird ausdrücklich diskutiert, ob eine Notzuständigkeit zu eröffnen ist[9]. Darüber hinaus wird die Notzuständigkeit in manchen Entscheidungen zumindest erwähnt[10]. Schließlich behandeln wenige Entscheidungen die Notzuständigkeit nicht, obwohl diese jedenfalls diskutabel gewesen wäre[11]. So hat zum Beispiel das AG Landstuhl in einer Entscheidung nicht er-

---

[7] *von Hoffmann/Thorn*, IPR, § 3 Rn. 61 („keine große praktische Bedeutung"); *Kropholler* in Hdb. IZVR I, Kap. III, Rn. 191 (keine „nennenswerte Rolle"); *ders.*, IPR, § 58 II 1 d („höchst selten ein Bedürfnis"); *Linke/Hau*, IZVR, Rn. 7.2 („praktisch eher seltenen Fall"); *Roth* in Stein/Jonas, ZPO, vor § 12 Rn. 37 („in seltenen Ausnahmefällen"; zurückhaltender aber *ders.* in Roth, Europäisierung des Rechts, S. 163, 168 („eher selten")); *Schack* in FS für Nakamura, S. 491, 495 („kommen […] kaum jemals vor"); *Stadler/Klöpfer*, ZEuP 2015, 732, 751 („absolute Ausnahme").

[8] Jedenfalls für negative Kompetenzkonflikte bemerkt *Junker*, IZPR, § 5 Rn. 15, diese hätten in der Praxis bisher keine Rolle gespielt.

[9] BGH, Beschl. v. 12.1.1987, II ZR 203/86, juris Rn. 11; BGH, Urt. v. 2.7.1991, NJW 1991, 3092, 3095; BGH, Urt. v. 20.2.2013, FamRZ 2013, 687, 689; OLG Stuttgart, Urt. v. 6.8.1990, IPRax 1991, 179, 182; OLG München, Urt. v. 7.10.1992, IPRax 1993, 237, 239; OLG Düsseldorf, Urt. v. 11.8.1994, IPRspr. 1995, Nr. 140a, S. 273, 275 f.; OLG Frankfurt am Main, Urt. v. 24.10.1996, 1 U 242/96, juris Rn. 34; OLG Rostock, Urt. v. 11.11.1999, IPRspr. 1999, Nr. 132, S. 312, 317 ff.; OLG München, Urt. v. 27.2.2019, MDR 2019, 1089, 1090; LG Berlin, Urt. v. 15.4.2010, 33 O 433/07, WKRS 2010, 24173 Rn. 33 ff.; AG Groß-Gerau, Urt. v. 11.6.1980, FamRZ 1981, 51, 52; vgl. auch RG, Urt. v. 3.7.1939, RGZ 160, 396, 403 (wenngleich im Urteil nicht als Notzuständigkeit bezeichnet).

[10] BGH, Beschl. v. 21.6.2007, EuZW 2007, 582, 584; BayObLG, Beschl. v. 19.9.1991, IPRspr. 1991, Nr. 217, S. 461, 463 f.; OLG Frankfurt am Main, Urt. v. 4.6.1992, NJW-RR 1993, 305, 307; OLG Frankfurt am Main, Urt. v. 1.10.1998, IPRax 1999, 247, 248; KG, Urt. v. 4.4.2007, IPRspr. 2007, Nr. 163, S. 458, 462; OLG Koblenz, Beschl. v. 6.1.2016, FamRZ 2016, 995; AG Landstuhl, Urt. v. 6.9.2001, FamRZ 2002, 1343.

[11] Das OLG Karlsruhe, Beschl. v. 17.8.2009, IPRax 2010, 536 f., lehnte vor Anwendbarkeit des FamFG die internationale Zuständigkeit deutscher Gerichte für ein isoliertes Versorgungsausgleichsverfahren ab, da diese der Zuständigkeit für das Scheidungsverfahren folge und dafür keine internationale Zuständigkeit deutscher Gerichte bestehe. Nach *Gärtner*,

kannt, dass der Antragstellerin eine Rechtsverweigerung infolge eines negativen internationalen Kompetenzkonflikts drohte[12]. Denn die ausländischen Staaten, die vom Gericht als zuständig und zur Rechtsdurchsetzung zumutbar angesehen wurden, sahen für den Sachverhalt tatsächlich keine internationale Zuständigkeit vor[13].

II. Vergleichbare Fallgestaltungen

Konstellationen einer Notzuständigkeit beschäftigen die Gerichte aufgrund des Ausnahmecharakters nur selten[14]. Für eine möglichst umfassende Analyse der Notzuständigkeit sind daher auch Fallgestaltungen einzubeziehen, denen eine mit der Notzuständigkeit vergleichbare Gefährdungssituation zugrunde liegt.

1. Nichtbeachtung der Derogation inländischer Zuständigkeit

Zu einer mit der Notzuständigkeit vergleichbaren Gefährdungssituation kann es bei Gerichtsstandsvereinbarungen kommen, die eine inländische Zuständigkeit derogieren: Denn ist in dem Staat, den die Parteien als zuständig vereinbart haben, eine Rechtsverwirklichung zum Beispiel unmöglich, weil die Gerichte aufgrund eines Bürgerkrieges ihre Tätigkeit eingestellt haben[15], droht dem Rechtssuchenden eine Rechtsverweigerung. Dieser Gefahr wird im autonom-deutschen Recht – wie bereits erwähnt[16] – dadurch begegnet, dass eine Derogation der inländischen Zuständigkeit unwirksam ist, wenn sie mangels Rechtsverwirklichungsmöglichkeit am prorogierten Gerichtsstand einem Verzicht auf Rechtsschutz gleichkäme. Die Erwägungen, aus denen ein Gericht die Derogation inländischer Zuständigkeit versagt, um eine Vereitelung des Rechtsschutzes zu verhindern, entsprechen jenen, die im Rahmen der Notzuständigkeit bei

---

IPRax 2010, 520, 522; *Gottwald*, FamRZ 2010, 148, 149, hätte zumindest eine Notzuständigkeit eröffnet werden müssen, da sich der behandelte Anspruch aus materiellem deutschen Recht ergebe und bei Abweisung eine Rechtsschutzverweigerung drohe. Dem ist jedenfalls insoweit zuzustimmen, als das OLG eine Notzuständigkeit oder immerhin die drohende Rechtsschutzverweigerung hätte prüfen müssen.

[12] AG Landstuhl, Urt. v. 6.9.2001, FamRZ 2002, 1343.
[13] Darauf zu Recht hinweisend *Gottwald*, FamRZ 2002, 1343 f. m. w. N.
[14] *Milleker*, Der Negative Internationale Kompetenzkonflikt, S. 62 Fn. 5, äußert insoweit die schwerlich nachweisbare Vermutung, die Seltenheit einschlägiger Urteile könne darauf zurückzuführen sein, dass die Gerichte vielfach versuchten, ihre Entscheidungszuständigkeit auf positivgesetzliche Kompetenzkriterien zu stützen, selbst wenn diese an sich nicht gegeben seien.
[15] Vgl. BAG, Urt. v. 29.6.1978, NJW 1979, 1119, 1120 (Bürgerkrieg Libanon); LAG Hamburg, Urt. v. 21.9.1979, IPRspr. 1980, Nr. 137 A, S. 438, 440 (Bürgerkrieg Iran).
[16] Siehe oben unter § 9 A II 2 b bb (S. 151).

der Frage anzustellen sind, ob dem Rechtssuchenden ein Verfahren in dem aus deutscher Sicht zuständigen Staat unmöglich oder unzumutbar ist.

Teilweise wird die Nichtbeachtung der Derogation inländischer Zuständigkeit in der Literatur[17] als Anwendungsfall der Notzuständigkeit behandelt. Legt man allerdings ein enges Begriffsverständnis der Notzuständigkeit zugrunde, kann diese Einordnung nicht überzeugen[18]. Denn bei der Derogation inländischer Zuständigkeit bestünde im Gegensatz zur Notzuständigkeit grundsätzlich eine internationale Zuständigkeit deutscher Gerichte. Diese wurde lediglich durch Parteivereinbarung ausgeschlossen. Es geht mit anderen Worten um die Wirksamkeit einer Parteivereinbarung, die verhindert, dass eine an sich vorgesehene Zuständigkeit eingreift, während die Notzuständigkeit eine Konstellation betrifft, in der von vornherein keine inländische Zuständigkeit vorgesehen ist.

2. Nichtbeachtung des Einwands ausländischer Rechtshängigkeit

Des Weiteren kann eine faktische Rechtsverweigerung auftreten, wenn ein bereits anhängiges Rechtsschutzverfahren im Ausland unverhältnismäßig lange dauert[19]. In diesen Konstellationen ist – wie bereits erwähnt[20] – die Rechtsschutzmöglichkeit dadurch zu gewährleisten, dass das Prozesshindernis ausländischer Rechtshängigkeit nicht beachtet wird, sofern bei einem im Ausland anhängigen Verfahren die Justizgewährung vereitelt oder unzumutbar verzögert wird. Auch insoweit entsprechen die Erwägungen, die zur Unwirksamkeit des Einwands ausländischer Rechtshängigkeit führen, denen, die bei der Frage anzustellen sind, ob dem Rechtssuchenden ein Verfahren in dem aus deutscher Sicht zuständigen Staat unmöglich oder unzumutbar ist.

---

[17] So *Krümmel* in Graf von Westphalen, Deutsches Recht im Wettbewerb, S. 70.

[18] Im Ergebnis auch *Hau*, IPRax 1999, 232, 235 Fn. 25; *Kübler-Wachendorff*, Das forum necessitatis, S. 21 f.; *Schütze* in FS für Rechberger, S. 567, 573; *M. Weller*, Ordre-public-Kontrolle internationaler Gerichtsstandsvereinbarungen, S. 324, die darauf hinweisen, dass eine Notzuständigkeit dann in Betracht komme, wenn trotz Annahme einer Rechtsschutzverweigerung im Prorogationsstaat keine Zuständigkeit im Inland gegeben sei. Wenn keine internationale Zuständigkeit im Inland gegeben ist, handelt es sich aber – jedenfalls terminologisch – bereits um keine Derogation inländischer Zuständigkeit.

[19] Eine unzumutbare Verzögerung annehmend BGH, Urt. v. 26.1.1983, NJW 1983, 1269, 1270 (Italien); KG, Urt. v. 21.12.1993, FamRZ 1995, 1074 f. (Belgien); LG Neuruppin, Urt. v. 18.9.2003, IPRspr. 2003, Nr. 173, S. 562, 563 f. (Tunesien).

[20] Siehe oben unter § 9 A II 2 b bb (S. 151 f.).

3. Drohende Rechtsverweigerung bei nicht kontradiktorischen Verfahren in Familiensachen und Angelegenheiten der freiwilligen Gerichtsbarkeit

Einige Entscheidungen, in denen eine Notzuständigkeit angenommen wurde, ergingen in Bezug auf nicht kontradiktorische Verfahren in Familiensachen oder Angelegenheiten der freiwilligen Gerichtsbarkeit unter dem Gesichtspunkt des Fürsorgebedürfnisses[21]. Diese Verfahren unterliegen jedoch insoweit eigenständigen Wertungen, als die Ausübung von Notzuständigkeit in nicht kontradiktorischen Verfahren von vornherein weniger bedenklich ist als in kontradiktorischen Verfahren[22]. Denn nur in kontradiktorischen Verfahren wirkt sich die Zuständigkeitsgewährung zugunsten einer Partei gleichzeitig zulasten einer anderen Partei aus.

Gleichwohl knüpft das inländische Fürsorgebedürfnis als Voraussetzung der Notzuständigkeit in nicht kontradiktorischen Verfahren regelmäßig daran an, dass Maßnahmen in dem aus deutscher Sicht zuständigen Staat ausbleiben und mithin eine Rechtsverweigerung droht. Die Gründe, aus denen sich ein ausländischer Staat in einem nicht kontradiktorischen Verfahren tatsächlich oder rechtlich an der Zuständigkeitsausübung gehindert sieht, können ebenso in kontradiktorischen Verfahren zu einer drohenden Rechtsschutzverweigerung führen[23]. Denn die Wertungsunterschiede zwischen den Verfahrensarten betreffen nur die Anforderungen, die an die Ausübung einer Notzuständigkeit gestellt werden, während die zugrunde liegende Gefährdungssituation drohender Rechtsverweigerung vergleichbar ist. Daher sind Konstellationen, in denen die Notzuständigkeit in nicht kontradiktorischen Verfahren behandelt wurde, auch für kontradiktorische Verfahren interessant, soweit mögliche Anwendungsfälle einer Notzuständigkeit offenbart werden.

---

[21] Z. B. RG, Beschl. v. 17.6.1942, RGZ 169, 192; BGH, Beschl. v. 3.12.1975, BGHZ 65, 311, 315f.; KG, Beschl. v. 19.7.1954, NJW 1954, 1331; BayObLG, Beschl. v. 2.12.1965, NJW 1967, 447, 448; OLG Hamm, Beschl. v. 19.12.1968, NJW 1969, 373, 375; OLG Frankfurt am Main, Beschl. v. 30.9.1975, OLGZ 1977, 180, 183f. Vgl. auch KG, Beschl. v. 14.9.1961, FamRZ 1961, 477, 479; OLG Zweibrücken, Beschl. v. 10.7.1985, IPRax 1987, 108, 109f.

[22] Siehe oben unter § 2 D II (S. 18f.).

[23] *Schütze* in FS für Rechberger, S. 567, 570, bezeichnet eine Entscheidung des RG, Beschl. v. 17.6.1942, RGZ 169, 192, welche die internationale Zuständigkeit in einem Vormundschaftsverfahren betraf, sogar als den „leading case" der Notzuständigkeit im autonomen Recht.

B. Mittel zur Vermeidung drohender Rechtsverweigerung ohne Eröffnung einer Notzuständigkeit

Die Notzuständigkeit ist *ultima ratio*, um eine drohende Rechtsverweigerung zu verhindern. Somit hängt das Ausmaß, in dem auf die Notzuständigkeit zurückgegriffen werden muss, davon ab, ob eine drohende Rechtsverweigerung bereits durch andere Mittel des Internationalen Zivilverfahrensrechts vermieden oder beseitigt werden kann.

I. Untaugliche Mittel zur Vermeidung drohender Rechtsverweigerung

1. Zuständigkeitsrenvoi zur Vermeidung negativer internationaler Kompetenzkonflikte

a) Beachtung eines Zuständigkeitsrenvoi

Ein Teil der Literatur möchte der Gefahr negativer Kompetenzkonflikte[24] sowie von Anerkennungslücken durch einen vorrangig durchzuführenden Zuständigkeitsrenvoi begegnen[25]. Danach hätte ein deutsches Gericht vor der Abweisung eines Verfahrens mangels internationaler Zuständigkeit zu ermitteln, ob sich ein aus deutscher Sicht zuständiger Staat, dessen Entscheidungen im Inland anerkennungsfähig sind, selbst als zuständig erachtet[26]. Sei dies nicht der Fall, müssten zwei Situation unterschieden werden: Erachtete der ausländische Staat die deutschen Gerichte als zuständig, sei eine inländische internationale Zuständigkeit im Wege der Rückverweisung gegeben, um einen negativen Kompetenzkonflikt zu vermeiden[27]. Verwiesen die Gerichte jedoch auf die Zuständigkeit eines dritten Staates weiter, sei allein dieser zur Entscheidung berufen, sofern er sich seinerseits als zuständig erachte und Entscheidungen dieses Staates im Inland anerkennungsfähig seien[28]. Andernfalls seien erneut die Rück- oder

---

[24] Einen negativen internationalen Kompetenzkonflikt voraussetzend *Kegel* in Kegel/Schurig, IPR, § 22 II (S. 1051); zumindest teilweise *Milleker*, Der Negative Internationale Kompetenzkonflikt, S. 132 ff. Für einen von drohender Rechtsverweigerung unabhängigen Zuständigkeitsrenvoi *Schröder*, Internationale Zuständigkeit, S. 789 ff.

[25] *Milleker*, Der Negative Internationale Kompetenzkonflikt, S. 76 f., 118 ff., 165 ff. Vgl. auch *Kegel* in Kegel/Schurig, IPR, § 22 II (S. 1051), eine Zuständigkeitsverweisung sei nur mit Vorsicht zu bejahen. Vgl. ferner *Schütze*, Deutsches Internationales Zivilprozessrecht, Rn. 127, eine Zuständigkeitsbestimmung im IZPR bei negativem Kompetenzkonflikt durch Zulassung einer Verweisung sei denkbar.

[26] *Milleker*, Der Negative Internationale Kompetenzkonflikt, S. 76 ff., 165 ff.

[27] *Milleker*, Der Negative Internationale Kompetenzkonflikt, S. 118 ff., 166. Vgl. auch *Kegel* in Kegel/Schurig, IPR, § 22 II (S. 1051).

[28] *Milleker*, Der Negative Internationale Kompetenzkonflikt, S. 123 ff., 166. Vgl. auch *Kegel* in Kegel/Schurig, IPR, § 22 II (S. 1051).

§ 14 Ungeschriebene Notzuständigkeit   335

Weiterverweisung dieses Staates sowie die Verweisungen sämtlicher anderer weiterverwiesener Staaten zu berücksichtigen, bis die genannten Voraussetzungen erfüllt seien[29]. Nur wenn sich am Ende der Verweisungskette kein Staat finde, der sich selbst als zuständig erachte und dessen Entscheidungen im Inland anzuerkennen seien, müsse eine Notzuständigkeit eröffnet werden[30]. Gegenüber einer Notzuständigkeit biete der Zuständigkeitsrenvoi die beiden entscheidenden Vorteile, einerseits negative Kompetenzkonflikte frühzeitig aufspüren zu können[31] sowie andererseits eine großflächige Anerkennung inländischer Entscheidungen zu gewährleisten[32].

b) Ablehnung eines Zuständigkeitsrenvoi

Demgegenüber wird die Möglichkeit eines Zuständigkeitsrenvoi in der Literatur überwiegend abgelehnt[33]. Zunächst seien die Vorteile eines *renvoi* gegenüber der Notzuständigkeit nicht so deutlich, wie von der Gegenansicht beschrieben[34]. Denn ein zurückverweisender Staat könne eine inländische Entscheidung auch anerkennen, wenn sie auf der Grundlage einer Notzuständigkeit ergehe[35]. Darüber hinaus habe der Richter ohne *renvoi* ebenfalls die Rechtsschutzmöglichkeiten des Klägers zu erwägen[36]. Entscheidend gegen die Annahme einer Renvoizuständigkeit sprächen jedoch zwei Gesichtspunkte: Zum einen würden die inländischen Wertentscheidungen, die in den Zuständigkeitsvorschriften zum Ausdruck kämen, preisgegeben[37]. Zum anderen führe

---

[29] *Milleker*, Der Negative Internationale Kompetenzkonflikt, S. 123 ff., 166.
[30] *Milleker*, Der Negative Internationale Kompetenzkonflikt, S. 131, 166.
[31] *Milleker*, Der Negative Internationale Kompetenzkonflikt, S. 72 f., 76 f.
[32] *Milleker*, Der Negative Internationale Kompetenzkonflikt, S. 73 f., 76 f.
[33] *Eicher*, Rechtsverwirklichungschancen, S. 280; *Hau* in Prütting/Helms, FamFG, Vor §§ 98–106 Rn. 59; *Hausmann* in Wieczorek/Schütze, ZPO, 3. Aufl., Vor § 12 Rn. 86; *Kropholler* in Hdb. IZVR I, Kap. III, Rn. 200 ff.; *Patzina* in MünchKommZPO, § 12 Rn. 100; *Pfeiffer*, Internationale Zuständigkeit, S. 459 f.; *Roth* in Stein/Jonas, ZPO, vor § 12 Rn. 37; *Schack*, IZVR, Rn. 502; *Schüttfort*, Ausschließliche Zuständigkeiten, S. 34; *Seyfarth*, Wandel der internationalen Zuständigkeit, S. 36; *Smid/S. Hartmann* in Wieczorek/Schütze, ZPO, Vor §§ 12–37 Rn. 69; Soergel/*Kronke*, Art. 38 EGBGB Anh. IV Rn. 28; vgl. auch *Geimer* in Zöller, ZPO, § 98 FamFG Rn. 141; *Kübler-Wachendorff*, Das forum necessitatis, S. 16 f. Grundsätzlich ablehnend auch Staudinger/*Spellenberg* (2016), § 98 FamFG Rn. 265, der allerdings für eine scheidungsrechtliche Sonderkonstellation einen ausländischen Zuständigkeitsrenvoi unter dem Gesichtspunkt der Notzuständigkeit akzeptieren möchte.
[34] *Kropholler* in Hdb. IZVR I, Kap. III, Rn. 200; *Pfeiffer*, Internationale Zuständigkeit, S. 460.
[35] *Kropholler* in Hdb. IZVR I, Kap. III, Rn. 200; vgl. auch *Pfeiffer*, Internationale Zuständigkeit, S. 460.
[36] *Kropholler* in Hdb. IZVR I, Kap. III, Rn. 200.
[37] *Kropholler* in Hdb. IZVR I, Kap. III, Rn. 201; vgl. auch *Hausmann* in Wieczorek/

ein Zuständigkeitsrenvoi zu einer Verkomplizierung der Rechtslage, weil die Voraussetzungen im Einzelnen ungeklärt und ausländische Vorschriften zur Entscheidungs- sowie Anerkennungszuständigkeit zu prüfen seien[38]. Dies widerspreche dem Prinzip der Zuständigkeitsklarheit[39]. Des Weiteren werde die Notzuständigkeit durch einen Zuständigkeitsrenvoi noch nicht einmal überflüssig[40]. Andere Teile der Literatur wenden ein, dass jeder Staat die Entscheidungszuständigkeit seiner Gerichte selbst bestimme[41].

c) Stellungnahme

Die Ansicht, nach der negative internationale Kompetenzkonflikte durch einen Zuständigkeitsrenvoi vermieden werden sollen, ist abzulehnen. Zwar ist den Befürwortern eines Zuständigkeitsrenvoi darin zuzustimmen, dass ein frühzeitiges Aufspüren negativer Kompetenzkonflikte vorteilhaft ist. Denn zumindest vereinzelt bleiben negative internationale Kompetenzkonflikte von den Gerichten unentdeckt[42]. Gleichwohl zwingt diese Erkenntnis nicht zur Annahme eines Zuständigkeitsrenvoi, da auch ohne dieses Instrument anerkannt ist, dass die Gerichte Rechtsschutzaussichten in anderen Staaten berücksichtigen müssen, ehe sie eine internationale Zuständigkeit verneinen[43].

Zumindest verkürzt ist das gegen einen *renvoi* vorgebrachte Argument, jeder Staat bestimme die Entscheidungszuständigkeit seiner Gerichte selbst. Denn berücksichtigte man ausländische Rück- und Weiterverweisungen, beruhte dies nicht auf einer Entscheidungsverpflichtung durch das ausländische Zuständigkeitsrecht, sondern auf einer eigenständigen Entscheidung des inländischen

---

Schütze, ZPO, 3. Aufl., Vor § 12 Rn. 86; *Pfeiffer*, Internationale Zuständigkeit, S. 460; *Seyfarth*, Wandel der internationalen Zuständigkeit, S. 36. Vgl. ferner *Ereciński/Weitz* in FS für Kaissis, S. 187, 188.

[38] *Kropholler* in Hdb. IZVR I, Kap. III, Rn. 201; vgl. auch *Hausmann* in Wieczorek/Schütze, ZPO, 3. Aufl., Vor § 12 Rn. 86; *Schack*, IZVR, Rn. 502; *Schüttfort*, Ausschließliche Zuständigkeiten, S. 34; Soergel/*Kronke*, Art. 38 EGBGB Anh. IV Rn. 28. Vgl. ferner *Ereciński/Weitz* in FS für Kaissis, S. 187, 188.

[39] *Pfeiffer*, Internationale Zuständigkeit, S. 460.

[40] *Kropholler* in Hdb. IZVR I, Kap. III, Rn. 201. Vgl. auch *Kübler-Wachendorff*, Das forum necessitatis, S. 16.

[41] *Eicher*, Rechtsverwirklichungschancen, S. 280; *Roth* in Stein/Jonas, ZPO, vor § 12 Rn. 37; *Schack*, IZVR, Rn. 502; *Schüttfort*, Ausschließliche Zuständigkeiten, S. 34; *Smid/S. Hartmann* in Wieczorek/Schütze, ZPO, Vor §§ 12–37 Rn. 70.

[42] Siehe oben unter § 14 A I (S. 330f.).

[43] Vgl. *Basedow*, JZ 2016, 269, 274; *Kropholler* in Hdb. IZVR I, Kap. III, Rn. 200. Nach *Geimer*, IZPR, Rn. 1852ff., sei jedoch ein Antrag bzw. eine Rüge des Klägers notwendig, damit das Gericht zu untersuchen habe, ob eine Notzuständigkeit zu gewähren sei.

Rechts⁴⁴. Gewichtig wird dieser Aspekt indes in Verbindung mit dem Prinzip der Zuständigkeitsgerechtigkeit. Denn die inländischen Zuständigkeitsvorschriften beruhen auf spezifischen Wertentscheidungen und damit einer eigenständigen und abschließenden Zuständigkeitsgerechtigkeit. Diese Zuständigkeitsgerechtigkeit würde durch einen *renvoi* zugunsten von ausländischen Wertentscheidungen durchbrochen⁴⁵. Dabei bliebe unberücksichtigt, ob die ausländischen Zuständigkeitsvorschriften nach inländischem Verständnis angemessen sind. Darüber hinaus führte die Beachtung ausländischer Entscheidungs- sowie Anerkennungszuständigkeit zu einer komplexen und – jedenfalls bei Beteiligung mehrerer Rechtsordnungen – langwierigen Zuständigkeitsprüfung⁴⁶, die regelmäßig weder für den Kläger noch für den Beklagten vorhersehbar wäre und sich damit nicht mit dem Prinzip der Zuständigkeitsklarheit vereinbaren ließe⁴⁷. Schließlich wäre der Nutzen eines Zuständigkeitsrenvoi gering. Denn durch einen Zuständigkeitsrenvoi könnten nur die Konstellationen drohender Rechtsverweigerung vermieden werden, in denen die Rechtsverweigerung aus zuständigkeitsrechtlichen Gründen droht⁴⁸. Das betrifft zum einen den negativen internationalen Kompetenzkonflikt, der zum Beispiel entsteht, wenn zwei Staaten den maßgeblichen Anknüpfungspunkt internationaler Zuständigkeit im jeweils anderen Staat verwirklicht sehen. Zum anderen droht eine Rechtsverweigerung aus zuständigkeitsrechtlichen Gründen, wenn eine ausländische Entscheidung im Inland nicht anerkannt werden kann, weil der Urteilsstaat aus deutscher Sicht nicht international zuständig war und im Inland keine Entscheidungszuständigkeit besteht. Nicht abgedeckt wären mithin zunächst die Konstellationen, in denen ein Verfahren im Ausland nicht zumutbar oder aus nicht zuständigkeitsrechtlichen Gründen unmöglich ist⁴⁹. Darüber hinaus würden auch Anerkennungslücken nicht erfasst, die auf anderen Anerkennungshindernissen beruhen als auf der mangelnden Zuständigkeit des Urteilsstaats. Praktisch tritt eine Anerkennungslücke jedoch insbesondere auf, wenn die Gegenseitigkeit mit dem Ausland nicht verbürgt ist⁵⁰.

---

⁴⁴ Dezidiert *Milleker*, Der Negative Internationale Kompetenzkonflikt, S. 100 ff.

⁴⁵ So auch *Pfeiffer*, Internationale Zuständigkeit, S. 460. Vgl. zudem *Kropholler* in Hdb. IZVR I, Kap. III, Rn. 201; *Seyfarth*, Wandel der internationalen Zuständigkeit, S. 36, sowie ferner *Hausmann* in Wieczorek/Schütze, ZPO, 3. Aufl., Vor § 12 Rn. 86.

⁴⁶ Vgl. auch *Kropholler* in Hdb. IZVR I, Kap. III, Rn. 201; vgl. ferner *Hausmann* in Wieczorek/Schütze, ZPO, 3. Aufl., Vor § 12 Rn. 86; *Schack*, IZVR, Rn. 502; Soergel/*Kronke*, Art. 38 EGBGB Anh. IV Rn. 28.

⁴⁷ Ebenso *Pfeiffer*, Internationale Zuständigkeit, S. 460.

⁴⁸ Vgl. auch *Kübler-Wachendorff*, Das forum necessitatis, S. 16.

⁴⁹ Vgl. *Kübler-Wachendorff*, Das forum necessitatis, S. 16.

⁵⁰ Die in der Rechtsprechung behandelten Konstellationen einer Anerkennungslücke beruhten bislang ausschließlich auf einer mangelnden Verbürgung der Gegenseitigkeit, siehe

2. Absehen von dem Erfordernis der Verbürgung der Gegenseitigkeit

Eine Rechtsverweigerung droht unter anderem, wenn eine ausländische Entscheidung im Inland nicht anerkannt werden kann und keine inländische Entscheidungszuständigkeit besteht. Häufig wird ausländischen Entscheidungen die Anerkennung versagt, weil die Gegenseitigkeit mit dem Staat nicht im Sinne von § 328 Abs. 1 Nr. 5 ZPO verbürgt ist[51]. Vor diesem Hintergrund wird vereinzelt vertreten, dass auf das Erfordernis der Verbürgung der Gegenseitigkeit zu verzichten sei, wenn eine inländische Entscheidungszuständigkeit nicht begründet war[52]. Diese Ansicht beruht auf der Ausnahme des § 328 Abs. 2 ZPO[53]: Danach steht die mangelnde Verbürgung der Gegenseitigkeit einer Anerkennung nicht entgegen, wenn das Urteil einen nichtvermögensrechtlichen Anspruch betrifft und nach den deutschen Gesetzen ein Gerichtsstand im Inland nicht begründet war. Diese Vorschrift könne insoweit analog angewendet werden, als die Verbürgung der Gegenseitigkeit auch bei vermögensrechtlichen Ansprüchen nur erforderlich sei, wenn nach den deutschen Gesetzen ein Gerichtsstand im Inland begründet war[54]. Demgegenüber verweist ein anderer Teil der Literatur darauf, dass eine derartige Einschränkung des Gegenseitigkeitskriteriums *de lege lata* kein gangbarer Weg sei[55]. Dieser Ansicht ist zuzustimmen. Denn wenngleich das Erfordernis der Verbürgung der Gegenseitigkeit rechtspolitisch verfehlt ist[56], ist es nach geltendem Recht anzuwenden. Auch die Ausnahme des § 328 Abs. 2 ZPO[57] ist keiner Analogie zugänglich, da sie sich ausdrücklich nur auf nichtvermögensrechtliche Streitigkeiten bezieht, sodass bereits eine planwidrige Regelungslücke fehlt[58]. Mangelnder Verbürgung der

---

OLG Düsseldorf, Urt. v. 11.8.1994, IPRspr. 1995, Nr. 140a, S. 273, 276; OLG München, Urt. v. 27.2.2019, MDR 2019, 1089, 1090.

[51] Siehe im Zusammenhang mit der Notzuständigkeit OLG Düsseldorf, Urt. v. 11.8.1994, IPRspr. 1995, Nr. 140a, S. 273, 276; OLG München, Urt. v. 27.2.2019, MDR 2019, 1089, 1090.

[52] *R. Neuner*, Internationale Zuständigkeit, S. 53; *Schröder*, Internationale Zuständigkeit, S. 212.

[53] Vgl. *Schröder*, Internationale Zuständigkeit, S. 212.

[54] Vgl. *Schröder*, Internationale Zuständigkeit, S. 212.

[55] *Geimer*, IZPR, Rn. 1034.

[56] Ausführlich zu der überzeugenden Kritik am Gegenseitigkeitserfordernis *Sonnentag*, Der Renvoi im Internationalen Privatrecht, S. 276 f.; *ders.*, ZVglRWiss 113 (2014), 83, 93 ff., jeweils m.w.N.

[57] Nur einer anderen Regelungstechnik bedient sich der Gesetzgeber bei § 109 Abs. 4 FamFG, welcher die Verbürgung der Gegenseitigkeit von vornherein nur in bestimmten Angelegenheiten vorsieht.

[58] Zu diesem Erfordernis *Larenz*, Methodenlehre der Rechtswissenschaft, S. 373 f. Darüber hinaus ist auch keine gesetzesübersteigende Rechtsfortbildung möglich, da die Notzuständigkeit zur Verhinderung drohender Rechtsverweigerung anerkannt ist (zu den Grenzen

Gegenseitigkeit kann daher erst durch die Eröffnung einer Notzuständigkeit begegnet werden.

3. *Abwägungsmöglichkeit zugunsten der Zuständigkeitsgerechtigkeit im Rahmen der Prüfung des anerkennungsrechtlichen ordre public*

Vereinzelt wird vertreten, dass im Rahmen der Prüfung des anerkennungsrechtlichen *ordre public* gemäß § 328 Abs. 1 Nr. 4 ZPO[59] eine Abwägung mit dem Prinzip der Zuständigkeitsgerechtigkeit durchzuführen sei[60]. So stelle die Eröffnung einer Notzuständigkeit, die bei Nichtanerkennung der ausländischen Entscheidung erforderlich werde, einen Eingriff in das Prinzip der Zuständigkeitsgerechtigkeit dar[61]. Sei dieser Eingriff in die Belange spezifischer Zuständigkeitsgerechtigkeit noch weniger hinnehmbar als der Inhalt der ausländischen Entscheidung, müsse die Nichtanerkennung wegen eines *ordre public*-Verstoßes ausnahmsweise entfallen[62]. Demnach wäre bereits bei der Prüfung des anerkennungsrechtlichen *ordre public* zu berücksichtigen, ob eine Notzuständigkeit eröffnet werden müsste, sofern die ausländische Entscheidung nicht anerkannt würde.

Dieser Ansicht ist zuzugestehen, dass bei der Prüfung des anerkennungsrechtlichen *ordre public* eine Abwägungsentscheidung zu treffen ist: So ist zum einen anerkannt, dass der anerkennungsrechtliche *ordre public* im Gegensatz zum kollisionsrechtlichen *ordre public* nur eine geringere, „abgeschwächte Wirkung" aufweist (sogenannter „effet atténué")[63]. Denn bei der anerkennungsrechtlichen Beurteilung wurde bereits eine Entscheidung im Ausland getroffen, deren Nichtanerkennung das Vertrauen der Parteien in die Wirksamkeit der Entscheidung erschüttern und hinkende Rechtsverhältnisse provozieren könnte[64]. Insoweit stellt sich insbesondere das Interesse nach internationalem

---

einer gesetzesübersteigenden Rechtsfortbildung *Larenz*, Methodenlehre der Rechtswissenschaft, S. 426 ff.).

[59] Bzw. § 109 Abs. 1 Nr. 4 FamFG.
[60] *Pfeiffer*, Internationale Zuständigkeit, S. 760.
[61] *Pfeiffer*, Internationale Zuständigkeit, S. 759 f.
[62] *Pfeiffer*, Internationale Zuständigkeit, S. 760.
[63] Vgl. BGH, Urt. v. 21.4.1998, BGHZ 138, 331, 335 f.; BGH, Urt. v. 10.12.2014, BGHZ 203, 350, 357 f.; BGH, Beschl. v. 17.6.2015, BGHZ 206, 86, 96 f.; *Geimer*, IZPR, Rn. 27; *ders.* in Zöller, ZPO, § 328 Rn. 210 f.; *von Hein* in MünchKommBGB, Art. 6 EGBGB Rn. 111 ff.; *Kropholler*, IPR, § 60 IV 2; *Laugwitz*, Anerkennung und Vollstreckung drittstaatlicher Entscheidungen, S. 246; *Roth* in Stein/Jonas, ZPO, § 328 Rn. 102; Staudinger/*Spellenberg* (2016), § 109 FamFG Rn. 226 f.; ablehnend indes *Schütze* in Wieczorek/Schütze, ZPO, § 328 Rn. 61.
[64] BGH, Urt. v. 10.12.2014, BGHZ 203, 350, 358; BGH, Beschl. v. 17.6.2015, BGHZ 206, 86, 97; *von Hein* in MünchKommBGB, Art. 6 EGBGB Rn. 103 f. Vgl. auch *Kropholler*, IPR, § 60 IV 2; *Roth* in Stein/Jonas, ZPO, § 328 Rn. 102. Kritisch jedoch *Völker*, Dogmatik des

Entscheidungseinklang[65] als erstes Abwägungskriterium des *ordre public* dar[66]. Zum anderen knüpft der *ordre public* generell an die Inlandsbeziehung des Sachverhalts an[67]. Je schwächer eine Inlandsbeziehung ausgeprägt ist, desto größer dürfen die Abweichungen von den deutschen Wertvorstellungen sein[68]. Das Ausmaß der Inlandsbeziehung ist mithin der zweite abwägungsrelevante Faktor.

Demgegenüber ist der Umstand, ob im Fall der Anerkennungsversagung eine Notzuständigkeit eröffnet werden müsste, nicht als eigenständiges Abwägungskriterium der *ordre public*-Prüfung heranzuziehen. Vielmehr ist ein solches Kriterium nicht erforderlich, da es insbesondere im Abwägungskriterium der Inlandsbeziehung aufgeht. Denn eine Notzuständigkeit müsste im Fall der Anerkennungsversagung nur eröffnet werden, wenn im Inland keine eigenständige Entscheidungszuständigkeit vorgesehen wäre. Allerdings korrelieren die Inlandsbeziehungen eines Sachverhalts und die Entscheidungszuständigkeiten des deutschen Rechts[69]. Sieht das deutsche Recht keine inländische Entscheidungszuständigkeit vor, ist die Inlandsbeziehung regelmäßig so schwach ausgeprägt, dass an einen *ordre public*-Verstoß bereits deshalb höhere Anforderungen zu stellen sind. Ein zusätzliches Abwägungskriterium unter dem Gesichtspunkt der Notzuständigkeit ist daher entbehrlich. Darüber hinaus ist die Inlandsbeziehung deutlich besser als Abwägungskriterium geeignet. Denn dieses Kriterium ermöglicht, dass die Umstände des Einzelfalls umfassend berücksichtigt werden können[70]. Demgegenüber hängt die Frage, ob eine Notzuständigkeit eröffnet werden müsste, maßgeblich davon ab, ob im Inland eine Entscheidungszuständigkeit vorgesehen ist. Um die internationale Zuständigkeit zu bestimmen, bedient sich das deut-

---

ordre public, S. 85 ff., der die unterschiedliche Behandlung von kollisionsrechtlichem und anerkennungsrechtlichem *ordre public* durch das Kriterium des Inlandsbezuges rechtfertigt (aaO., S. 91 f.).

[65] BGH, Urt. v. 10.12.2014, BGHZ 203, 350, 358; BGH, Beschl. v. 17.6.2015, BGHZ 206, 86, 97; *Linke/Hau*, IZVR, Rn. 13.31.

[66] Vgl. *von Hein* in MünchKommBGB, Art. 6 EGBGB Rn. 113.

[67] BGH, Urt. v. 15.5.1986, BGHZ 98, 70, 74; BGH, Urt. v. 4.6.1992, BGHZ 118, 312, 345, 348 f.; *von Hein* in MünchKommBGB, Art. 6 EGBGB Rn. 199 ff.; *Laugwitz*, Anerkennung und Vollstreckung drittstaatlicher Entscheidungen, S. 249; *Linke/Hau*, IZVR, Rn. 13.30; *Roth* in Stein/Jonas, ZPO, § 328 Rn. 101 f.; *Staudinger/Spellenberg* (2016), § 109 FamFG Rn. 256 ff.; *Völker*, Dogmatik des ordre public, S. 232, 235 ff.

[68] Vgl. BVerfG, Beschl. v. 18.7.2006, BVerfGE 116, 243, 266; *von Hein* in MünchKommBGB, Art. 6 EGBGB Rn. 205; *Kropholler*, IPR, § 36 II; *Roth* in Stein/Jonas, ZPO, § 328 Rn. 102; *Schack*, IZVR, Rn. 1019; *Staudinger/Spellenberg* (2016), § 109 FamFG Rn. 257; *Völker*, Dogmatik des ordre public, S. 239 f.

[69] Vgl. *von Hein* in MünchKommBGB, Art. 6 EGBGB Rn. 202.

[70] Dies besonders herausstellend *Staudinger/Spellenberg* (2016), § 109 FamFG Rn. 258; *Völker*, Dogmatik des ordre public, S. 240.

§ 14 Ungeschriebene Notzuständigkeit   341

sche Zuständigkeitsrecht allerdings typisierender Anknüpfungspunkte wie des Wohnsitzes des Beklagten oder der Belegenheit von Vermögen des Beklagten im Inland. Daher bringt nicht jede internationale Zuständigkeit, die im deutschen Recht vorgesehen ist, notwendigerweise zum Ausdruck, dass auch der konkrete Sachverhalt einen engen Bezug zum Inland aufweist[71].

Im Ergebnis wird bei der *ordre public*-Prüfung zwar regelmäßig berücksichtigt, ob im Fall der Anerkennungsversagung eine Notzuständigkeit eröffnet werden müsste, weil in diesen Konstellationen zumeist nur eine lose Inlandsbeziehung vorliegt. Die Frage ist jedoch nicht als eigenständiges Kriterium der Abwägungsentscheidung heranzuziehen.

II. Keine Gewährung international ausschließlicher Zuständigkeit zugunsten ausländischer Gerichte bei drohender Rechtsverweigerung

Zwischen der Annahme international ausschließlicher Zuständigkeiten und dem Bedürfnis einer Notzuständigkeit besteht ein enger Zusammenhang[72]. Denn soweit das autonome Zuständigkeitsrecht eine international ausschließliche Zuständigkeit zugunsten ausländischer Staaten annimmt[73], werden mit diesen Gerichtsständen an sich konkurrierende inländische Zuständigkeiten ausgeschlossen[74]. Dies illustriert ein Beispielsfall, in dem eine Person mit Wohnsitz in Deutschland eine Lagerhalle in der Türkei angemietet hat[75]. Grundsätzlich hätte der Vermieter die Möglichkeit, vor deutschen Gerichten auf Zahlung der Miete zu klagen, da der Mieter seinen allgemeinen Gerichtsstand im Inland hat[76]. Allerdings sieht § 29a Abs. 1 ZPO für Ansprüche aus Mietverhältnissen über Räume eine ausschließliche Zuständigkeit des Gerichts vor, in dessen Bezirk sich der Raum befindet. Wendete man diese Vorschrift – im Sinne der Doppelfunktionalität – konsequent auf die internationale Zuständigkeit an, wären die Gerichte der Türkei, wo sich die Lagerhalle befindet, international ausschließlich zuständig[77]. Demgegenüber könnte auf den allgemeinen Ge-

---

[71] Vgl. *von Hein* in MünchKommBGB, Art. 6 EGBGB Rn. 202.
[72] Siehe *Schüttfort*, Ausschließliche Zuständigkeiten, S. 5, 31 f., 35, 156; vgl. zudem *Pfeiffer*, Internationale Zuständigkeit, S. 484; vgl. ferner *Ubertazzi*, Exclusive Jurisdiction, S. 245 ff., für das Recht des geistigen Eigentums.
[73] Die Frage, ob das autonome Zuständigkeitsrecht eine international ausschließliche Zuständigkeit zugunsten ausländischer Staaten annehmen sollte oder nicht, ist sehr umstritten; siehe ausführlich zu dem Streitstand unter Berücksichtigung sämtlicher in Betracht kommender Zuständigkeitsvorschriften *Schüttfort*, Ausschließliche Zuständigkeiten, S. 24 ff., 35 ff.
[74] *Geimer*, IZPR, Rn. 928; *Schüttfort*, Ausschließliche Zuständigkeiten, S. 3 f., 32.
[75] Vgl. für einen ähnlichen Beispielsfall *Schack*, IZVR, Rn. 289.
[76] §§ 12, 13 ZPO. Die an sich anwendbare Brüssel Ia-VO soll für dieses Beispiel außer Betracht bleiben.
[77] Ob § 29a Abs. 1 ZPO eine international ausschließliche Zuständigkeit gewährt, wenn

richtsstand im Inland nicht mehr abgestellt werden[78]. Somit konzentrierte sich die Rechtsschutzgewährung von vornherein auf einen Staat, der die Entscheidungs- und Anerkennungszuständigkeit[79] sämtlicher anderer Staaten ausschlösse. Diese Konzentration auf einen Staat erhöht die Gefahr, dass es zu einer Rechtsverweigerung kommt. Denn erachtet sich zum Beispiel der Staat selbst als unzuständig[80] oder ist ein Verfahren vor diesen Gerichten nicht zumutbar, kann – ohne eine Notzuständigkeit – nicht mehr auf den Rechtsschutz vor anderen Staaten zurückgegriffen werden, die ebenfalls einen Anknüpfungspunkt zum Sachverhalt aufweisen.

Um dieser Gefahrensituation zu begegnen, wird in der Literatur vereinzelt darauf abgestellt, dass trotz der grundsätzlichen Anerkennung einer ausschließlichen internationalen Zuständigkeit im Ausland[81] eine Ausnahme von der Doppelfunktionalität der ausschließlichen Zuständigkeitsvorschriften gemacht werden solle, wenn Rechtsverweigerung drohe[82]. Demnach begründet zum Beispiel § 29a Abs. 1 ZPO nur dann eine ausschließliche internationale Zuständigkeit zugunsten eines anderen Staates, wenn die Rechtsverwirklichung dort möglich und zumutbar ist[83]. Diese Ansicht ist überzeugend. Denn die Gefahr einer Rechtsverweigerung beruht in diesen Konstellationen darauf, dass die an sich vorgesehene internationale Zuständigkeit anderer Staaten durch die ausschließliche Zuständigkeit ausgeschlossen wird. Demgegenüber könnte wieder auf die konkurrierenden Zuständigkeiten zurückgegriffen werden, wenn man die ausschließliche Zuständigkeit ablehnte, sobald eine Rechtsverweigerung droht. Mithin würde eine internationale Notzuständigkeit entbehrlich. Dieser Ansatz bietet den Vorteil, dass die Ursache des Problems erfasst wird. Denn gerade der Umstand, dass ausschließliche Zuständigkeiten gewährt werden, er-

---

sich der Raum im Ausland befindet, ist umstritten, siehe *Schüttfort*, Ausschließliche Zuständigkeiten, S. 35 ff. m. w. N.

[78] Vgl. § 12 ZPO.

[79] Nach *Geimer* in Zöller, ZPO, § 328 Rn. 149; *Gottwald* in MünchKommZPO, § 328 Rn. 91, sei die Anerkennungszuständigkeit des Entscheidungsstaates indes nicht zu versagen, wenn der aus deutscher Sicht ausschließlich zuständige Staat die Zuständigkeit des Entscheidungsstaates akzeptiere.

[80] Dazu bereits *Milleker*, Der Negative Internationale Kompetenzkonflikt, S. 45 ff.; vgl. auch *Schack*, IZVR, Rn. 384; *Schüttfort*, Ausschließliche Zuständigkeiten, S. 5, 31, 35, 156.

[81] Verneint man bereits die Möglichkeit einer international ausschließlichen Zuständigkeit im Ausland, stellt sich das Problem der Notzuständigkeit freilich nur, wenn sonst keine konkurrierende Zuständigkeit deutscher Gerichte bestünde.

[82] *Schüttfort*, Ausschließliche Zuständigkeiten, S. 44 f.; so auch *Schack*, IZVR, Rn. 289, 384, für die ausschließlichen Gerichtsstände der Sachbelegenheit.

[83] Für einen Beispielsfall, in dem eine Anerkennungslücke droht, weil mit dem ausschließlich zuständigen Ausland die Gegenseitigkeit nicht verbürgt ist, *Schack*, IZVR, Rn. 289; *Schüttfort*, Ausschließliche Zuständigkeiten, S. 45.

höht die Gefahr einer Rechtsverweigerung. Demgegenüber könnte mit der Notzuständigkeit lediglich der Rechtsverweigerung als Symptom des Problems begegnet werden[84]. Darüber hinaus spricht auch ein Vergleich mit anderen Instituten des Internationalen Zivilverfahrensrechts für den Ansatz, eine drohende Rechtsverweigerung bereits im Rahmen der ausschließlichen Zuständigkeit zu berücksichtigen. So ist auch eine Derogation der inländischen Zuständigkeit unwirksam, wenn sie mangels Rechtsverwirklichungsmöglichkeit am prorogierten Gerichtsstand einem Verzicht auf Rechtsschutz gleichkäme[85]. Zudem wird der Einwand ausländischer Rechtshängigkeit nicht beachtet, sofern bei einem im Ausland anhängigen Verfahren die Justizgewährung vereitelt oder unzumutbar verzögert wird[86]. Im Ergebnis ist einem ausländischen Staat keine ausschließliche internationale Zuständigkeit zu gewähren, wenn aus diesem Grund eine Rechtsverweigerung drohte[87].

III. Berücksichtigung der Anerkennungsfähigkeit bei der Auslegung einer Prorogation ausländischer Gerichte

Nach der Rechtsprechung ist die Derogation inländischer Zuständigkeit auch wirksam, wenn die Zuständigkeit der Gerichte eines Staates vereinbart wurde, deren Entscheidungen im Inland mangels Verbürgung der Gegenseitigkeit nicht anzuerkennen sind[88]. Denn bei der Anerkennungsfähigkeit im Inland handele es sich lediglich um ein Auslegungskriterium zur Beurteilung der Frage, ob die Parteien die ausländischen Gerichte als ausschließlich zuständig vereinbaren wollten[89]. Aus dieser von der Literatur im Ausgangspunkt geteilten Einschät-

---

[84] *Schüttfort*, Ausschließliche Zuständigkeiten, S. 44, sieht den Vorteil der Ansicht darin, dass nicht auf eine Notzuständigkeit zurückgegriffen werden müsse, welche im Einzelnen schwer bestimmbar sei. Das Argument der Rechtsunsicherheit ist aber für sich genommen nicht überzeugend. Denn die Rechtsunsicherheit besteht ebenso, wenn bereits im Rahmen der Frage, ob eine ausschließliche Zuständigkeit gewährt werden soll, die unbestimmten Voraussetzungen der Rechtsverweigerung behandelt werden müssen.
[85] Siehe oben unter § 14 A II 1 (S. 331 f.).
[86] Siehe oben unter § 14 A II 2 (S. 332).
[87] Ebenso *Schüttfort*, Ausschließliche Zuständigkeiten, S. 44 f.; so auch *Schack*, IZVR, Rn. 289, 384, für die ausschließlichen Gerichtsstände der Sachbelegenheit. Demgegenüber für eine Behandlung im Rahmen der Notzuständigkeit *Roth* in Stein/Jonas, ZPO, vor § 12 Rn. 34, allerdings ohne diese Ansicht zu begründen.
[88] Vgl. BGH, Urt. v. 13.12.1967, NJW 1968, 356, 357; BGH, Urt. v. 21.12.1970, NJW 1971, 325 f.; BGH, Urt. v. 8.2.1971, NJW 1971, 985; BGH, Urt. v. 3.12.1973, ZZP 88 (1975), 318 f.; OLG Koblenz, Urt. v. 26.5.1983, IPRax 1984, 267.
[89] BGH, Urt. v. 13.12.1967, NJW 1968, 356, 357; BGH, Urt. v. 21.12.1970, NJW 1971, 325 f.; BGH, Urt. v. 8.2.1971, NJW 1971, 985; BGH, Urt. v. 3.12.1973, ZZP 88 (1975), 318 f.; OLG Koblenz, Urt. v. 26.5.1983, IPRax 1984, 267.

zung⁹⁰ folgert die Rechtsprechung jedoch, dass die Parteien die ausländischen Gerichte im Regelfall selbst dann als ausschließlich zuständig vereinbaren wollen, wenn die Entscheidungen im Inland nicht anerkennungsfähig sind⁹¹. Dies hätte zum Beispiel zur Konsequenz, dass nicht auf inländisches Vermögen zugegriffen werden könnte, da aufgrund der Derogation inländischer Zuständigkeit auch keine Entscheidungszuständigkeit deutscher Gerichte eröffnet werden könnte⁹². Um dennoch einen Zugriff auf das inländische Vermögen zu ermöglichen, fordern Teile der Literatur, dass eine Notzuständigkeit angenommen wird, wenn eine im Prorogationsstaat ergangene Entscheidung im Inland nicht anerkannt werden könne⁹³.

Ein Rückgriff auf die Notzuständigkeit ist aber nicht erforderlich. Denn einem faktischen Vollstreckungsausschluss ist bereits auf der Ebene der Parteivereinbarung zu begegnen, indem die fehlende Anerkennungsaussicht einer Entscheidung im Inland – abweichend von der Rechtsprechung – stärker betont wird⁹⁴. Grundsätzlich haben die Parteien ein beiderseitiges Interesse an einer anerkennungsfähigen und vollstreckbaren Entscheidung⁹⁵. Daher ist es regel-

---

⁹⁰ Siehe nur *Bork* in Stein/Jonas, ZPO, § 38 Rn. 34; *Eicher*, Rechtsverwirklichungschancen, S. 258, jeweils m. w. N.

⁹¹ Vgl. dazu BGH, Urt. v. 13.12.1967, NJW 1968, 356, 357; BGH, Urt. v. 21.12.1970, NJW 1971, 325 f.; BGH, Urt. v. 8.2.1971, NJW 1971, 985; BGH, Urt. v. 3.12.1973, ZZP 88 (1975), 318 f.; OLG Koblenz, Urt. v. 26.5.1983, IPRax 1984, 267. Zustimmend *Hausmann* in Wieczorek/Schütze, ZPO, 3. Aufl., § 38 Rn. 71 f.; *Schütze* in FS für Rechberger, S. 567, 574; *ders.*, Deutsches Internationales Zivilprozessrecht, Rn. 129; unter Einschränkungen auch *Bork* in Stein/Jonas, ZPO, § 38 Rn. 34; *Kropholler* in Hdb. IZVR I, Kap. III, Rn. 552 ff.

⁹² Die Rechtsprechung lässt selbst dann keine Ausnahme von der ausschließlichen Zuständigkeit des Auslands zu, wenn lediglich im Inland Vermögen des Beklagten vorhanden ist, da der Kläger insoweit nicht rechtlos gestellt werde, sondern im Prorogationsstaat nur kein Vermögen vorhanden sei (so ausdrücklich BGH, Urt. v. 8.2.1971, NJW 1971, 985; OLG Koblenz, Urt. v. 26.5.1983, IPRax 1984, 267).

⁹³ *Geimer*, IZPR, Rn. 1766; *Kropholler* in Hdb. IZVR I, Kap. III, Rn. 559 f.; zurückhaltender *Bork* in Stein/Jonas, ZPO, § 38 Rn. 34; *Hausmann* in Wieczorek/Schütze, ZPO, 3. Aufl., § 38 Rn. 72; ablehnend *Krümmel* in Graf von Westphalen, Deutsches Recht im Wettbewerb, S. 70, 81; *Schütze* in FS für Rechberger, S. 567, 574; *ders.*, Deutsches Internationales Zivilprozessrecht, Rn. 129. Aus den Äußerungen wird indes nicht ganz klar, ob die Derogationswirkung dann ausgeschlossen und auf vorhandene Zuständigkeiten zurückgegriffen werden soll (dafür ausdrücklich *Schröder*, Internationale Zuständigkeit, S. 461) oder die Derogation dem Grunde nach aufrechterhalten und somit eine „echte" Notzuständigkeit eröffnet werden soll. Zu den begrifflichen Schwierigkeiten im Zusammenhang mit der Derogation siehe bereits oben unter § 14 A II 1 (S. 332).

⁹⁴ So auch *Eicher*, Rechtsverwirklichungschancen, S. 258 f.; *Pfeiffer*, Internationale Zuständigkeit, S. 512 ff.; *Schröder*, Internationale Zuständigkeit, S. 461 f.; *M. Weller*, Ordrepublic-Kontrolle internationaler Gerichtsstandsvereinbarungen, S. 333 f.

⁹⁵ Siehe dazu bereits oben unter § 5 A I 2 (S. 72 ff.).

mäßig nicht die Absicht der Parteien, durch eine Gerichtsstandsvereinbarung auf die Vollstreckung in bestimmten Staaten zu verzichten oder den Rechtsschutz faktisch gar insgesamt auszuschließen[96]. Vielmehr erschöpft sich der Sinn und Zweck einer Gerichtsstandsvereinbarung häufig darin, die Modalitäten der Rechtsverfolgung rechtssicher festzusetzen[97] und eine parteiautonome Abwägungsentscheidung der für ein Erkenntnisverfahren relevanten Zuständigkeitsinteressen zu treffen[98]. Konsequenz dieser Beurteilung ist es, die Derogationswirkung einer Gerichtsstandsvereinbarung im Regelfall davon abhängig zu machen, ob eine in dem prorogierten Staat ergangene Entscheidung im Inland anerkennungsfähig ist[99]. Nur wenn die Auslegung zweifelsfrei ergibt, dass auf eine vollstreckbare Entscheidung in anderen Staaten als dem prorogierten Staat verzichtet werden soll, ist von einer wirksamen Derogation auszugehen[100]. In diesen Ausnahmefällen ist die Eröffnung einer Notzuständigkeit nicht angezeigt[101], da es den Parteien sogar freistünde, insgesamt auf wirksamen Rechtsschutz zu verzichten[102].

IV. Anerkennungszuständigkeit infolge spiegelbildlicher Anwendung der Notzuständigkeit

Die Anerkennung einer ausländischen Entscheidung setzt voraus, dass die Gerichte des Entscheidungsstaates aus der Sicht des Staates, in dem die Entscheidung anerkannt werden soll, zur Entscheidung zuständig gewesen sind (sogenannte Anerkennungszuständigkeit)[103]. Diese Anerkennungszuständigkeit bemisst sich im autonomen Recht nach denselben Vorschriften, die auch für die

---

[96] *Pfeiffer*, Internationale Zuständigkeit, S. 515 f. Vgl. auch *Eicher*, Rechtsverwirklichungschancen, S. 258; *Schröder*, Internationale Zuständigkeit, S. 461 f.
[97] Vgl. *M. Weller*, Ordre-public-Kontrolle internationaler Gerichtsstandsvereinbarungen, S. 334.
[98] Vgl. *Pfeiffer*, Internationale Zuständigkeit, S. 517.
[99] Dafür *Pfeiffer*, Internationale Zuständigkeit, S. 512 ff.; *M. Weller*, Ordre-public-Kontrolle internationaler Gerichtsstandsvereinbarungen, S. 333.
[100] Vgl. auch *Pfeiffer*, Internationale Zuständigkeit, S. 518; *M. Weller*, Ordre-public-Kontrolle internationaler Gerichtsstandsvereinbarungen, S. 333.
[101] Im Ergebnis auch *Eicher*, Rechtsverwirklichungschancen, S. 259 Fn. 1088.
[102] Allein in diesem Zusammenhang überzeugt das genannte Argument, welches von der Rechtsprechung indes bereits herangezogen wird, um zu rechtfertigen, dass es aufgrund einer ausschließlichen Zuständigkeitsvereinbarung auch zu einer faktischen Rechtsverweigerung kommen dürfe, vgl. BGH, Urt. v. 13.12.1967, NJW 1968, 356, 357; BGH, Urt. v. 21.12.1970, NJW 1971, 325 f.; BGH, Urt. v. 8.2.1971, NJW 1971, 985; BGH, Urt. v. 3.12.1973, ZZP 88 (1975), 318 f.; OLG Koblenz, Urt. v. 26.5.1983, IPRax 1984, 267.
[103] Siehe nur *Schack*, IZVR, Rn. 237, 980.

Entscheidungszuständigkeit deutscher Gerichte maßgeblich sind[104]. Denn nach § 328 Abs. 1 Nr. 1 ZPO[105] setzt die Anerkennung voraus, dass die ausländischen Gerichte bei spiegelbildlicher Anwendung der inländischen Zuständigkeitsvorschriften international zuständig gewesen wären[106]. Vor diesem Hintergrund stellt sich die Frage, ob auch die ungeschriebene Notzuständigkeit spiegelbildlich die Anerkennungszuständigkeit begründen kann. Bejahte man diese Frage, würde das Bedürfnis nach einer Notzuständigkeit reduziert, da eine inländische Notzuständigkeit entbehrlich wäre, wenn bereits die (Not-)Entscheidung eines ausländischen Staates anerkannt werden könnte. In der Literatur wird die spiegelbildliche Anwendung der ungeschriebenen Notzuständigkeit bislang einhellig befürwortet[107]. Dies wird zum einen mit dem Erfordernis begründet, Rechtsverweigerung zu vermeiden[108]. Zum anderen sei die Notzuständigkeit, da sie im Inland als ungeschriebener Zuständigkeitsgrund anerkannt sei, auch dem Ausland zuzugestehen[109]. Dagegen könnte jedoch vorgebracht werden, dass über die Anerkennungszuständigkeit gemäß § 328 Abs. 1 Nr. 1 ZPO allein „nach den deutschen Gesetzen" zu entscheiden ist, während es sich bei der Notzuständigkeit zwar um einen anerkannten Zuständigkeitsgrund, aber ungeschriebenes Recht handelt[110]. Allerdings ist dieser Formulierung keine Beschränkung auf geschriebenes Recht zu entnehmen, was sich einerseits aus der Gesetzeshistorie[111] ergibt sowie andererseits daraus, dass in der moderneren Kodifizierung des § 109 Abs. 1 Nr. 1 FamFG auf den weiteren Begriff des deutschen „Recht[s]" anstelle von „Gesetzen" abgestellt wird. Zudem lässt sich eine Spiegelung der Notzuständigkeit auch mit dem Zweck des Beklagtenschut-

---

[104] *Kegel* in Kegel/Schurig, IPR, § 22 V c (S. 1062); *Kropholler*, IPR, § 60 IV 5 a.
[105] Das Spiegelbildprinzip ist ebenso in § 109 Abs. 1 Nr. 1 FamFG geregelt.
[106] Vgl. *Junker*, IZPR, § 32 Rn. 28.
[107] *Andrae* in NomosKommentarBGB, Anhang II zum III. Abschnitt EGBGB: § 109 FamFG Rn. 52; *Geimer* in Zöller, ZPO, § 109 FamFG Rn. 28; *Hausmann*, Internationales und Europäisches Familienrecht, K Rn. 265; *Schröder*, Internationale Zuständigkeit, S. 213; Staudinger/*Spellenberg* (2016), § 109 FamFG Rn. 127.
[108] *Schröder*, Internationale Zuständigkeit, S. 213.
[109] Vgl. *Schröder*, Internationale Zuständigkeit, S. 213; Staudinger/*Spellenberg* (2016), § 109 FamFG Rn. 127.
[110] Zu beachten ist insoweit § 12 EGZPO, der – parallel zu Art. 2 EGBGB – bestimmt, dass Gesetz im Sinne der ZPO jede Rechtsnorm ist. Für die Beurteilung der Frage, ob es sich bei der Notzuständigkeit um eine Rechtsnorm handelt, käme es dann auf die schwierige Abgrenzung von Richterrecht und Gewohnheitsrecht an; denn während es sich bei Richterrecht grundsätzlich um keine Rechtsnorm handelt, ist Gewohnheitsrecht als eine solche anerkannt (vgl. zum Ganzen Staudinger/*Merten* (2018), Art. 2 EGBGB Rn. 40, 93 m.w.N.). Eine nähere Auseinandersetzung ist aufgrund der sogleich im Text folgenden Argumentation jedoch entbehrlich.
[111] Siehe *Kern*, ZZP 120 (2007), 31, 45.

§ 14 Ungeschriebene Notzuständigkeit   347

zes[112] vereinbaren, da es für die Beurteilung der Zumutbarkeit eines Gerichtsstandes nicht von Bedeutung ist, ob dieser geschrieben oder ungeschrieben ist, sondern allein auf dessen tatsächliche Verwendung ankommt. Mithin führt die autonome Notzuständigkeit spiegelbildlich zur Anerkennungszuständigkeit anderer Staaten.

Davon zu unterscheiden ist allerdings die Frage, ob auch die im europäischen Zuständigkeitsrecht ausdrücklich geregelten Notzuständigkeiten, also Artt. 7 EuUntVO, 11 EuErbVO, 11 EuGüVO/EuPartVO, zu spiegeln sind, wenn autonomes Anerkennungsrecht maßgeblich ist. Das Ergebnis hängt von der allgemeineren und äußerst umstrittenen Fragestellung ab, ob neben[113] den autonomen Zuständigkeitsgründen auch die Gerichtsstände des europäischen Verordnungsrechts spiegelbildlich zu einer Anerkennungszuständigkeit führen können. Ein Teil der Literatur lehnt dies generell ab[114], während andere die Möglichkeit bejahen[115]. Wiederum andere differenzieren danach, ob die Verordnungen nur der Abgrenzung zwischen den Entscheidungszuständigkeiten der Mitgliedstaaten dienten oder ein abschließendes Zuständigkeitssystem auch im Verhältnis zu Drittstaaten schafften[116]. Gegen die Berücksichtigung europäischen Zuständigkeitsrechts wird zunächst der Wortlaut von §§ 328 Abs. 1 Nr. 1 ZPO, 109 Abs. 1 Nr. 1 FamFG angeführt, in dem lediglich von „deutschen Gesetzen" beziehungsweise „deutschem Recht" die Rede ist[117]. Darüber hinaus seien nach dem Spiegelbildprinzip nur die Zuständigkeitsgründe zu spiegeln, die durch den deutschen Gesetzgeber als angemessen anerkannt seien, was bei den europäi-

---

[112] Siehe dazu oben unter § 6 A II 1 (S. 91 f.).

[113] Für eine ausschließliche Berücksichtigung europäischen Zuständigkeitsrechts allein *Wall*, FamRBint 2011, 15, 21. Diese weitgehende Ansicht mit überzeugenden Argumenten ablehnend *Kern*, ZZP 120 (2007), 31, 56 ff.; im Ergebnis auch OLG Düsseldorf, Beschl. v. 5.10.2012, IPRax 2014, 286, 287.

[114] *Gottwald* in MünchKommZPO, § 328 Rn. 92; *Riegner*, FPR 2013, 4, 8; *Roth* in Stein/Jonas, ZPO, § 328 Rn. 74; *Schärtl*, IPRax 2006, 438, 441 f.; Staudinger/*Spellenberg* (2016), § 109 FamFG Rn. 70. Im Anwendungsbereich der Brüssel IIa-VO ebenfalls kritisch, wenngleich im Ergebnis offenlassend OLG Düsseldorf, Beschl. v. 5.10.2012, IPRax 2014, 286, 287.

[115] *Eicher*, Rechtsverwirklichungschancen, S. 72; *Fernández Arroyo/J.P. Schmidt*, IPRax 2009, 499, 500; *Kern*, ZZP 120 (2007), 31, 45 ff.; *Rauscher* in MünchKommFamFG, § 109 Rn. 12; *Sonnentag*, Die Konsequenzen des Brexits, S. 110; zurückhaltender *Stadler* in Musielak/Voit, ZPO, § 328 Rn. 10.

[116] *Hausmann*, Internationales und Europäisches Familienrecht, K Rn. 258, M Rn. 852. Vgl. auch *Andrae*, Internationales Familienrecht, § 3 Rn. 92, § 4 Rn. 411, § 10 Rn. 288, welche die Zuständigkeitsregelungen der EuGüVO aufgrund ihrer Spezifik indes nicht spiegeln möchte.

[117] Vgl. *Riegner*, FPR 2013, 4, 8. Kritisch daher auch OLG Düsseldorf, Beschl. v. 5.10. 2012, IPRax 2014, 286, 287.

schen Zuständigkeitsgründen nicht der Fall sei[118]. Diese Argumentation ist indes nicht überzeugend, sodass zumindest die Zuständigkeitsgründe der oben genannten Verordnungen und mithin auch die ausdrücklichen Notzuständigkeiten zu spiegeln sind. Denn als „deutsches" Recht kann zunächst das Recht angesehen werden, welches in Deutschland anwendbar ist, worunter neben – und in weiten Teilen sogar vorrangig vor – dem autonomen das europäische Zuständigkeitsrecht fällt[119]. Des Weiteren können Anknüpfungspunkte, die über europäische Zuständigkeitsvorschriften zu einer Entscheidungszuständigkeit deutscher Gerichte führen, gegenüber Drittstaaten nicht als unangemessen behandelt werden. Vielmehr bringen auch die europäischen Regelungen zum Ausdruck, unter welchen Voraussetzungen eine Zuständigkeitsausübung für den Beklagten noch vorhersehbar und zumutbar ist[120], sodass sie dem Beklagtenschutz als Zweck des Spiegelbildprinzips entsprechen. Schließlich lässt sich gegen die vorliegend maßgeblichen Verordnungen nicht der in Bezug auf die Brüssel Ia-VO sowie die Brüssel IIa-VO vorgebrachte Einwand erheben, dass diese lediglich der Abgrenzung der Entscheidungszuständigkeiten zwischen den EU-Mitgliedstaaten dienten[121]. Denn die EuUntVO, EuErbVO sowie EuGüVO/EuPartVO schaffen für die teilnehmenden Mitgliedstaaten auch im Verhältnis zu Drittstaaten ein abschließendes Zuständigkeitsregime[122].

V. Ergebnis

Als untaugliches Mittel, um eine Rechtsverweigerung zu vermeiden, hat sich zunächst der Zuständigkeitsrenvoi erwiesen. Darüber hinaus kann *de lege lata* auch bei drohender Rechtsverweigerung nicht auf das Erfordernis der Verbürgung der Gegenseitigkeit verzichtet werden. Schließlich bildet die Notzuständigkeit kein eigenständiges Abwägungskriterium im Rahmen des anerkennungsrechtlichen *ordre public*. Demgegenüber kann eine Rechtsverweigerung vermieden werden, indem die Gewährung international ausschließlicher Zu-

---

[118] *Roth* in Stein/Jonas, ZPO, § 328 Rn. 74; *Schärtl*, IPRax 2006, 438, 442.
[119] Vgl. *Fernández Arroyo/J.P. Schmidt*, IPRax 2009, 499, 500; *Kern*, ZZP 120 (2007), 31, 47.
[120] *Kern*, ZZP 120 (2007), 31, 49 f.; *Rauscher* in MünchKommFamFG, § 109 Rn. 12; *Sonnentag*, Die Konsequenzen des Brexits, S. 110. Vgl. auch *Eicher*, Rechtsverwirklichungschancen, S. 72; *Hausmann*, Internationales und Europäisches Familienrecht, M Rn. 852.
[121] Siehe *Andrae*, Internationales Familienrecht, § 3 Rn. 92; *dies.* in NomosKommentar-BGB, Anhang II zum III. Abschnitt EGBGB: § 109 FamFG Rn. 51; *Hausmann*, Internationales und Europäisches Familienrecht, K Rn. 258.
[122] Vgl. *Andrae*, Internationales Familienrecht, § 4 Rn. 411, § 10 Rn. 288; *Hausmann*, Internationales und Europäisches Familienrecht, M Rn. 852. Ausführlich oben unter § 10 A (S. 164 ff.).

ständigkeit zugunsten ausländischer Gerichte davon abhängig gemacht wird, ob diese zu einer Rechtsverweigerung führt oder nicht. Zudem ist die Anerkennungsfähigkeit bei der Auslegung einer Prorogation ausländischer Gerichte zu berücksichtigen. Ferner können die ungeschriebene Notzuständigkeit des autonomen Rechts sowie die geschriebenen Notzuständigkeiten des europäischen Zuständigkeitsrechts spiegelbildlich die Anerkennungszuständigkeit ausländischer Gerichte begründen.

C. Voraussetzungen der Notzuständigkeit

I. Drohende Rechtsverweigerung

1. Fallgruppen drohender Rechtsverweigerung

Der einzige Zweck der Notzuständigkeit besteht darin, eine drohende Rechtsverweigerung zu verhindern[123]. Aus diesem Grund ist entscheidend, in welchen Konstellationen eine Rechtsverweigerung droht, die zur Ausübung von internationaler Notzuständigkeit berechtigt.

a) Negativer internationaler Kompetenzkonflikt

Zu einem negativen internationalen Kompetenzkonflikt kommt es, wenn Anknüpfungspunkte des nationalen und ausländischen Zuständigkeitsrechts für einen Sachverhalt mit der Konsequenz auseinanderfallen, dass sich kein Staat als zuständig erachtet[124]. Diese Konstellation trat zum Beispiel in einem Ver-

---

[123] Siehe bereits oben unter § 2 B (S. 9 ff.).
[124] Vgl. *Eicher*, Rechtsverwirklichungschancen, S. 267; *Geimer*, IZPR, Rn. 1025; *Hausmann* in Wieczorek/Schütze, ZPO, 3. Aufl., Vor § 12 Rn. 84; *Kropholler* in Hdb. IZVR I, Kap. III, Rn. 183; *Kübler-Wachendorff*, Das forum necessitatis, S. 18 ff.; *Milleker*, Der Negative Internationale Kompetenzkonflikt, S. 33 ff.; *Patzina* in MünchKommZPO, § 12 Rn. 98; *Schack*, IZVR, Rn. 499; *Schütze* in FS für Rechberger, S. 567, 571; *ders.*, Deutsches Internationales Zivilprozessrecht, Rn. 126; *ders.*, Rechtsverfolgung im Ausland, Rn. 150; *Seyfarth*, Wandel der internationalen Zuständigkeit, S. 35 f. Dieser Kompetenzkonflikt hätte zwar bei Nichtanwendbarkeit sowohl der EuInsVO a.F. als auch der Brüssel I-VO einem Vorlagebeschluss des BGH, Beschl. v. 21.6.2007, EuZW 2007, 582, zugrunde gelegen; indes konnte der BGH die Entscheidung über die Notzuständigkeit noch offenlassen und musste sich angesichts der vom EuGH ausgesprochenen Anwendbarkeit der EuInsVO a.F. dazu nicht mehr äußern (siehe BGH, Urt. v. 19.5.2009, NJW 2009, 2215). Das Urteil des KG, Urt. v. 4.4.2007, IPRspr. 2007, Nr. 163, S. 458, 462, offenbart mit der Unterscheidung zwischen „domicile" und Wohnsitz zumindest einen möglichen Anwendungsfall eines negativen Kompetenzkonfliktes, ohne dass es – entgegen dem Parteivortrag – auf eine Notzuständigkeit angekommen wäre. Demgegenüber lag der Entscheidung des AG Landstuhl, Urt. v. 6.9.2001, FamRZ 2002,

fahren des BayObLG auf, das den Nachlass eines italienischen Erblassers mit Wohnsitz in Deutschland betraf[125]: Während im deutschen Zuständigkeitsrecht die Staatsangehörigkeit des Erblassers maßgeblich war, hätten sich die italienischen Nachlassgerichte aufgrund des Wohnsitzes in Deutschland als unzuständig erachtet[126]. Der drohenden Rechtsverweigerung kann in diesen Konstellationen nur begegnet werden, indem eine inländische Notzuständigkeit eröffnet wird[127].

Darüber hinaus entsteht ein negativer internationaler Kompetenzkonflikt, wenn die Zuständigkeitsordnungen Sachverhalte zwar nach den gleichen Merkmalen anknüpfen, diese Anknüpfungspunkte aber voneinander abweichend beurteilen[128]. So werden insbesondere[129] die Zulässigkeit von Gerichtsstandsvereinbarungen und die Anforderungen hieran von den Zuständigkeitsordnungen unterschiedlich bewertet. Daher kann ein Staat seine Zuständigkeit aufgrund

---

1343, ein unbemerkter negativer internationaler Kompetenzkonflikt zugrunde (siehe *Gottwald*, FamRZ 2002, 1343 f.).

[125] BayObLG, Beschl. v. 2.12.1965, NJW 1967, 447.

[126] Siehe BayObLG, Beschl. v. 2.12.1965, NJW 1967, 447, 448. Hintergrund war, dass die internationale Zuständigkeit deutscher Gerichte in Nachlasssachen früher davon abhing, ob auf den Erbfall deutsches Erbrecht Anwendung fand (sog. Gleichlaufgrundsatz). Das anwendbare Erbrecht wurde dabei an die Staatsangehörigkeit des Erblassers angeknüpft. – Vgl. dazu nur BayObLG, Beschl. v. 2.12.1965, NJW 1967, 447 f.

[127] Vgl. *Basedow*, JZ 2016, 269, 274; *Geimer*, IZPR, Rn. 1025, 1030; *Hausmann* in Wieczorek/Schütze, ZPO, 3. Aufl., Vor § 12 Rn. 84, 87; *Kropholler* in Hdb. IZVR I, Kap. III, Rn. 183, 192; *Milleker*, Der Negative Internationale Kompetenzkonflikt, S. 28 ff.; *Schack*, IZVR, Rn. 499 f., 503; *Schütze* in FS für Rechberger, S. 567, 571; *ders.*, Deutsches Internationales Zivilprozessrecht, Rn. 126, 128 f. Das BayObLG, Beschl. v. 2.12.1965, NJW 1967, 447, 448 f., hat im Ergebnis die internationale Zuständigkeit zur Verhinderung einer Rechtsschutzverweigerung bejaht, worin man je nach Lesart entweder eine von vornherein beachtliche – und damit den Kompetenzkonflikt ausschließende – Ausnahme des Gleichlaufgrundsatzes oder einen Anwendungsfall der Not- bzw. Fürsorgezuständigkeit erblicken kann. Ähnlich für einen deutsch-österreichischen Sachverhalt OLG Frankfurt am Main, Beschl. v. 30.9.1975, OLGZ 1977, 180, 183 ff.

[128] *Eicher*, Rechtsverwirklichungschancen, S. 267; *Hausmann* in Wieczorek/Schütze, ZPO, 3. Aufl., Vor § 12 Rn. 84; *Kropholler* in Hdb. IZVR I, Kap. III, Rn. 183; *Kübler-Wachendorff*, Das forum necessitatis, S. 17; *Neuhaus*, RabelsZ 20 (1955), 201, 265 f.; *Patzina* in MünchKommZPO, § 12 Rn. 98; *Schütze* in FS für Rechberger, S. 567, 571; *ders.*, Deutsches Internationales Zivilprozessrecht, Rn. 126; *ders.*, Rechtsverfolgung im Ausland, Rn. 150.

[129] Darüber hinaus ist noch die Entscheidung des RG, Beschl. v. 17.6.1942, RGZ 169, 192, zu nennen, in welcher der Wohnsitz eines Kindes sich nach einer Rechtsordnung durch den letzten Wohnsitz des verstorbenen Vaters bestimmte, während die andere auf den Wohnsitz der Mutter abstellte. Demgegenüber war in einer Entscheidung des RG, Urt. v. 3.7.1939, RGZ 160, 396, bereits deshalb unklar, in welchem Staat ein Anknüpfungspunkt internationaler Zuständigkeit verwirklicht war, weil widersprüchliche Auffassungen über die Staatsangehörigkeit der Parteien bestanden.

einer wirksamen Derogation verneinen, während der andere Staat die Prorogation als unwirksam erachtet und infolgedessen seine internationale Zuständigkeit ebenfalls ablehnt[130]. Von besonderem Interesse ist in diesem Zusammenhang eine Entscheidung des BGH, in der die Parteien die Zuständigkeit deutscher Gerichte vereinbart hatten[131]. Aufgrund dieser Vereinbarung hatte zunächst ein griechisches Gericht die internationale Zuständigkeit verneint. Demgegenüber beurteilten die deutschen Gerichte die Gerichtsstandsvereinbarung als unwirksam und verneinten zudem sonstige inländische Zuständigkeitsgründe. Der BGH erkannte zwar die Gefahr eines negativen Kompetenzkonfliktes, lehnte die Gewährung einer Notzuständigkeit allerdings mit der Begründung ab, dass sich die Klägerin in Griechenland auf die Wirksamkeit der Gerichtsstandsvereinbarung berufen habe und damit das Risiko einer abweichenden Beurteilung durch deutsche Gerichte eingegangen sei[132]. Diese Begründung überzeugt jedoch nicht. Denn sie mutete einem Kläger nicht nur zu, auf die Einrede einer Derogation im Zweifel zu verzichten, sondern führte zu einer tatsächlichen Rechtsverweigerung, da im Derogationsstaat regelmäßig nicht mehr geklagt werden könnte. Vielmehr genügt die abweichende Beurteilung einer Gerichtsstandsvereinbarung als Anlass der Notzuständigkeit, wenn sich aus diesem Grund kein Staat als zuständig erachtet[133].

b) Unmöglichkeit oder Unzumutbarkeit eines ausländischen Verfahrens

aa) Unmöglichkeit eines ausländischen Verfahrens

Im Gegensatz zu dem zuständigkeitsrechtlich begründeten Hinderungsgrund eines negativen internationalen Kompetenzkonfliktes treten sonstige, insbesondere tatsächliche Hinderungsgründe eines ausländischen Verfahrens häufiger

---

[130] Siehe BGH, Beschl. v. 12.1.1987, II ZR 203/86, juris Rn. 11; OLG München, Urt. v. 30.6.1965, IPRspr. 1964–1965, Nr. 225, S. 670, 671; OLG Koblenz, Zwischenurt. v. 24.6.2004, IPRax 2006, 469, 470 f. Vgl. dazu auch *Hausmann* in Wieczorek/Schütze, ZPO, 3. Aufl., Vor § 12 Rn. 84; *Kropholler* in Hdb. IZVR I, Kap. III, Rn. 183; *Kübler-Wachendorff*, Das forum necessitatis, S. 20; *Milleker*, Der Negative Internationale Kompetenzkonflikt, S. 48.

[131] BGH, Beschl. v. 12.1.1987, II ZR 203/86, juris.

[132] BGH, Beschl. v. 12.1.1987, II ZR 203/86, juris Rn. 11.

[133] *Hausmann* in Wieczorek/Schütze, ZPO, 3. Aufl., Vor § 12 Rn. 84, 87; *Kropholler* in Hdb. IZVR I, Kap. III, Rn. 183, 192. Demgegenüber hatte die Rechtsprechung bislang keine Möglichkeit, die Auffassung zu korrigieren oder jedenfalls zu präzisieren: Bei der Entscheidung des OLG Koblenz, Zwischenurt. v. 24.6.2004, IPRax 2006, 469, 470 f., genügte es, die vom Prorogationsstaat nicht akzeptierte Vereinbarung als unwirksam zu betrachten, um dadurch auf die Zuständigkeitsgründe des autonomen Rechts zurückgreifen zu können. In der Entscheidung des OLG München, Urt. v. 30.6.1965, IPRspr. 1964–1965, Nr. 225, S. 670, 671, konnte die Zuständigkeit kanadischer Gerichte zwar nicht wirksam prorogiert werden, diese Gerichte waren jedoch ohnehin bereits aus anderen Gründen zuständig.

auf[134]. So ist ein Verfahren im Ausland zunächst unmöglich, wenn die ausländischen Gerichte aufgrund eines Stillstands der Rechtspflege tatsächlich nicht erreichbar sind[135]. Dieser Umstand beruht regelmäßig auf kriegerischen Auseinandersetzungen in dem betroffenen Staat[136]. Darüber hinaus ist ein Verfahren unmöglich, sofern sich die ausländische Justiz gänzlich weigert, Rechtsschutz für bestimmte Begehren oder Personen zu gewähren[137]. Zum Beispiel weigerten sich die Nachlassbehörden der DDR aufgrund einer zentralen Anweisung, Erbscheine zu erteilen, die als Grundlage für Lastenausgleichsansprüche in der Bundesrepublik Deutschland dienen sollten[138]. Ferner kann einem Rechtssuchenden der Zugang zu einem staatlichen Verfahren auch aus anderen rechtlichen Gründen insgesamt verwehrt sein. Dies ist etwa der Fall, soweit bestimmte Streitigkeiten abschließend und endgültig von einer nichtstaatlichen Beschwerde- oder Schlichtungsstelle entschieden werden[139]. Schließlich ist ein Verfahren unmöglich, wenn im Ausland keine Entscheidung in der Sache erge-

---

[134] Siehe dazu die Beispiele sogleich im Text.

[135] *Eicher*, Rechtsverwirklichungschancen, S. 267; *Geimer*, IZPR, Rn. 1027; *Hausmann* in Wieczorek/Schütze, ZPO, 3. Aufl., Vor § 12 Rn. 84; *Kropholler* in Hdb. IZVR I, Kap. III, Rn. 184; *Kübler-Wachendorff*, Das forum necessitatis, S. 22 f.; *Patzina* in MünchKommZPO, § 12 Rn. 99; *Pfeiffer*, Internationale Zuständigkeit, S. 451; *Rosenberg/Schwab/Gottwald*, Zivilprozessrecht, § 31 Rn. 52; *Roth* in Stein/Jonas, ZPO, vor § 12 Rn. 37; *Schack*, IZVR, Rn. 499; *Schütze* in FS für Rechberger, S. 567, 571 f.; *ders.*, Deutsches Internationales Zivilprozessrecht, Rn. 129; *Seyfarth*, Wandel der internationalen Zuständigkeit, S. 36; *Smid/ S. Hartmann* in Wieczorek/Schütze, ZPO, Vor §§ 12–37 Rn. 69; *Walchshöfer*, ZZP 80 (1967), 165, 204.

[136] BAG, Urt. v. 29.6.1978, NJW 1979, 1119, 1120 (Bürgerkrieg Libanon); LAG Hamburg, Urt. v. 21.9.1979, IPRspr. 1980, Nr. 137 A, S. 438, 440 (Bürgerkrieg Iran); LAG Frankfurt am Main, Urt. v. 10.6.1981, RIW 1982, 524 (Generalstreik Iran). – Das OLG Hamburg, Urt. v. 13.12.1979, IPRspr. 1979, Nr. 176, S. 590, 592 f., ging zwar von einem Stillstand der Rechtspflege aus (Bürgerkrieg Iran), führte allerdings aus, dass sich eine Partei, in deren Interesse die ausschließliche Zuständigkeit der Gerichte eines Staates vereinbart wurde, nicht auf den dortigen Stillstand der Rechtspflege in einem inländischen Verfahren berufen könne. Der Stillstand der inländischen Rechtspflege ist in § 245 ZPO geregelt und bedingt eine Verfahrensunterbrechung; neben dem in der Vorschrift ausdrücklich genannten Krieg können auch andere Ereignisse einen Stillstand begründen, wobei in der Literatur z. B. Naturkatastrophen oder Epidemien anerkannt sind (siehe nur *Stackmann* in MünchKommZPO, § 245 Rn. 2; *Roth* in Stein/Jonas, ZPO, § 245 Rn. 1).

[137] Auch die Einleitung eines Schieds- oder Gerichtsverfahrens in England wäre deutschen Staatsangehörigen zu Zeiten des Ersten Weltkrieges nach Überzeugung der Gerichte unmöglich gewesen (RG, Urt. v. 29.6.1915, WarnRspr. 1915, Nr. 223, S. 337, 339; RG, Urt. v. 8.6.1918, RGZ 93, 166, 167). Zu der Notzuständigkeit infolge einer Rechtlosstellung von Ausländern oder Inländern vgl. *Geimer*, IZPR, Rn. 1026a; *Kropholler* in Hdb. IZVR I, Kap. III, Rn. 184; *Kübler-Wachendorff*, Das forum necessitatis, S. 23 f.

[138] BGH, Beschl. v. 3.12.1975, BGHZ 65, 311, 315.

[139] Siehe BAG, Urt. v. 13.11.2007, NZA 2008, 761, 766. Eine Verweigerung des Zugangs

hen kann, weil diesem ein entscheidungserhebliches Rechtsinstitut unbekannt ist[140]. So hatte zum Beispiel das OLG Karlsruhe einen Fall zu entscheiden, in dem die Antragstellerin einen Ausgleich für im Inland erworbene Versorgungsanwartschaften begehrte, da dieser in Portugal, dem Aufenthalts- und Heimatstaat der Parteien, nicht möglich sei[141]. Das Gericht verneinte die internationale Zuständigkeit und führte schlicht aus, eine Entscheidung über den Versorgungsausgleich komme nur bei internationaler Zuständigkeit deutscher Gerichte in Betracht und diese sei mangels Zuständigkeit für das Scheidungsverfahren nicht gegeben[142]. Demgegenüber ist in dieser Konstellation eine Notzuständigkeit zu eröffnen[143]. Sieht das deutsche Recht einen Ausgleich für inländische Anwartschaftsrechte vor, muss für diesbezügliche Rechtsschutzbegehren ein Gerichtsstand eröffnet werden, wenn andere Staaten dazu nicht bereit sind und die weiteren Voraussetzungen der Notzuständigkeit erfüllt sind[144]. Denn die Notzuständigkeit gewährleistet, dass eine Entscheidung in der Sache überhaupt möglich ist[145]. Das Bedürfnis eines inländischen Rechtsschutzes hat inzwischen auch der Gesetzgeber erkannt: Denn seit der Einführung des FamFG ist stets eine internationale Zuständigkeit deutscher Gerichte für den Ausgleich inländischer Anwartschaften vorgesehen[146]. Dadurch soll die Durchführung des Versorgungsausgleichs sichergestellt werden[147].

---

zu staatlichen Gerichten ist indes unbedenklich, wenn dies aufgrund eines rechtsstaatlichen Insolvenzverfahrens geschieht (OLG München, Urt. v. 7.10.1992, IPRax 1993, 237, 239).

[140] Nicht höchstrichterlich entschieden wurde in Deutschland über die Behandlung der materiellen Besonderheit des maltesischen Rechts, welches weder eine Scheidungsmöglichkeit kannte noch eine Ehescheidung nach ausländischem Scheidungsstatut durch die inländischen Gerichte zuließ; zwar war ein entsprechendes Verfahren vor dem BGH anhängig, vor der Entscheidung führte Malta indes die Ehescheidung ein. – Vgl. BGH, Urt. v. 20.2.2013, FamRZ 2013, 687, 689 (eine internationale Zuständigkeit ablehnend noch die Vorinstanz, KG, Urt. v. 19.3.2010, 3 UF 16/09, BeckRS 2013, 4964, allerdings ohne die Möglichkeit der Gewährung einer Notzuständigkeit *de lege lata* zu erörtern). Diese Problematik wäre ohnehin im Anwendungsbereich der Brüssel IIa-VO zu behandeln gewesen (so auch *Hau*, FamRZ 2013, 689, 690).

[141] OLG Karlsruhe, Beschl. v. 17.8.2009, IPRax 2010, 536.
[142] OLG Karlsruhe, Beschl. v. 17.8.2009, IPRax 2010, 536 f.
[143] Im Ergebnis auch *Gärtner*, IPRax 2010, 520, 522; *Gottwald*, FamRZ 2010, 148, 149.
[144] Vgl. *Gottwald*, FamRZ 2010, 148, 149.
[145] Vgl. zum EuZVR *Kübler-Wachendorff*, Das forum necessitatis, S. 142 f.; *Marongiu Buonaiuti* in Calvo Caravaca/Davì/Mansel, The EU Succession Regulation, Art. 11 Rn. 9.
[146] Siehe § 102 Nr. 2 FamFG.
[147] Vgl. BegrRegE, BT-Drs. 16/6308, S. 221.

bb) Unzumutbarkeit eines ausländischen Verfahrens

Die Frage, ob im Ausland eine internationale Zuständigkeit vorhanden ist oder ein Verfahren aus sonstigen Gründen unmöglich ist, wirft nur wenige Schwierigkeiten auf[148]. Ungleich schwerer fällt demgegenüber die Antwort auf die Frage, wann ein ausländisches Verfahren einem Rechtssuchenden nicht zumutbar ist[149]. Denn das Zumutbarkeitskriterium hängt in besonderem Maße von den konkreten Umständen des Einzelfalls ab[150].

Während sich den Entscheidungen, die eine Notzuständigkeit behandelten, kaum Anhaltspunkte und Kriterien für die Unzumutbarkeit entnehmen lassen, erweist sich in diesem Zusammenhang die Einbeziehung von Konstellationen als wertvoll, in denen entweder die Derogation inländischer Zuständigkeit oder der Einwand ausländischer Rechtshängigkeit nicht beachtet wird. Demnach ist von der Unzumutbarkeit eines ausländischen Verfahrens zunächst auszugehen, wenn bei dem ausländischen Gericht eine geordnete und sachgerechte Prüfung des Streitgegenstandes nicht möglich ist[151]. Diese Möglichkeit setzt ein Mindestmaß an wirkungsvollem und effektivem Rechtsschutz voraus, welches unterschritten ist, wenn ein rechtsstaatliches Verfahren nicht gewährleistet ist, insbesondere mangels Unabhängigkeit der Justiz[152]. Bei der Annahme von Un-

---

[148] Die Unterscheidung zwischen der Unmöglichkeit und der Unzumutbarkeit eines Verfahrens im Ausland ist allerdings im Grenzbereich beider Fallgruppen trennscharf nicht möglich. Das wird deutlich, wenn man den der Entscheidung des OLG Frankfurt am Main, Urt. v. 24.10.1996, 1 U 242/96, juris, zugrunde liegenden Sachverhalt weiterspinnt, der aus der Sicht des Auslands bereits verjährte Ansprüche betraf. Denn die Verjährung eines Anspruchs wird in manchen Rechtsordnungen prozessrechtlich qualifiziert (siehe *Piekenbrock* in BeckOGK, § 194 BGB Rn. 114 m.w.N.), sodass bei Ablauf der Verjährungsfrist im entsprechenden Staat eine Klage bereits aus prozessualen Gründen nicht erfolgsversprechend wäre und mithin ein dortiges Verfahren als unmöglich angesehen werden könnte.

[149] Diese Schwierigkeit besonders betonend *Kübler-Wachendorff*, Das forum necessitatis, S. 25; *M. Stürner/Pförtner*, GPR 2019, 222, 226 f.

[150] Siehe *Pfeiffer*, Internationale Zuständigkeit, S. 463.

[151] BGH, Urt. v. 3.12.1973, ZZP 88 (1975), 318, 321; LAG Hamburg, Urt. v. 21.9.1979, IPRspr. 1980, Nr. 137 A, S. 438, 440; OLG Hamburg, Urt. v. 13.12.1979, IPRspr. 1979, Nr. 176, S. 590, 592; OLG Bremen, Urt. v. 18.7.1985, RIW 1985, 894, 895; OLG Frankfurt am Main, Urt. v. 1.10.1998, IPRax 1999, 247, 250; *Eicher*, Rechtsverwirklichungschancen, S. 267 f.; *Kübler-Wachendorff*, Das forum necessitatis, S. 26; *Schütze* in FS für Rechberger, S. 567, 572; *ders.*, Deutsches Internationales Zivilprozessrecht, Rn. 129. Vgl. auch OLG Hamburg, Urt. v. 26.4.1973, MDR 1973, 940 (Rechtsverfolgung im Ausland dürfe nicht so gut wie zwecklos oder ausgeschlossen sein).

[152] Das zeigen die Entscheidungen OLG Hamburg, Urt. v. 26.4.1973, MDR 1973, 940 f.; LAG Hamburg, Urt. v. 21.9.1979, IPRspr. 1980, Nr. 137 A, S. 438, 440; OLG Frankfurt am Main, Urt. v. 1.10.1998, IPRax 1999, 247, 250 f.; LG Berlin, Urt. v. 15.4.2010, 33 O 433/07, WKRS 2010, 24173 Rn. 33 ff.

§ 14 Ungeschriebene Notzuständigkeit

zumutbarkeit ist allerdings Zurückhaltung geboten[153]: So genügen allgemeine Ausführungen über die mangelnde Rechtsstaatlichkeit eines ausländischen Systems nicht zur Annahme von Unzumutbarkeit, sondern es ist konkret darzulegen, dass sich ein solcher Mangel auf das jeweilige Verfahren auswirkt[154]. Darüber hinaus können bloße Widrigkeiten einer Prozessführung im Ausland[155], fehlendes Vertrauen in die dortige Justiz[156] oder materielle Besonderheiten des im Ausland anwendbaren Rechts[157] die Unzumutbarkeit eines Verfahrens jedenfalls so lange nicht begründen, wie sie keiner faktischen Rechtsverweigerung gleichkommen[158].

Neben dem Gesichtspunkt der sachgerechten und geordneten Prüfung des Streitgegenstandes kann auch die unverhältnismäßig lange Dauer eines ausländischen Verfahrens die Unzumutbarkeit begründen[159]. Insoweit genügt allerdings

---

[153] Das zeigt auch die bisherige Rechtsprechung: Die Rechtsstaatlichkeit zumindest für das konkrete Verfahren bejahend BGH, Urt. v. 2.7.1991, NJW 1991, 3092, 3095 (Türkei/Zypern); OLG Hamburg, Urt. v. 26.4.1973, MDR 1973, 940 f. (Ukraine/UdSSR); OLG Bremen, Urt. v. 18.7.1985, RIW 1985, 894, 895 (Kolumbien); LG Berlin, Urt. v. 15.4.2010, 33 O 433/07, WKRS 2010, 24173 Rn. 33 ff. (Russland). Demgegenüber von einer Unzumutbarkeit ausgehend LAG Hamburg, Urt. v. 21.9.1979, IPRspr. 1980, Nr. 137 A, S. 438, 440 (Iran); OLG Frankfurt am Main, Urt. v. 1.10.1998, IPRax 1999, 247, 250 f. (Irak).

[154] Eingehend OLG Hamburg, Urt. v. 26.4.1973, MDR 1973, 940 f. Vgl. auch LG Berlin, Urt. v. 15.4.2010, 33 O 433/07, WKRS 2010, 24173 Rn. 34 f. Vgl. ferner BGH, Urt. v. 2.7.1991, NJW 1991, 3092, 3095; *Pfeiffer*, Internationale Zuständigkeit, S. 464.

[155] Vgl. BGH, Urt. v. 3.12.1973, ZZP 88 (1975), 318, 321 (mangelnde Sprachkenntnisse); OLG Rostock, Urt. v. 11.11.1999, IPRspr. 1999, Nr. 132, S. 312, 317 f. (geltend gemacht wurden die mangelnde Kenntnis des ausländischen Rechts sowie Anreisekosten); *Eicher*, Rechtsverwirklichungschancen, S. 268; Staudinger/*Hausmann* (2021), IntVertrVerfR Rn. 367; *Kropholler* in Hdb. IZVR I, Kap. III, Rn. 185; *Kübler-Wachendorff*, Das forum necessitatis, S. 27; *Schütze* in FS für Rechberger, S. 567, 572; *ders.*, Deutsches Internationales Zivilprozessrecht, Rn. 129. Unter diesen Gesichtspunkt lässt sich auch die knappe Entscheidung des AG Landstuhl, Urt. v. 6.9.2001, FamRZ 2002, 1343, fassen, nach der es der Antragstellerin nicht schlichtweg unmöglich sei, Rechtsschutz in entsprechenden Regionen des früheren Jugoslawien zu suchen, da deutsche Soldaten dort hinlängliche Sicherheit gewährten. Denn dies betrifft nicht die Konstellation, dass ein ausländisches Verfahren rechtlich oder tatsächlich unmöglich ist, sondern dass ein solches dem Rechtssuchenden aus Sicherheitsaspekten nicht zugemutet werden könnte.

[156] Vgl. BGH, Urt. v. 2.7.1991, NJW 1991, 3092, 3095; OLG Stuttgart, Urt. v. 6.8.1990, IPRax 1991, 179, 182; *Kübler-Wachendorff*, Das forum necessitatis, S. 25; *Pfeiffer*, Internationale Zuständigkeit, S. 463 f.

[157] Vgl. OLG Frankfurt am Main, Urt. v. 24.10.1996, 1 U 242/96, juris Rn. 34 (im Ausland bereits eingetretene Verjährung).

[158] Vgl. AG Groß-Gerau, Urt. v. 11.6.1980, FamRZ 1981, 51, 52, die Antragstellerin auf ein Scheidungsverfahren in der Türkei zu verweisen, zu der diese keinen Bezug habe, liefe auf eine Rechtsverweigerung hinaus.

[159] Vgl. *Kübler-Wachendorff*, Das forum necessitatis, S. 26 f.; *Schütze* in FS für Rechberger, S. 567, 572.

nicht bereits das entscheidungslose Ablaufen einer bestimmten Zeitspanne[160]. Vielmehr müssen weitere Umstände hinzutreten, die das ausländische Verfahren als unzumutbare Rechtsschutzbeeinträchtigung erscheinen lassen[161]. Maßgebend für die Einzelfallbetrachtung ist insbesondere, ob – und zu welchem Anteil – die Parteien oder das Gericht die Verfahrensverzögerung zu vertreten haben und wie komplex der Verfahrensgegenstand ist[162]. So wurde die Unzumutbarkeit in einem Verfahren angenommen, in dem innerhalb von zwei Jahren noch keine Zustellung erfolgte und ein weiterer Verfahrensfortgang nicht absehbar war, ohne dass die Verzögerung der Sphäre des Rechtssuchenden zuzurechnen war[163].

Ferner sind zwei weitere mögliche Anwendungsfälle der Unzumutbarkeit zu beachten: Zum einen kann sich die Unzumutbarkeit eines ausländischen Verfahrens daraus ergeben, dass entweder die regulären Kosten eines Verfahrens von dem Rechtssuchenden wirtschaftlich nicht getragen werden können oder für den Fall des Unterliegens ein nicht mehr hinzunehmendes Kostenrisiko besteht[164]. Die Kosten eines Gerichtsverfahrens sind unzumutbar, wenn sie außer Verhältnis zu der Wirtschaftskraft des Klägers stehen[165]. Denn das Recht auf Zugang zu Gericht aus Art. 6 Abs. 1 EMRK soll dem Einzelnen nicht aus wirtschaftlichen Gründen unmöglich gemacht werden[166]. Vielmehr muss der Rechtsschutz für bemittelte und unbemittelte Kläger gleichermaßen erreichbar sein[167]. Daher verhindert die Notzuständigkeit auch eine Rechtsverweigerung, die darauf beruht, dass der Rechtssuchende nicht über hinreichende finanzielle Ressourcen

---

[160] Insbesondere verbietet sich die Annahme starrer Zeitgrenzen, wie das BVerfG, Beschl. v. 20.7.2000, NJW 2001, 214, 215, zu einer Verfahrensverzögerung im Inland ausgeführt hat.

[161] BGH, Urt. v. 10.10.1985, NJW 1986, 2195, 2196. Vgl. auch OLG München, Urt. v. 31.10. 1984, IPRax 1985, 338, 339.

[162] Zu diesen Gesichtspunkten *Schmehl*, Parallelverfahren und Justizgewährung, S. 230 f.

[163] LG Neuruppin, Urt. v. 18.9.2003, IPRspr. 2003, Nr. 173, S. 562, 563 f. Darüber hinaus eine unzumutbare Verzögerung annehmend BGH, Urt. v. 26.1.1983, NJW 1983, 1269, 1270; KG, Urt. v. 21.12.1993, FamRZ 1995, 1074f.; ablehnend BGH, Urt. v. 10.10.1985, NJW 1986, 2195, 2196; OLG München, Urt. v. 31.10.1984, IPRax 1985, 338, 339; OLG Rostock, Urt. v. 11.11.1999, IPRspr. 1999, Nr. 132, S. 312, 317; OLG Koblenz, Beschl. v. 6.1.2016, FamRZ 2016, 995.

[164] Vgl. *M. Weller*, Ordre-public-Kontrolle internationaler Gerichtsstandsvereinbarungen, S. 326f.

[165] Vgl. EGMR, Urt. v. 19.6.2001, Nr. 28249/95, Rn. 60 ff. – Kreuz/Polen; EGMR, Urt. v. 24.5.2006, Nr. 63945/00, Rn. 37 ff. – Weissman u.a./Rumänien.

[166] *Grabenwarter/Pabel* in Dörr/Grote/Marauhn, EMRK/GG, Kap. 14 Rn. 75; *Pache*, NVwZ 2001, 1342, 1344.

[167] Vgl. BVerfG, Beschl. v. 13.3.1990, BVerfGE 81, 347, 356f.; BVerfG, Beschl. v. 4.5. 2015, NJW 2015, 2173, 2174; vgl. auch *Grabenwarter/Pabel* in Dörr/Grote/Marauhn, EMRK/GG, Kap. 14 Rn. 83; *M. Weller*, Ordre-public-Kontrolle internationaler Gerichtsstandsvereinbarungen, S. 326.

verfügt, um ein Verfahren einzuleiten¹⁶⁸. Zum anderen kann die Unzumutbarkeit darauf beruhen, dass dem Rechtssuchenden negative Konsequenzen drohten, sollte er persönlich in einem Staat erscheinen, in dem er politisch verfolgt wird¹⁶⁹ oder ein Strafbefehl gegen ihn besteht¹⁷⁰. Insoweit ist allerdings zu differenzieren: Während einem politisch Verfolgten die Rückkehr in seinen Heimatstaat zur Prozessführung nicht zugemutet werden kann¹⁷¹, genügt ein im Ausland drohendes Strafverfahren nicht stets zur Annahme von Unzumutbarkeit. Denn handelt es sich um einen berechtigten Strafanspruch des Auslands, der in einem rechtsstaatlichen Verfahren durchgesetzt wird, hat der Rechtssuchende die in Aussicht stehenden negativen Konsequenzen selbst zu verantworten.

c) Anerkennungslücke

In Konstellationen der Anerkennungslücke droht keine internationale, sondern eine rein nationale Rechtsverweigerung¹⁷². Denn im Ausland ist entweder bereits eine Entscheidung ergangen oder es könnte zumindest eine Entscheidung ergehen. Diese Entscheidung ist im Inland lediglich nicht anerkennungsfähig. Gleichwohl ist die Anerkennungslücke taugliche Grundlage einer Notzuständigkeit¹⁷³. Dies verdeutlicht eine jüngere Entscheidung des OLG München¹⁷⁴: Das Gericht hat die Notzuständigkeit für einen Sachverhalt bejaht, in dem ein

---

¹⁶⁸ A.A. *Reisewitz*, Rechtsfragen des Medizintourismus, S. 131, nach dem bestehende, durch den Einsatz hinreichender Ressourcen überwindbare Justizzugangshürden durch die Notzuständigkeit nicht beseitigt werden könnten.
¹⁶⁹ *Hausmann* in Wieczorek/Schütze, ZPO, 3. Aufl., Vor § 12 Rn. 84; *Kropholler* in Hdb. IZVR I, Kap. III, Rn. 185.
¹⁷⁰ *Eicher*, Rechtsverwirklichungschancen, S. 268.
¹⁷¹ *Hausmann* in Wieczorek/Schütze, ZPO, 3. Aufl., Vor § 12 Rn. 84; *Kropholler* in Hdb. IZVR I, Kap. III, Rn. 185; *Kübler-Wachendorff*, Das forum necessitatis, S. 25.
¹⁷² *Milleker*, Der Negative Internationale Kompetenzkonflikt, S. 78, hat diese Konstellation als „territorial begrenzte Rechtsverweigerung" bezeichnet.
¹⁷³ OLG Stuttgart, Urt. v. 6.8.1990, IPRax 1991, 179, 182; OLG Düsseldorf, Urt. v. 11.8. 1994, IPRspr. 1995, Nr. 140a, S. 273, 276; OLG München, Urt. v. 27.2.2019, MDR 2019, 1089, 1090; *Eicher*, Rechtsverwirklichungschancen, S. 268; *Geimer*, IZPR, Rn. 1029; *Hausmann* in Wieczorek/Schütze, ZPO, 3. Aufl., Vor § 12 Rn. 84, 87; Staudinger/*Hausmann* (2021), IntVertrVerfR Rn. 367; *Kropholler* in Hdb. IZVR I, Kap. III, Rn. 186, 192; *Kübler-Wachendorff*, Das forum necessitatis, S. 28 f.; *Nagel/Gottwald*, IZPR, Rn. 3.597; *Pfeiffer*, Internationale Zuständigkeit, S. 451; *Rauscher* in MünchKommFamFG, § 98 Rn. 99; *Rosenberg/Schwab/ Gottwald*, Zivilprozessrecht, § 31 Rn. 52; *Roth* in Stein/Jonas, ZPO, vor § 12 Rn. 38; *Schack*, IZVR, Rn. 499; *Schütze* in FS für Rechberger, S. 567, 573; *ders.*, Deutsches Internationales Zivilprozessrecht, Rn. 129; *Seyfarth*, Wandel der internationalen Zuständigkeit, S. 36; Soergel/*Kronke*, Art. 38 EGBGB Anh. IV Rn. 27; *Walchshöfer*, ZZP 80 (1967), 165, 204; vgl. auch BayObLG, Beschl. v. 19.9.1991, IPRspr. 1991, Nr. 217, S. 461, 463 f.
¹⁷⁴ OLG München, Urt. v. 27.2.2019, MDR 2019, 1089.

russisches Urteil im Inland mangels Verbürgung der Gegenseitigkeit nicht anerkannt wurde[175]. Jedoch war der Kläger nach den Feststellungen des Gerichts darauf angewiesen, auf das inländische Vermögen des Beklagten zugreifen zu können, da die Vollstreckungsmöglichkeiten in Russland zur Befriedigung nicht ausreichten[176]. Demgegenüber hat das OLG Düsseldorf die Notzuständigkeit aufgrund einer Anerkennungslücke in einer Entscheidung abgelehnt, da noch kein ausländischer Titel erwirkt und somit noch kein Vollstreckungsversuch im Ausland unternommen wurde[177]. Eine inländische Notzuständigkeit könne unter diesen Umständen jedoch nur eröffnet werden, wenn im Ausland ein Vermögenszugriff aussichtslos, im Inland aber möglich sei, wobei ersteres von dem Kläger nicht dargelegt wurde[178]. Demnach muss der Rechtssuchende ein Interesse an einer Entscheidung gerade im Inland haben[179]. Dieses Interesse liegt insbesondere vor, wenn eine Notzuständigkeit erforderlich ist, um auf im Inland belegenes Vermögen zuzugreifen, das zur Befriedigung des Rechtssuchenden erforderlich ist[180]. Es kann aber auch genügen, dass der Rechtssuchende im Inland lediglich die Anerkennung einer Entscheidung erreichen möchte, ohne dass es ihm auf eine Vollstreckung ankommt[181].

Mithin kann ein Rechtssuchender in Konstellationen der Anerkennungslücke zwar formal eine Entscheidung im Ausland erreichen, faktisch kommt diese Möglichkeit mangels hinreichender Vollstreckungsaussichten im Ausland jedoch einer – zumindest teilweisen – Rechtsverweigerung gleich[182].

---

[175] OLG München, Urt. v. 27.2.2019, MDR 2019, 1089, 1090 (im Gegensatz zur Vorinstanz ging das OLG allerdings bereits davon aus, dass eine hinreichende Inlandsbeziehung gegeben sei und erörterte die Notzuständigkeit nur ergänzend).

[176] OLG München, Urt. v. 27.2.2019, MDR 2019, 1089, 1090.

[177] OLG Düsseldorf, Urt. v. 11.8.1994, IPRspr. 1995, Nr. 140a, S. 273, 276.

[178] OLG Düsseldorf, Urt. v. 11.8.1994, IPRspr. 1995, Nr. 140a, S. 273, 276.

[179] Vgl. *Geimer*, IZPR, Rn. 1030; *Kübler-Wachendorff*, Das forum necessitatis, S. 28.

[180] *Geimer*, IZPR, Rn. 1030.

[181] Vgl. auch *Geimer*, IZPR, Rn. 1030; *Kübler-Wachendorff*, Das forum necessitatis, S. 28.

[182] Vor diesem Hintergrund ist es auch unschädlich, dass die Annahme einer Notzuständigkeit nach einer gängigen Formulierung in der Rechtsprechung voraussetzt, dass für die Entscheidung des Rechtsstreits keine anderweitige Zuständigkeit gegeben ist und die Versagung der Zuständigkeit deutscher Gerichte für den Kläger die Gefahr einer *internationalen* Rechtsverweigerung begründet, siehe BGH, Urt. v. 2.7.1991, NJW 1991, 3092, 3095; OLG Düsseldorf, Urt. v. 11.8.1994, IPRspr. 1995, Nr. 140a, S. 273, 275; OLG Frankfurt am Main, Urt. v. 24.10.1996, 1 U 242/96, juris Rn. 34; OLG Rostock, Urt. v. 11.11.1999, IPRspr. 1999, Nr. 132, S. 312, 317; OLG München, Urt. v. 27.2.2019, MDR 2019, 1089, 1090; LG Berlin, Urt. v. 15.4.2010, 33 O 433/07, WKRS 2010, 24173 Rn. 33.

2. Keine eigenständige Notzuständigkeit aufgrund eines (voraussichtlichen) Verstoßes einer ausländischen Entscheidung gegen den ordre public

Neben den bereits angesprochenen Fallgruppen drohender Rechtsverweigerung wird auch die sogenannte „Ordre-public-Zuständigkeit" zum Teil als eigenständiger Anwendungsfall der Notzuständigkeit behandelt[183]. Auf der Grundlage dieses Zuständigkeitsgrundes sei eine internationale Zuständigkeit deutscher Gerichte anzunehmen, wenn sich eine ausländische Entscheidung (voraussichtlich) nicht mit dem inländischen *ordre public* vereinbaren lasse[184]. Die „Ordre-public-Zuständigkeit" ist als eigenständiger Anwendungsfall der Notzuständigkeit jedoch abzulehnen[185]. Vielmehr werden die Konstellationen eines *ordre public*-Verstoßes bereits hinreichend von den zuvor behandelten Fallgruppen drohender Rechtsverweigerung erfasst[186].

Demgegenüber stützen die Befürworter einer „Ordre-public-Zuständigkeit" die eigenständige Bedeutung des Zuständigkeitsgrundes im Wesentlichen auf zwei Ansatzpunkte. Zunächst gewährleiste die „Ordre-public-Zuständigkeit" – im Sinne einer positiven Funktion des *ordre public*[187] – die Anwendung international zwingender inländischer Vorschriften, die bei einem ausländischen Verfahren unberücksichtigt blieben[188]. Jedoch wird eine vorgreifliche Zustän-

---

[183] *Kropholler* in Hdb. IZVR I, Kap. III, Rn. 193; *ders.*, IPR, § 58 II 1 d; *Kübler-Wachendorff*, Das forum necessitatis, S. 32 f.; *Mitzkus*, Internationale Zuständigkeit, S. 229 f.; *Neuhaus*, Grundbegriffe des Internationalen Privatrechts, S. 427; *Pfeiffer*, Internationale Zuständigkeit, S. 753 ff.; *ders.* in Festgabe 50 Jahre BGH, S. 617, 623. Vereinzelt wird statt auf die „Ordre-public-Zuständigkeit" auf Konstellationen eines beachtlichen „Rechtsumschwungs" abgestellt (grundlegend *Schröder*, Internationale Zuständigkeit, S. 217 ff.). Dabei handelt es sich trotz der unterschiedlichen Terminologie um denselben möglichen Anwendungsfall einer Notzuständigkeit, der lediglich aus einer anderen Warte betrachtet wird. So führe die internationale Zuständigkeit eines ausländischen Gerichts aus inländischer Perspektive zu einem Wandel („Umschwung") des maßgeblichen Verfahrensrechts und möglicherweise des anwendbaren Sachrechts. Ein solcher Wandel sei jedoch nicht hinzunehmen, wenn sich entweder das anwendbare Verfahrens- oder Sachrecht mit den inländischen Wertvorstellungen nicht mehr vereinbaren lasse. Dann werde die Eröffnung einer eigenen internationalen Notzuständigkeit erforderlich. – Siehe zum Ganzen *Schröder*, Internationale Zuständigkeit, S. 217 ff.

[184] *Pfeiffer*, Internationale Zuständigkeit, S. 753; *ders.* in Festgabe 50 Jahre BGH, S. 617, 623. Vgl. auch *Kropholler* in Hdb. IZVR I, Kap. III, Rn. 193.

[185] Im Ergebnis auch *Geimer*, IZPR, Rn. 1054; *ders.* in Zöller, ZPO, IZPR Rn. 52; *Roth* in Stein/Jonas, ZPO, vor § 12 Rn. 41; *Smid/S. Hartmann* in Wieczorek/Schütze, ZPO, Vor §§ 12–37 Rn. 71.

[186] Siehe dazu sogleich im Text.

[187] Zu dem Hintergrund der positiven Funktion des *ordre public* und der Frage, ob eine solche nach geltendem Recht angenommen werden kann, ausführlich *von Hein* in MünchKommBGB, Art. 6 EGBGB Rn. 2 ff.

[188] Dafür *Kropholler* in Hdb. IZVR I, Kap. III, Rn. 193.

digkeit deutscher Gerichte zur Durchsetzung inländischer Eingriffsnormen von der herrschenden Meinung zu Recht abgelehnt[189]. Denn zum einen ist nicht jede Eingriffsnorm zugleich auch Bestandteil des inländischen *ordre public*[190]. Zum anderen müsste sich der Geltungsanspruch des deutschen Rechts zusätzlich in spezifischen Regelungen des Zuständigkeitsrechts verwirklichen[191]. Denn die Eingriffsnormen legen nur die materiellrechtliche Reichweite des inländischen Rechts fest[192]. Um zur Durchsetzung der Eingriffsnormen auch eine inländische Zuständigkeit eröffnen zu können, wäre demgegenüber eine Vorschrift erforderlich, die den zwingenden Geltungsanspruch des deutschen Rechts auch zuständigkeitsrechtlich festlegte[193].

Als anderen Rechtfertigungsgrund führen die Befürworter einer eigenständigen „Ordre-public-Zuständigkeit" die negative Funktion des *ordre public* an[194]. Demnach sei zu verhindern, dass ausländisches Recht angewendet werde, das sich mit den inländischen Wertvorstellungen nicht vereinbaren lasse[195]. Allerdings wird diese Funktion bereits von den zuvor behandelten Fallgruppen drohender Rechtsverweigerung abgedeckt. Denn ein Verstoß gegen den inländischen *ordre public* bildet zugleich ein Anerkennungshindernis gemäß § 328 Abs. 1 Nr. 4 ZPO beziehungsweise § 109 Abs. 1 Nr. 4 FamFG. Greift keine geschriebene Zuständigkeit deutscher Gerichte ein, ist in diesen Konstellationen ohnehin eine inländische Notzuständigkeit zu eröffnen[196]. Daher könnte die „Ordre-public-Zuständigkeit" allenfalls für den Zeitraum von Bedeutung sein, in dem noch keine Entscheidung im Ausland ergangen ist. Denn es ist umstritten, ob eine Notzuständigkeit aufgrund einer Anerkennungslücke auch eröffnet werden kann, bevor eine Entscheidung im an sich zuständigen Ausland ergan-

---

[189] Ausführlich *Pfeiffer*, Internationale Zuständigkeit, S. 747 ff.; im Ergebnis auch *von Bar/Mankowski*, IPR I, § 5 Rn. 149; *Geimer*, IZPR, Rn. 1054; *ders.* in Zöller, ZPO, IZPR Rn. 52; *Kübler-Wachendorff*, Das forum necessitatis, S. 34; *Roth* in Stein/Jonas, ZPO, vor § 12 Rn. 41.

[190] *Pfeiffer*, Internationale Zuständigkeit, S. 743. Vgl. auch *von Hein* in MünchKomm-BGB, Art. 6 EGBGB Rn. 109; *Nagel/Gottwald*, IZPR, Rn. 12.191, die darauf hinweisen, dass die Nichtanwendung inländischer Eingriffsnormen nicht automatisch dazu führe, dass ausländische Entscheidungen wegen eines Verstoßes gegen den inländischen *ordre public* nicht anzuerkennen seien.

[191] Vgl. *Pfeiffer*, Internationale Zuständigkeit, S. 747 f.

[192] *Pfeiffer*, Internationale Zuständigkeit, S. 748.

[193] *Pfeiffer*, Internationale Zuständigkeit, S. 747 f., der als mögliche Vorschriften, in denen der zwingende Charakter im Zuständigkeitsrecht zum Ausdruck komme, auf die Vorgängervorschriften der §§ 29c, 32a ZPO hinweist.

[194] *Kropholler* in Hdb. IZVR I, Kap. III, Rn. 193.

[195] Vgl. *Kropholler* in Hdb. IZVR I, Kap. III, Rn. 193.

[196] Siehe *Kropholler* in Hdb. IZVR I, Kap. III, Rn. 193; *Pfeiffer*, Internationale Zuständigkeit, S. 753.

§ 14 Ungeschriebene Notzuständigkeit

gen ist, deren Anerkennungsfähigkeit im Inland geprüft werden könnte[197]. Die Antwort auf diese Frage hat indes keine Auswirkungen auf das Bedürfnis einer eigenständigen „Ordre-public-Zuständigkeit". Vielmehr betrifft der Meinungsstreit im Kern lediglich die Frage, welche Anforderungen an den Nachweis einer drohenden Rechtsverweigerung zu stellen sind[198]. Diese Frage stellte sich indes ebenfalls, wenn man von einer eigenständigen „Ordre-public-Zuständigkeit" ausginge. Somit kann das Bedürfnis einer eigenständigen Regelung auch nicht aus der negativen Funktion des *ordre public* abgeleitet werden.

Obgleich die „Ordre-public-Zuständigkeit" mithin bereits von den Fallgruppen drohender Rechtsverweigerung abgedeckt wird, spricht sich *Pfeiffer* dafür aus, die „Ordre-public-Zuständigkeit" als eigenständigen Anwendungsfall der Notzuständigkeit zu behandeln[199]. Der erhebliche Unterschied beider Anwendungsfälle bestehe darin, dass die Notzuständigkeit in Fällen drohender Rechtsverweigerung gleichsam von außen auf die deutsche Justiz zukomme, während sie in Fällen der „Ordre-public-Zuständigkeit" erst durch eine konkrete, fallbezogene Gerechtigkeitserwägung im Rahmen des § 328 Abs. 1 Nr. 4 ZPO herbeigeführt werde[200]. Jedoch vermag die Unterscheidung zwischen den Anwendungsfällen nicht zu überzeugen. Denn in Konstellationen drohender Rechtsverweigerung wird die Notzuständigkeit nicht stets von außen an die deutsche Justiz herangetragen. Dies zeigen zum einen insbesondere die Konstellationen einer Anerkennungslücke[201], in denen das Kriterium der Verbürgung der Gegenseitigkeit einen vom Inland ausgehenden Zuständigkeitskonflikt geradezu provoziert. Zum anderen umfasst die Fallgruppe der Unzumutbarkeit eines aus-

---

[197] Eine „Ordre-public-Zuständigkeit" aus diesem Grund ablehnend *Geimer*, IZPR, Rn. 1054; *ders.* in Zöller, ZPO, IZPR Rn. 52; *Roth* in Stein/Jonas, ZPO, vor § 12 Rn. 41; *Smid/S. Hartmann* in Wieczorek/Schütze, ZPO, Vor §§ 12–37 Rn. 71.

[198] Ähnlich *Kübler-Wachendorff*, Das forum necessitatis, S. 33; *Pfeiffer*, Internationale Zuständigkeit, S. 759. Zum Nachweis der Gefahr einer drohenden Rechtsverweigerung unten unter § 14 C III (S. 366 ff.).

[199] *Pfeiffer*, Internationale Zuständigkeit, S. 753 ff.; vgl. zudem *ders.* in Festgabe 50 Jahre BGH, S. 617, 623. Im Ergebnis auch *Kropholler* in Hdb. IZVR I, Kap. III, Rn. 193; *ders.*, IPR, § 58 II 1 d; *Neuhaus*, Grundbegriffe des Internationalen Privatrechts, S. 427.

[200] *Pfeiffer*, Internationale Zuständigkeit, S. 760. Mit dieser Differenzierung rechtfertigt *Pfeiffer*, Internationale Zuständigkeit, S. 760 f., die bereits angesprochene Berücksichtigung drohender Rechtsverweigerung im Rahmen der *ordre public*-Prüfung, wenn andernfalls eine Notzuständigkeit zu eröffnen wäre (siehe oben unter § 14 B I 3 (S. 339 ff.)).

[201] Dazu vor dem Hintergrund der Nichtbeachtung inländischer Zuständigkeitsderogation auch *M. Weller*, Ordre-public-Kontrolle internationaler Gerichtsstandsvereinbarungen, S. 330, der darauf hinweist, dass bei § 328 Abs. 1 Nr. 4 ZPO die Störung des internationalen Rechtsverkehrs durch die Anerkennungsversagung lediglich von der Rechtsprechung zu bedenken sei, während diese Bewertung bei den anderen Hindernissen bereits durch den Gesetzgeber erfolgt sei.

ländischen Verfahrens jedenfalls auch Sachverhalte, in denen ein Verfahren im Ausland nicht an dort geltenden Zuständigkeitsbestimmungen, sondern an inländischen Zumutbarkeitserwägungen scheitert[202]. Diese Parallele wird besonders deutlich, wenn man sich vergegenwärtigt, dass bei der Prüfung des verfahrensrechtlichen *ordre public* zum Beispiel ebenfalls die Rechtsstaatlichkeit des ausländischen Verfahrens maßgeblich ist[203].

3. Keine eigenständige Ersatzzuständigkeit bei befürchteter Falschanwendung deutschen Rechts

Ein Teil der Literatur möchte eine als Ersatzzuständigkeit[204] bezeichnete inländische Zuständigkeit eröffnen, wenn zu befürchten stehe, dass das nach dem Internationalen Privatrecht maßgebende deutsche Sachrecht im Ausland nicht oder nicht richtig angewendet werde[205]. Zum Teil wird diese Zuständigkeit insoweit eingeschränkt, als neben der Anwendbarkeit deutschen Sachrechts notwendig sei, dass die Verwirklichung des materiellen Rechts die Einschaltung eines Gerichts zwingend erfordere[206].

Eine eigenständig zu behandelnde Ersatzzuständigkeit ist abzulehnen. Denn die Befürchtung, dass fremdes Sachrecht von dem zur Entscheidung berufenen Gericht nicht richtig angewendet werden könnte, ist die immanente Gefahr jeden Kollisionsrechts[207]. Sowohl das Internationale Privat- als auch Verfahrensrecht verfolgen jedoch das Prinzip der Gleichwertigkeit der Rechtsordnun-

---

[202] Ein engeres Verständnis der Unzumutbarkeit scheint *Schröder*, Internationale Zuständigkeit, S. 206 f., 223, seiner Untersuchung zugrunde zu legen, da er auch in Fällen der Unzumutbarkeit von einem Zuständigkeitsmangel ausgeht, während bei einem „Rechtsumschwung" eine internationale Regelzuständigkeit zumindest im Ausland vorhanden sei.

[203] Zur Prüfung des verfahrensrechtlichen *ordre public* vgl. *Laugwitz*, Anerkennung und Vollstreckung drittstaatlicher Entscheidungen, S. 252 ff.; *Nagel/Gottwald*, IZPR, Rn. 12.194 ff.; *Stadler* in Musielak/Voit, ZPO, § 328 Rn. 25a f.; Staudinger/*Spellenberg* (2016), § 109 FamFG Rn. 293 ff.

[204] In Entsprechung des aus dem IPR bekannten „Ersatzrechtes" ergebe sich der Begriff der Ersatzzuständigkeit (*Neuhaus*, RabelsZ 20 (1955), 201, 260). Allerdings erscheint diese Begrifflichkeit nicht geglückt, da auch eine Notzuständigkeit erst eingreift, wenn ausländische Zuständigkeiten entweder nicht bestehen oder unzumutbar sind. In der jüngeren Literatur wird die Ersatzzuständigkeit nicht als eigene Fallgruppe behandelt, sondern synonym zum Begriff der Notzuständigkeit verwendet, vgl. ausdrücklich Staudinger/*Spellenberg* (2016), § 98 FamFG Rn. 261, „ob man von Notzuständigkeit oder internationaler Ersatzzuständigkeit spricht, steht gleich."

[205] *Neuhaus*, RabelsZ 20 (1955), 201, 259 f.; *Rosenberg/Schwab/Gottwald*, Zivilprozessrecht, § 31 Rn. 53; *Walchshöfer*, ZZP 80 (1967), 165, 204 f.

[206] *Heldrich*, Internationale Zuständigkeit, S. 181 ff., der die Ehescheidung als Beispiel für eine zwingend erforderliche Gerichtseinschaltung nennt.

[207] Zutreffend bereits *Heldrich*, Internationale Zuständigkeit, S. 180.

gen[208], sodass im Ausgangspunkt ausländischen Gerichten eine den inländischen Maßstäben entsprechende Entscheidung zuzutrauen ist. Erst wenn konkrete Anhaltspunkte bestehen, dass im Ausland keine diesen Maßstäben genügende Entscheidung getroffen wird, zum Beispiel, weil eine dortige Entscheidung gegen den anerkennungsrechtlichen *ordre public* verstieße[209], ist eine inländische Zuständigkeit zu eröffnen. Ebenso wie bei der Frage, ob ein nach dem anwendbaren deutschen Sachrecht zwingend durchzuführendes Gerichtsverfahren im zuständigen Ausland unmöglich ist[210], handelt es sich dabei allerdings um eine Konstellation, die nicht gesondert als Ersatzzuständigkeit zu behandeln, sondern in die spezifische Dogmatik der Notzuständigkeit als Fallgruppe drohender Rechtsverweigerung einzuordnen ist[211].

4. Keine eigenständige Notzuständigkeit auf dem Gebiet des einstweiligen Rechtsschutzes

Da das zivilrechtliche Erkenntnisverfahren und die anschließende Zwangsvollstreckung zeitaufwendig sind, besteht die Gefahr, dass die Rechtsverwirklichung in der Zwischenzeit vereitelt oder wesentlich erschwert wird[212]. Um dies zu verhindern, sind Maßnahmen des einstweiligen Rechtsschutzes erforderlich. In Verfahren mit Auslandsberührung ist die Bedeutung des einstweiligen Rechtsschutzes sogar erhöht, weil die möglichen Schwierigkeiten eines internationalen Verfahrens, wie zum Beispiel Sprachprobleme oder Auslandszustellungen, die Verfahrensdauer häufig verlängern[213].

Nach dem autonomen Zuständigkeitsrecht sind deutsche Gerichte für einstweilige Maßnahmen insbesondere zuständig, wenn sie auch in der Hauptsache international zuständig wären[214]. Zu dieser hypothetischen Prüfung können zunächst sämtliche Zuständigkeitsgründe der §§ 12 ff. ZPO beziehungsweise

---

[208] *Geimer*, IZPR, Rn. 37 f.; *Heldrich*, Internationale Zuständigkeit, S. 180; *Neuhaus*, RabelsZ 20 (1955), 201, 229; *Schack*, IZVR, Rn. 39.

[209] *Geimer*, IZPR, Rn. 2751, bezeichnet den anerkennungsrechtlichen *ordre public* einprägsam als „Toleranzgrenze" der grundsätzlich gleichwertigen Entscheidung ausländischer Gerichte.

[210] In diesen Konstellationen ausdrücklich für die Eröffnung einer Notzuständigkeit *Geimer* in FS für Schwind, S. 17, 35.

[211] Vgl. zu den Fallgruppen bereits oben unter § 14 C I 1 (S. 349 ff.).

[212] Siehe nur *Vollkommer* in Zöller, ZPO, Vor § 916 Rn. 1.

[213] *Nagel/Gottwald*, IZPR, Rn. 17.1; *Pérez-Ragone/Chen*, ZZPInt 17 (2012), 231. Vgl. auch *Linke/Hau*, IZVR, Rn. 15.1; *Schack*, IZVR, Rn. 519. Vgl. ferner EuGH, Urt. v. 28.4.2005, Rs. C-104/03, ECLI:EU:C:2005:255, Rn. 12 – St. Paul Dairy.

[214] Siehe §§ 919 Alt. 1, 937 Abs. 1 ZPO, § 105 FamFG i.V.m. § 50 Abs. 1 S. 1 FamFG; *Linke/Hau*, IZVR, Rn. 15.7.

der §§ 98 ff. FamFG herangezogen werden[215]. Darüber hinaus kann auch die ungeschriebene Notzuständigkeit eine hypothetische internationale Zuständigkeit in der Hauptsache begründen[216]. Denn sofern dem Rechtssuchenden eine Rechtsverweigerung droht, ist im Inland eine Notzuständigkeit zu eröffnen. Somit sind die deutschen Gerichte für einstweilige Maßnahmen zuständig, wenn in der Hauptsache eine internationale Notzuständigkeit eröffnet werden müsste[217].

Theoretisch kann eine Notzuständigkeit auch ausschließlich für eine einstweilige Maßnahme erforderlich sein, ohne dass in der Hauptsache eine Notzuständigkeit eröffnet werden müsste. Daran ist zum Beispiel zu denken, wenn gerade die erforderlichen Schutzmaßnahmen im Ausland nicht erreicht werden können oder ausländische Maßnahmen im Inland nicht anerkannt werden[218]. In diesen Konstellationen soll nach einem Teil der Literatur eine Notzuständigkeit in Form der Eilzuständigkeit für vorläufige und sichernde Maßnahmen eröffnet werden[219]. Diese Eilzuständigkeit sei als eigenständige Notzuständigkeit von den anderen Konstellationen der Notzuständigkeit infolge drohender Rechtsverweigerung zu trennen[220]. Demgegenüber ist eine eigenständige Notzuständigkeit in Form der Eilzuständigkeit abzulehnen[221]. Vielmehr sind auch in diesen Konstellationen die allgemeinen Grundsätze der Notzuständigkeit anzuwenden. Denn auch, wenn im Ausland eine einstweilige Maßnahme nicht oder nicht rechtzeitig erreicht werden kann, ist dem Rechtssuchenden nur deshalb eine Zuständigkeit zu eröffnen, weil ihm eine Rechtsverweigerung droht[222]. Der einzige Unterschied zu den bislang beschriebenen Konstellationen der Rechtsverweigerung besteht darin, dass die Notzuständigkeit nicht die internationale Zuständigkeit in der Hauptsache, sondern im Rahmen des einstweiligen Rechtsschutzes

---

[215] Vgl. *Schack*, IZVR, Rn. 522.
[216] Im Ergebnis auch OLG München, Urt. v. 27.2.2019, MDR 2019, 1089, 1090.
[217] Im Ergebnis auch OLG München, Urt. v. 27.2.2019, MDR 2019, 1089, 1090.
[218] Vgl. auch *Kübler-Wachendorff*, Das forum necessitatis, S. 30.
[219] *Kropholler* in Hdb. IZVR I, Kap. III, Rn. 193; *ders.*, IPR, § 58 II 1 d; *Milleker*, Der Negative Internationale Kompetenzkonflikt, S. 62; *Mitzkus*, Internationale Zuständigkeit, S. 228.
[220] Vgl. bereits *Milleker*, Der Negative Internationale Kompetenzkonflikt, S. 62, der die provisorischen und unaufschiebbaren Maßnahmen zwar unter den Begriff der Notzuständigkeit fast, aber gleichwohl nicht in die darauffolgende Betrachtung miteinbezieht. *Kropholler*, IPR, § 58 II 1 d, behandelt die provisorischen Eilzuständigkeiten zwar als Unterfall einer Notzuständigkeit, grenzt diese aber von der zu behandelnden Notzuständigkeit im Sinne der Vermeidung einer Justizverweigerung als anderem Unterfall ab (deutlicher *ders.* in Hdb. IZVR I, Kap. III, Rn. 193). In diesem Sinne auch *Mitzkus*, Internationale Zuständigkeit, S. 228 ff.
[221] Im Ergebnis auch *Pfeiffer*, Internationale Zuständigkeit, S. 451.
[222] Vgl. auch *Kübler-Wachendorff*, Das forum necessitatis, S. 30.

begründet. Darüber hinaus kommt einer ungeschriebenen Notzuständigkeit für den einstweiligen Rechtsschutz *de lege lata* faktisch keine Bedeutung zu[223]. Denn die Zuständigkeitsgründe für den einstweiligen Rechtsschutz sind sehr weitreichend normiert. So ist beispielsweise im Anwendungsbereich des FamFG eine internationale Zuständigkeit für die einstweilige Anordnung vorgesehen, wenn in besonders dringenden Fällen das Bedürfnis für ein gerichtliches Tätigwerden im Inland bekannt wird oder sich die Person oder die Sache im Inland befindet, auf die sich die einstweilige Anordnung bezieht[224].

II. Bestimmung der maßgeblichen ausländischen Staaten

Die ungeschriebene Notzuständigkeit setzt voraus, dass dem Rechtssuchenden eine internationale Rechtsverweigerung droht. Allerdings ist es praktisch kaum möglich, sämtliche Rechtsordnungen der Welt daraufhin zu überprüfen, ob sie in der konkreten Rechtssache zu einer Zuständigkeitsausübung gewillt und geeignet sind[225]. Vielmehr ist die Prüfung dieser Frage auf bestimmte ausländische Staaten zu beschränken. Den Maßstab bildet insoweit das anerkennungsrechtliche Spiegelbildprinzip[226]: Es sind nur diejenigen ausländischen Staaten zu überprüfen, die bei spiegelbildlicher Anwendung des deutschen Zuständigkeitsrechts – und somit aus deutscher Sicht – international zuständig wären[227]. Dieser Maßstab überzeugt einerseits, weil nur diese Staaten nach den inländischen Gerechtigkeitsvorstellungen über einen hinreichenden Bezug zum Sachverhalt verfügen. Andererseits erfüllen diese Staaten zugleich eine wesentliche Anerkennungsvoraussetzung[228]. Denn Entscheidungen aus Staaten, die spie-

---

[223] Zur Bedeutung der Notzuständigkeit für den einstweiligen Rechtsschutz unter Geltung der früher maßgebenden Gleichlauftheorie in Angelegenheiten der freiwilligen Gerichtsbarkeit *Kübler-Wachendorff*, Das forum necessitatis, S. 30; *Mitzkus*, Internationale Zuständigkeit, S. 228 f.

[224] § 105 FamFG i. V. m. § 50 Abs. 2 S. 1 FamFG. In Bezug auf § 942 Abs. 1 ZPO, der die Zuständigkeit des Amtsgerichts der belegenen Sache in dringenden Fällen begründet, ist umstritten, ob die Vorschrift auch eine internationale Zuständigkeit begründen kann; dies bejahend *Schack*, IZVR, Rn. 523; verneinend *Nagel/Gottwald*, IZPR, Rn. 17.69.

[225] Siehe bereits zur Notzuständigkeit der EuErbVO *Makowsky* in NomosKommentar-BGB, Art. 11 EuErbVO Rn. 5. Vgl. auch *Rétornaz/Volders*, Rev. crit. dr. internat. privé 2008, 225, 232.

[226] Siehe §§ 328 Abs. 1 Nr. 1 ZPO, 109 Abs. 1 Nr. 1 FamFG

[227] *Geimer*, IZPR, Rn. 1024, 1029; ders. in Zöller, ZPO, IZPR Rn. 47; *Kübler-Wachendorff*, Das forum necessitatis, S. 39; *Pfeiffer*, Internationale Zuständigkeit, S. 451; Soergel/ *Kronke*, Art. 38 EGBGB Anh. IV Rn. 27. Im Ergebnis auch OLG Rostock, Urt. v. 11.11.1999, IPRspr. 1999, Nr. 132, S. 312, 317; LG Berlin, Urt. v. 15.4.2010, 33 O 433/07, WKRS 2010, 24173 Rn. 33.

[228] Die Anerkennungszuständigkeit besonders betonend *Kübler-Wachendorff*, Das forum necessitatis, S. 39.

gelbildlich unzuständig sind, könnten im Inland von vornherein nicht anerkannt werden.

Zur Beurteilung der Frage, in welchen ausländischen Staaten die Rechtsverfolgung unmöglich oder unzumutbar sein muss, sind indes nur diejenigen Zuständigkeitsvorschriften spiegelbildlich anzuwenden, die eine „reguläre" Zuständigkeit des Auslands begründen. Zwar kann grundsätzlich auch die ungeschriebene Notzuständigkeit spiegelbildlich die Anerkennungszuständigkeit eines ausländischen Staates begründen[229]. Soweit es aber darum geht, welche ausländische Staaten auf eine drohende Rechtsverweigerung zu überprüfen sind, kann die ungeschriebene Notzuständigkeit nicht herangezogen werden. Denn zum einen würde die Anzahl der zu überprüfenden Staaten praktisch nicht wesentlich eingeschränkt. Vielmehr müssten weiterhin sehr viele Staaten überprüft werden, da die Notzuständigkeit in einigen Rechtsordnungen als Zuständigkeitsgrund anerkannt ist. Zum anderen ist die Notzuständigkeit ausländischer Staaten gegenüber der Notzuständigkeit des Inlands nicht vorrangig. Nur wenn im Ausland spiegelbildlich eine „reguläre" Zuständigkeit begründet ist, ist dieser Staat aus zuständigkeitsrechtlicher Perspektive besser geeignet, in der Sache zu entscheiden. Kann sich sowohl das In- als auch das Ausland auf eine Notzuständigkeit berufen, sind demgegenüber beide Staaten gleichermaßen zur Zuständigkeitsausübung geeignet[230].

III. Nachweis der drohenden Rechtsverweigerung

Die Notzuständigkeit setzt voraus, dass dem Rechtssuchenden eine Rechtsverweigerung droht. Bislang wurde aber noch keine Aussage darüber getroffen, welche Anforderungen an den Nachweis dieser Gefahr zu stellen sind. Zunächst handelt es sich bei der internationalen Zuständigkeit um eine selbständige Prozessvoraussetzung, die von Amts wegen zu prüfen ist[231]. Das bedeutet allerdings nicht, dass dem Gericht eine Untersuchungspflicht der zuständigkeitsrelevanten Tatsachen im Sinne einer Amtsermittlung auferlegt wird[232]. Vielmehr

---

[229] Siehe oben unter § 14 B IV (S. 345 ff.).

[230] Werden Verfahren in diesen Konstellationen sowohl im In- als auch im Ausland eingeleitet, sind die parallelen Verfahren nach den allgemeinen Grundsätzen der internationalen Rechtshängigkeit zu koordinieren.

[231] Siehe nur BGH, Beschl. v. 14.6.1965, BGHZ 44, 46, 52; BGH, Urt. v. 17.10.2019, NJW 2020, 399, 400; OLG Karlsruhe, IPRspr. 2008, Nr. 37, S. 98, 99; *Geimer*, IZPR, Rn. 1816; *Junker*, IZPR, § 3 Rn. 5; *Kropholler* in Hdb. IZVR I, Kap. III, Rn. 215 f.; *Roth* in Stein/Jonas, ZPO, vor § 12 Rn. 54; *ders.*, IPRax 2019, 397, 398; *Schack*, IZVR, Rn. 486 f.; Soergel/*Kronke*, Art. 38 EGBGB Anh. IV Rn. 44; Staudinger/*Hausmann* (2021), IntVertrVerfR Rn. 49.

[232] *Heinrich* in Musielak/Voit, ZPO, § 1 Rn. 16; *Kropholler* in Hdb. IZVR I, Kap. III,

ist die internationale Zuständigkeit durch den Rechtssuchenden darzulegen[233] und bei Bestreiten der Gegenseite zu beweisen[234]. Es ist daher eine Beweisfrage, ob ein Gericht die Gefahr einer Rechtsverweigerung als Voraussetzung der Notzuständigkeit annimmt[235].

1. Keine Berücksichtigung unzureichend dargelegten Parteivortrages

Erwähnenswert ist zunächst der Umstand, dass sich die Rechtsprechung offenbar – soweit die knappen Ausführungen in den Entscheidungen eine Aussage darüber zulassen – vermehrt mit bloßen Behauptungen einer drohenden Rechtsverweigerung auseinanderzusetzen hatte, die ein Rechtssuchender ohne konkrete Anhaltspunkte nur vorgetragen hat, um doch eine internationale Zuständigkeit deutscher Gerichte zu erreichen[236]. Mit dieser Begründung ließe sich nämlich die Rechtsprechung erklären, in der die Möglichkeit einer Notzuständigkeit lediglich kurz erwähnt und abgelehnt wurde. Zwar genügt der Kläger seiner Darlegungslast bereits, wenn er alle zur Gewährung einer internationalen Zuständigkeit erforderlichen Tatsachen schlüssig behauptet[237]. Gleichwohl ist dafür erforderlich, dass der klägerische Tatsachenvortrag die Annahme internationaler Zuständigkeit überhaupt rechtfertigt, hinreichend substantiiert ist und nicht lediglich „ins Blaue" hinein erfolgt[238].

Rn. 218; *Patzina* in MünchKommZPO, § 12 Rn. 69; *Roth* in Stein/Jonas, ZPO, vor § 12 Rn. 54; *ders.*, IPRax 2019, 397, 399; *Schack*, IZVR, Rn. 487.

[233] BGH, Urt. v. 29.11.2011, IPRax 2013, 164, 165; OLG Karlsruhe, IPRspr. 2008, Nr. 37, S. 98, 100; *Heinrich* in Musielak/Voit, ZPO, § 1 Rn. 16; *Roth*, IPRax 2019, 397, 399; Staudinger/*Hausmann* (2021), IntVertrVerfR Rn. 49.

[234] OLG Karlsruhe, IPRspr. 2008, Nr. 37, S. 98, 100; *Brehm* in Stein/Jonas, ZPO, vor § 1 Rn. 257; *Hausmann* in Wieczorek/Schütze, ZPO, 3. Aufl., Vor § 12 Rn. 100; *Heinrich* in Musielak/Voit, ZPO, § 1 Rn. 16; *Rosenberg/Schwab/Gottwald*, Zivilprozessrecht, § 39 Rn. 10; *Roth* in Stein/Jonas, ZPO, § 1 Rn. 22, 35, vor § 12 Rn. 54; *ders.*, IPRax 2019, 397, 399 f.; Soergel/*Kronke*, Art. 38 EGBGB Anh. IV Rn. 42.

[235] Vgl. *Geimer*, IZPR, Rn. 1853, den Kläger treffe die Darlegungs- und Beweislast dafür, dass ihm nirgendwo anders auf dieser Welt Rechtsschutz gewährt werde.

[236] Dies scheint zutreffend für die Sachverhalte BayObLG, Beschl. v. 19.9.1991, IPRspr. 1991, Nr. 217, S. 461, 463 f.; KG, Urt. v. 4.4.2007, IPRspr. 2007, Nr. 163, S. 458, 462; OLG Koblenz, Beschl. v. 6.1.2016, FamRZ 2016, 995; AG Landstuhl, Urt. v. 6.9.2001, FamRZ 2002, 1343; Anhaltspunkte für einen nur vagen Parteivortrag finden sich auch bei OLG Rostock, Urt. v. 11.11.1999, IPRspr. 1999, Nr. 132, S. 312, 317 f.

[237] BGH, Urt. v. 29.11.2011, IPRax 2013, 164, 165; *Roth*, IPRax 2019, 397, 399; Staudinger/*Hausmann* (2021), IntVertrVerfR Rn. 49.

[238] Für eine ausführliche Darstellung der genannten Hinderungsgründe vgl. *Dölling*, NJW 2013, 3121, 3123 ff. Von einem Parteivortrag „ins Blaue hinein" ist nur in Ausnahmefällen auszugehen, BGH, Urt. v. 26.4.2018, IPRax 2019, 426, 429.

2. Keine Notwendigkeit eines ausländischen Verfahrens oder einer ausländischen Entscheidung

In der Literatur wird vereinzelt gefordert, dass der Rechtssuchende zunächst an eine Entscheidungsfindung im an sich zuständigen Staat zu verweisen sei, bevor eine inländische Notzuständigkeit eröffnet werden könne[239]. So sei eine Prognose, wie und auf welcher Grundlage ein ausländisches Gericht entscheiden werde, nicht möglich beziehungsweise zu unsicher[240]. Diese Ansicht ist jedoch abzulehnen[241]. Vielmehr ist weder der Versuch einer Verfahrenseinleitung im Ausland noch eine ausländische Entscheidung erforderlich, um nachzuweisen, dass eine Rechtsverweigerung droht[242]. Denn ein Rechtssuchender darf nur an ein ausländisches Erkenntnisverfahren verwiesen werden, soweit ihm dies zumutbar ist[243]. Gelingt es dem Rechtssuchenden allerdings darzulegen und gegebenenfalls zu beweisen, dass die Verwirklichung seines Rechtsschutzbegehrens im Ausland wert- oder aussichtslos ist, kann ihm nicht zugemutet werden, dieses Verfahren gleichwohl anzustrengen[244].

---

[239] Vgl. *Geimer*, NJW 1991, 3072, 3073, nach dem es einem Gläubiger – wenn nicht ganz besondere Umstände vorlägen – zuzumuten sei, in dem Staat, zu dessen Justiz „er kein Vertrauen" habe, gleichwohl zu klagen, da sonst die Gerichte des aus deutscher Sicht international zuständigen Staates zu leicht ausgehebelt werden könnten.

[240] So *Geimer*, IZPR, Rn. 1054; *ders.* in Zöller, ZPO, IZPR Rn. 52. Vgl. auch *Roth* in Stein/Jonas, ZPO, vor § 12 Rn. 41; *Smid/S. Hartmann* in Wieczorek/Schütze, ZPO, Vor §§ 12–37 Rn. 71.

[241] Ebenso *Kübler-Wachendorff*, Das forum necessitatis, S. 21; *Pfeiffer*, Internationale Zuständigkeit, S. 464.

[242] Das zeigt sich an den Entscheidungen BGH, Beschl. v. 21.6.2007, EuZW 2007, 582, 584; OLG München, Urt. v. 7.10.1992, IPRax 1993, 237, 239; OLG Düsseldorf, Urt. v. 11.8. 1994, IPRspr. 1995, Nr. 140a, S. 273, 275 f.; OLG Rostock, Urt. v. 11.11.1999, IPRspr. 1999, Nr. 132, S. 312, 317 f.; KG, Urt. v. 4.4.2007, IPRspr. 2007, Nr. 163, S. 458, 462; LG Berlin, Urt. v. 15.4.2010, 33 O 433/07, WKRS 2010, 24173 Rn. 33 ff.; AG Groß-Gerau, Urt. v. 11.6.1980, FamRZ 1981, 51, 52; AG Landstuhl, Urt. v. 6.9.2001, FamRZ 2002, 1343. Im Ergebnis auch *Kübler-Wachendorff*, Das forum necessitatis, S. 21; *Pfeiffer*, Internationale Zuständigkeit, S. 464. Auch bei der Nichtbeachtung einer Derogation inländischer Zuständigkeit infolge fehlender Rechtsverwirklichungschancen im Prorogationsstaat ist eine Verfahrenseinleitung im Prorogationsstaat nicht erforderlich, vgl. insoweit z. B. BGH, Urt. v. 3.12.1973, ZZP 88 (1975), 318, 321; BAG, Urt. v. 29.6.1978, NJW 1979, 1119, 1120; LAG Hamburg, Urt. v. 21.9. 1979, IPRspr. 1980, Nr. 137 A, S. 438, 439 f.; LAG Frankfurt am Main, Urt. v. 10.6.1981, RIW 1982, 524; OLG Frankfurt am Main, Urt. v. 1.10.1998, IPRax 1999, 247, 250 f.; OLG Koblenz, Zwischenurt. v. 24.6.2004, IPRax 2006, 469, 470 f.; vgl. auch RG, Urt. v. 29.6.1915, Warn-Rspr. 1915, Nr. 223, S. 337, 339; RG, Urt. v. 8.6.1918, RGZ 93, 166, 167.

[243] Siehe bereits oben unter § 9 A II 2 b (S. 149 ff.).

[244] *Pfeiffer*, Internationale Zuständigkeit, S. 464, weist darauf hin, dass „zuständigkeitsrechtliche Reisen ins Ungewisse" dem Prinzip der Zuständigkeitsklarheit widersprächen.

Mithin ist die Verfahrenseinleitung im Ausland zwar keine Voraussetzung der Notzuständigkeit. Dennoch erleichtert ein im Ausland erfolglos durchgeführtes Verfahren den Nachweis einer drohenden Rechtsverweigerung[245] oder offenbart unter Umständen erst diese Gefahr[246].

3. Konkretisierung des Gefahrbegriffs

Vereinzelt wird versucht, den Gefahrbegriff der drohenden Rechtsverweigerung zu konkretisieren[247]. So könne der Gefährdungsmaßstab des § 935 ZPO zur Konkretisierung herangezogen werden[248], nach dem eine einstweilige Verfügung zulässig ist, wenn zu besorgen ist, dass durch eine Veränderung des bestehenden Zustandes die Verwirklichung des Rechts einer Partei vereitelt oder wesentlich erschwert werden könnte. Übertrage man den Maßstab des § 935 ZPO auf die Notzuständigkeit, sei eine konkret begründete Möglichkeit der Rechtsverweigerung erforderlich[249]. Für diese Ansicht spricht zwar, dass die Anforderungen der Gefahr anhand bekannter zivilprozessualer Wertungen konkretisiert werden sollen. Insoweit ist es naheliegend, auf das Gebiet des einstweiligen Rechtsschutzes abzustellen, da die einstweiligen Maßnahmen eine Gefahr voraussetzen. Dennoch eignen sich diese Vorschriften nicht, um den Gefahrbegriff der Rechtsverweigerung zu konkretisieren. Denn die Ausführungen zu diesen Vorschriften erschöpfen sich überwiegend in der bereits bekannten Feststellung, dass eine objektive Gefahrbewertung maßgeblich sei[250]. Ähnlich vage ist auch der Maßstab der konkret begründeten Möglichkeit der Rechtsverweigerung, den die Ansicht aus § 935 ZPO auf die Notzuständigkeit übertragen will. Dieser Maßstab ist weiterhin sehr unbestimmt und führt daher nicht zu einer

---

[245] Vgl. *Geimer*, IZPR, Rn. 1853, der Beweis werde sich in vielen Fällen nur führen lassen, wenn der Kläger eine prozessabweisende Entscheidung des aus der Sicht des deutschen Rechts international zuständigen Staates vorlege. Vgl. ferner die Bemerkung von *C. Hartmann* in Krajewski/Saage-Maaß, Durchsetzung menschenrechtlicher Sorgfaltspflichten von Unternehmen, S. 281, 293, der in Bezug auf die Fallgruppe der Unzumutbarkeit eines ausländischen Verfahrens ausführt, dass der konkrete Nachweis einer Verletzung rechtsstaatlicher Prinzipien im Einzelfall erhebliche Schwierigkeiten bereiten dürfte, ohne das Verfahren zuvor bei dem eigentlich zuständigen Gericht durchgeführt zu haben.

[246] Das zeigt die Entscheidung des AG Landstuhl, Urt. v. 6.9.2001, FamRZ 2002, 1343, der ein unbemerkter negativer internationaler Kompetenzkonflikt zugrunde lag, worauf *Gottwald*, FamRZ 2002, 1343 f., zu Recht hinweist.

[247] *Pfeiffer*, Internationale Zuständigkeit, S. 464.

[248] *Pfeiffer*, Internationale Zuständigkeit, S. 464.

[249] *Pfeiffer*, Internationale Zuständigkeit, S. 464.

[250] Siehe *Drescher* in MünchKommZPO, § 917 Rn. 1, 3, § 935 Rn. 15, § 940 Rn. 9; *M. Huber* in Musielak/Voit, ZPO, § 917 Rn. 2; *Thümmel* in Wieczorek/Schütze, ZPO, § 935 Rn. 24, § 940 Rn. 10; *Vollkommer* in Zöller, ZPO, § 917 Rn. 4, § 935 Rn. 10, § 940 Rn. 4.

Konkretisierung des Gefahrbegriffs. Vielmehr bildet die Literatur Fallgruppen, um die gesetzlichen Bestimmungen auf dem Gebiet des einstweiligen Rechtsschutzes auszufüllen[251]. Diese Möglichkeit besteht ebenso für die Gefahr einer Rechtsverweigerung. Denn rechtspraktisch ist eine grobe Tendenz zu erkennen, in welchen Fallgestaltungen einem Rechtssuchenden, der noch kein Verfahren im Ausland angestrengt hat oder anstrengen wollte, der Nachweis der Gefahr einer Rechtsverweigerung eher leichter beziehungsweise eher schwerer fällt.

a) Fallgruppen mit überwiegend geringeren Anforderungen an den Nachweis der Gefahr einer Rechtsverweigerung

Nur geringe Nachweisschwierigkeiten bestehen regelmäßig in Verfahren, in denen die Gefahr einer Rechtsverweigerung aus der Unmöglichkeit eines Verfahrens in dem aus deutscher Sicht zuständigen Staat folgt. Denn insbesondere[252] ein Stillstand der Rechtspflege wurde in den bisherigen Entscheidungen entweder – durch Medienberichte – als offenkundig vorausgesetzt[253] oder konnte durch amtliche Auskunft des Auswärtigen Amtes ermittelt werden[254].

Ähnliches gilt für den Nachweis der Gefahr eines negativen internationalen Kompetenzkonfliktes. Zwar ist die Beurteilung ausländischen Zuständigkeitsrechts für ein deutsches Gericht nicht unproblematisch[255]. Allerdings genügt der Rechtsprechung bislang allein die Feststellung, dass das ausländische Zuständigkeitsrecht für ein solches Verfahren keine reguläre Zuständigkeit bereit-

---

[251] Die Notwendigkeit einer Fallgruppenbildung besonders betonend *Thümmel* in Wieczorek/Schütze, ZPO, § 917 Rn. 4.

[252] Darüber hinaus hatte die Rechtsprechung ebenfalls Sachverhalte zu entscheiden, in denen offenkundig war, dass ausländische Gerichte zwar funktionsfähig waren, aber in dem konkreten Verfahren nicht entscheiden würden (siehe RG, Urt. v. 29.6.1915, WarnRspr. 1915, Nr. 223, S. 337, 339; RG, Urt. v. 8.6.1918, RGZ 93, 166, 167 (beide zur Unmöglichkeit einer Verfahrenseinleitung durch deutsche Staatsangehörige in England während des Ersten Weltkrieges)); BGH, Beschl. v. 3.12.1975, BGHZ 65, 311, 315 (keine Erteilung von Erbscheinen durch die DDR).

[253] LAG Hamburg, Urt. v. 21.9.1979, IPRspr. 1980, Nr. 137 A, S. 438, 440 (Bürgerkrieg Iran).

[254] BAG, Urt. v. 29.6.1978, NJW 1979, 1119, 1120 (Bürgerkrieg Libanon); LAG Frankfurt am Main, Urt. v. 10.6.1981, RIW 1982, 524 (Generalstreik Iran). Freilich wird im Einzelfall zu entscheiden sein, wie beweiskräftig die amtliche Auskunft tatsächlich ist.

[255] Die Beurteilung ausländischen Zuständigkeitsrechts durch das Gericht hat nach Maßgabe des § 293 ZPO zu erfolgen, auch wenn sich diese Vorschrift primär auf die Anwendung ausländischen Sachrechts bezieht (angedeutet auch bei *Thole* in Stein/Jonas, ZPO, § 293 Rn. 23). Zu den Schwierigkeiten bei der Ermittlung ausländischen Rechts im Allgemeinen *Kropholler*, IPR, § 7 I, § 59 I 2. Einen negativen internationalen Kompetenzkonflikt unter Hinweis auf die Originalurkunde eines japanischen Rechtsprofessors annehmend Obergericht Luzern, 2.4.1993, LGVE 1993 I Nr. 14.

hält²⁵⁶. Die Unsicherheiten, die sich bei der Beurteilung der Erfolgsaussichten eines hypothetischen Verfahrens im Allgemeinen sowie bei der Fragestellung, ob sich ein Gericht auch bei drohender Rechtsverweigerung als unzuständig betrachten würde, im Besonderen stellen, gehen mithin nicht zulasten des Rechtssuchenden²⁵⁷. Dieses Ergebnis ist im Hinblick auf das Prinzip der Zuständigkeitsklarheit überzeugend.

b) Fallgruppen mit überwiegend höheren Anforderungen an den Nachweis der Gefahr einer Rechtsverweigerung

Bereits die Beurteilung der Frage, wann von der Unzumutbarkeit eines ausländischen Verfahrens auszugehen ist, wirft erhebliche Schwierigkeiten auf²⁵⁸. Diese Schwierigkeiten wirken sich auch auf den Nachweis der Gefahr einer Rechtsverweigerung aus: So hat der Rechtssuchende beispielsweise bei Bedenken hinsichtlich der Rechtsstaatlichkeit eines ausländischen Verfahrens das Gericht nicht allein davon zu überzeugen, dass ein rechtstaatliches Defizit dem Grunde nach besteht, sondern muss darüber hinaus nachweisen, dass sich dieses auch auf das konkrete Verfahren auswirken würde²⁵⁹. Auch der Nachweis einer unzumutbaren Verfahrensdauer wird einem Kläger selbst bei laufenden ausländischen Verfahren nur schwer gelingen²⁶⁰. Dennoch sind auch vereinzelte Fallgestaltungen möglich, in denen es einem Rechtssuchenden leichter fallen wird, die Unzumutbarkeit des ausländischen Verfahrens nachzuweisen. Daran ist zum Beispiel zu denken, wenn es dem Rechtssuchenden infolge von Sicherheitsbedenken nicht zugemutet werden kann, Rechtsschutz in einem Staat zu suchen, ohne dass es dort zu einem gänzlichen Stillstand der Rechtspflege gekommen ist²⁶¹.

---

²⁵⁶ Siehe BayObLG, Beschl. v. 2.12.1965, NJW 1967, 447, 448; OLG Koblenz, Zwischenurt. v. 24.6.2004, IPRax 2006, 469, 470; angedeutet auch bei BGH, Beschl. v. 21.6.2007, EuZW 2007, 582, 584.

²⁵⁷ Auch Anzeichen dafür, dass im Ausland ein Anknüpfungspunkt uneinheitlich betrachtet wird und ein Verfahren aus diesem Grund möglicherweise abgelehnt werden könnte, gehen nicht zulasten des Rechtssuchenden (RG, Urt. v. 3.7.1939, RGZ 160, 396, 400ff.).

²⁵⁸ Siehe oben unter § 14 C I 1 b bb (S. 354ff.).

²⁵⁹ In einer solchen Konstellation die Unzumutbarkeit eines Verfahrens in Turkmenistan unter Hinweis auf Berichte über die Situation im Land von einer Behörde des US-amerikanischen Außenministeriums, von Amnesty International sowie von weiteren Nichtregierungsorganisationen bejahend Gerechtshof Amsterdam, 23.7.2019 – C/13/630606/HA ZA 17-615, Rn. 3.22ff.

²⁶⁰ Siehe oben unter § 14 C I 1 b bb (S. 355f.).

²⁶¹ Diese Problematik wurde in der Rechtsprechung bislang nur in einer Entscheidung angedeutet, wobei der Hinweis des AG Landstuhl, Urt. v. 6.9.2001, FamRZ 2002, 1343, wonach es der Antragstellerin nicht schlichtweg unmöglich sei, Rechtsschutz in entsprechenden

Mit einigen Schwierigkeiten behaftet ist schließlich der Nachweis einer drohenden Rechtsverweigerung im Zusammenhang mit einer Anerkennungslücke. Zwar wird dem Rechtssuchenden der Nachweis, dass eine Entscheidung des ausländischen Gerichts im Inland nicht anzuerkennen wäre – insbesondere bei mangelnder Verbürgung der Gegenseitigkeit[262] –, regelmäßig noch möglich sein. Weitaus größere Schwierigkeiten bereitet allerdings der darüber hinaus erforderliche Nachweis, dass im Ausland keine hinreichenden Vollstreckungsaussichten gegeben sind und mithin der Rückgriff auf das im Inland belegene Vermögen notwendig ist[263].

IV. Inlandsbezug

1. Notwendigkeit einer Inlandsbeziehung

Häufig zitiert[264], jedoch nur selten rezipiert[265] wurde die Aussage von *Neuhaus*: „Wo sonst kein Land zuständig ist, soll jedes Land zuständig sein."[266] Sie bildet den Ansatzpunkt großer Kritik, suggeriert sie doch, dass die Gewährung internationaler Notzuständigkeit keinerlei Inlandsbeziehung erfordere[267]. *Neu-*

Regionen des früheren Jugoslawien zu suchen, da deutsche Soldaten dort hinreichende Sicherheit gewährten, jedenfalls zu pauschal erscheint, wenngleich er *in concreto* zutreffend gewesen sein mag. Von der Unzumutbarkeit eines persönlichen Erscheinens unter Hinweis auf Reisewarnungen ausgehend OGH, Beschl. v. 9.12.2019, 6 Nc 32/19m; OGH, Beschl. v. 9.12.2020, 7 Nc 24/20v.

[262] *M. Weller*, Ordre-public-Kontrolle internationaler Gerichtsstandsvereinbarungen, S. 333, weist darauf hin, dass eine Aussage zur Verbürgung der Gegenseitigkeit vor Erlass des ausländischen Rechtsfolgenausspruchs nicht schwieriger sei als nach Erlass des ausländischen Urteils.

[263] Das OLG Düsseldorf, Urt. v. 11.8.1994, IPRspr. 1995, Nr. 140a, S. 273, 276, hat eine Notzuständigkeit mit dieser Begründung abgelehnt, weil der Kläger nicht behauptet hat, dass im Ausland faktisch nicht vollstreckt werden könne.

[264] Siehe etwa *Basedow*, JZ 2016, 269, 274 Fn. 40; *Eicher*, Rechtsverwirklichungschancen, S. 268 f.; *Junker*, IZPR, § 5 Rn. 15; *Kübler-Wachendorff*, Das forum necessitatis, S. 40; *Milleker*, Der Negative Internationale Kompetenzkonflikt, S. 66 Fn. 31; *Pfeiffer*, Internationale Zuständigkeit, S. 453; *Schack*, IZVR, Rn. 500; *Schütze* in FS für Rechberger, S. 567, 575; *ders.*, Deutsches Internationales Zivilprozessrecht, Rn. 130; *M. Stürner* in Krajewski/Oehm/Saage-Maß, Unternehmensverantwortung für Menschenrechtsverletzungen, S. 73, 84 Fn. 49; *M. Weller*, Ordre-public-Kontrolle internationaler Gerichtsstandsvereinbarungen, S. 324 Fn. 1184; *ders.* in Hess/Pfeiffer/Schlosser, The Heidelberg Report, Rn. 430. Siehe ferner *Lagarde* in Liber amicorum für Kohler, S. 255, 261.

[265] Beachte aber *Kropholler* in Hdb. IZVR I, Kap. III, Rn. 192; auf die Fallgruppe der Unmöglichkeit begrenzt auch *M. Schulz*, Alien Tort Statute, S. 389.

[266] *Neuhaus*, RabelsZ 20 (1955), 201, 265; *ders.*, Grundbegriffe des Internationalen Privatrechts, S. 427.

[267] Siehe *Basedow*, JZ 2016, 269, 274 Fn. 40; *Eicher*, Rechtsverwirklichungschancen,

haus selbst und die weiteren Vertreter dieser Ansicht schränken ihre Auffassung allerdings dadurch wieder ein, dass eine inländische Klage gleichwohl ein inländisches Rechtsschutzinteresse voraussetze[268]. Ein solches Interesse besteht nur, wenn die Parteien oder der Sachverhalt eine Inlandsbeziehung aufweisen. Mithin herrscht im Ergebnis Einigkeit, dass die Notzuständigkeit einen Inlandsbezug voraussetzt[269]. Dieses Ergebnis ist zum einen überzeugend, da die inländischen Gerichte nicht mit Zuständigkeiten für sämtliche Zivilverfahren weltweit belastet werden können[270]. Zum anderen verwirklicht das Kriterium des Inlandsbezugs gerade den Schutz des Beklagten, dessen Gerichtspflichtigkeit zumutbar und möglichst vorhersehbar ausgestaltet sein soll[271].

2. Konkrete Anforderungen an die Inlandsbeziehung

Die Bestimmung der Inlandsbeziehung, die zur Gewährung einer Notzuständigkeit genügt, bereitet große Schwierigkeiten. In dieser Hinsicht lassen sich weder dem Verfassungsrecht[272] noch der Rechtsprechung[273] genaue Anforderungen entnehmen.

S. 268 f.; *Hausmann* in Wieczorek/Schütze, ZPO, 3. Aufl., Vor § 12 Rn. 87 Fn. 198; *Schack*, IZVR, Rn. 500; *Schütze* in FS für Rechberger, S. 567, 575; *ders.*, Deutsches Internationales Zivilprozessrecht, Rn. 130; *ders.*, Rechtsverfolgung im Ausland, Rn. 154.

[268] *Neuhaus*, RabelsZ 20 (1955), 201, 265; *ders.*, Grundbegriffe des Internationalen Privatrechts, S. 427; *Kropholler* in Hdb. IZVR I, Kap. III, Rn. 192; *ders.*, IPR, § 58 II 1 d.

[269] Vgl. *Schröder*, Internationale Zuständigkeit, S. 217. Vgl. auch *Kübler-Wachendorff*, Das forum necessitatis, S. 40; *Pfeiffer*, Internationale Zuständigkeit, S. 453, 455 ff. Demgegenüber nicht auf eine Binnenbeziehung, sondern eine rechtliche, kulturelle und geographische Nähebeziehung zwischen Erststaat und Staat der Notzuständigkeit abstellend *Aden*, ZVglRWiss 106 (2007), 490, 496 f. Eine solche Beurteilung überzeugt jedoch nicht, da sie bestehende Beziehungen der Parteien oder des Rechtsstreits zu anderen Staaten völlig außer Acht lässt.

[270] Siehe bereits oben unter § 9 A II 1 (S. 142 ff.).

[271] Siehe oben unter § 5 B (S. 76 ff.), § 9 B (S. 158 ff.). Vgl. auch *Eicher*, Rechtsverwirklichungschancen, S. 276.

[272] Siehe oben unter § 9 A II 3 (S. 156 ff.), § 9 B (S. 158 ff.).

[273] Das RG, Urt. v. 3.7.1939, RGZ 160, 396, 402, stellte in einer Entscheidung darauf ab, ob beide Parteien dem „deutschen Volkstum" zugehörig seien. Dieser Begriff ist infolge seiner nationalsozialistischen Aufladung zwar abzulehnen, in der Sache führte das RG allerdings eine nicht zu beanstandende Prüfung der hinreichenden Inlandsbeziehung durch und ließ die engen Bezugspunkte der Parteien, nämlich den beiderseitigen gewöhnlichen Aufenthalt in Deutschland sowie die frühere deutsche Staatsangehörigkeit der Beklagten, zur Annahme einer Zuständigkeit genügen. Das OLG München, Urt. v. 7.10.1992, IPRax 1993, 237, 239, warf die Frage auf, ob eine Notzuständigkeit gegenüber gebietsfremden Personen und Unternehmen überhaupt angenommen werden könne, ohne diese jedoch zu beantworten. In anderen Entscheidungen wurde das Erfordernis einer Inlandsbeziehung entweder nicht ausdrücklich behandelt (vgl. OLG München, Urt. v. 27.2.2019, MDR 2019, 1089, 1090; AG Groß-Ge-

a) Meinungsstand

Während Teile der Literatur den Inlandsbezug nicht näher konkretisieren[274], lassen sich anderen Stellungnahmen jedenfalls Tendenzen entnehmen[275]. Zur besseren Übersicht werden diese als eher weitreichende beziehungsweise eher restriktive Ansätze zusammengefasst. Vereinzelt findet sich zudem eine differenzierende Betrachtung. Schließlich sind die Besonderheiten der internationalen Scheidungszuständigkeit zu beachten.

aa) Weitreichender Ansatz

Vereinzelt wird zunächst vertreten[276], dass lediglich eine minimale Inlandsbeziehung oder eine Art von Verantwortung Deutschlands erforderlich sei[277]. Anderen genügt als Inlandsbezug zum Beispiel das Ziel der Inlandsvollstreckung, die Anwendbarkeit deutschen Sachrechts sowie die Präjudizialität für ein anderes inländisches Verfahren[278]. Dabei deuten sowohl der eher abstrakte Charakter der Kriterien als auch der Umstand, dass diese nicht abschließend sind, auf die großzügige Annahme einer Inlandsbeziehung hin.

Noch weitreichender fordert *Pfeiffer*, sämtliche Inlandsbeziehungen ausreichen zu lassen, ganz gleich ob sie durch die Parteien oder den Streitgegenstand vermittelt würden[279]. Als genügend werden etwa sowohl künftige Vollstreckungsaussichten im Inland als auch Vollstreckungsaussichten einer inländi-

---

rau, Urt. v. 11.6.1980, FamRZ 1981, 51, 52) oder die Rechtsprechung musste mangels Gefahr einer Rechtsverweigerung nicht mehr auf weitere Anforderungen einer Notzuständigkeit eingehen (vgl. BGH, Beschl. v. 12.1.1987, II ZR 203/86, juris Rn. 11; BGH, Urt. v. 2.7.1991, NJW 1991, 3092, 3095; OLG Stuttgart, Urt. v. 6.8.1990, IPRax 1991, 179, 182; OLG München, Urt. v. 7.10.1992, IPRax 1993, 237, 239; OLG Düsseldorf, Urt. v. 11.8.1994, IPRspr. 1995, Nr. 140a, S. 273, 275 f.; OLG Frankfurt am Main, Urt. v. 24.10.1996, 1 U 242/96, juris Rn. 34; OLG Rostock, Urt. v. 11.11.1999, IPRspr. 1999, Nr. 132, S. 312, 317 ff.; OLG Koblenz, Beschl. v. 6.1.2016, FamRZ 2016, 995; LG Berlin, Urt. v. 15.4.2010, 33 O 433/07, WKRS 2010, 24173 Rn. 33 ff.; AG Landstuhl, Urt. v. 6.9.2001, FamRZ 2002, 1343).

[274] *Krümmel* in Graf von Westphalen, Deutsches Recht im Wettbewerb, S. 70, 80 („ausreichenden Inlandsbezug"); *Linke/Hau*, IZVR, Rn. 7.2 („hinreichendes Rechtsschutzbedürfnis im Inland"; ebenso *Hau* in Prütting/Helms, FamFG, Vor §§ 98–106 Rn. 19); *Nagel/Gottwald*, IZPR, Rn. 3.597 („ausreichender Inlandsbezug"); *Roth* in Stein/Jonas, ZPO, vor § 12 Rn. 37 („genügend enge Verbindung"); *Smid/S. Hartmann* in Wieczorek/Schütze, ZPO, Vor §§ 12–37 Rn. 69 („Verbindung mit Deutschland aufweist, die hinreichend ausgestaltet ist").

[275] Vgl. insoweit die folgenden Absätze im Text.

[276] Tendenziell auch *Schröder*, Internationale Zuständigkeit, S. 217, dem Erfordernis werde genügt, sobald sich feste Anknüpfungsmomente von hinreichender Solidität vereinzeln und verörtlichen ließen.

[277] Staudinger/*Spellenberg* (2016), § 98 FamFG Rn. 261.

[278] *Geimer*, IZPR, Rn. 1030; *Kropholler* in Hdb. IZVR I, Kap. III, Rn. 192.

[279] *Pfeiffer*, Internationale Zuständigkeit, S. 454.

schen Entscheidung im Ausland angeführt, sofern die jeweiligen Aussichten nicht weit überwiegend unwahrscheinlich seien[280]. In der Konsequenz lasse sich das völlige Fehlen jeden inländischen Rechtsschutzbedürfnisses nur selten mit hinreichender Sicherheit feststellen[281].

bb) Restriktiver Ansatz

Einigkeit besteht unter den Befürwortern eines restriktiven Ansatzes darüber, dass ein dem Kläger bei extensiver Auslegung mögliches, unbegrenztes *forum shopping* zu verhindern sei[282]. Der Gerichtsstand müsse für den Beklagten vorhersehbar sein[283]. Notwendig sei aus diesem Grund ein unabweisbares Bedürfnis für die Rechtsschutzgewährung ausgerechnet in Deutschland[284]. Wenngleich eine weitergehende Präzisierung nicht erfolgt, deutet diese Aussage darauf hin, dass zum Inland ein qualifizierter Bezug bestehen muss, der insbesondere über Verbindungspunkte zu anderen, potenziell in Betracht kommenden Notgerichtsständen hinausgeht.

cc) Differenzierende Ansätze

Ein anderer Teil der Lehre spricht sich für eine differenzierende Betrachtung der Inlandsbeziehung aus[285].

Eine Ansicht differenziert danach, ob es sich um Anknüpfungspunkte in der Sphäre des Beklagten oder solche in der Sphäre des Klägers handele[286]. Hintergrund sei, dass das Kriterium der Inlandsbeziehung dazu diene, die Belange des Beklagten nicht vollständig zu vernachlässigen[287]. In Betracht kämen demnach nur Umstände, die es für den Beklagten zumutbar oder doch zumindest vorher-

---

[280] *Pfeiffer*, Internationale Zuständigkeit, S. 455 f.

[281] *Pfeiffer*, Internationale Zuständigkeit, S. 457.

[282] *Hausmann* in Wieczorek/Schütze, ZPO, 3. Aufl., Vor § 12 Rn. 87; *Schack*, IZVR, Rn. 500. Vgl. auch *Krümmel* in Graf von Westphalen, Deutsches Recht im Wettbewerb, S. 70, 80; *Milleker*, Der Negative Internationale Kompetenzkonflikt, S. 73.

[283] *M. Stürner* in Krajewski/Oehm/Saage-Maß, Unternehmensverantwortung für Menschenrechtsverletzungen, S. 73, 85.

[284] *Hausmann* in Wieczorek/Schütze, ZPO, 3. Aufl., Vor § 12 Rn. 87; *Neuhaus*, RabelsZ 20 (1955), 201, 265; *ders.*, Grundbegriffe des Internationalen Privatrechts, S. 427; *Schack* in FS für Nakamura, S. 491, 495; *ders.*, IZVR, Rn. 500. Vgl. auch *Schüttfort*, Ausschließliche Zuständigkeiten, S. 34; *M. Stürner* in Krajewski/Oehm/Saage-Maß, Unternehmensverantwortung für Menschenrechtsverletzungen, S. 73, 85.

[285] *Eicher*, Rechtsverwirklichungschancen, S. 276 f.; *Schütze* in FS für Rechberger, S. 567, 575; *ders.*, Deutsches Internationales Zivilprozessrecht, Rn. 130. Vgl. auch *Kübler-Wachendorff*, Das forum necessitatis, S. 40 ff.

[286] *Eicher*, Rechtsverwirklichungschancen, S. 276 f.

[287] *Eicher*, Rechtsverwirklichungschancen, S. 276.

sehbar machten, sich im Forumstaat verteidigen zu müssen[288]. Auf ein Verfahren im Forumstaat müsse sich ein Beklagter einlassen, wenn er dessen Staatsangehöriger sei, sich dort gewöhnlich aufhalte, sein Geschäft auf diesen Staat ausgerichtet habe oder dort Vermögen des Beklagten belegen sei[289]. Auf Seiten des Klägers kämen demgegenüber nur die Staatsangehörigkeit oder der Wohnsitz in Betracht[290]. Schließlich genüge noch die Anwendbarkeit deutschen Rechts für einen ausreichenden Inlandsbezug[291].

Eine andere Ansicht unterscheidet nach dem begehrten Rechtsschutzziel[292]. Bei auf Zahlung gerichteten Leistungsklagen genüge in der Regel Vermögen des Beklagten im Inland, wenn die Vorschrift des § 23 S. 1 Alt. 1 ZPO nicht bereits eingreife[293]. Darüber hinaus müsse der Wohnsitz oder gewöhnliche Aufenthalt des Klägers unabhängig von der Vollstreckungsaussicht genügen, da der Beklagte in Zukunft Vermögen im Inland erwerben könne[294]. Bei einer Ehescheidung genügten demgegenüber Staatsangehörigkeit, Wohnsitz oder gewöhnlicher Aufenthalt zur Herstellung einer Inlandsbeziehung[295].

dd) Anerkannte Fallgruppen im Rahmen internationaler Scheidungszuständigkeit

Besondere Erwähnung verdient schließlich die internationale Zuständigkeit für die Ehescheidung. So wurde in Bezug auf die Zuständigkeitsvorschrift des § 98 Abs. 1 FamFG die Möglichkeit einer Notzuständigkeit vergleichsweise häufig diskutiert[296]. Dabei sind einige Fallgruppen anerkannt, welche Aufschluss über die für eine Notzuständigkeit erforderliche Inlandsbeziehung geben. Besonders einprägsam und gleichsam bemerkenswert ist das Lehrbuchbeispiel eines „staatenlosen Nomadenehepaares"[297]: Denn für deren Scheidungsverfahren wäre

---

[288] *Eicher*, Rechtsverwirklichungschancen, S. 276.
[289] *Eicher*, Rechtsverwirklichungschancen, S. 276.
[290] *Eicher*, Rechtsverwirklichungschancen, S. 277.
[291] *Eicher*, Rechtsverwirklichungschancen, S. 277.
[292] *Schütze* in FS für Rechberger, S. 567, 575 f.; *ders.*, Deutsches Internationales Zivilprozessrecht, Rn. 130. Vgl. auch *Kübler-Wachendorff*, Das forum necessitatis, S. 40 ff.
[293] *Schütze* in FS für Rechberger, S. 567, 576; *ders.*, Deutsches Internationales Zivilprozessrecht, Rn. 130.
[294] *Schütze* in FS für Rechberger, S. 567, 576.
[295] *Schütze* in FS für Rechberger, S. 567, 576; *ders.*, Deutsches Internationales Zivilprozessrecht, Rn. 130.
[296] Siehe *Geimer*, IZPR, Rn. 1037; *ders.* in Zöller, ZPO, § 98 FamFG Rn. 111, 120, 137; *Rauscher* in MünchKommFamFG, § 98 Rn. 99; Staudinger/*Spellenberg* (2016), § 98 FamFG Rn. 259 ff.; vgl. auch *Hau* in Prütting/Helms, FamFG, § 98 Rn. 37.
[297] Das Beispiel geht zurück auf *Kegel* in Kegel/Schurig, IPR, § 20 IV 4 b cc (S. 820). Siehe auch *Geimer*, IZPR, Rn. 1037; *ders.* in Zöller, ZPO, § 98 FamFG Rn. 137; Staudinger/

im Inland mangels gewöhnlichen Aufenthaltes keine geschriebene internationale Zuständigkeit vorgesehen[298]. Obgleich die Praxisrelevanz dieser Sachverhalte äußert gering sein dürfte[299], offenbaren sie doch die Bereitschaft, zumindest in Ausnahmefällen bereits den schlichten Aufenthalt der Parteien als hinreichenden Inlandsbezug zu erachten[300]. Darüber hinaus sind – sofern eine Rechtsverweigerung droht – als ausreichende Inlandsbeziehung zum Beispiel der gewöhnliche Aufenthalt des Antragstellers[301] oder die Eheschließung im Inland[302] anerkannt.

b) Stellungnahme

aa) Notwendigkeit einer Einzelfallbetrachtung

Zur Bestimmung der ausreichenden Inlandsbeziehung ist eine umfassende Beurteilung im Einzelfall vorzunehmen[303]. Denn die Inlandsbeziehung auf eine abschließende Auflistung von Anknüpfungspunkten zu begrenzen[304], widerspräche dem Sinn und Zweck der Notzuständigkeit. Diese wurde von Rechtsprechung und Literatur gerade konzipiert, um in Notsituationen ein flexibles Instrumentarium zur Gewährung internationaler Zuständigkeit bereitzuhalten. Wie bereits die verfassungsrechtlichen Ausführungen gezeigt haben[305], kommt es dafür nicht allein auf die Zumutbarkeit für den Rechtsuchenden an. Vielmehr ist dessen Justizgewährungsanspruch mit der Rechtsposition des Beklagten, vor unzumutbaren Gerichtsständen geschützt zu werden, in Ausgleich zu bringen. Das Kriterium der Inlandsbeziehung ermöglicht diese Abwägung. Unter welchen Umständen die Rechtsposition der einen Partei diejenige der anderen Partei überwiegt, ist insbesondere angesichts der unbestimmten Zumutbarkeitsprüfung eine Frage des Einzelfalles. Dabei sind nicht nur spezifische Kon-

---

Spellenberg (2016), § 98 FamFG Rn. 263; siehe ferner *Rauscher* in MünchKommFamFG, § 98 Rn. 99.

[298] Siehe § 98 Abs. 1 FamFG.
[299] Vgl. Staudinger/*Spellenberg* (2016), § 98 FamFG Rn. 263 f.
[300] So *Geimer*, IZPR, Rn. 1037; *ders.* in Zöller, ZPO, § 98 FamFG Rn. 137; *Rauscher* in MünchKommFamFG, § 98 Rn. 99; Staudinger/*Spellenberg* (2016), § 98 FamFG Rn. 263.
[301] *Rauscher* in MünchKommFamFG, § 98 Rn. 99; Staudinger/*Spellenberg* (2016), § 98 FamFG Rn. 263.
[302] Zu den Besonderheiten dieser Konstellation Staudinger/*Spellenberg* (2016), § 98 FamFG Rn. 265.
[303] Im Ergebnis auch *Schröder*, Internationale Zuständigkeit, S. 217, man brauche nicht unbedingt zu versuchen, die Binnenbeziehungen erneut und wiederum auf ein Niveau selbständiger Verfahrensvoraussetzungen zu erheben.
[304] In diese Richtung tendierend *Eicher*, Rechtsverwirklichungschancen, S. 276 f.; *Schütze* in FS für Rechberger, S. 567, 575; *ders.*, Deutsches Internationales Zivilprozessrecht, Rn. 130.
[305] Siehe oben unter § 9 B (S. 158 ff.).

taktpunkte heranzuziehen, sondern der Binnenbezug eines Sachverhaltes ist umfassend zu würdigen[306]. Daher bleibt für eine abschließende Betrachtung durch einzelne Anknüpfungspunkte zumindest so lange kein Raum, wie der Gesetzgeber eine typisierende Abwägung in einer expliziten Vorschrift zur Notzuständigkeit nicht vornimmt.

bb) Leitlinien der Einzelfallbetrachtung

Gleichwohl lassen sich Leitlinien feststellen, an denen sich die Rechtsprechung bei der Einzelfallbetrachtung orientieren sollte. Diese ergeben sich aus einer Kombination der in der Literatur festgestellten Ansätze:

Zum einen bildet die Perspektive des Beklagten den Ausgangspunkt der Einzelfallbetrachtung. Denn durch das Kriterium der Inlandsbeziehung wird zunächst der Schutz des Beklagten verwirklicht, dessen Gerichtspflichtigkeit zumutbar und möglichst vorhersehbar ausgestaltet sein soll[307]. Sofern Verbindungspunkte zu einem Staat aus der Sphäre des Beklagten stammen, muss dieser in der Regel damit rechnen, zumindest hilfsweise – nämlich dann, wenn in anderen Staaten mit engen Bezugspunkten kein Rechtsschutz erreichbar ist – in diesem Staat gerichtspflichtig zu werden. Vor diesem Hintergrund sind Inlandsbeziehungen des Rechtsstreits, die aus der Sphäre des Beklagten stammen, von vornherein weniger bedenklich als solche aus der Sphäre des Klägers[308]. Dennoch erfolgt der Schutz des Beklagten nicht absolut, sondern nur in Abwägung mit der Rechtsposition des Klägers. Unter diesem Gesichtspunkt kommt es darauf an, welche Bedeutung der Rechtsschutzgewährung ausgerechnet im Inland für die Durchsetzung des klägerischen Rechtsschutzbegehrens zukommt.

Zum anderen ist nach dem Rechtsschutzziel zu differenzieren[309]. So sind zum Beispiel in einem Scheidungsverfahren geringere Anforderungen an den Inlandsbezug zu stellen als in sonstigen Familiensachen[310]. Denn die Möglich-

---

[306] Auch bei der Prüfung der hinreichenden Inlandsbeziehung im Rahmen von § 23 S. 1 Alt. 1 ZPO stellt die Rechtsprechung häufig auf mehrere Aspekte ab, um die Zuständigkeit zu begründen, siehe BGH, Urt. v. 22.10.1996, NJW 1997, 324, 325; BAG, Urt. v. 13.11.2007, NZA 2008, 761, 763; *M.-P. Weller/Benz/Zimmermann*, NZG 2019, 1121, 1128.

[307] Vgl. *Eicher*, Rechtsverwirklichungschancen, S. 276.

[308] Im Ergebnis auch *Eicher*, Rechtsverwirklichungschancen, S. 276.

[309] So auch *Schütze* in FS für Rechberger, S. 567, 575 f.; *ders.*, Deutsches Internationales Zivilprozessrecht, Rn. 130.

[310] Gerade in der Literatur ist eine große Bereitschaft festzustellen, in Scheidungsverfahren eine internationale Notzuständigkeit auch bei geringen Inlandsbeziehungen zu eröffnen, siehe *Geimer*, IZPR, Rn. 1037; *ders.* in Zöller, ZPO, § 98 FamFG Rn. 137; *Rauscher* in MünchKommFamFG, § 98 Rn. 99; Staudinger/*Spellenberg* (2016), § 98 FamFG Rn. 263.

keit der Ehegatten, sich scheiden lassen zu können, ist ein wesentlicher Grundsatz des autonomen Rechts[311]. Ein anderes Beispiel, das die Maßgeblichkeit des Rechtsschutzziels verdeutlicht, ist die unterschiedliche Bewertung von Anknüpfungspunkten in vermögensrechtlichen und nichtvermögensrechtlichen Streitigkeiten: Macht ein Kläger einen vermögensrechtlichen Anspruch im Inland geltend, möchte er regelmäßig auf inländisches Vermögen des Beklagten zugreifen. Die Vermögensbelegenheit im Inland ist daher ein entscheidender Anknüpfungspunkt in vermögensrechtlichen Streitigkeiten[312]. Demgegenüber möchte ein Rechtsuchender in nichtvermögensrechtlichen Streitigkeiten nicht auf im Inland belegenes Vermögen zugreifen. In diesen Verfahren ist die inländische Vermögensbelegenheit daher lediglich im Rahmen einer umfassenden Würdigung der Inlandsbeziehungen zu berücksichtigen.

cc) Anwendung auf einzelne Anknüpfungspunkte

Wendet man die zuvor entwickelten Leitlinien auf einzelne Anknüpfungspunkte an, vermitteln jedenfalls der gewöhnliche Aufenthalt des Beklagten, dessen Staatsangehörigkeit oder das Ausrichten seiner Geschäftstätigkeit auf das Inland eine ausreichende Inlandsbeziehung[313]. Diese Anknüpfungspunkte sind im Hinblick auf den Beklagtenschutz unbedenklich, da sie aus der Sphäre des Beklagten stammen[314]. Ebenso muss der gewöhnliche Aufenthalt oder Wohnsitz des Klägers eine Inlandsbeziehung begründen[315], da es dem Beklagten zuzumuten und auch vorhersehbar[316] ist, dass der Kläger sein Rechtsschutzbegehren in diesem Staat verfolgt, sofern andere Staaten zur Rechtsverwirklichung ausscheiden. Auch bei der Anwendbarkeit deutschen Sachrechts liegt in der

---

[311] Diesen Aspekt bereits betonend RG, Urt. v. 3.7.1939, RGZ 160, 396, 403.
[312] Siehe dazu unten unter § 14 C IV 2 b cc (S. 380).
[313] So auch *Eicher*, Rechtsverwirklichungschancen, S. 276. Vgl. zudem *Schütze* in FS für Rechberger, S. 567, 575 f.; *ders.*, Deutsches Internationales Zivilprozessrecht, Rn. 130.
[314] Vgl. *Eicher*, Rechtsverwirklichungschancen, S. 276.
[315] So auch *Eicher*, Rechtsverwirklichungschancen, S. 277; *Schütze* in FS für Rechberger, S. 567, 575 f.
[316] Die Vorhersehbarkeit bezieht sich nicht darauf, dass der Beklagte konkret den Staat kennen muss, in dem sich der Kläger gegenwärtig aufhält. Denn zum Beispiel kann der Kläger seit dem letzten geschäftlichen Kontakt mit dem Beklagten umgezogen sein. Vielmehr geht es darum, dass ein Beklagter abstrakt vorhersehen kann, dass ein Rechtsuchender jedenfalls in seinem gegenwärtigen Aufenthalts- oder Wohnsitzstaat klagen darf, sofern Rechtsschutz im Ausland ausscheidet. Dem früheren Wohnsitzstaat eines Klägers, der zum Beispiel bei Vertragsschluss bestand, kann im Rahmen einer Gesamtbetrachtung im Einzelfall maßgebliche Bedeutung zukommen. Denn insoweit kann der Beklagte auch konkret vorhersehen, dass der Rechtsuchende notfalls auf diesen Staat als Gerichtsstand ausweicht.

Regel eine hinreichende Inlandsbeziehung vor[317]; das folgt indes nicht unmittelbar aus der Anwendbarkeit des eigenen Rechts im Sinne eines Gleichlaufs, sondern nur mittelbar über die Anknüpfungspunkte zum Inland, die auch das Internationale Privatrecht für die Anwendbarkeit eigenen Sachrechts voraussetzt. Schließlich reicht in vermögensrechtlichen Streitigkeiten die Vermögensbelegenheit aus, um einen hinreichenden Inlandsbezug zu begründen[318]: Zum einen handelt es sich um einen Anknüpfungspunkt, der aus der Sphäre des Beklagten stammt[319]. Zum anderen muss verhindert werden, dass das inländische Vermögen dem Zugriff des Klägers gänzlich entzogen wird. Dazu käme es, wenn im Inland weder eine eigenständige Entscheidungszuständigkeit eröffnet noch eine ausländische Entscheidung anerkannt werden könnte. Eine solche „Vollstreckungsoase"[320] für das im Inland belegene Vermögen ist aber nur mit dem Justizgewährungsanspruch vereinbar, wenn auf ausländisches Vermögen zugegriffen werden kann, das zur Befriedigung ausreicht, und es daher gerade nicht auf die inländische Vollstreckung ankommt[321].

Bei anderen Anknüpfungspunkten ist zumindest nicht *per se* von einer ausreichenden Inlandsbeziehung auszugehen, sondern im Einzelfall zu prüfen, wie bedeutend diese Beziehungen für die Verwirklichung des klägerischen Rechtsschutzbegehrens sind und ob daneben weitere Verbindungspunkte vorliegen, die zusammen die Eröffnung einer Notzuständigkeit rechtfertigen. Eine Einzelfallbetrachtung ist erforderlich, wenn noch keine konkreten Vollstreckungsaussichten im Inland bestehen, sondern diese lediglich in Zukunft eintreten könnten. Davon ist zum Beispiel auszugehen, wenn der Beklagte zwar gegenwärtig über kein Vermögen im Inland verfügt, aber Anhaltspunkte dafür bestehen, dass er künftig Vermögen im Inland erwerben wird, weil er seine Geschäftstätigkeit auf diesen Staat ausweiten möchte. Künftige Vollstreckungsaussichten im Inland reichen jedoch nur dann als Anknüpfungspunkt der Notzuständigkeit aus, wenn der Rechtsuchende diese Aussichten durch konkrete Anhaltspunkte darlegen und gegebenenfalls beweisen kann[322]. Denn andernfalls könnte eine inländische

---

[317] Generell als Anknüpfungspunkt bejahend *Eicher*, Rechtsverwirklichungschancen, S. 277; *Geimer*, IZPR, Rn. 1030; *Kropholler* in Hdb. IZVR I, Kap. III, Rn. 192.

[318] Im Ergebnis auch die Rechtsprechung, welche die Notzuständigkeit im Rahmen des § 23 S. 1 Alt. 1 ZPO als Ausnahme der ungeschriebenen Voraussetzung einer über die Vermögensbelegenheit hinausgehenden Inlandsbeziehung begreift, siehe ausführlich oben unter § 13 B II 2 (S. 325).

[319] Vgl. *Eicher*, Rechtsverwirklichungschancen, S. 276.

[320] Dazu *Geimer*, NJW 1991, 3072; *Schack*, ZZP 97 (1984), 46, 49; *Schütze* in FS für Ishikawa, S. 493, 496. Vgl. auch *Pfeiffer*, Internationale Zuständigkeit, S. 455.

[321] Siehe oben unter § 9 A II 2 b bb (S. 155).

[322] Demgegenüber möchte *Pfeiffer*, Internationale Zuständigkeit, S. 455, eine Notzuständigkeit bereits eröffnen, wenn eine zukünftige inländische Vollstreckung nicht weit überwie-

Notzuständigkeit stets mit dem Argument eröffnet werden, dass sich die tatsächlichen Gegebenheiten in der Zukunft möglicherweise ändern könnten. Die Zuständigkeitsgewährung auf derart ungewisse Umstände zu stützen, wäre aber weder für den Beklagten vorherseh- und zumutbar noch für den Rechtssuchenden (vollstreckungs-)erfolgsversprechend. Darüber hinaus hängt es von den Umständen des Einzelfalls ab, ob die Präjudizwirkung für ein inländisches Folgeverfahren ein hinreichender Anknüpfungspunkt der Notzuständigkeit ist. So kann es zum Beispiel für eine Eheschließung in Deutschland erforderlich sein, dass zuvor eine Ehescheidung in Deutschland durchgeführt wird[323]: Denn die Vorehe eines Heiratswilligen besteht im Inland fort, sofern eine im Ausland durchgeführte Ehescheidung nicht anerkannt wird[324]. In diesen Konstellationen ist eine Notzuständigkeit zu eröffnen, weil die Entscheidung gerade erforderlich ist, um ein inländisches Folgeverfahren durchzuführen[325]. Demgegenüber ist eine Notzuständigkeit abzulehnen, wenn eine Entscheidung zwar von präjudizieller Bedeutung für ein Folgeverfahren ist, die Frage in dem Zweitverfahren aber auch inzident geklärt werden könnte. Ist beispielsweise die Eigentumslage für einen Schadensersatzanspruch maßgeblich, muss diese nicht erst in einer eigenständigen Entscheidung festgestellt werden, sondern kann inzident im Rahmen des Schadensersatzverfahrens geklärt werden[326]. Schließlich vermittelt der schlichte Aufenthalt des Klägers im Inland nur eine sehr vage und manipulationsanfällige Inlandsbeziehung. Um dem Rechtssuchenden kein unbegrenztes *forum shopping* zu ermöglichen, kann der schlichte Aufenthalt als Anknüpfungspunkt allenfalls in besonderen Ausnahmefällen genügen. Davon ist zum Beispiel in dem Lehrbuchklassiker des „staatenlosen Nomadenehepaars"[327] auszugehen[328]. Denn dieser Fall sticht dadurch heraus, dass keine sonstigen Anknüpfungspunkte zu einem anderen Staat bestehen, sich sowohl Antragsteller als auch Antragsgegner im Inland (schlicht) aufhalten und die Möglichkeit der Ehescheidung allgemein von besonderer Bedeutung ist.

---

gend unwahrscheinlich sei, wobei alle Zweifel zugunsten der rechtsschutzsuchenden Partei gehen müssten.

[323] Siehe *Kropholler* in Hdb. IZVR I, Kap. III, Rn. 192.

[324] *Coester* in MünchKommBGB, Art. 13 EGBGB Rn. 78 f.

[325] Vgl. für ein anderes Beispiel KG, Beschl. v. 14.9.1961, FamRZ 1961, 477, 479 (Notwendigkeit der Erteilung eines Auseinandersetzungszeugnisses, um ein Ehefähigkeitszeugnis erhalten zu können, das für die Eheschließung im Ausland erforderlich ist).

[326] In einem ähnlichen Beispielsfall indes eine Notzuständigkeit annehmend *Pfeiffer*, Internationale Zuständigkeit, S. 456 f.

[327] Siehe dazu oben unter § 14 C IV 2 a dd (S. 376 f.).

[328] Im Ergebnis auch *Geimer*, IZPR, Rn. 1037; *ders.* in Zöller, ZPO, § 98 FamFG Rn. 137; *Kegel* in Kegel/Schurig, IPR, § 20 IV 4 b cc (S. 820); *Rauscher* in MünchKommFamFG, § 98 Rn. 99; Staudinger/*Spellenberg* (2016), § 98 FamFG Rn. 263.

c) Besonderheiten im Umgang mit Menschenrechtsklagen?

aa) Keine Ausnahme von dem Erfordernis einer Inlandsbeziehung

Teile der Literatur erblicken in der Notzuständigkeit eine letzte Abhilfemöglichkeit, um eine internationale Zuständigkeit für bestimmte Menschenrechtsklagen zu gewähren[329]. Damit sind jene Menschenrechtsklagen gemeint, die sich gegen ausländische Tochter- oder Zulieferunternehmen richten, weil eine Rechtsverwirklichung in den Entwicklungs- und Schwellenländern aufgrund defizitärer Gerichtsapparate keine Aussicht auf Erfolg hat[330]. Insoweit wird vereinzelt vertreten, dass unter Berücksichtigung von Art. 6 Abs. 1 EMRK in Verfahren, die schwerwiegende Menschenrechtsverletzungen zum Gegenstand hätten, keine Inlandsbeziehung erforderlich sei[331]. Denn eine genügende Inlandsbeziehung werde sich in diesen Konstellationen regelmäßig nicht feststellen lassen[332].

Diese Auffassung lässt sich mit der geltenden Rechtslage indes nicht vereinbaren[333]. So zwingen völkerrechtliche Bestimmungen im Allgemeinen und Art. 6 Abs. 1 EMRK im Besonderen selbst bei sehr schwerwiegenden Menschenrechtsverletzungen nicht zur bezugsunabhängigen Annahme internationaler Zuständigkeit[334]. Vielmehr verwirklicht sich durch das Kriterium der Inlandsbeziehung gerade der Schutz des Beklagten[335]. Schutzwürdig ist dabei auch der Beklagte, der sich dem Vorwurf einer besonders zu missbilligenden

---

[329] Siehe oben unter § 2 C (S. 14 ff.).
[330] Siehe oben unter § 2 C (S. 14 ff.).
[331] Nur so lassen sich die Aussagen von *C. Hartmann* in Krajewski/Saage-Maaß, Durchsetzung menschenrechtlicher Sorgfaltspflichten von Unternehmen, S. 281, 294 f., 309, verstehen, der allerdings davon ausging, dass die Entscheidung der Kammer des EGMR, Urt. v. 21.6.2016, Nr. 51357/07 – Naït-Liman/Schweiz, vor der Großen Kammer keinen Bestand haben würde. In Bezug auf die schweizerische Vorschrift zur Notzuständigkeit grundsätzlich auf einen Inlandsbezug verzichtend, sofern universell anwendbare Menschenrechte verletzt worden seien, *Geisser/A. Müller* in Zamora Cabot/Heckendorn Urscheler/De Dycker, Implementing the U.N. Guiding Principles on Business and Human Rights, S. 119, 125.
[332] Vgl. *M. Stürner* in Krajewski/Oehm/Saage-Maß, Unternehmensverantwortung für Menschenrechtsverletzungen, S. 73, 85.
[333] So auch *M. Stürner* in Krajewski/Oehm/Saage-Maß, Unternehmensverantwortung für Menschenrechtsverletzungen, S. 73, 85; *M. Stürner/Pförtner*, GPR 2019, 222, 225. Ebenso in Bezug auf die niederländische Vorschrift zur Notzuständigkeit Advocaat-generaal *Vlas*, Parket bij de Hoge Raad, 19.12.2014 – 14/00692, Rn. 2.14.
[334] EGMR (Große Kammer), Urt. v. 15.3.2018, Nr. 51357/07, Rn. 173 ff. – Naït-Liman/Schweiz.
[335] Vgl. auch *M. Stürner* in Krajewski/Oehm/Saage-Maß, Unternehmensverantwortung für Menschenrechtsverletzungen, S. 73, 85, andernfalls sei die Gerichtspflichtigkeit für den Beklagten in keiner Weise vorhersehbar.

Rechtsgutsverletzung gegenübersieht, da dieser Vorwurf im Laufe des Verfahrens erst zu erweisen ist[336]. Darüber hinaus liegt das Prinzip der Nähebeziehung nicht nur der Notzuständigkeit, sondern dem Zuständigkeitsrecht insgesamt zugrunde[337]. Dieses Prinzip aus Gesichtspunkten des Menschenrechtsschutzes auszuhebeln, erscheint *de lege ferenda* – insbesondere im Wege internationaler Zusammenarbeit – zwar denkbar, bedarf aber einer ausdrücklichen rechtspolitischen Entscheidung. Demgegenüber dient die Notzuständigkeit lediglich dazu, in Ausnahmesituationen drohender Rechtsverweigerung Rechtsschutzlücken zu schließen. Beachtet man zudem, dass die Notzuständigkeit gegenwärtig nicht kodifiziert ist, taugt sie nicht als Instrument, die rechtspolitische Forderung eines bezugsunabhängigen Gerichtsstands für zivilrechtliche Menschenrechtsklagen in Deutschland bereits *de lege lata* zu erfüllen.

bb) Sitz der Konzernmutter im Inland als hinreichender Anknüpfungspunkt einer Inlandsbeziehung

Von der Frage, ob eine Inlandsbeziehung bei Menschenrechtsklagen vorliegen muss, zu trennen, ist allerdings die Frage, ob nicht im Einzelfall eine hinreichende Beziehung zum Inland angenommen werden kann. Im Zusammenhang mit Menschenrechtsklagen möchte namentlich *Schulz* die Zugehörigkeit eines ausländischen Unternehmens zu einer inländischen Konzernmutter ausreichen lassen, um bei drohender Rechtsverweigerung eine inländische Notzuständigkeit zu eröffnen[338]. Die gesellschaftsrechtliche Verbindung zwischen beiden Unternehmenseinheiten schaffe eine territoriale Rückkoppelung zum Inland[339]. Zudem dürfe die Aufspaltung in unterschiedliche Unternehmenseinheiten nicht zu Rechtsschutzlücken führen[340].

---

[336] Vgl. *Mankowski* in von Hoffmann, Universalität der Menschenrechte, S. 139, 186.
[337] Siehe nur *M. Stürner* in Krajewski/Oehm/Saage-Maß, Unternehmensverantwortung für Menschenrechtsverletzungen, S. 73, 85.
[338] *M. Schulz*, Alien Tort Statute, S. 391, wobei aus den Äußerungen nicht ganz deutlich wird, ob es sich um eine Feststellung zum geltenden Recht handelt oder eine Forderung *de lege ferenda*; dem für eine künftige Regelung in der Brüssel Ia-VO zustimmend *Haider*, Haftung von transnationalen Unternehmen und Staaten für Menschenrechtsverletzungen, S. 297. Auf rechtsvergleichender Grundlage spricht sich auch *Nwapi*, Utrecht J. Int'l & Eur. L. 30 (2014), 24, 35, dafür aus, in diesen Konstellationen eine Inlandsbeziehung anzunehmen, ohne diese Aussage auf bestimmte Rechtsordnungen zu beschränken. Vgl. zudem *Roorda/Ryngaert*, RabelsZ 80 (2016), 783, 797 Fn. 67, sollte der Forumstaat keinen Gerichtsstand des Sachzusammenhanges kennen, sei es denkbar, dass die Verbindung zwischen Konzernmutter und Tochtergesellschaft genüge, um eine Inlandsbeziehung zu begründen und eine Notzuständigkeit für eine Klage gegen das Tochterunternehmen anzunehmen.
[339] *M. Schulz*, Alien Tort Statute, S. 391.
[340] *M. Schulz*, Alien Tort Statute, S. 391.

Gegen diese Ansicht scheinen zwei Argumente zu sprechen, die sich bei näherer Betrachtung jedoch als nicht stichhaltig erweisen: Einerseits scheint die Ansicht dem gesellschaftsrechtlichen Trennungsprinzip zu widersprechen, wonach jede juristische Person rechtlich selbständig und infolgedessen von ihren Gesellschaftern zu unterscheiden ist[341]. Dies bedeutet für Konzerne insbesondere, dass das Verhalten der konzernierten Unternehmen grundsätzlich weder wechselseitig zugerechnet werden kann noch eine gegenseitige Haftung besteht[342]. Andererseits ist dem Zuständigkeitsrecht ein Konzerngerichtsstand im Sinne eines allgemeinen Gerichtsstands für Tochterunternehmen (auch) am Ort der Konzernierung gerade unbekannt[343]. Dennoch lassen sich diese Argumente nur scheinbar gegen eine Inlandsbeziehung anführen. Zunächst ist eine strikte Anwendung des Trennungsprinzips in Bezug auf Menschenrechtsklagen nicht unumstritten. Zwar wird es in der Literatur abgelehnt, dass ein Mutterunternehmen ohne eigenen Beitrag für die Menschenrechtsverletzung durch ein Tochterunternehmen einzustehen hat (sogenannte Durchgriffshaftung)[344]; sehr wohl werden jedoch umfassende Verkehrs- und Organisationspflichten diskutiert, die einem Mutterunternehmen hinsichtlich des Verhaltens ihrer Tochtergesellschaft auferlegt werden sollen[345] und jedenfalls zum Teil mit dem Trennungsprinzip in Konflikt geraten können[346]. Darüber hinaus wird durch die Eröffnung einer Notzuständigkeit am Sitz der Muttergesellschaft – anders als bei der Annahme eines allgemeinen Konzerngerichtsstandes – die rechtliche Selbständigkeit des Tochterunternehmens nicht an sich infrage gestellt. Denn wenngleich die Kon-

---

[341] *G. Wagner*, RabelsZ 80 (2016), 717, 759; *M.-P. Weller/Benz/Zimmermann*, NZG 2019, 1121, 1123.

[342] Vgl. *G. Wagner*, RabelsZ 80 (2016), 717, 759.

[343] Vgl. für das autonome Zuständigkeitsrecht *C. Hartmann* in Krajewski/Saage-Maaß, Durchsetzung menschenrechtlicher Sorgfaltspflichten von Unternehmen, S. 281, 288; *M.-P. Weller/Benz/Zimmermann*, NZG 2019, 1121, 1122 f. (die aber darauf verweisen, dass regelmäßig § 23 ZPO als Gerichtsstand in Betracht komme); vgl. auch *Habersack/Ehrl*, AcP 219 (2019), 155, 181; für das europäische Zuständigkeitsrecht *Dutta*, BerDGesIntR 50 (2020), 39, 58 f.; *Linke/Hau*, IZVR, Rn. 5.63; *G. Wagner*, RabelsZ 80 (2016), 717, 732 ff.

[344] *Görgen*, Unternehmerische Haftung in transnationalen Menschenrechtsfällen, S. 401 ff.; *Schall*, ZGR 2018, 479, 484 ff.; *G. Wagner*, RabelsZ 80 (2016), 717, 765 f.; *M.-P. Weller/Kaller/A. Schulz*, AcP 216 (2016), 387, 409; einer künftigen Durchgriffshaftung jedoch zugeneigt *Thomale/Hübner*, JZ 2017, 385, 394 f.

[345] Befürwortend *Kieninger*, IPRax 2020, 60, 67; *Schall*, ZGR 2018, 479, 503 ff.; *Thomale/Hübner*, JZ 2017, 385, 395 f.; differenzierend *Görgen*, Unternehmerische Haftung in transnationalen Menschenrechtsfällen, S. 274 ff.; *G. Wagner*, RabelsZ 80 (2016), 717, 767 f., 770 f.; äußerst restriktiv *M.-P. Weller/Kaller/A. Schulz*, AcP 216 (2016), 387, 401 f.

[346] So ließen sich nach *G. Wagner*, RabelsZ 80 (2016), 717, 770 f., deliktsrechtliche Pflichten zur Beobachtung und Kontrolle von Tochtergesellschaften nicht mit dem Trennungsprinzip vereinbaren; noch restriktiver *M.-P. Weller/Kaller/A. Schulz*, AcP 216 (2016), 387, 401 f.

zernunternehmen eigenständige juristische Personen sind, kommt es durch die Konzernierung zu einer tatsächlichen Verbindung der Beteiligten[347].

Im Einklang mit dem Trennungsprinzip und den zuvor erläuterten Grundsätzen der Einzelfallbetrachtung[348] ist für die Frage einer hinreichenden Inlandsbeziehung daher allein maßgebend, ob diese tatsächliche Verbindung so eng ist, dass es dem Tochterunternehmen zumutbar ist, vor den Heimatgerichten des Mutterunternehmens verklagt zu werden, wenn dem Rechtssuchenden andernfalls eine Rechtsverweigerung drohte. Zentrale Bedeutung kommt insoweit dem Abhängigkeitstatbestand zu, der in § 17 AktG für das deutsche Konzernrecht niedergelegt ist[349]. Die Abhängigkeit eines Unternehmens von einem anderen ist zu bejahen, wenn dem herrschenden Unternehmen eine rechtliche oder faktische gesellschaftsrechtliche Möglichkeit der Einflussnahme über das abhängige Unternehmen zukommt[350]. Aufgrund der dadurch vermittelten Nähebeziehung ist es einem Unternehmen grundsätzlich zumutbar, am Sitz des herrschenden Unternehmens verklagt zu werden, sollte vor den Gerichten des Heimatortes effektiver Rechtsschutz nicht zu erreichen sein. Das gilt umso mehr, als es sich um einen Anknüpfungspunkt handelt, der aus der Sphäre des Beklagten stammt. Nur im Einzelfall ist eine Zumutbarkeit zu verneinen, und zwar, wenn das herrschende Unternehmen in Bezug auf den konkreten Sachverhalt keinen Einfluss auf das abhängige Unternehmen ausgeübt hat[351]. Der Maßstab ist aus Gründen der Zuständigkeitsklarheit indes niedrig anzusetzen, sodass bereits allgemeine Vorgaben des herrschenden Unternehmens zur Annahme einer Einflussnahme genügen können[352]. Außerdem sollte bei bestehender Abhängigkeit dem Beklagten im Wege einer Beweislastumkehr die Darlegungs- und Beweislast für die Frage zukommen, ob eine zuständigkeitsbegründende Einflussnahme unterblieb, da konzerninterne Vorgänge für den außenstehenden Kläger nicht nach-

---

[347] Das gilt selbst, wenn man dem Konzernbegriff im denkbar weitesten und im allgemeinen Sprachgebrauch üblichen Sinne alle Unternehmensverbindungen unterstellt, vgl. *Bayer* in MünchKommAktG, § 15 Rn. 6.

[348] Siehe oben unter § 14 C IV 2 b aa–bb (S. 377 ff.).

[349] Freilich richtet sich die Frage, ob eine Abhängigkeit besteht, nach dem anwendbaren Recht, wofür das Gesellschaftsstatut der abhängigen Gesellschaft maßgebend ist, siehe BGH, Urt. v. 13.12.2004, NZG 2005, 214, 215; *von Bar/Mankowski*, IPR II, § 7 Rn. 240.

[350] Vgl. *Bayer* in MünchKommAktG, § 17 Rn. 11 ff.

[351] Zwischen konkreter Einflussnahme und abstrakter Möglichkeit der Einflussnahme in Bezug auf die materiellrechtliche Haftung des Mutterunternehmens differenzierend *Görgen*, Unternehmerische Haftung in transnationalen Menschenrechtsfällen, S. 274 ff.; *G. Wagner*, RabelsZ 80 (2016), 717, 767 f., 770 f.

[352] Siehe dazu für die materiellrechtliche Haftung im Einzelnen *Görgen*, Unternehmerische Haftung in transnationalen Menschenrechtsfällen, S. 286 ff.

weisbar sind[353]. Mithin genügt der Sitz des Mutterunternehmens im Inland regelmäßig, um eine hinreichende Inlandsbeziehung für eine Notzuständigkeit gegen ein ausländisches Tochterunternehmen zu begründen[354].

V. Ergebnis

Die ungeschriebene Notzuständigkeit setzt voraus, dass dem Rechtsuchenden eine Rechtsverweigerung droht. Diese kann auf einem negativen internationalen Kompetenzkonflikt, der Unmöglichkeit oder Unzumutbarkeit des ausländischen Verfahrens oder einer Anerkennungslücke beruhen. Die Rechtsverwirklichungschancen sind nur in Bezug auf diejenigen ausländischen Staaten zu prüfen, die bei spiegelbildlicher Anwendung des deutschen Zuständigkeitsrechts international zuständig wären. Die ungeschriebene Notzuständigkeit ist allerdings nicht spiegelbildlich heranzuziehen. Für den Nachweis einer drohenden Rechtsverweigerung ist weder erforderlich, dass ein Verfahren im Ausland angestrengt wurde, noch, dass eine ausländische Entscheidung bereits ergangen ist. Der Gefahrbegriff ist durch eine Fallgruppenbildung zu konkretisieren, da die verschiedenen Fallgruppen der Rechtsverweigerung spezifische Anforderungen an den Nachweis der Gefahr stellen. So genügt als Nachweis eines negativen internationalen Kompetenzkonflikts bereits der Umstand, dass im Ausland keine reguläre Zuständigkeit vorgesehen ist, während ein ausländisches Verfahren nur dann unzumutbar ist, wenn nachgewiesen wird, dass sich zum Beispiel ein schwerwiegendes rechtsstaatliches Defizit auch auf das konkrete Verfahren auswirken würde.

Die zweite wesentliche Voraussetzung der Notzuständigkeit ist das Erfordernis einer hinreichenden Inlandsbeziehung. Insoweit ist eine umfassende Einzelfallbetrachtung durchzuführen. Leitlinie dieser Einzelfallbetrachtung ist der Schutz des Beklagten. Ein Binnenbezug, der aus seiner Sphäre stammt, ist von vornherein weniger bedenklich als Anknüpfungspunkte, die aus der Sphäre des Klägers stammen. Der Beklagtenschutz ist damit abzuwägen, wie bedeutend der inländische Rechtsschutz für die Rechtsverwirklichung des Klägers ist. Zudem können die Anforderungen des Inlandsbezugs davon abhängen, welches Rechtsschutzziel der Kläger verfolgt. Vor diesem Hintergrund sind zum Beispiel der gewöhnliche Aufenthalt des Beklagten, dessen Staatsangehörigkeit

---

[353] Vgl. für die materiellrechtliche Haftung *Görgen*, Unternehmerische Haftung in transnationalen Menschenrechtsfällen, S. 279 f. Ein vergleichbares Ergebnis könnte auch durch die Anwendung der Grundsätze zur sog. sekundären Darlegungslast erzielt werden.

[354] Beachte zudem *M.-P. Weller/Benz/Zimmermann*, NZG 2019, 1121, 1128, nach denen der inländische Sitz der Konzernmutter grundsätzlich für eine hinreichende Inlandsbeziehung im Rahmen des § 23 S. 1 Alt. 1 ZPO genüge.

oder die Belegenheit von Beklagtenvermögen, auf das zugegriffen werden soll, als hinreichende Anknüpfungspunkte anzusehen. Auch für Menschenrechtsklagen kann keine Ausnahme von dem Erfordernis der Inlandsbeziehung gemacht werden. Allerdings bildet der Sitz der Konzernmutter im Inland regelmäßig einen hinreichenden Anknüpfungspunkt für die Klage gegen ein ausländisches Tochterunternehmen.

D. Im Zusammenhang mit der Notzuständigkeit auftretende Probleme

I. Örtliche Zuständigkeit

Die Gewährung internationaler Notzuständigkeit kann dazu führen, dass die deutschen Gerichte zwar international zur Entscheidung eines Sachverhaltes zuständig sind, sich aber mangels entsprechender Regelung kein örtlich zuständiges Gericht auffinden lässt[355]. Die Problematik der Notzuständigkeit zeigt jedoch deutlich, dass bei Gewährung internationaler Zuständigkeit auch eine örtliche Zuständigkeit aufgetan werden muss[356]. Denn eine Verfahrensabwei-

---

[355] Dass sich ein örtlich zuständiges Gericht trotz an sich fehlender internationaler Zuständigkeit auffinden lassen kann, zeigt sich z.B. an der Einschränkung des hinreichenden Inlandsbezuges bei § 23 S. 1 Alt. 1 ZPO durch die Rechtsprechung, die nur für die internationale Zuständigkeit von Bedeutung ist (siehe BGH, Urt. v. 2.7.1991, NJW 1991, 3092, 3093 f.). Es ist daher nicht überzeugend, wenn *Schütze* in FS für Rechberger, S. 567, 576, in diesen Fällen die Vorschrift des § 23 S. 1 Alt. 1 ZPO zur Bestimmung der örtlichen Zuständigkeit „analog" anwenden möchte. Ein weiteres Beispiel für ein Auseinanderfallen von örtlicher und internationaler Zuständigkeit ist die in § 122 Nr. 7 FamFG allein für die örtliche Zuständigkeit vorgesehene Auffangzuständigkeit des AG Schöneberg in Berlin in Ehesachen.

[356] Im Ergebnis h.M., siehe OLG Karlsruhe, Beschl. v. 22.9.1999, NJW-RR 2000, 353, 354; KG, Beschl. v. 13.1.2000, IPRax 2001, 44; LG Konstanz, Urt. v. 24.8.1992, NJW-RR 1993, 638, 639; AG Mannheim, Urt. v. 9.1.1997, IPRspr. 1997, Nr. 137, S. 272, 273; *Geimer*, IZPR, Rn. 965 ff.; *Kropholler* in Hdb. IZVR I, Kap. III, Rn. 145; *Mankowski*, IPRax 2001, 33 f.; *Milleker*, Der Negative Internationale Kompetenzkonflikt, S. 160 Fn. 1; *Schröder*, Internationale Zuständigkeit, S. 215; Staudinger/*Hausmann* (2021), IntVertrVerfR Rn. 246; vgl. auch AG Flensburg, Zwischenurt. v. 16.6.1998, RRa 1998, 176, 177; vgl. für den Bereich der freiwilligen Gerichtsbarkeit ferner BGH, Beschl. v. 3.12.1975, BGHZ 65, 311, 316 ff. Die Notwendigkeit einer örtlichen Ersatzzuständigkeit noch ablehnend BGH, Urt. v. 6.2.1981, NJW 1981, 1902, 1903 f.; OLG Düsseldorf, Urt. v. 23.10.1980, VersR 1981, 1081, 1082; beide zu Sachverhalten, in denen wegen Art. 31 Abs. 1 CMR allein die internationale Zuständigkeit deutscher Gerichte begründet wurde, aber eine örtliche Zuständigkeit im Inland nicht aufgetan werden konnte; eine örtliche Ersatzzuständigkeit wurde nicht diskutiert, da dies Aufgabe des nationalen Gesetzgebers sei; darauf hat der Gesetzgeber jedoch mit Art. 1a CMR (BGBl. 1989 I S. 586) eine örtliche Zuständigkeit der Gerichte an den Orten eingeführt, an die Art. 31 Abs. 1 CMR die internationale Zuständigkeit anknüpft. Ablehnend allerdings

sung mangels örtlicher Zuständigkeit konterkarierte gerade den Zweck der Notzuständigkeit, eine Rechtsverweigerung zu verhindern.

Steht fest, dass eine örtliche Zuständigkeit gegeben sein muss, ist allerdings noch keine Aussage darüber getroffen, wo diese begründet ist. Die Antwort auf die Frage, welches Gericht örtlich zuständig ist, wenn kein gesetzlicher Zuständigkeitsgrund eingreift, ist sehr umstritten.

1. Meinungsstand

a) Bestimmung durch das höhere Gericht

Ein Teil der Lehre vertritt die Ansicht, eine örtliche Ersatzzuständigkeit sei in Analogie zu § 36 Abs. 1 Nr. 6 ZPO zu bestimmen, wenn sich bei internationaler Notzuständigkeit deutscher Gerichte kein örtlich zuständiges Gericht im Inland auffinden lasse[357]. Nach § 36 Abs. 1 Nr. 6 ZPO ist das zuständige Gericht durch das im Rechtszug zunächst höhere Gericht zu bestimmen, wenn verschiedene Gerichte, von denen eines für den Rechtsstreit zuständig ist, sich rechtskräftig für unzuständig erklärt haben. Da die Vorschrift die Zuständigkeit im Fall des negativen Kompetenzkonfliktes bei Unzuständigkeitserklärung mehrerer Gerichte unabhängig davon regele, ob die örtliche, sachliche oder funktionelle Zuständigkeit betroffen sei, erscheine eine analoge Anwendung für die örtliche Ersatzzuständigkeit sachgerecht[358]. Des Weiteren biete die Lösung den Vorteil, dass es sich um keine schematische Betrachtung handele, sondern die Waffengleichheit der Parteien im Bestimmungsverfahren berücksichtigt werden könne[359].

Gegen die Zuständigkeitsbestimmung durch ein höheres Gericht wird vorgebracht, dass es sich um eine umständliche und komplizierte Lösung handele[360].

b) Wahlmöglichkeit des Rechtssuchenden

Ein anderer Teil der Literatur möchte dem Rechtssuchenden die Wahl des inländischen Gerichts überlassen[361]. Eingeschränkt werde diese Möglichkeit, indem

---

auch OLG München, Urt. v. 21.1.1992, NJW-RR 1993, 701, 702, zu einer durch das EuGVÜ begründeten internationalen Zuständigkeit.

[357] *Bendtsen* in Saenger, ZPO, § 36 Rn. 2; *Patzina* in MünchKommZPO, § 36 Rn. 3; *Schultzky* in Zöller, ZPO, § 36 Rn. 6; *Schütze* in FS für Rechberger, S. 567, 576; *Smid/S. Hartmann* in Wieczorek/Schütze, ZPO, Vor §§ 12–37 Rn. 70; vgl. auch *Walchshöfer*, ZZP 80 (1967), 165, 218.

[358] *Schütze* in FS für Rechberger, S. 567, 576.

[359] *Smid/S. Hartmann* in Wieczorek/Schütze, ZPO, Vor §§ 12–37 Rn. 70.

[360] *Hausmann* in Wieczorek/Schütze, ZPO, 3. Aufl., Vor § 12 Rn. 70; *Roth* in Stein/Jonas, ZPO, vor § 12 Rn. 39.

[361] *Linke/Hau*, IZVR, Rn. 7.4; *Milleker*, Der Negative Internationale Kompetenzkonflikt, S. 164; *Schröder*, Internationale Zuständigkeit, S. 215.

sie nicht rechtsmissbräuchlich erfolgen dürfe und im Sinne einer vernünftigen Verwaltung der Rechtspflege zu treffen sei[362]. Der Vorteil der Wahlmöglichkeit sei, dass diese in der Regel zu dem Gerichtsstand führe, an dem sich der Inlandsbezug lokalisieren lasse[363].

An dieser Ansicht wird kritisiert, dass die Klägerinteressen zu einseitig betont würden[364]. Zudem sei ein Wahlrecht des Klägers gesetzesfern[365].

c) Auffangzuständigkeit im Bezirk des AG Schöneberg in Berlin

Der überwiegende Teil der Lehre spricht sich schließlich für eine örtliche Auffangzuständigkeit im Bezirk des AG Schöneberg in Berlin aus[366]. Diese örtliche Zuständigkeit entspreche in der Regel den praktischen Bedürfnissen und dem gesetzlich vorgesehenen Muster[367], das auf diese Auffangzuständigkeit zulaufe[368]. Sie ermögliche eine einfache und klare Bestimmung des zuständigen Gerichts[369]. Auch erfordere die Zuständigkeitsklarheit eine Zuständigkeitskonzentration, womit zudem eine höhere Expertise der mit den Notzuständigkeiten befassten Richter erreicht werde[370]. Zum Teil wird eine Einschränkung der Auffangzuständigkeit befürwortet, wonach bei inländischem Wohnsitz des Klägers vorrangig auf diesen abzustellen sei[371]. Andere wollen vorrangig auf den Ort abstellen, mit dem der Inlandsbezug bestehe[372].

Gegen diese Ansicht wird eingewendet, dass eine Zuständigkeitskonzentration zu einer Kumulierung aller einschlägigen Streitigkeiten an nur einem Ge-

---

[362] *Milleker*, Der Negative Internationale Kompetenzkonflikt, S. 164; *Schröder*, Internationale Zuständigkeit, S. 215.
[363] *Linke/Hau*, IZVR, Rn. 7.4.
[364] *Hausmann* in Wieczorek/Schütze, ZPO, 3. Aufl., Vor § 12 Rn. 70; *Kropholler* in Hdb. IZVR I, Kap. III, Rn. 145; *Roth* in Stein/Jonas, ZPO, vor § 12 Rn. 39; vgl. auch *Schack*, IZVR, Rn. 501; *Smid/S. Hartmann* in Wieczorek/Schütze, ZPO, Vor §§ 12–37 Rn. 70.
[365] *Pfeiffer*, ZZP 110 (1997), 360, 365.
[366] *Eicher*, Rechtsverwirklichungschancen, S. 279 f.; *Hausmann* in Wieczorek/Schütze, ZPO, 3. Aufl., Vor § 12 Rn. 70; *Kropholler* in Hdb. IZVR I, Kap. III, Rn. 145; *Lukas*, Die Person mit unbekanntem Aufenthalt, S. 558; *Pfeiffer*, ZZP 110 (1997), 360, 365 f.; *Rosenberg/Schwab/Gottwald*, Zivilprozessrecht, § 31 Rn. 54; *Roth* in Stein/Jonas, ZPO, vor § 12 Rn. 39; *Schack*, IZVR, Rn. 501; vgl. auch *Nagel/Gottwald*, IZPR, Rn. 3.598.
[367] Vgl. z. B. §§ 15 Abs. 1 S. 2, 27 Abs. 2 ZPO, 122 Nr. 7, 170 Abs. 3, 187 Abs. 5 FamFG.
[368] *Kropholler* in Hdb. IZVR I, Kap. III, Rn. 145.
[369] *Eicher*, Rechtsverwirklichungschancen, S. 279; vgl. auch *Roth* in Stein/Jonas, ZPO, vor § 12 Rn. 39.
[370] *Eicher*, Rechtsverwirklichungschancen, S. 279 f.
[371] *Hausmann* in Wieczorek/Schütze, ZPO, 3. Aufl., Vor § 12 Rn. 70; *Kropholler* in Hdb. IZVR I, Kap. III, Rn. 145.
[372] *Nagel/Gottwald*, IZPR, Rn. 3.598.

richt führe³⁷³. Mit einer solchen Belastung ginge die Notwendigkeit organisatorischer Vorkehrungen einher, die eine Anwendung der Auffangzuständigkeit jedenfalls *de lege lata* ausschlössen³⁷⁴.

2. Stellungnahme

Als Anhaltspunkte der örtlichen Ersatzzuständigkeit lassen sich nicht allein § 36 Abs. 1 Nr. 6 ZPO einerseits sowie die ausdrücklichen Auffangzuständigkeiten des AG Schöneberg in Berlin andererseits anführen, die in der Literatur zu einer Analogiebildung herangezogen werden. Vielmehr ist daneben auch die autonome Begleitgesetzgebung zu den europäischen Verordnungen des Internationalen Zivilverfahrensrechts zu berücksichtigen. So beziehen sich die in den Artt. 7 EuUntVO, 11 EuErbVO und 11 EuGüVO/EuPartVO geregelten Notzuständigkeiten lediglich auf die internationale Zuständigkeit. Die Bestimmung des örtlich zuständigen Gerichts verbleibt mithin dem autonomen Recht der Mitgliedstaaten. Für die Notzuständigkeit der EuErbVO gilt in Deutschland § 2 Abs. 4 IntErbRVG: Hatte der Erblasser seinen gewöhnlichen Aufenthalt niemals im Inland, ist nach § 2 Abs. 4 S. 3 IntErbRVG das AG Schöneberg in Berlin örtlich zuständig. Allerdings bestimmt § 2 Abs. 5 IntErbRVG, dass neben dem besonderen Gerichtsstand in Berlin-Schöneberg grundsätzlich auch die allgemeinen Gerichtsstandsbestimmungen der ZPO eingreifen können³⁷⁵. Ähnliches ergibt sich für eine nach der EuGüVO oder EuPartVO begründete Notzuständigkeit aus § 3 Abs. 1 Nr. 9 IntGüRVG, welcher allein die örtliche Zuständigkeit des AG Schöneberg in Berlin vorsieht³⁷⁶. Für das Unterhaltsrecht hat der Gesetzgeber in § 27 AUG indes eine davon abweichende und gleichsam bemerkenswerte Regelung geschaffen. Während § 27 AUG a. F. noch eine ausschließliche örtliche Zuständigkeit des AG Pankow in Berlin für Konstellationen der Notzuständigkeit vorsah, vollzieht § 27 AUG n. F.³⁷⁷ die Anknüpfungspunkte internationaler Zuständigkeit nach und führt zu einer Zuständigkeitskonzentration: Gemäß § 27 Abs. 1 S. 1 AUG wird primär entweder auf den letzten gemeinsamen Wohnsitz im Inland oder den Bezugspunkt abgestellt, der den für die Notzuständigkeit erforderlichen Inlandsbezug begründet. Sodann kommt es

---

[373] *Milleker*, Der Negative Internationale Kompetenzkonflikt, S. 161.
[374] *Milleker*, Der Negative Internationale Kompetenzkonflikt, S. 161.
[375] Ausdrücklich ausgenommen sind lediglich die §§ 27 und 28 ZPO.
[376] Allerdings ermächtigt § 3 Abs. 2 S. 1 IntGüRVG das Bundesland Berlin, die Verfahren durch Rechtsverordnung auch einem anderen Amtsgericht als dem AG Schöneberg in Berlin zuzuweisen.
[377] Siehe Gesetz zur Änderung des Unterhaltsrechts und des Unterhaltsverfahrensrechts sowie zur Änderung der Zivilprozessordnung und kostenrechtlicher Vorschriften vom 20. November 2015 (BGBl. 2015 I S. 2018, 2020).

zu einer Zuständigkeitskonzentration, da örtlich allein das Amtsgericht zuständig ist, das für den Sitz desjenigen Oberlandesgerichts zuständig ist, in dessen Bezirk sich der Inlandsbezug lokalisieren lässt[378]. Nur für den Fall, dass kein örtlich zuständiges Gericht auffindbar ist, bestimmt § 27 Abs. 1 S. 3 AUG das AG Pankow in Berlin als örtlich zuständig. Mit dieser Gesetzesänderung verfolgt der Gesetzgeber den Zweck, „ungewollte Härten" zu verhindern, die entstehen könnten, wenn die Rechtssache unabhängig von dem Sachbezug durch gesetzliche Anordnung an das AG Pankow in Berlin verwiesen würde[379]. Betrachtet man die autonome Begleitgesetzgebung zu den europäischen Rechtsverordnungen, zeigt sich damit ein disparates Bild. Zwar verfolgen sämtliche Regelungen den Zweck einer Zuständigkeitskonzentration – notfalls an einem Amtsgericht in Berlin –, dennoch unterscheiden sich die Vorschriften im Einzelnen merklich. Das Konzept, den hinreichenden Inlandsbezug der internationalen Notzuständigkeit für die örtliche Zuständigkeit nachzuvollziehen, findet sich allein im Unterhaltsrecht. Dieses Konzept wird jedoch auch in der Rechtsprechung vertreten. Zwar hat sich die Rechtsprechung bislang nicht zur örtlichen Ersatzzuständigkeit im Fall einer Notzuständigkeit geäußert, da in diesen Entscheidungen eine internationale Zuständigkeit entweder verneint wurde oder eine örtliche Zuständigkeit der Gerichte gegeben war[380]. Das Bedürfnis nach einer örtlichen Ersatzzuständigkeit ist indes nicht auf die Konstellationen der Notzuständigkeit begrenzt, sondern beispielsweise ebenso bei dem autonomen Recht unbekannten Zuständigkeitsregelungen in Verordnungen und Staatsverträgen denkbar, die sich ausschließlich auf die internationale Zuständigkeit beziehen[381]. So hat die Rechtsprechung eine örtliche Ersatzzuständigkeit angenommen, wenn nach dem EuGVÜ die internationale Zuständigkeit der Gerichte im Wohnsitzstaat des Verbrauchers begründet war[382]. Dabei wurden von den

---

[378] Die Landesregierungen werden jedoch durch § 27 Abs. 2 AUG ermächtigt, die örtliche Zuständigkeit an einem anderen Amtsgericht zu konzentrieren.
[379] BegrRegE, BT-Drs. 18/5918, S. 23.
[380] Vgl. OLG München, Urt. v. 27.2.2019, MDR 2019, 1089; AG Groß-Gerau, Urt. v. 11.6.1980, FamRZ 1981, 51.
[381] Umfassend zu den möglichen Konstellationen *Kropholler* in Hdb. IZVR I, Kap. III, Rn. 142. Die Frage, wie ein örtlich zuständiges Gericht zu bestimmen ist, wurde ganz allgemein bereits vom BGH, Beschl. v. 23.1.2001, NJW 2001, 1285, zwar aufgeworfen, allerdings nicht entschieden.
[382] OLG Karlsruhe, Beschl. v. 22.9.1999, NJW-RR 2000, 353, 354; KG, Beschl. v. 13.1.2000, IPRax 2001, 44; LG Konstanz, Urt. v. 24.8.1992, NJW-RR 1993, 638, 639; AG Mannheim, Urt. v. 9.1.1997, IPRspr. 1997, Nr. 137, S. 272, 273; vgl. auch AG Flensburg, Zwischenurt. v. 16.6.1998, RRa 1998, 176, 177. Notwendig wurde eine örtliche Ersatzzuständigkeit, weil dem deutschen Recht eine spezifische Zuständigkeit für Verbrauchersachen abgesehen von § 29c ZPO und § 26 FernUSG fremd ist (vgl. dazu Staudinger/*Hausmann* (2021), IntVertrVerfR Rn. 245).

Gerichten verschiedene Lösungsmöglichkeiten diskutiert, und zwar insbesondere eine Auffangzuständigkeit im Bezirk des AG Schöneberg in Berlin[383]. Im Ergebnis bejahte die Rechtsprechung jedoch die örtliche Zuständigkeit des Gerichts, an dem der Verbraucher seinen Wohnsitz hat[384]. Damit haben die Gerichte die Anknüpfungspunkte der internationalen Zuständigkeit ebenso zu der Bestimmung der örtlichen Zuständigkeit herangezogen[385].

Vor dem Hintergrund der gesetzlichen Bestimmungen scheidet es aus, den Rechtssuchenden frei – und damit insbesondere ohne Einschränkung auf bestimmte Gerichtsstände, an denen sich zum Beispiel der Inlandsbezug örtlich lokalisieren lässt – darüber entscheiden zu lassen, vor welchem inländischen Gericht er klagt. Denn eine solche Wahlmöglichkeit wäre nicht interessengerecht. Zwar ist die internationale Zuständigkeit aus vielfältigen Gründen – wie etwa ihrer Auswirkung auf das anzuwendende Kollisionsrecht – in der Regel bedeutsamer als die örtliche Zuständigkeit[386], unerheblich ist die Bestimmung des örtlich zuständigen Gerichts gleichwohl nicht. So sind auch die Vorschriften zur örtlichen Zuständigkeit Ausdruck von Gerechtigkeitserwägungen[387]. Anders als bei der Frage, ob eine internationale Zuständigkeit zu eröffnen ist, ist der Rechtssuchende zudem verfassungsrechtlich nicht (mehr) besonders schutzwürdig. Da eine internationale Zuständigkeit eröffnet wurde, steht das „Ob" des inländischen Rechtsschutzes fest. Einer drohenden Rechtsverweigerung ist der Kläger nicht ausgesetzt. Dem Rechtssuchenden dennoch ein Wahlrecht über die örtliche Zuständigkeit zuzugestehen, würde den Beklagten daher unangemessen benachteiligen[388]. Dass das Wahlrecht im Sinne einer vernünftigen Verwaltung der Rechtspflege und nicht rechtsmissbräuchlich auszuüben sei[389], ändert nichts an der Beurteilung. Denn diese Einschränkungen sind zu

---

[383] Vgl. KG, Beschl. v. 13.1.2000, IPRax 2001, 44f.; LG Konstanz, Urt. v. 24.8.1992, NJW-RR 1993, 638, 639; AG Mannheim, Urt. v. 9.1.1997, IPRspr. 1997, Nr. 137, S. 272, 273.

[384] OLG Karlsruhe, Beschl. v. 22.9.1999, NJW-RR 2000, 353, 354; KG, Beschl. v. 13.1.2000, IPRax 2001, 44, 45; LG Konstanz, Urt. v. 24.8.1992, NJW-RR 1993, 638, 639; AG Mannheim, Urt. v. 9.1.1997, IPRspr. 1997, Nr. 137, S. 272, 273; vgl. auch AG Flensburg, Zwischenurt. v. 16.6.1998, RRa 1998, 176, 177.

[385] Vgl. *Mankowski*, IPRax 2001, 33, 35f., der insoweit auf die Einführung des Art. 1a CMR durch den Gesetzgeber hinweist.

[386] Plakativ formuliert z.B. *Schack*, IZVR, Rn. 487, für den Beklagten stehe mehr auf dem Spiel als die Entscheidung, ob er sich in Köln oder Bonn einlassen müsse.

[387] Vgl. *Patzina* in MünchKommZPO, § 12 Rn. 2; *Schultzky* in Zöller, ZPO, § 12 Rn. 2.

[388] Im Ergebnis auch *Hausmann* in Wieczorek/Schütze, ZPO, 3. Aufl., Vor § 12 Rn. 70; *Kropholler* in Hdb. IZVR I, Kap. III, Rn. 145; *Roth* in Stein/Jonas, ZPO, vor § 12 Rn. 39; vgl. auch *Schack*, IZVR, Rn. 501; *Smid/S. Hartmann* in Wieczorek/Schütze, ZPO, Vor §§ 12–37 Rn. 70.

[389] *Milleker*, Der Negative Internationale Kompetenzkonflikt, S. 164; *Schröder*, Internationale Zuständigkeit, S. 215.

§ 14 Ungeschriebene Notzuständigkeit   393

unbestimmt, um hinreichende Zuständigkeitsklarheit zu gewährleisten. Zudem liegt das Verbot des Rechtsmissbrauchs ohnehin sämtlichen Auswahlentscheidungen als äußerste Zulässigkeitsgrenze zugrunde[390].

Des Weiteren überzeugt die analoge Anwendung des § 36 Abs. 1 Nr. 6 ZPO nicht, da bereits keine vergleichbare Interessenlage gegeben ist. Nach ihrem Wortlaut knüpft die Vorschrift an einen zwischen den Gerichten bestehenden Kompetenzkonflikt an. Dieser ist zu lösen, indem das nächsthöhere Gericht das tatsächlich zuständige Gericht bestimmt. Mithin sieht das Zuständigkeitsrecht zwar ein kompetentes Gericht vor[391], zwischen den in der Sache angerufenen Gerichten besteht aber beispielsweise aufgrund tatsächlicher Schwierigkeiten bei der Feststellung des Sachverhalts Uneinigkeit darüber, welches Gericht zur Entscheidung berufen ist. In Konstellationen, in denen eine internationale Notzuständigkeit zu eröffnen, aber keine örtliche Zuständigkeit geregelt ist, fehlt es demgegenüber an einem von der Zuständigkeitsordnung vorgesehenen Gericht. Anders als bei § 36 Abs. 1 Nr. 6 ZPO ist daher bereits von vornherein kein Gericht tatsächlich zuständig. Wendete man den Rechtsgedanken der Vorschrift gleichwohl auf die Notzuständigkeit an, hätte dies zur Konsequenz, dass jedem Rechtsstreit zwingend ein Bestimmungsverfahren vorzuschalten wäre. Damit stünde im Zeitraum vor der Zuständigkeitsbestimmung durch das nächsthöhere Gericht und somit insbesondere auch im Zeitpunkt der Klagerhebung noch nicht fest, welches Gericht örtlich zuständig ist. Dies liefe dem Prinzip der Zuständigkeitsklarheit zuwider.

Überzeugend ist es demgegenüber, eine örtliche Zuständigkeit im Bezirk des AG Schöneberg in Berlin im Sinne einer Auffangzuständigkeit anzunehmen, wenn sich die für eine Notzuständigkeit erforderliche Inlandsbeziehung nicht örtlich lokalisieren lässt. Dies ist zum Beispiel der Fall, sofern der Inlandsbezug durch die Staatsangehörigkeit einer der Parteien vermittelt wird, da dieser Anknüpfungspunkt innerhalb eines Staates keine Unterscheidungskraft besitzt[392]. Einer Zuständigkeitskonzentration in Berlin lässt sich nicht entgegnen, dass es infolge der Kumulierung aller Streitigkeiten an nur einem Gericht zu einer starken Belastung komme, was eine gesetzliche Grundlage erforderlich machte[393]. Denn zum einen ist eine Auffangzuständigkeit im Bezirk des AG Schöneberg in Berlin neben der ZPO und dem FamFG insbesondere auch in der deutschen

---

[390] Vgl. etwa für die Wahlmöglichkeit zwischen mehreren Gerichtsständen nach § 35 ZPO *Heinrich* in Musielak/Voit, ZPO, § 35 Rn. 4; *Patzina* in MünchKommZPO, § 35 Rn. 1, 3.
[391] *Bendtsen* in Saenger, ZPO, § 36 Rn. 25; *Patzina* in MünchKommZPO, § 36 Rn. 41; *Schultzky* in Zöller, ZPO, § 36 Rn. 37.
[392] *Kropholler* in Hdb. IZVR I, Kap. III, Rn. 142.
[393] In diesem Sinne *Milleker*, Der Negative Internationale Kompetenzkonflikt, S. 161.

Begleitgesetzgebung zu den EU-Verordnungen enthalten, die eine ausdrückliche Notzuständigkeit kennen. Zum anderen ist keine tatsächliche Überlastung der Gerichte zu befürchten: Angesichts der geringen Fallzahlen, in denen eine Notzuständigkeit in der deutschen Rechtsprechung überhaupt erwähnt wird[394], lassen sich diese Konstellationen gegenüber den bereits vorgesehenen Auffangzuständigkeiten praktisch vernachlässigen[395].

Klärungsbedürftig verbleibt damit allein die Frage, ob andere Gerichtsstände Vorrang vor der örtlichen Zuständigkeit im Bezirk des AG Schöneberg in Berlin beanspruchen. In Betracht kommen insoweit die Gerichte, in deren Bezirk sich die Inlandsbeziehung lokalisieren lässt[396]. Für eine nach der EuUntVO begründete Notzuständigkeit hat der Gesetzgeber einen solchen Vorrang in § 27 Abs. 1 S. 1 AUG ausdrücklich geregelt. Die Begründung der Vorschrift, „ungewollte Härten" zu verhindern, die entstehen könnten, wenn die Rechtssache unabhängig von dem Sachbezug durch gesetzliche Anordnung an das AG Pankow in Berlin verwiesen würde[397], ist jedoch auch auf Fälle außerhalb des Unterhaltsrechts übertragbar und damit verallgemeinerungsfähig. Denn das Ziel einer Sachverhalts- und Beweisnähe des Gerichtsstands entspricht sowohl den parteilichen als auch staatlichen Zuständigkeitsinteressen, welche wesentlich für die Ausgestaltung des Zuständigkeitsrechts sind[398]. Ähnliche Erwägungen finden sich in der Rechtsprechung zu einer örtlichen Ersatzzuständigkeit bei staatsvertraglich vorgesehener internationaler Zuständigkeit: Die Anrufung des Gerichts der Hauptstadt bedeute einen unnötigen Umweg, wenn ein sachnäheres Gericht vorhanden ist, sodass die Interessen der Beklagten nicht berührt werden[399]. Da sich sach- und beweisnähere Gerichte auffinden lassen, indem die Anknüpfungspunkte internationaler Notzuständigkeit für die örtliche Ersatzzuständigkeit nachgezeichnet werden, ist primär auf diese abzustellen. Gleichwohl kann nicht gänzlich außer Acht gelassen werden, dass gegenwärtig einerseits keine gesetzliche Regelung besteht und andererseits der Gesetzgeber abgesehen von § 27 Abs. 1 AUG[400] ein abgestuftes System der Auffangzuständigkeit nicht

---

[394] Vgl. den Rechtsprechungsüberblick oben unter § 14 A I (S. 330 f.).

[395] Vgl. in Bezug auf eine allgemeine örtliche Ersatzzuständigkeit *Kropholler* in Hdb. IZVR I, Kap. III, Rn. 145.

[396] Vgl. *Nagel/Gottwald*, IZPR, Rn. 3.598.

[397] BegrRegE, BT-Drs. 18/5918, S. 23.

[398] Siehe bereits oben unter § 5 A I 2 (S. 73), § 5 A II (S. 74 f.).

[399] LG Konstanz, Urt. v. 24.8.1992, NJW-RR 1993, 638, 639; AG Mannheim, Urt. v. 9.1.1997, IPRspr. 1997, Nr. 137, S. 272, 273.

[400] Den Inlandsbezug der Notzuständigkeit zeichnet zwar § 2 Abs. 4 IntErbRVG für eine nach der EuErbVO eröffnete Notzuständigkeit nicht nach, jedoch wird vorrangig zumindest auf den letztmaligen gewöhnlichen Aufenthalt des Erblassers im Inland abgestellt.

kennt, sondern allein auf das AG Schöneberg in Berlin rekurriert[401]. Um diesem Mangel an Zuständigkeitsklarheit gerecht zu werden und daraus resultierende kostenpflichtige[402] Verweisungsbeschlüsse zu vermeiden, ist *de lege lata* von einer konkurrierenden örtlichen Zuständigkeit sowohl der Gerichte im Bezirk des AG Schöneberg in Berlin als auch der Gerichte, in deren Bezirk sich eine Inlandsbeziehung lokalisieren lässt, auszugehen.

II. Perpetuatio fori

1. Meinungsstand

a) Annahme einer perpetuatio fori

Ein Teil der Lehre spricht sich dafür aus, dass eine im Zeitpunkt des Eintritts der Rechtshängigkeit begründete internationale Notzuständigkeit deutscher Gerichte bestehen bleibt, wenn die Voraussetzungen im weiteren Verfahrensverlauf entfallen[403]. Denn es bestehe die Gefahr, dass die Ergebnisse des zulässigerweise begonnenen Erstprozesses wertlos würden, wenn das Verfahren im eigentlich zuständigen Drittstaat neu begonnen werden müsse[404]. Zudem überzeuge es nicht, dass der Kläger, dessen Klage wegen Unzuständigkeit abgewiesen werden müsste, als Unterlegener die Prozesskosten tragen solle, obwohl er das Verfahren berechtigterweise im Notforum eingeleitet habe[405]. Eine Verteilung der Kosten analog § 91a ZPO komme zwar in Betracht, dennoch sei die durch das erneut anzustrengende Verfahren bedingte Verdoppelung der Prozesskosten nicht tragbar[406]. Vereinzelt wird vertreten, dass die Notzuständigkeit jedenfalls bestehen bleibe, wenn die ausländischen Gerichte ihr Tätigkeit nach einem Stillstand der Rechtspflege wieder aufnähmen[407]. Denn bei Verfahrenseinleitung sei regelmäßig nicht abzusehen, wie lange der Stillstand der Rechtspflege anhalte[408].

---

[401] Vgl. z. B. §§ 15 Abs. 1 S. 2, 27 Abs. 2 ZPO, 122 Nr. 7, 170 Abs. 3, 187 Abs. 5 FamFG, 3 Abs. 1 Nr. 9 IntGüRVG.
[402] Siehe § 281 Abs. 3 S. 2 ZPO.
[403] *Eicher*, Rechtsverwirklichungschancen, S. 278 f.; *Kübler-Wachendorff*, Das forum necessitatis, S. 23; *Schütze* in FS für Rechberger, S. 567, 571 f.; *ders.*, Deutsches Internationales Zivilprozessrecht, Rn. 129.
[404] *Eicher*, Rechtsverwirklichungschancen, S. 278.
[405] *Eicher*, Rechtsverwirklichungschancen, S. 278.
[406] *Eicher*, Rechtsverwirklichungschancen, S. 278.
[407] *Schütze* in FS für Rechberger, S. 567, 571 f.; *ders.*, Deutsches Internationales Zivilprozessrecht, Rn. 129.
[408] *Schütze* in FS für Rechberger, S. 567, 572; vgl. auch *Eicher*, Rechtsverwirklichungschancen, S. 278.

b) Ablehnung einer perpetuatio fori

Ein anderer Teil der Lehre[409] lehnt ebenso wie der BGH[410] die *perpetuatio fori* im Zusammenhang mit der Notzuständigkeit ab. Eine durch die Notzuständigkeit vermittelte *perpetuatio fori* dürfe nicht weiterreichen als das Bedürfnis nach Gewährung effektiven Rechtsschutzes, welches die Notzuständigkeit begründet[411]. Dieses Ergebnis werde zudem der Subsidiarität der Notzuständigkeit gerecht[412].

2. Stellungnahme

Die besondere Frage, ob bei internationaler Notzuständigkeit von einer *perpetuatio fori* auszugehen ist, ist im Ausgangspunkt von der allgemeinen Problematik zu trennen, ob eine einmal begründete internationale Zuständigkeit bestehen bleibt, wenn die Voraussetzungen im weiteren Verfahrensverlauf entfallen[413]. Denn aufgrund ihres Ausnahmecharakters greift eine Notzuständigkeit nur ein, wenn dem Kläger eine Rechtsverweigerung droht, und ist aus diesem Grund eng an seinen Justizgewährungsanspruch geknüpft[414]. Umgekehrt mutet die Notzuständigkeit dem Beklagten einen Gerichtsstand zu, auf den dieser sich

---

[409] *Hau*, FamRZ 2013, 689, 690; Staudinger/*Spellenberg* (2016), § 98 FamFG Rn. 260.

[410] BGH, Urt. v. 20.2.2013, FamRZ 2013, 687, 689. Das Verfahren betraf die internationale Zuständigkeit für eine Ehescheidung, wobei nach der Brüssel IIa-VO nur die maltesischen Gerichte zu einer Entscheidung berufen gewesen wären, denen im Zeitpunkt der Verfahrenseinleitung eine Ehescheidung unbekannt war (BGH, Urt. v. 20.2.2013, FamRZ 2013, 687). Die Republik Malta hat die Ehescheidung indes eingeführt, während die Revision der Antragstellerin zum BGH bereits anhängig war (BGH, Urt. v. 20.2.2013, FamRZ 2013, 687, 689). Zwar sind die Ausführungen so zu verstehen, dass der BGH eine als Grundlage der *perpetuatio fori* dienende Notzuständigkeit bereits innerhalb des Zuständigkeitsregimes der Brüssel IIa-VO diskutiert und nicht erst auf das autonome Zuständigkeitsrecht zurückgreift (so auch *Hau*, FamRZ 2013, 689, 690). Dennoch ist nicht ersichtlich, warum das Gericht einen nach autonomem Zuständigkeitsrecht zu entscheidenden Sachverhalt anders beurteilen sollte, da die autonome Notzuständigkeit ebenfalls mit der Gefahr einer Rechtsverweigerung gerechtfertigt wird. Die Nichtbeachtung der Derogation inländischer Zuständigkeit hatte eine Entscheidung des BAG, Urt. v. 29.6.1978, NJW 1979, 1119, 1120, zum Gegenstand, wobei der Stillstand der Rechtspflege im Prorogationsstaat nach Rechtshängigkeit des Verfahrens entfiel; das BAG hat den Grundsatz der *perpetuatio fori* gleichwohl angewendet, ohne dies näher zu begründen.

[411] BGH, Urt. v. 20.2.2013, FamRZ 2013, 687, 689; zustimmend *Hau*, FamRZ 2013, 689, 690.

[412] *Hau*, FamRZ 2013, 689, 690.

[413] Zu Letzterem vgl. nur *Geimer*, IZPR, Rn. 1828 ff., m. w. N. zu den vertretenen Ansichten.

[414] Ausführlich zu den verfassungsrechtlichen Grundlagen bereits oben unter § 9 A II (S. 142 ff.).

unter gewöhnlichen Umständen nicht hätte einlassen müssen, sodass mit der Zuständigkeitseröffnung ein Eingriff in die gesetzgeberische Konzeption der Zuständigkeitsgerechtigkeit einhergeht. Entfällt das Notelement, ist der klägerische Justizgewährungsanspruch nicht mehr auf die Gewährung inländischen Rechtsschutzes verdichtet und die Rechtsposition des Beklagten überwiegt. Die drohende Rechtsverweigerung ist daher konstitutive Voraussetzung, um den Eingriff in die Zuständigkeitsgerechtigkeit ausnahmsweise zu rechtfertigen. Ließe man gleichwohl ein bei Rechtshängigkeit vorhandenes, aber im weiteren Verfahrensverlauf entfallenes Notelement auf den Zeitpunkt der Entscheidungsfindung fortwirken, bedeutete dies zugleich, dass der Eingriff in die Zuständigkeitsgerechtigkeit über das notwendige Maß hinaus erstreckt würde. Dafür bedürfte es gewichtiger Argumente, die in den vorgebrachten Bedenken in Bezug auf die Prozessökonomie und das klägerische Kostenrisiko[415] nicht zu erkennen sind. Zum einen werden bisherige Prozessergebnisse durch den Zuständigkeitsfortfall zwar wertlos, allerdings ist die Wirksamkeit einer im Inland ergehenden Entscheidung ohnehin deutlich beschränkt[416]. Denn dieser Entscheidung kommt infolge des Wegfalls des Notelements (noch) weniger Aussicht auf Anerkennung im Ausland zu als anderen Entscheidungen, die auf einer Notzuständigkeit beruhen. Zum anderen steht dem Kläger für den Fall, dass der Beklagte einer Erledigungserklärung nicht zustimmt, die einseitige Erledigungserklärung offen, um Prozesskosten zu vermeiden, sollte die Klage bei Rechtshängigkeit tatsächlich zulässig und begründet gewesen sein[417]. Damit ist das Kostenrisiko durch den Wegfall des Notelementes im Vergleich zu anderen Erledigungsereignissen nicht erhöht. Im Ergebnis ist die *perpetuatio fori* im Zusammenhang mit einer Notzuständigkeit mithin grundsätzlich zu verneinen.

Eine Ausnahme gilt allerdings, wenn nicht das Element drohender Rechtsverweigerung, sondern der erforderliche Inlandsbezug nachträglich wegfällt. Daran ist bei personenbezogenen Anknüpfungspunkten zu denken: So ist es zum Beispiel möglich, dass eine Partei die deutsche Staatsangehörigkeit nach Rechtshängigkeit aufgibt. In diesen Konstellationen hängt die Möglichkeit einer *perpetuatio fori* davon ab, ob man dieses Rechtsinstrument bei der internationalen Zuständigkeit im Allgemeinen anerkennt oder nicht[418]. Denn prägend für den – eben ausgeführten – besonderen Umgang mit der Notzuständigkeit ist das Element drohender Rechtsverweigerung. Der Wegfall einer Inlandsbeziehung unterscheidet sich demgegenüber nicht von anderen Konstellationen internatio-

---

[415] Vgl. *Eicher*, Rechtsverwirklichungschancen, S. 278 f.
[416] Allgemein auf den Zusammenhang zwischen Prozessökonomie und Wirksamkeit einer Entscheidung im In- und Ausland hinweisend *Kropholler* in Hdb. IZVR I, Kap. III, Rn. 233.
[417] Vgl. nur *Althammer* in Zöller, ZPO, § 91a Rn. 1, 34 ff.
[418] Vgl. insoweit die ausführliche Darstellung bei *Geimer*, IZPR, Rn. 1828 ff.

naler Zuständigkeit, in denen der Anknüpfungspunkt nach Rechtshängigkeit entfällt. Gleiches gilt für die Konstellation, in der – zum Beispiel durch Umzug des Beklagten – die internationale Zuständigkeit eines anderen Staates begründet wird, in dem die Rechtsverfolgung möglich und zumutbar ist. Auch in dieser Konstellation entfallen an sich die Voraussetzungen der Notzuständigkeit, da dem Kläger keine Rechtsverweigerung mehr droht. Allerdings ist der Beklagte in dieser Konstellation nicht schutzwürdig. Denn ließe man die *perpetuatio fori* zu, eröffnete man dem Beklagten zugleich die Möglichkeit, sich der Notzuständigkeit durch Wegzug zu entziehen. Insoweit unterscheiden sich diese Konstellationen der Notzuständigkeit nicht von anderen Sachverhalten, in denen nach Anrufung des Gerichts aufgrund sich verändernder Umstände ein anderer Staat geeigneter zur Verfahrensführung erscheint. Lässt man die *perpetuatio fori* aber allgemein zu, muss dies auch für die soeben beschriebenen Konstellationen der Notzuständigkeit gelten.

Für die Beurteilung einer *perpetuatio fori* bei der Notzuständigkeit ist daher zu differenzieren, ob die Voraussetzung drohender Rechtsverweigerung oder die einer hinreichenden Inlandsbeziehung entfällt. Während die internationale Notzuständigkeit fortbesteht, wenn der hinreichende Inlandsbezug nach der Rechtshängigkeit entfällt, scheidet eine *perpetuatio fori* grundsätzlich aus, wenn einem Rechtssuchenden keine Rechtsverweigerung mehr droht. Allerdings bleibt die Notzuständigkeit bestehen, wenn nach Rechtshängigkeit die internationale Zuständigkeit eines anderen Staates begründet wird, in dem die Rechtsverfolgung möglich und zumutbar ist.

III. Verfahrensaussetzung bei Unklarheiten über Rechtsschutzmöglichkeiten im Ausland

Lehnt ein Gericht eine bei Zuständigkeitsabweisung drohende Rechtsverweigerung trotz bestehender Zweifel ab, sei nach einem Teil der Lehre das Verfahren nicht abzuweisen, sondern lediglich aussetzen, bis im Ausland über die Zuständigkeit entschieden werde[419]. Werde im Ausland die Zuständigkeit bejaht, könne eine endgültige Prozessabweisung erfolgen; werde sie jedoch verneint, seien die Voraussetzungen einer inländischen Notzuständigkeit zu prüfen[420]. Die Möglichkeit der Verfahrensaussetzung ergebe sich aus einer analogen Anwendung von § 148 ZPO[421].

---

[419] *Kropholler* in Hdb. IZVR I, Kap. III, Rn. 190; im Ergebnis auch *Mark/Ziegenhain*, NJW 1992, 3062, 3065.
[420] *Kropholler* in Hdb. IZVR I, Kap. III, Rn. 190.
[421] *Mark/Ziegenhain*, NJW 1992, 3062, 3065.

§ 14 Ungeschriebene Notzuständigkeit   399

Nach § 148 Abs. 1 ZPO kann ein Gericht ein Verfahren aussetzen, wenn die Entscheidung des Rechtsstreits ganz oder zum Teil von dem Bestehen oder Nichtbestehen eines Rechtsverhältnisses abhängt, das den Gegenstand eines anderen anhängigen Rechtsstreits bildet. Anhängig ist ein Rechtsstreit in analoger Anwendung der Vorschrift auch in Verfahren vor einem ausländischen Gericht, sofern dessen Entscheidung im Inland voraussichtlich anzuerkennen sein wird[422]. Im Hinblick auf Verfahren mit Auslandsberührung ist eine Aussetzung analog § 148 Abs. 1 ZPO des Weiteren als Reaktion auf den Einwand ausländischer Rechtshängigkeit anerkannt: Ein inländisches Verfahren kann infolge ausländischer Rechtshängigkeit nur gesperrt sein, wenn eine positive Anerkennungsprognose für die ausländische Entscheidung besteht[423]. Bestehen indes Unsicherheiten, ob die Entscheidung anzuerkennen sein wird, ist nach überwiegender Auffassung ein inländisches Verfahren bis zur Entscheidungsfindung im Ausland auszusetzen[424]. Mit diesen Unsicherheiten vergleichbar sind diejenigen, die sich bei der Frage stellen, ob ein Verfahren im Ausland dem Rechtssuchenden möglich oder zumutbar ist. Ohne Aussetzungsmöglichkeit müsste ein Gericht im Falle der Notzuständigkeit eine Klage jedoch als unzulässig abweisen, wenn die Erfolgsaussichten eines ausländischen Verfahrens zwar zweifelhaft sind, das Gericht den erforderlichen Nachweis der Gefahr einer Rechtsverweigerung aber gleichwohl verneint[425]. Dabei ist die Abhängigkeit von dem ausländischen Verfahren bei der Notzuständigkeit noch ausgeprägter als in den Konstellationen, für die § 148 Abs. 1 ZPO eine Vorgreiflichkeit statuiert. Denn die Prozessvoraussetzung der internationalen Zuständigkeit hängt unmittelbar von dem Ausgang des ausländischen Verfahrens ab, welches aus Sicht des In-

---

[422] OLG Frankfurt am Main, Beschl. v. 12.11.1985, NJW 1986, 1443; OLG Karlsruhe, Beschl. v. 22.4.1993, FamRZ 1994, 47, 48; *Eicher*, Rechtsverwirklichungschancen, S. 223; *Fritsche* in MünchKommZPO, § 148 Rn. 11; *Nagel/Gottwald*, IZPR, Rn. 6.285; *Schack*, IZVR, Rn. 896; *Stadler* in Musielak/Voit, ZPO, § 148 Rn. 6; *Wöstmann* in Saenger, ZPO, § 148 Rn. 5; zurückhaltender *Geimer*, IZPR, Rn. 2714 f.; restriktiver *Schütze*, Deutsches Internationales Zivilprozessrecht, Rn. 393 ff.

[423] So die ganz h. M., vgl. nur BGH, Urt. v. 28.5.2008, BGHZ 176, 365, 369; *Eicher*, Rechtsverwirklichungschancen, S. 212; *Geimer*, IZPR, Rn. 2688.

[424] Für eine Verfahrensaussetzung bei unsicherer Anerkennungsprognose *Becker-Eberhard* in MünchKommZPO, § 261 Rn. 76; *Foerste* in Musielak/Voit, ZPO, § 261 Rn. 5; ebenfalls in diese Richtung tendierend BGH, Urt. v. 10.10.1985, NJW 1986, 2195, 2196; KG, Beschl. v. 3.2.2016, IPRax 2018, 74, 78; *Geimer*, NJW 1991, 3072, 3073; für eine weitergehende, generelle Aussetzungspflicht, die auch Sachverhalte mit positiver Anerkennungsprognose umfassen würde, *Eicher*, Rechtsverwirklichungschancen, S. 213; *Hau* in Prütting/Helms, FamFG, Vor §§ 98–106 Rn. 53; *Linke/Hau*, IZVR, Rn. 7.27; *Schmehl*, Parallelverfahren und Justizgewährung, S. 239; gegen jegliche Aussetzungsmöglichkeit indes *Roth* in Stein/Jonas, ZPO, § 261 Rn. 69.

[425] Zu diesem Erfordernis siehe bereits oben unter § 14 C III (S. 366 ff.).

lands darüber entscheidet, ob dem Rechtssuchenden zumutbarer Rechtsschutz gewährt wird. Aus diesem Grund ist § 148 Abs. 1 ZPO bei Ungewissheiten über den Rechtsschutz im Ausland analog anzuwenden und eine Verfahrensaussetzung in das Ermessen der Gerichte zu stellen[426].

IV. Keine Rechtskraft einer inländischen Prozessabweisung bei nachfolgender Prozessabweisung in dem aus deutscher Sicht zuständigen Staat

Weist ein inländisches Gericht eine Klage mangels internationaler Zuständigkeit als unzulässig ab, erwächst die Entscheidung über die internationale (Un-)Zuständigkeit in Rechtskraft und lässt bei unverändertem Sachverhalt jede weitere Klage vor einem deutschen Gericht ihrerseits unzulässig werden[427]. In Bezug darauf vertritt *Geimer* die Ansicht, dass die Rechtskraft einer inländischen Prozessabweisung einem erneuten Rechtsstreit nicht entgegenstehe, wenn nach dem Erstprozess in dem aus der Sicht des deutschen Rechts zuständigen Staat eine prozessabweisende Entscheidung ergangen sei[428]. Dem ist im Ergebnis zuzustimmen. Konkret verhindert die Rechtskraft eines Prozessurteils eine erneute Klage, die auf denselben Streitgegenstand gerichtet ist und an demselben prozessualen Mangel leidet, der im Vorprozess zur Klageabweisung geführt hat[429]. Damit ist umgekehrt eine erneute Entscheidung zulässig, wenn sich die prozessualen Umstände mit Blick auf die fragliche Voraussetzung geändert haben[430]. Davon ist bei der internationalen Zuständigkeit ohne Weiteres auszugehen, wenn etwa der Beklagte seinen gewöhnlichen Aufenthalt in das Inland verlegt oder dort Vermögen erworben hat[431]. Eine solche Veränderung ist aber ebenfalls anzunehmen, wenn in dem aus deutscher Sicht zuständigen Staat eine Klage mangels internationaler Zuständigkeit abgewiesen wurde oder die Rechtsverfolgung aus sonstigen Gründen unmöglich war. Denn die Voraussetzungen

---

[426] Im Ergebnis ebenso *Kropholler* in Hdb. IZVR I, Kap. III, Rn. 190; *Mark/Ziegenhain*, NJW 1992, 3062, 3065.

[427] *Geimer*, IZPR, Rn. 1844; *Hausmann* in Wieczorek/Schütze, ZPO, 3. Aufl., Vor § 12 Rn. 107; *Kropholler* in Hdb. IZVR I, Kap. III, Rn. 240; *Linke/Hau*, IZVR, Rn. 4.68. Neben dem Tenor erwächst bei einer klageabweisenden Entscheidung auch der aus der Begründung zu ermittelnde, ausschlaggebende Abweisungsgrund in Rechtskraft, BGH, Urt. v. 24.6.1993, NJW 1993, 3204, 3205; *Völzmann-Stickelbrock* in Prütting/Gehrlein, ZPO, § 322 Rn. 29.

[428] *Geimer*, IZPR, Rn. 1853.

[429] OLG München, Urt. v. 7.6.2018, AG 2018, 758, 759; *Musielak* in Musielak/Voit, ZPO, § 322 Rn. 44; vgl. auch OLG Brandenburg, Urt. v. 7.7.1999, NJW-RR 2000, 1735, 1736; *Gottwald* in MünchKommZPO, § 322 Rn. 172.

[430] OLG München, Urt. v. 7.6.2018, AG 2018, 758, 759; *Vollkommer* in Zöller, ZPO, § 322 Rn. 1a; vgl. auch OLG Brandenburg, Urt. v. 7.7.1999, NJW-RR 2000, 1735, 1736; *Gottwald* in MünchKommZPO, § 322 Rn. 172.

[431] Zu diesen Beispielen *Geimer*, IZPR, Rn. 1844.

der inländischen Notzuständigkeit sind mit den ausländischen Rechtsverwirklichungschancen verknüpft. So wäre vor deutschen Gerichten eine Prognose über die drohende Rechtsverweigerung anzustellen gewesen, die mit einer abweisenden Entscheidung – zumindest in Bezug auf diesen Staat – feststeht. Angesichts der veränderten Umstände ist eine Neubewertung des Sachverhalts unter dem Aspekt der Notzuständigkeit vorzunehmen. Das gilt sowohl für den Fall, dass im Vorprozess auf den Aspekt der Notzuständigkeit nicht eingegangen wurde, als auch für den Fall, dass im Vorprozess eine drohende Rechtsverweigerung im Rahmen der Notzuständigkeit nicht mit hinreichender Überzeugung des Gerichts festgestellt werden konnte. Eine Rechtskraftsperre besteht aber weiter, wenn die Notzuständigkeit im Vorprozess mangels hinreichender Inlandsbeziehung abgelehnt wurde.

Erblickte man in einer ausländischen Prozessabweisung demgegenüber keine Veränderung der prozessualen Umstände, stünde einem erneuten Prozess die Rechtskraft der Vorentscheidung entgegen. Um eine Rechtsverweigerung zu vermeiden und damit den grundgesetzlichen Anforderungen zu entsprechen[432], müsste die Rechtskraft der Entscheidung jedoch durchbrochen werden[433]. Im Ergebnis darf eine erneutes Verfahren im Inland – unabhängig von der Begründung – jedenfalls nicht an der Rechtskraft einer vorherigen Entscheidung scheitern.

V. Ergebnis

Wird eine internationale Notzuständigkeit gewährt, muss auch eine örtliche Ersatzzuständigkeit eröffnet werden, sofern nach den regulären Zuständigkeitsgründen kein Gericht örtlich zuständig ist. Örtlich zuständig sind zunächst diejenigen Gerichte, in deren Bezirk sich der Inlandsbezug – sofern möglich – lokalisieren lässt. Alternativ besteht jedenfalls eine subsidiäre Ersatzzuständigkeit im Bezirk des AG Schöneberg in Berlin.

In Bezug auf die *perpetuatio fori* ist zwischen den Voraussetzungen der Notzuständigkeit zu differenzieren: Während die internationale Notzuständigkeit fortbesteht, wenn der hinreichende Inlandsbezug nach der Rechtshängigkeit entfällt, scheidet eine *perpetuatio fori* grundsätzlich aus, wenn einem Rechtssuchenden keine Rechtsverweigerung mehr droht. Allerdings bleibt die Notzuständigkeit bestehen, wenn nach Rechtshängigkeit die internationale Zuständigkeit eines anderen Staates begründet wird, in dem die Rechtsverfolgung möglich und zumutbar ist.

---

[432] Siehe dazu bereits oben unter § 9 A II 2 b bb (S. 149 ff.).

[433] Vgl. zu einer Durchbrechung der Rechtskraft infolge eines inländischen negativen Kompetenzkonfliktes *Gottwald* in MünchKommZPO, § 322 Rn. 212.

Die Gerichte haben die Möglichkeit, ein Verfahren auszusetzen, wenn Unklarheiten über die Rechtsschutzmöglichkeiten im Ausland bestehen, anstatt die Klage abzuweisen. Darüber hinaus hindert die Rechtskraft einer inländischen Prozessabweisung mangels internationaler Zuständigkeit einen nachfolgenden Prozess nicht, wenn in dem aus deutscher Sicht zuständigen Staat ebenfalls eine Prozessabweisung mangels internationaler Zuständigkeit erfolgte.

Vierter Teil
Die Notzuständigkeit *de lege ferenda*

§ 15 Europäisches Zuständigkeitsrecht

Das Europäische Zivilverfahrensrecht befindet sich gegenwärtig in einer Konsolidierungsphase[1]: Bestehende Rechtsakte sollen evaluiert und verbessert werden[2]. Damit möchte der europäische Gesetzgeber insbesondere erreichen, dass Rechtsakte auf dem Gebiet der justiziellen Zusammenarbeit in Zivilsachen kohärent ausgestaltet und angewendet werden[3]. Vor diesem Hintergrund stellen sich zwei Fragen, welche in Bezug auf die künftige Ausgestaltung der Notzuständigkeit zu beantworten sind: Zum einen ist fraglich, ob eine Vorschrift zur Notzuständigkeit auch in die Brüssel Ia- und IIa-VO aufgenommen werden sollte[4]. Denn während die Notzuständigkeit in der EuUntVO, EuErbVO und EuGüVO/EuPartVO explizit geregelt ist[5], enthält weder die Brüssel Ia- noch die Brüssel IIa-VO eine Vorschrift zur Notzuständigkeit. Zum anderen stellt sich die Frage, ob auch für reine Unionssachverhalte, die keinen Bezug zu einem Drittstaat aufweisen, eine Vorschrift zur Notzuständigkeit eingeführt werden sollte. Denn gegenwärtig setzen die geschriebenen Notzuständigkeiten aus-

---

[1] Vgl. *Hess*, EuZPR, Rn. 1.9, 2.40, 14.1; *Leible* in FS für Gottwald, S. 381, 388; *ders.* in Leible/Terhechte, Europäisches Rechtsschutz- und Verfahrensrecht, S. 465, 516 Rn. 104. Der Europäische Rat hat bereits im Stockholmer Programm (ABl. EU 2010 Nr. C 115, S. 13 Rn. 3.1.2) darauf hingewiesen, dass es wichtig sei, mit der Arbeit zur Konsolidierung der im Bereich der justiziellen Arbeit in Zivilsachen angenommenen Rechtsinstrumente zu beginnen (vgl. auch *Biagioni*, CDT (März 2012), 20, 23). Das aktuelle Programm „Justiz" vom 28. April 2021 (ABl. EU 2021 Nr. L 156, S. 21) ist weniger konkret, setzt aber primär auf Lern-, Analyse- und Schulungsmaßnahmen, um die kohärente und einheitliche Anwendung des Unionsrechts zu fördern.

[2] Siehe *Hess*, EuZPR, Rn. 1.9, 14.1.

[3] Vgl. auch *Leible* in FS für Gottwald, S. 381, 388; *ders.* in Leible/Terhechte, Europäisches Rechtsschutz- und Verfahrensrecht, S. 465, 516 Rn. 104. Die mangelnde Kohärenz der Gesetzgebung im Raum der Freiheit, der Sicherheit und des Rechts wurde vom Europäischen Rat bereits im Stockholmer Programm (ABl. EU 2010 Nr. C 115, S. 5) ausdrücklich moniert.

[4] Aus dem Gesichtspunkt der Kohärenz lehnt es zum Beispiel *Bonomi*, IPRax 2017, 184, 186, ab, dass in der Brüssel Ia- und IIa-VO Restzuständigkeiten vorgesehen sind, während die aktuelleren Verordnungen auf dem Gebiet des Internationalen Familien- und Erbrechts diese nicht mehr enthalten.

[5] Artt. 7 EuUntVO, 11 EuErbVO, 11 EuGüVO/EuPartVO.

drücklich voraus, dass es unmöglich oder unzumutbar ist, ein Verfahren in einem *Drittstaat* einzuleiten oder zu führen.

A. Drittstaatensachverhalte

In Bezug auf Drittstaatensachverhalte ist grundlegend danach zu differenzieren, ob der Rechtsakt ein abschließendes Zuständigkeitsregime enthält oder dem autonomen Zuständigkeitsrecht der Mitgliedstaaten ein Anwendungsbereich verbleibt[6]. Die EuUntVO, EuErbVO und EuGüVO/EuPartVO enthalten ein abschließendes Zuständigkeitsregime[7]. Sie bieten keine Rückgriffsmöglichkeit auf das autonome Zuständigkeitsrecht der Mitgliedstaaten und sind daher universell auf alle Drittstaatensachverhalte anwendbar[8]. Demnach ist im Anwendungsbereich der jeweiligen Verordnung zu entscheiden, ob eine Notzuständigkeit zu eröffnen ist, wenn die Rechtsverfolgung in einem Drittstaat unmöglich oder unzumutbar ist[9]. Demgegenüber gewähren sowohl die Brüssel Ia-VO als auch die Brüssel IIa-VO eine mitgliedstaatliche Restzuständigkeit[10]. Von diesen Verordnungen werden nur diejenigen Drittstaatensachverhalte abschließend geregelt, in denen der Beklagte entweder seinen Wohnsitz in einem Mitgliedstaat hat (Brüssel Ia-VO)[11] oder die Verordnung die internationale Zuständigkeit eines Mitgliedstaats vorsieht (Brüssel IIa-VO)[12]. Über die anderen Drittstaatensachverhalte ist nach autonomem Zuständigkeitsrecht zu entscheiden. Mithin bleibt es den Mitgliedstaaten überlassen, ob in diesen Drittstaatensachverhalten eine Notzuständigkeit eröffnet werden soll oder nicht[13].

---

[6] Als das entscheidende Kriterium für den europäischen Gesetzgeber herausstellend *Hau* in FS für Kaissis, S. 355, 359. Eine ähnliche Differenzierung zwischen Unions- und Drittstaatensachverhalten vornehmend *Cafari Panico* in Pocar/Viarengo/Villata, Recasting Brussels I, S. 127, 132 f., 143. Im Ergebnis auch *J. Weber*, RabelsZ 75 (2011), 619, 641. Zu der Differenzierung zwischen abschließenden und nicht abschließenden Rechtsakten im Allgemeinen *Marongiu Buonaiuti* in Franzina, The External Dimension of EU Private International Law, S. 211 ff.

[7] Siehe Erwägungsgründe 15 S. 2 EuUntVO, 30 EuErbVO, 40 EuGüVO/39 EuPartVO.

[8] Vgl. dazu ausführlich oben unter § 10 A (S. 164 ff.).

[9] Vgl. *Ferrand* in Campuzano Díaz/Czepelak/Rodríguez Benot/Rodríguez Vázquez, Latest Developments in EU Private International Law, S. 83, 94.

[10] Siehe Artt. 6 Abs. 1 Brüssel Ia-VO, 7 Abs. 1, 14 Brüssel IIa-VO.

[11] Art. 6 Abs. 1 Brüssel Ia-VO. Zu den Ausnahmen *Bachmann*, Universalisierung des Europäischen Zivilverfahrensrechts, S. 115 ff.

[12] Artt. 7 Abs. 1, 14 Brüssel IIa-VO.

[13] Vgl. *Dutta* in MünchKommBGB, Art. 11 EuErbVO Rn. 3; *Franzina* in Viarengo/Villata, Planning the Future of Cross Border Families, S. 325, 327; *Mankowski* in Leible/Terhechte, Europäisches Rechtsschutz- und Verfahrensrecht, S. 1319, 1372 f. Rn. 136; *Wall* in Geimer/

I. Rechtsakte mit abschließendem Zuständigkeitsregime

1. Kein unmittelbarer gesetzgeberischer Handlungsbedarf

Die abschließenden Rechtsakte auf dem Gebiet des Internationalen Familien- und Erbrechts enthalten Vorschriften zur Notzuständigkeit. Im Gegensatz zu den Rechtsakten ohne abschließendes Zuständigkeitsregime muss daher nicht darauf eingegangen werden, ob die Notzuständigkeit kodifiziert werden sollte. Vielmehr hat der Gesetzgeber bereits die konkreten Anforderungen festgelegt, die an die Ausübung einer Notzuständigkeit zu stellen sind. Zwar weisen die Vorschriften einige Unklarheiten und Anwendungsschwierigkeiten auf[14]. So deutet der Wortlaut zum Beispiel darauf hin, dass die Ausübung der Notzuständigkeit im Ermessen der Gerichte stehe. Dennoch können die Vorschriften bereits *de lege lata* praxisgerecht ausgelegt und angewendet werden[15]. Somit besteht im Anwendungsbereich der abschließenden Rechtsakte des Internationalen Familien- und Erbrechts gegenwärtig kein gesetzgeberischer Handlungsbedarf, die Verordnungen allein aus dem Gesichtspunkt der Notzuständigkeit unmittelbar anzupassen.

2. Anpassungs- und Präzisierungsmöglichkeiten

Wenngleich derzeit kein unmittelbarer gesetzgeberischer Handlungsbedarf besteht, bietet es sich dennoch an, die Vorschriften zur Notzuständigkeit anzupassen und zu präzisieren, sofern die Verordnungen insgesamt neugefasst oder revidiert werden sollten.

a) Festlegung des engen Bezugs zu einem Drittstaat

Die Vorschriften zur Notzuständigkeit setzen voraus, dass das Verfahren einen engen Bezug zu einem Drittstaat aufweist. Allerdings werden die Anforderungen, die an diesen Bezug zu stellen sind, weder in den Vorschriften selbst noch in den Erwägungsgründen präzisiert. Der Begriff verbleibt somit unbestimmt und führt zu Rechtsunsicherheit. Dieser Zustand ist misslich, da der „enge" Bezug ohne Weiteres festgelegt werden könnte. So besteht ein enger Bezug zu einem Drittstaat, wenn dieser unter spiegelbildlicher Anwendung der Zuständigkeitsvorschriften der jeweiligen Verordnung international zuständig wäre[16]. Insoweit sind auch die subsidiären beziehungsweise Auffangzuständigkeiten

---

Schütze/Hau, Internationaler Rechtsverkehr, Art. 11 Europäische Erbrechtsverordnung 2012 Rn. 1.
[14] Dazu ausführlich oben unter § 11 A II 2–7 (S. 217 ff.).
[15] Dazu ausführlich oben unter § 11 A II 2–7 (S. 217 ff.).
[16] Dazu bereits oben unter § 11 A II 2 (S. 217 ff.).

der Verordnungen zu spiegeln, da diese im Verhältnis zur Notzuständigkeit vorrangig sind und daher eine engere Verbindung zu dem Verfahren voraussetzen. Das Heranziehen des Spiegelbildprinzips bietet zum einen den Vorteil der Zuständigkeitsklarheit[17], da die maßgeblichen Drittstaaten eindeutig und unionsweit einheitlich ermittelt werden können. Zum anderen ermöglicht das Kriterium eine deutliche Unterscheidung zwischen dem „engen" Bezug, der zu einem Drittstaat bestehen muss, und dem „ausreichenden" Bezug, der zu einem Mitgliedstaat bestehen muss, damit die Notzuständigkeit eröffnet werden kann. Denn einen engen Bezug vermitteln nach dieser Konzeption nur diejenigen Anknüpfungspunkte, die nach dem Zuständigkeitsregime der jeweiligen Verordnung zu einer „regulären" internationalen Zuständigkeit führen. Daher sollte der enge Bezug des Verfahrens zu einem Drittstaat im Zuge künftiger Revisionen entsprechend präzisiert werden.

b) Ausdrückliche Einbeziehung der Anerkennungslücke

Die geschriebenen Notzuständigkeiten beschränken sich *de lege lata* darauf, dass es unmöglich oder unzumutbar sein muss, ein Verfahren in einem Drittstaat einzuleiten oder zu führen. Eine Rechtsverweigerung droht indes auch in Konstellationen einer Anerkennungslücke: Kann weder eine drittstaatliche Entscheidung anerkannt noch – mangels internationaler Zuständigkeit – eine Entscheidung in einem Mitgliedstaat erwirkt werden, hat der Rechtssuchende zum Beispiel keine Möglichkeit, auf Vermögen des Schuldners in diesem Mitgliedstaat zuzugreifen. Wendete man den Wortlaut der geschriebenen Notzuständigkeiten strikt an, ließe sich nur einem Teil dieser Anerkennungslücken begegnen. So ist es einem Rechtssuchenden zwar unzumutbar, ein Verfahren in einem Drittstaat einzuleiten oder zu führen, wenn diese Entscheidung im Inland absehbar nicht anerkannt werden könnte und die Anerkennung und/oder Vollstreckung der Entscheidung im Inland zur Rechtsverwirklichung erforderlich ist[18]. Allerdings könnte nach dem Wortlaut der Vorschriften keine Notzuständigkeit eröffnet werden, wenn die Entscheidung im Drittstaat bereits ergangen ist. Denn es kann nicht unmöglich oder unzumutbar sein, ein Verfahren in einem Dritt-

---

[17] Ähnlich *Bidell*, Zuständigkeiten der EuGVO, S. 196, die allerdings nur darauf abstellt, dass sich eine Berücksichtigung weiterer Anknüpfungspunkte zulasten der Rechtssicherheit des Beklagten auswirke.

[18] Vgl. *Bonomi* in Bonomi/Wautelet, Le droit européen des successions, Art. 11 Rn. 11; *Ereciński/Weitz* in FS für Kaissis, S. 187, 194; *Gitschthaler* in Deixler-Hübner/Schauer, EuErbVO, Art. 11 Rn. 3; *Hau* in FS für Kaissis, S. 355, 360; *ders.* in Prütting/Helms, FamFG, Anhang 3 zu § 110: EuUntVO Rn. 60; *Lipp* in MünchKommFamFG, Art. 7 EG-UntVO Rn. 6; *Marongiu Buonaiuti* in Calvo Caravaca/Davì/Mansel, The EU Succession Regulation, Art. 11 Rn. 12; *Mayer* in MünchKommFamFG, Art. 11 EU-EheGüVO Rn. 6.

staat einzuleiten oder zu führen, wenn eine Entscheidung in diesem Drittstaat bereits erwirkt wurde[19]. Es wäre jedoch widersinnig, die Notzuständigkeit davon abhängig zu machen, ob die drittstaatliche Entscheidung bereits ergangen ist oder nicht. Vielmehr muss eine Notzuständigkeit erst recht eröffnet werden, wenn die drittstaatliche Entscheidung bereits ergangen ist und feststeht, dass diese im Inland nicht anerkennungsfähig ist. Um diese Auslegungsschwierigkeiten zu vermeiden, sollte die Anerkennungslücke *de lege ferenda* ausdrücklich als Anwendungsfall der Notzuständigkeit aufgeführt werden. Als Orientierungsgrundlage kann insoweit die Vorschrift zur Notzuständigkeit herangezogen werden, die im Kommissionsentwurf zur Reform der Brüssel I-VO von 2010 vorgesehen war[20]. In dieser Vorschrift wurde die Anerkennungslücke neben der Unmöglichkeit und Unzumutbarkeit als eigenständiger Anwendungsfall aufgeführt[21]. Allerdings sollte in einer künftigen Regelung noch deutlicher zum Ausdruck kommen, dass es unerheblich ist, ob die Entscheidung im Ausland bereits ergangen ist oder nicht[22].

c) Auflisten von weiteren Beispielen für den ausreichenden Bezug zu einem Mitgliedstaat

Eine Notzuständigkeit darf nur eröffnet werden, wenn der Rechtsstreit einen ausreichenden Bezug zu dem Mitgliedstaat des angerufenen Gerichts aufweist. Ein Anhaltspunkt, wann diese Voraussetzung erfüllt ist, findet sich bislang nur in Erwägungsgrund 16 S. 3 EuUntVO: Danach kann beispielsweise die Staatsangehörigkeit einer der Parteien einen ausreichenden Bezug zu dem Mitgliedstaat des angerufenen Gerichts begründen. Ob eine hinreichende Inlandsbeziehung vorliegt, hängt grundsätzlich von einer Abwägung der Rechtspositionen und Zuständigkeitsinteressen der Beteiligten ab und ist somit eine Frage des Einzelfalls[23]. Dennoch gibt es einige Anknüpfungspunkte, die stets einen aus-

---

[19] Vgl. *Hau* in FS für Kaissis, S. 355, 360; *Kübler-Wachendorff*, Das forum necessitatis, S. 172. Vgl. auch *Ereciński/Weitz* in FS für Kaissis, S. 187, 194.
[20] Art. 26 lit. b des Entwurfs (KOM (2010) 748 endg., S. 36).
[21] Nach Art. 26 lit. b des Entwurfs (KOM (2010) 748 endg., S. 36) sei eine Notzuständigkeit vor allem zu eröffnen, „wenn eine in einem Drittstaat über die Streitigkeit ergangene Entscheidung in dem Mitgliedstaat nicht anerkannt und vollstreckt werden könnte, in dem das Gericht nach innerstaatlichem Recht befasst wurde, und eine Anerkennung und Vollstreckung für die Durchsetzung der Rechte des Klägers notwendig wären".
[22] Überzeugender ist insoweit zum Beispiel der Formulierungsvorschlag von *Bidell*, Zuständigkeiten der EuGVO, S. 296: „[...] wenn eine in einem Drittstaat über die Streitigkeit ergangene Entscheidung in dem Mitgliedstaat nicht anerkannt werden kann, in dem das Gericht angerufen wurde, und eine Anerkennung für die Durchsetzung der Rechte des Klägers notwendig ist".
[23] Siehe oben unter § 11 A II 4 b (S. 241).

§ 15 Europäisches Zuständigkeitsrecht 409

reichenden Bezug zu dem Mitgliedstaat des angerufenen Gerichts vermitteln. Eine Auswahl dieser Anknüpfungspunkte sollte in den Verordnungen ausdrücklich benannt werden. Dabei bietet es sich an, Erwägungsgrund 16 S. 3 EuUntVO um weitere Beispiele zu ergänzen beziehungsweise in die Erwägungsgründe der anderen Verordnungen erstmals Beispiele einzuführen. Zunächst sollte die Staatsangehörigkeit einer Partei als beispielhafter Anknüpfungspunkt sowohl in die EuErbVO als auch in die EuGüVO/EuPartVO eingeführt werden, um eine rechtsaktübergreifende Stimmigkeit zu erreichen. Darüber hinaus bietet es sich an, den gewöhnlichen Aufenthalt einer Partei sowie die Belegenheit von Vermögen des Beklagten oder Antragsgegners als weitere Beispiele aufzunehmen. Denn soweit diese Anknüpfungspunkte nicht bereits eine reguläre Zuständigkeit begründen, kann jedenfalls eine Notzuständigkeit auf diese Anknüpfungspunkte gestützt werden[24]. Die Vorgehensweise, einige Beispiele für den ausreichenden Bezug ausdrücklich aufzulisten, wird in ähnlicher Form auch in anderen Rechtsordnungen verfolgt: So besteht zum Beispiel[25] in Estland eine Notzuständigkeit, wenn ein Antragsteller estnischer Staatsangehöriger ist oder seinen Wohnsitz in Estland hat und ihm im Ausland eine Rechtsverweigerung droht[26]. Erfüllt ein Antragsteller diese Anforderungen nicht, muss die Sache aus einem anderen Grund wesentlich mit Estland verbunden sein[27]. Diese Vorgehensweise ist empfehlenswert, da sie für ein höheres Maß an Zuständigkeitsklarheit sorgt. Darüber hinaus bietet sie sich insbesondere für die Rechtsakte des Europäischen Zivilverfahrensrechts an, da durch das Auflisten von konkreten Anwendungsbeispielen die unionsweit einheitliche Anwendung der Notzuständigkeit erleichtert wird.

d) Kein Ermessen der Gerichte bei der Zuständigkeitsausübung

Sofern die Voraussetzungen der Notzuständigkeit erfüllt sind, „können" („may"; „peuvent") die Gerichte eines Mitgliedstaats nach dem Wortlaut der Vorschriften in Ausnahmefällen über die Sache entscheiden. Damit scheint die Ausübung der geschriebenen Notzuständigkeit im Ermessen der Gerichte zu stehen. Allerdings ist ein solches Ermessen bereits *de lege lata* abzulehnen. Denn weder ließe sich ein Ermessen mit dem Recht auf Zugang zu Gericht aus Artt. 6 Abs. 1 EMRK, 47 Abs. 2 GRC vereinbaren noch entspräche es dem Sinn und Zweck

---

[24] Siehe oben unter § 11 A II 4 c aa–cc (S. 243 ff.).
[25] Eine vergleichbare Regelung findet sich auch in Art. 1070 rumänische ZPO (abgedruckt oben in § 3 Fn. 23).
[26] § 72 Abs. 1 Nr. 2 estnische ZPO (abgedruckt oben in § 3 Fn. 21).
[27] § 72 Abs. 1 Nr. 3 estnische ZPO (abgedruckt oben in § 3 Fn. 21).

der Vorschrift[28]. Aus diesem Grund sollte der Wortlaut dahingehend präzisiert werden, dass eine Notzuständigkeit auszuüben ist, wenn die Voraussetzungen vorliegen[29].

e) Klarstellung des Verhältnisses zu den begrenzten Auffangzuständigkeiten

Im Anwendungsbereich der EuErbVO sowie der EuGüVO/EuPartVO sind subsidiäre Zuständigkeitsgründe vorgesehen, die nur eine begrenzte internationale Zuständigkeit eröffnen: So eröffnet Art. 10 Abs. 2 EuErbVO eine internationale Zuständigkeit des Mitgliedstaats, in dem sich Nachlassvermögen befindet, für Entscheidungen über dieses Nachlassvermögen. Nach Art. 10 EuGüVO/EuPartVO besteht eine internationale Zuständigkeit des Mitgliedstaats, in dessen Hoheitsgebiet sich unbewegliches Vermögen befindet, für Entscheidungen über dieses unbewegliche Vermögen. Das Verhältnis von diesen begrenzten Auffangzuständigkeiten zur Notzuständigkeit ist unklar. Es stellt sich die Frage, ob die subsidiären Zuständigkeiten eine (umfassende) Notzuständigkeit ausschließen können, obgleich sie selbst nur eine begrenzte internationale Zuständigkeit gewähren[30]. Besonders deutlich wird diese Problematik am Beispiel der EuGüVO/EuPartVO: Art. 11 EuGüVO/EuPartVO setzt ausdrücklich voraus, dass die internationale Zuständigkeit eines Mitgliedstaats nicht bereits nach Art. 10 EuGüVO/EuPartVO begründet ist. Wendete man diesen Wortlaut strikt an, könnte daher keine Notzuständigkeit eröffnet werden, wenn entweder in dem angerufenen Mitgliedstaat selbst oder in einem anderen Mitgliedstaat unbewegliches Vermögen belegen wäre. Unter dieser Voraussetzung wäre der Zugriff auf bewegliches Vermögen in einem Mitgliedstaat nicht möglich.

Angesichts dieser Schwierigkeiten sollte das Verhältnis der Notzuständigkeit zu den begrenzten Auffangzuständigkeiten künftig angepasst und klargestellt werden. Eine Notzuständigkeit sollte auch dann ausgeübt werden können, wenn der angerufene Mitgliedstaat oder ein anderer Mitgliedstaat bereits aufgrund einer subsidiären Zuständigkeit begrenzt international zuständig wäre. Diese Vorgehensweise bietet den Vorteil, dass es zu keiner Zuständigkeitszersplitterung kommt, sondern eine umfassende Entscheidung in einem Mitgliedstaat getroffen werden kann. Darüber hinaus wird der Anwendungsbereich der Notzuständigkeit nicht unzumutbar ausgeweitet. Vielmehr greift die Notzuständigkeit ohnehin nur ein, wenn es unmöglich oder unzumutbar ist, ein Verfahren in einem Drittstaat einzuleiten und zu führen, und ein ausreichender Bezug zu einem Mitgliedstaat besteht. Sollte es zu Parallelverfahren in mehreren Mit-

---

[28] Siehe ausführlich oben unter § 11 A II 5 (S. 252 ff.).
[29] Vgl. auch *Bidell*, Zuständigkeiten der EuGVO, S. 295.
[30] Dazu oben unter § 11 A I 2 (S. 205 f.), § 11 A I 3 b (S. 210 ff.).

gliedstaaten kommen, können diese durch die allgemeinen Vorschriften zur Rechtshängigkeit koordiniert werden.

Die Klarstellung lässt sich im Anwendungsbereich der EuErbVO zum Beispiel erreichen, indem Art. 11 EuErbVO dahingehend ergänzt wird, dass kein Gericht eines Mitgliedstaats aufgrund anderer Vorschriften der EuErbVO *unbegrenzt* zuständig sein darf. Im Anwendungsbereich der EuGüVO/EuPartVO bietet es sich an, Art. 10 EuGüVO/EuPartVO aus der Aufzählung der vorrangigen Zuständigkeitsgründe im Rahmen der Notzuständigkeit zu entfernen.

II. Rechtsakte ohne abschließendes Zuständigkeitsregime

Die Antwort auf die Frage, ob eine geschriebene Notzuständigkeit in die Rechtsakte ohne abschließendes Zuständigkeitsregime eingeführt werden sollte, hängt maßgeblich von der künftigen Konzeption der Verordnungen ab: Sofern die mitgliedstaatlichen Restzuständigkeiten beibehalten werden, besteht kein gesetzgeberischer Handlungsbedarf[31]. Sofern die Zuständigkeitsvorschriften der Verordnungen demgegenüber universalisiert werden und mithin auch sämtliche Drittstaatensachverhalte abschließend erfassen, sollte eine geschriebene Notzuständigkeit eingeführt werden[32].

1. Im Falle der Beibehaltung der Restzuständigkeiten

Sofern die mitgliedstaatlichen Restzuständigkeiten beibehalten werden, kann im Anwendungsbereich der Verordnungen keine Rechtsverweigerung in Bezug auf Drittstaatensachverhalte drohen. Dies leuchtet für diejenigen Drittstaatensachverhalte, die von den mitgliedstaatlichen Restzuständigkeiten erfasst werden, unmittelbar ein: Denn die Entscheidung über diese Sachverhalte hat der europäische Gesetzgeber ausdrücklich den Mitgliedstaaten überlassen. Es ist daher eine Frage des autonomen Zuständigkeitsrechts der Mitgliedstaaten, ob eine Notzuständigkeit eröffnet werden soll oder nicht[33]. Aber auch in den Drittstaatensachverhalten, die abschließend von den Verordnungen erfasst werden, kann keine Rechtsverweigerung drohen. So setzt die räumlich-persönliche Anwendbarkeit der Brüssel Ia-VO grundsätzlich voraus, dass der Beklagte seinen Wohnsitz im Hoheitsgebiet eines Mitgliedstaates hat. In diesem Mitgliedstaat

---

[31] Siehe sogleich unten unter § 15 A II 1 (S. 411 ff.).
[32] Siehe sogleich unten unter § 15 A II 2 (S. 412 ff.).
[33] Vgl. *Dutta* in MünchKommBGB, Art. 11 EuErbVO Rn. 3; *Franzina* in Viarengo/Villata, Planning the Future of Cross Border Families, S. 325, 327; *Mankowski* in Leible/Terhechte, Europäisches Rechtsschutz- und Verfahrensrecht, S. 1319, 1372 f. Rn. 136; *Wall* in Geimer/Schütze/Hau, Internationaler Rechtsverkehr, Art. 11 Europäische Erbrechtsverordnung 2012 Rn. 1.

hat der Beklagte nach Art. 4 Abs. 1 Brüssel Ia-VO seinen allgemeinen internationalen Gerichtsstand. Selbst wenn die Rechtsverfolgung in einem Drittstaat unmöglich oder unzumutbar sein sollte, besteht daher jedenfalls die reguläre Zuständigkeit eines Mitgliedstaats. Ein mitgliedstaatlicher Gerichtsstand ist im Anwendungsbereich der Brüssel IIa-VO ebenfalls garantiert, wenngleich diese Verordnung konzeptionell anders aufgebaut ist. Denn die mitgliedstaatliche Restzuständigkeit greift nach den Artt. 7 Abs. 1, 14 Brüssel IIa-VO ohnehin nur ein, soweit sich aus den Vorschriften der Brüssel IIa-VO keine internationale Zuständigkeit eines Mitgliedstaats ergibt. Mithin kann im Anwendungsbereich der Verordnungen keine Rechtsverweigerung in Bezug auf Drittstaatensachverhalte drohen, sodass kein gesetzgeberischer Handlungsbedarf besteht.

2. Im Falle der Universalisierung der Zuständigkeitsvorschriften

Sollte das Zuständigkeitsregime der Brüssel Ia- und IIa-VO universalisiert werden und mithin sämtliche Sachverhalte mit Auslandsbezug abschließend erfassen, wäre im Anwendungsbereich dieser Verordnungen zu entscheiden, ob eine Notzuständigkeit eröffnet werden soll oder nicht.

a) Universalisierung der Zuständigkeitsvorschriften als wünschenswertes Ziel

Ob die Zuständigkeitsregime der Verordnungen künftig universalisiert werden, ist derzeit sehr zweifelhaft[34]. Denn in Bezug auf die Brüssel Ia-VO hat sich der europäische Gesetzgeber bewusst gegen eine Universalisierung entschieden, obwohl ein Kommissionsentwurf aus dem Jahre 2010 diese Ausweitung ausdrücklich vorsah[35]. Auch im Zuge der Reform der Brüssel IIa-VO haben sich vereinzelte Universalisierungsvorhaben nicht durchgesetzt[36]. Dessen ungeachtet ist eine Ausweitung des Zuständigkeitsregimes auf sämtliche Sachverhalte mit Auslandsbezug wünschenswert[37]: Dafür spricht zunächst, dass Beklagte

---

[34] Vgl. *Augenstein/Jägers* in Álvarez Rubio/Yiannibas, Human Rights in Business, S. 7, 22; *Bidell*, Zuständigkeiten der EuGVO, S. 303; *Domej* in von Hein/Rühl, Kohärenz im Internationalen Privat- und Verfahrensrecht, S. 90, 95; *Fawcett/Ni Shúilleabháin/Shah*, Human Rights and Private International Law, Rn. 4.129; *Hess*, EuZPR, Rn. 5.25.

[35] Siehe oben unter § 11 B I 2 b (S. 267 f.).

[36] Siehe oben unter § 11 B II 3 (S. 282 ff.).

[37] Ebenso *Antomo* in Pfeiffer/Lobach/Rapp, Europäisches Familien- und Erbrecht, S. 13, 23 f.; *Bachmann*, Universalisierung des Europäischen Zivilverfahrensrechts, S. 131; *Bidell*, Zuständigkeiten der EuGVO, S. 239 ff., 299 f.; *Bonomi*, IPRax 2017, 184, 185 f., 189; *Domej*, RabelsZ 78 (2014), 508, 524 f.; *dies.* in von Hein/Rühl, Kohärenz im Internationalen Privat- und Verfahrensrecht, S. 90, 94 f.; *Fawcett/Ni Shúilleabháin/Shah*, Human Rights and Private International Law, Rn. 4.118; *Gandía Sellens/Faucon Alonso/Siaplaouras* in Viarengo/Villata, Planning the Future of Cross Border Families, S. 163, 170; *Gsell*, ZZP 127 (2014), 431,

ohne Wohnsitz in einem Mitgliedstaat gegenwärtig deutlich schlechter behandelt werden als Beklagte, die ihren Wohnsitz in einem Mitgliedstaat haben[38]. Denn gegenüber drittstaatenansässigen Beklagten bleiben insbesondere die exorbitanten Zuständigkeitsvorschriften der mitgliedstaatlichen Zuständigkeitsrechte ausdrücklich anwendbar[39]. Darüber hinaus führte die Universalisierung zu einer deutlichen Vereinfachung des Zuständigkeitsrechts, da unionsweit einheitliche Zuständigkeitsvorschriften gölten[40]. Somit wäre der Zugang zu Gericht in allen Mitgliedstaaten gleichermaßen gewährleistet[41], sodass größere Zuständigkeitsklarheit entstünde[42] und ein *forum shopping* zwischen den Mitgliedstaaten vermieden würde[43]. Zudem müssten die Mitgliedstaaten für die wenigen Konstellationen, in denen bislang eine Restzuständigkeit eingreift, keine eigenständigen Zuständigkeitsvorschriften mehr vorhalten und gegebenenfalls aktualisieren[44]. Schließlich sorgte eine Universalisierung für Kohärenz mit den anderen Rechtsakten des Internationalen Privat- und Zivilverfahrensrechts. Denn zum einen sind die Vorschriften des europäischen Kollisionsrechts durchweg universell ausgestaltet[45]. Zum anderen enthalten die jüngeren Verord-

---

445 f.; *von Hein*, RIW 2013, 97, 100 f., 111; *Hess*, EuZPR, Rn. 5.24; *Kruger/Samyn*, JPIL 12 (2016), 132, 140; *Pataut* in Cremona/Micklitz, Private Law in the External Relations of the EU, S. 107, 124; *Pfeiffer*, ZZP 127 (2014), 409, 415 f., 430; *M. Stürner/Pförtner*, GPR 2019, 222, 228; bereits unter Geltung des EuGVÜ *Grolimund*, Drittstaatenproblematik, Rn. 743. Eine vom Europäischen Parlament in Auftrag gegebene Studie hat sich zwar dafür ausgesprochen, in der Brüssel Ia-VO auch Drittstaatensachverhalte abschließend zu regeln, dennoch solle nach Ansicht der Autoren die Differenzierung zwischen Unions- und Drittstaatensachverhalten aufrechterhalten werden, sodass spezifische Vorschriften für Beklagte aus Drittstaaten geschaffen werden sollten, *Pretelli* in Pretelli/Heckendorn Urscheler, Possibility and terms for applying Brussels I Regulation (recast) to extra-EU disputes, S. 37 ff.

[38] *Bachmann*, Universalisierung des Europäischen Zivilverfahrensrechts, S. 113 ff.; *Bonomi*, IPRax 2017, 184, 185; *Gsell*, ZZP 127 (2014), 431, 445. Vgl. auch *Domej*, RabelsZ 78 (2014), 508, 524; *dies*. in von Hein/Rühl, Kohärenz im Internationalen Privat- und Verfahrensrecht, S. 90, 92; *von Hein*, RIW 2013, 97, 100.

[39] *Bachmann*, Universalisierung des Europäischen Zivilverfahrensrechts, S. 113 ff.; *Bonomi*, IPRax 2017, 184, 185.

[40] Vgl. *Domej*, RabelsZ 78 (2014), 508, 525; *dies*. in von Hein/Rühl, Kohärenz im Internationalen Privat- und Verfahrensrecht, S. 90, 94; *Gsell*, ZZP 127 (2014), 431, 446; *von Hein*, RIW 2013, 97, 100.

[41] Dieses Ziel besonders herausstellend *Bonomi*, IPRax 2017, 184, 185 f.

[42] Vgl. auch *Antomo* in Pfeiffer/Lobach/Rapp, Europäisches Familien- und Erbrecht, S. 13, 24; *Domej*, RabelsZ 78 (2014), 508, 525; *dies*. in von Hein/Rühl, Kohärenz im Internationalen Privat- und Verfahrensrecht, S. 90, 94.

[43] Siehe *von Hein*, RIW 2013, 97, 100. Vgl. auch *Domej*, RabelsZ 78 (2014), 508, 525; *dies*. in von Hein/Rühl, Kohärenz im Internationalen Privat- und Verfahrensrecht, S. 90, 94.

[44] *Domej*, RabelsZ 78 (2014), 508, 525; *dies*. in von Hein/Rühl, Kohärenz im Internationalen Privat- und Verfahrensrecht, S. 90, 94.

[45] *Gsell*, ZZP 127 (2014), 431, 446; *von Hein*, RIW 2013, 97, 100 f.

nungen auf dem Gebiet des Internationalen Familien- und Erbrechts bereits ein abschließendes Zuständigkeitsregime[46].

b) Aufnahme einer geschriebenen Vorschrift zur Notzuständigkeit

Sofern die Zuständigkeitsvorschriften der Brüssel Ia- und IIa-VO künftig universell ausgestaltet werden, sollte in die Verordnungen eine Vorschrift zur Notzuständigkeit nach dem Vorbild der geschriebenen Notzuständigkeiten des Internationalen Familien- und Erbrechts aufgenommen werden[47].

Demgegenüber werden in der Literatur im Wesentlichen zwei Kritikpunkte vorgebracht, die gegen die Einführung einer Notzuständigkeit sprächen. Der erste Kritikpunkt ist, dass tatsächlich kein Bedürfnis für eine kodifizierte Notzuständigkeit bestehe[48]. So sähen die Verordnungen zum einen breite Zuständigkeitsgründe vor[49]. Zum anderen handele es sich bei unzureichenden Rechtsschutzstandards im Ausland und tatsächlich gewährten Notzuständigkeiten um absolute Ausnahmen, die zusehends an Bedeutung verlören[50].

Diese Kritik überzeugt nicht. Denn erste Entscheidungen im Anwendungsbereich der EuUntVO haben bereits gezeigt, dass ein tatsächliches Bedürfnis für eine Notzuständigkeit trotz breiter Zuständigkeitsgründe bestehen kann[51]. Zudem werden Notzuständigkeiten rechtspraktisch sowohl im autonomen deutschen Zuständigkeitsrecht[52] als auch im Zuständigkeitsrecht anderer Mitglied-

---

[46] *Bonomi*, IPRax 2017, 184, 186.

[47] Vgl. auch *Antomo* in Pfeiffer/Lobach/Rapp, Europäisches Familien- und Erbrecht, S. 13, 24 f.; *Bachmann*, Universalisierung des Europäischen Zivilverfahrensrechts, S. 131; *Bidell*, Zuständigkeiten der EuGVO, S. 294; *Fawcett/Ní Shúilleabháin/Shah*, Human Rights and Private International Law, Rn. 4.102; *Gandía Sellens/Faucon Alonso/Siaplaouras* in Viarengo/Villata, Planning the Future of Cross Border Families, S. 163, 170; *Kruger/Samyn*, JPIL 12 (2016), 132, 140; *Redfield*, Geo. J. Int'l L. 45 (2014), 893, 911; *M. Stürner/Pförtner*, GPR 2019, 222, 228; bereits unter Geltung des EuGVÜ für eine Notzuständigkeit, sofern die Zuständigkeitsvorschriften universalisiert worden wären, *Grolimund*, Drittstaatenproblematik, Rn. 743. Vgl. in diesem Zusammenhang ferner *Michoud*, SRIEL 30 (2020), 3, 23, die es als unwahrscheinlich erachtet, dass in einer künftigen Reform der Brüssel Ia-VO eine Vorschrift zur Notzuständigkeit eingeführt werde, da die Mitgliedstaaten kein gemeinsames Verständnis der Notzuständigkeit teilten. Diese Einschätzung ist allerdings nicht überzeugend, da sich die Mitgliedstaaten im Rahmen der EuUntVO, EuErbVO und EuGüVO/EuPartVO auf ein gemeinsames Verständnis der Notzuständigkeit einigen konnten.

[48] Vgl. *Magnus/Mankowski*, ZVglRWiss 109 (2010), 1, 9; *dies.*, ZVglRWiss 110 (2011), 252, 268; *Stadler/Klöpfer*, ZEuP 2015, 732, 748, 751 f.

[49] *Magnus/Mankowski*, ZVglRWiss 109 (2010), 1, 9; *dies.*, ZVglRWiss 110 (2011), 252, 268; *Stadler/Klöpfer*, ZEuP 2015, 732, 748, 751 f.

[50] *Stadler/Klöpfer*, ZEuP 2015, 732, 751 f.

[51] Siehe oben unter § 11 A II 3 a (S. 224 f.), § 11 A II 3 b bb (S. 231 f.).

[52] Siehe oben unter § 14 A I (S. 330 f.).

staaten ausgeübt⁵³. Besonders häufig treten zum Beispiel Konstellationen auf, in denen eine drittstaatliche Entscheidung mangels Verbürgung der Gegenseitigkeit nicht anerkannt werden kann und zugleich keine eigene Entscheidungszuständigkeit des Mitgliedstaats besteht⁵⁴. Im Falle der Universalisierung der Zuständigkeitsvorschriften würden sich diese Konstellationen in den Anwendungsbereich der jeweiligen Verordnung verlagern. Insbesondere im Anwendungsbereich der Brüssel Ia-VO ist zudem zu beachten, dass deren Zuständigkeitsregime darauf ausgerichtet ist, dass der Beklagte seinen Wohnsitz in einem Mitgliedstaat hat und damit stets ein allgemeiner Gerichtsstand eröffnet ist⁵⁵. Erstreckte man die Vorschriften unbesehen auf Sachverhalte, in denen der Beklagte keinen allgemeinen Gerichtsstand in einem Mitgliedstaat hat, drohten Rechtsschutzlücken⁵⁶. Sofern diese Zuständigkeitslücken nicht durch weitreichende und damit exorbitante Zuständigkeiten geschlossen werden sollen, bietet allein die Notzuständigkeit eine flexible und passgenaue Abhilfemöglichkeit⁵⁷.

Der zweite Kritikpunkt an der Notzuständigkeit ist, dass diese nicht klar und rechtssicher kodifiziert werden könne⁵⁸. Aufgrund der zur Ausgestaltung notwendigen unbestimmten Rechtsbegriffe lasse sich kein Vereinheitlichungseffekt unter den Mitgliedstaaten erzielen⁵⁹. Diese Kritik ist zwar im Ausgangspunkt gerechtfertigt, spricht aber im Ergebnis nicht gegen eine geschriebene Notzuständigkeit. Grundsätzlich steht die Ausgestaltung der Notzuständigkeit in ei-

---

⁵³ Siehe oben unter § 3 B I–II (S. 22 ff.).
⁵⁴ Vgl. beispielhaft allein die folgenden österreichischen Entscheidungen: OGH, Beschl. v. 29.7.2020, 8 Nc 18/20v; OGH, Beschl. v. 16.9.2020, 4 Nc 20/20h; OGH, Beschl. v. 12.10. 2020, 7 Nc 21/20b; OGH, Beschl. v. 10.11.2020, 5 Nc 21/20p; OGH, Beschl. v. 10.11.2020, 5 Nc 22/20k; OGH, Beschl. v. 9.12.2020, 7 Nc 24/20v; OGH, Beschl. v. 8.11.2021, 7 Nc2 6/21i.
⁵⁵ Vgl. *Eicher*, Rechtsverwirklichungschancen, S. 270; *Fawcett/Ní Shúilleabháin/Shah*, Human Rights and Private International Law, Rn. 4.117; *Kiesselbach* in Lein, The Brussels I Review Proposal Uncovered, S. 1, 9; *J. Weber*, RabelsZ 75 (2011), 619, 637 f. Vgl. auch *M. Weller*, GPR 2012, 34, 39.
⁵⁶ Vgl. *Pfeiffer*, ZZP 127 (2014), 409, 415 f. Vgl. auch *Geimer* in FS für Simotta, S. 163, 166; *J. Weber*, RabelsZ 75 (2011), 619, 637 f.
⁵⁷ Vgl. zur Notzuständigkeit als flexible Abhilfemaßnahme Commentaire de la proposition de modification du chapitre II du règlement 44/2001 en vue de son application aux situations externes, Berichterstatter: *Marc Fallon*, abrufbar unter <https://gedip-egpil.eu/wp-content/uploads/2008/10/GEDIP-18e-session-Commentaire.pdf> (zuletzt abgerufen am 31.7. 2023). Vgl. auch *Pataut* in Cremona/Micklitz, Private Law in the External Relations of the EU, S. 107, 124.
⁵⁸ Vgl. insoweit die Kritik zur geschriebenen Notzuständigkeit des Kommissionsentwurfs im Rahmen der Reform der Brüssel I-VO *Dickinson*, YbPIL 12 (2010), 247, 280; *Fentiman*, Cambridge Yearbook of European Legal Studies 13 (2011), 65, 74; *Luzzatto* in Pocar/Viarengo/Villata, Recasting Brussels I, S. 111, 115; *Magnus/Mankowski*, ZVglRWiss 109 (2010), 1, 9; *dies.*, ZVglRWiss 110 (2011), 252, 268; *Stadler/Klöpfer*, ZEuP 2015, 732, 751.
⁵⁹ *Stadler/Klöpfer*, ZEuP 2015, 732, 751.

nem besonderen Spannungsverhältnis von größtmöglicher Flexibilität und Zuständigkeitsklarheit[60]. Auf der einen Seite soll die Notzuständigkeit möglichst viele Anwendungsfälle einer drohenden Rechtsverweigerung abdecken. Denn die Notzuständigkeit nimmt im Zuständigkeitssystem eine Auffangfunktion wahr[61]. Sie ist die *ultima ratio* der Zuständigkeitsgewährung[62]. Da eine Rechtsverweigerung aus sehr unterschiedlichen Gründen eintreten kann[63], lassen sich die Anwendungsfälle im Vorhinein nicht abschließend ermitteln und konkret festsetzen. Um potenziell alle Konstellationen abdecken zu können, muss die Notzuständigkeit daher möglichst flexibel ausgestaltet sein[64]. Dieses Anliegen zeigt sich auch bei rechtsvergleichender Betrachtung: Sämtliche Rechtsordnungen, die eine geschriebene Notzuständigkeit vorsehen, verwenden unbestimmte Rechtsbegriffe[65]. Auf der anderen Seit ließe sich eine zu offene Ausgestaltung nicht mit dem Gebot der Zuständigkeitsklarheit vereinbaren. Denn zumindest die groben Umrisse seiner internationalen Gerichtspflichtigkeit müssen für einen Beklagten oder Antragsgegner ermittelbar und damit vorhersehbar sein[66]. Zudem führte eine zu großzügige Zuständigkeitsgewährung zu *forum shopping* und belastete die Rechtsposition und Zuständigkeitsinteressen der Gegenseite einseitig.

Vor dem Hintergrund dieses Spannungsverhältnisses ist die rechtssichere Ausgestaltung der Notzuständigkeit schwierig. Gleichwohl sollte im Falle der Universalisierung eine geschriebene Notzuständigkeit aufgenommen werden. Denn Konstellationen einer drohenden Rechtsverweigerung träten ebenso auf, wenn die Notzuständigkeit nicht kodifiziert würde. Da die Vermeidung von Rechtsverweigerung ein wesentliches Ziel des europäischen Zuständigkeitsrechts ist[67],

---

[60] Siehe *M. Stürner/Pförtner*, GPR 2019, 222, 228.

[61] Im Schweizer Recht wird die Funktion der Notzuständigkeit treffend als „Sicherheitsventil" und Ausweichklausel bezeichnet, siehe Amtliches Bulletin des Ständerats, 21.9.1987, S. 1064, 1067; Bundesgericht, 22.5.2007, 4C_379/2006, Erwägung 3.4; *Müller-Chen* in Zürcher Kommentar zum IPRG, Art. 3 Rn. 1; *Othenin-Girard*, SZIER 1999, 251, 252.

[62] *Geimer* in Zöller, ZPO, Art. 7 EuUntVO Rn. 2, Art. 1 EuErbVO Rn. 13, Art. 4 EuErbVO Rn. 2; *Geimer/Garber* in Geimer/Schütze, EuZVR, Art. 7 EuUnthVO Rn. 2, Art. 4 EuErbVO Rn. 2; *Wurmnest* in BeckOGK, Art. 7 EU-UnterhaltsVO Rn. 8. Siehe auch *Franzina* in Viarengo/Villata, Planning the Future of Cross Border Families, S. 325, 330 („tool of last resort"); *Joubert*, Rev. crit. dr. internat. privé 2017, 1, 15 ("en dernier recours").

[63] Vgl. nur *Stadler/Klöpfer*, ZEuP 2015, 732, 751.

[64] Ähnlich *Lübcke*, Das neue europäische Internationale Nachlassverfahrensrecht, S. 446.

[65] Siehe oben unter § 3 C II (S. 33 ff.), § 3 C IV (S. 56).

[66] Siehe oben unter § 5 B II (S. 78 ff.).

[67] Dies wird insbesondere an den geschriebenen Notzuständigkeiten des Internationalen Familien- und Erbrechts deutlich, die ausweislich ihrer Erwägungsgründe dazu dienen, Fällen von Rechtsverweigerung begegnen zu können (Erwägungsgründe 16 S. 1 EuUntVO, 31 S. 1 EuErbVO, 41 S. 1 EuGüVO bzw. 40 S. 1 EuPartVO). Vgl. aber auch EuGH, Urt. v. 17.11.

müsste eine ungeschriebene Notzuständigkeit eröffnet werden[68]. Es obläge somit dem jeweils angerufenen Gericht, ohne gesetzliche Anhaltspunkte über die Eröffnung einer Notzuständigkeit zu entscheiden. In der Folge drohten entweder abweichende Auffassungen unter den mitgliedstaatlichen Gerichten oder eine Vielzahl von Vorabentscheidungsverfahren vor dem EuGH. Denn im Zweifel müsste jeder Sachverhalt, in dem eine Notzuständigkeit in Betracht käme, dem EuGH zur Vorabentscheidung vorgelegt werden[69]. Daher erleichtert bereits die Kodifizierung der Notzuständigkeit die unionsweit einheitliche Auslegung der Verordnungen[70]. Zudem wird durch die geschriebene Notzuständigkeit in den Verordnungen selbst ersichtlich, dass bei drohender Rechtsverweigerung ausnahmsweise eine internationale Zuständigkeit begründet ist und die Zuständigkeitsvorschriften insoweit nicht abschließend sind.

Insbesondere spricht für eine geschriebene Notzuständigkeit jedoch, dass diese bereits in anderen Rechtsakten vorgesehen ist. So enthalten die EuUntVO, EuErbVO und EuGüVO/EuPartVO eine geschriebene Notzuständigkeit. Diese Vorschriften lassen sich weitgehend auf allgemeine Zivil- und Handelssachen sowie auf Verfahren in Ehesachen und im Bereich der elterlichen Verantwortung übertragen[71]. Denn die grundsätzlichen Voraussetzungen, welche an die Ausübung der Notzuständigkeit gestellt werden, sind allgemeingültig. Es müssten lediglich redaktionelle Anpassungen an die jeweilige Verordnung vorgenommen werden. Dabei wäre es nicht nur besonders praktikabel, die geschriebenen Notzuständigkeiten auf andere Rechtsakte zu übertragen, sondern vor allem auch im Interesse der Kohärenz des Europäischen Zivilverfahrensrechts.

2011, Rs. C-327/10, ECLI:EU:C:2011:745, Rn. 45, 51 – Hypoteční banka; EuGH, Urt. v. 15.3. 2012, Rs. C-292/10, ECLI:EU:C:2012:142, Rn. 50 – G/de Visser; *Geimer* in Geimer/Schütze, EuZVR, Art. 45 EuGVVO Rn. 340.

[68] Das erkennen auch *Stadler/Klöpfer*, ZEuP 2015, 732, 751, an, nach denen in wirklich problematischen Fällen auch ohne geschriebene Notzuständigkeit noch immer der Rückgriff auf Art. 6 Abs. 1 EMRK möglich sei.

[69] An den EuGH muss vorgelegt werden, wenn vernünftige Zweifel am eigenen Auslegungsergebnis nicht auszuschließen sind, siehe nur *Geimer* in Geimer/Schütze, EuZVR, Einl. EuGVVO Rn. 200.

[70] Vgl. in diesem Zusammenhang auch die Bemerkung von *J. Weber*, RabelsZ 75 (2011), 619, 641, der selbst für das gegenwärtige, nicht universalisierte Zuständigkeitsregime der Brüssel Ia-VO davon ausgeht, dass eine autonom-europäische Regelung der Notzuständigkeit das geringere Übel im Vergleich dazu sei, es den fragmentierten und ebenso unbestimmten mitgliedstaatlichen Zuständigkeitsvorschriften zu überlassen, negative internationale Kompetenzkonflikte zu bewältigen.

[71] Im Ergebnis auch *Fawcett/Ní Shúilleabháin/Shah*, Human Rights and Private International Law, Rn. 4.102, die ohne nähere Begründung fordern, dass sich jede Vorschrift zur Notzuständigkeit an den bisher geschriebenen Notzuständigkeiten in den anderen Verordnungen orientieren müsse.

So würden vergleichbare Problemstellungen rechtsaktübergreifend einheitlich geregelt und gelöst. Zudem böte diese Vorgehensweise den Vorteil, dass auf die Konkretisierungsbemühungen in den anderen Verordnungen zurückgegriffen werden könnte. Denn zu den Verordnungen des Internationalen Familien- und Erbrechts im Allgemeinen sowie der Notzuständigkeit im Besonderen findet sich eine Vielzahl von Literatur. Ferner sind bereits erste Entscheidungen zu der Notzuständigkeit ergangen. Daher werden die unbestimmten Rechtsbegriffe zunehmend präzisiert.

3. Reformdiskussionen in Bezug auf Menschenrechtsklagen

Gegenwärtig sind Reformdiskussionen im Bereich der unternehmerischen Sorgfaltspflichten und Menschenrechtsklagen im Gange. In diesem Zusammenhang hat der Rechtsausschuss des Europäischen Parlaments am 11. Februar 2021 einen Bericht vorgelegt, der eine Richtlinie über die Sorgfalts- und Rechenschaftspflicht von Unternehmen sowie Änderungen der Brüssel Ia-VO und Rom II-VO beinhaltet[72]. Nach dem Bericht sollte folgende Vorschrift zur Notzuständigkeit als Art. 26a in die Brüssel Ia-VO eingefügt werden[73]:

„Wenn sich in Bezug auf zivilrechtliche Ansprüche im Zusammenhang mit der Geschäftstätigkeit, die auf Menschenrechtsverletzungen innerhalb der Wertschöpfungskette eines Unternehmens zurückgehen, das seinen Sitz in der Union hat oder in der Union im Geltungsbereich der Richtlinie xxx/xxxx über die Sorgfaltspflicht und Rechenschaftspflicht von Unternehmen tätig ist, aus dieser Verordnung keine Zuständigkeit der Gerichte eines Mitgliedstaats ergibt, kann der Fall in Ausnahmefällen vor den Gerichten eines Mitgliedstaats verhandelt werden, wenn dies erforderlich ist, um das Recht auf ein faires Verfahren oder das Recht auf gerichtlichen Rechtsschutz sicherzustellen, vor allem a) wenn es nicht zumutbar ist oder es sich als unmöglich erweist, ein Verfahren in einem Drittstaat, mit dem die Streitigkeit in einem engen Zusammenhang steht, einzuleiten oder zu führen, oder b) wenn eine in einem Drittstaat über die Streitigkeit ergangene Entscheidung in dem Mitgliedstaat nicht anerkannt und vollstreckt werden könnte, in dem das Gericht nach innerstaatlichem Recht befasst wurde, und eine Anerkennung und Vollstreckung für die Durchsetzung der Rechte des Klägers notwendig wären und die Streitigkeit einen ausreichenden Bezug zu dem Mitgliedstaat des angerufenen Gerichts aufweist."

Die Vorschrift entspricht inhaltlich der Notzuständigkeit, die im Kommissionsentwurf zur Reform der Brüssel I-VO von 2010 enthalten war. Sachlich ist die Notzuständigkeit allerdings auf Ansprüche wegen Menschenrechtsverletzun-

---

[72] Bericht vom 11.2.2021 mit Empfehlungen an die Kommission zur Sorgfaltspflicht und Rechenschaftspflicht von Unternehmen, Berichterstatterin: *Lara Wolters*, A9-0018/2021.

[73] Bericht vom 11.2.2021 mit Empfehlungen an die Kommission zur Sorgfaltspflicht und Rechenschaftspflicht von Unternehmen, Berichterstatterin: *Lara Wolters*, A9-0018/2021, S. 53.

gen innerhalb der Wertschöpfungskette eines Unternehmens begrenzt[74]. Die Vorschrift sollte aufgenommen werden, um Opfern von Menschenrechtsverletzungen den Zugang zu einem Gericht zu gewähren, bei denen das Risiko bestehe, dass ihnen der Zugang zur Justiz verwehrt werde[75]. Damit ist die Notzuständigkeit auf Klagen gegen Unternehmen ausgerichtet, die ihren Sitz zwar in einem Drittstaat haben, aber innerhalb der Lieferkette eines EU-Unternehmens agieren[76]. Sie sollte sicherstellen, dass zumindest ein mitgliedstaatlicher Gerichtsstand zur Verfügung steht, wenn in dem Drittstaat, in dem die Menschenrechtsverletzung begangen wurde, eine Rechtsverweigerung droht[77]. In der Entschließung des Europäischen Parlaments vom 10. März 2021[78] ist die Vorschrift zur Notzuständigkeit allerdings nicht mehr enthalten[79].

Dass sich die Vorschrift zur Notzuständigkeit in der konkreten Form nicht durchsetzen konnte, ist insoweit zu begrüßen, als sie sich ohne weitergehende Änderungen der Brüssel Ia-VO als Fremdkörper im Zuständigkeitssystem erwiesen hätte. Denn *de lege lata* bestimmt sich die Zuständigkeit gegenüber Beklagten, die ihren Wohnsitz in einem Drittstaat haben, grundsätzlich nach dem autonomen Zuständigkeitsrecht der Mitgliedstaaten. Die vorgeschlagene Vorschrift zur Notzuständigkeit knüpft allerdings daran an, dass sich „aus dieser Verordnung keine Zuständigkeit der Gerichte eines Mitgliedstaats ergibt" und hat daher – ebenso wie der Kommissionsentwurf – ein universalisiertes Zuständigkeitsregime vor Augen. Da das Zuständigkeitsregime der Brüssel Ia-VO bislang nicht universalisiert wurde, könnte die Vorschrift so verstanden werden, dass es in dem Bereich der Menschenrechtsklagen zu einer Universalisierung kommen soll. Diese Auslegung ließe sich aber mit dem Sinn und Zweck der

---

[74] In der Studie von *Marx/Bright/Wouters*, Access to legal remedies for victims of corporate human rights abuses in third countries, S. 7, 111, 112, wurde zwar ebenfalls eine Vorschrift zur Notzuständigkeit gefordert, diese sollte allerdings sachlich nicht auf unternehmensbezogene Menschenrechtsverletzungen konkretisiert werden.

[75] Bericht vom 11.2.2021 mit Empfehlungen an die Kommission zur Sorgfaltspflicht und Rechenschaftspflicht von Unternehmen, Berichterstatterin: *Lara Wolters*, A9-0018/2021, S. 19.

[76] Bericht vom 11.2.2021 mit Empfehlungen an die Kommission zur Sorgfaltspflicht und Rechenschaftspflicht von Unternehmen, Berichterstatterin: *Lara Wolters*, A9-0018/2021, S. 52.

[77] Bericht vom 11.2.2021 mit Empfehlungen an die Kommission zur Sorgfaltspflicht und Rechenschaftspflicht von Unternehmen, Berichterstatterin: *Lara Wolters*, A9-0018/2021, S. 52. Der Hintergrund einer drohenden Rechtsverweigerung dürfte überwiegend ein defizitäres Justizsystem in dem jeweiligen Drittstaat sein, vgl. *Marx/Bright/Wouters*, Access to legal remedies for victims of corporate human rights abuses in third countries, S. 15 f.

[78] Entschließung des Europäischen Parlaments vom 10. März 2021 mit Empfehlungen an die Kommission zur Sorgfaltspflicht und Rechenschaftspflicht von Unternehmen, P9_TA (2021)0073.

[79] *J. Schmidt*, EuZW 2021, 276.

Vorschrift, den Zugang zu Gericht für Opfer von Menschenrechtsverletzungen zu stärken[80], nicht vereinbaren. Denn die Brüssel Ia-VO sieht gegenwärtig nur wenige Zuständigkeitsvorschriften vor, die unabhängig von einem Beklagtenwohnsitz in einem Mitgliedstaat anwendbar sind. Für Klagen gegen Unternehmen, die in Drittstaaten ansässig sind, verbliebe den Klägern daher häufig allein der Gerichtsstand der Notzuständigkeit, der seinerseits restriktiv anzuwenden wäre. Demgegenüber wäre ein Rückgriff auf die – zum Teil sehr weitreichenden – exorbitanten Zuständigkeiten des mitgliedstaatlichen Rechts verwehrt. Im Vergleich zur bisherigen Rechtslage bedeutete dies eine Verschlechterung der mitgliedstaatlichen Rechtsschutzmöglichkeiten für Opfer von Menschenrechtsverletzungen[81].

Demgegenüber könnte die Vorschrift ihren Sinn und Zweck allein erfüllen, wenn sie als Mindeststandard für die nationalen Restzuständigkeiten verstanden würde: Im Ausgangspunkt bliebe es zunächst bei den Restzuständigkeiten des autonomen Zuständigkeitsrechts. Darüber hinaus müssten jedoch die Mitgliedstaaten, die bislang keine Notzuständigkeit vorgesehen oder angewendet haben, auf die europäische Vorschrift zurückgreifen, wenn sonst kein nationaler Gerichtsstand eröffnet wäre. Zugleich stünde es Opfern von Menschenrechtsklagen offen, sich auf nationale Zuständigkeitsvorschriften zu berufen, die über den in der europäischen Vorschrift zur Notzuständigkeit festgelegten Rechtsschutzstandard hinausgehen. Diese systematische Einordnung als Mindeststandard kann der Vorschrift des Berichtsentwurfs allerdings nicht entnommen werden. Sollte sich ein entsprechender Entwurf zur Notzuständigkeit durchsetzen, bedürfte es daher einer Anpassung, da die einfache Übernahme der Vorschrift des Kommissionsentwurfs systematisch nicht zu dem derzeit bestehenden Zuständigkeitssystem der Brüssel Ia-VO passt.

Indes sollte keine Notzuständigkeit für Menschenrechtsklagen im Sinne eines europarechtlichen Mindeststandards in die Brüssel Ia-VO aufgenommen werden, und zwar unabhängig von der konkreten Ausgestaltung. Denn solange das Zuständigkeitsregime der Brüssel Ia-VO nicht universalisiert ist, widerspricht eine europäische Notzuständigkeit für Menschenrechtsklagen der Verordnungskonzeption. So hat der europäische Gesetzgeber mit der Restzustän-

---

[80] Vgl. Bericht vom 11.2.2021 mit Empfehlungen an die Kommission zur Sorgfaltspflicht und Rechenschaftspflicht von Unternehmen, Berichterstatterin: *Lara Wolters*, A9-0018/2021, S. 19.

[81] Bereits im Zusammenhang mit einer möglichen Universalisierung des Zuständigkeitssystems darauf hinweisend, dass diese auch nachteilhaft sein könne, da Restzuständigkeiten entfielen, die möglicherweise bessere Rechtsschutzmöglichkeiten eingeräumt hätten, *Augenstein/Jägers* in Álvarez Rubio/Yiannibas, Human Rights in Business, S. 7, 22; *Roorda/Ryngaert*, RabelsZ 80 (2016), 783, 806 f.

digkeit des Art. 6 Abs. 1 Brüssel Ia-VO die Entscheidung getroffen, dass das autonome Zuständigkeitsrecht der Mitgliedstaaten grundsätzlich für alle Sachverhalte maßgebend ist, in denen der Beklagte seinen Wohnsitz außerhalb eines Mitgliedstaats hat[82]. Innerhalb dieses Restanwendungsbereichs können die Mitgliedstaaten frei entscheiden, wie sie ihr autonomes Zuständigkeitsrecht ausgestalten und anwenden[83]. Das autonome Zuständigkeitsrecht wird insoweit europarechtlich nicht beeinflusst[84]. Die Grundsatzentscheidung für einen eigenverantwortlichen Zuständigkeitsbereich der Mitgliedstaaten würde jedoch unterlaufen, wenn innerhalb dieses Bereichs eine unionsweit vereinheitlichte Notzuständigkeit geschaffen würde. Vielmehr müsste das Zuständigkeitsregime der Brüssel Ia-VO insgesamt universalisiert werden, sofern europaweit einheitliche Zuständigkeitsstandards geschaffen werden sollen. Im Falle der Universalisierung sollte aber – wie bereits ausgeführt wurde[85] – zugleich eine allgemeine Vorschrift zur Notzuständigkeit aufgenommen werden. Für eine spezielle Notzuständigkeit für Menschenrechtsklagen bestünde dann kein Bedürfnis.

III. Ergebnis

In Bezug auf diejenigen Rechtsakte, die ein abschließendes Zuständigkeitsregime enthalten, besteht kein unmittelbarer gesetzgeberischer Handlungsbedarf. Dennoch sollten die geschriebenen Notzuständigkeiten angepasst und präzisiert werden, sofern die Verordnungen insgesamt neugefasst oder revidiert werden: Erstens sollte festgelegt werden, dass der enge Bezug zu einem Drittstaat besteht, wenn dieser bei spiegelbildlicher Anwendung der europäischen Zuständigkeitsvorschriften international zuständig wäre. Zweitens sollte die Anerkennungslücke ausdrücklich als Anwendungsfall der Notzuständigkeit aufgenommen werden. Drittens empfiehlt es sich, weitere Beispiele für den ausreichenden Bezug zu einem Mitgliedstaat in die Verordnungen aufzunehmen. Viertens sollte klargestellt werden, dass den mitgliedstaatlichen Gerichten kein Ermes-

---

[82] Vgl. *Gebauer* in Wieczorek/Schütze, ZPO, Art. 6 Brüssel Ia-VO Rn. 3; *Hess*, EuZPR, Rn. 5.3; *Mankowski* in Rauscher, EuZPR/EuIPR, Art. 6 Brüssel Ia-VO Rn. 1, 8.

[83] Vgl. *Mankowski* in Rauscher, EuZPR/EuIPR, Art. 6 Brüssel Ia-VO Rn. 3 f.; *Stadler* in Musielak/Voit, ZPO, Art. 6 EuGVVO Rn. 1.

[84] *Gebauer* in Wieczorek/Schütze, ZPO, Art. 6 Brüssel Ia-VO Rn. 15. Vgl. in diesem Zusammenhang auch die Bemerkung von *Hess*, EuZPR, Rn. 5.3, aus der Perspektive der nationalen Rechte gehe es auch um den Schutz vor andersartigen Konzepten des Unionsgesetzgebers. Soweit die Mitgliedstaaten in der Sache Unionsrecht anwenden, müssen aber freilich die Verfahrensgarantien der GRC sowie der Äquivalenz- und Effektivitätsgrundsatz beachtet werden, siehe oben unter § 8 B II (S. 137 ff.). Vgl. ferner *Geimer* in Geimer/Schütze, EuZVR, Art. 6 EuGVVO Rn. 18, es sei nicht auszuschließen, dass der EuGH den Spielraum der nationalen Gesetzgeber einschränken wolle.

[85] Siehe oben unter § 15 A II 2 b (S. 414 ff.).

sen bei der Frage zusteht, ob sie eine Notzuständigkeit ausüben. Fünftens und letztens sollte das Verhältnis der geschriebenen Notzuständigkeit zu den begrenzten Auffangzuständigkeiten der EuErbVO und EuGüVO/EuPartVO klargestellt werden.

In Bezug auf die Rechtsakte ohne abschließendes Zuständigkeitsregime hängt der Bedarf einer geschriebenen Notzuständigkeit davon ab, ob die Zuständigkeitsvorschriften universalisiert werden oder nicht. Lediglich in dem wünschenswerten Fall, dass die Zuständigkeitsvorschriften universalisiert werden, sollte eine geschriebene Notzuständigkeit eingeführt werden. Die Vorschriften sollten insoweit nach dem Vorbild der geschriebenen Notzuständigkeiten in den anderen Rechtsakten ausgestaltet werden.

B. Unionssachverhalte

Die Frage, ob eine Notzuständigkeit für Unionssachverhalte eingeführt werden sollte, stellt sich in allen Rechtsakten des Europäischen Zivilverfahrensrechts gleichermaßen. Insoweit muss nicht danach differenziert werden, ob die jeweilige Verordnung ein abschließendes Zuständigkeitsregime enthält oder dem autonomen Zuständigkeitsrecht der Mitgliedstaaten ein Restanwendungsbereich verbleibt. Denn für Sachverhalte, die ausschließlich Berührungspunkte zu Mitgliedstaaten aufweisen, soll die internationale Zuständigkeit in sämtlichen Verordnungen abschließend und umfassend verteilt werden[86]. Daher ist auch im Anwendungsbereich der Verordnungen zu entscheiden, wie einer drohenden Rechtsverweigerung begegnet wird. Darüber hinaus ist die Notzuständigkeit für Unionssachverhalte bislang nicht geregelt. Vielmehr setzen die geschriebenen Notzuständigkeiten auf dem Gebiet des Internationalen Familien- und Erbrechts ausdrücklich voraus, dass es unmöglich oder unzumutbar ist, ein Verfahren in einem *Drittstaat* einzuleiten oder zu führen[87].

I. Vorrangige Mittel zur Vermeidung einer drohenden Rechtsverweigerung

Die Notzuständigkeit ist *ultima ratio*, um eine drohende Rechtsverweigerung zu verhindern. Daher darf ein Reformprozess nicht auf die Frage beschränkt wer-

---

[86] Für die Brüssel IIa-VO *M. Weber* in Mayr, Handbuch des europäischen Zivilverfahrensrechts, Rn. 4.15, 4.103, 4.163. Vgl. bereits zum EuGVÜ *Kropholler* in Hdb. IZVR I, Kap. III, Rn. 647; *Othenin-Girard*, SZIER 1999, 251, 267; *Pfeiffer*, Internationale Zuständigkeit, S. 469. Vgl. auch *Rossolillo*, CDT (März 2010), 403, 415 f.

[87] Vgl. in diesem Zusammenhang *Ereciński/Weitz* in FS für Kaissis, S. 187, 197, es sei bemerkenswert, dass die Regelung der internationalen Notzuständigkeit in den europäischen Instrumenten jeweils nur für Drittstaatenfälle konzipiert sei.

den, ob eine Notzuständigkeit für Unionssachverhalte eingeführt werden sollte. Vielmehr ist vorrangig zu überprüfen, inwieweit durch andere Mittel bereits verhindert werden kann, dass es überhaupt zu einer drohenden Rechtsverweigerung kommt. Vor diesem Hintergrund können und sollten im Europäischen Zivilverfahrensrecht *de lege ferenda* einige Anpassungen vorgenommen werden.

1. Einführung einer bindenden Verweisungsmöglichkeit

Ein negativer internationaler Kompetenzkonflikt kann auch zwischen Mitgliedstaaten auftreten[88]: Gelangt zum Beispiel ein deutsches Gericht in einer Nachlasssache zu dem Ergebnis, dass der letzte gewöhnliche Aufenthalt des Erblassers in Spanien war, weist es das Verfahren mangels internationaler Zuständigkeit als unzulässig ab[89]. Geht ein spanisches Gericht im Anschluss seinerseits davon aus, dass der letzte gewöhnliche Aufenthalt in Deutschland war, muss auch dieses Verfahren abgewiesen werden. Diesen Konflikt kann im Zweifel selbst eine Vorlage an den EuGH nicht lösen, da den Mitgliedstaaten bei der Auslegung von unbestimmten Rechtsbegriffen ein gewisser Entscheidungsspielraum verbleibt[90].

Im autonomen deutschen Recht wird negativen Kompetenzkonflikten durch eine Verweisungsmöglichkeit begegnet[91]: Nach § 281 Abs. 1 S. 1 ZPO[92] hat ein sachlich oder örtlich unzuständiges Gericht den Rechtsstreit auf Antrag des Klägers an das zuständige Gericht zu verweisen. Diese Zuständigkeitsentscheidung des Erstgerichts ist gemäß § 281 Abs. 2 S. 4 ZPO[93] für das Zweitgericht bindend. Demgegenüber besteht im Europäischen Zivilverfahrensrecht *de lege lata* keine Möglichkeit des angerufenen Gerichts, das Verfahren bindend an die Gerichte eines anderen Mitgliedstaats zu verweisen[94]. Hintergrund dieser gesetzgeberischen Entscheidung ist die (Souveränitäts-)Erwägung, dass die mitgliedstaatli-

---

[88] Dazu ausführlich oben unter § 10 C II 1 (S. 179 ff.).
[89] Der Beispielsfall ist angelehnt an die Entscheidung des OLG Hamm, Beschl. v. 2.1.2018, IPRax 2019, 151 (während das OLG den gewöhnlichen Aufenthalt eines in Spanien verstorbenen Rentners in Deutschland bejahte, ging die Vorinstanz von einem gewöhnlichen Aufenthalt in Spanien aus).
[90] Vgl. *Wall*, ZErb 2014, 272, 278.
[91] Vgl. *Koops*, IPRax 2018, 11, 16; *Loyal* in Wieczorek/Schütze, ZPO, Art. 36 Brüssel Ia-VO Rn. 7; *Schack* in FS für Geimer, S. 611, 613; *ders.*, IZVR, Rn. 498. Vgl. zum österreichischen Recht *McGuire*, ZfRV 2005, 83, 84.
[92] Siehe auch § 3 Abs. 1 S. 1 FamFG.
[93] Siehe auch § 3 Abs. 3 S. 2 FamFG.
[94] *Geimer* in Geimer/Schütze, EuZVR, Art. 36 EuGVVO Rn. 25; *Klöpfer*, GPR 2015, 210, 217 f.; *Koops*, IPRax 2018, 11, 16 f.; *Mankowski* in Rauscher, EuZPR/EuIPR, Art. 27 Brüssel Ia-VO Rn. 9; *Schack* in FS für Geimer, S. 611, 613; *ders.*, IZVR, Rn. 498; *Schoibl*, ZZPInt 10 (2005), 123, 137, 145; *Tsikrikas*, ZZPInt 22 (2017), 213, 222; *G. Wagner* in Stein/Jonas,

chen Gerichte selbst über die internationale Zuständigkeit entscheiden sollen[95]. Gleichwohl hat der EuGH in einer Entscheidung aus dem Jahr 2012 versucht, einen ähnlichen Mechanismus in das Europäische Zivilverfahrensrecht einzuführen[96]: Nach dem EuGH sei für mitgliedstaatliche Unzuständigkeitsentscheidungen von einem europäischen Rechtskraftbegriff auszugehen, der das Zweitgericht im Wege der Anerkennung weitgehend an die Zuständigkeitsentscheidungen des Erstgerichts gebunden hätte[97]. Diese Entscheidung lässt sich allerdings nicht mit der gegenwärtigen Systematik des Europäischen Zivilverfahrensrechts vereinbaren. Denn faktisch würde dadurch eine bindende Verweisungsmöglichkeit eingeführt[98], welche *de lege lata* gerade nicht vorgesehen ist.

De lege ferenda sollte indes eine bindende Verweisungsmöglichkeit zwischen den mitgliedstaatlichen Gerichten eingeführt werden[99]. Zwar sind insoweit einige konzeptionelle Hürden zu überwinden[100], die zum Beispiel die konkrete Ausgestaltung des Verfahrens[101] oder die Frage betreffen, ob und in welcher Höhe

---

ZPO, Art. 26 EuGVVO Rn. 13. Insbesondere kann insoweit auch keine Verweisungsvorschrift des autonomen Rechts angewendet werden, *McGuire*, ZfRV 2005, 83, 85 f.

[95] Vgl. *Mankowski* in Rauscher, EuZPR/EuIPR, Art. 27 Brüssel Ia-VO Rn. 9; *Schoibl*, ZZPInt 10 (2005), 123, 137, 145; *Wais*, IPRax 2012, 91, 93; *M. Weller* in Hess/Pfeiffer/Schlosser, The Heidelberg Report, Rn. 432. Vgl. bereits zum EuGVÜ *Grunsky*, JZ 1973, 641, 645.

[96] EuGH, Urt. v. 15.11.2012, Rs. C-456/11, ECLI:EU:C:2012:719 – Gothaer Allgemeine Versicherung u.a. *Loyal* in Wieczorek/Schütze, ZPO, Art. 36 Brüssel Ia-VO Rn. 7, bezeichnet die Vorgehensweise des EuGH insoweit als „Notlösung" im Vergleich zu einer bindenden Verweisung.

[97] Vgl. ausführlich oben unter § 10 C II 2 a–b (S. 184 ff.).

[98] *Adolphsen*, EuZVR, Kap. 5 Rn. 32; *Klöpfer*, GPR 2015, 210, 216; *Launhardt*, Europäisierung der internationalen Zuständigkeit im Ehegüterrecht, S. 141.

[99] Ebenso *Geimer* in Geimer/Schütze, EuZVR, Art. 28 EuGVVO Rn. 11 Fn. 17 (nach dem alternativ zur Verweisungsmöglichkeit auch eine Zuständigkeitsbestimmung durch den EuGH in Betracht käme); *Grunsky*, JZ 1973, 641, 645; *Schack* in FS für Geimer, S. 611, 612; *ders.*, IZVR, Rn. 498, 915; *Schoibl*, ZZPInt 10 (2005), 123, 137, 145. Vgl. auch *Hau*, LMK 2013, 341521, die Zukunft gehöre diesem System (vgl. auch *Linke/Hau*, IZVR, Rn. 7.36, es spräche manches dafür, eine bindende Verweisung auch für allgemeine Zivil- und Handelssachen einzuführen). Vgl. ferner *G. Wagner* in Stein/Jonas, ZPO, Art. 26 EuGVVO Rn. 13, dass keine Verweisungsmöglichkeit bestehe, sei ein Manko des Europäischen Zivilprozessrechts, dem sich die Kommission bei fortschreitender Vereinheitlichung des Prozessrechts mittelfristig annehmen sollte. Zurückhaltender *Launhardt*, Europäisierung der internationalen Zuständigkeit im Ehegüterrecht, S. 142, eine bindende Verweisung könne *de lege ferenda* Unklarheiten zur Reichweite der Rechtskraft von Unzuständigkeitserklärungen beseitigen. Demgegenüber sei es nach *M. Weller* in Hess/Pfeiffer/Schlosser, The Heidelberg Report, Rn. 435, zumindest gegenwärtig nicht wünschenswert, eine bindende Verweisungsmöglichkeit einzuführen. Ablehnend *McGuire*, ZfRV 2005, 83, 89 ff.

[100] *M. Weller* in Hess/Pfeiffer/Schlosser, The Heidelberg Report, Rn. 434.

[101] Vgl. zur Gefahr eines möglichen *forum shopping McGuire*, ZfRV 2005, 83, 88 f.; *M. Weller* in Hess/Pfeiffer/Schlosser, The Heidelberg Report, Rn. 434.

Gerichtskosten im Erststaat anfallen[102]. Im Ergebnis muss durch die Verweisung aber einzig gewährleistet werden, dass die Folgegerichte an die Entscheidung des Erstgerichts gebunden sind und die Rechtshängigkeit aufrechterhalten bleibt. Dieser Mechanismus bietet den Vorteil, dass im an sich zuständigen Staat selbst bei langwierigen Verfahren im Erststaat keine Verjährung droht[103]. Denn die Verjährung würde bereits durch die Klageerhebung im unzuständigen Staat unterbrochen[104]. Darüber hinaus spricht für die Verweisung insbesondere, dass negative internationale Kompetenzkonflikte zwischen den Mitgliedstaaten weitgehend vermieden werden könnten[105]. Ferner wäre die bindende Verweisung ein logischer nächster Entwicklungsschritt im Europäischen Zivilverfahrensrecht, um Binnenmarktverfahren besser koordinieren zu können und gleichzeitig das gegenseitige Vertrauen der Mitgliedstaaten zum Ausdruck zu bringen[106].

2. Verordnungsautonome Anknüpfung anstelle der gegenwärtigen Wohnsitzanknüpfung im Anwendungsbereich der Brüssel Ia-VO

Der Wohnsitz des Beklagten ist der zentrale Anknüpfungspunkt der Brüssel Ia-VO, da dieser sowohl über die räumlich-persönliche Anwendbarkeit der Verordnung als auch den allgemeinen Gerichtsstand des Beklagten entscheidet[107]. Dennoch ist der Wohnsitz einer natürlichen Person gegenwärtig nicht verordnungsautonom definiert. Vielmehr wendet ein mitgliedstaatliches Gericht sein autonomes Recht an, um zu entscheiden, ob die Person einen Wohnsitz in diesem Mitgliedstaat hat[108]. Für die Frage, ob die Person ihren Wohnsitz in einem anderen Mitgliedstaat hat, ist wiederum das autonome Recht des jeweils anderen Mitgliedstaats anzuwenden[109]. Da sich die Konzeption des Wohnsitzbegriffes in den mitgliedstaatlichen Rechtsordnungen unterscheidet[110], kann es zu

---

[102] Vgl. *Mankowski* in Rauscher, EuZPR/EuIPR, Art. 27 Brüssel Ia-VO Rn. 9; *G. Wagner* in Stein/Jonas, ZPO, Art. 26 EuGVVO Rn. 13.

[103] Ausführlich zu der Verjährungsproblematik *McGuire*, ZfRV 2005, 83, 91.

[104] *McGuire*, ZfRV 2005, 83, 91.

[105] Vgl. auch *Grunsky*, JZ 1973, 641, 645; *Schack* in FS für Geimer, S. 611, 612; *ders.*, IZVR, Rn. 498; *Schoibl*, ZZPInt 10 (2005), 123, 137, 145. Vgl. ferner *Loyal* in Wieczorek/Schütze, ZPO, Art. 36 Brüssel Ia-VO Rn. 7; *Mankowski* in Rauscher, EuZPR/EuIPR, Art. 27 Brüssel Ia-VO Rn. 9.

[106] Vgl. in diesem Zusammenhang die Bemerkung von *Schoibl*, ZZPInt 10 (2005), 123, 137, 145, die Einführung eines Verweisungsmodells sei aus „integrations-(gemeinschafts-)rechtspolitischer Sicht" zu begrüßen.

[107] Siehe Artt. 4 Abs. 1, 6 Abs. 1 Brüssel Ia-VO.

[108] Art. 62 Abs. 1 Brüssel Ia-VO.

[109] Art. 62 Abs. 2 Brüssel Ia-VO.

[110] Siehe für einen Überblick *Pfeiffer* in Hess/Pfeiffer/Schlosser, The Heidelberg Report, Rn. 172 ff.

negativen Kompetenzkonflikten kommen, wenn nach keiner Rechtsordnung ein Wohnsitz vorhanden ist, weil der Wohnsitz im jeweils anderen Mitgliedstaat verortet wird[111]. So gelangte zum Beispiel die französische *Cour de Cassation* in einem niederländisch-französischen Sachverhalt zu dem Ergebnis, dass der Beklagte weder nach französischem Recht einen Wohnsitz in Frankreich noch nach niederländischem Recht einen Wohnsitz in den Niederlanden hatte[112]. Dieser Zuständigkeitskonflikt ließe sich selbst mit einer bindenden Verweisungsmöglichkeit unter den Mitgliedstaaten nicht vermeiden. Denn in diesen Konstellationen besteht gerade keine internationale Zuständigkeit eines mitgliedstaatlichen Gerichts. Somit dürfte im Beispielsfall ein französisches Gericht das Verfahren nicht an die niederländischen Gerichte verweisen, da diese nach der Brüssel Ia-VO ebenfalls unzuständig wären[113].

Anstatt zur Bestimmung des Wohnsitzes auf die mitgliedstaatlichen Rechtsordnungen zu verweisen, sollte *de lege ferenda* eine einheitliche und verordnungsautonome Lösung eingeführt werden[114]. Dadurch könnten insbesondere negative internationale Kompetenzkonflikte künftig vermieden werden[115]. Zu-

---

[111] *Ereciński/Weitz* in FS für Kaissis, S. 187, 192; *Gaudemet-Tallon/Ancel*, Compétence et execution des jugements en Europe, S. 130 f. Rn. 91; *Geimer* in Geimer/Schütze, EuZVR, Art. 62 EuGVVO Rn. 20; *ders.* in Zöller, ZPO, Art. 62 EuGVVO Rn. 2; *Gottwald* in MünchKommZPO, Art. 62 Brüssel Ia-VO Rn. 8; *Hess*, EuZPR, Rn. 6.48; *Kruger*, Civil Jurisdiction Rules of the EU and their Impact on Third States, Rn. 2.18; *Linke/Hau*, IZVR, Rn. 7.3; *Lukas*, Die Person mit unbekanntem Aufenthalt, S. 53 f.; *Schack*, IZVR, Rn. 300; *Staudinger* in Rauscher, EuZPR/EuIPR, Art. 62 Brüssel Ia-VO Rn. 8; *Vlas* in Magnus/Mankowski, ECPIL, Art. 62 Brussels Ibis Regulation Rn. 2; *G. Wagner* in Stein/Jonas, ZPO, Art. 59 EuGVVO Rn. 16. Bereits zum EuGVÜ *Basedow* in Hdb. IZVR I, Kap. II, Rn. 29; *Geimer* in FS für Kralik, S. 179, 183 f.; *Kropholler* in Hdb. IZVR I, Kap. III, Rn. 628; *Texeira de Sousa*, IPRax 1997, 352, 355.

[112] Cass. civ. 1re, 4.1.1984, Rev. crit. dr. internat. privé 1986, 123. Vgl. auch *Gaudemet-Tallon/Ancel*, Compétence et execution des jugements en Europe, S. 130 Rn. 91; *G. Wagner* in Stein/Jonas, ZPO, Art. 59 EuGVVO Rn. 18.

[113] Davon zu trennen ist die Frage, ob das Gericht bindend an die Gerichte in dem anderen Mitgliedstaat verweisen *könnte*. Dies hängt von der konkreten Ausgestaltung der Verweisungsmöglichkeit ab.

[114] Vgl. Entschließung des Europäischen Parlaments vom 7. September 2010 zu der Umsetzung und Überprüfung der Verordnung (EG) Nr. 44/2001 des Rates über die gerichtliche Zuständigkeit und die Anerkennung und Vollstreckung von Entscheidungen in Zivil- und Handelssachen, P7_TA(2010)0304, Nr. 19; *Geimer* in Geimer/Schütze, EuZVR, Art. 4 EuGVVO Rn. 29; *Hau* in FS für Kaissis, S. 355, 365; *Linke/Hau*, IZVR, Rn. 7.3; *Staudinger* in Rauscher, EuZPR/EuIPR, Art. 62 Brüssel Ia-VO Rn. 9; *G. Wagner* in Stein/Jonas, ZPO, Art. 59 EuGVVO Rn. 2. Vgl. auch *von Hein*, RIW 2013, 97, 102; *Magnus/Mankowski*, ZVglRWiss 109 (2010), 1, 31; *Pfeiffer* in Hess/Pfeiffer/Schlosser, The Heidelberg Report, Rn. 177 („may deserve further consideration"); *Takahashi*, JPIL 8 (2012), 1, 8 („would be useful").

[115] Vgl. *Staudinger* in Rauscher, EuZPR/EuIPR, Art. 62 Brüssel Ia-VO Rn. 9; *G. Wagner* in Stein/Jonas, ZPO, Art. 59 EuGVVO Rn. 2. Vgl. auch *Gaudemet-Tallon/Ancel*, Compétence

dem böte eine verordnungsautonome Lösung den Vorteil größerer Zuständigkeitsklarheit, da das Anknüpfungskriterium und mithin die Gerichtspflichtigkeit des Beklagten unionsweit einheitlich bestimmt werden könnte[116]. Ferner ließe sich so vermeiden, dass eine Person mehr als einen Wohnsitz haben kann, sodass die Möglichkeit des *forum shopping* begrenzt würde[117]. Als verordnungsautonome Lösung empfiehlt sich, künftig auch im Anwendungsbereich der Brüssel Ia-VO auf den gewöhnlichen Aufenthalt abzustellen[118]. Denn der gewöhnliche Aufenthalt ist sowohl in der Brüssel IIa-VO als auch in den anderen Rechtsakten des Internationalen Privat- und Zivilverfahrensrechts der zentrale Anknüpfungspunkt, sodass es erheblich zur Kohärenz der Verordnungen beitrüge, auf den gewöhnlichen Aufenthalt abzustellen[119].

3. Besondere (Not-)Zuständigkeit für die Scheidung gleichgeschlechtlicher Ehen

Im Anwendungsbereich der Brüssel IIa-VO kann es dazu kommen, dass die Scheidung einer gleichgeschlechtlichen Ehe vor dem einzig zuständigen Mitgliedstaat unmöglich ist[120]. Diese Konstellation tritt zum Beispiel auf, wenn die Ehegatten verschiedene Staatsangehörigkeiten besitzen und nach der Eheschlie-

---

et execution des jugements en Europe, S. 130 Rn. 91; *Vlas* in Magnus/Mankowski, ECPIL, Art. 62 Brussels Ibis Regulation Rn. 2.

[116] Vgl. *Geimer* in FS für Simotta, S. 163, 165. Vgl. auch *Hess*, EuZPR, Rn. 6.46; *Pfeiffer* in Hess/Pfeiffer/Schlosser, The Heidelberg Report, Rn. 177; *G. Wagner* in Stein/Jonas, ZPO, Art. 2 EuGVVO Rn. 8, Art. 59 EuGVVO Rn. 2.

[117] Vgl. Entschließung des Europäischen Parlaments vom 7. September 2010 zu der Umsetzung und Überprüfung der Verordnung (EG) Nr. 44/2001 des Rates über die gerichtliche Zuständigkeit und die Anerkennung und Vollstreckung von Entscheidungen in Zivil- und Handelssachen, P7_TA(2010)0304, Nr. 19; *Hess*, EuZPR, Rn. 6.46, 6.49; *Staudinger* in Rauscher, EuZPR/EuIPR, Art. 62 Brüssel Ia-VO Rn. 9.

[118] Ebenso *Hess*, EuZPR, Rn. 6.49; *G. Wagner* in Stein/Jonas, ZPO, Art. 59 EuGVVO Rn. 3; *Staudinger* in Rauscher, EuZPR/EuIPR, Art. 62 Brüssel Ia-VO Rn. 9. Vgl. auch *Magnus/Mankowski*, ZVglRWiss 109 (2010), 1, 31; *Pfeiffer* in Hess/Pfeiffer/Schlosser, The Heidelberg Report, Rn. 177. Demgegenüber kritisch *Gottwald* in MünchKommZPO, Art. 62 Brüssel Ia-VO Rn. 2, da es kaum allgemeingültige Definitionen des gewöhnlichen Aufenthalts gebe, entstünde kaum eine größere Rechtssicherheit.

[119] Vgl. *Staudinger* in Rauscher, EuZPR/EuIPR, Art. 62 Brüssel Ia-VO Rn. 9. Vgl. auch *Geimer* in FS für Simotta, S. 163, 165; *ders.* in Geimer/Schütze, EuZVR, Art. 4 EuGVVO Rn. 30 f.; *G. Wagner* in Stein/Jonas, ZPO, Art. 59 EuGVVO Rn. 3.

[120] Dies gilt freilich nur, wenn man davon ausgeht, dass die Brüssel IIa-VO auf gleichgeschlechtliche Ehen anwendbar ist, bejahend *Gruber* in NomosKommentarBGB, Art. 13 Rom III Rn. 22 ff.; *Hausmann*, Internationales und Europäisches Familienrecht, A Rn. 33; *Kohler/Pintens*, FamRZ 2019, 1477, 1480; ablehnend *Geimer* in Zöller, ZPO, Art. 1 EuEheVO Rn. 18; *Sonnentag* in Pfeiffer/Wittmann/Escher, Europäisches Familienrecht im Spiegel deutscher Wissenschaft und Praxis, S. 9, 40; *M. Weber* in Mayr, Handbuch des europäischen Zivilverfahrensrechts, Rn. 4.15, 4.32.

ßung ihren gewöhnlichen Aufenthalt in einen Mitgliedstaat verlegen, dem die gleichgeschlechtliche Ehe unbekannt ist[121]. *De lege ferenda* sollte eine besondere (Not-)Zuständigkeit für die Fälle vorgesehen werden, in denen der an sich zuständige Mitgliedstaat die betreffende Ehe nicht als gültig ansieht[122]. Diese Zuständigkeit sollte insbesondere den Gerichten des Mitgliedstaats gewährt werden, in dem die Ehe geschlossen wurde. Für Ehen, die in einem Drittstaat geschlossen wurden, sollte es demgegenüber genügen, dass ein ausreichender Bezug zu dem angerufenen Mitgliedstaat besteht. Ein ausreichender Bezug wird zum Beispiel durch die Staatsangehörigkeit eines Ehegatten vermittelt.

Die besondere (Not-)Zuständigkeit sollte auch ausgeübt werden können, wenn die Scheidung der Ehe im Ermessen des an sich zuständigen Gerichts steht[123]. So ist das angerufene Gericht nach Art. 13 Alt. 2 Rom III-VO nicht verpflichtet, eine Ehe zu scheiden, wenn die betreffende Ehe in dem Mitgliedstaat nicht als gültig angesehen wird. Die Ungewissheit darüber, ob eine Ehe in dem Mitgliedstaat geschieden werden kann oder nicht, sollte *de lege ferenda* aber nicht den Ehegatten aufgebürdet werden. Vielmehr sollte es den Ehegatten von vornherein offenstehen, auf einen alternativen Gerichtsstand auszuweichen, in dem die Scheidung sicher möglich ist. Diese Ausgestaltung vermeidet unnötige Kosten, ist verfahrensökonomisch und schafft Rechtssicherheit.

II. Kodifizierung der Notzuständigkeit?

1. Verbleibender Anwendungsbereich der Notzuständigkeit

Die Kodifizierung der Notzuständigkeit ist nur sinnvoll, soweit der Notzuständigkeit in Unionssachverhalten künftig ein relevanter Anwendungsbereich verbleibt.

---

[121] Beispiel nach Bericht vom 7.12.2010 über den Vorschlag für eine Verordnung des Rates zur Begründung einer verstärkten Zusammenarbeit im Bereich des auf die Ehescheidung und Trennung ohne Auflösung des Ehebandes anzuwendenden Rechts, Berichterstatter: *Tadeusz Zwiefka*, A7-0360/2010, S. 36. Vgl. auch *Fawcett/Ní Shúilleabháin/Shah*, Human Rights and Private International Law, Rn. 4.55; *Kruger/Samyn*, JPIL 12 (2016), 132, 140 Fn. 44; *Gruber* in NomosKommentarBGB, Art. 13 Rom III-VO Rn. 27.

[122] Ebenfalls für die Einführung einer Notzuständigkeit *Antomo* in Pfeiffer/Lobach/Rapp, Europäisches Familien- und Erbrecht, S. 13, 25; *Gruber* in NomosKommentarBGB, Vor Art. 1 Rom III-VO Rn. 85; *Kruger/Samyn*, JPIL 12 (2016), 132, 140, 164. Vgl. auch Legislative Entschließung des Europäischen Parlaments vom 21. Oktober 2008 zu dem Vorschlag für eine Verordnung des Rates zur Änderung der Verordnung (EG) Nr. 2201/2003 im Hinblick auf die Zuständigkeit in Ehesachen und zur Einführung von Vorschriften betreffend das anwendbare Recht in diesem Bereich, P6_TA(2008)0502, ABl. EU 2010 Nr. C 15 E, S. 128, 132 (Art. 7a).

[123] Vgl. zur Behandlung *de lege lata* Gruber in NomosKommentarBGB, Art. 13 Rom III-VO Rn. 30.

Zunächst lässt sich die Gefahr einer Rechtsverweigerung deutlich reduzieren, indem der europäische Gesetzgeber die zuvor vorgeschlagenen Anpassungen vornimmt[124]. Denn durch eine bindende Verweisungsmöglichkeit zwischen den Mitgliedstaaten und die verordnungsautonome Definition der Anknüpfungspunkte werden negative internationale Kompetenzkonflikte vermieden. Die besondere Zuständigkeit für die Scheidung gleichgeschlechtlicher Ehen verhindert zudem, dass ein mitgliedstaatliches Scheidungsverfahren an einer rechtlichen Unmöglichkeit scheitert.

Darüber hinaus ist die Ausübung einer Notzuständigkeit in Unionssachverhalten durch den Grundsatz des gegenseitigen Vertrauens in die Rechtspflege und die ordnungsgemäße Rechtsanwendung innerhalb der Union wesentlich beschränkt. Nach diesem Grundsatz dürfen die Mitgliedstaaten grundsätzlich nicht prüfen, ob ein anderer Mitgliedstaat in einem konkreten Fall die durch die Union gewährleisteten Grundrechte tatsächlich beachtet hat[125]. Dies bedeutet für die Notzuständigkeit, dass ein Verfahren in einem anderen Mitgliedstaat nicht als unzumutbar angesehen werden darf[126]. Vielmehr kann ein Verfahren, das in einem anderen Mitgliedstaat geführt wurde, erst und ausschließlich im Zuge der Anerkennung einer bereits ergangenen Entscheidung überprüft werden[127]: Denn die Anerkennungsregeln des Europäischen Zivilprozessrechts sehen zum Beispiel ausdrücklich vor, dass die Entscheidung dem *ordre public* des ersuchten Mitgliedstaats nicht offensichtlich widersprechen darf[128].

Vor diesem Hintergrund verbleibt der Notzuständigkeit in Unionssachverhalten nur ein geringer Anwendungsbereich. Zum einen können Anerkennungslücken auftreten, wenn die Entscheidung eines Mitgliedstaats in einem anderen Mitgliedstaat nicht anerkennungsfähig ist und keine internationale Zuständigkeit des anderen Staates vorgesehen ist. Zum anderen kann ein Verfahren in einem Mitgliedstaat zum Beispiel aufgrund eines Stillstands der Rechtspflege faktisch oder aus anderen Gründen als einem negativen internationalen Kompetenzkonflikt rechtlich unmöglich sein.

---

[124] Siehe oben unter § 15 B I (S. 422 ff.).
[125] EuGH, Gutachten v. 18.12.2014, Gutachten 2/13, ECLI:EU:C:2014:2454, Rn. 192 – Beitritt der Union zur EMRK. Vgl. auch *Düsterhaus* in Gascón Inchausti/Hess, The Future of the European Law of Civil Procedure, S. 69, 84; *Marongiu Buonaiuti* in Calvo Caravaca/Daví/Mansel, The EU Succession Regulation, Art. 11 Rn. 5. Weitreichender *Eicher*, Rechtsverwirklichungschancen, S. 270, die Eignung eines Mitgliedstaats zur ordnungsgemäßen Justizgewährung werde kraft des gegenseitigen Vertrauens unwiderleglich vermutet.
[126] Dazu ausführlich oben unter § 12 C III 3 (S. 298 ff.).
[127] Dazu ausführlich oben unter § 12 C III 3 (S. 300 f.).
[128] Vgl. zum Beispiel Art. 45 Abs. 1 lit. a Brüssel Ia-VO.

2. Eigenständige Regelung der Anerkennungslücke

Die Anerkennungslücke ist der wesentliche Anwendungsfall der Notzuständigkeit in Unionssachverhalten[129]. Zwar ist theoretisch denkbar, dass die Rechtspflege in einem Mitgliedstaat zum Beispiel aufgrund einer Naturkatastrophe stillstehen könnte[130]. Praktisch sind Sachverhalte, in denen die Verfahrensführung in einem Mitgliedstaat tatsächlich unmöglich ist, aber eher unwahrscheinlich[131]. Im Gegensatz dazu können Anerkennungslücken deutlich häufiger auftreten[132]. So sehen sämtliche Rechtsakte Gründe vor, aufgrund derer die Anerkennung einer Entscheidung aus einem anderen Mitgliedstaat zu versagen ist[133]. Wird die Anerkennung versagt, ist die internationale Zuständigkeit des ersuchten Mitgliedstaats für eine erneute Entscheidung nicht immer gewährleistet[134]. Vielmehr sehen die Verordnungen im Verhältnis zwischen den Mitgliedstaaten nicht so weitreichende Zuständigkeiten vor, wie sie etwa das autonome deutsche Zuständigkeitsrecht kennt[135]. Insbesondere fehlt für Unionssachverhalte eine

---

[129] Vgl. bereits zum EuGVÜ *Kropholler* in Hdb. IZVR I, Kap. III, Rn. 647. Vgl. auch *Hau* in FS für Kaissis, S. 355, 364, die Gefahr von Anerkennungslücken sei auch für den innereuropäischen Rechtsverkehr noch längst nicht vollständig gebannt. Vgl. ferner die Bemerkung von *Geimer* in Geimer/Schütze, EuZVR, Art. 5 EuGVVO Rn. 7, Art. 45 EuGVVO Rn. 340, die Verfasser der Verordnung hätten die kompetenzrechtlichen Folgen der Nichtanerkennung einer Entscheidung aus einem anderen Mitgliedstaat übersehen (ähnlich auch *Geimer* in Geimer/Schütze, EuZVR, Einl. EuGVVO Rn. 97; *ders.* in Zöller, ZPO, Art. 39 EuGVVO Rn. 3).

[130] Vgl. *Bonomi* in Bonomi/Wautelet, Le droit européen des successions, Art. 11 Rn. 6; *Gaudemet-Tallon/Ancel*, Compétence et execution des jugements en Europe, S. 120 Rn. 84; *Kübler-Wachendorff*, Das forum necessitatis, S. 218; *Rossolillo*, CDT (März 2010), 403, 416; *Somarakis*, YbPIL 19 (2017/2018), 555, 566. Vgl. auch *Ubertazzi*, Exclusive Jurisdiction, S. 259.

[131] So auch *Hau* in FS für Kaissis, S. 355, 364; *Seyfarth*, Wandel der internationalen Zuständigkeit, S. 149 Fn. 495; *Wurmnest* in BeckOGK, Art. 7 EU-UnterhaltsVO Rn. 27.

[132] Siehe auch *Kübler-Wachendorff*, Das forum necessitatis, S. 218, im Vergleich zu einem Stillstand der Rechtspflege sei es wahrscheinlicher, dass im innereuropäischen Rechtsverkehr eine Anerkennungslücke entstehe.

[133] Eine Studie zur Anwendung der Brüssel I-VO kam zu dem Ergebnis, dass in ein bis fünf Prozent aller Entscheidungen ein Rechtsbehelf gegen die Vollstreckbarerklärung eingelegt wurde (*Hess* in Hess/Pfeiffer/Schlosser, The Heidelberg Report, Rn. 447).

[134] Dies gilt insbesondere im Anwendungsbereich der EuErbVO, da diese Verordnung im Gegensatz zur Brüssel Ia-VO keine Vielzahl von konkurrierenden Zuständigkeiten zwischen den Mitgliedstaaten enthält, sondern maßgeblich auf den letzten gewöhnlichen Aufenthalt des Erblassers abstellt (siehe *Seyfarth*, Wandel der internationalen Zuständigkeit, S. 150).

[135] Zum Beispiel wurde das EuGVÜ nach *Jenard*, Bericht zu dem Übereinkommen vom 27. September 1986 über die gerichtliche Zuständigkeit und die Vollstreckung gerichtlicher Entscheidungen in Zivil- und Handelssachen, ABl.EG 1979 Nr. C 59, S. 1, 7, bewusst so konzipiert, dass zwischen den Mitgliedstaaten auf einige als exorbitant bezeichnete Zuständigkeitsregeln verzichtet werden konnte.

Zuständigkeit, die vergleichbar mit dem exorbitanten Vermögensgerichtsstand des § 23 ZPO im autonomen deutschen Recht eine Notzuständigkeit häufig entbehrlich macht. Mithin stellt die Zuständigkeitslücke in diesen Konstellationen ein konzeptionelles Problem des Europäischen Zivilverfahrensrechts dar. Diesem Umstand sollte *de lege ferenda* mit einer ausdrücklichen und eigenständigen Notzuständigkeit für die Anerkennungslücke begegnet werden. Es ist insoweit nicht erforderlich, eine allgemeine und unbestimmte Notzuständigkeit für Unionssachverhalte einzuführen, die möglichst viele Zufälligkeiten und Ausnahmefälle abdeckt. Vielmehr kann und sollte die besondere Zuständigkeit für die Anerkennungslücke systematisch bei den Anerkennungsvorschriften erfolgen. Denn die Anerkennungslücke knüpft gerade daran an, dass die Entscheidung eines Mitgliedstaats in einem anderen Mitgliedstaat versagt wird.

Inhaltlich sollte die künftige Vorschrift zuerst voraussetzen, dass die Entscheidung eines Mitgliedstaats in dem um Anerkennung ersuchten Mitgliedstaat nicht anerkannt wird. Dabei ist erforderlich, dass die Entscheidung in dem anderen Mitgliedstaat bereits ergangen ist. Die voraussichtliche Nichtanerkennung einer noch nicht ergangenen Entscheidung genügt demgegenüber nicht, da dies dem Grundsatz des gegenseitigen Vertrauens widerspräche[136]. Weiterhin setzt die Anerkennungslücke voraus, dass dem um Anerkennung ersuchten Mitgliedstaat nach dem jeweiligen Rechtsakt keine eigene internationale Entscheidungszuständigkeit zusteht. Darüber hinaus darf aber auch kein anderer Mitgliedstaat international zuständig sein, in dem ein erneutes Erkenntnisverfahren durchgeführt werden könnte[137]. Denn in diesen Konstellationen ist keine Notzuständigkeit erforderlich, da das Verfahren in dem anderen Mitgliedstaat erneut durchgeführt und diese Entscheidung anerkannt werden könnte. Dies setzt allerdings voraus, dass die Entscheidung des zuerst angerufenen Mitgliedstaats in dem anderen Mitgliedstaat ebenfalls nicht anerkannt werden kann. Andernfalls scheiterte die Verfahrensführung in diesem Staat bereits an der entgegenstehenden Rechtskraft der erststaatlichen Entscheidung.

Als zweite Voraussetzung sollte die künftige Regelung vorsehen, dass der Rechtssuchende ein Interesse an einer Entscheidung gerade in dem um Anerkennung ersuchten Mitgliedstaat hat[138]. Als Orientierungsgrundlage kann insoweit die Vorschrift zur Notzuständigkeit herangezogen werden, die im Kommissionsentwurf zur Reform der Brüssel I-VO von 2010 vorgesehen war[139]. Diese Vorschrift setzte voraus, dass „eine Anerkennung und Vollstreckung für

---
[136] Vgl. auch *Pfeiffer*, Internationale Zuständigkeit, S. 764 f.
[137] Vgl. auch *Geimer* in FS für Kralik, S. 179, 187; *ders.* in Geimer/Schütze, EuZVR, Art. 5 EuGVVO Rn. 8; *Hau* in FS für Kaissis, S. 355, 364.
[138] Vgl. dazu bereits *de lege lata Kropholler* in Hdb. IZVR I, Kap. III, Rn. 647.
[139] KOM (2010) 748 endg., S. 36 (Art. 26 lit. b).

die Rechte des Klägers notwendig wären"[140]. Von dieser Regelung sollten zwar nur Anerkennungslücken erfasst sein, die aus der Nichtanerkennung einer drittstaatlichen Entscheidung resultierten[141]. Gleichwohl kann diese Voraussetzung ganz allgemein auf die Notzuständigkeit infolge einer Anerkennungslücke übertragen werden. Denn eine Notzuständigkeit ist auch in reinen Unionssachverhalten nur erforderlich, soweit der Rechtssuchende der Anerkennung oder Vollstreckung in einem anderen Mitgliedstaat bedarf. Davon ist jedenfalls auszugehen, wenn eine Notzuständigkeit erforderlich ist, um auf im Inland belegenes Vermögen zuzugreifen, das zur Befriedigung des Rechtssuchenden notwendig ist[142]. In diesen Fällen ist aufgrund der Vermögensbelegenheit stets ein ausreichender Bezug zu dem Mitgliedstaat vorhanden. Es genügt aber auch, dass der Rechtssuchende in dem Mitgliedstaat lediglich die Anerkennung einer Entscheidung erreichen will, ohne dass es ihm auf eine Vollstreckung ankäme. In diesen Konstellationen ist zusätzlich erforderlich, dass der Sachverhalt einen ausreichenden Bezug zu dem angerufenen Mitgliedstaat aufweist. Dieses Kriterium ist von den geschriebenen Notzuständigkeiten bereits bekannt und kann im vorliegenden Zusammenhang entsprechend ausgelegt werden.

3. Keine Kodifizierung einer allgemeinen Notzuständigkeit für sonstige Anwendungsfälle

Die Frage, ob eine allgemeine Notzuständigkeit kodifiziert werden sollte, ist in Unionssachverhalten anders zu beurteilen als in Drittstaatensachverhalten oder im autonomen deutschen Zuständigkeitsrecht. Denn die typischen Konstellationen der Notzuständigkeit treten fast ausschließlich im Verhältnis zu Drittstaaten auf: So ist eine Notzuständigkeit regelmäßig erforderlich, soweit das in- und ausländische Zuständigkeitsrecht nicht aufeinander abgestimmt ist, ein ausländisches Verfahren an rechtsstaatlichen Defiziten leidet oder im Ausland tatsächliche Rechtsverfolgungsschwierigkeiten – zum Beispiel durch kriegerische Handlungen – bestehen. In Bezug auf europäische Unionssachverhalte werden diese potenziellen Rechtsschutzlücken bereits konzeptionell weitgehend ausgeschlossen. Zum einen wird die internationale Zuständigkeit für Zivilverfahren unter den Mitgliedstaaten nach unionsweit einheitlichen Maßstäben verteilt[143].

---

[140] KOM (2010) 748 endg., S. 36 (Art. 26 lit. b).
[141] Siehe KOM (2010) 748 endg., S. 36 (Art. 26 lit. b).
[142] Vgl. zu den geschriebenen Notzuständigkeiten für Drittstaatensachverhalte auch *Hausmann*, Internationales und Europäisches Familienrecht, B Rn. 170, C Rn. 203; *Lipp* in MünchKommFamFG, Art. 7 EG-UntVO Rn. 6; *Mayer* in MünchKommFamFG, Art. 11 EU-EheGüVO Rn. 6.
[143] Damit nähert sich Zuständigkeitsverteilung in Unionssachverhalten deutlich der Zuständigkeitsverteilung in rein nationalen Sachverhalten an (vgl. auch *Bachmann*, Universali-

Insoweit soll durch das Europäische Zivilverfahrensrecht gerade ein lückenloses Zuständigkeitsregime geschaffen werden[144]. Zum anderen ist es das Ziel der Europäischen Union, einen Raum der Freiheit, der Sicherheit und des Rechts ohne Binnengrenzen zu schaffen[145]. Dies setzt zivilverfahrensrechtlich voraus, dass innerhalb der Union auf die Rechtspflege und ordnungsgemäße Rechtsanwendung vertraut wird[146], sodass alle Mitgliedstaaten einen gleichwertigen und effektiven Rechtsschutz bieten[147]. Demnach sind tatsächliche Hindernisse oder rechtsstaatliche Defizite in mitgliedstaatlichen Zivilverfahren grundsätzlich nicht zu erwarten.

Aus dem Vorhaben, ein lückenloses Zuständigkeitsregime für Unionssachverhalte zu schaffen, folgt zudem, dass vorrangig alle konzeptionellen Zuständigkeitslücken zu schließen sind, bevor auf eine allgemeine Notzuständigkeit zurückgegriffen werden kann. Daher sind negative internationale Kompetenzkonflikte künftig zu vermeiden, indem eine bindende Verweisungsmöglichkeit zwischen den Mitgliedstaaten eingeführt wird und anstelle der bisherigen Wohnsitzanknüpfung im Anwendungsbereich der Brüssel Ia-VO eine verordnungsautonome Lösung gefunden wird. Darüber hinaus ist auch Anerkennungslücken durch eine spezifisch auf diese Konstellationen zugeschnittene Notzuständigkeit zu begegnen. Denn diese Zuständigkeitslücken folgen ebenfalls aus der Konzeption des Europäischen Zivilverfahrensrechts, welches die Nichtanerkennung der Entscheidung aus einem anderen Mitgliedstaat ermöglicht.

Mithin verbleibt in Unionssachverhalten nur ein sehr geringer Anwendungsbereich für eine allgemeine Notzuständigkeit. Dieser umfasst Rechtsschutzlücken, die selbst bei bestmöglicher Zuständigkeitskonzeption nicht gänzlich ausgeschlossen werden können. So können theoretisch auch in Unionssachverhalten zufällige Ereignisse dazu führen, dass ein Verfahren in einem Mitgliedstaat tatsächlich unmöglich ist[148]. Zudem ist das Prozess- und Sachrecht der Mit-

---

sierung des Europäischen Zivilverfahrensrechts, S. 18; *Seyfarth*, Wandel der internationalen Zuständigkeit, S. 149).

[144] Bereits zum EuGVÜ *Kropholler* in Hdb. IZVR I, Kap. III, Rn. 647; *Othenin-Girard*, SZIER 1999, 251, 267; *Pfeiffer*, Internationale Zuständigkeit, S. 469. Vgl. auch *Rossolillo*, CDT (März 2010), 403, 415 f.

[145] Art. 3 Abs. 2 EUV.

[146] *M. Weller*, JPIL 11 (2015), 64, 74.

[147] Vgl. EuGH, Urt. v. 22.12.2010, Rs. C-491/10 PPU, ECLI:EU:C:2010:828, Rn. 70 – Aguirre Zarraga; *Rossolillo*, CDT (März 2010), 403, 416.

[148] Vgl. *Bonomi* in Bonomi/Wautelet, Le droit européen des successions, Art. 11 Rn. 6; *Eichel*, RabelsZ 85 (2021), 76, 99; *Gaudemet-Tallon/Ancel*, Compétence et execution des jugements en Europe, S. 120 Rn. 84; *Kübler-Wachendorff*, Das forum necessitatis, S. 218; *Rossolillo*, CDT (März 2010), 403, 416; *Somarakis*, YbPIL 19 (2017/2018), 555, 566. Vgl. auch *Ubertazzi*, Exclusive Jurisdiction, S. 259.

gliedstaaten nur punktuell vereinheitlicht. Daher ist es prinzipiell denkbar, dass sich manche Rechtsschutzbegehren in anderen Mitgliedstaaten nicht durchsetzen lassen, weil ein Rechtsinstitut dem angerufenen Mitgliedstaat unbekannt ist und somit auch kein Verfahren dafür vorgesehen ist[149]. So konnte zum Beispiel in Malta zunächst keine Ehe geschieden werden, da das maltesische Recht bis 2011 keine Möglichkeit zur Ehescheidung vorsah[150]. Insgesamt ist das Bedürfnis jedoch so gering, dass eine allgemeine Notzuständigkeit für Unionssachverhalte *de lege ferenda* nicht kodifiziert werden sollte[151]. Vielmehr genügt in den verbleibenden Konstellationen die Möglichkeit, eine ungeschriebene Notzuständigkeit zu eröffnen[152]. Denn dem Gebot der Zuständigkeitsklarheit wird bereits dadurch entsprochen, dass die ungeschriebene Notzuständigkeit für Unionssachverhalte weitgehend an den geschriebenen Notzuständigkeiten für Drittstaatensachverhalte orientiert werden kann[153]. Somit könnte durch eine geschriebene Notzuständigkeit für Unionssachverhalte von vornherein kein spürbarer Vereinheitlichungseffekt erzielt werden. Demgegenüber liefe eine Kodifizierung der Notzuständigkeit Gefahr, das Vertrauen infrage zu stellen, welches sich die Mitgliedstaaten in Bezug auf die Rechtspflege und ordnungsgemäße Rechtsanwendung gegenseitig entgegenbringen.

III. Ergebnis

Um Konstellationen drohender Rechtsverweigerung zu vermeiden, sollte *de lege ferenda* zunächst eine bindende Verweisungsmöglichkeit zwischen den Mitgliedstaaten eingeführt werden. Darüber hinaus sollte die bislang unvereinheitlichte Wohnsitzanknüpfung im Anwendungsbereich der Brüssel Ia-VO durch einen verordnungsautonom zu bestimmenden Anknüpfungspunkt ersetzt

---

[149] Vgl. dazu *Rossolillo*, CDT (März 2010), 403, 417 f.

[150] Vgl. Gerechtshof Den Haag, 21.12.2005 – 211-H-05, Rn. 6; *Ibili*, Gewogen rechtsmacht in het IPR, S. 145.

[151] Demgegenüber sei nach *Hau* in FS für Kaissis, S. 355, 366, wünschenswert, dass sich der Verordnungsgeber irgendwann der bislang ungeschriebenen Notzuständigkeit annehme. Allerdings trifft er diese Aussage vor dem Hintergrund der Gefahr von Anerkennungslücken und negativen internationalen Kompetenzkonflikten, die nach der vorliegenden Konzeption bereits anderweitig verhindert würden. Für eine Ausweitung der geschriebenen Notzuständigkeit für Drittstaatensachverhalte in Art. 11 EuErbVO auch auf Unionssachverhalte *Panopoulos* in Pamboukis, EU Succession Regulation, Art. 11 Rn. 5.

[152] Dazu oben unter § 12 B–C (S. 286 ff.).

[153] Im Ergebnis ebenfalls für eine Orientierung an den geschriebenen Notzuständigkeiten *Eicher*, Rechtsverwirklichungschancen, S. 273 f.; *Kübler-Wachendorff*, Das forum necessitatis, S. 220; *Lukas*, Die Person mit unbekanntem Aufenthalt, S. 606 ff.; *Somarakis*, YbPIL 19 (2017/2018), 555, 566; *Wurmnest* in BeckOGK, Art. 7 EU-UnterhaltsVO Rn. 25. Vgl. auch *J. Weber*, RabelsZ 75 (2011), 619, 641.

werden. Ferner sollte für die Scheidung gleichgeschlechtlicher Ehen eine besondere (Not-)Zuständigkeit geschaffen werden.

Den verbleibenden Anwendungsfällen der Notzuständigkeit sollte damit begegnet werden, dass eine spezifische und ausdrückliche Notzuständigkeit für Anerkennungslücken vorgesehen wird. Demgegenüber ist es nicht erforderlich, eine allgemeine Notzuständigkeit für Unionssachverhalte zu kodifizieren.

§ 16 Autonomes deutsches Recht

Im autonomen deutschen Zuständigkeitsrecht ist die Notzuständigkeit bislang nicht ausdrücklich geregelt. Daher stellt sich die Frage, ob künftig eine geschriebene Notzuständigkeit vorgesehen werden sollte.

A. Kodifizierung der Notzuständigkeit

I. Eigenständige Bedeutung des autonomen Zuständigkeitsrechts trotz fortschreitender Europäisierung

Die Kodifizierung der Notzuständigkeit ist nur sinnvoll, sofern dem autonomen Zuständigkeitsrecht überhaupt noch ein eigenständiger und relevanter Anwendungsbereich neben dem Europäischen Zivilverfahrensrecht zukommt. Denn die autonomen Zuständigkeitsvorschriften werden durch die fortschreitende Europäisierung des Zuständigkeitsrechts zunehmend verdrängt[1]. So hat das autonome Zuständigkeitsrecht im Anwendungsbereich der Rechtsakte, die ein abschließendes Zuständigkeitsregime enthalten, nahezu keine Bedeutung mehr. Vielmehr werden in diesen Verordnungen auch Drittstaatensachverhalte abschließend geregelt, sodass grundsätzlich kein Rückgriff auf das autonome Zuständigkeitsrecht möglich ist[2]. Lediglich einstweilige Maßnahmen können ausnahmsweise auf das autonome Zuständigkeitsrecht eines Mitgliedstaats gestützt werden[3]. Davon abgesehen sind die autonomen Zuständigkeitsvorschrif-

---

[1] Vgl. *Bachmann*, Universalisierung des Europäischen Zivilverfahrensrechts, S. 40; *Linke/Hau*, IZVR, Rn. 4.63; *Rösler*, ZVglRWiss 115 (2016), 533, 536; *Smid/S. Hartmann* in Wieczorek/Schütze, ZPO, Vor §§ 12–37 Rn. 61. Zum zunehmenden Bedeutungsverlust des autonomen Zuständigkeitsrechts *Kern*, ZZP 120 (2007), 31, 34 f.; *Roth* in Roth, Europäisierung des Rechts, S. 163, 170 ff., 181. Vgl. auch *Hau* in FS für von Hoffmann, S. 617. Siehe ferner *Heinze*, JZ 2011, 709, 711, der allerdings noch von der geplanten Ausweitung der Brüssel I-VO auch auf Drittstaatensachverhalte ausging, die sich indes nicht durchgesetzt hat.

[2] Vgl. zum Beispiel für die EuUntVO *Biagioni*, CDT (März 2012), 20, 26; *Hau* in FS für von Hoffmann, S. 617, 622.

[3] Siehe Artt. 14 EuUntVO, 19 EuErbVO, 19 EuGüVO/EuPartVO; *Hau* in Prütting/Helms, FamFG, Vor §§ 98–106 Rn. 17.

ten nur außerhalb des sachlichen Anwendungsbereichs der jeweiligen Verordnung anzuwenden[4]. Deutlich relevanter ist das autonome Zuständigkeitsrecht demgegenüber im Anwendungsbereich der Verordnungen, die kein abschließendes Zuständigkeitsregime enthalten[5]. So verweist insbesondere[6] die Brüssel Ia-VO für eine Vielzahl von Drittstaatensachverhalten auf das autonome Zuständigkeitsrecht: Sofern der Beklagte keinen Wohnsitz im Hoheitsgebiet eines Mitgliedstaats hat, ist nach Art. 6 Abs. 1 Brüssel Ia-VO grundsätzlich das autonome Zuständigkeitsrecht des angerufenen Mitgliedstaats maßgebend.

Mithin verbleibt den autonomen Zuständigkeitsvorschriften gegenwärtig ein eigenständiger und relevanter Anwendungsbereich. Zwar wäre es wünschenswert, künftig auch die Zuständigkeitsregime der Brüssel-Verordnungen auf sämtliche Drittstaatensachverhalte zu erstrecken[7] und damit die Bedeutung des autonomen Zuständigkeitsrechts deutlich zu verringern. Dass die Verordnungen in Zukunft universalisiert werden, ist aber sehr zweifelhaft[8]. Zudem befindet sich das Europäische Zivilverfahrensrecht zurzeit in einer Konsolidierungsphase, in der vor allem bereits bestehende Rechtsakte evaluiert und verbessert werden sollen[9]. Vor diesem Hintergrund ist der Zeitpunkt günstig, um auch das autonome deutsche Zuständigkeitsrecht zu konsolidieren, zu modernisieren und gegebenenfalls an das europäische Zuständigkeitsrecht anzupassen. Denn aufgrund seines zunehmenden Bedeutungsverlustes blieb das autonome Zuständigkeitsrecht von Reformen des Zivilprozessrechts weitgehend unberührt[10].

---

[4] Allgemein dazu *Bachmann*, Universalisierung des Europäischen Zivilverfahrensrechts, S. 40.

[5] Vgl. auch *Marongiu Buonaiuti* in Franzina, The External Dimension of EU Private International Law, S. 211, 214; *Roth* in Stein/Jonas, ZPO, vor § 12 Rn. 26, 32; *M. Stürner/Pförtner*, GPR 2019, 222, 223.

[6] Vgl. in diesem Zusammenhang die Bemerkung von *Geimer* in Geimer/Schütze, EuZVR, Einl. EuGVVO Rn. 74, es sei zu konstatieren, dass die Schnittmenge der dem autonomen nationalen Recht überlassenen Restzuständigkeiten nach Art. 7 Brüssel IIa-VO wesentlich kleiner sei als die nach Art. 6 Brüssel Ia-VO.

[7] Siehe bereits oben unter § 15 A II 2 a (S. 412 ff.).

[8] Vgl. *Augenstein/Jägers* in Álvarez Rubio/Yiannibas, Human Rights in Business, S. 7, 22; *Bidell*, Zuständigkeiten der EuGVO, S. 303; *Domej* in von Hein/Rühl, Kohärenz im Internationalen Privat- und Verfahrensrecht, S. 90, 95; *Fawcett/Ní Shúilleabháin/Shah*, Human Rights and Private International Law, Rn. 4.129; *Hess*, EuZPR, Rn. 5.25.

[9] Siehe *Hess*, EuZPR, Rn. 1.9, 14.1.

[10] Auf den Zusammenhang zwischen Europäisierung und mangelnder Reformbereitschaft anhand der Brüssel Ia-VO hinweisend *Sonnentag*, Die Konsequenzen des Brexits, S. 110.

II. Möglichkeit der Kodifizierung

Eine geschriebene Notzuständigkeit könnte ohne Weiteres in das autonome deutsche Zuständigkeitsrecht eingefügt werden. Im Anwendungsbereich des FamFG ist die internationale Zuständigkeit bereits ausdrücklich und zusammenhängend geregelt[11]. Diese Vorschriften müssten lediglich um eine weitere Vorschrift zur Notzuständigkeit ergänzt werden. Demgegenüber ist die internationale Zuständigkeit in der ZPO zwar nicht ausdrücklich geregelt[12]. Vielmehr gilt insoweit der ungeschriebene Grundsatz, dass die Vorschriften über die örtliche Zuständigkeit doppelfunktional auch die internationale Zuständigkeit bestimmen[13]. Dennoch könnte eine geschriebene Notzuständigkeit isoliert in die ZPO eingefügt werden, ohne dass die Zuständigkeitskonzeption angepasst werden müsste. Dies zeigt bereits ein Blick nach Österreich: Im autonomen österreichischen Zuständigkeitsrecht ist die internationale Zuständigkeit nur punktuell vorgesehen[14]. Überwiegend gilt auch dort, dass die österreichischen Gerichte international zuständig sind, soweit eine örtliche Zuständigkeit gegeben ist[15]. Gleichwohl enthält die österreichische Rechtsordnung eine geschriebene Notzuständigkeit[16].

Darüber hinaus wäre eine geschriebene Notzuständigkeit auch kein Fremdkörper im autonomen deutschen Zuständigkeitsrecht. Vielmehr enthält das VerschG bereits eine spezialgesetzliche Zuständigkeitsvorschrift, die sämtliche Merkmale einer Notzuständigkeit aufweist[17].

III. Meinungsstand zur Kodifizierung der Notzuständigkeit

1. Ablehnung einer geschriebenen Notzuständigkeit

Nach einem Teil der Literatur solle eine geschriebene Notzuständigkeit in das autonome deutsche Zuständigkeitsrecht nicht aufgenommen werden[18]. Dabei

---

[11] Siehe §§ 98 ff. FamFG.
[12] Vgl. nur *Schack*, IZVR, Rn. 288.
[13] RG, Urt. v. 14.11.1929, RGZ 126, 196, 199; BGH, Beschl. v. 14.6.1965, BGHZ 44, 46 f.; BGH, Urt. v. 18.1.2011, BGHZ 188, 85, 88, 89; *Kralik*, ZZP 74 (1961), 2, 26; *Kropholler* in Hdb. IZVR I, Kap. III, Rn. 30; *Schack*, IZVR, Rn. 288.
[14] Vgl. *Mayr*, JBl. 2001, 144, 152; *Simotta* in FS für Schütze, S. 831 ff.
[15] § 27a Abs. 1 JN.
[16] § 28 Abs. 1 Nr. 2 JN (abgedruckt oben in § 3 Fn. 163).
[17] § 12 Abs. 2 VerschG. Siehe dazu oben unter § 13 A II 3 (S. 315 f.).
[18] Vgl. *Geimer*, JZ 1984, 979, 980; *Stadler/Klöpfer*, ZEuP 2015, 732, 751; die Normierung einer Notzuständigkeit jedenfalls für Klagen wegen Menschenrechtsverletzungen ablehnend *M. Stürner* in Krajewski/Oehm/Saage-Maß, Unternehmensverantwortung für Menschenrechtsverletzungen, S. 73, 89; vgl. zudem Bericht der Kommission für das Zivilprozeßrecht, S. 73. Kritsch auch *Schack*, JZ 1992, 54, 55; *ders.*, IZVR, Rn. 404. Kritisch in Bezug auf die

ist der wesentliche Kritikpunkt, dass eine geschriebene Notzuständigkeit zu erheblicher Rechtsunsicherheit führe[19]. So begegne die Notzuständigkeit kaum zu überwindenden Definitionsschwierigkeiten[20]. Daher müsse sich die Kodifizierung der Notzuständigkeit in schwammigen und völlig unbestimmten Rechtsbegriffen erschöpfen[21]. Zudem bestehe kein tatsächliches Bedürfnis für eine Notzuständigkeit, da unzureichende Rechtsschutzstandards im Ausland eine absolute Ausnahme darstellten[22]. Darüber hinaus provoziere eine Vorschrift zur Notzuständigkeit langwierige Streitigkeiten über die internationale Zuständigkeit[23]. Denn eine entsprechende Regelung müsse erst durch Kasuistik ausgefüllt werden[24]. Ferner bestehe bei einer zu großzügigen Auslegung der Notzuständigkeit die Gefahr, einen exorbitanten Zuständigkeitsgrund zu schaffen und *forum shopping* zu fördern[25]. Weiterhin schaffe die Normierung der

---

geschriebenen Notzuständigkeiten, die in das EuZVR eingeführt wurden bzw. eingeführt werden sollten, ferner BR-Drs. 833/10 (Beschluss), S. 4 Nr. 10; Ratsdokument Nr. 13730/11 v. 2.9.2011, S. 9 (Stellungnahme der deutschen Delegation zu einem Entwurf der EuErbVO); Ratsdokument Nr. 17792/11 ADD 9 v. 16.1.2012, S. 9 (Stellungnahme der deutschen Delegation zu einem Entwurf der EuGüVO/EuPartVO); *Dickinson*, YbPIL 12 (2010), 247, 280; *Fentiman*, Cambridge Yearbook of European Legal Studies 13 (2011), 65, 73 f.; *Gillies*, JPIL 8 (2012), 489, 505 ff.; *Luzzatto* in Pocar/Viarengo/Villata, Recasting Brussels I, S. 111, 115; *Magnus/Mankowski*, ZVglRWiss 109 (2010), 1, 9; *dies.*, ZVglRWiss 110 (2011), 252, 268 f.; Max Planck Institute for Comparative and International Private Law, RabelsZ 74 (2010), 522, 584.

[19] Vgl. Bericht der Kommission für das Zivilprozeßrecht, S. 73; *Geimer*, JZ 1984, 979, 980; *Schack*, JZ 1992, 54, 55; *ders.*, IZVR, Rn. 404; *Stadler/Klöpfer*, ZEuP 2015, 732, 751; *M. Stürner* in Krajewski/Oehm/Saage-Maß, Unternehmensverantwortung für Menschenrechtsverletzungen, S. 73, 87. Vgl. zum EuZVR auch BR-Drs. 833/10 (Beschluss), S. 4 Nr. 10; *Dickinson*, YbPIL 12 (2010), 247, 280; *Fentiman*, Cambridge Yearbook of European Legal Studies 13 (2011), 65, 74. Vgl. ferner *Schütze* in FS für Ishikawa, S. 493, 501; *ders.*, Deutsches Internationales Zivilprozessrecht, Rn. 163, wenngleich sich *ders.* in FS für Rechberger, S. 567, 568; *ders.* in Geimer/Schütze, EuZVR, E 1. Deutschland Rn. 34 Fn. 59, für eine geschriebene Notzuständigkeit ausspricht.

[20] Bericht der Kommission für das Zivilprozeßrecht, S. 73. Vgl. auch *Geimer* in FS für Simotta, S. 163, 170; *Magnus/Mankowski*, ZVglRWiss 109 (2010), 1, 9; *dies.*, ZVglRWiss 110 (2011), 252, 268; *Takahashi*, JPIL 8 (2012), 1, 6.

[21] *Stadler/Klöpfer*, ZEuP 2015, 732, 751. Vgl. auch *Geimer*, JZ 1984, 979, 980; *Schack*, JZ 1992, 54, 55; *ders.*, IZVR, Rn. 404; *M. Stürner* in Krajewski/Oehm/Saage-Maß, Unternehmensverantwortung für Menschenrechtsverletzungen, S. 73, 87.

[22] *Stadler/Klöpfer*, ZEuP 2015, 732, 751 f.

[23] Vgl. *Geimer*, JZ 1984, 979, 980; Max Planck Institute for Comparative and International Private Law, RabelsZ 74 (2010), 522, 584.

[24] *Geimer*, JZ 1984, 979, 980.

[25] Vgl. Ratsdokument Nr. 17792/11 ADD 9 v. 16.1.2012, S. 9 (Stellungnahme der deutschen Delegation zu einem Entwurf der EuGüVO/EuPartVO); *Fentiman*, Cambridge Yearbook of European Legal Studies 13 (2011), 65, 74; *M. Stürner* in Krajewski/Oehm/Saage-Maß, Unternehmensverantwortung für Menschenrechtsverletzungen, S. 73, 87.

Notzuständigkeit möglicherweise nicht gewollte Klageanreize im Inland[26]. Überdies sei es nur sehr schwer möglich, die Voraussetzungen der Notzuständigkeit nachzuweisen[27]. Dies gelänge allenfalls mittels eines aufwändigen Sachverständigengutachtens[28]. Des Weiteren bestehe die Gefahr, durch die Notzuständigkeit wirtschaftlich wertlose Titel zu generieren[29]. Denn diese Entscheidungen seien außerhalb der EU und insbesondere in dem Staat, bezüglich dessen rechtsstaatswidrige Zustände angenommen würden, voraussichtlich nicht anerkennungsfähig und vollstreckbar[30]. Schließlich müsse im Rahmen der Notzuständigkeit die sensible und unangenehme Frage beantwortet werden, ob ein ausländischer Staat zum Rechtsschutz geeignet sei[31]. Ein negatives Werturteil könne insoweit zu diplomatischen Verstimmungen führen[32].

2. Aufnahme einer geschriebenen Notzuständigkeit

Nach einem anderen Teil der Literatur solle eine geschriebene Notzuständigkeit in das autonome deutsche Zuständigkeitsrecht aufgenommen werden[33]. Dies

---

[26] *M. Stürner* in Krajewski/Oehm/Saage-Maß, Unternehmensverantwortung für Menschenrechtsverletzungen, S. 73, 87.
[27] BR-Drs. 833/10 (Beschluss), S. 4 Nr. 10.
[28] BR-Drs. 833/10 (Beschluss), S. 4 Nr. 10.
[29] *Stadler/Klöpfer*, ZEuP 2015, 732, 752.
[30] *Stadler/Klöpfer*, ZEuP 2015, 732, 752. Vgl. auch BR-Drs. 833/10 (Beschluss), S. 4 Nr. 10; Ratsdokument Nr. 13730/11 v. 2.9.2011, S. 9 (Stellungnahme der deutschen Delegation zu einem Entwurf der EuErbVO); Ratsdokument Nr. 17792/11 ADD 9 v. 16.1.2012, S. 9 (Stellungnahme der deutschen Delegation zu einem Entwurf der EuGüVO/EuPartVO); *Magnus/Mankowski*, ZVglRWiss 109 (2010), 1, 9; *dies.*, ZVglRWiss 110 (2011), 252, 269.
[31] Vgl. Ratsdokument Nr. 17792/11 ADD 9 v. 16.1.2012, S. 9 (Stellungnahme der deutschen Delegation zu einem Entwurf der EuGüVO/EuPartVO); *Dickinson*, YbPIL 12 (2010), 247, 280; *Luzzatto* in Pocar/Viarengo/Villata, Recasting Brussels I, S. 111, 115.
[32] Ratsdokument Nr. 17792/11 ADD 9 v. 16.1.2012, S. 9 (Stellungnahme der deutschen Delegation zu einem Entwurf der EuGüVO/EuPartVO). Vgl. auch *Dickinson*, YbPIL 12 (2010), 247, 280.
[33] Vgl. *Hau* in FS für von Hoffmann, S. 617, 628; *Kropholler* in Hdb. IZVR I, Kap. III, Rn. 194, 342; *Neuhaus/Kropholler*, RabelsZ 44 (1980), 326, 338; *Pfeiffer*, Internationale Zuständigkeit, S. 649; *M. Schulz*, Alien Tort Statute, S. 388; *Schütze* in FS für Rechberger, S. 567, 568; *ders.* in Geimer/Schütze, EuZVR, E 1. Deutschland Rn. 34 Fn. 59; vgl. auch *Haider*, Haftung von transnationalen Unternehmen und Staaten für Menschenrechtsverletzungen, S. 297, 299. Für eine geschriebene Notzuständigkeit bei Menschenrechtsverstößen im Ausland vgl. z.B. Antrag der Fraktion Die Linke v. 4.5.2021, BT-Drs. 19/29279, S. 4 Nr. 8; Antrag der Fraktion Bündnis 90/Die Grünen v. 18.12.2019, BT-Drs. 19/16061, S. 7. Für die Aufnahme einer geschriebenen Notzuständigkeit in Rechtsakte des EuZVR *Kindler*, IPRax 2010, 44, 46; *Lübcke*, Das neue europäische Internationale Nachlassverfahrensrecht, S. 447; *Seyfarth*, Wandel der internationalen Zuständigkeit, S. 152.

diene insbesondere der Rechtssicherheit[34]. Denn im Vergleich zur bisherigen Rechtslage ohne Regelung erhöhe es die Zuständigkeitsklarheit, wenn die Voraussetzungen der Notzuständigkeit gesetzlich festgelegt würden[35]. Darüber hinaus lade eine gesetzlich nicht fixierte Notzuständigkeit nicht weniger zu langwierigen Streitigkeiten über die internationale Zuständigkeit ein als eine ausdrückliche Regelung mit unbestimmten Rechtsbegriffen[36]. Ferner könne durch die geschriebene Notzuständigkeit verhindert werden, dass die Gerichte die Möglichkeit einer Notzuständigkeit ganz übersehen[37]. Schließlich wird für die Kodifizierung angeführt, dass man mit den gesetzlich normierten Notzuständigkeiten zum Beispiel in der Schweiz und in Österreich keine schlechten Erfahrungen gemacht habe[38].

IV. Stellungnahme

De lege ferenda sollte eine geschriebene Notzuständigkeit in das autonome Zuständigkeitsrecht aufgenommen werden.

Gegen einige Kritikpunkte gegenüber einer geschriebenen Notzuständigkeit spricht bereits, dass diese sich im Kern nicht gegen die *Normierung* der Notzuständigkeit, sondern die Notzuständigkeit selbst richten. So bestehen Nachweisschwierigkeiten und die Gefahr von wirtschaftlich wertlosen Titeln sowie außenpolitischen Verstimmungen auch, wenn eine ungeschriebene Notzuständigkeit ausgeübt wird. Allerdings ist es ein verfassungsrechtliches Gebot, dass in bestimmten Grenzfällen eine internationale Notzuständigkeit angenommen werden muss. Denn der Justizgewährungsanspruch des Rechtsuchenden verpflichtet jedenfalls zur Annahme internationaler Entscheidungszuständigkeit, wenn im Ausland kein (zumutbarer) Rechtsschutz erreichbar ist und ein hinreichender Bezug zum Inland besteht[39]. Davon abgesehen sind die Kritikpunkte auch inhaltlich nicht überzeugend. So ist der Nachweis mangelnder Rechtsschutzstandards im Ausland zwar nicht einfach, aber durchaus möglich. Insbesondere ein Stillstand der Rechtspflege kann regelmäßig bereits durch amtliche

---

[34] Siehe *Hau* in FS für von Hoffmann, S. 617, 628; *Kropholler* in Hdb. IZVR I, Kap. III, Rn. 194; *Seyfarth*, Wandel der internationalen Zuständigkeit, S. 152 Fn. 508. Vgl. in diesem Zusammenhang auch die Ansicht von *Pfeiffer*, Internationale Zuständigkeit, S. 649, dass sich eine Kodifikation deutscher internationaler Notzuständigkeit zur zusätzlichen Absicherung des Klägers empfehle.
[35] Vgl. *Hau* in FS für von Hoffmann, S. 617, 628; *Kropholler* in Hdb. IZVR I, Kap. III, Rn. 194; *Seyfarth*, Wandel der internationalen Zuständigkeit, S. 152 Fn. 508.
[36] *Lübcke*, Das neue europäische Internationale Nachlassverfahrensrecht, S. 447.
[37] *Kropholler* in Hdb. IZVR I, Kap. III, Rn. 194.
[38] *Hau* in FS für von Hoffmann, S. 617, 628.
[39] Dazu ausführlich oben unter § 9 A II 2 b bb (S. 149 ff.).

Auskunft des Auswärtigen Amts festgestellt werden[40]. Aber auch die Unzumutbarkeit eines ausländischen Verfahrens lässt sich zum Beispiel durch Berichte von in- oder ausländischen Behörden oder Nichtregierungsorganisationen nachweisen[41]. Zudem ist es gerade die Entscheidung des Rechtssuchenden, ob er eine Klage auch dann einreichen möchte, wenn ihm der Nachweis der Zuständigkeitsvoraussetzungen nicht sicher gelingen wird. Dieses Argument der Risikozuweisung an den Rechtssuchenden spricht ferner gegen den Kritikpunkt, dass die Notzuständigkeit wirtschaftlich wertlose Titel generiere. Zwar werden Entscheidungen, die auf einer Notzuständigkeit beruhen, in dem an sich zuständigen Staat voraussichtlich nicht anerkannt[42]. Es ist aber gerade die Aufgabe des Rechtssuchenden, diesen Umstand mit dem Einwand abzuwägen, dass im Ausland keine (zumutbare) Entscheidung ergehen kann[43]. Denn die Einleitung eines Zivilverfahrens setzt nicht voraus, dass die Entscheidung später auch tatsächlich vollstreckt werden kann[44]. Darüber hinaus kann eine im Inland ergangene Entscheidung regelmäßig zumindest in anderen EU-Mitgliedstaaten vollstreckt werden. Des Weiteren ist die Gefahr außenpolitischer Verstimmungen kein taugliches Argument gegen die geschriebene Notzuständigkeit. Denn der Justizgewährungsanspruch kann nicht beschränkt werden, weil die Zuständigkeitsausübung im Ausland unerwünscht ist[45]. Zudem wird die Qualität des ausländischen Rechtsschutzes im autonomen deutschen Internationalen Zivilverfahrensrecht auch an anderer Stelle bewertet: Im Rahmen der Prüfung des anerkennungsrechtlichen *ordre public* führt zum Beispiel die mangelnde Rechtsstaatlichkeit des ausländischen Verfahrens zur Nichtanerkennung der ausländischen Entscheidung[46].

Weiterhin überzeugen die verbleibenden Kritikpunkte, die konkret gegen die Kodifizierung der Notzuständigkeit vorgebracht werden, im Ergebnis nicht. So

---

[40] Vgl. BAG, Urt. v. 29.6.1978, NJW 1979, 1119, 1120 (Bürgerkrieg Libanon); LAG Frankfurt am Main, Urt. v. 10.6.1981, RIW 1982, 524 (Generalstreik Iran).

[41] Vgl. z.B. OGH, Beschl. v. 16.5.2002, 6 Nd 512/01; Gerechtshof Amsterdam, 23.7.2019 – C/13/630606/HA ZA 17-615, Rn. 3.22 ff.

[42] Siehe nur *Burgstaller/Neumayr* in FS für Schlosser, S. 119, 132.

[43] Vgl. Kamerstukken II 1999/2000, 26 855, Nr. 3, S. 43 (Memorie van Toelichting); *Ibili*, Gewogen rechtsmacht in het IPR, S. 111.

[44] Vgl. *Pichler*, Internationale Zuständigkeit, Rn. 401; *Schack*, IZVR, Rn. 263. Vgl. mit Blick auf das autonome österreichische IZVR auch *Czernich*, JBl. 2002, 613, 617; *Garber* in Fasching/Konecny, Kommentar zu den Zivilprozessgesetzen, § 28 JN Rn. 79.

[45] Vgl. in Bezug auf Art. 6 Abs. 1 EMRK Dissenting Opinion of Judge *Dedov*, S. 77, zu EGMR (Große Kammer), Urt. v. 15.3.2018, Nr. 51357/07 – Naït-Liman/Schweiz.

[46] Zur Prüfung des verfahrensrechtlichen *ordre public* vgl. *Laugwitz*, Anerkennung und Vollstreckung drittstaatlicher Entscheidungen, S. 252 ff.; *Nagel/Gottwald*, IZPR, Rn. 12.194 ff.; *Stadler* in Musielak/Voit, ZPO, § 328 Rn. 25a f.; Staudinger/*Spellenberg* (2016), § 109 FamFG Rn. 293 ff.

finden sich rechtsvergleichend keine Anhaltspunkte für die Befürchtung, dass durch eine geschriebene Notzuständigkeit ungewollte Klageanreize gesetzt würden. Vielmehr wird die geschriebene Notzuständigkeit selbst in den Niederlanden nur vereinzelt herangezogen, obwohl dort für bestimmte Verfahren sogar auf einen hinreichenden Inlandsbezug verzichtet wird[47]. Gleichzeitig ist es nicht notwendigerweise negativ zu bewerten, wenn Klageanreize im Inland geschaffen werden. Denn letztlich ist es eine Frage der rechtspolitischen Überzeugung, ob zum Beispiel Anreize für Menschenrechtsklagen im Inland gesetzt werden sollten oder nicht[48]. Darüber hinaus wird durch die Notzuständigkeit gerade kein exorbitanter Zuständigkeitsgrund geschaffen[49]. Vielmehr ist der Anwendungsbereich der Notzuständigkeit von vornherein auf Ausnahmefälle beschränkt, da eine drohende Rechtsverweigerung erforderlich ist. Zudem können und sollten die Voraussetzungen der Notzuständigkeit restriktiv ausgelegt werden. Ferner besteht auch ein tatsächliches Bedürfnis für die internationale Notzuständigkeit. Zwar ist dieses Bedürfnis von vornherein auf Ausnahmefälle beschränkt. Dennoch kommen solche Konstellationen rechtspraktisch vor, was sowohl Beispiele im autonomen deutschen Recht[50] als auch ein rechtsvergleichender Überblick[51] zeigen. Im deutschen Zuständigkeitsrecht folgt die Bedeutung der Notzuständigkeit insbesondere daraus, dass der Vermögensgerichtsstand des § 23 ZPO durch die ungeschriebene Voraussetzung eines hinreichenden Inlandsbezugs des Rechtsstreits begrenzt wird[52]. Sollte sich der Gesetzgeber dazu entscheiden, diesen exorbitanten Zuständigkeitsgrund weiter einzuschränken[53], würde der Anwendungsbereich der Notzuständigkeit umso größer. Schließlich überzeugt der wesentliche Kritikpunkt gegenüber einer Kodifizierung nicht, wonach eine geschriebene Notzuständigkeit infolge von Definitionsschwierigkeiten und unbestimmten Rechtsbegriffen zu erheblicher

---

[47] Vgl. *Ibili*, Gewogen rechtsmacht in het IPR, S. 113. Zwar weist *Ibili*, aaO., S. 109, darauf hin, dass eine Notzuständigkeit zum Teil auch in Fällen angeführt werde, für welche die geschriebene Notzuständigkeit offensichtlich nicht gedacht sei, um eine internationale Zuständigkeit niederländischer Gerichte zu begründen. Allerdings finden sich diese Behauptungen auch im geltenden deutschen IZVR, obgleich die Notzuständigkeit nicht ausdrücklich vorgesehen ist (siehe oben unter § 14 C III 1 (S. 367)).

[48] Gerade für einen solchen Anreiz z.B. Antrag der Fraktion Die Linke v. 4.5.2021, BT-Drs. 19/29279, S. 4 Nr. 8; Antrag der Fraktion Bündnis 90/Die Grünen v. 18.12.2019, BT-Drs. 19/16061, S. 7

[49] Vgl. *Pfeiffer*, Internationale Zuständigkeit, S. 632. Vgl. auch *Eicher*, Rechtsverwirklichungschancen, S. 265 Fn. 1105; *Ibili*, Gewogen rechtsmacht in het IPR, S. 111.

[50] Siehe oben unter § 14 A I (S. 330 f.).

[51] Siehe insbesondere oben unter § 3 C III (S. 37 ff.).

[52] Siehe oben unter § 13 B II 2 (S. 322 ff.).

[53] Für Vorschläge *de lege ferenda* vgl. z.B. *Kropholler* in Hdb. IZVR I, Kap. III, Rn. 342; *Pfeiffer*, Internationale Zuständigkeit, S. 648 f.

Rechtsunsicherheit führe. Grundsätzlich steht die Ausgestaltung der Notzuständigkeit in einem besonderen Spannungsverhältnis von größtmöglicher Flexibilität und Zuständigkeitsklarheit[54]. Denn die vielfältigen potenziellen Anwendungsfälle der Notzuständigkeit können nur durch unbestimmte Rechtsbegriffe abgedeckt werden[55]. Folglich enthalten sowohl die geschriebenen Notzuständigkeiten des Europäischen Zivilverfahrensrechts als auch sämtliche geschriebenen Notzuständigkeiten in einzelstaatlichen Rechtsordnungen unbestimmte Rechtsbegriffe. Allerdings folgt allein aus dem Umstand, dass eine Zuständigkeitsvorschrift unbestimmte Rechtsbegriffe enthält, nicht zwangsläufig, dass diese Vorschrift dem Prinzip der Zuständigkeitsklarheit widerspricht. Maßgeblich ist vielmehr, ob und inwieweit die unbestimmten Rechtsbegriffe durch Rechtsprechung und Literatur konkretisiert werden können. In Bezug auf die unbestimmten Rechtsbegriffe, die eine Notzuständigkeit regelmäßig enthält, ist insoweit eine Neubewertung im Vergleich zu der Situation vor einigen Jahren vorzunehmen: Denn mittlerweile sehen nicht nur einige nationale Rechtsordnungen eine geschriebene Notzuständigkeit vor, sondern die Vorschrift ist insbesondere auch in Rechtsakten des Europäischen Zivilverfahrensrechts enthalten. Zu diesen Vorschriften findet sich eine Vielzahl von Literatur, zudem sind erste Entscheidungen ergangen. Somit werden die unbestimmten Rechtsbegriffe der Notzuständigkeit zunehmend konkretisiert. Diese Konkretisierungsbemühungen können und sollten auf das autonome Zuständigkeitsrecht übertragen werden, sodass die unbestimmten Rechtsbegriffe von vornherein weniger bedenklich sind. Darüber hinaus griffe es zu kurz, die Zuständigkeitsklarheit allein mit Blick auf die konkrete Ausgestaltung einer künftigen Vorschrift zur Notzuständigkeit zu bewerten. Vielmehr ist auch die gegenwärtige Rechtslage als Ausgangspunkt in die Betrachtung mit einzubeziehen. Zurzeit ist die Notzuständigkeit zwar nicht ausdrücklich vorgesehen, sie muss aber dennoch ausgeübt werden. Nähere Anhaltspunkte, wie eine Notzuständigkeit ausgeübt werden sollte, können nur vereinzelten Entscheidungen und Stellungnahmen in der Literatur entnommen werden. Im Vergleich zu der aktuellen Rechtslage leistet daher bereits die Kodifizierung der Notzuständigkeit einen deutlichen Beitrag zur Zuständigkeitsklarheit[56].

Neben der größeren Zuständigkeitsklarheit sprechen noch weitere Gründe für die Kodifizierung der Notzuständigkeit. Zunächst führt eine geschriebene Notzuständigkeit dazu, dass der Zuständigkeitsgrund von den Gerichten oder Par-

---

[54] Siehe *M. Stürner/Pförtner*, GPR 2019, 222, 228.
[55] Vgl. auch *Kropholler* in Hdb. IZVR I, Kap. III, Rn. 194; *Stadler/Klöpfer*, ZEuP 2015, 732, 751.
[56] Vgl. auch *Hau* in FS für von Hoffmann, S. 617, 628; *Kropholler* in Hdb. IZVR I, Kap. III, Rn. 194; *Seyfarth*, Wandel der internationalen Zuständigkeit, S. 152 Fn. 508.

teien nicht übersehen wird⁵⁷. So wird durch eine geschriebene Notzuständigkeit ersichtlich, dass bei drohender Rechtsverweigerung ausnahmsweise eine internationale Zuständigkeit begründet ist und die Zuständigkeitsvorschriften insoweit nicht abschließend sind. Denn bislang sind zum autonomen deutschen Zuständigkeitsrecht vereinzelt Entscheidungen ergangen, in denen eine Notzuständigkeit zumindest hätte diskutiert werden müssen⁵⁸. Zu einer Klarstellung trägt eine geschriebene Notzuständigkeit zudem im Rahmen der Anerkennung ausländischer Entscheidungen bei: Denn sind die Voraussetzungen der Notzuständigkeit im Ausland spiegelbildlich erfüllt, ist die Anerkennungszuständigkeit der ausländischen Gerichte gegeben⁵⁹. In diesem Zusammenhang bietet die Kodifizierung der Notzuständigkeit zum einen den Vorteil, dass der Zuständigkeitsgrund auch im Rahmen der Anerkennung nicht übersehen wird. Zum anderen könnte die Anerkennungszuständigkeit ausländischer Gerichte aufgrund einer Notzuständigkeit nicht mehr mit dem Argument infrage gestellt werden, dass dieser Zuständigkeitsgrund nicht ausdrücklich vorgesehen ist. Darüber hinaus kann eine geschriebene Notzuständigkeit zu einer Modernisierung des autonomen Zuständigkeitsrechts beitragen. Gerade in den letzten Jahren zeigt sich rechtsvergleichend der deutliche Trend, die Voraussetzungen der Notzuständigkeit in Neukodifikationen des Internationalen Privat- und Zivilverfahrensrechts ausdrücklich zu bestimmen⁶⁰. Dieser Ansatz ist insoweit modern, als er ermöglicht, dass – seit langem umstrittene⁶¹ – exorbitante Zuständigkeitsgründe abgeschafft oder zumindest beschränkt werden können⁶². Denn durch die ge-

---

⁵⁷ Vgl. bereits *Kropholler* in Hdb. IZVR I, Kap. III, Rn. 194.

⁵⁸ Das OLG Karlsruhe, Beschl. v. 17.8.2009, IPRax 2010, 536 f., lehnte vor Anwendbarkeit des FamFG die internationale Zuständigkeit deutscher Gerichte für ein isoliertes Versorgungsausgleichsverfahren ab, da diese der Zuständigkeit für das Scheidungsverfahren folge und dafür keine internationale Zuständigkeit deutscher Gerichte bestehe. Insoweit hätte zumindest eine Notzuständigkeit eröffnet werden müssen, da sich der behandelte Anspruch aus materiellem deutschen Recht ergibt und bei Verfahrensabweisung eine Rechtsverweigerung drohte (ebenso *Gärtner*, IPRax 2010, 520, 522; *Gottwald*, FamRZ 2010, 148, 149). Zu Recht weist *Gottwald*, FamRZ 2002, 1343 f., darauf hin, dass der Entscheidung des AG Landstuhl, Urt. v. 6.9.2001, FamRZ 2002, 1343, ein negativer internationaler Kompetenzkonflikt zugrunde lag, der zur Annahme einer Notzuständigkeit verpflichtet hätte. Das Gericht hatte eine Notzuständigkeit zwar geprüft, allerdings ausschließlich unter dem Gesichtspunkt der Zumutbarkeit des ausländischen Verfahrens.

⁵⁹ Siehe oben unter § 14 B IV (S. 345 ff.).

⁶⁰ Siehe oben unter § 3 B V (S. 31 f.).

⁶¹ Vgl. zur Kritik an § 23 ZPO nur *Kropholler* in Hdb. IZVR I, Kap. III, Rn. 334 ff.; *Pfeiffer*, Internationale Zuständigkeit, S. 523 ff., vgl. auch den kurzen Überblick bei *Schütze* in Geimer/Schütze, EuZVR, E 1. Deutschland Rn. 20 m.w.N.

⁶² Paradebeispiel ist insoweit das autonome niederländische Zuständigkeitsrecht, in dem die Einführung der Notzuständigkeit mit der Abschaffung eines exorbitanten Klägergerichts-

schriebene Notzuständigkeit wird sichergestellt, dass eine internationale Zuständigkeit im Inland ausgeübt werden kann, soweit der Rechtssuchende dieser bedarf. Schließlich spricht für eine Kodifizierung der Notzuständigkeit insbesondere die Kohärenz mit den Rechtsakten des Europäischen Zivilverfahrensrechts. So sehen sämtliche Verordnungen, welche die internationale Zuständigkeit für Drittstaatensachverhalte abschließend regeln, eine geschriebene Notzuständigkeit vor[63]. Ergänzte man das autonome Zuständigkeitsrecht um eine geschriebene Notzuständigkeit, könnte die Rechtsverweigerung in Drittstaatensachverhalten daher nach einem einheitlichen Maßstab beurteilt werden, und zwar unabhängig davon, ob die Konstellationen abschließend vom europäischen oder autonomen deutschen Zuständigkeitsrecht erfasst werden. Diese Vereinheitlichung ist vor allem für die Notzuständigkeit sinnvoll, da dieser Zuständigkeitsvorschrift eine Auffangfunktion zukommt[64]. Mithin verbliebe dem deutschen Gesetzgeber weiterhin genug Spielraum, um das Zuständigkeitsrecht nach eigenen Vorstellungen und daher gegebenenfalls abweichend vom europäischen Zuständigkeitsrecht auszugestalten. Vielmehr setzte die geschriebene Notzuständigkeit lediglich ein einheitliches Mindestmaß für den Rechtsschutz in Drittstaatensachverhalten fest.

B. Ausgestaltung der geschriebenen Notzuständigkeit

Da eine geschriebene Notzuständigkeit in das autonome deutsche Zuständigkeitsrecht aufgenommen werden sollte, stellt sich die Frage ihrer Ausgestaltung[65].

I. Grundsätzliche Orientierung an den europäischen Vorschriften zur Notzuständigkeit

Die Ausgestaltung der geschriebenen Notzuständigkeit im autonomen deutschen Recht sollte sich grundsätzlich an den geschriebenen Notzuständigkeiten

---

stands einherging, siehe Kamerstukken II 1999/2000, 26 855, Nr. 3, S. 41 (Memorie van Toelichting); *Ibili*, Gewogen rechtsmacht in het IPR, S. 108; *Kiestra*, The Impact of the ECHR, S. 106; *Koppenol-Laforce/Vermeulen*, Comparative Study of "Residual Jurisdiction", S. 24; *M. Stürner/Pförtner*, GPR 2019, 222, 224.

[63] Siehe Artt. 7 EuUntVO, 11 EuErbVO, 11 EuGüVO/EuPartVO.

[64] Im Schweizer Recht wird die Funktion der Notzuständigkeit treffend als „Sicherheitsventil" und Ausweichklausel bezeichnet, siehe Amtliches Bulletin des Ständerats, 21.9.1987, S. 1064, 1067; Bundesgericht, 22.5.2007, 4C_379/2006, Erwägung 3.4; *Müller-Chen* in Zürcher Kommentar zum IPRG, Art. 3 Rn. 1; *Othenin-Girard*, SZIER 1999, 251, 252.

[65] Konkrete Formulierungsvorschläge für eine künftige Notzuständigkeit finden sich bei *Kropholler* in Hdb. IZVR I, Kap. III, Rn. 194; *Neuhaus/Kropholler*, RabelsZ 44 (1980), 326, 338; *Pfeiffer*, Internationale Zuständigkeit, S. 649; *M. Schulz*, Alien Tort Statute, S. 391.

des Europäischen Zivilverfahrensrechts orientieren⁶⁶. Diese Vorgehensweise dient zunächst der Zuständigkeitsklarheit. Denn die unbestimmten Rechtsbegriffe der europäischen Notzuständigkeiten werden durch Rechtsprechung und Literatur zunehmend konkretisiert. Auf diese Konkretisierungsbemühungen kann im nationalen Zuständigkeitsrecht jedoch nur zurückgegriffen werden, soweit sich die nationale Notzuständigkeit an den europäischen Notzuständigkeiten orientiert. Darüber hinaus ermöglicht allein eine weitgehend parallele Ausgestaltung der Vorschriften, dass die Notzuständigkeit in Drittstaatensachverhalten kohärent behandelt werden kann. So spielte es im Ergebnis künftig keine Rolle mehr, ob ein Sachverhalt abschließend vom europäischen Recht erfasst würde oder dem autonomen Zuständigkeitsrecht unterfiele. Neben diesen Vorteilen, die eine Anpassung an das Europäische Zivilverfahrensrecht allgemein hat, bieten sich die europäischen Notzuständigkeiten auch konkret als Orientierungsgrundlage an. Denn die Vorschriften sind typische Beispiele für die geschriebene Notzuständigkeit, wie sie in sehr vielen Rechtsordnungen anzutreffen ist⁶⁷. Insoweit spiegeln die europäischen Notzuständigkeiten zugleich einen rechtsvergleichenden Konsens wider: Dem Rechtssuchenden muss zum einen eine Rechtsverweigerung drohen, weil die Verfahrensführung im Ausland unmöglich oder unzumutbar ist. Zum anderen muss ein ausreichender Bezug zum angerufenen Staat bestehen. Schließlich bedeutet eine grundsätzliche Orientierung an den europäischen Vorschriften nicht, dass diese vollständig übernommen werden müssten. Vielmehr bleibt es dem Gesetzgeber unbenommen und bietet sich zum Teil auch an, die geschriebene Notzuständigkeit punktuell anzupassen und zu präzisieren.

II. Drohende Rechtsverweigerung

1. Fallgruppen der Rechtsverweigerung

Die Grundvoraussetzung der künftigen Vorschrift sollte sein, dass es dem Rechtssuchenden unmöglich oder unzumutbar ist, ein Verfahren im Ausland einzuleiten oder zu führen⁶⁸.

---

⁶⁶ Den nationalen Gesetzgebern steht es ohne Weiteres offen, ihr autonomes Zuständigkeitsrecht an das europäische Zuständigkeitssystem anzupassen, vgl. *Gebauer* in Wieczorek/Schütze, ZPO, Art. 6 Brüssel Ia-VO Rn. 16. Vgl. in diesem Zusammenhang auch die Bemerkung von *Staudinger*, JR 2012, 47, 51, die Überarbeitung des Zuständigkeitskataloges der ZPO nach dem Vorbild der Brüssel I-VO stehe noch aus.

⁶⁷ Siehe oben unter § 3 C I (S. 32 f.).

⁶⁸ Vgl. auch *Kropholler* in Hdb. IZVR I, Kap. III, Rn. 194; *Neuhaus/Kropholler*, RabelsZ 44 (1980), 326, 338; *M. Schulz*, Alien Tort Statute, S. 391.

Demgegenüber wurde vereinzelt vorgeschlagen, eine geschriebene Notzuständigkeit auf die Formulierung zu beschränken, dass dem Kläger Rechtsverweigerung drohe[69]. Diese Formulierung sei insoweit einfacher und präziser, als das maßgebliche Kriterium der Rechtsverweigerung unmittelbar benannt werde[70]. Zudem erfasse diese Formulierung ohne Weiteres auch Konstellationen der Anerkennungslücke, während dies bei einer anderen Ausgestaltung erst begründungspflichtig sei[71]. Der Vorschlag, die Voraussetzungen der Notzuständigkeit auf den Begriff der Rechtsverweigerung zu beschränken, hat zwar den Vorteil, dass die künftige Vorschrift umfassend und sehr flexibel wäre. Allerdings ist der Begriff der Rechtsverweigerung zugleich unbestimmt und aus sich heraus kaum verständlich. Insoweit sind die Kriterien der Unmöglichkeit und Unzumutbarkeit einfacher und bringen insbesondere deutlicher zum Ausdruck, welche Konstellationen die Notzuständigkeit abdecken soll. Sie sind daher mit Blick auf die Zuständigkeitsklarheit vorzugswürdig. Zudem können Konstellationen der Anerkennungslücke gleichwohl erfasst werden. Dabei sollte die Anerkennungslücke in einer künftigen Vorschrift ausdrücklich als Anwendungsfall der Notzuständigkeit aufgeführt werden[72]. Denn bei enger Wortlautauslegung wäre ein ausländisches Verfahren dem Rechtssuchenden nur unzumutbar, wenn die Entscheidung, die im Inland voraussichtlich nicht anerkannt werden kann, noch nicht ergangen ist[73]. Allerdings muss eine Notzuständigkeit erst recht eröffnet werden, wenn die ausländische Entscheidung bereits ergangen ist und feststeht, dass diese im Inland nicht anerkennungsfähig ist.

Spezifisch für das autonome deutsche Zuständigkeitsrecht stellt sich zudem die Frage, ob der negative internationale Kompetenzkonflikt ausdrücklich als Anwendungsfall aufgeführt werden sollte. Immerhin werden Konstellationen der Notzuständigkeit in der deutschen Literatur bislang insbesondere unter dem

---

[69] *Pfeiffer*, Internationale Zuständigkeit, S. 649. Ebenfalls unmittelbar auf das Kriterium der Rechtsverweigerung abstellend Art. 11 Abs. 2 panamaisches IPRG (abgedruckt oben in § 3 Fn. 27).

[70] *Pfeiffer*, Internationale Zuständigkeit, S. 649 Fn. 451.

[71] *Pfeiffer*, Internationale Zuständigkeit, S. 649 Fn. 451.

[72] Als Orientierung kann insoweit Art. 26 lit. b des Kommissionsentwurfs zur Reform der Brüssel I-VO (KOM (2010) 748 endg., S. 36) herangezogen werden, nach dem eine Notzuständigkeit vor allem zu eröffnen sei, „wenn eine in einem Drittstaat über die Streitigkeit ergangene Entscheidung in dem Mitgliedstaat nicht anerkannt und vollstreckt werden könnte, in dem das Gericht nach innerstaatlichem Recht befasst wurde, und eine Anerkennung und Vollstreckung für die Durchsetzung der Rechte des Klägers notwendig wären". Die Anerkennungslücke wird zudem ausdrücklich als Anwendungsfall vorgesehen in Art. 1099¹ Abs. 2 polnisches Zivilverfahrensgesetzbuch (abgedruckt oben in § 3 Fn. 22) und Art. 21 dominikanisches IPRG (abgedruckt oben in § 3 Fn. 26).

[73] Vgl. auch *Ereciński/Weitz* in FS für Kaissis, S. 187, 194; *Hau* in FS für Kaissis, S. 355, 360; *Kübler-Wachendorff*, Das forum necessitatis, S. 172.

Begriff des negativen internationalen Kompetenzkonflikts diskutiert[74]. Dieser Begriff ist jedoch misslich, weil er unterschiedlich verstanden wird[75]. In seinem engen Verständnis bezeichnet er lediglich diejenigen Konstellationen, in denen sich kein betroffener Staat als international zuständig für das Verfahren erachtet[76]. Bei einem weiten Verständnis können unter den Begriff indes auch sämtliche Konstellationen gefasst werden, in denen ein ausländisches Verfahren aus tatsächlichen Gründen unmöglich oder dem Rechtssuchenden unzumutbar ist[77]. Unabhängig davon, welchem Verständnis man folgt, werden die Konstellationen aber ohnehin bereits umfassend von den Kriterien der Unmöglichkeit und Unzumutbarkeit erfasst. Um Unsicherheiten zu vermeiden, sollte der negative internationale Kompetenzkonflikt daher nicht als Anwendungsfall in eine künftige Regelung aufgenommen werden.

2. Gefahr der Rechtsverweigerung

In der künftigen Vorschrift sollte hinreichend zum Ausdruck kommen, dass bereits die Gefahr einer Rechtsverweigerung genügt, um die Notzuständigkeit anzunehmen[78]. Es ist nicht erforderlich, dass der Rechtssuchende tatsächlich ein Verfahren im Ausland erfolglos eingeleitet oder geführt hat[79]. Vielmehr muss er darlegen und gegebenenfalls beweisen, dass ihm im Ausland eine Rechtsverweigerung droht[80]. Denn gelingt dem Rechtssuchenden der Nachweis, dass die Verwirklichung seines Rechtsschutzbegehrens im Ausland wert- oder aussichtslos ist, kann ihm nicht zugemutet werden, dieses Verfahren gleichwohl anzustrengen.

---

[74] Siehe nur *Kübler-Wachendorff*, Das forum necessitatis, S. 12 m. w. N.

[75] Siehe *Ereciński/Weitz* in FS für Kaissis, S. 187, es gebe keine allgemein anerkannte Definition des negativen internationalen Kompetenzkonflikts.

[76] Vgl. zu diesem Verständnis, das auch dieser Arbeit zugrunde liegt, oben unter § 2 B II 1 (S. 10 f.).

[77] Diesem Verständnis folgend *Bachmann*, Universalisierung des Europäischen Zivilverfahrensrechts, S. 130; *Geimer*, IZPR, Rn. 1024 ff., 3061; *C. Hartmann* in Krajewski/Saage-Maaß, Durchsetzung menschenrechtlicher Sorgfaltspflichten von Unternehmen, S. 281, 293; *Hausmann* in Wieczorek/Schütze, ZPO, 3. Aufl., Vor § 12 Rn. 84; *Kropholler* in Hdb. IZVR I, Kap. III, Rn. 183 ff.; *Linke/Hau*, IZVR, Rn. 7.2; *Patzina* in MünchKommZPO, § 12 Rn. 98 f.; *Reisewitz*, Rechtsfragen des Medizintourismus, S. 123, 131; *Schack*, IZVR, Rn. 499; *Seyfarth*, Wandel der internationalen Zuständigkeit, S. 35 f.; *Soergel/Kronke*, Art. 38 EGBGB Anh. IV Rn. 27.

[78] Vgl. auch *Pfeiffer*, Internationale Zuständigkeit, S. 649 Fn. 450.

[79] Siehe auch *Kübler-Wachendorff*, Das forum necessitatis, S. 21; *Pfeiffer*, Internationale Zuständigkeit, S. 464.

[80] Siehe oben unter § 14 C III (S. 366 ff.).

3. Maßgebliches Ausland

Die europäischen Vorschriften setzen voraus, dass das Verfahren in einem Drittstaat unmöglich oder unzumutbar ist, zu dem die Sache einen *engen Bezug* aufweist[81]. Ein solches Kriterium sollte ebenfalls in eine künftige Vorschrift zum autonomen Recht aufgenommen werden, um die maßgeblichen ausländischen Staaten einzugrenzen. Im Vergleich zu den gegenwärtigen europäischen Vorschriften kann das Kriterium weiter präzisiert werden[82]: Denn maßgeblich sollten allein diejenigen Staaten sein, die bei spiegelbildlicher Anwendung des deutschen Zuständigkeitsrechts international zuständig wären[83].

III. Inlandsbezug

1. Erforderlichkeit eines Inlandsbezugs

Die künftige Vorschrift zur Notzuständigkeit sollte ausdrücklich darauf begrenzt werden, dass die Sache einen Bezug zum Inland aufweist[84].

Demgegenüber wird vereinzelt vertreten, dass ein Inlandsbezug im Falle einer rechtlichen oder tatsächlichen Unmöglichkeit nicht erforderlich sein sollte[85]. Dieser Vorschlag beruht auf der niederländischen Notzuständigkeit[86], die an Konstellationen der „Unmöglichkeit" und „Unzumutbarkeit" unterschiedliche Anforderungen stellt: Ist es dem Kläger unzumutbar, ein Verfahren im Ausland zu führen, muss der Sachverhalt darüber hinaus hinreichend mit der niederländischen Rechtssphäre verbunden sein; demgegenüber genügt allein der Umstand, dass ein Gerichtsverfahren außerhalb der Niederlande unmöglich

---

[81] Artt. 7 EuUntVO, 11 EuErbVO, 11 EuGüVO/EuPartVO.
[82] Zu einer künftigen Präzisierung der europäischen Vorschriften siehe bereits oben unter § 15 A I 2 (S. 406 ff.).
[83] Insoweit sind indes nur die „regulären" Zuständigkeitsvorschriften zu spiegeln, sodass die Notzuständigkeit außer Betracht bleiben muss. Andernfalls würde der Kreis der maßgeblichen ausländischen Staaten nicht deutlich reduziert. Zudem ist ein Staat, der ebenfalls lediglich eine internationale Notzuständigkeit ausüben könnte, nicht besser geeignet, in der Sache zu entscheiden. Ein Verfahren in einem solchen Staat schließt die Ausübung von inländischer Notzuständigkeit daher nicht von vornherein aus. Vielmehr sind Parallelverfahren über die allgemeinen Grundsätze der internationalen Rechtshängigkeit zu koordinieren.
[84] Vgl. auch *Kropholler* in Hdb. IZVR I, Kap. III, Rn. 194; *Neuhaus/Kropholler*, RabelsZ 44 (1980), 326, 338, die ein „Rechtsschutzbedürfnis" fordern. *Pfeiffer*, Internationale Zuständigkeit, S. 649 Fn. 451, verzichtet zwar auf die ausdrückliche Normierung des Inlandsbezugs, allerdings allein vor dem Hintergrund, dass er die Vorschrift auf den generalklauselartigen Begriff der Rechtsverweigerung beschränkt. Die Ausfüllung dieses generalklauselartigen Begriffs könne getrost Doktrin und Praxis überlassen bleiben (*Pfeiffer*, aaO.).
[85] *M. Schulz*, Alien Tort Statute, S. 388 f.
[86] Siehe *M. Schulz*, Alien Tort Statute, S. 388.

ist, um eine internationale Zuständigkeit zu begründen[87]. Diese Differenzierung sei sinnvoll, da die Vorgaben für das Vorliegen einer Unmöglichkeit ohnehin sehr hoch seien[88]. Zudem drohe in diesen Extrem- und Ausnahmefällen weder *forum shopping* noch eine ungerechtfertigte und unbillige Inanspruchnahme eines fremden Gerichts[89].

Allerdings überzeugt es nicht, im Falle der Unmöglichkeit auf den Inlandsbezug zu verzichten[90]. Denn zum einen dient die Voraussetzung des Inlandsbezugs gerade dem Schutz des Beklagten[91]. So wird ermöglicht, dass der Justizgewährungsanspruch des Klägers mit der Rechtsposition des Beklagten, vor unzumutbaren Gerichtsständen geschützt zu werden, abgewogen werden kann[92]. Verzichtete man auf diese Voraussetzung, bevorzugte man den Kläger daher einseitig und ließe die Rechtsposition und Zuständigkeitsinteressen des Beklagten gänzlich außer Betracht. Zum anderen können die Kriterien der Unmöglichkeit und Unzumutbarkeit nicht trennscharf voneinander abgegrenzt werden[93]. Vielmehr ist der Übergang zwischen beiden Alternativen fließend[94]. Aus einer Differenzierung zwischen den Anwendungsfällen sollten sich vor diesem Hintergrund keine praktischen Konsequenzen ergeben.

---

[87] *Augenstein/Jägers* in Álvarez Rubio/Yiannibas, Human Rights in Business, S. 7, 29; *Enneking/Scheltema* in Kessedjian/Cantú Rivera, Private International Law Aspects of Corporate Social Responsibility, S. 529, 547; *Ibili*, Gewogen rechtsmacht in het IPR, S. 109, 112; *Koppenol-Laforce/Vermeulen*, Comparative Study of "Residual Jurisdiction", S. 23; *Kiestra*, The Impact of the ECHR, S. 106; *Rétornaz/Volders*, Rev. crit. dr. internat. privé 2008, 225, 235 f.; *Roorda/Ryngaert*, RabelsZ 80 (2016), 783, 786 Fn. 10, 797.
[88] *M. Schulz*, Alien Tort Statute, S. 388.
[89] *M. Schulz*, Alien Tort Statute, S. 389.
[90] Kritisch in Bezug auf die Differenzierung zwischen den Anwendungsfällen in der niederländischen Vorschrift zur Notzuständigkeit *Koppenol-Laforce/Vermeulen*, Comparative Study of "Residual Jurisdiction", S. 24.
[91] Vgl. *Eicher*, Rechtsverwirklichungschancen, S. 276.
[92] Im Ergebnis ähnlich *Eichel* in jurisPK-BGB, Art. 11 EuErbVO Rn. 8, nach dem der Justizgewährungsanspruch der Parteien aus Art. 47 GRC und Art. 6 EMRK angemessen zu berücksichtigen sei.
[93] In diesem Sinne bereits die niederländische Gesetzesbegründung zur Einführung der Notzuständigkeit, siehe Kamerstukken II 1999/2000, 26 855, Nr. 3, S. 41 (Memorie van Toelichting). Siehe zum EuZVR auch *Geimer/Garber* in Geimer/Schütze, EuZVR, Art. 11 EuErbVO Rn. 3.
[94] Vgl. *Droese* in Basler Kommentar, Art. 3 IPRG Rn. 10; *Garber/Neumayr* in Arnold/Laimer, Die Europäischen Güterrechtsverordnungen, S. 107, 205 Rn. 224; *Hertel* in Rauscher, EuZPR/EuIPR, Art. 11 EU-ErbVO Rn. 5; *Makowsky* in NomosKommentarBGB, Art. 11 EuGüVO/EuPartVO Rn. 5, Art. 11 EuErbVO Rn. 6. Vgl. auch *Rétornaz/Volders*, Rev. crit. dr. internat. privé 2008, 225, 241.

2. Ausgestaltung

Die Voraussetzung des Inlandsbezugs sollte im Ausgangspunkt durch einen unbestimmten Rechtsbegriff wie den „ausreichenden Bezug" der Sache ausgestaltet werden. Diese Konzeption findet sich nicht allein in den europäischen Notzuständigkeiten, sondern wird auch rechtsvergleichend in nahezu allen Rechtsordnungen verfolgt, die eine geschriebene Notzuständigkeit vorsehen.

Ein anderer Ansatz wird lediglich in der österreichischen sowie der panamaischen Rechtsordnung verfolgt. Dort werden die für einen Inlandsbezug erforderlichen Anknüpfungspunkte ausdrücklich und abschließend festgelegt: So muss der Kläger in Österreich entweder österreichischer Staatsbürger sein oder seinen Wohnsitz, gewöhnlichen Aufenthalt oder Sitz im Inland haben[95]. In Panama greift die Notzuständigkeit lediglich zugunsten von natürlichen oder juristischen panamaischen Personen[96]. Das Festlegen von abschließenden Anknüpfungspunkten dient zwar in hohem Maße der Zuständigkeitsklarheit, ist im Ergebnis aber dennoch abzulehnen. Denn es lässt sich mit dem Charakter der Notzuständigkeit selbst dann nicht vereinbaren, wenn die Anknüpfungspunkte großzügig festgelegt werden sollten. So zeichnet sich die Notzuständigkeit durch die Auffangfunktion aus, die ihr in einem Zuständigkeitssystem zukommt. Vor diesem Hintergrund muss die Notzuständigkeit möglichst flexibel ausgestaltet sein. Nur so können für sämtliche potenziellen Anwendungsfälle einzelfallgerechte Entscheidungen getroffen werden. Durch ein abschließendes Festlegen der Anknüpfungspunkte würde der Anwendungsbereich der Notzuständigkeit demgegenüber von vornherein wesentlich beschränkt. Die Umstände des Einzelfalls könnten nicht mehr berücksichtigt und eine Abwägung zwischen den Rechtspositionen der Parteien nicht mehr durchgeführt werden.

Das Prinzip der Zuständigkeitsklarheit lässt sich indes auf andere Weise verwirklichen, wobei die rumänische und die estnische Rechtsordnung als Vorbild herangezogen werden können[97]: Dort fungieren bestimmte Anknüpfungspunkte als Regelbeispiele für den Inlandsbezug. Liegen diese Anknüpfungspunkte vor, wird ein hinreichender Inlandsbezug vermutet. Andernfalls muss der hinreichende Bezug im Einzelfall geprüft werden. Diese Vorgehensweise findet sich im Ansatz auch in der EuUntVO. So wird die Staatsangehörigkeit einer Partei in Erwägungsgrund 16 S. 3 EuUntVO als Beispiel für einen ausreichenden Bezug zu dem angerufenen Mitgliedstaat genannt. Im autonomen deutschen Recht haben sich bereits *de lege lata* einige Anknüpfungspunkte ergeben,

---

[95] § 28 Abs. 1 Nr. 2 JN (abgedruckt oben in § 3 Fn. 163).
[96] Art. 11 Abs. 2 panamaisches IPRG (abgedruckt oben in § 3 Fn. 27).
[97] Siehe Art. 1070 rumänische ZPO (abgedruckt oben in § 3 Fn. 23), § 72 Abs. 1 Nr. 2 und 3 estnische ZPO (abgedruckt oben in § 3 Fn. 21).

die stets einen ausreichenden Bezug der Sache zum Inland vermitteln[98]. Dies trifft zum Beispiel auf den gewöhnlichen Aufenthalt oder die Staatsangehörigkeit einer Partei sowie die Belegenheit von Vermögen des Beklagten zu. Zumindest diese Anknüpfungspunkte sollten künftig als Regelbeispiele in die Vorschrift aufgenommen werden, um die Zuständigkeitsklarheit zu steigern.

Schließlich stellen manche Rechtsordnungen zusätzliche Anforderungen an den Inlandsbezug. So muss in Argentinien[99] und Costa Rica[100] das Recht auf Verteidigung im Verfahren gewährleistet sein. Damit vergleichbar setzt die uruguayische Rechtsordnung ausdrücklich voraus, dass das Gericht in der Lage sein muss, ein faires und ordnungsgemäßes Verfahren zu gewährleisten[101]. Insoweit handelt es sich indes um grundlegende Elemente eines rechtsstaatlichen Zivilverfahrens, die in den Zuständigkeitsvorschriften nicht ausdrücklich geregelt werden müssen. Darüber hinaus ist in Argentinien[102] und Costa Rica[103] zu berücksichtigen, dass durch die Notzuständigkeit ein wirksames Urteil erreicht werden soll. In Uruguay soll eine Entscheidung, die infolge der Notzuständigkeit ergeht, anerkannt und vollstreckt werden können[104]. Auch die österreichische Rechtsprechung verneint eine Notzuständigkeit, wenn die Entscheidung weder in Österreich – mangels Vermögens – durchgesetzt noch im Ausland anerkannt und/oder vollstreckt werden könnte[105]. Eine vergleichbare Einschränkung sollte demgegenüber nicht in einer künftigen Vorschrift zur Notzuständigkeit enthalten sein. Denn die Einleitung eines Zivilverfahrens setzt gerade nicht voraus, dass die Entscheidung später auch tatsächlich vollstreckt werden kann[106]. Vielmehr trägt der Rechtssuchende dieses Risiko.

---

[98] Siehe oben unter § 14 C IV 2 b cc (S. 379 ff.).
[99] Art. 2602 Código Civil y Comercial de la Nación (abgedruckt oben in § 3 Fn. 25).
[100] Art. 340 Código Procesal de Familia (abgedruckt oben in § 3 Fn. 29).
[101] Art. 57 H) Ley 19.920 (Ley General de Derecho Internacional Privado, abgedruckt oben in § 3 Fn. 30).
[102] Art. 2602 Código Civil y Comercial de la Nación (abgedruckt oben in § 3 Fn. 25).
[103] Art. 340 Código Procesal de Familia (abgedruckt oben in § 3 Fn. 29).
[104] Art. 57 H) Ley 19.920 (Ley General de Derecho Internacional Privado, abgedruckt oben in § 3 Fn. 30).
[105] Vgl. OGH, Beschl. v. 13.1.1988, 3 Nd 511/87; OGH, Beschl. v. 25.6.1992, 6 Ob 556/92; OGH, Beschl. v. 28.8.2000, 9 Nd 509/00; *Garber* in Fasching/Konecny, Kommentar zu den Zivilprozessgesetzen, § 28 JN Rn. 79.
[106] Vgl. *Pichler*, Internationale Zuständigkeit, Rn. 401; *Schack*, IZVR, Rn. 263. Vgl. mit Blick auf das autonome österreichische IZVR auch *Czernich*, JBl. 2002, 613, 617; *Garber* in Fasching/Konecny, Kommentar zu den Zivilprozessgesetzen, § 28 JN Rn. 79.

454 Vierter Teil: Die Notzuständigkeit de lege ferenda

IV. Keine Besonderheiten für Menschenrechtsklagen

Sogenannte Menschenrechtsklagen sind ein wesentliches Anwendungsfeld für die autonome deutsche Notzuständigkeit[107]. Dies gilt insbesondere für Klagen gegen Tochterunternehmen oder Zulieferer im Rahmen einer Lieferkette wegen Rechtsverletzungen in Entwicklungs- oder Schwellenländern. Denn zum einen haben diese Unternehmen ihren Sitz regelmäßig in Drittstaaten, sodass grundsätzlich das autonome mitgliedstaatliche Zuständigkeitsrecht maßgebend ist[108]. Zum anderen weisen die Sachverhalte überwiegend nur geringe Inlandsbezüge auf, sodass die Notzuständigkeit häufig die letzte Möglichkeit darstellt, um eine internationale Zuständigkeit zu begründen[109]. Dabei kann die Notzuständigkeit ohne Weiteres auch auf Menschenrechtsverletzungen angewendet werden[110]. Sofern alle Voraussetzungen erfüllt sind und somit insbesondere ein ausreichender Bezug zum Inland besteht, ist eine internationale Notzuständigkeit deutscher Gerichte für die Menschenrechtsklage zu eröffnen.

Von diesen Ausführungen ist allerdings die Frage zu trennen, ob für Menschenrechtsklagen künftig Besonderheiten vorgesehen werden sollten, um die Rechtsdurchsetzung im Inland zu erleichtern. Denn zum Teil wird vorgeschlagen, für bestimmte Menschenrechtsverletzungen auf die Voraussetzung des Inlandsbezugs entweder ganz zu verzichten oder diese Voraussetzung jedenfalls deutlich einzuschränken[111]. Auf das Kriterium des Inlandsbezugs verzichtet zum Beispiel die Zuständigkeitsvorschrift, die in einer Resolution des Institut de Droit international aus dem Jahr 2015 enthalten ist[112]: Danach soll ein Gericht für Schadensersatzklagen wegen „international crimes" zuständig sein,

---

[107] Zur Bedeutung der mitgliedstaatlichen Notzuständigkeiten für Menschenrechtsklagen vgl. *Augenstein/Jägers* in Álvarez Rubio/Yiannibas, Human Rights in Business, S. 7, 28 ff.; *Dutta*, BerDGesIntR 50 (2020), 39, 60 f.; *Haider*, Haftung von transnationalen Unternehmen und Staaten für Menschenrechtsverletzungen, S. 296 ff.; *C. Hartmann* in Krajewski/Saage-Maaß, Durchsetzung menschenrechtlicher Sorgfaltspflichten von Unternehmen, S. 281, 293 ff.; *Hess/Mantovani*, MPILux Research Papers Series 2019 (1), S. 6; *Michoud*, SRIEL 30 (2020), 3, 17 ff.; *Roorda/Ryngaert*, RabelsZ 80 (2016), 783; *M. Schulz*, Alien Tort Statute, S. 385 ff.; *M. Stürner* in Krajewski/Oehm/Saage-Maaß, Unternehmensverantwortung für Menschenrechtsverletzungen, S. 73, 84 f.; *M. Stürner/Pförtner*, GPR 2019, 222, 225.

[108] Siehe Art. 6 Abs. 1 Brüssel Ia-VO.

[109] Die regulären Zuständigkeitsvorschriften des autonomen IZVR werden regelmäßig nicht eingreifen, siehe *Kieninger*, IPRax 2020, 60, 61; vgl. auch *Kirshner*, Nw. J. Int'l Hum. Rts. 13 (2015), 1, 17.

[110] Vgl. auch *Ryngaert*, Riv. dir. int. 100 (2017), 782, 797; *M. Stürner/Pförtner*, GPR 2019, 222, 225.

[111] Dafür Antrag der Fraktion Die Linke v. 4.5.2021, BT-Drs. 19/29279, S. 4 Nr. 8; Antrag der Fraktion Bündnis 90/Die Grünen v. 18.12.2019, BT-Drs. 19/16061, S. 7; *Marchadier*, Rev. crit. dr. internat. privé 2018, 663, 669.

[112] Institut de Droit international, Resolution Adopted by the Institute at Its Tallinn Sessi-

wenn entweder kein anderer Staat eine engere Verbindung mit der Klage aufweist oder in diesen Staaten kein angemessener und effektiver Rechtsschutz zur Verfügung steht[113]. Diese Vorschrift wird in der Literatur zum Teil als Notzuständigkeit bezeichnet[114]. Allerdings überzeugt diese Einordnung nicht. Vielmehr ist die Vorschrift eine zivilrechtliche Ausprägung des sogenannten Universalitätsprinzips[115]. Dieses Prinzip wird insbesondere im Strafrecht verfolgt: So darf ein Staat besonders schwerwiegende Straftaten wie zum Beispiel Verbrechen gegen die Menschlichkeit unabhängig davon verfolgen, ob die Tat eine Verbindung zum Inland aufweist[116]. Im Gegensatz zur Notzuständigkeit zeichnet sich das Universalitätsprinzip grundsätzlich dadurch aus, dass es eine originäre Zuständigkeit begründet und daher gleichrangig zu anderen Anknüpfungspunkten ausgestaltet ist[117]. Dieser Gegensatz wird in der Zuständigkeitsvorschrift des Institut de Droit International allerdings verwässert, da die Vorschrift nur subsidiär eingreift, wenn ein Staat entweder keine engere Verbindung aufweist oder keinen effektiven und angemessenen Rechtsschutz gewährt. Der wesentliche Unterschied zwischen den Zuständigkeitsgründen besteht gleichwohl darin, dass die Notzuständigkeit im Gegensatz zum Universalitätsprinzip zumindest einen geringen Bezug zum Forumstaat erfordert[118]. In der Resolution von 2015 wird auf diese Voraussetzung für „international crimes" jedoch gera-

---

on, 30.8.2015, Universal Civil Jurisdiction with regard to Reparation for International Crimes (abgedruckt in RabelsZ 80 (2016), 155 ff.).

[113] Art. 2 der Resolution. Im Rahmen der Resolution ist bereits fraglich, welche Menschenrechtsklagen überhaupt erfasst werden. Insoweit könne sich der Anwendungsbereich auf „international crimes" als zu eng erweisen, da diese nicht den Kern der meisten Menschenrechts- und Umweltklagen ausmachen würden, *Dutta*, BerDGesIntR 50 (2020), 39, 61. Kritisch auch *M. Stürner* in Krajewski/Oehm/Saage-Maß, Unternehmensverantwortung für Menschenrechtsverletzungen, S. 73, 88; *M. Stürner/Pförtner*, GPR 2019, 222, 226.

[114] *Dutta*, BerDGesIntR 50 (2020), 39, 44; *M. Stürner* in Krajewski/Oehm/Saage-Maß, Unternehmensverantwortung für Menschenrechtsverletzungen, S. 73, 87; *M. Stürner/Pförtner*, GPR 2019, 222, 226.

[115] Ausweislich der Vorarbeiten sollte die Notzuständigkeit gerade nicht erwähnt werden, siehe *Bucher*, Annuaire de l'Institut de Droit international – Séssion de Tallinn, S. 94.

[116] Vgl. *Peari*, Osgoode Hall Law Journal 55 (2018), 225, 230f.; *M. Schulz*, Alien Tort Statute, S. 276; *M. Stürner* in Krajewski/Oehm/Saage-Maß, Unternehmensverantwortung für Menschenrechtsverletzungen, S. 73, 89; *Wouters/Ryngaert/Ruys/De Baere*, International Law, S. 445. Für die Anwendbarkeit deutschen Strafrechts auf die im Gesetz bestimmten Straftaten ausdrücklich auf einen Inlandsbezug verzichtend § 1 S. 1 VStGB.

[117] Vgl. EGMR (Große Kammer), Urt. v. 15.3.2018, Nr. 51357/07, Rn. 180 – Naït-Liman/Schweiz; *La Manna*, Riv. dir. int. priv. proc. 2019, 349, 379f.; *Mankowski* in von Hoffmann, Universalität der Menschenrechte, S. 189.

[118] EGMR (Große Kammer), Urt. v. 15.3.2018, Nr. 51357/07, Rn. 180 – Naït-Liman/Schweiz; Committee on International Civil Litigation and the Interests of the Public, Final Report, S. 33 Fn. 286 (abrufbar unter <https://www.ila-hq.org/index.php/committees>; zu-

de verzichtet[119]. Bei der Frage, ob *de lege ferenda* für besonders schwerwiegende Menschenrechtsverletzungen auf den Inlandsbezug verzichtet werden sollte, handelt es sich mithin um eine Frage des Universalitätsprinzips und nicht der Notzuständigkeit. Inwieweit das Universalitätsprinzip für zivilrechtliche Menschenrechtsklagen zulässig und empfehlenswert ist, bemisst sich dabei nach eigenständigen Wertungsgesichtspunkten[120]. Diese Fragen sind sehr umstritten[121] und können im Rahmen der Notzuständigkeit nicht beantwortet werden.

Demgegenüber handelt es sich bei denjenigen Vorschlägen um eine Notzuständigkeit, in denen nicht vollständig auf den Inlandsbezug verzichtet wird, sondern diese Voraussetzung für Menschenrechtsklagen lediglich gelockert werden soll. Eine solche Vorschrift findet sich zum Beispiel in einer Resolution der International Law Association aus dem Jahr 2012[122]: Danach soll bereits der schlichte Aufenthalt des Klägers als hinreichender Anknüpfungspunkt im Rahmen der Notzuständigkeit für Menschenrechtsklagen genügen[123]. Demgegenüber sollte die Voraussetzung des Inlandsbezugs für Menschenrechtsklagen auch *de lege ferenda* nicht gelockert werden[124]. Denn diese Konstellationen werden von einer allgemeinen Vorschrift zur Notzuständigkeit bereits hinreichend berücksichtigt. Die Notzuständigkeit ist grundsätzlich flexibel ausgestaltet, um ihre Auffangfunktion zu erfüllen. Daher hat die Notzuständigkeit den Vorteil, dass sie ohnehin verschiedenste Fallkonstellationen abdeckt. Dies trifft ebenso auf Menschenrechtsklagen zu. Viele dieser Klagen werden bereits von Anknüpfungspunkten erfasst, die als Regelbeispiele für den Inlandsbezug in eine künftige Vorschrift zur Notzuständigkeit aufgenommen werden sollten. So werden zum Beispiel Konstellationen abgedeckt, in denen der inländische Rechtsschutz erforderlich ist, um auf inländisches Vermögen zuzugreifen. In den verbleiben-

---

letzt abgerufen am 31.7.2023); *Franzina* in Viarengo/Villata, Planning the Future of Cross Border Families, S. 325, 327; *La Manna*, Riv. dir. int. priv. proc. 2019, 349, 379.

[119] Siehe *Ryngaert*, Riv. dir. int. 100 (2017), 782, 787; *G. Wagner*, RabelsZ 80 (2016), 717, 738.

[120] Insbesondere soll das Universalitätsprinzip gerade die Interessen der internationalen Gemeinschaft schützen, siehe nur *La Manna*, Riv. dir. int. priv. proc. 2019, 349, 378.

[121] Ausführlich zu den Vor- und Nachteilen eines zivilprozessualen Universalitätsprinzips *M. Schulz*, Alien Tort Statute, S. 350 ff.

[122] International Law Association, Resolution Nr. 2 /2012, Guidelines on Best Practices for International Civil Litigation for Human Rights Violations (abrufbar unter <https://www.ila-hq.org/index.php/committees> (Committee on International Civil Litigation and the Interests of the Public, zuletzt abgerufen am 31.7.2023)).

[123] Guideline 2.3.

[124] Im Ergebnis auch *Dutta*, BerDGesIntR 50 (2020), 39, 60; *M. Stürner* in Krajewski/Oehm/Saage-Maß, Unternehmensverantwortung für Menschenrechtsverletzungen, S. 73, 89; *M. Stürner/Pförtner*, GPR 2019, 222, 228; tendenziell auch *Ryngaert*, Riv. dir. int. 100 (2017), 782, 800.

den Konstellationen ermöglicht der unbestimmte Rechtsbegriff des „ausreichenden Bezugs" eine einzelfallgerechte Anwendung des Zuständigkeitskriteriums. So kann zum Beispiel der schlichte Aufenthalt des Klägers in eine Gesamtbetrachtung der Einzelfallumstände einbezogen werden[125]. Lockerte man den Inlandsbezug für Menschenrechtsklagen indes derart, dass der schlichte Aufenthalt des Klägers stets als ausreichend anzusehen wäre, könnte die internationale Zuständigkeit zu leicht und einseitig beeinflusst werden. Die Rechtsposition des Beklagten, vor unzumutbaren Gerichtsständen geschützt zu werden, bliebe außer Betracht und es drohte unerwünschtes *forum shopping*. Faktisch käme eine derartige Lockerung des Inlandsbezugs einem Verzicht auf dieses Kriterium gleich[126]. Das richtige gesetzgeberische Mittel, um bei gravierenden Menschenrechtsverstößen eine internationale Zuständigkeit unabhängig von den Inlandsbeziehungen zu gewährleisten, ist jedoch das Universalitätsprinzip und nicht die Notzuständigkeit. Darüber hinaus führte eine besondere Notzuständigkeit für Menschenrechtsklagen zu Rechtsunsicherheit. Denn der sachliche Anwendungsbereich dieser Klagen kann nicht trennscharf von dem Anwendungsbereich „herkömmlicher" Verfahren abgegrenzt werden[127].

V. Rechtsfolge

Mit Blick auf die Rechtsfolge der Notzuständigkeit eignen sich die geschriebenen Notzuständigkeiten des Europäischen Zivilverfahrensrechts ausnahmsweise nicht als Vorbild. Vielmehr sind diese Vorschriften unglücklich formuliert, da sie den Gerichten scheinbar ein Ermessen bei der Frage einräumen, ob die Notzuständigkeit auszuüben ist[128]. Demgegenüber sollte in einer künftigen Vorschrift zur Notzuständigkeit deutlich zum Ausdruck kommen, dass eine Notzuständigkeit ausgeübt werden muss, wenn die Voraussetzungen vorliegen[129].

VI. Örtliche Zuständigkeit

Die Notzuständigkeit begründet lediglich die internationale Zuständigkeit deutscher Gerichte. In der Folge bestünde die Gefahr, dass die inländischen Gerichte zwar international zuständig wären, sich im Inland allerdings kein örtlich zuständiges Gericht auffinden ließe. Um dies zu vermeiden und zur Zuständigkeitsklarheit beizutragen, sollte die örtliche Zuständigkeit in einer künftigen

---

[125] Siehe ausführlich oben unter § 14 C IV 2 b cc (S. 381).
[126] Vgl. auch *Ryngaert*, Riv. dir. int. 100 (2017), 782, 799.
[127] Vgl. *Dutta*, BerDGesIntR 50 (2020), 39, 60.
[128] Siehe oben unter § 11 A II 5 (S. 252 ff.).
[129] Dies bereits *de lege lata* zur autonomen deutschen Notzuständigkeit klarstellend *Kübler-Wachendorff*, Das forum necessitatis, S. 44.

Vorschrift zur Notzuständigkeit ausdrücklich mitgeregelt werden[130]. Dabei sollte zunächst das Gericht örtlich zuständig sein, in dessen Bezirk der ausreichende Inlandsbezug lokalisiert ist[131]. Davon nicht erfasst verblieben einzig Konstellationen, in denen der Inlandsbezug örtlich nicht lokalisiert werden kann. Dies ist zum Beispiel der Fall, wenn der ausreichende Inlandsbezug durch die Staatsangehörigkeit einer Partei vermittelt wird[132]. Lediglich für diese Konstellationen sollte eine örtliche Auffangzuständigkeit des AG Schöneberg in Berlin bestehen. Diese Vorgehensweise bietet den Vorteil, dass grundsätzlich das sachverhalts- und beweisnähere Gericht entscheidet. Demgegenüber führte eine Zuständigkeitskonzentration an einem bestimmten Gerichtsstandort[133] dazu, dass sämtliche Verfahren sachbezugsunabhängig dorthin verwiesen werden müssten.

C. Ergebnis

In das autonome deutsche Zuständigkeitsrecht sollte *de lege ferenda* eine geschriebene Notzuständigkeit aufgenommen werden. Diese Vorschrift sollte sich grundsätzlich an den geschriebenen Notzuständigkeiten des Europäischen Zivilverfahrensrechts orientieren. Daher sollten die Unmöglichkeit und Unzumutbarkeit der Rechtsverfolgung im Ausland als zentrale Anwendungsfälle drohender Rechtsverweigerung vorgesehen werden. Im Gegensatz zu den europäischen Notzuständigkeiten sollten diese Anwendungsfälle allerdings ausdrücklich um die Anerkennungslücke als weiteren Anwendungsfall ergänzt werden. Darüber hinaus sollte klargestellt werden, dass bereits die Gefahr einer Rechtsverweigerung genügt, um die internationale Notzuständigkeit auszuüben. Ferner sollten allein die Rechtsverwirklichungschancen in denjenigen ausländischen Staaten zu überprüfen sein, die bei spiegelbildlicher Anwendung des deutschen Zuständigkeitsrechts international zuständig wären. Der Inlandsbezug sollte durch einen unbestimmten Rechtsbegriff wie den „ausreichenden Bezug" der Sache

---

[130] Vgl. auch *Kropholler* in Hdb. IZVR I, Kap. III, Rn. 147, 195.

[131] Als Vorbild kann die deutsche Begleitgesetzgebung zur EuUntVO in § 27 Abs. 1 S. 1 AUG herangezogen werden, welche die örtliche Zuständigkeit für die Notzuständigkeit des Art. 7 EuUntVO in diesem Sinne regelt. Auch nach Art. 3 schweizerisches IPRG sind „die schweizerischen Gerichte oder Behörden am Ort zuständig, mit dem der Sachverhalt einen genügenden Zusammenhang aufweist".

[132] Dazu *Kropholler* in Hdb. IZVR I, Kap. III, Rn. 142.

[133] Für eine generelle Zuständigkeitskonzentration mit Unterschieden in der konkreten Ausgestaltung *Kropholler* in Hdb. IZVR I, Kap. III, Rn. 147; *Neuhaus/Kropholler*, RabelsZ 44 (1980), 326, 338; *Pfeiffer*, Internationale Zuständigkeit, S. 649; *M. Schulz*, Alien Tort Statute, S. 391.

ausgestaltet werden. Um die Zuständigkeitsklarheit zu steigern, sollten indes Anknüpfungspunkte wie der gewöhnliche Aufenthalt oder die Staatsangehörigkeit einer Partei sowie die Belegenheit des Vermögens des Beklagten als Regelbeispiele für den ausreichenden Inlandsbezug aufgeführt werden. Demgegenüber sollten für Menschenrechtsklagen keine Besonderheiten vorgesehen werden. Im Gegensatz zu den europäischen Notzuständigkeiten sollte zudem klargestellt werden, dass eine Notzuständigkeit eröffnet werden muss, wenn die Voraussetzungen vorliegen. Des Weiteren sollte im Rahmen der Notzuständigkeit auch die örtliche Zuständigkeit mitgeregelt werden. Insoweit sollte zunächst das Gericht zuständig sein, in dessen Bezirk sich der ausreichende Inlandsbezug lokalisieren lässt. Für die verbleibenden Konstellationen sollte eine Auffangzuständigkeit des AG Schöneberg in Berlin vorgesehen werden.

Fünfter Teil

Schluss

§ 17 Zusammenfassung der Ergebnisse

A. Grundzüge der Notzuständigkeit

In internationalen Zivilverfahren kann ein Rechtssuchender ausnahmsweise auf Rechtsschutz durch einen Staat angewiesen sein, in dem an sich keine internationale Zuständigkeit vorgesehen ist. Dies ist der Fall, wenn dem Rechtssuchenden ohne die Zuständigkeitsausübung eine Rechtsverweigerung drohte. Die Gefahr einer Rechtsverweigerung besteht erstens in Konstellationen eines negativen internationalen Kompetenzkonfliktes. Ein solcher Kompetenzkonflikt entsteht, wenn sich von denjenigen Staaten, die zur Zuständigkeitsausübung in Betracht kommen, keiner als international zuständig erachtet. Zweitens kann ein Verfahren in dem an sich zuständigen Staat tatsächlich unmöglich oder dem Rechtssuchenden aus inländischer Perspektive jedenfalls unzumutbar sein. Drittens und letztens kann eine örtlich beschränkte Rechtsverweigerung drohen, wenn im Inland weder eine Entscheidung des an sich zuständigen Staates anerkennungsfähig ist noch eine eigene Entscheidungszuständigkeit besteht (sogenannte Anerkennungslücke). Um den Rechtssuchenden nicht rechtsschutzlos zu stellen, sehen einige Staaten die Möglichkeit vor, in diesen Ausnahmefällen eine internationale Zuständigkeit auszuüben. Da aufgrund der besonderen Umstände des Einzelfalls mithin eine Zuständigkeit ausgeübt wird, die unter gewöhnlichen Umständen nicht ausgeübt werden könnte, wird dieser Zuständigkeitsgrund als Notzuständigkeit oder „forum necessitatis" bezeichnet.

B. Völker- und verfassungsrechtliche Vorgaben

Die Ausübung von internationaler Notzuständigkeit wird durch Vorgaben des allgemeinen Völkerrechts nicht spürbar begrenzt. Vielmehr genügt bereits die Einleitung des Verfahrens in einem Staat, um einen *genuine link* zwischen dem Sachverhalt und diesem Gerichtsstaat zu begründen.

Darüber hinaus stellt die EMRK gegenwärtig keine konkreten Anforderungen an die Ausgestaltung der internationalen Zuständigkeit im Allgemeinen sowie an die Ausübung einer Notzuständigkeit im Besonderen. Insbesondere wird der weite Beurteilungsspielraum der Mitgliedstaaten, wann ein zur Ausübung internationaler Zuständigkeit genügender Inlandsbezug vorliegen soll, nach Auffassung des EGMR selbst bei drohender Rechtsverweigerung nicht eingeschränkt. Gleiches gilt für das Recht auf Zugang zu Gericht der EU-Grundrechtecharta: Dieses Recht entspricht weitgehend der Regelung der EMRK und stellt keine eigenständigen Anforderungen an die internationale Zuständigkeit bei drohender Rechtsverweigerung.

Konkretere Vorgaben können einzig dem Grundgesetz entnommen werden: Der allgemeine Justizgewährungsanspruch des Grundgesetzes ist in internationalen Zivilverfahren nur anwendbar, wenn ein inländisches Rechtsschutzbedürfnis besteht. Dieses Anwendungskriterium ist allerdings sehr weitreichend und setzt lediglich voraus, dass ein potenzielles Vollstreckungs- oder Feststellungsinteresse im Inland vorhanden ist. Allein aus der Anwendbarkeit des Justizgewährungsanspruchs folgt noch kein Recht des Rechtsuchenden, dass ihm eine internationale Zuständigkeit eröffnet wird. Denn grundsätzlich steht es der deutschen Hoheitsgewalt offen, den Rechtsuchenden an ein ausländisches Erkenntnisverfahren zu verweisen. Dieser Verweis ist dem Rechtsuchenden jedoch unzumutbar, wenn er ins Leere geht, weil zum Beispiel im Ausland wiederum keine internationale Zuständigkeit vorgesehen ist oder ein (zumutbarer) Rechtsschutz aus tatsächlichen Gründen scheitert. In diesen Konstellationen verdichtet sich der Justizgewährungsanspruch des Rechtsuchenden zu einem Recht auf ein inländisches Erkenntnisverfahren. Hat der Gesetzgeber insoweit keine internationale Zuständigkeit vorgesehen, muss grundsätzlich eine internationale Notzuständigkeit eröffnet werden. Gleichwohl gilt der Justizgewährungsanspruch des Rechtsuchenden nicht unbegrenzt. Seine Rechtsposition ist vielmehr mit dem Recht des Beklagten, vor unzumutbaren Gerichtsständen geschützt zu werden, abzuwägen. Zwar wird angesichts der drohenden Rechtsverweigerung die Rechtsposition des Klägers die Rechtsposition des Beklagten regelmäßig überwiegen. Dies ist aber nicht ausnahmslos der Fall. Daher steht es dem Gesetzgeber insbesondere zu, auch die Notzuständigkeit von einem gewissen Inlandsbezug abhängig zu machen.

C. Europäisches Zuständigkeitsrecht

I. De lege lata

Das Bedürfnis einer Notzuständigkeit hängt im europäischen Zuständigkeitsrecht maßgeblich davon ab, ob ein Rechtsakt ein abschließendes Zuständigkeitsregime enthält oder dem Zuständigkeitsrecht der Mitgliedstaaten ein Restanwendungsbereich verbleibt. Während bei Rechtsakten ohne abschließendes Zuständigkeitsregime das Bedürfnis einer Notzuständigkeit von vornherein auf Unionssachverhalte beschränkt ist, sind es im Anwendungsbereich der abschließenden Rechtsakte auch und vor allem Sachverhalte mit Drittstaatenbezug, in denen das Bedürfnis einer Notzuständigkeit besteht. Im Verhältnis zu Drittstaaten können die „klassischen Konstellationen" drohender Rechtsverweigerung auftreten, also negative internationale Kompetenzkonflikte, die Unmöglichkeit oder Unzumutbarkeit eines ausländischen Verfahrens sowie Anerkennungslücken. Aber auch in Sachverhalten, die allein Berührungspunkte zu Mitgliedstaaten aufweisen, können – trotz der Annahme eines lückenlosen Zuständigkeitsrechts und des Grundsatzes des gegenseitigen Vertrauens – Rechtsschutzlücken auftreten.

1. Geschriebene Notzuständigkeiten

Gegenwärtig enthalten einzig diejenigen Rechtsakte, deren Zuständigkeitsregime abschließend ist, eine geschriebene Notzuständigkeit. In ihrem Anwendungsbereich sind die Vorschriften auf Drittstaatensachverhalte begrenzt. Denn sie setzen voraus, dass der Rechtsschutz in einem Drittstaat unmöglich oder unzumutbar ist, zu dem die Sache einen engen Bezug aufweist.

Die geschriebenen Notzuständigkeiten und ihre Erwägungsgründe sind weitgehend einheitlich ausgestaltet. Daher sind die Vorschriften rechtsaktübergreifend auszulegen, soweit die Besonderheiten der jeweiligen Verordnung dies zulassen. Zudem müssen die Vorschriften restriktiv ausgelegt werden.

Bei der Prüfung der Notzuständigkeit ist zunächst zu ermitteln, zu welchen Drittstaaten die Sache einen engen Bezug aufweist, um den Kreis der zu überprüfenden Rechtsordnungen einzuschränken. Dabei weisen nur die Drittstaaten einen engen Bezug zur Sache auf, die bei einer spiegelbildlichen Anwendung der Verordnung international zuständig wären. Dies ermöglicht eine trennscharfe Abgrenzung zur Voraussetzung des „ausreichenden Bezugs", welcher im Verhältnis zu einem Mitgliedstaat vorliegen muss, und sorgt für Zuständigkeitsklarheit.

Ob die Verfahrenseinleitung oder -führung in einem Drittstaat unmöglich oder unzumutbar ist, ist eine Frage des Einzelfalls. Unmöglich kann ein Verfahren aus tatsächlichen oder rechtlichen Gründen sein. Mit Blick auf die Unzumutbarkeit eines Verfahrens bietet es sich an, grob zwischen drei Fallgruppen zu differenzieren: So kann ein Verfahren in dem Drittstaat generell oder nur das konkrete Verfahren unzumutbar sein; ferner kann der Rechtssuchende am persönlichen Erscheinen gehindert sein. Darüber hinaus bildet die Anerkennungslücke einen Anwendungsfall drohender Rechtsverweigerung, und zwar unabhängig davon, ob eine Entscheidung in dem Drittstaat schon ergangen ist oder noch nicht. In diesen Konstellationen bedarf der Rechtssuchende allerdings eines Interesses an einer Entscheidung gerade im Inland. Demgegenüber setzt die Eröffnung einer Notzuständigkeit nicht voraus, dass ein Verfahren in dem Drittstaat (erfolglos) eingeleitet wurde, sofern die Unmöglichkeit oder Unzumutbarkeit nachgewiesen wird.

Die Voraussetzung, dass die Sache einen ausreichenden Bezug zu dem Mitgliedstaat des angerufenen Gerichts aufweisen muss, ist für den Schutz des Beklagten oder Antragsgegners wesentlich und bedarf daher einer restriktiven Auslegung im Einzelfall. Manche Anknüpfungspunkte vermitteln stets und selbstständig einen „ausreichenden" Mitgliedstaatenbezug, während andere Anknüpfungspunkte allenfalls in Ausnahmefällen oder bei einer Gesamtbetrachtung eine hinreichende Nähebeziehung vermitteln können. Grundsätzlich reichen zum Beispiel die – effektive oder nicht effektive – Staatsangehörigkeit oder der gewöhnliche Aufenthalt einer Partei oder die Belegenheit von Vermögen des Beklagten oder Antragsgegners im Inland aus. Demgegenüber ist der schlichte Aufenthalt einer oder beider Parteien zu manipulationsanfällig und zufallsabhängig, um regelmäßig einen „ausreichenden" Mitgliedstaatenbezug zu begründen.

Den mitgliedstaatlichen Gerichten steht kein Ermessen bei der Frage zu, ob sie eine Notzuständigkeit ausüben. Im Interesse der Zuständigkeitsklarheit und unter Berücksichtigung des Sinn und Zwecks der Vorschrift muss eine Notzuständigkeit angenommen werden, wenn die Voraussetzungen erfüllt sind. In Bezug auf die *perpetuatio fori* ist zu differenzieren: Wenn die Verfahrensführung in einem Drittstaat, zu dem von Anfang an ein enger Bezug bestand, möglich und zumutbar wird, ist eine *perpetuatio fori* abzulehnen. Sie ist demgegenüber zu bejahen, wenn ein anderer Mitgliedstaat nach Anrufung des Gerichts regulär zuständig wird oder ein enger Bezug zu einem Drittstaat begründet wird, in dem die Rechtsverwirklichung möglich und zumutbar ist.

2. Ungeschriebene Notzuständigkeiten

Treten in Sachverhalten, die ausschließlich Bezugspunkte zu Mitgliedstaaten aufweisen, Rechtsschutzlücken auf, sind ungeschriebene Notzuständigkeiten zu eröffnen, um eine Rechtsverweigerung zu vermeiden. Dies gilt unabhängig davon, ob ein Rechtsakt ein abschließendes Zuständigkeitsregime enthält oder dem Zuständigkeitsrecht der Mitgliedstaaten mit Blick auf bestimmte Drittstaatensachverhalte ein Restanwendungsbereich verbleibt. Denn Unionssachverhalte werden von sämtlichen Verordnungen abschließend erfasst. Die Anwendung der ungeschriebenen Notzuständigkeiten erfolgt rechtsaktübergreifend nach einheitlichen Maßstäben. Zudem sind – soweit möglich – die geschriebenen Notzuständigkeiten als Orientierungsgrundlage heranzuziehen. Der zwischen den Mitgliedstaaten bestehende Grundsatz des gegenseitigen Vertrauens in die Rechtspflege und die ordnungsgemäße Rechtsanwendung innerhalb der Union verhindert indes, dass eine Notzuständigkeit mit der Begründung angenommen werden kann, ein Verfahren vor dem an sich zuständigen Mitgliedstaat sei unzumutbar. Darüber hinaus kann eine Notzuständigkeit aufgrund einer Anerkennungslücke erst eröffnet werden, nachdem eine Entscheidung im Erststaat bereits ergangen ist.

II. De lege ferenda

1. Drittstaatensachverhalte

Im Hinblick auf die künftige Ausgestaltung der Notzuständigkeit in Drittstaatensachverhalten ist zwischen Rechtsakten mit abschließendem Zuständigkeitsregime einerseits und Rechtsakten ohne abschließendes Zuständigkeitsregime andererseits zu differenzieren:

In Bezug auf diejenigen Rechtsakte, die ein abschließendes Zuständigkeitsregime enthalten, besteht kein unmittelbarer gesetzgeberischer Handlungsbedarf. Dennoch sollten die geschriebenen Notzuständigkeiten angepasst und präzisiert werden, sofern die Verordnungen insgesamt neugefasst oder revidiert werden: Erstens sollte festgelegt werden, dass der enge Bezug zu einem Drittstaat besteht, wenn dieser bei spiegelbildlicher Anwendung der europäischen Zuständigkeitsvorschriften international zuständig wäre. Zweitens sollte die Anerkennungslücke ausdrücklich als Anwendungsfall der Notzuständigkeit aufgenommen werden. Drittens empfiehlt es sich, weitere Beispiele für den ausreichenden Bezug zu einem Mitgliedstaat in die Verordnungen aufzunehmen. Viertens sollte klargestellt werden, dass den mitgliedstaatlichen Gerichten kein Ermessen bei der Frage zusteht, ob sie eine Notzuständigkeit ausüben. Fünftens und letztens sollte das Verhältnis der geschriebenen Notzuständigkeit zu den begrenzten Auffangzuständigkeiten der EuErbVO und EuGüVO/EuPartVO klargestellt werden.

In Bezug auf die Rechtsakte ohne abschließendes Zuständigkeitsregime hängt der Bedarf einer geschriebenen Notzuständigkeit davon ab, ob die Zuständigkeitsvorschriften universalisiert werden oder nicht. Lediglich in dem wünschenswerten Fall, dass die Zuständigkeitsvorschriften universalisiert werden, sollte eine geschriebene Notzuständigkeit eingeführt werden. Die Vorschriften sollten insoweit nach dem Vorbild der geschriebenen Notzuständigkeiten in den anderen Rechtsakten ausgestaltet werden.

2. Unionssachverhalte

Um Konstellationen drohender Rechtsverweigerung in Unionssachverhalten zu vermeiden, sollte *de lege ferenda* zunächst eine bindende Verweisungsmöglichkeit zwischen den Mitgliedstaaten eingeführt werden. Darüber hinaus sollte die bislang unvereinheitlichte Wohnsitzanknüpfung im Anwendungsbereich der Brüssel Ia-VO durch einen verordnungsautonom zu bestimmenden Anknüpfungspunkt ersetzt werden. Ferner sollte für die Scheidung gleichgeschlechtlicher Ehen eine besondere (Not-)Zuständigkeit geschaffen werden.

Den verbleibenden Anwendungsfällen der Notzuständigkeit sollte damit begegnet werden, dass eine spezifische und ausdrückliche Notzuständigkeit für Anerkennungslücken vorgesehen wird. Demgegenüber ist es nicht erforderlich, eine allgemeine Notzuständigkeit für Unionssachverhalte zu kodifizieren.

D. Autonomes deutsches Zuständigkeitsrecht

I. De lege lata

Eine ungeschriebene Notzuständigkeit muss lediglich eröffnet werden, wenn sich die Rechtsverweigerung nicht durch anderweitige Mittel bereits vermeiden lässt. Als untaugliches Mittel hat sich in diesem Zusammenhang zunächst der Zuständigkeitsrenvoi erwiesen. Darüber hinaus kann *de lege lata* auch bei drohender Rechtsverweigerung nicht auf das Erfordernis der Verbürgung der Gegenseitigkeit verzichtet werden. Schließlich bildet die Notzuständigkeit kein eigenständiges Abwägungskriterium im Rahmen des anerkennungsrechtlichen *ordre public*. Demgegenüber kann eine Rechtsverweigerung vermieden werden, indem die Gewährung international ausschließlicher Zuständigkeit zugunsten ausländischer Gerichte davon abhängig gemacht wird, ob diese zu einer Rechtsverweigerung führt oder nicht. Zudem ist die Anerkennungsfähigkeit bei der Auslegung einer Prorogation ausländischer Gerichte zu berücksichtigen. Ferner können die ungeschriebene Notzuständigkeit des autonomen Rechts sowie die geschriebenen Notzuständigkeiten des europäischen Zuständigkeitsrechts spiegelbildlich die Anerkennungszuständigkeit ausländischer Gerichte begründen.

Die ungeschriebene Notzuständigkeit des autonomen Rechts setzt voraus, dass dem Rechtssuchenden eine Rechtsverweigerung droht. Diese kann auf einem negativen internationalen Kompetenzkonflikt, der Unmöglichkeit oder Unzumutbarkeit des ausländischen Verfahrens sowie einer Anerkennungslücke beruhen. Die Rechtsverwirklichungschancen sind nur in Bezug auf diejenigen ausländischen Staaten zu prüfen, die bei spiegelbildlicher Anwendung des deutschen Zuständigkeitsrechts international zuständig wären. Die ungeschriebene Notzuständigkeit ist allerdings nicht spiegelbildlich heranzuziehen. Für den Nachweis einer drohenden Rechtsverweigerung ist weder erforderlich, dass ein Verfahren im Ausland angestrengt wurde, noch, dass eine ausländische Entscheidung bereits ergangen ist. Der Gefahrbegriff ist durch eine Fallgruppenbildung zu konkretisieren, da die verschiedenen Fallgruppen der Rechtsverweigerung spezifische Anforderungen an den Nachweis der Gefahr stellen. So genügt als Nachweis eines negativen internationalen Kompetenzkonflikts bereits der Umstand, dass im Ausland keine reguläre Zuständigkeit vorgesehen ist, während ein ausländisches Verfahren nur dann unzumutbar ist, wenn nachgewiesen wird, dass sich zum Beispiel ein schwerwiegendes rechtsstaatliches Defizit auch auf das konkrete Verfahren auswirken würde.

Die zweite wesentliche Voraussetzung der Notzuständigkeit ist das Erfordernis einer hinreichenden Inlandsbeziehung. Insoweit ist eine umfassende Einzelfallbetrachtung durchzuführen. Leitlinie dieser Einzelfallbetrachtung ist der Schutz des Beklagten. Ein Binnenbezug, der aus seiner Sphäre stammt, ist von vornherein weniger bedenklich als Anknüpfungspunkte, die aus der Sphäre des Klägers stammen. Der Beklagtenschutz ist damit abzuwägen, wie bedeutend der inländische Rechtsschutz für die Rechtsverwirklichung des Klägers ist. Zudem können die Anforderungen des Inlandsbezugs davon abhängen, welches Rechtsschutzziel der Kläger verfolgt. Vor diesem Hintergrund sind zum Beispiel der gewöhnliche Aufenthalt des Beklagten, dessen Staatsangehörigkeit und die Belegenheit von Beklagtenvermögen, auf das zugegriffen werden soll, als hinreichende Anknüpfungspunkte anzusehen. Auch für Menschenrechtsklagen kann keine Ausnahme von dem Erfordernis der Inlandsbeziehung gemacht werden. Allerdings bildet der Sitz der Konzernmutter im Inland regelmäßig einen hinreichenden Anknüpfungspunkt für die Klage gegen ein ausländisches Tochterunternehmen.

Wird eine internationale Notzuständigkeit gewährt, muss auch eine örtliche Ersatzzuständigkeit eröffnet werden, sofern nach den regulären Zuständigkeitsgründen kein Gericht örtlich zuständig ist. Örtlich zuständig sind zunächst diejenigen Gerichte, in deren Bezirk sich der Inlandsbezug – sofern möglich – lokalisieren lässt. Alternativ besteht jedenfalls eine subsidiäre Ersatzzuständigkeit im Bezirk des AG Schöneberg in Berlin.

In Bezug auf die *perpetuatio fori* ist zwischen den Voraussetzungen der Notzuständigkeit zu differenzieren: Während die internationale Notzuständigkeit fortbesteht, wenn der hinreichende Inlandsbezug nach der Rechtshängigkeit entfällt, scheidet eine *perpetuatio fori* grundsätzlich aus, wenn einem Rechtssuchenden keine Rechtsverweigerung mehr droht. Allerdings bleibt die Notzuständigkeit bestehen, wenn nach Rechtshängigkeit die internationale Zuständigkeit eines anderen Staates begründet wird, in dem die Rechtsverfolgung möglich und zumutbar ist.

Die Gerichte haben die Möglichkeit, ein Verfahren auszusetzen, wenn Unklarheiten über die Rechtsschutzmöglichkeiten im Ausland bestehen, anstatt die Klage abzuweisen. Darüber hinaus hindert die Rechtskraft einer inländischen Prozessabweisung mangels internationaler Zuständigkeit einen nachfolgenden Prozess nicht, wenn in dem aus deutscher Sicht zuständigen Staat ebenfalls eine Prozessabweisung mangels internationaler Zuständigkeit erfolgte.

II. De lege ferenda

De lege ferenda sollte eine geschriebene Notzuständigkeit in das autonome deutsche Zuständigkeitsrecht aufgenommen werden. Diese Vorschrift sollte sich grundsätzlich an den geschriebenen Notzuständigkeiten des Europäischen Zivilverfahrensrechts orientieren. Daher sollten die Unmöglichkeit und Unzumutbarkeit der Rechtsverfolgung im Ausland als zentrale Anwendungsfälle drohender Rechtsverweigerung vorgesehen werden. Im Gegensatz zu den europäischen Notzuständigkeiten sollten diese Anwendungsfälle allerdings ausdrücklich um die Anerkennungslücke als weiteren Anwendungsfall ergänzt werden. Darüber hinaus sollte klargestellt werden, dass bereits die Gefahr einer Rechtsverweigerung genügt, um die internationale Notzuständigkeit auszuüben. Ferner sollten allein die Rechtsverwirklichungschancen in denjenigen ausländischen Staaten zu überprüfen sein, die bei spiegelbildlicher Anwendung des deutschen Zuständigkeitsrechts international zuständig wären. Der Inlandsbezug sollte durch einen unbestimmten Rechtsbegriff wie den „ausreichenden Bezug" der Sache ausgestaltet werden. Um die Zuständigkeitsklarheit zu steigern, sollten indes Anknüpfungspunkte wie der gewöhnliche Aufenthalt oder die Staatsangehörigkeit einer Partei sowie die Belegenheit des Vermögens des Beklagten als Regelbeispiele für den ausreichenden Inlandsbezug aufgeführt werden. Demgegenüber sollten für Menschenrechtsklagen keine Besonderheiten vorgesehen werden. Im Gegensatz zu den europäischen Notzuständigkeiten sollte zudem klargestellt werden, dass eine Notzuständigkeit eröffnet werden muss, wenn die Voraussetzungen vorliegen. Des Weiteren sollte im Rahmen der Notzuständigkeit auch die örtliche Zuständigkeit mitgeregelt werden. Insoweit sollte zunächst das Gericht zuständig sein, in dessen Bezirk sich der ausreichende Inlandsbezug lokalisieren lässt. Für die verbleibenden Konstellationen sollte eine Auffangzuständigkeit des AG Schöneberg in Berlin vorgesehen werden.

Literaturverzeichnis

Aden, Menno: Internationale Notzuständigkeit, ZVglRWiss 106 (2007), 490–497.
Adolphsen, Jens: Europäisches Zivilverfahrensrecht, 2. Aufl., Berlin, Heidelberg 2015.
Akehurst, Michael: Jurisdiction in International Law, BYIL 46 (1972–1973), 145–257.
American Law Institute: Restatement of the Law Fourth, The Foreign Relations Law of the United States, Selected Topics in Treaties, Jurisdiction, and Sovereign Immunity, §§ 301–313; 401–464; 481–490, St. Paul 2018.
American Law Institute/UNIDROIT: Principles of Transnational Civil Procedure, Cambridge 2006.
Andrae, Marianne: Internationales Familienrecht, 4. Aufl., Baden-Baden 2019.
Antomo, Jennifer: Die Neufassung der Brüssel IIa-Verordnung – erfolgte Änderungen und verbleibender Reformbedarf, in: Europäisches Familien- und Erbrecht. Stand und Perspektiven, hrsg. von Thomas Pfeiffer, Quincy C. Lobach und Tobias Rapp, Baden-Baden 2020, S. 13–60.
Augenstein, Daniel: Torture as Tort? Transnational Tort Litigation for Corporate-Related Human Rights Violations and the Human Right to a Remedy, Human Rights Law Review 18 (2018), 593–612.
Augenstein, Daniel/Jägers, Nicola: Judicial remedies: The issue of jurisdiction, in: Human Rights in Business. Removal of Barriers to Access to Justice in the European Union, hrsg. von Juan José Álvarez Rubio und Katerina Yiannibas, London, New York 2017, S. 7–37.
Avasilencei, Catalina/Piciarca, Luana Elena: Regard sur les conflits de juridictions dans le nouveau Code de procédure civile roumain, Rev. crit. dr. internat. privé 2014, 43–70.
Bach, Ivo: Drei Entwicklungsschritte im europäischen Zivilprozessrecht. Kommissionsentwurf für eine Reform der EuGVVO, ZRP 2011, 97–100.
Bach, Ivo/Huber, Peter: Internationales Privat- und Prozessrecht. Der Pflichtstoff, München 2020.
Bachmann, Johannes Friedrich: Universalisierung des Europäischen Zivilverfahrensrechts. Die unilaterale Erstreckung des Europäischen Zivilverfahrensrechts auf Drittstaatensachverhalte, Berlin 2020.
Badenhop, Johannes: Normtheoretische Grundlagen der Europäischen Menschenrechtskonvention, Baden-Baden 2010.
Bar, Christian von/Mankowski, Peter: Internationales Privatrecht. Band I, Allgemeine Lehren, 2. Aufl., München 2003.
–: Internationales Privatrecht. Band II, Besonderer Teil, begründet von Christian von Bar, fortgeführt von Peter Mankowski, 2. Aufl., München 2019.
Bariatti, Stefania: Multiple Nationalities and EU Family Regulations, in: Planning the Future of Cross Border Families. A Path Through Coordination, hrsg. von Ilaria Viarengo und Francesca C. Villata, Oxford, New York 2020, S. 151–160.

Basedow, Jürgen: Europäisches Zivilprozeßrecht. Allgemeine Fragen des Europäischen Gerichtsstands- und Vollstreckungsübereinkommens (GVÜ), in: Handbuch des Internationalen Zivilverfahrensrechts, Band I, hrsg. vom Max-Planck-Institut für Ausländisches und Internationales Privatrecht (Hamburg), Tübingen 1982, S. 99–181.

–: Hundert Jahre Rechtsvergleichung. Von wissenschaftlicher Erkenntnisquelle zur obligatorischen Methode der Rechtsanwendung, JZ 2016, 269–280.

Basler Kommentar: Internationales Privatrecht, hrsg. von Pascal Grolimund, Leander Loacker und Anton K. Schnyder, 4. Aufl., Basel 2021.

Baumgartner, Samuel P.: Changes in the European Union's Regime of Recognizing and Enforcing Foreign Judgments and Transnational Litigation in the United States, Sw. J. Int'l L. 18 (2012), 567–594.

Beaumont, Paul: Hague Choice of Court Agreements Convention 2005: Background, Negotiations, Analysis and Current Status, JPIL 5 (2009), 125–159.

Becker, Florian: StIGH v. 7.9.1927 – Lotus, in: Völkerrechtsprechung. Ausgewählte Entscheidungen zum Völkerrecht in Retrospektive, hrsg. von Jörg Menzel, Tobias Pierlings und Jeannine Hoffmann, Tübingen 2005, Nr. 42, S. 291–298.

BeckOGK: beck-online.GROSSKOMMENTAR zum Zivilrecht, Gesamtherausgeber: Beate Gsell, Wolfgang Krüger, Stephan Lorenz und Christoph Reymann, München (zuletzt abgerufen am 31.1.2022).

BeckOK BGB: Beck'scher Online-Kommentar, hrsg. von Wolfgang Hau und Roman Poseck, 60. Edition, Stand: 1.11.2021, München 2021.

BeckOK ZPO: Beck'scher Online-Kommentar, hrsg. von Volkert Vorwerk und Christian Wolf, 42. Edition, Stand: 1.9.2021, München 2021.

Beijer, Malu: The Limits of Fundamental Rights Protection by the EU. The Scope for the Development of Positive Obligations, Cambridge 2017.

Bergmann, Dennis Frederic Hubert: Hinterbliebenengeld, Berlin 2021.

Bericht der Kommission für das Zivilprozeßrecht, hrsg. vom Bundesministerium der Justiz, Bonn 1977.

Berner, Felix: Prorogation drittstaatlicher Gerichte und Anwendungsvorrang der EuGVVO, RIW 2017, 792–799.

–: Besprechung von Sylvia Verena Lukas: Die Person mit unbekanntem Aufenthalt im zivilrechtlichen Erkenntnisverfahren. Verfahrensrechtliche Fragestellungen im internationalen Kontext. Baden-Baden 2018, ZZP 133 (2020), 129–131.

Bertele, Joachim: Souveränität und Verfahrensrecht. Eine Untersuchung der aus dem Völkerrecht ableitbaren Grenzen staatlicher extraterritorialer Jurisdiktion im Verfahrensrecht, Tübingen 1998.

Biagioni, Giacomo: Alcuni caratteri generali del *forum necessitatis* nello spazio giudiziario europeo, CDT (März 2012), 20–36.

Bidell, Daniela: Die Erstreckung der Zuständigkeiten der EuGVO auf Drittstaatensachverhalte. Unter besonderer Berücksichtigung des Kommissionsvorschlags KOM (2010) 748 endg., Frankfurt am Main 2014.

Boehmer, Gustav: Grundlagen der Bürgerlichen Rechtsordnung. Erstes Buch. Das Bürgerliche Recht als Teilgebiet der Gesamtrechtsordnung, Tübingen 1950.

Bonomi, Andrea: European Private International Law and Third States, IPRax 2017, 184–193.

Bonomi, Andrea/Wautelet, Patrick (Hrsg.): Le droit européen des successions. Commentaire du Règlement n° 650/2012 du 4 juillet 2012, 2. Aufl., Brüssel 2016.

Bookman, Pamela K.: Litigation Isolationism, Stanford Law Review 67 (2015), 1081–1144.

Boskovic, Olivera: Déni de justice et compétence internationale du juge français. Anmerkung (note) zu Cour de cassation, soc., 14.9.2017, n° 15-26.737, Revue des sociétés 2018, 467–471.
Brehm, Wolfgang: Freiwillige Gerichtsbarkeit, 4. Aufl., Stuttgart u. a. 2009.
Britz, Gabriele: Grundrechtsschutz in der justiziellen Zusammenarbeit – zur Titelfreizügigkeit in Familiensachen, JZ 2013, 105–111.
Brüggemann, Niklas: Die Anerkennung prorogationswidriger Urteile im Europäischen und US-amerikanischen Zivilprozessrecht, Tübingen 2019.
Bruns, Alexander: Die zivilprozessuale Dimension der Justizgewährleistung, in: Festschrift für Rolf Stürner zum 70. Geburtstag. 1. Teilband: Deutsches Recht, hrsg. von Alexander Bruns, Christoph Kern, Joachim Münch, Andreas Piekenbrock, Astrid Stadler und Dimitrios Tsikrikas, Tübingen 2013, S. 257–271.
Bucher, Andreas: La compétence universelle civile en matière de réparation pour crimes internationaux, in: Annuaire de l'Institut de Droit international – Séssion de Tallinn, 2015, abrufbar unter <https://www.idi-iil.org/app/uploads/2017/06/01-Bucher-Competence_universel.pdf> (zuletzt abgerufen am 31.7.2023).
Buchner, Benedikt: Kläger- und Beklagtenschutz im Recht der internationalen Zuständigkeit. Lösungsansätze für eine zukünftige Gerichtsstands- und Vollstreckungskonvention, Tübingen 1998.
Bumiller, Ursula/Harders, Dirk/Schwamb, Werner: FamFG. Gesetz über das Verfahren in Familiensachen und in den Angelegenheiten der freiwilligen Gerichtsbarkeit, 12. Aufl., München 2019.
Burgstaller, Alfred/Neumayr, Matthias: Beobachtungen zu Grenzfragen der internationalen Zuständigkeit: Von *forum non conveniens* bis Notzuständigkeit, in: Grenzüberschreitungen. Beiträge zum Internationalen Verfahrensrecht und zur Schiedsgerichtsbarkeit. Festschrift für Peter Schlosser zum 70. Geburtstag, hrsg. von Birgit Bachmann, Stephan Breidenbach, Dagmar Coester-Waltjen, Burkhard Heß, Andreas Nelle und Christian Wolf, Tübingen 2005, S. 119–134.
Cadet, Fabien: Main features of the revised Brussels I Regulation, EuZW 2013, 218–222.
Cafari Panico, Ruggiero: Forum necessitatis. Judicial Discretion in the Exercise of Jurisdiction, in: Recasting Brussels I. Proceedings of the Conference Held at the University of Milan on November 25–26, 2011, hrsg. von Fausto Pocar, Ilaria Viarengo und Francesca C. Villata, Padua 2012, S. 127–146.
Calliess, Christian/Ruffert, Matthias (Hrsg.): EUV/AEUV. Das Verfassungsrecht der Europäischen Union mit Europäischer Grundrechtecharta, 6. Aufl., München 2022.
Calvo Caravaca, Alfonso-Luis/Davì, Angelo/Mansel, Heinz-Peter (Hrsg.): The EU Succession Regulation, Cambridge 2016.
Campuzano Díaz, Beatriz: The Coordination of the EU Regulations on Divorce and Legal Separation with the Proposal on Matrimonial Property Regimes, YbPIL 19 (2011), 233–253.
–: El nuevo Reglamento (UE) 2019/1111: análisis de las mejoras en las relaciones con el Convenio de La Haya de 19 de octubre de 1996 sobre responsabilidad parental, CDT 12 (März 2020), 97–117.
Campuzano Díaz, Beatriz/Rodríguez Vázquez, María Angeles: Crónica de derecho internacional privado: análisis de las recientes reformas introducidas por nuestro legislador, Crónica Jurídica Hispalense 14 (2016), 341–361.
Cantú Rivera, Humberto: Mexico, in: Private International Law Aspects of Corporate Social Responsibility, hrsg. von Catherine Kessedjian und Humberto Cantú Rivera, Cham 2020, S. 513–527.

Childress III, Donald Earl: Jurisdiction, limits under international law, in: Encyclopedia of Private International Law. Volume 2, hrsg. von Jürgen Basedow, Giesela Rühl, Franco Ferrari und Pedro de Miguel Asensio, Cheltenham, Northampton 2017, S. 1051–1056.

Coester-Waltjen, Dagmar: Das Spiegelbildprinzip bei der Anerkennungszuständigkeit, in: Corporations, Capital Markets and Business in the Law. Liber Amicorum Richard M. Buxbaum, hrsg. von Theodor Baums, Klaus J. Hopt und Norbert Horn, Den Haag 2000, S. 101–112.

–: Die Berücksichtigung der Kindesinteressen in der neuen EU-Verordnung „Brüssel IIa", FamRZ 2005, 241–248.

–: Himmel und Hölle: Einige Überlegungen zur internationalen Zuständigkeit, RabelsZ 79 (2015), 471–520.

Commentaire romand: Loi sur le droit international privé. Convention de Lugano, hrsg. von Andreas Bucher, Basel 2011.

Czernich, Dietmar: Österreichisch-Amerikanisches Zivilprozessrecht, JBl. 2002, 613–630.

Danis-Fatôme, Anne/Deckert, Katrin/Niboyet, Marie Laure/Sinopoli, Laurence: France, in: Private International Law Aspects of Corporate Social Responsibility, hrsg. von Catherine Kessedjian und Humberto Cantú Rivera, Cham 2020, S. 353–399.

Danwitz, Thomas von: Unionsrechtlicher Grundrechtsschutz nach der Charta, in: Strukturfragen des Grundrechtsschutzes in Europa. Grundrechtecharta – Grundrechtsbindung – Vertrauensschutz. Dokumentation des 6. Treffens des Deutsch-Französischen Gesprächskreises für Öffentliches Recht, hrsg. von Johannes Masing und Matthias Jestaedt, David Capitant und Armel Le Divellec, Tübingen 2015, S. 67–90.

Degenhart, Christoph: § 115 – Gerichtsverfahren, in: Handbuch des Staatsrechts, Band V: Rechtsquellen, Organisation, Finanzen, hrsg. von Josef Isensee und Paul Kirchhof, 3. Aufl., Heidelberg 2007, S. 761–810.

Deixler-Hübner, Astrid/Schauer, Martin (Hrsg.): Kommentar zur EU-Erbrechtsverordnung (EuErbVO), 2. Aufl., Wien 2020.

Dessauer, Johannes: Internationales Privatrecht, Ethik und Politik. Betrachtungen zur Reform des internationalen Privatrechts am Beispiel der Anerkennungsprognose als Zuständigkeitsvoraussetzung im internationalen Eherecht, Frankfurt am Main, Bern, New York 1986.

Dickinson, Andrew: Surveying the Proposed Brussels I bis Regulation: Solid Foundations but Renovation Needed, YbPIL 12 (2010), 247–309.

–: United Kingdom, in: Encyclopedia of Private International Law. Volume 3, hrsg. von Jürgen Basedow, Giesela Rühl, Franco Ferrari und Pedro de Miguel Asensio, Cheltenham, Northampton 2017, S. 2612–2626.

Djordjevic, Slavko: Serbia, in: Encyclopedia of Private International Law. Volume 3, hrsg. von Jürgen Basedow, Giesela Rühl, Franco Ferrari und Pedro de Miguel Asensio, Cheltenham, Northampton 2017, S. 2469–2503.

Dölle, Hans: Über einige Kernprobleme des internationalen Rechts der freiwilligen Gerichtsbarkeit, RabelsZ 27 (1962), 201–244.

Dölling, Birger: Die Voraussetzungen der Beweiserhebung im Zivilprozess, NJW 2013, 3121–3127.

Domej, Tanja: Die Neufassung der EuGVVO. Quantensprünge im europäischen Zivilprozessrecht, RabelsZ 78 (2014), 508–550.

–: Das Verhältnis nach „außen": Europäische v. Drittstaatensachverhalte, in: Kohärenz im Internationalen Privat- und Verfahrensrecht der Europäischen Union, hrsg. von Jan von Hein und Giesela Rühl, Tübingen 2016, S. 90–109.

–: Unbekannter Aufenthalt, Justizgewährungsanspruch und rechtliches Gehör im europäischen Zivilprozessrecht, in: Dogmatik im Dienst von Gerechtigkeit, Rechtssicherheit und Rechtsentwicklung. Festschrift für Hanns Prütting zum 70. Geburtstag, hrsg. von Moritz Brinkmann, Daniel Oliver Effer-Uhe, Barbara Völzmann-Stickelbrock, Sabine Wesser und Stephan Weth, Köln 2018, S. 261–271.

Dorn, Christian: Justizgewähranspruch und Grundgesetz. Ein Beitrag zum Verständnis des Grundgesetzes für die Bundesrepublik Deutschland, Berlin 2005.

Dörr, Oliver/Grote, Rainer/Marauhn, Thilo (Hrsg.): EMRK/GG. Konkordanzkommentar zum europäischen und deutschen Grundrechtsschutz, Band 1: Kapitel 1–19, 2. Aufl., Tübingen 2013.

Dreier, Horst (Hrsg.): Grundgesetz. Band II: Artikel 20–82, 3. Aufl., Tübingen 2015.

Drooghenbroeck, Sébastien Van/Rizcallah, Cecilia: The ECHR and the Essence of Fundamental Rights: Searching for Sugar in Hot Milk?, German Law Journal 20 (2019), 904–923.

Düsterhaus, Dominik: Konstitutionalisiert der EuGH das Internationale Privat- und Verfahrensrecht der EU?, ZEuP 2018, 10–31.

–: Constitutionalisation of European Civil Procedure as a Starting Point for Harmonisation?, in: The Future of the European Law of Civil Procedure. Coordination or Harmonisation?, hrsg. von Fernando Gascón Inchausti und Burkhard Hess, Cambridge 2020, S. 69–88.

Dutta, Anatol: Das neue internationale Güterrecht der Europäischen Union – ein Abriss der europäischen Güterrechtsverordnungen, FamRZ 2016, 1973–1985.

–: Internationale Zuständigkeit für privatrechtliche Klagen gegen transnational tätige Unternehmen wegen Verletzung von Menschenrechten und von Normen zum Schutz der natürlichen Lebensgrundlagen im Ausland, BerDGesIntR 50 (2020), 39–70.

Eichel, Florian: Der „funktionsarme Aufenthalt" und die internationale Zuständigkeit für Erbscheinverfahren, RabelsZ 85 (2021), 76–105.

Eicher, Josef: Die Auswirkungen von Rechtsverwirklichungschancen in Drittstaaten auf die Justizgewährung in Deutschland, Jena 2017.

Enneking, Liesbeth F.H./Scheltema, Martijn W.: The Netherlands, in: Private International Law Aspects of Corporate Social Responsibility, hrsg. von Catherine Kessedjian und Humberto Cantú Rivera, Cham 2020, S. 529–551.

Epping, Volker: Grundrechte, 9. Aufl., Berlin, Heidelberg 2021.

Erbarth, Alexander: Die Auswirkungen der EuGüVO auf das Internationale Privatrecht und die Internationale Zuständigkeit der Wirkungen der Ehe im Allgemeinen (§§ 1353 ff. BGB), NZFam 2018, 387–391.

Ereciński, Tadeusz/Weitz, Karol: Internationale Notzuständigkeit im polnischen Internationalen und Europäischen Zivilverfahrensrecht, in: Recht ohne Grenzen. Festschrift für Athanassios Kaissis zum 65. Geburtstag, hrsg. von Reinhold Geimer und Rolf A. Schütze, München 2012, S. 187–197.

Erman: Bürgerliches Gesetzbuch, Band II, hrsg. von Harm Peter Westermann, Barbara Grunewald und Georg Maier-Reimer, 15. Aufl., Köln 2017 (zitiert: Erman/*Bearbeiter*, 15. Aufl.).

Erman: Bürgerliches Gesetzbuch, Band II, hrsg. von Harm Peter Westermann, Barbara Grunewald und Georg Maier-Reimer, 16. Aufl., Köln 2020.

Fabre, Christophe D.: L'accès au juge en matière d'action civile résultant de faits allégués de torture à l'étranger. Retour sur l'arrêt de Grande chambre de la Cour de Strasbourg *Naït-Liman c/ Suisse*, Rev. science crim. et dr. pén. comparé 2018, 861–885.

Fallon, Marc/Kruger, Thalia: The Spatial Scope of the EU's Rules on Jurisdiction and Enforcement of Judgments: From Bilateral Modus to Unilateral Universality?, YbPIL 14 (2012/2013), 1–35.
Fasching, Hans W./Konecny, Andreas: Kommentar zu den Zivilprozessgesetzen, 1. Band: EGJN und JN, begründet von Hans W. Fasching, hrsg. von Andreas Konecny, 3. Aufl., Wien 2013.
Fawcett, James J.: The Impact of Article 6(1) of the ECHR on Private International Law, ICLQ 56 (2007), 1–47.
Fawcett, James J./Ní Shúilleabháin, Máire/Shah, Sangeeta: Human Rights and Private International Law, Oxford 2016.
Fentiman, Richard: Brussels I and Third States: Future Imperfect?, Cambridge Yearbook of European Legal Studies 13 (2011), 65–85.
Fernández Arroyo, Diego P.: Main Characteristics of the New Private International Law of the Argentinian Republic, RabelsZ 80 (2016), 130–150.
Fernández Arroyo, Diego P./Schmidt, Jan Peter: Das Spiegelbildprinzip und der internationale Gerichtsstand des Erfüllungsortes, IPRax 2009, 499–503.
Fernández Rozas, José Carlos: Le nouveau droit international privé de la République dominicaine, Rev. crit. dr. internat. privé 2015, 303–329.
Ferrand, Frédérique: The Council Regulation (EC) No 4/2009 of 18 December 2008 on jurisdiction, applicable law, recognition and enforcement of decisions and cooperation in matters relating to maintenance obligations, in: Latest Developments in EU Private International Law, hrsg. von Beatriz Campuzano Díaz, Marcin Czepelak, Andrés Rodríguez Benot und Ángeles Rodríguez Vázquez, Cambridge 2011, S. 83–111.
Fiorini, Aude: The Codification of Private International Law: The Belgian Experience, ICLQ 54 (2005), 499–519.
Focarelli, Carlo: Denial of Justice, in: The Max Planck Encyclopedia of Public International Law, Volume III, hrsg. von Rüdiger Wolfrum, Oxford 2012, S. 36–46.
Francioni, Francesco: The Rights of Access to Justice under Customary International Law, in: Access to Justice as a Human Right, hrsg. von Francesco Francioni, Oxford 2007, S. 1–55.
Francq, Stéphanie: Das belgische IPR-Gesetzbuch, RabelsZ 70 (2006), 235–278.
Franzina, Pietro: The law applicable to divorce and legal separation under Regulation (EU) no. 1259/2010 of 20 December 2010, CDT (Oktober 2011), 85–129.
–: Jurisdiction in Matters Relating to Property Regimes under EU Private International Law, YbPIL 19 (2017/2018), 159–194.
–: Forum Necessitatis, in: Planning the Future of Cross Border Families. A Path Through Coordination, hrsg. von Ilaria Viarengo und Francesca C. Villata, Oxford, New York 2020, S. 325–330.
Frenz, Walter: Handbuch Europarecht, Band 4, Europäische Grundrechte, Berlin, Heidelberg 2009.
Fresnedo de Aguirre, Cecilia: Private International Law in Uruguay: Present and Future, in: National, International, Transnational: Harmonischer Dreiklang im Recht. Festschrift für Herbert Kronke zum 70. Geburtstag am 24. Juli 2020, hrsg. von Christoph Benicke und Stefan Huber, Bielefeld 2020, S. 87–107.
–: New Uruguayan General Act on Private International Law, YbPIL 22 (2020/2021), 335–352.
Gandía Sellens, Arantxa/Faucon Alonso, Amandine/Siaplaouras, Philippos: Jurisdiction, in: Planning the Future of Cross Border Families. A Path Through Coordination, hrsg. von Ilaria Viarengo und Francesca C. Villata, Oxford, New York 2020, S. 163–201.

Garber, Thomas/Neumayr, Matthias: Internationale Zuständigkeit nach der EuGüVO, in: Die Europäischen Güterrechtsverordnungen. Internationales Ehegüterrecht und Güterrecht für LebenspartnerInnen in Europa, hrsg. von Stefan Arnold und Simon Laimer, Wien 2019, S. 107–222.

Gärtner, Veronika: Internationale Zuständigkeit deutscher Gerichte bei isoliertem Versorgungsausgleichsverfahren. Anmerkung zu OLG Karlsruhe, 17.8.2009 – 16 UF 99/09, IPRax 2010, 520–522.

Gaudemet-Tallon, Hélène: Les règles de compétence dans la proposition de règlement communautaire sur les successions, in: Perspectives du droit des successions européennes et internationales. Étude de la proposition de règlement du 14 octobre 2009, hrsg. von Georges Khairallah und Mariel Revillard, Paris 2010, S. 121–134.

Gaudemet-Tallon, Hélène/Ancel, Marie-Elodie: Compétence et exécution des jugements en Europe. Matières civile et commerciale. Règlements 44/2001 et 1215/2012 Conventions de Bruxelles (1968) et de Lugano (1988 et 2007), 6. Aufl., Issy-les-Moulineaux 2018.

Gebauer, Martin: Rechtskraftwirkungen ausländischer Unzuständigkeitsentscheide, in: Fairness Justice Equity. Festschrift für Reinhold Geimer zum 80. Geburtstag, hrsg. von Rolf A. Schütze, München 2017, S. 103–116.

Geier-Thieme, Susanne: Internationale Schutzrechtsverletzungen. Der Deliktsgerichtsstand bei der Verletzung von Immaterialgüterrechten der Union, Marburg 2016.

Geimer, Reinhold: Anmerkung zu OLG Köln, 13.2.1980 – 10 WF 112/78, FamRZ 1980, 789–790.

–: Zur Rechtfertigung des Vermögensgerichtsstandes – Kritik der Reformvorschläge –, JZ 1984, 979–981.

–: Kompetenzkonflikte im System des Europäischen Gerichtsstands- und Vollstreckungsübereinkommens, in: Festschrift für Winfried Kralik zum 65. Geburtstag. Verfahrensrecht – Privatrecht, hrsg. von Walter H. Rechberger und Rudolf Welser, Wien 1986, S. 179–188.

–: Internationalrechtliches zum Justizgewährungsanspruch. Eine Skizze, in: Beiträge zum internationalen Verfahrensrecht und zur Schiedsgerichtsbarkeit. Festschrift für Heinrich Nagel zum 75. Geburtstag, hrsg. von Walther J. Habscheid und Karl Heinz Schwab, Münster 1987, S. 36–53.

–: Rechtsschutz in Deutschland künftig nur bei Inlandsbezug?, NJW 1991, 3072–3074.

–: Verfassung, Völkerrecht und Internationales Zivilverfahrensrecht, ZfRV 1992, 321–347.

–: Verfassungsrechtliche Vorgaben bei der Normierung der internationalen Zuständigkeit, in: Europa im Aufbruch. Festschrift. Fritz Schwind zum 80. Geburtstag, hrsg. von Franz Matscher und Ignaz Seidl-Hohenveldern unter Mitarbeit von Christa Karas-Waldheim, Wien 1993, S. 17–42.

–: Zur internationalen Gerichtspflichtigkeit im Vermögensgerichtsstand. Anmerkung zu OLG München, 7.10.1992 – 7 U 2583/92, IPRax 1993, 216–219.

–: Menschenrechte im internationalen Zivilverfahrensrecht, BerDGesVölkR 33 (1994), 213–275.

–: „Internationalpädagogik" oder wirksamer Beklagtenschutz?, in: Festschrift für Hideo Nakamura zum 70. Geburtstag am 2. März 1996, hrsg. von Andreas Heldrich und Takeyoshi Uchida, Tokio 1996, S. 169–185.

–: Internationales Zivilprozessrecht und Verfassung sowie International Fundamental Procedural Rights, in: Grenzen überwinden – Prinzipien bewahren. Festschrift für Bernd von Hoffmann zum 70. Geburtstag am 28. Dezember 2011, hrsg. von Herbert Kronke und Karsten Thorn, Bielefeld 2011, S. 589–600.

–: Bemerkungen zur Brüssel I-Reform, in: Europäische und internationale Dimension des Rechts. Festschrift für Daphne-Ariane Simotta, hrsg. von Reinhold Geimer, Rolf A. Schütze und Thomas Garber, Wien 2012, S. 163–186.

–: Internationales Zivilprozessrecht, 8. Aufl., Köln 2020.

Geimer, Reinhold/Schütze, Rolf A.: Europäisches Zivilverfahrensrecht, 4. Aufl., München 2020.

Geimer, Reinhold/Schütze, Rolf A./Hau, Wolfgang (Hrsg.): Internationaler Rechtsverkehr in Zivil- und Handelssachen. Band III und VI, München, Stand: 63. Ergänzungslieferung, Oktober 2021.

Geisser, Gregor/Müller, Alexandre: Transnational Civil Human Rights Litigation against Corporations – Swiss Perspectives in Private International Law, in: Implementing the U.N. Guiding Principles on Business and Human Rights. Private International Law Perspectives, hrsg. von Francisco Javier Zamora Cabot, Lukas Heckendorn Urscheler und Stéphanie De Dycker, Genf, Zürich, Basel 2017, S. 119–139.

Gernert, Marcel: Auswirkungen des Helms-Burton Act und der EU-Blocking-Verordnung auf europäische Verfahren, IPRax 2020, 170–177.

Gillies, Lorna: Creation of Subsidiary Jurisdiction Rules in the Recast of Brussels I: Back to the Drawing Board?, JPIL 8 (2012), 489–512.

Glenn, H. Patrick: The ALI/UNIDROIT Principles of Transnational Civil Procedure as Global Standards for Adjudication?, Uniform Law Review 2004, 829–845.

Goetzke, Chiara: Besprechung von Maximilian Kübler-Wachendorff: Das forum necessitatis im europäischen Zuständigkeitsrecht. Tübingen 2021, RabelsZ 85 (2021), 928–933.

Goldhaber, Michael D.: Corporate Human Rights Litigation in Non-U.S. Courts: A Comparative Scorecard, UC Irvine L. Rev. 3 (2013), 127–149.

Görgen, Theresa: Unternehmerische Haftung in transnationalen Menschenrechtsfällen. Eine Untersuchung der zivilrechtlichen Haftung unter besonderer Berücksichtigung der UN-Leitprinzipien für Wirtschaft und Menschenrechte, Baden-Baden 2019.

Gottwald, Peter: Auf dem Weg zur Neuordnung des internationalen Verfahrensrechts, ZZP 95 (1982), 3–17.

–: Grenzen zivilgerichtlicher Massnahmen mit Auslandswirkung, in: Festschrift für Walther J. Habscheid zum 65. Geburtstag, 6. April 1989, hrsg. von Walter F. Lindacher, Dieter Pfaff, Günther H. Roth, Peter Schlosser und Eberhard Wieser, Bielefeld 1989, S. 119–130.

–: Grundfragen der Anerkennung und Vollstreckung ausländischer Entscheidungen in Zivilsachen, ZZP 103 (1990), 257–293.

–: Anmerkung zu AG Landstuhl, 6.9.2001 – 1 F 247/99, FamRZ 2002, 1343–1344.

–: Die Principles of Transnational Civil Procedure und das deutsche Zivilprozessrecht, in: Festschrift für Dieter Leipold zum 70. Geburtstag, hrsg. von Rolf Stürner, Hiroyuki Matsumoto, Wolfgang Lüke und Masahisa Deguchi unter Mitwirkung von Christoph Kern, Tübingen 2009, S. 33–45.

–: Anmerkung zu OLG Karlsruhe, 17.8.2009 – 16 UF 99/09, FamRZ 2010, 148–149.

Grabenwarter, Christoph/Pabel, Katharina: Europäische Menschenrechtskonvention, 7. Aufl., München 2021.

Gralla, Erhardt: Polen: Neues internationales Zivilverfahrensrecht, WiRO 2011, 204–213.

Gray, Anthony: *Forum Non Conveniens* in Australia: A Comparative Analysis, Common Law World Review 38 (2009), 207–244.

Groeben, Hans von der/Schwarze, Jürgen/Hatje, Armin (Hrsg.): Europäisches Unionsrecht. Vertrag über die Europäische Union, Vertrag über die Arbeitsweise der Europäischen Union, Charta der Grundrechte der Europäischen Union, Band 1: Art. 1 bis 55 EUV, Art. 1 bis 54 GRC, Art. 1 bis 66 AEUV, 7. Aufl., Baden-Baden 2015.

Grolimund, Pascal: Drittstaatenproblematik des europäischen Zivilverfahrensrechts, Tübingen 2000.
Grothe, Helmut: „Exorbitante" Gerichtszuständigkeiten im Rechtsverkehr zwischen Deutschland und den USA, RabelsZ 58 (1994), 686–726.
Gruber, Urs Peter: Die neue EG-Unterhaltsverordnung, IPRax 2010, 128–139.
Grüneberg, Christian (Hrsg.): Bürgerliches Gesetzbuch mit Nebengesetzen, 81. Aufl., München 2022.
Grunsky, Wolfgang: Probleme des EWG-Übereinkommens über die gerichtliche Zuständigkeit und die Vollstreckung gerichtlicher Entscheidungen in Zivil- und Handelssachen, JZ 1973, 641–647.
Gsell, Beate: Entwicklungen im Europäischen Verbraucherzuständigkeitsrecht – Reform der EuGVO und Rechtsprechung des EuGH zum Merkmal des „Ausrichtens" in Art. 15 Abs. 1 lit. c EuGVO, ZZP 127 (2014), 431–460.
Habersack, Mathias/Ehrl, Max: Verantwortlichkeit inländischer Unternehmen für Menschenrechtsverletzungen durch ausländische Zulieferer – *de lege lata* und *de lege ferenda*, AcP 219 (2019), 155–210.
Habscheid, Walther J.: Freiwillige Gerichtsbarkeit, 7. Aufl., München 1983.
Haider, Katharina: Haftung von transnationalen Unternehmen und Staaten für Menschenrechtsverletzungen. Eine Untersuchung der Rechtsschutzmöglichkeiten am Maßstab des Völkerrechts, des Internationalen Zivilverfahrensrechts, des (Internationalen) Privatrechts, des Staatshaftungsrechts und des Strafrechts, Baden-Baden 2019.
Hailer, Claudia: Menschenrechte vor Zivilgerichten – die Human Rights Litigation in den USA, Berlin 2006.
Handkommentar zum Schweizer Privatrecht. Internationales Privatrecht, hrsg. von Andreas Furrer, Daniel Girsberger und Markus Müller-Chen, 3. Aufl., Zürich, Basel, Genf 2016.
Hartley, Trevor/Dogauchi, Masato: Explanatory Report on the 2005 Hague Choice of Court Agreements Convention, abrufbar unter <https://assets.hcch.net/upload/expl37final.pdf > (zuletzt abgerufen am 31.7.2023).
Hartmann, Constantin: Haftung von Unternehmen für Menschenrechtsverletzungen im Ausland aus Sicht des Internationalen Privat- und Zivilverfahrensrechts, in: Die Durchsetzung menschenrechtlicher Sorgfaltspflichten von Unternehmen. Zivilrechtliche Haftung und Berichterstattung als Steuerungsinstrumente, hrsg. von Markus Krajewski und Miriam Saage-Maaß, Baden-Baden 2018, S. 281–310.
Hau, Wolfgang: Grenzen der Beachtlichkeit von Schieds- und Gerichtsstandsvereinbarungen nach lex fori und Vereinbarungsstatut. Anmerkung zu OLG Frankfurt am Main, 1.10. 1998 – 1 U 163/96, IPRax 1999, 232–236.
–: Der Vertragsgerichtsstand zwischen judizieller Konsolidierung und legislativer Neukonzeption, IPRax 2000, 354–361.
–: Zur Entwicklung des Internationalen Zivilverfahrensrechts in der Europäischen Union seit 2004, GPR 2005, 143–149.
–: Die Zuständigkeitsgründe der Europäischen Unterhaltsverordnung, FamRZ 2010, 516–519.
–: Gegenwartsprobleme internationaler Zuständigkeit, in: Grenzen überwinden – Prinzipien bewahren. Festschrift für Bernd von Hoffmann zum 70. Geburtstag am 28. Dezember 2011, hrsg. von Herbert Kronke und Karsten Thorn, Bielefeld 2011, S. 617–633.
–: Grundlagen der internationalen Notzuständigkeit im Europäischen Zivilverfahrensrecht, in: Recht ohne Grenzen. Festschrift für Athanassios Kaissis zum 65. Geburtstag, hrsg. von Reinhold Geimer und Rolf A. Schütze, München 2012, S. 355–366.

–: Zur internationalen Entscheidungszuständigkeit im künftigen Europäischen Güterrecht, in: Europäische und internationale Dimension des Rechts. Festschrift für Daphne-Ariane Simotta, hrsg. von Reinhold Geimer, Rolf A. Schütze und Thomas Garber, Wien 2012, S. 215–226.
–: Anmerkung zu BGH, 20.02.2013 – XII ZR 8/11, FamRZ 2013, 689–690.
–: Zur grenzüberschreitenden Bindung an die Beurteilung einer Gerichtsstandsvereinbarung. Anmerkung zu EuGH, 15.11.2012 – C-456/11, EuZW 2013, 60, LMK 2013, 341521.
Hausmann, Rainer: Internationales und Europäisches Familienrecht, 2. Aufl., München 2018.
Haußleiter, Martin (Hrsg.): FamFG. Gesetz über das Verfahren in Familiensachen und in den Angelegenheiten der freiwilligen Gerichtsbarkeit, 2. Aufl., München 2017.
Hay, Peter: Notes on the European Union's Brussels-I "Recast" Regulation. An American Perspective, The European Legal Forum 2013, 1–8.
Hein, Jan von: Die Neufassung der Europäischen Gerichtsstands- und Vollstreckungsverordnung (EuGVVO), RIW 2013, 97–111.
–: Zur Vorlagebefugnis der nationalen Gerichte bei Verstößen gegen Art. 47 EuGRCh und zur Unerheblichkeit einer rügelosen Einlassung iSd Art. 24 EuGVVO durch Abwesenheitskurator. Anmerkung zu EuGH, 11.09.2014 – C-112/13, EuZW 2014, 950, LMK 2014, 363610.
Heinig, Jens: Rechtswahlen in Verfügungen von Todes wegen nach der EU-Erbrechts-Verordnung, RNotZ 2014, 197–229.
Heinze, Christian: Europäisches Primärrecht und Zivilprozess, EuR 2008, 654–690.
–: Zivilprozessrecht unter europäischem Einfluss, JZ 2011, 709–716.
Heldrich, Andreas: Die Interessen bei der Regelung der internationalen Zuständigkeit, in: Festschrift für Hans G. Ficker. Zum 70. Geburtstag am 20. Juli 1967, hrsg. von Murad Ferid, Frankfurt am Main, Berlin 1967, S. 205–224.
–: Internationale Zuständigkeit und anwendbares Recht, Berlin, Tübingen, 1969.
Henrich, Dieter: Im Labyrinth des internationalen Unterhaltsrechts, FamRZ 2015, 1761–1768.
Herdegen, Matthias: Internationales Wirtschaftsrecht, 12. Aufl., München 2020.
–: Völkerrecht, 20. Aufl., München 2021.
Herfarth, Christoph: Die Scheidung nach jüdischem Recht im internationalen Zivilverfahrensrecht, Heidelberg 2000.
Hess, Burkhard: EMRK, Grundrechte-Charta und europäisches Zivilverfahrensrecht, in: Festschrift für Erik Jayme, Band I, hrsg. von Heinz-Peter Mansel, Thomas Pfeiffer, Herbert Kronke, Christian Kohler und Rainer Hausmann, München 2004, S. 339–359.
–: Die Konstitutionalisierung des europäischen Privat- und Prozessrechts, JZ 2005, 540–552.
–: Europäisches Zivilprozessrecht, 1. Aufl., Heidelberg 2010 (zitiert: *Hess*, EuZPR, 1. Aufl.).
–: Europäisches Zivilprozessrecht, 2. Aufl., Berlin, Boston 2021.
Hess, Burkhard/Mantovani, Martina: Current developments in forum access: Comments on jurisdiction and *forum non conveniens* – European perspectives on human rights litigation, MPILux Research Papers Series 2019 (1), abrufbar unter <https://www.mpi.lu/fileadmin/mpi/medien/research/WPS/WPS_2019_1_Prof-Burkhard-Hess_Martina-Mantovani.pdf> (zuletzt abgerufen am 31.7.2023).
Hess, Burkhard/Pfeiffer, Thomas/Schlosser, Peter: The Brussels I-Regulation (EC) No 44/2001. The Heidelberg Report on the Application of Regulation Brussels I in 25 Member States (Study JLS/C4/2005/03), München 2008.
Ho, Tara Van: Anmerkung zu *Vedanta Resources Plc and Another v Lungowe and Others*. [2019] UKSC 20, AJIL 114 (2020), 110–116.

Hoffmann, Bernd von: Gegenwartsprobleme internationaler Zuständigkeit, IPRax 1982, 217–222.

Hoffmann, Bernd von/Thorn, Karsten: Internationales Privatrecht einschließlich der Grundzüge des Internationalen Zivilverfahrensrechts, 9. Aufl., München 2007.

Honer, Mathias: Die Geltung der EU-Grundrechte für die Mitgliedstaaten nach Art. 51 I 1 GRCh, JuS 2017, 409–413.

Horndasch, K.-Peter/Viefhues, Wolfram (Hrsg.): FamFG – Kommentar zum Familienverfahrensrecht. Betreuungs- und Unterbringungssachen, Nachlass- und Teilungssachen, Anwaltsgebühren und Gerichtskosten, 3. Aufl., Köln 2014.

Ibili, Fatih: Gewogen rechtsmacht in het IPR: over forum (non) conveniens en forum necessitatis, Deventer 2007.

Ipsen, Knut: Völkerrecht, hrsg. von Volker Epping und Wolff Heintschel von Heinegg, 7. Aufl., München 2018.

Jankowska-Gilberg, Magdalena: Extraterritorialität der Menschenrechte. Der Begriff der Jurisdiktion im Sinne von Art. 1 EMRK, Baden-Baden 2008.

Jarass, Hans D.: Bedeutung der EU-Rechtsschutzgewährleistung für nationale und EU-Gerichte, NJW 2011, 1393–1398.

–: Die Bedeutung der Unionsgrundrechte unter Privaten, ZEuP 2017, 310–334.

–: Charta der Grundrechte der Europäischen Union unter Einbeziehung der sonstigen Grundrechtsregelungen des Primärrechts und der EMRK, 4. Aufl., München 2021.

Jayme, Erik: Das Europäische IPR löst sich vom Binnenmarkt. Tagung der Europäischen Gruppe für Internationales Privatrecht in Hamburg, IPRax 2008, 72–73.

–: Internationales Privatrecht und Völkerrecht: Spannungen und Dialoge – 79. Session des Institut de Droit International in Den Haag, IPRax 2020, 77–78.

Jessel-Holst, Christa: Neukodifikation des internationalen Privatrechts in Montenegro, IPRax 2014, 553–555.

–: Zur Reform des Internationalen Privatrechts in Kroatien, IPRax 2019, 345–347.

Joubert, Natalie: La dernière pierre (provisoire?) à l'édifice du droit international privé européen en matière familiale. Les règlements du 24 juin 2016 sur les régimes matrimoniaux et les effets patrimoniaux des partenariats enregistrés, Rev. crit. dr. internat. privé 2017, 1–26.

Junker, Abbo: Das Internationale Zivilverfahrensrecht der Europäischen Unterhaltsverordnung, in: Europäische und internationale Dimension des Rechts. Festschrift für Daphne-Ariane Simotta, hrsg. von Reinhold Geimer, Rolf A. Schütze und Thomas Garber, Wien 2012, S. 263–273.

–: Internationales Zivilprozessrecht, 4. Aufl., München 2019 (zitiert: *Junker*, IZPR, 4. Aufl.).

–: Internationales Zivilprozessrecht, 5. Aufl., München 2020.

–: Internationales Privatrecht, 4. Aufl., München 2021.

Juris Praxiskommentar BGB. Band 6 – Internationales Privatrecht und UN-Kaufrecht, hrsg. von Markus Würdinger, Gesamtherausgeber: Maximilian Herberger, Michael Martinek, Helmut Rüßmann, Stephan Weth und Markus Würdinger, 9. Aufl., Saarbrücken 2020.

Kamminga, Menno T.: Extraterritoriality, in: The Max Planck Encyclopedia of Public International Law, Volume III, hrsg. von Rüdiger Wolfrum, Oxford 2012, S. 1070–1077.

Karpenstein, Ulrich/Mayer, Franz C. (Hrsg.): EMRK. Konvention zum Schutz der Menschenrechte und Grundfreiheiten, 3. Aufl., München 2022.

Kaufhold, Ann-Katrin: Gegenseitiges Vertrauen. Wirksamkeitsbedingung und Rechtsprinzip der justiziellen Zusammenarbeit im Raum der Freiheit, der Sicherheit und des Rechts, EuR 2012, 408–432.

Kegel, Gerhard/Schurig, Klaus: Internationales Privatrecht, 9. Aufl., München 2004.
Keidel, Theodor (Begr.): FamFG. Gesetz über das Verfahren in Familiensachen und in den Angelegenheiten der freiwilligen Gerichtsbarkeit, hrsg. von Helmut Engelhardt und Werner Sternal, 20. Aufl., München 2020.
Kern, Christoph: Anerkennungsrechtliches Spiegelbildprinzip und Europäische Zuständigkeit, ZZP 120 (2007), 31–71.
Kieninger, Eva-Maria: Vedanta v Lungowe: Ein Meilenstein für Klagen gegen europäische Konzernmütter für Umweltschäden und Menschenrechtsverletzungen durch drittstaatliche Tochtergesellschaften, IPRax 2020, 60–67.
Kiesselbach, Pamela: The Brussels I Review Proposal – An Overview, in: The Brussels I Review Proposal Uncovered, hrsg. von Eva Lein, London 2012, S. 1–30.
Kiestra, Louwrens R.: The Impact of the European Convention on Human Rights on Private International Law, Den Haag 2014.
Kindler, Peter: Vom Staatsangehörigkeits- zum Domizilprinzip: das künftige internationale Erbrecht der Europäischen Union, IPRax 2010, 44–50.
Kinsch, Patrick: Human rights and private international law, in: Encyclopedia of Private International Law. Volume 1, hrsg. von Jürgen Basedow, Giesela Rühl, Franco Ferrari und Pedro de Miguel Asensio, Cheltenham, Northampton 2017, S. 880–886.
–: Luxembourg, in: Encyclopedia of Private International Law. Volume 3, hrsg. von Jürgen Basedow, Giesela Rühl, Franco Ferrari und Pedro de Miguel Asensio, Cheltenham, Northampton 2017, S. 2296–2304.
Kirshner, Jodie A.: A Call for the EU to Assume Jurisdiction over Extraterritorial Corporate Human Rights Abuses, Nw. J. Int'l Hum. Rts. 13 (2015), 1–26.
Kischel, Uwe: Rechtsvergleichung, München 2015.
Kistler, Alexander Richard Eduard: Effect of exclusive choice-of-court agreements in favour of third states within the Brussels I Regulation Recast, JPIL 14 (2018), 66–95.
Kleinlein, Thomas: Consensus and Contestability: The ECtHR and the Combined Potential of European Consensus and Procedural Rationality Control, European Journal of International Law 28 (2017), 871–893.
Klöpfer, Matthias: Unionsautonome Rechtskraft klageabweisender Prozessurteile – Paradigmenwechsel im Europäischen Zivilverfahrensrecht, GPR 2015, 210–218.
Kment, Martin: Grenzüberschreitendes Verwaltungshandeln. Transnationale Elemente deutschen Verwaltungsrechts, Tübingen 2010.
Koch, Harald/Magnus, Ulrich/Winkler von Mohrenfels, Peter: IPR und Rechtsvergleichung, 4. Aufl., München 2010.
Koechel, Felix: § 23 ZPO als genereller Klägergerichtsstand? Anmerkung zu BGH, 13.12.2012 – III ZR 282/11, IPRax 2014, 312–317.
Köhler, Andreas: Internationale Zuständigkeit nach der EuErbVO, in: Internationales Erbrecht. EuErbVO, IntErbRVG, DurchfVO, Länderberichte, hrsg. von Walter Gierl, Andreas Köhler, Ludwig Kroiß und Harald Wilsch, 3. Aufl., Baden-Baden 2020, S. 33–49.
Kohler, Christian: Zur Gestaltung des europäischen Kollisionsrechts für Ehesachen: Der steinige Weg zu einheitlichen Vorschriften über das anwendbare Recht für Scheidung und Trennung, FamRZ 2008, 1673–1681.
–: Vertrauen und Kontrolle im europäischen Justizraum für Zivilsachen, ZEuS 2016, 135–151.
Kohler, Christian/Pintens, Walter: Entwicklungen im europäischen Personen-, Familien- und Erbrecht 2018–2019, FamRZ 2019, 1477–1488.

Koops, Tilman: Der Rechtskraftbegriff der EuGVVO – Zur Frage der Unvereinbarkeit der Entscheidung Gothaer Allgemeine Versicherung ./. Samskip GmbH mit der EuGVVO, IPRax 2018, 11–21.

Koppenol-Laforce, Marielle/Vermeulen, Freerk: Comparative Study of "Residual Jurisdiction" in Civil and Commercial Matters in the EU. National Report for: Netherlands (auf den offziellen Seiten der Europäischen Kommission gegenwärtig nicht mehr abrufbar).

Kostić-Mandić, Maja: The New Private International Law Act of Montenegro, YbPIL 16 (2014/2015), 429–439.

Kralik, Winfried: Die internationale Zuständigkeit, ZZP 74 (1961), 2–48.

Kroll-Ludwigs, Kathrin: Vereinheitlichung des Güterkollisionsrechts in Europa. Die EU-Ehegüterrechts- und EU-Partnerschaftsverordnung (Teil 1), GPR 2016, 231–241.

Kropholler, Jan: Internationale Zuständigkeit, in: Handbuch des Internationalen Zivilverfahrensrechts, Band I, hrsg. vom Max-Planck-Institut für Ausländisches und Internationales Privatrecht (Hamburg), Tübingen 1982, S. 183–533.

–: Internationales Privatrecht einschließlich der Grundbegriffe des Internationalen Zivilverfahrensrechts, 6. Aufl., Tübingen 2006.

Kruger, Thalia: Civil Jurisdiction Rules of the EU and their Impact on Third States, Oxford 2008.

Kruger, Thalia/Samyn, Liselot: Brussels II *bis*: successes and suggested improvements, JPIL 12 (2016), 132–168.

Krümmel, Thomas: Neue Grenzen der Notzuständigkeit deutscher Gerichte?, in: Deutsches Recht im Wettbewerb – 20 Jahre transnationaler Dialog, hrsg. von Friedrich Graf von Westphalen, 2009, S. 70–81.

Kübler-Wachendorff, Maximilian: Das forum necessitatis im europäischen Zuständigkeitsrecht, Tübingen 2021.

Kuipers, Jan-Jaap: Regulations (EC) Nos 662/2009 and 664/2009: Can Exclusivity Be Successfully Reconciled with Flexibility?, in: The External Dimension of EU Private International Law after Opinion 1/13, hrsg. von Pietro Franzina, Cambridge 2017, S. 149–179.

Lagarde, Paul: Le for de nécessité dans les règlements européens, in: Europa als Rechts- und Lebensraum. Liber amicorum für Christian Kohler zum 75. Geburtstag am 18. Juni 2018, hrsg. von Burkhard Hess, Erik Jayme und Heinz-Peter Mansel, Bielefeld 2018, S. 255–267.

Larenz, Karl: Methodenlehre der Rechtswissenschaft, 6. Aufl., Berlin u. a. 1991.

Laugwitz, Helena Charlotte: Die Anerkennung und Vollstreckung drittstaatlicher Entscheidungen in Zivil- und Handelssachen. Rechtsvergleichende Betrachtung und europäische Regelungsoptionen, Tübingen 2016.

Launhardt, Jan: Die Europäisierung der internationalen Zuständigkeit im Ehegüterrecht und im Güterrecht eingetragener Partnerschaften, Frankfurt am Main 2020.

Leible, Stefan: Die Zukunft des Europäischen Zivilprozessrechts, in: Festschrift für Peter Gottwald zum 70. Geburtstag, hrsg. von Jens Adolphsen, Joachim Goebel, Ulrich Haas, Burkhard Hess, Stephan Kolmann und Markus Würdinger, München 2014, S. 381–393.

–: Strukturen und Perspektiven der justiziellen Zusammenarbeit in Zivilsachen, in: Europäisches Rechtsschutz- und Verfahrensrecht, hrsg. von Stefan Leible und Jörg Philipp Terhechte, 2. Aufl., Baden-Baden 2021, S. 465–518.

Leidner, Tobias: Rechtsmissbrauch im Zivilprozess, Berlin 2019.

Leipold, Dieter: Einige Bemerkungen zur Internationalen Zuständigkeit in Arbeitssachen nach Europäischem Zivilprozessrecht, in: Recht der Wirtschaft und der Arbeit in Europa. Gedächtnisschrift für Wolfgang Blomeyer, hrsg. von Rüdiger Krause, Winfried Veelken und Klaus Vieweg, Berlin 2004, S. 143–164.

Lenaerts, Koen: Die EU-Grundrechtecharta: Anwendbarkeit und Auslegung, EuR 2012, 3–18.

–: La vie après l'avis: Exploring the principle of mutual (yet not blind) trust, CMLRev. 54 (2017), 805–840.

Lenaerts, Koen/Stapper, Thilo: Die Entwicklung der Brüssel I-Verordnung im Dialog des Europäischen Gerichtshofs mit dem Gesetzgeber, RabelsZ 78 (2014), 252–293.

Linke, Hartmut/Hau, Wolfgang: Internationales Zivilverfahrensrecht, begründet von Hartmut Linke, fortgeführt und neu bearbeitet von Wolfgang Hau, 8. Aufl., Köln 2021.

Loewe, Roland: Erneuerung des österreichischen internationalen Zivilverfahrensrechts, ZfRV 1983, 180–189.

Lorenz, Stephan: Erbrecht in Europa – Auf dem Weg zu kollisionsrechtlicher Rechtseinheit, ErbR 2012, 39–49.

Lübcke, Daniel: Das neue europäische Internationale Nachlassverfahrensrecht. Darstellung auf Grundlage des Verordnungsentwurfs vom 14. Oktober 2009 unter Berücksichtigung der Endfassung, Baden-Baden 2013.

Lugani, Katharina/Huynh, Duy Tuong: Europäisches Güterverfahrensrecht, in: Europäisches Rechtsschutz- und Verfahrensrecht, hrsg. von Stefan Leible und Jörg Philipp Terhechte, 2. Aufl., Baden-Baden 2021, S. 743–794.

Lukas, Sylvia Verena: Die Person mit unbekanntem Aufenthalt im zivilrechtlichen Erkenntnisverfahren. Verfahrensrechtliche Fragestellungen im internationalen Kontext, Baden-Baden 2018.

Luzzatto, Riccardo: On the Proposed Application of Jurisdictional Criteria of Brussels I Regulation to Non-Domiciled Defendants, in: Recasting Brussels I. Proceedings of the Conference Held at the University of Milan on November 25–26, 2011, hrsg. von Fausto Pocar, Ilaria Viarengo und Francesca C. Villata, Padua 2012, S. 111–116.

Magnus, Ulrich: Sonderkollisionsnorm für das Statut von Gerichtsstands- und Schiedsgerichtsvereinbarungen?, IPRax 2016, 521–531.

Magnus, Ulrich/Mankowski, Peter: Brussels I on the Verge of Reform – A Response to the Green Paper on the Review of the Brussels I Regulation –, ZVglRWiss 109 (2010), 1–41.

–: The Proposal for the Reform of Brussels I – Brussels Ibis *ante portas* –, ZVglRWiss 110 (2011), 252–301.

– (Hrsg.): European Commentaries on Private International Law. ECPIL. Volume 1: Brussels Ibis Regulation, Köln 2016.

Mankowski, Peter: Keine örtliche Ersatzzuständigkeit der Hauptstadtgerichte für Verbrauchersachen unter dem EuGVÜ – oder: Tod einer Theorie in Berlin. Anmerkung zu KG, 13.1.2000 – 19 W 5398/99, IPRax 2001, 33–37.

–: Mehrere Lieferorte beim Erfüllungsortgerichtsstand unter Art. 5 Nr. 1 lit. b EuGVVO. Anmerkung zu EuGH, 3.5.2007 – Rs. C-386/05, IPRax 2007, 404–414.

–: Gerichtsbarkeit und internationale Zuständigkeit deutscher Zivilgerichte bei Menschenrechtsverletzungen, in: Universalität der Menschenrechte. Kulturelle Pluralität, hrsg. von Bernd von Hoffmann, Frankfurt am Main 2009, S. 139–203.

–: Internationale Zuständigkeit nach EuGüVO und EuPartVO, in: Die europäischen Güterrechtsverordnungen. Tagungsband zu einem wissenschaftlichen Symposium des Deutschen Notarinstituts und der Universität Regensburg am 10. Februar 2017 in Würzburg, hrsg. von Anatol Dutta und Johannes Weber, München 2017, S. 11–43.

–: Verhältnis zu Drittstaaten, in: Europäisches Rechtsschutz- und Verfahrensrecht, hrsg. von Stefan Leible und Jörg Philipp Terhechte, 2. Aufl., Baden-Baden 2021, S. 1319–1379.

Mankowski, Peter/Bock, Stefanie: Die internationale Zuständigkeit der deutschen Strafgerichte als eigene Kategorie des Internationalen Strafverfahrensrechts, JZ 2008, 555–560.
–: Fremdrechtsanwendung im Strafrecht durch Zivilrechtsakzessorietät bei Sachverhalten mit Auslandsbezug für Blanketttatbestände und Tatbestände mit normativem Tatbestandsmerkmal, ZStW 120 (2008), 704–758.
Mankowski, Peter/Müller, Michael F./Schmidt, Jessica: EuInsVO 2015. Europäische Insolvenzverordnung 2015, München 2016.
Manna, Mariangela La: The ECHR Grand Chamber's Judgment in the Naït-Liman Case: An Unnecessary Clarification of the Reach of Forum Necessitatis Jurisdiction?, Riv. dir. int. priv. proc. 2019, 349–382.
Mansel, Heinz-Peter/Thorn, Karsten/Wagner, Rolf, Europäisches Kollisionsrecht 2019: Konsolidierung und Multilateralisierung, IPRax 2020, 97–126.
Marchadier, Fabien: Anmerkung (note) zu EGMR, 21.6.2016 – Nr. 51357/07, Journal du droit international (Clunet), 2017, 633–639.
–: L'indifférence de la Cour européenne des droits de l'homme à l'égard du for de nécessité, Rev. crit. dr. internat. privé 2018, 663–670.
Mark, Jürgen/Ziegenhain, Hans-Jörg: Der Gerichtsstand des Vermögens im Spannungsfeld zwischen Völkerrecht und deutschem internationalen Prozeßrecht, NJW 1992, 3062–3066.
Marongiu Buonaiuti, Fabrizio: Jurisdiction Under the EU Succession Regulation and Relationships with Third Countries, in: The External Dimension of EU Private International Law after Opinion 1/13, hrsg. von Pietro Franzina, Cambridge 2017, S. 211–226.
Marullo, Maria Chiara: „Almost" Universal Jurisdiction, YbPIL 21 (2019/2020), 549–568.
Marx, Axel/Bright, Claire/Wouters, Jan: Access to legal remedies for victims of corporate human rights abuses in third countries. Study requested by the European Parliament's Sub-Committee on Human Rights, PE 603.475, 2019, abrufbar unter <https://www.europarl.europa.eu/RegData/etudes/STUD/2019/603475/EXPO_STU(2019)603475_EN.pdf> (zuletzt abgerufen am 31.7.2023).
Massoud, Sofia: Menschenrechtsverletzungen im Zusammenhang mit wirtschaftlichen Aktivitäten von transnationalen Unternehmen, Berlin 2018.
Matias Fernandes, Maria João: International Jurisdiction under the 2013 Portugese Civil Procedure Code, YbPIL 16 (2014/2015), 457–468.
Matscher, Franz: Überlegungen über einen einheitlichen Begriff der inländischen Gerichtsbarkeit in Zivilrechtssachen, in: Völkerrecht und Rechtsphilosophie. Internationale Festschrift für Stephan Verosta zum 70. Geburtstag, hrsg. von Peter Fischer, Heribert Franz Köck und Alfred Verdross, Berlin 1980, S. 299–309.
–: IPR und IZVR vor den Organen der EMRK – Eine Skizze –, in: Festschrift für Karl H. Neumayer zum 65. Geburtstag, hrsg. von Werner Barfuß, Bernard Dutoit, Hans Forkel, Ulrich Immenga und Ferenc Majoros, Baden-Baden 1985, S. 459–478.
–: Die Einwirkungen der EMRK auf das Internationale Privat- und zivilprozessuale Verfahrensrecht, in: Europa im Aufbruch. Festschrift. Fritz Schwind zum 80. Geburtstag, hrsg. von Franz Matscher und Ignaz Seidl-Hohenveldern unter Mitarbeit von Christa Karas-Waldheim, Wien 1993, S. 71–85.
Maunz, Theodor/Dürig, Günter (Begr.): Grundgesetz. Kommentar, hrsg. von Roman Herzog, Rupert Scholz, Matthias Herdegen und Hans H. Klein, Band III: Art. 17–28, München, Stand: 95. Ergänzungslieferung, Juli 2021.
Max Planck Institute for Comparative and International Private Law: Comments on the European Commission's Proposal for a Regulation of the European Parliament and of the Council on jurisdiction, applicable law, recognition and enforcement of decisions and

authentic instruments in matters of succession and the creation of a European Certificate of Succession, RabelsZ 74 (2010), 522–720.
Mayr, Peter G.: Die Reform des internationalen Zivilprozessrechts in Österreich, JBl. 2001, 144–161.
– (Hrsg.): Handbuch des europäischen Zivilverfahrensrechts, Wien 2017.
McEvoy, John P.: Forum of necessity in Quebec Private International Law: C.c.Q. art. 3136, Revue générale de droit 35 (2005), 61–124.
McGuire, Mary-Rose: Forum Shopping und Verweisung. Über die Vermeidung missbräuchlicher Prozesstaktiken im Europäischen Zivilprozessrecht, ZfRV 2005, 83–93.
Meng, Werner: Extraterritoriale Jurisdiktion im öffentlichen Wirtschaftsrecht, Berlin, Heidelberg, New York 1993.
Menzel, Jörg: Internationales Öffentliches Recht. Verfassungs- und Verwaltungsgrenzrecht in Zeiten offener Staatlichkeit, Tübingen 2011.
Meyer, Inga: Der Alien Tort Claims Act. Zwischen Völkerrecht und amerikanischer Außenpolitik, Tübingen 2018.
Meyer, Jürgen/Hölscheidt, Sven (Hrsg.): Charta der Grundrechte der Europäischen Union, 5. Aufl., Baden-Baden 2019.
Meyer-Ladewig, Jens/Nettesheim, Martin/Raumer, Stefan von (Hrsg.): EMRK. Europäische Menschenrechtskonvention, 4. Aufl., Baden-Baden 2017.
Michaels, Ralf: Jurisdiction, Foundations, in: Encyclopedia of Private International Law. Volume 2, hrsg. von Jürgen Basedow, Giesela Rühl, Franco Ferrari und Pedro de Miguel Asensio, Cheltenham, Northampton 2017, S. 1042–1051.
Michoud, Adeline: L'Europe: un havre de protection contre les abus des enterprises multinationales à l'étranger? – considérations de droit international privé, SRIEL 30 (2020), 3–25.
Milleker, Erich: Der Negative Internationale Kompetenzkonflikt. Versuch eines Beitrags zur Lehre vom Renvoi im Internationalen Zivilprozeß, Bielefeld 1975.
Mills, Alex: Rethinking Jurisdiction in International Law, BYIL 84 (2014), 187–239.
–: Private International Law and EU External Relations: Think Local Act Global, Or Think Global Act Local?, ICLQ 65 (2016), 541–579.
Mitzkus, Franz: Internationale Zuständigkeit im Vormundschafts-, Pflegschafts- und Sorgerecht, Frankfurt am Main 1982.
Mora, Paul David: Universal Civil Jurisdiction and Forum Necessitatis: The Confusion of Public and Private International Law in *Naït-Liman v. Switzerland*, NILR 65 (2018), 155–183.
Münchener Kommentar zum Aktiengesetz, Band 1: §§ 1–75, hrsg. von Wulf Goette und Mathias Habersack, für die Hinweise zur Rechtslage in Österreich unter Mitwirkung von Susanne Kalss, 5. Aufl., München 2019.
Münchener Kommentar zum Bürgerlichen Gesetzbuch, Band 12: Internationales Privatrecht I, Europäisches Kollisionsrecht, Einführungsgesetz zum Bürgerlichen Gesetzbuche (Art. 1–26), hrsg. von Franz Jürgen Säcker, Roland Rixecker, Hartmut Oetker und Bettina Limperg, 8. Aufl., München 2020.
Münchener Kommentar zum FamFG, hrsg. von Thomas Rauscher,
– Band 1: §§ 1–270, 3. Aufl., München 2018.
– Band 2: §§ 271–493, Internationales und Europäisches Zivilverfahrensrecht in Familiensachen, 3. Aufl., München 2019.
Münchener Kommentar zur Strafprozessordnung, Band 1: §§ 1–150 StPO, hrsg. von Hans Kudlich, München 2014.

Münchener Kommentar zur Zivilprozessordnung mit Gerichtsverfassungsgesetz und Nebengesetzen, hrsg. von Wolfgang Krüger und Thomas Rauscher,
- Band 1: §§ 1–354, 6. Aufl., München 2020.
- Band 2: §§ 354–945b, 6. Aufl., München 2020.
- Band 3: §§ 946–1120, EGZPO, GVG, EGGVG, UKlaG, Internationales und Europäisches Zivilprozessrecht, 6. Aufl., München 2022.

Musielak, Hans-Joachim/Voit, Wolfgang (Hrsg.): Zivilprozessordnung mit Gerichtsverfassungsgesetz, 18. Aufl., München 2021.

Nagel, Heinrich/Gottwald, Peter: Internationales Zivilprozessrecht, begründet von Heinrich Nagel, fortgeführt und neu bearbeitet von Peter Gottwald, 8. Aufl, Köln 2020.

Neuhaus, Paul Heinrich: Internationales Zivilprozessrecht und Internationales Privatrecht. Eine Skizze, RabelsZ 20 (1955), 201–269.

–: Die Grundbegriffe des internationalen Privatrechts, 2. Aufl., Tübingen 1976.

Neuhaus, Paul Heinrich/Kropholler, Jan: Entwurf eines Gesetzes über internationales Privat- und Verfahrensrecht (IPR-Gesetz), RabelsZ 44 (1980), 326–343.

Neuner, Jörg: Die Rechtsfortbildung, in: Europäische Methodenlehre, hrsg. von Karl Riesenhuber, 4. Aufl., Berlin, Boston 2021, S. 351–376.

Neuner, Robert: Internationale Zuständigkeit, Mannheim, Berlin, Leipzig 1929.

Nielsen, Peter Arnt: The Recast of the Brussels I Regulation, in: Liber Amicorum Ole Lando, hrsg. von Michael Joachim Bonell, Marie-Louise Holle und Peter Arnt Nielsen, Kopenhagen 2012, S. 257–276.

–: The Hague 2019 Judgments Convention – from failure to success?, JPIL 16 (2020), 205–246.

Nkenkeu-Keck, Sontia: L'arrêt *Naït-Liman c. Suisse* ou l'occasion manqué par la Cour européenne des droits de l'homme de renforcer l'effectivité du droit des victims d'obtenir reparation de violations graces des droits de l'homme, Rev. trim. dr. h. 116 (2018), 985–1003.

NomosKommentar BGB, Gesamtherausgeber: Barbara Dauner-Lieb, Thomas Heidel und Gerhard Ring,
- Band 1: Allgemeiner Teil, EGBGB, hrsg. von Thomas Heidel, Rainer Hüßtege, Heinz-Peter Mansel und Ulrich Noack, 4. Aufl., Baden-Baden 2021.
- Band 6: Rom-Verordnungen, EuGüVO, EuPartVO, HUP, EuErbVO, hrsg. von Rainer Hüßtege und Heinz-Peter Mansel, 3. Aufl., Baden-Baden 2019.

Nordmeier, Carl Friedrich: Timor-Leste (Osttimor): Neues Internationales Zivilprozessrecht, IPRax 2009, 540–541.

–: Kap Verde: Neues Internationales Zivilprozessrecht, IPRax 2012, 464–469.

Nuyts, Arnaud: Due Process and Fair Trial: Jurisdiction in the United States and in Europe Compared, in: International Civil Litigation in Europe and Relations with Third States, hrsg. von Arnaud Nuyts und Nadine Watté, Brüssel 2005, S. 157–197.

–: Study on Residual Jurisdiction. General Report. JLS/C4/2005/07-30-CE)0040309/00-37, verfasst von Arnaud Nuyts unter Mitwirkung von Katarzyna Szychowska, 2007 (auf den offziellen Seiten der Europäischen Kommission gegenwärtig nicht mehr abrufbar).

–: La refonte du règlement Bruxelles I, Rev. crit. dr. internat. privé 2013, 1–63.

Nwapi, Chilenye: A Necessary Look at Necessity Jurisdiction, UBC L. Rev. 47 (2014), 211–273.

–: Jurisdiction by Necessity and the Regulation of the Transnational Corporate Actor, Utrecht J. Int'l & Eur. L. 30 (2014), 24–43.

Ohler, Christoph: Grundrechtliche Bindungen der Mitgliedstaaten nach Art. 51 GRCh, NVwZ 2013, 1433–1438.

Ohly, Ansgar/Sosnitza, Olaf: UWG. Gesetz gegen den unlauteren Wettbewerb mit Preisangabenverordnung, begründet von Helmut Köhler und Henning Piper, 7. Aufl., München 2016.
Othenin-Girard, Simon: Quelques observations sur le for de nécessité en droit international privé suisse (art. 3 LDIP), SZIER 1999, 251–285.
Oxmann, Bernhard H.: Jurisdiction of States, in: The Max Planck Encyclopedia of Public International Law, Volume VI, hrsg. von Rüdiger Wolfrum, Oxford 2012, S. 546–557.
Pache, Eckhard: Das europäische Grundrecht auf einen fairen Prozess, NVwZ 2001, 1342–1347.
Pagenstecher, Max: Gerichtsbarkeit und internationale Zuständigkeit als selbständige Prozeßvoraussetzungen. Zugleich ein Beitrag zur Lehre von der internationalen Prorogation, RabelsZ 11 (1937), 337–483.
Pamboukis, Haris P. (Hrsg.): EU Succession Regulation No 650/2012, Athen, München, Oxford, Baden-Baden 2017.
Papier, Hans-Jürgen: § 176 – Justizgewähranspruch, in: Handbuch des Staatsrechts, Band VIII: Grundrechte: Wirtschaft, Verfahren, Gleichheit, hrsg. von Josef Isensee und Paul Kirchhof, 3. Aufl., Heidelberg 2010, S. 491–504.
Paraschas, Katherina: Überlegungen zu Reichweite und Grenzen des Grundrechtsschutzes nach der Charta der Grundrechte der Europäischen Union im Bereich der justiziellen Zusammenarbeit in Zivilsachen, in: Europa als Rechts- und Lebensraum. Liber amicorum für Christian Kohler zum 75. Geburtstag am 18. Juni 2018, hrsg. von Burkhard Hess, Erik Jayme und Heinz-Peter Mansel, Bielefeld 2018, S. 357–370.
Paredes, Sebastián: Protection of the Individual in Recent Private International Law Codification in Latin America, in: Diversity and Integration in Private International Law, hrsg. von Verónica Ruiz Abou-Nigm und María Blanca Noodt Taquela, Edinburgh 2019, S. 251–267.
Pataut, Etienne: The External Dimension of Private International Family Law, in: Private Law in the External Relations of the EU, hrsg. von Marise Cremona und Hans-W. Micklitz, Oxford 2016, S. 107–124.
–: Déni de justice et compétence internationale, Rev. crit. dr. internat. privé 2018, 267–279.
Peari, Sagi: Three Objections to Forum of Necessity: Global Access to Justice, International Criminal Law, and Proper Party, Osgoode Hall Law Journal 55 (2018), 225–238.
Pechstein, Matthias/Nowak, Carsten/Häde, Ulrich (Hrsg.): Frankfurter Kommentar zu EUV, GRC und AEUV, Band I: EUV und GRC, Tübingen 2017.
Pérez-Ragone, Alvaro/Chen, Wei-Yu: Europäischer einstweiliger Rechtsschutz – eine dogmatische Systembildung im Lichte der EuGH-Entscheidungen –, ZZPInt 17 (2012), 231–257.
Pfeiffer, Thomas: Internationale Zuständigkeit und prozessuale Gerechtigkeit. Die internationale Zuständigkeit im Zivilprozess zwischen effektivem Rechtsschutz und nationaler Zuständigkeitspolitik, Frankfurt am Main 1995.
–: Anmerkung zu BGH, 21.11.1996 – IX ZR 264/95, ZZP 110 (1997), 360–371.
–: Materialisierung und Internationalisierung im Recht der Internationalen Zuständigkeit, in: 50 Jahre Bundesgerichtshof. Festgabe aus der Wissenschaft, hrsg. von Claus-Wilhelm Canaris, Andreas Heldrich, Klaus J. Hopt, Claus Roxin, Karsten Schmidt und Gunter Widmaier, Band III: Zivilprozeß, Insolvenz, Öffentliches Recht, München 2000, S. 617–643.
–: Die Fortentwicklung des Europäischen Prozessrechts durch die neue EuGVO, ZZP 127 (2014), 409–430.
Pichler, Rufus: Internationale Zuständigkeit im Zeitalter globaler Vernetzung, München 2008.

Pocar, Fausto: Jurisdiction and the Enforcement of Judgments under the EC Convention of 1968. A Review of Court Decisions, RabelsZ 42 (1978), 411–430.
Pohl, Miriam: Die Neufassung der EuGVVO – im Spannungsfeld zwischen Vertrauen und Kontrolle, IPRax 2013, 109–114.
Posyniak, Thomas: Forum of Last Resort or Forum of Juridical Entitlement: Forum of Necessity in British Columbia following *West Van Inc. v. Daisley*, The Advocate (Vancouver Bar Association) 73 (2015), 43–55.
Pretelli, Ilaria/Heckendorn Urscheler, Lukas (Hrsg.): Possibility and terms for applying Brussels I Regulation (recast) to extra-EU disputes, Study for the JURI Committee, PE 493.024, 2014, abrufbar unter <https://www.europarl.europa.eu/RegData/etudes/STUD/2014/493024/IPOL-JURI_ET(2014)493024_EN.pdf> (zuletzt abgerufen am 31.7.2023).
Prütting, Hanns/Gehrlein, Markus (Hrsg.): Zivilprozessordnung, 13. Aufl., Köln 2021.
Prütting, Hanns/Helms, Tobias (Hrsg.): FamFG. Gesetz über das Verfahren in Familiensachen und in den Angelegenheiten der freiwilligen Gerichtsbarkeit, 5. Aufl., Köln 2020.
Queirolo, Ilaria: Choice of Court Agreements in the New Brussels I-*bis* Regulation: A Critical Appraisal, YbPIL 15 (2013/2014), 113–142.
Rauscher, Thomas (Hrsg.): Europäisches Zivilprozess- und Kollisionsrecht. EuZPR/EuIPR,
– Band I: Brüssel Ia-VO, 5. Aufl., Köln 2021.
– Band IV: Brüssel IIa-VO, EG-UntVO, HUntVerfÜbk 2007, EU-EheGüterVO-E, EU-LPGüterVO-E, EU-SchutzMVO, 4. Aufl., Köln 2015.
– Band V: KSÜ, EU-ErbVO, HUntStProt 2007, Rom III-VO, 4. Aufl., Köln 2016.
–: Internationales Privatrecht. Mit internationalem Verfahrensrecht, 5. Aufl., Heidelberg 2017.
Rechberger, Walter H./Frodl, Susanne: Die Internationale Zuständigkeit, in: Die EU-Erbrechtsverordnung in Österreich, hrsg. von Walter H. Rechberger und Brigitta Zöchling-Jud, Wien 2015, S. 45–113.
Redfield, Stephanie: Searching for Justice: The Use of Forum Necessitatis, Geo. J. Int'l L. 45 (2014), 893–928.
Reisewitz, Julian: Rechtsfragen des Medizintourismus. Internationale Zuständigkeit und anwendbares Recht bei Klagen des im Ausland behandelten Patienten wegen eines Behandlungs- oder Aufklärungsfehlers, Berlin, Heidelberg 2015.
Remien, Oliver: Die Vorlagepflicht bei Auslegung unbestimmter Rechtsbegriffe, RabelsZ 66 (2002), 503–530.
Rétornaz, Valentin/Volders, Bart: Le for de nécessité: tableau comparatif et évolutif, Rev. crit. dr. internat. privé 2008, 225–261.
Riebold, Julia: Die Europäische Kontopfändung, Tübingen 2014.
Riegner, Klaus: Die verfahrensrechtliche Behandlung von Unterhaltsstreitverfahren mit Auslandsbezug nach dem FamFG, FPR 2013, 4–11.
Rodríguez Rodrigo, Juliana/Miller, Abogada Katharina: Güterrechtsverordnung für europäische Ehegatten, NZFam 2016, 1065–1071.
Roorda, Lucas/Ryngaert, Cedric: Business and Human Rights Litigation in Europe and Canada: The Promises of Forum of Necessity Jurisdiction, RabelsZ 80 (2016), 783–816.
Rosenberg, Leo/Schwab, Karl Heinz/Gottwald, Peter: Zivilprozessrecht, begründet von Leo Rosenberg, fortgeführt von Karl Heinz Schwab, bearbeitet von Peter Gottwald, 18. Aufl. München 2018.
Rösler, Hannes: Die Europäisierung von IZVR und IPR als Herausforderung für die deutsche Gerichtsorganisation, ZVglRWiss 115 (2016), 533–556.
Rossolillo, Giulia: Forum necessitatis e flessibilità dei criteri di giurisdizione nel diritto internazionale privato nazionale e dell'Unione europea, CDT (März 2010), 403–418.

Roth, Herbert: Zum Bedeutungsverlust des autonomen Internationalen Zivilprozessrechts, in: Europäisierung des Rechts. Ringvorlesung der Juristischen Fakultät der Universität Regensburg 2009/2010, hrsg. von Herbert Roth, Tübingen 2010, S. 163–181.

–: Prozessmaximen, Prozessgrundrechte und die Konstitutionalisierung des Zivilprozessrechts, ZZP 131 (2018), 3–24.

–: Vereinbarungen über die internationale Zuständigkeit nach Art. 25 EuGVVO und Prüfung von Amts wegen im deutschen Zivilprozess. Anmerkung zu BGH, 26.4.2018 – VII ZR 139/17, IPRax 2019, 397–400.

Ryngaert, Cedric: Jurisdiction in International Law, 2. Aufl., Oxford 2015.

–: From Universal Jurisdiction to Forum of Necessity: Reflections on the Judgment of the European Court of Human Rights in *Nait-Liman*, Riv. dir. int. 100 (2017), 782–807.

Saccucci, Andrea: The Case of *Naït-Liman* before the European Court of Human Rights: A *Forum Non Conveniens* for Asserting the Right of Access to a Court in Relation to Civil Claims for Torture Committed Abroad?, in: Universal Civil Jurisdiction. Which Way Forward?, hrsg. von Serena Forlati und Pietro Franzina unter Mitwirkung von Mariangela La Manna, Leiden, Boston 2020, S. 3–37.

Sachs, Michael (Hrsg.): Grundgesetz, 9. Aufl., München 2021.

Saenger, Ingo (Hrsg.): Zivilprozessordnung. Familienverfahren, Gerichtsverfassung, Europäisches Verfahrensrecht, 9. Aufl., Baden-Baden 2021.

Safjan, Marek/Düsterhaus, Dominik: A Union of Effective Judicial Protection: Addressing a Multi-level Challenge through the Lens of Article 47 CFREU, Yearbook of European Law 33 (2014), 3–40.

Samtleben, Jürgen: Neue interamerikanische Konventionen zum Internationalen Privatrecht, RabelsZ 56 (1992), 1–115.

–: Internationales Privatrecht in Panama – eine neue Kodifikation in Lateinamerika, RabelsZ 82 (2018), 52–135.

–: Die Reform des Internationalen Familien- und Familienverfahrensrechts in Costa Rica, StAZ 2021, 106–111.

–: Ein karibisches IPR-Modell – das dominikanische Gesetz von 2014, IPRax 2021, 484–490.

Samtleben, Jürgen/Lorenzo Idiarte, Gonzalo A.: Das Allgemeine Gesetz des Internationalen Privatrechts von Uruguay, RabelsZ 85 (2021), 811–851.

Sandrock, Otto: Völkerrechtliche Grenzen staatlicher Gesetzgebung – Eine Skizze –, ZVglR-Wiss 115 (2016), 1–94.

Sauer, Heiko: Jurisdiktionskonflikte in Mehrebenensystemen. Die Entwicklung eines Modells zur Lösung von Konflikten zwischen Gerichten unterschiedlicher Ebenen in vernetzten Rechtsordnungen, Berlin, Heidelberg, New York 2008.

Schack, Haimo: Vermögensbelegenheit als Zuständigkeitsgrund – Exorbitant oder sinnvoll? –, – § 23 ZPO in rechtsvergleichender Perspektive –, ZZP 97 (1984), 46–68.

–: Anmerkung zu BGH, 2.7.1991 – XI ZR 206/90, JZ 1992, 54–56.

–: Internationale Zuständigkeit und Inlandsbeziehung, in: Festschrift für Hideo Nakamura zum 70. Geburtstag am 2. März 1996, hrsg. von Andreas Heldrich und Takeyoshi Uchida, Tokio 1996, S. 491–514.

–: Waffengleichheit im Zivilprozess, ZZP 129 (2016), 393–416.

–: Europäische Rechtskraft?, in: Fairness Justice Equity. Festschrift für Reinhold Geimer zum 80. Geburtstag, hrsg. von Rolf A. Schütze, München 2017, S. 611–618.

–: Internationales Zivilverfahrensrecht mit internationalem Insolvenzrecht und Schiedsverfahrensrecht, 8. Aufl., München 2021.

Schall, Alexander: Die Mutter-Verantwortlichkeit für Menschenrechtsverletzungen ihrer Auslandstöchter, ZGR 2018, 479–512.

Schärtl, Christoph: Bezieht sich das „Spiegelbildprinzip" des § 328 I Nr. 1 ZPO auch auf die Zuständigkeitsvorschriften der EuGVO?, IPRax 2006, 438–442.

Schladebach, Marcus: Praktische Konkordanz als verfassungsrechtliches Kollisionsprinzip. Eine Verteidigung, Der Staat 53 (2014), 263–283.

Schlosser, Peter: Jurisdiction in International Litigation – The Issue of Human Rights in Relation to National Law and the Brussels Convention, Riv. dir. int. 74 (1991), 5–34.

–: Einschränkung des Vermögensgerichtsstandes. Anmerkung zu BGH, 2.7.1991 – XI ZR 206/90, und OGH, 6.6.1991 – 8 Ob 559/91, IPRax 1992, 140–143.

Schmahl, Stefanie: Der Beitritt der EU zur Europäischen Menschenrechtskonvention: Wo liegt das Problem?, JZ 2016, 921–928.

Schmehl, Christine: Parallelverfahren und Justizgewährung. Zur Verfahrenskoordination nach europäischem und deutschem Zivilprozessrecht am Beispiel taktischer „Torpedoklagen", Tübingen 2011.

Schmidt, Jessica: Unternehmensrecht: Supply chain due diligence – EP-Entwurf, EuZW 2021, 276.

Schmidt-Aßmann, Eberhard: § 26 – Der Rechtsstaat, in: Handbuch des Staatsrechts, Band II: Verfassungsstaat, hrsg. von Josef Isensee und Paul Kirchhof, 3. Aufl., Heidelberg 2004, S. 541–612.

Schoibl, Norbert A., Die Prüfung der internationalen Zuständigkeit nach Europäischem Verfahrensrecht in Zivil- und Handelssachen – Die international-europäische Zuständigkeitsprüfung aus österreichischer Sicht –, ZZPInt 10 (2005), 123–163.

Schröder, Jochen: Internationale Zuständigkeit. Entwurf eines Systems von Zuständigkeitsinteressen im zwischenstaatlichen Privatverfahrensrecht aufgrund rechtshistorischer, rechtsvergleichender und rechtspolitischer Betrachtungen, Opladen 1971.

Schulz, Michael: Das Alien Tort Statute und transnationale Deliktsklagen. Im Kontext der Menschenrechtsverantwortung multinationaler Unternehmen, Baden-Baden 2016.

Schumann, Ekkehard: Keine Geheimverfahren bei einstweiligen Verfügungen in Pressesachen. Anmerkung zu BVerfG, 30.9.2018 – 1 BvR 1783/17, 2421/17, JZ 2019, 398–405.

Schünemann, Julia Alma: Die Firma im internationalen Rechtsverkehr. Zum Kollisionsrecht der Firma unter besonderer Berücksichtigung des Rechts der Europäischen Union, Tübingen 2016.

Schurig, Klaus: Das internationale Erbrecht wird europäisch – Bemerkungen zur kommenden Europäischen Verordnung, in: Festschrift für Ulrich Spellenberg, hrsg. von Jörn Bernreuther, Robert Freitag, Stefan Leible, Harald Sippel und Ulrike Wanitzek, München 2010, S. 343–353.

Schüttfort, Inga Christin: Ausschließliche Zuständigkeiten im internationalen Zivilprozessrecht. Autonomes und europäisches Recht im Vergleich, Frankfurt am Main 2011.

Schütze, Rolf A.: Das Vermögen als Anknüpfungspunkt für die internationale Zuständigkeit, in: Festschrift für Akira Ishikawa zum 70. Geburtstag am 27. November 2001, hrsg. von Gerhard Lüke, Takehiko Mikami und Hanns Prütting, Berlin, New York 2001, S. 493–504.

–: Deutsches Internationales Zivilprozessrecht unter Einschluss des Europäischen Zivilprozessrechts, Berlin 2005.

–: Die Notzuständigkeit im deutschen Recht, in: Festschrift für Walter H. Rechberger zum 60. Geburtstag, hrsg. von Ludwig Bittner, Thomas Klicka, Georg E. Kodek und Paul Oberhammer, Wien, New York 2005, S. 567–577.

–: Die Verweigerung der Klagezustellung bei völkerrechtswidriger Usurpierung internationaler Zuständigkeit, RIW 2009, 497–500.
–: Rechtsverfolgung im Ausland. Prozessführung vor ausländischen Gerichten und Schiedsgerichten, 5. Aufl., Berlin, Boston 2016.
Schwarze, Jürgen: EU-Kommentar, hrsg. von Ulrich Becker, Armin Hatje, Johann Schoo und Jürgen Schwarze, 4. Aufl., Baden-Baden 2019.
Schwenzer, Ingeborg/Hosang, Alain F.: Menschenrechtsverletzungen – Schadenersatz vor Schweizer Gerichten, SZIER 2011, 273–291.
Seyfarth, Stefan Georg: Wandel der internationalen Zuständigkeit im Erbrecht, Konstanz 2011, abrufbar unter <http://nbn-resolving.de/urn:nbn:de:bsz:352-192990> (zuletzt abgerufen am 31.7.2023).
Sheehy, Benedict: Defining CSR: Problems and Solutions, Journal of Business Ethics 131 (2015), 625–648.
Simotta, Daphne-Ariane: Die Neuregelung der internationalen Zuständigkeit durch die Wertgrenzen-Novelle 1997, in: Wege zur Globalisierung des Rechts. Festschrift für Rolf A. Schütze zum 65. Geburtstag, hrsg. von Reinhold Geimer, München 1999, S. 831–876.
–: Die internationale Zuständigkeit nach den neuen Europäischen Güterrechtsverordnungen, ZVglRWiss 116 (2017), 44–92.
Sobkin, Michael: Residual Discretion: The Concept of Forum of Necessity under the *Court Jurisdiction and Proceedings Transfer Act*, Osgoode Hall Law Journal 55 (2018), 203–224.
Soergel, Theodor (Begr.): Bürgerliches Gesetzbuch mit Einführungsgesetz und Nebengesetzen, Band 10: Einführungsgesetz, neu hrsg. von W. Siebert, 12. Aufl., Stuttgart, Berlin, Köln 1996.
Somarakis, Ioannis K.: Rethinking EU Jurisdiction in Cross-Border Family and Succession Cases Connected with Non-Member States, YbPIL 19 (2017/2018), 555–584.
Sonnenberger, Hans Jürgen: Eingriffsnormen, in: Brauchen wir eine Rom 0-Verordnung? Überlegungen zu einem Allgemeinen Teil des europäischen IPR, hrsg. von Stefan Leible und Hannes Unberath, Jena 2013, S. 429–444.
Sonnentag, Michael: Der Renvoi im Internationalen Privatrecht, Tübingen 2001.
–: Anerkennungs- und Vollstreckbarkeitshindernisse im autonomen deutschen Recht, ZVglRWiss 113 (2014), 83–95.
–: Die Konsequenzen des Brexits für das Internationale Privat- und Zivilverfahrensrecht, Tübingen 2017.
–: Zielsetzung und Beurteilung der Effektivität der Brüssel IIa-Verordnung aus Sicht der Wissenschaft, in: Europäisches Familienrecht im Spiegel deutscher Wissenschaft und Praxis. Tagungsband des Austauschseminars am 16. September 2016 in Heidelberg, hrsg. von Thomas Pfeiffer, Josef Wittmann und Mirjam Escher, Baden-Baden 2018, S. 9–44.
–: Aktuelle Probleme der Rom III-Verordnung, in: Europäisches Familien- und Erbrecht. Stand und Perspektiven, hrsg. von Thomas Pfeiffer, Quincy C. Lobach und Tobias Rapp, Baden-Baden 2020, S. 61–92.
Spießhofer, Birgit: Wirtschaft und Menschenrechte – rechtliche Aspekte der Corporate Social Responsibility, NJW 2014, 2473–2479.
Stadler, Astrid/Klöpfer, Matthias: Die Reform der EuGVVO – von Umwegen, Irrwegen und Sackgassen, ZEuP 2015, 732–772.
Staudinger, Ansgar: Europäisierung des § 29 Abs. 1 ZPO. Zugleich Rezension von BGH, 18.1.2011 – X ZR 71/10, JR 2012, 47–51.
Staudinger, Julius von: Kommentar zum Bürgerlichen Gesetzbuch mit Einführungsgesetz und Nebengesetzen,

- Buch 1. Allgemeiner Teil: Einl zum BGB; §§ 1–14; VerschG (Natürliche Personen, Verbraucher, Unternehmer), Neubearbeitung, Berlin 2018.
- Einführungsgesetz zum Bürgerlichen Gesetzbuche: Art 1, 2, 50–128 EGBGB (Inkrafttreten, Verhältnis zu anderen Vorschriften, Übergangsvorschriften), Neubearbeitung, Berlin 2018.
- Einführungsgesetz zum Bürgerlichen Gesetzbuche/IPR: Internationales Privatrecht (Einleitung zum IPR), Neubearbeitung, Berlin 2019.
- Einführungsgesetz zum Bürgerlichen Gesetzbuche/IPR: Art 7–12, 47, 48 EGBGB (Internationales Recht der natürlichen Personen und der Rechtsgeschäfte), Neubearbeitung, Berlin 2019.
- Einführungsgesetz zum Bürgerlichen Gesetzbuche/IPR: Internationales Verfahrensrecht in Ehesachen 1 (Europäisches Recht: Brüssel IIa-VO), Neubearbeitung, Berlin 2015.
- Einführungsgesetz zum Bürgerlichen Gesetzbuche/IPR: Internationales Verfahrensrecht in Ehesachen 2 (Deutsches Recht: FamFG), Neubearbeitung, Berlin 2016.
- Einführungsgesetz zum Bürgerlichen Gesetzbuche/IPR: Art 19–24 EGBGB; ErwSÜ (Internationales Kindschaftsrecht, Erwachsenenschutzübereinkommen), Neubearbeitung, Berlin 2019.
- Einführungsgesetz zum Bürgerlichen Gesetzbuche/IPR: Art 11–29 Rom I-VO; Art 46b–d EGBGB. Verfahrensrecht für internationale Verträge (IntVertrVerfR) (Internationales Vertragsrecht 2 – Internationaler Verbraucherschutz und Internationels Vertragsverfahrensrecht), Neubearbeitung, Berlin 2021.

Stein/Jonas: Kommentar zur Zivilprozessordnung,
- Band 1: Einleitung, §§ 1–77, hrsg. von Reinhard Bork und Herbert Roth, 23. Aufl., Tübingen 2014.
- Band 3: §§ 148–270, hrsg. von Reinhard Bork und Herbert Roth, 23. Aufl., Tübingen 2016.
- Band 5: §§ 328–510c, hrsg. von Reinhard Bork und Herbert Roth, 23. Aufl., Tübingen 2015.
- Band 10: EuGVVO, GVG, 22. Aufl., Tübingen 2011.

Stern, Klaus/Sachs, Michael (Hrsg.): Europäische Grundrechte-Charta, GRCh, München 2016.

Streinz, Rudolf (Hrsg.): EUV/AEUV. Vertrag über die Europäische Union, Vertrag über die Arbeitsweise der Europäischen Union, Charta der Grundrechte der Europäischen Union, 3. Aufl., München 2018.

Stürner, Michael: Zivilprozessuale Voraussetzungen für Klagen gegen transnationale Unternehmen wegen Menschenrechtsverletzungen, in: Zivil- und strafrechtliche Unternehmensverantwortung für Menschenrechtsverletzungen, hrsg. von Markus Krajewski, Franziska Oehm und Miriam Saage-Maaß, Berlin, Heidelberg 2018, S. 73–98.

Stürner, Michael/Pförtner, Friederike: Residual Jurisdiction: Back to the Future?, GPR 2019, 222–228.

Stürner, Rolf: The Principles of Transnational Civil Procedure. An Introduction to Their Basic Conceptions, RabelsZ 69 (2005), 201–254.

–: Der zivilprozessuale Grundsatz der Gleichheit der Parteien in Europa, in: Festschrift für Peter Gottwald zum 70. Geburtstag, hrsg. von Jens Adolphsen, Joachim Goebel, Ulrich Haas, Burkhard Hess, Stephan Kolmann und Markus Würdinger, München 2014, S. 631–643.

Takahashi, Koji: Review of the Brussels I Regulation: A Comment from the Perspectives of Non-Member States (Third States), JPIL 8 (2012), 1–15.

Talpis, Jeffrey/Goldstein, Gerald: The Influence of Swiss Law on Quebec's 1994 Codification of Private International Law, YbPIL 11 (2009), 339–374.

Teitz, Louise Ellen: Another Hague Judgments Convention? Bucking the Past to Provide for the Future, Duke J Comp. & Int. Law 29 (2019), 491–511.
Texeira de Sousa, Miguel: Die neue internationale Zuständigkeitsregelung im portugiesischen Zivilprozeßgesetzbuch und die Brüsseler und Luganer Übereinkommen: Einige vergleichende Bemerkungen, IPRax 1997, 352–360.
Thiere, Karl: Die Wahrung überindividueller Interessen im Zivilprozeß, Bielefeld 1980.
Thomale, Chris/Hübner, Leonhard: Zivilgerichtliche Durchsetzung völkerrechtlicher Unternehmensverantwortung, JZ 2017, 385–397.
Thürk, Sophie Charlotte: Belegenheitsgerichtsstände, Tübingen 2018.
Thym, Daniel: Die Reichweite der EU-Grundrechte-Charta – Zu viel Grundrechtsschutz?, NVwZ 2013, 889–896.
Torralba-Mendiola, Elisa/Rodríguez-Pineau, Elena: Two's Company, Three's a Crowd: Jurisdiction, Recognition and *Res Judicata* in the European Union, JPIL 10 (2014), 403–430.
Tsikrikas, Dimitrios: Grenzüberschreitende Bindungswirkung von Prozessurteilen im europäischen Justizraum, ZZPInt 22 (2017), 213–224.
Tu, Guangjian: Macau, SAR of China, in: Encyclopedia of Private International Law. Volume 3, hrsg. von Jürgen Basedow, Giesela Rühl, Franco Ferrari und Pedro de Miguel Asensio, Cheltenham, Northampton 2017, S. 2305–2315.
Ubertazzi, Benedetta: Exclusive Jurisdiction in Intellectual Property, Tübingen 2012.
Ultsch, Michael: Internationale Zuständigkeit in Nachlaßsachen – Ein Beitrag zum Justizgewährungsanspruch –, MittBayNot 1995, 6–16.
Ungern-Sternberg, Antje von: Die Konsensmethode des EGMR – Eine kritische Bewertung mit Blick auf das völkerrechtliche Konsens- und das innerstaatliche Demokratieprinzip, AVR 2013, 312–338.
Vargas, Jorge A.: Enforcement of Judgments in Mexico: The 1988 Rules of the Federal Code of Civil Procedure, Nw. J. Int'l L. & Bus. 14 (1993–1994), 376–412.
Viarengo, Ilaria/Franzina, Pietro (Hrsg.): The EU Regulations on the Property Regimes of International Couples, Cheltenham, Northampton 2020.
Völker, Christian: Zur Dogmatik des ordre public. Die Vorbehaltsklauseln bei der Anerkennung fremder gerichtlicher Entscheidungen und ihr Verhältnis zum ordre public des Kollisionsrechts, Berlin 1998.
Voßkuhle, Andreas: Bruch mit einem Dogma: Die Verfassung garantiert Rechtsschutz gegen den Richter, NJW 2003, 2193–2200.
Wagner, Gerhard: Haftung für Menschenrechtsverletzungen, RabelsZ 80 (2016), 717–782.
Wagner, Rolf: Die Bemühungen der Haager Konferenz für Internationales Privatrecht um ein Übereinkommen über die gerichtliche Zuständigkeit und ausländische Entscheidungen in Zivil- und Handelssachen. Ein Sachstandsbericht nach dem 1. Teil der Diplomatischen Konferenz, IPRax 2001, 533–547.
–: Das Haager Übereinkommen vom 30.6.2005 über Gerichtsstandsvereinbarungen, RabelsZ 73 (2009), 100–149.
–: Fünfzehn Jahre justizielle Zusammenarbeit in Zivilsachen, IPRax 2014, 217–225.
–: Zwanzig Jahre justizielle Zusammenarbeit in Zivilsachen, IPRax 2019, 185–200.
Wais, Hannes: Zwischenstaatliche Zuständigkeitsverweisung im Anwendungsbereich der EuGVVO sowie Zuständigkeit nach Art. 24 S. 1 EuGVVO bei rechtsmissbräuchlicher Rüge der Unzuständigkeit, IPRax 2012, 91–95.
Walchshöfer, Alfred: Die deutsche internationale Zuständigkeit in der streitigen Gerichtsbarkeit, ZZP 80 (1967), 165–229.

Walker, Janet: *Muscutt* Misplaced: The Future of Forum of Necessity Jurisdiction in Canada, Canadian Business Law Journal 48 (2009), 135–143.
Wall, Fabian: Sind die Artt. 3 ff. EuEheVO nach § 109 Abs. 1 Nr. 1 FamFG zu spiegeln? – Zur Relevanz der EuEheVO in Scheidungsfällen mit Drittstaatenbezug, FamRBint 2011, 15–21.
–: Vermeidung negativer Kompetenzkonflikte im Zuständigkeitsrecht der Artt. 4 ff EU-ErbVO. Lässt sich die Entscheidung EuGH, Urt. v. 15.11.2012 – Rs. C-456/11 zur Bindungswirkung ausländischer Prozessurteile auf die EU-ErbVO übertragen?, ZErb 2014, 272–281.
Walter, Gerhard/Domej, Tanja: Internationales Zivilprozessrecht der Schweiz, 5. Aufl., Bern, Stuttgart, Wien 2012.
Weber, Johannes: Universal Jurisdiction and Third States in the Reform of the Brussels I Regulation, RabelsZ 75 (2011), 619–644.
Weitz, Karol: Die geplante Erstreckung der Zuständigkeitsordnung der Brüssel I-Verordnung auf drittstaatsansässige Beklagte, in: Europäische und internationale Dimension des Rechts. Festschrift für Daphne-Ariane Simotta, hrsg. von Reinhold Geimer, Rolf A. Schütze und Thomas Garber, Wien 2012, S. 679–689.
Weller, Marc-Philippe/Kaller, Luca/Schulz, Alix: Haftung deutscher Unternehmen für Menschenrechtsverletzungen im Ausland, AcP 216 (2016), 387–420.
Weller, Marc-Philippe/Benz, Nina/Zimmermann, Anton: Klagen gegen ausländische Konzerngesellschaften im Inland: Der Vermögensgerichtsstand des § 23 ZPO als Konzerntochtergerichtsstand, NZG 2019, 1121–1128.
Weller, Matthias: Ordre-public-Kontrolle internationaler Gerichtsstandsvereinbarungen im autonomen Zuständigkeitsrecht, Tübingen 2005.
–: Auslegung internationaler Gerichtsstandsvereinbarungen als ausschließlich und Wirkungserstreckung auf die Klage des anderen Teils gegen den falsus procurator. Anmerkung zu OLG Koblenz, 24.6.2004 – 5 U 1353/02, IPRax 2006, 444–450.
–: Der Kommissionsentwurf zur Reform der Brüssel I-VO, GPR 2012, 34–44.
–: Der Ratsentwurf und der Parlamentsentwurf zur Reform der Brüssel I-VO, GPR 2012, 328–333.
–: Mutual trust: in search of the future of European Union private international law, JPIL 11 (2015), 64–102.
Widdascheck, Mirko: Der Justizgewährleistungsanspruch des Dopingsünders, Berlin 2018.
Wieczorek, Bernhard/Schütze, Rolf A.: Zivilprozeßordnung und Nebengesetze, begründet von Bernhard Wieczorek, hrsg. von Rolf A. Schütze,
– Erster Band: Einleitung; §§ 1–127a. 1. Teilband: Einleitung; §§ 1 bis 49, 3. Aufl., Berlin, New York 1994 (zitiert: *Bearbeiter* in Wieczorek/Schütze, ZPO, 3. Aufl.).
– Erster Band: Teilband 1: §§ 1–23a, 4. Aufl., Berlin, München, Boston 2015.
– Fünfter Band: Teilband 1: §§ 300–329, 4. Aufl., Berlin, Boston 2015.
– Elfter Band: §§ 916–1066, 4. Aufl., Berlin, Boston 2014.
– Dreizehnter Band: Teilband 2: Brüssel Ia-VO, 4. Aufl., Berlin, Boston 2019.
Wollenschläger, Peter: Zum Merkmal des hinreichenden Inlandsbezuges in § 23 ZPO – Auslegungsdifferenzen in den verschiedenen Verfahrensarten der Zivilprozeßordnung?, IPRax 2002, 96–100.
Wouters, Jan/Ryngaert, Cedric/Ruys, Tom/De Baere, Geert: International Law. A European Perspective, Oxford u. a. 2019.
Ziegenhain, Hans-Jörg: Extraterritoriale Rechtsanwendung und die Bedeutung des Genuine-Link-Erfordernisses. Eine Darstellung der deutschen und amerikanischen Staatenpraxis, München 1992.

Zöller, Richard (Begr.): Zivilprozessordnung mit FamFG (§§ 1–185, 200–270) und Gerichtsverfassungsgesetz, den Einführungsgesetzen, mit Internationalem Zivilprozessrecht, EuGVVO und weiteren EU-Verordnungen, Kostenanmerkungen, 34. Aufl., Köln 2022.

Zuck, Rüdiger: Die Gewährleistung effektiven Rechtsschutzes im Zivilprozess, NJW 2013, 1132–1135.

Zürcher Kommentar zum IPRG: Kommentar zum Bundesgesetz über das Internationale Privatrecht (IPRG) vom 18. Dezember 1987, Band 1: Art. 1–108, hrsg. von Markus Müller-Chen und Corinne Widmer Lüchinger, 3. Aufl., Zürich 2018.

Sachregister

Abänderungszuständigkeit 40 f., 225, 250
Allgemeines Völkerrecht
- Begrenzung der Gerichtsbarkeit 84–101
- Fremdenrecht 101 f.
- justizieller Mindeststandard 101–103
Anerkennungslücke
- autonomes Recht 357 f., 448
- Drittstaatensachverhalte 234–238, 407 f.
- Entwurf der Brüssel Ia-VO 267 f.
- Grundgesetz 155
- Grundlagen 13 f.
- Österreich 47
- Rechtsvergleich 56
- Unionssachverhalte 169, 197 f., 301–303, 430–432
Anerkennungszuständigkeit 345–348, 445
Angola 22
Argentinien 25, 34, 37, 57, 453
Aufenthalt
- gewöhnlicher 180 f., 247 f., 249, 379, 409, 427, 453
- schlichter 250 f., 280 f., 381, 456 f.
- unbekannter 198–200
Auffangzuständigkeiten 202 f., 204–206, 210–212, 219 f., 281, 410 f.
ausreichender Bezug 239–252, 408 f.
ausschließliche Zuständigkeit 171–175, 198 f., 341–343
Aussetzung des Verfahrens 398–400
autonomes Recht
- de lege ferenda 436–459
- de lege lata 305–402
- Europäisierung 436 f.
- geschriebene Notzuständigkeiten 305–327
- Reformbemühungen 327
- ungeschriebene Notzuständigkeit 328–402

Begriff der Notzuständigkeit 8 f.
Belgien 24
Beweis drohender Rechtsverweigerung 50, 55, 366–372, 385 f., 441 f.
bindende Verweisung zwischen Mitgliedstaaten 190 f., 423–425
Binnen(markt)sachverhalte siehe Unionssachverhalte
Brüssel Ia-VO
- Anwendungsbereich 165, 263, 273 f.
- Bestimmung des Wohnsitzes 181–183, 187 f., 425–427
- de lege ferenda 277, 411–421, 425–427
- gescheiterte Universalisierung 264, 273–275, 276
- Notzuständigkeit im Reformentwurf 267 f., 270–272, 275 f.
- Reform der Brüssel I-VO 264–276
Brüssel IIa-VO
- Anhaltspunkte für Notzuständigkeiten 279–281
- Anwendungsbereich 278 f.
- de lege ferenda 411–418, 427 f.
- Reform der Brüssel IIa-VO 282–284
Brüssel IIb-VO 278–284

Charakteristika der Notzuständigkeit 32 f., 309, 315
Charta der Grundrechte siehe Grundrechtecharta
Chile 28, 34, 36
Common Law 29–31
Corporate Social Responsibility 16 f., siehe auch Menschenrechtsklagen
Costa Rica 26, 34, 37, 57, 453

Darlegungs- und Beweislast 50, 55, 366–372, 385 f., 441 f.

déni de justice siehe Rechtsverweigerung
Derogation *siehe* Gerichtsstandsvereinbarungen
Deutschland *siehe* autonomes Recht; Justizgewährungsanspruch
Diskriminierung 53, 231
Dominikanische Republik 25, 34 f.
Doppelfunktionalität der örtlichen Zuständigkeit 305, 342 f., 438
Drittstaatensachverhalte
– Bedürfnis einer Notzuständigkeit 170–175
– *de lege ferenda* 405–422
– geschriebene Notzuständigkeiten 201–263
due process clause 129 f.

effektive Staatsangehörigkeit 244–246
EGMR *siehe* EMRK
Eilzuständigkeit 364 f.
eingetragene Partnerschaft 206–263, 404–411
Eingriffsnormen 92 f., 359 f.
einstweiliger Rechtsschutz 363–365, 436
emergency jurisdiction 9
EMRK
– Anwendungsbereich des Rechts auf Zugang zu Gericht 106, 117 f., 127
– Beschränkungsmöglichkeiten des Rechts auf Zugang zu Gericht 106 f., 118–128
– Einfluss auf die internationale Zuständigkeit 105–131
– Geltungsbereich des Rechts auf Zugang zu Gericht 105 f., 115–117, 127
– Grundlagen des Rechts auf Zugang zu Gericht 104
– Recht auf Freiheit vor Justiz 129–131
– Rechtssache NaïtLiman 107–128
enger Bezug 217–222, 406 f.
England 30 f.
Ermessen 252–256, 409 f., 457 f.
Ersatzzuständigkeit 8, 362 f.
– örtliche 387–395
Estland 24, 36 f., 56, 409, 452
EU-Grundrechtecharta *siehe* Grundrechtecharta
EuEheVO *siehe* Brüssel IIa-VO; Brüssel IIb-VO

EuErbVO 203–206, 212–263, 404–411
EuGüVO 206–263, 404–411
EuGVVO *siehe* Brüssel Ia-VO
EuPartVO 206–263, 404–411
Europäisches Zuständigkeitsrecht
– Bedürfnis internationaler Notzuständigkeit 164–200
– *de lege ferenda* 404–435
– *de lege lata* 163–304
– geschriebene Notzuständigkeiten 201–263, 267 f., 279–281
– Rechtsakte mit abschließendem Zuständigkeitsregime 164–170, 201–263, 405–411
– Rechtsakte ohne abschließendes Zuständigkeitsregime 164–170, 263–284, 405, 411–421
– ungeschriebene Notzuständigkeiten 285–304
– universell anwendbare Rechtsakte 164–170, 201–263, 405–411
Europäisierung des Zuständigkeitsrechts 163 f., 436 f.
EuUntVO 201–203, 212–263, 404–411
exklusive Zuständigkeit *siehe* ausschließliche Zuständigkeit
exorbitante Zuständigkeit
– Grundlagen 318 f.
– Korrelation mit Notzuständigkeit 51, 319 f., 415, 443, 445 f.
– Vermögensgerichtsstand (§ 23 ZPO) 321–326
– Völkergewohnheitsrecht 96 f.

faires Verfahren 104, 129 f., 132, 135–140, 230 f., 267 f., 276, 453
FamFG, Fürsorgezuständigkeiten des 306–313, 317 f.
Flexibilität 241, 377, 415 f., 444, 452, 456
forum necessitatis 8
forum non conveniens 29–31, 255 f.
forum of necessity 8
forum shopping 119, 217, 381, 413, 457
Frankreich 28
Freiheit vor Justiz *siehe* Recht auf Freiheit vor Justiz
Freiwillige Gerichtsbarkeit
– Brüssel IIa- und IIb-VO 278, 279–281

Sachregister

- EuErbVO 214
- kontradiktorische Verfahren 19 f.
- nicht kontradiktorische Verfahren 18 f., 304–318, 333
Fürsorgezuständigkeiten 306–313, 317 f.

gegenseitiges Vertrauen 176–178, 429, 433 f.
genuine link 84–101, 239
Gerichtsbarkeit 17 f., 84–101
Gerichtskosten 47 f., 54, 229, 356 f.
Gerichtsstandsvereinbarungen 61 f., 151 f., 173–175, 180, 183, 184–193, 331 f., 343–345, 351
geschriebene Notzuständigkeiten des Unionsrechts
- Anerkennungslücke 234–238, 407 f.
- Auslegungsgrundsätze 212–217
- ausreichender Bezug 239–252, 408 f.
- *de lege ferenda* 406–411
- enger Bezug 217–222, 406 f.
- EuErbVO 203–206, 212–263, 404–411
- EuGüVO und EuPartVO 206–263, 404–411
- EuUntVO 201–203, 212–263, 404–411
- kein Ausübungsermessen 252–256, 409 f.
- Reformentwurf der Brüssel Ia-VO 267 f., 270–272, 275 f.
- *perpetuatio fori* 256–260
- Unmöglichkeit eines drittstaatlichen Verfahrens 222–226
- Unzumutbarkeit eines drittstaatlichen Verfahrens 222 f., 227–234
- Verfahrenseinleitung im Drittstaat 238
gewöhnlicher Aufenthalt 180 f., 247 f., 249, 379, 409, 427, 453
gleichgeschlechtliche Ehe 195 f., 208–210, 225 f., 295–298, 427 f.
Griechenland 28
Grundgesetz *siehe* Justizgewährungsanspruch
Grundlagen der Notzuständigkeit 8–20
Grundrechtecharta
- Geltungsbereich 132–134
- Recht auf einen wirksamen Rechtsbehelf und ein unparteiisches Gericht 135–139
- Recht auf Freiheit vor Justiz 139 f.

Guiding Principles on Business and Human Rights 68 f.

Haager Konferenz für Internationales Privatrecht 59–63
Haager Übereinkommen über Gerichtsstandsvereinbarungen 61 f.
Human Rights Litigation 14–17, 54 f., 65–69, 382–386, 454–457

Inlandsbezug
- autonomes Recht 372–386, 450–453
- Drittstaatensachverhalte 239–252, 408 f.
- Niederlande 33, 51 f., 54 f., 56 f., 450 f.
- Österreich 36, 49 f., 56 f., 452 f.
- Rechtsvergleich 33, 35–37, 56 f.
- Schweiz 42 f., 56 f.
- Vermögensgerichtsstand (§ 23 ZPO) 321 f., 323–325
Institut de Droit international 65 f., 454 f.
Interamerikanische Konvention über die internationale Anerkennungszuständigkeit 59
International Law Association 60 f., 456 f.
Italien 28

jurisdiction 85 f.
Justizgewährungsanspruch
- Anwendbarkeit auf Verfahren mit Auslandsbezug 142–144
- Gewährleistungsgehalt 145–155
- Grenzen 156–160
- Herleitung und Rechtsnatur 141 f.
- Letztverantwortlichkeit 149–155
- praktische Konkordanz 144, 157–160
- Recht auf ein inländisches Erkenntnisverfahren 145–155
- Recht auf Freiheit vor Justiz 158–160
Justizverweigerung *siehe* Rechtsverweigerung

Kanada
- British Columbia 23, 33
- Modellgesetz der Uniform Law Conference of Canada 23 f., 33
- Nova Scotia 23, 33
- Ontario 28
- Québec 23

– Yukon 24, 33
Kap Verde 22
Kodifizierung der Notzuständigkeit
– autonomes Recht *de lege ferenda* 436–459
– autonomes Recht *de lege lata* 305–327
– bei Universalisierung von Brüssel Ia- und IIb-VO 414–418
– rechtsvergleichender Trend 31 f.
– Unionssachverhalte *de lege ferenda* 428–434
Kohärenz 212–215, 275 f., 290, 413 f., 417, 446 f.
Konsolidierung 404 f., 437
Konstitutionalisierung 83 f.
Konzerngerichtsstand 383–386
Kosten 47 f., 54, 229, 356 f.
Kroatien 26

Leitprinzipien der Zuständigkeitsgestaltung 76–81
Leitprinzipien für Wirtschaft und Menschenrechte der Vereinten Nationen 68 f.
Letztauslegungskompetenz des EuGH 227, 256
Luxemburg 28

Macau 22
Mehrstaater 244–246
Menschenrechte *siehe* EMRK
Menschenrechtsklagen 14–17, 54 f., 65–69, 382–386, 454–457
Mexiko 22, 34, 59
Modernisierung 445 f.
Monaco 27
Montenegro 25
Mosambik 22

Nachweis drohender Rechtsverweigerung 50, 55, 366–372, 385 f., 441 f.
negativer internationaler Kompetenzkonflikt
– autonomes Recht 334–337, 349–351, 448 f.
– Drittstaatensachverhalte 170, 172, 224 f.
– Grundgesetz 153
– Grundlagen 10 f.
– Rechtsvergleich 34

– Schweiz 38, 40 f.
– Unionssachverhalte 176, 178–193, 281, 291–293, 423–427, 429, 433
Niederlande 24, 33, 50–55, 56 f., 74, 319 f., 450 f.
Notgerichtsbarkeit 18

ordre public 209
– als Zuständigkeitsgrund 359–362
– anerkennungsrechtlicher 235, 300 f., 303, 339–341, 359–362, 429, 442
örtliche Zuständigkeit 44, 50, 387–395, 457 f.
Österreich 22, 36, 44–50, 56 f., 438, 452 f.

Panama 26, 34, 36, 56, 452
perpetuatio fori
– autonomes Recht 395–398
– Rechtsvergleich 50, 55
– Unionsrecht 256–260
Polen 24, 35, 56
politische Verfolgung 47, 233, 357
Portugal 22, 33 f.
positive Kompetenzkonflikte *siehe* Rechtshängigkeit
Principles of Transnational Civil Procedure 63 f.
Prorogation *siehe* Gerichtsstandsvereinbarungen
Prozesskosten 47 f., 54, 229, 356 f.

Recht auf ein faires Verfahren 104, 129 f., 132, 135–140, 230 f., 267 f., 276, 453
Recht auf Freiheit vor Justiz
– EMRK 129–131
– Grundgesetz 158–160
– Grundrechtecharta 139 f.
Recht auf Zugang zu Gericht
– allgemeines Völkerrecht 101–103
– EMRK 104–128
– Grundgesetz *siehe* Justizgewährungsanspruch
– Grundrechtecharta 135–139
Rechtshängigkeit 151 f., 261, 298–300, 332, 398–400
Rechtshängigkeit, Aufrechterhaltung der Zuständigkeit nach *siehe perpetuatio fori*
Rechtskraft, europäische 184–193

Rechtskraftdurchbrechung 400 f.
Rechtsprechungsgewalt 85–101
Rechtsschutzbedürfnis 142–144, 308, siehe auch Inlandsbezug
Rechtssetzungsgewalt 85 f., 91–95
Rechtssicherheit siehe Zuständigkeitsklarheit
rechtsstaatliches Verfahren 12, 15, 154, 228 f., 354 f., siehe auch Unzumutbarkeit eines Verfahrens
Rechtsverweigerung
– Anerkennungslücke siehe Anerkennungslücke
– Begriff 9 f.
– Konstellationen 10–14
– Nachweis 50, 55, 366–372, 385 f., 441 f.
– negativer Kompetenzkonflikt siehe negativer internationaler Kompetenzkonflikt
– Unmöglichkeit siehe Unmöglichkeit eines Verfahrens
– Unzumutbarkeit siehe Unzumutbarkeit eines Verfahrens
– völkerrechtliches Verbot 10, 101–103
– zu überprüfende Staaten 48 f., 57, 217–222, 365 f., 406 f., 450
Reflexwirkung ausschließlicher Zuständigkeit 171–175
renvoi-Zuständigkeit 334–337
restriktive Anwendung 39, 52 f., 56, 215–217, 240 f., 443
Restzuständigkeit 165, 174, 183, 263–277, 279, 282–284, 405, 411–421
Rumänien 25, 36, 56, 452

schlichter Aufenthalt 250 f., 280 f., 381, 456 f.
Schweiz 22, 38–44, 56 f.
Serbien 28
Spanien 27
Spiegelbildprinzip
– geschriebene Notzuständigkeiten des EuZVR 347 f.
– ungeschriebene Notzuständigkeit 345–347, 445
– vorrangiger Rechtsschutz im Ausland 218–221, 365 f., 406 f., 450
– Zweck 91 f.

Staatenpraxis, völkerrechtliche 96–99, 120–123
Staatsangehörigkeit 243–246, 379, 409, 452 f.
– effektive 244–246
Stillstand der Rechtspflege 12, 46, 152 f., 223 f., 294, 352, 370
Strafverfolgung 234, 357
subsidiäre Zuständigkeiten siehe Auffangzuständigkeiten
Subsidiarität 33, 39, 216 f. 309, 312 f., 315 f.

Timor-Leste 22
typisierte Notzuständigkeit 202 f., 204 f., 210 f., 281, 318–326

übermäßige Verfahrensdauer 42, 154 f., 196 f., 229–231, 299–301, 355 f.
ultima ratio 216, 328, 334, 416, 422
UN Guiding Principles on Business and Human Rights 68 f.
unbekannter Aufenthalt 198–200
Unionsgrundrechte siehe Grundrechtecharta
Unionsrecht siehe Europäisches Zuständigkeitsrecht
Unionssachverhalte
– Anerkennung in anderen Mitgliedstaaten 303
– Anerkennungslücke 169, 197 f., 301–303, 430–432
– Ausgestaltung internationaler Notzuständigkeit 290–303, 428–434
– Bedürfnis internationaler Notzuständigkeit 169, 175–198, 284–289, 428 f., 432–434
– Begriff 164
– Bindung an Unzuständigkeitsentscheidungen 184–193
– de lege ferenda 422–435
– de lege lata 175–198, 284–304
– Grundsatz gegenseitigen Vertrauens 176–178, 429, 433 f.
– Kodifizierung der Notzuständigkeit 428–434
– negativer internationaler Kompetenzkonflikt 176, 178–193, 281, 291–293, 423–427, 429, 433

- Prinzip lückenloser Zuständigkeitsverteilung 176, 178, 432 f.
- Unmöglichkeit mitgliedstaatlicher Verfahren 193–196, 294–298
- Unzumutbarkeit mitgliedstaatlicher Verfahren 196 f., 298–301, 429

Universalitätsprinzip 65 f., 382 f., 454–456

universelle Anwendbarkeit
- abschließende EU-Verordnungen 165–167
- Universalisierung nicht abschließender EU-Verordnungen 264, 267, 269 f., 273–275, 283 f., 412–414, 418–421

Unmöglichkeit eines Verfahrens
- autonomes Recht 351–353, 447 f.
- Drittstaatensachverhalte 222–226
- Grundgesetz 152 f.
- Grundlagen 12
- negativer Kompetenzkonflikt *siehe* negativer internationaler Kompetenzkonflikt
- Niederlande 51 f.
- Österreich 46
- Rechtsvergleich 33 f.
- Schweiz 40 f.
- Unionssachverhalte 193–196, 294–298

Unzumutbarkeit eines Verfahrens
- autonomes Recht 354–357, 447 f.
- Drittstaatensachverhalte 222 f., 227–234
- Grundgesetz 153–155
- Grundlagen 12
- Niederlande 51–54
- Österreich 46–48
- Rechtsvergleich 33 f.
- Schweiz 41 f.
- Unionssachverhalte 196 f., 298–301, 429

Urteilsabänderung 40 f., 225, 250

Uruguay 26, 37, 57, 59, 453

Verbürgung der Gegenseitigkeit 47, 338 f., 343–345
Verfahrensaussetzung 398–400
Verfahrensdauer, übermäßige 42, 154 f., 196 f., 229–231, 299–301, 355 f.
Verfahrenskosten 47 f., 54, 229, 356 f.
Vermögensbelegenheit 246 f., 325, 380, 409, 453
Vermögensgerichtsstand (§ 23 ZPO) 321–326
VerschG 313–318
Verweisung zwischen Mitgliedstaaten 190 f., 423–425
Völkergewohnheitsrecht 96–99, 102
Völkerrecht *siehe* Allgemeines Völkerrecht
Vollstreckungsaussichten 73 f., 120, 157 f., 251, 380 f., 442, 453
Vorhersehbarkeit *siehe* Zuständigkeitsklarheit
vorläufiger Rechtsschutz 363–365, 436

Waffengleichheit, prozessuale 130, 159

Zugang zu Gericht *siehe* Recht auf Zugang zu Gericht
Zumutbarkeit *siehe* Unzumutbarkeit eines Verfahrens
Zuständigkeitsgerechtigkeit 76–78
Zuständigkeitsinteressen
- Parteiinteressen 71–74
- Staatsinteressen 74–76
Zuständigkeitsklarheit 78–81
Zuständigkeitsrenvoi 334–337
Zuständigkeitsverweisung zwischen Mitgliedstaaten 190 f., 423–425